PROF.DR.H.D.BETZ
329 WEST SEVENTH STREET
CLAREMONT, CAL. 91711, U.S.A.
PHONE: (714) 624-2275

Rev.: Boose, Theol. Rev. 70, 1974, 452-57

HERDERS THEOLOGISCHER KOMMENTAR ZUM NEUEN TESTAMENT

Herausgegeben von Alfred Wikenhauser †
Anton Vögtle, Rudolf Schnackenburg

BAND IX:

DER GALATERBRIEF

Auslegung von
Franz Mußner

HERDER
FREIBURG · BASEL · WIEN

FRANZ MUSSNER, DER GALATERBR

DER GALATERBRIEF

Auslegung von
Franz Mußner

Professor an der Theologischen Fakultät
der Universität Regensburg

1974

HERDER
FREIBURG · BASEL · WIEN

Alle Rechte vorbehalten — Printed in Germany
© Verlag Herder KG, Freiburg im Breisgau 1974
Imprimatur. — Freiburg im Breisgau, den 15. Oktober 1973
Der Generalvikar: Dr. Schlund
Herder Druck Freiburg im Breisgau 1974
ISBN 3-451-16765-4

VORWORT

Nach der Auslegung des Jakobusbriefes (vgl. Franz Mußner, Der Jakobusbrief: Herders Theologischer Kommentar zum Neuen Testament XIII/1, Freiburg i. Br. ²1967) war es für den Verfasser eine reizvolle Aufgabe, einen Kommentar zum Galaterbrief, der seit der Reformationszeit gewissermaßen als das theologische Pendant zum Jakobusbrief gilt, zu schreiben. Die Aufgabe war nicht leicht zu lösen, nicht nur angesichts der Schwierigkeit des Gegenstandes, sondern auch angesichts der Tatsache, daß gerade zum Galaterbrief so hervorragende Auslegungen vorliegen wie sonst kaum zu einem Buch des Neuen Testaments; es sei nur an die Kommentare von Lightfoot, Burton, Zahn, Lagrange, Oepke, Schlier und Bonnard erinnert. Der Verfasser verdankt diesen Kommentaren viel, mehr jedoch der unvergleichlichen, nur von wenigen Exegeten benutzten Papyrusgrammatik von E. Mayser. Ob es mir gelungen ist, meiner Auslegung ein eigenes Gesicht zu geben, möge die Kritik entscheiden. Exegese ist ein nie endendes Geschäft, und am liebsten würde man einen derartigen Kommentar gar nicht erst aus der Hand geben, im Bewußtsein, doch nur ein opus imperfectum vorlegen zu können. Aber einmal muß der Schlußpunkt gesetzt werden.

Auch dieser Kommentar ist wie jener zum Jakobusbrief in den Dienst des ökumenischen Gesprächs gestellt — besonders die Exkurse machen das bewußt. Leichter freilich war es, in der Auslegung mit den „fratres separati" aus den reformatorischen Kirchen dieses Gespräch zu führen als mit den Juden, für die speziell der Galaterbrief eine besonders harte Nuß ist; dennoch ist auch dieser Versuch gewagt worden (vgl. vor allem den Exkurs: Hat Paulus das Gesetz „mißverstanden"?).

Am Ende der Arbeit bleibt mir die Pflicht, allen jenen zu danken, die in irgendeiner Weise an der Entstehung dieses Werkes mitgeholfen haben, vor allem meinen Mitarbeitern an meinem Lehrstuhl, Dr. Franz Schnider und Dr. Werner Stenger, mit denen ich auf vielen gemeinsamen Wanderungen durch das schöne Regensburger Land geistige Wanderungen durch das Land der Heiligen Schrift machen durfte. Besonderer Dank gebührt auch meiner Sekretärin, Frl. Helene Hunger, für den nie versagenden Fleiß bei der satzfertigen Erstellung des Manuskripts.

Regensburg, im Sommer 1973 *Franz Mußner*

INHALT

Vorwort V
Texte und Literatur IX

EINLEITUNG

§ 1. Galater und Galatien   1
§ 2. Paulus und die Galatermission. Die Adressatenfrage . . .   3
§ 3. Zeit und Ort der Abfassung   9
§ 4. Die Gegner   11
§ 5. Zur Wirkungsgeschichte des Briefes   30
§ 6. Zur Textgeschichte des Briefes   33
§ 7. Tradition und Redaktion   35

AUSLEGUNG

Das Präskript (1, 1–5)   43

Das Briefkorpus (1, 6 – 6, 10)   53

A. *Die Situation* (1, 6–12)   53
   1. Die bedrohte Lage des Evangeliums bei den Galatern (1, 6–9) . .   53
   2. Das paulinische Evangelium als Offenbarung Jesu Christi (1, 10–12)   62

B. *Die Explikation* (1, 13 – 6, 10)   77
   I. *Das paulinische Evangelium nicht* παρὰ ἀνϑρώπου (1, 13 – 2, 21) .   77
      1. Die Hinwendung des Paulus zum „Glauben" und seine erste Missionstätigkeit (1, 13–24)   78
      2. Das Evangelium des Apostels und die Jerusalemer Autoritäten (2, 1–10)   99
      3. Der Zwischenfall in Antiochien (2, 11–21) 132

   II. *Das paulinische Evangelium nicht* κατὰ ἄνϑρωπον, *sondern* κατὰ τὴν γραφήν (3, 1 – 6, 10) 205
      1. Appell an die christliche Erfahrung der Galater (3, 1–5) . . . 205

Inhalt

    2. Die Aussage der Schrift I (3, 6–18) 211
    3. Die wahre Heilsfunktion des Gesetzes (3, 19 – 4, 7) 243
    4. Erneuter Appell an die Einsicht der Galater (4, 8–20) 290
    5. Die Aussage der Schrift II (4, 21–31) 316
    6. Appell an die Galater, im Stand der christlichen Freiheit zu verbleiben (5, 1–12) 342

III. *Ethik der Freiheit in Liebe und Geist* (5, 13 – 6, 10) 364
    1. Christliche Freiheit als Dienst der Liebe am Nächsten (5, 13–15) 366
    2. Christlicher Lebenswandel im Pneuma (5, 16–26) 374
       a) Fleisch wider Geist und Geist wider Fleisch (5, 16–18) . . 374
       b) „Die Werke des Fleisches" (5, 19–21) 379
       c) „Die Frucht des Geistes" (5, 22–25) 384
    3. Warnung vor κενοδοξία gegenüber dem Bruder (5, 26 – 6, 6) . 395
    4. Mahnung zum Entgelt für empfangenen Glaubensunterricht (6, 6) 402
    5. Eschatologischer Ausblick mit Mahnung zur helfenden Tat (6, 7–10) 403

Das Postskript (6, 11–18) 409

EXKURSE

1. Die „Mitte des Evangeliums" nach dem Galaterbrief 71
2. Gal 2, 1–10 und Apg 15 („Apostelkonzil") 127
3. Gal 2, 11–14 in der Auslegungsgeschichte 146
4. Hat Paulus das Gesetz „mißverstanden"? 188
5. Gesetz und Evangelium nach dem Galaterbrief 277
6. „Heilsgeschichte" oder γραφή? 334
7. Gal 5, 16–25 und 1 QS IV 392
8. Die Bedeutung des Galaterbriefes für Theologie und Kirche . . . 421

Register 424

TEXTE UND LITERATUR

(Zu den Abkürzungen vgl. Kommentar zum Jakobusbrief, XIX–XXIX)

Texte (Quellen und Übersetzungen)

A. Bibel

Biblia hebraica, ed. R. Kittel (Stuttgart ⁴1949).
Septuaginta, ed. A. Rahlfs, 2 Bde. (Stuttgart 1935).
Novum Testamentum graece, ed. E. Nestle et K. Aland (Stuttgart ²⁵1963).
The Greek New Testament, ed. K. Aland, M. Black, B. M. Metzger, A. Wikgren (Stuttgart ²1971).
Die Heilige Schrift in deutscher Übersetzung (Echter-Bibel, AT, hrsg. von F. Nötscher) (Würzburg ²,³1955) (die atl. Texte werden gewöhnlich nach dieser Übersetzung geboten).

B. Frühjüdisches, antikes und frühchristliches Schrifttum

Die Apokryphen und Pseudepigraphen des Alten Testaments, 2 Bde., übers. und hrsg. von E. Kautzsch (Tübingen 1900, Neudruck 1921).
The Greek Versions of the Testaments of the Twelve Patriarchs, ed. by R. H. Charles (Oxford 1908, Neudruck Darmstadt 1960).
Lohse, E., Die Texte aus Qumran. Hebräisch und deutsch (München 1964).
Maier, J., Die Texte vom Toten Meer, I: Übersetzung, II: Anmerkungen (München/Basel 1960).
Philo von Alexandrien, Opera omnia, ed. L. Cohn et P. Wendland, 6 Bde. (Berlin 1896–1915; Bd. VII: Indices von J. Leisegang).
Die Werke Philos von Alexandria in deutscher Übersetzung, 7 Bde., hrsg. von L. Cohn, I. Heinemann, M. Adler, W. Theiler (Breslau/Berlin 1909–64).
Flavii Josephi Opera, ed. B. Niese (Berlin 1877–1904, Neudruck 1955).
Die Mischna, hrsg. von G. Beer, O. Holtzmann, fortgeführt von K. H. Rengstorf, L. Rost (Gießen 1912 ff, Berlin 1956 ff).
Mechiltha. Ein tannaitischer Midrasch zu Exodus, übers. u. erläutert von J. Winter u. A. Wünsche (Leipzig 1909).
Migne, Patrologia, series graeca (= PG); series latina (= PL).
Corpus scriptorum ecclesiasticorum latinorum (Wien) (= CSEL).
Die Pseudoklementinen I: Homilien, hrsg. von B. Rehm (GCS 42) (Berlin 1953).
Die Pseudoklementinen II: Rekognitionen, hrsg. von B. Rehm (GCS 51) (Berlin 1965).
Die apostolischen Väter (HandbNT, Erg.-Bd.) (Tübingen 1920).
Bibliothek der Kirchenväter (BKV), hrsg. von F. X. Reithmayer, O. Bardenhewer, J. Zellinger, J. Martin (Kempten – München 1871 ff).
Eusebius, Kirchengeschichte, hrsg. von E. Schwartz, Kleine Ausg. (Berlin ⁵1952).
Livius, ed. A. Zingerle (Leipzig 1890).

Literatur

A. Allgemeine Hilfsmittel

Aland, K., Kurzgefaßte Liste der griechischen Handschriften des Neuen Testaments I. Gesamtübersicht (Berlin 1963).
Altaner, B., Patrologie (Freiburg i. Br. [5]1958).
Bauer, W., Griechisch-deutsches Wörterbuch zu den Schriften des NT und der übrigen urchristlichen Literatur (Berlin [5]1958).
Bauer, J. B., Bibeltheologisches Wörterbuch, 2 Bde. (Graz/Wien/Köln [3]1967).
Beyer, Kl., Semitische Syntax im Neuen Testament, Bd. I (Satzlehre, Teil 1) (Stud. z. Umwelt des NT, 1) (Göttingen 1962).
Billerbeck, P., Kommentar zum Neuen Testament aus Talmud und Midrasch, 4 Bde. (München 1922–1928).
Blaß, E., u. Debrunner, A., Grammatik des ntl. Griechisch (Göttingen [9]1954).
Bonaccorsi, G., Primi Saggi di Filologia Neotestamentaria II (Turin 1950).
Dalman, G., Aramäisch-Neuhebr. Handwörterbuch (Göttingen [3]1938).
Die Religion in Geschichte und Gegenwart (RGG), hrsg. von K. Galling, 6 Bde. (Tübingen [3]1957–62).
Gesenius, W., u. Buhl, F., Hebräisches und Aramäisches Handwörterbuch über das AT (Leipzig [17]1921).
Hatch, E., u. Redpath, H. A., A Concordance to the Septuagint, 2 Bde. (Oxford 1897, Neudruck Graz 1954).
Hennecke, E., Neutestamentliche Apokryphen in deutscher Übersetzung, 3., völlig neubearb. Aufl., hrsg. von W. Schneemelcher, II: Apostolisches, Apokalypsen und Verwandtes (Tübingen 1964).
Jülicher, A., u. Fascher, E., Einleitung in das Neue Testament (Tübingen [7]1931).
Kümmel, W. G., Einleitung in das Neue Testament (Heidelberg 1973).
Kuhn, K. G., Konkordanz zu den Qumrantexten (Göttingen 1960).
Levy, J., Wörterbuch über die Talmudim und Midraschim, 4 Bde. (Berlin/Wien 1924, Nachdruck Darmstadt 1963).
Lexikon für Theologie und Kirche, hrsg. von J. Höfer u. K. Rahner (Freiburg [2]1957–1965).
Liddell, H. G., u. Scott, R., A Greek-English Lexicon, 2 Bde. (Oxford [9]1940, Neudruck 1951).
Marxsen, W., Einleitung in das Neue Testament (Gütersloh [3]1964).
Mayser, E., Grammatik der griechischen Papyri aus der Ptolemäerzeit, 2 Bde. in 5 Teilbänden (Berlin/Leipzig 1906–34).
Metzger, B. M., A textual Commentary on the Greek New Testament (London/New York 1971).
Michaelis, W., Einleitung in das Neue Testament (Bern [3]1961).
Moule, C. F. D., An Idiom Book of New Testament Greek (Cambridge 1953).
Moulton, J. H., Einleitung in die Sprache des NT, übers. von A. Thumb (Heidelberg 1911).
Moulton, J. H., u. Milligan, G., The Vocabulary of the Greek Testament Illustrated from the Papyri and Other Non-Literary Sources (London 1930, Neudruck 1957).
Moulton, W. F., u. Geden, A. S., A Concordance to the Greek Testament (Edinburgh [3]1926, Neudruck 1950).
Pape, W., Griechisch-Deutsches Wörterbuch, 2 Bde. (Braunschweig [6]1914, Neudruck Graz 1954).
Preisigke, F., Wörterbuch der griechischen Papyrusurkunden, 3 Bde. (Berlin 1925–31).
Radermacher, L., Ntl. Grammatik (HandbNT, 1) (Tübingen [2]1925).
Reallexikon für Antike und Christentum (RAC), hrsg. von Th. Klauser (Stuttgart 1950 ff).
Theologisches Handwörterbuch zum Alten Testament I, hrsg. von E. Jenni u. Cl. Westermann (München/Zürich 1971).
Theologisches Wörterbuch zum NT, hrsg. von G. Kittel u. G. Friedrich (Stuttgart 1933 ff).
Wettstein, J. J., Η ΚΑΙΝΗ ΔΙΑΘΗΚΗ. Novum Testamentum Graecum, 2 Bde. (Amsterdam 1751/52, Nachdruck Graz 1962).

Wikenhauser, A., Schmid, J., Einleitung in das Neue Testament (Freiburg/Basel/Wien ⁶1973).
Zerwick, M., Graecitas biblica (Rom ⁵1966).
Zuntz, G., The Text of the Epistles. A Disquisition upon the Corpus Paulinum (London 1953).

B. Kommentare

I. ALTERTUM

a) Ostkirche

Staab, K., Pauluskommentare aus der griechischen Kirche (NtlAbh 15) (Münster 1933).
Ephräm der Syrer († 373), in: S. Ephraem Syri commentarii in ep. D. Pauli nunc primum ex armenio in latinum sermonem a patribus Mekitharistis translati (Venedig 1893).
Johannes Chrysostomus († 407), in: PG 61, 611–681; dazu auch PG 51, 371–388 (Homilie zum Gal).
Theodorus von Mopsuestia († 428), in: Theodori ep. Mops. in epistolas D. Pauli commentarii, Vol. I, ed. H. B. Swete (Cambridge 1880) 1–111 (repr. Farnborough 1969); auch in: PG 66, 898–912.
Theodoret von Cyrus († um 466), in: PG 82, 459–504.
Ps-Oekumenius (6. Jh.), in: PG 118, 1089–1166.

b) Westkirche

Ambrosiaster (4. Jh.), in: Ambrosiastri qui dicitur commentarius in Epistolas Paulinas III (CSEL 81; ed. H. J. Vogels) (Wien 1969) 1–68.
Victorinus M. († nach 362), in: PL 8, 1146–1198. Neuedition: M. Victorini Afri commentarii in ep. Pauli; ad Gal., ad Phil., ad Eph., ed. A. Locher (Bibl. Teubn.) (Leipzig 1972).
Augustinus (354–430), in: PL 35, 2106–2148.
Hieronymus (347–420), in: PL 26, 307–438.
Pelagius (um 400), in: Pelagius' Expositions of thirteen Epistles of St. Paul (ed. A. Souter) II (1926) (Text and Studies IX, 1–3; 1922–31).
Kassiodor († um 583), in: PL 70, 1343–1346.
Beda Venerabilis († 735), ungedr. (Stegmüller II 1622).

II. MITTELALTER[1]

Ein P bedeutet, daß es sich um einen Kommentar zu den paulinischen Briefen handelt; dabei ist der Gal nicht ausdrücklich genannt.
Adamus Sasboldus OM (1516–1553); ed. Antwerpen 1561; Opp. Coloniae 1568, 350–404; St. II 878, 1.
Aegidius de Bailleul († 1472?); ungedr.; St. II 884.
Albertus Magnus OP (ca. 1193–1280); P noch nicht aufgefunden; St. II 1002.
Alulfus de Tornaco († 1141); PL 79, 1345–1350; St. II 1211.
Angelus de Bario OP († 1407); P ungedr.; St. II 1341.
Angelus de Camerino OESA († vor 1314); P ungedr.; St. II 1344.
Arbogastus Scotus (550 Bischof von Straßburg); P ungedr.; St. II 1426.
Augustinus Favaroni OESA († 1443); ungedr.; St. II 1501.
Augustinus Triumphus de Ancona OESA († 1328); ungedr.; St. II 1517.
Ps-Bernardus Clarevallensis; P ungedr.; St. II 1729.
Bertrandus; P ungedr.; St. II 1761.
Bruno Carthusiensis († 1101); PL 153, 281–316; St. II 1820.
Christophorus Molhusensis OP; P ungedr.; St. II 1936.
Claudius (Clemens) Altissiodorensis (728–733 Bischof von Auxerre); P ungedr.; St. II 1943.
Claudius Taurinensis († ca. 827); PL 104, 841–912; St. II 1962.

---

[1] Nach F. STEGMÜLLER, Repertorium Biblicum Medii Aevi, 7 Bände (Madrid 1950–62). Die angegebenen Nummern beziehen sich auf Bd. und lfd. Nr. bei Stegmüller (= St.).

Conradus Mondonus OP (1462–65 Ordensgeneral); P ungedr.; St. II 2008.
Damasus I. papa (366–384) Carmen I, in epistolas d. Pauli apostoli; PL 13, 416; St. II 2047.
Ps-Damasus; P ungedr.; St. II 2049f.
Dionysius de Borgo San Sepolcro OESA († 1342); P ungedr.; St. II 2071.
Dionysius Carthusianus (1402–1471): Opp. 13 (1901) 266–293; St. II 2130.
Dominicus (de Guzman) (1170–1221); P ungedr.; St. II 2160.
Duncanus Ferne Scotus (ca. 1409 Lehrer an der Sorbonne); P ungedr.; St. II 2193.
Florus Diaconus († 860); PL 119, 363–374; St. II 2280.
Freculfus de Lisieux (822–850 Bischof von Lisieux); P ungedr.; St. II 2332.
Gaufridus de Blenello OP († 1250); ungedr.; St. II 2375; Dist. in Gal. ungedr.; St. II 2389.
Gelasius Papa (Papst 492–496); P ungedr.; St. II 2443.
Gerardus Odonis de Chateauroux OM († 1348); ungedr.; St. II 2472.
Gilbertus Elnonensis OSB († 1095); P ungedr.; St. II 2489.
Gilbertus de Ovis OP († 1283); P ungedr.; St. II 2508.
Gilbertus Porretanus († 1154); ungedr.; St. II 2518.
Glossulae Glossularum (verfaßt ca. 1150–1200); ungedr.; St. II 2589.
Gregorius de Rimini OESA († 1358); P ungedr.; St. II 2658.
Guerricus de S. Quentino OP († ca. 1245); ungedr.; St. II 2703.
Guilelmus Mediolanensis (12. Jh.), Hypothesis Gal; ungedr.; St. II 2922.
Guilelmus de Nottingham OM († 1254); ungedr.; St. II 3004.
Guilelmus Rothwellus OP (14. Jh.); P ungedr.; St. II 3021.
Guillerinus, P ed. Nürnberg 1488; St. II 3057–3060.
Ps-Haimo de Halberstadt; PL 117, 669–700; St. III 3104.
Hatto de Vercelli († 961); PL 134, 491–546; St. III 3129.
Hervaeus de Bourg-Dieu OSB († 1150); PL 181, 1129–1202; St. III 3279.
Ps-Hieronymus, P ungedr., Compilatio aus den Kommentaren des Hieronymus; St. III 3438; PL 30, 805–824; St. III, 3443.
Hieronymus Seripando OESA († 1563); ed. Antwerpen 1567; St. III 3512.
Hildebrandus Goffredus († 1500); P ungedr.; St. III 3558.
Hilgerus a Burgis OCarm († 1452); P ungedr.; St. III 3561.
Hugo Cisterciensis († 1158); P ungedr. (?); St. III 3596.
Ps-Hugo de S. Victore; PL 175, 553–568; St. III 3834.
Jacobus Malafossa OM (16. Jh.); P ungedr.; St. III 3978.
Joachimus Costen OP (15./16. Jh.); P ungedr.; St. III 4009.
Johannes OSB (11. Jh.); P ungedr.; St. III 4128.
Johannes Baconthorp OCarm. († ca. 1348); ungedr.; St. III 4209.
Johannes Bernardi de Savona OESA; P ungedr.; St. III 4238.
Johannes de Bruyne OCarm († 1450); P ungedr.; St. III 4275, 1.
Johannes Capgrave OESA († 1464); P ungedr.; St. III 4302.
Johannes de Casali OM (14. Jh.); ungedr.; St. III 4307.
Johannes Christophori de Saxonia OP (13./14. Jh.); P ungedr.; St. III 4313.
Johannes Guallensis OM († ca. 1303); P ungedr.; St. III 4517.
Johannes de Hesdinio O. Hosp. S. Jos. († 1367); P ungedr.; St. III 4555.
Johannes de Indagine OCarth. († 1475), Expositio quadruplex; ungedr.; St. III 4705. Quaestiones, ungedr.; St. III 4706.
Johannes Listaer Scotus (15. Jh.); P ungedr.; St. III 4769.
Johannes Müntzinger († 1417); ungedr.; St. III 4817, 3; 4818, 3.
Johannes Nannius de Viterbo OP († 1502); P ungedruckt; St. III 4829.
Johannes Ridevallus OM vel OESA (14. Jh.); P ungedr.; St. III 4886.
Johannes Rochus de Portiis OESA († 1361); P ungedr.; St. III 4887.
Johannes de Rupella OM († 1245); ungedr.; St. III 4904.
Johannes (Parvus) de Salisbury († 1180); P ed. Amsterdam 1646; St. III 4922.
Johannes Soreth OCarm. († 1471); ungedr.; St. III 4967, 3.
Johannes de Turrecremata OP († 1468); P ed. Basel 1490; St. III 5004–5017.
Johannes de Vincentia OP (13. Jh.); P ungedr.; St. III 5041.
Johannes Wiclif († 1384); ungedr.; St. III 5100.

Texte und Literatur

Johannes de Wittlich (15. Jh.); P ungedr.; St. III 5125.
Johannes Zachariae OESA († 1428); P ungedr.; St. III 5134.
Lanfrancus de Canterbury († 1089); P ungedr.; St. III 5369; PL 150, 259–286; St. III 5373.
Luculentius (5./6. Jh.) (Gal 5, 25 – 6, 10); ed. A. Müller, in: ThQ 93 (1911) 206–222; St. III 5412.
Ludovicus Cerleon (14. Jh.); P. ungedr.; St. III 5438.
Manegoldus de Lautenbach OCanReg. († 1103); P ungedr.; St. III 5445.
Martinus Alphonsi Cordubensis OESA (15. Jh.); P ungedr.; St. III 5468.
Ps-Matthaeus de Aquasparta; P ungedr.; St. III 5517.
Maximus; P ungedr.; St. III 5569.
Nicolaus de Amiens († nach 1203); ungedr.; St. IV 5674.
Nicolaus de Dinkelsbühl († 1433); ed. R. Demaran (Studien zu den Grundlagen der Reformation 7) Gießen 1968.
Nicolaus Eymericus OP († 1399); ungedr.; St. IV 5732.
Nicolaus Fortiguerra OP (13. Jh.); P ungedr.; St. IV 5737.
Nicolaus de Gorran OP († 1295); ungedr.; St. IV 5788.
Nicolaus de Kreuznach († 1491); P ungedr.; St. IV 5826.
Nicolaus de Lyra OM († 1349); ed. Rom 1471–72 u. weitere Editionen; St. IV 5905.
Nicolaus Senensis OESA; P ungedr.; St. IV 6010.
Nicolaus de Terranova OP (15. Jh.); P ungedr.; St. IV 6012.
Ps-Odilo Cluniacensis; P ungedr.; St. IV 6050.
Odo Cantuariensis OSB († 1220); P ungedr.; St. IV 6062.
Odo de Castro Radulfi († 1237); ungedr.; St. IV 6098.
Paganus de Bergamo OP (14. Jh.); P ungedr.; St. IV 6256.
Ps-Paterius A (12. Jh.); Gal 1–2; PL 79, 1127–1130; St. IV 6308.
Ps-Paterius B (Bruno monachus) (12. Jh.); ungedr.; St. IV 6319, 12.
Paulinus de Parma; P ungedr.; St. IV 6326.
Paulus de Bologna OP († 1469); P ungedr.; St. IV 6327.
Paulus de Genua OSB (12. Jh.); P ungedr.; St. IV 6338.
Ps-Petrus Abaelardus; ungedr.; St. IV 6390.
Petrus Cantor († 1197); ungedr.; St. IV 6513.
Ps-Petrus Comestor; ungedr.; St. IV 6584.
Petrus de Corbolio († 1222); P ungedr.; St. IV 6594.
Petrus Giraldus Vicentinus OCarm. (15. Jh.); P ungedr.; St. IV 6612.
Petrus de Irorusqui OP (16. Jh.); P ungedr.; St. IV 6622.
Petrus Lombardus († 1160); PL 192, 93–170; St. IV 6658.
Petrus de Palude († 1342); P ungedr.; St. IV 6771.
Petrus Pesselerius OSB (9. Jh.); ungedr.; St. IV 6775.
Petrus Remensis OP († 1247); P ungedr.; St. IV 6821.
Petrus de Sancta Fide OCarm. († 1452); P ungedr.; St. IV 6843.
Petrus archiep. Senonensis (12./13. Jh.); P ungedr.; St. IV 6853.
Petrus de Tarantasia OP (Innocentius V.) († 1276); ungedr.; St. IV 6871; Redactio secunda, ed. Köln 1478 und weitere Editionen; St. IV 6885.
Ps-Petrus Tripolitanus (Florus Diaconus); ungedr.; St. IV 6923.
Pontius Carbonelli OM (14. Jh.); ungedr.; St. IV 6985.
Ps-Primasius, ungedr.; St. IV 6992.
Rabanus Maurus OSB († 856); PL 112, 245–382; St. V 7067.
Radulfus Acton (14. Jh.); P ungedr.; St. V 7089, 1.
Radulfus Flaviacensis OSB (12. Jh.); ungedr.; St. V 7102.
Radulfus de Laon († 1131); PL 153, 281–316 [Bruno Carth.?]; St. V 7131.
Reinhardus de Reinhusen OSB (11. Jh.); P ungedr.; St. V 7186–7187.
Remigius Altissiodorensis OSB († 908); ungedr.; St. V 7234.
Robertus de Bridlington OSA Can. († ca. 1180); ungedr.; St. V 7382, 3.
Robertus Gallus OCarm. (14. Jh.); P ungedr.; St. V 7395.
Robertus Grosseteste († 1253); ungedr.; St. V 7403, 5.
Roberti Grosseteste Discipulus; P ungedr.; St. V 7406.

Texte und Literatur

Robertus de Krikelade OSA Can. († ca. 1188); P ungedr.; St. V 7458.
Robertus de Melun († 1167); Gal 1, 1 – 6, 10, ed. R. M. Martin, Œuvres de Robert de Melun 2, Spic. Sacr. 18 (1938) 244–250.
Sedulius Scotus († nach 858); PL 103; St. V 7611.
Simon de Cremona OESA († nach 1390); P ungedr.; St. V 7650.
Simon de Thondi O. Cist. († 1184); P ungedr.; St. V 7688.
Stephanus Langton († 1228); ungedr.; St. V 7910.
Stephanus Marquardi de Stockarn († 1427); P ungedr.; St. V 7944.
Tancredus de Tancredis OP (13. Jh.); P ungedr.; St. V 7968.
Thomas de Aquino OP († 1274), Expositio in omnes S. Pauli Epistolas, in: Opera Omnia t. XIII (Parma 1862) 382–442.
Thomas de Courcelles († 1469); P ungedr.; St. V 8091.
Thomas de Docking OM († nach 1269); ungedr.; St. V 8101.
Thomas Ebendorfer de Haselbach († 1464); Gal – II Thess, tabulae, ungedr.; St. V 8124.
Thomas de Virley OCarm.; P ungedr.; St. V 8204.
Thomas de Vio (Cajetanus) OP († 1534), ed. Paris 1532, f. 106–127; St. V 8231, 3.
Tietlandus (?) OSB († 964); ungedr.; St. V 8267, 3.
Udardus Scotus O. Cist.; P ungedr.; St. V 8275, 1.
Wendelinus Steinbach de Butzbach († 1519); ungedr.; St. V 8340.
Werner Rolevinck O. Cart. († 1502); ungedr.; St. V 8359.

Die Bände VI und VII verzeichnen folgende commentaria anonyma:
VI 8422; 8462; 8482 (Gal 1,1 – 6, 15); 8489; 8492; 8516 (Gal 4,6 – 6, 18); 8684; 8685; 8815; 8922; 8973, ed. A. Landgraf, Commentarius Cantabrigiensis in epistulas Pauli. Puplications in Mediaevel Studies, ed. P. S. Moore, Indiana 2, 2 (1939) 342–385; 8993; 9009; 9106, ed. D. De Bruyne, in: Sommaires (1914) 334–336; 9107; 9108; 9109; 9150; 9205; 9212; 9343; 9640; 9842; 10113; 10182.
VII 10285; 10385; 10487; 10769; 10940; 10986; 11159; 11181; 11551 (Gal 1, 11 – 6, 18); 11569; 11573; 11752.

III. NEUZEIT
(Auswahl)

Luther, M., Diui Pauli apostoli ad Galat(h)as Epistola (1. Galatervorlesung, 1516/17, Nachschrift): WA 57, II, 5–49 (Die Glossen), 53–108 (Die Scholien) (hrsg. von K. A. Meißinger).
Faber, J., Epistolae divi Pauli Apostoli cum Commentariis (Paris 1517).
Luther, M., In epistolam Pauli ad Galatas M. Lutheri commentarius (2. Galatervorlesung, 1518/19; 11519; 21523): WA 2, 443–618. Ins Deutsche übersetzt von I. Mann in Bd. 10 der Calwer Luther-Ausgabe (hrsg. von W. Metzger) (= Siebenstern Taschenbuch, München/Hamburg 1968).
Erasmus, D. von Rotterdam, In Epistolam Pauli ad Galatas Paraphrasis (Leipzig 1519).
Bugenhagen, J., Annotationes in Epistolas ad Gal.; Eph; Phil.; Col. etc. (Basel 1527).
Luther, M., In epistolam S. Pauli ad Galatas Commentarius ex praelectione D. Martini Lutheri (3. Galatervorlesung, 1531; coll. 1535, 21538): WA 40, I; 40, II, 1–184 (hrsg. von A. Freitag).
Calvin, J., in: Opera quae supersunt omnia, ed. G. Baum, E. Canitz, E. Reuss (Corp. reformatorum Bd. 77) (Braunschweig 1863–1900).
Bullinger, H., Commentarii in omnes Epistolas Apostolorum (1537).
Cajetan, Thomas de Vio, In omnes D. Pauli et aliorum Epistolas Commentarii (Lyon 1539).
Bèze, T. de, Novum Testamentum ... ejusdem Th. Bezae Annotationes (Genf 1565).
Prime, J., Exposition and Observations upon St. Paul to the Galatians (Oxford 1587).
Piscator, J., Commentarii in omnes Libros Novi Testamenti (Herborn 1613).
Estius, W., In omnes D. Pauli epistolas, item in catholicas commentarii (1614), ed. J. Holzhammer, 2. ed., Bde. 1–3 (Moguntiae-Kirchheim 1858–59).

Texte und Literatur

Lapide, C.a, Commentarius in omnes D. Pauli Epistolas (Antwerpen 1614).
Grotius, H. (Huig van Groot), Annotationes in Novum Testamentum (Paris 1644).
Cocceius, J. (Johann Koch), Commentarius in Epistolam ad Galatas (Leiden 1665).
Calor, A., in: Biblia Novi Testamenti illustrata (Frankfurt 1676).
Locke, J., A paraphrase and Notes on St. Paul to the Galatians, Corinthians etc. (London 1705).
Michaelis, J. D., Paraphrasis und Anmerkungen über die Briefe Pauli an die Galater, Epheser etc. (Bremen 1750).
Semler, J. S., Paraphrasis Epistolae ad Galatas, cum Prolegomenis, Notis etc. (Magdeburg 1779).
Matthaei, P. F., Pauli Epistolae ad Galatas, Ephesios et Philippenses (Riga ²1784).
Mayer, F. G., Der Brief Pauli an die Galater etc. (Wien 1788).
Borger, E. A., Interpretatio Epistolae Pauli ad Galatas (Leyden 1807).
Flatt, K. C., Vorlesungen über die Briefe Pauli an die Galater und Epheser (Tübingen 1828).
Paulus, H. E. G., Des Apostels Paulus Lehrbriefe an die Galater- und Römerchristen (Heidelberg 1831).
Matthies, K. S., Erklärung des Briefes an die Galater (Greifswald 1833).
Rückert, L. J., Commentar über den Brief Pauli an die Galater (Leipzig 1833).
Usteri, L., Kommentar über den Galaterbrief (Zürich 1833).
Fritzsche, K. F. A., Commentarius de nonnullis Epistolae ad Galatas Locis (Rostock 1833/34).
Schott, H. A., Epistolae Pauli ad Thessalonicenses et Galatas (Leipzig 1834).
Olshausen, H., in: Biblischer Kommentar über sämtliche Schriften des Neuen Testaments (Königsberg 1830–62; Gal. 1840).
Baumgarten-Crusius, L. F. O., Kommentar über den Brief Pauli an die Galater, hrsg. von E. J. Kimmel (Jena 1845).
de Wette, M. L., Kurze Erklärung des Briefes an die Galater, in: Kurzgefaßtes exegetisches Handbuch zum Neuen Testament (Leipzig ²1845).
Haldane, J. A., An Exposition of the Epistle to the Galatians (London 1848).
Hilgenfeld, A., Der Galaterbrief übersetzt, in seinen geschichtlichen Beziehungen untersucht u. erklärt (Leipzig 1852).
Brown, J., An Exposition of the Epistle of Paul to the Galatians (Edinburgh 1853).
Ellicott, C. J., A Critical and Grammatical Commentary on St. Paul's Epistle to the Galatians (London 1854).
Jowett, B., The Epistles of St. Paul to the Thessalonians, Galatians and Romans (London 1855).
Wordsworth, C., in: The New Testament in the Original Greek (London 1856–60).
Bagge, H. J. T., St. Paul's Epistle to the Galatians (London 1857).
Ewald., H., in: Sendschreiben des Apostels Paulus (Göttingen 1857).
Wieseler, K., Commentar über den Brief Pauli an die Galater (Göttingen 1859).
Winer, G. B., Pauli ad Galatas Epistola. Latine vertit et perpetua Annotatione illustravit (Leipzig ⁴1859).
Schmoller, O., Der Brief Pauli an die Galater, in: Theologisch-homiletisches Bibelwerk (Bielefeld 1862).
Gwynne, G. J., Commentary on St. Paul's Epistle to the Galatians (Dublin 1863).
Kamphausen, A. H. H., in: Bunsen's Bibelwerk (Leipzig 1864).
Reithmayr, F. X., Commentar zum Briefe an die Galater (München 1865).
Carey, S., The Epistle of the Apostle Paul to the Galatians (London 1867).
Brandes, F., Des Apostels Paulus Sendschreiben an die Galater (Wiesbaden 1869).
Eadie, J., Commentary on the Greek Text of the Epistle of Paul to the Galatians (Edinburgh 1869).
Meyer, H. A. W., Kritisch exeg. Handb. über den Brief an die Galater (KommNTMeyer VII) (Göttingen ⁵1870).
Hofmann, J. Chr. K. von, Der Brief Pauli an die Galater, in: Die hl. Schrift des NT II/1 (Nördlingen ²1872).
Holsten, C., Der Brief an die Gemeinden Galatiens, in: Das Evangelium des Paulus I/1 (Berlin 1880).

Texte und Literatur

Vilmar, A. F. Ch., Collegium biblicum. Praktische Erklärung der hl. Schrift Alten und Neuen Testamentes, hrsg. von Ch. Müller (1880, 2. Teil II, 7: Der Brief an die Galater).
Howson, J. S., in: The Bible Commentary, ed F. C. Cook (New York 1881).
Schaff, Ph., in: A Popular Commentary on the New Testament (New York 1882).
Schroeder, F., Der Brief Pauli an die Galater (Heidelberg 1882).
Wörner, E., Auslegung des Briefes an die Galater (Basel 1882).
Bisping, A., Erklärung des zweiten Briefes an die Korinther und des Briefes an die Galater, in: Exegetisches Handbuch zu den Briefen des Apostels Pauli (Münster ³1883).
Kähler, M., Der Brief des Paulus an die Galater. Neutestamentliche Schriften in genauer Wiedergabe ihres Gedankenganges dargestellt und durch sich selbst ausgelegt (2. Lieferung 1884).
Philippi, F. A., Erklärung des Briefes Pauli an die Galater (Gütersloh 1884).
Beet, J. A., A Commentary on St. Paul's Epistle to the Galatians (London 1885).
Bengel, J. A., Gnomon Novi Testamenti (Stuttgart ⁸1887), 728–753.
Wood, W. S., Studies in S. Paul's Epistle to the Galatians (London 1887).
Findlay, G. G., in: The Expositor's Bible (New York 1888).
Baljon, J. M. S., Exegetisch-Kritische Verhandeling over den brief van Paulus aan de Galatiërs (Leyden 1889).
Hovey, A., in: An American Commentary on the New Testament (Philadelphia 1890).
Lightfoot, J. B., St. Paul's Epistle to the Galatians (London ¹⁰1890, Nachdruck Grand Rapids 1969).
Schaefer, A., Die Briefe Pauli an die Thessalonicher und an die Galater, in: Die Bücher des NT I (Münster 1890).
Schlatter, A., Der Galaterbrief ausgelegt für Bibelleser (Stuttgart 1890, letzte Aufl. 1928 mit Nachdrucken).
Cornely, R., Commentarius in S. Pauli Apostoli epistolas, tom. III: Epistolae ad Corinthios et ad Galatas (Cursus Script. sacrae NT, II/3) (Paris 1892).
Lipsius, R. A., Der Brief an die Galater. Hand-Commentar zum NT II/2, bearbeitet von H. J. Holtzmann u. a. (Freiburg ²1892).
Zöckler, O., Die Briefe an die Thessalonicher und der Galaterbrief, in: Kurzgefaßter Kommentar zu den hl. Schriften Alten u. Neuen Testamentes, Bd. 3, hrsg. von H. Strack und O. Zöckler (München ²1894).
Ramsay, W. M., A historical Commentary on St. Paul's Epistle to the Galatians (London/New York 1899; Neudruck Grand Rapids 1966).
Sieffert, F., Der Brief an die Galater (KommNTMeyer VII) (Göttingen ⁹1899).
Weiss, B., Die paulinischen Briefe und der Hebräerbrief: Das NT, hrsg. von B. Weiss, II (Leipzig ²1902).
Rendall, F., in: The Expositor's Greek Testament, vol. III (London/New York 1903).
Williams, A. L., in: Cambridge Greek Testament (Cambridge 1910).
Adeney, W. F., in: The New Century Bible (Edinburgh 1911).
Emmet, C., in: Reader's Commentary, ed. D. Walker (London 1912).
Gutjahr, F. S., Die zwei Briefe an die Thessalonicher und der Brief an die Galater (Die Briefe des hl. Apostels Paulus I) (Graz/Wien ²1912).
MacKenzie, W. D., in: Westminster New Testament (London 1912).
Girdlestone, R. B., St. Paul's Epistle to the Galatians (London 1913).
Loisy, A., L'Épître aux Galates (Paris 1916).
Bousset, W., Der Brief an die Galater. Die Schriften des NT übersetzt und für die Gegenwart erklärt, hrsg. von W. Bousset und W. Heitmüller, II (Göttingen ³1917).
Burton, E. de Witt, A Critical and Exegetical Commentary on the Epistle to the Galatians (ICC) (Edinburgh 1921, Reprint 1964).
Zahn, T., Der Brief des Paulus an die Galater (KommNTZahn 9) (Leipzig ³1922, besorgt von Fr. Hauck).
Blunt, A. W. F., The Epistle of Paul to the Galatians (1925).
Holtzmann, O., Das Neue Testament II (Gießen 1926).
Lagrange, M. J., Saint Paul. Épître aux Galates (ÉtBib) (Paris ³1926, Nachdruck 1950).
Nes, H. M. van, Paulus brieven aan Galaten-Filemon (²1927).

Niglutsch, G., Brevis Commentarius in S. Pauli epistolam ad Galatas (ed. F. Prosch, ³1929).
Erdmann, Ch. R., The Epistle of Paul to the Galatians. An exposition (1930).
Steinmann, A., Die Briefe an die Thessalonicher und Galater (Bonner Bibel) (Bonn ⁴1935).
Greijdanus, S., De brief van den apostel Paulus aan de gemeenten in Galatië uitgelegd (CommNT Kampen 9, 1) (Kampen 1936).
Asmussen, H., Theologisch-kirchliche Erwägungen zum Galaterbrief (³1937).
Dehn, G., Gesetz oder Evangelium? Eine Einführung in den Galaterbrief (Die urchristliche Botschaft 9) (Berlin ³1938).
Kuss, O., Die Briefe an die Römer, Korinther und Galater (RegNT 6) (Regensburg 1940).
Maurer, Ch., Der Galaterbrief (Zürich 1943).
Schmidt, K. L., Ein Gang durch den Galaterbrief (Zürich ²1947).
Calvin, J., Commentary on the Epistle of Galatians and Ephesians (Grand Rapids 1948).
Duncan, G. S., The Epistle of Paul to the Galatians (Moffat NTComm) (London ⁶1948).
Allan, J. A., The Epistle of Paul the Apostle to the Galatians (TorchBibComm) (London 1951).
Buzy, D., Épître aux Galates (La Sainte Bible 11, 2) (Paris 1951).
Stamm, R. T., The Epistle to the Galatians (InterprBib 10) (New York/Nashville 1952).
Bonnard, P., L'Épître de Saint Paul aux Galates (CommduNT 9) (Neuchâtel/Paris 1953).
Lyonnet, S., Les Épîtres de Saint Paul. Aux Galates. Aux Romains (Paris 1953).
Ridderboos, H. N., The Epistle of Paul to the Churches of Galatia (Grand Rapids ⁴1954).
Grayston, K., The Epistles to the Galatians and to the Philippians (EpworthPrComm) (London 1957).
Oepke, A., Der Brief des Paulus an die Galater (ThHandk NT 9) (Berlin ²1957) (die 3., veränderte und erweiterte Aufl., bearbeitet von J. Rohde, Berlin 1973, konnte nicht mehr berücksichtigt werden).
Viard, A., Saint Paul. Épître aux Galates (Sources Bibliques) (Paris 1964).
Zerwick, M., Der Brief an die Galater (Klein-Kommentare zur Heiligen Schrift) (Düsseldorf 1964).
Schlier, H., Der Brief an die Galater (KommNTMeyer VII) (Göttingen ⁴1965).
Neil, W., The Letter of Paul to the Galatians (The Cambridge Bible Commentary) (Cambridge 1967).
Beyer, H. W., Der Brief an die Galater. Neu bearbeitet von P. Althaus (NTD 8) (Göttingen ¹¹1968).
Bring, R., Der Brief des Paulus an die Galater (Berlin/Hamburg 1968).
Kürzinger, J., Die Briefe an die Korinther und Galater (EchtBib) (Würzburg ²1968).
Schneider, G., Der Brief an die Galater (Geistliche Schriftlesung 9) (Düsseldorf ²1968).
Bligh, J., Galatians. A Discussion of St. Paul's Epistle (Householder Commentaries 1) (London 1969).
Guthrie, D., Galatians (The Century Bible) (London 1969).
Barclay, W., Brief an die Galater. Brief an die Epheser (Wuppertal 1970).
Lietzmann, H., An die Galater (HandbNT 10) (Tübingen ⁴1971).
Stempvoort, P. A. van, De Brief van Paulus aan de Galaten (De Prediking van het nieuwe Testament) (Nijkerk 1972).
Swain, L., Galatians. Paul I (Scripture Discussion Commentary 10) (London 1972).

C. Literatur zum Galaterbrief
(Auswahl)

Bammel, E., Gottes διαθήκη (Gal III. 15–17) und das jüdische Rechtsdenken, in: NTSt 6 (1959/60) 313–319.
Bornkamm, K., Luthers Auslegungen des Galaterbriefs von 1519 und 1531. Ein Vergleich (Arbeiten zur Kirchengeschichte 35) (Berlin 1963).
Borse, U., Der Standort des Galaterbriefes (BBB 41) (Köln 1972).
Bring, R., Der Mittler und das Gesetz. Eine Studie zu Gal. 3, 20, in: KeDog 12 (1966) 292–309.

Texte und Literatur

Crownfield, F. R., The Singular Problem of the Dual Galatians, in: JBL 64 (1945) 491–500.
Denis, A.-M., L'investiture de la fonction apostolique par „apocalypse". Études thématiques de Gal 1, 16, in: RB 64 (1957) 335–362; 492–515.
Eckert, J., Die urchristliche Verkündigung im Streit zwischen Paulus und seinen Gegnern nach dem Galaterbrief (Bibl. Unters. 6) (Regensburg 1971).
Eckert, J., Paulus und die Jerusalemer Autoritäten nach dem Galaterbrief und der Apostelgeschichte. Divergierende Geschichtsdarstellung im NT als hermeneutisches Problem, in: J. Ernst (Hrsg.), Schriftauslegung. Beiträge zur Hermeneutik des NT und im NT (Paderborn 1972) 281–311.
Feld, H., „Christus Diener der Sünde". Zum Ausgang des Streites zwischen Petrus und Paulus, in: ThQ 153 (1973) 119–131.
Feuillet, A., „Chercher à persuader Dieu" (Gal 1, 10a). Le début de l'Epître aux Galates et de la scène matthéenne de Césarée de Philippe, in: NT 12 (1970) 350–360.
Foerster, W., Die δοκοῦντες in Gal 2, in: ZntW 36 (1937) 286–292.
Foerster, W., Abfassungszeit und Ziel des Galaterbriefes, in: Apophoreta (Festschr. f. E. Haenchen) (BZNW 30) (Berlin 1964) 135–141.
Gräßer, E., Das eine Evangelium. Hermeneutische Erwägungen zu Gal 1, 6–10, in: ZThK 66 (1969) 306–344.
Harvey, A. E., The Opposition to Paul, in: Stud. Ev. IV/1 (TU 102) (Berlin 1968) 319–332.
Häsler, B., Sprachlich-grammatische Bemerkungen zu Gal. II, 6, in: ThLZ 82 (1957) 393f.
Hermann, R., Über den Sinn des Μορφοῦσθαι Χριστὸν ἐν ὑμῖν in Gal. 4, 19, in: ThLZ 80 (1955) 713–726.
Hirsch, E., Zwei Fragen zu Gal 6, in: ZntW 29 (1930) 192–197.
Jewett, R., The Agitators and the Galatian Congregation, in: NTSt 17 (1970/71) 198–212.
Kertelge, K., Apokalypsis Jesou Christou (Gal 1, 12), in: Festschr. f. R. Schnackenburg (erscheint 1974).
Kertelge, K., Zur Deutung des Rechtfertigungsbegriffs im Galaterbrief, in: BZ, NF 12 (1968) 211–222.
Kilpatrick, G. D., Galatians 1, 18 ΙΣΤΟΡΗΣΑΙ ΚΗΦΑΝ, in: New Testament Essays. Studies in Memory of Th. W. Manson (Manchester 1959) 144–149.
Lönning, I., Paulus und Petrus. Gal 2, 11 ff. als kontrovers-theologisches Fundamentalproblem, in: StTh 24 (1970) 1–69.
Lütgert, W., Gesetz und Geist. Eine Untersuchung zur Vorgeschichte des Galaterbriefes (BFchTh 6) (Gütersloh 1919).
Merk, O., Zum Beginn der Paränese im Galaterbrief, in: ZntW 60 (1969) 83–104.
Michaelis, W., Judaistische Heidenchristen, in: ZntW 30 (1931) 83–89.
Mußner, F., Hagar, Sinai, Jerusalem. Zum Text von Gal 4, 25a, in: ThQ 135 (1955) 56–60.
Overbeck, F., Uber die Auffassung des Streits des Paulus mit Petrus in Antiochien (Gal. 2, 11ff) bei den Kirchenvätern (Basel 1877; Reprodruck Darmstadt o. J.).
Schäfer, K. Th., Der griechisch-lateinische Text des Galaterbriefes in der Handschriftengruppe D E F G, in: Scientia Sacra (Theol. Festg. f. Kard. Schulte) (Köln/Düsseldorf 1935) 41–70.
Schäfer, K. Th., Die Überlieferung des altlateinischen Galaterbriefes, in: Braunsberger Programm (Braunsberg 1939) 1–40.
Schmithals, W., Die Häretiker in Galatien, in: ZntW 47 (1956) 25–67 (= Häretiker I), überarbeitet in: Paulus und die Gnostiker (Theol. Forsch. 35) (Hamburg/Bergstedt 1965) 9–46 (= Häretiker II).
Steinmann, A., Der Leserkreis des Galaterbriefes (Münster 1908).
Tyson, J. B., Paul's Opponents in Galatia, in: NT 10 (1968) 241–254.
Wilson, R. McL., Gnostics — in Galatia?, in: Stud. Evang. IV/1 (Berlin 1968) 358–367.

Texte und Literatur

D. Sonstige (oft abgekürzt angeführte) Literatur (Auswahl)

Almquist, H., Plutarch und das Neue Testament (ASNU 15) (Uppsala 1946).
Barrett, C. K., Titus, in: Neotestamentica et Semitica. Studies in honour of Matthew Black (Edinburgh 1969) 1–14.
Barth, Chr., Die Errettung vom Tod in den individuellen Klage- und Dankliedern des AT (Zollikon 1947).
Baur, F. Chr., Paulus, der Apostel Jesu Christi. 2 Bde. (Leipzig [2]1866/67).
Becker, J., Das Heil Gottes. Heils- und Sündenbegriffe in den Qumrantexten und im NT (Studien zur Umwelt des NT 3) (Göttingen 1964).
Ben-Chorin, Sch., Paulus. Der Völkerapostel in jüdischer Sicht (München 1970).
Berger, K., Abraham in den paulinischen Hauptbriefen, in: MüThZ 17 (1966) 47–89.
Berger, K., Die Gesetzesauslegung Jesu. Ihr historischer Hintergrund im Judentum und im AT (Wissensch. Monogr. zum A u. NT 40) I (Neukirchen 1972).
Bietenhard, H., Die himmlische Welt im Urchristentum und Spätjudentum (WUNT 2) (Tübingen 1951).
Blank, J., Paulus und Jesus. Eine theologische Grundlegung (Stud. z. A u. NT 18) (München 1968).
Blank, J., Schriftauslegung in Theorie und Praxis (München 1969).
Bläser, P., Das Gesetz bei Paulus (NtlAbh XIX, 1/2) (Münster 1941).
Blinzler, J., Lexikalisches zu dem Terminus τὰ στοιχεῖα τοῦ κόσμου bei Paulus, in: Anal. Bibl. 17/18 (Rom 1963) II, 429–443.
Bornkamm, G., Paulus (Urban-Bücherei 119D) (Stuttgart 1969).
Borse, U., Die Wundmale und der Todesbescheid, in: BZ, NF 14 (1970) 88–111.
Bousset, W., und Gressmann, H., Die Religion des Judentums im späthellenistischen Zeitalter (Tübingen [3]1926).
Brockhaus, U., Charisma und Amt. Die paulinische Charismenlehre auf dem Hintergrund der frühchristlichen Gemeindefunktionen (Wuppertal 1972).
Bultmann, R., Die Theologie des NT (Tübingen [6]1968).
Burchard, Chr., Der dreizehnte Zeuge. Traditions- und kompositionsgeschichtliche Untersuchungen zu Lukas' Darstellung der Frühzeit des Paulus (FRLANT 103) (Göttingen 1970).
Bussmann, Cl., Themen der paulinischen Missionspredigt auf dem Hintergrund der spätjüdisch-hellenistischen Missionsliteratur (Bern/Frankfurt 1971).
Conzelmann, H., Der erste Brief an die Korinther (KommNTMeyer V) (Göttingen 1969).
Conzelmann, H., Die Apostelgeschichte (HandbNT 7) (Tübingen [2]1972).
Conzelmann, H., Geschichte des Urchristentums (Grundrisse zum NT 5) (Göttingen 1969).
Conzelmann, H., Grundriß der Theologie des NT (München 1967).
Cullmann, O., Petrus. Jünger — Apostel — Märtyrer (Zürich/Stuttgart [2]1960).
Dahl, N. A., Widersprüche in der Bibel, ein altes hermeneutisches Problem, in: StTh 25 (1971) 1–19.
Daube, D., The New Testament and Rabbinic Judaism (London 1956).
Davies, W. D., Torah in the Messianic Age and/or the age to come (JBL-Monogr., s. VII) (Philadelphia 1952).
Deichgräber, R., Gotteshymnus und Christushymnus in der frühen Christenheit. Untersuchungen zu Form, Sprache und Stil der frühchristlichen Hymnen (Studien zur Umwelt des NT 5) (Göttingen 1967).
Deißmann, A., Licht vom Osten (Tübingen [4]1923).
Delling, G., Partizipiale Gottesprädikationen in den Briefen des NT, in: StTh 17 (1963) 1–59.
Delling, G., Wort Gottes und Verkündigung im NT (SBS 53) (Stuttgart 1971).
Dietzelfinger, Chr., Heilsgeschichte bei Paulus? Eine exegetische Studie zum paulinischen Geschichtsdenken (ThExist, NF 126) (München 1965).
Dülmen, A. van, Die Theologie des Gesetzes bei Paulus (Stuttg. Bibl. Monogr. 5) (Stuttgart 1968).

Texte und Literatur

Dupont, J., Études sur les Actes des Apôtres (Lectio Divina 45) (Paris 1967).
Eichholz, G., Die Theologie des Paulus im Umriß (Neukirchen/Vluyn 1972).
Feld, H., Lutherus Apostolus. Kirchliches Amt und apostolische Verantwortung in der Galaterbrief-Auslegung Martin Luthers, in: H. Feld / J. Nolte (Hrsg.), Wort Gottes in der Zeit (Festschr. f. K. H. Schelkle) (Düsseldorf 1973) 288–304.
Fraine, J. de, Adam et son lignage. Études sur la notion de „personnalité corporative" dans la Bible (1959) (deutsch: Adam und seine Nachkommen, Köln 1962).
Funk, R. W., Language, Hermeneutic and Word of God. The Problem of Language in the New Testament and Contemporary Theology (New York 1966).
Gaechter, P., Petrus und seine Zeit. Ntl. Studien (Innsbruck/Wien/München 1958).
Gerhardsson, B., Memory and Manuscript. Oral Tradition and Written Transmission in Rabbinic Judaism and Early Christianity (Uppsala 1961).
Groß, H., Die Idee des ewigen und allgemeinen Weltfriedens im Alten Orient und im AT (TrThSt 7) (Trier [2]1967).
Güttgemanns, E., Der leidende Apostel und sein Herr. Studien zur paulinischen Christologie (FRLANT 90) (Göttingen 1966).
Gyllenberg, R., Rechtfertigung und Altes Testament bei Paulus (Stuttgart/Berlin/Köln/Mainz 1973).
Haenchen, E., Die Apostelgeschichte (KommNTMeyer III) (Göttingen [6]1968).
Haenchen, E., Petrus-Probleme, in: NTSt 7 (1960/61) 187–197.
Hahn, F., Christologische Hoheitstitel. Ihre Geschichte im frühen Christentum (FRLANT 83) (Göttingen 1963).
Hahn, F., Das Verständnis der Mission im NT (Wissenschaftliche Monogr. zum A u. NT 13) (Neukirchen 1963).
Harnack, A. v., Marcion. Das Evangelium vom fremden Gott (Leipzig [2]1924).
Hengel, M., Christologie und ntl. Chronologie. Zur Aporie in der Geschichte des Urchristentums, in: NT und Geschichte. Historisches Geschehen und Deutung im NT (O. Cullmann zum 70. Geburtstag) (Zürich/Tübingen 1972) 43–67.
Hengel, M., Die Ursprünge der christlichen Mission, in: NTSt 18 (1971/72) 15–38.
Jeremias, G., Der Lehrer der Gerechtigkeit (Studien zur Umwelt des NT 2) (Göttingen 1963).
Jeremias, J., ABBA. Studien zur ntl. Theologie und Zeitgeschichte (Göttingen 1966).
Jeremias, J., Chiasmus in den Paulusbriefen, in: ZntW 49 (1958) 145–156.
Jervell, J., Die geoffenbarte und die verborgene Tora. Zur Vorstellung über die neue Tora im Rabbinismus, in: StTh 25 (1971) 90–108.
Jewett, R., Paul's Anthropological Terms. A study of their use in conflict settings (Leiden 1971).
Joest, W., Gesetz und Freiheit. Das Problem des Tertius usus legis bei Luther und in der ntl. Parainese (Göttingen [3]1961).
Kamlah, E., Die Form der katalogischen Paränese im NT (WUNT 7) (Tübingen 1964).
Käsemann, E., Paulinische Perspektiven (Tübingen [2]1972).
Käsemann, E., An die Römer (HandbNT, 8a) (Tübingen 1973).
Kehl, N., Der Christushymnus im Kolosserbrief (Stuttg. Bibl. Monogr. 1) (Stuttgart 1967).
Kertelge, K., Das Apostelamt des Paulus, sein Ursprung und seine Bedeutung, in: BZ, NF 14 (1970) 161–181.
Kertelge, K., „Rechtfertigung" bei Paulus. Studien zur Struktur und zum Bedeutungsgehalt des pln. Rechtfertigungsbegriffs (NtlAbh, NF 3) (Münster [2]1972).
Kilian, R., Die vorpriesterlichen Abrahamsüberlieferungen. Literarkritisch und traditionsgeschichtlich untersucht (BBB 24) (Bonn 1966).
Klein, G., Die zwölf Apostel. Ursprung und Gehalt einer Idee (Göttingen 1961).
Klein, G., Rekonstruktion und Interpretation. Gesammelte Aufsätze zum NT (München 1969).
Klein, G., Bibel und Heilsgeschichte. Die Fragwürdigkeit einer Idee, in: ZntW 62 (1971) 1–47.
Koskenniemi, H., Studien zur Idee und Phraseologie der griechischen Briefe bis 400 n. Chr. (Helsinki 1956).

Texte und Literatur

Kramer, W., Christos — Kyrios — Gottessohn (AbhThANT 44) (Zürich/Stuttgart 1963).
Kuhn, H.-W., Enderwartung und gegenwärtiges Heil. Untersuchungen zu den Gemeindeliedern von Qumran (Stud. z. Umwelt des NT 4) (Göttingen 1966).
Kuss, O., Der Römerbrief, 1. u. 2. Lieferung (Regensburg 1957ff).
Kuss, O., Nomos bei Paulus, in: MüThZ 17 (1966) 173–227.
Kuss, O., Paulus. Die Rolle des Apostels in der theologischen Entwicklung der Urkirche (Regensburg 1971).
Kutsch, E., Verheißung und Gesetz. Untersuchungen zum sog. „Bund" im AT (BZAW 131) (Berlin 1973).
Lake, K., and Jackson, F. J. F., The Beginnings of Christianity I, vol. 1–5 (London 1920/33).
Limbeck, M., Die Ordnung des Heils. Untersuchungen zum Gesetzesverständnis des Frühjudentums (Düsseldorf 1971).
Limbeck, M., Von der Ohnmacht des Rechts. Zur Gesetzeskritik des NT (Düsseldorf 1972).
Linton, O., The third aspect. A neglected point of view. A study in Gal. I–II and Acts IX and XV, in: StTh 4/II (1952) 79–95.
Lohfink, N., Die Landverheißung als Eid (SBS 28) (Stuttgart 1967).   [1968].
Lohse, E., Die Briefe an die Kolosser und an Philemon (KommNTMeyer IX/2) (Göttingen
Lohse, E., Die Gerechtigkeit Gottes in der paulinischen Theologie, in: ders., Die Einheit des NT. Exegetische Studien zur Theologie des NT (Göttingen 1973) 209–227.
Lohse, E., Taufe und Rechtfertigung bei Paulus: ebd. 228–244.
Lührmann, D., Das Offenbarungsverständnis bei Paulus und in den paulinischen Gemeinden (Neukirchen 1965).
Lührmann, D., Rechtfertigung und Versöhnung. Zur Geschichte der paulinischen Tradition, in: ZThK 67 (1970) 437–452.
Luz, U., Das Geschichtsverständnis des Paulus (BEvTh 49) (München 1968).
Merk, O., Handeln aus Glauben. Die Motivierungen der paulinischen Ethik (Marb. Theol. Stud. 5) (Marburg 1968).
Michel, O., Der Brief an die Römer (KommNTMeyer IV) (Göttingen [10]1955).
Müller, K., Anstoß und Gericht. Eine Studie zum jüdischen Hintergrund des paulinischen Skandalon-Begriffs (Stud. z. A u. NT 19) (München 1969).
Munck, J., Paulus und die Heilsgeschichte (Acta Jutlandica XXVI, 1) (Kopenhagen 1954).
Mußner, F., Christus, das All und die Kirche. Studien zur Theologie des Epheserbriefes (TrThSt 5) (Trier [2]1968).
Mußner, F., Der Jakobusbrief (Herders theol. Kommentar zum NT XIII/1) (Freiburg/Basel/Wien [2]1967).
Mußner, F., PRAESENTIA SALUTIS. Gesammelte Studien zu Fragen und Themen des Neuen Testamentes (Düsseldorf 1967).
Noth, M., „Die mit des Gesetzes Werken umgehen, die sind unter dem Fluch", in: ders., Gesammelte Studien zum AT (München 1957) 155–171.
Ogg, G., The Chronology of the Life of Paul (London 1968).
Pax, E., Der Loskauf. Zur Geschichte eines ntl. Begriffes, in: Antonianum 37 (1962) 239–278.
Pfitzner, V. C., Paul and the Agon Motif (SNT 16) (Leiden 1967).
Popkes, W., Christus traditus. Eine Untersuchung zum Begriff der Dahingabe im NT (AbhThANT 49) (Zürich/Stuttgart 1967).
Rad, G. v., Theologie des Alten Testaments, 2 Bde. (München I, [5]1966; II, [5]1968).
Reventlow, H. Graf, Rechtfertigung im Horizont des AT (München 1971).
Richardson, P., Israel in the Apostolic Church (Cambridge 1969).
Rigaux, B., Paulus und seine Briefe. Der Stand der Forschung (Bibl. Handbibliothek II) (München 1964).
Roloff, J., Apostolat — Verkündigung — Kirche. Ursprung, Inhalt und Funktion des kirchlichen Apostelamtes nach Paulus, Lukas und den Pastoralbriefen (Gütersloh 1965).
Sand, A., Der Begriff „Fleisch" in den paulinischen Hauptbriefen (Bibl. Untersuchungen 2) (Regensburg 1967).
Satake, A., Apostolat und Gnade bei Paulus, in: NTSt 15 (1968/69) 96–107.
Scharbert, J., Solidarität in Segen und Fluch im AT und in seiner Umwelt (BBB 14) I. Väterfluch und Vätersegen (Bonn 1958).

Texte und Literatur

Scharbert, J., Heilsmittler im AT und im Alten Orient (Quaest. disp. 23/24) (Freiburg 1964).

Schmithals, W., Das kirchliche Apostelamt. Eine historische Untersuchung (FRLANT 79) (Göttingen 1961).

Schmithals, W., Paulus und Jakobus (FRLANT 85) (Göttingen 1963).

Schnackenburg, R., Schriften zum NT. Exegese in Fortschritt und Wandel (München 1971).

Schoeps, H.-J., Paulus. Die Theologie des Apostels im Lichte der jüdischen Religionsgeschichte (Tübingen 1959).

Schottroff, W., Der altisraelitische Fluchspruch (Neukirchen 1969).

Schrage, W., Die konkreten Einzelgebote in der paulinischen Paränese (Gütersloh 1961).

Schürer, E., Geschichte des jüdischen Volkes im Zeitalter Jesu Christi, 3 Bde. (Leipzig I ^{5}1920; II ^{4}1907; III ^{4}1909).

Schweizer, E., Die „Elemente der Welt". Gal 4, 3.9; Kol 2, 8.20, in: ders., Beiträge zur Theologie des NT (Zürich/Stuttgart 1970) 147–163.

Spicq, C., Agapè dans le Nouveau Testament. 3 Bde. (Paris 1958/59).

Stählin, F., Geschichte der kleinasiatischen Galater bis zur Errichtung der römischen Provinz Asia (Leipzig ^{2}1907).

Stählin, G., Die Apostelgeschichte (NTD 5) (Göttingen ^{2}1967).

Stuhlmacher, P., Das paulinische Evangelium. I. Vorgeschichte (FRLANT 95) (Göttingen 1968).

Stuhlmacher, P., Erwägungen zum Problem von Gegenwart und Zukunft in der paulinischen Eschatologie, in: ZThK 64 (1967) 423–450.

Stuhlmacher, P., Gerechtigkeit Gottes bei Paulus (FRLANT 87) (Göttingen 1965).

Thraede, K., Grundzüge griechischer Brieftopik (Zetemata 48) (München 1970).

Thüsing, W., Per Christum in Deum. Studien zum Verhältnis von Christozentrik und Theozentrik in den paulinischen Hauptbriefen (NtlAbh, NF 1) (Münster ^{2}1969).

Vielhauer, Ph., Paulus und das Alte Testament, in: L. Abramowski / J. F. G. Goeters (Hrsg.), Studien zur Geschichte und Theologie der Reformation (Festschr. f. E. Bizer) (Neukirchen 1969) 33–62.

Vögtle, A., Die Tugend- und Lasterkataloge exegetisch, religions- und formgeschichtlich untersucht (NtlAbh 16, 4/5) (Münster 1936).

Volz, P., Die Eschatologie der jüdischen Gemeinde im ntl. Zeitalter (Tübingen ^{2}1934).

Wegenast, K., Das Verständnis der Tradition bei Paulus und in den Deuteropaulinen (Neukirchen 1962).

Wengst, K., Christologische Formeln und Lieder des Urchristentums (Studien z. NT 7) (Gütersloh 1972).

Wengst, K., Der Apostel und die Tradition. Zur theologischen Bedeutung urchristlicher Formeln bei Paulus, in: ZThK 69 (1972) 145–162.

Wibbing, S., Die Tugend- und Lasterkataloge im NT und ihre Traditionsgeschichte unter besonderer Berücksichtigung der Qumran-Texte (BZNW 25) (Berlin 1959).

Wikenhauser, A., Die Apostelgeschichte (RegNT 5) (Regensburg ^{3}1956).

Wikenhauser, A., Die Christusmystik des Apostels Paulus (Freiburg ^{2}1956).

Wilckens, U., Die Bekehrung des Paulus als religionsgeschichtliches Problem, in: ZThK 56 (1959) 273–293.

Wilckens, U., Was heißt bei Paulus: „Aus Werken des Gesetzes wird kein Mensch gerecht"?, in: EKK 1 (Neukirchen/Einsiedeln 1969) 51–77.

Zeller, D., Juden und Heiden in der Mission des Paulus. Studien zum Römerbrief (Forschung zur Bibel 1) (Stuttgart 1973).

Zimmerli, W., Das Gesetz und die Propheten (Göttingen 1963).

Der Galaterbrief

Einleitung

§ 1. Galater und Galatien[1]

Nach dem Zusammenbruch des großthrakischen Reiches des Lysimachus stießen keltische Stämme aus ihren damaligen Sitzen zwischen Donau und Adria auf die Balkanhalbinsel vor. Ein Teil von ihnen überschwemmte unter ihrem Führer Brennus im Jahre 279 v. Chr. Mazedonien und rückte gegen Griechenland vor, wurde aber vor Delphi besiegt. Auch bei Lysimacheia im thrakischen Chersones wurden sie von Antigonos Gonatas, dem mazedonischen Prätendenten, im Jahre 277 geschlagen. Aber zwei Heerhaufen der Galater war es gelungen, unter ihren Führern Lonorius und Lutarius über den Hellespont zu setzen und sich bald darauf mit den übrigen Stammesgenossen, die die vorher genannten Niederlagen überlebt hatten, zu vereinigen: ungefähr 20 000 Köpfe, darunter 10 000 Bewaffnete (Liv. XXXVIII, 16, 2.9)[2]. Sie traten zunächst in den Dienst des Königs Nikodemes von Bithynien. Bald aber wurden sie zu einer gefürchteten Landplage für ganz Kleinasien[3], zumal sie sich rasch vermehrten: tantae fecunditatis iuventus fuit, ut Asiam omnem velut examine aliquo implerent ... Tantus terror Gallici nominis et armorum invicta felicitas erat, ut aliter neque maiestatem suam tutari neque amissam reciperare se posse sine Gallica virtute arbitrarentur (Justinus XXV, 2). Häufig kämpften die Galater als Söldner in den Heeren verschiedener Könige Kleinasiens und bezogen von ihnen Tribute. Tantusque terror eorum nominis erat, multitudine etiam magna subole aucta, ut Syriae quoque ad postremum reges stipendium dare non abnuerent (Liv. XXXVIII, 16, 13). Attalos I. von Pergamon jedoch verweigerte ihnen als erster

---

[1] Als die maßgebliche Darstellung der Geschichte der Galater und Galatiens darf nach wie vor die Monographie von F. STÄHELIN, Geschichte der kleinasiatischen Galater bis zur Errichtung der römischen Provinz Asia (Leipzig ²1907) betrachtet werden. Dazu kommen noch der große Artikel „Galatia, Galatike [chora], Gallograikia" von BRANDIS in: PAULY-WISSOWA-KROLL, Real-Encyclopädie XIII (Stuttgart 1910) 519–559; A. STEINMANN, Der Leserkreis des Galaterbriefes (Münster 1908) 17–60 (XII–XIV weitere Lit. zur Geschichte der Galater in Kleinasien); R. SYME, Galatia and Pamphylia under Augustus, in: Klio 27 (1934) 122–148; P. MORAUX, L'établissement des Galates en Asie-Mineure, in: Istanbuler Mitteilungen 7 (1957) 56–75.
[2] Die Stellenangaben aus LIVIUS wurden z. T. aus PAULY-WISSOWA übernommen und an der Editio Maior von A. ZINGERLE, T. Livi AB URBE CONDITA libri (Leipzig 1890), kontrolliert und korrigiert.
[3] Vgl. Liv. XXXVIII, 16, 9f: profecti ex Bithynia in Asiam processerunt. non plus ex viginti milibus hominum quam decem armata erant. tamen tantum terroris omnibus, quae cis Taurum incolunt, gentibus iniecerunt, ut quas adissent quasque non adissent, pariter ultimae propinquis, imperio parerent.

Einleitung

Fürst in ganz Kleinasien den Tribut (Liv. XXXVIII, 16, 14)[4] und besiegte die Galater in mehreren Schlachten zwischen 240 und 230 v. Chr.: Γαλάτας γὰρ ἐς τὴν γῆν, ἣν ἔτι καὶ νῦν ἔχουσιν, ἀναφυγεῖν ἠνάγκασεν ἀπὸ θαλάσσης (Pausanias I, 8, 1); er wurde deshalb in Inschriften als σωτήρ gefeiert. Damit herrschte einige Zeit Ruhe; die Galater hielten sich in ihren Gebieten, in der sogenannten Landschaft Galatien: Im Westen (um Pessinus herum) die Tolistoagier, in der Mitte (um Ankyra herum) die Tektosagen, im Osten an den Ufern des Halys die Trokmer, mit je einem regulus (βασιλεύς) an der Spitze. Infolge Übervölkerung und Dürre ihrer Weideländer erregten die Galater jedoch neue Unruhen, so daß im Jahre 189 der römische Consul Cn. Manlius Vulso von Ephesus aus einen Strafzug gegen sie unternahm (Liv. XXXVIII, 12–27) und dabei 40 000 Galater gefangennahm[5]. Die ihnen auferlegten Bedingungen lauteten: ut morem vagandi cum armis finirent agrorumque suorum terminis se continerent (Liv. XXXVIII, 40, 2). Von 183 bis 166 war die Landschaft Galatien eine Provinz des pergamenischen Reiches. Als die Galater sich gegen die Herrschaft Pergamons erhoben, erlitten sie im Jahre 166 in Phrygien eine schwere Niederlage unter Eumenos II. und Attalos II. — an diesen Sieg erinnerte der Zeusaltar mit Gigantomachie in Pergamon[6] —, aber ein römischer Senatsbeschluß erklärte die Galater für autonom; nur mußten die Galater sich ruhig verhalten (Polyb. XXXI, 2). Sie hielten fortan den Römern die Treue. Im Jahre 63 verteilte Pompeius Galatien unter drei galatische Tetrarchen als Stammesherzöge[7]. Im Jahre 44 wurde der Stammesherzog Deïotaros Alleinherrscher über die Galater; nach dessen Ermordung erhielt sein Enkel Kastor auch noch einen Teil von Paphlagonien. Und dessen Nachfolger Amyntas erhielt 31 v. Chr. dazu noch Cilicia Tracheia; er „übte ... eine eigentliche Polizeigewalt in römischem Interesse aus, und in dieser Rolle hat er sich bei der schwierigen Arbeit der Pazifizierung des inneren Kleinasiens große Verdienste erworben" (Stähelin)[8]. Er fiel im Jahre 25 im Kampf gegen den pisidisch-isaurischen Stamm der Homonadier.

Nach seinem Tode wurde unter Umgehung seiner Söhne sein ganzes Herrschaftsgebiet (die Landschaft Galatien, Pisidien, Lykaonien, ein Teil von Phrygien und Isaurien mit Ausnahme von Cilicia Tracheia und Pamphylien) römische Provinz unter dem Namen „Galatia". Von da an findet sich diese Provinzbezeichnung häufig bei lateinischen Schriftstellern (Tacitus, Ann. XIII, 35; Hist. II, 9; Plinius, n. h. V, 146 u. o.; Stat. Silv. I, 4, 76). Jedoch behielten die einzelnen Landschaften der Provinz Galatia ihre Individualität, wie Inschriften zeigen[9]. Der prätorische Statthalter hatte seinen Sitz in Ankyra

---

[4] primus Asiam incolentium abnuit Attalus.
[5] Vgl. dazu Näheres bei Stähelin, a. a. O. 52–55; Liv. XXXVIII, 23, 9: numerus captivorum haud dubie milia quadraginta explevit.
[6] Vgl. Stähelin, a. a. O. 72.
[7] Siehe die Stammtafel der Tetrarchen bei Stähelin, ebd. 108.
[8] Ebd. 99.
[9] Pauly-Wissowa XIII, 555 f.

§ 2. Paulus und die Galatermission

(genannt μητρόπολις τῆς Γαλατίας: CIG 4011.4020.4030.4042.5396). Die galatischen Stämme bildeten τὸ κοινὸν τῶν Γαλατῶν (CIG 4039)[10]. Im Jahre 6 v. Chr. kam auch noch Paphlagonien dazu; später noch andere Landschaften wie Pontus Polemonianus, Pontus Galaticus und Armenia Minor; unter Kaiser Vespasian noch Kappadozien.

Die Galater erhielten sich lange ihre keltische Sprache und nationalen Gebräuche, wenn auch im übrigen der Hellenisierungsprozeß unaufhaltsam war. Aber noch zur Zeit des Hieronymus wurde auf dem Lande keltisch gesprochen (Prol. II in ep. ad Gal. III)[11].

Der Terminus Γαλάται = Κελτοί (Pausanias I, 4, 1; Polyb. I, 6, 3f); aber Polybius nennt die Bewohner der Landschaft Galatien immer Γαλάται (XXIV, 8.9, 6; XXV, 2, 3; XXXI, 6, 2)[12]. Plutarch gebraucht die Bezeichnungen „Kelten" und „Galater" nebeneinander (vgl. Mor. 113A: Κέλτοι καὶ Γαλάται καὶ πάντες οἱ φρονήματος ἀνδρειοτέρου πεφυκότες ἔμπλεοι . . .).

§ 2. Paulus und die Galatermission. Die Adressatenfrage

I. Bei welcher Gelegenheit hat Paulus bei den Galatern missioniert? Die Apg berichtet zweimal von einem „Durchzug" des Apostels „durch galatisches Land": 16, 6 und 18, 23[13].

1. Apg 16, 6: διῆλθον δὲ τὴν Φρυγίαν καὶ Γαλατικὴν χώραν, κωλυθέντες ὑπὸ τοῦ ἁγίου πνεύματος λαλῆσαι τὸν λόγον ἐν τῇ Ἀσίᾳ. In diesem Text ist von einer Wanderung die Rede, die Paulus und seine Begleiter durch „Phrygien und das galatische Land" führt. Im einzelnen läßt sich die Reiseroute nicht mehr festlegen; Lk kommt es auch nicht auf Einzelheiten an, sondern darauf, daß für das Evangelium neuer Raum erschlossen wird[14]. Man darf aber „getrost voraussetzen", daß Paulus und seine Begleiter dabei „nicht einfach kreuz und quer durch ganz Kleinasien gewandert (sind), ohne sich um Weg und Steg zu kümmern, sondern sie haben sich bei diesen Reisen an die großen Straßen gehalten" (Haenchen)[15], die die Städte verbanden. Als letzte Reisestationen werden im Vorausgehenden in 16, 1 Derbe und Lystra genannt; in 16, 2 wird noch Ikonium erwähnt. Dann erscheinen in 16, 6–8 nur Landschaften: Phrygien, das galatische Land, Mysien und Bithynien; erst in 16, 8 wird wieder eine Stadt genannt: Troas, sehr wahrscheinlich mit Absicht, denn von dort aus wird Paulus nach Europa gerufen. Den Weg nach Troas bestimmt, so betont Lk, der Geist Jesu (16, 6f.) Er ist es, der die Missionare hindert, „das Wort in der

---

[10] PAULY-WISSOWA XIII, 556.
[11] Vgl. dazu Näheres bei STÄHELIN, a.a.O. 104. Aber als „Sprache der Gebildeteren galt natürlich . . . nur das Griechische, und auch die Römer ließen im amtlichen Verkehr kein anderes Idiom zu" (ebd.).
[12] Vgl. auch STÄHELIN, ebd. 7, Anm. 5.
[13] Zur Analyse der beiden Stellen vgl. außer den Kommentaren zur Apg vor allem STEINMANN, Der Leserkreis des Galaterbriefes, 175–226.
[14] Vgl. auch A. WIKENHAUSER, Die Apg, 185.
[15] Die Apg, 425.

3

Einleitung

Asia zu verkünden" (16, 6b); das passive Partizip κωλυθέντες begründet, warum die Missionare, statt in die Asia zu gehen, durch Phrygien und das galatische Land ziehen müssen. Auf welche konkrete Weise diese „Behinderung" durch den heiligen Geist geschah, sagt Lk nicht. Paulus selbst jedoch bemerkt in Gal 4, 13, daß er δι' ἀσθένειαν τῆς σαρκός, d. h. infolge einer Krankheit den Galatern das Evangelium verkündet habe[16]. Lk scheint davon nichts zu wissen. Ihm geht es zunächst um das große Ziel: Europa. Doch muß dazu noch folgendes überlegt werden: Lukas bietet in der Apg im Anschluß an die große biblische Tradition eine „supranaturale" Geschichtsschreibung, in der das „rein" irdisch-historische Geschehen „übernatürlich" transparent wird[16a]; deshalb „verschweigt" er häufig die irdischen Anlässe des Geschehens und sieht ihre „himmlischen", so das heilige Pneuma, das den Apostel mit Hilfe der irdischen Anlässe bei seiner Arbeit und auf seinen Reisen führt. Insofern darf kein Widerspruch zwischen der lukanischen und der pln. Darstellung der Galatermission gesehen werden. Paulus nennt den „historischen" Anlaß zu ihr, Lk dagegen den „wirklichen", das heilige Pneuma. Dieses veranlaßt die Missionare nach Apg 16, 6, „durch Phrygien und das galatische Land zu ziehen" (διῆλθον)[17]. τὴν Φρυγίαν: damit ist die Landschaft Phrygien im inneren Kleinasiens gemeint, „deren Grenzen in den verschiedenen Zeiten sehr verschieden waren"[18]; Γαλατικὴν χώραν: damit ist nach der Überzeugung der meisten Ausleger das Wohngebiet der keltischen Stämme gemeint, die Paulus in Gal 3, 1 als „Galater" anspricht[19]. Lk nennt keine Einzelheiten der Wanderung. „Sie hätten die Aufmerksamkeit des Lesers von der Hauptsache abgelenkt" (Haenchen)[20]; und die „Hauptsache" ist eben die kommende Mission in Europa. Außerdem kennt Lk ganz deutlich das Landesinnere nicht[21]. Lk erwähnt auch nichts von einer Missionstätigkeit des Apostels in Phrygien und im galatischen Land; aber nach dem Gal hat Paulus bei den Galatern einige Zeit „infolge einer Krankheit" verbringen müssen (s. o.) und diese Zeit zur Verkündigung des Evangeliums und zur Gründung von Gemeinden benutzt, die auch Lk in Apg 18, 23 voraussetzt. Haenchen meint[22]: „Sie werden nicht in Städten existiert haben (sonst würde die Adresse des Galaterbriefs wohl anders lauten),

---

[16] Vgl. die nähere Auslegung bei 4, 13 (wir beziehen τὸ πρότερον auf den ersten Missionsaufenthalt des Apostels bei den Galatern).
[16a] Vgl. auch K. LÖNING, Lukas — Theologe der von Gott geführten Heilsgeschichte (Lk, Apg), in: Gestalt und Anspruch des NT (hrsg. von J. SCHREINER) (Würzburg 1969) 200–228.
[17] „διέρχομαι wird in der Apg ... entweder mit dem Akkusativ des durchzogenen Raumes konstruiert (so 12, 10; 13, 6; 14, 24; 15, 3.41; 16, 6; 18, 23; 19, 1.21; 20, 2) oder mit ἕως zur Angabe des Reiseziels (so 8, 40; 9, 38; 11, 19)" (HAENCHEN, Die Apg, 251, Anm. 1); vgl. auch BAUERWb s. v. διέρχομαι.
[18] BAUERWb s. v. Φρυγία (mit Literatur). Φρυγίαν ist Substantiv, nicht Adjektiv; vgl. LAKE, The Beginnings of Christianity, 5, 231; HAENCHEN, Die Apg, 423, Anm. 1. Das Adjektiv Φρύγιος ist im damaligen Griechisch zweiendig.
[19] Vgl. auch HAENCHEN, ebd. 423, Anm. 2, der sich kritisch mit anderen Ansichten auseinandersetzt; H. CONZELMANN (Die Apg z. St.) bemerkt mit Recht: „Lk unterscheidet ... ,Galatien' vom Gebiet der ersten Reise, die doch innerhalb der Provinz Galatien verlief."
[20] Die Apg, 425.
[21] Vgl. auch CONZELMANN z. St.
[22] Die Apg, 427.

§ 2. Paulus und die Galatermission

sondern in Dörfern, wo es keine Juden gab." Doch dürfte sich Haenchen darin irren; Stähelin kommt aufgrund seiner hervorragenden Kenntnis des einschlägigen Quellenmaterials zu dem Ergebnis[23]: „Unter den Hauptorten der drei Stämme verdienten nur zwei von vornherein die Bezeichnung einer Stadt: dies waren Ankyra, die Stadt der Tektosagen, die als Provinzialhauptstadt seit dem Beginn der Kaiserzeit einen glänzenden Aufschwung nahm, und Pessinus, Hauptstadt der Tolistobogier und heiliger Sitz der Göttermutter, deren Priestervolk zur Hälfte den Phrygern, zur Hälfte den Galatern entnommen wurde. Das Kastell Tavion, das die Trokmer als Hauptort erkoren hatten, war seit Strabons Zeit ein bedeutender Handelsplatz, scheint aber doch erst spät zu einer den beiden andern Städten einigermaßen vergleichbaren Bedeutung gelangt zu sein." Wo näherhin im Galaterland die christlichen Gemeinden lagen und wie groß ihre Zahl war, wissen wir nicht, und darüber zu spekulieren, hat keinen Sinn. Aber als sicher dürfen wir annehmen, daß die Zahl der Mitglieder z. Z. des Paulus keine allzu große gewesen ist; vielleicht ein paar Hundert.

2. Apg 18, 23: καὶ ποιήσας χρόνον τινὰ ἐξῆλθεν, διερχόμενος καθεξῆς τὴν Γαλατικὴν χώραν καὶ Φρυγίαν, στηρίζων πάντας τοὺς μαθητάς. Der Apostel verweilt nach Beendigung der zweiten Missionsreise „einige Zeit"[24] in Antiochien in Syrien und zieht dann zur dritten Missionsreise aus (ἐξῆλθεν); das Ziel ist diesmal Ephesus (vgl. 19, 1). Von der ganzen langen Reise dorthin berichtet Lukas nur in einer knappen Notiz, daß der Apostel dabei „nacheinander (κατεξῆς) das galatische Land und Phrygien durchzog, alle Brüder stärkend". „κατεξῆς zeigt, daß mit ‚galatisches Land‘ und ‚Phrygien‘ zwei verschiedene Landschaften gemeint sind ..." (Haenchen)[25]. Warum ihre Reihenfolge im Vergleich mit 16, 6 jetzt umgekehrt ist, hängt vielleicht mit einer anderen Reiseroute zusammen (vgl. Anm. 26). Daß aber Lk angesichts seines sonstigen Schweigens über andere Reisestationen gerade diese zwei Landschaften erwähnt[26], läßt erkennen, daß ihm die pln. „Visitation" der dortigen Gemeinden wichtig ist. Außerdem erfährt man nun, daß es überhaupt in diesen Landschaften christliche Gemeinden (= „Brüder") gibt. Wenn Lk also in 16, 6 auch nicht ausdrücklich von einer Missionstätigkeit des Apostels und seiner Begleiter in diesen Landschaften erzählt hat, so holt er das in 18, 23 mit der Bemerkung nach, daß der Apostel dort „alle Brüder stärkte"[27].

[23] A.a.O. 106.
[24] Zu ποιήσας χρόνον τινά vgl. HAENCHEN zu Apg 15, 33.
[25] Vgl. auch BAUERWb s.v. καθεξῆς; JACKSON-LAKE, The Beginnings, 2, 504f.
[26] G. STÄHLIN meint (Die Apg, zu 18, 23), „daß Paulus diesmal die Gemeinden von Lykaonien und Pisidien offenbar nicht noch einmal besuchte, sondern nur die auf der zweiten Reise neu gegründeten Gemeinden in Galatien und Phrygien ... Er ist also diesmal vermutlich von der Zilizischen Pforte ... nach Norden weitergezogen, um durch Kappadozien ... Galatien zu erreichen". Dadurch würde sich erklären, daß in 18, 23 das galatische Land vor Phrygien genannt wird: er kommt über Kappadozien ins Land der Galater und wandert von dort weiter in Richtung Westen durch Phrygien nach Ephesus. In 19, 1 werden die beiden Landschaften Galatien und Phrygien „die oberen Gegenden" (τὰ ἀνωτερικὰ μέρη) genannt = das kleinasiatische Hochland (vgl. HAENCHEN zu Apg 19, 1).
[27] „μαθητής bedeutet bei Lk stets ‚Christen'" (HAENCHEN, Die Apg, 488, zu 19, 1); vgl. auch OEPKE, Gal., 7. In der Zeit zwischen dem ersten und zweiten Besuch des Apostels werden die

Einleitung

II. Ist aber der Brief tatsächlich an diese Gemeinden in der **Landschaft Galatien** geschrieben („Landschaftshypothese") oder an Gemeinden in der **Provinz „Galatia"** („Provinzhypothese")?[28] Ist der Brief an „Galater" in der römischen Provinz Galatien geschrieben, die außerhalb der Landschaft Galatien wohnten, dann sind die Adressaten nicht anderswo als in den Städten Antiochien in Pisidien, Ikonium, Lystra und Derbe zu suchen, in denen der Apostel auf der ersten Missionsreise christliche Gemeinden gegründet hat[29], und die zur Zeit des Paulus in der Tat zur römischen Provinz „Galatia" gehörten (s. § 1). Nachdem die Provinzhypothese schon bei J. J. Schmidt (1748) und J. P. Mynster (1825) aufgetaucht war[30], wurde sie besonders wirksam vertreten von W. M. Ramsay[31] und Th. Zahn[32]. Sie hat aber bis heute ihre Anhänger[33]; zu ihnen gehört auch W. Michaelis[34], dessen Hauptargumente hier angeführt seien: 1. Die Anrede der Leser des Briefes in 3, 1 als „Galater" passe ebenso auf die Pisidier und Lykaonier, die „schon über 75 Jahre zur römischen Provinz Galatia" gehörten"; „sie bildeten, da es ein lykaonisches oder pisidisches Reich

---

„Brüder" nicht untätig gewesen sein, sondern selbständig missioniert haben; Paulus „stärkt" nun alle Gemeinden durch seinen apostolischen Zuspruch. Zum Terminus στηρίζειν vgl. auch Lk 22, 32; Apg 14, 22 (ἐπιστηρίζειν); 15, 32 (ἐπιστηρίζειν); Röm 16, 25; 1 Thess 3, 2; 2 Thess 3, 3; 1 Petr 5, 10; G. HARDER in: ThWb VII, 653–657. στηρίζειν bzw. das semantisch gleichwertige Kompositum ἐπιστηρίζειν hat im Sprachgebrauch der Apg nie die Bedeutung „missionieren" (Missionsgemeinden gründen), sondern schon bestehende Gemeinden („Brüder") im Glauben „stärken"; vgl. bes. Apg 14, 22 (ἐπιστηρίζοντες τὰς ψυχὰς τῶν μαθητῶν, παρακαλοῦντες ἐμμένειν τῇ πίστει). Das bezieht sich auf die Stärkung der Brüder in den vorher schon gegründeten Gemeinden in Lystra, Ikonium und Antiochien, während unmittelbar zuvor (14, 21) die missionierende, gemeindegründende Tätigkeit des Paulus und Barnabas in Derbe als ein εὐαγγελίζεσθαι und μαθητεύειν bezeichnet wird (gegen BORSE, Der Standort des Galaterbriefes, 48; B. verweist auf CONZELMANN, Die Apg 89, der zu Apg 16, 6ff bemerkt: „Diese Reiseschilderung ist sehr merkwürdig: eine gezielte Nicht-Missionsreise!", aber dann fortfährt [was B. nicht erwähnt]: „In Wirklichkeit hat Paulus in diesen Gebieten lange gearbeitet. Eine Spur dessen findet sich auch in den Act noch, wenn sie von Gemeinden in Galatien und Phrygien wissen, 18, 23"). Auch Paulus verwendet in Gal 4, 13 εὐαγγελίζεσθαι in der Bedeutung: „Das Evangelium verkünden" = missionieren, christliche Gemeinden gründen; auch deshalb wird sich die Zeitangabe τὸ πρότερον in 4, 13 nur auf den Gründungsaufenthalt des Apostels bei den Galatern beziehen können, der in Apg 16, 6 freilich nur „en passant" erwähnt wird. Vgl. auch noch S. 307 in diesem Kommentar.

[28] KÜMMEL bemerkt mit Recht (Einleitung, 258), daß man besser von „Landschaftshypothese" bzw. „Provinzhypothese" spreche als von „nordgalatischer" bzw. „südgalatischer Hypothese [Theorie]". Die wichtigste Literatur über die beiden Hypothesen ist verzeichnet bei SCHLIER, Der Brief an die Galater, 17, Anm. 1; dazu noch F. F. BRUCE, Galatians Problems 2: North or South Galatians, in: BJRL 52 (1970) 243–266.

[29] Vgl. Apg 13; 14; 16, 1ff.

[30] Vgl. KÜMMEL, Einleitung in das NT, 258.

[31] The Church of the Roman Empire before A. D. 170 (London ⁸1904), 74ff; DERS., St. Paul the Traveller and the Roman Citizen (London ⁶1902, Neudruck Michigan 1962) 89ff.

[32] Gal., 9–18. Eine umfassende Auseinandersetzung mit den Vertretern der Provinzhypothese hat A. STEINMANN geführt in: Der Leserkreis des Galaterbriefes (Münster 1908).

[33] Vgl. dazu KÜMMEL, a.a.O. 258f; BAUERWb, s.v. Γαλατία. Zu nennen ist besonders V. WEBER, Die Adressaten des Galaterbriefes. Beweis der rein-südgalatischen Theorie (Ravensburg 1900); DERS., Des Paulus Reiserouten bei der zweimaligen Durchquerung Kleinasiens (Würzburg 1920).

[34] Einleitung in das NT, 184–187.

§ 2. Paulus und die Galatermission

gar nicht mehr gab, auch keine Irredenta". 2. Nach Gal 4, 13 hat Paulus „infolge einer Krankheit" den Galatern das Evangelium gebracht; die Vertreter der Landschaftshypothese (wie Feine-Behm) würden nun betonen, daß Apg 13.14 von einer Krankheit des Apostels bei der Missionierung von Pisidien und Lyakonien nichts wisse. „Jedoch: von 16, 6 gilt genau das gleiche." 3. Feine-Behm sagen: „Wäre Gal an die auf der sog. 1. Missionsreise gegründeten Gemeinden gerichtet, so hätte Pls 1, 21 nicht gesagt: ‚dann kam ich in die Gegenden Syriens und Ziliziens', sondern: ‚dann kam ich nach Syrien, Zilizien und zu euch'."[35] „Jedoch: auch bei nordgalatischer Adresse wirkt die Nicht-Erwähnung der 1. Missionsreise auffällig. Wahrscheinlich will Pls nur betonen, daß er nach dem 1, 18 f erwähnten Besuch der Urgemeinde sich weitab von Jerusalem begeben habe. Deswegen erinnert er an die Zeit in Antiochien Apg 11, 26 ff und nennt den zeitlich früher liegenden Aufenthalt in Zilizien (9, 30; 11, 25) erst an zweiter Stelle, weil Zilizien noch weiter entfernt von Jerusalem liegt. Die Reihenfolge in 1, 21 ist somit geographisch orientiert." 4. „Bei nordgalatischer Adresse wären die Judaisten erst nach der Zeit von Apg 18, 23 in die Gemeinden eingereist, hätten mit ihrem Vorstoß also sehr lange zugewartet. Die ganze Lage ist verständlicher, wenn sie bald nach ihrer Niederlage auf dem Apostelkonzil die damals schon vorhandenen paulinischen Gemeinden, d. h. aber dann: die auf der 1. Missionsreise gegründeten, aufgesucht haben." 5. „Gewichtiger ist es, daß Barnabas in 2, 9.13 als eine den Lesern bekannte Gestalt erwähnt wird, während er Pls doch nur auf der 1. Missionsreise begleitet hat." 6. Pls sieht „sonst gern persönlich nach dem Rechten". Warum geht er also im Falle der Galater nicht persönlich zu ihnen oder schickt wenigstens einen Mitarbeiter dorthin, wo doch die Entfernung von Ephesus aus nicht so groß gewesen wäre? „Das völlige Schweigen über die Möglichkeit eines Besuchs wäre erklärt, wenn der Brief bei südgalatischer Datierung von Europa aus geschrieben ist." 7. „In 2, 10 wird die Kollektenabmachung auf dem Apostelkonzil erwähnt; für die Kollekte geworben wird jedoch im Brief mit keinem Wort. Dies erklärt sich aus der gespannten Situation, kann daher nicht gegen die Nord-Theorie geltend gemacht werden. Wohl aber löst die 1 Kor 16, 1 erwähnte Beteiligung der ‚Gemeinden in Galatien' an der Kollekte die Frage aus, ob in der Liste Apg 20, 4 Vertreter aus dem keltischen Galatien vorkommen." „Alles in allem lassen sich mithin die Einwände gegen die südgalatische Theorie eher entkräften als die Einwände gegen die nordgalatische Theorie, und andererseits lassen sich die Gründe für die südgalatische Theorie alles in allem weniger abschwächen als die Gründe für die nordgalatische Theorie. So wird sich die Waagschale zugunsten der südgalatischen Theorie senken, und als Empfänger des Gal haben demnach die auf der 1. Missionsreise gegründeten Gemeinden in Pisidien und Lykaonien zu gelten."[36]

Die Argumente Michaelis' lassen sich im einzelnen nicht ohne weiteres widerlegen, weil sie auf jeden Fall mögliche Hypothesen darstellen. Dennoch scheint

---

[35] In Kümmels Neubearbeitung des „Feine-Behm" fast wörtlich aufrechterhalten.
[36] A.a.O. 187.

die Landschaftshypothese in possessione zu sein, und zwar aus folgenden Gründen:

1. Tatsache ist, daß Paulus bei den keltischen Galatern missioniert hat (vgl. oben die Analyse von Apg 16, 6 und 18, 23), was auch von den Vertretern der Provinzhypothese nicht geleugnet wird. „Die gleichzeitige Erwähnung von ἡ Φρυγία, 16, 6, und die Beschreibung des weiteren Reiseweges des Paulus durch Mysien, Bithynien und Troas zeigt, daß hier an die Landschaft Galatien gedacht ist" (Schlier)[37].

2. „Unmöglich konnte Paulus Lykaonier oder Pisidier ‚o ihr Galater' Gal 3, 1 anreden" (Kümmel)[38]; wenn K. freilich dann fortfährt: „zumal dieser Sprachgebrauch [in den antiken Quellen als Bezeichnung für die übrigen Bewohner der Provinz Galatien] überhaupt nicht belegt ist", so bedarf das einer Korrektur[38a].

3. Paulus schreibt den Brief nach 1, 2 ταῖς ἐκκλησίαις τῆς Γαλατίας. Γαλατία (Galatia) kommt zwar bei antiken Schriftstellern als Bezeichnung der Provinz Galatien vor[39]. Dennoch scheint der Genitiv τῆς Γαλατίας in Gal 1, 2 eher Landschaftsbezeichnung zu sein. Denn auch in 1, 21 sind mit den Genitiven τῆς Συρίας und τῆς Κιλικίας Landschaftsnamen gemeint; deutlich ist dort Palästina ausgeschlossen, das zur Zeit des Apostels zur Provinz Syrien gehört hat[40].

4. Die Adressaten des Briefes sind eindeutig ehemalige Heiden (vgl. 4, 8; 5, 2f; 6, 12f); in den Gemeinden der Provinzhypothese (Ikonium usw.) jedoch fehlen die Judenchristen nicht[41]. Daß diese unterdessen Gegner des Apostels geworden sind, ist nicht anzunehmen.

---

[37] Gal., 16.
[38] Einleitung in das NT, 259. Vgl. auch Pauly-Wissowa XIII, 556. „Die Anrede der galatischen Christen mit ὦ ... Γαλάται ... weist daraufhin, daß selbst wenn für Paulus ἡ Γαλατία ein Provinzname wäre, er doch an die Landschaft Galatien denkt" (Schlier, Gal., 16).
[38a] Es ist nämlich auf Tacitus, Ann. XV, 6 hinzuweisen, wo von pontischen, galatischen und kappadokischen Hilfstruppen (simul Pontica et Galatarum Cappadocumque auxilia) die Rede ist. Bezieht sich der Genitiv Galatarum auf Bewohner der Provinz oder der Landschaft Galatien? H. Bengtson gab mir auf eine briefliche Anfrage die Antwort (15. 2. 1967): „Tacitus Annalen XV, 6 verstehe ich so, daß es sich um Hilfstruppen aus den Provinzen Pontus, Galatien und Kappadokien handelt. An dieser Stelle scheint mir die Entscheidung ganz eindeutig. Im übrigen fürchte ich, daß das Material zu einer klaren Entscheidung der Frage, ob in den anderen Quellen die Provinz Galatien oder die Galater gemeint sind, im allgemeinen nicht ausreicht."
[39] S. o.
[40] Steinmann (Leserkreis, 64) kommt aufgrund der Untersuchung des epigraphischen Materials zu dem Ergebnis: „Die alten Landschaftsnamen haben sich unverändert forterhalten, ein Beweis dafür, wie stark das Bewußtsein, daß die Provinz Galatien ‚aus sehr verschiedenen Bestandteilen zusammengewachsen war', ‚offenbar lange' forterhalten hat" (wie J. Weiss angenommen hatte [in: Art. Kleinasien: RE f. prot. Theol. u. Kirche X, Leipzig ³1901, 555]).
[41] Aus 3, 2f. 13f. 23–29; 4, 2.5 und 5, 1 ergibt sich nicht, daß unter den galatischen Christen sich auch Judenchristen befanden. „Die Verse besagen nur, daß nach dem Urteil des ehemaligen Juden Paulus das atl. Gesetz für die ganze Menschheit gilt und durch Christi Tod auch die Heiden vom Fluch des Gesetzes befreit wurden" (Wikenhauser/Schmid, Einleitung in das NT, 412).

5. Angaben der Apg können nur dann gegen die Landschaftshypothese ins Feld geführt werden, wenn die schriftstellerische Eigenart des Verfassers der Apg dabei außer acht gelassen wird, wie das früher häufig geschah (etwa im Hinblick auf die Angabe des Apostels in Gal 4, 13, er habe „infolge einer Krankheit" bei den Adressaten missioniert; s. o.).

Aus diesen Gründen vertritt dieser Kommentar die Landschaftshypothese, ohne sie endgültig „beweisen" zu können[42].

§ 3. Zeit und Ort der Abfassung

1. Die Richtigkeit der Landschaftshypothese vorausgesetzt, läßt sich auf jeden Fall sagen, daß der Apostel den Brief an die Galater geschrieben hat, nachdem er zweimal bei ihnen gewesen ist, ganz gleichgültig, ob man nun τὸ πρότερον in 4, 13 auf den ersten oder zweiten Besuch bezieht[43]. Leider macht aber Paulus im Brief selbst keine Andeutung, wie lange Zeit seit seinem zweiten Besuch in Galatien verstrichen ist; denn οὕτως ταχέως in 1, 6 kann für diese Frage nicht ausgewertet werden (s. Auslegung).

2. Auffällig ist (wie Michaelis mit Recht betont), daß Paulus nicht selbst nach Galatien kommt, um die drohende Gefahr abzuwehren, die durch das Auftreten der Gegner heraufbeschworen wurde, obwohl er nach 4, 20 doch am liebsten persönlich bei den Galatern anwesend sein möchte. Man darf vielleicht daraus schließen, daß er in dem Augenblick, als ihn die Nachrichten über die Vorgänge von Galatien erreichen, geographisch gesehen, ziemlich weit von Galatien entfernt gewesen sein muß, d. h. auch Ephesus bereits verlassen hat, von wo aus er doch verhältnismäßig rasch nach Galatien hätte kommen können. Der Brief muß für ihn einspringen.

3. Reden die beiden Berichte Gal 2, 1ff und Apg 15, 1ff vom selben Ereignis („Apostelkonzil"), was sehr wahrscheinlich ist[44], dann ist der Brief nach dem Apostelkonzil abgefaßt, also auf jeden Fall nach dem Jahre 48.

4. Auffällig ist die thematische Berührung des Gal mit dem Röm, besonders in der Gesetzes- und Rechtfertigungstheologie, woraus auch geschlossen werden darf, daß die Abfassung der beiden Briefe zeitlich nicht zu weit auseinander liegen kann, „und damit wird auch von hier aus die ‚Landschaftshypothese' bestätigt" (Kümmel)[45].

5. Da Ephesus deshalb als Abfassungsort ausscheiden muß, hat der Apostel den Brief an die Galater wahrscheinlich von Mazedonien aus geschrieben[46],

---

[42] A. Jülicher – E. Fascher meinen in ihrer „Einleitung in das NT" (Tübingen [7]1931, 73): „Ob die paar hundert Christen, die in unserem Brief angeredet sind, von den keltischen Eroberern, von der vorgefundenen Urbevölkerung oder von später zugewanderten Orientalen und Griechen abstammten, kann kein Mensch wissen, sollte aber angesichts von 3, 28 keinen interessieren."
[43] Zu τὸ πρότερον s. Näheres im Kommentar zu 4, 13.
[44] Vgl. dazu Näheres im Exkurs: Gal 2, 1–10 und Apg 15.
[45] Einleitung in das NT, 265.
[46] Vgl. dazu jetzt vor allem Borse, Standort (s. w. u.).

wohin er sich nach Apg 20, 1 f von Ephesus aus begeben hatte. Bei der Durchwanderung „jener Landschaft" (20, 2 a), werden nach Haenchen[47] die „Gemeinden von Philippi, Thessalonich und Beröa . . . besucht worden sein". Dann könnte der Brief von einer dieser Städte aus geschrieben sein, im Jahre 55 nach Christus. Setzt man den Aufenthalt des Apostels in Ephesus später an (54–57)[48], dann kommt man mit der Abfassungszeit in den Herbst des Jahres 57[48a].

Eingehend hat sich zuletzt mit dem „Standort" des Gal, d. h. mit Abfassungszeit und Abfassungsort, U. Borse beschäftigt[49]. B. kommt zu folgender chronologischen Reihenfolge: 1 Kor (geschrieben in Ephesus im Frühjahr 57), 2 KorA (= 1 Kor 1–9: geschrieben im Spätherbst 57 in Mazedonien), Gal, 2 KorB (= 1 Kor 10–13: geschrieben „einige Wochen später" als 1 KorA)[50], Röm (geschrieben etwa drei Monate nach Gal und 2 KorB in Korinth). Der Gal ist nach B. näherhin „als erster Brief eines aufeinanderfolgenden Diktats mit dem Abschnitt 2 Korinther 10–13, einige Wochen nach der Abfassung des Briefteils 2 Kor 1–9"[51] entstanden. Ob eine so genaue Festlegung der Abfassungszeit möglich ist, sei dahingestellt; aber der Nachweis, daß der Gal vom Apostel nicht mehr in Ephesus, sondern in Mazedonien geschrieben worden und der Brief in der Nähe von 2 KorB anzusiedeln ist, scheint B. gelungen zu sein. Daß der Gal in der theologischen Thematik dem Röm und darum wohl auch zeitlich ziemlich nahesteht, wurde schon lange gesehen und betont[52].

---

[47] Die Apg, z. St.
[48] So etwa B. Rigaux, Paulus und seine Briefe, 139.
[48a] Wer die in Gal 2, 1 berichtete Jerusalemreise des Paulus und Barnabas mit der Apg 11, 30 (12, 25) erwähnten Reise identifiziert (vgl. dazu Näheres im Kommentar S. 98), kann die Abfassung des Gal vor dem „Apostelkonzil" (Apg 15, 1 ff) ansetzen, nämlich zwischen der 1. Missionsreise (Apg 13.14) und dem Konzil. Er muß aber dann annehmen, „daß εὐηγγελισάμην ὑμῖν τὸ πρότερον 4, 13 sich nur auf einen Besuch des Paulus in den Gemeinden der Provinz Galatien (oder höchstens auf den Gründungsaufenthalt Apg 13, 13 – 14, 20 im Vergleich zur Rückreise Apg 14, 21ff) bezieht" (Kümmel, Einleitung in das NT, 263). Dann wäre der Gal der älteste erhaltene Paulusbrief. „Aber dieser Lösungsversuch schließt zu viele Unwahrscheinlichkeiten in sich" (ebd.; Kümmel nennt in Anm. 18 auch die Hauptvertreter dieses Frühansatzes der Abfassung des Briefes).
[49] Der Standort des Galaterbriefes (Bonn 1972). B. nimmt allerdings nur einen gemeindegründenden Missionsaufenthalt des Paulus bei den Galatern an, den er mit dem in Apg 18, 23 erwähnten gleichsetzt (vgl. dazu unsere Anm. 27, S. 5); naturgemäß muß er deshalb τὸ πρότερον in Gal 4, 13 auf diesen Aufenthalt des Apostels bei den Galatern beziehen. Jedoch bleibt B.s Auffassung über den „Standort" des Gal auch ohne die Übernahme dieser Meinung brauchbar.
[50] Vgl. ebd. 175.   [51] Ebd. 178.
[52] Vgl. etwa Lightfoot, Gal., 45–49; Lagrange, Gal., LXIII–LXVIII. Eingehend jetzt Borse, 120–143; ders., Die geschichtliche und theologische Einordnung des Römerbriefes, in: BZ, NF 16 (1972) 70–83, dazu noch U. Wilckens, Was heißt bei Paulus: „Aus Werken des Gesetzes wird kein Mensch gerecht"?, in: EKK 1 (Neukirchen/Einsiedeln 1969) 51–77 (57: Der Gal „ist wahrscheinlich in die Zeit kurz vor dem Römerbrief zu datieren. Das ist vor allem aus der auffallenden Parallelität der Rechtfertigungsabschnitte zu schließen, durch die diese beiden Briefe ebenso eng miteinander verwandt wie von den übrigen Briefen — mit Ausnahme des Briefes Phil 3, 2ff — charakteristisch unterschieden sind"); C. H. Buck, The Date of Galatians, in: JBL 70 (1951) 113–123 (bes. 121). Die „doch auch bestehenden Unterschiede zwischen Gal und Röm" (Kümmel, Einleitung, 265) erklären sich ohne weiteres sowohl aus der ganz anderen Adressatensituation der Briefe als auch aus der ganz anderen „Stimmung" des Apostels.

§ 4. Die Gegner

B. kann nun vor allem zeigen, daß es auch zwischen Gal und 2 KorB eine ganze Reihe von auffallenden Berührungen gibt, jedenfalls viel mehr als zwischen Gal und 2 KorA. Das von B. erbrachte Argumentationsmaterial kann hier nicht vorgelegt werden[53]. Die Gemeinsamkeiten beziehen sich auf bestimmte Ausdrücke und beachtenswerte Ähnlichkeiten, den Tonfall, den Inhalt, das Vokabular, die Gestalt des Titus, evtl. gleichzeitige Nachrichten über Gegner. Natürlich bleibt hier vieles hypothetisch, aber eine eigenartige Nähe des Gal zu 2 KorB kann auf jeden Fall konstatiert werden, was dafür spricht, daß der Gal ungefähr zur selben Zeit wie 2 KorB geschrieben worden ist: nach Borse im Spätherbst 57[54].

§ 4. Die Gegner

I. Die Bezeichnung der Gegner im Brief

Im ganzen Brief an die Galater gibt der Apostel keine Auskunft über die Fragen: Wer waren eigentlich die Gegner, mit denen er sich auseinandersetzt? Woher stammen sie? Die einzige Bezeichnung, die er für sie hat, lautet τινες (1, 7: εἰ μὴ τινές εἰσιν οἱ ταράσσοντες ὑμᾶς . . .). Hier handelt es sich nicht um die Bezeichnung eines potentiellen Gegners[55], sondern eines ganz konkret gemeinten[56]. Vermutlich soll die Wahl des indefiniten τινες als Bezeichnung der Gegner einmal ihre verhältnismäßig geringe Zahl, zum andern die Geringschätzung des Apostels, die er für sie hat, zum Ausdruck bringen: es ist gar nicht der Mühe wert, sie näher zu benennen! Um so verwunderlicher ist es, daß die Galater sich durch Leute, die es nicht verdienen, aus der Anonymität herausgeholt zu werden, verwirren lassen und ihren status confessionis aufgeben wollen.

Aber wenn auch der Apostel die Gegner in Anonymität läßt, so macht doch der Brief eine Reihe von Aussagen über die Anschauungen der Gegner. Da dieser aber nicht an die Gegner, sondern die galatischen Gemeinden gerichtet ist, gibt es nur indirekte Aussagen über die Gegner, eben in den Ausführungen des Apostels, der sich dabei oft in (manchmal nur schwer erkennbaren) Andeutungen ergeht.

---

[53] Vgl. dazu bei BORSE, Standort, 84–119.
[54] In seinem Aufsatz: Die Wundmale und der Todesbescheid (in: BZ, NF 14, 1970, 88–111) vermutet BORSE, daß „die Wundmale Jesu", die Paulus nach Gal 6, 17 an seinem Leibe trägt, „von dem ‚Todesbescheid' zurückgeblieben sind, den er in Asien bei einer um Christi willen durchgestandenen Drangsal ‚an sich selbst' empfangen hatte" und daß diese Drangsal möglicherweise identisch sei mit dem, worauf Paulus in 2 Kor 1, 8ff und 4, 7ff anspielt (110). B. bemerkt dazu: „Eine Rückführung der Wundmale auf die Todesgefahr, in die Paulus kurze Zeit vor seiner Abreise aus Asien geraten war, ist aber nur sinnvoll, wenn Gal später, d. h. in Mazedonien, geschrieben wurde" (ebd. 111).
[55] Dazu kann das indefinite τις in der Rhetorik der Diatribe dienen.
[56] Auch dazu wird das indefinite τις verwendet (vgl. dazu Näheres bei F. MUSSNER, Der Jakobusbrief, 130, Anm. 3).

Einleitung

II. Lehre und Verhalten der Gegner

1. Der Inhalt ihrer Lehre

Aus den Aussagen und Andeutungen des Briefes ergibt sich hinsichtlich der Lehre der Gegner folgendes:

a) Die Gegner vertreten eine **jüdische Gesetzesfrömmigkeit**; die Galater wollen ja auf die Agitation der Gegner hin „unter dem Gesetz" sein (4, 21) und „durch das Gesetz" gerechtfertigt werden (5, 4). Den Gegnern selbst wirft der Apostel vor, daß sie selber das Gesetz nicht halten (6, 13).

b) Damit hängt wesentlich die **Beschneidungsforderung** zusammen, die die Gegner erheben, wie aus dem Brief eindeutig hervorgeht (vgl. 5, 2; 6, 12 οὗτοι ἀναγκάζουσιν ὑμᾶς περιτέμνεσθαι; 6, 13: θέλουσιν ὑμᾶς περιτέμνεσθαι).

c) Damit hängt auch eine bestimmte **Kalenderfrömmigkeit** zusammen, die sich als Beobachtung bestimmter „Tage, Monate, Zeiten und Jahre" äußert (vgl. 4, 10) und dadurch die Galater erneut zum στοιχεῖα-Dienst verführen kann.

d) Mit diesen Frömmigkeitsforderungen verbanden sich gewisse **Vorwürfe der Gegner gegen Paulus**, wie diese: er sei kein richtiger Apostel (vgl. 1, 1.12); es ginge ihm bei seiner Verkündigung um den Beifall der Menschen (vgl. 1, 10); sein „Evangelium" stimme nicht überein mit jenem der maßgebenden Männer der Urgemeinde (2, 2ff); er lehne selber die Beschneidung nicht grundsätzlich ab (vgl. 5, 11)[57]. Wahrscheinlich spielten sie auch Jerusalem als Sitz der Urgemeinde und Ursprungsort des messianischen Heils gegen den Apostel aus[57a].

2. Das Verhalten der Gegner

Darauf fällt aus dem Brief einiges Licht, wenn man vor allem die Zeitwörter ins Auge faßt, mit denen der Apostel das Vorgehen der Gegner in den galatischen Gemeinden beschreibt:

a) Sie „verwirren" (ταράσσειν) mit ihren Lehren die Gemeinden (vgl. 1, 7; 5, 10).

b) Der Apostel unterstellt ihnen ein bestimmtes „Wollen" (viermal θέλειν): 1, 7b (sie „wollen" das Evangelium verdrehen); 4, 17 (sie „wollen" euch ausschließen); 6, 12 (sie „wollen" eine Rolle mit dem Fleisch spielen); 6, 13 (sie „wollen" euch beschneiden lassen).

c) Die Gegner üben auf die Galater hinsichtlich der Beschneidung geradezu einen „Zwang" aus (6, 12: ἀναγκάζειν).

d) Die Gegner „wiegeln" die Gemeinden „auf" (5, 12: ἀναστατοῦν), nämlich gegen den Apostel und sein Evangelium.

Aus diesen das Verhalten der Gegner charakterisierenden Termini könnte der Schluß gezogen werden, daß die Gegner ziemlich skrupellos, wenn nicht gar mit einer gewissen Brutalität ihre Forderungen durchzusetzen versuchen,

---

[57] Vgl. dazu jeweils das Nähere im Kommentar.
[57a] Vgl. dazu ECKERT, Die urchristliche Verkündigung, 214–217.

§ 4. Die Gegner

wobei sie auch persönliche Verunglimpfungen des Apostels nicht scheuen. Doch muß ernsthaft die Frage gestellt werden: Hat Paulus die gegnerische Position mehr oder weniger absichtlich „überzeichnet"?[58]

3. Mögliche „Schlagworte" und Einwände der Gegner (Zusammenstellung)

Im folgenden wird der Versuch gemacht, mögliche, z. T. schon erwähnte, „Schlagworte" und Einwände der Gegner aus dem Brief zusammenzustellen, die Paulus aus den ihm zugegangenen Berichten entnommen hat und in wörtlicher oder abgewandelter Form wiedergibt; möglicherweise kennt er sie z. T. schon aus seinen früheren Auseinandersetzungen mit judaistischen Gegnern (Jerusalem; Antiochien). Das Nähere dazu s. jeweils im Kommentar.

„ein anderes Evangelium" (1, 6)?
Paulus „überredet Menschen" (1, 10)
Das Evangelium des Paulus ist κατὰ ἄνθρωπον (1, 11)
Paulus hat das Evangelium παρὰ ἀνθρώπου empfangen (1, 12)
Paulus ist „belehrt" worden (1, 12)
Paulus war doch ein „Verfolger" der Kirche (1, 13)
Paulus hat das Evangelium bei einem Besuch in Jerusalem erst näher kennengelernt (1, 18)
Paulus ist von den Jerusalemer Autoritäten nach Jerusalem zitiert worden, um ihnen sein Evangelium vorzulegen (2, 1 ff)
„die Maßgebenden" (2, 2.6)?
Paulus wurde in Jerusalem eine Auflage gemacht (2, 6)
Paulus ist von den Abgesandten des Jakobus in Antiochien zurechtgewiesen worden (2, 11)
Petrus hat den Jakobusleuten in Antiochien recht gegeben (2, 11 f)
Wer das Gesetz nicht verfolgt, macht Christus zum „Diener der Sünde" (2, 17)
„Wir sind die (wahren) Söhne Abrahams" (3, 7)
Gott selbst hat doch das Gesetz gegeben (3, 19 f)
Die Gerechtigkeit kommt „aus dem Gesetz" (3, 21)
„Jerusalem ist unsere Mutter" (4, 26)
Die Beschneidung ist heilsnotwendig (5, 2)

III. Die Hauptargumente des Apostels gegen die Gegner

Faßt man die Hauptargumente des Paulus gegen die Gegner näher ins Auge, so fällt auch von da her noch manches Licht auf ihre Anschauungen. Denn die Argumente des Apostels sind aus seiner Frontstellung gegen die Gegner geboren. Doch dient seine Argumentation nicht nur der Abwehr der Irrlehre, sondern zugleich auch der positiven Belehrung und Pastorierung der galatischen Gemeinden. Aber gerade aus der verhältnismäßig großen Breite der Ausführungen des Apostels geht hervor, wie sehr Paulus „die Wahrheit des Evangeliums" durch die Irrlehre bedroht sah und wie aktuell der Anlaß war, die Galater erneut in die Grundlagen des Christentums und in die „Unterscheidungslehren" einzuführen. Weil das Vorgehen der Gegner zugleich mit Angriffen gegen seine Person verbunden war, kommt Paulus deshalb dabei auch so eingehend auf seine Biographie zu sprechen.

---
[58] Vgl. dazu Näheres unter VII.

Einleitung

Im wesentlichen bewegt sich seine Argumentation um drei Probleme[59]:

1. Um seine Person, näherhin um die Herkunft seines Apostolats, seines Evangeliums und um seinen Kampf für die Wahrheit desselben (1, 10 – 2, 21).
2. Um das grundsätzliche Verhältnis von Gesetz und Verheißung und, im Zusammenhang damit, um das Verhältnis von Gesetz und Glaube (Gesetz und Evangelium) (3, 1 – 5, 12).
3. Um die Entfaltung des neuen Ethos der christlichen Freiheit in Pneuma und Liebe (5, 13 – 6, 10).

Enthält dabei die Argumentation des Apostels auch viel Material, das über die augenblickliche, durch das Auftreten der Gegner bedingte Situation hinausweist und grundsätzliche Unterweisung und Aufklärung bietet, so ist diese Argumentation häufig doch nur zu verstehen vor dem Hintergrund der gegnerischen Anschauungen. Denn der Apostel käme z. B. auf das Verhältnis von Gesetz und Verheißung bzw. Gesetz und Glaube nicht so ausführlich zu sprechen, wenn nicht in der Gegenpredigt der Gegner die Hinwendung zum gesetzlichen Leben eine Rolle gespielt hätte. Und auch die Ethik des Briefes könnte mit der Lehre der Gegner zusammenhängen, weil Paulus eine Ethik der Freiheit lehrt. Es scheint zum mindesten, daß „Freiheit" im Mund der Gegner anders klang als im Mund des Apostels. Aber diese Probleme hängen bereits mit der Frage nach der Herkunft und dem Wesen der von den Gegnern vertretenen Anschauungen zusammen.

IV. Die geistige Herkunft der Gegner und ihrer Anschauungen. Lösungsversuche

Man hat häufig die Anschauung der Gegner auf die Formel zu bringen versucht: „(christlicher) Judaismus". Faßt man den Inhalt der Irrlehre näher ins Auge, so zeigt sich, daß die Gegner nicht ohne weiteres mit der einfachen Etikette „Judaisten" und ihre Lehre mit jener „Judaismus" zu bezeichnen sind[60]. Da

---

[59] Vgl. auch G. STÄHLIN in: RGG ³II, 1188 f.
[60] Das klassische und lang nachwirkende Beispiel solch vereinfachender Ettiketierung der Gegner des Apostels in Galatien bietet F. CHR. BAUR (Paulus, der Apostel Jesu Christi, I [Leipzig ²1866] 280–287). Nach B. begegnet man im Galaterbrief „zuerst jenen judaisierenden Gegnern, mit welchen der Apostel in den von ihm gestifteten Gemeinden einen so ernsten Kampf zu bestehen hatte, und zwar tragen sie hier noch das ganz schroffe judaistische Gepräge an sich, daß sie als Gegner des paulinischen Christenthums bezeichnet". Sie sind bemüht, auch in der „weitern Sphäre" des Christentums „alles Heil nur in der Form des Judenthums zu Theil werden" zu lassen. „Dem Judenthum muss auch den Heiden gegenüber sein absolutes Recht bleiben." Deshalb suchen sie den Schaden, „welchen der Apostel Paulus durch sein die Freiheit vom Gesetz predigendes Evangelium angestiftet hatte, dadurch wieder gut zu machen, dass sie mit allem Nachdruck auf die Nothwendigkeit der Beobachtung des Gesetzes drangen, um die Heiden nicht sowohl zu christianisiren als zu judaisiren. Wo also der Apostel Paulus nach ihrer Ansicht nur als Neuerer und Revolutionär aufzutreten schien, wollten sie mit ihren conservativen Grundsätzen vermittelnd dazwischentreten, und die neuen Ideen und Lehren, in welche das Heil der Menschheit gesetzt wurde, nur auf der positiven Grundlage des Judenthums gelten lassen. Es lag ganz in der Natur der Sache, dass sie nur als Gegner des Apostels Paulus auftraten, dass sie überall, wo sie mit ihm zusammentrafen, die entschiedenste

§ 4. Die Gegner

es den Gegnern nicht bloß um das gesetzliche Leben einschließlich Beschneidung geht, sondern im Verbund damit um „Kalenderfrömmigkeit" und eine bestimmte Auslegung dessen, was „Freiheit" des Christen bedeutet, ist ihr „Judaismus" nicht einfach ein solcher pharisäischer Observanz (wie etwa jener, der nach Apg 15, 5 von den τινες τῶν ἀπὸ τῆς αἱρέσεως τῶν Φαρισαίων gegenüber den Heidenchristen vertreten wird). Wie sind aber dann die Gegner näher zu charakterisieren?

Auf diese Frage wurden in den letzten Jahrzehnten im wesentlichen folgende Antworten vorgelegt:

1. W. Lütgert hat in seinem Buch „Gesetz und Geist"[61] die These vertreten, daß Paulus im Galaterbrief einen „Zweifrontenkrieg" zu führen hatte. Einmal gegen Judaisten, zum andern gegen pneumatisch-libertinistische Schwarmgeister[62]. Während die Judaisten vor allem für die Beschneidung und das Gesetz agitieren, vertreten die Schwärmer einen Begriff der Freiheit, der zu einer Mißachtung des Liebesgebotes und jeder ethischen Gebundenheit führt. Mit den Judaisten setze sich Paulus in jenen Partien des Briefes auseinander, die das Gesetz zum ausdrücklichen Thema haben; mit den Libertinisten im ethischen Schlußteil des Briefes. „Aber weil beide Verirrungen sich gegenseitig hervorrufen und steigern, so kann Paulus die eine immer nur bekämpfen, indem er sich auch gegen die andere wendet. Durch das Heidentum, welches in die Gemeinde eingedrungen war, war der judaistischen Verführung ein gewisser Schein des Rechtes gegeben. Und so konnte er die Beschneidungspredigt nicht wirksam bekämpfen, ohne sich gleichzeitig gegen die heidnische Verführung zu wenden, durch welche die Gesetzespredigt veranlaßt war. Aber auch die Pneumatiker hatten den Judaisten gegenüber ein gewisses Recht. So schwer die Verirrung ist, in die sie gefallen sind, so behandelt sie deswegen Paulus doch mit Schonung. Man merkt es ihm an, daß sie ihm eigentlich näher standen. Sie hatten nur die Absicht, in derselben Richtung, in der Paulus ging, noch über ihn hinauszugehen. Sie glauben ihn überholt zu haben und beurteilen ihn geringschätzig und verächtlich. Aber die pharisäischen Christen sind persönlich seine Todfeinde, sie bekämpfen ihn und sein Evangelium als gefährliche Verführung. Die Pneumatiker verachten ihn, die Judaisten hassen ihn.

---

und hartnäckigste Opposition gegen ihn bildeten ... Es sind mit Einem Worte Juden oder Judenchristen von aechtem Schrot und Korn, welche sich so wenig in die freieren Ansichten des paulinischen Christenthums hineinfinden konnten, dass sie, wenn das Judenthum nicht mehr seine absolute Geltung haben sollte, den Boden für ihre Existenz zu verlieren glaubten. Dass sie sich dabei auch die ungerechtesten Beschuldigungen und übelwollendsten Verleumdungen gegen den Apostel Paulus erlaubten, soll ... keineswegs geleugnet werden, es sind diess Erscheinungen, wie sie bei keinem Parteikampf fehlen ..." (281–283). Für BAUR sind die Gegner des Apostels sowohl in Galatien wie in Korinth „dieselben judaisirenden Gegner" (286), wobei man aber dem Gal „die erste Stelle anweisen" könne, „welche er auch schon im marcionitischen Kanon hatte" (287).

61 BFChrTh 22/6 (Gütersloh 1919).
62 LÜTGERT beruft sich für seine These von den zwei verschiedenen Gruppen innerhalb der galatischen Gemeinden vor allem auf Stellen wie 4, 21; 5, 4 und 6, 1, die sich jeweils nur auf einen Teil der Gemeinde beziehen könnten, eben auf eine ihrer beiden Gruppen (vgl. 11 ff).

Einleitung

Mit unbedingter Sicherheit und großer Klarheit steht Paulus zwischen beiden Fronten" (105f)[63].

2. Für E. Hirsch bleibt der Gal-Brief „hinsichtlich der Charakteristik der judaistischen Irrlehrer, die er bekämpft, sehr im allgemeinen"[64]. Nach ihm ist die Aussage von 5, 12 („möchten sie sich doch gleich verschneiden lassen, die euch in Aufruhr bringen") am leichtesten verständlich, „wenn es sich um Menschen gehandelt hat, welche die Beschneidung freiwillig um ihres Christentums willen auf sich genommen haben, also um nachträglich zum ganzen Gesetz übergetretene Heidenchristen"[65]. Auf diese Leute weise auch das sonst schwer erklärbare Präsenspartizip περιτεμνόμενοι in 6, 13 hin[66]. Diese Heidenchristen, die sich beschneiden ließen, seien sogar „alte heidenchristliche Freunde des Paulus" gewesen, die als Missionare nach Galatien gekommen seien, und zwar „aus einem Kreis ehemaliger antiochenischer Heidenchristen, die sich im Anschluß an jenen Streit [von dem Paulus in Gal 2, 11ff erzählt] hatten beschneiden lassen"[67]. Daß diese judaisierenden Heidenchristen, die sich beschneiden ließen, „das Gesetz nicht ebenso halten können wie die gebürtigen Juden, versteht sich [für E. Hirsch] von selbst"[68] (vgl. 6, 13)[69].

3. Nach J. Munck[70] sind die „judaistischen Gegner im Galaterbrief ... Heidenchristen" (unter Hinweis auf 6, 13 und die Auslegung der Stelle durch Lietzmann)[71]. Paulus habe nach der Meinung seiner Gegner, „um Menschen gefällig zu sein (1, 10; 5, 11; 6; 12–13), die ihm in Jerusalem anvertraute Botschaft verkürzt (5, 11), so daß sie einer Ergänzung bedarf (2, 6; vgl. 3, 12a).

---

[63] Eine ähnliche These wie LÜTGERT trug J. H. ROPES vor: The Singular Problem of the Epistle to the Galatians (Cambridge [Mass.] 1929), nur teilt er die nomistische Agitation einer innerhalb der galatischen Gemeinden lebenden Gruppen von Heidenchristen zu. „Neither Lütgert nor Ropes could explain why Paul dealt with the congregation [of Galatia] as a more or less homogeneous group. Furthermore, they could not make plausible the strange and sudden enthusiasm of Gentile Christians for the Torah or circumcision" (R. JEWETT, The Agitators and the Galatian Congregation, in: NTSt 17, 1970/71, 198–212 [198]).

[64] Zwei Fragen zu Galater 6, in: ZntW 29 (1930) 192–197 (192).

[65] Ebd. 192. Nach A. E. HARVEY (The Opposition to Paul, in: Stud. Ev. IV = TU 102, Berlin 1968, 358 ff) sind die Gegner kürzlich zum Judentum übergetretene Proselyten, die vorhaben, sich beschneiden zu lassen und dazu auch die heidenchristlichen Galater „zwingen" möchten.

[66] Vgl. zu diesem Partizip unsere Auslegung der Stelle.

[67] Ebd. 195 f. Vgl. dazu auch W. MICHAELIS, der diese Anregung Hirschs aufnahm und „drei Stadien der Missionsarbeit unterscheiden" will, „die nacheinander entstanden sind und dann nebeneinander bestanden haben. Erstens gab es Mission an Juden und Proselyten, die aber nur, indem sie Volljuden wurden, auch Christen werden konnten. Zweitens entstand direkte Mission unter Heiden, die aber gleichfalls nur mit Beschneidung Christen wurden. Und erst als drittes Stadium kam hinzu die Mission unter Heiden, die ohne Beschneidung Christen wurden. Es würde ein wichtiges Mittelglied fehlen, wollte man den zweiten Typus völlig ausschalten" (Judaistische Heidenchristen, in: ZntW 30, 1931, 83–89 [87]). „Ein Sonderfall wäre der Fall, den Hirsch annimmt, daß bereits in der Mission tätige ursprünglich unbeschnittene Heidenchristen, Mitarbeiter des Paulus, nachträglich sich haben beschneiden lassen und dann judaistische Propaganda getrieben haben" (ebd. 89). Zur Kritik an MICHAELIS vgl. besonders E. HAENCHEN in: ZThK 52 (1955) 219, Anm. 1.

[68] A.a.O. 194.

[69] Zur Kritik an HIRSCH vgl. besonders O. HOLTZMANN in: ZntW 30 (1931) 76–82.

[70] Paulus und die Heilsgeschichte, 79–126 („Die judaistischen Heidenchristen").

[71] Ebd. 79f.

§ 4. Die Gegner

Und dies wird angestrebt, indem die judaistischen Heidenchristen jetzt von den Galatern Beschneidung und Gesetzesgehorsam fordern."[72] Wer aber sind diese „judaistischen Heidenchristen"? Woher stammt überhaupt ihr „Judaismus"? Munck meint, dieser heidenchristliche Judaismus hänge mit der Missionspredigt des Paulus selber zusammen! Dieser selbst habe den von ihm missionierten Heidenchristen „Mitteilungen über Jerusalem, die ältesten Jünger und die judäischen Gemeinden gegeben, auf Grund welcher sich die Judaisten ein verzerrtes Bild vom Judenchristentum gemacht haben"[73]. „Die Heidenchristen, die voller Verzweiflung sahen, wie Israel das Evangelium ablehnte, ... sehnten sich ... nach Jerusalem, von dem Paulus so warm sprach, wo die Christen ein Teil des auserwählten Volkes waren und gleichzeitig an Christus glaubten. War es nicht besser und sicherer für die Heiden, nicht allein Christ, sondern auch Judenchrist zu werden?"[74] Außerdem blieben diese Heidenchristen „nach Paulus' Abreise ... allein mit dem Alten Testament" und verfielen sehr leicht „in gewohnte jüdische Vorstellungen"[75]. Sie fühlten sich vom Gesetz und seinen Forderungen angezogen und glaubten an seine Heilsnotwendigkeit. Dies wurde ihnen zu einer so festen Überzeugung, daß sie schließlich das gesetzesfreie Evangelium des Paulus und diesen selbst bekämpfen zu müssen glaubten. Dieser Judaismus ist deshalb nach Munck „eine heidenchristliche Ketzerei ..., nur möglich in den paulinischen Gemeinden"[76].

4. W. Schmithals' Anschauung über die Häretiker in Galatien[77] verdient im Vergleich mit den phantasievollen Rekonstruktionsversuchen Muncks in einem ganz anderen Maß ernst genommen zu werden, weil sie versucht, den Gegnern ein einheitliches Gesicht zu geben. Schmithals lehnt die „Zweifrontentheorie" Lütgerts ab, sieht aber in den Gegnern des Apostels in Galatien nicht Judaisten pharisäischer Observanz, sondern „judenchristliche Gnostiker"[78], wobei der Ton auf „Gnostiker" liegt. Gegenüber dem „genuin gnostischen" Argument in der Position der Gegner (nach der Annahme Schmithals'), ihr eigenes Apostolat durch direkte pneumatische Berufung empfangen zu haben, entgegnet Paulus in Gal 1, 12, „auch er habe — nämlich wie sie es von sich behaupten — das Evangelium nicht von Menschen, sondern durch eine ἀποκάλυψις empfangen"[79]. Wie ist es aber mit der Beschneidungsforderung? Weist sie nicht zu eindeutig auf „Judaisten"? Diese Eindeutigkeit sei aber nicht so eindeutig angesichts der Bemerkung des Apostels in 5, 3, daß der Beschnittene verpflichtet sei, das ganze Gesetz zu halten. Das wäre für „Judaisten" doch eine Selbstverständlichkeit, und der Apostel könnte ihnen darum nicht in 6, 13 vorhalten, daß die Beschnittenen selbst das Gesetz nicht beobachten! Das bedeute auf seiten der Gegner „offensichtlich einen grundsätzlichen Verzicht auf das Gesetz. Dann können die Irrlehrer aber schwerlich Judaisten

---

[72] Ebd. 82. [73] Ebd. 123. [74] Ebd. 125f. [75] Ebd. 124. [76] Ebd. 126.
[77] Die Häretiker in Galatien, in: ZntW 47 (1956) 25–67; in überarbeiteter Form auch in: Paulus und die Gnostiker (Hamburg–Bergstedt 1965) 9–46, wonach wir zitieren.
[78] Ebd. 41. Auch F. R. CROWNFIELD sieht in den Gegnern judenchristliche Synkretisten, ohne diese aber als Gnostiker abzustempeln (The Singular Problem of the Dual Galatians, in: JBL 64, 1945, 491–500).
[79] Ebd. 20.

Einleitung

gewesen sein"⁸⁰. Und was speziell die Beschneidungsforderung betrifft, so könne sie angesichts der Jerusalemer Abmachungen (vgl. Gal 2, 9ff) nicht gut von „Judaisten" erhoben worden sein, vielmehr von der Gnosis, von der Kirchenväter übereinstimmend zu berichten wissen, „daß sie gerade in der frühen, der neutestamentlichen, der paulinischen Zeit, und gerade im Heidenlande, besonders in Kleinasien, die Beschneidung predigte"⁸¹. Was die Kalenderfrömmigkeit angeht (Gal 4, 10), sei zu beachten, „daß Paulus hier ja gar nicht ad hoc formuliert und die ihm bekannt gewordenen einzelnen Zeiten aufzählt, die die Galater nun beobachten. Vielmehr verwendet er eine geläufige Zusammenstellung, die nicht in der jüdischen Orthodoxie verbreitet war, sondern in der apokryphen und gnostischen bzw. gnostizierenden Literatur häufig begegnet"⁸². Am nächsten zum Vergleich liege natürlich Kol 2, 16: „Niemand richte euch ... wegen Feste, Neumonde oder Sabbate."⁸³ Auch dies weise auf Gnosis, wenn sich auch Einzelheiten „aus dieser verbreiteten Formel, die Paulus wohl benutzt, weil er nicht konkret genug orientiert ist und die er auf keinen Fall im einzelnen pointiert verstanden wissen will", nicht ablesen ließen⁸⁴. Auch was die übrigen Aussagen und Andeutungen des Briefes betrifft, versucht sie Schmithals konsequent von der Gnosis her zu interpretieren⁸⁵ — und gerade diese eiserne Konsequenz läßt am Ende Zweifel an der Richtigkeit seiner Thesen aufkommen⁸⁶.

5. W. Marxsen⁸⁷ weist in seinem Referat über Schmithals' Lösungsversuch der Gegnerfrage zunächst mit Recht darauf hin, daß dessen Bewertung der Kap. 3 und 4 des Briefes „unbefriedigend" sei, stimmt aber im übrigen den Anschauungen Schmithals' zu, jedoch in modifizierter Weise. Marxsen bemerkt richtig, daß Paulus „sich ja nicht eigentlich in eine unmittelbare Auseinandersetzung mit dieser Häresie" einläßt, sondern „die Auseinandersetzung am Gesetz" durchführt; „und er führt sie so durch, wie er sie auch dann hätte durchführen können, wenn seine Gegner pharisäische Judaisten gewesen wären,

---

⁸⁰ Ebd. 23.
⁸¹ Ebd. 25. SCHMITHALS bringt dazu in Anm. 63 aus den Kirchenvätern reiche Belege; weiteres Material bei SCHLIER, Der Brief an die Galater, 23f; A. HILGENFELD, Die Ketzergeschichte des Urchristentums (Leipzig 1884, Nachdruck Darmstadt 1963) 421 ff. Vgl. aber Thomas-Evangelium, Spr. 53: „Es sprachen zu ihm seine Jünger: Die Beschneidung — nützt sie oder nicht? Er sprach zu ihnen: Nützte sie, dann wird ihr (plur.!) Vater sie von ihren Müttern beschnitten zeugen. Aber die echte Beschneidung im Geiste hat gefunden vollen Nutzen." Es gibt also gnostische Stimmen, die die Beschneidung ablehnen; dazu auch B. GÄRTNER, The Theology of the Gospel of Thomas (London 1961) 59f.
⁸² Mit vielen Belegen in Anm. 83.
⁸³ Ebd. 30.   ⁸⁴ Ebd. 31.
⁸⁵ K. WEGENAST (Das Verständnis der Tradition bei Paulus und in den Deuteropaulinen, 36–40) stimmt der Auffassung Schmithals' über die Gegner „grundsätzlich" zu, mit einigen Modifizierungen. Nach ihm handelt es sich bei der galatischen Häresie „um eine Abart jüdischer Gnosis ..., die nicht frei von iranisch-persischen Einflüssen war" (39).
⁸⁶ Zu SCHMITHALS' Thesen s. die umfassende Kritik bei J. ECKERT, Die urchristliche Verkündigung im Streit zwischen Paulus und seinen Gegnern nach dem Galaterbrief (Regensburg 1971) 64–71; ferner R. McL. WILSON, Gnostics — in Galatia?, in: Stud. Ev. IV/1 (Berlin 1968) 358–367.
⁸⁷ Einleitung in das NT, 51–55.

§ 4. Die Gegner

was sie doch offenbar nicht waren"[88]. Wer in Galatien gegen die Beschneidung predige, habe in Wirklichkeit doch keine Verfolgung zu erwarten, was aber nach Gal 5, 11 der Fall zu sein scheine. Daraus könne man ersehen, „daß Paulus von sich aus (im Zusammenhang mit älteren Erfahrungen) die Beschneidungspraxis interpretiert"[89], eben im pharisäisch-judaistischen Sinn, der den Gegnern in Wirklichkeit fernlag. Denn die „galatische Beschneidung sollte ja gar nicht unter das Gesetz stellen"[90]. So lösen sich nach Marxsen „die verschiedenen Schwierigkeiten am besten, wenn man annimmt, daß Paulus die Position der Gegner nicht völlig durchschaut. Seine Nachrichten dürften ungenau gewesen sein. Er hört vom Auftreten dieser Leute, die ethisch offenbar lax sind. Er hört ferner, daß sie die Beschneidung bringen. — Nun hat er seine Erfahrung auf dem Apostelkonzil gemacht. Man hat ihm dort zugestanden, daß die Heiden nicht beschnitten werden sollen. Um der Freiheit des Evangeliums willen kann die Beschneidung von den Heiden nicht gefordert werden. Wird sie nun doch nach Galatien gebracht, ist seine Reaktion verständlich. Die Freiheit des Evangeliums ist in Gefahr. Die Galater fallen zurück. Sie fallen zwar unter die Weltelemente; davon hat Paulus gehört. Aber er setzt sie mit dem Gesetz gleich, denn der Beschnittene gehört (nach Paulus) unter das Gesetz. So hängt seine Polemik gegen das Unterstellen unter das Gesetz damit zusammen, daß er die Beschneidungspraxis in Galatien überinterpretiert."[91] Auch die Freiheit des Evangeliums sei „kein konkret veranlaßtes Thema, sondern ein (auf Grund seiner Nachrichten) von Paulus konstruiertes ... Denn das eben liest er aus den knappen Nachrichten heraus: Die Gegner veranlassen die Gemeinden zum Rückfall. Tatsächlich aber brachten sie etwas Neues: einen christlich-jüdisch-gnostischen Synkretismus."[92]

Die Frage, die durch Marxsen aufgeworfen ist, lautet vor allem: Hat Paulus die Nachrichten über die Gegner in Galatien mit der falschen Brille gelesen, sie „überinterpretiert" und damit die Gegner falsch physiognomisiert?

6. Nach W. G. Kümmel[93] waren die galatischen Gegner „auf alle Fälle Vertreter einer jüdischen Gesetzlichkeit ... Da Paulus die Unterwerfung unter das jüdische Gesetz in 4, 3 ff. 8 ff ebenso als Dienst gegenüber den Elementargeistern deutet wie die Verehrung der φύσει μὴ ὄντες θεοί, ist die Begründung für die Beobachtung bestimmter Zeiten von seiten der Galater 4, 10 nicht sicher erkennbar, aber im Zusammenhang doch eher aus der Gesetzeshörigkeit verständlich. Fallen damit die Gründe für eine Deutung der Gegner auf Gnostiker hin, so ist zugleich doch auch deutlich, daß ihre heidnische Herkunft äußerst unwahrscheinlich ist ... Die Gegner waren ... zweifellos Judenchristen, die vor allem Beschneidung, aber dann auch Gesetzeserfüllung predigten. Daß sie mit Jerusalem in Verbindung standen, ist nun freilich nicht deutlich gesagt; immerhin scheint man doch Paulus nicht nur ganz allgemein seine bloß von Menschen abhängige Apostelwürde tadelnd vorgehalten zu haben, sondern gerade auch, daß er von den Jerusalemer Aposteln abhängig und darum kein wirklicher Apostel sei, was er als historisch unrichtig nachzuweisen sucht

---

[88] Ebd. 52.   [89] Ebd. 53.   [90] Ebd. 54.   [91] Ebd.   [92] Ebd.
[93] Einleitung in das NT, 260–263.

1, 15ff. Es besteht also einige Wahrscheinlichkeit, daß die galatischen Gegner mit der Urgemeinde in Jerusalem in Zusammenhang standen, freilich nicht mit den ‚Säulen', wie 2, 6ff beweist, sondern mit den 2, 4 genannten ‚Falschbrüdern', die keinesfalls noch Juden waren. Daß die Jerusalemer Gemeinde neben den ‚Säulen' auch einen die gesetzesfreie Heidenmission (nicht jede Heidenmission) ablehnenden radikalen Flügel hatte, läßt sich gerade auf Grund von Gal 2, 1ff nicht bestreiten. 5, 13ff aber kämpft nicht gegen einen antinomistischen Libertinismus, sondern gegen die entweder wirklich bei den galatischen Christen gezogene oder fälschlich von den Gegnern als Konsequenz der paulinischen Lehre behauptete Folgerung, die Gesetzesfreiheit führe zur Zügellosigkeit, was von Paulus mit der Bindung der Christen an die Führung durch den göttlichen Geist bestritten wird... Die Gegner des Paulus in Galatien waren also auf alle Fälle gesetzestreue Judenchristen, und daß man ihnen daneben noch synkretistische Züge zuschreiben muß, ist nicht sicher."[94]

7. G. Stählin[95] beantwortet die Frage: Wer sind die Gegner? so: „Kaum Judaisten von derselben Art, wie sie in Jerusalem (2, 4f; vgl. Apg 15, 5) und Antiochien (2, 12; vgl. Apg 15, 1) gegen Paulus und seine Heidenmission aufgetreten waren, etwa gar mit Jakobus oder Petrus als spiritus rector im Hintergrund. Sie sind zwar vermutlich auch jüdischer Herkunft (vgl. 1, 14; 2, 14) und fordern wie jene die Beschneidung der Heidenchristen ...; auch bestimmte kultische Festzeiten gehörten zu ihrem Programm (4, 10), aber, wie es scheint, nicht das ganze Gesetz (6, 13; 5, 3). Trotzdem sieht Paulus den entscheidenden Gegensatz in ihrer Gesetzlichkeit (vgl. 2, 16; 3, 10ff; 4, 21; 5, 4). Daneben lassen sich aber gnostische Züge bei ihnen feststellen: ihr Festkalender, der durch das Rechnen mit schicksalsbestimmenden Mächten bedingt ist (vgl. 4, 3.8f mit Kol 2, 16–23), vielleicht auch ihr Apostelbegriff: der echte, gottunmittelbare Apostel garantiert die Echtheit des Evangeliums. Dagegen ist der Schluß ... auf libertinistische Zuchtlosigkeit unwahrscheinlich, da sich Paulus dagegen zweifellos viel deutlicher gewandt hätte (vgl. z. B. Jud 8.10.13.16). Man wird also mit einer sektiererischen judenchristlichen Bewegung zu rechnen haben, die gnostisch gefärbt, aber doch in der Hauptsache gesetzlich bestimmt war."

8. Nach H. Köster[96] darf man die Gegner, von K. als „Judaisten" bezeichnet, „nicht für Leute halten, die eine ‚orthodoxe' jüdische Beachtung des Gesetzes forderten, und man mißversteht ihre Botschaft nur zu leicht, wenn man sie aus rabbinischen Quellen zu belegen sucht. Verschiedene Hinweise im Galaterbrief (z. B. 4, 9–10) zeigen deutlich, daß die Judaisten vor allem die pneumatischen und kosmologischen Zusammenhänge der Beobachtung des Ritualgesetzes betont haben. Es ist ebenso offensichtlich, daß diese pneumatische Erneuerung des alttestamentlichen Gesetzes als ‚Evangelium' verstanden wurde, in dem Jesus eine besondere Rolle zugeschrieben wurde ... Bei dem Versuch, aus den Argumenten des Paulus in Gal 3 das Gesetzesverständnis der Gegner zu rekonstruieren, stößt man auf eine Mythologisierung alttestament-

---

[94] Ebd. 261–263.
[95] RGG ³II, 1188.
[96] ZThK 65 (1968) 191–194.

§ 4. Die Gegner

licher Bundestheologie, für die es bereits im Judentum Beispiele gibt." Paulus dagegen komme es nicht auf die „kosmischen Dimensionen" des Bundes an, sondern er verstehe den Neuen Bund „als geschichtliche Erfüllung der ursprünglichen Absicht des Alten Bundes". Deshalb verweist er auch nicht auf die Schöpfung, „sondern auf Abraham", und verstehe „das Kommen des Messias als das Kommen eines Menschen zu einem bestimmten geschichtlichen Zeitpunkt (Gal 4, 4). Dies ist der Schlüssel zum Verständnis seiner kritischen Widerlegung der gegnerischen Gesetzes-Mythologie . . ." „Paulus und seinen galatischen Gegnern geht es in gleicher Weise um die Frage des neuen Verstehens des Alten Testamentes und der jüdischen Vorstellungen von Gesetz und Bund. Man darf die Alternativen nicht so sehen, als stelle Paulus letzten Endes nichts anderes als Wort und Lehre Jesu der gegnerischen Gesetzeslehre gegenüber; im Gegenteil, Paulus stellt eine bestimmte Sicht des Gesetzes und des Bundes wider die gegnerische Bundestheologie. Beide reden in der überlieferten Sprache des Judentums, beide . . . versuchen, ihre Sicht von der Bedeutung des Kommens Jesu mit Mitteln eines überlieferten theologischen Entwurfes zum Ausdruck zu bringen." Worin, so fragt Köster weiter, liegt dann eigentlich die entscheidende Differenz zwischen der pln. und der gegnerischen Anschauung? „Für Paulus ist das, was historisch in der Kreuzigung des Menschen Jesus geschah, etwas ganz anderes als nur ein bequemer Anknüpfungspunkt für die Erneuerung der Bundestheologie. Es ist für ihn der kritische Maßstab eines radikalen Neuverständnisses . . . Jesus hat nicht die religiöse Großartigkeit des Alten Bundes mit dem Glanz einer neuen kosmischen Gültigkeit versehen, sondern er hat ihn zu seinem Ende gebracht, indem er die Folgen des zerbrochenen Bundes, den Fluch, auf sich nahm.

Den Christen ist daher nicht die Forderung auferlegt, die über der Zeit und der Geschichte stehenden Mächte durch die Beobachtung ihrer Satzungen zu verehren (Gal 4, 10), sondern sie haben eine Aufgabe, die in menschlicher Verantwortung gegenüber einer sichtbaren Gemeinde besteht, nämlich in der Agape (Gal 5, 6.22; vgl. 6, 2ff). Auf diese Weise macht Paulus die Geschichtlichkeit des Offenbarungsgeschehens zum entscheidenden Maßstab der Interpretation überlieferter Theologie und Mythologie. Das Versäumnis, diesen Maßstab anzuwenden, d. h. die Ablehnung der Entmythologisierung, ist identisch mit der ‚Häresie' der galatischen Gegner."

9. Eine ganz anders lautende, aber interessante Hypothese über die Gegner weiß R. Jewett vorzulegen[97]. J. lehnt die „Zweifronten"-Theorie Lütgerts und die „Gnostiker"-Hypothese Schmithals' ab. Für ihn sind die Gegner Judenchristen aus Palästina. Er legt sich die Frage vor: Warum eigentlich kamen diese Judenchristen nach Galatien? J. meint: Letztlich aus Angst vor den Zeloten, die nach dem Zeugnis des Flavius Josephus Ende der 40iger, Anfang der 50iger Jahre bereits mächtig ihr Unwesen in Palästina trieben. Die Judenchristen seien von ihnen verdächtigt worden, keine wahren Israeliten zu sein, besonders weil nach Paulus die Beschneidung für das Heil nicht nötig sei. So

---

[97] The Agitators and the Galatian Congregation, in: NTSt 17 (1970/71) 198–212.

war für die palästinischen Judenchristen die Gefahr gegeben, in die gegen Paulus sich richtende Verfolgung miteinbezogen zu werden[98]. Um ihr aus dem Wege zu gehen, kommen sie nach Galatien, bereden die christlichen Galater, sich doch der Beschneidung zu unterwerfen und den Festkalender zu beobachten, in der Hoffnung, daß sie vielleicht dann mit der Zeit das ganze Gesetz auf sich nehmen würden. „Their goal was to avert the suspicion that they were in communion with lawless Gentiles."[99] Gewinnen sie die Galater für die Beschneidung und das gesetzliche Leben, so haben sie Anlaß, sich des Fleisches der Galater zu rühmen (vgl. 6, 13), auf diese Weise den Zeloten ihrer Heimat zu gefallen und einer Verfolgung durch sie aus dem Wege gehen zu können (vgl. 5, 12)[100].

10. Angeführt zu werden verdient auch J. B. Tyson, der einige eigene Nuancen zu bringen versteht[101]. T. stellt zunächst vier methodische Grundsätze auf, die gegenüber der Gegner-Frage zu beachten seien: 1. We must limit ourselves to the internal evidence provided by the letter itself, 2. We must analyse Paul's defense in Galatians, attempting to identify specific statements as answers to specific charges or objections to certain contrary teachings, 3. On the basis of Paul's defense, we must decide what specific charges were made by Paul's opponents and what positions they held, 4. Finally, we must attempt to discover the source or sources of the charges. T. kommt mit ihrer Hilfe zu folgendem Ergebnis[102]: Zu irgendeinem Zeitpunkt der 1. Hälfte des 1. Jahrhunderts kamen christliche Prediger zu den Galatern, einige von Palästina, andere von anderswoher; unter ihnen auch Paulus. Während Paulus die Beschneidung nicht verlangte, waren andere Prediger nicht seiner Meinung. Sowohl Juden als auch Heiden reagierten auf diese Predigt, „and the product was a confused Christianity with çarying practices and imprecise doctrines". Nach dem Weggang des Apostels steigerten Diskussionen die allgemeine Konfusion unter den Galatern, und einige begannen zu sagen, die Beschneidung sei notwendig. Darauf ließen sich einige Heidenchristen beschneiden und begannen, den Festkalender zu beobachten. Paulus hörte von diesen Dingen, die ihn natürlich schockierten; er war ja selber nicht anwesend, und seine Unabhängigkeit wurde in Frage gestellt, „and even the other apostles were being misunderstood". Deshalb schrieb er den Brief.

Tysons vier methodische Grundsätze lassen sich zwar bejahen, daß aber sein Ergebnis mit ihrer Hilfe gewonnen sei, ist nicht einzusehen. Der Brief gibt das nicht her, was T. über die Entstehung von christlichen Gemeinden in Galatien vorträgt. Die Gegner sind sicher nicht aus dem Schoß der Gemeinden hervorgegangen, sondern von außen eingedrungen.

---

[98] JEWETT verweist dabei auf 1 Thess 2, 14–16, wo der Apostel auf die judäischen Gemeinden Gottes hinweist, die von ihren Volksgenossen, den Juden, verfolgt worden seien.
[99] Ebd. 205.
[100] JEWETT glaubt sogar die Chronologie so bestimmen zu können: „I place the agitation in Antioch in the late 40s, the Apostolic Conference in the summer of 51, the second visit to the North Galatian churches in 52 and the writing of Galatians in the winter of 52" (ebd. 206, Anm. 2).
[101] Paul's Opponents in Galatia, in: NT 10 (1968) 241–254.
[102] Ebd. 254.

§ 4. Die Gegner

11. J. Eckert[103] geht in der Frage, worum es eigentlich im Streit zwischen Paulus und seinen Gegnern nach dem Galaterbrief gegangen war, den einzig gangbaren Weg: den Weg der sorgfältigen Exegese aller einschlägigen Partien des Briefes, weil die verschiedenen Erklärungsversuche bei der Aufhellung der Gegnerfrage zeigten, „wie sehr die Charakteristik der galatischen ‚Häresie' von der Erschließung entsprechender, jedoch meist recht fragwürdiger Sekundärquellen abhängig ist. Um diese Unsicherheitsfaktoren soweit wie möglich auszuschalten, wurde der Untersuchung der Primärquelle ... der absolute Vorrang eingeräumt."[104] E. macht dabei auf einen Umstand aufmerksam, der in der Forschung nicht immer genügend berücksichtigt wird und der für die Gesamtbeurteilung des Galaterbriefes von großer Wichtigkeit ist: „Bei dem Verhör des einzigen authentischen Zeugen, des Apostels Paulus, galt es allerdings von vornherein zu beachten, daß er nicht eine objektive und unparteiische Beschreibung des gegnerischen Standpunktes bietet, sondern eine leidenschaftliche Auseinandersetzung führt, für die Verkündigung seiner Gegner nur ehrlose Motive kennt und die Meinung seines theologischen Kontrahenten meist überspitzt in ihrer extremsten Gestalt und letzten Konsequenz darstellt, um sie so besser ad absurdum führen zu können. Er macht aus ihr eine Häresie. Der Geschichtsforscher, der auch die andere Seite zu Wort kommen lassen und ihr gerecht werden muß, kann dieses negative Werturteil des Paulus nicht unkritisch übernehmen."[105]

Nach Eckert haben die Rivalen des Apostels in Galatien das Evangelium des Apostels wahrscheinlich „als illegitimes, mit der Verkündigung der Jerusalemer Autoritäten nicht übereinstimmendes Evangelium attackiert"[106]. Ferner läßt sich aus Gal 1, 11 – 2, 14 erkennen, „daß die Kritik an dem paulinischen Evangelium zur Kritik am Boten selbst geführt hat ... wobei sich nicht ausmachen läßt, ob man Paulus den Aposteltitel überhaupt absprach und ihn als ‚self-made'-Apostel denunzierte oder ihn als Gemeindeapostel gegenüber einer kirchlichen Instanz hörig machen wollte"[107]. Weiter: „Höchst wahrscheinlich dürfte die Autorität der Urapostel bzw. Jerusalems, das für die judenchristlichen Gegner des Apostels eine hohe Bedeutung gehabt zu haben scheint, gegen Paulus und seine Verkündigung ausgespielt worden sein und ihm mangelnde Übereinstimmung mit dem Glauben der Jerusalemer Urgemeinde, zweifelhafte Anerkennung auf dem Apostelkonvent und fehlende Gleichrangigkeit mit den ‚Geltenden' nachgesagt worden sein."[108] Dazu kam, daß für die Gegner des Apostels und seiner Predigt „die Kontinuität der Heilsgeschichte auf dem Spiele stand und damit ihr Anspruch, das wahre Israel zu sein"[109]. Vielleicht war überhaupt erst „durch die Verkündigung seiner Rivalen das Interesse der Galater an der heilsgeschichtlichen Konzeption des Judenchristentums geweckt worden"[110]. Andererseits war vielleicht Paulus erst durch die Gegenpredigt seiner Rivalen in Galatien veranlaßt worden, seine Gesetzeslehre

---
[103] Die urchristliche Verkündigung, bes. 229–238.
[104] Ebd. 229.
[105] Ebd. Die Schwierigkeit besteht nur darin, wie denn der Historiker „auch die andere Seite zu Wort kommen lassen" soll, wenn ihm keine anderen Quellen zur Verfügung stehen.
[106] Ebd. 233. [107] Ebd. [108] Ebd. [109] Ebd. 230. [110] Ebd. 231.

Einleitung

in ihrer ganzen, fast schockierenden Radikalität zu entwickeln[111]. „Eine Polemik gegen eine zweite Front, die der libertinistischen Pneumatiker", kann Eckert nicht entdecken. „Ebensowenig läßt sich ein Enthusiasmus als reale Front der paulinischen Aussagen erkennen..."[112]

Weil sich Eckert entschieden der Frage stellt, ob das Bild des Apostels von der Agitation der Gegner in Galatien ein „Trugbild" sei[113], in dem die historischen Realitäten sich falsch widerspiegelten, ist seine Behandlung der „Gegner-Frage" besonders bemerkenswert.

V. Wer waren die Gegner?

Christliche Judaisten jüdischer Herkunft? Christliche Judaisten heidnischer Herkunft? Judenchristliche Gnostiker? Heidenchristliche Gnostiker? Gnostizierende Judenchristen? Gnostizierende Heidenchristen? Synkretistische Juden? Wie die obige Übersicht über die verschiedenen Antworten auf die Frage: Wer waren die Gegner? zeigt, gibt es keine Einmütigkeit unter den Auslegern. Vermutlich ist sie auch nie zu erreichen, weil die Angaben des Apostels einfach nicht ausreichend genug sind, um die Gegner eindeutig einzuordnen. Sicher läßt sich sagen, daß Paulus den entscheidenden Gegensatz zu ihnen in ihrem „gesetzlichen" Evangelium, zu dem vor allem die Beschneidungsforderung gehörte, gesehen hat; denn die Frage nach der Heilsbedeutung des Gesetzes bildet einen Hauptinhalt des Briefes. Ebenso sicher gehörte zum Vorgehen der Gegner ein Angriff auf die Autorität des Apostels und die Richtigkeit seiner Verkündigung. Sehr vorsichtig dagegen muß man mit der Behauptung sein, die Gegner seien gnostisch infiziert gewesen. Man muß sich auch hüten, die galatische Irrlehre von der kolossischen her zu interpretieren, wie das häufig geschieht[114]. Kalenderfrömmigkeit hat mit Gnosis zunächst nichts zu tun, wie frühjüdische Texte zeigen[115]. Und was die drohende Hinwendung der Galater zu den „Weltelementen" betrifft, bringt sie der Kontext in Zusammenhang eben mit ihrer Hinwendung zu einer Kalenderfrömmigkeit, die wiederum mit ihrer gesetzlichen Orientierung zusammenhängt (vgl. unsere Auslegung von 4,9f). Auch daß die Gegner trotz ihrer gesetzlichen Einstellung Libertinisten gewesen seien,

---

[111] Vgl. ebd. 231f. [112] Ebd. 232.
[113] Vgl. dazu ebd. 234–236. Dazu unsere Frage unter VII: „Hat Paulus seine Gegner falsch physiognomisiert?"
[114] So kommt z. B. der Begriff νόμος im Kolosserbrief überhaupt nicht vor, wenn es auch möglicherweise gewisse Anspielungen an das Gesetz gibt (vgl. dazu H. WEISS, The law in the Epistle to the Colossians, in: CBQ 34, 1972, 294–314). Was die Kalenderfrömmigkeit angeht, ist in Kol 2, 16 von „Fest, Neumond oder Sabbat" die Rede, in Gal 4, 10 dagegen von „Tagen, Monaten, Zeiten und Jahren": dieser Unterschied will beachtet sein. Auch sind die theologischen Argumente des Apostels gegen die kolossische Irrlehre ganz anderer Art als jene gegen die galatische, weil eben auch ihr Inhalt ein anderer war. Vgl. auch J. GEWIESS, Die apologetische Methode des Apostels Paulus im Kampf gegen die Irrlehre in Kolossä, in: Bibel und Leben 3 (1962) 258–270.
[115] Vgl. dazu in diesem Kommentar S. 298–301.

§ 4. Die Gegner

kann aus dem Brief nicht erwiesen werden. Wenn der Apostel in 5, 3 darauf aufmerksam macht, daß die Übernahme der Beschneidung zur Übernahme des ganzen Gesetzes verpflichtet, so richtet sich das nicht an die Gegner, sondern an die Galater, denen offensichtlich diese Konsequenz nicht genügend bewußt war (vgl. Auslegung). Andererseits konnte die Lehre des Apostels von der Freiheit des Christen von den Werken des Gesetzes leicht im Sinn einer ethischen Ungebundenheit des Getauften verstanden werden (vgl. auch Röm 3, 8; 6, 1); deshalb war es notwendig, die Galater eindringlich darüber zu belehren, daß auch der „Pneumatiker" (vgl. 6, 1), d. h. der durch Christus und das Taufpneuma von der Todesherrschaft des Gesetzes Befreite, an den Willen Gottes gebunden bleibt, wenn auch in einer neuen Weise[116]. Es ist vielleicht damit zu rechnen, daß zu den Vorwürfen der Gegner gegen die Lehre des Apostels von der Freiheit des Christen von den Werken des Gesetzes auch dies gehörte, diese „Freiheit" führe zur ethischen Ungebundenheit! Dazu mußte der Apostel deshalb Stellung nehmen[117]. So sehen wir keine Veranlassung, in den Anschauungen der Gegner gnostische und gnostizierende Tendenzen zu sehen. Diese Meinung ist nicht die Voraussetzung unserer Exegese, sondern ihr Ergebnis.

U. E. sind die Gegner judaisierende Judenchristen, die in ihrer gesetzlichen Einstellung besonderen Wert auf „Kalenderfrömmigkeit" legten, die ihrerseits wieder allzu leicht zu einer Verehrung der „Weltelemente" auf seiten der Galater führen konnte. Das heißt aber auch, daß sich die Gegner religionsgeschichtlich und gruppengeschichtlich nicht absolut eindeutig einer der bisher bekannten Gruppen des Frühjudentums oder des frühen Christentums zuordnen lassen. Sie scheinen keine ehemaligen Pharisäer zu sein; sie scheinen aber auch keine ehemaligen Essener zu sein. Recht viel mehr läßt sich darüber nicht sagen. In diesem Kommentar werden die Rivalen des Apostels in Galatien einfach als „Gegner" bezeichnet.

VI. Woher kamen die Gegner?

Auch diese Frage läßt sich nicht eindeutig beantworten; denn der Apostel macht darüber keine Angaben. Er schreibt einfach in 1, 7: τινές εἰσιν. Daß sie in einen unmittelbaren Zusammenhang mit dem Herrenbruder Jakobus oder gar mit Petrus zu bringen seien[118], ja von ihnen vorgeschickt wurden, läßt sich nur

---

[116] „Von dem, was Paulus ‚das Pneuma' nennt, her ist es zu verstehen, wie er die ‚Existenz' der Glaubenden und Getauften begreift, vor allem, wie er sich ‚ohne Gesetz', ‚ohne die Werke des Gesetzes' die Lebensführung der An-Jesus-Christus-Glaubenden vorstellt" (Kuss, Paulus, 111, Anm. 1).
[117] Der Apostel geht im Galaterbrief methodisch ähnlich vor wie im Kolosserbrief; er läßt sich „nicht in eine Diskussion mit der Irrlehre ein, um gleichsam einen Zweikampf mit ihr auszutragen, wobei die Leser des Briefes als Zuschauer zu denken wären, sondern er wendet sich als Seelsorger an seine Gläubigen ... Er ... zeigt ihnen die christliche Wahrheit, um sie darin zu vertiefen und zu festigen. Dadurch erhalten seine Ausführungen keineswegs den Charakter einer bloßen Abwehr oder Defensive, sondern einer tieferen Einführung in die christliche Heilsverkündigung" (Gewiess, a. a. O. 265f).
[118] So dachte Lietzmann bei dem τίς von 5, 7 und dem ὁ ταράσσων von 5, 10 in der Tat an

behaupten, aber nicht beweisen[119]. Auch daß die Gegner des Apostels in Galatien in Zusammenhang zu bringen seien mit den τινὲς ἀπὸ Ἰακώβου von 2, 12, die nach Antiochien gekommen waren, oder mit den „eingeschlichenen Falschbrüdern" von 2, 4[120], kann höchstens vermutet, aber nicht bewiesen werden[120a]. Die Gegner könnten auch Judenchristen gewesen sein, die aus anderen Missionsgebieten Kleinasiens stammten und eines Tages in den heidenchristlichen Gemeinden Galatiens ihre antipaulinische Agitation zu betreiben anfingen[121]. Aber auch dies ist nicht beweisbar. Möglicherweise haben die Gegner, woher sie nun auch nach Galatien gekommen sein mögen, „die Autorität Jerusalems und ‚der Geltenden' gegen Paulus ausgespielt ... und ihm mangelnde Übereinstimmung mit dem Glauben der Jerusalemer Gemeinde vorgeworfen ..." (Eckert)[121a]. Vielleicht gehörte zu ihren Schlagworten: „Wir sind als Beschnittene der ‚Same Abrahams'" (vgl. Gal 3, 16), und „Jerusalem ist unsere Mutter" (vgl. 4, 26)[121b], wobei sie an Jerusalem als den Sitz der Urgemeinde dachten. „Der Kern ihrer Rede wird wohl der gewesen sein: Paulus habe mehrmals versucht, in Jerusalem Fuß zu fassen, sei aber nicht zum Erfolg gekommen" (Eckert)[121c]. Die Argumentation des Apostels in Gal 1.2 könnte darauf hinweisen. Denn warum spielt gerade Jerusalem beim Aufbau der pln. Argumentation eine so eigenartige Rolle? Eins kann jedoch sicher gesagt werden: Den Gegnern war nach der Überzeugung des Paulus „die Wahrheit

---

Petrus (Kleine Schriften II = TU 68, 288); zuvor schon E. MEYER, Ursprung und Anfänge des Christentums III (1923, Nachdruck Stuttgart 1962) 434. Dagegen A. JÜLICHER – E. FASCHER, Einleitung in das NT, 70 („Wer kann sich vorstellen, daß Petrus — in Jerusalem auf dem Apostelkonzil die treueste Stütze des Paulus — später an die Spitze der falschen Brüder getreten sei, ohne daß Paulus dies auch nur andeutete?").

[119] KUSS bemerkt zu Jülicher-Fascher (s. vorausgehende Anm.): „Wie man sieht, gründet sich die Entscheidung Jülichers auf Ermessensurteile von durchaus bestreitbarer Qualität, und es sollte jedenfalls nicht übersehen bleiben, daß die äußere und innere Position des Petrus in Jerusalem selber (vgl. Gal 1, 18.19; 2, 1–10) wie außerhalb Jerusalems (vgl. Gal 2, 11–14) des Zwielichtigen nicht entbehrt; das gilt übrigens in mancher Hinsicht auch noch auf das retuschierte Paulusbild der Apg und seine Stellung im Ganzen der Apg" (Paulus, 114, Anm. 3). Es ist allerdings höchst unwahrscheinlich, daß Petrus in Galatien Christen zum „judaisieren" veranlassen wollte; der feige „Krebsgang" des Petrus in Antiochien war durch das Auftauchen der Jakobusleute aus Jerusalem verursacht (vgl. Gal 2, 11f). Die Quellen wissen nichts, daß Petrus zu einem derartigen Krebsgang auch in Galatien sich verführen ließ; das wäre in der Tat die größte Dummheit gewesen, die er sich in seinem Leben geleistet hätte. KÜMMEL bemerkt (Einleitung, 260, Anm. 7): „Auf keinen Fall kann damit auf Petrus angespielt sein ...; dagegen spricht der Ton der Erwähnung des Petrus in 1, 18; 2, 8ff und das Fehlen jeder Tradition für eine Wirksamkeit des Petrus in Kleinasien ..."

[120] Daran denkt etwa KÜMMEL, Einleitung, 262 („einige Wahrscheinlichkeit").

[120a] WIKENHAUSER/SCHMID, Einleitung in das NT, 417, meint zu den Gegnern, die „wirklich Judaisten" waren: „Daß sie aus Jerusalem kamen, läßt sich nicht mit Sicherheit beweisen, behält aber immer noch hohe Wahrscheinlichkeit. Sie waren jener radikal-reaktionäre Teil der Urgemeinde, der mit der Haltung der Urapostel nicht einverstanden war."

[121] Man könnte etwa an Judenchristen aus den Städten denken, in denen Paulus auf der ersten Missionsreise missioniert hatte (Antiochien, Ikonium, Lystra und Derbe, die alle zur Provinz Galatien gehörten). Vgl. auch noch A. KRAABEL, Judaism in Asia Minor (Diss. Harvard 1968). [121a] Die urchristliche Verkündigung, 217.

[121b] Vgl. H. J. HOLTZMANN, Einleitung in das NT (³1892) 219 (Hinweis darauf bei ECKERT, Die urchristliche Verkündigung, 217).

[121c] Die urchristliche Verkündigung, 218.

§ 4. Die Gegner

des Evangeliums" verborgen geblieben. Und ihr Verdienst ist, daß der Apostel durch ihr Auftreten veranlaßt wurde, diese Wahrheit durch seinen Brief der Kirche für immer vor Augen zu stellen.

VII. Hat Paulus seine Gegner in Galatien falsch physiognomisiert?

Wie oben schon erwähnt wurde, meint Marxsen, Paulus habe „die Position der Gegner nicht völlig durchschaut. Seine Nachrichten dürften ungenau gewesen sein". Auffallend ist für Marxsen auch, „daß im ganzen zweiten Teil außer der bloßen Nennung der Weltelemente und der Beschneidung kein einziger Hinweis auf konkrete Ereignisse in Galatien vorliegt. Anders ist es im dritten (ethischen) Teil. Auch das spricht für die vorgetragene Vermutung, daß die Freiheit des Evangeliums (das Hauptthema des Briefes) kein konkret veranlaßtes Thema, sondern ein (aufgrund seiner Nachrichten) von Paulus konstruiertes ist. Denn das eben liest er aus den knappen Nachrichten heraus: Die Gegner veranlassen die Gemeinden zum Rückfall. Tatsächlich aber brachten sie etwas Neues: einen christlich-jüdischen-gnostischen Synkretismus."[122]

Eckert beschäftigt sich ebenfalls mit der Frage, ob nicht das pln. Bild von seinen Gegnern in Galatien ein „Trugbild" sei[123]. Das Problem ist nicht einfach zu lösen. Paulus kennt die Inhalte der gegnerischen Verkündigung nur durch Berichte von andern; ob diese andern selbst Mitglieder der galatischen Gemeinden waren, die dem Apostel nachgereist waren, oder nicht, erfahren wir leider aus dem Brief nicht. „Vielleicht sind sie in den οἱ σὺν ἐμοὶ πάντες ἀδελφοί (1, 2) miteingeschlossen" (Eckert)[124]. Es läßt sich aber aus dem Brief doch das eine klar erkennen, daß es bei der ganzen Kontroverse um das Wesen

---

[122] Einleitung in das NT, 54.   [123] Die urchristliche Verkündigung, 234–236.
[124] Ebd. 235. Sicher hat OEPKE recht (Gal., 9), wenn er formuliert: „Der Brief ist kein Antwortschreiben"; es sind dem Apostel von den Galatern nicht Fragen vorgelegt worden mit der Bitte, sie brieflich zu beantworten. Ton und Stil des Briefes verraten vielmehr, daß er aus einer aufgeregten Reaktion heraus geschrieben worden ist, und so darf angenommen werden, daß Paulus über die Vorgänge in den Gemeinden von Galatien von Leuten aus den dortigen Gemeinden persönlich unterrichtet worden ist. Vermutlich trieb sie die Verwirrung, die die Gegenpredigt der Gegner in den Gemeinden ausgelöst hatte (vgl. dazu Gal 1, 7), zum Apostel, um ihn zu informieren. Der Apostel reagierte heftig, schrieb rasch und in Erregung den Brief, und gab ihn den Galatern mit, die zu ihm gekommen waren, in der Hoffnung, die Gemeinden doch rasch wieder zur Wahrheit des Evangeliums zurückrufen zu können. BORSE dagegen meint (Standort, 42): „Der Befund in Gal spricht ... eher dafür, daß die Galater gutgläubige Opfer von Verführern geworden waren, die sich ihres Irrtums keineswegs bewußt waren, die vermutlich die Befolgung der Gesetzesvorschriften sogar als Beweis ihrer besonderen Frömmigkeit betrachteten. Anscheinend liegt der Zweck des Briefes gerade darin, die gutgläubigen Galater aufzuklären und ihnen die Gefährlichkeit des judaistischen Einflusses schonungslos vor Augen zu halten (vgl. 1, 6–9; 3, 1–3; 4, 8–10.16f; 5, 1–12; 6, 12f)." Deshalb möchte B. annehmen, daß die Galater „mit dem Apostel aus anderen Gründen in Verbindung traten, sei es einfach, um den Kontakt aufrechtzuerhalten, oder sei es, um vielleicht über die Befolgung der Anordnung 1 Kor 16, 1 zu berichten. Der bei dieser Gelegenheit ebenfalls vorgetragene Bericht über das Wirken der Judaisten löste bei Paulus dann eine Reaktion aus, mit der die Vertreter der Gemeinden vermutlich nicht gerechnet hatten." Da Paulus den nach Galatien „gerichteten Brief unter dem gleichzeitigen Eindruck neuer Nachrichten über das Treiben seiner Widersacher in Korinth verfaßte, deren Hauptanliegen darin bestand, seinen Anspruch

des Evangeliums gegangen ist und die Predigt der Gegner eine Gegenpredigt gegen die Verkündigung des Apostels gewesen sein muß, in der nicht bloß Angriffe gegen das pln. Evangelium, sondern auch gegen die Person des Apostels erfolgt waren. Zweifellos hat vor allem die Beschneidungsforderung zum Gegenevangelium gehört. So lassen sich mit ziemlicher Sicherheit wenigstens zwei Punkte nennen, die in der Gegenpredigt der Gegner eine wichtige Rolle spielten: die Beschneidungsforderung (verbunden mit Kalenderfrömmigkeit) und der Angriff auf die Autorität und Legitimität des Apostels. Es läßt sich aber nicht sicher sagen, daß zu den ausdrücklichen Themen der Gegenpredigt das Gesetz als solches oder die christliche Freiheit gehörten. Jedoch liegen diese Themen letztlich in der Konsequenz der Inhalte der Gegenpredigt (Beschneidungspredigt, damit verbundene Kalenderfrömmigkeit), so daß der Apostel sich veranlaßt sah, nun gerade auch die Themen Gesetz und christliche Freiheit (einschließlich der ethischen Fragen) in seinem Brief eingehend zu behandeln. Dazu kam die notwendige Abwehr der Angriffe auf seine Person. Impliziert diese „Ausweitung" der Thematik eine „Überzeichnung" seiner Gegner oder gar eine Verfälschung ihrer Anliegen? Dazu darf gesagt werden: Selbstverständlich wird durch diese „Ausweitung" der Thematik die Physiognomie der Gegner in gewisser Weise verzerrt. Aber andererseits kommen gerade durch diese Verzerrung die in der Thematik der Gegenpredigt der Gegner liegenden, ihnen selbst vielleicht gar nicht deutlich bewußten Konsequenzen an das helle Licht des Bewußtseins der christlichen Gemeinden, vielleicht auch der Gegner selbst. Insofern hat die Überzeichnung der gegnerischen Physiognomie für immer die Logik des Evangeliums sichtbar gemacht. Eine solche „Überzeichnung" oder „Verzeichnung" könnte am ehesten in dem „Wollen" vorliegen, das der Apostel den Gegnern viermal unterstellt (vgl. dazu oben unter II, 2b). Besonders der Vorwurf in 1, 7, daß die Gegner in ihrer „verwirrenden" Gegenpredigt das Evangelium vom Christus verdrehen „wollen" (θέλοντες), rührt aus der heftigen Reaktion des Apostels her. In Wirklichkeit sind die Gegner ihrer Überzeugung gefolgt. Schreibt also der Apostel gegen seine Gegner im Stil der „Ketzerpolemik"¹²⁵? Die Frage muß, teilweise wenigstens, bejaht werden¹²⁵ᵃ.

---

als Apostel zu bekämpfen, liegt es näher, die Wurzel der ‚unübersehbaren' Parallelität von Gal 1–2 und 2 Kor B in der Auseinandersetzung mit den ‚Lügenaposteln' in Korinth zu sehen" (ebd. 167). Aber ging es in Korinth um das Thema Gesetz und Evangelium wie in Galatien? Die Frage muß verneint werden. Zum Berechtigten in der These BORSES vgl. aber noch die folgende Anm.

125 Eine „Verzeichnung" der Gegner ließe sich evtl. aus der von BORSE (Standort, 180f) vertretenen Ansicht erklären, nach der „die Auseinandersetzung mit den galatischen Irrlehrern in eine Zeit hineinfällt, in der schon seit längerem — spätestens seit 1 Kor — Spannungen zwischen Paulus und der Gemeinde zu Korinth bestanden ...". Dies darf „bei der Beurteilung des Gal nicht übersehen werden. Darüber hinaus müssen die Konflikte Pauli mit seinen Widersachern in den beiden weit auseinanderliegenden Missionsgebieten vor allem deshalb zusammenhängend erörtert werden, weil der Apostel die Kunde aus Galatien und den Bericht über die Agitation judenchristlicher ‚Lügenapostel' in Korinth zur gleichen Zeit erhielt", wie BORSE annimmt (vgl. ebd. 116ff). Die Angriffe waren von beiden Seiten besonders gegen die Person

---

125a Es herrscht da eine gewisse Gegenseitigkeit: Paulus überzeichnet seine Gegner, die Gegner verzeichnen (bewußt?) die christliche Vergangenheit des Apostels seit seiner Bekehrung (vgl.

§ 4. Die Gegner

VIII. Die Gegnerfrage und die Auslegung des Briefes

Mag der Apostel auch die Gegner „überphysiognomisiert" haben und dadurch die historische Rückfrage nach ihnen erschwert sein, so ist doch, wie die bei der Kommentierung des Briefes gemachte Erfahrung zeigt, eine möglichst präzise Erfassung der gegnerischen „Physiognomie" für das Gesamtverständnis des Briefes außerordentlich wichtig. Die Adressaten des Briefes sind selbstverständlich die von Paulus gegründeten Gemeinden von Galatien; sie sind es, die der Apostel vor dem „Abfall" (vgl. Gal 1, 6: μετατίθεσθε) vom „Evangelium" bewahren will. Aber „Mitadressaten" sind, zwar nicht unmittelbar angesprochen, auch die Gegner; sie bilden die „Front", gegen die Paulus zu Felde zieht; mit ihren Einwänden und „Schlagworten" setzt er sich auseinander. Und selbst wenn Lütgert u. a. mit der These recht hätten, daß Paulus im Gal einen „Zweifrontenkrieg" geführt hat, gehören zu der „Front" bzw. zu den „Fronten", gegen die er kämpft, jedoch nie in einem unmittelbaren Sinn die Juden. Dies ist aber, wie die Auslegungsgeschichte zeigt, oft nicht beachtet worden. Legt man sich die Frage vor: Gegen wen hat eigentlich Paulus seine Theologie im Gal entwickelt?, so kann die Antwort nie lauten: gegen Juden und Judenchristen, sondern einzig und allein: nur gegen Judenchristen, d. h. gegen Mitchristen, wenn auch jüdischer Abstammung. So ergibt es sich aus dem Textbefund des Briefes. Weil das die christliche Auslegung des Briefes oft nicht oder nicht genügend beachtet hat, empfanden und empfinden Juden den Gal als ein Dokument, das mitverantwortlich gemacht wird für das Unheil, das Christen den Juden im Lauf der Geschichte angetan haben. In Wirklichkeit kämpft Paulus im Gal, so wenig wie im Röm, nicht gegen seine Volksgenossen und ehemaligen Glaubensgenossen, sondern gegen ein christliches Pseudoevangelium. Das klar zu sehen hat den Rang eines hermeneutischen Schlüssels für das Verständnis des Briefes.

---

des Apostels gerichtet. „Die Apologie des Apostelamtes im Gal erinnert in mehrfacher Hinsicht an die Verteidigung Pauli gegenüber den Korinthern, vor allem an die Betonung seiner Gleichberechtigung mit den Altaposteln im 1 Kor, die sich vermutlich gegen die Kritik seitens der Kephasleute richtete. Zwar stellt jedes Abweichen von der Wahrheit des paulinischen Evangeliums zugleich einen Angriff auf seine apostolische Autorität dar, aber Paulus verteidigt sich so nachdrücklich, daß eine direkte Gegnerschaft vorausgesetzt werden muß. Allerdings muß seine Frontstellung nicht die Widersacher in Galatien betreffen. Die zeitliche Kombination von Gal und 2 KorB spricht eher dafür, daß der Konflikt mit den Gegnern in Korinth die Ausführungen des Gal zur göttlichen Herkunft und Unabhängigkeit des paulinischen Apostolats beeinflußt hat." Von da her würde die „Verzeichnung" der galatischen Gegner des Apostels verständlicher, nur entsteht die Frage, ob nicht auch die korinthischen Gegner des Apostels von ihm „ketzerpolemisch" verzeichnet worden sind. Wer weiß es?

---

dazu etwa die Auslegung zu Gal 1, 20; O. Linton, The Third Aspect . . ., in: StTh 3, 1949, 79–95). Es scheint in den juden- und heidenchristlichen Gemeinden sich widersprechende Berichte über die christlichen Anfangsjahre des Paulus gegeben zu haben. Conzelmann vermutet „eine Spaltung der Überlieferung über Paulus schon in früher Zeit" (Die Apg, 126). Dann könnte es sein, daß die Gegner über die Bekehrung des Apostels und die nachfolgenden Jahre so redeten, wie sie es nicht anders wußten. Die Verzeichnung seiner Biographie muß deshalb Paulus in Gal 1.2 richtigstellen.

Einleitung

§ 5. Zur Wirkungsgeschichte des Briefes[126]

„Paulus ist stets ein Element lebendiger Unruhe in der Geschichte von Kirche und Theologie gewesen" (Kuss)[127], und zwar von Anfang an. Paulus wurde nicht bloß schon zu seinen Lebzeiten mißverstanden (vgl. Röm 3, 8; 6, 1), sondern auch heftigst angegriffen. Er mußte „sein Evangelium" wiederholt gegen Widersacher verteidigen: in Jerusalem, in Antiochien, bei den Galatern und Korinthern (vielleicht auch noch bei den Kolossern, vorausgesetzt, daß der Kol-Brief von Paulus selber stammt). Innerhalb des ntl. Kanons gibt es Schriften, die sich mit pln. Verkündigung direkt oder indirekt auseinandersetzen (Jak[128], 2 Petr, evtl. auch Mt). Und man könnte in der Tat die Frage stellen: Sind die Katholischen Briefe darum in den Kanon gekommen, um ein Pendant gegen Paulus zu schaffen?[129]

Ist Paulus aber auch „stets ein Element lebendiger Unruhe" gewesen, er wurde alsbald nach seinem Tod „domestiziert", schon in seiner eigenen Schule (Epheserbrief und insbesondere Pastoralbriefe!), in der Apg[130] und grundsätzlich durch die Aufnahme in den maßgebenden Kanon urkirchlicher Schriften, in dem neben Paulus noch andere, sehr kräftige Stimmen laut werden durften. So konnte A. von Harnack formulieren: „Der Paulinismus hat sich als ein Ferment in der Dogmengeschichte bewährt, eine Basis ist er nie gewesen"[131];

---

[126] Die Frage der „Echtheit" des Gal bedarf keiner eigenen Erörterung. „Daß der Gal ein wirklicher, echter Brief ist, ist unbestreitbar" (KÜMMEL, Einleitung in das NT, 266). Niemals wurden in der alten Kirche Zweifel an der Echtheit laut. Die Einwände, die im 19. Jahrhundert gegen die Echtheit, d. h. die pln. Verfasserschaft des Briefes erhoben wurden, sind nicht ernst zu nehmen (vgl. etwa R. STECK, Der Galaterbrief nach seiner Echtheit untersucht nebst kritischen Bemerkungen zu den paulinischen Hauptbriefen, Berlin 1888; J. GLOEL, Die jüngste Kritik des Galaterbriefes auf ihre Berechtigung geprüft, Erlangen 1890; dazu den kurzen Überblick bei J. C. O'NEILL, The Recovery of Paul's Letter to the Galatians, London 1972, 3–7; zuletzt hat F. R. MCGUIRE die Echtheit bestritten: Did Paul write Galatians?, in: Hibb. Journ. 65, 1966/67, 52ff). Sprache, Stil, Thematik sind unverwechselbar pln.; die Situation, in die hinein der Brief geschrieben ist, trägt alle Zeichen der Einmaligkeit; daß sie künstlich hergestellt sei, noch dazu ausgerechnet mit den Galatern als Adressaten, ist ausgeschlossen.
[127] Paulus, 457.
[128] Vgl. dazu MUSSNER, Der Jakobusbrief, 13ff.
[129] Vgl. ebd. 17.
[130] Vgl. besonders PH. VIELHAUER, Zum „Paulinismus" der Apg., in: DERS., Aufsätze zum NT (München 1965) 2–27; G. SCHULZE, Das Paulusbild des Lukas. Ein historisch-exegetischer Versuch als Beitrag zur Erforschung der lukanischen Theologie (Diss. Kiel 1960); dazu aber auch CHR. BURCHARD, Der dreizehnte Zeuge (Göttingen 1970); I. ΠΑΝΑΓΟΠΟΥΛΟΥ, Ὁ Θεὸς καὶ ἡ Ἐκκλησία. Ἡ θεολογικὴ μαρτυρία τῶν Πράξεων Ἀποστόλων (Athen 1969).
[131] Lehrbuch der Dogmengeschichte I (Tübingen 41909) 155. Vgl. zur Stellung des Paulus und des Paulinismus in der altkirchlichen Theologie auch E. ALEITH, Paulusverständnis in der alten Kirche (Berlin 1937); V. E. HASLER, Gesetz und Evangelium in der alten Kirche bis Origenes (Zürich/Frankfurt 1953); K. H. SCHELKLE, Paulus. Lehrer der Väter (Düsseldorf 21959); P. G. VERWEJS, Evangelium und neues Gesetz in der ältesten Christenheit bis zu Marcion (Utrecht 1960); J.-M. DUPONT, Le récapitulation paulinienne dans l'éxégèse des Pères, in: ScEcclés. 12 (1960) 21–38; W. SCHNEEMELCHER, Paulus in der griechischen Kirche des zweiten Jahrhunderts, in: ZKG 75 (1964) 1–20; M. F. WILES, The Divine Apostle. The Interpretation of St. Paul's Epistles in the Early Church (Cambridge 1967); G. STRECKER, Paulus in nachpaulinischer Zeit, in: Kairos 12 (1970) 208–216; KUSS, Paulus, 229ff; 438f; 452ff.

§ 5. Zur Wirkungsgeschichte des Briefes

auszunehmen ist davon in der Zeit der alten Kirche unter den „Systematikern" Augustinus[132] und unter den „Exegeten" vielleicht Ambrosiaster[133].

Aber für zwei Geister ist speziell der Gal zur „Basis" ihrer Theologie geworden: für Marcion und für Martin Luther.

Für Marcion, diese wohl interessanteste Gestalt der alten Kirche, wurde der Gal, den er als erster als solchen erwähnt, geradezu zum Hauptzeugnis seines Weltverständnisses und seiner Theologie[134]: Die Schöpfung kann wegen ihrer vielfachen Unvollkommenheiten nicht vom wahren Gott stammen; sie wurde vielmehr vom Demiurgen geschaffen, der identisch ist mit Jahwe, dem Gott des AT und der Juden, dem Gott der strengen Gerechtigkeit und des Gesetzes. Erst in Jesus und in seinem Evangelium hat sich der wahre Gott, der Gott der Güte und absoluten Vergebung, der bisher unbekannt war, geoffenbart. Die Apostel aber haben das Evangelium nicht richtig verstanden, es vielmehr rejudaisiert und den Gott Jesu mit dem Gott der Schöpfung und des AT identifiziert. Deshalb hat Gott den Apostel Paulus erweckt, um die ursprünglichen Intentionen Jesu gegen die Urapostel wieder zur Geltung zu bringen. Aber auch die Briefe des Apostels sind bald rejudaisiert worden. Deshalb sei es notwendig, das reine Evangelium und die reine Lehre des Apostels vom wahren Gott wiederherzustellen. Dieser Aufgabe unterzog sich Marcion. Da der ursprüngliche Text der Paulusbriefe angeblich verdorben worden war, mußte dieser in seiner Reinheit wiederhergestellt werden, vor allem durch Kürzung und Änderung aller „judaisierenden" Stellen. Das Kriterium zur Erkenntnis des „ursprünglichen" Textes war theologisch-weltanschaulicher Art, eben „das Evangelium vom fremden Gott" (Harnack), das Marcion „wiedererkannt" hatte. Im Apostolikon war es am besten im Gal mit seiner Front gegen den „Judaismus" und das atl. „Gesetz" zu fassen, so daß Marcion diesen Brief an die Spitze seiner Ausgabe des Corpus Paulinum stellte[135]. Die von Marcion dem Brief verliehene Gestalt kann z. T. aus der antimarcionitischen

---

[132] Vgl. dazu Lit. bei KUSS, Paulus, 236, Anm. 2.
[133] Vgl. A. SOUTER, The Earliest Latin Commentaries on the Epistles of St. Paul (Oxford 1927); H. J. VOGELS, Das Corpus Paulinum des Ambrosiaster (BBB 13) (Bonn 1957) (12: „Sein eigentliches Anliegen ist die Frage nach dem Verhältnis zwischen Gesetz und Evangelium; er wird nicht müde zu wiederholen, daß Neumonde und Sabbat, Reinigkeits- und Speisegesetz für den Christen nicht mehr verbindlich sind"). Anders lautete das Urteil W. MUNDLES: „In die Reihe der Theologen, die den Paulinismus wieder zu einer Macht in der Kirche haben werden lassen, gehört Ambrosiaster nicht hinein" (Die Exegese der paulinischen Briefe im Kommentar des Ambrosiaster, Marburg 1919, 72).
[134] Vgl. dazu vor allem TH. ZAHN, Geschichte des ntl. Kanons II, 495–529 (Versuch einer Wiederherstellung des Marcionitischen Apostolikons); A. v. HARNACK, Das Evangelium vom fremden Gott (Leipzig ²1924) 36f; 45ff; 67*–79*; J. KNOX, Marcion and the New Testament (Chicago 1942) 39ff; 172ff; E. C. BLACKMANN, Marcion and his Influence (London 1949) 23ff; DBS V, 862–877 (BARDY); H. VOGELS, Der Einfluß Marcions und Tatians auf Text und Kanon des NT, in: Synopt. Studien (Festschr. f. A. Wikenhauser) (Freiburg i. Br. 1953) 278 bis 289; RGG ³IV, 740–742 (H. KRAFT – G. KLEIN). Erinnert sei an die witzige Bemerkung von F. OVERBECK, Paulus „habe nur einen Schüler gehabt, der ihn verstanden habe, Marcion — und dieser habe ihn mißverstanden!" (Christentum und Kultur. Gedanken und Anmerkungen zur modernen Theologie, hrsg. von C. A. BERNOULLI [Basel 1919] 218f).
[135] Die Reihenfolge der Paulusbriefe in Marcions Ausgabe war: Gal, 1.2 Kor, Röm, Eph (als Laodizenerbrief bezeichnet), Kol, Phil, Phm.

Einleitung

Polemik der Kirchenväter wiederhergestellt werden. Dieser Aufgabe hat sich nach Zahn vor allem Harnack unterzogen[136].

Noch einmal sollte die dem Galaterbrief innewohnende Kraft sich in der Kirchen- und Theologiegeschichte als äußerst wirksam erweisen: Im Denken und Werk Martin Luthers. Luther las über den Gal zum erstenmal vom 27. Oktober 1516 bis 13. März 1517 (also noch in seiner katholischen Zeit)[137], verfaßte um die Jahreswende 1518/19 einen Kommentar, der zunächst im Sept. 1519, in zweiter Bearbeitung im Aug. 1523 im Druck erschien[138], und noch einmal 1531 in der sogenannten Großen Galatervorlesung, bearbeitet für den Druck von Luthers Schüler Georg Rörer, 1. Auflage 1535, 2. Auflage 1538[139]. Luther sagt einmal vom Galaterbrief: „Epistola ad Galatas ist mein epistelcha, der ich mir vertrawt hab. Ist mein Keth von Bor."[140] Luther liebte diesen Brief. In ihm sah er das theologische Thema seines Lebens gestellt: Gesetz und Evangelium. In seiner Auslegung konnte er seine hermeneutischen Einsichten zur Geltung bringen; denn die Frage nach Luthers Theologie ist die Frage nach der Methode seiner Schriftauslegung und ihrer hermeneutischen Prinzipien[141].

---

[136] Vgl. zur marcionitischen Gestalt des Gal-Briefes A. v. HARNACK, Marcion, 67*–79*; dazu noch H. v. SODEN, Die Schriften des NT in ihrer ältesten erreichbaren Textgestalt I, 3B (Göttingen ²1911) 2028–2035.

[137] Vgl. WA 57 II; dazu noch H. VOLZ, Eine neue studentische Nachschrift von Luthers erster Galatervorlesung von 1516–17, in: ZKG 66 (1954/55) 72–96.

[138] WA 2, 443–618. In der deutschen Übersetzung von I. MANN hrsg. von W. METZGER als Band 10 der Calwer Luther-Ausgabe = Siebenstern Taschenbuch (München u. Hamburg 1968).

[139] WA 40, I.II. Luthers reformatorische Auslegungen des Briefes hat vergleichend dargestellt K. BORNKAMM, Luthers Auslegungen des Galaterbriefs von 1519 und 1531. Ein Vergleich (Arbeiten zur Kirchengeschichte 35) (Berlin 1963) (s. besonders die Zusammenfassung der Ergebnisse 382–391). Dazu auch noch P. MANNS, Fides absoluta — Fides incarnata. Zur Rechtfertigungslehre Luthers im Großen Galater-Kommentar, in: Reformata Reformanda (Festgabe f. H. Jedin) (Münster 1965) 265–312.

[140] WA, TR (Dez. 1531) (WA, TR 1, 69, Nr. 146).

[141] Vgl. G. EBELING, Die Anfänge von Luthers Hermeneutik, in: ZThK 48 (1951) 172–230 (74), mit umfassender Literatur zu Luthers Schriftverständnis. Ferner W. G. KÜMMEL, Luther und das NT; DERS., Luthers Vorreden zum NT, in: H. GRASS und W. G. KÜMMEL (Hrsg.), Reformation und Gegenwart (Marburger Theol. Studien 6) (Marburg 1968) 1–11; 12–23. — Zur weiteren Wirkungsgeschichte seit der Reformationszeit vgl. besonders A. SCHWEITZER, Geschichte der paulinischen Forschung von der Reformation bis auf die Gegenwart (Tübingen 1911).

§ 6. Zur Textgeschichte des Briefes[142]

1. In **Papyri** ist der Gal bis jetzt nur zweimal bezeugt[143]: 𝔓46, geschrieben um 200 (es fehlen Gal 1, 9; 2, 10f; 3, 1; 4, 1.19; 5, 18f; 6, 9)[144]; 𝔓51, geschrieben um 400 (1, 2–10.13.16–20)[145].

2. **Majuskelhandschriften**[146]: ℵ (01); A (02); B (03); C (04); D (06; zweisprachig: griech./lat.)[147]; F (010; zweisprachig: griech./lat.)[148]; G (012; zweisprachig: griech./lat.)[149]; H (015) (enthält 1, 1–4; 1, 4–9; 2, 9–14; 2, 14–17; 4, 30 – 5, 5); I (016); K (018) (Kommentarhandschrift); L (020); P (025); Ψ (044); 049; 056 (Kommentarhandschrift); 062 (enthält 4, 15 – 5, 14); 075 (Kommentarhandschrift); 0122 (enthält 5, 12 – 6, 4); 0142 (Kommentarhandschrift); 0158 (aus Gal 1, 1–13; arabisch überschrieben); 0174 (enthält 2, 5.6); 0176 (enthält 3, 16–25).

3. Die Überlieferung des **altlateinischen** Textes des Gal hat K. Th. Schäfer beschrieben[150]. Zu ihm gehören einmal die bilingue Handschriften-

---

[142] Zur Textgeschichte der Paulusbriefe ist nach wie vor wichtig H. LIETZMANN, Einführung in die Textgeschichte der Paulusbriefe, in: An die Römer (Tübingen ⁴1933) 1–18. Vgl. ferner H. v. SODEN, Die Schriften des NT in ihrer ältesten erreichbaren Textgestalt I/3 B (Der Apostolos mit Apk) (Göttingen ²1911) 1898–2042; G. ZUNTZ, The Text of the Epistles. A Disquisition upon the Corpus Paulinum (London 1953; dazu W. G. KÜMMEL in: ThLZ 83, 1958, 765–769); B. M. METZGER, Der Text des Neuen Testament (Stuttgart 1966); K. ALAND, Studien zur Überlieferung des Neuen Testamentes und seines Textes (= Arbeiten zur ntl. Textforschung 2) (Berlin 1967). — Neuerdings meint J. C. O'NEILL (The Recovery of Paul's Letter to the Galatians, London 1972), „that the nineteenth-century debate [über die „Echtheit" des Gal] is not yet over" (8 f), und er glaubt zeigen zu können „in a detailed discussion of the Epistle to the Galatians that Paul's original letter has been both glossed and interpolated, though rarely altered" (7). Das Urteil über O'Neills Ansichten muß den Fachleuten der Textgeschichte und Textkritik überlassen werden, deren Erkenntnisse nicht durch theologisches Wunschdenken ersetzt werden können.
[143] Vgl. K. ALAND, Kurzgefaßte Liste der griechischen Handschriften des NT (=Arbeiten zur ntl. Textforschung 1, I. Gesamtübersicht) (Berlin 1963) 29–33.
[144] Beschreibung des Papyrus s. bei ALAND, ebd. 124. ZUNTZ urteilt so: „𝔓46 is by no means a good manuscript" (18), „. . . the scribe who wrote the papyrus did his work very badly" (252).
[145] Beschreibung des Papyrus bei ALAND, a.a.O. 126.
[146] Vgl. ebd. 37–57; ferner BURTON, Gal., LXXIV–LXXXII. Beschrieben sind die Handschriften bei C. E. GREGORY, Textkritik des NT I (Leipzig 1900) 105–120.
[147] Beschreibung bei K. Th. SCHÄFER, Der griechisch-lateinische Text des Galaterbriefes in der Handschriftengruppe D E F G, in: Scientia Sacra. Theologische Festgabe f. Kard. SCHULTE (Köln/Düsseldorf 1935) 41 f.
[148] Beschreibung bei SCHÄFER, ebd. 42.
[149] Beschreibung bei SCHÄFER, ebd. („In G ist der lateinische Text dem griechischen interlinear beigegeben; der Galaterbrief weist dieselben kleinen Lücken auf wie F").
[150] Die Überlieferung des altlateinischen Galaterbriefes (Braunsberg 1939). Vgl. H. v. SODEN, a.a.O. 2007–2035 (für den ganzen Paulustext). Dazu noch B. FISCHER, Das Neue Testament in lateinischer Sprache. Der gegenwärtige Stand seiner Erforschung und seine Bedeutung für die griechische Textgeschichte, in: Die alten Übersetzungen des NT, die Kirchenväterzitate und Lektionare (ANTF 5) (Berlin 1972) 1–92 (Paulusbriefe 67–73); F. kommt zu dem Gesamturteil: „Im allgemeinen ist die Übersetzungsweise der lateinischen Bibel sehr wörtlich . . .; aber trotzdem bewahrt sie sich gewisse Freiheiten. Der Übersetzer hat das gleiche griechische Wort nicht immer mit einem gleichbleibenden lateinischen Wort wiedergegeben . . ., als die Begriffe ‚europäisch' oder ‚afrikanisch' in ihrem Sinn für den biblischen Wortschatz erläutert

Einleitung

gruppe D F G[151], die Freisinger Fragmente (r)[152]; dann die „indirekte Überlieferung" bei Marcion[153], Tertullian[154], Cyprian[155].

4. Die **Textfamilien** (Texttypen) der Paulusbriefe hat H. v. Soden eingehend beschrieben[156]. Doch bedürfen seine Ergebnisse aufgrund der heutigen Erkenntnisse der Textgeschichte einer eingehenden Revision, worauf hier nicht eingegangen werden kann[157].

5. **Textänderungen im Nestle-Aland**[26] **(Galaterbrief)**[158].

	N[25]	N[26]
Gal 1, 6	ἐν χάριτι Χριστοῦ	ἐν χάριτι [Χριστοῦ]
Gal 1, 15	εὐδόκησεν	εὐδόκησεν [ὁ θεός]
Gal 1, 18	τρία ἔτη	ἔτη τρία
Gal 2, 14	οὐκ Ἰουδαϊκῶς	οὐχὶ Ἰουδαϊκῶς
Gal 2, 16	εἰδότες δέ	εἰδότες [δέ]
Gal 2, 16	Χριστοῦ Ἰησοῦ	Ἰησοῦ Χριστοῦ
Gal 3, 14	Ἰησοῦ Χριστῷ	Χριστῷ Ἰησοῦ
Gal 3, 19	ἄχρις ἄν	ἄχρις οὗ
Gal 4, 9	δουλεῦσαι	δουλεύειν
Gal 4, 23	ἀλλ' ὁ [μέν]	ἀλλ' ὁ μέν
Gal 4, 23	διὰ τῆς ἐπαγγελίας	δι' ἐπαγγελίας

---

worden sind. Aufs Ganze gesehen geht die Entwicklung im Lateinischen von der freieren Übersetzung zum immer strengeren Anschluß an das Griechische" (ebd. 87). — Zum Vulgatatext des Gal vgl. M.-J. LAGRANGE, La Vulgate latine de l'Épître aux Galates et le texte grec, in: RB 14 (1917) 424–450.

[151] SCHÄFER, 9f.
[152] Ebd. 11–14. Den in den Freisinger Fragmenten bezeugten Text hat auch AUGUSTINUS von 394 ab bis zu seinem Lebensende benutzt; „insbesondere liegt er auch dem 394 verfaßten Kommentar zum Galaterbrief zugrunde" (ebd. 11f).
[153] Ebd. 16–18 (21–27 eine Zusammenstellung dessen, „was aus Tertullian zur Sicherung des marcionitischen Textes des lateinischen Galaterbriefs beigebracht werden kann"). Vgl. auch H. v. SODEN, a.a.O. 2029–2035 (Liste der marcionitischen Lesarten im altlateinischen Text der Paulusbriefe).
[154] SCHÄFER, 28–34. Vgl. auch H. RÖNSCH, Das Neue Testament Tertullians (Leipzig 1871).
[155] SCHÄFER, 35–40. Vgl. auch H. v. SODEN, Das lateinische Neue Testament in Afrika z.Z. Cyprians (= TU 33) (Leipzig 1909); M. A. FAHEY, Cyprian and the Bible: A Study in Third-Century Exegesis (Beitr. zur Geschichte der biblischen Hermeneutik 9) (Tübingen 1971). Was den lateinischen Irenäus angeht, vgl. dazu K. TH. SCHÄFER, Die Zitate in der lateinischen Irenäusübersetzung und ihr Wert für die Textgeschichte des Neuen Testaments, in: Vom Wort des Lebens (Festschr. f. M. MEINERTZ) (Münster 1950) 50–59. Zum Ganzen noch H. J. FREDE, Die Zitate des NT bei den lateinischen Kirchenvätern. Der gegenwärtige Stand ihrer Erforschung und ihre Bedeutung für die griechische Textgeschichte, in: ANTF 5, 455–478. Zum „Pelagiusproblem" s. ebd. 475f (Lit.).
[156] Die Schriften des NT in ihrer ältesten erreichbaren Textgestalt, 1915–2007.
[157] Vgl. dazu K. ALAND, Die Konsequenzen der neueren Handschriftenfunde für die neutestamentliche Textkritik, in: Studien zur Überlieferung des NT und seines Textes (ANTF 2) (Berlin 1967) 180–201.
[158] Da es anscheinend noch eine Weile dauern wird, bis NESTLE-ALAND[26] erscheint, wird hier die Liste der Textänderungen im Vergleich mit NESTLE-ALAND[25] abgedruckt, die mir Prof. Aland freundlicherweise zur Verfügung stellte. — Im übrigen wird der textkritische Apparat, soweit nötig, jeweils am entsprechenden Ort im Kommentar behandelt.

Gal 4, 24.25	Σινά	Σινᾶ
Gal 5, 7	ἀληθείᾳ	[τῇ] ἀληθείᾳ
Gal 5, 24	Χριστοῦ Ἰησοῦ	Χριστοῦ [Ἰησοῦ]
Gal 6, 12	Χριστοῦ [Ἰησοῦ]	Χριστοῦ

§ 7. Tradition und Redaktion

M. Dibelius hat schon vor mehreren Jahrzehnten eine Ausdehnung der formgeschichtlichen Arbeit über die Evangelien hinaus gefordert[159]. Unterdessen ist in der ntl. Forschung viel in dieser Hinsicht geleistet worden, besonders in der Analyse des Corpus Paulinum[159a]. Man entdeckte in ihm vorpaulinisches Gut, besonders im Bereich der Homologese, mehr oder weniger fest geprägter Formeln, Lieder und Hymnen[160]. Man erkannte „Schichten" im Text eines Paulusbriefes[161]. Man faßte das vorpaulinische Vokabular in einem Paulusbrief ins Auge[162]. Man untersuchte die vorpaulinische christliche Taufverkündigung bei Paulus[163]. Man befaßte sich mit den Themen der pln. Missionspredigt auf dem Hintergrund der frühjüdisch-hellenistischen Missionsliteratur[164]. Man machte Beobachtungen zur Konvertitensprache in 1 Thess[165]. Grundsätzlich zeigte sich aufgrund des erarbeiteten Materials, daß der Apostel Paulus trotz seiner theologischen Eigenständigkeit und seines ausgeprägten apostolischen Selbstbewußtseins, wie sie gerade im Gal begegnen, kein theologisch absoluter „Outsider" oder gar ein „erratischer Block" in der Urkirche war. Vielmehr steht er in vielfältigen Traditionen und insbesondere in der

---

[159] Zur Formgeschichte des NT, in: ThRu, NF 3 (1931) 207–242.
[159a] Vgl. auch A.-M. HUNTER, Paul and his Predecessors (London ²1961).
[160] Vgl. dazu etwa G. SCHILLE, Frühchristliche Hymnen (Berlin 1962); V. H. NEUFELD, The earliest Christian Confessions (Leiden 1963); R. DEICHGRÄBER, Gotteshymnus und Christushymnus in der frühen Christenheit. Untersuchungen zu Form, Sprache und Stil der frühchristlichen Hymnen (Göttingen 1967); J. T. SANDERS, The New Testament Christological Hymns (Cambridge 1971); H. SCHLIER, Die Anfänge des christologischen Credo, in: B. WELTE (Hrsg.), Zur Frühgeschichte der Christologie (= Quaest. disp. 51) (Freiburg i. Br. 1970) 13–58; K. WENGST, Christologische Formeln und Lieder des Urchristentums (Gütersloh 1972); M. RESE, Formeln und Lieder im NT, in: VF 15/2 (1970) 75–95 (Forschungsbericht).
[161] Vgl. F. MUSSNER, „Schichten" in der pln. Theologie, dargetan an 1 Kor 15, in: BZ, NF 9 (1965) 59–70.
[162] Vgl. B. RIGAUX, Vocabulaire chrétien antérieur a la Première Épître aux Thessaloniciens, in: Sacra Pagina II (Paris/Gembloux 1959) 380–389.
[163] Vgl. G. BRAUMANN, Vorpaulinische christliche Taufverkündigung bei Paulus (Stuttgart 1962); O. KUSS, Zur vorpaulinischen Tauflehre im NT, in: DERS., Auslegung und Verkündigung I (Regensburg 1963) 98–120.
[164] Vgl. A. OEPKE, Die Missionspredigt des Apostels Paulus (Leipzig 1920); CL. BUSSMANN, Themen der paulinischen Missionspredigt auf dem Hintergrund der spätjüdisch-hellenistischen Missionsliteratur (Bern/Frankfurt 1971).
[165] Vgl. E. PAX, Beobachtungen zur Konvertitensprache im ersten Thessalonicherbrief, in: Stud. Bibl. Francisc. Lib. Ann. XXI (1971) 220–262.

Glaubenstradition der anfänglichen Urkirche[166]. Er weiß sich als Glied der apostolischen Kirche mit ihrem Grundbekenntnis (vgl. 1 Kor 15, 1–5) verbunden und entwickelt „sein" Evangelium aus ihm heraus, wie gerade der Galaterbrief zeigt; denn „die Wahrheit des Evangeliums" ist ja nichts anderes als die mit eiserner Konsequenz aus dem Grundevangelium herausgearbeitete „Logik" desselben[167], wenn auch Paulus die einzigartige Fähigkeit zur Erkenntnis dieser „Logik" und die Kraft, sie gegen stärksten Widerstand durchzusetzen, durch „eine (unmittelbare) Offenbarung Jesu Christi" (Gal 1, 12) geschenkt wurden.

Im folgenden wird zunächst das Material des Gal zusammengestellt, das als „vorpaulinisch" bezeichnet werden darf (I), wobei sowohl die allgemein „religiöse Sprache" als solche (z. B. „Licht"), die auch Paulus spricht, als auch die atl. Zitate und Anspielungen unberücksichtigt bleiben. Dann wird versucht, eine grundsätzliche Reflexion über das Verhältnis von Tradition und Redaktion, linguistisch gesprochen: von Diachronie und Synchronie, wie es im Gal begegnet, durchzuführen und den hermeneutischen Prozeß zu bedenken, der sich dabei zeigt (II).

I. Das vorpln. Material im Galaterbrief
(Terme, Syntagmata, Formeln, Sprichwörter)[168]

1, 1	„Apostel" (vgl. auch 2, 8: ἀποστολή)
1, 1	„Gottes, des Vaters, der ihn von den Toten erweckt hat"
1, 3	„Frieden" (im Gruß)
1, 3f	„des Herrn Jesus Christus, der sich für unsere Sünden hingegeben hat"
1, 5	„dem die Ehre sei in den Äonen der Äonen. Amen"
1, 6	„der euch gerufen hat" (vgl. auch 1, 15; 5, 8)
1, 7	„das Evangelium Christi"[169]

---

[166] Vgl. zum Thema „Paulus und die Tradition" besonders O. CULLMANN, Paradosis und Kyrios. Le problème de la tradition dans le Paulinisme, in: RHPhilRel 30 (1950) 12–26; L. CERFAUX, La tradition selon S. Paul, in: Recueil Lucien Cerfaux II (Gembloux 1954) 253–263; D. M. STANLEY, „Become imitators of me". The Pauline Conception of Apostolic Tradition, in: Bibl 40 (1959) 859–877; L. GOPPELT, Tradition nach Paulus, in: KuD 4 (1958) 213–233; K. WEGENAST, Das Verständnis der Tradition bei Paulus und in den Deuteropaulinen (Neukirchen 1962); P. FANNON, The Influence of Tradition in St. Paul, in: StEv IV (= TU 102) (Berlin 1968) 292–307; P. BLÄSER, Das Verhältnis von Schrift und Tradition bei Paulus, in: Cath 23 (1969) 187–204; G. DELLING, Wort Gottes und Verkündigung im NT (= SBS 53) (Stuttgart 1971), bes. 75–122; K. WENGST, Der Apostel und die Tradition. Zur theologischen Bedeutung urchristlicher Formeln bei Paulus, in: ZThK 69 (1972) 145–162. — Selbstverständlich wirken auf Paulus und seine Theologie nicht bloß die vorausliegende christliche Tradition, sondern auch vielfältige Traditionen jüdischer und hellenistischer Herkunft; vgl. dazu etwa Kuss, Paulus, 306–323 („Der geistige ‚Mutterboden' des Paulus und der paulinischen Theologie: Judentum und ‚Hellenismus'").

[167] Vgl. dazu S. 111, Anm. 58.

[168] Wir legen dieses Material so vor, wie es in der Abfolge des Briefes begegnet. Soweit für seinen vorpln. Charakter Nachweise nötig sind, sei auf den Kommentar verwiesen.

[169] Wer hat den Term „Evangelium" in den christlichen Sprachgebrauch eingeführt? A. v. HARNACK meinte: nicht Paulus, sondern die hellenistischen Mitglieder der Kirche in Palä-

§ 7. Tradition und Redaktion

1, 8 f	ἀνάθεμα ἔστω
1, 9	παραλαμβάνειν (vgl. auch 1, 12)
1, 10	„Sklave (Christi)"
1, 12	„Offenbarung Jesu Christi" (?)
1, 13	„die Kirche Gottes"
1, 14	„die Väterüberlieferungen"
1, 15	„durch seine Gnade"
1, 16	„Fleisch und Blut"
1, 19	„Jakobus, der Bruder des Herrn"
1, 20	ἐνώπιον τοῦ θεοῦ
1, 23	ἡ πίστις (als Bezeichnung der christlichen Religion; vgl. auch 3, 23; 6, 10 b)
2, 16	δικαιοῦται ἄνθρωπος
2, 16	„der Glaube an Jesus Christus" (vgl. 3, 22)
2, 16	„glauben an Christus Jesus"
2, 16 u. ö.	„Werke des Gesetzes"
2, 16	„alles Fleisch"
2, 20	„des Sohnes Gottes, der mich geliebt und sich für mich hingegeben hat"
2, 21	„die Gnade Gottes"
2, 21	„Christus ... starb"
3, 3	„Geist" — „Fleisch"
3, 7	„Söhne Abrahams"
3, 8 u. ö.	„die Schrift"
3, 10	„denn es steht geschrieben" (vgl. 3, 13: „weil geschrieben steht"; 4, 30: „aber was sagt die Schrift?")
3, 14	„wir haben die Verheißung des Geistes empfangen" (?)
3, 15 u. ö.	„Brüder" (als Anrede)
3, 15 u. ö.	„Testament" (διαθήκη)
3, 18	„das Erbe" („Erbe", „erben")
3, 19	„angeordnet durch Engel" (?)
3, 19	„durch die Hand eines Mittlers"
3, 20	„Gott ist ein einziger"
3, 21	„gegeben wurde Gesetz"
3, 21 u. ö.	„Gerechtigkeit"
3, 26	„Söhne Gottes"
3, 27	„getauft auf Christus" (?)
3, 29	„Same Abrahams"
4, 1 f	„Unmündige"
4, 3	„die Elemente der Welt"

---

stina; „da Paulus, Marcus und Lucas (in einer Petrusrede) das Wort εὐαγγέλιον bieten, dazu der in Palästina schreibende Matthäus ... da Paulus durch nichts verrät, daß er das Wort eingeführt hat und der Name ‚Evangelist' bis nach Palästina zurückreicht ... so ergibt sich der palästinische Ursprung" (Evangelium. Geschichte des Begriffs in der ältesten Kirche, in: Entstehung und Entwicklung der Kirchenverfassung und des Kirchenrechts in den ersten zwei Jahrhunderten, Leipzig 1910, 235, Anm. 1). Vgl. auch P. STUHLMACHER, Das paulinische Evangelium I. Vorgeschichte (Göttingen 1968) passim.

Einleitung

4, 4	„die Fülle der Zeit"
4, 4	„Gott sandte seinen Sohn"
4, 4	„geworden aus einer Frau"
4, 5	„loskaufen"
4, 5	„wir haben die Sohnschaft empfangen"
4, 6	„Gott sandte das Pneuma"
4, 6	ἀββά (ὁ πατήρ)
4, 8	(οὐκ) εἰδότες θεόν
4, 9	γνόντες θεόν
4, 14	„Engel Gottes" (vgl. auch 1, 8: „ein Engel vom Himmel")
4, 19	„meine Kinder" (als Anrede)
4, 21	„das Gesetz hören"
4, 23.29	κατὰ σάρκα
4, 28	„Verheißungskinder"
5, 5	„wir erwarten das Hoffnungsgut der Gerechtigkeit" (?)
5, 9	„ein wenig Sauerteig durchsäuert den ganzen Teig" (Sprichwort?)
5, 14	πληροῦσθαι (bezogen auf die Schrift)
5, 16	περιπατεῖν (als Begriff der Ethik)
5, 16	„Begehren des Fleisches"
5, 19	„die Werke des Fleisches" (?)
5, 20f	Lasterkatalog
5, 21	„das Reich Gottes erben"
5, 22	„die Frucht des Geistes"
5, 22f	Tugendkatalog
6, 1	(vgl. Mt 18, 15; Jak 5, 19: Rettung des andern aus dem Verderben der Sünde)
6, 2	„das Gesetz erfüllen"
6, 5	„jeder trägt seine eigene Last" (Sprichwort?)
6, 7	μὴ πλανᾶσθε
6, 7b	„was der Mensch sät, das wird er auch ernten" (Sprichwort?)
6, 8	„Verderben" bzw. „ewiges Leben ernten"
6, 9	„zur rechten Zeit werden wir ernten, wenn wir nicht müde werden" (Sprichwort?)
6, 10	ἐργάζεσθαι τὸ ἀγαθόν
6, 14	κόσμος
6, 15	„neue Schöpfung"
6, 16	„Friede über sie und Erbarmen"
6, 16c	„das Israel Gottes"
6, 18	„Amen" (vgl. auch 1, 5).

§ 7. Tradition und Redaktion

Im Ergebnis zeigt sich die große Fülle vorpln. Materials im Gal. Es stammt aus dem atl.-jüdischen und dem heidnisch-hellenistischen Bereich. Oft handelt es sich auch bereits um christliche Prägungen. Das Material bezieht sich insbesondere auf die Gotteslehre (Gottesprädikationen)[170], Christologie, Soteriologie (einschließlich geprägter Formulierungen aus der „Rechtfertigungslehre"), Doxologie, Apostolat, Eschatologie[171] und Ethik.

II. Tradition und Redaktion[172] (Diachronie und Synchronie)

Grundsätzlich kann nicht bloß im Hinblick auf das oben vorgelegte Material aus dem Gal, sondern überhaupt mit Blick auf die Paulusbriefe mit Eichholz gesagt werden: „Paulus kommt weithin von Traditionen her, die er übernimmt und sich zu eigen macht."[173] Das schlimmste Mißverständnis gegenüber dieser Beobachtung wäre nun die Meinung, für den Apostel seien diese Überlieferungen tote Abfallsprodukte, die er nur noch wie einen Ballast mitschleppen würde und höchstens wie auswendig gelerntes Gut „repetieren" würde. Der Apostel bekennt sich vielmehr zu diesen Traditionen, zum überlieferten Glauben — das klassische Beispiel dafür bleibt immer 1 Kor 15, 3–5. Die Paradosis bildet die unaufgebbare und von ihm nie aufgegebene Grundlage seiner eigenen Theologie[174]. „Paulus kann ihm überkommene Tradition aufnehmen, weil sie nach seiner Überzeugung mit seinem Evangelium übereinstimmt" (Wengst)[175]. Es handelt sich für Paulus bei den Glaubenstraditionen „nicht um Formeln der Vergangenheit, sondern um höchst aktuell interpretierte Texte, die zur Weisung für die Gegenwart werden. Traditionen begegnen, wenn auch freilich

---

[170] Vgl. dazu G. Delling, Partizipiale Gottesprädikationen in den Briefen des NT, in: StTh 17 (1963) 1–59.
[171] Vgl. auch W. Grundmann, Überlieferung und Eigenaussage im eschatologischen Denken des Apostels Paulus, in: NTSt 8 (1961/62) 12–26.
[172] Vgl. auch Kuss, Paulus, 429–436; G. Eichholz, Die Theologie des Paulus im Umriß, 7–13; 101–107; 114f; 121–123; K. Wengst, Der Apostel und die Tradition, 145–162. Von grundsätzlicher Bedeutung ist: H. Gese, Erwägungen zur Einheit der biblischen Theologie, in: ZThK 67 (1970) 417–436.
[173] Theologie des Paulus, 9.
[174] „Der Glaube an die ‚Auferstehung Jesu' ist das Urdatum der Geschichte des Christusglaubens, er ist auch der Ausgangspunkt paulinischen Denkens" (Kuss, Paulus, 333ff).
[175] A.a.O. 154. Wengst legt sich auch die wichtige Frage vor, „warum Paulus überhaupt Tradition aufnimmt", und gibt darauf die u. E. richtige Antwort: Weil es Paulus „um die Einheit apostolischer Verkündigung" geht (ebd.). „Alle Apostel — und nur sie — sind direkt berufen und mit dem Evangelium betraut worden. Ihr Zeugnis ist das grundlegende Ursprungszeugnis der Kirche. Dieser Ursprung — meint Paulus — darf nicht zerspalten sein" (ebd. 156). „In den Formeln der Art von 1 Kor 15, 3–5 erkennt Paulus den konkreten Ausdruck der Einheit des apostolischen Evangeliums; als Dokumente solcher grundsätzlich notwendigen Gemeinsamkeit haben sie für ihn Gewicht" (ebd. 157). Paulus „hat keine neuen Formeln geschaffen, sondern auch für die Unterweisung die vorhandenen benutzt. Doch deutet er an keiner Stelle an, daß er für ihre Autoren andere Apostel hält, auch wenn er in ihnen den Ausdruck der Einheit des apostolischen Evangeliums sieht. Sie dürften ihm als Zusammenfassung des gemeinsam Geglaubten gelten" (ebd. 160).

interpretiert, in unvergangener Gegenwärtigkeit" (Eichholz)[176]. Das Erregende an der pln. Übernahme der Tradition ist jedoch die Frage: Was macht der Apostel aus der Tradition, zu der er sich bekennt? Etwa in der Rezeption christologisch-soteriologischen Formelgutes?[177] Gerade dieses Formelgut verbindet sich bei Paulus mit seiner Rechtfertigungstheologie, die als das spezifisch Eigene des Apostels Paulus angesprochen werden darf, auch wenn die Formulierungen derselben teilweise vorgeprägt sind, wie heute besonders das Qumranschrifttum zeigt[178]. Aber die Weise, wie der Apostel die überlieferte Christologie und Soteriologie mit seiner sola-fide-et-gratia-Lehre und (damit unlöslich zusammenhängend) mit seiner Gesetzes- und Kreuzestheologie verbindet, kann speziell im Gal exemplarisch studiert werden. Ferner zeigt gerade dieser Brief, daß der Apostel niemals seine Theologie um ihrer selbst willen — als gelehrte Theorie — entwickelt hat, sondern immer in einem (oft leidenschaftlichen) Gespräch und in heftiger Auseinandersetzung mit Adressaten und Gegnern. Diese gehören deshalb in den „Kontext" seiner Theologie hinein, sind daraus gar nicht wegzudenken. Die Rezeption der Tradition und ihre aktualisierende Auslegung und Applikation erfolgt also in einem umfassenden, konkreten und synchronen „Großsyntagma", zu dem gehören: der Apostel, die Gemeinde, die Gegner, die Tradition, ihre Applikation. **Verändert sich dadurch die Tradition?** Gerade angesichts der Erkenntnisse der modernen Semantik, nach denen die Aufnahme eines Terms oder eines Satzes in ein neues „Syntagma" deren semantischen Gehalt oft verändert, erweitert oder auch reduziert, kann die Exegese nicht umhin, sich dieser Frage zu stellen. Sie ist von grundsätzlicher Bedeutung für das Verständnis der pln. Theologie.

Christologie und Soteriologie stehen im Gal in einer unlösbaren Relation zueinander. Die Formeln der Christologie und Soteriologie übernimmt Paulus großenteils aus der vorausliegenden Tradition der Urkirche; die Rechtfertigungslehre sola fide et gratia ist präformiert im Judentum, speziell in Qumran und auch schon im AT[179]. Aber ihre Verbindung ist, wie es scheint, weithin die Eigenleistung des Apostels Paulus. Χριστός begegnet im Brief 37mal, verteilt über alle Kapitel: dies allein ein Zeichen, wie sehr für Paulus Christus die Mitte seines theologischen und kirchlichen Denkens ist. In soteriologischen Formeln und Zusammenhängen begegnet der Χριστός-Titel in 1, 3[180] („Jesus Christus, der sich für unsere Sünden hingegeben hat"); 1, 6 (in der Gnade Christi"); 1, 7 („das Evangelium vom Christus"); 2, 4 („die Freiheit, die wir in Christus

---

[176] A.a.O. 9.
[177] Zu Begriff und Problem „Rezeption" vgl. die wichtigen Ausführungen bei J. GRILLMEIER, Konzil und Rezeption. Methodische Bemerkungen zu einem Thema der ökumenischen Diskussion der Gegenwart, in: ThPh 45 (1970) 321–352.
[178] Vgl. dazu in diesem Kommentar S. 168f; dazu noch D. LÜHRMANN, Rechtfertigung und Versöhnung. Zur Geschichte der paulinischen Tradition, in: ZThK 67 (1970) 437–452 (bes. 437–440; 440: „Paulus übernimmt in Röm 3, 24–26 eine Formel, in der der Tod Jesu als Mittel der Erneuerung des Bundes verstanden ist. Paulus selbst interpretiert diese Formel auf sein Rechtfertigungsverständnis hin").
[179] Vgl. zum letzteren besonders H. Graf REVENTLOW, Rechtfertigung im Horizont des AT (München 1971).
[180] Vgl. dazu jeweils das Nähere im Kommentar.

§ 7. Tradition und Redaktion

Jesus haben"); 2, 16 (kein Mensch „wird gerechtfertigt . . . wenn nicht durch Glauben an Christus Jesus"; „wir sind zum Glauben an Christus Jesus gelangt, damit wir die Rechtfertigung erlangen aus Glauben an Christus und nicht aus Gesetzeswerken"); 2, 17 („suchend die Rechtfertigung in Christus"); 2, 20 („es lebt in mir Christus"; „im Glauben lebe ich an den Sohn Gottes, der mich geliebt und sich für mich hingegeben hat"); 2, 21 („denn wenn durch Gesetz Gerechtigkeit [käme], wäre folglich Christus vergeblich gestorben"); 3, 13 („Christus hat uns freigekauft aus dem Fluch des Gesetzes"); 3, 14 („die Verheißung an Abraham wird Wirklichkeit in Jesus Christus"); 3, 22b („damit die Verheißung aus Glauben an Jesus Christus gegeben werde den Glaubenden"); 3, 26 („Söhne Gottes seid ihr durch den Glauben in Christus Jesus"); 5, 1 („Christus hat uns zur Freiheit befreit"); 5, 2 („wenn ihr euch beschneiden lasset, wird Christus euch nichts nützen"); 5, 6 („in Christus Jesus vermögen weder Beschneidung etwas noch Unbeschnittenheit").

Jedermann sieht, wie sich im Brief die aus dem Christusgeschehen heraus entwickelte Soteriologie, deren Formulierungen der Apostel (jedenfalls z.T. schon) aus der Tradition übernimmt, unlöslich mit der Rechtfertigungs- und Gesetzestheologie verbindet, besonders eindrücklich etwa in 2, 21b: „Wenn aus Gesetz Gerechtigkeit (käme), wäre folglich Christus vergeblich gestorben"; d. h. ja: eine Rechtfertigung sola fide et gratia ohne des Gesetzes Werke ist für den Apostel nur ermöglicht aufgrund des stellvertretenden Sühnetodes Jesu, von dem Paulus aus der Glaubenstradition der Urkirche weiß und die er selbst als grundlegendes Kerygma übernommen hat. **Das Eigene des Apostels bezieht sich also deutlich auf die Herausstellung der Implikationen des überlieferten Kerygmas für die Rechtfertigung des Menschen vor Gott**[181]. Die Rechtfertigungslehre wird der neue Kontext, das neue „Syntagma" der christologischen und soteriologischen Sätze, die aus der Tradition stammen. Diese werden durch den Apostel einem neuen Verstehen geöffnet; ihre theologische Logik, die sie implizieren, wird den Adressaten und Gegnern gezeigt. Sie verändern damit jedoch nicht ihren Sinn, geschweige denn, daß sie „verfremdet" würden, aber ihr Geltungsbereich wird „weltweit" erweitert, weil er mit dem Welthorizont zusammenfällt[182]. Das neue Syntagma erschließt den Sinn der überlieferten Sätze einem neuen und besseren Verstehen, das sich nicht ohne Widerstand durchzusetzen vermag, das sich aber durchgesetzt hat, weil hinter ihm ein Paulus mit seinem ausgeprägten apostolischen Selbstbewußtsein und seiner theologischen Energie stand. Paulus hat an der Tradition etwas sichtbar gemacht, was sie zwar enthielt, was jedoch nicht oder nicht genügend im reflexen Bewußtsein der Mitmissionare und Gemeinden und vor allem nicht der Gegner stand.

Auf das unter I vorgelegte Material hin gesehen, zeigt sich, daß seine Aufnahme in das Syntagma des Briefes jedoch auch zu einer semantischen Ver-

---

[181] „Wer die Formel ‚Christus ist für uns gestorben' anders versteht als im Sinne der Rechtfertigung des Gottlosen, für den bleibt konsequenterweise nur ihre Negation: ‚Christus ist umsonst gestorben'" (WENGST, a.a.O. 151).
[182] Vgl. Röm 3, 19: πᾶς ὁ κόσμος.

Einleitung

wandlung mancher Terme und Wendungen führte, d. h., daß sie im Brief eine Bedeutung bekommen, die sie vorher so nicht besaßen. Erwähnt seien hier nur Formulierungen wie „Offenbarung Jesu Christi", „Gnade", „Glaube" (πίστις), „Gerechtigkeit", „Söhne Abrahams", διαθήκη, „Söhne Gottes", „Same Abrahams", „die Fülle der Zeit", „loskaufen", ἀββά — denn jetzt zeigt sich Gottes Vatertum vor allem in der iustificatio impii —, „die Frucht des Geistes", „neue Schöpfung" und die Sprichwörter in ihrem neuen Kontext[183].

Tradition und Redaktion stehen in den Paulusbriefen nicht im Verhältnis von Vorgegebenem und einfach Hinzudatiertem, sondern sie durchdringen sich gegenseitig so, daß am Ende ein neues Syntagma steht, das vorher in dieser Weise nicht vorhanden war. Und gerade in diesem vorher so nicht Vorhandenen zeigt sich das Proprium des pln. Kerygmas[184]. Dennoch ist es nicht so, daß das diachrone Material, die Tradition, durch das synchrone Syntagma einfach aufgesaugt würde. Vielmehr bringt das neue Syntagma, die Redaktion, gerade „die bleibende Bedeutsamkeit der Verkündigung des Anfangs" und die Einheit der gesamtapostolischen Verkündigung zur Geltung[185]. Die Tradition und das neue Syntagma interpretieren sich gegenseitig: so kann ihr Verhältnis zueinander bestimmt werden[186]. Jedenfalls hat in der Urkirche niemand das Traditionsmaterial in seinen Intentionen und Implikationen theologisch so zur Geltung gebracht wie der Apostel Paulus. Er erkannte, was der Satz in seinen Konsequenzen bedeutet: „Christus starb für unsere Sünden."[187] Gerade der Gal zeigt das in eindrucksvoller Weise.

---

[183] Im übrigen zeigt sich hier eine Forschungsaufgabe, die in ihrer Aufarbeitung noch in den Anfängen steckt.

[184] Eine kurze Konfrontation der vorpaulinischen (des „Vorher") mit der paulinischen Verkündigung findet sich bei Kuss, Paulus, 429–436.

[185] Vgl. dazu auch G. Delling, Wort Gottes und Verkündigung im NT, 85–105 („Die bleibende Bedeutsamkeit der Verkündigung des Anfangs"); Wengst, Der Apostel und die Tradition, 154–159.

[186] Eichholz formuliert den Sachverhalt so: „Tradition wird [bei Paulus] jeweils verantwortet und in der Verantwortung vor der Gegenwart interpretiert, zugespitzt, korrigiert, umprofiliert. Der jeweilige Adressat spielt dabei eine Rolle. Man kann geradezu sagen: Der Adressat formuliert mit. Tradition wird bei Paulus mithin nicht nur registriert. Sie wird für die Gegenwart gehört" (Die Theologie des Paulus, 105).

[187] Aus der Einsicht in die Konsequenzen solcher Sätze der Tradition entwickelt Paulus „Spitzensätze" wie den in Röm 10, 4, daß Christus für den Glaubenden das Ende des Gesetzes ist. Solche Spitzensätze haben den Rang von christologischen Sätzen. Vgl. auch Eichholz, ebd. 115.

Auslegung

I. DAS PRÄSKRIPT (1, 1–5)

1, 1 Paulus, Apostel nicht von Menschen, auch nicht durch einen Menschen, sondern durch Jesus Christus und Gott den Vater, der ihn von den Toten erweckt hat, 2 und alle Brüder, die bei mir sind, an die Kirchen Galatiens. 3 Gnade euch und Frieden von Gott, unserem Vater, und dem Herrn Jesus Christus, 4 der sich (hin-)gab für unsere Sünden, damit er uns herausreiße aus dem gegenwärtigen bösen Äon, gemäß dem Willen Gottes und unseres Vaters. 5 Ihm sei die Doxa in die Äonen der Äonen. Amen.

„Für das NT ist . . . zweierlei . . . festzustellen: 1. es gibt keine Antwortbriefe, so daß uns ein Echo der Empfänger fehlt; 2. es gibt keine Privatbriefe im strengen Sinne, wie sie uns aus der hellenistischen Welt in großer Zahl überliefert sind . . ." (E. Fascher)[1]. Aus diesen zwei Feststellungen ergibt sich mit Blick auf den Gal, was durch seinen Inhalt und seinen „Ton" Vers für Vers bestätigt wird: 1. Die Antwort, die Paulus auf seinen Brief von den Galatern erwartet, ist nicht brieflich-literarischer, sondern „existentieller" Art, die nur in der Treue zum Evangelium bestehen kann. 2. Der Galaterbrief ist kein „Privatbrief", sondern ein apostolisches Schreiben an die Kirchen Galatiens (vgl. 1, 1 f), d. h., es ist ein amtliches Schreiben des Apostels, in dem sich seine missionarische Arbeit aus der Ferne fortsetzt. Gerade dadurch ist es bedingt, daß Paulus schon im Präskript des Briefes vom üblichen Briefformular der Antike stark abweicht. Dazu kommt im Gal, daß sich schon im V 1 ein unmißverständlicher Hinweis auf die Situation zeigt, in der sich der Apostel hinsichtlich seines Apostelamtes gegenüber den Galatern befindet („Apostel nicht von Menschen, auch nicht durch einen Menschen . . .").

Mit den oben im Anschluß an Fascher gemachten zwei Feststellungen über die Briefe des NT ist jedoch die Frage noch nicht genügend beantwortet: Welche Funktion besitzen die Briefe des Paulus überhaupt innerhalb seines ganzen apostolischen Wirkens? Hier helfen vor allem die Untersuchungen Funks weiter, der erkannt hat, daß die „Reiseankündigung" in vielen Paulusbriefen, von F. als „travelogue" bezeichnet, geradezu ein Strukturelement in den Briefen des Apostels darstellt[2], das zusammenhängt mit dem, was Funk „the

---
[1] RGG [3]I, 1412.
[2] Vgl. R. W. Funk, Language, Hermeneutic, and Word of God. The Problem of Language in the New Testament and Contemporary Theology (New York 1966) 250–274 („The Letter: Form and Style").

apostolic parousia" nennt, worunter er die drei Weisen apostolischer Anwesenheit versteht: „the aspect of the letter, the apostolic emissary, and his own personal presence"[3]. Der Brief (oder der Abgesandte des Apostels) ersetzt die (öfters in Briefen ausdrücklich) angekündigte persönliche Anwesenheit (den persönlichen Besuch). Im Gal fehlt zwar eine derartige Ankündigung, aber Funk erkennt in Gal 4, 12–20 mit Recht ein „travelogue-surrogate"[4].

Das bedeutet grundsätzlich hinsichtlich der Frage: Welche Funktion besitzen überhaupt die Briefe des Apostels?: Sie sind eine Weise seiner Anwesenheit in den Adressatengemeinden. Am liebsten wäre der Apostel jeweils persönlich in den Adressatengemeinden[5].

Wenn der Apostel in Gal 4, 20 formuliert: „Ich wollte, ich wäre jetzt bei euch", so zeigt das eindeutig, daß der Brief eine Reise nach Galatien und einen Besuch bei den dortigen Gemeinden ersetzen muß[6], weil es dem Apostel aus bestimmten Gründen, die wahrscheinlich mit seinen weiteren Reiseplänen zusammenhängen, nicht möglich ist, persönlich zu kommen[7]. Das heißt: **Der Brief steht für den Apostel!** Sein Brief ist kein bloßer „Gelegenheits-

---

[3] Vgl. DERS., The Apostolic Parousia: Form and Significance, in: Christian History and Interpretation: Studies presented to John Knox (Cambridge 1967) 249–268 (249; 258). Funk wurde zur Übernahme des Begriffs παρουσία in diesem Sinn angeregt durch die lehrreiche Untersuchung von H. KOSKENNIEMI, Studien zur Idee und Phraseologie des griechischen Briefes bis 400 n. Chr. (Helsinki 1956) 38–42 (nach antiker Brieftheorie wird es „als die wichtigste Aufgabe des Briefes angesehen, eine Form eben dieses Zusammenlebens während einer Zeit räumlicher Trennung darzustellen, d. h. die ἀπουσία zur παρουσία zu machen" [38]). Wichtig ist ferner K. THRAEDE, Grundzüge griechisch-römischer Brieftopik (ZETEMATA 48) (München 1970); Thr. untersucht briefspezifische Motive in der vorchristlichen Literatur (17–91), briefliche παρουσία im NT (näherhin 1 Thess 2, 17; 1 Kor 5, 3; Kol 2, 5) (95–106) und gattungseigene Topoi im spätantiken Brief (109–191). Er bemerkt zu 1 Kor 5, 3: „Der Brief selbst ist es, der regelrecht die παρουσία des Apostels vermittelt, und ihn im genauen Sinn des Wortes ‚repräsentiert', nämlich mittels seines Schreibens. Ihn, das heißt: seine Entscheidung; denn auch das ἤδη κέκρικα ist eine briefspezifische Formulierung. Paulus ‚entscheidet hiermit', nämlich mittels seines Schreibens. Ihm liegt außerordentlich viel daran, daß in dem Augenblick, da die Empfängergemeinde das liest, er selbst zugegen ist, indem dieser sein Brief ihn vertritt" (99). Gal 4, 20 bestätigt auch für den Gal diese Anschauung (vgl. dazu den Kommentar z. St.).
[4] Language etc., 271; vgl. auch 270. — Zum pln. Briefformular s. die Zusammenstellung der diesbezüglichen Literatur bei E. FASCHER in: RGG [3]I, 1415; B. RIGAUX, Paulus und seine Briefe. Der Stand der Forschung (München 1964) 167, Anm. 5; W. G. KÜMMEL, Einleitung in das NT, 212–216; DERS. in: RGG [3]V, 198; WIKENHAUSER/SCHMID, Einleitung in das NT, 380–385; E. LOHSE, Die Briefe an die Kolosser und an Philemon, 32f; ferner noch G. LUCK, Brief und Epistel in der Antike, in: Altertum 7 (1961) 77–84; W. G. DOTY, The classification of epistolary literature, in: CBQ 31 (1969) 183–199.
[5] Vgl. auch die Bemerkung FUNKs: „It would appear . . ., that Paul wrote reluctantly. His reluctance is manifested in the structure of the letter, in his instinct to join a ‚travelogue' to the body of each letter" (Language etc., 269).
[6] Vgl. Kommentar zu 4, 20.
[7] FUNK meint (The Apostolic Parousia, 266f): „This can only mean that it (der Gal-Brief) was written at the time he had already set his face to the West"; nach BORSE (Standort, 50f) dachte der Apostel vielleicht schon an seine Kollektenreise nach Jerusalem. „Jeder Aufschub, und wäre er aus noch so wichtigen seelsorgerischen Gründen geschehen, hätte den Gegnern Pauli zum Vorwand dienen können, ihn und seine Mitarbeiter der Unlauterkeit zu bezichtigen" (51).

brief", auch kein bloßer „Anlaßbrief", sondern die Stimme des Apostels selbst (vgl. in Gal 4, 20: τὴν φωνήν μου!). „Paul must have thought of his presence as the bearer of charismatic, one might even say, eschatological power" (Funk)[8]. An dieser „Macht" nehmen seine Briefe teil.

1, 1f (Die sogenannte Intitulatio): Diese besteht aus zwei Teilen: 1. Παῦλος ἀπόστολος und 2. καὶ οἱ σὺν ἐμοὶ πάντες ἀδελφοί. Was dazwischen steht, kann man als Parenthese fassen, die sich aber organisch an den Terminus ἀπόστολος anschließt, der grammatisch als passives Verbaladjektiv zu bestimmen ist und in dem ein Partizipialsinn („Abgesandter") steckt. Dennoch ist das in den Textausgaben hinter ἀπόστολος stehende Komma berechtigt, weil Paulus ἀπόστολος als eine zu einem Würdetitel gewordene Apposition zu seinem Namen versteht[9]. Der Partizipialsinn wird dennoch deutlich mitempfunden, wie die von ἀπόστολος abhängige Präpositionalkonstruktion (ἀπό . . . διά . . .) zeigt.

Paulus ist Apostel „nicht von Menschen, auch nicht durch einen Menschen...". Steckt hinter dem Wechsel von ἀπό zu διά eine besondere Absicht?[10] Auf eine solche läßt sowohl der Wechsel des Numerus (das erste Mal Plural ἀνθρώπων, das zweite Mal Singular ἀνθρώπου) wie auch das steigernde οὐδέ schließen (nicht οὔτε – οὔτε, sondern οὐκ – οὐδέ). ἀπ' ἀνθρώπων klingt unverbindlicher; dahinter könnte eine Gemeinde als Auftraggeber des Apostels stehen, etwa die Jerusalemer oder Antiochener Gemeinde (vgl. Röm 16, 17; 2 Kor 8, 23, wo von den ἀπόστολοι ἐκκλησιῶν die Rede ist; Apg 13, 1–3). Hinter δι' ἀνθρώπου verbirgt sich stärker eine einzelne Autorität, die den Paulus für das Apostelamt bestimmt haben könnte (etwa Petrus[11] oder Barnabas; vgl. Apg 9, 27; 11, 25f)[12]. Gegenüber solchen Auffassungen und Möglichkeiten betont der Apostel schon im Präskript im Hinblick auf die in Galatien von seinen Gegnern geschaffene Situation, daß er nicht von irgendwelchen Menschen, von einer Gemeinde, auch nicht durch einen einzelnen Menschen sein Apostelamt empfangen hat, sondern unmittelbar durch Jesus Christus — genau wie die Altapostel — und durch Gott den Vater, der Jesus von den Toten erweckt hat.

Man kann vermuten, daß Paulus mit diesem Hinweis gleich zu Beginn seines Briefes ganz bestimmte Vorwürfe seiner Gegner zurückweisen will, die etwa

---

[8] A. a. O. 265.
[9] ZAHN plädiert entschieden für das Komma hinter Παῦλος und vor ἀπόστολος.
[10] Vgl. dazu die Kommentare, besonders ZAHN z. St.; LIGHTFOOT bemerkt: „The first preposition denotes the fountain-head whence the Apostle's authority springs, the second the channel through which it is conveyed."
[11] „Der Singular δι' ἀνθρώπου geht auf Kephas oder einen der übrigen hervorragenden Altapostel. Auf Kephas möchten sich die Gegner Pauli vornehmlich berufen haben" (GUTJAHR, z. St.).
[12] Auch an Ananias hat man gedacht. „Daß Paulus Gal 1, 1 bei dem Wort δι' ἀνθρώπου an eine judenchristliche Entstellung der Bedeutung des Ananias gedacht hat, läßt sich freilich nicht ausschließen. Aber wahrscheinlicher ist es doch, daß man eine Abhängigkeit des paulinischen Apostolats nicht von Damaskus behauptet hat, sondern von Jerusalem" (HAENCHEN, Die Apg, 277).

lauteten: Paulus hat nicht den gleichen Rang wie die Altapostel; er hat keine unmittelbare Sendung durch Jesus und Gott, sondern nur eine mittelbare. Und deshalb könne er auch den Galatern gegenüber nicht mit apostolischer Autorität auftreten; seine Verkündigung bedürfe einer Kontrolle und Korrektur von einer Seite, die mit den Altaposteln in Verbindung stehe. So oder ähnlich mögen die Anschuldigungen seiner Gegner gelautet haben[13]. Ihnen gegenüber betont Paulus die Unmittelbarkeit seines Apostelamtes von Jesus Christus und Gott her. Die Nennung Jesu zusammen mit Gott, der ihn von den Toten erweckt hat, klingt zwar formelhaft[14], aber unterstreicht die hinter dem Apostolat des Paulus stehende Autorität; zudem läßt der Hinweis auf die Auferweckung Jesu durch Gott erkennen, daß nach dem Verständnis des Paulus sein Apostolat wesentlich mit diesem Grundereignis zusammenhängt (vgl. 1 Kor 15, 1–11)[15]. „Die feste Prägung dieser Aussage in der häufigen Verbindung mit ἐκ νεκρῶν ... weist auch formal auf die Verbreitung und zugleich auf das Alter der Aussageform und damit auf die von Anfang an gegebene entscheidende Bedeutung der Verkündigung der Auferstehung Jesu hin."[16] Dagegen will die Verbindung von Jesus Christus und Gott, dem Vater, in Gal 1,1 sicher nicht zum Ausdruck bringen, daß „Christus ... durchaus auf die Seite des Göttlichen gehört", wie Zahn (z.St.) meint.

Damit zeigt sich bereits ein besonderer Aspekt des pln. Verständnisses des Apostelbegriffs und Apostelamtes, der weit über die Bedeutung eines „Apostels" im Sinn des jüdischen שָׁלִיחַ-Instituts hinausreicht[17]. Was den ntl. Apostelbegriff

---

[13] „Dabei scheint man weniger sein Apostelsein als solches bestritten und ihm den Titel ‚Apostel' verweigert zu haben ..., sondern eher wird man Paulus zu einem Apostel niederen Ranges im Vergleich zu den ‚Vor-ihm-Aposteln' (V. 17) und ihn von menschlicher Instanz abhängig gemacht haben" (ECKERT, Die urchristliche Verkündigung, 164). „... es ist zu beachten, daß Paulus sich 1. Kor. 15 zwar dem Apostelkreis der Frühzeit entschlossen zurechnet, aber doch mit deutlichen Hinweisen auf seine Nachträglichkeit (ἔσχατον) und Inferiorität (ἐλάχιστος). Seine Gegner werden diese Schönheitsfehler zweifellos auch gesehen und gewiß stärker unterstrichen haben" (U. BROCKHAUS, Charisma und Amt. Die pln. Charismenlehre auf dem Hintergrund der frühchristlichen Gemeindefunktionen [Wuppertal 1972] 121).

[14] Vgl. Apg 3, 15; 4, 10; 5, 30; 10, 40; 13, 30.37; Röm 4, 24; 8, 11; 10, 9; 1 Kor 6, 14; 15, 12; 2 Kor 4, 14; 1 Thess 1, 10; Eph 1, 20; Kol 2, 12. Dazu noch KRAMER, Christos-Kyrios-Gottessohn, 16–19; DELLING, Partizipiale Gottesprädikationen, 31–33. Zur atl. Vorgeschichte der „hymnischen Partizipien" s. F. CRÜSEMANN, Studien zur Formgeschichte von Hymnus und Danklied in Israel (Neukirchen 1969) 83–154.

[15] Vgl. auch K. KERTELGE, Das Apostelamt des Paulus, sein Ursprung und seine Bedeutung, in: BZ, NF 14 (1970) 161–181 (164–169).

[16] G. DELLING, Wort Gottes und Verkündigung im NT (Stuttgart 1971) 93, der ebd. in Anm. 29 auch bemerkt: „Der Ausdruck ist offenbar parallel mit dem jüdischen Gottesnamen ‚der die Toten lebendig macht' (Achtzehngebet 2), Röm 4, 17, vgl. 2 Kor 1, 9. Sowohl in der Benediktion des Achtzehngebets wie in den beiden Paulinischen Aussagen liegen Partizipialsätze vor."

[17] Vgl. dazu vor allem K. H. RENGSTORF in: ThWb I, 406–446 und besonders J. ROLOFF, Apostolat — Verkündigung — Kirche. Ursprung, Inhalt und Funktion des kirchlichen Apostelamtes nach Paulus, Lukas und den Pastoralbriefen (Gütersloh 1965); Roloff bietet bis 1965 die gesamte Literatur zum Thema „Apostel", referiert kritisch über die verschiedenen Theorien, die über den ntl. Apostelbegriff vorgetragen worden sind, und legt selber unvoreingenommene Analysen vor. Dazu noch die umfassende Literaturübersicht bei KUSS, Paulus, 273, Anm. 3; ferner R. SCHNACKENBURG, Apostel vor und neben Paulus, in: DERS., Schriften

mit dem שָׁלִיחַ-Begriff verbindet, ist vor allem der Gedanke der Repräsentation („der Abgesandte eines Menschen ist wie er selbst")[18] und der damit verbundenen Autorisation. Aber man darf sich die Entwicklung nicht „so vorstellen, als sei das šali[a]ḥ-Rechtsinstitut als feste Größe in die werdende Kirche verpflanzt und dort mit christlichen Motiven gleichsam angereichert worden, so daß sich die Struktur des christlichen Apostolates wiederum von den entsprechenden spätjüdischen Rechtsbestimmungen her hinreichend erhellen ließe" (Roloff)[19]. Denn der spezifische Apostelbegriff lag „von Anfang an im Bereich christologischer und ekklesiologischer Deutung: Apostel sind die Gesandten des Auferstandenen für die Kirche!" (ders.)[20]. Von Phil, 2 Thess und Phlm abgesehen, steht in allen übrigen Briefeingängen das Wort ἀπόστολος „an derartig betonter Stelle, daß es unschwer als Schlüsselwort für den Auftrag kenntlich wird, aus dem heraus Paulus zu den Gemeinden sprechen will" (ders.)[21]; so auch im Präskript des Gal, wo zudem durch die Präpositionalverbindung διὰ 'Ιησοῦ Χριστοῦ der Auferweckte als der Urheber (διά) des Apostelamtes Pauli hervorgehoben wird, hinter dem Gott selber steht (καὶ θεοῦ πατρός)[22]. Aus Gal 1, 16 und 2, 7 geht außerdem hervor, daß die Berufung des Paulus zum Apostel Jesu Christi die Verkündigung des Evangeliums unter den Heiden zum Ziel hatte (ἵνα εὐαγγελίζωμαι αὐτὸν ἐν τοῖς ἔθνεσιν — πεπίστευμαι τὸ εὐαγγέλιον τῆς ἀκροβυστίας; vgl. auch Röm 1, 1.5; 1 Kor 1, 17; 9, 16; 1 Thess 2, 4). Der Apostolat, wie Paulus ihn versteht, ist also „im Evangelium begründet" (Kertelge)[23], das er auch den Galatern „als Sklave Christi" verkündet hat (Gal 1, 10f). Es besteht eine Korrelation von Evangelium und Apostolat, die für Paulus sogar seine Unabhängigkeit von menschlich-kirchlichen Instanzen impliziert. Damit wird „die polemische Front schon von Anfang an (1, 1) gegenüber einem ‚Evangelium' (1, 6ff) festgelegt ...., das unter Berufung auf eine formale Autorität propagiert wird"[24]. Nach Paulus steht der Apostel Jesu Christi ein für das Evangelium, neben dem es kein anderes Evangelium gibt (1, 6).

---

zum Neuen Testament. Exegese in Fortschritt und Wandel (München 1971) 338–358 (Lit.); G. SCHNEIDER, Die zwölf Apostel als „Zeugen". Wesen, Ursprung und Funktion einer lukanischen Konzeption, in: Christuszeugnis der Kirche. Theol. Studien (Essen 1970) 41–65 (Lit.); R. BROCKHAUS, Charisma und Amt, 112–123 („Exkurs: Der doppelte Apostelbegriff") und in diesem Kommentar S. 83, Anm. 33.
[18] Mischna Berakot V, 5.   [19] Apostolat, 272.   [20] Ebd. 273.   [21] Ebd. 40.
[22] Vgl. auch noch den Kommentar zu 1, 15. Auffällig ist in Gal 1, 1 auch die Reihenfolge „durch Jesus Christus und Gott den Vater"; denn man würde das Umgekehrte erwarten („durch Gott den Vater und Jesus Christus"). Aber die Reihenfolge ist durch den Kontext veranlaßt, in dem die Gottesbezeichnung durch eine Partizipialaussage über die Auferweckung Jesu von den Toten noch näher bestimmt wird. Damit ist „Gott der Vater" zugleich „christologisch" bestimmt, wie DELLING mit Recht bemerkt (Zusammengesetzte Gottes- und Christusbezeichnungen in den Paulusbriefen, in: Studien zum NT und zum hellenistischen Judentum, Göttingen 1970, 417–424 [422]).
[23] BZ, NF 14 (1970) 170; vgl. auch BLANK, Paulus und Jesus, 209: Evangelium als der neue Heilsweg „ohne des Gesetzes Werke" und pln. Apostolat gehören „grundlegend zusammen; der Heidenapostel Paulus gehört selbst in das Evangelium hinein".
[24] I. LÖNNING, Paulus und Petrus. Gal. 2, 11ff als kontroverstheologisches Fundamentalproblem, in: StTh 24 (1970) 1–69 (63, Anm. 272).

Gal 1, 1f

Durch ein καί mit Παῦλος ἀπόστολος verbunden nennt Paulus im V 2 als Mitabsender des Briefes οἱ σὺν ἐμοὶ πάντες ἀδελφοί. Was im Vergleich mit den anderen Paulusbriefen auffällt und zu beachten ist, ist in Gal 1, 2 der Hinweis auf die „Gesamtheit" der Brüder (πάντες ἀδελφοί). Ob Paulus bei ihnen an bestimmte Begleiter (Mitarbeiter) denkt oder an eine ganze Gemeinde (evtl. einschließlich der Mitarbeiter), bei der er gerade weilt, läßt sich nicht feststellen[25]. Worauf es ihm mit dem Hinweis auf die „Gesamtheit" der Brüder jetzt ankommt, ist die Feststellung des Konsensus „aller Brüder" mit ihm und mit dem, was er den galatischen Gemeinden zu schreiben hat[26]. Er steht mit seinen Anschauungen nicht allein da; hinter ihm steht die Gemeinschaft der Brüder, die den Glauben des Apostels mitbezeugt (σὺν ἐμοί)[27]. Dennoch ist der Brief keine „Kundgebung eines Kollegiums", wie Oepke mit Recht betont, sondern die Kundgebung des Paulus, der mit der Autorität Jesu Christi an „die Gemeinden in Galatien" schreibt.

Der Plural ταῖς ἐκκλησίαις läßt erkennen, daß nicht bloß eine Gemeinde Galatiens von den Gegnern des Apostels in Verwirrung gebracht (1, 7) worden ist, sondern alle, wenn wir auch ihre Zahl nicht kennen. Insofern handelt es sich beim Galaterbrief ähnlich wie beim Epheserbrief um ein Zirkularschreiben des Apostels, was den amtlichen Charakter des Briefes noch unterstreicht.

---

[25] Vgl. dazu die Kommentare und BORSE, Standort, 43f. B. plädiert dafür, „daß der Apostel hier ausschließlich an seine Begleiter denkt" und nennt folgende Beobachtungen: „a) Wenn Paulus anderorts Mitarbeiter anführt — durchweg außer in Röm und Eph — sind stets nur eine oder zwei Einzelpersonen gemeint; in keinem Fall schreibt er einen Brief im Namen der Gesamtkirche oder einer Ortsgemeinde. b) Die Formulierung οἱ σὺν ἐμοί hat eine Entsprechung in Gal 2, 3 Τίτος ὁ σὺν ἐμοί, wo offenkundig ist, daß Paulus von einer Einzelperson spricht. c) Paulus verwendet den Ausdruck Gal 1, 2 in abgewandelter Form auch Röm 16, 14.15. In beiden Vergleichsfällen sind konkrete Personengruppen gemeint, aber keine Ortsgemeinden. d) Wenn die Mitabsender des Gal mit den Grüßen anderer Briefe verglichen werden, ergeben sich zwei bedeutsame Parallelen:
Gal 1, 2 καὶ οἱ σὺν ἐμοὶ πάντες ἀδελφοί
1 Kor 16, 20 ἀσπάζονται ὑμᾶς οἱ ἀδελφοὶ πάντες
Phil 4, 21 ἀσπάζονται ὑμᾶς οἱ σὺν ἐμοὶ ἀδελφοί.
Dabei fällt auf, daß Paulus die Grüße der ‚Brüder' von denen anderer Christen — von den Gemeinden Asiens, von Aquila und Priska samt der Gemeinde in ihrem Haus (1 Kor 16, 19) bzw. von allen Heiligen, besonders denen vom Haus des Kaisers (Phil 4, 22) — unterscheidet; anscheinend versteht er ,Bruder' hier in dem besonderen Sinn von ‚Mitarbeiter', ‚Gefährte'. Aufgrund der Ähnlichkeit mit diesen Stellen ist für Gal 1, 2 die gleiche Bedeutung anzunehmen." Dieser Argumentation kann man zustimmen. ZAHN vermutet, was sich nicht völlig abweisen läßt, daß bei „allen Brüdern" auch „Abgesandte der Gal. an Pl bei ihm anwesend waren und hier mitgemeint sind".

[26] Vgl. auch SCHLIER, OEPKE z. St.; FASCHER in RGG ³I, 1414. HIERONYMUS bemerkt z. St. (PL 26, 313): In aliis epistolis, Sosthenes et Silvanus, interdum et Timotheum in exordio praeponuntur: in hac tantum, quia necessaria erat auctoritas plurimorum, omnium fratrum nomen assumitur. Qui et ipsi forsitan ex circumcisione erant, et a Galatis non contemptui ducebantur. Plurimum quippe facit ad populum corrigendum, multorum in una re sententia atque consensus. THOMAS VON AQUIN (Gal. 383 B): quia mecum sunt, scilicet ad solatium et adjutorium.

[27] Vgl. auch Apg 15, 22 („Da beschlossen die Apostel und die Ältesten zusammen mit der ganzen Gemeinde ..."). Möglicherweise steht πάντες (ἀδελφοί) bereits auch in Opposition zu τινες in 1, 7 („alle" — „ein paar").

Gal 1, 3

Es fehlen in der Adresse auffälligerweise alle Titulationen und Epitheta, wie sie im Briefformular überhaupt und auch bei Paulus sonst üblich sind (vgl. 1 Thess 1, 1; 2 Thess 1, 1 usw.). Der Unwille des Apostels, aber auch seine Sorge, die ihn möglichst bald zur Sache selbst kommen lassen möchte, kommen darin zum Ausdruck. Dennoch versagt er den Gemeinden in Galatien nicht den apostolischen Gruß.

1, 3 Der Gruß ist dreigliederig (χάρις ὑμῖν καὶ εἰρήνη — ἀπὸ θεοῦ πατρὸς ἡμῶν — καὶ κυρίου Ἰησοῦ Χριστοῦ) und erscheint wortwörtlich so auch in den anderen Paulinen (vgl. z. B. Röm 1, 7; 1 Kor 1, 3; 2 Kor 1, 2). Vielleicht handelt es sich dabei um eine Formel, die der Apostel aus der christlichen Tradition, möglicherweise sogar aus dem Gottesdienst übernommen hat; jedenfalls zeigt sich in ihr „etwas vom Stil des urchristlichen Gottesdienstes überhaupt" (Delling)[28].

In χάρις mag noch etwas von der Grußanrede („sei gegrüßt") stecken[29], aber χ. ist längst ein spezifisch christlicher Terminus geworden, besonders durch Paulus selbst[30]. Innerhalb der salutatio der Briefe bedeutet χάρις vor allem die Huld, das Wohlwollen Gottes, seine gnädige Fürsorge. „In jüdischen Briefen findet sich zwar neben εἰρήνη gelegentlich ἔλεος, niemals aber χάρις" (Lohse)[31].

εἰρήνη entspricht dem hebr. שׁלום[32], besagt zunächst nicht einen seelischen Zustand („ein ruhiges Gewissen"), sondern nennt den schon von den Propheten verkündeten eschatologischen Heilszustand[33], gründend in dem neuen durch Christus vermittelten Verhältnis Gottes zu den Menschen, protologisch vor-

---

[28] Zusammengesetzte Gottes- und Christusbezeichnungen in den Paulusbriefen, in: DERS., Studien zum NT und zum hellenistischen Judentum, 417–424 (424). D. bemerkt auch: „In den verschiedenen Verbindungen, einerseits θεὸς πατὴρ ἡμῶν ... bzw. ὁ θεὸς ὁ πατὴρ ἡμῶν ..., andererseits θεὸς πατήρ bzw. ὁ θεὸς πατήρ und ὁ θεὸς πατὴρ τοῦ κυρίου ..., ist (ὁ) πατήρ sachlich offenbar im Sinn der Erläuterung zu verstehen: der Gott, der unser Vater bzw. der Vater unseres Herrn Jesus Christus ist, der Gott, der als der Vater Jesu Christi in dessen Sendung, dessen Hingabe an das Kreuz, dessen Auferweckung und Einsetzung in die Herrschaft heilsam gehandelt hat und durch ihn unser Vater ist" (ebd. 419). Mit dieser „Erläuterung" wird aus dem Gott des AT kein anderer, vielmehr zeigt sich gerade im eschatologischen Heilshandeln Gottes die „Selbigkeit" Gottes (vgl. Gal 3, 17f; 4, 4f).
[29] So meint KOSKENNIEMI (Studien zur Idee und Phraseologie des griechischen Briefes, 162): „Offenbar ist die Verwendung des Wortes χάρις hier als eine Anspielung auf das im Briefstil allgemein übliche χαίρειν zu verstehen, des gleichen Stammes ist."
[30] Bei Mk und Mt fehlt das Wort ganz, bei Lk erscheint es ziemlich oft (besonders in der Apg), am häufigsten bei Paulus. Vgl. dazu auch F. MUSSNER in: LThK ²IV, 980–984 (Lit.).
[31] Die Briefe an die Kolosser und an Philemon, 33.
[32] Vgl. dazu v. RAD/FÖRSTER in: ThWb II, 398–416; J. SCHARBERT, slm im Alten Testament, in: LEX TUA VERITAS (Festschr. f. Hub. Junker) (Trier 1961) 209–229; H. GROSS, Die Idee des ewigen und allgemeinen Weltfriedens im Alten Orient und im AT (Trier ²1967); DERS., Art. Friede, in: Bibeltheol. Wb I, 385–390; W. EISENBEIS, Die Wurzel שלם im Alten Testament (BZAW 113) (Berlin 1969); H. H. SCHMID, „Frieden" im Alten Orient und im AT (SBS 51) (Stuttgart 1971).
[33] „Es hat sich allmählich herumgesprochen, daß šalôm weder primär noch hauptsächlich ‚Frieden' bedeutet. Die neuere Literatur hat sich in einem sehr breiten consensus darin gefunden, daß als Grundbedeutung von salôm die Ganzheit, der Unversehrtheit, des Heilseins anzunehmen ist" (H. H. SCHMID, ebd. 45). Erst in der LXX ist šalôm auf die Bedeutung „Frieden" eingeengt.

Gal 1, 4

gebildet im Paradiesesfrieden[34]. Im AT findet sich šalôm als Gruß und in Grußformeln häufig[35].

χάρις und εἰρήνη sind Gaben des himmlischen Vaters[36] und des Herrn Jesus Christus (vgl. zum Letzteren besonders Eph 2, 14: αὐτὸς γάρ ἐστιν ἡ εἰρήνη ἡμῶν; 2, 17: ἐλθὼν εὐαγγελίσατο εἰρήνην ὑμῖν τοῖς μακρὰν καὶ εἰρήνην τοῖς ἐγγύς)[37]. Aus dem Heilswerk Jesu resultiert der eschatologische Friede zwischen Himmel und Erde, zwischen Juden und Heiden, zwischen Mensch und Mensch. Diesen Frieden wünscht der Apostel den Galatern nicht, sondern sagt ihn diesen bevollmächtigt als Gabe von oben zu (vgl. deutlicher in 6, 16: εἰρήνη ἐπ' αὐτοὺς καὶ ἔλεος).

1, 4 Der Vers enthält soteriologisches Formelgut aus der Urkirche[38] und scheint infolge von „Formelzwang" überhaupt hier zu stehen, weil kein rechtes Motiv zu erkennen ist, das den Vers in einen unmittelbaren Zusammenhang mit dem Galaterbrief bringen würde. Immerhin impliziert die formelhafte Wendung das sola-gratia-Prinzip, das dem Apostel in der Rechtfertigungslehre

---

[34] Vgl. dazu vor allem GROSS, Die Idee des ewigen und allgemeinen Weltfriedens, 64–95.
[35] Vgl. dazu H. H. SCHMID, a.a.O. 47–53; sàlôm bedeutet im altorientalischen Gruß vor allem „gutes Ergehen".
[36] Wie auch schon im AT šalôm Gabe Jahwes ist; dazu ThWb II, 401f.
[37] Vgl. dazu Näheres bei F. MUSSNER, Christus, das All und die Kirche (Studien zur Theologie des Epheserbriefes) (Trier ²1968) 80–84; 100–102.
[38] „Die Fassung ‚für unsere Sünden' läßt vermuten, daß hier eine überkommene Wendung aufgegriffen wird; Paulus sagt sonst das Sterben Jesu ‚für . . .' unmittelbar auf die Person bezogen aus, ‚für uns' usw. (‚für unsere Sünden' heißt es bei ihm sonst nur 1. Kor. 15, 3 in einem offenbar katechismusartig geprägten Stück, das nach der Einführung in V. 3 auf die Paradosis zurückgeht)" (G. DELLING in: StTh 17, 1963, 37). R. DEICHGRÄBER hat beobachtet, daß die Sprache in Gal 1, 4 „ganz unpaulinisch" ist: „ἑαυτὸν διδόναι als Ausdruck für Jesu Leiden steht nur hier bei Paulus; der Plural ἁμαρτιῶν wird von Paulus sonst vermieden; ἐξαιρεῖν fehlt sonst bei ihm; Paulus spricht vom αἰὼν οὗτος, hier heißt er ἐνεστώς; κατὰ τὸ θέλημα ist ebenfalls singulär bei Paulus . . . schließlich sind die Worte τοῦ θεοῦ καὶ πατρὸς ἡμῶν liturgische Wendung" (Gotteshymnus und Christushymnus in der frühen Christenheit, 113, Anm. 2). Vgl. ferner K. ROMANIUK, L'Origine des formules pauliniennes „Le Christ s'est livré pour nous", „Le Christ nous a aimés et s'est livré pour nous", in: NT 5 (1962) 55–76; RIESENFELD in: ThWb VIII, 511–514; DELLING, Wort Gottes und Verkündigung im NT, 78f (D. nimmt hier sogar für Gal 1, 4 eine „bestimmte Verbindung zu Mk 10, 45 / Mt 20, 28" an, „wenn der Wortlaut auch nicht von Paulus unmittelbar im Anschluß an das Logion formuliert worden ist"; 89; 99; W. POPKES, Christus traditus. Eine Untersuchung zum Begriff der Dahingabe im NT (Zürich/Stuttgart 1967) 234–236; 248; 273–278; N. PERRIN, The Use of (παρα)διδόναι in Connection with the Passion of Jesus in the NT, in: CHR. BURCHARD / B. SCHALLER (Hrsg.), Der Ruf Jesu und die Antwort der Gemeinde (J. JEREMIAS zum 70. Geburtstag) (Göttingen 1970) 204–212; K. WENGST, Christologische Formeln und Lieder des Urchristentums, 55–77 (W. spricht mit Blick auf Gal 1, 4; 2, 20 und Röm 8, 32 von einer „Dahingabeformel"); J. ROLOFF, Anfänge der soteriologischen Deutung des Todes Jesu (Mk X. 45 und Lk XXII. 27), in: NTSt 19 (1972/73) 38–64; H. PATSCH, Abendmahl und historischer Jesus (Stuttgart 1972) 151–225 (umfassende Diskussion); K. KERTELGE, Die soteriologischen Aussagen in der urchristlichen Abendmahlsüberlieferung und ihre Beziehung zum geschichtlichen Jesus, in: TrThZ 81 (1972) 193–202; H. SCHÜRMANN, Wie hat Jesus seinen Tod bestanden und verstanden? Eine methodenkritische Besinnung, in: Orientierung an Jesus. Zur Theologie der Synoptiker (Festg. f. J. SCHMID) (Freiburg i.Br. 1973) 325–363 (Sch. stellt die Frage „nach einer vorösterlichen Wurzel des ὑπέρ").

des Briefes gegenüber seinen Gegnern am Herzen liegt. Jesus hat sich für unsere Sünden hingegeben: διδόναι = παραδιδόναι (vgl. 2, 20; Röm 4, 25; 1 Tim 2, 6; Tit 2, 14 u. ö.)[39]. Ob auf die Verwendung des Terminus παραδιδόναι im soteriologischen Kerygma der Urkirche Is 53, 6.12 eingewirkt hat (53, 6: καὶ κύριος παρέδωκεν αὐτὸν ταῖς ἁμαρτίαις ἡμῶν; 53, 12: καὶ αὐτὸς ἁμαρτίας πολλῶν ἀνήνεγκεν καὶ διὰ τὰς ἁμαρτίας αὐτῶν παρεδόθη), ist umstritten[40].

Der ὅπως-Satz im V 4b gibt das Ziel des Erlösungstodes Jesu an: „damit er uns herausreiße aus dem gegenwärtigen bösen Äon". ἐξαιρεῖν bedeutet im Medium „herausreißen, von etwas befreien"[41]; wenn der Apostel diesen Terminus für die Erlösungstat Christi wählt, so zeigt sich damit sein besonderes Verständnis derselben: für ihn ist diese Tat vor allem eine Befreiung des Menschen, und Christus der große, eschatologische Befreier der Menschheit überhaupt (vgl. auch 5, 1.5 und die dortige Auslegung), und wenn nach Gal 1, 4 Christus uns „aus dem gegenwärtigen bösen Äon" befreit, so ist dieser Äon als bedrohliche Macht verstanden, die einstweilen noch „Bestand hat" (ἐνεστῶτος)[42] und „böse" (πονηροῦ) ist, was aktive Feindlichkeit besagt[43]. Der noch bestehende Äon west als Sünde, Fleisch, Gesetz und Tod, und aus ihnen und von ihnen befreit Christus durch seinen Erlösungstod[44]. Konkret ist das eine Erlösung von unseren Sünden (V 4a), mit denen unser Dasein an den alten Äon gebunden war.

Diese Erlösung geschieht „gemäß dem Willen Gottes und unseres Vaters" (V 4c): alles Heilsgeschehen wird in der pln. Theologie auf Gott zurückgeführt[45]. So entspricht es aber auch schon der atl-jüdischen Anschauung[46], wie sie sich jetzt auch im Qumranschrifttum zeigt; vgl. zur Formel κατὰ τὸ θέλημα

---

[39] Zur Begriffsgeschichte von (παρα)διδόναι vgl. POPKES, Christus traditus, 13–22 und passim.
[40] Vgl. dazu J. JEREMIAS, ABBA. Studien zur ntl. Theologie und Zeitgeschichte (Göttingen 1966) 199–209; POPKES, a.a.O. 36; 253f (P. meint: „Jes 53 ist nicht die Wurzel der Dahingabe-Aussage, sondern diese zog den Rückgriff auf Jes 53 erst nach sich": 254). Jedenfalls scheint die Verbindung von Hingabe- und ὑπέρ-Formel durch Jes 53 angeregt zu sein (vgl. JEREMIAS, 206).
[41] Vgl. BAUERWb s. v. Zu den atl. Heilsäquivalenten zu ἐξαιρεῖν und den damit verbundenen Vorstellungen s. das umfangreiche Material bei CHR. BARTH, Die Errettung vom Tod in den individuellen Klage- und Dankliedern des AT (Zollikon 1947) 124–166.
[42] ἐνεστῶτος: Part. Perf. von ἐνίσταμαι = eintreten; Perf. Part. = gegenwärtig, bestehend. Vgl. BAUERWb s.v. ἐνίστημι; BURTON, Galatians, 432f (mit weiterem paulinischem, hellenistischem und altkirchlichem Material); vgl. vor allem die Gegenüberstellung von ἐνεστῶτα und μέλλοντα in Röm 8, 38 und 1 Kor 3, 22.
[43] Vgl. zum Ausdruck „böser Äon" auch 1 QpHab V, 7f (קץ הרשעה) und Damask XV, 7 (קץ הרשע).
[44] Zum Begriff αἰών vgl. vor allem SASSE in: ThWb I, 197–209; für das Frühjudentum auch noch BOUSSET-GRESSMANN, Die Religion des Judentums, 242–254; BILLERBECK IV, 847–857; zu αἰών innerhalb der pln. Geschichtsanschauung vor allem KUSS, Römerbrief, 275–291. Der „gegenwärtige böse Äon" reicht von Adam bis zur Parusie, bei der er endgültig dem mit Christus schon anbrechenden „kommenden Äon" weichen muß.
[45] Vgl. besonders W. THÜSING, Per Christum in Deum. Studien zum Verhältnis von Christozentrik und Theozentrik in den paulinischen Hauptbriefen (NtlAbh. NF 1) (Münster ²1969) passim.
[46] Vgl. SCHRENK in: ThWb III, 53–62.

1 QS V, 1 (לרצונו); IX, 14f; 1 QH I, 15; X, 22; XVI, 16[47]. Mit dieser Formel kommen die souveräne Macht Gottes gegenüber dem „bösen Äon" und der göttliche Entschluß zur Sprache, seinem „Bestehen" ein Ende zu bereiten[48]. Zugleich offenbart sich, wie die Beifügung καὶ πατρὸς ἡμῶν erkennen läßt, darin auch die Liebe des Vaters zu den Erlösten.

1, 5 Einem solchen Gott gebührt deshalb „Ehre (δόξα)[49] in den Äonen der Äonen", d. h. für immer und ewig (vgl. auch Röm 11, 36b; 16, 27b; Eph 3, 20f; Phil 4, 20; 1 Tim 1, 17; 2 Tim 4, 18). Ob in dieser Doxologie εἴη oder ἐστίν zu ergänzen ist, ist an sich keine wichtige Frage, da es dabei um kein Entweder-Oder geht. Jedoch liegt es näher, ἐστίν zu ergänzen, weil es in den Doxologien um die „lobpreisende Feststellung" dessen geht, „was ist" (G. Kittel)[50]. Dafür spricht auch das nachfolgende ἀμήν, das eine zustimmende Feststellung ausspricht. Durch dieses akklamatorische ἀμήν ist auch der jüdische Ursprung der Doxologien gesichert (vgl. auch Pss 41, 14; 72, 19; 89, 53; 106, 48; Röm 1, 25; 11, 36; 1 QS I, 20; II, 10.18)[51].

In anderen Briefen des Apostels findet man solchen das Präskript abschließenden Lobpreis Gottes nicht, sondern dafür die Danksagung gegen Gott für seine Heilstaten[52] (vgl. z. B. Röm 1, 8ff). Im Galaterbrief muß die kurze Doxologie die längere Danksagung ersetzen, weil es den Apostel drängt, sofort in medias res zu treten, zu der Sache also zu kommen, um die es in den Gemeinden Galatiens ging.

---

[47] Vgl. auch noch F. Nötscher, Zur theol. Terminologie der Qumran-Texte (BBB 10) (Bonn 1956) 175f.
[48] Ob auch an den Willen Gottes als vorzeitlichen Heilsgrund gedacht ist (wie in Eph 1, 5–11; vgl. dazu Schrenk, a.a.O. 57/18f), läßt sich nicht sagen.
[49] Zum Begriff δόξα (כבוד) vgl. auch v. Rad/Kittel in: ThWb II, 236–251 (bes. 245ff); Kuss, Römerbrief, 608–618; H. Schlier, Doxa bei Paulus als heilsgeschichtlicher Begriff, in: Besinnung auf das NT (Freiburg i. Br. 1964) 307–318 (mit der gesamten Literatur in Anm. 1). Speziell zu den Doxologien vgl. L. G. Champion, Benedictions and Doxologies in the Epistles of Paul (Diss.) (Heidelberg 1934); A. Stuiber, Doxologie, in: RAC IV, 210–226 (bes. 212ff); J. M. Nielen in: LThK 2III, 534f; Rigaux, Paulus und seine Briefe, 185f.
[50] A.a.O. 251/13ff. Vgl. 1 Petr 4, 1 (ᾧ ἐστιν ἡ δόξα).
[51] Zu ἀμήν vgl. H. Schlier in: ThWb I, 339–342; A. Stuiber, Amen, in: JAChr 1 (1958) 153–159 (Lit.); E. Pfeiffer, Der atl. Hintergrund der liturgischen Formel „Amen", in: KeDog 4 (1958) 129–141.
[52] Vgl. Schlier z. St.

II. DAS BRIEFKORPUS

A. Die Situation (1, 6–12)

1. DIE BEDROHTE LAGE DES EVANGELIUMS BEI DEN GALATERN (1, 6–9)

1, 6 Ich wundere mich, daß ihr so schnell von dem, der euch in Gnaden [Christi] gerufen hat, abtrünnig werdet (abfallt) zu einem anderen Evangelium, 7 das kein anderes ist; nur (außer) daß da einige sind, die euch in Verwirrung bringen und das Evangelium vom Christus verdrehen wollen. 8 Aber selbst wenn wir oder (gar) ein Bote vom Himmel ein Evangelium verkündete im Gegensatz zu dem, was wir euch verkündet haben, verflucht soll er sein. 9 Wie wir schon früher gesagt haben, so sage ich auch jetzt wieder: Wenn euch jemand ein Evangelium verkündet im Gegensatz zu dem (an Stelle von dem), das ihr empfangen habt, Fluch über ihn!

1, 6f Der unmittelbare Einsatz mit θαυμάζω κτλ. ist überraschend, besonders angesichts der sonstigen Gepflogenheit des Apostels, nach dem Präskript mit einem Dank gegen Gott, mit Lob- und Bittgebet für die Gemeinde fortzufahren (vgl. Röm 1, 8ff; 1 Kor 1, 3ff; 2 Kor 1, 3ff; Phil 1, 3ff; Kol 1, 3ff; 1 Thess 1, 2ff; 2 Thess 1, 3ff). Dieses Abweichen vom sonstigen Schema ist durch die Dringlichkeit des Anliegens bedingt, das den Apostel bewegt und mit dem er so rasch wie möglich an die Adressaten heran will. Der Terminus θαυμάζειν ist dabei nicht ironisch gebraucht, sondern Ausdruck für das Unbegreifliche des Vorgangs[53], und zwar „wundert sich" der Apostel einmal über den drohenden Abfall der Galater zu einem „anderen" Evangelium und besonders über die Raschheit dieses Prozesses. Denn dies kommt mit οὕτως ταχέως zum Ausdruck: Der Prozeß des Abfalls geht äußerst rasch vor sich und greift schnell um sich, ist kaum mehr aufzuhalten[54]; darum der ganze beschwörende Ton

---

[53] Vgl. Pape Wb s. v. θαυμάζω („Sehr häufig liegt darin der Nebenbegriff nicht wissen und gern erfahren mögen, wie die Sache sich verhält"); Bertram in: ThWb III, 40; P. Mich. 479, 4f: θαυμάζω, πῶς . . . οὐκ ἀντέγραψας μοι . . .
[54] Vgl. Schlier und viele andere Ausleger z. St.; Wettstein z. St.: „Ich staune über deine Menschenfreundlichkeit, daß du dich so schnell (οὕτως ταχέως) von Wohlwollen zum Gegenteil wandelst" (aus einem antiken Briefmuster, zitiert bei Oepke); Ex 32, 8 LXX (die Israeliten παρέβησαν ταχὺ ἐκ τῆς ὁδοῦ, ἧς ἐνετειλάμην αὐτοῖς: auch hier geht es um die Raschheit des Prozesses, mit dem die Israeliten am Berg Sinai vom „Weg" Jahwes abfallen wollen); Dt 9, 16 A (παρέβητε ταχὺ ἀπὸ τῆς ὁδοῦ); Ri 2, 17 (ἐξέκλιναν ταχὺ ἐκ τῆς ὁδοῦ, ᾗ ἐπορεύθησαν οἱ πατέρες αὐτῶν); Platon, Euthydemos 303 C (οὕτω ταχὺ καὶ ἐν ὀλίγῳ χρόνῳ); 303 E (ὡς ταχύ).

des Missionars und Seelsorgers Paulus, der noch hofft, diesen Prozeß aufhalten zu können[55]. Die Galater müssen also von den Argumenten der Gegner sehr beeindruckt gewesen sein, und den Apostel haben alarmierende Nachrichten darüber erreicht.

„Übereilt, leichtfertig, unter Verzicht also auf das kritische δοκιμάζειν (1 Thess 5, 21; Röm 12, 2; Phil 1, 10; vgl. 1 Joh 4, 1)"[56] drohen die Galater „abzufallen": das Präsens μετατίθεσθε läßt erkennen, daß der Abfall noch kein endgültig vollzogener ist; aber sie sind schon fest dabei[57]. Und dieser Abfall ist ein Abfall von dem, der sie gerufen hat, „in ein anderes Evangelium". Auffällig ist zunächst, daß der Apostel nicht schreibt: Ihr seid dabei, vom wahren Evangelium zu einem falschen abzufallen; vielmehr sind die von ihm formulierten Gegensätze: „der rufende" (Gott) — „ein anderes Evangelium". Das muß für die Galater überraschend klingen; denn sie vermeinten sicher nicht, mit ihrer Hinwendung zum „Judaismus" Gott untreu zu werden, von ihm „abzufallen"; ganz im Gegenteil. Die Formulierung des Apostels läßt erkennen, daß der Ruf Gottes für die Galater der Ruf ins Evangelium war, das ihnen Paulus verkündet hat[58]. Der „Abfall" der Galater ist also für den Apostel ein Abfall vom Evangelium. Sie werden dem Ruf Gottes untreu![59]

Was besagt dabei ἐν χάριτι? Von den wenigen Beispielen der Präpositionalverbindung ἐν χάριτι im Corpus Paulinum kann eigentlich nur 2 Thess 2, 16 (δοὺς ... ἐλπίδα ἀγαθὴν ἐν χάριτι) herangezogen werden; hier ist die Gabe

---

[55] Andere Ausleger (wie Oepke) verstehen οὕτως ταχέως in der Bedeutung „so bald". Auch Borse meint zur Deutung von οὕτως ταχέως im Sinn der „Raschheit des Prozesses": „Diese Erklärung kann nicht befriedigen; denn das Befremden Pauli gilt offenbar der Tatsache, daß überhaupt ein Abfall stattgefunden hat. Seine Überraschung war sicher unabhängig davon, ob die Abwendung vom Evangelium Christi abrupt, kontinuierlich oder etappenweise vollzogen wurde ..." (Standort, 45). Die Formulierung des Apostels („so schnell") läßt aber klar erkennen, daß es nicht darum geht, „daß überhaupt ein Abfall stattgefunden hat", vielmehr um die Raschheit desselben. Nach Eckert (Urchristliche Verkündigung 169, Anm. 1) übersieht Borse, „daß Paulus nicht bloß über den Abfall als solchen, sondern auch über die mangelnde Widerstandskraft der Galater befremdet ist".
[56] E. Grässer, Das eine Evangelium. Hermeneutische Erwägungen zu Gal 1, 6–10, in: ZThK 66 (1969) 306–344 (314f).
[57] μετατίθεσθαι hat hier die Bedeutung „sich wegwenden", „hinüberwechseln", „abfallen"; vgl. auch 2 Makk 7, 24 (μεταθέμενον ἀπὸ τῶν πατριῶν); Dionysius Heracl., der von den Stoikern zu den Epikureern abfiel, wurde als ὁ μεταθέμενος bezeichnet (Diog. Laert. VII, 1, 37; 4, 166); Polybius 24, 9, 6 (μεταθέσθαι πρὸς τῶν Ῥωμαίων αἵρεσιν); Liddell-Scott s. v.; Maurer in: ThWb VIII, 162.
[58] Vgl. auch das Aorist-Partizip τοῦ καλέσαντος, das an die damalige, einmalige „Berufung" der Galater denken läßt, als sie das Evangelium des Apostels annahmen und Christen wurden (vgl. Mayser, Grammatik, II/1, 172: „Wenn das Particip aor. durch den Artikel substantiviert ist ... hat es stets ... Vergangenheitsbedeutung"). Im übrigen darf τοῦ καλέσαντος zu den partizipialen Gottesprädikationen gerechnet werden (vgl. auch Gal 1, 15 und 5, 8; Delling, Partizipiale Gottesprädikationen, 29–31).
[59] „Καλεῖν wird bei Paulus immer mit Gott, nicht mit Christus verbunden (Gal 1, 15; 5, 8; Röm 4, 17; 8, 30; 9, 12.24; 1 Kor 1, 9; 7, 5.17; 1 Thess 2, 12; 4, 7; 5, 24; 2 Thess 2, 14; vgl. κλῆσις Röm 11, 29; 1 Kor 1, 26; Phil 3, 14)" (Grässer, Das eine Evangelium, 323, Anm. 57). „Die Tatsache ..., daß Gott der καλῶν ist und die Christen als die κεκλημένοι ohne besonderen Zusatz angesprochen werden, zeigt, daß καλεῖν im NT ein terminus technicus für den Heilsvorgang ist ... Wenn Gott oder auch Christus einen Menschen ruft, so ist

„der guten Hoffnung" als Ausfluß des gnädigen Heilswillens Gottes gesehen[60]. So ist auch in Gal 1, 6 der Ruf der Galater ins Evangelium „in Gnaden" erfolgt[61], d. h., der Ruf ist rein gnadenhaft[62]. Selbstverständlich ist mit dieser schon jetzt erfolgenden Betonung der freien Gnade Gottes der Versuch, sich das Heil durch die ἔργα τοῦ νόμου zu erwerben, bereits anvisiert; denn das Präpositionalattribut ἐν χάριτι [Χριστοῦ] könnte auch fehlen. Das große Anliegen des Apostels, „sein" Evangelium, kommt auf diese Weise schon angedeutet zur Sprache.

Bei dieser Interpretation des ἐν χάριτι ist schon vorausgesetzt, daß der Genitiv Χριστοῦ (hinter ἐν χάριτι) sekundär ist[63].

Die Galater drohen „zu einem anderen Evangelium" abzufallen. Mit dem ἕτερον εὐαγγέλιον bezeichnet der Apostel die „Botschaft" seiner Gegner, der er aber, wie die Fortsetzung im Text sofort zeigt (ὃ οὐκ ἔστιν ἄλλο), die Bezeichnung εὐαγγέλιον abspricht. Es gibt kein „anderes" Evangelium: ἕτερον und ἄλλο „verneinen die Identität" (Zahn), der Relativsatz ὃ οὐκ ἔστιν ἄλλο eine Alternative. Der Apostel beansprucht vielmehr den Term εὐαγγέλιον für die von ihm verkündete Christusbotschaft mit all ihren Konsequenzen für den Heilsweg, also speziell für das gesetzesfreie „Evangelium". Nur diese „gute Kunde" von der gnadenhaften Rettung des Menschen durch den Christus passus verdient im Sinn des Apostels den Namen εὐαγγέλιον. Die Galater sind durch die Agitation der Gegner so verwirrt, daß sie gewissermaßen deren Botschaft als ein zweites, und zwar besseres, vermutlich sogar als das einzige heilbringende „Evangelium" betrachten, obwohl der Ausdruck ἕτερον εὐαγγέλιον

---

solches Rufen, Berufen, Nennen ein verbum efficax" (SCHMIDT in: ThWb III, 490), das das Heil schafft. GRÄSSER sieht das theologisch Bedeutsame an dem Ruf als einem Prädikat Gottes in einem Dreifachen: a) im Gedanken „der unbedingten Souveränität des göttlichen Tuns", b) in der Bestimmung des Wesens Gottes „als unbegrenzte Mächtigkeit", c) „Schließlich ist durch ὁ καλέσας als einem Prädikat Gottes menschliches Dasein in einem schlechthin fundamentalen und unumkehrbaren Sinn als Relation gesetzt: als die Relation von Ruf und Antwort" (Das eine Evangelium, 324–328). Die Galater sind dabei, dem Ruf, der sie einst in das Evangelium gerufen hat, jetzt die Antwort zu verweigern. — Zum Thema „Berufung" vgl. auch noch D. WIEDERKEHR, Die Theologie der Berufung in den Paulusbriefen (Stud. Frib. NF 36) (Fribourg 1963).
60 Vgl. auch 1 QH IX, 14: צקוה ב[ח]סדיכה („Hoffnung in deiner Gnade").
61 ἐν χάριτι ist Adverbialbestimmung zu καλέσαντος (vgl. auch MOULE, An Idiom Book, 78).
62 Vermutlich ist ἐν χάριτι ein Hebraismus; vgl. die häufigen Verbindungen von חסד mit der Präposition ב in 1 QHod (II, 23.25; IV, 37; VI, 9; VII, 27; IX, 7.14; XI, 18; XII, 21; allerdings immer mit Suff. der 2. Pers. verbunden); hier kommt überall das Gnadenhafte der Rettung zum Ausdruck.
63 Χριστοῦ ist bezeugt von 𝔓[51] (vid.) ℵ A B K P Ψ und vielen Minusk., Vg., syr[p.h.]pal., cop[bo], goth, arm, EUSEBIUS, BASILIUS, EUTHALIUS; Ἰησοῦ Χρ. von D al.; Χριστοῦ Ἰησοῦ von cop[sa], HIERONYMUS. Statt Χριστοῦ lesen θεοῦ einige Minusk., ORIGENES[lat], THEODORET. Ein Genitiv fehlt in 𝔓[46] (vid.; vgl. dazu auch ZUNTZ, The Text of the Epistles, 47) G H (vid.), it[ar,g], MARCION, TERTULLIAN, CYPRIAN, AMBROSIASTER, VICTORIN, LUCIFER, EPHRAEM, PELAGIUS. OEPKE wertet vor allem das Textzeugnis des Marcion sehr: „Mrc ist . . . ein alter, unverdächtiger Zeuge dafür, daß Paulus keinen Genitiv folgen ließ." Sollte Χριστοῦ im ursprünglichen Text gestanden haben, ist mit ihm gesagt, daß die Gnade Gottes durch und in Christus in der Welt anwesend wurde.

Die Beziehung zu Gal 2,7 ist nicht gesehen!

zweifellos von Paulus ad hoc geprägt ist[64], auch wenn seine Gegner in Galatien ihre Botschaft ebenfalls „Evangelium" genannt haben sollten, was manche Ausleger annehmen[65]. Die Galater sehen sich, verwirrt durch die Gegner, vor die Entscheidung gestellt, dieses oder das „andere" Evangelium als die rettende Botschaft anzunehmen, und sie sind dabei, diesem anderen als dem angeblich einzig richtigen zu folgen. Es schwingt hier also in dem Pronominaladjektiv ἕτερον noch etwas von seiner ursprünglich dualen Bedeutung mit, wenn es sich im übrigen im hellenistischen Griechisch auch kaum mehr von ἄλλος unterscheidet[66]. Mit dem angehängten, sehr wichtigen Relativsatz ὃ οὐκ ἔστιν ἄλλο schneidet aber der Apostel jede Möglichkeit einer Wahl zwischen diesem und einem „anderen" Evangelium kurzweg ab: das „andere" Evangelium ist in Wirklichkeit überhaupt nicht „Evangelium"! Ein „anderes Evangelium" existiert nicht (οὐκ ἔστιν). Auch wenn Paulus nachher in V 11 von dem „Evangelium" redet, „das von mir verkündet worden ist", so ist es für ihn nicht deswegen das einzig wahre und richtige, weil er oder ein anderer Apostel es verkündet haben. Auch „sein" Evangelium ist nur wahr, weil es das „Evangelium Christi" ist, in dem Gott sein eschatologisches, nicht revozierbares Heilshandeln an der Welt effizient kundgetan hat und kundtut[67]. Die heilsgeschichtliche Zäsur, die die Sendung des Sohnes und das Kommen des Glaubens in der Fülle der Zeit bedeuten (vgl. Gal 3, 23; 4, 4), schließt jedes „andere" Evangelium als Weisung zum Heil aus. Der Apostel spricht mit dem Relativsatz dem ἕτερον εὐαγγέλιον die Qualität „Evangelium" grundsätzlich ab. Das Relativum ὃ bezieht sich also „auf den Begriff ἕτερον εὐαγγέλιον, nicht auf εὐαγγέλιον allein, erst recht nicht auf den ganzen ὅτι-Satz" (Schlier)[68]. Der Relativsatz hat dabei zugleich begründende Funktion: weil es kein „anderes" gibt, darum ist auch eine Hinwendung „zu einem anderen Evangelium" nicht mög-

---

[64] Vgl. auch 2 Kor 11, 4 (εὐαγγέλιον ἕτερον); dazu noch 1 Tim 1, 3 (ἑτεροδιδασκαλεῖν); 1 QH IV, 16 (die Lügenpropheten reden mit „fremder [= anderer] Zunge" (לְשׁוֹן אַחֶרֶת). Im Rabbinischen wird אַחֵר (= ein anderer, der andere) auch übertragen verwendet für jemand, der der überlieferten Lehre abtrünnig wird (vgl. Levy Wb I, 56f).

[65] So etwa E. Molland, Das paulinische Euangelion (Oslo 1934) 43.

[66] Vgl. Mayser, Grammatik, II/2, 88; Windisch, Der zweite Korintherbrief (Göttingen 1924) mit reichem Material!; Burton, Gal., 420–422; J. K. Elliott, The Use of ἕτερος in the New Testament, in: ZntW 60 (1969) 140f.

[67] Vgl. auch Blank, Paulus und Jesus, 211. Haenchen meint: „Paulus versichert zwar (Gal 1, 6f.), daß es neben seinem Evangelium kein anderes gebe und geben könne. Aber tatsächlich standen neben seinem Evangelium eben doch andere; seine Form der Christusbotschaft war nur eine unter mehreren" (Neutestamentliche und gnostische Evangelien, in: Christentum und Gnosis. Aufsätze, hrsg. von W. Eltester, BZNW 37, Berlin 1969, 19–45 [19f]). Doch geht es Paulus „allein um das, was sich als viva vox evangelii an Heilshandeln Gottes begibt oder nicht begibt" (Grässer, Das eine Evangelium, 341, Anm. 139). Das eine und einzige Evangelium vom eschatologischen Heilshandeln Gottes ergab sich für Paulus aus dem ὑπὲρ ὑμῶν bzw. ὑπὲρ τῶν ἁμαρτιῶν ἡμῶν, das schon die alte Paradosisformel von 1 Kor 15, 3–5 enthält und das trotz aller verschiedenen „Entwürfe" den ntl. Kanon zusammenhält und kein „anderes Evangelium" neben sich duldet. *Gal 2,7!!*

[68] Wenn Marcion, wie Harnack annimmt (Marcion, 45; 68f), am Ende des Relativsatzes noch κατὰ τὸ εὐαγγέλιόν μου angefügt hat, so will er das pln. Evangelium „als die authentische Gestalt des Evangeliums Christi" hervorheben, wie Harnack mit Recht bemerkt.

lich. Es gibt ja nur das eine εὐαγγέλιον τοῦ Χριστοῦ, das die Galater zunächst als die einzig rettende Botschaft auch gläubig angenommen haben (vgl. V 9). Der Ruf Gottes, zu dem die Galater doch einst ja gesagt haben, enthielt für sie zugleich die Aufforderung, sich für dieses eine Evangelium zu entscheiden, und die Gnade des Rufes bestand in dem Angebot des einen Evangeliums (vgl. auch 1 Kor 4, 15; 15, 1f; Eph 3, 6; 2 Thess 2, 14). ἄλλο ist darum eigentlich in dem Relativsatz überflüssig und scheint nur pleonastisch zu stehen, um den folgenden εἰ μή-Satz besser einleiten zu können[69].

Wenn es außer dem εὐαγγέλιον τ. Χρ. kein anderes „Evangelium" gibt, wie ist dann die Agitation der Gegner bei den Galatern zu bezeichnen? Die erste Antwort des Apostels lautet: nur als „Verwirrung" (V 7); das „nur" steckt in dem εἰ μή = πλὴν ὅτι[70] = „außer daß", hier im Sinn von „sondern"[71]. Meine Gegner verkünden euch nicht ein „anderes Evangelium", das es ohnehin nicht gibt, „sondern" sie sind nur dabei, euch zu verwirren (εἰσιν οἱ ταράσσοντες)[72], und diese präsentische periphrastische Formulierung verrät, daß die Gegner in den galatischen Gemeinden noch am Werke sind. Vermutlich haben Abgesandte aus den galatischen Gemeinden den Apostel benachrichtigt und um Aufklärung und Hilfe in dieser „Verwirrung" gebeten. Wenn der Apostel dabei von seinen Gegnern als von τινες spricht, so klingt das fast verächtlich: es sind nur „ein paar", während hinter dem Apostel „alle Brüder" stehen (1, 2) und im übrigen auch die Autoritäten der Jerusalemer Gemeinde, wie er später noch ausführen wird. Es sind nur „einige"; „gewisse"[73]; Dahergelaufene[74], deren Namen weiter gar nicht bekannt und erwähnenswert sind[75]. Die „verwirren-

---

Paulus hat in Wirklichkeit nicht sein Evangelium als die authentische Gestalt des Evangeliums verstanden, sondern ausschließlich das Evangelium Christi, das seine Evidenz nicht durch die Verkündigung des Paulus erhält, sondern im Heilshandeln Gottes selber besitzt (s. auch unsere Ausführungen oben mit Anm. 67).

[69] Vgl. BLASS-DEBR. § 306, 4. Zum verschiedenen Verständnis von ἕτερον und ἄλλο in der Auslegung vgl. BURTON z. St. und ECKERT, Die urchristliche Verkündigung, 170, Anm. 3.
[70] Vgl. BLASS-DEBR. § 376.
[71] Vgl. RADERMACHER, Grammatik, 13; BLASS-DEBR. § 448, 8; H. KOCH, Zur Jakobusfrage Gal 1, 19, in: ZntW 33 (1934) 204–209 (bes. S. 207). Zum Indikativ im εἰ μή-Satz vgl. RADERMACHER, Grammatik, 212.
[72] Das Partizip mit Artikel steht anstelle eines Relativsatzes (BLASS-DEBR. § 412, 4).
[73] Vgl. auch BAUER Wb s. v. τὶς 1a β; PAPE Wb II, 1120 („Doch dient es auch zum Ausdruck der Geringschätzung..."). Auch Lukas redet in Apg 15, 1.5 von den judaistischen Gegnern der heidenchristlichen Gesetzesfreiheit als von τινες; auch für ihn sind diese nicht identisch mit den Jerusalemer Autoritäten.
[74] Vgl. 2 Kor 11, 4 (ὁ ἐρχόμενος).
[75] BLIGH (z. St.) sieht hinter den τινες „uncontrolled disciples" der „pillar-apostles" von Jerusalem und eine Verbindung von 1, 6–8 mit 2, 11–19 scheint darum nach Bl. zu zeigen, „that in St. Paul's view the pillars were responsible for the disturbances in Galatia, through not instructing and controlling their disciples as they should have done". Es mag richtig sein, daß die Gegner „unkontrollierte" Leute aus Jerusalem waren, aber ob Paulus deshalb die pillar-apostles für das Treiben der Gegner in Galatien verantwortlich sieht, ergibt sich nicht aus dem Text. Die Zusammenschau von Gal 1, 6–8 mit 2, 11–19 im Sinn von BLIGH geht auf des letzteren Konto, nicht auf das des Apostels.

de"[76] Tätigkeit[77] der Gegner bringt es aber mit sich, daß in den galatischen Gemeinden Frieden und Einheit gestört und gefährdet sind.

Die zweite Antwort des Apostels lautet: Die Tätigkeit meiner Gegner bei euch entspringt ihrer Absicht (θέλοντες), das εὐαγγέλιον τοῦ Χριστοῦ „zu verändern" (μεταστρέψαι). Da es aber für den Apostel kein anderes Evangelium gibt, geht es nicht bloß um ein „verändern", sondern um ein „verdrehen" des Evangeliums: es wird durch die Forderungen der Gegner geradezu in sein Gegenteil verkehrt, pervertiert, d. h. seines Sinnes beraubt[78]. Das Evangelium aber, das von den Judaisten so behandelt wird, ist eben jenes einzige Evangelium, das es überhaupt gibt: das εὐαγγέλιον τοῦ Χριστοῦ. Die Formulierung ist wahrscheinlich pln. (vgl. Röm 1, 9; 15, 9; 1 Kor 9, 12; 2 Kor 2, 12; 9, 13; 10, 14; Phil 1, 27; 1 Thess 3, 2), und den Genitiv Χριστοῦ faßt man als gen. obj. („Evangelium vom Christus") und zugleich als gen. auct.: das Evangelium, das Christus zum Urheber hat, aus dem er selber spricht[79]. „Das Evangelium Christi" ist konkret die pln. Predigt (vgl. Gal 1, 11; 2, 2) von der iustificatio impii durch den Glauben an den Christus passus, das die Galater zunächst gläubig angenommen haben (1, 9)[80]. Wenn das Pseudoevangelium der Gegner die Heilsnotwendigkeit der Beschneidung und der übrigen „Werke des Gesetzes" fordert, wird dadurch das Evangelium Christi seines Sinnes beraubt und in sein Gegenteil verkehrt. Daß die Gegner des Apostels diese „Verkehrung" direkt „wollen" (θέλοντες), ist gewiß eine Unterstellung durch Paulus,

---

[76] Vgl. zu ταράσσειν auch Mt 2, 3; Joh 14, 1; Apg 15, 24 (... τινὲς ἐξ ἡμῶν ἐτάραξαν ὑμᾶς λόγοις ἀνασκευάζοντες τὰς ψυχὰς ὑμῶν); SCHLIER verweist auf Sir 28, 9: καὶ ἀνὴρ ἁμαρτωλὸς ταράξει φίλους καὶ ἀνὰ μέσον εἰρηνευόντων ἐμβαλεῖ διαβολήν. Vgl. ferner Pap. Gießen 40, II. 20: ταράσσουσι τὴν πόλιν. DITTENB. Syll. 373: οὓς ἐπὶ τῇ ψευδῶς ἐπι[σ]τολῇ πρὸς ὑμᾶς κομισθείσῃ τῷ τῶν ὑπάτων ὀνόματι ταραχθέντες πρός με ἐπέμψατε. TestDan IV, 7: καὶ συναίρονται ἀλλήλοις ἵνα ταράξωσιν τὴν καρδίαν. Weiteres Material bei MOULTON-MILLIGAN s. v. ταράσσω.

[77] In dem Satz εἰ μὴ τινές εἰσιν οἱ ταράσσοντες ὑμᾶς ist nicht τινές Subjekt und οἱ ταράσσοντες Prädikat, sondern letzteres ist attributives Partizip; vgl. auch 2, 20; 3, 21; BURTON z. St.

[78] Vgl. zum Sprachgebrauch Ps 77, 44 LXX (καὶ μετέστρεψεν εἰς αἷμα τοὺς ποταμοὺς αὐτῶν); Sir 11, 31 (τὰ γὰρ ἀγαθὰ εἰς κακὰ μεταστρέφων); TestAser I, 8 (der vom Satan beherrschte Mensch: κἂν ἀγαθὸν πράξει, ἐν πονηρίᾳ αὐτὸ μεταστρέφει). — MARCION las nach der Rekonstruktion von HARNACK (Marcion, 69*) so: εἰ μή τινες εἰσιν οἱ ταράσσοντες ὑμᾶς καὶ θέλοντες μεταστρέψαι εἰς ἕτερον εὐαγγέλιον τοῦ Χριστοῦ. Danach wollen die Gegner die Galater dazu bringen, „sich abzuwenden zu einem anderen Evangelium Christi"; dadurch soll die Aktivität der Gegner noch gesteigert werden.

[79] Vgl. auch SCHLIER z. St.; BLANK, Paulus und Jesus, 211, Anm. 39.

[80] KRAMER (Christos–Kyrios–Gottessohn, 46ff) hält es für „das Wahrscheinlichste, daß Paulus τὸ εὐαγγέλιον τοῦ Χριστοῦ als einen terminus technicus unter andern übernommen hat" (47); er bringt ihn in Zusammenhang mit der „Pistisformel", die in der griechisch sprechenden judenchristlichen Gemeinde geformt und ausgestaltet worden sei und deren Hauptinhalt sich auf das Sterben Jesu „für uns" und seine Auferweckung von den Toten bezogen habe (vgl. ebd. 15–40). Mag dem auch so sein, so kann nicht übersehen werden, daß Paulus im Galaterbrief die Pistisformel nicht zitiert, obwohl er vom „Evangelium Christi" spricht. Diachronisch betrachtet impliziert im Gal „das Evangelium Christi" die Inhalte der übernommenen Pistisformel, jedoch, kontextuell gesehen, enthält es im Gal vor allem die tatsächlich von Paulus aus der Pistisformel gezogenen Implikationen über die Rechtfertigung des Menschen „ohne des Gesetzes Werke".

aber faktisch führt ihre Agitation dazu; „die Wahrheit des Evangeliums" (2, 5.14) ist ihnen verborgen geblieben.

1, 8 Damit den Galatern es recht zum Bewußtsein komme, daß es kein „anderes" Evangelium gibt außer dem ihnen von Paulus verkündeten, nennt der Apostel nun kraß wirkende Eventualitäten (vgl. das ἐάν eventuale mit Conj. Aor. zu Beginn des V 8)[81]; dabei setzt er mit einem elliptischen ἀλλά ein, in dem Sinn: „Im Gegenteil will ich euch folgendes sagen: ..."[82]

Erster Eventualis: „Auch (intensives καί)[83] wenn wir", d. h. der Apostel selbst[84], euch ein anderes Evangelium verkünden würden[85]: „Fluch über ihn"! Der Apostel meint ja, wie der Kontext eindeutig erkennen läßt, mit jenem Evangelium, παρ' ὃ εὐηγγελισάμεθα (Aorist: damals in der Mission in Galatien) ὑμῖν, nichts anderes als ein ἕτερον εὐαγγέλιον, wie es z. B. seine Gegner vertreten. Die Präposition παρά hat in den Papyri häufig die Bedeutung „gegen, in Widerspruch zu", entwickelt aus der lokalen Grundbedeutung „daneben"[86]. Da der Apostel nach 1, 6f weder ein „Ersatzevangelium" noch ein „Ergänzungsevangelium" als legitimes Evangelium anerkennt, „weil es (grundsätzlich) kein anderes (Evangelium) gibt", darf auch für das παρά in 1, 8.9 die in den Papyri vielfach bezeugte Bedeutung „in Widerspruch zu" angenommen werden[87]. Das „Evangelium" der Gegner steht zu dem von Paulus verkündeten in Gegensatz — sonst könnte der Apostel nicht in 1, 7 von einer „Verdrehung" des Evangeliums durch die Gegner sprechen; auf jeden Fall ist in seinen Augen das „Evangelium" der Gegner „a radical misrepresentation of the gospel" (Bligh, 87). Umgekehrt haben sicher auch die Gegner ihre Verkündigung nicht als „verbesserte Auflage" des pln. Evangeliums verstanden, sondern als Gegenevangelium.

---

[81] Vgl. LIETZMANN z. St.; MAYSER, Grammatik, II/1, 279: „ἐάν mit Konj. Aor. bezeichnet einen in die Zukunft fallenden einmaligen und damit abgeschlossenen Vorgang ..."

[82] BLASS-DEBR. § 480, 5. Besser schließt V 8 eigentlich an V 6 an, so daß V 7 wie eine Parenthese wirkt. BURTON meint: „The antithesis expressed by ἀλλά is probably between the disposition, which he suspects some of his readers may feel, to regard the gospel of Paul and that of the judaisers as, after all, not so very different, and his own strong sense of the serious difference between them." Mag sein.

[83] „... καί is intensive, marking the extreme nature of the supposition. It is, of course, only rhetorically a possibility" (BURTON z. St.).

[84] ἡμεῖς ist nach der Meinung vieler Ausleger „schriftstellerischer Plural"; es war ja Paulus, der den Galatern das Evangelium verkündet hat; vgl. außerdem in V 9 den unvermittelten Übergang von der 1. Pers. plur. zur 1. Pers. sing. (λέγω), dazu noch ὑπ' ἐμοῦ in V 11. Oder schließt sich Paulus in dem ἡμεῖς mit „allen Brüdern" von 1, 2 zusammen? Oder gar mit den „maßgebenden" Männern der Urgemeinde in Jerusalem (2, 2)? CHRYSOSTOMUS (PG 61, 624 B) dachte ernstlich an Jakobus und Johannes als die Autoritäten, auf die sich die Gegner in Galatien beriefen, BLIGH darüber hinaus auch noch an Petrus.

[85] Die Textbezeugung differiert hinsichtlich ὑμῖν εὐαγγελίζηται stark (s. dazu den umfangreichen Apparat bei ALAND – BLACK – METZGER – WIKGREN, The Greek N. T. z. St.). MARCION und CYPRIAN lesen statt ὑμῖν sachlich richtig ἄλλως.

[86] Viele Belege bei MAYSER, Grammatik, II/2, 491f. Vgl. Röm 1, 25 (ἐλάτρευσαν τῇ κτίσει παρὰ τὸν κτίσαντα); Apg 18, 13 (παρὰ τὸν νόμον).

[87] Vgl. dazu auch die ausführliche Diskussion bei SIEFFERT und BURTON z. St.

So undenkbar es ist, daß der Apostel morgen ein Evangelium verkündete, dessen Inhalt in Widerspruch stünde zu dem, das er gestern und heute verkündet hat, ist doch seine Formulierung in Gal 1, 8 äußerst wirkungsvoll. Aber hinter der psychologischen Schockwirkung auf die Leser steht die viel wichtigere theologische Tatsache, daß auch der Apostel selbst an das von ihm verkündete Evangelium gebunden ist; das Evangelium ist in den Augen des Apostels eine Sache, die nicht nach Belieben und Geschmack verändert und heute so und morgen so ausgelegt werden kann oder die gar durch ein „anderes" Evangelium ersetzbar wäre. Diese Überzeugung geht so weit, daß der Apostel sagen kann (zweiter Eventualis): selbst wenn ein Bote vom Himmel euch ein anderes Evangelium verkünden würde: „Fluch über ihn"! Das klingt zwar aufs erste absurd, nicht jedoch im Mund eines Mannes, für den die Realität der Geisterwelt eine Selbstverständlichkeit ist. Gott selbst könne ja durch seine Engel eingreifen lassen, wie er es einst bei der Sinaigesetzgebung getan hat (vgl. Gal 3, 19 διαταγεὶς δι' ἀγγέλων)[88] und die Menschen über das falsche Evangelium des Paulus aufklären[89]. Der Apostel ist von der Wahrheit seines Evangeliums aber so überzeugt, daß er den Bannfluch auch über einen solchen Boten vom Himmel aussprechen müßte: ἀνάθεμα ἔστω.

ἀνάθεμα bedeutet zunächst als das ἀνατιθειμένον das im Tempel als Weihegabe Aufgestellte; dann das dem vernichtenden Gerichtszorn Gottes Ausgelieferte, das wie eine Weihegabe ausgesondert und der Vernichtung durch Gott preisgegeben wird[90]. Man erinnert sich bei dem Fluch über die Verfälscher des Evangeliums auch an die Bannflüche der Leviten über die Gesetzesbrecher (Deut 27, 15–26; dazu auch 29, 19f: „Der Zorn und der Eifer Jahwes wird wider jenen Mann entbrennen, und der ganze Fluch, der in diesem Buche aufgeschrieben ist, wird sich auf ihn niederlassen, und Jahwe wird seinen Namen unter dem Himmel austilgen. Jahwe wird ihn aus allen Stämmen Israels aussondern für das Unheil entsprechend all den Flüchen dieses Bundes, die in diesem Gesetzbuch aufgeschrieben sind")[91]. Auch das antike Heidentum kennt die Fluchformel ΑΝΑΘΕΜΑ, wie eine aus Megara stammende Bleitafel zeigt[92]. Der Fluch ἀνάθεμα ἔστω ist eine Bitte an Gott, die Verfälscher des

---

[88] THOMAS VON AQUIN (Gal. 385s.) erklärte Gal 1, 8 im Licht von 3, 19: Das Evangelium kam (im Unterschied vom Gesetz) nicht durch einen Engel (oder irgendeinen Menschen) und kann deshalb auch nicht geändert werden. ... ideo dicit Apostolus, quod dignitas doctrinae evangelicae quae est immediate a Deo tradita, est tantae dignitatis, quod sive homo sive Angelus evangelizet aliud praeter id quod in ea evangelizatum est, est anathema; idest abjiciendus et repellendus est.
[89] Vgl. auch Apk 14, 6 („Ich sah einen andern Engel hoch oben am Himmel fliegen, der hatte ein ewiges Evangelium den Bewohnern der Erde zu verkünden"). Verfehlt ist die Meinung OEPKES: „Paulus grenzt sich hier in bedeutsamer Weise gegen eine Frömmigkeit ab, die den Wert der Offenbarung nach dem Maße der sie begleitenden supranaturalen Detonation bemißt." Die Idee einer „Aufklärung" durch einen Boten Gottes bringt Paulus, nicht seine Gegner.
[90] Vgl. etwa Dt 13, 13–18; Lev 27, 21.29. GESENIUS-BUHL s.v. תרם ; J. SCHARBERT, Art. אָלָה, in: ThWbAT, I, 279–285; Art. ארר: ebd. 437–451; BEHM in: ThWb I, 356f; W. SCHOTTROFF, Der altisraelitische Fluchspruch (Neukirchen 1969), bes. 27–35; C. A. KELLER in: ThHWb zum AT, I, 236–240.   [91] Vgl. dazu auch 1 QS II, 5–17.
[92] Vgl. DEISSMANN, Licht vom Osten, 74; MOULTON-MILLIGAN s.v.

Evangeliums, wer diese auch seien, aus seiner Gemeinschaft auszuschließen und zu richten[93]. Das Evangelium ist eben für den Apostel eine unantastbare, geheiligte Sache. Wer sich an ihm vergreift, verfällt dem Fluch Gottes. Den Fluch spricht zwar der Apostel aus, aber Gott macht ihn wirksam[94].

1, 9 „Wie wir schon vorher (früher) gesagt haben (προειρήκαμεν), so sage ich euch jetzt wieder . . .": Man könnte mit Joh. Chrysostomus u. a. bei προειρήκαμεν an das unmittelbar vorher in V 8 Gesagte denken („was wir eben gesagt haben"); aber dann würde der Text doch vermutlich ohne ἄρτι weiterfahren („das sage ich noch einmal"); das „jetzt" verweist auf ein weiter zurückliegendes „früher", wahrscheinlich auf die Zeit des zweiten Besuches des Apostels bei den Galatern (vgl. Apg 18, 23; Gal 4, 13). Der Apostel hat also damals schon, vielleicht in besorgter Voraussicht kommender „Verwirrung" der Gemeinden und aufgrund bestimmter bitterer Erfahrungen, seinen Fluch gegen die Verfälscher des Evangeliums angedroht[95]. Auffällig ist im Vergleich mit V 8 der Übergang in den Realis (εἰ mit Ind. Präs.), anscheinend verursacht im Gedanken an die jetzt tatsächlich erfolgte Verdrehung des Evangeliums durch die Gegner, wobei τις („einer") deutlich zurückverweist auf die τινες von V 7. Paulus schleudert also seinen apostolischen Fluch in der Tat gegen seine Gegner, die in die galatischen Gemeinden eingebrochen sind. Daß er dies in der scharfen Form einer festen Fluchformel zu tun wagt, zeugt vom ausgeprägten Bewußtsein seiner ihm als Apostel zur Verfügung stehenden Vollmacht und von seiner Überzeugung, daß es beim Evangelium um die Sache Gottes selber geht.

Beachtlich ist auch noch die Formulierung (παρ' ὅ) παρελάβετε; denn in V 8 lautet sie anders: (παρ' ὅ) εὐηγγελισάμεθα. Einmal steht hinter der Formulierung des V 9 die Überzeugung, daß das Evangelium eine tradierbare Größe ist, die „übernommen" wird[96] — παραλαμβάνειν ist zunächst „die den Überlieferungsvorgang technisch bezeichnende Vokabel"[97] —, und zweitens kann und soll eine derartige Formulierung die Galater erinnern, daß sie das Evangelium des Paulus doch tatsächlich einst als die einzig rettende Botschaft

---

[93] Vgl. auch 1 QS II, 15f: „Alle Flüche dieses Bundes mögen ihm anhaften, und Gott sondert ihn aus zum Unheil, daß er aus der Mitte aller Kinder des Lichtes ausgetilgt werde" (Übersetzung nach BARDTKE); Henslav 52, 10: „Verflucht sei, wer die Befehle und Bestimmungen seiner Väter verzerrt!"; Röm 9, 3 (ηὐχόμην γὰρ, ἀνάθεμα εἶναι αὐτὸς ἐγὼ ἀπὸ τοῦ Χριστοῦ...). Die atl. ārūr-Formel dient „als sog. ‚Eventualfluch' dazu, durch ein wirkungskräftiges Wort eine Fluchzone zu schaffen, d. h. eine potentielle Unglückssphäre, in welche derjenige eintritt, der die in der Formel genannte Tat begeht . . ." (KELLER, a.a.O. 238f). In Gal 1, 8 liegt ein derartiger „Eventualfluch" vor (ἐάν!).
[94] Vgl. auch 1 QS II, 15f: Die Flüche sprechen die Mitglieder des Bundes aus, Gott aber macht den Fluch wirksam. Das später ausgebildete kirchenrechtliche anathema sit reicht an die Dimensionen des ἀνάθεμα ἔστω von Gal 1, 8f nicht heran.
[95] So auch LIGHTFOOT, SIEFFERT, ZAHN, BURTON, OEPKE u. a. Eingeschlossen 1 Kor 16, 22 hat dann Paulus das Anathem dreimal angedroht (vgl. BLIGH, Gal., 90, der dazu noch bemerkt: „Thus the anathema is given all possible solemnity, and Peter, who will doubtless hear of all this, is given a threefold warning." Ob allerdings Petrus gewarnt sein sollte, weiß man nicht).
[96] Vgl. SCHLIER z. St.
[97] KRAMER, Christos–Kyrios–Gottessohn, 49.

übernommen haben — insofern geht παραλαμβάνειν über den bloß technischen Gebrauch hinaus; es impliziert auch das gläubige Stehen in dem die Existenz bestimmenden und das eschatologische Heil gewährenden „Evangelium Christi"[98]. Darum ließe jetzt ein Abfall zu einem „anderen" Evangelium nicht bloß ihre Wankelmütigkeit und geringe Überzeugungstreue, sondern auch die leichtfertige Drangabe des Heils erkennen. Sie würden mit einem Abfall ihrer eigenen früheren Entscheidung zuwiderhandeln, in der es um Sein und Nichtsein ging[99]. „The purpose of the anathema is to bring home to the Galatians the gravity of the threat of their faith" (Bligh).

2. DAS PAULINISCHE EVANGELIUM ALS OFFENBARUNG JESU CHRISTI (1, 10–12)

In kategorischer und apodiktischer Weise hat der Apostel im vorausgehenden Text jede Möglichkeit eines „anderen" Evangeliums abgewiesen und den Fluch gegen jeden Verfälscher des Evangeliums geschleudert. Aber dieses Evangelium, das eine unabänderliche und unbedingte Größe ist, ist bei den Galatern von ihm verkündet worden. Dieser Umstand ist es aber gerade, der in der Argumentation seiner Gegner, wie sich aus der folgenden vom Apostel vorgelegten Apologie ergibt, eine besondere Rolle spielte: Paulus sei kein Urapostel, er gehöre nicht von Anfang an zur christlichen Gemeinde, er sei im Gegenteil längere Zeit ein heftiger Feind und Verfolger derselben gewesen. Das alles sei Beweis genug, daß auch sein „Evangelium" nicht das wahre sein könne; was er als „Evangelium" anpreise, sei seine persönliche Meinung, die er sich zurechtgelegt habe, die jedoch auf keinen Fall Anspruch auf exklusive und allgemein in der Kirche anerkannte Geltung erheben könne. Er verkündet nicht das wahre, apostolische, heilbringende Evangelium!

So oder ähnlich werden die Argumente der Gegner gelautet haben. Dagegen muß sich Paulus verteidigen. Er schreckt vor einer Apologie seines Lebens und Wirkens nicht zurück; aber er trägt sie auf seine eigene, unnachahmbare Weise vor.

1, 10 Denn jetzt: überrede ich Menschen oder Gott? Oder suche ich Menschen zu gefallen? Wenn ich noch Menschen gefiele, wäre ich nicht Christi Sklave. 11 Denn ich erkläre euch, Brüder: das Evangelium, das von mir verkündigt worden ist, ist nicht nach Menschenart; 12 denn auch ich habe es nicht von einem Menschen empfangen noch bin ich unterrichtet worden, vielmehr (empfing ich es) durch eine Offenbarung Jesu Christi.

---

[98] Vgl. auch DELLING in: ThWb IV, 14f.
[99] C. ROETZEL möchte hinter dem formalen Aufbau von Gal 1, 6–9 das Schema der Gerichtsankündigung der vorexilischen Prophetie sehen (JBL 88, 1969, 305–312 [309]), folgendermaßen gegliedert: Introduction, Offense, Punishment, Offense, Punishment, Hortary conclusion. Dafür wird er wenig Anhänger finden.

1, 10 Der Ton ist noch erregt und leidenschaftlich; die kurzen hingeworfenen Sätze wirken abgehackt. Ein Übergang vom Vorausgehenden ist aber vorhanden, und zwar deutlich in dem ἄρτι, während die Partikel γάρ hier nicht begründen[100], sondern die vorausgehende harte Sprache des Apostels rechtfertigen will[101]. ἄρτι kann dabei auf πείθω bezogen werden („überrede ich jetzt Menschen?"), oder es ist — was wegen seiner betonten Stellung an der Spitze des Fragesatzes näherliegt — elliptisch zu fassen: „Jetzt" (angesichts des eben nochmals angedrohten Fluchs) — **frage ich euch**: „Überrede ich (damit) Menschen oder Gott?" Mein Fluch, den ich eben meinen Widersachern angedroht habe, beweist doch zur Genüge, daß es mir nicht um billigen Menschenfang oder um Menschengunst geht; sonst müßte ich anders mit meinen Gegnern reden und das Evangelium in anderer Weise verkündigen. Der Begriff πείθειν muß von ἀρέσκειν unterschieden werden[102] (vgl. ἤ vor ζητῶ!). Bei πείθειν geht es um menschliche Überredungskunst[103], und zwar im Hinblick auf die Mission: um billige Proselytenmacherei; bei ἀρέσκειν dagegen um kompromißbereites Entgegenkommen, und zwar im Hinblick auf die Schwäche des Fleisches. Beide Termini sind vielleicht konkreten Vorwürfen seiner Gegner entnommen, die da sagen: Es geht Paulus bei seiner ganzen Verkündigung eines gesetzesfreien Evangeliums nur um billigen Erfolg, und deshalb auch seine falsche Rücksichtnahme auf die Menschen; „er zeige den Heiden nur die verlockende Seite des Evangeliums, unterschlage aber den göttlichen Ernst des Gesetzes" (Oepke); seine Predigt rede den Leuten nur nach dem Munde — vgl. κατὰ ἄνθρωπον in V 11 — und sei auf die Wünsche seiner Hörer abgestimmt![104]

Was will dann aber das dem πείθω noch hinzugefügte ἢ τὸν θεόν besagen? Für eine befriedigende Antwort bleibt nur die Annahme, daß in der Frage des Apostels, grammatisch gesehen, ein Zeugma vorliegt[105]: „Die Worte ἢ τὸν θεόν sind eine Zwischenbemerkung, über die hinweg sich der Satz in der zweiten Frage fortsetzt" (Oepke; d. h., die gedachte Antwort auf die Frage ἢ τὸν θεόν steht schon unter dem Einfluß des zweiten Verbums ἀρέσκειν: Selbstverständlich predige ich, um Gott zu gefallen. Das will der Apostel sagen[106].

---

100 Vgl. auch D. LABÉY, Manuel des Particules Grecques (Paris 1950) 27; ZAHN z. St.
101 Vgl. BURTON z. St.
102 Vgl. auch BULTMANN in: ThWb VI, 2 s. v. πείθω.
103 Vgl. auch 2 Kor 5, 11 (dazu LIETZMANN, An die Korinther I/II, z. St.); Apg 13, 43.
104 Vgl. auch SCHLIER, BONNARD z. St.
105 Vgl. BLASS-DEBR. § 479, 2 („das eine Verbum, das auf zwei Objekte ... bezogen ist, paßt nur zu einem", im obigen Falle nur zu ἀνθρώπους, nicht zu θεόν); SCHWYZER, Griechische Grammatik II, 710 (beim sog. Zeugma ist „neben einem Begriff ein sachlich zugehöriger zu denken").
106 BULTMANN erwägt freilich (ThWb VI, 2f), ob mit ἀνθρώπους πείθειν nicht doch „die legitime apostolische Predigt gemeint" sei. „Dann würde die erste Frage die Antwort ‚Menschen!' erfordern, und sie würde sich gegen den Vorwurf wenden, daß Paulus es unternimmt, Gott überreden zu wollen (durch seine Predigt von der Gesetzesfreiheit). Die zweite Frage ginge dann nicht der ersten parallel, sondern würde auf den anderen Vorwurf antworten, daß Paulus Menschen zu Gefallen rede; das ἀνθρώποις ἀρέσκειν wäre dann sachlich mit dem τὸν θεὸν (πείθειν) identisch." A. FEUILLET schließt sich im wesentlichen der Auffassung Bultmanns an: „Chercher à persuader Dieu" (Gal 1, 10a), in: NT 12, 1970, 350–360; nach F. antwortet Paulus mit Gal 1, 10a auf zwei verschiedene Vorwürfe der Gegner; einmal: er

Wenn die formale Struktur der beiden Fragen gleich wäre, müßte hinter ἀρέσκειν stehen: ἢ Χριστῷ. Aber der Apostel hält sich nicht an das Erwartete, sondern formuliert anders; es kommt ihm vermutlich der Gedanke, daß es in der Tat einmal eine Zeit gegeben hat, wo er Menschen zu gefallen suchte — vor seiner Bekehrung; damals suchte er der geistlichen Behörde des Judentums in Jerusalem „zu gefallen". Wenn er das jetzt „noch" (ἔτι) täte, wie ihm seine Gegner vorwerfen, wäre er nicht Christi Diener[107]. Das ἔτι hat also sicher biographischen, nicht theologischen Sinn, wie Oepke meint („Es entspricht überhaupt der Art eines von Christus noch nicht ergriffenen und befreiten Menschen, um Menschengunst zu buhlen"); der Apostel argumentiert ja auch nachher ab 1, 13 von seiner Biographie her[108].

1, 11f „Christi Sklave" sein, heißt Christus gehorsam sein und seinen Auftrag ausführen. Für den Apostel äußert sich solcher Gehorsam gegen Christus vor allem in der Verkündigung des Evangeliums. Wären die Vorwürfe seiner Gegner berechtigt, wäre Paulus in der Tat nicht Christi Sklave. Da die Unterstellungen der Gegner so sind, daß sie ihren Eindruck bei den Galatern schwerlich verfehlen konnten, sieht der Apostel sich gezwungen, auf sie näher einzugehen. Er kann sie nicht anders entkräften als dadurch, daß er sehr eingehend auf die Geschichte seines Evangeliums zu sprechen kommt. Er fährt deshalb in V 11 so fort, daß er in feierlich klingender Feststellung — so wirkt hier γνωρίζω in Verbindung mit der Anrede ἀδελφοί, ähnlich wie in 1 Kor 12, 3; 15, 1[109] —

---

würde Gott zu „überreden" versuchen, er möge doch seinem Evangelium von der Gesetzesfreiheit des Christen (trotz der Sinaigesetzgebung) zustimmen; zum andern: er würde den Menschen das religiöse Leben mit seiner Lehre von der Gesetzesfreiheit erleichtern wollen. Die Annahme, Paulus habe Gott zur Annahme des gesetzfreien Evangeliums „überreden" wollen, ist aber in sich so absurd, daß ihm dies auch seine Gegner kaum unterstellen konnten; außerdem würde man in diesem Fall hinter ἄρτι zu Beginn des V 10 noch ein ἔτι erwarten: hält man mir nach meinem vorausgehenden Anathema immer „noch" vor, ich würde Gott zur Annahme „meines" Evangeliums überreden wollen? Der Apostel will weder das eine noch das andere; er will weder Gott überreden noch die Menschen. Ihm geht es allein darum, Gott zu gefallen und zwar gerade durch die Verkündigung „seines" Evangeliums, das eben nicht sein Privatevangelium ist, sondern „das Evangelium Christi". FEUILLET legt in diesem Zusammenhang auch „une hypothèse plausible" vor (ebd. 357), nach welcher Paulus eine Kenntnis von dem in Mt 16, 16—23 Berichteten gehabt habe, also nicht bloß von der „Investitur" des Petrus (was auch schon andere angenommen haben; vgl. dazu S. 90, Anm. 60), sondern auch von dessen Versuch, Jesus von seinem Leidensweg abzubringen; so ähnlich versuche nach dem Vorwurf der Gegner auch Paulus Gott zu „überreden". Diese Hypothese scheint uns unhaltbar zu sein, zumal Paulus in Wirklichkeit Gott nicht „überredet" hat, dies ihm, auch nach FEUILLET, vielmehr seine Gegner unterstellt haben.

[107] Vgl. zu „Diener Christi" auch Röm 1, 1; Phil 1, 1; Apg 26, 16 (der himmlische Christus zu Paulus: εἰς τοῦτο γὰρ ὤφθην σοι, προχειρίσασθαι σε ὑπερέτην); ferner G. SASS, Zur Bedeutung von δοῦλος bei Paulus, in: ZntW 40 (1941) 24—32.

[108] Das von vielen, meist späteren Textzeugen zwischen εἰ und ἔτι eingeschobene γάρ (ℵ pm. syr) stellt einen unnötigen Begründungszusammenhang her und zerstört die lebhafte und leidenschaftliche Art der rasch hingeworfenen Sätze, wie sie gerade im Asyndeton zum Ausdruck kommt.

[109] Vgl. auch E. BAMMEL in: ThZ (Bas.) 11 (1955) 408, Anm. 36 („eine aus apostolischer Vollmacht fließende Festlegung"). J. L. WHITE erkennt in γνωρίζω γὰρ ὑμῖν, ἀδελφοί, ... ὅτι ... eine „Eröffnungsformel", unter Verweis auf ähnliche Eröffnungsformeln in Röm 1, 13 (οὐ

die wahre Herkunft seines Evangeliums nennt, bewußt „seines" Evangeliums (vgl. τὸ εὐαγγέλιον τὸ εὐαγγελισθὲν ὑπ' ἐμοῦ), um das es ja bei der ganzen Auseinandersetzung geht[110]. Zweierlei wird dabei vom Apostel zunächst festgestellt: 1. Sein Evangelium ist nicht κατὰ ἄνθρωπον, 2. auch hat er es nicht παρὰ ἀνθρώπου empfangen. Wenn auch vielleicht nicht wörtlich, so war doch der Sache nach beides von den Gegnern gegen ihn ins Feld geführt worden: sein Evangelium sei „nach Menschenart"[111] und er habe es „von einem Menschen" (nicht direkt von Christus wie die Urapostel) empfangen. Beides weist Paulus kategorisch zurück. Daß dabei die Abweisung des κατὰ ἄνθρωπον in einem inneren Zusammenhang mit dem παρὰ ἀνθρώπου steht, lassen sowohl γάρ als auch οὐδέ zu Beginn des V 12 erkennen; γάρ will hier begründen und οὐδέ „bezieht sich fast nie auf ein einzelnes Wort, sondern auf den ganzen Satz, der dadurch mit dem vorhergehenden verbunden und ihm als gleichwertig beigesellt wird"[112]. Das Evangelium des Apostels kann gar nicht κατὰ ἄνθρωπον sein, weil (γάρ) auch er es nicht von einem Menschen empfangen hat, noch überhaupt von einem Menschen belehrt worden ist (wie er noch gewichtig hinzufügt: οὔτε ἐδιδάχθην), „vielmehr durch eine Offenbarung Jesu Christi", d. h. durch unmittelbare göttliche Offenbarung[113]. Hätte Paulus sein Evangelium von einem Menschen empfangen, so wäre der Verdacht berechtigt, es sei deshalb auch nach Menschenart; der Ton liegt bei κατὰ ἄνθρωπον und παρὰ ἀνθρώπου nicht auf den Präpositionen, sondern auf ἄνθρωπον bzw. ἀνθρώπου. Die Unterscheidung von „empfangen" und „belehrt werden" scheint dem Apostel wichtig zu sein, weil er sie eigens vornimmt. Vom „empfangen" des Evangeliums war in 1, 9 mit Blick auf die Galater schon die Rede; man könnte auch an Derartiges wie die Übernahme des „Urevangeliums" von 1 Kor 15, 3ff

---

θέλω δὲ ὑμᾶς ἀγνοεῖν, ἀδελφοί, ὅτι . . .), 1 Thess 2, 1 (Αὐτοὶ γὰρ οἴδατε, ἀδελφοί, . . . ὅτι . . .), Phil 1, 12 (Γινώσκειν δὲ ὑμᾶς βούλομαι, ἀδελφοί, ὅτι . . .), 2 Kor 1, 8 (οὐ γὰρ θέλομεν ὑμᾶς ἀγνοεῖν, ἀδελφοί, . . ., ὅτι . . .), P. Giss. 11, 4 (γινώσκειν σε θέλω, ὅτι . . .): Introductory Formulae in the body of the Pauline Letter, in: JBL 90 (1971) 91–97 (94). STUHLMACHER (Das pln. Evangelium I, 69) möchte γνωρίζω in Gal 1, 11 als „Ausdruck für die Kundgabe eines eschatologischen Tatbestandes" verstehen, was eine Überinterpretation zu sein scheint.
110 Deshalb dürfte γνωρίζω δέ (so 𝔓⁴⁶ ℵ* u. a., syr, boh, ORIGENES, CYRILL, PELAGIUS [?]; ALAND – BLACK – METZGER – WIKREN) und nicht γνωρίζω γάρ (so ℵᵃ B D* F G 33 1952, Vg., sah, Patr^lat) der ursprüngliche Text sein. Der Apostel setzt sein Evangelium, das nicht nach Menschengeschmack ist, gegen den Vorwurf, er wolle mit ihm Menschen gefallen; deshalb δέ. Vgl. auch ZUNTZ, The Text of the Epistles, 204.
111 κατὰ ἄνθρωπον: Nach MAYSER (Grammatik, II/2, 435) hat κατά mit Akk. „bei persönlichen Begriffen . . . maßgebende Bedeutung". Ein Evangelium κατὰ ἄνθρωπον wäre also ein Evangelium, für das der Mensch (modern gesprochen: „die Gesellschaft") das Maß, die Norm abgibt; es wäre also ein Evangelium nach Menschenart, Menschengeschmack. Vielleicht impliziert der Vorwurf der Gegner, das Evangelium, das Paulus verkündet, sei κατὰ ἄνθρωπον, sogar, es „sei eine menschliche Erfindung des Paulus, der darin eine rein menschliche Lehre vortrage" (BLANK, Paulus und Jesus, 211). Vgl. auch nochmals 1, 10, wo Paulus einen Vorwurf seiner Gegner aufzunehmen scheint, des Inhalts: Paulus versuche „Menschen zu überreden".
112 MAYSER, Grammatik, II/3, 122.
113 Die Partikel γάρ zu Beginn des V 12 erlaubt nicht, οὐδέ hier mit „noch" oder „nicht einmal" zu übersetzen, sondern οὐδέ hat hier die Bedeutung: „auch nicht" („denn auch ich nicht . . ."; s. die weitere Auslegung).

denken; beim „belehrt werden" an eine längere Unterweisung, wie sie sonst bei Menschen nötig ist, die das Evangelium angenommen haben[114]. Beides streitet Paulus für seine Person ab: er hat sein Evangelium weder „empfangen", auch nicht von erster Instanz, noch wurde er über sein Wesen lange „belehrt". Um diese Erklärung des Apostels zu verstehen (etwa angesichts der scheinbar gegenteiligen Behauptung von 1 Kor 15, 1ff)[115], muß stets im Auge behalten werden, daß es in der Auseinandersetzung mit den Gegnern um sein Evangelium (= „das von mir verkündete Evangelium") geht, also um das gesetzesfreie Evangelium, um jene spezifisch pln. Botschaft von der Rechtfertigung des Menschen „ohne des Gesetzes Werke" durch den Glauben an den gekreuzigten und auferstandenen Christus; also um seine Auslegung des von ihm übernommenen Urbekenntnisses „gestorben für unsere Sünden" (vgl. 1 Kor 15, 3)[116];

---

[114] Vgl. Eph 1, 13; 2 Thess 2, 15 (κρατεῖτε τὰς παραδόσεις ἃς ἐδιδάχθητε εἴτε διὰ λόγου εἴτε δι' ἐπιστολῆς ἡμῶν). Die Paradosis und die Belehrung gehören demnach eng zusammen; während aber die Paradosis eine verhältnismäßig kompakte Größe ist (1 Kor 15, 3ff), ist die „Belehrung" mehr ihre lehrmäßige Entfaltung in der kirchlichen Unterweisung (vgl. auch 1 QS III, 13; VI, 15; IX, 18ff). „Die Verbindung von ‚Überliefern' und ‚Lernen' scheint ihren formellen Hintergrund im jüdisch-rabbinischen Schulbetrieb zu haben" (BLANK, Paulus und Jesus, 212, Anm. 40; LAGRANGE z. St.).

[115] So meint etwa E. DINKLER: „Die Spannung zwischen der Aussage in Gal. 1, 12 einerseits — Offenbarung und nicht menschliche T(radition) — und 1. Kor. 11, 23 und 15, 3 andererseits — T(radition) ‚vom Herrn', aber gleichwohl durch Menschen überliefert — läßt sich nicht auflösen und systematisierend klären" (RGG ³VI, 971).

[116] Es läßt sich also doch zu der Spannung zwischen Gal 1, 12 und 1 Kor 15, 1ff Klärendes sagen. Vgl. auch PH. H. MENOUD, Revelation and Tradition — The Influence of Paul's Conversion on His Theology, in: Interpretation 7 (1953) 131ff; W. BAIRD, What is the Kerygma? A Study of I Cor 15, 3–8 and Gal 1, 11–17, in: JBL 76 (1957) 181–191; G. E. LADD, Revelation and Tradition in Paul, in: W. W. GASQUE / R. P. MARTIN (Hrsg.), Apostolic History and the Gospel (Bruce-Festschr.) (Exeter 1970) 223–230; DELLING, Wort Gottes und Verkündigung im NT, 99–101; WEGENAST, Das Verständnis der Tradition bei Paulus, 44; 68f; ROLOFF, Apostolat — Verkündigung — Kirche, 87f (88: „So ist die Paradosis 1 Kor 15 für Paulus, unbeschadet ihrer Herkunft und unabhängig davon, ob er sie von anderen Aposteln empfangen hat, εὐαγγέλιον, weil sie sachgemäß den Inhalt seines Auftrages, den er vom Auferstandenen erhalten hat, enfaltet"); STUHLMACHER, Das pln. Evangelium I, 70f („Paulus versteht sein Evangelium als Offenbarung selbst, d. h., er versteht es als traditionsbejahend, aber nicht als an vorpaulinisch-normative Traditionen gebunden"). St.s Formulierung scheint nicht ganz das Richtige zu treffen; vielleicht kann man so sagen: Paulus erkennt aufgrund der ihm widerfahrenen „Offenbarung Jesu Christi", daß das christliche Kerygma zu Recht besteht, so daß er es nun selbst als Paradosis „übernehmen" und „weitergeben" kann. So bleibt das Unableitbare der „Offenbarung J. Chr." erhalten und dennoch Platz für eine Vermittlung von dieser Offenbarung und Paradosis. BLIGH (Gal., 111f) sieht die Dinge so: „Gal 1:12 cannot mean that the Damascus vision convinced St Paul that the Gospel preached by St Peter, which he had previously regarded as false and blasphemous, was in fact true, and that thereafter he preached the gospel of Peter. What is said in Gal 1:12 is that the revelation itself contained the gospel which Paul later preached. The doctrines which he had previously rejected were, it is true, presented to him in a new light and in a new way, so that they no longer seemed a set of disjointed and foolish propositions but partial expressions of a great mystery which he was allowed to see [sc. bei Damaskus]. But that was not all. What he was allowed to see is the revelation included something fresh, which he had not heard before — something in virtue of which he could talk about ‚my gospel'." BLIGH versucht dann zehn Inhalte des pln. Evangeliums zu nennen: „1. Jesus has risen from the dead. 2. He is the Messiah and Son of God. 3. He is Lord over the heavenly powers and

also um das, was er in Gal 2, 5.14 „die Wahrheit des Evangeliums" nennt! Dieses Evangelium, behauptet Paulus, habe er durch eine „Offenbarung Jesu Christi" empfangen[117]. Zwei Fragen sind zunächst zu klären: Was bedeutet ἀποκάλυψις?[118] Wie ist der Genitiv Ἰησου Χριστοῦ zu interpretieren? Nachdem die folgenden Ausführungen des Apostels in 1, 13ff die Begründung (γάρ!) für die Richtigkeit des in V 12 von ihm Gesagten liefern, in diesem Begründungszusammenhang aber ausdrücklich im V 16 „die Offenbarung Jesu Christi" von V 12 mit der Formulierung ἀποκαλύψαι τὸν υἱὸν αὐτοῦ ἐν ἐμοί wieder angesprochen ist, muß diese Formulierung bzw. der mit ihr anvisierte Sachverhalt bei der Frage, was mit „Offenbarung" in V 12b gemeint ist, mitberücksichtigt werden. So entspricht es den Forderungen der Semantik; außerdem geht es um den Empfang des Evangeliums „durch eine Offenbarung Jesu Christi". Das heißt: Der Apostel bringt den Empfang des Evangeliums in einen Zusammenhang mit jenem geheimnisvollen Vorgang, den er in V 16 als „offenbaren des Sohnes [Gottes] in mir" sprachlich artikuliert. Der Handelnde in diesem Vorgang ist Gott (V 15), die Offenbarungsgabe „sein Sohn", der Empfänger der Offenbarung Paulus. Für Paulus aber war der Vorgang selbst etwas, was sein bisheriges Leben so umstürzte, daß er aus einem fanatischen Verfolger der Kirche ein Verkündiger des Evangeliums wurde. Damit zeigt sich, daß der Term ἀποκάλυψις in V 12b „theologisch" zu verstehen ist[119]. Er meint die eschatologische Enthüllung eines bisher Verborgenen:

---

principalities. 4. He is the pre-existent Son of God, operative in creation. 5. He identifies himself with believers and them with him, so that they too are God's sons. 6. His death was a redemptive sacrificed. 7. The Cross is a revelation of God's ‚justice'. 8. Justification is through faith, and is entirely gratuitous. 9. Those who are united with Christ by faith are free from the Mosaic law. 10. Salvation is open to the Gentiles as Gentiles (without becoming Jews)." Es ist jedoch zu bezweifeln, ob Paulus diese zehn Inhalte durch das Damaskusereignis vermittelt wurden, auch wenn man mit BLIGH einschränkend sagt: „It is not to be supposed that St. Paul immediately understood all these things with equal clarity." Vielmehr scheint es so zu sein, daß Paulus die Damaskuserfahrung, die er selbst in 1 Kor 9, 1 kurz als ein „Sehen Jesu unseres Herrn" charakterisiert, nachträglich auslegte als Bestätigung der Paradosis, freilich mit leidenschaftlicher Herausstellung ihrer von den Trägern der Paradosis so nicht erkannten Implikationen, die darum mit Recht als das „spezifisch Paulinische" angesprochen werden dürfen, und man durchaus mit BLANK (Paulus und Jesus, 213) sagen kann, „daß ihm das Wesentliche des Evangeliums vor dem Geschehen der ἀποκάλυψις absolut verborgen und unzugänglich war". Zwar kannte er die christliche Botschaft, aber sie war für ihn ein Greuel.

[117] Da δι' ἀποκαλύψεως Ἰησοῦ Χριστοῦ deutlich den Gegensatz zu παρὰ ἀνθρώπου bildet, bezieht sich „durch eine Offenbarung Jesu Christi" zurück auf παρέλαβον αὐτό (= das Evangelium), nicht auf ἐδιδάχθην.

[118] Vgl. auch K. KERTELGE, Apokalypsis Jesou Christou (Gal 1, 12), in: Festschr. f. R. SCHNACKENBURG (Kertelge stellte mir freundlicherweise das Ms. zur Verfügung).

[119] Die Bedeutung von ἀποκάλυψις in V 12 ergibt sich also nicht durch eine Reflexion über den Begriff als solchen, sondern nur aus dem Kontext. Im AT (LXX) kommt das Substantiv ἀποκάλυψις nur viermal vor, dagegen sehr oft das Zeitwort ἀποκαλύπτειν; ihm entspricht im MT fast immer גלה, das polyvalent ist (Grundbedeutung: „aufdecken"). „Übersieht man die Stellen, in denen Gott Subjekt von glh ist, so ergibt sich, daß glh im AT nicht so etwas wie ein Terminus für Offenbarung geworden ist ... glh kann Gottes Sich-Zeigen oder Sich-Offenbaren in einem Reden oder in einem Handeln bezeichnen ... Das Verbum ist so wenig auf spezifische Offenbarungsvorgänge festgelegt, daß es neben der Wortoffenbarung an Propheten (nur selten) oder einer Gotteserscheinung (nur Gen 35, 7) auch das Wirken

des Sachverhalts, daß Jesus Christus der Sohn Gottes ist und daß dieser Sachverhalt der Wesensinhalt des Evangeliums ist, das Paulus zu verkünden hat. Darauf ergibt sich nun auch die Antwort auf unsere zweite Frage: Wie ist der Genitiv Ἰησοῦ Χριστοῦ zu interpretieren? Aufgrund des eben Ausgeführten nur als Gen. obj.: Der Inhalt der „Offenbarung" war Jesus Christus. Denn Subjekt des Offenbarungsvorgangs ist ausschließlich Gott (VV 15f)[120].

Was also der Apostel mit V 12 sagen will, ist dies: mein von mir verkündigtes Evangelium (vgl. V 11) geht nicht auf sekundäre Vermittlung menschlicherseits zurück und deshalb ist es auch nicht „menschengemäß"; vielmehr ist es „göttlichen Ursprungs und göttlicher Art ... und also wirklich das eine, einzigartige, unüberholbare Evangelium, neben dem es kein anderes gibt noch geben kann" (Blank)[121]. Die Formulierung „das Evangelium, das von mir verkündigt worden ist" hat also immer noch das „andere Evangelium" von 1, 6 im Auge, das für den Apostel in Wirklichkeit kein „Evangelium" ist, auch wenn die Gegner sich für ihre Verkündigung auf „maßgebende" Instanzen (in Jerusalem) berufen haben sollten, was wahrscheinlich ist. Denn auffällig ist in V 12a das herausgestellte ἐγώ, das sich nicht gegen die Gegner richtet, wie etwa Schmithals meint[122], sondern betont, **daß auch Paulus nicht** (οὐδὲ γὰρ ἐγώ)

Gottes in der Geschichte und im Schicksal eines Menschen bezeichnen kann" (C. WESTERMANN – R. ALBERTZ in: ThHWb zum AT I, 418–426 [425]). Erst im Frühjudentum (Apokalyptik, Qumran) und dann im NT besitzt „aufdecken" immer häufiger theologische Valenz. Vgl. dazu auch H. HAAG, „Offenbaren" in der hebräischen Bibel, in: ThZ (Bas.) 16 (1960) 251–258; W. ZIMMERLI, „Offenbarung" im AT, in: EvTh 22 (1962) 15–31 (Lit.); R. KNIERIM, Offenbarung im Alten Testament, in: Probleme biblischer Theologie, G. v. Rad zum 70. Geburtstag (München 1971) 206–235 (wichtig!); A. OEPKE in: ThWb III, 565–596 (dazu die Kritik von J. BARR in: Bibelexegese und moderne Semantik. Theologisch-linguistische Methode in der Bibelwissenschaft, deutsch München 1965, 230f); R. SCHNACKENBURG, Zum Offenbarungsgedanken in der Bibel, in: BZ, NF 7 (1963) 2–22; O. BETZ, Offenbarung und Schriftforschung in der Qumransekte (Tübingen 1960), bes. 36–60; D. LÜHRMANN, Das Offenbarungsverständnis bei Paulus und in den pln. Gemeinden (Neukirchen 1965) 74f. Den pln. Sprachgebrauch untersucht auch KERTELGE: Apokalypsis Jesou Christou (Gal 1, 12), Ms. 12–17, mit dem Ergebnis, daß die übrigen in den Paulusbriefen anzutreffenden „Verständnisweisen von Apokalypsis" für Gal 1, 12.16 nicht „einzusetzen" sind. „Paulus gibt in Gal 1, 12.16 vielmehr zu erkennen, daß die Apokalypsis, die ihm zuteil geworden ist, nicht eine unter mehreren anderen ist, sondern die entscheidende, in der ihm Jesus Christus zum Grund und Inhalt seines Evangeliums geworden ist ... Die Apokalypsis Jesu Christi ist danach die entscheidende, in das Leben des Paulus eingreifende Selbstmitteilung Gottes, wodurch Paulus als dem Offenbarungsempfänger ‚wahrnehmbar' (und mitteilbar) wird, daß er, Gott, durch keinen anderen das Heil heraufführt als durch Jesus Christus, der sein Sohn ist und der als Grund des Heils aller auch der Inhalt des Evangeliums geworden ist, das der Apostel den Heiden verkündet. Diese ‚worthafte' Apokalypsis wird so für den Apostel zum ‚Ausweis' der Ursprünglichkeit seines Evangeliums" (17f). Dem ist voll zuzustimmen.
[120] So auch STUHLMACHER, Das pln. Evangelium I, 71 („Gott selbst ist ... der auctor des paulinischen Evangeliums").
[121] Paulus und Jesus, 211f.
[122] „Natürlich muß der Apostel von Gott berufen sein, wenn er das Evangelium mit apostolischer Autorität verkündigen will. Aber ich bin ja von ihm berufen. Auch ich habe mein Evangelium nicht von Menschen empfangen, sondern — wie die Gegner — durch eine Offenbarung Jesu Christi ..." (Häretiker II, 13f). Auch KERTELGE neigt zu dieser Ansicht (s. dazu w. u. S. 70, Anm. 129).

das Evangelium durch menschlich-kirchliche Vermittlung empfangen hat, genausowenig wie jene, die vor ihm Apostel waren (vgl. 1, 17)[123]. Das alles richtet sich also noch gegen die Einwände der Gegner und ihr „anderes Evangelium"[124].

Wo und wann aber ereignete sich diese ἀποκάλυψις? Ist damit die sog. Christophanie vor Damaskus anvisiert?[125] Näherhin handelt es sich bei dieser Offenbarung nach dem Apostel um eine „Offenbarung Jesu Christi", d. h., Jesus Christus wurde dem Apostel von Gott als der Wesensinhalt des Evangeliums geoffenbart. Bonnard plädiert entschieden dafür, daß bei dieser „Offenbarung" nicht an das Damaskusereignis gedacht sei, unter Hinweis darauf, daß Paulus in seinen Briefen niemals, wenn er auf seine „Bekehrung" zu sprechen komme, von einer „Offenbarung" rede. Auch aus den Erscheinungsberichten der Apostelgeschichte geht nicht hervor, daß Paulus vor Damaskus sein Evangelium empfangen habe, das er dann auch den Galatern verkündet hat (vgl. 1, 11). Aber es handelt sich bei dem Damaskusereignis nach der Apg um eine Christophanie, die Paulus selbst in 1 Kor 15, 8 als Erscheinung des Auferstandenen deutet. Obwohl Bonnard eine Identifizierung des Damaskuserlebnisses mit der von Paulus in Gal 1, 12 angesprochenen „Offenbarung Jesu Christi" zurückweist, scheint seine eigene Auffassung dieser „Offenbarung" einen Bezug auf Damaskus nicht absolut auszuschließen. Bonnard will sie, besonders unter Verweis auf 1 Kor 2, 7ff[126], als das Werk des heiligen Geistes verstehen, der den Apostel das Geheimnis Jesu Christi erkennen ließ, und zwar so in seinen Konsequenzen erkennen ließ, daß aus dieser Erkenntnis das von Paulus dann verkündete „Evangelium Jesu Christi" geboren wurde. Jedoch läßt Gal 1, 16 ganz klar erkennen, daß mit der Offenbarung des Sohnes, die Gott dem Apostel geschenkt hat, das Damaskusereignis anvisiert ist (s. dazu Kommentar). Paulus redet freilich von diesem Ereignis anders als Lukas in der Apostelgeschichte[127]; ihm geht es vor allem darum, den Offenbarungscharakter dieses Ereignisses herauszustellen. Diese Offenbarung führte den Apostel zur Erkenntnis des Evangeliums und seiner Wahrheit. Deshalb kann er sagen, daß er sein Evangelium „durch Offenbarung Jesu Christi" empfangen

---

[123] So auch Gutjahr, Burton, Schlier, Eckert (Die urchristliche Verkündigung, 174), u. a.
[124] Lührmann meint zu Gal 1, 12: „Paulus stellt einen Gegensatz von Offenbarung und Tradition heraus, während für seine Gegner ihre Tradition gerade in der Offenbarung gründet und von ihr her legitimiert, nicht anders als die Tradition pharisäischer und gnostischer Prägung" (Offenbarungsverständnis, 76). Für die Gegner scheint aber die Tradition, auf die sie sich gegen Paulus wahrscheinlich berufen haben, nicht auf „Offenbarung" zu beruhen, sondern auf ihren angeblichen menschlich-kirchlichen Gewährsmännern (den Uraposteln), denen freilich auch das Evangelium durch „Offenbarung" zuteil wurde, nämlich im Umgang mit Jesus und in der Ostererfahrung. Der „Gegensatz von Offenbarung und Tradition" in Gal 1, 12 hat also nichts mit einer Berufung der Gegner auf Offenbarung zu tun, sondern der Apostel betont, daß er das Evangelium sowenig wie die Urapostel das Evangelium durch Tradition empfangen hat, vielmehr durch unmittelbare „Offenbarung Jesu Christi", was seine Gegner bestritten.
[125] Daran denken sehr viele Ausleger, wie Schlier, Blank u. a.; sehr eingehend beschäftigt sich mit dieser Frage Bligh (Gal., 95–120).
[126] „1 Cor. 2, 7ss . . . nous paraît décisif pour l'interprétation de notre texte."
[127] Vgl. auch G. Lohfink, Paulus vor Damaskus (SBS 4) (Stuttgart 1965) 88f.

habe und nicht durch menschliche oder kirchliche Tradition und Belehrung[128]. Das Evangelium des Apostels stammt nicht aus zweiter Hand! Das können weder die Galater, geschweige denn seine dortigen Gegner beanspruchen; vielmehr sind sie es, die in Sachen des Evangeliums aus zweiter Hand leben[129].

Weil aber zu den Einwänden der Gegner auch der gehörte: Paulus gehöre nicht zu den Primärempfängern des Evangeliums und sei deshalb überhaupt in Sachen „Evangelium" kein zuständiger Mann, sieht sich der Apostel veranlaßt, im folgenden die „Biographie" „seines" Evangeliums vorzulegen, die aber von seiner Selbstbiographie unlösbar ist. So operiert er im folgenden nicht „phänomenologisch" (etwa durch theologische Klarlegung „der Wahrheit des Evangeliums"), sondern biographisch. Naturgemäß muß er dabei auf seine „Berufung" und die ihr folgende Zeit zu sprechen kommen.

---

[128] Bei dem „empfangen von einem Menschen" ist nicht an bestimmte Personen der Urgemeinde gedacht, etwa Petrus oder den Herrenbruder Jakobus. Es geht dem Apostel in Gal 1, 12 vielmehr um die Herausstellung der Alternative: menschlicher oder göttlicher Ursprung des Evangeliums. Auf diesen Ursprung kommt dem Apostel alles an. Vgl. auch SCHLIER z. St.

[129] KERTELGE sieht die Dinge so (Apokalypsis Jesou Christou [Gal 1, 12]): Die Berufung des Paulus in 1, 12 auf ἀποκάλυψις Ἰησοῦ Χριστοῦ „erhält ... einen besonderen Nachdruck durch die defensiv-polemisch vorangestellte Formulierung οὐδὲ γὰρ ἐγώ ... Worauf wird hiermit zurückverwiesen?" (8). Kertelge setzt sich in seiner Antwort zunächst mit DENIS und DUPONT auseinander (s. dazu in diesem Kommentar S. 90, Anm. 60). „Eine unmittelbare literarische Abhängigkeit des Paulus von der Q-Vorlage in Mt 11, 25–27 Par., etwa im Sinn einer direkten Anspielung [so Dupont], ist nicht zu erweisen. Sie wäre durch nichts motiviert. Anders verhält es sich damit, wenn das in Mt 11, 25–27 Par. vorausgesetzte Verständnis von Apokalypsis dem apostolischen Sendungsbewußtsein urchristlicher Wandermissionare zugrunde liegt, mit denen sich Paulus auf seinem Missionsfeld nicht nur in Galatien, sondern auch und vor allem in Korinth auseinandersetzen mußte. Die Berufung auf die Apokalypsis Jesu Christi, d. h. auf die die wahre, eschatologische Bedeutung Jesu aufdeckende Offenbarung Gottes, war wohl nicht auf den Tradentenkreis der Logienquelle beschränkt [s. dazu Näheres bei P. HOFFMANN, Studien zur Theologie der Logienquelle, Münster 1972, 102–142]. In ähnlicher Weise dürften auch die in 2 Kor 11, 13 scharf angegriffenen ἀπόστολοι Χριστοῦ ... ihre Sendung auf besondere Offenbarung bzw. auf ihre pneumatische Unmittelbarkeit zu Christus zurückgeführt haben. Es gehörte zum Selbstverständnis der in der urchristlichen Mission tätigen Apostel, sich auf Jesus Christus als Grund und Ursprung ihrer Sendung berufen zu können [wie auch SCHMITHALS für seine „gnostischen Apostel" annimmt]. Dabei wird eine bestimmte Kenntnis des irdischen Jesus bzw. seiner Worte und Taten im Hintergrund solcher Berufungen gestanden haben. Aber nicht diese Kenntnis als solche begründete ihre apostolische Autorität, sondern die Apokalypsis, durch die Gott ihnen die wahre Bedeutung Jesu aufdeckte. Das Wissen um den irdischen Jesus erlangte also durch die göttliche Apokalypsis über ihn seinen Wert als die entscheidende Basis der missionarischen Tätigkeit seiner Boten" (23f). „Dieses Verständnis", meint KERTELGE weiter (24f), „von apostolischer Apokalypsis, das durch einen Vergleich von Gal 1, 12.15f mit Mt 11, 25–27 Par. und unter Berücksichtigung der Auseinandersetzung des Paulus mit konkurrierenden Missionaren, besonders im zweiten Korintherbrief, nahegelegt wird, dürfte der veranlassende Beziehungspunkt des Sprechens von Apokalypsis Jesu Christi in Gal 1, 12 sein." Paulus betone nun gegenüber diesen Konkurrenten, daß „auch" ihm die Apokalypsis Jesu Christi zukomme, „und zwar als Grund und Ursprung des Evangeliums. Damit stützt er sich nicht auf ein ekstatisch-pneumatisches Offenbarungsverständnis, das ja nichts anderes sein könnte als ein wunderhaftes Begleitphänomen der eigentlichen Offenbarung, sondern eben auf diese Offen-

Exkurs 1:

Die „Mitte des Evangeliums" nach dem Galaterbrief

I. Vorbemerkung

Die Frage nach der „Mitte des Evangeliums" ist seit Marcion, speziell jedoch seit der Reformation eine Grundfrage der gesamten Theologie geworden[130]. Worin ist die „Mitte" eigentlich zu sehen und zu suchen? Die Antwort der reformatorisch orientierten Theologie lautet gewöhnlich: in der iustificatio impii sola fide et gratia, d. h. in der gnädigen Annahme des an Christus, den Gekreuzigten und Auferstandenen, glaubenden Sünders durch den barmherzigen Gott[131]. Es besteht kein Zweifel, daß sich eine solche Bestimmung der „Mitte des Evangeliums" besonders auf den Röm- und Gal-Brief berufen kann. Wir stellen in diesem Exkurs das Material der Lehre von der iustificatio impii solo fide et gratia nach dem Gal zusammen (II), versuchen dann diese Lehre in den vom Brief selbst angebotenen größeren „Horizont" zu stellen (III) und fragen schließlich nach der Bedeutung der in einem größeren Horizont gesehenen Lehre von der iustificatio impii für das ökumenische Gespräch (IV).

II. Die iustificatio impii sola fide et gratia

1. Basistexte

2, 16: „Wissend, daß nicht gerechtfertigt wird ein Mensch aus Gesetzeswerken, sondern nur durch Glauben an Christus Jesus, sind auch wir (Judenchristen) zum Glauben an Christus Jesus gelangt, damit wir gerechtfertigt werden aus Glauben an Christus und nicht aus Gesetzeswerken, weil aus Gesetzeswerken nicht gerechtfertigt werden wird jegliches Fleisch."
3, 11: „Daß durch Gesetz niemand gerechtfertigt wird bei Gott, ist (deshalb) klar, weil (nach Hab 2, 4) der Gerechte aus Glauben leben wird."

---

barung selbst, die für ihn nichts anderes ist als die ‚Selbstmitteilung' Jesu Christi als des Auferstandenen in sein Evangelium hinein" (26). Zweifellos legt damit KERTELGE eine beachtliche Hypothese vor. Wir meinen nur, daß sich das hervorgehobene ἐγώ in Gal 1, 12 am besten erklärt, wenn es in Relation zu jenen gesehen wird, die „vor mir Apostel" waren (1, 17; vgl. auch 1 Kor 15, 7f), die nicht mit den Gegnern und Konkurrenten des Paulus identisch sind.
[130] Vgl. dazu auch F. MUSSNER, Die Mitte des Evangeliums in ntl. Sicht, in: Cath 15 (1961) 271–292; DERS., „Evangelium" und „Mitte des Evangeliums". Ein Beitrag zur Kontroverstheologie, in: PRAESENTIA SALUTIS (Düsseldorf 1967) 159–177 (Lit.); H. D. WENDLAND, Die Mitte der pln. Botschaft (Göttingen 1935).
[131] Vgl. M. LUTHERS Satz (WA 12, 259): „Evangelium aber heysset nichts anders, denn ein predig und geschrey von der genad und barmhertzikeytt Gottis, durch herren Christum mit seynem todt verdienet und erworben."

Exkurs 1: Die „Mitte des Evangeliums" nach dem Gal

2. Ergänzende Texte

1, 4: „Jesus Christus, der sich hingegeben hat für unsere Sünden, damit er herausreißt uns aus dem bestehenden bösen Äon"

1, 6: „Der euch berufen hat durch Gnade [Christi]" (vgl. auch 1, 15: bezogen auf den Apostel selbst)

2, 21: „Denn wenn durch Gesetz Gerechtigkeit (kommt), ist folglich Christus vergeblich gestorben"

3, 8: „Die Schrift sah voraus, daß aus Glauben Gott die Völker rechtfertigt"

3, 13f: „Christus hat uns losgekauft vom Fluch des Gesetzes, indem er geworden ist für uns ein Fluch ... damit wir die Verheißung des Pneuma empfangen durch den Glauben"

3, 22: „Die Schrift hat alles zusammengeschlossen unter Sünde, damit die Verheißung aus Glauben an Jesus Christus geschenkt werde den Glaubenden"

3, 26: „Denn ihr alle seid Söhne Gottes durch den Glauben in Christus Jesus"

5, 4: „Abgetan seid ihr von Christus, die ihr durch Gesetz gerechtfertigt (werden wollt), aus der Gnade seid ihr (dann) gefallen"

Diese zahlreichen „ergänzenden" Texte können als Rahmentexte der vorher vorgelegten „Basistexte" verstanden werden. Sie stellen das theologische Syntagma zu ihnen dar und stehen zu ihnen in einer isotopen Relation, durch die der größere Horizont sichtbar wird, in dem die ganze Rechtfertigungslehre, wie sie vom Apostel in den „Basistexten" formuliert ist, steht. Worin besteht dieser näherhin?

III. Der größere Horizont

1. Der soteriologische Horizont

Die Rechtfertigungslehre beruht auf dem soteriologischen Heilsgeschehen in Christus, das im NT mit Vorliebe sich sprachlich artikuliert entweder im Stellvertretungsgedanken oder in der „Dahingabeformel", in beiden Fällen in Verbindung mit der dafür signifikanten Präposition ὑπέρ[132]. Im Gal kommt ὑπέρ nur dreimal vor, und zwar zweimal in der Dahingabeformel und einmal im Stellvertretungsgedanken: Christus hat sich „für unsere Sünden" (1, 4) bzw. „für mich" (2, 20) hingegeben und er wurde „für uns" (= „an unserer Stelle") zum Fluch (3, 13). Das Heilsziel wird sprachlich signalisiert mit Hilfe der dafür typischen finalen Konjunktionen ὅπως und ἵνα (vgl. 1, 4; 3, 14: zweimal ἵνα, sowohl mit universaler Ausrichtung des Heils [τὰ ἔθνη] als auch mit Angabe des Heilsweges [διὰ τῆς πίστεως]; 4, 5: ebenfalls zweimal ἵνα, einmal in „negativer" Zielsetzung [Befreiung von der Gesetzesherrschaft], einmal in positiver

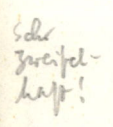

---

[132] Vgl. auch K. H. SCHELKLE, Die Passion Jesu (Heidelberg 1949) 131–135, und besonders W. POPKES, Christus traditus, passim.

Exkurs 1: Die „Mitte des Evangeliums" nach dem Gal

[Empfang der Sohnschaft]). In 2, 20 syntagmatisiert sich die Dahingabeformel zudem mit der ἀγάπη-Formel (der Sohn Gottes, „der mich geliebt hat").

2. Der „heilsgeschichtliche" Horizont

Paulus entwickelt die Rechtfertigungslehre nicht allein aus dem soteriologischen Heilsgeschehen in Christus heraus, sondern stellt dieses und mit ihr auch die iustificatio impii in den größeren Rahmen der „Heilsgeschichte"[133], gerade auch im Gal. Dies zeigt sich, ähnlich wie im Röm, in zweifacher Hinsicht: einmal wird das dem sola fide et gratia Gerechtfertigten geschenkte Heil in Zusammenhang gebracht mit der Segensverheißung an den glaubenden Abraham (vgl. 3, 6–18; 4, 21–31) und in einer eigenartig dialektischen Beziehung zu ihr mit der Sinaigesetzgebung (vgl. 3, 17ff). Außerdem wird die Rechtfertigung aus Glauben in einen begründenden und vergleichenden Zusammenhang mit dem Glauben und der Rechtfertigung Abrahams gebracht (vgl. 3, 6f)[134]. Das alles bedeutet: Der Apostel betrachtet die iustificatio impii nicht als ein von der übrigen „Heilsgeschichte" isoliertes und isolierbares Geschehen, sondern sieht sie ganz in deren Gesamthorizont, zu dem selbstverständlich auch die eschatologische Dimension gehört.

3. Der eschatologische Horizont

Auch in der Rechtfertigungslehre herrscht die auch sonst in der pln. Theologie sich zeigende Spannung von Gegenwart und Zukunft[135]. Stuhlmacher stellte die wichtigsten Aussagen darüber aus den Paulusbriefen zusammen[136]. „Das Mit- und Ineinander (der) beiden Argumentationsreihen ist derart auffällig, daß man hier mit Recht theologische Absicht des Paulus vermuten darf."[137] Mit Blick auf die für die iustificatio impii wichtigen Begriffe δικαιοῦν bzw. δικαιοῦσθαι zeigt sich im Gal sogar der eigenartige Befund, daß sich die Frage, ob in den mit diesen Termini operierenden Texten das Heils-Präsens oder das Heils-Futurum anvisiert ist, gar nicht entscheiden läßt. Die Aussagen, „daß ein Mensch nicht aus Werken des Gesetzes gerechtfertigt wird" (2, 16a), daß die Glaubenden „suchen, in Christus gerechtfertigt zu werden" (2, 17), daß „Gott aus Glauben die Heiden rechtfertigt" (3, 8), daß „durch Gesetz niemand bei Gott gerechtfertigt wird" (3, 11), konstatieren zeitlos Gültiges. Auch 5, 4 (οἵτινες ἐν νόμῳ δικαιοῦσθε) sagt nichts über Gegenwart oder Zukunft. Weiter helfen wohl die beiden ἵνα-Aussagen von 2, 16c und 3, 24b („damit

---

[133] Wir schreiben „Heilsgeschichte" in Anführungszeichen, weil wir uns der mit dem Begriff „Heilsgeschichte" gegebenen Problematik voll bewußt sind (vgl. Exkurs: „Heilsgeschichte" oder γραφή?).
[134] Zur vergleichenden und begründenden Funktion von καθώς in 3, 6 s. Näheres im Kommentar.
[135] Vgl. dazu auch P. STUHLMACHER, Erwägungen zum Problem von Gegenwart und Zukunft in der paulinischen Eschatologie, in: ZThK 64 (1967) 423–450 (weitere Lit.).
[136] Ebd. 426f.
[137] Ebd. 427.

wir aus Glauben [an Christus] gerechtfertigt werden"); denn diese visieren auf jeden Fall ein Ziel an. 2, 16c wird zudem mit dem ὅτι-Satz begründet: „weil aus Werken des Gesetzes kein Fleisch gerechtfertigt werden wird" (δικαιω-θήσεται). Dieses passive Futur stammt aus Ps 142, 2 LXX; da aber in 2, 16c nur ein „Kontextzitat", nicht jedoch ein Schriftargument vorliegt[138], könnte der Apostel, von seiner Ebene aus gesehen, die Heilszukunft im Auge haben.

Die vier δικαιοσύνη-Aussagen des Briefes ergeben folgendes: „Überzeitlichkeit" in 2, 11 („denn wenn durch Gesetz Gerechtigkeit sc. käme"); Feststellung für die Vergangenheit in 3, 6 („es wurde ihm zur Gerechtigkeit angerechnet", nämlich dem Abraham); wieder „Überzeitlichkeit" in 3, 21 („wenn wirklich durch Gesetz die Gerechtigkeit käme"); endlich deutlicher Bezug auf die Heilszukunft in streng futurischem Sinn in 5, 5 („durch Pneuma erwarten wir aus Glauben das Hoffnungsgut der Gerechtigkeit"). Zugleich führt aber gerade diese letzte Stelle auch auf das Praesens, nämlich mit dem Hinweis auf das schon geschenkte Pneuma. Untersucht man die weiteren Pneumastellen des Briefes, so zeigt sich folgender Befund: Die Galater haben das Pneuma schon empfangen (τὸ πνεῦμα ἐλάβετε: 3, 2); sie haben „durch Pneuma angefangen" (3, 3); das Pneuma wirkt in ihnen die charismatischen „Kräfte" (3, 5); Gott hat das Pneuma seines Sohnes schon in die Herzen der Galater gesandt (4, 6), und darum soll das Pneuma nun auch das Ethos bestimmen (5, 16–18.25); denn wer auf das Pneuma sät, „wird aus ihm ewiges Leben ernten" (6, 8). Dazu kommen noch folgende auf das Präsens des Heils sich beziehende Aussagen: „Es lebt aber in mir Christus" (2, 20: Präsens ζῇ); die Segensverheißung an Abraham, die konkret im Pneumaempfang besteht, „wird in Jesus Christus Wirklichkeit" (3, 14); alle Getauften „sind Söhne Gottes durch den Glauben an Christus Jesus"; sie haben Christus in der Taufe „angezogen" (3, 26f); die Galater gehören Christus (3, 29). Und als der „Same Abrahams" sind sie „gemäß Verheißung Erben": aus dem Kontext geht hervor, daß das Erbe bereits angetreten wird, weil sie ja schon „Söhne" sind (4, 6: ἐστε υἱοί). „Deshalb bist du nicht mehr Sklave, sondern Sohn, weil aber Sohn, auch Erbe durch Gott" (4, 7), nämlich Erbe des Endheils. Die Galater und alle Glaubenden sind schon „Kinder der Freien" (4, 31). Es gelten bereits „die neue Schöpfung" und ihre Normen (6, 15). So kann man mit Stuhlmacher sagen: „**Die paulinische Eschatologie ist eine proleptische und darin christologische Eschatologie**"[139], wobei der Apostel nie vergißt, daß diese „Prolepse" keine schwärmerisch-utopische Vorwegnahme des Endheils ist, wie die gerade im Gal durchgehaltene und betonte Spannung von Indikativ und Imperativ beweist. Aber die proleptische Eschatologie des Briefes zeigt deutlich auch den umfassenden eschatologischen Horizont, in dem die Lehre von der iustificatio impii steht. Sie ist aus diesem Horizont nicht herausnehmbar; sie verliert ohne diesen Horizont ihre Relationen. Dies soll noch näher an Gal 4, 4f demonstriert werden.

---

[138] Vgl. dazu Kommentar.
[139] A.a.O. 449. Damit hängt das Problem der „doppelten Rechtfertigung" zusammen (vgl. dazu Näheres im Kommentar S. 350f).

Exkurs 1: Die „Mitte des Evangeliums" nach dem Gal

4. Sohnschaft und Rechtfertigung (Gal 4, 4f)

„Als aber die Fülle der Zeit kam, sandte Gott seinen Sohn, geboren aus einem Weib, gestellt unter das Gesetz, damit er die unter dem Gesetz befreie, damit sie die Sohnschaft empfingen." In diesem Text taucht zwar das Thema der „Rechtfertigung" nicht verbal auf, sie steht aber überdeutlich im Hintergrund in dem soteriologischen Textteil von V 5a: „damit er die unter dem Gesetz befreie". Der Apostel entwickelt ja seine Rechtfertigungslehre sola fide et gratia mit entschiedenem Blick auf das Gesetz. Das ὑπὸ νόμον von V 4d ruft im Hinblick auf Christus, den γενόμενον ὑπὸ νόμον, sein vom Gesetz ausgesprochenes Verfluchtsein und „für uns zum Fluch Gewordensein" (3, 13) in die Erinnerung; denn der γενόμενος ὑπὸ νόμον ist zugleich der γενόμενος ὑπὲρ ἡμῶν κατάρα[140]. Das ὑπὸ νόμον von V 5a ruft in Erinnerung, daß „die unter dem Gesetz" Lebenden und von ihm das Heil Erwartenden in Wirklichkeit das Heil nicht „aus den Werken des Gesetzes" empfangen, sondern durch die Befreiungstat des Sohnes Gottes. Diese Befreiung hat aber als Heilsziel, wie der zweite ἵνα-Satz (V 5b) erkennen läßt, die Sohnschaft der Glaubenden. Es geht also in der sog. Rechtfertigung nicht nur um die Befreiung aus der Herrschaft des Gesetzes, **sondern positiv um die Einsetzung in die Sohnschaft**. Die iustificatio impii ist also umfangen von dem viel größeren Horizont, der υἱοθεσία heißt. Die Rechtfertigung führt zur Sohnschaft. Das hat auch zur Folge, daß das juridische Element in der pln. Rechtfertigungslehre, wie es sich in den für sie dafür besonders signifikanten Begriffen δικαιοῦν, δικαιοῦσθαι und δικαιοσύνη zeigt, transponiert wird auf die Ebene des personalen Seins („Sohn", „Erbe", „Freier"), ohne daß diese Ebene deshalb zur „Metaphysik" würde. Denn alles ist unter das eschatologische Handeln Gottes gestellt: „Als die Fülle der Zeit kam, sandte **Gott** seinen Sohn."[141] Das „Sein" ist nicht statisch-überzeitlich, sondern dynamisch-eschatologisch verstanden. Es herrscht eine „dynamische Ontologie", wenn man so formulieren darf.

IV. Die Bedeutung für das ökumenische Gespräch

Es geht um die Bestimmung und Formulierung dessen, was man in der Theologie, speziell in der „Kontroverstheologie", „die Mitte des Evangeliums" nennt. Evangelische Theologie sieht diese „Mitte" mit Entschiedenheit in der iustificatio impii. Katholische Theologie kann sie durchaus auch darin sehen[142]. Aber katholische Theologie hat die Neigung, die Rechtfertigung des Menschen sola

---

[140] Vgl. dazu auch U. MAUSER, Gottesbild und Menschwerdung. Eine Untersuchung zur Einheit des Alten und Neuen Testaments (Beitr. zur historischen Theologie, 43) (Tübingen 1971) 162ff.
[141] Vgl. auch STUHLMACHER, a.a.O. 434f; 443 („Das Phänomen der Spannung zwischen Gegenwart und Zukunft in der paulinischen Eschatologie ist aus dem Kommen Gottes heraus gedacht und entsprechend zu interpretieren").
[142] Vgl. etwa H. KÜNG, Rechtfertigung. Die Lehre Karl Barths und eine katholische Besinnung (Einsiedeln [1]1957).

Exkurs 1: Die „Mitte des Evangeliums" nach dem Gal

fide et gratia in einem größeren Horizont zu sehen, als dies evangelische Theologie gewöhnlich tut. Katholische Theologie findet ihre Neigung bestätigt durch Aussagen wie die in Gal 4, 4f, die die iustificatio impii in einen größeren Horizont stellen, hier speziell in den Horizont der „Sohnschaft"[143]; von da her erklärt sich auch der mehr „ontologische" Charakter „katholischer" Rechtfertigungslehre. Das Bedeutsame an dem Text von Gal 4, 4f scheint uns dies zu sein: Hier findet sich einerseits die iustificatio impii ohne jegliche Erweichung „der Wahrheit des Evangeliums" ausgesprochen, andererseits jedoch ist diese in den umfassenden Rahmen und Horizont der Sohnschaft gestellt. Eine wahrhaft ökumenische Theologie müßte deshalb beide Aspekte, jenen der Rechtfertigung sola fide et gratia, der evangelischer Theologie am Herzen liegt, und jenen der Sohnschaft, der katholischer (und orthodoxer) Theologie am Herzen liegt, so miteinander verbinden, daß beide unverkürzt erhalten bleiben, damit die ganze „Wahrheit des Evangeliums für euch sich durchhalte" (Gal 2, 5). Könnte die Rechtfertigungslehre so gesehen werden, wie es in Gal 4, 4f geschieht — und dabei sei wieder erinnert, daß der Galaterbrief M. Luthers Lieblingsbrief war —, so könnte sie, statt die Kirchen zu trennen, sie miteinander wieder verbinden[144]. Wie Gal 4, 4f zeigt, wäre eine solche Verbindung κατὰ τὴν γραφήν![145] Zudem würde die Lehre von der Rechtfertigung des Sünders sola fide et gratia nicht mehr als kanonsprengendes Element empfunden werden[146]. Rechtfertigung im Licht von Sohnschaft gesehen ergäbe einen wahrhaft „katholischen" Horizont. Ob sich „die getrennten Brüder" darüber einigen könnten?

---

[143] Vorbereitend wird schon in 3, 7 die Rechtfertigung im Horizont der „Sohnschaft" gesehen, wenn und weil der Apostel dort nicht formuliert: „Erkennet also, daß der Mensch aus Glauben gerechtfertigt wird und nicht aus Gesetzeswerken", sondern: „Erkennet also, daß die aus Glauben, diese die Söhne Abrahams sind." Nur ist hier noch nicht von der Sohnschaft Gottes die Rede, die den Glaubenden geschenkt wird.
[144] Vgl. auch P. BRUNNER, Trennt die Rechtfertigungslehre die Konfessionen?, in: Zeitwende 30 (1959) 524–536; DERS., Rechtfertigung und Kircheneinheit: ebd. 594–608.
[145] Wie Rechtfertigungslehre und Ekklesiologie so zu verbinden wären, daß auch ihre Verbindung κατὰ τὴν γραφήν ist, kann aus Eph 2 gezeigt werden. Dazu F. MUSSNER, Eph 2 als ökumenisches Modell, in: Festschr. f. R. Schnackenburg (1974).
[146] Vgl. dazu auch noch E. HAIBLE, Der Kanon des Neuen Testaments als Modellfall einer kirchlichen Wiedervereinigung, in: TrThZ 75 (1966) 11–27; O. KUSS, Die Schrift und die Einheit der Christen, in: MüThZ 18 (1967) 292–307; L. GOPPELT, Die Pluralität der Theologien im NT und die Einheit des Evangeliums als ökumenisches Problem, in: Evangelium und Einheit (hrsg. von V. VAJTA) (Göttingen 1971) 103–125; H. CONZELMANN, Die Frage der Einheit der Neutestamentlichen Schriften, in: Moderne Exegese und historische Wissenschaft (hrsg. von J. M. HOLLENBACH und H. STAUDINGER: Deutsches Institut für Bildung und Wissenschaft) (Trier 1972) 67–76; I. LÖNNING, „Kanon im Kanon". Zum dogmatischen Grundlagenproblem des ntl. Kanons (Oslo/München 1972).

B. Die Explikation (1, 13 – 6, 10)

J. Jeremias hat darauf aufmerksam gemacht[1], „daß Paulus auf die beiden Vorwürfe, sein Evangelium sei κατὰ ἄνθρωπον ... und es stamme παρὰ ἀνθρώπου ..., in chiastischer Reihenfolge antwortet ... Zuerst nämlich wendet sich Paulus dem an zweiter Stelle genannten Vorwurf zu, sein Evangelium sei παρὰ ἀνθρώπου (V 12); er widerlegt ihn in 1, 13 – 2, 21. Erst danach greift er den an erster Stelle zitierten Vorwurf auf, sein Evangelium sei κατὰ ἄνθρωπον (VV 10f); mit diesem Vorwurf hat es der ganze zweite Teil des Briefes zu tun: 3, 1 – 6, 10. Die Widerlegung geschieht mit Hilfe von zwei Schriftbeweisen (3, 6–9 und 4, 21–31), die beide der Abrahamsgeschichte entnommen sind und zu denen alles übrige Kommentar ist. Nicht κατὰ ἄνθρωπον ist das spezifisch paulinische Evangelium, sondern κατὰ τὴν γραφήν, das ist die These des zweiten Teiles des Briefes (3, 1 – 6, 10)."

Diese Auffassung über die Struktur des Briefes macht sich dieser Kommentar zu eigen.

I. Das paulinische Evangelium nicht παρὰ ἀνθρώπου (1, 13 – 2, 21)

Wenn der Apostel den Erweis eines unmittelbaren göttlichen Ursprungs „seines" Evangeliums erbringen will, muß er naturnotwendig „biographisch" vorgehen. Dabei werden die Fragen behandelt: Wie wurde der ehemalige Pharisäer und Christenverfolger Paulus überhaupt ein Christ? (1, 13–24). Wie stehen denn die Jerusalemer Autoritäten zu dem von ihm verkündigten Evangelium? (2, 1–10). Schließlich kann der Apostel von einem Zwischenfall erzählen, der sich in Antiochien in Syrien ereignet hat und aus dem hervorgeht, daß Paulus in Sachen Gesetz und Evangelium einmal selbst dem „Felsenmann" widerstanden hat (2, 11–21). Dies alles soll die Galater erkennen lassen, daß sein Evangelium „nicht von einem Menschen" stammt.

---

[1] Chiasmus in den Paulusbriefen, in: ZntW 49 (1958) 145–156 (152f).

1. DIE HINWENDUNG DES PAULUS ZUM „GLAUBEN" UND SEINE ERSTE MISSIONSTÄTIGKEIT (1, 13–24)

1, 13 Gehört habt ihr nämlich von meiner einstigen Lebensführung im Judaismus, daß ich über alle Maßen die Kirche Gottes verfolgte und sie zu ruinieren suchte 14 und ständig im Judaismus Fortschritte machte mehr als viele Altersgenossen in meinem Volk, in besonderem Maße ein Eiferer für meine von den Vätern ererbten Überlieferungen. 15 Als es aber dem gefiel, der mich vom Mutterschoß an ausgesondert und mich durch seine Gnade berufen hat, 16 seinen Sohn in mir zu offenbaren, damit ich ihn unter den Heiden verkündete, sofort beriet ich mich nicht mit Fleisch und Blut, 17 auch ging ich nicht nach Jerusalem hinauf zu denen, die vor mir Apostel waren, sondern zog fort in die Arabia, und kehrte wiederum nach Damaskus zurück. 18 Darauf nach drei Jahren ging ich hinauf nach Jerusalem, um Kephas zu besuchen, und ich blieb bei ihm zwei Wochen. 19 Einen anderen von den Aposteln habe ich nicht gesehen, nur Jakobus, den Bruder des Herrn. 20 Was ich euch schreibe, siehe, bei Gott, ich lüge nicht. 21 Dann ging ich in die Gegenden von Syrien und Kilikien. 22 Ich war aber unbekannt von Angesicht (persönlich) den christlichen Gemeinden Judäas. 23 Nur hörten sie: Der uns einst verfolgte, verkündet jetzt den Glauben, den er einst zu vernichten suchte, 24 und sie priesen Gott meinetwegen.

1, 13f Der Anschluß an das Vorausgehende mit Hilfe der Partikel γάρ stellt hier eindeutig einen Begründungszusammenhang her. Daß des Apostels Evangelium nicht παρὰ ἀνθρώπου ist, wird mit allen folgenden biographischen Angaben begründet und gesichert. Was davon zunächst berichtet wird, ist den Galatern nicht unbekannt: ἠκούσατε, vermutlich durch persönliche Berichte des Apostels über seine Missionstätigkeit. Sie kennen seinen ehemaligen Lebenswandel (ἀναστροφήν[2] ποτε[3]) im „Judaismus", d. h. in der Art, das Leben nach der strengen Sitte der jüdischen Religion zu gestalten[4]. Das folgende ὅτι ist epexegetisch zu ἀναστροφήν; in zwei davon abhängigen Sätzen (VV 13b.14) wird vom Apostel seine „spezifische" Art und Weise, das jüdische Wesen zu leben, vorgeführt:

---

[2] ἀναστροφή ist die Art und Weise, sein Leben zu leben, besonders in religiös-ethischer Hinsicht; vgl. Tob 4, 14 (ἐν πάσῃ ἀναστροφῇ σου); 2 Makk 6, 23 (τῆς ἐκ παιδὸς καλλίστης ἀναστροφῆς); Eph 4, 22 (κατὰ τὴν προτέραν ἀναστροφήν); 1 Petr 3, 2 (τὴν ἐν φόβῳ ἁγνὴν ἀ.); Jak 3, 13 (ἐκ τῆς καλῆς ἀναστροφῆς). Profan-griechische Belege bei BAUER Wb; vgl. ferner MOULTON-MILLIGAN s. v.; BERTRAM in: ThWb VII, 716f.   [(BLASS-DEBR § 269, 1).
[3] Attributiv zu ἀναστροφήν gehörend; eine Wiederholung des Artikels ist dabei nicht nötig
[4] Zu Ἰουδαϊσμός vgl. 2 Makk 2, 21; 8, 1; 14, 38; 4 Makk 4, 26 (ἐξόμνυσθαι τὸν Ἰουδαϊσμόν); Synagogeninschrift in Stobi (κατὰ τὸν Ἰουδαϊσμόν; dazu ZntW 32, 1953, 93f). IGNATIUS (Magn. 8, 1) lehnt es als Christ ab, κατὰ Ἰουδαϊσμὸν ζῆν. Vgl. auch K. G. KUHN – W. GUTBROD in: ThWb III, 365/20ff; 385/31ff (Ἰουδαϊσμός ist ein Ausdruck des hellenistischen Judentums). „Judaismus" ist also in Gal 1, 13 in keiner Weise ein ironisierender Begriff.

Gal 1, 13–14

a) Er verfolgte „über alle Maßen" (καθ' ὑπερβολήν)[5] die Kirche Gottes — das Impf. ἐδίωκον deutet auf eine längere Dauer dieser Verfolgung hin — und suchte sie zu ruinieren — ἐπόρθουν ist Impf. de conatu, ähnlich wie in 1, 23[6]. Der Ausdruck ἐκκλησία τοῦ θεοῦ entspricht der atl. Bildung קְהַל יהוה und drückt das Selbstverständnis der christlichen Gemeinde aus[7]: sie weiß sich als das wahre, eschatologische Volk Gottes. Vermutlich ist der Ausdruck von Paulus in den christlichen Sprachgebrauch eingeführt worden, obwohl der Sache nach schon vor ihm im Bewußtsein der Gemeinde lebendig[8]. Der Ton liegt für den Apostel auf τοῦ θεοῦ: es ist die Gemeinde Gottes, die er in seinem pharisäischen Übereifer verfolgen zu müssen glaubte[9].

b) Außerdem machte er immer mehr Fortschritte (Impf. προέκοπτον)[10] „im Judaismus", so sehr, daß er viele Altersgenossen in seinem Volk[11] in der gewissenhaften Beobachtung der väterlichen Überlieferungen übertraf[12]. Einen guten Kommentar dazu bietet Paulus selbst in Phil 3, 5f („Am achten Tage beschnitten, aus dem Volke Israel, aus dem Stamme Benjamin, ein Hebräer von

---

[5] Zum steigernden Gebrauch von Komposita mit ὑπέρ bei Paulus vgl. G. DELLING in: NT 11 (1969) 127–153.
[6] Vgl. zu πορθεῖν auch 4 Makk 11, 4 (τοῦτον πορθεῖς τὸν τρόπον); Apg 9, 21 (ὁ πορθήσας ... τοὺς ἐπικαλουμένους τὸ ὄνομα τοῦτο); PHILO, In Flacc. 54 (... ἐφεὶς ὡς ἐν ἁλώσει τοῖς ἐθέλουσιν πορθεῖν 'Ιουδαίους); AISCHYLOS, Theb. 582f (πόλιν πατρῷαν καὶ θεοὺς τοὺς ἐγγενεῖς πορθεῖν). Eine interessante Auslegung des Verbums πορθεῖν in Gal 1, 13.23 und Apg 9, 21 hat PH. H. MENOUD vorgelegt (Le sens du verbe πορθεῖν in: Apophoreta. Festschrift für E. HAENCHEN = BZNW 30 [Berlin 1964] 178–186); nach M. verwendet Paulus das Verbum πορθεῖν in Gal 1, 13.23 „au sens morale". Paulus sei, als er die Kirche „verfolgte", als fanatischer Gegenprediger gegen die Kirche aufgetreten, indem er mit Hilfe der Schrift das Kerygma der Christen, der gekreuzigte Jesus sei der verheißene Messias, zu widerlegen und damit ihren moralischen Ruin herbeizuführen versuchte. Seine Verfolgung der Christen sei so in erster Linie eine „theologische" gewesen. πορθεῖν „est le contraire de οἰκοδομεῖν". Vielleicht richtete sich die zornige „Gegenpredigt" des Apostels besonders gegen die Kreise in der jungen Kirche, die, wie Stephanus, dem Gesetz schon kritisch gegenüberstanden (vgl. dazu in diesem Kommentar auch S. 85, Anm. 42).
[7] Vgl. dazu die bei OEPKE z. St. in reicher Zahl genannte Literatur. Oepkes Meinung, daß die Bezeichnung der Gemeinde mit dem Terminus קהל „im späteren Judentum verschwunden" sei, bedarf der Korrektur; vgl. nur K. G. KUHN, Konkordanz zu den Qumranschriften, s. v. (z. B. 1 QM 4, 10: קהל אל).
[8] Vgl. F. MUSSNER, Die Idee der Apokatastasis in der Apostelgeschichte, in: LEX TUA VERITAS (Festschr. f. H. JUNKER) (Trier 1961) 305f.
[9] Vgl. zu den pln. Selbstzeugnissen über die Verfolgertätigkeit bes. G. KLEIN, Die zwölf Apostel, 127–144; BLANK, Paulus und Jesus, 238–248; BURCHARD, Der dreizehnte Zeuge, 40–51.
[10] Vgl. auch 1 QSa I, 8b LOHSE („Wenn er [der Novize] gute Fortschritte macht ...").
[11] γένος ist hier (das jüdische) „Volk" (vgl. 2 Kor 11, 26; Phil 3, 5 ἐκ γένους 'Ισραήλ; JOSEPHUS, Contra Ap. I, 1 περὶ τοῦ γένους ἡμῶν τῶν 'Ιουδαίων). Paulus fügt ἐν τῷ γένει μου hinzu, weil er an Heidenchristen schreibt.
[12] ὑπέρ (πολλοὺς συνηλικιώτας) hat komparativischen Sinn: „über (viele Altersgenossen) hinaus" (vgl. auch MAYSER, Grammatik, II/2, 461), dem hebr. מן entsprechend (vgl. BROCKELMANN, Hebr. Syntax, § 111g). Bei den „Altersgenossen" wird man „nicht nur an die pharisäischen Altersgenossen zu denken haben, an seine Mitschüler im Tora-Studium, sondern generell an seine Altersgenossen; nicht jeder von ihnen unterzog sich der Mühe des Tora-Studiums, und nicht jeder nahm es mit der Gesetzesverpflichtung so ernst, daß er Pharisäer wurde" (BLANK, Jesus und Paulus, 218; vgl. auch SCHLIER z. St.).

Hebräern, dem Gesetz nach Pharisäer, mit Eifer Verfolger der Kirche, untadelig nach der Gerechtigkeit des Gesetzes")[13]. Der Apostel war ein besonders (περισσοτέρως)[14] eifriger und eifernder (ζηλωτής) Vertreter[15] seiner von den Vätern stammenden Überlieferungen (τῶν πατρικῶν μου παραδόσεων). Damit bezeichnet sich Paulus nicht als Anhänger der Zelotenpartei, sondern als Pharisäer, die im Unterschied von den Sadduzäern[16] größten Wert auf die treue Beobachtung der sogenannten Väterüberlieferung legten, d. h. auf den „Zaun um die Tora" (Abot I, 1b)[17], wie er sich in der kasuistischen Auslegung des Gesetzes als rabbinische „Vorbeugungsverordnungen" allmählich herausgebildet hatte. Vgl. zum Sprachgebrauch auch Josephus, Antiqu. XIII § 297 (τὰ ἐκ παραδόσεως τῶν πατέρων); XIII § 408 (κατὰ τὴν πατρῴαν παράδοσιν); X § 51 (τῇ τῶν πρεσβυτέρων παραδόσει); XIX § 349 (τῷ πατρίῳ νόμῳ); Sir 8,9 („Verachte nicht die Überlieferung der Alten, die sie von ihren Vätern übernommen haben"); Henslav 52,9 („Selig, wer die Grundlagen seiner Väter bewahrt"); 2 Makk 7, 2 (οἱ πάτριοι νόμοι); 3 Makk 1, 23; 4 Makk 16, 16; Mk 7, 3.5 (τὴν παράδοσιν τῶν πρεσβυτέρων)[18]. Paulus wird aber mit den „väterlichen Überlieferungen" nicht bloß den rabbinischen Zaun um die Tora im Auge haben, sondern auch die Tora selbst; gegenüber den heidenchristlichen Lesern seines Briefes braucht er ja nicht scharf zu differenzieren. Was er mit dem Hinweis auf seine streng jüdische Lebensweise erreichen will, ist dies: Die Galater sollen sehen, daß Paulus vor seiner Bekehrung gegen christliche Beeinflussung immun war. Sein Lebensideal war ein Leben nach dem jüdischen Gesetz, und vom Evangelium wollte er nichts wissen. Er war im Gegenteil ein Feind der Gemeinde Jesu. „Nur ein Wunder konnte ihn herumholen" (Oepke). Dieses Wunder geschah.

1, 15–17 Die Galater konnten der Meinung sein, daß Paulus auf jeden Fall nach seiner „Bekehrung" alsbald Verbindung mit den Altaposteln und der Urgemeinde in Jerusalem aufgenommen habe, um Näheres über die christliche Lehre zu erfahren, oder daß er wenigstens wieder nach Jerusalem zurückgekehrt sei, von wo sein Unternehmen gegen die christliche Gemeinde in Damaskus ja ausgegangen war. Daß auch dies nicht der Fall war, legt der Apostel in den folgenden Versen dar[19].

---

[13] Vgl. auch Apg 22, 3 (Paulus ist erzogen κατὰ ἀκρίβειαν τοῦ πατρῴου νόμου); 28, 17. GRUNDMANN macht darauf aufmerksam, „daß die Aussagen über die Verfolgung der Gemeinde und über die Fortschritte im Judentum koordiniert sind" (NT 4 [1960] 267). „Die Verfolgung der Gemeinde ist Erweis für die Fortschritte im Judentum." In ihr bewährte der Apostel seine Gesetzesfrömmigkeit und seine Schriftkenntnis in ganz besonderer Weise.
[14] Das Adverb περισσοτέρως ist elativisch zu nehmen (= „besonders"), nicht komparativisch („in viel höherem Maße"), da es auf ζηλωτής bezogen ist, nicht auf das vorausgehende συνηλικιώτας.
[15] „Der Begriff ζηλωτής bezeichnet hier den um das Gesetz in besonderer Weise bemühten Pharisäer..." (WEISS in: ThWb IX, 48, Anm. 214).
[16] Vgl. JOSEPHUS, Ant. XIII § 297.
[17] Vgl. auch III, 13b: Rabbi Akiba sprach: „Überlieferung ist ein Zaun für die Tora."
[18] Vgl. BILLERBECK, I, 691ff; SCHÜRER II³, 406ff; SCHLATTER, Der Evangelist Matthäus (Stuttgart 1948) 477f; BÜCHSEL in: ThWb II, 174f.
[19] Nach O. LINTON, The Third Aspect. A neglected point of view. A study in Gal. I–II and

Gal 1, 15–17

Daß er dabei auf das Damaskusereignis nur in einem Nebensatz zu sprechen kommt (V 15f: ὅτε δέ...), hängt mit dem Ziel seiner Argumentation zusammen. Es geht ihm nicht um die Schilderung desselben, sondern um den Nachweis, sein Evangelium nicht „von einem Menschen empfangen" zu haben. Doch ist die Formulierung seines knappen Hinweises auf die Christophanie[20] für seine Interpretation derselben und für sein Selbstverständnis aufschlußreich: Es war die Gnadenstunde seiner Berufung. Der gnadenhafte Charakter des Ereignisses kommt einmal zum Ausdruck in dem Verbum εὐδόκησεν, zu dem eine ganze Reihe von Textzeugen nachträglich als Subjekt ὁ θεός ergänzt haben[21], zum anderen vor allem in der attributiven Bestimmung zu καλέσας: διὰ τῆς χάριτος. εὐδοκεῖν bringt ihr gegenüber mehr die Freiheit[22] der göttlichen Gnadenwahl zur Geltung („gefallen, belieben, für gut finden")[23]. Das Verbum εὐδόκησεν ist mit dem doppelten Partizipialsubjekt ὁ ἀφορίσας ... καὶ καλέσας verbunden, und der Infinitiv ἀποκαλύψαι ist von ihm abhängig. Während sich der souveräne Gnadenakt Gottes, ausgedrückt durch εὐδόκησεν, nach dem Kontext in einer (besonderen) Offenbarung an den Apostel äußerte, besagt der Partizipialsatz ὁ ἀφορίσας με ἐκ κοιλίας μητρός μου, daß Gott den Apostel seit Beginn seines Lebens an schon zu seinem späteren Werkzeug „ausgesondert" hat, ähnlich wie den Propheten Jeremia (vgl. Jer 1, 5 πρὸ τοῦ με πλάσαι σε ἐν κοιλίᾳ ἐπίσταμαί σε καὶ πρὸ τοῦ σε ἐξελθεῖν ἐκ μήτρας ἡγίακά σε, προφήτην εἰς ἔθνη τέθεικά σε) und den jesajanischen Gottesknecht (vgl. Is 49, 1.5, aus der Selbstankündigung des Gottesknechtes). Doch steht im Hintergrund wahrscheinlich auch die Berufungsvision von Is 6, 1–13, „die alle diejenigen Motive enthält", die Paulus selbst in seiner Auslegung des Damaskus-

---

Acts IX and XV (StTh 4 [1950] 79–95), bekämpft Paulus in Gal 1, 15–20 bewußt die vielleicht nicht bloß von seinen Gegnern in Galatien, sondern auch sonst verbreitete Behauptung, er sei nach seiner „Bekehrung" alsbald nach Jerusalem zurückgekehrt und habe dort von den Uraposteln das Evangelium empfangen. Und darum spreche er ohne Autorität! Entweder kannten seine Gegner selber nicht den genauen Verlauf der Frühzeit des Apostels oder sie stellten ihn bewußt falsch dar. Jedenfalls war, wie die Apg erkennen läßt, „das judaistische Paulusbild ... nicht nur unter Judenchristen verbreitet ..., sondern hat auch ins Heidenchristentum hineingewirkt" (HAENCHEN, Die Apg, 80). Was Lukas „für den frühen Paulus zur Verfügung stand, war wenig genug, kam nicht aus erster Hand, soweit es nicht überhaupt legendär war, und verdankte sein Überleben nicht dem Interesse an, sondern dem Streit um Paulus" (BURCHARD, Der dreizehnte Zeuge, 173).

[20] Diese „verhüllende" Formulierung des Damaskusereignisses setzt die Bekanntschaft dieser Sache bei den Galatern voraus. Der Apostel braucht davon nicht lange zu berichten; die Leser wissen, worum es sich handelt — ἠκούσατε vom Beginn des V 13 bezieht sich sicher auch noch auf die „Offenbarung" bei Damaskus. Siehe auch noch S. 84, Anm. 34.

[21] א A D K P Ψ 33 81 und viele weitere Minusk., syr[h* pal], cop[sa, bo], arm, aeth, IRENÄUS[lat], ORIGENES[gr. lat.], ADAMANTIUS, EUSEBIUS, EPIPHANIUS, CHRYSOSTOMUS, SEVERIAN, HIERONYMUS, AUGUSTINUS, CYRILL, EUTHALIUS, THEODORET, VIGILIUS, Ps-ATHANASIUS, JOH. DAMASCENUS.

[22] Die LXX gibt hebräische Äquivalente für εὐδοκεῖν auch mit θέλειν und βούλεσθαι wieder (ThWb II, 736/20ff SCHRENK).

[23] Vgl. auch 1 Sam 12, 22 („Jahwe hat es gefallen, euch zu seinem Volk zu machen"); Ps 39, 14 (εὐδόκευσον, κύριε, τοῦ ῥύσασθαί με); 67, 17 (τὸ ὄρος, ὃ εὐδόκησεν ὁ θεὸς κατοικεῖν ἐν αὐτῷ); Lk 12, 32; 1 Kor 1, 21; Kol 1, 19 (vgl. SCHRENK in: ThWb II, 739f; BLANK, Paulus und Jesus, 223, Anm. 60).

erlebnisses vorführt und die „darüber hinaus deren innere Logik enthüllt"[24]. Erwählung (Berufung) und „Aussonderung" gehören zusammen[25]. Paulus versteht also sein apostolisches Berufsbewußtsein im Licht des Sendungsbewußtseins der atl Propheten[26], vor allem des Jeremia[27] und besonders des Deuterojesaja[28]. Zu ἀφορίζειν vgl. in der LXX besonders Num 8, 11 (Aaron

---

[24] O. Betz, Die Vision des Paulus im Tempel von Jerusalem. Apg 22, 17–21 als Beitrag zur Deutung des Damaskuserlebnisses, in: Verborum Veritas. Festschr. f. G. Stählin (Wuppertal 1970) 113–123 (118f.). — Vgl. zu den prophetischen Berufungen im AT besonders R. Kilian, Die prophetischen Berufungsberichte, in: Theologie im Wandel (München – Freiburg i. Br. 1967) 356–376; W. Richter, Die sog. vorprophetischen Berufungsberichte (Göttingen 1970); K. Gouders, Zu einer Theologie der prophetischen Berufung, in: Bibel u. Leben 12 (1971) 79–93; ders., „Siehe, ich lege meine Worte in deinen Mund." Die Berufung des Propheten Jeremia (Jer 1, 4–10): ebd. 162–186. Über den Einfluß der atl. Prophetenberufungen auf die lukanische Ausgestaltung der „Bekehrungs"-Geschichte des Paulus vgl. vor allem auch G. Lohfink, Eine atl. Darstellungsform für Gotteserscheinungen in den Damaskusberichten (Apg 9; 22; 26), in: BZ, NF 9 (1965) 246–257 (254ff).

[25] Durch die Erwählung wird Israel „aus allen Völkern" ausgesondert und Gottes Sondereigentum; vgl. H. Wildberger, Jahwes Eigentumsvolk (AbhThANT 37) (Zürich – Stuttgart 1960) 74–79; 107–110 (110: „Mit בָּחַר, bei dem der Nachdruck auf der Gnade als dem Motiv des Handelns liegt, bei dem zugleich die absolute Freiheit Gottes gesichert ist, und das immer schon auf eine bestimmte Aufgabe hinausschaut, war der der göttlichen Erwählung adäquate Begriff endgültig da").

[26] Vgl. auch W. Grundmann, Paulus, aus dem Volke Israel, Apostel der Völker, in: NT 4 (1960) 267; Rengstorf in: ThW I, 440f; Fr. Holtz, Das Selbstverständnis des Apostels Paulus, in: ThLZ 91 (1966) 321–330; A.-M. Denis, L'Apôtre Paul, prophète „messianique" des gentils, in: EphThLov 33 (1957) 245–318; L. Cerfaux, Saint Paul et le ‚Serviteur de Dieu' d'Isaie, in: Recueil Lucien Cerfaux II (Gembloux 1954) 439–454; A. Kerrigan, Echoes of Themes from the Servant Songs in Pauline Theology, in: Stud. Paulinorum Congr. Intern. Cath. 1961 (Anal. Bibl. 17/18) II (Rom 1963) 217–228; D. M. Stanley, Paul and the Christian Concept of the Servant of God, in: The Apostolic Church in the New Testament (Westminster/Maryland 1965) 312–351; Stuhlmacher, Das pln. Evangelium I, 72f; Blank, Paulus und Jesus, 222–230. J. Munck hat recht, wenn er betont (Paulus und die Heilsgeschichte [Kopenhagen 1954] 1–27, bes. 17), daß das sogenannte Damaskusereignis nicht die „Bekehrung" des Paulus als eines einzelnen bedeutet als vielmehr einen wichtigen Teil der göttlichen Heilsgeschichte darstellt, ähnlich wie das bei den Berufungen der atl. Propheten der Fall ist. Denn gerade durch das missionarische Werk des Paulus wird die Völkerwelt in das Heilswerk Jesu Christi miteinbezogen [vgl. Gal 1, 16 und die dortige Auslegung], ja durch diesen Einbezug der Völker tritt die Heilsgeschichte in ihr letztes Stadium. Insofern steht die Berufung des Paulus dem Range nach noch höher als die Berufung der atl. Propheten. Nur von dieser Berufung her ist die ἀνάγκη zu verstehen, die auf dem Apostel nach seiner Selbstaussage in 1 Kor 9, 16 liegt. „ἀνάγκη bezeichnet hier die Macht des radikal Fordernden, sich dem Menschen gegenüber mit seiner Forderung Durchsetzenden, seinen Diener zu seinem Werkzeug machenden Gotteswillens ... ἀνάγκη in diesem Sinne ist mit dem Evangelium über sein Leben gekommen. Das Evangelium selber ist für ihn jene Gottesmacht, welche den Menschen derart schicksalhaft überfällt, wie Paulus es tatsächlich bei Damaskus erfahren hat ..." (E. Käsemann, Eine paulinische Variation des ‚Amor fati', in: Exegetische Versuche und Besinnungen II [Göttingen ²1964] 223–239 [234f]). Das verbietet es, das Damaskusereignis und seine pln. Interpretation in Gal 1, 15 psychologisierend zu verstehen. Vgl. zur Formulierung von Gal 1, 15 auch noch 1 QH IX, 29f: „Denn von meinem Vater her hast du mich erkannt und vom Mutterschoß her [mich geheiligt und von] Mutter[leib] an mir Gutes getan."

[27] In Jer 1, 4f fehlt allerdings, wie Holtz bemerkt (a.a.O. 325 und 328) „das eigentlich tragende Element", nämlich καλεῖν, und außerdem „wird Jeremias gegen die Völker und Reiche gesandt" (vgl. Jer 1, 6.10).

[28] „Man darf es als wohlbegründet annehmen, daß Paulus seine Berufung zum Heidenapostel

sondert die Leviten für ihren Dienst aus); 15, 20 (das Opferbrot soll für Jahwe ausgesondert werden); Is 29, 22 (Gott hat das Haus Jakob schon von Abraham her ausgesondert); Ez 45, 1.4.9 (ein Teil des Landes muß für Jahwe und die Priester ausgesondert werden)[29]: immer bekommt das Erwählte dadurch eine Sonderstellung oder eine Sonderaufgabe. Im NT vgl. Mt 13, 49 (Aussonderung beim Gericht); Apg 13, 2 („Sondert mir den Barnabas und Saul aus für das Werk, zu dem ich sie berufen habe")[30]. Nach Röm 1, 1 ist Paulus als von Christus „berufener Apostel" zur Verkündigung des Evangeliums „ausgesondert" (ἀφωρισμένος)[31].

Wie die Satzkonstruktion im V 15 zeigt, sind die als Subjekt zu εὐδόκησεν fungierenden Partizipialaussagen ὁ ἀφορίσας ... καὶ καλέσας in erster Linie im Hinblick auf Gott gemacht („partizipiale Gottesprädikationen") und erst in zweiter Linie im Hinblick auf den Apostel; denn der folgende Infinitiv ἀποκαλύψαι ist von εὐδόκησεν, nicht von den Partizipien abhängig. Diese wollen vielmehr den souverän erwählenden Gott zur Geltung bringen: dieser war es, der schon immer sein Auge auf Paulus geworfen hatte (ἐκ κοιλίας μητρός μου)[32] und ihn durch seine Gnade zum Apostolat gerufen hat (διὰ τῆς χάριτος αὐτοῦ). Hinter dem Apostel steht Gott — diese seine Feststellung dient wieder der Absicht des Briefes (vgl. 1, 1). Und hinter dem Hinweis auf die „Aussonderung" und „Berufung" durch Gott steht auch wieder das apostolische Selbstbewußtsein des Paulus, das in Röm 1, 1 in dem Ausdruck κλητὸς ἀπόστολος sich ausspricht. Der Apostel betont die Gnadenhaftigkeit seiner Berufung zum Apostel[33]. Konkret zeigte sich diese in jener göttlichen „Offenbarung", die ihn Jesus Christus als den „Sohn" (Gottes) erkennen ließ. Der

---

mit dem Auftrag, den Heidenvölkern die Heilsbotschaft zu bringen, von Deuterojesaia her verstand" (BLANK, Paulus und Jesus, 227), wobei der Apostel, wie BLANK mit Recht bemerkt, sich als „missionarischen Gottesknecht" für die Heidenvölker versteht, nicht dagegen als den leidenden Gottesknecht von Is 52/53. Bl. zeigt auch (ebd. 227f), daß sich für dieses Selbstverständnis des Apostels schon eine Tradition im hellenistischen Judentum finden läßt, die sich in Röm 2, 18f widerspiegelt, wenn Paulus hier an die Juden gerichtet sagt: „Du bist davon überzeugt, ein Führer der Blinden zu sein, ein Licht für die in der Finsternis, ein Erzieher der Unverständigen, ein Lehrer der Unmündigen ..."

[29] Vgl. weiter HATCH-REDPATH, s. v. ἀφορίζω.

[30] Die Qumrangemeinde soll sich vom übrigen Volk als ein Heiligtum für Gott „absondern" (1 QS VIII, 11.13; IX, 6.20).

[31] Vgl. auch MICHEL zu Röm 1, 1. Es ist auch nicht völlig auszuschließen, daß Paulus in dem Abschnitt Gal 1, 13-15 speziell von seiner pharisäischen Vergangenheit her formuliert, wie vor allem sein Hinweis auf den Eifer für die altväterlichen Überlieferungen erkennen läßt (vgl. dazu auch Phil 3, 5f). Dann könnte durchaus auch in dem Verbum ἀφορίζειν eine (abwertig verstandene) Anspielung an die Pharisäer als die „Abgesonderten" (vgl. MEYER in: ThWb IX, 12f) mitschwingen. Dazu J. W. DOEVE, Paulus der Pharisäer und Gal 1, 13-15, in: NT 6 (1963) 170-181.

[32] Vgl. dazu auch Apg 22, 14 (Ananias sagt zu Paulus in Damaskus: „Der Gott unserer Väter hat dich dazu vorherbestimmt [προεχειρίσατο], seinen Willen zu erkennen, den Gerechten zu sehen und die Stimme aus seinem Munde zu hören").

[33] A. SATAKE hat in einem Aufsatz „Apostolat und Gnade bei Paulus" (NTSt 15 [1968/69] 96-107) gezeigt, daß für Paulus die Berufung zum christlichen Glauben und die Berufung zum Apostolat zusammenfallen; die χάρις, durch die ihn Gott nach Gal 1, 15 rief, ist also speziell die Gnade des Apostolats. Vgl. auch K. KERTELGE, Das Apostelamt des Paulus, sein Ursprung und seine Bedeutung, in: BZ, NF 14 (1970) 161-181 (162-173).

Apostel hat dabei sehr wahrscheinlich die Christophanie vor Damaskus im Auge[34], wenn auch die Formulierung dieses Erlebnisses auffällig ist: ἀποκαλύψαι τὸν υἱὸν αὐτοῦ ἐν ἐμοί. Warum formuliert Paulus so? Nach der Darstellung der Apostelgeschichte hat die Gestalt, die dem Apostel in himmlischem Lichtglanz erschien, sich selbst mit „Jesus" identifiziert („ich bin Jesus, den du verfolgst": Apg 9, 5; 22, 8; 26, 15)[35]. Nach 1 Kor 9, 1 hat Paulus „Jesus, unseren Herrn, gesehen"; nach 15, 7 ist ihm Christus „erschienen" (ὤφθη), wobei der Apostel diese ihm widerfahrene „Erscheinung" des auferweckten Christus den Erscheinungen vor den andern, von ihm aufgezählten Zeugen gleichordnet[36]. „Demnach ist das Damaskuserlebnis des Paulus eine Ostergeschichte, ja, er ist im Neuen Testament der einzige, der von seinem Ostererlebnis authentisch berichtet" (O. Betz)[37]. Er interpretiert selbst in Gal 1, 16 diese „Erscheinung" des Auferstandenen und das „Sehen" Jesu (1 Kor 9, 1) als ein „Offenbaren"[38], durch das ihm Gott diesen als „seinen Sohn" erkennen

---

[34] Anders etwa BONNARD (s. o. S. 69) und A. WIKENHAUSER, der die Christophanie und diese Offenbarung auseinanderhalten möchte (Christusmystik, 89). Paulus erzählt in Gal 1, 13ff nichts davon, daß er von Jerusalem nach Damaskus gereist sei, um die dortige Christengemeinde zu verfolgen (vgl. Apg 9, 1f), aber in 1, 17 spricht er ausdrücklich von einer (wenn auch nicht erfolgten) „Rückkehr nach Jerusalem" und einer „Rückkehr nach Damaskus" aus der Arabia. Die „Offenbarung des Sohnes", die ihm zuteil wurde, gehört eindeutig in den Zusammenhang dieser Vorgänge, die er, wenigstens zum Teil, bei den Adressaten als bekannt voraussetzt (vgl. nochmals ἠκούσατε in 1, 13; vgl. auch STUHLMACHER, Das pln. Evangelium I, 73, Anm. 1: „daß die paulinische Berufung Gegenstand fester Traditionsbildung gewesen ist, machen die Berichte der Apostelgeschichte ... ebenso deutlich wie die stereotypen Schilderungen von Gal 1, 13ff und 1 Kor 15, 8ff") und die er deshalb nur fragmentarisch zur Sprache zu bringen braucht, eben nur soweit, daß die Unabhängigkeit „seines" Evangeliums von menschlicher Tradition und Belehrung klar sichtbar wird. Oder verschweigt Paulus „Damaskus" als (ungefähren) Offenbarungsort deshalb, weil nach frühjüdischer Anschauung (vgl. MechEx., 2f [zu Ex 12, 1]) „alle Länder" außerhalb des „Landes" für göttliche Offenbarung nicht „tauglich" sind und „die Schechina sich nicht im Ausland offenbart"?

[35] Vgl. dazu auch G. LOHFINK, Paulus vor Damaskus (SBS 4) (Stuttgart 1965); BURCHARD, Der dreizehnte Zeuge, 57–136.

[36] Vgl. dazu Näheres (mit Literatur) bei F. MUSSNER, Die Auferstehung Jesu (München 1969) 63–74. Auch Lukas wechselt in der Terminologie ab: nach Apg 22, 14 durfte Saulus „den Gerechten sehen"; nach 22, 16 sagt der himmlische Christus zu ihm: „Ich bin dir erschienen" (ὤφθην σοι); nach 9, 27 erzählt Barnabas den Aposteln in Jerusalem, daß Paulus auf seiner Reise nach Damaskus „den Herrn gesehen" habe.

[37] A.a.O. (s. S. 82, Anm. 24) 117. Auch nach SCHLIER ist mit dem „Sohn" von Gal 1, 16 jener „Sohn in Macht" gemeint, von dem in Röm 1, 3 die Rede ist, also der auferweckte Kyrios (Über die Auferstehung Jesu Christi [Einsiedeln 1968] 33). STUHLMACHER formuliert (Das pln. Evangelium I, 81): „Paulus schildert ... in Gal. 1, 15f. die ihm zuteil gewordene österliche Epiphanie des Gottessohnes."

[38] Widerspricht sich Paulus nicht selbst, wenn er einerseits von einem „Sehen" Jesu und von einem „Erscheinen" des Auferweckten spricht, andererseits von einem „Offenbaren" des Sohnes in ihm? Der semantische Befund zum Term גלה (aram.: גְּלָא; ἀποκαλύπτειν) zeigt beide Bedeutungen: „(sich) zeigen", „offenbaren". Vgl. C. WESTERMANN – R. ALBERTZ in: ThHWb zum AT I, 418–426; DALMAN, Aramäisch-Neuhebr. HWb 78f (s.v. גְּלָא, im Itpe.: „offenbart werden, erscheinen, sich zu erkennen geben, sich offenbaren", im Itpa.: „sich aufdecken, sich zeigen"; גָּלָה, im Ni.: „offenbart werden, erscheinen", im Hitp.: „enthüllt werden, sich offenbaren, aufgedeckt sein"); LEVY, Wb I, 332f. — Paulus konnte also mit Blick auf dasselbe Ereignis ohne weiteres von „sehen", „erscheinen" („sich zeigen") und „offenbaren" („Offenbarung") sprechen. Aber daß er in Gal 1, 16 den Term ἀποκαλύπτειν ge-

ließ, womit Paulus auch sagen will, worin für ihn die theologische Grundeinsicht bestand, die ihm das Damaskusereignis vermittelt hat. Zugleich verstand er dieses Ereignis als seine Berufung zum Apostel (1, 15) und als den Ursprungsort „seines" Evangeliums, das er auch den Galatern verkündet hat (1, 11) und das identisch ist mit dem „Evangelium Jesu Christi" (1, 7).

Trotzdem bleibt die Frage, die sich O. Betz stellt[39]: „Wie war es möglich, daß Paulus diese Vielfalt von Tatsachen und Aufgaben aus dem Erlebnis der Christusvision ableiten konnte?" Betz antwortet: den Schlüssel dazu „boten ihm nicht die Worte eines vom Himmel her redenden Christus oder eines auf Erden helfenden Christus, sondern die Worte Gottes in der Heiligen Schrift". Betz vermutet, daß es Jer 1, 4–10, Is 49, 1–6, besonders aber Is 6, 1–3 waren, die dem Apostel das Recht zu seiner Interpretation des Damaskusereignisses gaben[40]. Vgl. zu 1 Kor 9, 1 (οὐκ εἰμὶ ἀπόστολος; οὐχὶ Ἰησοῦν τὸν κύριον ἡμῶν ἑόρακα) Is 6, 1 (εἶδον τὸν κύριον). „Auch nach dem Prophetentargum hat Jesaja nicht Gott selbst, sondern lediglich dessen Herrlichkeit (jᵉqara' = δόξα) geschaut. Wichtig ist auch, daß nach dem Prophetentargum Gott als ein im Himmel Thronender sichtbar wird (zu Jes 6, 2f); so hat auch Paulus bei seiner Berufung den himmlischen, zur Rechten Gottes inthronisierten Jesus gesehen und eben daran als Messias, Gottessohn und Herrn erkannt" (ders.)[41]. Damit konnte aber Paulus auch den Anschluß an den christologischen Glauben der christlichen Gemeinde finden, den er jetzt bejahen und weiter ausbauen konnte[42]. Er besitzt nun die Gewißheit: Jesus ist der Sohn

---

braucht, läßt erkennen, daß es ihm beim Widerfahrnis des „Damaskusereignisses" ganz besonders auf das Offenbarungselement ankommt, nicht auf das „Sehen", obwohl er seltsamerweise nicht sagt: Gott hat mir das Evangelium geoffenbart, sondern „seinen Sohn" — auf τὸν υἱὸν αὐτοῦ scheint der Hauptton zu liegen. Paulus legt also großen Wert auch auf den Inhalt des Evangeliums, obwohl die Sohngotteschristologie schon vorpaulinisch zu sein scheint (vgl. dazu auch unsere Anm. 43, S. 86 und den Kommentar zu 4, 4). Hatte er also vor seiner Bekehrung besonderen Anstoß an der christlichen Verkündigung genommen, daß Jesus, der Gekreuzigte, der Sohn Gottes sei? Vermutlich nicht bloß daran (s. unten Anm. 42).

[39] A.a.O. 117.
[40] Ebd. 117f.
[41] Ebd. 118. Nur muß bedacht werden, daß sich gerade in dem präzisen Inhalt der dem Paulus nach Gal 1, 16 zuteil gewordenen Offenbarung als Offenbarung des Sohnes auch der Unterschied zwischen Prophet und Apostel besteht (vgl. auch BLANK, Paulus und Jesus, 229).
[42] „Was mit der Berufung des Paulus theologisch geschieht, ist also dies: Gott selbst bezeugt dem Paulus an der Gestalt des vor dem Gesetz verfluchten und dennoch zum Sohn Gottes in Vollmacht erhöhten Christus das Recht der Lehre und des Bekenntnisses eben der von Paulus verfolgten hellenistischen Gemeinde. Das bedeutet: Paulus wird von Gott selbst hineinberufen in das Missionswerk der bereits vor Paulus die Abrogation der Tora vollziehenden, hellenistischen Gemeinde..." (STUHLMACHER, Das pln. Evangelium I, 74). War Paulus, was wahrscheinlich ist, vor allem wegen der Abrogation des Gesetzes durch bestimmte Verkündiger des Evangeliums auf den Plan gerufen worden, „so zeigt sich, daß er das Christentum in einer Form kennengelernt hat, in der es dem Gesetz schon kritisch gegenüberstand und es in irgendeinem Maße überwunden hatte. Das ergibt sich auch daraus, daß für ihn die Frage nach der Annahme der christlichen Botschaft identisch ist mit dem Entweder-Oder: das Gesetz oder Jesus Christus" (BULTMANN, Paulus, in: RGG IV², 1021); vgl. auch W. SCHRAGE, „Ekklesia" und „Synagoge". Zum Ursprung des urchristlichen Kirchenbegriffs, in: ZThK 60 (1963)

Gal 1, 15–17

cf. 2:20; 4:6!

Gottes!⁴³ Nur Gott selber kann den Sohn „in" Paulus (ἐν ἐμοί) „enthüllen". Wie ist ἐν (ἐμοί) näherhin zu verstehen? Sicher nicht im Sinn eines „mystischen" (seelischen) Erlebnisses⁴⁴, sondern vielleicht nur als bloßer Präpositionalausdruck anstelle eines Dativs⁴⁵. Oder schreibt der Apostel absichtlich ἐν ἐμοί,

---

198; W. SCHMITHALS, Paulus und Jakobus, 15–29 (20: „Seine Bekehrung war, wie Gal. 1, 13ff zeigt, eine Bekehrung zu dem von ihm verfolgten gesetzesfreien Evangelium"). Vgl. auch Apg 6, 13 („dieser Mensch [Stephanus] hört nicht auf, Reden zu führen gegen diesen heiligen Ort und das Gesetz"). Dann wäre es also in der Tat so, wie HENGEL formuliert: „Offenbar ist die entscheidende Wendung hin zu einer kritischeren Haltung gegenüber dem Gesetz bereits bei dieser judenchristlich-hellenistischen Gruppe in Jerusalem geschehen" (Die Ursprünge der christlichen Mission, in: NTSt 18 [1971/72] 27 [vgl. überhaupt 27–29]) oder STUHLMACHER (a.a.O.): „Die Antithese von Gesetz und Evangelium ist, traditionsgeschichtlich gesehen, keine spezifisch paulinische Lehre; sie ist dem Apostel bereits vorgegeben und seinem Evangelium darum wesensmäßig inhärent." Vgl. auch noch CONZELMANN, Geschichte des Urchristentums, 44 („Es wird sich zeigen, daß nur aus der Annahme, daß schon vor Paulus ein gesetzesfreies Judenchristentum bestand, der Inhalt seiner Bekehrung verständlich wird"); 65; J. ECKERT, Paulus und die Jerusalemer Autoritäten nach dem Galaterbrief und der Apostelgeschichte, 288. Aber keineswegs ist es so, daß Paulus „durch das Kerygma der hellenistischen Gemeinde für den christlichen Glauben gewonnen worden" ist, wie BULTMANN meint (Theologie des NT, 188f); die Selbstaussagen des Apostels, besonders Gal 1, 11ff, sprechen eindeutig gegen eine solche Anschauung. Zum scheinbaren Widerspruch zwischen Gal 1, 12 und 1 Kor 15, 1ff vgl. unsere Ausführungen S. 65f.

43 Versteht Paulus τὸν υἱὸν αὐτοῦ nur in einem „messianischen" Sinn (so etwa B. WEISS; ECKERT, Die urchristliche Verkündigung, 177, Anm. 2)? Nach STUHLMACHER (Das pln. Evangelium I, 81) „meint das von Gott beschlossene ἀποκαλύψαι τὸν υἱὸν αὐτοῦ das Sehenlassen des Auferstandenen als des von Gott inthronisierten und also zum Herrscher eingesetzten Gottessohnes". Es steht auf jeden Fall fest, daß „der Sohn" von V 16 mit dem „Jesus Christus" von V 12 identisch ist. In Gal 2, 20 sieht der Apostel den Sohn Gottes in seiner soteriologischen Funktion, in 4, 4 als den von Gott gesandten Sohn, „geworden aus einem Weib, gestellt unter das Gesetz". Daraus ergibt sich, daß im Gal das Würdeprädikat „Sohn" für Jesus Christus in einem umfassenden Sinn verstanden ist: der Sohn ist nicht bloß der in die Fülle der Zeit in die Welt Gesandte, er ist nicht bloß der von einem Weib Geborene und unter das Gesetz Gestellte, er ist nicht bloß der sich für uns Dahingegebene, und er ist nicht bloß der Auferweckte und jetzt bei Gott Lebende. Das Prädikat „Sohn" faßt vielmehr alle diese Aspekte zusammen. „Sohn" ist das die himmlische und irdische Existenz Jesu Christi umfassende Prädikat, worin der „messianische" Aspekt nur ein Teilaspekt ist. Diesen Sohn hat Gott „in" Paulus geoffenbart. Und diesen Sohn wird Paulus dann „unter den Heiden" verkündigen (V 16b). — Zur Sohn-Gottes-Theologie des Paulus s. die Ausführungen bei BLANK, Paulus und Jesus, 249–303; SCHWEIZER in: ThWb VIII, 384–387 (dazu die Literatur 334); LÜHRMANN, Offenbarungsverständnis, 76f (Lit.). Zur Frage einer vorpaulinischen Sohngotteschristologie vgl. F. HAHN, Christologische Hoheitstitel, 315f; KRAMER, Christos – Kyrios – Gottessohn, 109–111. Dazu noch P. HOFFMANN, Die Offenbarung des Sohnes. Die apokalyptischen Voraussetzungen und ihre Verarbeitung im Q-Logion Mt 11, 27 par Lk 10, 22, in: Kairos 12 (1970) 270–288 (bes. 282–288); H. untersucht die Rolle der „Q-Gruppe" beim Aufbau der Sohneschristologie; 288: „Im Vorstellungshorizont der Q-Gruppe besagte also das Osterereignis primär: Jesus ist alle Macht übergeben, er ist zum Menschensohn erhöht. In der Sprache ihrer Umwelt ... beschreiben sie die alle menschliche Erfahrung übersteigende Einsicht als Apokalypsis des Sohnes." Mir fehlt allerdings der Glaube an die Existenz einer eigenen „Q-Gruppe" in der Urkirche.
44 Vgl. auch WIKENHAUSER, Christusmystik, 89.
45 Was philologisch möglich ist (s. die Belege bei OEPKE z. St.). Paulus verbindet das personale Objekt zu ἀποκαλύπτειν auch sonst mit dem bloßen Dativ (1 Kor 2, 10; Phil 3, 15; Eph 3, 5). Vgl. auch STUHLMACHER, Das pln. Evangelium I, 82, Anm. 1; ZERWICK, Graecitas Biblica

Gal 1, 15–17

weil die Christophanie vor Damaskus ihm zugleich eine tiefe christologische Einsicht vermittelte, aus der heraus er nun selbst Christus als den Sohn Gottes verkündigen kann?[46] Die Frage läßt sich nicht endgültig entscheiden. Ob diese „Offenbarung" zugleich der Quellort der pln. Christusmystik war, läßt sich schwer sagen; sicher nicht allein[47].

Die „Aussonderung" und „Berufung" des Apostels hat in Verbindung mit der ihm gewährten „Offenbarung" einen bestimmten von Gott gewollten Zweck: ἵνα[48] εὐαγγελίζωμαι αὐτὸν ἐν τοῖς ἔθνεσιν. αὐτόν bezieht sich zurück auf τὸν υἱὸν αὐτοῦ. Also ist Christus, der Sohn Gottes, letztlich der Inhalt des Evangeliums[49], das der Apostel nach dem Heilswillen Gottes zu verkünden hat[50]. Warum fügt er noch hinzu: ἐν τοῖς ἔθνεσιν? War die „Offenbarung" mit einem offiziellen Auftrag zur Heidenmission verbunden (vgl. Apg 22, 21 πορεύου, ὅτι ἐγὼ εἰς ἔθνη μακρὰν ἐξαποστελῶ σε; 26, 17 ἐξαιρούμενός σε ἐκ τοῦ λαοῦ καὶ ἐκ τῶν ἐθνῶν, εἰς οὓς ἐγὼ ἀποστέλλω σε), oder denkt der Apostel dabei an seine Abmachung mit den „Säulen" der Urgemeinde (Gal 2, 9)? Dem Apostel geht es mit dem Hinweis auf die Heidenmission um dasselbe Ziel, das er überhaupt ab 1, 11 verfolgt: um den Nachweis, daß sein unter den Heiden und d. h. auch unter den Galatern verkündetes Evangelium auf unmittelbare göttliche Offenbarung zurückgeht, nicht auf menschliche Vermittlung — das zeigen auch seine weiteren Ausführungen ab V 16b. Die Formulierungen des Apostels in Gal 1, 11 ff müssen ganz von der Absicht her begriffen werden, die er mit ihnen verfolgt; auch sie sind nicht einfach Historie[51]. Den-

---

§ 90 („fortasse"). Möglicherweise steht ἐν ἐμοί unter Parallelisierungszwang im Hinblick auf das nachfolgende ἐν τοῖς ἔθνεσιν (vgl. MOULE, An Idiom Book, 76, Anm. 1; BLIGH z. St.).
[46] Vgl. auch Phil 3, 8 („die unüberbietbare große Erkenntnis Christi Jesu, meines Herrn"); dazu auch WIKENHAUSER, Christusmystik, 84f; SCHLIER z. St.: „Es scheint doch so, daß mit ἐν ἐμοί die Intensität der Enthüllung des Sohnes, die bis in das zentrale Leben des Apostels stattfand, zum Ausdruck gebracht wird." ZAHN bemerkt: „Aber auch im Innern des Pl, über seinem Herzen hing eine Decke und herrschte eine Finsternis, welche ihn hinderte, mit dem geistigen Auge Jesum zu sehen und ihn als den Sohn Gottes zu erkennen", und Z. meint sogar, daß wir die „drei Tage der körperlichen Blindheit", von der Apg 9, 8 erzählt, „als die Zeit der von Gott gewirkten Enthüllung Christi im Innern des Pl anzusehen haben". Vgl. auch noch die ausführliche Diskussion bei BURTON z. St.
[47] Vgl. zu dieser Frage WIKENHAUSER, Christusmystik, 87, und die dort angegebene Literatur.
[48] Ein ἵνα „der göttlichen Absicht".
[49] Vgl. auch SCHWEIZER in: ThWb VIII, 387.
[50] Da die Heidenmission des Apostels nach dem Kontext unlöslich mit der ihm widerfahrenen „Offenbarung" Jesu als des Sohnes zusammenhängt, ist die Meinung E. BARNIKOLS, daß Paulus schon vor seiner „Bekehrung" als jüdischer Beschneidungsprediger unter den Heiden gewirkt habe, ganz abwegig (Die vorchristliche und frühchristliche Zeit des Paulus [Kiel 1929] 18 ff). Auch SCHOEPS hält diese Möglichkeit nicht für ausgeschlossen; er meint, das „könnte den raschen Entschluß von Damaskus als ein Verbleiben im selben Beruf verständlich machen" (Paulus, 58; vgl. auch 174).
[51] SCHLIER bemerkt: „Ob die Enthüllung des Sohnes seine sofortige Verkündigung durch den Apostel unter den Heiden zur Folge hatte, läßt sich von unserer Stelle aus nicht entscheiden. Die Formulierung des Satzes verrät nichts darüber. Aber Paulus reflektiert auch nicht über diese Frage. Ihm liegt nur daran, zu betonen, daß die Offenbarung Gottes an ihn den Auftrag der öffentlichen Verkündigung Christi unter den Heiden einschließt" (zu Gal 1, 16). Von einem ausdrücklichen Befehl des himmlischen Christus erzählt Paulus selbst nach der Darstellung des Lk in Apg 22, 17–21, und zwar habe er ihn bei einer Vision im Tempel zu

noch darf hier noch auf etwas Grundsätzliches hingewiesen werden: Paulus bringt in Gal 1, 16 die Offenbarung des Sohnes „in" ihm in einen Zweckzusammenhang mit seiner Mission unter den Heiden (ἵνα ...). In 4, 4 wird er sagen, daß Gott seinen Sohn schon gesandt hat. Dieses Ereignis, das für Paulus aufgrund dessen, was ihm bei Damaskus widerfahren war, zur unumstößlichen Glaubensgewißheit wurde, hatte selbstverständlich für ihn eschatologischen Rang schlechthin: Weil der Sohn in der Welt präsent wurde, sind auch die letzten Zeiten der Geschichte schon angebrochen (vgl. 1 Kor 10, 11) und darum gilt es seine Herrschaft und sein Heilswerk nicht bloß unter den Juden, sondern auch unter den Heiden zu verkünden („damit ich ihn unter den Heiden verkünde"), und so betrieb Paulus in immer stärkerem Maße, besonders mit Beginn der ersten „Missionsreise", die Völkermission und wurde zum ἐθνῶν ἀπόστολος (Röm 11, 13), der von sich sagen durfte, daß er mehr als alle andern sich abgemüht hat (1 Kor 15, 10) und das Evangelium „bis an die Grenzen der Ökumene" (Röm 10, 18) tragen wollte[52]. „Entsprechend plant und wirkt er im Rahmen ganzer Provinzen: Syrien und Cilicien, Asia, Makedonien, Achaia, Illyricum. Seine Gedanken schweifen weiter nach Rom, ja bis nach Spanien" (Hengel)[53]. Eschatologische Sohnesoffenbarung und Mission gehören also für Paulus unlöslich zusammen.

Das Nächstliegende wäre es nach dem Damaskusereignis gewesen, daß Paulus sich nach Jerusalem zurückbegeben und Anschluß an die Urgemeinde gesucht hätte oder wenigstens an die christliche Gemeinde in Damaskus. Nach der Darstellung der Apostelgeschichte hat er das Letztere getan, sogar aufgrund eines besonderen Auftrags Christi (vgl. Apg 9, 6: „Steh auf und geh in die Stadt. Dort wird man dir sagen, was du tun sollst")[54]: er blieb nach 9, 20 „einige Tage bei den Jüngern in Damaskus", und unvermittelt fährt der Bericht dann weiter: „Und sofort (καὶ εὐθέως) verkündete er in den Synagogen Jesus, daß

Jerusalem erhalten (vgl. dazu auch E. P. BLAIR, Paul's Call to the Gentile Mission, in: Biblical Research 10, 1965, 19–33; O. BETZ, Die Vision des Paulus im Tempel von Jerusalem. Apg 22, 17–21 als Beitrag zur Deutung des Damaskuserlebnisses [s. dazu S. 82, Anm. 24]; BURCHARD, Der dreizehnte Zeuge, 161–173). Während BETZ die Christusvision von Apg 22, 17–21 auf das Konto des Lk setzen möchte und die Berufung des Paulus zur Heidenmission ganz in das Damaskusereignis verlegt, was im dritten Bericht der Apg darüber bestätigt zu werden scheint (vgl. Apg 26, 9–18, spez. V 17), steht nach BURCHARD hinter 22, 17–21 Tradition, deren Herkunft freilich „ungewiß" sei (a.a.O. 163f). Nach der Selbstaussage des Apostels in Gal 1, 16 war der Zweck (vgl. ἵνα) der ihm widerfahrenen Offenbarung, die ihn in Jesus den Sohn Gottes erkennen ließ, der: „damit ich ihn unter den Heiden verkündige". Vielleicht hängt diese Selbstaussage damit zusammen, daß Paulus das Damaskusereignis als „österliche Berufungserscheinung" (STUHLMACHER, Das pln. Evangelium I, 82) verstand, die den „Missionsbefehl" implizierte (vgl. auch Mt 28, 18–20; Lk 24, 47f; Apg 1, 8). Jedenfalls hat später die Paulusschule in Eph 3, 2–6 das vom Apostel in Gal 1, 15b.16a in knappen Worten Ausgeführte expliziert.
[52] Vgl. dazu M. HENGEL, Die Ursprünge der christlichen Mission, in: NTSt 18 (1971/72) 15–38 (17–22) (Lit.); ferner J. DUPONT, Le salut des gentils et la signification théologique du livre des Actes, in: DERS., Études sur les Actes des Apôtres (Lectio Divina 65) (Paris 1967) 393–419.
[53] Ebd. 17.
[54] Vgl. auch Apg 22, 10.

dieser der Sohn Gottes sei"[55]; das heißt doch, daß Paulus „sofort", nachdem seine Augen wieder heil waren, bei den Juden mit der Predigt über Jesus begann, während er bei den Christen wohnte. Hat er also keine nähere Unterweisung in der christlichen Lehre erhalten? In Gal 1, 16 behauptet das der Apostel: εὐθέως οὐ προσανεθέμην σαρκὶ καὶ αἵματι. Der Ton liegt auf εὐθέως, wie die auffällige Stellung des Adverbs beweist. Anscheinend wird eine gegenteilige Behauptung abgewehrt, des Inhalts: Paulus habe sich zwar später nicht mehr von anderen Christen in Sachen des Evangeliums beraten lassen, wohl aber unmittelbar nach seiner Bekehrung (vgl. Apg: Ananias in Damaskus!). Dem hält der Apostel entgegen: Sofort, von allem Anfang an, ohne Verzögerung beriet ich mich nicht mit Fleisch und Blut[56]. Mit „Fleisch und Blut" können wegen des Argumentationsziels des Apostels konkret nur Christen gemeint sein; er wählt aber einen (semitischen)[57] Ausdruck von universaler Geltung, um zu unterstreichen, daß er nach seiner Bekehrung überhaupt nicht bei Menschen[58]

---

[55] Beachtlicherweise trifft sich also die Apg mit der Selbstaussage des Apostels hier darin, daß es bei Jesus um den „Sohn (Gottes)" ging, wie auch nachher in der Zeitangabe εὐθέως. Vgl. auch BURCHARD, Der dreizehnte Zeuge, 142.

[56] Vgl. ZAHN z. St. SCHLIER faßt εὐθέως elliptisch auf und ergänzt einen Zwischengedanken: „Da sofort (war meine Entscheidung getroffen) — ich ging nicht Fleisch und Blut um Rat an." — LIETZMANN will εὐθέως zu V 17b (ἀπῆλθον) ziehen: „sofort begab ich mich weg in die Arabia"; die beiden dazwischenstehenden Negativsätze müßte man als retardierende Einschübe betrachten. Doch spricht gegen diese Auffassung das ἀλλά vor ἀπῆλθον. Vgl. auch PLUTARCH, Rom. 20 p. 30 C: ἐβουλεύοντο δ' οἱ βασιλεῖς οὐκ εὐθὺς ἐν κοινῷ μετ' ἀλλήλων ...

[57] בָּשָׂר וָדָם (vgl. z. B. Sir 14, 18; 17, 31).

[58] SCHWEIZER in ThWb VII, 128/9ff: „Mit σὰρξ καὶ αἷμα ist Gl 1, 16 ... der Mensch als solcher gemeint, der theologische Einsicht, religiöse Erfahrung oder kirchliche Tradition weitergeben kann. Auch hier ist Gott selbst als der Offenbarer der Gegenbegriff. Die Nuance des Sündhaften fehlt völlig"; nach SCHLATTER (Der Evangelist Matthäus, 505) steht Fleisch und Blut „da, wo der Mensch im Unterschied von Gott gekennzeichnet wird"; BONNARD meint z. St.: „Dans les mots σαρκὶ καὶ αἵματι ... on a vu une allusion soit à des liens de parenté (je ne pris pas conseil auprès de mes proches), soit à des liens conjugaux (je ne me laissai pas arrêter par ma femme demeurée juive), soit aux aises personnelles de l'apôtre (je ne me laissai pas impressionner par la considération de ma santé, de mon avenir, de ma réputation), soit aux membres de l'Église de Damas (je ne consultai même pas mes frères de Damas). Ces interprétations ne s'excluent pas. L'expression peut désigner à la fois Paul lui-même, ses parents, ses amis, son milieu et les apôtres de Jérusalem. Ce sens général convient tout à fait à la thèse énoncée aux v. 11 et 12. Après avoir montré que Dieu seul fut à l'origine de son apostolat, Paul montre que Dieu seul fut le garant des ses premières initiatives apostoliques." Eine besondere Blüte exegetischer Phantasie hat J. KREYENBÜHL in ZntW 8 (1907) 95f vorgelegt; nach Kr. „ist ‚Fleisch und Blut' nicht von Menschen zu verstehen, denen Paulus das ihm geoffenbarte Geheimnis des gekreuzigten Messias vorenthielt, sondern Paulus will sagen, die ihm gewordene göttliche Belehrung über Wesen, Bedeutung, Kraft und Tragweite des vor kurzem gekreuzigten und von ihm als Revolutionär und Ketzer tödlich gehaßten Jesus sei derart gewesen, daß sie sofort und radikal alle aus jüdischem Fleisch und Blut stammenden, irdischen, fleischlich-nationalen, partikularen Vorstellungen, Wünsche, Bestrebungen und Hoffnungen niederschlug und daß es dem also belehrten, von Gott selbst in das Geheimnis des Messias eingeweihten Paulus nicht mehr einfallen konnte, sich in dieser Frage noch von jüdischem Fleisch und Blut, also von seiner eigenen Natur, seinen hergebrachten und angeborenen Vorstellungen, Wünschen und Erwartungen beraten zu lassen. Jüdisches Fleisch und Blut, will Paulus sagen, konnte mir nichts mehr helfen und durfte nicht mehr mitsprechen, wo ich von Gott selbst über das Geheimnis des Messias und über meinen Beruf, den Heiden

um Rat suchte[59], also auch nicht von ihnen eine Aufklärung über das Wesen des Evangeliums erhalten haben konnte[60].

Auch die andere Möglichkeit, sich in Sachen des Evangeliums unterrichten

---

diesen Messias zu verkünden, abschließend belehrt war." Der alte Antisemitismus spricht aus solcher Auslegung!

[59] προσανατίθεσθαι mit Dat. = sich beraten mit jemand, sich an jemand um Rat wenden; vgl. das Belegmaterial mit eingehender Diskussion bei ZAHN und BURTON z. St. CHRYSIPPUS bei SUIDAS s. v. νεοττός: ὄναρ γάρ τινά φησι θεασάμενον: προσαναθέσθαι ὀνειροκρίτῃ. DIODOR, Sic. XVII, 116, 4: τοῖς μάντεσι προσαναθέμενος περὶ τοῦ σημείου. ZAHN bemerkt: „Daß dem ἀνατίθ... vorgesetzte πρός sagt ausdrücklich, daß nicht ein stillschweigendes Überlassen, Anheimstellen gemeint ist, sondern eine an den anderen gerichtete Berichterstattung mit der Bitte, Entscheidung über die Frage zu treffen."

[60] Man hat die Selbstaussage des Paulus in Gal 1, 16 in Zusammenhang gebracht mit Mt 16, 17; denn die „Investitur" der beiden Apostel sei ähnlich erfolgt: durch unmittelbare Offenbarung Gottes über Jesus als den Sohn Gottes, an der „Fleisch und Blut" unbeteiligt sei. Dadurch erhebt sich die Frage, ob einer der beiden Texte vom anderen abhängig ist, entweder über eine gemeinsame Tradition oder durch Bekanntschaft des Mt mit der Formulierung des Paulus im Gal. Vgl. dazu J. KREYENBÜHL, Der Apostel Paulus und die Urgemeinde, in: ZntW 8 (1907) 81–109; 163–189 (nach Kr. hat die Urgemeinde mit „Mt 16, 13–19 auf den Galaterbrief geantwortet" [175], und zwar mit der Zielsetzung: „um die von Petrus gestiftete Urgemeinde dem Paulus und seinen Gemeinden als die einzig wahre Gemeinde des Messias gegenüberzustellen" [186]); J. CHAPMAN, St. Paul and the Revelation to St. Peter, Matt. XVI, 17, in: RBén 29 (1912) 133–147; A.-M. DENIS, L'investiture de la fonction apostolique par „apocalypse". Études thématiques de Gal 1, 16, in: RB 64 (1957) 335–362; 492–515; P. F. REFOULÉ, Primauté de Pierre dans les Évangiles, in: RScR 38 (1964) 1–41 (im Anschluß an DENIS); J. DUPONT, La Révélation du Fils de Dieu en faveur de Pierre (Mt 16, 17) et de Paul (Gal 1, 16), in: RechScR 52 (1964) 411–420; A. FEUILLET, „Chercher à persuader Dieu" (Gal 1, 10a). Le début de l'Épître aux Galates et de la scène matthéenne de Césaréc de Philippe, in: NT 12 (1970) 354–357 (mit weiterer Literatur). DENIS vermutet, daß die Redaktion von Mt 16, 17 durch Gal 1, 16 beeinflußt sei, daß aber Gal 1, 16 selbst von einem Hymnus abhängig sei, wie er in Mt 11, 25–27 vorliegt (a. a. O. 512f). DUPONT dagegen lehnt eine Beeinflussung der Redaktion von Mt 16, 17 durch Gal 1, 16 ab, aber denkt seinerseits doch an irgendeine Abhängigkeit der Formulierung in Gal 1, 12 („Offenbarung Jesu Christi") von dem Offenbarungslogion in Mt 11, 25–27 = Lk 10, 21f; damit konnte sich Paulus auf die Gleichrangigkeit seines Apostolats mit dem des Petrus berufen. Auch B. GERHARDSSON vermutet in Memory and Manuscript (Uppsala 1961) 265–273, „that Paul was familiar with the Logos of Peter's authorization" und daß auch seine Leser (die Galater) mit den Gründen für den Primat des Petrus vertraut waren. Deshalb wolle Paulus im Gal zeigen, daß sein eigener Apostolat jenem des Petrus „parallel" sei (ebd. 270). Dazu ist folgendes zu sagen: Selbstverständlich weiß Paulus um die besondere Stellung des Petrus, wie schon aus Gal 1, 18 klar hervorgeht. Er weiß auch um die Bedeutung der Urapostel, besonders der „Säulen" unter ihnen. Er ist durch die Umtriebe seiner Gegner in Galatien jedoch gezwungen worden, seine eigene „unabhängige" Stellung hervorzuheben, jedoch nicht, um sie gegen Petrus und die andern, die vor ihm Apostel waren (1, 17), auszuspielen, sondern um die Unabhängigkeit seines Evangeliums von menschlichen und kirchlichen Autoritäten zu erweisen. Der Bericht über seine Berufung in Gal 1, 15f orientiert sich zudem nicht an der Berufung des Petrus, sondern an jener der atl. Propheten. Die Ausdrücke „offenbaren", „Sohn Gottes" und „Fleisch und Blut" verwendet Paulus auch sonst in seinen Briefen (s. Konkordanz), brauchen also nicht auf irgendeine Abhängigkeit von Mt 16, 17 oder einer anderen Tradition zurückgeführt zu werden. Kritisch gegenüber GERHARDSSON (und auch DUPONT) äußert sich auch A. VÖGTLE, Zum Problem der Herkunft von „Mt 16, 17–19", in: Orientierung an Jesus. Zur Theologie der Synoptiker (Freiburg i. Br. 1973) 372–393 (373–376). Im übrigen wird schon in der antipaulinischen Polemik der „Kerygmata Petrou" Mt 16, 16f gegen Gal 2, 11 ausgespielt (vgl. dazu Näheres im Exkurs: Gal 2, 11–14 in der Auslegungsgeschichte, S. 146f).

zu lassen, ergriff Paulus nicht: „auch ging ich nicht hinauf (ἀνῆλθον)[61] nach Jerusalem zu denen, die vor mir Apostel waren". Das hätte um so näher gelegen, als Paulus bei der Christophanie vor Damaskus zu der Überzeugung gelangt war, daß sie zugleich seine Berufung zum Apostel Jesu Christi ist (s. o.), und deshalb eigentlich möglichst rasch nach einer Gelegenheit hätte suchen sollen, sich mit den Uraposteln als ihr neuer Mitapostel zu arrangieren[62]. Aber auch dies tat er nicht. Warum, erfahren wir nicht; der Apostel stellt nur die Tatsache fest, und sie kommt ihm jetzt für seine Argumentation natürlich sehr gelegen, obwohl er mit dieser Feststellung die Würde und den Rang der Urapostel sicher nicht herabsetzen will[63], wie seine nachfolgenden Ausführungen im Kap. 2 zeigen. Im Augenblick hat er nur die Einwände seiner Gegner im Auge, die widerlegt werden müssen. „Jerusalem" nennt er nicht umsonst; denn dort ist der Sitz der Urgemeinde; und dort sind die Urapostel[64]. Ob er diese dort im Augenblick angetroffen hätte, ist eine Frage, deren Beantwortung nicht im Gesichtskreis des Apostels liegt. Er begibt sich ja zunächst überhaupt nicht nach Jerusalem, „sondern in die Arabia", d. h. wahrscheinlich in die nördlichen

---

[61] Statt ἀνῆλθον lesen ἀπῆλθον: 𝔓51 B D G al., vermutlich sekundäre Angleichung an das ἀπῆλθον von V 17b.

[62] An Derartiges denkt in der Tat die Darstellung der Apostelgeschichte (vgl. Apg 9, 26f; dazu HAENCHEN, Die Apg, 283).

[63] „In diesem Nichthinaufgehen nach Jerusalem lag nicht die Aberkennung der apostolischen Würde der anderen, auch nicht die Leugnung ihrer apostolischen und kirchlichen Autorität in bezug auf das Evangelium, sondern nur das Bewußtsein seiner eigenen apostolischen und kirchlichen Ebenbürtigkeit" (SCHLIER; ähnlich auch BONNARD). STUHLMACHER meint: „Wenn Paulus nach seiner vorhergehenden Bemerkung: ‚Ich beriet mich nicht mit Fleisch und Blut' fortfährt: οὐδὲ ἀνῆλθον εἰς Ἱεροσόλυμα, liegt darin eine in den Augen seiner Gegner eventuell peinliche Zusammenordnung der Jerusalemer apostolischen Autoritäten mit bloßen Menschen" (Das pln. Evangelium I, 83).

[64] Mit der Formulierung „die vor mir Apostel (waren)" scheint Paulus den Zwölfer-Kreis im Auge zu haben; doch könnten auch Barnabas und andere Urmissionare miteingeschlossen sein. SCHMITHALS stellt allerdings die Frage: „Aber warum sollen denn die Apostel von Gal 1, 17.19 auf einmal die Zwölf oder wenigstens auch die Zwölf gewesen sein? . . . Da er sonst die δώδεκα nicht zu den Aposteln rechnet, zählt er sie Gal 1, 17.19 ganz gewiß auch nicht dazu" (Das kirchliche Apostelamt, 72). Das ist etwas vorschnell argumentiert. Denn an der einzigen Stelle, an der Paulus in Übernahme einer fest formulierten Tradition die Urapostel als δώδεκα anführt (1 Kor 15, 5), versteht er sie, wie aus 15, 7.9 klar hervorgeht, als ἀπόστολοι. Auch in Gal 1, 19 sind mit den ἀπόστολοι die δώδεκα gemeint (s. Auslegung z. St.). Der Einwand der Gegner des Paulus war ja gerade der, daß er nicht den Rang der Urapostel habe. Damit muß er sich auseinandersetzen. Vgl. auch noch ROLOFF, Apostolat – Verkündigung – Kirche, 59f. Nach BONNARD (z. St.) besagt die Formulierung τοὺς πρὸ ἐμοῦ ἀποστόλους folgendes: 1. Paulus spricht den Aposteln „vor ihm" die apostolische Autorität zu, 2. er beansprucht dieselbe apostolische Autorität, nur nicht dem zeitlichen Ursprung nach (= πρὸ ἐμοῦ, vgl. dazu auch Röm 16, 7: Andronikus und Junias, οἳ καὶ πρὸ ἐμοῦ γέγοναν ἐν Χριστῷ), 3. er sieht in dem zeitlichen Ursprung keine Begründung eines höheren apostolischen Rechtes. Freilich wird nicht deutlich, „welche Kriterien man in Jerusalem an einen ‚Apostel' anlegte", wie SCHNACKENBURG mit Recht bemerkt (Apostel vor und neben Paulus, in: Schriften zum NT, 357); auch zeigen die Paulusbriefe selbst: „Paulus kennt verschiedene in der Urkirche tätige ‚Apostel', für die es keine eindeutigen und einheitlichen Kriterien gab" (ebd. 349). Dieses Fehlen eines einheitlichen „Apostelbegriffs" in der Urkirche mag mit ein Grund gewesen sein, daß Paulus für bestimmte Leute kein „Apostel" war (vgl. etwa 1 Kor 9, 1f; dazu H. CONZELMANN, Der erste Brief an die Korinther, z. St.).

Teile des Nabatäerreiches[65]; warum gerade dorthin, erfahren wir ebensowenig wie den Zweck und die Dauer dieser Wanderung[66]. Es kommt dem Apostel ja nur darauf an, zu zeigen, daß er auf seinen Wanderungen in der damaligen Zeit Jerusalem und die dortige Christengemeinde nicht berührt hat[67]. Auch anschließend kehrte er nicht nach Jerusalem zurück, sondern „wiederum" (πάλιν) nach Damaskus. πάλιν hat hier weder pleonastischen[68] noch bloß aufzählenden[69] Sinn, sondern wird vom Apostel iterativ verwendet im Hinblick auf den den Adressaten sicher bekannten (ἠκούσατε!) ersten Aufenthalt des Apostels in Damaskus nach seiner „Bekehrung", die er ja in V 15f angedeu-

---

[65] Vgl. JOSEPHUS, Ant. I § 221 οὗτοι (die Nachkommen des Ismaël) πᾶσαν τὴν ἀπ' Εὐφράτου καθήκουσαν πρὸς τὴν Ἐρυθρὰν θάλασσαν κατοικοῦσιν Ναβατηνὴν τὴν χώραν ὀνομάσαντες. εἰσὶ δὲ οὗτοι, οἳ τὸ τῶν Ἀράβων ἔθνος καὶ τὰς φυλὰς ἀπ' αὐτῶν καλοῦσι. 2 Kor 11, 32 (dazu LIETZMANN im HBzNT 9 [Exkurs über Aretas IV.]); 2 Makk 5, 8; J. STARCKY, Pétra et la Nabatène: DictBibleSuppl. VII (1966) 886–1017 (913–916).

[66] Der AMBROSIASTER glaubte es zu wissen: ad praedicandum, ubi nullus erat apostolorum, ut ipse hic funderet ecclesias, ne subripientibus (subrepentibus) pseudoapostolis Judaismus seminaretur (CSEL 81, III, 15). Auch HAENCHEN denkt an eine Missionstätigkeit, die „jedoch ohne Furcht geblieben" sei (Die Apg, 281). An Missionstätigkeit denken auch noch andere (s. dazu ECKERT, Die urchristliche Verkündigung, 178, Anm. 4). BORNKAMM (Paulus, 48f) sieht in der „Arabia" von Gal 1, 17 „die ostjordanische heidnische Landschaft südöstlich von Damaskus ... Es ist falsch, sich den 2 1/2- bis 3jährigen Aufenthalt des Apostels dort als eine Zeit mönchischer Einsamkeit vorzustellen, während deren er meditierend sich auf sein späteres Werk gerüstet haben soll. Dieses nach dem Vorbild altkirchlichen Anachoretentums erbaulich ausgemalte Phantasiebild wird durch die Selbstaussage des Paulus nicht gerechtfertigt und widerspricht seinem klar und nachdrücklich ausgesprochenen Verkündigungsauftrag. Wie hätte der Weltende und Ankunft Christi in Bälde erwartende Paulus die Erfüllung seines Auftrags so lange vertagen können! Auch ist die Arabia kein einsames Wüstengebiet, sondern besiedeltes und wie heute noch von Beduinen durchzogenes Land mit bekannten hellenistischen Städten wie Petra ... Gerasa und Philadelphia ... Wir haben darum anzunehmen, auch wenn es nicht ausdrücklich gesagt ist, daß Paulus in diesem Gebiet des heutigen Staates Jordanien bereits das Evangelium verkündigt hat. Nennenswerte Erfolge sind ihm freilich dort offenbar versagt geblieben. Er selbst kann von keiner Gemeindegründung berichten, und sicher nicht zufällig weiß die Apostelgeschichte von dieser ersten Missionszeit nichts mehr. Sehr möglich ist auch, daß die Fruchtlosigkeit seines Bemühens und die Verfolgungen, die er erlebte, Paulus zum jähen Abbruch seines Wirkens und zur Rückkehr nach Damaskus zwangen ..." Mag sein, daß dem so ist, wie BORNKAMM meint. Dem Apostel kommt es im Gal primär darauf an, zu zeigen, daß er nach seiner „Bekehrung" nicht nach Jerusalem zurückgekehrt ist, um mit der Urgemeinde Verbindung aufzunehmen und sich von ihr in Sachen „Evangelium" belehren zu lassen. Von dieser Absicht her ist seine ganze „Selbstbiographie" in Gal 1 bestimmt, die eine Präzision in den geographischen Angaben des Apostels nicht erfordert. Nach ROLOFF (Apostolat – Verkündigung – Kirche, 66) warf man dem Apostel „wohl vor, er habe sein Evangelium in Damaskus oder Antiochien aus einer unkontrollierbaren Quelle empfangen (1, 11): deshalb der pointierte Hinweis, er sei erst nach seiner Zeit in der Arabia nach Damaskus zurückgekehrt (1, 17). Paulus scheint hier möglicherweise gegen Berichte über seinen Werdegang von der Art anzukämpfen, wie sie — freilich in stark modifizierter Form — im Paulusbild der Apostelgeschichte nachzuschwingen scheinen und wie sie nach Ausweis der Kerygmata Petrou ... im häretischen Judenchristentum Palästinas noch gegen Ende des 2. Jahrhunderts die antipaulinische Front beherrschten."

[67] Vgl. SCHLIER z. St.; O. LINTON formuliert gut: „Arabia is here mentioned only with the purpose to prove an alibi. The meaning is: he was in Arabia and consequently not in Jerusalem" (The Third Aspect, in: StTh 4 [1950] 84).

[68] Vgl. BLASS-DEBR § 484; Apg 18, 21.

[69] So etwa Röm 15, 10; BAUER Wb s. v. 3.

tet hatte. Jetzt kommt er „wiederum", d. h. ein zweites Mal, in diese Stadt[70] und nicht nach Jerusalem; ὑπέστρεψα, „ich kehrte zurück": so schreibt er, weil seine Wanderung in die Arabia von dort ausgegangen war. Vermutlich war der Aufenthalt in der Arabia nur von kurzer Dauer gewesen, da eine Zeitangabe fehlt (im Unterschied von 1, 18 und 2, 1).

1, 18–20 Erst „nach 3 Jahren" begibt sich Paulus nach Jerusalem und trifft dort mit Petrus zusammen. Schwierig zu beantworten ist die Frage, von wann ab die Zeitangabe im V 18 ἔπειτα μετὰ τρία ἔτη gerechnet ist: von der „Bekehrung" oder vom zweiten Aufenthalt in Damaskus ab. Da der Apostel ganz deutlich streng chronologisch vorgehen will und ἔπειτα in V 21 in zeitlich anreihendem Sinn verstanden ist, liegt es näher, es auch in V 18 so zu nehmen; d. h., der Apostel rechnet vom zweiten Aufenthalt in Damaskus aus. Und da nach antiker Zählweise unvollständige Jahre voll mitgezählt werden, besagt die Zeitangabe μετὰ τρία ἔτη „nach ungefähr zwei Jahren"; immerhin eine lange Zeit. Wo Paulus diese Zeit verbracht — ob immer in Damaskus oder auch anderswo — und was er während dieses Zeitraumes getan hat, erfahren wir wieder nicht. Der Anlaß seines Wegganges von Damaskus war nach seiner eigenen Darstellung in 2 Kor 11, 32f folgender: „In Damaskus ließ der Ethnarch des Königs Aretas[71] die Stadt der Damaszener bewachen, um mich zu ergreifen, und durch ein Fenster wurde ich in einem Korb an der Mauer hinuntergelassen und entkam so seinen Händen"; nach Apg 9, 23–25 waren es die in Damaskus lebenden Juden, die einen Todesanschlag gegen Paulus planten und dem der Apostel mit Hilfe der Christen entkam[72]. Von dem Aufenthalt in der Arabia berichtet die Apostelgeschichte nichts. Als Zeitangabe für den Aufenthalt des Apostels in Damaskus nennt die Apostelgeschichte in 9, 23 in vager Formulierung ἡμέραι ἱκαναί = viele Tage[73], muß dabei aber an eine verhältnismäßig kurze Zeit denken, wenn ihre Darstellung der folgenden Ereignisse in Jerusalem nicht zu unwahrscheinlich klingen soll[74].

Wie dem auch sei, im Gal behauptet der Apostel jedenfalls, „was die Gegner gewiß nicht betont haben werden" (Zahn), daß er erst „nach 3 Jahren" nach Jerusalem hinaufgezogen ist, um Kephas zu besuchen (ἱστορῆσαι Κηφᾶν)[75]. Das Verbum ἱστορεῖν begegnet sonst im Corp. Paulinum nicht noch im übrigen NT, noch bei den apostolischen Vätern, nur dreimal in III Esr (1, 33.42)

---

[70] Vgl. zum Sprachgebrauch auch 2, 1 (πάλιν ἀνέβην εἰς Ἱεροσόλυμα: ebenso iterativ); dagegen fehlt πάλιν in V 21 mit Recht, da es sich hier um keine „Rückkehr" handelt. — Zur Geschichte und Bedeutung von Damaskus im Altertum vgl. K. GALLING in: RGG ³II, 22–24.
[71] ARETAS IV., König des Nabatäerreiches (9 v. Chr. – 40 n. Chr.); zum historischen Problem dieser Angabe vgl. die Kommentare zu 2 Kor.
[72] „Lukas benutzt eine jüngere Tradition, in der die Juden als die (üblichen) Feinde des Paulus auftreten" (HAENCHEN z. St.).
[73] Vgl. BAUER Wb s. v. ἱκανός.
[74] Vgl. dazu HAENCHEN, Die Apg, 281–283; BURCHARD, Der dreizehnte Zeuge, 136–161; LINTON, The Third Aspect, 79–95 (dazu die Kritik bei BURCHARD, 159f).
[75] So nennt Paulus den Felsenmann immer (vgl. Gal 2, 9.11.14; 1 Kor 1, 12; 3, 22; 9, 5; 15, 5) mit Ausnahme von Gal 2, 7f (s. dazu die Auslegung).

im Sinn von „berichten"[76]. Wenn Paulus also diesen seltenen Term gebraucht, bedeutet er dann mehr als nur „besuchen" im Sinn von „sehen" (ἰδεῖν, videre; so die lateinische Version), das er gleich nachher im V 19 verwendet (εἶδον)? Chrysostomus etwa meinte[77]: οὐκ εἶπεν, ἰδεῖν Πέτρον[78] ἀλλ' ἱστορῆσαι Πέτρον, ὅπερ οἱ τὰς μεγάλας πόλεις καὶ λαμπρὰς καταμανθάνοντες λέγουσιν. Das Verbum ἱστορεῖν hat also nach Chrysostomus gegenüber ἰδεῖν die Bedeutung: etwas, was bekannt und berühmt ist, „besichtigen". In Inschriften erscheint es verbunden mit „bewundern"[79]: Ἑρμογένης Ἀμασ[εὺ]ς [τὰς] μὲν ἄλλας σύριγγας ἰδὼν ἐθαύμασα, τὴν δὲ τοῦ Μέμνονος ταύτην εἰστορήσας ὑπερεθαύμασα (OGIS 694), und von einem Besuch der Königsgräber von Theben heißt es: ἱστορήσας ἐθαύμασα (Preisigke 1004). Nach Chrysostomus[80] besucht Paulus den Petrus, um ihn zu sehen und zu ehren (ὥστε ἰδεῖν αὐτὸν καὶ τιμῆσαι τῇ παρουσίᾳ); ähnlich Theodoret[81] (τὴν πρέπουσαν ἀπονέμει τῷ κορυφαίῳ τιμήν ... Δείκνυσι ... τὸ φίλτρον [„Zuneigung"]), Hieronymus[82] (honoris priori apostolo deferendi), Augustinus[83] (ut fraternam caritatem etiam corporali notitia cumularet). ἱστορῆσαι bringt also nach diesen Exegeten der alten Kirche gegenüber einem bloßen ἰδεῖν zum Ausdruck, daß der „Besuch" des Paulus bei Petrus in Jerusalem dem bekannten und anerkannten Oberhaupt der Kirche galt[84] und der ihn als solches ehren wollte[85]. Doch muß man sich hüten, in das ἱστορῆσαι zuviel hineinzulesen; es bedeutet einfach „besuchen zum Zwecke des Kennenlernens" (so BauerWb s. v.)[86]. Allerdings

---

[76] Vgl. dazu G. D. Kilpatrick, Galatians 1, 18 ΙΣΤΟΡΗΣΑΙ ΚΗΦΑΝ, in: New Testament Essays. Studies in Memory of Th. W. Manson (Manchester 1959) 144–149.
[77] PG 61, 651.
[78] Die LA Πέτρον statt Κηφᾶν haben auch noch andere Textzeugen (s. dazu das Nähere bei Zahn z. St.).
[79] Vgl. die Belege bei Moulton-Milligan s. v. ἱστορέω.
[80] PG 61, 651.   [81] PG 82, 468.   [82] PL 26, 354.   [83] PL 35, 2110.
[84] Vgl. auch Cullmann, Petrus, 42f („Wenn er also gerade Petrus kennenlernen wollte, so wohl auch deshalb, weil ihm ... bekannt war, daß dieser Mann damals an der Spitze der Muttergemeinde in Jerusalem stand"); Schlier z. St. („Daß Petrus allein genannt wird ..., kennzeichnet diesen indirekt als das Haupt der Apostel").
[85] Kilpatrick liest aus dem ἱστορῆσαι zuviel heraus, wenn er meint, der Besuch hätte den Zweck gehabt, „to get information from Cephas", nämlich über Jesu Leben und Lehre (a. a. O. 148f); ähnlich auch Roloff: „Paulus hat sich gewissenhaft darum bemüht, Zugang zu zuverlässigen Traditionen über Jesus und sein Erdenwirken zu erhalten. So hat der Besuch bei Petrus (Gal 1, 18) sicherlich dem Austausch von παραδόσεις gedient" (Apostolat – Verkündigung – Kirche, 86; vgl. auch 67f). Mag sein, daß Paulus die Gelegenheit dazu benutzt hat, aber aus dem Term ἱστορῆσαι kann solches nicht entnommen werden. Vgl. auch noch W. D. Davies, The Setting of the Sermon on the Mount (Cambridge 1964) 453–455 (Hinweise auf rabbinische Äquivalente für ἱστορεῖν).
[86] Was die Auffassung des Chrysostomus über das ἱστορῆσαι angeht, muß die Gesamttendenz seines Kommentars im Auge behalten werden. Vgl. dazu Overbeck, Über die Auffassung des Streits des Paulus mit Petrus in Antiochien, 29 (O. bemerkt, daß Chrysostomus in seinem Kommentar „von vornherein darauf bedacht [ist], den bösen Worten des Apostels in der Erzählung der zwei ersten Capitel seines Briefes alle Spitzen abzubrechen, welche Erzählung im Streit in Antiochien gleichsam vorgreifen und deren üblen Eindruck zu steigern geeignet sind"; er gebe deshalb dem Besuch des Paulus bei Petrus auch „den Charakter einer Wallfahrt zum heiligen Petrus in der Weise des IV. Jahrhunderts").

sind sich auch die Väter darin einig, daß Paulus nicht nach Jerusalem kam, um sich endlich von Petrus „belehren" zu lassen, etwa über das Wesen des Evangeliums; so sagt Chrysostomus: οὐχ ὡς μαθησόμενός τι παρ' αὐτοῦ, οὐδὲ ὡς διόρθωσιν[87] τινα δεξόμενος (PG 61, 631); Hieronymus: non discendi studio, quia et ipse eumdem praedicationis haberet auctorem (PL 26, 329); Victorin: Numquid paucis diebus tantam istam de Deo scientiam tam parvo tempore a Petro potui discere? ... Sed neque a Jacobo aliquid discere potuit, quippe cum alia (Judaistisches!) sentiat. At neque a Petro, vel quod paucis diebus cum Petro moratus est (PL 8, 1155s.); Augustinus: non ideo ut per ipsum Petrum disceret Evangelium (PL 35, 2110); Ambrosiaster: non utique, ut aliquid ab eo disceret, quia iam ab auctore didicerat, a quo et ipse Petrus fuerat instructus, sed propter affectum apostolatus, et ut sciret Petrus hanc illi datam licentiam, quam et ipse acceperat (CSEL 81, III, 15)[88]. Zudem dauerte dieser Besuch nur rund zwei Wochen, gemessen an den vorhergenannten „drei Jahren" eine sehr kurze Zeit, viel zu kurz für „einen Unterricht, der für die Verkündigung des paulinischen Evangeliums von Einfluß gewesen wäre" (Schlier). Selbstverständlich haben Gespräche zwischen Paulus und Petrus während dieser Tage stattgefunden, aber wir erfahren leider nicht, worüber[89].

Daß der Hauptzweck dieses kurzen Aufenthaltes in Jerusalem nur ein „Höflichkeitsbesuch" bei Petrus war, geht auch daraus hervor, daß Paulus während dieser zwei Wochen keinen „anderen der Apostel" sah (V 19a)[90]. Diese kühle Bemerkung will nicht die Abwesenheit der anderen Apostel von Jerusalem konstatieren, sondern gewissermaßen die Desinteressiertheit des Paulus an ihnen. Er suchte nicht nach Anschluß an die Urapostel, und er betont das, um gegenüber seinen Gegnern die Unabhängigkeit seines Evangeliums von den Jerusalemer Autoritäten zu unterstreichen, nicht weil die Gefahr „strengstes Inkognito" geboten hätte, wie Oepke meint („So sehr die Juden ihm nachstellten, so wenig trauten ihm die Christen")[91]. Doch muß Paulus eine Einschränkung machen: Eine bekannte Persönlichkeit der Jerusalemer Gemeinde hat er damals doch noch gesehen, nämlich Jakobus, den Bruder des Herrn (V 19b). Rechnet er diesen zu den Aposteln oder nicht, oder m.a.W.: Ist εἰ μή inklusiv („außer") oder exklusiv („sondern") zu verstehen? Die Auffassungen darüber

---

[87] διόρθωσις = Gerademachung, Verbesserung, Berichtigung.
[88] Hätte Paulus bei diesem Besuch in Jerusalem sein Evangelium dem Petrus zur Begutachtung unterbreitet, wäre es „überflüssig gewesen, daß er bei seinem zweiten Besuch den ‚Geltenden' das Evangelium vorlegte, das er ‚unter den Heiden verkündete, um nicht umsonst zu laufen oder gelaufen zu sein' (Gal 2, 2)", wie HAENCHEN bemerkt (Die Apg, 405).
[89] ROLOFF (Apostolat – Verkündigung – Kirche, 68): „Paulus will hier nicht die Kürze der Zeit ins Treffen führen (dann hätte er wohl jede Zeitangabe vermieden!), sondern er will hervorheben, daß er während dieser ganzen Zeit Gelegenheit hatte, bei Petrus zu sein ... und völlige Übereinstimmung mit ihm herzustellen." Aber warum dann überhaupt die genaue Zeitangabe?
[90] Die westliche LA εἶδον οὐδένα (D G, latt.) statt οὐκ εἶδον stammt aus dem Bestreben, für das folgende εἰ μή einen besseren Ausgangspunkt zu haben. Vgl. ZAHN z. St.
[91] Ähnlich auch LIETZMANN. Vgl. auch Apg 9, 26: „Aber alle fürchteten sich vor ihm" (s. dazu weiter unten).

gehen unter den Kommentatoren weit auseinander[92]. Da nach der Grammatik εἰ μή sowohl inklusiv wie exklusiv verwendet werden kann[93], muß die „Jakobusfrage" aufgrund des gesamten Quellenmaterials gelöst werden. Eine Untersuchung desselben führt u. E. zu dem Ergebnis, daß der Herrenbruder nicht zum Zwölferkreis zu rechnen ist[94]. Der Ton liegt dann auf dem Genitiv τῶν ἀποστόλων: „Apostel" und „Bruder des Herrn" stehen in (zwar nicht gegensätzlicher) Spannung zueinander. Warum Paulus ausdrücklich den Herrenbruder noch erwähnt, hängt mit dessen besonderer Stellung in der Urgemeinde zusammen, die auch von Paulus anerkannt wurde (vgl. Gal 2, 9; 1 Kor 15, 7; Apg 12, 17; 15, 13; 21, 18); er ist höchstwahrscheinlich mit dem in Mk 6, 3 parr erwähnten „Bruder" Jesu namens Jakobus zu identifizieren[95]. Ihn hat Paulus bei seinem ersten Jerusalemer Besuch nur „nebenbei" gesehen, während er Petrus einen „offiziellen" Besuch machte, jedoch nicht zu dem Zwecke, sich von ihm oder jemand anderem im Evangelium unterrichten zu lassen[96].

Daß der Bericht des Apostels über seinen Besuch in Jerusalem der vollen Wahrheit entspricht, beteuert er ausdrücklich gegenüber den Galatern (ἃ δὲ γράφω ὑμῖν) im folgenden Vers 20 mit einer Schwurformel (ἰδοὺ ἐνώπιον[97] τοῦ θεοῦ)[98], die Gott selbst zum Zeugen anruft, vor dessen Augen alles offen liegt. Das soll die Galater bewegen, doch s e i n e r „Selbstbiographie" zu trauen und nicht der Darstellung seiner Gegner[99]. „Eine solche eidesstattliche Versicherung . . . ist nur verständlich, wenn es eine andere Deutung dieses Jerusalembesuches des Paulus gab (vgl. etwa Apg 9, 26ff)" (Eckert)[100], mit der die Gegner operierten. Denn die Diskrepanz dieser „Selbstbiographie" zur lukanischen Darstellung jener Ereignisse in Jerusalem in Apg 9, 26–30 ist zu eklatant und kann nicht durch Harmonisierungsversuche behoben werden. Nach der Apg versucht Paulus in Jerusalem, „sich den Jüngern anzuschließen". Weil man sich aber vor ihm fürchtet, schaltet sich Barnabas ein „und führte ihn zu den Aposteln und erzählte ihnen, wie er auf dem Weg den Herrn gesehen und

---

[92] Der Herrenbruder, ein Apostel, d. h. Angehöriger des Zwölferkreises: BELSER, MEINERTZ, STEINMANN, SICKENBERGER, LAGRANGE, W. BAUER, K. HOLL u. a. Der Herrenbruder, nicht zu den „Zwölf" gehörig: ZAHN, SCHLIER, BLINZLER, GAECHTER, MUSSNER, OEPKE, BONNARD u. a.

[93] Vgl. auch H. KOCH, Zur Jakobusfrage Gal 1, 19: ZntW 33 (1934) 204–209; BEYER, Semit. Syntax 135ff (Im Semitischen hat die Ausnahmepartikel „oft adversative Bedeutung [„sondern]. Dies ist dann der Fall, wenn das Ausgenommene dem im negierten Hauptsatz stehenden Oberbegriff nicht untergeordnet ist, sondern einer anderen Kategorie angehört . . .": 135).

[94] Vgl. F. MUSSNER, Jakobusbrief, 1–8 (mit Literatur); ZAHN, Gal., z. St. Oder war „sich Paulus selbst nicht klar . . ., wer genau unter die ‚Apostel' in Jerusalem zu zählen war", was SCHNACKENBURG für „gut denkbar" hält (Schriften zum NT, 342, Anm. 8)?

[95] Zur Frage der Herrenbrüder vgl. besonders J. BLINZLER, Die Brüder und Schwestern Jesu (SBS 21) (Stuttgart 1967).

[96] Sehr scharf formuliert diesen Sachverhalt PHOTIUS (K. STAAB, Pauluskommentare aus der griechischen Kirche, 605): παρὰ Πέτρου οὐκ ἔμαθον μόνον εἶδον αὐτόν. Παρὰ Ἰακώβου οὐκ ἔμαθον, κἀκεῖνον γὰρ μόνον εἶδον.

[97] Vgl. auch A. WIKENHAUSER, Ἐνώπιος – ἐνώπιον – κατενώπιον, in: BZ 8 (1910) 263–270.

[98] Vgl. auch 1 Tim 5, 21; 6, 13; 2 Tim 2, 14; 4, 1.

[99] Vgl. auch G. OGG, The Chronology of the Life of Paul (London 1968) 35.

[100] Paulus und die Jerusalemer Autoritäten nach dem Galaterbrief und der Apostelgeschichte, 293, Anm. 43.

daß er mit ihm gesprochen habe". Darauf nehmen sie Paulus in ihre Gemeinschaft auf, und Paulus predigt öffentlich und führt mit hellenistischen Juden heftige Streitgespräche, die zum Versuch seiner Ermordung führen, worauf Paulus die Stadt verläßt. Es geht Lukas in seiner Darstellung darum, Paulus möglichst bald in enge Verbindung mit den Altaposteln zu bringen, weil diese „für ihn die Quelle aller Legitimität sind" (Haenchen)[101].

1, 21–24 Auch nach diesem Besuch in Jerusalem hat Paulus keine Gelegenheit gesucht, sich in Sachen des Evangeliums unterrichten zu lassen, da er sich von Jerusalem weg in Gebiete begab, in denen noch nicht missioniert worden ist, nämlich in die Landstriche von Syrien und Kilikien. Die Wiederholung des Artikels τῆς vor Κιλικίας läßt erkennen, daß der reichlich verallgemeinernd klingende Plural κλίματα sich jeweils auf beide Landschaften bezieht, und zwar eigentlich in ihrer ganzen Ausdehnung[102]. Er braucht die Orte seiner Missionstätigkeit dort nicht zu nennen, weil das für seine Argumentation ohne Belang ist[103]. Mit „Syrien" ist aber sicher nicht die ganze römische Provinz gemeint, zu der ja auch Judäa gehört hat (vgl. Mt 4, 24; Lk 2, 2; Apg 18, 18; 20, 3; 21, 3), sondern vermutlich vor allem das Gebiet von Antiochien; und mit „Kilikien" das Gebiet um seine Geburtsstadt Tarsus. Aber Eindeutiges läßt sich darüber nicht sagen[104]. Ist der zweite Aufenthalt des Apostels in Jerusalem, von dem er in Gal 2, 1ff berichtet, identisch mit dem Apostelkonzil von Apg 15, was sehr wahrscheinlich ist[105], dann fand die sogenannte „erste Missionsreise" (Apg 13.14) in der Zeit der 14 Jahre statt, die der Apostel nach Gal 2, 1 in Syrien und Kilikien verbracht hat, und zu den „Gegenden von Kilikien" gehören dann auch die Städte Antiochien in Pisidien, Ikonium, Lystra und Derbe. Oder aber die Berichte in Apg 13.14 über die erste Missionsreise sind chronologisch irrtümlich vor dem Apostelkonzil eingeordnet[106]. Oder hat Lukas die Reisen des Apostels nach Jerusalem um eine (die sog. „zweite") vermehrt?

---

[101] Die Apg, 283. CONZELMANN formuliert den Sachverhalt so: „Der historische Paulus wahrt seine Selbständigkeit, der lukanische wird an Jerusalem gebunden und dadurch legitimiert ..." (Die Apg, 59). Vgl. zur ganzen Frage auch BURCHARD, Der dreizehnte Zeuge, 136–168; LINTON, The Third Aspect, 79–95.
[102] Vgl. 2 Kor 11, 10 τὰ κλίματα τῆς Ἀχαίας: die Gegenden von ganz Achaia (BAUER Wb s. v. κλίμα).
[103] Nach der Darstellung der Apostelgeschichte war er zunächst nach Caesarea und von dort nach Tarsus gereist (Apg 9, 30); erst später kommt er von Tarsus nach Antiochien in Syrien (vgl. 11, 25f). — Die Reihenfolge Syrien – Kilikien in Gal 1, 21 scheint ohne Bedeutung zu sein. SCHLIER: „Syrien ... wird als das Hauptgebiet der damaligen Evangeliums-Verkündigung an erster Stelle genannt; Kilikien, das von geringerer Bedeutung, aber auch weiter von Jerusalem entfernt war, hinkt nach"; ähnlich auch LIGHTFOOT, LIETZMANN, OEPKE u. a. ZAHN: „Die Ordnung Syrien und Cilicien statt Cilicien und Syrien entspricht nicht der historischen Folge, sondern der geographischen Lage, von Jerusalem aus angesehen. An Palästina grenzt Syrien, an dieses Cilicien."
[104] Nach M. HENGEL muß zu den angegebenen Landschaften Syrien und Kilikien „nach Apg 13 und 14 das nahe Zypern und die unmittelbar angrenzenden Gebiete Kleinasiens hinzurechnen" (Die Ursprünge der christlichen Mission, in: NTSt 18 [1971/72] 18).
[105] Vgl. dazu Exkurs: Gal 2, 1–10 und Apg 15 („Apostelkonzil").
[106] Vgl. G. BORNKAMM in: RGG ³V, 172; DERS., Paulus, 64.

Gal 1, 21–24

Und warum hätte er das getan? Die Fragen werden vermutlich nie endgültig entschieden werden können[107]. Jedenfalls steht fest, daß der Apostel in Gal 1, 21 sich sehr großzügig ausdrückt; aber was er erreichen will, erreicht er[108].

Da der Apostel Jerusalem schon nach 14 Tagen verließ und in weit entfernte Missionsgebiete abwanderte, hatten die christlichen Gemeinden in Judäa gar keine Gelegenheit, ihn persönlich kennenzulernen. Die periphrastische Konstruktion, in der das gesagt ist (ἤμην ἀγνοούμενος), bringt zum Ausdruck: Paulus blieb den judäischen Gemeinden auch weiterhin unbekannt, nicht seine Existenz, sondern sein Antlitz (τῷ προσώπῳ = von Angesicht, persönlich)[109]. Weil dies „weiterhin" gilt, darum mußte die Bemerkung über seinen Weggang nach Syrien und Kilikien vorausgehen, obwohl dies eigentlich den Zusammenhang zerreißt. Die christlichen[110] Gemeinden Judäas, womit sehr wahrscheinlich die Gemeinden in der Landschaft Judäa[111], vielleicht mit Einschluß jener der Stadt Jerusalem, gemeint sind[112], kennen Paulus persönlich nicht. Dies

---

[107] Vgl. auch WIKENHAUSER – SCHMID, Einleitung in das NT, 369: „Es ist zu fragen, ob Lukas für diese Jerusalemreise des Paulus überhaupt aus einer genauen Quelle schöpfen konnte. Es muß nämlich auffallen, daß Lukas über die nächsten Jahre des Paulus für eine Zeit von ungefähr 10 Jahren vollkommen schweigt"; auch Paulus selbst schweigt bekanntlich darüber. Vgl. dazu auch CONZELMANN, Die Apg, 87 („Ein harmonisierender Ausgleich der Angaben über die Reisen nach Jerusalem in Gal und in den Act ist nicht möglich"); J. DUPONT, La mission de Paul „à Jérusalem" (Actes XII, 25), in: DERS., Études sur les Actes des Apôtres (Lectio Divina 45) (Paris 1967) 217–241; J. CAMBIER, Le voyage de S. Paul à Jérusalem et le schéma missionnaire théologique de S. Luc, in: NTSt 8 (1961/62) 249–257; P. BENOIT meint (La deuxième visite de Saint Paul à Jérusalem, in: Bibl 40 [1959] 778–792): „Si Luc place les ch. 13–14 avant le ch. 15, c'est sans doute qu'il tient le premier voyage missionnaire pour antérieur à la Conférence de Jérusalem, et je pense qu'il a raison. Non seulement... ce voyage n'a pas où se loger entre la Conférence et le deuxième voyage; mais encore il semble requis pour expliquer le problème qui donne lieu à la Conférence" (788). Nach G. STRECKER (Die sogenannte zweite Jerusalemreise des Paulus [Act 11, 27–30], in: ZntW 53 [1962] 67–77) hat diese „zweite Reise" des Paulus nach Jerusalem „nicht stattgefunden" (75), doch ließen sich in dem Bericht der Apg über sie „zwei vorlukanische Traditionselemente" ausmachen (73): einmal die Angabe, daß Paulus und Barnabas gemeinschaftlich nach Jerusalem gereist sind (vgl. Gal 2, 1) und daß Paulus das Ergebnis einer Kollekte nach Jerusalem gebracht hat. Vgl. in diesem Kommentar auch noch S. 124, Anm. 124. — Zu den Reisen des Apostels nach Jerusalem s. auch noch den Forschungsbericht bei RIGAUX, Paulus und seine Briefe, 103–124; CH. H. TALBERT, Again: Paul's Visits to Jerusalem, in: NT 9 (1967) 26–40.

[108] „Paulus berichtet summarisch"; so OEPKE, der noch mit Recht bemerkt: „Das läßt aber darauf schließen, daß die Bekehrung der Leser nicht etwa in diese Zeit fiel, und spricht daher gegen die südgalatische Theorie." RIGAUX: „Will man an drei Reisen festhalten, so kann man dies am einfachsten durch die Annahme, daß Barnabas und Paulus im Jahre 44 einen Blitzbesuch in Jerusalem machten, um die Kollekte zu überbringen, und daß diese Reise nicht zu denen gehört, die der Apostel unter die offiziellen Kontakte mit der Mutterkirche rechnet"; doch rettet diese Lösung „die Autorität des Lukas nur, indem sie die des Paulus opfert", der „der unmittelbarste Zeuge der Ereignisse" war (Paulus und seine Briefe, 118).

[109] Vgl. Apg 20, 25.38; 1 Thess 2, 17; Kol 2, 1; LOHSE in: ThWb VI, 777.

[110] ἐν Χριστῷ ist hier Ersatz für das noch fehlende Adjektiv „christlich"; vgl. OEPKE, SCHLIER z. St.

[111] Vgl. auch 2 Thess 2, 14 (τῶν ἐκκλησιῶν τοῦ θεοῦ τῶν οὐσῶν ἐν τῇ Ἰουδαίᾳ ἐν Χριστῷ Ἰησοῦ).

[112] Vgl. zu diesem Problem die ausführliche Diskussion bei ECKERT, Die urchristliche Verkündigung, 182f.

festzustellen ist dem Apostel wieder für seine Argumentation wichtig[113]; denn er kann von ihnen, den Judenchristen (!), auch nicht im Evangelium unterrichtet worden sein. „Nur" (μόνον) hören sie (nicht bloß als kurz auftauchendes Gerücht, sondern immer wieder: periphrastische Konstruktion ἀκούοντες ἦσαν), vermutlich durch aus dem Norden nach Judäa kommende Christen, daß ihr einstiger Verfolger[114] „jetzt" den Glauben (τὴν πίστιν)[115] verkündet, wobei die Christen aus Judäa sich mit ihren Brüdern zusammenschließen (ἡμᾶς). Aus dem νῦν εὐαγγελίζεται (Präsens!) geht hervor, daß Paulus tatsächlich in Syrien und Kilikien Mission betrieb. Die Freude über diese Nachrichten ist bei allen groß: sie preisen Gott im Hinblick auf (= ἐν)[116] Paulus (V 24). Seine Sinnesänderung und Missionstätigkeit sind für sie ein Anlaß zum Gotteslob[117].

Der Apostel konnte bis jetzt sein „Alibi" gegenüber den Gegnern erweisen; selbst seine langdauernde Missionstätigkeit in Syrien und Kilikien geschah auf eigene Initiative hin, und die Kunde davon wurde von den judenchristlichen Gemeinden Judäas mit Dank gegen Gott aufgenommen. Sie erkennen mit ihrem Gotteslob an, daß Gott selbst in Paulus wirkt. Folglich haben sie ihn auch als legitimen Heidenmissionar anerkannt. Es erfolgte ihrerseits kein Einspruch gegen seine Person und sein Evangelium.

2. DAS EVANGELIUM DES APOSTELS UND DIE JERUSALEMER AUTORITÄTEN (2, 1–10)

2, 1 Darauf, nach Verlauf von 14 Jahren, ging ich wieder nach Jerusalem hinauf zusammen mit Barnabas, wobei ich auch den Titus mitnahm. 2 Ich ging aber hinauf entsprechend einer Offenbarung. Und ich legte ihnen

---

[113] Der Verfolger der Gemeinde war ja sicher seinerzeit nur wenigen Mitgliedern der Gemeinde persönlich bekannt gewesen.

[114] Daß Gal 1, 23 mit dem Hinweis auf die Verfolgung der christlichen Gemeinden durch Paulus „Tradition wiedergibt, hat zuletzt E. BAMMEL, Galater 1, 23, ZNW 59 (1968), 108–112, betont. Daß er aber ein regelrechtes Zitat aus einem Märtyrerhymnus wäre, in der ersten Hälfte wörtlich, in der zweiten zusammenfassend, kann ich nicht sehen. Er gibt eine Nachricht wieder, von der Paulus sagt, daß sie in den Jahren seiner Arbeit in Syrien und Kilikien ... von dort nach Judäa gedrungen war" (BURCHARD, Der dreizehnte Zeuge, 49, Anm. 34).

[115] Das mit Artikel versehene πίστις hat hier die Bedeutung: die christliche Religion, deren Wesen im Gegensatz zur jüdischen Gesetzesreligion eben als πίστις sich äußert (vgl. auch 3, 23; 6, 10; Apg 3, 16; 6, 7; 13, 8; 14, 22; 16, 5; Kol 1, 23).

[116] ἐν ersetzt hier den Akkusativ der Beziehung (vgl. MAYSER, Grammatik, II/2, 361, mit vielen Belegen für das hellenistische Griechisch).

[117] SCHMITHALS meint, der Apostel erkläre „ausdrücklich, daß die Gemeinden in Judäa von Anfang seiner Tätigkeit an Gott wegen des von Paulus verkündigten, natürlich gesetzesfreien Evangeliums priesen ..." (Paulus und Jakobus, 16); anders mit Recht ECKERT: „Wenn Paulus von der Dankbarkeit der Kirchen Judäas gegenüber Gott für die Berufung ihres einstigen Verfolgers zum Glaubensboten berichtet, so darf dies nicht als Plazet der judenchristlichen Gemeinden für die gesetzesfreie Verkündigung des Apostels verstanden werden. Dies wagt Paulus selbst nicht im Plädoyer für seine Sache zu sagen" (Die urchristliche Verkündigung, 182f).

das Evangelium vor, das ich bei den Heiden verkündige, insbesondere aber den Angesehenen, ob ich nicht ins Leere laufe oder gelaufen bin. 3 Aber nicht einmal Titus, mein Begleiter, obwohl er ein Grieche war, wurde genötigt, sich beschneiden zu lassen. 4 Aber wegen der eingeschlichenen Falschbrüder, welche sich eingeschlichen hatten, um zu erforschen unsere Freiheit, die wir in Christus Jesus haben, zu dem Zwecke, uns zu versklaven...[1], 5 ihnen haben wir auch nicht einen Augenblick nachgegeben durch Unterordnung (Unterwürfigkeit), damit die Wahrheit des Evangeliums bei euch erhalten bleibe.

6 Von seiten derer aber, die etwas gelten — wer immer sie waren, ist mir gleichgültig; Gott schaut nicht auf die Person...[2], denn mir haben die Maßgebenden nichts auferlegt, 7 sondern im Gegenteil: als sie sahen, daß ich betraut sei mit dem Evangelium für die Unbeschnittenen wie Petrus (mit dem) der Beschneidung — 8 denn der, der sich als wirksam erwiesen hat dem Petrus im Apostolat an der Beschneidung (der Petrus zum Apostolat an der Beschneidung befähigt hat)[3] hat sich auch für mich als wirksam erwiesen (sc. im Apostolat) an den Heiden — 9 und als sie erkannten die mir (von Gott) verliehene Gnade, da gaben Jakobus und Kephas und Johannes, die als die Säulen gelten, mir und Barnabas die Rechte (zum Zeichen) der Gemeinschaft mit dem Ziel: w i r unter den Heiden, s i e unter der Beschneidung. 10 Nur sollten wir der Armen gedenken, was ich mich auch bemühte, gerade dies zu tun.

Das Evangelium des Apostels stammt nicht „von einem Menschen", etwa aus der urapostolischen Tradition; dies hat der Apostel im Vorausgehenden mit Hilfe seiner Biographie erwiesen. Im folgenden kann er berichten, daß die Jerusalemer Autoritäten sein „unabhängiges" Evangelium sogar offiziell anerkannt haben und ebenso seine „unabhängige" Missionstätigkeit unter den Heiden. Somit stehen die Jerusalemer Autoritäten auf seiner Seite, nicht auf seiten seiner Gegner. Gerade weil Paulus in seiner Verkündigung „deutlich sich abzeichnende und zu Konflikten führende ‚Abweichungen' vertrat" (Kuss), mußte er sich sowohl auf eine „Offenbarung" berufen können, die die Unabhängigkeit „seines Evangeliums" erkennen ließ, als auch auf eine Anerkennung desselben durch die zuständigen Autoritäten[4].

---

[1] Anakoluth.
[2] Wieder Anakoluth.
[3] Vgl. BAUER Wb s.v. ἀποστολή.
[4] „... die Berufung auf die ihm zuteil gewordene ‚Offenbarung' allein würde kaum ausgereicht haben, um seine Gegner von der Legitimität seines abweichenden Evangeliums zu überzeugen, und wenn er sich allein oder vorwiegend auf die Autoritäten in Jerusalem stützte, blieb die Frage, warum er nun nicht deren Verkündigung ‚ungekürzt' und ‚unverfälscht' einfach übernahm..." (KUSS, Paulus, 109).

2, 1 Es dauerte lang, bis der Apostel „wieder" nach Jerusalem kommt: erst „nach Verlauf (= διά)[5] von 14 Jahren", d. h. nach antiker Zählweise: nach 12 bis 13 Jahren, gerechnet sehr wahrscheinlich vom ersten Jerusalemer Besuch ab (ἔπειτα). Damit betont der Apostel, daß er diese ganze lange Zeit völlig ungestört durch die Jerusalemer Autoritäten missionieren konnte. Er wurde von ihnen weder jemals „zitiert" noch visitiert.

Bei diesem zweiten Besuch kommt er zusammen mit Barnabas und Titus; auffällig ist aber, daß er nicht kurz formuliert καὶ Τίτου, sondern umständlicher συμπαραλαβὼν καὶ Τίτον. Neben dem Judenchristen und bewährten Missionar Barnabas, einem aus Cypern stammenden Leviten, der das besondere Vertrauen der Urgemeinde besaß (vgl. Apg 4, 36f; 9, 27)[6], bringt Paulus einen der Urgemeinde bisher völlig unbekannten, unbeschnittenen Heidenchristen namens Titus mit[7]. Sollte dies „eine bewußte Provokation des Judaismus in Jerusalem" durch den Apostel sein, wie Oepke meint? Sicher war eine bestimmte Absicht des Apostels mit der Mitnahme des Titus verbunden; das Erscheinen eines Heidenchristen im Zentrum des Judenchristentums sollte eine Probe für die Urgemeinde und für die Jerusalemer Autoritäten darstellen: Erkennen sie das ihnen von Paulus vorgelegte Evangelium (vgl. V 2) nicht bloß theoretisch, sondern auch praktisch an? Am Verhalten gegen Titus mußte dies offenbar werden![8] Paulus erwähnt den unbeschnittenen Heidenchristen Titus, der in der Apostelgeschichte nicht auftaucht, ausdrücklich, weil er mit ihm ein lebendiges Gegenargument gegen seine Gegner in Galatien besitzt[9]. Für sie ist seine Erwähnung im Brief eine „Provokation", die sie ins Unrecht setzen soll; vielleicht steht deshalb die auffällige Partikel καὶ vor Τίτον[10].

---

[5] Vgl. die Belege bei MAYSER, Grammatik, II/2, 420f; z. B. HERODOT VI, 18 δι' ἐτέων εἴκοσι Θηβαῖοι αὐτὸν ἐκ θεοπροπίου ἐκομίσαντο ἐπὶ Δήλιον. Häufig begegnet διὰ πολλοῦ χρόνου. Apg 24, 17: δι' ἐτῶν πλειόνων („nach vielen Jahren").

[6] Nach Apg 11, 25 ging Barnabas „nach Tarsus, um Saulus aufzusuchen, und als er ihn gefunden hatte, brachte er ihn nach Antiochia"; CONZELMANN bemerkt dazu: „Die Reise des Barnabas könnte Lk aus seiner Anwesenheit in Antiochien und der folgenden Zusammenarbeit mit Paulus erschlossen haben" (Die Apg, z. St.); BORNKAMM hält die Angabe der Apg für historisch „sicher" (Paulus, 51). Wahrscheinlich ist auch für Gal 2, 1 vorauszusetzen, daß der Apostel von Antiochien her nach Jerusalem gekommen ist, schon aufgrund der geographischen Situation.

[7] Zur Gestalt des Titus im NT vgl. C. K. BARRETT, Titus, in: Neotestamentica et Semitica. Studies in honour of Matthew BLACK (Edinburgh 1969) 1–14.

[8] LUTHER: Tunc (hunc?) enim assumpsit, ut probaret gratiam equaliter gentibus et Judeis tam in circumcisione quam sine circumcisione sufficere. BARRETT (a. a. O. 4): „The question whether or not he was circumcised is warmly disputed, and by no means settled. It turns on (a) the text of Gal 2, 4f.; (b) the stress laid on ἠναγκάσθη; and (c) the view taken of the general probabilities of the situation."

[9] „Titus was, we may think, a witness but not the recorder of one of the most important moments in the turning-points of Paul's career, which was at the same time one of the most important moments in the history of the church" (BARRETT, 6).

[10] Das καί scheint also nicht sagen zu wollen, daß „Paulus und Barnabas damals noch andere Gehülfen des Paulus außer dem Titus nach Jerusalem begleiteten" (so WIESELER z. St.), sondern καί legt den Ton in auffälliger Weise auf Τίτον, der dann in Jerusalem zum „Testfall" (BURTON) werden sollte. Und ob der Apostel mit dem Aufbau des Textes in Gal 2, 1 „a distinctly subordinate position" (Paulus, Barnabas, Titus) im Auge hat, wie BURTON

2, 2 Da Paulus im folgenden von einer „Vorlage" seines Evangeliums vor den Jerusalemer Autoritäten spricht, könnte daraus der Schluß gezogen werden: also ist der Apostel wegen seiner „eigenartigen" Verkündigung doch eines Tages nach Jerusalem, den Sitz der geistlichen Behörde der jungen Kirche, zur Rechenschaftsablage vorgeladen worden. Einer derartigen Annahme kommt der Apostel zuvor, indem er betonen kann: „Ich ging aber — die Partikel δέ wirkt beinahe elliptisch: nicht deswegen, weil ich zitiert worden bin, vielmehr — entsprechend einer Offenbarung hinauf." ἀποκάλυψις meint hier „eine göttliche ‚Weisung', wie sie in den urchristlichen Gemeindeversammlungen durch Prophetenmund erging"[11]. Der Himmel selber treibt ihn auf diese Weise dazu, die Richtigkeit seiner Verkündigung durch Jerusalem eines Tages festgestellt zu bekommen. Jetzt erst nennt Paulus den Zweck seiner zweiten Reise nach Jerusalem; er formuliert aber nicht in einem ἵνα-Satz, wie man zunächst erwarten würde, sondern berichtet in lebhafter Erzählung (parataktisches καί), was er in Jerusalem getan hat: „Und ich legte ihnen das Evangelium vor, das ich bei den Heiden verkündige." Wichtig ist die Beifügung ἐν τοῖς ἔθνεσιν. Damit sagt der Apostel ja, daß er als Heidenmissionar tätig war und ist; zugleich ist schon angedeutet, daß seine Verkündigung bei den Heiden eine besondere und bestimmte Eigenart besitzt, die zur Vorlage in Jerusalem mit Anlaß gab. Und schließlich geht aus dem „zeitlosen" Präsens κηρύσσω hervor, daß er dieses spezifische Heiden-Evangelium auch jetzt noch unter den Heiden verkündet und auch bei den Galatern verkündet hat (vgl. auch 1, 11). Das alles ist wichtig für die Absicht seines Berichts über diesen Aufenthalt in Jerusalem.

Was ist aber eigentlich mit ἀνεθέμην gemeint? ἀνατίθεσθαι heißt u. a.: vorlegen, mitteilen, berichten, (freundschaftlich) anvertrauen[12]. Damit ist noch nicht gesagt, daß jener, dem etwas vorgelegt wird, als maßgebende, richtende Instanz anerkannt sei. Warum Paulus sein Evangelium vorlegt, sagt er selbst: μή πως εἰς κενὸν τρέχω ἢ ἔδραμον. Dieser Nebensatz kann wegen des indikativischen ἔδραμον nicht gut final verstanden werden; sein Zweck kann auch nicht der sein, „um das begleitende und bestimmende Gefühl der Besorgnis auszudrücken"[13], weil der Apostel ja nicht in Furcht und Besorgnis um die Wahrheit seines Evangeliums ist, das er unmittelbar „durch eine Offenbarung Jesu Christi" empfangen hat (1, 12) und das auch durch einen Himmelsboten

---

meint, scheint zweifelhaft zu sein. Paulus bezeichnet Titus in 2 Kor als ἀδελφός (2, 13), κοινωνός (8, 23) und συνεργός (8, 23).

[11] BORNKAMM, Paulus, 58; dazu Apg 8, 29; 13, 2–4; 16, 6f. „Eine Anweisung durch einen Propheten wie Apg 11, 28; 21, 4.10f. wäre besonders dann nicht ausgeschlossen, wenn Paulus wie Barnabas als Vertreter der antiochenischen Kirche nach Jerusalem gegangen wäre" (SCHLIER). „Der Prophet Agabus hatte wohl der antiochenischen Gemeinde nicht nur die Aufbringung einer Kollekte empfohlen, sondern auch die Sendung des Paulus und Barnabas nach Jerusalem ...; darauf bezieht sich Paulus Gal 2, 2: ‚Auf Geheiß einer Offenbarung'" (STÄHLIN, Die Apg, 209; ähnlich auch LÜHRMANN, Offenbarungsverständnis, 41 f).

[12] Vgl. Apg 25, 14; 2 Makk 3, 9; PMon 14, 35 (PREISIGKE s.v.) ἀνέθετο αὐτῷ τὰς ἑαυτοῦ δικαιολογίας (= Rechtsausführungen); POLYBIUS 24, 5, 9 τοῖς ἀκροάμασι τὰς ἀκοὰς ἀνατεθεικώς; STEPHANUS, Thes. Graec. Lingu. I/2, 588f; Act. Barn. 4 (293/10 BONNET) ἀνεθέμην τὰ μυστήρια (= ἀπήγγειλα τὰ μυστήρια, vgl. 293/8).

[13] BLASS-DEBR § 370, 2; LIETZMANN, SCHLIER z. St.

nicht geändert werden könnte; er ist sich seines Evangeliums absolut sicher! Paulus ist nicht in Furcht und Besorgnis — davon ist im Text keine Rede —, daß er in der Verkündigung seines Evangeliums bisher ins Leere gelaufen sei oder in Zukunft laufen werde[14]; er will nur aus bestimmten Gründen offiziell festgestellt wissen, „ob er dies vielleicht" (= μή πως)[15] **nach Ansicht der Jerusalemer Autoritäten** getan habe[16]. Persönlich zweifelte er nicht, daß er schon bisher mit seiner Evangeliumsverkündigung auf dem rechten Wege war. Die Gründe seines Tuns nennt er in V 4: „wegen eingeschlichener Falschbrüder", die offensichtlich Derartiges behaupteten: Du läufst mit deiner Missionspredigt ins Leere, weil dein Evangelium nicht das wahre, von den Uraposteln verkündete Evangelium ist! „Ins Leere laufen", wie der Apostel selbst sich ausdrückt, kann also hier nicht den Sinn haben: erfolglos arbeiten, sondern Gott nicht auf seiner Seite haben und die Lehrgemeinschaft mit den Altaposteln verloren haben. Ist das Evangelium des Paulus nicht das wahre Evangelium, dann baut er in seiner Missionstätigkeit auch nicht die wahre Gemeinde Gottes auf; dann gründet er eine Sonderkonfession[17]. Der Apostel selber hat zwar nie einen Augenblick an der Wahrheit seines Evangeliums gezweifelt, aber andere (die eingeschlichenen Falschbrüder, vgl. zu V 4) haben es getan, und **dies ist der Anlaß** für ihn gewesen, sein Evangelium in Jerusalem vorzulegen[18]. Bei dieser

---

[14] τρέχω ist Konjunktiv. Die Formulierung τρέχω ἢ ἔδραμον schließt auch in sich, daß Paulus schon immer dasselbe Evangelium verkündet hat, das er jetzt noch verkündet. „Sein" Evangelium hat sich niemals geändert.

[15] Vgl. MOULTON, Einleitung, 303f; 1 Thess 3, 5 ἔπεμψα εἰς τὸ γνῶναι τὴν πίστιν ὑμῶν, μή πως ἐπείρασεν ὑμᾶς ὁ πειράζων καὶ εἰς κενὸν γένηται ὁ κόπος ἡμῶν (auch hier leitet μή πως nach B. RIGAUX, Les Épîtres aux Thessaloniciens [Paris – Gembloux 1956] 475, „une question indirecte" ein). Vgl. auch die folgende Anm.

[16] Der μή πως-Satz ist von ἀνεθέμην abhängig und ist ein indirekter Fragesatz (so auch SIEFFERT, B. WEISS, ZAHN, LAGRANGE, KUSS, OEPKE), in dem sowohl der Konjunktiv als auch der Indikativ erscheinen kann (vgl. MAYSER, Grammatik, II/2, 549). Eigentlich liegt in Gal 2, 2 „ein Nebeneinander zweier selbständiger Gedanken" vor (RADERMACHER, Grammatik, 159): „Ich legte ihnen das Evangelium vor; ich bin doch nicht ins Leere gelaufen?" Wenn es dem Apostel um „Besorgnis" oder gar um „Befürchtung" ginge, dann könnte es ja nur die sein, daß in Jerusalem evtl. die Judaisten recht bekämen; dann müßte aber der Nebensatz ganz anders formuliert sein, etwa so: „damit die Wahrheit des Evangeliums gegenüber den Falschbrüdern ans Licht käme". Im übrigen sei nochmals betont, daß in Gal 2, 2 von einer „Befürchtung" seitens des Apostels im Text nichts steht, wie z. B. WENGST hineinliest („in der Befürchtung, daß . . .": ZThK 69 [1972] 155), im Unterschied von 4, 11 (φοβοῦμαι . . ., μή πως . . .: hier ist deshalb μή πως mit „daß" zu übersetzen) oder V. C. PFITZNER, Paul and the Agon Motif (SNT 16) ([Leiden 1967] 101), u. a. Näheres zur Diskussion über die Bedeutung von μή πως in Gal 2, 2 s. bei SIEFFERT, Gal., 89ff; ZAHN, Gal., 83f und BURTON, Gal., 73–75; ECKERT, Die urchristliche Verkündigung, 185, Anm. 1.

[17] Zur Wendung εἰς κενὸν τρέχειν vgl. auch Phil 2, 16; Job 39, 16 (εἰς κενὸν ἐκοπίασεν ἄνευ φόβου); Is 45, 18 (οὐκ εἰς κενὸν ἐποίησεν); 65, 23 (οἱ δὲ ἐκλεκτοί μου οὐ κοπιάσουσιν εἰς κενόν); MENANDER, Mon. 51 (ἀνὴρ ἄβουλος εἰς κενὸν μοχθεῖ τρέχων); dazu noch BAUERNFEIND in: ThWb VIII, 228–231 (nach B. handelt es sich bei diesem „Laufen" um eine auch bei den atl. Propheten, in den Psalmen und in Qumran nachweisbare Vorstellung; es geht beim τρέχειν um die „Lebensaufgabe", um den „labeur apostolique concret" [BONNARD]). PFITZNER (a. a. O. 99f) denkt an das Bild „of the athletic runner" und nach ihm erscheint hier Paulus „as the ἀγωνιστής of the Gospel".

[18] „Es kann kein Zweifel sein, daß Paulus seine Begegnungen mit den Jerusalemern mit gewissen zwischen den Zeilen stehenden Reserven schildert; er will offensichtlich unter allen

„Vorlage" kann es sich konkret nur um eine mündliche Darlegung der wesentlichen Lehrpunkte seiner Missionspredigt handeln[19]. Damit sollen die Falschbrüder ins Unrecht gesetzt werden, und zwar durch die Jerusalemer Autoritäten selbst, auf die sie sich wahrscheinlich berufen haben. Selbstverständlich ging Paulus in der Zuversicht nach Jerusalem hinauf, daß die Entscheidung nur zu seinen Gunsten ausfallen könne und die Übereinstimmung „seines" Evangeliums mit jenem der Altapostel offiziell festgestellt würde. Das ist freilich nur möglich, wenn Paulus „mit den Jerusalemer Aposteln durch die gleiche Urbotschaft verbunden (ist), die sich in einer bestimmten Überlieferung niedergeschlagen hat, wenn sie auch in verschiedener Weise entfaltet wird", wie Delling mit Recht bemerkt[20].

Wem legt Paulus sein Evangelium in Jerusalem vor? Er sagt zunächst αὐτοῖς, womit nur die Jerusalemer Christengemeinde gemeint sein kann; er fährt dann aber fort: κατ' ἰδίαν δὲ τοῖς δοκοῦσιν. Da κατ' ἰδίαν die Bedeutung „für sich, gesondert, privatim"[21] hat, muß eine zweimalige „Vorlage" seines Evangeliums durch den Apostel erfolgt sein: einmal vor der versammelten Gemeinde, und zum andern in einer „Sondersitzung"[22] der δοκοῦντες[23] — und wie der folgende Text des Briefes zeigt, war ihm diese zweite Vorlage naturgemäß besonders wichtig; denn auf die Meinung der δοκοῦντες kam es schließlich an[24]. οἱ δοκοῦντες bedeutet ja „die Angesehenen, die Geltenden"[25] (vgl. auch

---

Umständen vermeiden, daß seine Selbständigkeit, die ihm zuteil gewordene Offenbarung auch nur die mindeste Einschränkung erfährt. Aber ebensowenig kann ein Zweifel sein, daß er entscheidenden Wert darauf legt, die grundsätzliche Billigung seines Evangeliums durch die Jerusalemer zu erhalten — man sollte auch das nicht abschwächen" (O. Kuss, Jesus und die Kirche im NT, in: DERS., Auslegung und Verkündigung I [Regensburg 1963] 54f). HAENCHEN (Die Apg, 406) spricht mit Recht von einer „gewisse(n) Zwangslage", in der sich der Apostel befand: „Die heidenchristliche Mission, die auf die Beschneidung verzichtete..., war in Gefahr, und diese Gefahr bestand in der Möglichkeit, daß Jerusalem dieses Evangelium ablehnte. Paulus hat nun freilich die jerusalemischen Apostel nicht als Schiedsrichter oder Berufungsinstanz anerkannt. Aber von ihrer Entscheidung hing faktisch doch das Schicksal der gesetzesfreien Heidenmission und ihrer Missionskirche selbst ab."

[19] Das Verbum ἀνεθέμην „ne veut pas dire que Paul fit une prédication-type, ou une leçon de catéchisme comme toutes celles qu'il faisait aux païens; il a ici exactement le même sens que dans Act. 24, 14: un exposé destiné à recevoir un avis ou à introduire un débat" (BONNARD z. St.). Da der Apostel „das Evangelium" vorlegt, „das ich unter den Heiden verkünde", geht es bei der „Vorlage" nicht um die Anerkennung seines apostolischen Ranges, sondern um den Inhalt seines Evangeliums.

[20] ThLZ 95 (1970) 807. Vgl. auch 1 Kor 15, 11 (εἴτε ... ἐγὼ εἴτε ἐκεῖνοι).

[21] Vgl. BAUER Wb s. v. ἴδιος, 4; PAPE Wb s. v. ἴδιος, c.

[22] Vgl. LIETZMANN z. St.

[23] Vgl. auch JOSEPHUS, Bell. II § 199: Petronius versammelte die Angesehenen (des jüdischen Volkes) in großer Zahl für sich (κατ' ἰδίαν) und das Volk in öffentlicher Versammlung (ἐν κοινῷ); PLUTARCH, Rom. 20 p. 30C: ἐβουλεύοντο δ' οἱ βασιλεῖς οὐκ εὐθὺς ἐν κοινῷ μετ' ἀλλήλων, ἀλλ' ἑκάτερος πρότερον ἰδίᾳ μετὰ τῶν ἑκατῶν, εἶθ' οὕτως εἰς ταὐτὸν ἅπαντας συνῆγον (vgl. ALMQUIST, Plutarch und das NT, 109): „zuerst wird ἰδίᾳ beraten, dann in der Gesamtheit"). In Gal 2, 2 ist es nur umgekehrt; warum umgekehrt, wird seine besonderen Gründe gehabt haben: es kam letztlich auf die „Maßgebenden" an.

[24] Außerdem: „indem er den Galatern davon berichtet, erscheint er als den ‚Maßgebenden' Jerusalems ebenbürtig" (HAENCHEN, Die Apg, 406).

[25] Vgl. BAUER Wb s. v. δοκέω; KITTEL in: ThWb II, 236/25ff. PLATO, Euthydemos 303c:

V 6.9). Sind diese „Angesehenen" in der Urgemeinde alle Apostel oder nur die nachher Genannten: Jakobus, Kephas und Johannes? Die Frage löst sich wohl am besten im Sinne Schliers: „Die δοκοῦντες στῦλοι εἶναι von 2, 9, Jakobus, Kephas und Johannes, werden von den δοκοῦντες unterschieden, aber doch wohl nicht anders, als so, daß sie einen engeren Kreis derselben ausmachen."[26] Vielleicht verwendet der Apostel mit dem Ausdruck οἱ δοκοῦντες „ein von der Gegenseite geprägtes Stichwort" (G. Kittel)[27]; die judaistischen „Falschbrüder" sagten: Für das wahre Evangelium sind die δοκοῦντες in Jerusalem zuständig, nicht ein Mann wie Paulus! Paulus wendet sich deshalb an diese, um sich ihrer Zustimmung zu seinem Evangelium zu versichern, weil ihm dies für die Auseinandersetzung mit seinen Gegnern wichtig ist, nicht jedoch deshalb, weil er an der Richtigkeit seines Evangeliums Zweifel bekommen hätte. Dabei steht gar nicht zur Frage, ob der Apostel die Jerusalemer Autoritäten als „Richter" über sein Evangelium anerkennt oder nicht. Über sein Evangelium kennt er keinen irdischen Richter (vgl. 1, 8f)! Aber wegen der Einwürfe der eingeschlichenen Falschbrüder, die zu einer Verdrehung des Evangeliums und zu einer Spaltung der kirchlichen Einheit zu führen drohen, versichert er sich auf göttlichen Antrieb hin der Übereinkunft mit den δοκοῦντες der Urgemeinde. Faktisch impliziert das freilich eine Anerkennung ihrer Autorität in Sachen des Evangeliums[28]. Aber die Übereinstimmung zwischen den Jerusalemer Autoritäten und Paulus kommt nicht dadurch zustande, daß Paulus dem „Jerusalemer" Evangelium zustimmt, sondern jene dem seinen; „sie sollten sich über die Frage klar werden" (Oepke), die mit der Verkündigung des Paulus, d.h., mit der Verkündigung des gesetzesfreien Evangeliums unter den Heiden aufgebrochen war. Der Apostel erkannte „vollkommen die verhängnisvollen Fragen einer etwaigen Spaltung der Kirche in einen juden- und einen heidenchristlichen Zweig. Eben der Wunsch, sie zu vermeiden, trieb ihn zu den Uraposteln! Die Jerusalemer galt es zu überzeugen" (Oepke). Er selbst war ein für allemal von der Richtigkeit seines Redens und Tuns überzeugt. Dafür hatte Gott selbst gesorgt (vgl. 1, 15f)[29].

Euthydemos und Dionysodor kümmern sich in ihren Reden „um die große Masse der Menschen und vor allem um die Männer von Ansehen (τῶν σεμνῶν) und hoher Stellung (δοκούντων τι εἶναι) nicht"; HERODIAN 6, 1, 3 τῆς συγκλήτου βουλῆς τοὺς δοκοῦντας καὶ ἡλικίᾳ σεμνοτάτους. Rabbinisches bei BILLERBECK III, 537. In 1 QSa II ist wiederholt von den „angesehenen Männern" (wörtlich: „Männer des Namens") die Rede (II, 2.8.11.13), womit die führenden Häupter der Gemeinde gemeint sind.

[26] Man vergleiche auch den Subjektwechsel beim Übergang von V 6f zum V 9.
[27] ThWb II, 236/35f.
[28] „Aber von ihrer Entscheidung hing faktisch doch das Schicksal der gesetzesfreien Heidenmission und ihrer Missionskirche selbst ab" (HAENCHEN, Die Apg, 406).
[29] SCHLIER entnimmt der vom Apostel in Gal 2, 2 geschilderten Situation auch das Moment, „daß die entscheidende Autorität durch das frühere Evangelium und das frühere Apostolat repräsentiert wird. Paulus geht nach Jerusalem und nicht kommen die Jerusalemer zu ihm." Das Letztere ist gewiß richtig, aber Paulus kam nicht deswegen nach Jerusalem, um das Evangelium der Altapostel als „das frühere" anzuerkennen, sondern nur um Gewißheit zu bekommen, daß „sein" Evangelium die Anerkennung durch Jerusalem findet. Es geht in Gal 2, 2 nicht um „früher" oder „später", sondern nach wie vor um das eine Evangelium, neben dem es kein anderes gibt (1, 6). Eine derartige Situation wie die in Gal 2, 2ff geschilderte kann sich

2, 3 ἀλλ' οὐδὲ Τίτος ὁ σὺν ἐμοί, Ἕλλην ὤν, ἠναγκάσθη περιτμηθῆναι: Diese Bemerkung des Apostels entspricht zunächst nicht der Hörer- und Lesererwartung. Denn jedermann erwartet, daß Paulus jetzt erzählen würde, ob „die Maßgebenden" positiv oder negativ auf die Vorlage „seines" Evangeliums reagiert haben[30] — und der Apostel weiß ja in der Tat von einer positiven Reaktion der Maßgebenden zu erzählen; aber er tut das erst ab V 6. Warum die dazwischengeschaltete Titusgeschichte? Dem Apostel fällt sie nicht jetzt erst plötzlich wieder ein, sondern er hatte sie deutlich schon mit der nachhinkenden Bemerkung „mitnehmend auch den Titus" in 2, 1 anvisiert. Jetzt kommt er gleich auf sie zu sprechen und erzählt erst dann von der grundsätzlichen Reaktion der Maßgebenden. Die Sache mit Titus war nämlich der Testfall, der faktisch schon die Anerkennung des „paulinischen" Evangeliums von seiten der Jerusalemer Autoritäten implizierte, was dann in einer förmlichen Abmachung ausdrücklich noch sanktioniert wurde. Titus war zudem deshalb der geeignete Testfall, weil er ein unbeschnittener Heidenchrist war (Ἕλλην ὤν)[31]. Dadurch war er das richtige „Objekt", an dem sich ganz konkret zeigen konnte, wie man in Jerusalem über die Predigt des Paulus dachte, ob man ihre Legitimität anerkannte oder nicht. Und deshalb kommt der Apostel nach V 2 sofort darauf zu sprechen. Er leitet den Satz mit einem elliptischen ἀλλά ein; zu ergänzen ist evtl.: „aber es ereignete sich in Jerusalem folgendes …": „auch Titus, obwohl er ein unbeschnittener Heidenchrist war, wurde nicht zur Beschneidung gezwungen"[32]; οὐδέ hat seinen Bezugspunkt in Ἕλλην ὤν. ἠναγκάσθη ist dabei „im eigentlichen Sinne zu nehmen" (Bisping); denn die Formulierung des Apostels scheint in sich zu schließen, daß in Jerusalem Versuche judenchristlicherseits gemacht worden sind, den Titus zur Beschneidung zu zwingen[33]. Aber Paulus (und wohl auch Barnabas) gaben solchen Versuchen „auch nicht einen Augenblick" nach (vgl. V 5); sie hatten ihre Gründe dafür, die mit den „Falschbrüdern" und deren Absichten zusammenhingen (vgl. V 4)[34]. Titus wurde nicht beschnitten.

---

freilich auch nie mehr wiederholen, da sich kein Späterer mehr gegenüber den „Maßgebenden" berufen kann, Apostel zu sein und das Evangelium unmittelbar „durch eine Offenbarung Jesu Christi" empfangen zu haben. Es gibt keinen Paulus redivivus in der Kirche!
[30] Diese Beobachtung hat D. WARNER dazu verführt, Gal 2, 3–8 als eine Interpolation zu betrachten (Galatians 2, 3–8 as an Interpolation, in: ExpT 62f, 1950/51, 380); dagegen mit Recht BARRETT, a.a.O. 5f.
[31] Zum Begriff Ἕλλην (Ἕλλενες) im Griechentum, Judentum und im NT vgl. WINDISCH in: ThWb II, 501–514. In „Gl 2, 3 kann Titus, der Christ, mit Ἕλλην ὤν nicht als ‚Heide' bezeichnet sein, obwohl hier Ἕλλην mit ἀπερίτμητος gleichbedeutend ist; das heißt eben unbeschnittener Nichtjude hellenischer Nationalität" (512/45ff).
[32] Wenn Paulus beifügt: ὁ σὺν ἐμοί, so betont er damit nur noch einmal, daß Titus wirklich zusammen mit ihm in Jerusalem war und zwar als unbeschnittener Heidenchrist (Ἕλλην ὤν). Der Vorgang hat sich nicht irgendwo, sondern gerade in Jerusalem abgespielt! Vgl. aber auch noch Anm. 36.
[33] Vgl. auch Apg 15, 1.5. — Ganz abwegig ist die Meinung, Titus sei zur Beschneidung nicht „gezwungen" worden, sondern hätte sich ihr freiwillig unterzogen (so etwa J. WEISS, Urchristentum, 202ff; weitere Namen bei ZAHN z. St.). Was hätte es denn dann für einen Sinn, wenn der Apostel nachher von einem unbedingten „Nicht-Nachgeben" redet? Das hat doch ganz eindeutig den versuchten Zwang im Auge.
[34] Die Fortführung in V 4 mit „aber wegen der eingeschlichenen Falschbrüder" verbietet die

Jedenfalls war mit dem Umstand, daß Titus nicht zur Beschneidung gezwungen wurde, auch das von Paulus vorgelegte gesetzesfreie Evangelium praktisch schon anerkannt und damit er selbst gerechtfertigt. Die Erwähnung dieses Vorganges im Brief war für die Galater wichtig, weil diese unter dem Einfluß der Gegner des Apostels anscheinend im Begriff waren, sich beschneiden zu lassen (vgl. Näheres zu 5, 2). Die Jerusalemer Entscheidung im „Fall" Titus war schon eine Entscheidung für die gesamte Missionspraxis bei den Heidenchristen: wenn Titus nicht, dann auch keine anderen Heidenchristen![35] Titus repräsentierte damals in Jerusalem gewissermaßen das ganze Heidenchristentum[36].

2, 4f Gerade die zunächst unerwartete Bemerkung über Titus in V 3 läßt ihre Wichtigkeit in den Augen des Apostels erkennen; der Vers kann darum nicht eine Art von Parenthese sein, wie Zahn meint. Deshalb kann auch die den V 4 einleitende Präpositionalverbindung (διὰ κτλ.) sich nicht rückbeziehen etwa auf das Verbum finitum ἀνεθέμην von V 2 (und erst recht nicht auf das noch weiter zurückliegende ἀνέβην), sondern muß als Einleitung eines selbständigen, allerdings anakoluthisch endenden Satzes fungieren, der freilich durch die Partikel δέ in einem gedanklichen Zusammenhang mit V 3 steht. In welchem? Sehr wahrscheinlich in diesem: Mit dem Ausbleiben der Beschneidungsforderung durch die δοκοῦντες gegenüber Titus war das gesetzesfreie Evangelium des Paulus durch die Jerusalemer Autoritäten faktisch schon anerkannt, „aber wegen (διά)[37] der eingeschlichenen Falschbrüder" besteht Paulus nun auch auf einer offiziellen Abmachung zwischen den Führern der Urgemeinde und ihm, die dann in der Tat erfolgt. Aus dem Hinweis auf ein nicht erfolgtes „Nachgeben durch Unterwürfigkeit", von dem V 5 dann redet und das sich zunächst nur auf die Forderung einer Beschneidung des Titus beziehen kann[38], ergibt sich ja, daß die Falschbrüder in der Tat auf einer solchen bestehen wollten[39] und damit grundsätzlich auf der Beschneidung aller

---

Annahme, daß die δοκοῦντες selbst die Beschneidung des Titus erzwingen wollten. Vgl. auch die Anm. 39.
[35] „The non-circumcision of Titus ... was in reality a decision of the principle" (Burton, z. St.).
[36] Der Hinweis des Apostels auf den Fall Titus damals in Jerusalem jetzt in seinem Brief an die Galater würde sich besonders gut erklären, wenn die Boten aus Galatien, die den Apostel über die Vorgänge in ihren Gemeinden instruiert haben, mit Titus in engen Kontakt gekommen sind, wie Borse annimmt (Standort, 179; vgl. auch 53); dann wären sie selbst dem lebenden Zeugen begegnet und konnten darüber den Gemeinden in ihrer Heimat berichten, als sie mit dem Brief des Apostels zurückkehrten. Von diesen Überlegungen her könnte das hinter Τίτος angefügte ὁ σὺν ἐμοί sogar den Sinn haben: der jetzt (noch) bei mir ist.
[37] Bedeutet hier die Präposition διά „wegen" (propter) oder „mit Rücksicht auf" (so Schlier)? διά mit Akk. kann auch „Veranlassung" besagen (vgl. Mayser, Grammatik, II/2, 426) und diese Bedeutung scheint in Gal 2, 4 vorzuliegen: „Aber veranlaßt durch die Falschbrüder...": die Falschbrüder gaben durch ihre Forderung dem Apostel die Veranlassung zum heftigen Widerstand seinerseits.
[38] Vgl. Lietzmann z. St.
[39] Das Relativpronomen οἷς zu Beginn des V 5 bezieht sich eindeutig zurück auf die ψευδάδελφοι; also müssen diese die Beschneidungsforderung erhoben haben, nicht die δοκοῦντες.

Heidenchristen (vgl. auch Apg 15, 1.5). Es könnte sein, daß bei der Vorlage des gesetzesfreien Evangeliums durch Paulus in Jerusalem eine Diskussion über die Frage der Beschneidung entstanden war. Aber wegen der intransigenten Haltung der „Falschbrüder", die die Beschneidung als heilsnotwendig erklärten, gaben Paulus und Barnabas keinen Augenblick nach[40], **sondern bestanden jetzt auf einer grundsätzlichen Entscheidung**: Das Letztere scheint der durch den Anakoluth fehlende Gedanke zu sein. Es besteht also eine gedankliche Verbindung zwischen V 3 und 4, sprachlich hergestellt mit Hilfe der Partikel δέ[41], die hier durchaus adversative, nicht erläuternde („und zwar") Bedeutung hat[42].

Wer sind die „eingeschlichenen Falschbrüder"? Es sind Judenchristen, die zu „Judaisten" wurden, welche die in Christus geschenkte Freiheit (sc. vom jüdischen Gesetz) „erforschen", um die (Heiden-)Christen unter die Knechtschaft des Gesetzes zu zwingen. An und für sich sind auch sie „Brüder" (ἀδελφοί), aber durch ihre Machenschaften gegen den Apostel und sein Evangelium und überhaupt gegen die Heidenchristen erweisen sie sich als ψευδάδελφοι, die folglich nach Paulus den Ehrentitel „Brüder" nicht mehr verdienen[43]. Das Ziel ihres Vorgehens charakterisiert der Apostel als ein κατασκοπῆσαι: ein Auskundschaften, Erforschen, Mustern, Prüfen[44]. Die Judaisten beobachten

---

[40] Mit τῇ ὑποταγῇ ist „der (geforderte) Vollzug der Unterwerfung gemeint (vgl. καταδουλόω V 4)" (DELLING in: ThWb VIII, 48). τῇ ὑποταγῇ ist dat. modi zu εἴξαμεν (Paulus schließt sich mit Barnabas zusammen). Ein Nachgeben wäre einer „Unterwerfung" gleichgekommen. Die Judaisten traten also mit einem „Instanzenbewußtsein" (SCHLIER) auf; sie beanspruchten Autorität. Vielleicht kommt dieser Anspruch in dem auffälligen Artikel τῇ vor ὑποταγῇ sprachlich zum Ausdruck (vgl. MAYSER, Grammatik, II/2, 30 f: „Bei den Nomina actionis wird die Tätigkeit durch den Artikel als auf ein bestimmtes Ziel gerichtet bezeichnet"; hier auf die „geforderte" Unterwerfung).

[41] THEODOR von Mops. (Catenc 29, 4) und nach ihm THEODORET (III, 367 Sch.), die δέ für „überflüssig" (περιττός) erklären (vgl. LIETZMANN z. St.) — auch MARCION hat es nicht —, haben diesen Zusammenhang zwischen V 3 und 4 nicht erkannt. ZAHN plädiert zwar energisch für die Ursprünglichkeit von δέ, erkennt aber selber den Zusammenhang zwischen den VV 3 und 4 nicht.

[42] Gegen LIETZMANN, OEPKE, SCHLIER u. a.

[43] BONNARD betont mit Recht, daß Paulus die Bezeichnung „Falschbrüder" aus seiner Sicht heraus gebraucht; „peut-être, d'ailleurs, sont-ils sincères; ils n'ont pas conscience de leur erreur et se croient à leur place; mais leurs agissements montrent qu' ils appartiennent à un autre monde, le monde de la loi"; ähnlich auch CONZELMANN, Geschichte des Urchristentums, 68: „‚Falschbrüder' muß nicht heißen, daß sie subjektiv böswillig sind. Es ist ein objektives Urteil: Ihr Verhalten wirkt dem Wesen der Heilstat entgegen." „Falsch-Brüder sind diese Judenchristen für Paulus deshalb, weil sie sein Evangelium anfeinden und sich darum gegen die Freiheit Gottes zur Wehr setzen. Sie stehen für Paulus als Widersacher Gottes unter dem Fluch von Gal. 1, 9 und sind für den Apostel daher nur Schein-Christen" (STUHLMACHER, Das pln. Evangelium I, 89 f). — Auffällig ist der Artikel (τούς) vor παρεισάκτους ψευδαδέλφους. Soll damit angedeutet sein, daß der Apostel „über sie bei den Galatern schon einmal gesprochen hat", wie ECKERT (Die urchristliche Verkündigung, 186, Anm. 2) mit SIEFFERT, ZAHN und ZERWICK erwägt?

[44] POxyr. XII, 1414, 4 ὁ πρύτανις εἶπ(εν)· τὴ]ν τοῦ ἱεροῦ γραφ[ὴ]ν κ[ατ]εσκέψασθαι (die Tempelliste prüfen); MOULTON-MILLIGAN, s. v. κατασκοπέω; FUCHS in: ThWb VII, 418 (nach F. bringt der Sinn des Satzes in Gal 2, 4 „den Nebenton eines Ermittelns mit dem Anspruch eines Rechtes auf Beaufsichtigung herein" und κατασκοπεῖν erhält „fast den Klang

kritisch das gesetzeswidrige Verhalten der Heidenchristen, ohne dazu einen offiziellen Auftrag zu haben[45]: dies Letztere bringt der Apostel dadurch zum Ausdruck, daß er die Falschbrüder als „Pareisakten" bezeichnet, weil sie sich, wie das folgende Verbum παρεισῆλθον sofort deutlich macht, „eingeschlichen" haben[46]. παρείσακτος ist Verbaladjektiv von παρεισάγειν und hat, wie die Lexikographie zeigt, nicht passivischen (so Zahn: „eingeführte" = für das Christentum gewonnene Falschbrüder)[47], sondern aktiven Sinn: „eingeschlichen"[48]. Zweifellos denkt dabei der Apostel an Judenchristen wie jene, die, aus der Urgemeinde kommend, in Antiochien auftauchten (vgl. V 12)[49], und sicher auch an jene, die unvermutet in Galatien erschienen waren; denn in das ἡμῶν bzw. ἡμᾶς des V 4 sind ja auch die Galater, die Adressaten des Briefes, miteingeschlossen (vgl. auch das präsentische ἔχομεν). Da diese Judenchristen weder jemand geschickt hat noch sie von jemand gerufen worden waren, bezeichnet sie der Apostel mit Recht als „eingeschlichene" Falschbrüder. Derartige „Falschbrüder" traten auch in Jerusalem gegen Paulus auf, wie die Angelegenheit mit Titus und das entschlossene Auftreten des Paulus gegen sie (vgl. V 5) zu zeigen scheinen, vielleicht auch der Aorist παρεισῆλθον (Bonnard)[50].

---

des Verdächtigens, eine typisch bürokratische, dem eschatologischen Evangelium von Haus aus fremde und unannehmbare Tendenz").
[45] Vgl. auch Apg 15, 24.
[46] Vgl. BAUER Wb, s.v. παρεισέρχομαι.
[47] Vgl. auch OEPKE z. St.; Vg.: subintroducti. Nach ZAHN enthält der Begriff „Pareisakten", „eher einen Tadel gegen diejenigen, welche sie eingeführt oder hereingelassen haben, und das Urteil: man hätte sie gar nicht aufnehmen oder hereinlassen sollen." Das ist unwahrscheinlich. — Der relativische Anschluß mit οἵτινες (παρεισῆλθον) statt mit οἵ ist ohne Belang (vgl. MAYSER, Grammatik, II/1, 76).
[48] Vgl. MICHAELIS in: ThWb V, 823f. — „παρείσακτος ... kennzeichnet die ψευδαδελφοί noch näher dahin, daß sie auf undurchsichtige Weise insgesamt und auch in die einzelnen Kirchen am Ort, in denen sie jetzt auftreten, eingedrungen sind. Erst das οἵτινες παρεισῆλθον weist auf ein unrechtmäßiges und auf Schleichwegen geschehenes Eindringen in die Gemeinden hin" (SCHLIER z. St.).
[49] Vgl. auch Apg 15, 1. Dazu noch HAHN, Das Verständnis der Mission im NT, 66.
[50] W. FÖRSTER identifiziert die judaistischen „Falschbrüder" entschlossen mit den in Apg 15, 5 erwähnten gläubig gewordenen Pharisäern, hinter denen er näherhin Schriftgelehrte vermutet (ZntW 35, 1937, 288f). HAHN denkt an streng partikularistisch eingestellte palästinische Judenchristen (Mission, 66). Nach SCHMITHALS haben sich die „Falschbrüder" „in die Beratungen hineingeschlichen, gehören also eigentlich nicht zu dem sich versammelnden Bruderkreis; sie wollen die (Gesetzes)freiheit der Christen auskundschaften oder gar amtlich inspizieren; ihr Ziel ist offenbar die neuerliche Unterwerfung des Paulus unter das Gesetz. Bei diesen Leuten kann es sich um Juden gehandelt haben, die in amtlichem Auftrag [der jüdischen Behörde] die Einstellung der Christengemeinde untersuchten ... Das παρ ... in παρεισάκτους und in παρεισῆλθον bezeichnet die Eindringlinge betont als solche, die in der christlichen Gemeindeversammlung nichts zu suchen haben; das gilt für Juden, schwerlich aber für irgendwelche Judenchristen in Jerusalem" (Paulus und Jakobus, 89f). Das scheint uns so unwahrscheinlich wie nur möglich zu sein, einmal wegen der dann höchst sonderbar erscheinenden Bezeichnung der Gegner als „Falsch-Brüder", zum anderen auch deshalb, weil dann ja eigentlich die jüdischen Behörden die δοκοῦντες gewesen wären, nicht die Führer der Urgemeinde. — „Da in Jerusalem und den judenchristlichen Gemeinden ein solches κατασκοπεῖν nicht notwendig war, könnte man am besten an Antiochia und andere heidenchristliche Gemeinden als Orte ihres Auftretens denken ..." (ECKERT, Die urchristliche Ver-

Das Ziel der Machenschaften der „Falschbrüder" ist die „Versklavung" der Heidenchristen (ἵνα ἡμᾶς καταδουλώσουσιν)[51]; damit kann nach 3, 23; 4, 5; 5, 1ff nur jene Knechtschaft gemeint sein, die nach pln. Theologie die Gesetzesherrschaft darstellt und von der Christus befreit hat. Ihnen beugte sich der Apostel keinen Augenblick[52].

Völlig mißverstanden wurden die Ausführungen des Apostels von jenen Textzeugen, bei denen οἷς οὐδέ fehlt (D* d e, Irenäus lat, Tertullian, Victorin [in den meisten Hss], Ambrosiaster, Pelagius, Augustinus, Primasius)[53]. Danach hätte Paulus den judaistischen Falschbrüdern, aus taktischen Gründen oder aus Friedensliebe, nachgegeben, wenn auch nur für kurze Zeit, indem er — daran ist dann wahrscheinlich gedacht — den Titus freiwillig beschneiden ließ, obwohl dieser dazu nicht „gezwungen" worden sei. οἷς allein fehlt bei Marcion[54]; dahinter steht wohl bewußte textkritische Arbeit; wahrscheinlich wollte Marcion, weil er οἷς wegläßt, damit den Eindruck erwecken, daß Paulus auch den Uraposteln nicht „nachgegeben" habe, die ja nach der Meinung Marcions sich von den „Judaisten" theologisch kaum unterschieden[55]. Auch für Zahn ist οὐδέ „eine Interpolation" und οἷς eine noch „spätere"; denn die „ältesten Textzeugen, welche noch unmittelbar zu uns reden, haben οἷς nicht; und die glaubwürdigsten unter ihnen auch nicht οὐδέ", was jedoch nicht stimmt[56]. Da nach Zahn mit V 4 „eine neue Periode" beginnt, bleibt ihm nichts anderes übrig als anzunehmen, Paulus und seine Begleiter hätten sich den Häuptern der Urgemeinde kurz untergeordnet, „wie ein Kind den Eltern oder das Weib dem Gatten, wie der Knecht seinem Herrn, der Untertan seiner Obrigkeit".

Der Zweck der unbeugsamen Haltung des Apostels ist ein sehr eindeutiger und wesentlicher: ἵνα ἡ ἀλήθεια τοῦ εὐαγγελίου διαμείνῃ πρὸς ὑμᾶς (V 5b). Es geht also nicht um irgendein taktisches Verhalten für den Augenblick oder um eigensinniges Beharren auf dem einmal eingenommenen Standpunkt, son-

---

kündigung, 186 mit Anm. 7; vgl. auch MUNCK, Paulus und die Heilsgeschichte, 89f). Aber da sie nach Gal 2, 3f ganz deutlich auch in Jerusalem auftreten, darf vermutet werden, daß sie dorthin gekommen sind, um bei den δοκοῦντες gegen die von Paulus und Barnabas unterstützte heidenchristliche Praxis zu intervenieren. Paulus erfüllten diese Umtriebe mit Sorge, und so ging er auf Antrieb des Pneumas selbst mit Barnabas und Titus nach Jerusalem hinauf, um eine definitive Entscheidung in Sachen Evangelium herbeizuführen.

51 Die sicher sekundäre LA μή hinter ἵνα (so G) denkt vom V 5 her: ihnen bin ich nicht gewichen, „damit sie uns nicht versklaven". In Wirklichkeit ist der ἵνα-Satz vom vorausgehenden οἵτινες-Satz abhängig.

52 Zu πρὸς ὥραν vgl. auch Joh 5, 35 („eine kurze Weile"); 2 Kor 7, 8; dazu noch MAYSER, Grammatik, II/2, 499.

53 Zum textkritischen Apparat s. ALAND – BLACK – METZGER – WIKGREN, The Greek N.T. z. St.; dazu noch den umfangreichen Exkurs bei ZAHN, Gal., 289–298; METZGER, A Textual Commentary on the Greek NT, 591f.

54 Vgl. HARNACK, Marcion, 71*. Auch syr[p] und Ephraem lesen ohne οἷς (marcionitische LA?).

55 Petrum ceterosque apostolos vultis Judaismi magis adfines subintelligi (TERTULLIAN, Adv. Marc. V, 3); Petrus legis homo (ebd. IV, 11); dazu HARNACK, Marcion, 38.

56 οἷς οὐδέ lesen 𝔓[46] ℵ A B C D[c] G K P, sehr viele Minuskeln, dazu Vg., syr[h], copt[sa. bo], goth, arm, BASILIUS, AMBROSIUS, PS-IGNATIUS, EPIPHANIUS, CHRYSOSTOMUS, PELAGIUS, HIERONYMUS, THEODOR[lat.], AUGUSTINUS, EUTHALIUS, THEODORET, CASSIODOR, JOH. DAMASCENUS u. a. Diese „Zeugenwolke" ist erdrückend.

dern um Grundsätzliches: um das Wesen, „die Wahrheit" des Evangeliums. In 2, 14 verwendet Paulus denselben Ausdruck präpositional (πρός) mit dem Verbum (οὐκ) ὀρθοποδεῖν. Dort läßt der Zusammenhang erkennen, daß es wider die Wahrheit des Evangeliums ist, die Heidenchristen zum ἰουδαΐζειν zu zwingen (vgl. V 14b). Die Wahrheit des Evangeliums zeigt sich also für den Apostel in der Freiheit vom jüdischen Gesetz, d. h. aber, „die Wahrheit des Evangeliums" ist eigentlich das Evangelium selbst, das so, wie sein Wesen ist, „erhalten bleiben"[57] muß. Die Wahrheit des Evangeliums bleibt erhalten, wenn es auch in seiner Konsequenz durchgehalten wird (vor allem im Hinblick auf die Freiheit vom Gesetz)[58]. Der Apostel kämpfte „für die Wahrheit des Evangeliums" in Jerusalem, damit sie auch bei den Galatern erhalten bliebe (πρὸς ὑμᾶς). Damit ist keineswegs gesagt, daß er damals, bei seinem zweiten Besuch in Jerusalem, schon an die Galater dachte oder gar schon bei ihnen missioniert habe (südgalatische Theorie)[59]. Das διαμένειν (πρὸς ὑμᾶς) ist vielmehr „überzeitlich" gemeint[60]: ein für allemal sollte die Wahrheit des Evangeliums erhalten bleiben und jetzt auch „bei euch", den Galatern.

Die Gespräche in Jerusalem, die vermutlich vor den „Angesehenen" stattfanden (vgl. V 2), gingen jedenfalls so aus, daß dem Apostel von den δοκοῦντες „nichts" auferlegt wurde. Davon spricht Paulus im folgenden Vers.

2, 6 Von den δοκοῦντες in der Jerusalemer Urgemeinde war schon im V 3 die Rede. Ihnen hat der Apostel sein Evangelium in einer „Sondersitzung" vorgelegt. Wie die Verhandlungen mit ihnen ausgingen, erzählt er jedoch erst in den VV 6–10. Aber auch hier unterbricht er seine Darstellung[61], indem er im V 6 wieder eine Parenthese einschaltet. Dann nimmt er den Bericht wieder auf, aber nun in aktivischer Konstruktion: „Denn (γάρ) mir legten die Angesehenen

---

[57] διαμένειν = verbleiben, verweilen, Bestand haben; Ps 118 (119), 89 ὁ λόγος σου διαμένει ἐν τῷ οὐρανῷ. Dazu noch MOULTON-MILLIGAN s. v.

[58] Vgl. SCHLIER z. St., der mit Recht betont, daß „die Wahrheit des Evangeliums" nicht das wahre Evangelium im Gegensatz zu einem falschen meint, da ja Paulus kein falsches „Evangelium" kennt (1, 6f). Nach STUHLMACHER geht es bei der „Wahrheit des Evangeliums" „um die Gültigkeit des von Gott schon jetzt auf die Welt entschränkten und vom Evangelium im wahren Sinn des Wortes (aus dem Eschaton) vor-getragenen Heiles, um die im Evangelium bereits jetzt entriegelte, endzeitliche Wirklichkeit und Vollmacht Gottes" (Das pln. Evangelium I, 90). Der Begriff „Wahrheit" in dem Ausdruck „Die Wahrheit des Evangeliums" hat also nichts mit der scholastischen adaequatio rei et intellectus zu tun, sondern meint die „Unverborgenheit" des im Evangelium anwesenden und mit ihm verkündeten eschatologischen Heils, das weder teilbar noch revozierbar ist. So besteht „die Wahrheit des Evangeliums", kurz gesagt, in der „Logik" des Evangeliums. Jedenfalls muß die Formulierung ἡ ἀλήθεια τοῦ εὐαγγελίου in Gal 2, 5.14 vom Kontext her auch „als Gegensatz zu ἕτερον εὐαγγέλιον, ὃ οὐκ ἔστιν ἄλλο (1, 6) verstanden werden. In einem weniger polemischen Zusammenhang würde es dann einfach τὸ εὐαγγέλιον heißen", wie I. LÖNNING bemerkt (StTh 24 [1970] 50, Anm. 229).

[59] Bei den Galatern ist ja „die Wahrheit des Evangeliums" jetzt erst, nach dem Auftauchen der Gegner, bedroht.

[60] Vgl. auch LIETZMANN, OEPKE, SCHLIER.

[61] Er wollte wohl ursprünglich formulieren: „Von den Angesehenen aber ist mir nichts auferlegt worden."

nichts auf."[62] Die begründende Funktion der Partikel γάρ in dieser Aussage läßt sich mit Schlier vielleicht darin erkennen, daß mit dieser Feststellung der Grund genannt ist, „warum er den falschen Brüdern gegenüber unbedingten Widerstand leisten **konnte**": Da „nämlich" die Angesehenen ihm weiter nichts auferlegten, hatte er um so festeren Stand gegenüber seinen Widersachern. Mögen die δοκοῦντες vielleicht anderen Auflagen gemacht haben — man könnte an die „Jakobusklauseln" denken[63], die ja nur in gemischten, aus Juden- und Heidenchristen bestehenden Gemeinden Sinn hatten —, dem Apostel selber (betontes ἐμοί) haben sie nichts auferlegt, nämlich im Hinblick auf die Heidenmission (vgl. in V 9: ἡμεῖς εἰς τὰ ἔθνη)[64], wie seine Gegner jetzt vielleicht bei den Galatern behaupten: Die Jerusalemer Autoritäten haben dem Paulus seinerzeit Auflagen gemacht — man könnte neben den „Jakobusklauseln" etwa an bestimmte gesetzliche Auflagen denken[65] wie die Beschneidungsforderung, oder aber die Gegner haben in vager Erinnerung an die Jakobusklauseln aus ihnen noch andere Auflagen gesetzlicher Art herausgelesen — bona oder mala fide. Paulus weiß davon nichts.

Warum aber die Parenthese? Über diese Frage ist schon viel nachgedacht und geschrieben worden und eine alle überzeugende Antwort wird wahrscheinlich nie gefunden werden. Auch die Antwort dieses Kommentars ist nur eine Hypothese. Auf jeden Fall muß die Parenthese einen Grund haben, sonst hätte sie der Apostel nicht hingeschrieben. Ihre Formulierung könnte an eine Polemik denken lassen. Gegen wen? Gegen bestimmte Thesen der „Falschbrüder"? Daran haben viele Ausleger gedacht. Diese Thesen lauteten etwa so: die Jerusalemer δοκοῦντες stehen im Rang wesentlich höher als Paulus, weil sie längst vor ihm Apostel waren — was Paulus ja selbst zugibt: Gal 1, 17 —, zudem: Jakobus sei doch ein Bruder Jesu und Petrus sein erster Jünger[66]. Dann würde in der Tat, wie Schlier meint, das ἦσαν (mit oder ohne ποτέ) „auf den

---

[62] Die Partikel δέ zu Anfang des V 6 bringt das gegenteilige Verhalten der δοκοῦντες im Vergleich mit jenem der Falschbrüder zur Geltung. — Zu προσανατίθεσθαι vgl. BAUER Wb s. v., OEPKE z. St. SCHLIER hebt (mit OEPKE u.a. gegen ZAHN u.a.) mit Recht hervor, „daß keinerlei Notwendigkeit besteht, προσανατίθεσθαι in demselben Sinn zu verstehen wie in 1, 16". — προσανατίθεσθαι τινί τι = sich eine Last auflegen lassen, sie übernehmen (XENOPHON, Mem. 2, 1, 8) — τινί = sich einem anvertrauen, ihn um Rat fragen (z. B. τοῖς μάντεσι, DIODOR, Sic. 17, 116) (PAPE Wb II s. v.).

[63] Vgl. Apg 15, 19f.29.

[64] Da εἶναί τι zusammen mit οἱ δοκοῦντες eine feste Phrase ist (vgl. S. 400, Anm. 27), braucht sich hinter dem τι nicht etwas Besonderes zu verbergen, etwa das „Apostelddekret", woran E. KLOSTERMANN dachte (Die Apologie des Paulus Galater 1, 10 – 2, 21, in: Gottes ist der Orient, Festschr. f. O. EISSFELDT, 1959), der als Übersetzung vorschlägt: „Daß aber von den ‚Geltenden' — wieviel sie immer bedeuten — etwas (Schriftliches) stammt, macht mir nichts aus . . .".

[65] Vgl. auch SCHLIER z. St.

[66] Vgl. E. HAENCHEN in: ZThK 63 (1966) 153. Ähnlich auch BURTON (z. St.); C. K. BARRETT, Paul and the „Pillar" Apostles, in: Studia Paulina in honorem Joh. de Zwaan (Haarlem 1953) 19; H. v. CAMPENHAUSEN, Kirchliches Amt und geistliche Vollmacht in den ersten drei Jahrhunderten (Tübingen ²1963) 40 („aufgrund der bloßen historischen Kontinuität und Tradition gibt es . . . keine privilegierten Personen oder Instanzen; auch die Apostel sind dies nicht").

vor Pfingsten liegenden Lebensabschnitt der Apostel" zurückschauen. K. Heussi hat sogar mit großer Sicherheit die These vorgetragen, aus dem ἦσαν gehe hervor, daß die „Säulen", „als Paulus schrieb, nicht mehr unter den Lebenden weilten"[67]; an den Tempora von Gal 2, 6 sei „nicht zu rütteln". Auf jeden Fall hat dann die Parenthese irgendwie die Vergangenheit der δοκοῦντες im Auge, an der sich aber Paulus uninteressiert zeige: „wie beschaffen immer sie waren, interessiert mich nicht". An bestimmte „Eigenschaften" (vgl. ὁποῖοι) der δοκοῦντες denken auch andere Ausleger, so an gewisse „Defekte", etwa an ihre Ungelehrtheit[68], an das feige Verhalten der Apostel während der Passion Jesu oder an den Unglauben des Jakobus nach Joh 7, 5[69]. Eckert meint, daß der Apostel mit der Autorität der „Maßgebenden" vor den Galatern gegen die Gegner deswegen argumentiert, weil diese „vielleicht die Gesetzesobservanz der maßgeblichen Leute der Urgemeinde gegen das paulinische Evangelium ins Feld führten. In diesem Sinn könnte die in der Exegese äußerst umstrittene Parenthese gedeutet werden, in der Paulus dann die Vergangenheit der Geltenden als Gesetzesbeobachter für irrelevant erklärt"[70].

Andere meinen, die Polemik des Apostels richte sich mit der Parenthese noch direkter gegen die δοκοῦντες; so etwa Stuhlmacher: „Den Jerusalemer Aposteln, welche sich wahrscheinlich als Hüter der ungebrochenen Jesustradition verstanden, entgegnet Paulus sarkastisch, daß der Gott seines Evangeliums unparteiisch sei und solche Würdestellung für nichts erachte (Gal 2, 6)."[71] Nach D. M. Hay muß Gal 2, 6 ganz im Licht von Gal 1, 10f gesehen werden[72]: Die Gleichgültigkeit des Apostels gegen die Jerusalemer Autoritäten „gründet in Gott"[73], dem Paulus allein gefallen will. Gott schaue überhaupt nicht auf die Person (πρόσωπον ὁ θεὸς ἀνθρώπου οὐ λαμβάνει: Gal 2, 6c), wie schon das AT lehre: οὐκ ἔστιν παρ' αὐτῇ (= der Wahrheit) λαμβάνειν πρόσωπα (I Esr 4, 39)[74]. Die Galater sollen — so interpretiert Hay weiter — nicht auf den äuße-

---

[67] Galater 2 und der Lebensausgang der Jerusalemischen Urapostel, in: ThLZ 77 (1952) 67–72 (68). Dabei setzt H. voraus, daß der Jakobus von Gal 2, 9 nicht der Herrenbruder Jakobus, sondern der Zebedaide Jakobus sei. Zur Kritik an HEUSSI vgl. E. STAUFFER, Zum Kalifat des Jakobus, in: ZRGg 4 (1952) 203, Anm. 11a, und vor allem K. ALAND, Wann starb Petrus? Eine Bemerkung zu Gal 2, 6, in: NTSt 2 (1955/56) 267–275 (bes. 270–272).
[68] So FÖRSTER in: ZntW 36 (1937) 288 (unter Berufung auf Apg 4, 13, wo die Apostel ἄνθρωποι ἀγράμματοι genannt werden).
[69] Vgl. MUNCK, Paulus und die Heilsgeschichte, 91; freilich von M. vorsichtig formuliert: „Paulus kann dabei daran gedacht haben, daß sie ungelehrt waren, daß sie Jesus im Stich gelassen hatten, daß Jakobus ungläubig war ... und daß Petrus Jesus verraten hatte. Ich meine nicht, daß Paulus mit einer derartigen Vergleichung gegen die ältesten Jünger in Jerusalem ziehen will, von deren voller Anerkennung und Einigkeit mit ihm er im Text berichtet." Vgl. auch noch ECKERT, Die urchristliche Verkündigung, 188, Anm. 3.
[70] Die urchristliche Verkündigung, 188.
[71] EvTh 27 (1967) 383; vgl. auch DERS., Das pln. Evangelium I, 92 („Nachdem Gott Paulus mit dem Evangelium betraut hat, kann Paulus nur noch die hiermit gesetzten, eschatologischen Maßstäbe gelten lassen und selbst bei den ‚Säulen' keinerlei andere Qualifikationen, die etwa in der Verbindung zu Jesus und der Kenntnis authentischer Jesustradition gesehen werden konnten").
[72] Paul's Indifference to Authority, in: JBL 88 (1969) 36–44.
[73] Ebd. 41.   [74] Zitiert bei HAY, 41 (mit weiteren Belegen).

ren Schein (vgl. δοκοῦντες: δοκεῖν = scheinen) Wert legen, sondern allein auf die „Wirklichkeit"; „it is simply the kerygma."[75] Würden die δοκοῦντες in Jerusalem von dieser Wirklichkeit abfallen, würde Paulus in diesem Fall auch ihre apostolische Autorität leugnen — vgl. nur sein Verhalten gegenüber Petrus in Antiochien (Gal 2, 11). Nur das Kerygma sei maßgebend, nicht irgendeine Stellung in der Kirche: dies wolle der Apostel mit der Parenthese Gal 2, 6 für die Galater zum Ausdruck bringen.

Nun ist kein Zweifel, daß mit dem ὁποῖοι in der Parenthese „Eigenschaften" der δοκοῦντες anvisiert sind. Aber gerade sie interessieren den Apostel nach seiner eigenen Aussage nicht (οὐδέν μοι διαφέρει)[76]. Das enklitisch angehängte ποτε hat nicht den Sinn von „damals", „einst", gehört vielmehr verallgemeinernd zu ὁποῖοι (qualescumque)[77]. Bezieht sich ἦσαν wirklich auf die Vergangenheit der δοκοῦντες, wie häufig angenommen wird, oder handelt es sich nicht eher um eine sogenannte attractio temporum[78], wobei es „nicht so sehr auf das Fortbestehen oder In-die-Gegenwart-Hineinreichen eines Tatbestandes an(kommt) als auf die Einbettung der Aussage in einen Bericht, der Vergangenes behandelt"[79]? Die enge Verbindung von ὁποῖοι mit πρόσωπον in Gal 2,6[80] läßt erkennen, daß es sich um die „Person" der δοκοῦντες dreht; der Apostel will sagen: „Auf die Person der δοκοῦντες kommt es mir jetzt nicht an." „Wird dieses ‚Auf die Person' verbal ausgedrückt, so muß es um der grammatischen Korrektheit willen ὁποῖοί ποτε ἦσαν heißen. Trotz des Präteritums will der Autor lediglich soviel ausdrücken, daß er auf eine bestimmte Bezeichnung der δοκοῦντες verzichtet. Aus jenem allein den grammatischen Regeln entsprechenden ἦσαν überhaupt einen Schluß zu ziehen auf Leben und Geltung der Betreffenden zur Zeit des Berichtes, erlaubt die Aussage keinesfalls."[81]

Was ist dann der Sinn der Parenthese? Man muß davon ausgehen, daß diese von einem zweimaligen Hinweis auf die δοκοῦντες eingerahmt ist: ἀπὸ δὲ τῶν δοκούντων εἶναί τι ... ἐμοὶ γὰρ οἱ δοκοῦντες ... Der Ton liegt also deutlich auf den δοκοῦντες. Mit der Parenthese will dann der Apostel betonen, daß es ihm nicht auf die Person derselben ankommt, sondern einzig und allein (gegenüber seinen Gegnern nämlich) auf die Tatsache, daß seinerzeit ihm von den δοκοῦντες in Jerusalem nichts auferlegt worden ist, wie möglicherweise die Gegner gegenüber den Galatern

---

[75] Ebd. 42.
[76] Zu der Phrase vgl. das profangriechische Material bei Weiss in: ThWb IX, 64/11ff.
[77] Vgl. Mayser, Grammatik, II/3, 155 mit guten Belegen; z. B. Teb. 124, 25 (μένειν δὲ ἡμῖν καὶ ἐγγόνοις τοὺς κλή[ρους] οἷοί ποτε εἰσιν [„wie auch immer sie beschaffen sind"]).
[78] E. Schwyzer, Griechische Grammatik, II, 279 („Naturgegebene, geographische, ethnologische u. ä. Tatbestände, die an keine Zeit gebunden sind oder doch von der Vergangenheit in die Gegenwart des Sprechenden hineinreichen, werden in der Erzählung gewöhnlich als vergangen gesehen, wenn sie mit einem Vorgang der Vergangenheit in Verbindung stehen [attractio temporum]").
[79] B. Häsler, Sprachlich-grammatische Bemerkungen zu Gal. II, 6, in: ThLZ 82 (1957) 393f (393).
[80] Gal 2, 6b und 6c sind asyndetisch miteinander verbunden; das Asyndeton kann auch begründende Funktion haben (vgl. Mayser, Grammatik, II/3, 182).
[81] Häsler, a.a.O. 393.

behauptet haben. Über die Vergangenheit, die persönlichen Eigenschaften oder das sonstige Prestige der „Maßgebenden" will der Apostel gar nicht reflektieren, weil auch Gott nicht darauf schaut. Das betont er mit seiner Parenthese, mögen sich seine Gegner ruhig auf das πρόσωπον ihrer angeblichen Gewährsmänner berufen[82].

Aber die Jerusalemer Autoritäten haben dem Apostel seinerzeit nicht nur „nichts" (οὐδέν)[83] auferlegt[84], sondern darüber hinaus eine positive Vereinbarung mit ihm getroffen.

2, 7–9 Die Struktur der Verse ist kompliziert. Der Hauptsatz folgt erst im V 9 (Ἰάκωβος καὶ Κηφᾶς καὶ Ἰωάννης ... δεξιὰς ἔδωκεν ... κοινωνίας), dem in dem vorausgehenden langen ἀλλά-Satz zwei Partizipialkonstruktionen vorgelagert sind (ἰδόντες ... καὶ γνόντες ...); dazu kommt im V 8 eine neue Parenthese (ὁ γὰρ ... εἰς τὰ ἔθνη). Als Subjekt zu den beiden Partizipien ἰδόντες und γνόντες fungiert aber noch das οἱ δοκοῦντες von V 6d, nicht bereits „die Säulen", deren Handlung vielmehr erst das Ergebnis aus dem ἰδόντες und γνόντες aller δοκοῦντες der Urgemeinde ist. Mit der Aussage von V 6d ist das folgende oppositionell durch ἀλλὰ τοὐναντίον verbunden. Aber das „gegensätzliche" Verhalten der Jerusalemer Autoritäten wird erst im V 9 genannt: die Vereinbarung über die Missionsgebiete. Von Theologie, Heilsweg, „Evangelium" oder dergleichen ist überraschenderweise keine Rede mehr, „vielmehr" geht man zu praktischen Vereinbarungen über, nachdem auf seiten der Jerusalemer Autoritäten gewisse Erkenntnisse gewonnen sind (ἰδόντες, γνόντες).

Zunächst „sehen" sie, daß Paulus der von Gott bestellte Heidenmissionar ist, wie (καθώς) Petrus der Judenmissionar. Das „sehen" sie an der tatsächlichen Heidenmission des Paulus und ihren Erfolgen (vgl. 1, 23)[85]. Paulus ist mit dem Evangelium[86] für die Unbeschnittenen[87] betraut worden; hinter dem Perf. Pass.

---

[82] Damit kommt für uns auch G. KLEINS Hypothese nicht in Frage, der bei der Parenthese an die Führungsverhältnisse in Jerusalem zur Abfassungszeit des Briefes denkt (Galater 2, 6–9 und die Geschichte der Jerusalemer Urgemeinde, in: Rekonstruktion und Interpretation, 99–128 [113]), die sich gegenüber der Zeit des „Konzils" zugunsten eines Triumvirats (Jakobus, Petrus, Johannes) verschoben habe; inzwischen habe sich Jakobus, „schon seit dem ersten Besuch des Paulus ein ‚kommender Mann', völlig nach vorn gespielt ...".
[83] Nach LIETZMANN schließt dieses οὐδέν (zusammen mit dem μόνον des V 9) beim Apostel „die Kenntnis des sog. Apostelddekrets Act 15, 20–29 aus". Muß dieser Schluß unbedingt gezogen werden? Die Jakobusklauseln des Dekrets haben ja nur Bedeutung für „gemischte" Gemeinden, nicht jedoch für rein heidenchristliche. An diese denkt aber der Apostel ganz offensichtlich, weil er sich als deren Anwalt fühlt (vgl. auch noch S. 135, Anm. 6).
[84] B. GERHARDSSON meint (Memory and Manuscript, 279), die von Paulus gewählte Formulierung οὐδὲν προσανέθεντο „could only refer to a superior authority", die Paulus eben im Jerusalemer Apostelkollegium (= οἱ δοκοῦντες) gesehen habe, unter Hinweis auf die rabbinische Analogie: „His own relation to this collegium of the Apostles is rather like the relation between the single Rabbi and his colleagues (חברים). The collegium has authority over against the single Apostle." Der Rekurs auf die rabbinische Analogie bei der Analyse des apostolischen Selbstverständnisses des Paulus scheitert u. E. schon an der Formulierung in Gal 1, 1 (οὐκ ἀπ' ἀνθρώπου οὐδὲ δι' ἀνθρώπου).
[85] Vgl. auch Apg 15, 4.12.   [86] τὸ εὐαγγέλιον ist Akkus. relat.
[87] Der Gen. obj. τῆς ἀκροβυστίας ist ebenso wie der folgende τῆς περιτομῆς abstr. pro concr. (vgl. auch Röm 3, 30; 4, 9; 15, 8; Eph 2, 11 u. ö.; dazu noch MEYER in: ThWb VI, 80/42ff).

πεπίστευμαι verbirgt sich als das wahre Subjekt Gott (bzw. Christus)[88]. Die Parallelisierung des Heidenmissionars Paulus mit dem Judenmissionar Petrus[89], dessen Missionsapostolat unter den Juden unumstritten war, „geht ohne Zweifel auf Paulus selbst zurück" (Oepke) und ist schon Ausdruck der in Jerusalem anerkannten Gleichberechtigung der Heidenmission neben der Judenmission. Daß diese Gleichberechtigung aber nicht ein bloßes Wunschbild des Paulus war, geht aus der dann im V 9 erwähnten Vereinbarung eindeutig hervor. Bevor er aber darauf zu sprechen kommt, schaltet er wieder eine Parenthese ein (V 8), verbunden mit dem Vorausgehenden durch die Begründungspartikel γάρ, die zu beachten ist. Begründet wird, und zwar für die δοκοῦντες, die Tatsache, daß Paulus wirklich von Gott mit der Heidenmission „betraut" ist (also in erster Linie das πεπίστευμαι). Die δοκοῦντες „sehen" diese Tatsache[90]; „denn" sie sehen die mit Hilfe Gottes tatsächlich erreichten Erfolge des Paulus in der Heidenmission, so daß sie gestehen: für Paulus hat wirklich Gott selbst „gewirkt"[91],

---

[88] Vgl. zur Sache auch 1, 16; Röm 1, 5; 15, 15. Zu πιστεύεσθαι im Sinn von „anvertraut werden, betraut sein" vgl. etwa PREISENDANZ, Zauber II, 13, 140f. ὁ ὑπό σου ταχθεὶς καὶ πάντα πιστευθεὶς τὰ αὐθεντικά, im NT Röm 3, 2; 1 Kor 9, 17; 1 Thess 2, 4; 1 Tim 1, 11; Tit 1, 3 (BULTMANN in: ThWb VI, 178/9f; 204/15f).

[89] Auffällig ist, daß in Gal 2, 7f Πέτρος statt des sonst bei Paulus üblichen Κηφᾶς steht (nur der westliche Text [D] liest durchgehend Πέτρος; vgl. dazu Näheres bei ZAHN, Gal., 70, Anm. 84). Das hat Anlaß zu mancherlei Überlegungen gegeben. So sieht z. B. E. BARNIKOL in Gal 2, 7f eine spätere Glosse, die den Parallelismus Paulus/Petrus unterstreichen wolle (Forschungen zur Entstehung des Urchristentums, Heft V: Der nichtpaulinische Ursprung des Parallelismus der Apostel Petrus und Paulus [Gal 2, 7–8], Kiel 1931). Selbst die These wurde vertreten, Πέτρος und Κηφᾶς seien verschiedene Personen, so schon von Auslegern in der patristischen Zeit der Kirche und neuerdings wieder u. a. von C. M. HENZE, Cephas seu Kephas non est Simon Petrus: DivThomas 61 (1958) 63–67 (dagegen J. HERRERA, Cephas seu Kephas est Simon Petrus: ebd. 61 [1958] 481–484). GAECHTER meint: „‚Petrus' war der Eigenname seines Trägers unter den griechischsprechenden Christen, ‚Kepha' war seine Amtsbezeichnung. Die ‚Gnade', die sein und des Petrus Wirken begleitet hatte, war nach des Paulus Dafürhalten eher eine unverdiente persönliche Auszeichnung als eine Auszeichnung ihrer Amtsstellung (vgl. 1 Kor 15, 10). Daher fand er ‚Petrus' besser am Platz als ‚Kepha' " (Petrus und seine Zeit, 385). E. BAMMEL vermutet, daß der auffällige Namenswechsel darauf schließen lasse, „daß (Paulus) Κηφᾶς im Hinblick auf die Korinther und Galater braucht, unter denen es Elemente gab, die in ihrem Petrinismus sich gerne des ‚eigentlichen' Namens des Erstapostels bedienten" (ThZ 11 [1955] 412, Anm. 51; ähnlich schon ZAHN, Gal., 70, Anm. 84). Dieser Wirrsal von Meinungen beweist nur, daß sich in Wirklichkeit kein plausibler Grund für den Namenswechsel finden läßt (es sei denn, man betrachte die V 7f als Zitat aus einem Dokument, s. dazu aber weiter unten).

[90] Das ὅτι hinter ἰδόντες signalisiert in Verbindung mit dem Perfekt πεπίστευμαι eine nicht bestreitbare Tatsache; die Konjunktion ὅτι hat also hier auf keinen Fall kausale Bedeutung.

[91] Vgl. dazu nochmals Apg 15, 12 (ὅσα ἐποίησεν ὁ θεὸς σημεῖα καὶ τέρατα ἐν τοῖς ἔθνεσι δι' αὐτῶν); ferner 2 Kor 12, 12; Röm 15, 19. — Das Verbum ἐνεργεῖν hat hier intransitive Bedeutung („am Werke sein", „in Tätigkeit sein") und die zugehörigen Dativi Πέτρῳ und ἐμοί sind Dativi comm.; vgl. Prov 31, 12 (die gute Frau) ἐνεργεῖ γὰρ τῷ ἀνδρὶ πάντα τὸν βίον, dazu noch BERTRAM in: ThWb II, 649f; MAYSER, Grammatik, II/2, 270–272; MOULTON-MILLIGAN, s. v. ἐνεργέω; K. W. CLARK, The Meaning of ἐνεργέω and κατεργέω in the NT: JBL 54 (1935) 93–101. — εἰς ἀποστολήν gibt das Ziel der tatkräftigen Wirksamkeit Gottes zugunsten der beiden Männer an: es ist die „Ausübung ihres missionarischen Apostelamtes" (vgl. BAUERWb s. v.; RENGSTORF in: ThWb I, 447f, der bemerkt: „ἀποστολή ist in seiner ntl. Bedeutung ... völlig von ἀπόστολος bestimmt und nimmt darin innerhalb der Wortgeschichte eine deutliche Sonderstellung ein, die zeigt, wie der neue Begriff ἀπόστολος die kräftige

genau wie für Petrus bei der Judenmission[92]. Damit erkennen sie Paulus schon als legitimen Heidenapostel an, was dann seinen „offiziellen" Ausdruck in der nachher berichteten Vereinbarung findet. Nicht aber ist im V 8 etwas über das „Rangverhältnis" der beiden Apostel zueinander ausgesprochen; auch ist „im unmittelbar Vorangehenden" von Paulus und Petrus nicht „wie von den entscheidenden Kontrahenten" die Rede, wie G. Klein meint[93].

Tendenz aufweist, sich verwandte Begriffe dienstbar zu machen"). Daß es im zweiten Glied des Satzes kurz εἰς τὰ ἔθνη statt εἰς ἀποστολὴν τῶν ἐθνῶν heißt, ist sachlich ohne Belang (vgl. V 9!) und grammatisch als comparatio compendaria zu bezeichnen (vgl. WINER § 66, 2f; SCHLIER z. St.). „Die Behauptung, Paulus vermeide diesen Ausdruck für sich mangels voller Anerkennung seines Apostolats in Jerusalem [so etwa LIPSIUS, der meint, „daß die älteren Apostel Paulus den eigentlichen Apostelnamen nicht zuerkannt haben"], konnte nur übertriebenem sachlichen, mangelndem sprachlichen Feingefühl entspringen" (OEPKE).

[92] Vgl. auch Apg 2, 19.43; 4, 30. Die Aoriste ἐνεργήσας und ἐνήργησαν schauen auf schon Geschehenes zurück; Paulus denkt dabei vielleicht an seine Missionserfolge in den Gegenden von Syrien und Kilikien (vgl. 1, 21).

[93] Galater 2, 6–9 und die Geschichte der Jerusalemer Urgemeinde, wieder abgedruckt mit einem Nachtrag, in: KLEIN, Rekonstruktion und Interpretation, 99–128 (107). Die Vergleichspartikel καθώς im V 7 läßt nicht an einen Gegensatz der beiden Männer denken, sondern an ein „komplementäres" Verhältnis. „L'apostolat de Paul, n'est pas comparé à celui de Pierre; il ne lui est pas non plus identifié; il est placé à ses côtés, comme une grandeur en tout point égale (mais pas identique)" (BONNARD z. St.). Im übrigen dürfte HAENCHEN recht haben (NTSt 7 [1960/61] 194f), wenn er aus Gal 2, 7f zu sehen glaubt, daß hier Paulus dem Petrus „sein eigenes Bild" aufprägt. Weil er alles unter dem Gesichtspunkt der „Mission" sieht und selbst zur Zeit der Abfassung des Briefes der anerkannte und unabhängige Heidenmissionar ist, deutet er auch das Jerusalemer Verhältnisse zur Zeit seines zweiten Besuchs in diesem Licht und parallelisiert seine Heidenmission mit der Judenmission und sich selbst mit Petrus, dem führenden Mann in Jerusalem. Darum brauchen die VV 7f auch nicht „aus dem Protokoll der Jerusalemer Sitzung" zitiert zu sein, wie E. DINKLER vermutet (Der Brief an die Galater. Zum Kommentar von Heinrich Schlier; wieder abgedruckt in Signum Crucis. Aufsätze zum NT und zur Christl. Archäologie [Tübingen 1967] 278–282 [279]). Unabhängig von Dinkler hat CULLMANN eine ähnliche Hypothese aufgestellt (Petrus, 12; ThWb VI, 100, Anm. 6). G. KLEIN versuchte sie (a.a.O.) „auf einem indirekten Wege weiter" zu erhärten, nämlich durch Untersuchung der Autoritätsverhältnisse in Jerusalem und ihre Verschiebung von der Zeit des Apostelkonzils bis zur Zeit der Abfassung des Gal; die sprachlichen Einwände, die U. WILCKENS gegen die Protokollhypothese gebracht hat (in: Der Ursprung der Überlieferung der Erscheinungen des Auferstandenen. Zur traditionsgeschichtlichen Analyse von 1 Kor 15, 1–11, in: Dogma und Denkstrukturen. Festschrift für E. Schlink [1963] 56–95 [72, Anm. 41]) versucht KLEIN mit mehr oder weniger Erfolg zurückzuweisen und bringt zur Stützung der Hypothese noch zwei weitere Erwägungen: „a) Das Begründungsverhältnis zwischen V 7 und V 8 ist aus der Perspektive der Verhandlungen ungleich besser motiviert als aus derjenigen des Autors ad Galatas. Denn für Paulus kommt es im Zusammenhang ja einzig auf das in V 7 festgehaltene ἰδεῖν der στῦλοι an, nicht aber auf eine Begründung seiner Betrauung mit dem Evangelium, die zudem für sein Verständnis nach V 7 sachlich gar nichts Neues enthält. Umgekehrt läßt es sich gut begreifen, daß man auf dem Konzil die neu anerkannte Legitimität des paulinischen Amtes durch einen theologischen Satz absicherte, der bisher in Jerusalem alles andere als selbstverständlich gewesen war. — b) Die Aussage γνόντες τὴν χάριν . . . V 9 läuft dem ἰδόντες ὅτι . . . V 7 sachlich vollkommen parallel, nur daß diese Dublette mit dem Begriff χάρις = ‚Amtsgnade' ein spezifisch paulinisches Motiv enthält und außerdem viel abstrakter gehalten ist als die detaillierten Angaben von V 7f. Die Wiederholung wäre an und für sich seltsam, läßt sich aber gut begreifen als eine rückschauende geraffte Interpretation einer Formulierung, der es einst zur Bewältigung einer konkreten Situation viel mehr um empirische Exaktheit als um eine derart prinzipielle Feststellung gehen mußte" (119). Die Diskussion über Gal 2, 6–9 wird vermutlich nie zu Ende gebracht werden.

Neben der „Betrauung" des Paulus mit der Heidenmission „erkennen" die δοκοῦντες „die Gnade", die ihm verliehen wurde. Damit wird die „Gnade" gemeint sein, die ihn speziell zum Apostel befähigt und bestimmt hat[94] (vgl. 1, 16; dazu noch Röm 1, 5 ἐλάβομεν χάριν καὶ ἀποστολήν; 12, 3; 15, 5 διὰ τὴν χάριν τὴν δοθεῖσάν μοι ἀπὸ τοῦ θεοῦ εἰς τὸ εἶναί με λειτουργὸν Χριστοῦ Ἰησοῦ εἰς τὰ ἔθνη, ἱερουργοῦντα τὸ εὐαγγέλιον τοῦ θεοῦ) und die in der Mission nicht unwirksam blieb (1 Kor 15, 10)[95]. Die Jerusalemer Autoritäten erkennen somit, daß wirklich Gott hinter Paulus und seinem Werk steht, und deshalb sind sie auch bereit, ihn als gleichberechtigten und speziellen Heidenmissionar anzuerkennen, was nun in förmlicher Weise dadurch geschieht, daß die drei führenden Männer unter den δοκοῦντες der Urgemeinde, Jakobus, Petrus und Johannes, ihm und seinem Mitmissionar Barnabas die Rechte zum Zeichen der Gemeinschaft geben (V 9)[96]. Es blieb also nicht bei einer allgemeinen Abmachung, die Sache bekommt vielmehr geradezu rechtsgültigen Charakter.

Die einzelnen Glieder des V 9 bedürfen wegen der vielen und schwierigen Fragen, die mit ihm verbunden sind, einer sorgfältigen Analyse:

a) Ἰάκωβος καὶ Κηφᾶς καὶ Ἰωάννης

Es werden also von den Jerusalemer δοκοῦντες nun drei namentlich angeführt. Dabei fällt sofort auf, daß Jakobus vor Kephas genannt wird[97]. Eine hauptsächlich der westlichen Textfamilie zugehörige Reihe von Textzeugen (D F G

Die Hauptschwierigkeit gegen die Protokollhypothese scheint vor allem die zu sein, daß ἀλλὰ τοὐναντίον zu Beginn des V 7 eindeutig auf das vorausgehende οὐδὲν προσανέθεντο Bezug nimmt und zudem erst in dem δεξιὰς ἔδωκαν des V 9b zum Ziel kommt („sondern im Gegenteil ... gaben mir Jakobus und Kephas und Johannes die Rechte ..."); dann müßten also auch die VV 6c und 9b dem Protokoll angehört haben, was völlig absurd ist. Darum scheint es richtiger zu sein, mit E. BAMMEL zu sagen, daß Gal 2, 7–9b die „interpretatio Paulina des Beschlusses (ist), der 2, 9c.d.–10a wiedergegeben ist" (ThWb VI, 909, Anm. 224).

[94] Vgl. auch SCHLIER z. St.; A. SATAKE, Apostolat und Gnade bei Paulus, in: NTSt 15 (1968/69) 96–107.

[95] Der Unterschied zwischen der ἰδόντες- und der γνόντες-Aussage in den VV 7.9 scheint also vor allem darin zu liegen, daß die ἰδόντες-Aussage in Paulus vor allem den Heidenmissionar „sieht", die γνόντες-Aussage mehr die ihm von Gott (bei Damaskus) verliehene Gnade „erkennt", die ihn zum Amt des Apostels befähigt hat. BONNARD sieht in ἰδόντες – γνόντες „eine deutliche Steigerung" und versteht „erkennen" im Sinn von „anerkennen": Die Jerusalemer Autoritäten „erkennen" die dem Paulus tatsächlich verliehene Apostolats-Gnade und lassen sie als solche gelten; „ils ne lui donnent en rien, par cette reconnaissance, une consistance ou une autorité plus grande; ils ne le ‚reconnaissent' pas au sens judirique". Durch diese Anerkennung wird der Weg endgültig frei für eine klare Abmachung über die Missionstätigkeit; das ἰδόντες und γνόντες führt zu praktischen Konsequenzen. Die Partizipien ἰδόντες und γνόντες haben deshalb sehr wahrscheinlich kausale Bedeutung („weil sie sahen ... und erkannten").

[96] Wie schon in Anm. 93 betont wurde, ist V 9b noch zusammenzubringen mit dem ἀλλὰ τοὐναντίον vom Beginn des V 7: die δοκοῦντες haben dem Apostel nicht nur nichts auferlegt, „sondern im Gegenteil" ihm die Rechte zur Bekundung ihrer Übereinstimmung und Gemeinschaft gegeben.

[97] Im Cod. A fehlt seltsamerweise Kephas. Versehen des Abschreibers? — Zur Gestalt des Herrenbruders Jakobus vgl. Näheres bei MUSSNER, Jakobusbrief, 1–11.

Gal 2, 7–9

d f g, Vg., syr p.h., Tertullian, Hieronymus, al.) lesen auffallenderweise die Reihenfolge der drei Namen so: Πέτρος[98] καὶ Ἰάκωβος καὶ Ἰωάννης: deutlich eine nachträgliche Umstellung[99], durch die die Vorrangstellung des Petrus betont sein soll. Warum steht im ursprünglichen Text Jakobus vor Petrus? Nach O. Cullmann deshalb, weil „zur Zeit des hier berichteten Ereignisses nicht mehr Petrus, sondern Jakobus die Oberleitung in Jerusalem hatte" und Petrus in seiner Stellung eines Leiters der judenchristlichen Mission von Jerusalem abhing[100]; der „Primat" sei auf Jakobus übergegangen[101]. Cullmanns Anschauungen beruhen auf einer durch die ntl. Texte in keiner Weise gedeckten Konstruktion[102]. So ergibt sich aus dem lukanischen Bericht in Apg 15 über das Apostelkonzil nicht, daß auf ihm Petrus „nicht als Gemeindeleiter" aufgetreten sei (wie C. meint) — man vergleiche doch 15, 7–11! Und ebensowenig ergibt sich dies aus der Erstnennung des Jakobus in Gal 2, 9. Wäre zur Zeit des zweiten Besuches des Paulus in Jerusalem Jakobus der erste Mann der christlichen Gemeinde gewesen, so wäre es doch sehr seltsam, daß Paulus in Gal 2, 7f sich mit Petrus, dem angeblichen Untergebenen des Jakobus, und nicht mit diesem selbst gleichstellt. Wenn es ihm wirklich um den Erweis seiner Unabhängigkeit von Jerusalem ging, dann hätte er sich im Fall eines Primats des Jakobus doch vor allem mit diesem gleichstellen müssen. „In Wirklichkeit besagt also die Gleichstellung von Paulus und Petrus, daß Petrus der entscheidende Mann auf judenchristlicher Seite war, und nicht Jakobus" (Haenchen)[103]. Daß Jakobus in Gal 2, 9 vor Kephas genannt wird, hat einen anderen Grund, den man längst erkannt hat. Wenige Verse später erzählt Paulus von Judenchristen, die nach Antiochien ἀπὸ Ἰακώβου kamen, wie der Apostel ausdrücklich formuliert (s. V 12). Vermutlich haben sich diese Judenchristen bei ihrem Vorgehen gegen die „Freiheit" der Heidenchristen auf Jakobus von Jerusalem berufen, der unterdessen zum Führer der dortigen Gemeinde aufgerückt war (s. Näheres z. St.), und vielleicht haben dies auch die Gegner des Apostels bei den Galatern getan. Ihnen gegenüber kann Paulus betonen: Gerade auch der angesehene Herrenbruder Jakobus (vgl. 1 Kor 15, 7; Apg 12, 17; 15, 13; 21, 18) gab seinerzeit mir und Barnabas den Handschlag zum Ausdruck der Gemeinschaft und damit der Anerkennung unserer Missionsarbeit unter den Heiden einschließ-

---

[98] Πέτρος statt Κηφᾶς lesen 𝔓[46] D F G, it[d. g. r], goth, MARCION, ORIGENES[lat], VICTORIN, EPHRAEM, AMBROSIASTER, HIERONYMUS. — Zum Sprachgebrauch im NT überhaupt s. J. K. ELLIOTT, Κηφᾶς: Σίμων Πέτρος: ὁ Πέτρος. An Examination of New Testament Usage, in: NT 14 (1972) 241–256.
[99] Trotz J. N. SANDERS, der die Ursprünglichkeit dieser Reihenfolge der Namen wieder verteidigt (Peter and Paul in the Acts, in: NTSt 2 [1955/56] 137).
[100] Petrus, 46f; DERS., Art. Πέτρος, in: ThWb VI, 110/4ff („Petrus ist nunmehr Leiter der von Jerusalem direkt beaufsichtigten judenchristlichen Mission"). Ähnlich auch E. STAUFFER, Zum Kalifat des Jakobus, in: ZRGg 4 (1952) 193–214 (204f: „In den folgenden zehn Jahren [nach dem Apostelkonzil] ‚kontrolliert' Jakobus von Jerusalem aus die gesamte Christenheit").
[101] ThWb VI, 110/25.
[102] Vgl. dazu besonders HAENCHEN, Petrus-Probleme, in: NTSt 7 (1960/61) 187–197; GAECHTER, Jakobus von Jerusalem, in: Petrus und seine Zeit (Innsbruck 1958) 264–282; MUSSNER, Jakobusbrief, 9–11.
[103] A.a.O. 194.

lich der Verkündigung des gesetzesfreien Evangeliums[104]. Paulus will überhaupt mit der Nennung der drei Namen keine Rangfolge derselben bieten, wie ihre schlichte „koordinierende" Verknüpfung mit Hilfe eines καί zeigt und besonders die nachfolgende Bemerkung, daß diese drei (ohne Unterschied) als „Säulen" gelten. Zudem sprengt die Erwähnung eines dritten, nämlich des Zebedaiden Johannes, „das von Cullmann vorausgesetzte Bild" (Haenchen). Es handelt sich eher um einen Triumvirat denn um einen Primat.

b) οἱ δοκοῦντες στῦλοι εἶναι

Aus dem Aufbau der VV 6d–9 ergibt sich zunächst, daß Jakobus, Kephas und Johannes (V 9) mit den οἱ δοκοῦντες von V 6d identisch sind. Daraus entsteht aber die Frage: Warum fügt Paulus jetzt noch einmal in einem Partizipialattribut hinter den drei Jerusalemer Männern eigens hinzu: οἱ δοκοῦντες στῦλοι εἶναι? Würde er nur οἱ δοκοῦντες attributiv anhängen, dann wäre die Antwort leichter: er unterstreicht damit noch einmal die Stellung der Drei als δοκοῦντες. Er fügt aber noch hinzu: στῦλοι εἶναι, wobei der Inf. εἶναι von οἱ δοκοῦντες abhängig ist. Das nuanciert das Verbum δοκεῖν gegenüber dem formelhaften οἱ δοκοῦντες in den VV 2.6[105], in dem Sinn: die Drei „gelten" als solche, die „Säulen sind", nämlich in der Kirche. Die Drei sind also nicht „Säulen" unter den Geltenden (etwa unter den Altaposteln oder sonstigen Jerusalemer Autoritäten), sondern sie sind „die Geltenden" nun auch in dem Sinn, daß sie eben auch noch „Säulen" sind[106]. Damit unterstreicht Paulus ihre Autorität, um der Jerusalemer Abmachung noch mehr Gewicht zu geben[107]. „Säule" wird auch sonst im Griechischen und Hebräischen bildhaft verwendet. Vgl. Apk 3, 12 (ὁ νικῶν, ποιήσω αὐτὸν στῦλον ἐν τῷ ναῷ τοῦ θεοῦ μου); Euripides, Iph. Taur. 57 (στῦλοι οἴκων εἰσὶ παῖδες ἄρσενες)[108]. In ExR 2 (69a) hat Abraham den Ehrentitel עמוד של עולם („Säule der Welt")[109]; b. Ber. 28b

---

[104] Ähnlich auch STEINMANN, KUSS, OEPKE, DUNKAN, BONNARD, SCHLIER, LAGRANGE („Jacques même! les judaisants devaient se le dire"), GAECHTER, HAENCHEN, der dazu noch einen anderen Grund für die Erstnennung des Jakobus finden will: „hätte Paulus zuerst den Kephas und dann Jakobus und Johannes oder Johannes und Jakobus genannt, so hätten die Leser mißverstehend gemeint, es handle sich um die beiden Zebedaiden Johannes und Jakobus" (a.a.O. 193). J. DUPONT denkt auch noch an folgendes: „Sa qualité de chef de la famille du Seigneur a fait de lui le chef naturel du groupe ‚hébreu' des chrétiens de Jérusalem" (Les Actes des Apôtres [Paris 1958], zu Apg 12, 17). Vielleicht stand Jakobus an der Spitze des Jerusalemer Presbyteriums (vgl. GAECHTER, Jakobus von Jerusalem, a.a.O. 262f; W. MICHAELIS, Das Ältestenamt [Bern 1953] 29–35). ZAHN bemerkt übrigens mit Recht: „Als erster wird Jk genannt, dann erst Pt und zuletzt ... Joh: eine unbegreifliche Ordnung, wenn unter Jk einer der 12 Apostel zu verstehen wäre; denn als der Erste unter diesen galt von jeher Pt."
[105] Vgl. auch BONNARD z. St.
[106] Vgl. zur Formulierung auch JOSEPHUS, Ant. XX § 201: ὅσοι ἐδόκουν, ἐπιεικέστατοι τῶν κατὰ τὴν πόλιν εἶναι καὶ περὶ τοὺς νόμους ἀκριβεῖς βαρέως ἤνεγκαν ...
[107] Keineswegs erhält also die Wendung οἱ δοκοῦντες, weil sie jetzt schon zum vierten Mal erscheint, „eine leicht ironische Note", wie OEPKE meint.
[108] In einem Vergleich verwendet auch bei PHILO, Migr. Abr. 124 (τὸν ὡς ἐν οἰκίᾳ στῦλον νοῦν ... ἐν ψυχῇ); 1 Tim 3, 15.
[109] BILLERBECK III, 537; W. STAERK in: ZntW 35 (1936) 246.

heißt R. Jochanan ben Zakkai († um 80) „Leuchte Israels, rechte Säule". Vielleicht steht hinter der Bezeichnung der drei führenden Männer als „Säulen" die Vorstellung von der Kirche als dem geistlichen Haus oder Tempel Gottes[110], in dem diese Männer gewissermaßen die Säulen sind, die das Gebäude tragen[111].

c) δεξιὰς ἔδωκεν ἐμοὶ καὶ Βαρναβᾷ κοινωνίας

Da man sich zum Abschluß eines Vertrages oder Bündnisses die rechte Hand gab, hat δεξιά bzw. δεξιαί geradezu die Bedeutung „Bündnis, Vertrag"[112]. Der nähere Sinn des Handschlages, den „die Säulen" mit Paulus und Barnabas wechseln, geht aus dem absolut gebrauchten Gen. qualit. κοινωνίας hervor[113]: er bringt die öffentliche (vielleicht gegen die „Falschbrüder" demonstrativ gerichtete) Besiegelung der bleibenden „Gemeinschaft" zum Ausdruck, deren letztes Ziel ein missionarisches ist, wie der folgende ἵνα-Satz zeigt. Zu beachten ist, daß auch mit Barnabas der Handschlag gewechselt wird. Denn daraus geht hervor, wie Haenchen bemerkt, daß es damals bei den Jerusalemer Verhandlungen in Wirklichkeit „gar nicht um Petrus und Paulus, sondern um Jerusalem und Antiochia" ging[114] (vgl. auch Apg 15!). Mit dem Handschlag der Jerusalemer war die gesetzesfreie Heidenmission, die von den beiden großen Heidenmissionaren repräsentiert und in ihren Anliegen vertreten wurde, offiziell anerkannt; die Einwände der judaistischen Falschbrüder waren abgewiesen.

---

[110] Vgl. dazu auch PFAMMATTER, Die Kirche als Bau. Eine exegetisch-theologische Studie zur Ekklesiologie der Paulusbriefe (Rom 1960) passim; MUSSNER, Christus, das All und die Kirche. Studien zur Theologie des Epheserbriefes (Trier ²1969) 107–118; 1 QSa I, 12f („Und mit 25 Jahren mag einer kommen, um zu sitzen unter den Fundamenten der heiligen Gemeinschaft"). „Sachlich bezeichnet die Kennzeichnung als στῦλοι dasselbe, wie wenn sie das Fundament des himmlischen Baues der Kirche genannt werden, vgl. Eph 2, 21; Apk 21, 14" (SCHLIER); WILCKENS in: ThWb VII, 734f.
[111] Mit diesem Gebäude kann dann nicht bloß die Urgemeinde gemeint sein, sondern die ganze Kirche; vgl. auch BONNARD z. St., der auch auf die präsentische Formulierung der Aussage οἱ δοκοῦντες στῦλοι εἶναι hinweist: die Drei gelten auch jetzt noch, z. Z. der Abfassung des Briefes, als „Säulen" der Kirche. WILCKENS meint allerdings: „Doch zeigt das Abkommen selbst (v 9f), daß ihr Anspruch, ‚die Säulen' der Kirche zu sein, faktisch auf die judenchristliche Kirche eingeengt worden ist" (a.a.O. 735). Ob das wirklich aus dem Abkommen hervorgeht?
[112] Vgl. P. Oxyr. 533, 18 ἵνα τηρήσωσιν αὐτῶν τὴν δεξιάν (MOULTON-MILLIGAN, s.v. δεξιός; GRUNDMANN in: ThWb II, 37f); 1 Makk 6, 58 νῦν οὖν δῶμεν δεξιὰν τοῖς ἀνθρώποις τούτοις, καὶ ποιήσωμεν μετ' αὐτῶν εἰρήνην; 11, 62; JOSEPHUS, Ant. XVIII § 326; 328f (Der König Artabanus gab dem Anilaüs die Rechte [τὴν δεξιὰν ἐδίδου], „was bei den barbarischen Bewohnern dieses Landes die höchste Sicherheit beim Abschluß von Verträgen bedeutet. Niemand würde dort einen Betrug begehen, wenn er einmal seine Rechte gegeben hat, und niemand, der irgendeinen schlimmen Verdacht hegt, zweifelt noch an seiner Sicherheit, sobald er diese Beteuerung erhalten hat"). Weitere Beispiele bei WETTSTEIN.
[113] Vgl. auch JOSEPHUS, Bell. IV § 96 λόγοις φιλανθρώποις καὶ δεξιαῖς πίστεως.
[114] NTSt 7 (1960/61) 193.

Gal 2, 7–9

d) ἵνα ἡμεῖς εἰς τὰ ἔθνη, αὐτοὶ δὲ εἰς τὴν περιτομήν

Ist mit diesem prädikatslosen ἵνα-Satz der Inhalt der Jerusalemer Übereinkunft angegeben[115], dann handelt es sich um ein ἵνα epexegeticum[116]; handelt es sich mehr um den Zweck, das Ziel der Übereinkunft, dann haben wir ein ἵνα finale vor uns[117]. Faktisch ist es jedenfalls so, daß der ἵνα-Satz („wir zu den Heiden, sie selbst aber zu den Juden") etwas ausspricht, was schon vorgegeben war, bevor Paulus und Barnabas nach Jerusalem gekommen sind. Nur wird diese Vorgegebenheit jetzt Sache einer offiziellen Abmachung, die natürlich auch im Hinblick auf das gesetzesfreie Evangelium erfolgt, das Paulus unter den Heiden verkündet (V 2!). Um zukünftige Konflikte zwischen den Vertretern der juden- bzw. heidenchristlichen Missionspraxis zu vermeiden, war es am besten, wenn in heidnischen Gebieten das Evangelium weiterhin ohne Verpflichtung auf das jüdische Gesetz, in jüdischen Gebieten dagegen das Evangelium ohne (geforderte) Preisgabe des ἰουδαΐζειν (vgl. 2, 14) verkündet wird[118].

---

[115] So SCHLIER.
[116] Vgl. BLASS-DEBR § 394; RADERMACHER, Grammatik, 191 (Der Infinitiv bzw. ein dafür stehender ἵνα-Satz bilden „den Inhalt einer Willenskundgebung").
[117] Dagegen scheidet die Meinung von BLASS-DEBR § 391, 3 aus, nach der ἵνα in Gal 2, 9 die Bedeutung habe: „unter der Bedingung daß"; dadurch würde sowohl das vorausgehende κοινωνίας ziemlich illusorisch als auch vor allem die Feststellung des Apostels, daß ihm die Jerusalemer Autoritäten „nichts auferlegt haben" (V 6).
[118] „Ne pensons pas, bien entendu, à deux évangiles différents, l'un pour les païens, prêché par Paul, l'autre, pour les Juifs, prêché par Pierre. Il s'agit du même évangile annoncé et **appliqué** d'un côté aux païens, de l'autre aux Juifs; il ne s'agit donc pas seulement d'une division géographique du travail, mais de deux vocations missionnaires et **théologiques différentes**" (BONNARD, Gal., 41). F. CHR. BAUR meinte: „Die κοινωνία war ... zugleich eine Trennung, man vereinigte sich nur dahin, daß die einen εἰς τὰ ἔθνη, die andern εἰς τὴν περιτομήν gehen sollten, d. h., die Judenapostel konnten zwar gegen die Grundsätze, auf welche Paulus seine evangelische Wirksamkeit stützte, nichts einwenden, sie mußten sie insofern anerkennen, aber diese Anerkennung war eine bloß äußerliche, sie überließen es ihm, nach diesen Grundsätzen auch ferner unter den Heiden für die Sache des Evangeliums zu wirken, für sich selbst aber wollten sie nichts davon wissen. Das beiderseitige apostolische Gebiet wird daher streng abgesondert, es gibt ein εὐαγγέλιον τῆς περιτομῆς und ein εὐαγγέλιον τῆς ἀκροβυστίας, eine ἀποστολὴ εἰς τὴν περιτομήν und eine ἀποστολὴ εἰς τὰ ἔθνη, in der einen gilt das mosaische Gesetz, in der andern gilt es nicht, aber beides steht noch unvermittelt nebeneinander" (Paulus, I², 142f). Wenn es so gewesen wäre, wie BAUR mit großer Sicherheit vorträgt, dann wäre 1. die ganze Abmachung eine von Paulus nicht durchschaute Farce seitens der Jerusalemer Autoritäten gewesen; 2. er hätte in Wirklichkeit das nicht erreicht, was er nach Gal 2, 2 erreichen will: „nicht ins Leere zu laufen"; 3. die „Heuchelei", von der er in 2, 13 redet, wäre schon in Jerusalem in krassester Weise am Werk gewesen; 4. die ganze Argumentation gegenüber den Galatern bzw. seinen Gegnern in Galatien verlöre ihre Durchschlagskraft; denn Paulus hat sich dann in Jerusalem mit „seinem" Evangelium in Wirklichkeit nicht durchgesetzt, sondern ist von den Jerusalemern an der Nase herumgeführt worden; es gibt weiterhin zwei Evangelien, ganz gegen die Überzeugung des Paulus, für den es nur ein Evangelium gibt (1, 6f), für das er auch in Jerusalem kämpft! BAUR wurde eindeutig ein Opfer seiner Konstruktionen. Ihr Grundfehler ist der, daß bei BAUR (und jenen, die ihm bis heute folgen) immer nur zwei Gruppen vorausgesetzt werden, während es in Wirklichkeit drei waren: 1. die Jerusalemer Autoritäten, angeführt von Petrus, Johannes und Jakobus, 2. die „Judaisten", von denen uns kein Name bekannt ist, von Paulus als „Falschbrüder" bezeichnet, 3. Paulus und seine Gruppe, zu der vor allem Barnabas zu zählen ist. Paulus hatte es mit der zweiten Gruppe, den „rechtsradikalen" Judaisten zu tun: sie allein waren seine Gegner.

Die durch Handschlag besiegelte Übereinkunft zwischen den Heidenmissionaren und den Jerusalemern, vor allem an der Judenmission interessierten Autoritäten diente also letzten Endes dem innerkirchlichen Frieden, ohne daß es deshalb zu einem faulen Kompromiß über das Evangelium selbst gekommen wäre[119]. Ein Streit, wie er durch die Falschbrüder vom Zaun gebrochen worden war, sollte — das war offensichtlich die besondere Absicht der Abmachung — in Zukunft vermieden werden[120].

Selbstverständlich suchten diese Rückendeckung bei den δοκοῦντες, um gegen Paulus und sein Evangelium besser vorgehen zu können; aber Apg 15 und Gal 2, 1ff stimmen darin vollkommen überein, daß die Maßgebenden sich für Paulus entschieden und nicht für die Judaisten in der Gemeinde. Diese Feststellungen, die sich auf die Aussagen der Texte stützen, schließen nicht aus, „daß auf der Jerusalemer Zusammenkunft eine völlig einheitliche Theologie nicht erzielt wurde", wie ECKERT (Paulus und die Jerusalemer Autoritäten nach dem Galaterbrief und der Apostelgeschichte, 303) bemerkt. Aber wann war das je in der Kirchengeschichte der Fall, daß auf einem Konzil die anstehenden Probleme so gelöst wurden, daß in der Zukunft keine mehr entstanden? Noch jedes Konzil löste für die Kirche neue Probleme aus!

[119] Vielleicht haben sich die Jerusalemer die Judenmission bewußt vorbehalten, um eventuelle Schwierigkeiten zu vermeiden (vgl. auch E. HIRSCH in: ZntW 29 [1930] 65). CULLMANN meint in seinem Petrusbuch (44–62), „daß es von jenem Augenblick des Apostelkonzils an zwei Missionsorganisationen gab", eine judenchristliche unter der Leitung des Petrus und eine heidenchristliche unter Paulus und Barnabas. Während die letzteren von Jerusalem unabhängig gewesen seien, sei Petrus „von der nunmehr von Jakobus geleiteten Jerusalemer Urgemeinde direkt" abhängig gewesen (ebd. 51 f; vgl. auch 47; 57; 62). Das ergibt sich keineswegs aus Gal 2, 7–9, wie CULLMANN ständig unterstellt. Petrus gehört ja selber zu den „Maßgebenden" in Jerusalem. Auch von einer „Beauftragung" des Petrus mit der Judenmission durch die Jerusalemer Gemeinde, wie C. ebenfalls unterstellt (Petrus, 51), ist in Gal 2, 7f keine Rede; vielmehr wird festgestellt, was bereits ist, nicht was von jetzt an geschehen soll (vgl. das Perfekt πεπίστευμαι in V 7, das im καθώς-Satz auch auf Petrus auszudehnen ist, und das dieses Perfekt begründenden [γάρ] Aorist ἐνεργήσας zu Beginn des V 8).

[120] Man darf den Satz „wir zu den Heiden, sie zur Beschneidung" wieder nicht als den amtlichen Text des Verhandlungsprotokolls verstehen — dagegen spricht schon das ἡμεῖς —, sondern als die pln. Interpretation der damaligen Abmachung in Jerusalem, die für Paulus den Sinn hatte: „Ihr dürft bei der Heidenmission auf die Beschneidung verzichten!" (vgl. HAENCHEN, Die Apg, 408f). Darum wäre auch eine nur geographische Auslegung dieser Abmachungen im Sinn einer Verteilung der Missionsgebiete abwegig. Paulus ging ja auch nach der Jerusalemer Abmachung in die jüdischen Synagogen, um dort den Juden das Evangelium zu verkünden (vgl. Apg 16, 13; 17, 2; 17, 10; 17, 17; 18, 4). „So wie Paulus das Ergebnis von Jerusalem formuliert hat, stellt es ihn (und Barnabas) gleichwertig, gleichrangig neben die ‚Säulen' — und daran lag Paulus in diesem Zusammenhang. Die bloße Erlaubnis der gesetzesfreien Heidenmission hätte Jerusalem immer noch als die übergeordnete Instanz erscheinen lassen, die sich nur gnädig zu einer Konzession bereit gefunden hat" (HAENCHEN, 409). Nach BORNKAMM wird man die Formulierung der Abmachung „nicht pressen dürfen" und sie „am besten auf die sachliche Eigenart der Missionspredigt beider beziehen. Das konnte in diesem Fall vor allem nur heißen, daß die heidenchristliche Mission ungehindert ihren Weg gehen sollte und beide Seiten auf Rivalität und Konkurrenz im Missionsbereich der anderen verzichteten" (Paulus, 60). — MUNCK sieht die Dinge so: „Die beiden Gruppen erhalten je ihr Missionsfeld, und diese Einteilung ist gleichzeitig religiös und geographisch bestimmt. Sie ist religiös, indem sie die Welt nach dem Grundprinzip der jüdisch-christlichen Heilsgeschichte einteilt: Israel und die Heiden, und indem sie festlegt, daß Petrus zu den Juden, Paulus zu den Heiden gehen soll. Aber die Teilung ist gleichzeitig geographisch, indem man voraussetzen muß, daß Petrus bei dieser Teilung Palästina, Syrien und vermutlich auch die

2, 10   Das an der Spitze des Verses stehende μόνον schränkt nicht nachträglich das οὐδὲν προσανέθεντο des V 6 wieder ein (im Sinn einer nun doch von seiten der δοκοῦντες erfolgten „Auflage"); vielmehr bringt das μόνον zur Geltung, daß den Heidenmissionaren eben keine gesetzliche Auflage gemacht worden ist[121]. „Nur" eines sollten sie tun[122]: der Armen gedenken[123]. Das war allerdings nicht etwas, was das Wesen des Evangeliums nachträglich doch wieder zugunsten des „Judaismus" in Frage gestellt hätte; sie sollte und konnte vielmehr gerade ein überzeugender Ausdruck „der Gemeinschaft" sein, die durch Handschlag besiegelt worden war.

Um welche „Armen" es sich handelt, deren tatkräftig „gedacht" werden soll, geht aus dem Text selbst nicht hervor. Paulus fügt aber an, daß er sich bemüht habe, gerade dies zu tun[124], und diese Bemerkung läßt erkennen, daß der Wunsch der „Säulen" von ihm dann in der eifrig betriebenen Kollekte für die Armen in Jerusalem erfüllt wurde (vgl. Röm 15, 26–28; 1 Kor 16, 1–3[125]; 2 Kor 8.9;

---

orientalischen Gebiete innerhalb und außerhalb des römischen Reiches erhielt, wo sich von altersher große Judenkolonien befanden. Dem Paulus wurde die gesamte griechische Diaspora zugewiesen, die sich von Syrien westwärts erstreckte, so weit die römische Herrschaft reicht" (Paulus und die Heilsgeschichte, 112).

121 „Le μόνον = seulement, sur quoi porte l'accent de la phrase, n'est donc pas restrictif par rapport à ce qui précède, mais par rapport à ce qui suit" (BONNARD z.St.); vgl. auch Phil 1, 27. Schon daraus geht hervor, daß die Armenkollekte nichts Gesetzlich-Rechtliches an sich hat.

122 Die Konjunktion ἵνα in V 10 „leitet selbständig eine Anweisung ein" (RADERMACHER, Grammatik, 178); V 10 ist also nicht vom vorausgehenden δεξιὰς ἔδωκεν abhängig. GAECHTER meint: „Nichts steht im Wege, es abhängig sein zu lassen von einem mitgedachten ἐρωτᾶν (vgl. 1 Th 4, 1), παρακαλεῖν (1 Th 4, 1; 1 Kor 1, 10; 16, 12; 2 Kor 8, 6; 9, 5; 12, 8) oder αἰτεῖσθαι (vgl. Kol 1, 9)" (Petrus und seine Zeit, 284f).

123 Mit dem Plural der 1. Person μνημονεύωμεν sind eindeutig Paulus und Barnabas gemeint; wenn MARCION liest: ut meminissent egenorum, kann das „nur so verstanden werden, daß Barnabas fehlte und daß die Pflicht der Armenfürsorge ebenso den Uraposteln gelten sollte wie dem Paulus. Damit war von Marcion der Schein völlig beseitigt, daß dem Paulus eine einseitige Auflage gemacht worden sei" (HARNACK, Marcion, 71).

124 Daß er dabei im Singular spricht (ἐσπούδασα), ist von der Situation der Zeit aus gesprochen, in der er sich von Barnabas längst getrennt hatte (vgl. Apg 15, 39). Die betonte Wiederholung des Relativpronomens ὅ durch αὐτὸ τοῦτο (vgl. auch 2 Kor 2, 3; BLASS-DEBR § 297) unterstreicht, wie ernst Paulus den Kollektenwunsch der Jerusalemer genommen hat. — D. R. HALL dagegen plädiert für ein plusquamperfektisches Verständnis des Aorists ἐσπούδασα (St. Paul and Famine Relief: A Study in Galatians 2, 10, in: ExpT 82 [1970/71] 309–311): Paulus „hatte sich" schon vor der Jerusalemer Abmachung um die Hilfe für die Armen der Urgemeinde „bemüht"; daß der Apostel dabei im Singular spricht, erledigt H. so: „Paul is concerned to prove his own personal apostolic authority and independence of the other apostles, and in such a context mention of Barnabas would be irrelevant" (310). Das hätte natürlich zur Folge, wie auch H. selbst betont, daß Paulus zwischen dem ersten Besuch bei Petrus und dem „Abmachungsbesuch" einen Blitzbesuch zum Zweck der Kollektenüberbringung in Jerusalem gemacht habe (gemäß Apg 11, 30; s. dazu in diesem Kommentar auch S. 98, Anm. 107f); der Exhortativ μνημονεύωμεν „suggests, but does not prove, the idea of continuing an activity already begun" (ebd.). Aber durch ὅ καί versteht sich der Aorist ἐσπούδασα klar als die nachfolgende Ausführung des Exhortativs.

125 Aus der Stelle geht hervor, daß Paulus diese Kollekte ausdrücklich auch bei den Galatern angeordnet hat, so daß diese den „Eifer" des Apostels in dieser Angelegenheit aus eigener Erfahrung kennen. Im Gal selber steht von einer Durchführung der Kollekte nichts; D. GEORGI nimmt zur Erklärung dieses zunächst etwas überraschenden Befundes an, die Kollekte sei

Apg 11, 29f; 12, 25; 24, 17). In Röm 15, 26 wird diese Kollekte sehr sinnvoll als κοινωνία bezeichnet, die „die Armen der Heiligen in Jerusalem" im Auge hat; in 2 Kor 9, 1 als eine „Dienstleistung" (διακονία) für die Heiligen (vgl. auch Apg 11, 29 εἰς διακονίαν), die nach 9, 12 zur Behebung der „Entbehrungen" (ὑστηρήματα) der Heiligen beitragen soll[126]. Nach Apg 24, 17 sagt der lukanische Paulus in seiner Verteidigungsrede vor dem römischen Prokurator Antonius Felix, er sei nach vielen Jahren nach Jerusalem gekommen, „um Almosen für sein Volk (!) zu bringen . . ."; diese verallgemeinernde Ausdrucksweise („Volk" statt „Gemeinde") ist durch die Tendenz der Verteidigungsrede bedingt; denn „es mußte dem Apostel daran liegen, gegenüber den Anklagen seiner Gegner seine Anhänglichkeit an sein Volk zu betonen" (Wikenhauser,

---

zeitweilig sistiert gewesen (Die Geschichte der Kollekte des Paulus für Jerusalem [Hamburg 1965] 30ff); aber aus dem Hinweis des Apostels, er habe die Kollekte mit großem Eifer betrieben, ergibt sich, daß er dies auch bei den Galatern getan hat. Man darf wohl sogar hinter Gal 2, 10 ergänzen: „wie ihr ja selber wißt". BORSE möchte die Zusammenhänge so sehen (Standort, 144f): „1. Nicht lange vor der Abfassung des 1 Kor hatte Paulus den Gemeinden Galatiens den Auftrag erteilt, sich an der Spendenaktion für die Urgemeinde zu beteiligen (1 Kor 16, 1). Als Gal geschrieben wurde, lag diese Anordnung schon länger als ein halbes Jahr zurück. Entweder hatte der Apostel von sich aus Boten nach Galatien entsandt, deren Rückkehr er nach einiger Zeit erwartete, oder — was wahrscheinlicher ist — er hatte den Auftrag einer Delegation mitgegeben, die ihn in Ephesus aufgesucht hatte und anschließend nach Galatien zurückkehrte. Denkbar erscheint, daß Paulus den Galatern schon damals einen Brief geschrieben hatte. 2. Die Erwähnung der Kollektenabsprache und die Betonung des Eifers, den Paulus in der Fürsorge für die ‚Armen' entfaltet hatte (Gal 2, 10), waren für die Galater eindeutige Hinweise auf die großangelegte Spendenaktion, die in den paulinischen Gemeinden während der dritten Missionsreise angelaufen war. Sie selbst hatten vor einiger Zeit den Auftrag zur Beteiligung erhalten. Außerdem konnten die Überbringer des Gal, wenn sie von Mazedonien aus vermutlich über Korinth wieder nach Galatien heimkehrten, aus eigener Kenntnis von den reichen Erträgen in Mazedonien und vom Fortgang der Sammlung in Korinth berichten." Und 3. sieht BORSE auch „die scharfe Verwarnung Gal 6, 7f im Zusammenhang mit der zurückliegenden Kollektenanordnung für Galatien" (s. dazu Näheres im Kommentar z. St.). Möglich ist es schon, daß die Dinge so verliefen, wie B. meint; aber beweisbar ist es nicht.

[126] In 2 Kor 8, 14a.b bildet ὑστήρημα den Gegensatz zu περίσσευμα. Daraus geht aber auch hervor, daß mit den „Armen" in Jerusalem die sozial-wirtschaftlich Armen der Urgemeinde gemeint sind. „arm" ist also in den pln. Kollektentexten nicht term. techn. im Sinn einer religiösen Selbstbezeichnung der Urgemeinde, wie K. HOLL (u. a.) angenommen hat (Aufsätze zur Kirchengeschichte II [Tübingen 1924] 44ff); nach Holl ersehe man aus Gal 2, 10 „am klarsten die Stellung, die die jerusalemische Gemeinde sich selbst im Verhältnis zu den Missionsgebieten zuschrieb" (58); sie betrachte sich als die Zentralgemeinde, der alle anderen, später gegründeten Gemeinden, rechtlich untergeordnet seien, und die deshalb befugt sei, „selbst ein gewisses Besteuerungsrecht über die ganze Kirche auszuüben" (62), analog zur jüdischen Tempelsteuer. Und da Jakobus der Leiter der Jerusalemer Gemeinde war, soll die Kollekte gerade ihn als Haupt der ganzen Kirche ausweisen. Ähnlich STAUFFER: „Kirchenrechtlich fast noch bedeutsamer [als die Jakobusklauseln] ist jedoch die generelle Anerkennung der Zentralkollekte, die aus aller Welt nach Jerusalem abgeführt werden soll" (Zum Kalifat des Jakobus, 204). Zur Kritik dieser Anschauungen vgl. besonders W. G. KÜMMEL, Kirchenbegriff und Geschichtsbewußtsein in der Urgemeinde und bei Jesus (Zürich – Uppsala 1943) 16–18; 53, Anm. 85; GAECHTER, Petrus und seine Zeit, 283–290; CONZELMANN, Der erste Brief an die Korinther (zu 1 Kor 16, 1); BORNKAMM, Paulus, 61; dazu noch L. E. KRECK, The Poor among the Saints in the New Testament, in: ZntW 56 (1965) 100–129; 57 (1966) 54–78.

Die Apg, z. St.); in Wirklichkeit handelt es sich um die Almosenspende seiner heidenchristlichen Gemeinden für die Urgemeinde in Jerusalem. Da diese Kollekte nach Gal 2, 10 von den Jerusalemer Autoritäten ausdrücklich gewünscht wurde und Paulus sie mit Eifer und Energie in seinen heidenchristlichen Gemeinden förderte, war sie von beiden Seiten als mehr verstanden denn nur als Zeichen tatkräftiger Armenfürsorge. Mit ihr sollte vielmehr der Wille zur „Gemeinschaft" zwischen dem juden- und heidenchristlichen Teil der Kirche zum Ausdruck kommen[127] und gewiß auch die Urgemeinde dankbar als der Ausgangsort des Heils anerkannt werden (vgl. Röm 15, 17: „Denn wenn die Heiden an ihrem geistigen Besitz Anteil erhalten haben, müssen sie [dafür] auf dem Gebiete des Irdischen ihnen [Gegen-]Dienste leisten")[128]. Es ist deshalb sehr unwahrscheinlich, daß die Kollekte für die Urgemeinde sozusagen als christlicher Ersatz der jüdischen Tempelsteuer zu verstehen ist[129], „sondern eher in Analogie zu den freiwilligen Gaben, die in Jerusalem auch von Nichtproselyten einliefen" (E. Bammel)[130].

Im Rückblick auf den Abschnitt 2, 1–10 läßt sich nun sagen, daß dem Apostel der Erweis menschlicher und kirchlicher Unabhängigkeit in Sachen des Evangeliums gegenüber seinen Gegnern vollauf gelungen ist. Denn wenn irgendwo, dann mußte in Jerusalem offenbar werden, wie es mit der Legitimität seines Apostolats und seiner Verkündigung steht. Er findet dort volle Anerkennung seines Evangeliums, und zwar nicht bloß in der Theorie, sondern auch in der Praxis, wie der „Fall" Titus und die Abmachung zwischen ihm und den

---

[127] „Ihr Sinn ist die Dokumentation der Einheit der Kirche" (CONZELMANN).
[128] Übersetzung nach LIETZMANN. Vgl. auch MICHEL in: ThWb IV, 686/39ff („Wessen man gedenkt, den erkennt man an, zu dem bekennt man sich").
[129] Vgl. z. B. SCHWEIZER in: ThWb VI, 412/12ff („im Sinne der jüdischen Tempelsteuer verstanden"). „In Wirklichkeit ist diese angebliche Parallele ein Beweis gegen diese Hypothese:
a) Die Tempelsteuer müssen alle Juden bezahlen, auch die in Palästina wohnenden. Sinngemäß müßte das für die Christen eine Besteuerung aller ergeben, nicht nur der Heidenchristen.
b) Die Tempelsteuer ist eine regelmäßige, jährliche Abgabe, die Kollekte eine einmalige.
c) Sie ist, wie Röm. 15, 25 f.; 2 Kor. 8, 9 erklären, eine karitative Aktion für wirklich Arme" (CONZELMANN, Geschichte des Urchristentums, 71).
[130] ThWb VI, 908/25 f. MUNCK betrachtet die Gaben der Paulus-Gemeinden für die Jerusalemer Gemeinde als „eine Erfüllung alttestamentlicher Prophezeiungen" (nämlich von Is 2, 2ff; Mich 4, 1ff; Is 60, 5f), gemäß denen die Heidenvölker in der Heilszeit ihre Gaben für Gott nach Jerusalem bringen, von wo das Wort des Herrn ausgeht (Paulus und die Heilsgeschichte, 298f). — Nach der Darstellung der Apg hat die antiochenische Gemeinde längst vor dem „Apostelkonzil" den Beschluß gefaßt, „die Brüder in Judäa" zu unterstützen, und zwar im Zusammenhang der unter Kaiser Klaudius im ganzen Reich aufgetretenen Hungersnot; das Ergebnis dieser Hilfsaktion wurde nach Apg 11, 30 (vgl. auch 12, 24f) durch Paulus und Barnabas nach Jerusalem gebracht. An und für sich wäre dazu Gal 2, 10 kein unbedingter Widerspruch, da es sich ja hier um eine erneute Erinnerung an eine derartige Hilfe für die Jerusalemer Gemeinde handeln könnte. Aber die Chronologie bietet Schwierigkeiten; denn die große Hungersnot unter Klaudius fällt nach den Angaben der antiken Historiker für Palästina etwa in die Jahre 48/49 (Näheres dazu bei J. JEREMIAS, Sabbatjahr und ntl. Chronologie in: ZntW 27 [1928] 98–103), so daß die Frage entsteht: Hat Lukas in der Apostelgeschichte die Reise des Paulus und Barnabas nach Jerusalem verdoppelt? Vgl. dazu in diesem Kommentar auch S. 98, Anm. 107f. Nach JEREMIAS ist die Kollektenreise „identisch mit der Reise des Paulus und Barnabas zum Apostelkonzil", was freilich nicht zu beweisen ist.

δοκοῦντες zeigen. So blieben die Wahrheit und Freiheit des Evangeliums gegenüber jeglicher „Verdrehung" erhalten, und die Gemeinschaft der Apostel und Missionare wurde kräftig besiegelt; ihre Ernsthaftigkeit zeigte sich — jedenfalls von seiten des Paulus — in der Kollekte für die Jerusalemer Gemeinde, die zugleich den Dank der Heidenchristen für den Ursprungsort des Evangeliums zum Ausdruck brachte[131].

So war jede Berufung der Gegner des Apostels in Galatien auf die Urapostel völlig fehl am Platz. Dies können und sollen die Galater erkennen. Die Unabhängigkeit und Wahrheit des pln. Evangeliums bewährte sich zudem in einem besonders „heiklen" Fall, über den Paulus im folgenden Abschnitt berichtet.

Exkurs 2:

Gal 2, 1–10 und Apg 15 („Apostelkonzil")

Es kann nicht der Sinn dieses Exkurses sein, die ganze Problematik der Frage, ob der von Paulus in Gal 2, 1–10 geschilderte Besuch in Jerusalem identisch ist mit dem sog. Apostelkonzil von Apg 15 und ob der lukanische Bericht darüber überhaupt historischen Wert hat (was ja manche Forscher bezweifeln)[1], in

---

[131] MEYER meint in ThWb VI, 83: „Freilich läßt Gl 2, 7 durchblicken, daß die Freiheit vom Ἰουδαϊσμός in Jerusalem doch im Grunde nur zur Kenntnis genommen worden war und in Wirklichkeit die Fronten bei aller gegenseitigen Loyalität erhalten blieben. Es standen sich nunmehr Paulus als der Missionar des εὐαγγέλιον τῆς ἀκροβυστίας und Petrus als derjenige des εὐαγγέλιον τῆς περιτομῆς gegenüber, ohne daß der theologische Gegensatz geklärt worden war. Ein Ausgleich, der beide Parteien endgültig vereint hätte, bei dem aber die eine oder andere Seite ihren theologischen Standpunkt hätte grundlegend revidieren müssen, hat weder damals noch später stattgefunden." Das ist richtig im Hinblick auf das eigentliche Judenchristentum — vgl. auch GAECHTER, Petrus und seine Zeit, 231f; auch Apg 21, 21 läßt den in der Tat ausbleibenden „Ausgleich" noch erkennen —, aber Petrus selbst blieb auf die Dauer doch kein „Judenchrist", sondern galt gewissermaßen als Heidenchrist, jedenfalls bereits zur Abfassungszeit der Apg, wie Apg 11, 17f und besonders seine „Rede" auf dem „Apostelkonzil" (Apg 15, 7–11, besonders V 9 [„So hat Gott den Unterschied zwischen uns und ihnen aufgehoben, indem er ihre Herzen **durch den Glauben** gereinigt hat"]) erkennen lassen. Das heißt, Petrus selbst ging nicht den weiteren Weg des Judenchristentums, wie auch der 1. Petr-Brief theologisch erkennen läßt. Der „Frühkatholik" Lukas hat nicht Paulus „domestiziert", vielmehr hat er Petrus für die heidenchristliche, „gesetzlose" Kirche vereinnahmt, wie es wohl auch dem tatsächlichen Gang der urkirchlichen Geschichte entsprach. Dies sollte deutlicher gesehen werden. Theologisch gesiegt hat in der Urkirche Paulus. Das zeigen u. a. auch die „frühkatholischen" Pastoralbriefe und ihre Aufnahme in den ntl. Kanon; denn die παραθήκη τῆς πίστεως, die es zu bewahren gilt, ist nach den Pastoralbriefen nichts anderes als die pln. Rechtfertigungslehre. Vgl. auch noch S. 132, Anm. 16.

[1] So bemerkt etwa HAENCHEN (Die Apg, 405): „Historischen Wert . . . besitzt die lukanische Darstellung des Apostelkonzils nicht." M. HENGEL macht dazu die Gegenbemerkung, daß HAENCHEN „aber im Folgenden immer wieder Gal. II, 1–10 von Voraussetzungen her auslegt, die wir nur durch Apg. XV kennen" (Die Ursprünge der christlichen Mission, in: NTSt 18 [1971/72] 18, Anm. 17).

Exkurs 2: Gal 2, 1–10 und Apg 15 („Apostelkonzil")

extenso in einem Gespräch mit der umfangreichen Literatur[2] auszubreiten. Das würde eine eigene Monographie erfordern. Einigkeit wird zudem nie erreicht werden. Was hier vorgelegt wird, sind nur eine Vergleichstabelle (1), eine Aufzählung der Unterschiede und Widersprüche in den beiden Berichten (2) und die Anführung einiger Gründe, die für eine Identität der „beiden" Ereignisse zu sprechen scheinen (3). (Zur Vergleichstabelle s. folgende Seite.)

2. Unterschiede und Widersprüche in den beiden Berichten

Davon sind vor allem folgende zu nennen:

a) Es fehlt in Gal 2, 1–10 die Erwähnung der Gemeinde von Antiochien, die nach Apg 15, 2f an der Angelegenheit wesentlich beteiligt war und zu ihrer Lösung die beiden Missionare Paulus und Barnabas nach Jerusalem sandte. Paulus erwähnt in Gal 2, 1 den Ausgangsort seiner Reise nach Jerusalem nicht, weil das für seine Argumentation ohne besonderen Belang ist; es kommt zunächst alles auf Jerusalem an.

b) Nach Gal 2, 2a ging Paulus nach Jerusalem „aufgrund einer Offenbarung" hinauf, nach Apg 15, 2f als bevollmächtigter Abgesandter der Gemeinde von Antiochien[3]. Warum er im Gal den göttlichen Auftrag zu dieser Reise so betont, wurde bei der Textauslegung herausgearbeitet. „Aber das schließt nicht aus, daß sie auch eine menschliche Seite hatte. Es kann gut so gewesen sein, daß diese prophetische Weisung und der Wunsch der antiochenischen Gemeinde übereinstimmten" (Haenchen)[4].

---

[2] Die Literatur findet sich verzeichnet bei W. G. Kümmel in: ThRu, NF 17 (1948) 28 ff; 18 (1950) 26 ff; Schlier, Gal., 117; Haenchen, Die Apg, 382 f; J. Dupont, Les problèmes du livre des Actes entre 1940 et 1950, in: ders., Études sur les Actes des Apôtres (Paris 1967) 11–124 (63–72); vgl. ferner noch (in Auswahl) H. Rottmann, Der Apostolat Pauli nach Apg 15 und Gal. 1 und 2, in: Igreja Luterana 24 (1963) 225–242; P. Parker, Once more, Acts and Galatians, in: JBL 86 (1967) 175–182; O. Cullmann, Petrus, 53–57; F. Mussner, Die Bedeutung des Apostelkonzils für die Kirche, in: Ekklesia (Festschr. f. Bischof Matthias Wehr) (Trier 1962) 35–46; P. Gaechter, Geschichtliches zum Apostelkonzil, in: ZfkTh 85 (1963) 339–354; Munck, Paulus und die Heilsgeschichte, 226–232; Schmithals, Paulus und Jakobus, 29–51; Ogg, The Chronology of the Life of Paul, 72–88; Bornkamm, Paulus, 52–63; H. Conzelmann, Geschichte des Urchristentums (Göttingen 1969) 66–74; J. Eckert, Paulus und die Jerusalemer Autoritäten nach dem Galaterbrief und der Apostelgeschichte, 281–311; ders., Die urchristliche Verkündigung, 219–228 („Der Judaismus nach dem Apostelkonzil").

[3] Im Cod. D werden die Vorgänge in Antiochien stark dramatisiert, der in 15, 2 statt ἔταξαν ... ἐξ αὐτῶν liest: „Denn es sagte Paulus, sie sollten so bleiben, wie sie (die Heidenchristen) zum Glauben gelangt waren, wobei er sich fest behauptete (διισχυριζόμενος: deutliche Anspielung an Gal 2, 11–14); die aber herabgekommen waren von Jerusalem, befahlen ihnen, dem Paulus und Barnabas und einigen anderen, hinaufzukommen zu den Aposteln und Ältesten nach Jerusalem, damit sie bei ihnen beurteilt (verurteilt? [κριθῶσιν]) würden." Nach Cod. D treten also die judaistischen Gegner des Apostels noch mit einem viel stärkeren Instanzenbewußtsein auf als nach Gal bzw. Apg 15. Es wäre aufschlußreich, zu erfahren, aus welchen Reflexionen heraus dieser Text von D entstanden ist.

[4] Die Apg, 406. Man vergleiche nur Apg 13, 1–3 (die geheimnisvolle Stimme des heiligen Geistes und die Aussendung der Missionare durch die Gemeinde bilden hier eine selbstverständliche Einheit).

Exkurs 2: Gal 2, 1–10 und Apg 15 („Apostelkonzil")

1. Vergleichstabelle

Gal 2, 1–10		Apg 15
Zeitangabe („nach Verlauf von 14 Jahren")	2, 1	—
Reise des Paulus nach Jerusalem zusammen mit Barnabas	2, 1	vgl. 15, 2
Mitnahme des Titus	2, 1	—
Jerusalem-Reise „aufgrund einer Offenbarung"	2, 2	vgl. dagegen 15, 2: Paulus und Barnabas gehen als Abgesandte Antiochiens
Vorlage des Evangeliums in Jerusalem	2, 2	—
Keine Beschneidungsforderung gegenüber Titus	2, 3	—
Auftreten der „Falschbrüder"	2, 4	vgl. 15, 5 (15, 1.24)
Widerstand des Apostels gegen die Falschbrüder	2, 5	vgl. 15, 2 (Streit des Paulus und Barnabas mit den Judaisten in Antiochen); 15, 7 (Streit in Jerusalem)
Keine Auflage durch die „Maßgebenden" der Urgemeinde	2, 6	vgl. 15, 19f („Aposteldekret"); 15, 28f („keine weitere Auflage" außer den Jakobusklauseln)
Feststellung der Berufung des Paulus zur Heidenmission	2, 7	vgl. 15, 12
Anerkenntnis der dem Paulus verliehenen Apostolatsgnade	2, 9a	
Die Namen der „Säulen"; Jakobus, Kephas, Johannes	2, 9b	vgl. 15, 7.13 (Petrus, Jakobus)
Handschlag der Säulen mit den Heidenmissionaren zur Bezeugung der Gemeinschaft	2, 9c	vgl. 15, 25 (ἡμῖν γενομένοις ὁμοθυμαδόν)
„Auflage", der Armen (der Urgemeinde) zu gedenken	2, 10	— (vgl. aber 11, 29f; 12, 25; 24, 17)

Exkurs 2: Gal 2, 1–10 und Apg 15 („Apostelkonzil")

c) Lukas spricht von den „Aposteln" und den „Ältesten" in Jerusalem (vgl. Apg 15, 3.4.6.22f), Paulus dagegen von den „Maßgebenden" und den „Säulen" (Jakobus, Kephas und Johannes).

d) Naturgemäß tritt in dem „Selbstbericht" des Gal das Ich des Paulus viel stärker in den Vordergrund, während nach Apg 15 Petrus und Jakobus[5] die entscheidenden „Reden" halten. Doch wird nicht verschwiegen, daß es zuerst ein heftiges Streitgespräch bei der Zusammenkunft gegeben hat (Apg 15, 7), deren Träger selbstverständlich auf der einen Seite Paulus und Barnabas, auf der andern Seite ihre Gegner waren, wie schon in Antiochien (15, 2). Auch wird in 15, 12 noch ausdrücklich von den Berichten des Paulus und Barnabas über ihre Missionserfolge unter den Heiden erzählt. „Warum Lukas über den Inhalt dessen schweigt, was Paulus und Barnabas sagen, hat Dibelius (Auff. 86) richtig erkannt: der Leser kennt diese Ereignisse aus Kap. 13 und 14, deren Bedeutung für die lukanische Komposition dieser Szene damit deutlich wird" (Haenchen)[6].

e) Im Galaterbrief wird nichts vom „Apostoldekret" erwähnt. Hat es Paulus nicht gekannt? Nach Apg 16, 4 und 21, 25 hat er die Bestimmungen dieses Dekretes auch den Heidenchristen mitgeteilt. Entweder hat Paulus diese Bestimmungen ähnlich wie Lukas nicht als eine „Last" für die Heiden betrachtet[7], weshalb er sie im Galaterbrief nicht erwähnt, oder er läßt sie absichtlich weg, um die „Tendenz" seiner Ausführungen bei den Lesern nicht um ihre Wirkung zu bringen[8]. Am wahrscheinlichsten aber ist, daß das „Apostoldekret" erst einige Zeit nach dem Apostelkonzil zustande kam und von Lukas in den Bericht über dasselbe hineingenommen wurde[9].

f) In Apg 15 werden Titus und der Apostel Johannes nicht erwähnt. Wahrscheinlich wußte Lukas von der Titus-Angelegenheit nichts; Johannes ist unter den „Aposteln" subsumiert.

g) In Gal wird im Unterschied von Apg 15 nichts von einer Rückkehr des

---

[5] „Natürlich besaß Lk Nachrichten von der Bedeutung dieses Mannes bei der Jerusalemer Verhandlung (Gal 2, 9)" (CONZELMANN, Die Apg, 83).
[6] Die Apg, 388 (zu Apg 15, 12).
[7] Vgl. HAENCHEN, Die Apg, 401: „Im Sinne des Lukas sind ... die vier Forderungen keine Last: der Beschluß des Apostelkonzils ist vielmehr die endgültige Anerkennung der gesetzesfreien Heidenmission und damit des gesetzesfreien Heidenchristentums"; ähnlich auch M. DIBELIUS, Aufsätze zur Apostelgeschichte (Göttingen 1951) 88.
[8] OEPKE (54) meint sogar: „Er hütet sich in Gl 2, von der peinlichen Sache zu reden." — Denkbar ist auch, daß die Bestimmungen des Apostoldekrets nur in aus Juden- und Heidenchristen gemischten Gemeinden zur Durchführung kamen. „Das Dekret ist nur an die Adresse der Heidenchristen in Antiochien, Syrien und Cilicien gerichtet, nicht aber an die Christengemeinden, die auf der ersten pln. Missionsreise gegründet wurden. Es will anscheinend das Verhältnis zwischen Juden- und Heidenchristen in dem stark jüdisch durchsetzten Gebiet von Syrien und Cilicien regeln" (WIKENHAUSER, Die Apg, 180). „Bei der weiteren Ausdehnung der Missionsarbeit auf der zweiten Reise und dementsprechend auch im Galaterbrief hat sich Paulus dann nicht mehr als an das Apostoldekret gebunden erachtet" (STÄHLIN, Die Apg, 211). — Zu den übrigen Problemen des „Apostoldekrets" vgl. etwa CONZELMANN, Die Apg, 84f (mit Literatur); DERS., Geschichte des Urchristentums, 71–74; K. TH. SCHÄFER in: RAC I, 555–558 (Lit.); HAENCHEN, Die Apg, 410–414; H. BALTENSWEILER, Die Ehe im Neuen Testament (Zürich – Stuttgart 1967) 92–95 (Lit.).
[9] Vgl. dazu Kommentar S. 135, Anm. 6.

Exkurs 2: Gal 2, 1–10 und Apg 15 („Apostelkonzil")

Paulus und seiner Begleiter nach Antiochien gesagt, aber sie ist vielleicht stillschweigend vorausgesetzt, wie aus der Erwähnung von Antiochien in Gal 2, 11 hervorzugehen scheint.

3. Gründe für die Identität der „beiden" Ereignisse

Zunächst darf festgestellt werden, daß es ziemlich zwecklos ist, die beiden Berichte miteinander einfach zu harmonisieren, weil beide Berichte unter bestimmten Tendenzen stehen, die es zu beachten gilt und die eine billige Harmonisierung verbieten. Wie es im einzelnen genau war, das läßt sich weder aus dem Bericht des Gal noch aus dem der Apostelgeschichte, noch aus einer Verbindung der beiden rekonstruieren. Was die „Tendenz" der Berichte angeht, so muß man sagen, daß der Paulusbericht in Gal 2, 1–10 nicht weniger „tendenziös" ist als der in Apg 15. Auch Paulus verfolgt konsequent seine Argumentationsziele. Wir haben „eine leidenschaftliche Selbstverteidigung des Apostels" (Wikenhauser)[10] vor uns. Genau gesehen, berichtet er in Gal 2, 1–10 nur von den Ergebnissen der Jerusalemer Gespräche und Streitgespräche. Das heißt: Soundsovieles bringt er überhaupt nicht zur Sprache. Auch schreibt er an die Galater deutlich von seinem gegenwärtigen Standpunkt aus, als er längst der selbständige und unabhängige Heidenmissionar geworden ist, über die Vergangenheit[11]; man beachte nur das singularische „ich" und „mir". Er schreibt über die Vergangenheit im Licht der Gegenwart, die jedoch das Ergebnis einer Entwicklung ist, die damals durch die Jerusalemer Abmachung sanktioniert wurde. Nur deshalb erwähnt er in seinem Bericht über die Entscheidung der Jerusalemer Autoritäten auch Barnabas, obwohl er sich längst von ihm getrennt hat; denn diesen früheren Mitarbeiter zu erwähnen, hat ja nur Sinn, wenn tatsächlich Barnabas an den damaligen Ereignissen in Jerusalem mitbeteiligt war[12]. Die in Gal 2, 1.9 klar vorausgesetzte gleichberechtigte Stellung des Barnabas läßt zusammen mit seiner Erwähnung deutlich erkennen, daß die für den zweiten Besuch des Apostels in Jerusalem vorausgesetzte Situation keine andere ist als jene von Apg 15. Das Auftreten von Judaisten in beiden Berichten scheint das nur zu bestätigen. Auch sonst gibt es noch eine Reihe von wichtigen Berührungspunkten, wie unsere Vergleichstabelle zeigt. So haben

---

[10] Die Apg, 178. Weitere Äußerungen in dieser Richtung s. bei GAECHTER, Petrus und seine Zeit, 218, Anm. 7.
[11] Vgl. HAENCHEN, Die Apg, 408. — „Der Apostel erörtert die Vorgänge des Konventes ein reichliches Jahrzehnt später in der besonderen Kampfsituation des Galaterbriefes. Sein Bericht steht darum ganz im Dienste der apologetischen und polemischen Grundgedanken, mit denen er seine judaistischen Gegner abwehrt. Auch wenn die Hauptsache sicher richtig getroffen ist und die angeführten Einzelheiten Glauben verdienen, ist der Bericht doch sichtlich für den späteren Anlaß zusammengedrängt, wird überdies von Paulus ständig aktualisiert ... die Fronten von einst und jetzt gehen ineinander über" (BORNKAMM, Paulus, 53).
[12] Nach Gal 2, 13 wirken beide Missionare in Antiochien; von dort aus waren sie auch nach Jerusalem gekommen; vgl. auch HAENCHEN, Die Apg, 406 (H. spricht also in Wirklichkeit der lukanischen Darstellung des Apostelkonzils doch nicht jeden historischen Wert ab, wenn er das zunächst auch grundsätzlich tut; vgl. unsere Anm. 1, S. 127).

wir sicher für Gal 2, 1–10 und für Apg 15 dieselbe Situation vor uns, aber über den Vorgang selbst wird von Paulus und Lukas je anders berichtet, was durch die jeweilige Tendenz bedingt ist[13], bei Lukas vielleicht auch durch Nachrichten aus anderen Quellen, die er zu Szenen gestaltet hat[14].

So bilden die unter (2) genannten Unterschiede und Widersprüche keinen Anlaß zu der Annahme, Gal 2, 1–10 und Apg 15 würden von zwei verschiedenen Ereignissen berichten[15]. Es geht in beiden Berichten um dasselbe Thema: **Gesetz und (oder) Evangelium**[16]. Die in Jerusalem darüber gefällte Entscheidung fiel nach beiden Berichten in derselben Richtung aus[17].

---

3. DER ZWISCHENFALL IN ANTIOCHIEN (2, 11–21)

2, 11 Als aber Kephas nach Antiochien kam, widerstand ich ihm ins Angesicht, weil er sich schuldig gemacht hatte. 12 Denn bevor einige von Jakobus kamen, hielt er Tischgemeinschaft mit den Heiden(-Christen).

---

[13] Vgl. auch STÄHLIN, Die Apg, 209: „Die Unterschiede zwischen den beiden Berichten sind nicht leicht auszugleichen. Trotzdem handeln sie kaum, wie oft angenommen wurde, von verschiedenen Ereignissen; nur sind sie unter verschiedenen Gesichtspunkten und von verschiedenen Standpunkten aus geschrieben; darum kann auch der eine Dinge erwähnen, die der andere übergeht, und umgekehrt." Es ist deshalb zu bezweifeln, ob wir in Gal 2 wirklich nur „die einzige historisch brauchbare Quelle vor uns haben", wie BORNKAMM meint (Paulus, 53); B. selber schreibt im selben Atemzug: „Der Anlaß des Apostelkonventes läßt sich aus der von Paulus gegebenen Darstellung erkennen **und wird durch die Apostelgeschichte bestätigt**" (Hervorhebung von mir).
[14] Vgl. auch CONZELMANN, Die Apg, 87.
[15] Vgl. auch KÜMMEL, Einleitung in das NT, 263f; WIKENHAUSER – SCHMID, Einleitung in das NT, 418.
[16] Selbstverständlich „mußte die Geschichte noch ein Stück voranschreiten und ein weiterer Fortschritt bzw. Klärungsprozeß in der Theologie erzielt werden" (ECKERT, Die urchristliche Verkündigung, 224); die Kämpfe des Paulus nach dem „Apostelkonzil" um die Wahrheit des Evangeliums brachten für die Großkirche allmählich diese Klärung. **Theologisch gesiegt hat in der Urkirche Paulus**, auch nach der „Geschichtsschreibung" der Apg (vgl. Apg 10.11: Lukas läßt Petrus als „Judaisten" von Jerusalem weggehen und läßt ihn dorthin als „Paulinisten" zurückkehren; und er läßt den Petrus auf dem „Konzil" rückblickend auf die „Korneliusgeschichte" sagen: „... Gott, der die Herzen kennt, bestätigt dies, indem er ihnen [den Heiden] ebenso wie uns den heiligen Geist gibt. Er macht keinerlei Unterschiede zwischen uns und ihnen; denn er hat ihre Herzen **durch den Glauben** gereinigt`... Wir glauben im Gegenteil, **durch die Gnade des Herrn Jesus** gerettet zu werden, auf die gleiche Weise wie jene" [Apg 15, 8.9.11]).
[17] ECKERT meint (Die urchristliche Verkündigung, 223): „Vielleicht war die Ansicht F. Chr. Baurs und der Tübinger im Kern doch nicht so verfehlt, daß in Jerusalem eine primär äußerliche Anerkennung des paulinischen Evangeliums durch die Geltenden, die von den Missionserfolgen des Apostels beeindruckt waren (Gal 2, 7ff), erfolgt ist." Weder Paulus selbst noch Lukas meinen, daß diese Anerkennung nur „eine primär äußerliche" gewesen sei. Vielmehr muß man sagen: Die Apostel bzw. „die Maßgebenden" haben dem Evangelium des Paulus und den Abmachungen auch innerlich zugestimmt, **aber die dritte Gruppe hat ihnen nie zugestimmt: die Judaisten**; lieber haben sie sich später von der Großkirche getrennt, als eine Gesetzesfreiheit der Christen anzuerkennen (Pseudoklementinen!).

Als sie aber kamen, zog er sich zurück und sonderte sich ab aus Furcht vor denen aus der Beschneidung. 13 Und mit ihm zusammen heuchelten [auch] die übrigen Juden(-Christen), so daß sogar Barnabas durch ihr heuchlerisches Verhalten mit fortgerissen wurde. 14 Als ich aber sah, daß sie nicht auf dem geraden Weg auf die Wahrheit des Evangeliums zugehen, da sagte ich zu Kephas vor allen: Wenn du, wo du doch ein Jude bist, heidnisch und nicht jüdisch lebst, wie kannst du da die Heidenchristen nötigen, nach jüdischer Art zu leben? 15 Wir, obwohl von Geburt (von Natur, φύσει) Juden und nicht Sünder heidnischer Herkunft (ἐξ ἐθνῶν) —, 16 wissend jedoch, daß nicht gerechtfertigt wird ein Mensch aus Gesetzeswerken, sondern mittels Glauben an Christus Jesus — auch wir sind zum Glauben an Christus Jesus gelangt, damit wir gerechtfertigt werden aus Glauben an Christus und nicht aus Gesetzeswerken; denn aus Gesetzeswerken wird niemand („kein Fleisch") gerechtfertigt werden (vgl. Ps 143, 2 LXX). 17 Wenn aber wir (Judenchristen), indem wir die Rechtfertigung in Christus suchen, befunden worden wären auch selbst als Sünder, ist (dann) etwa Christus ein Diener der Sünde? Nimmermehr! 18 Wenn ich nämlich dies, was ich (vorher) niedergerissen habe (das Gesetz), wieder aufbaue, erweise ich mich (doch) als Übertreter. 19 Denn ich bin durch das Gesetz zuungunsten des Gesetzes gestorben, damit ich zugunsten Gottes (für Gott) lebe. Mit Christus bin ich gekreuzigt worden. 20 Es lebt aber nicht mehr ich, es lebt vielmehr in mir Christus. Was ich aber jetzt im Fleisch (noch) lebe, im Glauben lebe ich an den Sohn Gottes, der mich geliebt und sich für mich hingegeben hat. 21 Nicht setze ich die Gnadenordnung Gottes außer Geltung. Denn wenn durch Gesetz die Gerechtigkeit (kommt), ist folglich Christus umsonst gestorben.

Aufgrund des vorausgehenden Berichts über die Ereignisse und Entscheidungen während des zweiten Besuchs des Paulus in Jerusalem könnte man annehmen, daß die Spannungen, die durch das Auftreten von judaistischen „Falschbrüdern" hervorgerufen worden waren, endgültig gelöst und die Fragen geklärt seien. Daß dem aber keineswegs so war, zeigt der überraschende Vorfall in der christlichen Gemeinde von Antiochien, bei dem es zu einem förmlichen Zusammenstoß zwischen Paulus mit dem „Felsenmann" kam. Wie war das nach dem Jerusalemer „Handschlag" möglich? Auf diese Frage ist zunächst zu antworten: durch die eigentümliche Situation in der antiochenischen Gemeinde, die eine aus Juden- und Heidenchristen gemischte Gemeinde war. Der Inhalt der Jerusalemer Abmachungen hatte in der Formulierung des Paulus gelautet: „Wir zu den Heiden, sie aber zu den Juden." Das war eine klare Entscheidung, die die Gesetzesfreiheit in den heidenchristlichen Gemeinden in sich schloß. Wie war aber in der Praxis dort zu verfahren, wo eine gemischte Gemeinde vorhanden war wie in Antiochien? Die konkrete Wirklichkeit einer solchen Gemeinde mußte notwendigerweise Probleme von grundsätzlicher Bedeutung aufwerfen, und zwar weniger für die heidenchristlichen als für die judenchristlichen Gemeindemitglieder: Was galt für sie, wenn sie mit Heidenchristen in einer Gemeinde zusammenleben mußten? Es geht ja im antiochenischen Streitfall primär um das Verhalten der Judenchristen zu den Heidenchristen und nicht umgekehrt! Insofern unterscheidet sich der antiochenische Fall von den Streitfragen, die beim zweiten Besuch des Apostels in Jerusalem ausgetragen und geklärt worden waren. In Jerusalem ging es um die Heidenchristen, in Antiochien um das Verhalten der Judenchristen! Für diese war mit dem Jerusalemer Abkommen nichts geregelt worden. Für die Judenchristen in Jerusalem und Palästina war es eine Selbstverständlichkeit, daß sie an der jüdischen Lebensweise weiter festhielten[1]. Solange sie inmitten ihres jüdischen Volkstums lebten, wurden Fragen, wie sie in Antiochien aufbrachen, gar nicht akut. In Jerusalem war man vor unreinen Speisen sicher[2]. Mit der Übereinkunft: „Wir zu den Heiden, sie aber zu den Juden" schienen die Grenzen genau abgesteckt zu sein, und zwar — wenigstens bei einer gewissen illusionären Betrachtung der Lage — scheinbar für immer.

Nach den allzu knappen Angaben von Apg 11, 19–21 waren anläßlich der Verfolgung, die unter Stephanus ausgebrochen war, Christen aus Jerusalem auch nach Antiochien, die Hauptstadt von Syrien, gekommen und verkündeten dort das Wort Gottes, zunächst jedoch nur den dortigen Juden[3]. „Unter ihnen befanden sich jedoch einige Leute aus Cypern und Cyrene, die, als sie nach Antiochien kamen, sich auch an die Griechen wandten und ihnen die Frohbotschaft vom Herrn Jesus verkündeten", und zwar mit großem Erfolg (11, 20f). So entstand allmählich eine große Gemeinde, bestehend aus Juden- und Heidenchristen[4]. Offensichtlich waren dabei die gläubig gewordenen Heiden nicht zur Beschneidung gezwungen worden[5], weil ja sonst die Forderung der von Jerusalem kommenden Judaisten in 15, 1 grundlos gewesen wäre. Als später unbefugte Judenchristen aus Judäa die Beschneidung der Heidenchristen forderten, wurde ihre Forderung, besonders auf das Betreiben des Paulus und Barnabas hin, in Jerusalem zurückgewiesen (Gal 2, 1–10; Apg 15). Für die Heidenchristen wurde nach der Darstellung der Apg zum Zwecke eines friedlichen Zusammenlebens mit den Judenchristen das „Aposteldekret" erlassen, aber ob dieses Dekret wirklich schon auf dem sog. Apostelkonzil beschlossen worden

---

[1] Vgl. Apg 21, 21: „Sie alle (die Judenchristen in Jerusalem) eifern für das Gesetz."
[2] Vgl. OEPKE, Gal., 56.
[3] Nach JOSEPHUS, Bell. VII, 3, 3 § 43ff, gab es in Antiochien eine große Judengemeinde und viele griechische „Gottesfürchtige", κἀκείνοις τρόπῳ τινὶ μοῖραν αὐτῶν πεποίηντο (§ 45).
[4] Nach ORIGENES (in Luc., hom. VIc, PG 13, 1814ff), EUSEBIUS (H. E. III, 36, 2 und 22), CHRYSOSTOMUS (Hom. in Ignat., PG 50, 591) und HIERONYMUS (in Gal. 2, 1, PL 26, 340; De vir. ill. 1, PL 23, 637) soll Petrus die Gemeinde von Antiochien gegründet haben. Vgl. dazu CULLMANN, Petrus, 59.
[5] Vgl. auch WIKENHAUSER und HAENCHEN zu Apg 11, 20. Gegen W. MICHAELIS, Judaistische Heidenchristen, in: ZntW 30 (1931) 83–89: „Auch Barnabas und Paulus haben zunächst die Beschneidung gepredigt. Erst im Verlauf der ersten Missionsreise sind sie zu einer anderen Missionsmethode geführt worden, die danach auch in die Gemeinde von Antiochien Eingang gefunden hat" (88). Davon weiß Lukas nichts, und der Kampf des Apostels um die Wahrheit des Evangeliums hing nicht mit Missionsmethoden zusammen, sondern war für ihn durch das Wesen des Evangeliums selbst gegeben. Vgl. auch E. HAENCHEN in: ZThK 52 (1955) 219, Anm. 1.

ist, das ist die Frage[6]. Es scheint jedenfalls, daß in der Christengemeinde von Antiochien zunächst ein reibungsloses Beisammensein von Juden- und Heidenchristen gegeben war, was sich in ihrer Tischgemeinschaft zeigte[7]. Auch Petrus, der anscheinend einige Zeit nach den Abmachungen in Jerusalem nach Antiochien gekommen war, schloß sich davon nicht aus, „bis einige von Jakobus kamen", d. h. Mitglieder der Jerusalemer Gemeinde, die Anstoß an dieser Tischgemeinschaft nahmen. Petrus wurde unsicher und zog sich zurück, was Paulus veranlaßte, ihm „ins Angesicht zu widerstehen" und ihm (und indirekt auch den galatischen Lesern des Briefes) die Konsequenzen seines Verhaltens vor Augen zu stellen, was notwendigerweise eine Erörterung über das Verhältnis von Gesetz und Evangelium mit sich bringen mußte. Die alte Streitfrage, ob diese grundsätzliche Darlegung in Gal 2, 15–21 noch an Petrus oder schon an die Galater selbst gerichtet sei, entscheidet man am besten mit Oepke dahin, „daß Paulus sich zwar der Sache nach bereits mit an die Leser wendet, die Form der Anrede an Petrus aber bis zum Ende des Kapitels beibehält".

Vielleicht waren die Judenchristen aus Jerusalem mit der Freiheit der Heidenchristen vom Gesetz einverstanden (etwa auch im Hinblick auf die in der jüdischen Missionspraxis geübte Haltung gegenüber den σεβόμενοι)[8]; was ihnen aber nicht einleuchten wollte, war dies, daß auch ein Jude (wie Petrus) vom gesetzlichen Leben befreit sei, wenn er Christ wurde. Nach ihrer Anschauung mußte ein ehemaliger Jude weiterhin den väterlichen Überlieferungen treu bleiben und ἰουδαΐζειν (um mit Gal 2, 14 zu reden). Dieses Problem war in Jerusalem nicht geklärt worden. Und dieses Problem war für einen Juden keine Bagatelle![9] Sein oder Nichtsein der jüdischen Existenz war und ist für den gläubigen Juden unlöslich mit der Gesetzesfrage verbunden. Für die Judaisten war es unvorstellbar, daß ein Jude, der Christ wurde, deswegen aufhören würde oder gar aufhören müßte, ein Jude zu sein, d. h. gesetzlich zu leben. Deshalb ist es verständlich, daß sie am Verhalten des Judenchristen Petrus in Antiochien schweres Ärgernis nahmen — Tischgemeinschaft mit Heidenchristen hatten sie in Jerusalem nicht erlebt! — und ihrem Unwillen lauten Ausdruck verliehen[10].

---

[6] Vgl. dazu etwa CONZELMANN, Die Apg, 84f (mit Literatur; dazu noch K. TH. SCHÄFER, Apostoldekret, in: RAC I, 555–558). „Daß das Dekret auf dem Apostelkonzil beschlossen wurde, ist durch Gal 2, 6 ausgeschlossen", aber es ist „sicher in gemischten Gemeinden entstanden" (CONZELMANN). Vielleicht war es eine Frucht der Auseinandersetzung des Paulus mit dem „Felsenmann" in Antiochien, um in Zukunft ein gutes Zusammenleben in gemischten Gemeinden zu ermöglichen. Die Bestimmungen des Dekrets stellen ja keine Last für die Heidenchristen dar, wohl aber ein Entgegenkommen gegenüber den Judenchristen, wenn sie mit Heidenchristen zusammen Tischgemeinschaft hielten und umgekehrt.
[7] BURTON meint, die Tischgemeinschaft in Antiochien sei erst die Folge der Jerusalemer Abmachungen gewesen. Dies läßt sich nicht sicher sagen; diese können ebenso auch eine Erneuerung derselben herbeigeführt haben.
[8] Vgl. BILLERBECK II, 716f („Diese ‚Gottesfürchtigen' waren Heiden, die, ohne die Beschneidung anzunehmen, sich zum jüdischen Monotheismus bekannten und gewisse Teile des mosaischen Zeremonialgesetzes, besonders wohl die Sabbat- und Speisegebote beobachteten..."); SCHÜRER III, 165ff.
[9] Vgl. dazu auch die klugen Überlegungen BAUERNFEINDS (Die Apg) zu Apg 15, 1.
[10] Man muß sich insbesondere in die Situation des palästinensischen Judenchristentums hineindenken. Für die frommen Judenchristen „handelt es sich um eine Einheit, die sie nach

Behielten sie jedoch recht, dann war damit eine weitere Heilsbedeutung des Gesetzes anerkannt und die Wahrheit des Evangeliums erneut gefährdet. Dies erkannte Paulus sofort und deshalb sein leidenschaftliches Auftreten gegen Petrus, das zugleich in die Tiefe des Problems „Gesetz und Evangelium" vorstößt und zu ihm führen mußte. Paulus berichtet über diesen Vorfall den Galatern, weil ihre drohende Hinwendung zum Judaismus, veranlaßt durch „gewisse" Judaisten, die Wahrheit des Evangeliums ebenso gefährdete wie einst der Vorgang in Antiochien. Sein Bericht konnte um so stärker wirken, als sein damaliger Kampf in Antiochien mit einem Zusammenstoß gerade mit dem Felsenmann verbunden war. Vielleicht beriefen sich die Gegner des Apostels in Galatien auch auf ihn[11]. Paulus kann zeigen, daß er die Wahrheit des Evangeliums selbst gegen Petrus verteidigt hat, als sich dies als nötig erwies[12]. Zugleich war dieser Hinweis der stärkste Beweis dafür, daß Paulus sein Evangelium nicht „von einem Menschen" empfangen hat; wie könnte er sonst es wagen, im Namen des Evangeliums selbst gegen den Felsenmann vorzugehen!

2, 11 Auf den ersten Blick scheint die Partikel δέ zu Beginn des V 11 adversativ zu sein und das gegensätzliche Verhalten des Kephas im Vergleich zu dem im V 9 Berichteten zum Ausdruck zu bringen. Dennoch versteht man hier δέ besser mit Oepke und Schlier weiterführend, insofern der Bericht über den Vorfall in Antiochien ein weiteres Glied in der Argumentation des Paulus darstellt, daß sein Evangelium nicht „von einem Menschen" stammt.
Petrus[13] kommt nach Antiochien — und bevor Paulus den Hergang des ganzen Vorfalls kurz berichtet, nennt er gleich das ihm besonders Wichtige und für seine Argumentation Bedeutsame: „Ich widerstand ihm ins Angesicht, weil er sich schuldig gemacht hatte." In Wirklichkeit muß diesem „Schuldigwerden"

---

zwei letztlich unvereinbaren Seiten festzuhalten suchen. Sie stehen noch als volle Glieder in der jüdischen Gemeinde und wissen sich an sie gebunden; und sie stehen zugleich in einer Christenheit, die in diesem Zeitpunkt nicht mehr nur jüdische Sekte, sondern zu einem Teil schon judenfreie und gesetzesfreie Gemeinde ist. Sie wollen die Bruderschaft mit dieser nicht mehr judenchristlichen Christenheit bewahren; aber indem sie das tun, sind sie im Begriff, das Judentum aufzulösen. Indem sie die ihnen gegebene Doppelstellung bejahen, drängen sie nach der einen oder nach der andern Seite über diese Doppelstellung hinaus. Als die Judenschaft ihrerseits den Schnitt vollzog und die Judenchristenheit ausstieß, tat sie nichts anderes als daß sie auch ihrerseits diese Doppelstellung als eine unmögliche aufhob" (G. KITTEL in: ZntW 30 [1931] 147f). Vgl. auch noch HAENCHEN, Petrus-Probleme, 65f.
[11] ZAHN (Gal., 114) meint sogar, man sehe aus der Darstellung des Paulus in Gal 2, 11ff, „daß die Sache im Kreise der Leser bereits zur Sprache gekommen war. Die nach Gal. gekommenen Judaisten werden sein damaliges rücksichtsloses Auftreten gegen Pt als einen besonders starken Beweis jener Anmaßung angeführt haben, womit er im Gegensatz zu seiner anfänglichen Unterordnung unter die älteren Apostel sich nachträglich von deren Auktorität unabhängig gemacht habe."
[12] Der Hinweis auf den Vorfall in Antiochien in Gal 2, 11ff impliziert innerhalb des Kap. 2 gewissermaßen ein Schlußverfahren a minore ad maius: Wenn und wie ich schon den „Falschbrüdern" auch nicht einen Augenblick durch Unterwürfigkeit nachgegeben habe (2, 5), so auch und erst recht nicht dem Felsenmann.
[13] Statt Κηφᾶς lesen hier wieder Πέτρος die Textzeugen D F G K L, syr[h], goth, MARCION, VICTORIN, CHRYSOSTOMUS u. a.

des Petrus einige Zeit vorausgegangen sein, vielleicht Wochen und Monate, in denen er brüderlich mit den Heidenchristen in der Gemeinde Tischgemeinschaft hielt[14]. Worin konkret der „Widerstand ins Angesicht"[15] bestand, ergibt sich erst aus V 14: Paulus stellt den Petrus vor versammelter Gemeinde wegen seines Verhaltens scharf zur Rede. Und die „Schuld" des Petrus besteht in den Augen des Paulus ganz eindeutig nicht allein in dessen Furcht und feiger Heuchelei (vgl. φοβούμενος und [συν]υπεκρίθησαν), sondern in der durch das eigentümliche Verhalten des Petrus verursachten Gefährdung der Einheit der Gemeinde und besonders in seiner theologischen Inkonsequenz, wie Paulus zu zeigen vermag. Wenn der Apostel dabei formuliert ὅτι κατεγνωσμένος ἦν, so hat das Partizip Perf. Pass. κατεγνωσμένος hier die Bedeutung eines Adjektivs: „schuldig"[16]. Und wenn er formuliert: (κατὰ πρόσωπον αὐτῷ) ἀνέστην,

---

[14] Wann und warum Petrus nach Antiochien gekommen ist, erfahren wir von Paulus nicht. Einige Exegeten haben sich über diese Fragen Gedanken gemacht. So hält es ZAHN für „undenkbar", daß Petrus sich so bald nach den Jerusalemer Abmachungen „ohne dringende Nötigung in das Gebiet der Heidenmission begeben haben sollte, und daß Pl, wenn Pt das getan hätte, ihn nicht des Vertragsbruchs angeklagt und ihn ebenso wie die bald darauf nach Antiochien gekommenen Leute aus der Umgebung des Jk (V 12) ähnlich wie die falschen Brüder und Spione (V 4) beurteilt haben sollte. Auch die gütigste Beurteilung hätte nichts daran ändern können, daß Pt durch sein unberufenes Kommen nach Antiochien die beunruhigenden Mißstände in der dortigen Gemeinde hervorgerufen hätte, deren Verhütung der Hauptzweck der getroffenen Vereinbarung über die gegenseitige Unabhängigkeit der beiden Kirchengebiete war"; deshalb meint Z., daß der Besuch der syrischen Hauptstadt durch Petrus „in die Zeit vor dem Apostelkonzil und der ersten Missionsreise des Pl fallen" müsse, als „Pl und Barn mit anderen jüdischen Lehrern an der Spitze der antiochenischen Gemeinde standen". GAECHTER vermutet, daß Petrus noch „etwa 2 Monate" nach dem Konzil in Jerusalem verbracht hat, bevor er nach Antiochien aufbrach (Petrus und seine Zeit, 222). Petrus habe sich in der Jerusalemer Gemeinde nach dem Konzil nicht mehr recht wohlgefühlt — die Streitereien seien weitergegangen, und Petrus sei dabei seine „Unfähigkeit zu diskutieren ... gerade in den unmittelbar an das Konzil anknüpfenden Kämpfen und Ränken peinlich zum Bewußtsein" gekommen (ebd. 226f) und so habe er sich entschlossen, Jerusalem zu verlassen und sich nach Antiochien zu begeben. Warum aber gerade nach Antiochien? Weil Petrus bereits im Kopf hatte, nach Rom zu gehen, und auf dem Wege dorthin „war Antiochia die erste Hauptstation"; von dort aus „gab es bessere Schiffsverbindungen nach Italien als vom unbedeutenderen Cäsarea aus" (ebd. 228f).

Wir wissen in Wirklichkeit nicht, wann und warum Petrus nach Antiochien gekommen ist; die Quellen sagen darüber nichts aus. Paulus ist an diesen Fragen auch nicht interessiert, sondern nur an dem, was in Antiochien geschehen ist, als Petrus dort war. Nur das eine läßt sich sagen, daß Paulus zu dieser Zeit „noch mit Barnabas und der antiochenischen Gemeinde verbunden ist" (ECKERT, Die urchristliche Verkündigung, 193, Anm. 4), während der Zusammenstoß mit Petrus und den Judenchristen ihn wahrscheinlich veranlaßt hat, diese Gemeinde endgültig zu verlassen (vgl. dazu in diesem Kommentar noch S. 186f).

[15] κατὰ πρόσωπον kann hier im Sinn der Militärsprache bedeuten: „Front gegen Front"; oder (wörtlich) „ins Gesicht", d. h. rückhaltlos, in aller Öffentlichkeit (bei POLYBIUS häufig in diesem Sinn bei Begriffen des Sagens [vgl. HELBING, Kasussyntax, 240]), „Auge in Auge" (vgl. auch Apg 25, 16; 2 Kor 10, 1; LOHSE in: ThWb VI, 770/19ff; 778/7f). Daß der Zusammenstoß in der Tat „Auge in Auge" des Petrus geschah, geht eindeutig aus V 14 hervor („ich sagte zu Kephas vor allen"). „Κατὰ πρόσωπον heißt nicht: secundum speciem = dem Scheine nach, so daß auf einen Scheinstreit, den Paulus und Kephas zur Belehrung der Gemeinde inszeniert hätten, zu schließen sei ..." (ECKERT, Die urchristliche Verkündigung, 194, Anm. 3); dazu das Nähere im Exkurs: Gal 2, 11—14 in der Auslegungsgeschichte.

[16] Wörtlich bedeutet κατεγνωσμένος „gerichtet", „verurteilt", „beschuldigt" (vgl. Herod.

so sagt er damit, daß er das Verhalten des Petrus als einen Angriff verstand, nicht gegen ihn persönlich, wohl aber gegen die Wahrheit des Evangeliums, dem Widerstand zu leisten war[17].

2, 12 Der Vers ist ein Begründungssatz (vgl. γάρ). Begründet wird mit ihm nicht das Schuldigwerden des Petrus, sondern die Notwendigkeit des Widerstandes gegen ihn. Sie hat ihren Grund im Verhalten des Petrus. Als er nach Antiochien kam, hielt er ohne weiteres Tischgemeinschaft mit den Heidenchristen[18], wie es für Paulus und Barnabas längst eine Selbstverständlichkeit war. Er tat dies regelmäßig (vgl. Imperfekt συνήσθιεν); ob anläßlich des eucharistischen Herrenmahles (dafür plädieren z. B. Lietzmann, Schlier)[19] oder anläßlich persönlicher Einladungen in heidenchristliche Familien (daran denkt z. B. Lagrange), läßt sich vom Text her nicht entscheiden. Jede Tischgemeinschaft mit Heiden war für streng orthodox denkende Juden und Judenchristen ein Greuel (vgl. Apg 11, 3!)[20]. Auch Petrus dachte ursprünglich so, bis er von Gott selbst eines Besseren belehrt worden war (Corneliusgeschichte). Jedenfalls

---

[6, 2 καταγνωσθεὶς πρὸς αὐτῶν νεότερα πρήσσειν), entweder von einem anderen oder durch sich selbst (vgl. die Papyri-Belege bei MOULTON-MILLIGAN und PREISIGKE s. v. καταγινώσκω). Petrus war durch sein Verhalten „gerichtet" (durch das konstatierende Urteil anderer oder: er hatte sich selber durch sein Verhalten ins Unrecht gesetzt). Nach der Meinung der Essener ist schon verurteilt (ἤδη ... κατεγνῶσθαί φασιν ...), wer unglaubwürdig ist, auch ohne Anrufung Gottes (im Eid) (JOSEPHUS, Bell. II § 135). „Pt war von vornherein ein Verurteilter, ehe Pl den Mund auftat. Durch sein eigenes Handeln hatte er sich selbst das Urteil gesprochen" (ZAHN z. St.). Die Vg. hat übersetzt: quia reprehensibilis erat, was eine Abschwächung des mit κατεγνωσμένος Gemeinten ist. Luther bemerkt (Gal. II, z.St.): „Nach dem griechischen Wortlaut ist zuzugeben, daß der Ausdruck ‚er war getadelt worden' Bezug nimmt auf die, welche Petrus bei Paulus verklagt haben, weil er sich ihnen entzogen hatte, und die dann den Paulus bei seinem Tadel an Petrus veranlaßt haben. Petrus hatte diesen Tadel jedoch wirklich verdient"; aber L. ist dann der Meinung: „Wo man aber der Wahrheit des Evangeliums nicht folgt, da hat man sich auch schon des Unglaubens schuldig gemacht." Wahrscheinlich meint Paulus, daß Gott selbst den Petrus ob seines Verhaltens schuldig gesprochen hat; denn hinter dem Passiv κατεγνωσμένος verbirgt sich als wahres Subjekt Gott (vgl. auch WILCKENS in: ThWb VIII, 568, Anm. 51). Die Gründe seines Schuldigwerdens vor Gott nennt V 14a: er hatte sich gegen „die Wahrheit des Evangeliums" versündigt.
[17] Vgl. auch Dt 7, 24 (οὐκ ἀντιστήσεται οὐδεὶς κατὰ πρόσωπόν σου); 9, 2 (Τίς ἀντιστήσεται κατὰ πρόσωπον υἱῶν Ενακ); 11, 25 (οὐκ ἀντιστήσεται οὐδεὶς κατὰ πρόσωπον ἡμῶν); Apg 13, 8 (ἀνθίστατο δὲ αὐτοῖς Ἐλύμας). BONNARD findet den Term, den Paulus hier zur Beschreibung seiner Intervention gebraucht (ἀνθίστημι), „sehr bezeichnend"; denn in ihm stecke „die Idee des Widerstandes". Paulus habe ja nicht vor, dem Petrus etwas Neues beizubringen, sondern die bisher schon gepflegte „Interkommunion zwischen Heiden- und Judenchristen" auch weiterhin zu erhalten. Paulus leiste Widerstand gegen die Aufhebung eines „Gewohnheitsrechtes", das freilich für ihn längst den Rang eines göttlichen Rechtes erhalten hat, und zwar vom Wesen des Evangeliums selbst her.
[18] Die ἔθνη sind nicht Heiden, sondern Heidenchristen (vgl. auch Röm 15, 16; 16, 4).
[19] G. KITTEL wendet gegen diese Anschauung ein: „Wenn es sich bei diesem [beim Herrenmahl] um das Brechen und Essen des Brotes handelt, so ist die Lage nicht ganz dieselbe wie bei einer Mahlzeit mit Fleisch" (ZntW 30 [1931] 149, Anm. 149).
[20] KITTEL (ebd., Anm. 3) verweist auf Tos. Horajot I, 5: „Ein Abtrünniger ist, wer Aas, Zerrissenes (= nicht Geschächtetes), Kriechtiere, Schweinefleisch ißt, Libationswein trinkt, den Sabbath entweiht, sich die Vorhaut vorzieht."

pflegte er in Antiochien Tischgemeinschaft mit den Heidenchristen, „bevor einige von Jakobus kamen" (πρὸ τοῦ γὰρ ἐλθεῖν τινας[21] ἀπὸ Ἰακώβου).

Zunächst ist hier ein syntagmatisches Problem zu behandeln: Ist ἐλθεῖν mit τινας oder mit ἀπὸ Ἰακώβου zu verbinden? Die Frage läßt sich grammatisch nicht entscheiden[22], kann aber auch nicht unbeantwortet bleiben. Verbindet man ἐλθεῖν mit ἀπὸ Ἰακώβου[23], dann liegt auf „Jakobus" naturgemäß ein starker Ton: er wird zum Absender der „einigen". Verbindet man ἐλθεῖν mit τινας, dann ist ἀπὸ Ἰακώβου Präpositionalattribut zu τινας und diese „einige" werden mit Jakobus in irgendeinen Zusammenhang gebracht, ohne daß dieser näher beschrieben würde; es kann dann einfach gemeint sein: diese „einige" stammen aus der judenchristlichen Gemeinde des Jakobus, wobei geographisch sehr wahrscheinlich an Jerusalem gedacht ist. Auch von der Präposition ἀπὸ her läßt sich keine Entscheidung treffen[24]. Paulus nennt für das „Kommen" der Jakobusleute nach Antiochien sowenig den Grund wie vorher für das „Kommen" des Petrus in diese Stadt. Er stellt nur die Tatsache ihrer Ankunft fest und was sie in der antiochenischen Gemeinde für Folgen auslöste. Die von vielen Auslegern vertretene „Absender"-These stützt sich natürlich besonders auf das ἀπὸ Ἰακώβου; ist sie im Recht, dann sind die Jakobusleute in der Tat nach Antiochien zum Zweck einer „Visitation" der Judenchristen gekommen, über die dann der Herrenbruder Jakobus eine Jurisdiktion beanspruchte[25]. Zwar fällt dann der neutrale Ausdruck ἐλθεῖν auf, der eine solche Funktion nicht impliziert, aber die ausdrückliche Erwähnung des Herrenbruders kann nicht von ungefähr sein; sie muß eine besondere Bedeutung haben. Es scheint darum doch richtig zu sein, in den Jakobusleuten offizielle Abgesandte des Herrenbruders zu sehen, weil sonst kaum erklärbar ist, wieso Petrus durch ihr Erscheinen in Furcht versetzt wurde (vgl. φοβούμενος τοὺς ἐκ περιτομῆς)[26]. Vielleicht waren Gerüchte über das Leben in der Antiochener Christengemeinde nach Jerusalem gelangt, die Jakobus veranlaßten, einige Gemeindemitglieder nach Antiochien zu schicken, um die Wahrheit dieser Gerüchte zu prüfen. Diese Jakobusleute visitieren nicht die Heidenchristen in der Antiochenischen Gemeinde, sondern die Judenchristen, zu denen auch Petrus, Barnabas und Paulus selbst gehören. Aber während Petrus und Barnabas sich von der Tischgemeinschaft mit den Heidenchristen zurückziehen und „heucheln", läßt sich Paulus von den Jakobusabgesandten nicht beein-

---

[21] 𝔓46 (vid.), it[d,r], IRENÄUS lesen den Singular τινα, den METZGER als „the result of scribal oversight" hält (A Textual Commentary on the Greek N.T., 592).
[22] Vgl. auch BURTON z. St.
[23] So viele Ausleger wie LAGRANGE, BONNARD, SCHLIER.
[24] In Mk 5, 35 sind jene ἀπὸ τοῦ ἀρχισυναγόγου nicht die Abgesandten des Synagogenvorstehers, sondern solche, die zu seinem Haus gehören.
[25] Die Adresse des Jakobusbriefes läßt einen derartigen Jurisdiktionsanspruch durch den Herrenbruder über die Grenzen Palästinas hinaus vermuten (s. dazu auch MUSSNER, Der Jakobusbrief, 61 f). LAGRANGE: „Mais, outre que la juridiction n'était pas alors si strictement délimitée, Jacques, sans faire acte de juridiction, tenait sans doute à s'informer de ce qui se passait là-bas, sinon chez les gentils convertis, du moins chez les chrétiens d'origine juive..."
[26] Anders sah ich die Dinge noch in meinem Kommentar zum Jakobusbrief (s. dort S. 10, Anm. 2).

drucken[27], setzt sich aber auch nicht mit ihnen auseinander, sondern mit Petrus, weil dieser für Paulus nicht irgendeiner ist, sondern der letztlich maßgebende Mann. Vielleicht ist es Paulus ganz willkommen, daß er in einem Atemzug auch den Herrenbruder Jakobus wieder nennen kann, um die Galater damit darauf hinzuweisen: Er, Paulus, hat sich weder durch eine Autoritätsperson wie Petrus noch durch eine solche wie Jakobus davon abhalten lassen, offen zu opponieren, wenn es um die Wahrheit des Evangeliums ging („was immer sie waren, interessiert mich nicht"!).

Petrus verhielt sich anders. Als die Jakobusleute nach Antiochien kamen[28], „zog er sich zurück", nämlich von der Tischgemeinschaft mit den Heidenchristen, „und sonderte sich ab", wie es sich für einen guten Juden gehörte. Die beiden Imperfekte ὑπέστελλεν und ἀφώριζεν (ἑαυτόν) wollen das Allmähliche und Zögernde im Verhalten des Petrus zum Ausdruck bringen: es geschah nicht von heute auf morgen[29]. Die Speisen der Heiden gelten für den Juden als unrein (vgl. Ez 4, 13; Os 9, 3f), weil sie entweder als Götzenopfer gedient hatten (vgl. Ex 34, 15; 1 Kor 10, 28f) oder von unreinen Tieren stammten (vgl. Lev 11, 1–30; Deut 14, 3–21) oder auf eine gesetzlich verbotene Art zubereitet waren (vgl. z. B. Ex 23, 19). Darum meidet der gläubige Jude die Tischgemeinschaft mit Heiden und „sondert sich ab"; vgl. 3 Makk 3, 4: „Da sie (die frommen ägyptischen Juden) Gott fürchteten und nach seinem Gesetz wandelten, sonderten sie sich in betreff der Speisen ab"; Jub 22, 16: „Trenne dich von den Völkern und iß nicht mit ihnen"; Jos. u. As. 7, 1: Man bereitet dem Josef „eine eigene Tafel, weil Josef nicht zusammen mit Ägyptern speiste; denn dies war ihm ein Greuel"; Apg 10, 14: „Nein, nein, Herr, noch niemals habe ich etwas Gemeines oder Unreines gegessen!"[30] Die aus Jerusalem kommenden Juden-

---

[27] Die Frage, ob GERHARDSSON mit seiner Bemerkung „Paul in no way suggests that this inspection was illegitimate" (Memory and Manuscript, 279f) Recht hat, kann man aus dem Text weder bejahen noch verneinen. Paulus läßt sich darüber nicht aus; „illegitim" ist für ihn auf jeden Fall das Verhalten des Petrus, und darum geht es.

[28] Statt ἦλθον (so die meisten Textzeugen) lesen singularisch ἦλθεν 𝔓[46 vid] ℵ B D* G 33 330 451 2992, Itala-Hss, IRENÄUS, ORIGENES, PELAGIUS. Diese Textzeugen denken also nur an einen Abgesandten des Jakobus (entsprechend vorher bei einigen dieser Textzeugen auch τινα), dem dann naturgemäß eine um so größere Autorität zukommt.

[29] BURTON z. St.: „The imperfect tense is very expressive, indicating that Peter took this step not at once, immediately on the arrival of the men from James, but gradually." Ganz verfehlt ist darum ZAHNS Bemerkung z. St.: „Pt verwandelt sich plötzlich in einen Pharisäer" (unter Hinweis auf den Terminus ἀφορίζειν, der hier aber ganz gewiß nicht mit dem Begriff „Pharisäer" = „Abgesonderter" in Zusammenhang gebracht werden darf).

[30] Vgl. dazu BILLERBECK III, 127f; 421f; IV, 374–378; BOUSSET-GRESSMANN, Religion des Judentums, 93; HAUCK-MEYER in: ThWb III, 419–424; W. PASCHEN, Rein und Unrein. Untersuchung zur biblischen Wortgeschichte (München 1970) passim; W. BUNTE, Mischnatraktat „Kelim" (Berlin 1972) 33–54. SCHMITHALS bemerkt (Paulus u. Jakobus, 52): „Zahlreiche Berichte des rabbinischen Schrifttums zeigen allerdings, daß die Tischgemeinschaft tatsächlich nicht selten und unter bestimmten Kautelen auch erlaubt war" (unter Hinweis auf Billerbeck III, 421f; IV/1, 374ff; liest man bei Billerbeck nach, so sieht man, daß man nur unter strenger Beachtung der Kautelen zur Tischgemeinschaft mit einem Heiden, zu dem man eingeladen war, bereit war). Petrus scheint nicht unter der Bedingung von Kautelen Tischgemeinschaft mit den Heidenchristen in Antiochien gehalten zu haben, sondern aus dem Glaubenswissen heraus, „daß niemand aus Werken des Gesetzes gerechtfertigt

christen denken streng gesetzlich und können sich eine Tischgemeinschaft mit Heiden nicht vorstellen, auch wenn diese wie sie selbst Christen geworden sind. Für sie bleibt ein Beschnittener für immer ein Beschnittener und darum auch an das ganze Gesetz gebunden (vgl. Gal 5, 3!); „ein Jude auf Zeit ist überhaupt kein Jude" (Haenchen)[31]. Sie nehmen deshalb Anstoß an einer derartigen Tischgemeinschaft in Antiochien, machen dabei anscheinend besonders dem Petrus heftige Vorwürfe — und dieser wird schwach und zieht sich zurück, φοβούμενος τοὺς ἐκ περιτομῆς. „Die aus der Beschneidung" sind die judenchristlichen Ankömmlinge aus Jerusalem[32]. Cullmann sieht in φοβούμενος mehr als eine psychologische Reaktion des Petrus; für ihn ist die „Furcht" Ausdruck der administrativen Abhängigkeit des Petrus von der Jerusalemer Behörde, näherhin von dem Herrenbruder Jakobus, auf den unterdessen der Primat in der Kirche übergegangen sei[33]. Das Verbum φοβεῖσθαι würde auch

---

wird" (vgl. Gal 2, 16a); ob Paulus dieses Verhalten des Petrus „in seinem Sinn als Bruch mit dem Judentum interpretiert", wie ECKERT (Die urchristliche Verkündigung, 195, Anm. 5) meint, scheint deshalb zweifelhaft zu sein. Jedenfalls sah sich Petrus nach der Ankunft der Jakobusleute in ein seltsames Dilemma versetzt. „Er kann, solange er noch Judenchrist bleibt, nicht sagen, daß jene τινὲς ἀπὸ Ἰακώβου ... Unrecht hätten. Aber freilich ist sein Judenchristentum in diesem Augenblick schon brüchig, und ebenso das des Barnabas und der anderen antiochenischen Ἰουδαῖοι" (G. KITTEL in: ZntW 3 [1931] 149). Aber eben diese „Brüchigkeit" hing mit der von Petrus noch nicht konsequent durchdachten und befolgten „Logik" des Evangeliums zusammen, und dies wurde ihm zum Verhängnis, weil er nun gegen sein besseres „Wissen" und Gewissen handelt (s. u. im weiteren Kommentar).
[31] Petrus-Probleme, 65.
[32] Für ZAHN ist die Bezeichnung der Judenchristen als οἱ ἐκ περιτομῆς hier zu einer Art von „Parteiname" für jene Judenchristen geworden, „welchen die Beschneidung und die damit gegebene Unterordnung unter das Gesetz für ihr Denken, Urteilen und Handeln, das maßgebende war". Für LAGRANGE handelt es sich um bekehrte Juden, „non point spécialement de ceux d'Antioche, qui suivaient une pratique large, mais des judéo-chrétiens en général, que les envoyés de Jacques auraient pu ameuter contre lui" (= Petrus). Für MUNCK sind sie judaistische Heidenchristen, die eine gesetzlose Heidenkirche nicht als wahres Christentum anerkennen können „und daher fordern, daß zum paulinischen Evangelium sowohl Beschneidung und Gesetzeserfüllung als andere Sitten ‚hinzugefügt' würden" (Paulus und die Heilsgeschichte, 116f). Für LIETZMANN handelt es sich um „‚Judenchristen' überhaupt, nicht bloß die Abgesandten" aus Jerusalem. Für SCHMITHALS sind sie Juden, nicht Judenchristen (vgl. Paulus und Jakobus, 54ff); dagegen bemerkt STUHLMACHER mit Recht (Das pln. Evangelium I, 106, Anm. 1): „Ich halte dies nicht für möglich. Da V 12b und 13 unlösbar zusammengehören, οἱ λοιποὶ Ἰουδαῖοι in V 13 aber eindeutig Judenchristen bezeichnet (so Schmithals selbst, S. 59), erweist sich οἱ ἐκ περιτομῆς als stilistische Variation jenes zweiten Ausdrucks und bezeichnet Judenchristen so gut wie diese Formulierung." Das Richtige scheint KLEIN zu treffen: „Sieht man ..., daß Paulus im Gesamtzusammenhang von Gal 1f immer den Vorwurf einer Abhängigkeit von Jerusalemer Autoritäten im Auge hat, wird es fast unausweichlich, in den οἱ ἐκ περιτομῆς Jerusalemer, und dann natürlich die Jakobusleute, zu sehen" (Rekonstruktion und Interpretation, 83, Anm. 205); die οἱ λοιποὶ Ἰουδαῖοι sind dann die Judenchristen von Antiochien. BONNARD bemerkt: „il est frappant que dans ces quelques versets, Paul désigne les diverses catégories de chrétiens, la circoncision pour les judéo-chrétiens (de Jérusalem), les Juifs pour les judéo-chrétiens d'Antioche; c'est que, à ce moment, c'est l'origine préchrétienne de ces divers groupes qui posait de graves problèmes à l'Église."
[33] Petrus, 47, Anm. 1; 57; DERS., ThWb VI, 110 („die Tatsache, daß er die Jakobusleute zu ‚fürchten' hat, beweist deutlich, daß in dieser Zeit von einem Primat des Petrus keine Rede mehr ist: dieser ist in den Händen des Jakobus").

an anderen Stellen Ausdruck der „Furcht vor höherer Gewalt" sein[34]; das stimmt für den Gal ganz gewiß nicht[35], im übrigen Corpus Paulinum nur für Röm 13, 3 und Kol 3, 22. Außerdem fürchtet sich Petrus nach dem Text allgemein vor den aus Jerusalem gekommenen Judenchristen, nicht vor dem gar nicht anwesenden Jakobus. Warum aber fürchtet er sich eigentlich? Vielleicht hängt seine Furcht ursächlich damit zusammen, daß er bei der Jerusalemer Abmachung speziell als Judenmissionar anerkannt worden war (vgl. 2, 7) und als solcher wohl auch gesetzlich gelebt hat und leben mußte, was er jetzt in Antiochien nicht mehr tat. So könnte seine Furcht die Folge eines schlechten Gewissens sein, nämlich in Erinnerung an die Jerusalemer auf die Mission bezogenen Abmachungen. Sein jetziges „gesetzloses" Verhalten konnte Anlaß zu neuen Zerwürfnissen zwischen Juden- und Heidenchristen werden. Kehrte er zum Gesetz zurück, waren diese zu vermeiden. „Plutôt redouta-t-il leurs réclamations, dénonciations, indignations, clameurs" (Lagrange)[36]. Die „Furcht" des Petrus hängt zweifellos auch mit seinem Charakter zusammen, in dessen Bild sie auch sonst gut paßt (Prozeß Jesu!); sie ist Ausdruck seiner Feigheit und seiner Neigung, rasch umzufallen. „Mais un Pierre ne pouvait se retirer sans bruit" (Lagrange). Sein Verhalten mußte in der Gemeinde Aufsehen erregen.

2, 13 Paulus beurteilt das Verhalten des Petrus zugleich als „Heuchelei", wie aus der Bemerkung hervorgeht: „Sie heuchelten zusammen mit ihm." Warum hält Paulus dem Petrus Heuchelei vor? Worin sieht er diese? Schlier meint: „Er sieht in dem Absondern des Petrus primär die Täuschung, die die Jerusalemer erfahren, und betont die Inkonsequenz seiner Haltung." Und Schmithals bemerkt: „Wahrscheinlich aber soll ‚ὑπόκρισις' einfach die Inkonsequenz der Haltung des Petrus charakterisieren: Er kann so und auch anders. Dafür spricht unter anderem das sonst selten bezeugte ‚ὀρθοποδέω' = ‚mit geraden Füßen gehen', das Paulus dem Petrus abstreitet und das offenbar im Gegensatz steht zu dem ‚Hinken auf beiden Seiten' (1. Kön. 18, 21), als welches die Handlungsweise des Petrus erscheint. Diese Inkonsequenz war es ja, die sein Verhalten so mißverständlich und für die Missionsarbeit des Paulus gefährlich macht. Hätte Paulus in entsprechender Auslegung der Jerusalemer Vereinbarung das Eigenleben der Judenchristen konsequent bewahrt, wäre kein Grund zur Kritik gegeben gewesen. Gegen das allein von Petrus zu verantwortende ἐθνικῶς ζῆν hatte Paulus erst recht nichts einzuwenden. Erst die Abwendung von den Heidenchristen nach erfolgtem ἐθνικῶς ζῆν schuf das Pro-

---

[34] ThWb VI, 110, Anm. 56; Petrus, 47, Anm. 1 („bei Paulus fast immer Furcht vor Autoritäten").
[35] In 4, 11, wo das Verbum nochmals erscheint, hat es die Bedeutung „in Sorge sein".
[36] GAECHTER meint sogar (Petrus und seine Zeit, 238): „Bei der im Judenland innerhalb und außerhalb der Kirche herrschenden Spannung war die Gefahr groß, daß eine solche Kunde über das Oberhaupt der Kirche zu einer Abspaltung der judaistisch Gesinnten von ihren Glaubensbrüdern, zum Rücktritt vieler ins Judentum, zur völligen Drosselung neuer Bekehrungen aus dem Judenvolk führen würde. Was sollte Petrus tun?"

blem."³⁷ Damit sind wir auf eine Spur gebracht, die sich noch weiter verfolgen läßt. Die „Heuchelei" des Petrus muß nämlich vom εἰδότες des V 16 her interpretiert werden, d. h. von dem besseren „Wissen" her, über das Petrus doch verfügt: er „weiß" als Christ genau, daß der Mensch aus Glauben gerechtfertigt wird und nicht aus Werken des Gesetzes³⁸. Er handelt also jetzt gegen sein besseres „Wissen" und damit auch gegen sein Gewissen. Der Vorwurf der „Heuchelei" spricht also nicht „taktisches" Verhalten des Petrus an, sondern sein „theologisches" Verhalten.

Es ist kein Wunder, daß, verführt durch Petrus, auch die „übrigen Juden" (-Christen) unsicher werden und „mitheucheln", wie Paulus übertreibend sagt; denn vielleicht waren sie schon bisher nur mit halbem Herzen und schlechtem Gewissen bei der Tischgemeinschaft mit den Heidenchristen gewesen und waren vielleicht froh, als die Jerusalemer kamen und in das Wespennest stachen³⁹. Schlimmer dagegen war, daß nun auch Barnabas, der wackere Mitstreiter des Apostels in Jerusalem, schwach wurde und „sich durch ihre Heuchelei mitreißen ließ"⁴⁰; und wahrscheinlich hat gerade das Umfallen des Barnabas den Paulus persönlich noch mehr getroffen als jenes des Petrus (vgl. καὶ Βαρναβᾶς!). „Aber im Zusammenhang von Gal. 1 f. interessiert ihn natürlich nur seine Auseinandersetzung mit Petrus" (Schmithals)⁴¹, weil dessen hohe Stellung in der Kirche sein Versagen um so ärgerniserregender erscheinen ließ⁴².

2, 14 Der Apostel „sieht" sofort, daß sie, d. h. in erster Linie Petrus und Barnabas, „nicht gerade wandeln im Hinblick auf die Wahrheit des Evangeliums"⁴³. Das οὐκ ὀρθοποδοῦσιν „sieht" (vgl. εἶδον) Paulus im konkreten

---

³⁷ Paulus und Jakobus, 59. U. WILCKENS kommentiert (ThWb VIII, 568): „Was Paulus ihnen vorwirft . . ., ist nicht, daß sie durch die plötzliche Änderung ihres Verhaltens die Jerusalemer getäuscht hätten, ihre ὑπόκρισις darin also eine verwerfliche taktische Heuchelei wäre, auch nicht nur, daß ihr jetziges Verhalten mit dem vorherigen nicht übereinstimmt, auch nicht einfach die Inkonsequenz der Haltung des Petrus . . ., sondern vielmehr, daß sie in der von ihnen vollzogenen Aufhebung der Tischgemeinschaft zwischen Juden und Heiden in der einen Kirche Gottes οὐκ ὀρθοποδοῦσιν πρὸς τὴν ἀλήθειαν τοῦ εὐαγγελίου (Gl 2, 14)."
³⁸ Die Apg will es wissen, woher Petrus es weiß, daß der Christ durch Glauben und Taufe, ohne die Werke des Gesetzes bzw. ohne die zum gesetzlichen Leben verpflichtende Beschneidung, das Heil erlangt: das wurde ihm im Zusammenhang mit der Corneliusgeschichte geoffenbart (vgl. Apg 10, 43–48; 11, 16f; 15, 8–11). Damit wollen wir natürlich nicht sagen, daß Paulus in Gal 2, 16 mit dem εἰδότες auf die Corneliusvorgänge rekurriert. Oder doch?
³⁹ Nach GAECHTER (Petrus und seine Zeit, 235) hat man bei den „übrigen" „vor allem an die leitenden Kreise zu denken, die für das Wohl der Gemeinde verantwortlich waren. Darunter befanden sich, wenn nicht alle, so doch sicher noch mancher von denen, die auf ihrer Flucht vor Saulus nach Antiochia gekommen waren und die Heiden zu bekehren begonnen hatten (Apg 11, 19–21). Von ihnen hatte die Sitte der Tischgemeinschaft mit den bekehrten Heiden ihren Anfang genommen; es kann kaum anders gewesen sein." Aber bei den „übrigen" scheint eher an alle judenchristlichen Glieder der Gemeinde gedacht zu sein.
⁴⁰ Der Dativ τῇ ὑποκρίσει nennt die Ursache für das Umfallen des Barnabas, ist also als Dat. instr. zu bezeichnen (mit BONNARD gegen LAGRANGE). Freilich erreicht die „Heuchelei" der „übrigen" nicht an theologischer Tiefe jene des Petrus.
⁴¹ Paulus und Jakobus, 56, Anm. 3.
⁴² „Wie maßgebend Petrus für die ‚übrigen Juden' ist, zeigt sich daran, daß auch sie ‚mitheuchelten', und daß sich sogar Barnabas durch die Heuchelei mitreißen ließ" (SCHLIER z. St.).
⁴³ Die Funktion des den V 14 einleitenden ἀλλά läßt sich nicht leicht bestimmen. Am besten

Verhalten des Petrus und Barnabas und der „übrigen" Judenchristen. Die Bedeutung des Ausdrucks ὀρθοποδεῖν πρός ... ist umstritten[44]. Kilpatrick kommt aufgrund des von ihm untersuchten lexikographischen Materials zu folgendem Ergebnis[45]: „First, ὀρθοποδεῖν is a verb of motion used metaphorically. Second, πρός has its primary meaning of ‚to, towards'. Third, ὀρθο- in ὀρθοποδεῖν signifies ‚straight' or ‚upright' of position, or direction."[46] Um zu erkennen, was mit ὀρθοποδεῖν πρός κτλ. in Gal 2, 14 genau gemeint ist, muß der vorausgehende und nachfolgende Kontext der Stelle beachtet werden. Im Vorausgehenden sieht der Apostel im Verhalten des Petrus und Barnabas „Heuchelei"; und aus dem folgenden geht hervor, daß für ihn „die Wahrheit des Evangeliums" in der Rechtfertigung aus dem Glauben an den Christus passus und der daraus sich ergebenden theologischen Logik besteht. Der Apostel weiß, daß diese auch dem Petrus und Barnabas keineswegs verborgen ist (vgl. das pluralische εἰδότες in V 16). Deshalb ist ja ihr Verhalten für ihn „Heuchelei". Den Gegensatz zu ὀρθοποδεῖν bildet also hier nicht etwa χωλεύειν (lahm sein, hinterherhinken); denn die Wahrheit des Evangeliums muß den beiden nicht erst allmählich aufgehen; sie kennen sie durchaus. Sie versuchen vielmehr gegen ihre bessere Überzeugung auf krummen Wegen, auf dem Umweg über den Judaismus, also nicht „geraden Wegs", das vorgegebene Ziel (πρός), nämlich die Wahrheit des Evangeliums, zu erreichen: ein Versuch, der unmöglich zum Ziel führen kann, weil er gegen das Wesen der Wahrheit des Evangeliums ist, die einen Umweg nicht zuläßt. Der Weg ist durch das Ziel bestimmt: er führt über den Glauben, und nicht über die Werke des Gesetzes, die Petrus und Barnabas gegen ihr besseres Wissen wieder auf sich nehmen wollen. οὐκ ὀρθοποδοῦσιν πρὸς τὴν ἀλήθειαν τοῦ εὐαγγελίου übersetzt man deshalb aufgrund des Kontextes am besten so: „Sie gehen nicht auf dem geraden Weg (geradewegs) auf die Wahrheit des Evangeliums zu."[47]

Weil Paulus den Petrus auf einem falschen Wege sieht, der von der Wahrheit des Evangeliums wegführt, stellt er ihn offen „vor allen" zur Rede, sehr wahr-

---

nimmt man es elliptisch: „aber [ich ließ die Sache nicht hingehen]: als ich sah, daß ...". BURTON vermutet, daß Paulus gerade von Antiochien abwesend war, als dort die Sache passierte, und erst „sah", was geschehen war, als er zurückgekehrt war; wenig wahrscheinlich, wie auch die Meinung OEPKES, Paulus habe „widerstrebend, aber notgedrungen" eingegriffen. Woraus soll das „widerstrebend" hervorgehen?

[44] Vgl. BAUER Wb s.v.; PREISKER in: ThWb V, 452/33ff; G. D. KILPATRICK, Gal 2, 14 ὀρθοποδοῦσιν, in: BZNW 21 (Neutestamentliche Studien für R. Bultmann) (Berlin ²1957) 269–274. Die lateinische Überlieferung versteht ὀρθοποδεῖν an unserer Stelle: recte ambulare (ingredi), recta via incedere, rectam viam incedere, recto pede incedere, recto pede gradi (Textgeschichtliche Belege bei KILPATRICK, 269).

[45] Ebd. 274.

[46] Im Hebräischen entspricht dem griechischen Wort ὀρθοποδεῖν sachlich der Term ישׁר im Piel; vgl. Prov 9, 15b („die geradeaus ihre Wege wandeln"); 15, 21b („ein verständiger Mann geht den geraden Weg"); 1 QHod VII, 14 („so daß mein Schritt geradeaus gehen kann [לישׁר] zu den Pfaden der Gerechtigkeit"); Rabbinisches bei LEVY Wb II, 275.

[47] So verstand es auch jene lateinische Überlieferung, die las: recta via incederent (so AMBROSIASTER, PELAGIUS B) bzw. rectam viam incedunt (D); s. KILPATRICK, 269. LAGRANGE bemerkt: „Dans πρὸς τὴν ἀλήθειαν τοῦ εὐ., la prép. πρός doit être pour κατά. La vérité de l'évangile était la norme qui devait régler les démarches."

scheinlich also gelegentlich einer (eigens dafür einberufenen?) Gemeindeversammlung. Mit „allen" ist die ganze Gemeinde von Antiochien gemeint, nicht bloß ihr judenchristlicher Teil. „Paul prend toujours toute l'église locale à temoin de ses interventions personelles" (Bonnard)[48]. „Das öffentlich gegebene Ärgernis mußte öffentlich gerügt werden" (Oepke)[49]. „Wenn du, obwohl ein Jude, nach heidnischer und nicht nach jüdischer Art lebst, wie kannst du dann die Heiden zum ‚judaisieren' zwingen?" Paulus eröffnet den Gegenangriff nicht sofort mit Theologie, sondern mit einem argumentum ad hominem, indem er Petrus unmittelbar anspricht. Petrus lebt, obwohl von Haus aus ein Jude, der sich an das Gesetz gebunden weiß, dennoch „nach heidnischer Art"[50] und nicht „jüdisch". „Leben nach heidnischer Art" bildet den Gegensatz zur jüdischen Weise der religiösen Lebensgestaltung; die „heidnische" Lebensart ist also jene religiöse Lebensgestaltung, die in den Augen eines orthodoxen Juden gesetzlos ist. Im Fall des Petrus ist dabei an seine bisherige, schon länger geübte Tischgemeinschaft mit den Heidenchristen gedacht, die lebhaft vergegenwärtigt wird (Präsens ζῆς!)[51]. Petrus hat sich bisher in Antiochien großzügig über die jüdischen Speisegesetze hinweggesetzt. Auf den Druck der Jerusalemer Ankömmlinge hin wagt er es nicht mehr; er lebt wieder „nach jüdischer Art". Damit „zwingt" er faktisch auch die Heidenchristen, „nach jüdischer Art" zu leben[52] (ἰουδαΐζειν)[53], wenn sie weiterhin die in der Tischgemeinschaft zum Ausdruck kommende Kirchengemeinschaft auch nach außen hin aufrechterhalten wollen. Daß von Paulus unmittelbar Petrus angesprochen wird, und zwar mit Nachdruck (σύ!), und nicht auch die anderen „Mitheuchelnden", läßt wieder mit aller wünschenswerten Deutlichkeit erkennen, daß Petrus für Paulus der maßgebende Mann ist, nach dessen Verhalten sich die übrigen richten.

Die theologische Erörterung, in die Paulus dann mit V 15 übergeht, ist, jedenfalls formal, noch an Petrus gerichtet, wendet sich aber in Wirklichkeit

---

[48] LAGRANGE präzisiert so: „Peut-être ‚tous' doit-il s'entendre de Pierre, des autres Juifs, de Barnabé, de ‚tous' ceux qui viennent d'être nommés."
[49] SCHLIER zitiert mit vielen andern Auslegern AUGUSTINUS: Non enim utile erat, errorem, qui palam noceret, in secreto emendare; ZAHN weist auf PELAGIUS: Publicum scandalum non poterat privatim curari.
[50] Vgl. zu ἐθνικῶς DIOGENES LAERT. 7, 56 ἐθνικῶς τε καὶ ἑλλενικῶς (BAUER Wb s. v.).
[51] „Das ‚heidnisch und nicht jüdisch Leben' des Pt wird als dessen regelmäßiges Verhalten durch das Präsens ausgedrückt, weil nur so der Selbstwiderspruch klar wird, den Pl aufdecken will" (ZAHN z. St.).
[52] ἀναγκάζεις ist nicht de conatu zu nehmen (so OEPKE), sondern im Sinn von „faktisch" („en fait": LAGRANGE). „Zwingen" impliziert also nicht eine direkte Aufforderung seitens des Petrus zum „judaisieren"; LIGHTFOOT z. St.: „ἀναγκάζεις, i.e. practically oblige them, though such was not his intention." Petrus scheint sich also, obwohl ein theologisch „Wissender", der Konsequenzen seines Verhaltens nicht oder nicht genügend bewußt gewesen zu sein.
[53] Zu Ἰουδαῖος, Ἰουδαϊκός, ἰουδαΐζειν vgl. GUTBROD in: ThWb III, 372f; 382–385. Speziell zu ἰουδαΐζειν vgl. Est 8, 17 πολλοὶ τῶν ἐθνῶν περιετέμοντο καὶ ἰουδάϊζον διὰ τὸν φόβον τῶν Ἰουδαίων, JOSEPHUS, Bell. II § 454; 463; PLUTARCH, Cic. 7 (I, 864c): ein Mann ist ἔνοχος τῷ ἰουδαΐζειν. — In das ἰουδαΐζειν ist zwar bei den antiochenischen Heidenchristen nicht die Beschneidung eingeschlossen, aber das Leben nach den jüdischen Speisegesetzen.

bereits an die Adressaten des Briefes, die ja das Thema dieser Darlegung persönlich angeht. Sie hängt aber noch mit dem ἰουδαΐζειν zusammen, von dem im V 14 die Rede ist. Paulus zeigt nämlich die theologischen Konsequenzen des ἰουδαΐζειν auf: es setzt das Evangelium außer Geltung, weil es die Heilshoffnung wieder auf die ἔργα τοῦ νόμου stellt (VV 15–21), was jetzt auch die Galater tun wollen.

Exkurs 3:

Gal 2, 11–14 in der Auslegungsgeschichte

Die dramatische Formulierung des Paulus in Gal 2, 11: „Als aber Kephas nach Antiochien kam, widerstand ich ihm ins Angesicht, weil er schuldig geworden war", und die dabei anvisierte Sache hat die Geister schon immer beschäftigt, angefangen von den Kirchenvätern bis zum heutigen Tag. Die Anschauungen der Kirchenväter darüber hat großenteils F. Overbeck dargestellt[1], jene M. Luthers K. Holl[2], I. Lönning[3] und H. Feld[4]; Lönning verfolgt die Auslegung zudem bis in die neueste Zeit[5]. In diesem Exkurs sollen, was die Exegesegeschichte von Gal 2, 11–14 betrifft, nur besonders bezeichnende Auslegungen der Väterzeit vorgelegt werden, dazu die Stellungnahme des Thomas von Aquin und M. Luthers kurz dargestellt und die Meinungen der in diesem Kommentar besonders berücksichtigten Ausleger aus der neueren und neuesten Zeit berücksichtigt werden.

I. Alte Kirche

Hier sei zunächst das fingierte Streitgespräch erwähnt, das nach den in den pseudoklementinischen Homilien erhaltenen Κερύγματα Πέτρου zwischen

---
[1] Über die Auffassung des Streits des Paulus mit Petrus in Antiochien (Gal. 2, 11ff) bei den Kirchenvätern (Basel 1877; Nachdruck Darmstadt 1968). Siehe auch noch den kurzen Überblick bei Lightfoot, Gal., 128–132. Dazu noch G. Haendler, Cyprians Auslegung zu Gal 2, 11ff, in: ThLZ 97 (1972) 561–568.
[2] Der Streit zwischen Petrus und Paulus zu Antiochien in seiner Bedeutung für Luthers innere Entwicklung, in: ZKG 38 (1920) 23–40 = Ges. Aufsätze III (Tübingen 1928) 134–146. Wichtig auch H. Gerdes, Luther und Augustin über den Streit zwischen Petrus und Paulus zu Antiochien (Galater 2, 11ff), in: Luther-Jahrbuch XXIX (1962) 9–24.
[3] Paulus und Petrus. Gal. 2, 11ff. als kontroverstheologisches Fundamentalproblem, in: StTh 24 (1970) 1–69.
[4] Lutherus Apostolus. Kirchliches Amt und apostolische Verantwortung in der Galaterbrief-Auslegung Martin Luthers, in: H. Feld – J. Nolte (Hrsg.), Wort Gottes in der Zeit (Festschr. f. K. H. Schelkle) (Düsseldorf 1973) 288–304; Feld bringt auch kurz die Meinungen einiger Zeitgenossen Luthers über den antiochenischen Streit: Faber Stapulensis, Erasmus und Wendelin Steinbach (ebd. 294–296).
[5] A.a.O. 29–48.

Exkurs 3: Gal 2, 11–14 in der Auslegungsgeschichte

Petrus und „Simon" (Deckname für Paulus) stattgefunden hat[6]. Nach Paulus hat Petrus behauptet, die Lehre des Meisters „genau kennengelernt zu haben, weil du ihn unmittelbar gegenwärtig gehört und gesehen habest, dagegen sei es einem anderen nicht möglich, mittels eines Traumes oder einer Vision das gleiche zu erfahren". Demnach beruft sich Petrus auf seinen persönlichen Umgang mit Jesus und spricht dem Damaskuserlebnis (= „Vision") des Paulus ab, „das gleiche zu erfahren". Paulus erwidert darauf, man müsse prüfen, ob man nicht getäuscht wird, „weil das, was ihm [dem Petrus im persönlichen Umgang mit Jesus] begegnet, nur ein Mensch ist. Die Vision erzeugt dagegen zugleich mit der Erscheinung die Gewißheit, daß man etwas Göttliches sieht"; Paulus verteidigt damit das Gewißheit vermittelnde Damaskuserlebnis. Petrus hält dem entgegen: „Wer eine Vision hat, der möge erkennen, daß dies das Werk eines bösen Dämons ist"; „das Wahre" erschließe sich nicht „durch einen Traum", sondern „durch Einsicht"; „auf diese Weise" sei ihm (bei Cäsarea Philippi) „der Sohn vom Vater offenbart" worden (vgl. Mt 16, 16ff). „Ob aber jemand auf Grund einer Vision zur Lehre tüchtig gemacht werden kann? Und wenn du meinst [so hält Petrus dem Paulus entgegen]: ,Das ist möglich', weswegen hat dann der Lehrer [Jesus] bei uns ... ein ganzes Jahr zugebracht?" Wieder wird also der Umgang mit dem historischen Jesus gegen das Damaskuserlebnis des Paulus ausgespielt. „Wie kannst du nun bei uns Glauben finden, selbst wenn er dir erschienen ist, und wie kann er dir erschienen sein, wenn du das Gegenteil von dem willst, was du gelernt hast?" Hier wird deutlich „das Evangelium" des Paulus als bewußte Verfälschung der wahren Lehre hingestellt, nämlich der Lehre der Altapostel. „Wenn du aber von ihm [Christus] eine Stunde lang besucht, unterwiesen und dadurch zum Apostel geworden bist, dann verkündige seine Worte, lege aus, was er gelehrt hat [offensichtlich Anspielung auf die evangelische Jesustradition, die Paulus nicht „auslegt"], sei seinen Aposteln Freund und bekämpfe nicht mich, der ich sein Vertrauter bin; denn mir, der ich ein standhafter Fels, der Kirche Grundstein bin [vgl. Mt 16, 18], hast du feindselig widerstanden [deutliche Anspielung an Gal 2, 11]. Wenn du nicht ein Feind wärest, dann hättest du mich nicht verleumdet und meine Predigt geschmäht, damit ich bei der Verkündigung dessen, was ich in eigener Person von dem Herrn gehört habe, keinen Glauben finde, als ob ich unzweifelhaft verurteilt [vgl. Gal 2, 11: κατεγνωσμένος], du aber anerkannt seist. Und wenn du mich ‚verurteilt' nennst, so beschuldigst du Gott, der mir den Christus offenbarte, und setzt den herab, der mich der Offenbarung wegen selig gepriesen hat. Willst du aber wirklich mit der Wahrheit zusammenarbeiten, dann lerne zuerst von uns, was wir von jenem gelernt haben ...": wiederum eine Aufforderung an Paulus, sich in Sachen des Evangeliums von den Augen- und Ohrenzeugen des Lebens und der Lehre Jesu belehren zu lassen.

---

[6] Die Pseudoklementinen I: Homilien, hrsg. von B. REHM (GCS 42) (Berlin 1953); näherhin Hom. XVII, 13–19. Zum Problem der Κερύγματα Πέτρου vgl. G. STRECKER in: E. HENNECKE, Ntl. Apokryphen in deutscher Übersetzung, 3., völlig neubearbeitete Aufl. hrsg. von W. SCHNEEMELCHER, II (Tübingen 1964) 63–80 (wir zitieren nach dieser Übersetzung [77f]); zu den Pseudoklementinen vgl. J. IRMSCHER, ebd. 373–375.

Exkurs 3: Gal 2, 11–14 in der Auslegungsgeschichte

Hier wird auf eine bestimmte Weise nachgeholt, was man im Gal vermißt; es wird nämlich die Frage beantwortet: Wie hat denn Petrus auf den Angriff des Paulus in Antiochien reagiert? Darüber erfährt man ja im Gal nichts. In den Κερύγματα Πέτρου findet sich die Antwort, freilich ganz geformt aus überspitzt judenchristlicher Mentalität heraus, die in Paulus direkt einen „Feind" sah, den ἄνομος und ἐχθρὸς ἄνθρωπος, während Petrus zum Repräsentanten des νόμιμον κέρυγμα (Ep. Petr. Cont. 1, 2) erhoben wird[7].

Völlig anders als das heterodoxe Judenchristentum interpretiert naturgemäß Marcion den antiochenischen Zwischenfall. Zwar werden die „Falschbrüder" von Gal 2, 4 bei Marcion „von den Uraposteln bestimmt unterschieden; aber M. hat sich überzeugt, daß diese eine ganz klägliche Rolle gespielt haben" (Harnack)[8]. Als Paulus gegen die Falschbrüder vorging, da machten die Urapostel „zwar mit diesen nicht gemeinsame Sache, aber sie unterstützten den Zeugen der Wahrheit nicht, sondern offenbarten sich als halbe Judaisten („Petrum ceterosque apostolos vultis Judaismi magis adfines subintelligi", Tert. IV, 3), als Gesetzesmenschen („Petrus legis homo", Tert. IV, 11), als furchtsame Begünstiger der pseudoapostolischen Mission (Tert. V, 3), ja als solche, die durch Quertreiberei und Täuschung den Verdacht, an der Depravation des Evangeliums schuld zu sein, schwerlich abzuwälzen vermögen („Si apostolos praevaricationis et simulationis suspectos Marcion haberi queritur usque ad evangelii depravationem", Tert. IV, 3)" (ders.)[9]. Aus der Auseinandersetzung Tertullians mit den Marcioniten in De praesc. haer. 23 geht hervor, daß die letzteren in ihrer Ablehnung der Urapostel und ihrer Verkündigung sich auf Gal 2, 11–14 bezogen[10]: „Sie machen also, um den Aposteln ein gewisses Nichtwissen aufmutzen zu können, den Umstand geltend, Petrus und seine Gefährten seien von Paulus getadelt worden ... mögen sie indes glauben ohne die Heilige Schrift, um zu glauben im Widerspruch zur Schrift, so haben sie doch aus dem von ihnen angerufenen Umstande, daß Petrus von Paulus getadelt worden sei, den Beweis zu führen, daß Paulus eine andere Form des Evangeliums neu hinzugefügt habe, die verschieden war von der, welche zuvor Petrus und die übrigen aufgestellt hatten. Nun wird aber doch der in einen Glaubensboten umgewandelte Verfolger von den Brüdern zu den Brüdern geleitet, wie einer der Brüder, und zwar von solchen, welche von den Aposteln den Glauben angenommen hatten, zu eben solchen. Darauf steigt er [Paulus], wie er selber erzählt, nach Jerusalem hinauf, um Petrus kennenzulernen, wobei ihm selbstverständlich die Gleichheit des Glaubens und der Predigt das Recht und die Pflicht gab. Denn wenn seine Predigt und Lehre eine abweichende

---

[7] Zum Antipaulinismus der Κερύγματα vgl. auch noch Hom. II, 15–17; XI 35, 3–6; Recogn. IV, 34, 5 – 35, 2. Zum Petrus- und Paulusbild in den Κερύγματα s. besonders H. J. SCHOEPS, Theologie und Geschichte des Judenchristentums (Tübingen 1949) 118–122; G. STRECKER, Das Judenchristentum in den Pseudoklementinen (TU 70) (Berlin 1958) 187–196; A. SALLES, La Diatribé antipaulinienne dans le „Roman Pseudo-Clémentin" et l'origine des „Kérygmes de Pierre", in: RB 64 (1957) 517–557.
[8] Marcion, 37.
[9] Ebd. 38.
[10] Übersetzung nach BKV 24, 329f. Vgl. CSEL 70 (Wien – Leipzig 1942) 29.

Exkurs 3: Gal 2, 11–14 in der Auslegungsgeschichte

gewesen wäre, so hätten jene keine Ursache gehabt, sich zu wundern, daß er aus einem Verfolger ein Glaubensbote geworden sei, und hätten auch den Herrn nicht deshalb verherrlichen können, weil Paulus, ein Gegner, sich eingefunden habe. Deshalb also gaben sie ihm auch die Rechte als Zeichen der Eintracht und Übereinstimmung und veranstalteten unter sich eine Teilung der Arbeit, nicht eine Trennung des Evangeliums, so daß nicht etwa der eine so, der andere anders, sondern der eine diesen, der andere jenen predigte, Petrus für die Beschneidung, Paulus für die Heiden. Schließlich, wenn Petrus getadelt wurde, daß er sich aus menschlichen Rücksichten, obwohl er früher mit den Heiden in Gemeinschaft gelebt hatte, nachmals von ihrer Gemeinschaft zurückzog, so war das jedenfalls nur ein Fehler im Verhalten, nicht in der Lehre."[11]

Damit ist Tertullians (160–220) Meinung über den antiochenischen Vorfall schon angesprochen. Er geht aber in der Entschuldigung des Petrus noch weiter: Nicht Petrus habe in Antiochien einen Fehltritt begangen, sondern Paulus, dem die christliche Erfahrung fehlte, der überempfindlich (wegen der Angriffe auf seine Apostelwürde) und als Neubekehrter noch ein Eiferer war[12]; später habe er selber (nach 1 Kor 9, 20f) seine anfänglichen zelotischen Anschauungen aufgegeben (1 Kor 9, 20: τοῖς ὑπὸ νόμον ὡς ὑπὸ νόμον!), worauf die Kirchenväter immer wieder rekurrieren[13].

Nach Klemens von Alexandrien[14] († vor 215) soll der Kephas von Gal 2, 11 nicht der Apostel Petrus, sondern ein Gleichnamiger aus der Schar der 70 Jünger Jesu gewesen sein[15]: eine These, die auch später wieder auftauchte[16].

Nach Origenes[17] (185–253/54) hat Petrus in Antiochien, als er sich von der Tischgemeinschaft mit den Heidenchristen zurückzog, nur die Konsequenzen daraus gezogen, was in Gal 2, 7 zu lesen ist: Er ist der Judenmissionar! Als solcher durfte er doch keine Verwirrung unter den Judenchristen aufkom-

---

[11] Weiteres Material über die Rolle von Gal 2, 11–14 bei den Marcioniten s. bei HARNACK, Marcion, 257f*. Auch für Christenfeinde wie PORPHYRIUS und JULIAN bot der antiochenische Konflikt willkommenen Anlaß zu Angriffen (vgl. dazu A. v. HARNACK, Petrus im Urteil der Kirchenfeinde des Altertums [Festgabe f. K. MÜLLER] [Tübingen 1922] 1–6).
[12] Paulus adhuc in gratia rudis — ferventer, ut neophytus, adversus judaismum aliquid in conversatione reprehendum existimavit (Contra Marc. I, 20). OVERBECK (a.a.O. 13, Anm. 20) sieht in der tertullianischen Beurteilung des Paulus als eines „neophytus" — obwohl der Apostel zur Zeit des antiochenischen Zwischenfalls doch schon ungefähr 14 Jahre Christ war — interessanterweise „ein Anzeichen davon", „daß der Apostel mit seinen Briefen vielmehr damals noch ein Neuling im Kanon war".
[13] Vgl. OVERBECK, passim.
[14] Dazu OVERBECK, 13–16.
[15] Vgl. EUSEBIUS, KG I, 12/2 (ed. E. SCHWARTZ, Kleine Ausgabe, 31): ἡ δ' ἱστορία παρὰ Κλήμεντι κατὰ τὴν πέμπτην τῶν Ὑποτυπώσεων· ἐν ᾗ καὶ Κηφᾶν, περὶ οὗ φησιν ὁ Παῦλος ὅτε δὲ ἦλθεν Κηφᾶς εἰς Ἀντιόχειαν, κατὰ πρόσωπον αὐτῷ ἀντέστην· ἕνα φησὶ γεγονέναι τῶν ἑβδομήκοντα μαθητῶν, ὁμώνυμον Πέτρῳ τυγχάντα τῷ ἀποστόλῳ.
[16] Vgl. Kommentar S. 116, Anm. 89. Schon HIERONYMUS, CHRYSOSTOMUS und GREGOR DER GROSSE setzen sich mit dieser Meinung kritisch auseinander (dazu OVERBECK, a.a.O. 16–18).
[17] Dazu OVERBECK, 19–25. Die Nachrichten über die Anschauungen des ORIGENES über den antiochenischen Zwischenfall gehen auf HIERONYMUS zurück (nach Epist. 112, III, 4.5 fand sie H. vor allem im 10. Buch der Stromata des O.).

men lassen. Aber auch Paulus hat nur seine Pflicht als Heidenmissionar erfüllt, als er für die Freiheit derselben vom jüdischen Gesetz eintrat. Auf diese Weise haben beide Apostel die ihnen speziell Anvertrauten vor gefährlichen Mißverständnissen geschützt; die Judenchristen dadurch, daß ihnen Petrus Gesetzestreue vorspiegelte, die Heidenchristen durch den vorgespiegelten Tadel des Paulus an Petrus[18].

Auch nach Johannes Chrysostomus (344/54-407), der der Angelegenheit eine eigene Predigt widmete[19], haben die beiden Apostel in Antiochien geradezu ein Scheingefecht — von Chr. als οἰκονομία bezeichnet — zum Heil der Zuschauer veranstaltet, in dem sich die beiden Apostel „gleichsam wie zwei Schachkönige, der eine in der Farbe des Judenthums, der andere in der des Heidenthums angetan, einander gegenüberstehen" (Overbeck): Petrus läßt sich dabei absichtlich von Paulus öffentlich zurechtweisen, damit dieser so Gelegenheit habe, die Judaisten eines besseren zu belehren. Petrus übernimmt die Rolle des Getadelten und schweigt absichtlich zu den Vorwürfen des Paulus; durch diese Taktik braucht nicht er die Judenchristen zurechtzuweisen, sondern läßt dies durch Paulus tun (καὶ σιγᾷ, ὥστε εὐπαράδεκτον γενέσθαι τὴν διδασκαλίαν)[20]. Die an Petrus gerichtete Rede des Paulus war in Wirklichkeit kein Tadel an Petrus, ἀλλὰ παραίνεσις καὶ διδασκαλία τοῖς Ἰουδαίοις[21] (= Judaisten), nur vorgetragen in der Form eines Tadels an Petrus. Chrysostomus legt großen Wert darauf, daß Paulus nicht schreibt, Petrus sei von ihm getadelt worden, ἀλλ' ὑπὸ τῶν ἄλλων, wie Chrys. interpretiert[22]. Weil sie trotz Aufklärung unentwegt am Gesetz festhielten, deshalb nennt Paulus dieses Verhalten ὑπόκρισις und er erteilt eine strenge Zurechtweisung, damit er ihre tief eingewurzelte Überzeugung erschüttere. Petrus συνυποκρίνεται, als ob er einen Fehler begangen habe, damit die Judaisten durch diese scheinbar gegen ihn gerichtete Zurechtweisung wieder auf den rechten Weg kämen. So waren in Wirklichkeit sie gemeint, als Paulus dem Felsenmann „ins Angesicht widerstand"[23]. Dadurch übernimmt aber Petrus in Wirklichkeit, wie Overbeck bemerkt, „statt der passiven Statistenrolle... bei Chrys. wieder die des Protagonisten". Paulus könnte zudem nicht öffentlich in einem ernsthaften Sinn den Petrus zurechtgewiesen haben; das wäre ja gegen Mt 18, 15[24].

Ps.-Oekumenius (6. Jh.)[25], wenn auch vielfach von Chrysostomus u.a. abhängig, setzt doch seiner Auslegung von Gal 2, 11-14 eigene Akzente auf[26].

---

[18] OVERBECK bemerkt dazu (25): „Daß bei solcher Behandlung des paulinischen Textes die Gestalten der Apostel wie Gliederpuppen erscheinen, welche an den Seilen, die aus den abstracten Begriffen der Dogmatiker gewunden sind, geleitet werden, ist freilich wahr. Nur darf man diesen Vorwurf gegen die Exegese des Orig. hier nicht besonders oder gar ausschließlich anbringen, sondern er trifft die kirchliche Exegese seiner Zeit überhaupt."
[19] Hom. Gal. 2, 1 (PG 51, 371-388 [besonders Nr. 17 u. 18]; dazu auch PG 61, 641s.); OVERBECK, 29-36.
[20] PG 51, 386.   [21] Ebd.
[22] PG 61, 641. Chr. hat dabei wohl Apg 11, 2f im Auge.
[23] Vgl. ebd.   [24] Vgl. PG 51, 374.
[25] Zu seiner Gestalt und Arbeit vgl. STAAB, Pauluskommentare aus der griechischen Kirche, XXXVII-XL.
[26] Siehe die Fragmente bei STAAB, ebd., 446f.

Exkurs 3: Gal 2, 11–14 in der Auslegungsgeschichte

Er meint: Petrus ist einst in den Augen der Judenchristen von Jerusalem wegen seiner Tischgemeinschaft mit Heiden im Haus des Kornelius „schuldig" geworden (vgl. Apg 11, 2f). In Erinnerung an diese Anschuldigungen zog sich Petrus in Antiochien von der Tischgemeinschaft mit den Heidenchristen zurück, als die Jakobusleute auftauchten. Hätte er sich nicht zurückgezogen, wäre „eine Zurechtweisung und ein Widerstand ins Angesicht" seitens des Paulus gegen ihn nicht nötig gewesen. „Welchen Nutzen aber brachte dieser Widerstand ins Angesicht?", fragt Oek.; und er antwortet: Weil Paulus so eine günstige Gelegenheit hatte, den Judenchristen seine Rechtfertigungslehre vorzutragen — er zitiert dabei Gal 2, 15f. Sonst hätte es genügt, den Petrus gemäß der Anordnung des Herrn in Mt 18, 15f unter vier Augen zurechtzuweisen.

Unter den lateinischen Kirchenvätern und Exegeten hat schon Cyprian (200/10–258) auf Gal 2, 11 hingewiesen[27]. Er schreibt (Ep. 71, 3): „Denn auch Petrus, den der Herr als Ersten erwählte und auf den er seine Kirche baute, hat in einem Streit später mit Paulus wegen der Beschneidung keinen stolzen Anspruch erhoben oder sich dreist etwas angemaßt, so daß er sagte, er habe den Primat und ihm müsse Gehorsam geleistet werden von den Neulingen und Späteren; er hat auch den Paulus nicht verachtet als einen früheren Verfolger der Kirche; vielmehr hat er den Rat der Wahrheit zugelassen und der rechtmäßigen Vernunft, die Paulus vertrat, gerne zugestimmt. Damit gab er uns ein Beispiel der Eintracht und Geduld (documentum concordiae et patientiae), daß wir nicht hartnäckig das Unsrige lieben sollten, sondern was von unseren Brüdern und Amtskollegen nützlich und heilbringend vorgebracht wird, das sollen wir als unsere Meinung vertreten, wenn es wahr und rechtmäßig ist." Petrus ließ sich von Paulus überzeugen, weil die Argumentation des letzteren nach Cyprian eine vernunftgemäße war, wie aus dem Kontext des Briefes hervorgeht[28]. Augustinus hat wiederholt auf die Auslegung des Cyprian zurückgegriffen und mit ihr operiert[29].

Unter den lateinischen Auslegern des Gal in der alten Kirche bemüht sich C. Marius Victorinus († nach 362), dem Text einigermaßen gerecht zu werden[30]. Während er den Herrenbruder Jakobus geradezu der Häresie bezichtigt[31], kommt Petrus wesentlich besser weg. Dessen Schuld bestand nach

---

[27] Dazu G. HAENDLER, Cyprians Auslegung zu Galater 2, 11ff, in: ThLZ 97 (1972) 561–568. „Quelle sind die Briefe 69–75 der cyprianischen Briefsammlung (CSEL III, 2 ed. HARTEL, S. 749ff" (ebd. 562), besonders Brief 71 aus dem Jahre 255 an Bischof Quintus.
[28] Siehe dazu HAENDLER, 563.
[29] Dazu Näheres ebd. 564f. HAENDLER bemerkt abschließend (568): „Die Interpretation der Auseinandersetzung zwischen Petrus und Paulus in Antiochien im Sinn eines documentum concordiae et patientiae muß keine Fehlinterpretation sein. Wohl hätte Paulus es in Gal 2 berichtet, wenn Petrus ihm sogleich zugestimmt hätte; aber letztlich stand Petrus doch der Meinung des Paulus nahe. Jedenfalls könnte auch uns geholfen sein, wenn wir bei theologischen Auseinandersetzungen in unserer Zeit diese alte Auslegung Cyprians zu dem Bericht des Paulus in Gal 2, 11ff mit bedenken würden."
[30] Dazu OVERBECK, 40–44; PL 8, 1161–1164. Vgl. auch W. K. WISCHMEYER, Bemerkungen zu den Paulusbriefkommentaren des C. Marius Victorinus, in: ZntW 63 (1972) 108–120.
[31] Dazu das Material bei OVERBECK, 41.

Exkurs 3: Gal 2, 11-14 in der Auslegungsgeschichte

Victorin in seiner „Furcht" vor den Judenchristen, nämlich wegen der Folgen, die daraus für die Heidenchristen entstehen konnten („erzwungener" Abfall zum Judaismus): vixisti cum gentibus, et vivis cum gentibus: si enim ad tempus consensionem habes, sine dubio gentiliter vivis: quoniam simulatio decipit multos, peccas: cogis enim gentes judaizare. Ita et intellexisse ostendit consensisse Petrum Judaeis, sed similatione; et tamen illum peccare, primo quia timuit eos qui venerant; deinde quia caeteri fallebantur et cogebantur judaizare, non intelligentes illum simulare[32], was an und für sich wegen der Akkommodation in der Mission nicht so schlimm gewesen wäre, wie ja auch andere Ausleger in der alten Kirche meinen. Victorin unterstreicht also sehr stark die Sünde des Petrus, wie später M. Luther (s. u.).

Ambrosiaster[33] mit seinem bewußten Occidentalismus (Overbeck) und seinem Spürsinn für die mit dem Thema Gesetz und Evangelium gegebene Problematik unterstreicht zunächst stark die Einmütigkeit zwischen Paulus und den Uraposteln gegenüber den Judaisten, leitet dann die Auslegung von Gal 2, 11ff so ein: post concordiam societatis ... dissidere inter se videntur apostoli, non in propria causa sed in sollicitudine ecclesiae[34]. Der Anlaß zum Tadel an Petrus lag darin, quia advenientibus Judaeis ab Jacobo non solum segregabat se ab eis, cum quibus gentiliter vixerat, sed et compellebat illos iudaizare causa timoris illorum, ut quid horum verum esset, ignorarent gentiles[35]. Petrus verwirrte also durch sein Verhalten die Heidenchristen, weil diese nun nicht mehr wußten, was nun eigentlich das Richtige und Wahre sei. Paulus dagegen habe den Timotheus (vgl. Apg 16, 1) nur deshalb beschneiden lassen, weil ihm die Juden nachstellten, occasionem quaerentes, qua eum eversorem tenerent legis. hac causa ad horam cessit furori eorum[36].

Erst Hieronymus (±347 – ±420) war es vorbehalten, „das Abendland mit der origenistischen Auffassung des Apostelstreits in Antiochien zuerst bekanntgemacht zu haben" (Overbeck)[37]. Was H. noch zu Gal 2, 6 bemerkt hatte: Et ita caute et pedetentim inter laudem et objurgationem Petri medius incedit, ut et praecessori apostolo deferat, et nihilominus audacter ei resistat in faciem, veritate compulsus[38], scheint er bei der Auslegung von 2, 11ff vergessen zu haben; er bringt hier die Lösung des Origenes (s. o.), die auf der Akkommodationsidee beruht. Die Heidenchristen fühlten sich durch das Verhalten des Petrus und Barnabas gezwungen, zu den Werken des Gesetzes überzugehen: non intelligentes dispensationem Petri, qua Judaeos salvari cuperet: sed putantes ita se Evangelii habere rationem. Cum itaque vidisset apostolus Paulus periclitari gratiam Christi, nova bellator vetus usus est arte pugnandi, ut dispensationem Petri, qua Judaeos salvari cupiebat, nova ipse contradictionis dispensatione corrigeret, et resisteret ei in faciem: non arguens propositum; sed quasi in publico contradicens, ut ex eo quod Paulus eum

---

[32] PL 8, 1164.
[33] Dazu OVERBECK, 44–47. Zu Gestalt und Werk des „Ambrosiaster" vgl. C. MARTINI, Ambrosiaster. De auctore, operibus, theologia (Roma 1944); H. J. VOGELS, Ambrosiaster und Hieronymus, in: RBén 66 (1956) 14–19; A. STUIBER, Ambrosiaster, in: JbfAChr 13 (1970) 119–123 (119: „Der A. schrieb zur Zeit des Papstes Damasus [366/84] in Rom ...").
[34] CSEL 81, III, 25.   [35] Ebd. 26s.   [36] Ebd. 27.   [37] A.a.O. 47f.   [38] PL 26, 335.

Exkurs 3: Gal 2, 11–14 in der Auslegungsgeschichte

arguens, resistebat, hi qui crediderant ex gentibus, servarentur[39]. Wer dagegen meine, Paulus habe dem Petrus damals wirklich ins Angesicht widerstanden, möge sich daran erinnern, daß Paulus auch judaisiert hat (Beschneidung des Timotheus; Nasiräergelübde!) ... resistit secundum faciem publicam Petro et caeteris, ut hypocrisis observandae legis, quae nocebat eis qui ex gentibus crediderant, correptionis hypocrisi emendaretur, et uterque populus salvus fieret, dum et qui circumcisionem laudant, Petrum sequuntur; et qui circumcidi nolunt, Pauli praedicant libertatem[40]. Warum hätten Petrus und Paulus so gehandelt, nisi ut eorum simulata contentio pax credentium fieret, et Ecclesia fides sancto inter eos (al. se) iurgio concordaret?[41] H. bemerkt aber entschuldigend, er habe nicht unbedingt verteidigen wollen, quod in Graecis legeram, sed ea expressisse, quae legeram, ut lectoris arbitrio derelinquerem, utrum propanda essent an inpropanda (Ep. 112, III, 4 Ende).

Einer solchen Auffassung hat Augustinus (354–430) heftig widersprochen; für ihn war Petrus in seinem Verhalten wirklich reprehensibilis[42]. Für Augustinus ist es undenkbar, daß Paulus gelogen habe, wenn er in Gal 2, 14 bemerkt, er habe Petrus und Barnabas nicht auf dem geraden Weg auf die Wahrheit des Evangeliums zugehen sehen, wo er doch in 1, 20 selber geschrieben hat, daß er die Wahrheit sagt[43]. Aber in der schweigenden Hinnahme des Tadels von seiten des Paulus habe sich doch Petrus durch seine Demut als der Erste unter den Aposteln erwiesen, wie auch Paulus für seinen Freimut Lob verdiene: Laus itaque iustae libertatis in Paulo et sanctae humilitatis in Petro[44]. Aber Augustinus steht nicht an, das Verhalten des Petrus mit Gal 2, 13 eindeutig als simulatio zu bezeichnen[45]. Darüber entstand der berühmte, fast zehn Jahre (395–405) währende Streit des Augustinus mit Hieronymus, über den hier nicht näher berichtet werden kann[46].

---

[39] Ebd. 338s.   [40] Ebd. 339.   [41] Ebd. 340.
[42] Vgl. Augustinus, ep. 40, IV, 4: Ita et ipse vere correctus est et Paulus vera narravit, ne Sancta Scriptura, quae ad fidem posteris edita est, admissa auctoritate mendacii tota dubia nutet et fluctuet. AUGUSTINUS geht es also um das Vertrauen zur Wahrhaftigkeit der Heiligen Schrift! Er kämpft gegen ein mendacium officiosum (dazu GERDES, 11f). Vgl. auch PL 35, 2114: Quod autem hoc ei coram omnibus dixit, necessitas coegit, ut omnes illius obiurgatione sanarentur. Non enim utile erat errorem qui palam noceret, in secreto emendare.
[43] Ep. 40, III, 3.
[44] Ep. 82, 22; vgl. auch PL 35, 2114: Valet autem hoc ad magnam humilitatis exemplum, quae maxima est disciplina christiana: humilitate enim conservatur caritas.
[45] Vgl. dazu OVERBECK, 57.
[46] Vgl. dazu außer OVERBECK, 49–70, besonders J. A. MÖHLER, Hieronymus und Augustinus im Streit über Gal 2, 14, in: Ges. Schriften und Aufsätze, hrsg. von I. Döllinger (Regensburg 1839) 1–18; E. MALFATTI, Una Controversia tra S. Agostino e S. Girolamo: il conflitto di Antiochia, in: Scuola Catt. 49 (1921) 321–338; 402–426; J. SCHMID, SS. Eusebii HIERONYMI et Aurelii AUGUSTINI Epistulae mutuae (Floril. Patrist. XXII) (Bonn 1930) 14–22; P. AUVREY, S. Jérôme et S. Augustin. La controverse au sujet de l'incident d'Antioche, in: RScR 29 (1939) 594–610; G. SIMARD, La querelle de deux saints. Saint Jérôme et saint Augustin, in: Rev. de l'Université d'Ottawa 12 (1942) 15–38; GERDES, Luther und Augustin, 11–17. Die Auseinandersetzung zwischen Augustinus und Hieronymus ist festgehalten in Augustinus ep. 28; 40; 67; 71; 73; 82 und Hieronymus ep. 56; 67; 101; 104; 110; 112 (bes. ausführlich); 116. Der Briefwechsel ist leicht zugänglich in SCHMIDS Florilegium.

Exkurs 3: Gal 2, 11–14 in der Auslegungsgeschichte

Jedermann hat das Gefühl, daß das Problem auf diese Weise, wie es bei den Vätern vielfach geschehen ist, nicht gelöst werden kann, auch wenn die Väter ehrlich und angestrengt um ihre Lösungen gerungen haben, wie etwa der in leidenschaftlichem Ton geführte Briefwechsel zwischen Hieronymus und Augustinus zeigt. Die Ironie Overbecks ist nicht immer angebracht. Insbesondere kommt im Fall Hieronymus/Augustinus hinzu, daß beide mit einem verschiedenen Gesetzesbegriff operierten: Hieronymus denkt beim Gesetz nur an das Zeremonialgesetz, Augustinus an das Gesetz überhaupt, wenn er auch die Spannung Gesetz/Evangelium nicht in der Tiefe erfuhr, in der sie Paulus (und später Luther) erfahren hat[47].

II. Thomas von Aquin[48]

Thomas sieht den Streit zwischen Paulus und Petrus in Antiochien im wesentlichen so: Zwar habe Petrus nicht timore humano, sive mundano, sed timore caritatis, ne scilicet [die Judenchristen] scandalizarentur, gehandelt. Dennoch war seine Furcht nicht in Ordnung: quia veritas numquam dimittenda est propter timorem scandali. Der Anlaß zum Tadel an Petrus war deshalb kein geringer, sed justa et utilis, scilicet periculum evangelicae veritatis. Außerdem habe Petrus sich gegen die instructio verfehlt, die er nach Apg 10, 15 doch selbst einst von Gott erhalten habe. Thomas sieht die Dinge also recht klar.

III. M. Luther

Nach Lönning kann für M. Luther Gal 2, 11ff „als Geburtshilfe für Luthers Theologie" betrachtet werden[49]. Lönning weist dies vor allem anhand der drei Kommentare Luthers zum Galaterbrief nach[50]. Luthers Meinung über den Vorfall in Antiochien war zweifellos, wie seine theologische Entwicklung

---

[47] Vgl. dazu GERDES, 16f; 21f.
[48] Gal. 395–397.
[49] StTh 24 (1970) 15. „Weit davon entfernt, ein beklemmendes Stück Heiliger Schrift zu sein, ist Gal. 2, 11ff für Luther ... das edelste Beispiel geworden, von dem Heiligen Geiste inszeniert und in der Heiligen Schrift deponiert, den Glaubenden zum Vorbild" (ebd. 17, unter Verweis auf WA 2, 27, 12–22). Vgl. auch FELD, a.a.O. 288f: „Luthers Vorliebe für den Gal hat ihren Grund in der Tatsache, daß er in dem Kampf des Paulus gegen den jüdischen Legalismus, insbesondere aber in der Auseinandersetzung des Paulus mit Petrus in Antiochien (Gal 2, 11–14), ein Vorbild seines eigenen Kampfes gegen den Papst und die papistische Werkgerechtigkeit sah. Von daher gewann der Gal aber auf der Höhe seines Kampfes gegen den Papst für ihn eine ungeheure Aktualität. Das Bewußtsein dieses Parallelismus fand seinen Niederschlag in dem Großen Gal-Kommentar von 1531/35." 1531 äußerte LUTHER über seine früheren Gal-Kommentare (1516/17 und 1518/19) in einem Tischgespräch (WA, TR 2, 281, Nr. 1963): „Non putassem primos meos commentarios ad Galatas adeo infirmos esse. O, sie taugen nymer pro hoc saeculo! Fuerunt tantum prima lucta mea contra fiduciam operum." „Immerhin werfen die späteren schweren Kontroversen auch schon in den älteren Kommentaren ihre Schatten voraus ..." (FELD, 289).
[50] A.a.O. 15–29. Vgl. auch GERDES, a.a.O. 19–24; FELD, a.a.O. 289–293; 296–298.

Exkurs 3: Gal 2, 11–14 in der Auslegungsgeschichte

als Reformator zeigt, durch die Auseinandersetzungen, in denen er sich befand, bedingt[51]. Während er zunächst noch das Verhalten des Petrus in Antiochien als peccatum mortale (nicht mehr als nur peccatum veniale!) erklärte, weil er contra euangelium et salutem anime handelte und dies post missionem spiritus sancti[52], interpretiert Luther das Verhalten des Petrus dann ausdrücklich als ein errare (in Sachen der Lehre): Sanctus Petrus toties lapsus est et semel post acceptum spiritum gravissimo animarum periculo erravit[53]. 1519 sagt Luther, daß der römische Papst cum Petro aliquando errat[54]. Eher kann ein Teil der Kirche (die Judenchristen) ihr verlorengehen, als daß beide Teile mitsamt dem Evangelium untergehen[55]. „An den christlichen Adel" schreibt Luther: „Item sanct Paul strafft sanct Peter als einen yrrigen, Gal. II. Drumb geburt einem yglichen Christen, das er sich des glaubens annehm, zuvorstehen und vorfechten und alle yrthumb zuvordammen."[56] Im Großen Galaterkommentar von 1531 bemerkt Luther, daß Petrus in Antiochien außerhalb des Wortes Gottes „gelebt und gelehrt hat" und folglich „geirrt hat": Petrus, Apostolorum summus, vivebat et docebat extra verbum Dei, ergo errabat. Et quia ideo reprehensibilis erat, Paulus in faciem ei resistit reprehendens in eo, quod secundum veritatem Evangelii non ambularet, Infra cap. 2. Hic audis Sanctissimum Apostolum Petrum errasse[57].

In dem Streit zwischen Augustinus und Hieronymus stellt sich Luther selbstverständlich ganz auf die Seite des ersteren; Hieronymus hat die Sache nicht begriffen[58]. Wer nur auf die Größe und Würde des Petrus starre und sage, Paulus hätte ihn höchstens in fiktiver Weise tadeln dürfen, übersieht, daß es hier um den Hauptartikel der christlichen Lehre ging: Illi contra spectant magnitudinem dignitatis Petri, mirantur eius personam, et obliviscuntur maiestatem huius articuli. Paulus contrarium facit ... Quia vero videt periclitari maiestatem articuli de iustificatione propter dignitatem Petri, nullam habet rationem dignitatis eius, ut eum salvum conservet et defendat. Sic et nos facimus, quia scriptum est [Mt 10, 37]: ‚Qui diligit Patrem, matrem, animam suam etc. plus quam me, non est me dignus'[59] ... Confer tu Deum cum creatura. Quid universa creatura est ad Deum? una gutta ad mare. Quare ergo sic admirarer

---

[51] Vgl. WA 2, 235: „Gal. 2. Zu Antiochien wurde Petrus von Paulus getadelt, wodurch offenbar wird, daß der römische Bischof jeglichem besser Unterrichteten unterworfen ist, und daß nicht schon deshalb etwas wahr und gut ist, weil er es sagt und tut; vielmehr muß er Rechenschaft geben, ja er kann sich nicht immer rechtfertigen, sondern wie Petrus irrt er zuweilen" (zitiert nach Gerdes, 9).
[52] Vgl. Scholien, Röm 6, 10: Nam et B. Petrus post missionem spiritus sancti peccauit in simulatione ..., que certissime fuit peccatum mortale, quia contra euangelium et salutem anime, cum Apostolus ibidem expresse dicat, Quod non, secundum veritatem euangelii ageret (WA 56, 328, 23–26; zitiert bei Lönning, 15).
[53] WA 2, 447, 18–20 (Lönning, 18).
[54] WA 2, 235, 29–32 (Lönning, 22, Anm. 97).
[55] Si autem hic Judei infirmi nolint sequi dimittendi sunt. Melius est, unam partem cum Euangelii veritate servari quam utranque partem una cum euangelio perire (WA 2, 486f).
[56] WA 6, 412, 36–38 (Lönning, 24, Anm. 104).
[57] WA 40, I, 132, 29–133, 8 (Lönning, 26, Anm. 115).
[58] Vgl. WA 40, I, 158.
[59] Vgl. ebd. 193 (Druckausgabe).

Exkurs 3: Gal 2, 11–14 in der Auslegungsgeschichte

Petrum qui est guttala ut relinguerem Deum qui est mare? Cedat igitur gutta mari, cedat Petrus Deo ... Imo textus clare dicit Petrum fuisse reprensibilem ac aberrasse a veritate ... Haec clara verba non videt Hieronymus, tantum in hoc haeret: Petrus fuit Apostolus, ergo irreprehensibilis et non potuit peccare. Huic sententiae recte reclamat Augustinus ...[60] Luther kommt dann auf Irrtum und Sünde bei Aposteln und Propheten zu sprechen: Sic et Apostolus potest errare, quamvis Petrus hic non erravit, sed graviter peccavit[61]. Die Heuchelei des Petrus in Antiochien war also für Luther noch mehr als ein „irren"; es war schwere Sünde. Ideo non dubito, quin Petrus insigni lapsu hic occiderit. Et nisi Paulus his restitisset, omnes qui ex Judäis et gentibus crediderant, coacti fuissent redire ad Judaismum ac periissent. Et ad hoc occasionem Petrus sua simulatione[62]. Darin bestand seine schwere Sünde.

Nachdem Luther dem Petrus hinsichtlich seines Verhaltens in Antiochien ein schwer sündhaftes errare vorwirft, sei geprüft, ob sich wirklich aus Gal 2, 11–14 ergibt, daß Petrus damals „geirrt" hat (und zwar in Sachen der Lehre). Dies zu prüfen ist Aufgabe einer sachgemäßen, durch keine Kampffront beeinflußten Exegese[63].

Wir gehen aus von dem Satz des Paulus über Petrus in Gal 2, 11: ὅτι κατεγνωσμένος ἦν. Wir nehmen diesen Satz gewissermaßen als „Obersatz" und die folgenden Sätze 2, 12–14 als Begründung für ihn (vgl. γάρ zu Beginn des V 12). Die Begründungssätze des Paulus lauten:

a) Petrus hat sich „zurückgezogen" und sich aus Furcht vor den Beschnittenen von der Tischgemeinschaft mit den Heidenchristen „abgesondert" (12b)
b) Petrus hat geheuchelt (das ergibt sich aus der Formulierung: καὶ συνυπεκρίθησαν αὐτῷ = Petrus) (13a)
c) Petrus geht nicht geraden Wegs auf die Wahrheit des Evangeliums zu (14a)
d) Er „zwingt" durch sein Verhalten auch die Heidenchristen zum ἰουδαΐζειν[64] (14d)

Mit keinem Wort sagt Paulus, Petrus habe falsch „gelehrt" und deshalb „geirrt". Paulus weiß vielmehr genau, daß Petrus gegen seine bessere Einsicht gehandelt hat. Petrus „heuchelt", weil er gegen seine theologische Überzeugung handelt, wie sie in Jerusalem beim zweiten Besuch des Paulus zutage getreten war, und zwar heuchelt er aus „Furcht" vor den Beschnittenen, d. h. den Jakobusleuten aus Jerusalem. Zu den Konsequenzen freilich, die sich aus dem Verhalten des Petrus in Antiochien ergeben könnten, gehört u. a. auch dies: sein Verhalten könnte, besonders von heidenchristlicher Seite, so ausgelegt werden, als liege ein Irrtum vor, und zwar ein Irrtum entweder auf seiten des Petrus oder auf seiten des Paulus. Entweder hat Petrus geirrt (hinsichtlich der Lehre von der Gesetzesfreiheit des Christen), solange er Tischgemeinschaft mit den Heidenchristen hielt, und diesen Irrtum jetzt, als die

---
[60] Ebd. 193f.   [61] Ebd. 195f.   [62] Ebd. 198.
[63] Wir hoffen, daß unsere Nachprüfung am konkreten Text des Gal nicht als römisch-katholische Apologetik verstanden wird. Exegese ist nach J. JEREMIAS „Sache des Gehorsams", nämlich gegen den Text.
[64] Inwiefern er die Heidenchristen zum ἰουδαΐζειν „zwingt", wurde bei der Auslegung überlegt.

Jakobusleute kamen, eingesehen; oder aber Paulus hat geirrt, als er die grundsätzliche Freiheit des Christen vom Gesetz verkündete. Da Paulus weiß, daß er sein Evangelium durch eine unmittelbare Offenbarung Jesu Christi empfangen hat (Gal 1, 12), und darüber hinaus weiß, daß seinerzeit in Jerusalem „die Maßgebenden" seinem Evangelium ihre Zustimmung gegeben und ihm keine gesetzlichen Auflagen auferlegt haben (Gal 2, 6–9), widersteht er dem Petrus ins Angesicht, indem er ihn öffentlich zur Rede stellt und ihn auf die Inkonsequenz seines Verhaltens aufmerksam macht. Dabei wirft er aber dem Petrus kein „irren" vor. Daß Petrus durch sein Verhalten jedoch „schuldig" geworden ist, stellt Paulus eindeutig fest; ob seine Schuld „schwere Sünde" war, weiß Gott allein. Aber Luthers entschiedener Hinweis auf die von Paulus ausdrücklich in Gal 2, 11 konstatierte „Schuld" des Petrus sollte ein Problem ins Bewußtsein bringen, das in den Diskussionen über das Führungsamt in der Kirche nicht verdrängt werden darf. Es geht bei Gal 2, 11 ff um mehr als ein „kontroverstheologisches Fundamentalproblem" (Lönning). Es geht um die Sünde gegen die im Evangelium geoffenbarte Wahrheit.

Wie wurde die Stelle zu unserer Zeit ausgelegt, etwa seit dem Jahre 1920?[65]

IV. Moderne Autoren

Wir beginnen mit Zahn[66]. Nach Z. bezieht sich der Vorwurf des Paulus gegen Petrus „unmittelbar nur darauf, daß er die Heiden nötige, jüdische Sitte anzunehmen. Durch seine Absonderung von der Tischgemeinschaft mit ihnen übte Pt, wenn er selbst dies auch nicht beabsichtigte, und die entsprechende Folge noch nicht zu Tage trat, einen moralischen Zwang auf die Heidenchristen aus, welcher schließlich dazu führen mußte, daß sie jüdische Sitte annahmen ... Daß Pt, vielleicht ohne es zu wollen und zu wissen, auf dieses Ziel hinarbeitete, wird schon durch die Form der Frage [„wieso zwingst du die Heiden zum judaisieren?"] als etwas schier unbegreifliches hingestellt, mehr noch durch den Vordersatz [„Wenn du, obwohl du ein Jude bist, heidnisch und nicht jüdisch lebst"] ... Möglich ist auch, daß Pt nur in bezug auf das Essen mit den Heiden sein Verhalten geändert hatte, im übrigen aber fortfuhr, im Verkehr mit ihnen manche jüdische Ängstlichkeit bei Seite zu setzen. Wenn er während eines vielleicht nicht ganz kurzen Aufenthalts in Ant. der jüdischen Lebenssitte regelmäßig sich entschlug, so erklärte er damit die eine wie die andere Lebensform für religiös und sittlich gleichgiltig. Er widersprach sich also selbst, wenn er nun durch seine Absonderung vom Tischverkehr mit den Heiden diese indirekt nötigte, jüdische Sitte anzunehmen, als ob dies die vollkommenere, für alle Christen geziemende Lebensform wäre. Begreiflicher und

---
[65] Wir bringen im folgenden nicht alle Äußerungen über Gal 2, 11–14, sondern eine exemplarische Auswahl aus ihnen.
[66] Gal., 119f; DERS., Petrus in Antiochien, in: NKZ 5 (1895) 434–448 (Z. vertritt die These, der antiochenische Zwischenfall habe vor der Jerusalemer Abmachung stattgefunden; weitere Vertreter dieser These bei DUPONT, Études sur les Actes des Apôtres [Lectio Divina 45] [Paris 1967] 186f; dazu noch in diesem Exkurs S. 165, Anm. 113).

Exkurs 3: Gal 2, 11-14 in der Auslegungsgeschichte

auch verzeihlicher wäre sein Verhalten gewesen, wenn er sich überhaupt für seine Person streng an das mosaische Gesetz oder die jüdische Sitte gehalten hätte oder hielte. Von ihm als Juden war, wie 'Ιουδαῖος ὑπάρχων zu verstehen gibt, gar nicht ohne weiteres zu verlangen, daß er die Sitte seines Volkes fahren lasse ... Da Pt aber aus freien Stücken und grundsätzlich ... um höherer Zwecke willen sich von der jüdischen Sitte emancipirt hatte, so trifft ihn ebensosehr der Vorwurf der unbegreiflichen Inkonsequenz, als der der beklagenswerten Heuchelei."

Nach Lagrange[67] darf der Begriff ὑπόκρισις in Gal 2, 13 nicht übersetzt werden „par ‚hypocrisie', où il entre une idée basse: feindre un sentiment qu'on n'éprouve pas pour en retirer avantage. Ce n'est pas le mobile de Pierre. Il demeure cependant que Pierre n'a point conformé sa pratique à ses convictions. Il se croyait affranchi de la Loi, puisqu'il mangeait avec les gentils, et Paul ne suppose pas un instant qu'il l'a fait contre sa conscience. Il avait donc pris parti, et il n'a pas le courage de se défendre. Si maintenant il se retire, il donne à croire qu'il n'a pas agi délibérément, il se rétracte en fait, et la conclusion était naturellement soulignée par les judéo-chrétiens stricts qui n'ont pas laissé sans aucun doute de contribuer au revirement, en alléguant auprès des retardataires l'autorité de Pierre ... Aux gentils convertis il ne restait que Paul ... Paul seul était demeuré inébranlable." Aber Paulus „ne reproche aucune erreur à Pierre, comme on le verra plus clairement, il lui reproche de ne pas se tenir ferme dans la pratique du principe qu'il reconnaît".

Nach Schlier[68] trat dem Paulus „in Petrus jetzt ein ähnlicher Gegner entgegen wie in den galatischen Gemeinden und in Jerusalem. Nur so versteht man die Betonung der Schärfe und Energie des Widerstandes ... Paulus war kein Spiritualist. Petrus hatte dieselbe Lehre wie er selbst, jedenfalls was die Grundprinzipien betraf. Aber er wollte jetzt in der Praxis eine Judenchristenkirche, die von der Kirche der Heiden in der Sichtbarkeit der Tischgemeinschaft getrennt sein sollte. Damit leugnete er praktisch, entweder daß der Christus Jesus das den Kosmos trennende Gesetz zerbrochen hat und Juden und Heiden voll und ganz von seinem Opfer leben, oder — was hier näherliegt —, daß die Wirklichkeit des Kreuzes und der Auferstehung Christi Jesu in der sichtbaren Einheit derer, die an seinem Leibe teilhaben und so sein Leib sind, gegenwärtig ist: Gegen solche praktische und objektive Leugnung der Wahrheit des Evangeliums tritt Paulus auf. Dabei kommt es zu einer öffentlichen Auseinandersetzung bzw. zu einer öffentlichen Anklage des Paulus gegen Petrus. Das öffentliche Ärgernis muß in der Kirche öffentlich gerügt und beseitigt werden."

Bonnard zeigt sich vor allem interessiert an dem φοβούμενος in Gal 2, 12[69]: „Cette crainte de Pierre est significative; elle montre: 1. qu'il n'avait pas conscience d'être, en personne, le chef incontesté de toute l'Église; 2. que des influences puissantes, déjà à ce moment, se faisaient jour dans l'Église contre l'abandon des prescriptions légales juives, tout au moins par les paganochrétiens; 3. que Pierre ne pensait pas trouver dans l'Église d'Antioche des soutiens tels que toute hésitation devenait superflue; 4. qu'il se considérait à

---

[67] Gal., 44.   [68] Gal., 84–86.   [69] Gal., 50.

Exkurs 3: Gal 2, 11–14 in der Auslegungsgeschichte

Antioche comme dans une église dont les pratiques pouvaient poser des problèmes non encore résolus; 5. qu'il ne pensait pas trouver en Paul ou en Barnabas des soutiens suffisants contre les émissaires de Jérusalem; 6. que l'élaboration doctrinale, sur le sujet de la ‚liberté chrétienne' n'était pas encore avancée à ce point qu'elle pût lui enlever toute espèce de doute." Kurz gesagt: Nach Bonnard war sich Petrus in Antiochien der Lage, in der er selbst und die Gemeinde sich befanden, nicht richtig bewußt; das zeige seine „Furcht". Es entsteht aber die Frage: Warum wendet sich Paulus gerade an Petrus, und nicht an die Judenchristen insgesamt, speziell jene, die aus Jerusalem gekommen waren? Sieht Paulus nicht doch in Petrus den „Chef" der Kirche? Aber B. dürfte darin Recht haben, daß man sich zu dieser Zeit in Antiochien allgemein (von Paulus abgesehen) über das Thema „christliche Freiheit" doch noch nicht richtig im klaren war, vor allem nicht über die praktischen und theologischen Konsequenzen dieses Themas.

Zu einem ganz anderen Ergebnis kommt Lietzmann. Er veröffentlichte in den Sitzungsberichten der Berliner Akademie der Wissenschaften 1930 „Zwei Notizen zu Paulus"[70]. In der zweiten Notiz geht L. der Frage nach, warum Paulus in seinem Brief an die Römer das theologische Thema des Gal („Gesetz und Evangelium") so eingehend erörtert. L. meint, daß man auch in der römischen Gemeinde mit dem Problem des „Judaismus" behaftet war, und zwar durch Petrus. Petrus sei seit dem Vorfall in Antiochien in einem unheilbaren Gegensatz mit Paulus gestanden und hat aufgrund dessen auch die wichtigsten Gemeinden (wie in Korinth und in Rom) aufgesucht, um diese nach seiner „judaistischen" Linie auszurichten. Paulus mußte deshalb damit rechnen, daß die römische Gemeinde, der er seinen Besuch angekündigt hat, ihn theologisch ablehnen würde. Darum habe er ihr einen großen Brief geschrieben, in dem er seine Anschauungen vorlegte. Lietzmann nimmt also Petrus einfach als Judaisten (im Anschluß an E. Meyer). Der These Lietzmann widersprach alsbald E. Hirsch[71], besonders hinsichtlich der Frage: War Petrus ein Judaist, der gesetzlich dachte wie die judaistischen Gegner des Paulus in Jerusalem und Galatien?[72] H. antwortet: „Das erste Verhalten des Petrus in Antiochien zeigt nichts von Judaismus. Petrus ist von der Größe der Lage überwältigt: Anbeter des Herrn aus den Heiden in der heidnischen Weltstadt. So wird er, was groß und unerhört ist, den Heiden ein Heide. Einen Augenblick lang besteht die Gefahr, daß der Vertrag zu einem Aufgesaugtwerden der Christen aus der Beschneidung durch die Christen in der Vorhaut wird: der erste Zeuge hat den antiochenischen Brauch, die Gemeinsamkeit des Mahls über die rituelle Reinheit zu stellen, bestätigt." Es folgt aber ein Rückschlag, „als Jakobus gewiß nicht den Vertrag zu brechen, wohl aber die Gesetzestreue der Judenchristen zu retten, seine Sendboten schickt. Ist Petrus damit nun Judaist geworden? Ich denke, nein. Nicht er, sondern Paulus stellt die grundsätzliche Frage. Er hat nur die Gemeinschaft mit Jakobus und den jerusalemischen Christen fest-

---

[70] SAB 1930, 153 ff.
[71] Petrus und Paulus. Ein Gespräch mit Hans Lietzmann, in: ZntW 29 (1930) 63–76.
[72] Vgl. ebd. 70–73.

halten wollen; die Mittellinie, die dann gefunden worden ist, gewiß schon ein Opfer für die strengen Judenchristen, ist nach Act 15 zwar nicht von ihm, aber nicht ohne seinen persönlichen Einsatz erzwungen worden."[73]

Cullmanns Beurteilung des antiochenischen Konflikts hängt ganz zusammen mit seiner aus der weder aus dem Gal noch aus Apg 15 erweisbaren These, Petrus sei in seiner Missionstätigkeit unter den Juden von Jerusalem „abhängig" gewesen[74]. „Es trägt zu großen Konfusionen in den Auffassungen des Urchristentums bei und führt zur Aufstellung unnötiger Hypothesen, wenn nicht genügend berücksichtigt wird, daß Petrus zwar administrativ von der Jerusalemer Behörde abhängt und aus diesem Grunde die ‚Jakobusleute' zu ‚fürchten' hat, daß er aber im Grunde in der Frage der Stellung zum Heidenchristentum und zum Gesetz viel näher bei Paulus als bei Jakobus stand ... Daß er sich ... in Antiochien gegen seine innere Überzeugung aus Angst ‚verstellt' ... mag zu dem psychologischen Bild des impulsiven, im Beschwören der Treue zu seinem Herrn übereifrigen und diesen in der Stunde der Gefahr doch verleugnenden Jünger Petrus passen, das wir den Synoptikern entnehmen können. Anderseits muß aber zu seiner Entlastung auch gesagt werden, daß er als von der Jerusalemer Gemeinde abhängiger Missionsleiter den Jakobusleuten gegenüber **einen unendlich viel schwereren Standpunkt** hatte als der unabhängige Paulus, und daß dieser Konflikt den Petrus ... **in ein besonders schmerzliches Dilemma gebracht haben muß**, das wir nur ahnen können, da uns von Petrus keine umfangreiche Briefsammlung wie von Paulus erhalten ist und er außerdem gerade wegen seiner Abhängigkeit von Jerusalem wohl kaum wie Paulus die Möglichkeit hatte, darüber ebenso offen zu sprechen."[75] In Wirklichkeit ist es so, daß gerade Paulus damals, in Antiochien, „noch nicht die unabhängige Stellung besaß, die er jetzt einnahm", wie Haenchen mit Recht gegen Cullmann betont[76]. Damals besaß, so darf man sagen, eher Petrus die größere Unabhängigkeit; sein Versagen in Antiochien beruhte ja gerade darauf, daß er von seiner Unabhängigkeit keinen Gebrauch machte. In der Zeit, da Paulus seinen Brief an die Galater schreibt, ist für diesen die Lage eine viel günstigere: jetzt ist er längst der große, erfolgreiche und unabhängige Heidenmissionar, und aus diesem gegenwärtigen Bewußtsein heraus formuliert er auch den Bericht über den damaligen Konflikt in Antiochien, und zwar in einem sehr abgekürzten Verfahren, das, von der „überzeitlichen" Rede des Paulus in Gal 2, 15–21 abgesehen, nur vier Verse umfaßt! Man sieht aber auch den Mut, den Paulus seinerzeit in Antiochien aufgebracht hat, weil damals seine Unabhängigkeit noch nicht so eindeutig feststand, jedenfalls nicht im Bewußtsein der Gemeindemitglieder.

Sehr eingehend hat sich mit dem antiochenischen Vorfall Gaechter beschäftigt[77]. Er sucht zunächst das genus litterarium von Gal 2, 11–14 zu bestim-

---

[73] Ebd. 70f; HIRSCH vertritt dabei die auch schon von anderen vorgetragene These, daß das „Apostelkonzil" (Apg 15) erst nach dem Antiochener Zwischenfall stattgefunden habe.
[74] Vgl. Petrus, 47–62 (47: Petrus „als Missionar in engster Abhängigkeit von Jerusalem"); dazu unsere kritischen Bemerkungen S. 119.
[75] Petrus, 57f.   [76] Petrus-Probleme, 61.
[77] Petrus in Antiochia (Gal 2, 11–14), in: Petrus und seine Zeit, 213–257.

men und möchte es als „erregte Anklage" bezeichnen[78]. „Selbstverständlich war sich Paulus, wenngleich wahrscheinlich nicht reflex, bewußt, daß er in Erregung schrieb, und insofern setzte er auch voraus, daß er dementsprechend verstanden werde."[79] G. stellt dann „drei Eigenschaften" des Anklägers Paulus fest: „Die Unvollständigkeit der Anklage, die Einseitigkeit seiner Darstellung und die Färbung, welche die Anklage von seinem Temperament erhält."[80] So geht die Bemerkung des Paulus in Gal 2, 13 („Und es nahmen an seiner Heuchelei auch die übrigen Juden teil, so daß selbst Barnabas von ihrer Heuchelei mitgerissen wurde") nach G. „über alles Wahrscheinliche hinaus; hier redet der ergrimmte Ankläger, der seine Worte nicht wägt", mit der Begründung: „Es ist undenkbar, daß diese ganze Gruppe von Männern insgesamt derselben moralischen Schwäche und derselben mangelnden Intelligenz bezichtigt werden konnte, und damit fällt auch das Urteil über Petrus dahin, denn er handelte nicht anders als sie."[81] Ihr Verhalten ist „ein fester Schild, der den Petrus gegen alle Anwürfe sichert. Wenn sie alle so handelten wie er, so brauchte er sich wahrscheinlich seiner Handlungsweise nicht zu schämen"[82]. Wird hier nicht der Spieß umgedreht? Wer hat denn veranlaßt, daß „die übrigen mitheuchelten", wenn nicht Petrus durch sein Verhalten? Nach G. gab Petrus durch sein Verhalten „seiner Überzeugung Ausdruck — nicht daß der Judenchrist jüdisch leben müsse; dem stand ja schon seine den Judaisten bekannte gegenläufige Haltung bis zu ihrer Ankunft entgegen, sondern — daß er kein prinzipieller Gegner des Gesetzeslebens sei, wie es Jakobus und so viele andere Gläubige in Jerusalem führten und er selbst dort geführt hatte. Dieses Prinzip entsprach durchaus dem damaligen Stand der dogmatischen Entwicklung. Es war eine für die damalige Periode berechnete Kompromißlösung, wie sie Jesus selbst angeregt hatte, indem er die Zwölf und seine übrigen Jünger zunächst bei ihren väterlichen Satzungen belassen hatte."[83] Und so „müssen wir seinen Schritt durchaus billigen"[84]. Die Beschneidung des Timotheus (Apg 16, 1–3), der Bericht in Apg 21, 23–26 (Übernahme der Kosten für das Naziräatsgelübde von vier Judenchristen), die Äußerungen des Paulus in 1 Kor 9, 20–22; Röm 14, 1.13; 15, 1 (Rücksicht auf die Schwachen): all das steht „kaum im Einklang mit seinem Verhalten in Antiochia ... Warum hatte er damals nur ein Herz für die Heidenchristen und nicht auch für die Judenchristen? ... Hier war Paulus gar nicht Paulus"[85]. Sein hartes Urteil über Petrus, Barnabas und alle übrigen als Heuchler „ist für Paulus am meisten kompromittierend"; er war damals „so in die Logik seiner Prämissen verstrickt, daß er nicht sah und in seiner Erregung nicht sehen wollte, daß Gottes Vorsehung das Leben der Menschen nicht nach der Logik allein leitete, sondern auch psychologischen Gesetzen Raum gewährte"[86]. Deshalb sind für G. auch die Aussagen des Paulus in Gal 2, 15–21 „nicht der Ausdruck des Sieges ..., sondern ein Beweis, daß seine Niederlage in seiner Seele eine schwärende Wunde zurückgelassen hatte"[87]. Der Unterlegene in Antiochien war Paulus![88] Daß der Apostel auch noch Jahre später, nämlich bei der Abfassung des Galaterbriefes, den antiocheni-

---

[78] Ebd. 214f. [79] Ebd. 215. [80] Ebd. 216. [81] Ebd. 234. [82] Ebd. 236. [83] Ebd. 238f.
[84] Ebd. 240. [85] Ebd. 246f. [86] Ebd. 249. [87] Ebd. 253. [88] Vgl. ebd.

schen Konflikt in so erregter Weise schildert, führt G. darauf zurück, daß Paulus zu jener Zeit „offenbar eine Periode nervöser Gereiztheit" durchlebt habe[89].

Warum Paulus damals, in Antiochien, „nur ein Herz für die Heidenchristen und nicht auch für die Judenchristen" hatte (um bei der Formulierung G.s zu bleiben), geht nach dem Zeugnis des Gal ganz gewiß nicht auf „nervöse Gereiztheit" zurück, sondern resultiert aus der Erkenntnis des Paulus, daß es in Antiochien um die **Wahrheit des Evangeliums** ging (vgl. 2, 14). Ob man das als Verstrickung „in die Logik seiner Prämissen" bezeichnen darf, muß sehr bezweifelt werden. Es war nicht die Logik seiner Prämissen, sondern die „Logik" des Evangeliums, der Paulus gehorchen mußte, wenn das Evangelium nicht „verdreht" werden sollte.

Verharmlost wird der antiochenische Konflikt auch durch M u n c k. Für ihn steht fest, daß die Gegner des Apostels nicht bloß in Galatien, sondern schon in Antiochien Heidenchristen judaistischer Observanz sind[90]; und außerdem vertritt M. (ähnlich wie Féret, Zahn und Hirsch) die These, daß die Jerusalemer Abmachung (Gal 2, 1-10) zeitlich hinter den antiochenischen Vorfall einzuordnen sei[91]. Zwar bestreitet auch M. nicht, daß die τινὲς ἀπὸ Ἰακώβου von Gal 2, 12 „einige Jerusalemer Judenchristen" gewesen seien[92], und daß diese die Veranlassung waren, „daß Petrus sich von den Mahlzeiten zurückzieht"[93]. „Ähnlich wie bei Gal 2, 1-10 ,ist es auch in 2, 11 ff. sehr schwierig, zwischen Polemik und historischer Erinnerung zu unterscheiden: Wo ist es Petrus, zu dem Paulus spricht, und wo sind es die Judenchristen, gegen die er sich wendet?'"[94] Um diese Frage beantworten zu können, müsse man sich darüber klar werden, „worin sich der Standpunkt des Petrus von dem der Judaisten unterscheidet"[95]. Petrus sei zwar Judenchrist, aber deswegen noch lange kein „Judaist". Die Judaisten dagegen seien „Heidenchristen und fordern von ihrem irrigen judaistischen Standpunkt aus, daß alle Heiden, die sich in die Kirche aufnehmen lassen, beschnitten werden und das Gesetz erfüllen sollen ... Der Unterschied zwischen Petrus und den Judaisten liegt also wesentlich darin, daß Petrus keine Forderungen stellt — nur indirekt wirkt sein Auftreten wie ein Zwang (2, 14) —, sondern sich möglichst weitgehend am Gemeindeleben der Heidenchristen beteiligt, während die Judaisten die Heidenkirche nicht als Christentum anerkennen können und daher fordern, daß zum paulinischen Evangelium sowohl Beschneidung und Gesetzeserfüllung als andere Sitten ‚hinzugefügt' würden. Dieser Unterschied kann uns bei der Exegese als Richt-

---

[89] Ebd. 256.
[90] Paulus und die Heilsgeschichte, besonders 116-126.
[91] Vgl. ebd. 93f. SCHMITHALS bemerkt mit Recht: „Daß dies unangenehme Ereignis [der Zusammenstoß in Antiochien] dem ‚Apostelkonzil' zeitlich folgt, sollte angesichts des seit 1, 13 chronologisch aufgebauten Berichtes allerdings unzweifelhaft sein. Nur überaus gewichtige Gründe könnten uns bewegen, die von Paulus berichtete Reihenfolge umzukehren. Solche Gründe liegen nicht vor" (Paulus u. Jakobus, 51; Schm. identifiziert allerdings die Jerusalemer Abmachung, von der Paulus in Gal 2, 1-10 berichtet, nicht mit dem „Apostelkonzil" von Apg 15). Vgl. ferner DUPONT, Pierre et Paul à Antioche et à Jérusalem, in: DERS., Études sur les Actes des Apôtres, 185-215.
[92] A.a.O. 94; 116.   [93] Ebd. 116.   [94] Ebd.   [95] Ebd.

schnur dienen, um recht zu unterscheiden, was zu Petrus gesagt wird und was in Wirklichkeit auf die Judaisten gemünzt ist."[96] Die theologische Meinung des Petrus hinsichtlich des gesetzlichen Lebens könne aus der Rede des Petrus auf dem Apostelkonzil nach Apg 15 noch erkannt werden und diese Tradition der Apg könne „nur erhärten, daß Paulus in Gal 2, 14ff Petrus wirklich zitiert"[97]. In Gal 2, 17 sei „etwas Allgemeingültiges für den Judenchristen, der bei Christus Gerechtigkeit sucht [wie es auch Petrus tut], ausgedrückt: er wird selbst als Sünder erfunden"[98]. Fasse man V 17 so auf, „dann wird von diesem Vers ab (incl.) nicht mehr an Petrus gedacht. Paulus denkt nicht mehr an die Episode in Antiochia. Die Möglichkeit dagegen besteht, daß er hier an die Judaisten denkt"[99], die aber nach M. eben nicht mit den Judenchristen identisch sind! Auch das „ich" in V 18f sei „weder Petrus noch Paulus, sondern es ist erste Person als Ausdruck einer beliebigen Person"[100]. Aus dem Zusammenhang heraus, meint M., „kann man nicht im Zweifel sein, daß V 18 auf die judaistischen Heidenchristen gemünzt ist, von denen man allerdings nicht sagen kann, daß sie selbst wieder aufgebaut haben, was sie niedergerissen hatten"[101].

Bei aller Problematik, die die „Rede" des Paulus in Gal 2, 14b–21 in sich schließt, ist es völlig absurd, V 18 auf judaistische Heidenchristen zu beziehen, nicht auf Petrus und die Judenchristen und ihr Verhalten gegen die Wahrheit des Evangeliums. Die Heidenchristen bauen nicht, selbst wenn sie judaisieren sollten, das wieder auf, was sie vorher „niedergerissen" haben; sie brauchten das Gesetz bei ihrer Bekehrung nicht zuerst „niederreißen", weil sie ja als Heiden gar nicht gesetzlich gelebt haben. Hier zeigt sich die ganze Schwäche der Konstruktionen Muncks, die auch zu einer völligen Verharmlosung des Antiochenischen Konflikts zwischen Paulus und Petrus führen. Außerdem geht aus Gal 2, 12 eindeutig hervor, daß die „Judaisten" in der Tat Judenchristen waren, die Petrus dazu veranlaßten, den geraden Weg auf die Wahrheit des Evangeliums zu gegen seine bessere Überzeugung vorübergehend zu verlassen. Der primäre Adressat der „Rede" des Paulus in Gal 2, 14b–21 ist Petrus, wie aus der Formulierung des V 14b eindeutig hervorgeht (σύ = Petrus!).

Wieder anders sieht die Dinge Schmithals[102]. Nach Schm. erfahren wir jene „eigentlichen Vorgänge in Antiochien ... nur innerhalb einer sehr gezielten Berichterstattung"[103]. Wenn auch die Judenchristen weiterhin gesetzlich lebten, widersprach das „Verhalten des Petrus ... nicht unbedingt dem Wortlaut des Jerusalemer Abkommens; aber es lief seiner Intention entgegen"[104], weil dieses Abkommen ja doch auch gewisse Implikationen bezüglich des konkreten Verhaltens der Juden- und Heidenchristen in sich schloß („wir zu den Heiden, sie aber zur Beschneidung"); zu diesen Implikationen gehörte wohl dies: die Judenchristen leben weiterhin gesetzlich, die Heidenchristen brauchen es nicht zu tun. Das Verhalten des Petrus, seine Tischgemeinschaft mit den Heidenchristen, stellte diese Implikationen in Frage. „Die Tischgemeinschaft mit den Heidenchristen war ein erster Schritt auf einem Wege,

---
[96] Ebd. 116f.   [97] Ebd. 119.   [98] Ebd. 120.   [99] Ebd.
[100] Ebd. 121 (unter Verweis auf BLASS-DEBR § 281).
[101] Ebd. 121.   [102] Paulus und Jakobus, 51–64.   [103] Ebd. 51.   [104] Ebd. 53.

auf dem es kein Halten mehr gab, und optisch mußte dieser Schritt zur Vereinigung der Gemeindegruppen für die außenstehenden Juden so wirken, als habe das Judenchristentum das Gesetz bereits überhaupt preisgegeben. Daß ausgerechnet Petrus, das Haupt der gesetzestreuen Judenmission, an diesen Vorgängen beteiligt war, und daß diese sich in der einflußreichen Metropole Antiochien abspielten, muß den Jerusalemern als besonders bedenklich erschienen sein"[105], bedenklich besonders auch wegen der Folgen, die evtl. aus der Tischgemeinschaft der Judenchristen mit den Heidenchristen in Antiochien für die judenchristlichen Gemeinden in Judäa sich ergaben, hinsichtlich etwa zu befürchtender Repressalien von seiten der Judenschaft[106]. Aus diesen Befürchtungen heraus kamen die Boten des Jakobus nach Antiochien — und Petrus teilte sie dann auch (φοβούμενος τοὺς ἐκ περιτομῆς, nach Schmithals: „aus Furcht vor den Juden", nicht Judenchristen)[107]. „Man wird angesichts dessen dem Petrus die Ehrenhaftigkeit und Gewissenhaftigkeit seiner Entscheidung nicht bestreiten dürfen."[108] Warum greift aber Paulus dennoch den Petrus so scharf an, nicht die Jakobusleute und die übrigen Judenchristen? „Paulus befürchtet offenbar, daß, was auch immer die persönlichen Motive des Verhaltens des Petrus sein mögen, seine Rückkehr unter das Gesetz von den Heiden als eine theologische Entscheidung für die Gesetzesgerechtigkeit verstanden werden könnte ... Erst angesichts der befürchteten Konsequenzen für seine Gemeinden forderte die Inkonsequenz im Verhalten des Petrus seine Kritik heraus. Von daher erklären sich die anderen Einzelheiten der paulinischen Argumentation zwanglos."[109] Warum aber nennt Paulus dabei ausdrücklich noch den Barnabas? „Die Hervorhebung des Barnabas in Gal 2, 13 und die durch Paulus vollzogene Trennung von ihm[110] zeigen erneut, daß der Apostel die Bedeutsamkeit der Entscheidung des Petrus in deren Auswirkungen für seine Missionsarbeit gesehen hat; war doch Barnabas sein engster und durchaus gleichberechtigter Mitarbeiter gewesen. Wie sollte man gerade seine Entscheidung den Heidenchristen verständlich machen. Als Mitarbeiter des Paulus hatte er sich unmöglich gemacht ..."[111], und so kommt Schm. zu dem Schluß: „Wenn Paulus sich auch in Gal. 2.11ff. wesentlich an einen Bericht über seine Auseinandersetzung mit Petrus interessiert zeigt, so kann doch kein Zweifel daran sein, daß sein Zerwürfnis mit Barnabas den eigentlichen Inhalt jenes Zwischenfalles in Antiochien bildete. Der Ärger über Petrus wuchs zu einem guten Teil aus der Konsequenz, zu der sein Verhalten gerade den Barnabas nötigte. Nicht zufällig berichtet Lukas nur von dem Konflikt zwischen Paulus und Barnabas; als dieser Konflikt ist die antiochenische

---

[105] Ebd.
[106] Vgl. auch B. REICKE, Der geschichtliche Hintergrund des Apostelkonzils und der Antiochia-Episode, Gal. 2, 1–14, in: Studia Paulina in honorem J. DE ZWAAN (Haarlem 1953) 172–187 (bes. 184).
[107] Vgl. a.a.O. 53–55.   [108] Ebd. 55f.   [109] Ebd. 57.
[110] SCHMITHALS ist der Meinung, daß das Verhalten des Barnabas in Antiochien im Konflikt des Paulus mit Petrus die eigentliche Ursache des Zerwürfnisses zwischen den beiden Missionaren gewesen sei, nicht die Person des Markus (so nach Apg 15, 36–41); „aus dem grundsätzlichen Zerwürfnis ist bei Lukas persönliches Gezänk geworden" (ebd. 58).
[111] Ebd.

Episode im Gedächtnis der Christenheit haften geblieben."[112] Daß Paulus in der Tat auch den Barnabas für schuldig hält, geht aus dem Plural ὀρθοποδοῦσιν in 2, 14 hervor, in den auch Barnabas eingeschlossen ist; trotzdem bliebe es merkwürdig, daß dann der ganze Unwille des Paulus sich nur an Petrus ausläßt und Barnabas mit keiner Silbe persönlich apostrophiert wird. Insofern wird man hinter der letzten These Schmithals doch ein Fragezeichen setzen müssen.

Es ist nicht möglich und auch nicht nötig, innerhalb dieses Exkurses alle Stimmen laut werden zu lassen, die sich zum „antiochenischen Zwischenfall" geäußert haben[113]. Nur Lönning sei noch vorgeführt, weil er Gal 2, 11ff als „kontroverstheologisches Fundamentalproblem" versteht[114]. Nachdem L. sich eingehend mit der Auslegungsgeschichte von Gal 2, 11ff beschäftigt hat (vgl. 6–48), geht er zu grundsätzlichen Überlegungen über, die gerade auch für das ökumenische Gespräch von Bedeutung sind (48–69). L. sieht sehr wohl, daß die Auslegungsgeschichte von Gal 2, 11ff oft auch die aktualisierende Antwort auf Fragen erkennen läßt, vor die sich eine Zeit in ihrer theologischen Problematik gestellt sah. Selbstverständlich gilt diese Einsicht besonders für die Zeit des reformatorischen „Aufstandes" gegen die Papstkirche. Die katholische Auslegung zielte vielfach bis in unsere Tage auf die Rechtfertigung des Petrus gegenüber dem Angriff des Paulus. Lönning erkennt als Grundproblem von Gal 2, 11ff die Frage nach dem Wesen des „Apostolischen". Er sagt: „In unserem Fall wird das Bild dadurch drastisch kompliziert, daß der apostolische Text von einer Kontroverse zwischen zwei Aposteln spricht, in einem Zusammenhang, in dem das Apostolat thematisch entfaltet wird. Mehr noch: die apostolische Kontroverse umfaßt gerade die beiden Personen, die in der Kirchengeschichte — einer kraft seiner zentralen Stellung in der apostolischen Schrift, der andere wegen seiner Dominanz in der apostolischen Tradition — einigermaßen als Prototypen stehen."[115] Man könnte mit Chrysostomus einwenden, daß ein Einzelkonflikt doch nicht als „Dauerkonflikt", hinter dem eine bleibende Problemstellung stehe, verstanden werden dürfe. Aber schon Chrysostomus übersieht, daß mit der Schriftwerdung jenes

---

[112] Ebd.
[113] Vgl. z. B. noch A. STEINMANN, Jerusalem und Antiochien, in: BZ 6 (1908) 30–48; B. W. BACON, Peter's Triumph at Antioch, in: JR 9 (1929) 204–223; B. REICKE, Der geschichtliche Hintergrund des Apostelkonzils und der Antiochia-Episode. Gal 2, 1–14 (s. Anm. 106); H. M. FÉRET, Pierre et Paul à Antioche et à Jérusalem. Le „conflit" des deux Apôtres (Paris 1955); J. DUPONT, Pierre et Paul à Antioche et à Jérusalem, in: Études sur les Actes des Apôtres, 185–215 (D. setzt sich zunächst mit FÉRET auseinander, nach dem der Antiochenische Konflikt vor der Jerusalemer Abmachung stattgefunden habe; eine These, zu der schon AUGUSTINUS neigte [Ep. 28, 11 = CSEL XXXIV, 361] und die vor allem ZAHN eingehend zu begründen versuchte [s. o.]; dann mit MUNCK und ZAHN); J. M. GONZÁLES, Pedro en Antioquia, Jefe de toda la Iglesia, según Gal. 2, 11–14, in: Stud. Paulin. Congr. II (Rom 1963) 11–16; J. BLINZLER, Petrus und Paulus. Über ihre angebliche Folge des Tages von Antiochien, in: DERS., Aus der Welt und Umwelt des Neuen Testaments I (Stuttgart 1969) 147–157 (Lit.); G. SCHNEIDER, Kontestation im Neuen Testament?, in: Concilium 7 (1971) 572–575.
[114] Paulus und Petrus. Gal. 2, 11ff. als kontroverstheologisches Fundamentalproblem, in: StTh 24 (1970) 1–69.
[115] Ebd. 49.

Exkurs 3: Gal 2, 11–14 in der Auslegungsgeschichte

berühmten Konflikts in einer in der Kirche kanonisch geltenden γραφή auch die in ihm sich enthüllende Grundproblematik eine dauernd in der Kirche zu bedenkende geworden ist[116]; m. a. W.: eine solche Konfliktsituation kann sich in der Kirche wiederholen. Wie ist von da her der antiochenische Konflikt zu verstehen? Nach Lönning im Hinblick auf die Problematik: Kontinuität und Diskontinuität im Leben der Kirche. Dann zeige die ganze Argumentation des Apostels in Gal 1.2: „die Kontinuität der Kirche liegt in ἡ ἀλήθεια τοῦ εὐαγγελίου (2, 14) beschlossen"[117]. „Mit unserem Text — d. h. mit dem Text in seiner Wirkungsgeschichte — ist ein möglicher Schnittpunkt gegeben. Weder für die empirische Betrachtung noch für die spekulative Deduktion ist die Kirche unmittelbar zugänglich. Der ‚Wahrheit des Evangeliums' als Kontinuität der Kirche entspricht aber die Schriftauslegung als nota ecclesiae."[118] Wenn dem so ist, daß zu den notae ecclesiae auch die Schriftauslegung gehört, dann ist Kirche im besonderen Sinn immer dort, wo die „Wahrheit des Evangeliums" zur Geltung kommt. Dann gilt: „Nicht die Kirche macht das Evangelium zum Evangelium, sondern das Evangelium macht die Kirche zur Kirche."[119] „Wenn auch alle biblischen Schriften und das gesamte corpus der Bekenntnisschriften nach unverändertem Wortlaut rezitiert werden, die Kirche bleibt nicht stehen, wenn die Wahrheit des Evangeliums in concreto verleugnet wird, sei es durch Aktivität oder Passivität, durch Sprechen oder Schweigen..."[120] Der Text von Gal 1.2 muß immer neu in die jeweilige Situation der Kirche gestellt werden, damit er seine kritische Funktion ausüben kann, etwa gegenüber allen bloßen traditiones humanae in der Kirche. So kann nach L. Gal 1.2 der Text sein, der die Funktion einer permanenten Traditionskritik in der Kirche besitzt und gerade so auch eine Hilfe werden kann auf dem Weg zur Una Sancta[121].

In dieser Sicht von Gal 1.2 bekommt das Evangelium, das nach Paulus eine von menschlicher Autorität unabhängige Größe ist, eine die Personen, ob Petrus oder Paulus, relativierende Aufgabe. So lehrreich und interessant die Auslegungsgeschichte von Gal 2, 11 ff auch ist, so sollte die Folgerung aus ihr die sein, die Paulus selbst aus allem Streit mit seinen Gegnern gezogen hat: Über allen Personen, wer immer sie auch seien, steht das Evangelium Christi; denn Gott schaut nicht auf das Ansehen der Personen (Gal 2, 6)[122]. Dem Evangelium dient der, der seine Wahrheit zur Geltung bringt. So gesehen, enthält Gal 2, 11ff in der Tat ein „kontroverstheologisches Fundamentalproblem", das von allen Kirchen in gleicher Weise zu bedenken ist. Vom Evangelium, wie es Paulus versteht — als Kerygma vom heilbringenden Tod und von der heilbringenden Auferstehung Jesu von den Toten —, darf es weder eine Abweichung nach „rechts" noch nach „links" geben. Eine Abweichung

---

[116] Vgl. auch E. GÜTTGEMANNS, Offene Fragen zur Formgeschichte des Evangeliums (München ²1971) 106–153 (141: „Das Schriftliche ist ... eo ipso und seinem Wesen nach wiederholbar, jederzeit, jeden Orts und vor jedem Gremium...").
[117] A.a.O. 50.   [118] Ebd. 50f.   [119] Ebd. 62.   [120] Ebd. 63.
[121] Vgl. ebd. 66–68; dazu auch den Schlußexkurs in diesem Kommentar.
[122] Vgl. auch SCHNEIDER, Kontestation im NT (s. oben Anm. 113), 575: Für Paulus „stand in Antiochia das Evangelium auf dem Spiel. Petrus hat hingegen eher ‚kirchenpolitisch' reagiert".

nach „links" wäre z. B. ein Verzicht auf das Kerygma zugunsten bloßer „Mitmenschlichkeit", eine Abweichung nach „rechts" wäre z. B. kirchlicher Personenkult zuungunsten des Evangeliums. Es muß in der Kirche immer möglich sein, dem „Felsenmann ins Angesicht zu widerstehen", wenn er nicht „geraden Wegs auf die Wahrheit des Evangeliums zugeht". Gerade der Mut des Apostels Paulus hat damals die Einheit der Kirche gerettet und sie davor bewahrt, ihr Wesen zu verlieren. Solcher Mut muß bleiben[123].

2, 15.16a[1] Paulus geht im folgenden sehr geschickt vor, auch wenn sein Gedankengang nicht leicht zu erfassen ist. Der Apostel operiert mit der unleugbaren Tatsache, daß es auch Juden gibt, die an Jesus Christus glauben: er selbst, Petrus und Barnabas und alle übrigen Judenchristen (= ἡμεῖς, zu Beginn des V 15). Sie mußten einen Grund gehabt haben, als sie gläubige Christen wurden: weil sie „wissen", daß die Rechtfertigung des Menschen durch den Glauben an Jesus Christus erfolgt, und nicht durch die Erfüllung der Werke des Gesetzes. Das einleitende ἡμεῖς φύσει Ἰουδαῖοι hat also den Sinn: „Wir, obwohl von Natur aus[2] Juden . . ."[3] Warum aber der Hinweis auf das

---

[123] Vgl. THOMAS VON AQUIN (Gal. 395A): Ex praedictis ergo habemus exemplum, praelati quidem humilitatis, ut non dedignentur a minoribus et subditis corrigi; subditi vero exemplum zeli et libertatis, ut non vereantur praelatos corrigere, praesertim si crimen est publicum, et in periculum multitudinis vergat.

[1] Zu dem ganzen Abschnitt 2, 15–21 vgl. außer den Kommentaren noch O. BAUERNFEIND, Der Schluß der antiochenischen Paulusrede, in: Theologie als Glaubenswagnis (Festschr. f. K. HEIM) (Hamburg 1954) 64–78; R. BULTMANN, Zur Auslegung von Galater 2, 15–18, in: Exegetica (Tübingen 1967) 394–399; GAECHTER, Petrus und seine Zeit, 251–254; SCHMITHALS, Paulus und Jakobus, 60–64; KLEIN, Rekonstruktion und Interpretation, 181–202; V. HASLER, Glaube und Existenz, in: ThZ (Bas.) 25 (1969) 241–251; U. WILCKENS, Was heißt bei Paulus: ‚Aus Werken des Gesetzes wird kein Mensch gerecht'?, in: EKK 1 (Neukirchen–Einsiedeln 1969) 51–77 (57–62); J. BLANK, Warum sagt Paulus: ‚Aus Werken des Gesetzes wird niemand gerecht?': ebd. 79–95; H. FELD, „Christus, Diener der Sünde". Zum Ausgang des Streites zwischen Petrus und Paulus, in: ThQ 153 (1973) 119–131 (s. dazu Anm. 90, S. 187). Zu Gal 2, 16 vgl. besonders auch K. KERTELGE, Zur Deutung des Rechtfertigungsbegriffs im Galaterbrief, in: BZ, NF 12 (1968) 211–222.

[2] ὄντες ist dabei nicht zu ergänzen (gegen OEPKE), vielmehr zu ἡμεῖς das Verbum ἐπιστεύσαμεν aus V 16b: Obwohl wir von Haus aus Juden sind, sind wir dennoch gläubige Christen geworden. HAENCHEN meint zwar, man dürfe nicht damit rechnen, „daß Petrus mit Gal 2, 16 einverstanden war" (ZThK 63 [1966] 154, Anm. 18). Paulus erwähnt in der Tat nicht — auf diese Feststellung legt H. wert —, daß Petrus und Barnabas auf seine Vorstellungen hin ihr Verhalten revidiert haben. Er erwähnt aber auch das Gegenteil nicht. Paulus verläßt überhaupt mit 2, 15 das biographische Genus und wechselt über in das grundsätzlich-theologische. Das ist der Grund, warum Paulus „vergißt", von der Wirkung seiner Rede vor der antiochenischen Gemeinde zu berichten. Paulus „berichtet ‚tendenziös', und zwar in unserem Abschnitt in doppelter Richtung. Er will zunächst seine Unabhängigkeit von Petrus nachweisen. Das geschieht schon dadurch, daß er ihn überhaupt zurechtgewiesen sein läßt. Der Inhalt dieser Zurechtweisung aber ist von V 14 an je länger desto mehr im Blick auf die Galater formuliert, mit deren Hinwendung zum Gesetz Paulus sich nun auseinandersetzen muß. Vollends die V. 19–21 sind, wenn auch formal noch der Rede des Petrus zugehörend, doch

[3] Anm. 3 s. nächste Seite.

ursprüngliche Judesein? Der Jude weiß sich erwählt und im Besitz der Offenbarung, besonders des Gesetzes[4], und dies gibt ihm in religiöser Hinsicht das Bewußtsein besonderer Überlegenheit über die Heiden, die „Sünder" (auch gewissermaßen „von Natur aus") sind. Der Heide ist nach jüdischer Anschauung „ἁμαρτωλός sowohl seinem Wesen als Nichtjude wie seiner nicht von der Tora normierten Lebensweise nach" (K. H. Rengstorf)[5]. Obwohl die Juden nicht wie die Heiden solche gesetzlose „Sünder" sind, „wissen sie (jetzt als gläubig gewordene Christen) dennoch" (εἰδότες δέ), daß die Rechtfertigung nicht aus den Werken des Gesetzes, sondern aus dem Glauben an Jesus Christus kommt (V 16). Das sagt Paulus also von solchen Juden, die Christen geworden sind (ἡμεῖς). Denn in Wirklichkeit „weiß" das der Jude, der nicht Christ geworden ist, nicht. Das Partizip εἰδότες meint also hier das „Glaubenswissen"[6]; denn der Inhalt des ὅτι-Satzes ist ein Glaubenssatz, freilich ein Glaubenssatz, den Paulus hier so formuliert, der jedoch in solcher Formulierung bisher sehr wahrscheinlich nicht zum ausdrücklichen Inhalt des christlichen Glaubenswissens und der Glaubenspredigt gehört hat, aber sich für den Apostel aus dem Urevangelium „Christus ist gestorben für unsere Sünden" (1 Kor 15, 3; Gal 2, 20) mit logischer Notwendigkeit ergibt.

Der Inhalt dieses Glaubenssatzes ist freilich in seinem ersten Teil keine Neuentdeckung des Paulus. Denn auch der Jude weiß selbstverständlich, daß die Rechtfertigung von Gott kommt[7], und besonders in Qumran wußte man, daß Gott den Sünder aus reiner Gnade rechtfertigt. 1 QS XI, 12–15: „Wenn ich aber wanke, sind Gottes Gnadenerweise (חסד) mir Hilfe für immer. Komme ich zu Fall durch mein sündiges Fleisch, wird meine Rechtfertigung (משפטי)[8]

---

ganz ihnen gesagt, und die vorausgehenden Verse 17f. waren es wenigstens in der unausgesprochenen Unterstellung, Petrus habe aus theologischen Gründen in seiner Einstellung zum Gesetz geschwankt. Denn nur aus solchen Gründen sieht Paulus die Galater die Beschneidung auf sich nehmen" (SCHMITHALS, Paulus und Jakobus, 63f). Von da her erklärt es sich auch am besten, daß der Apostel nachher in 3, 1 unmittelbar die Galater anspricht.

[3] φύσις meint hier die natürliche Herkunft; vgl. PLATO, Menex. 245D φύσει βάρβαροι, νόμῳ Ἕλληνες; ISOKRATES 4, 105 φύσει πολίτης; Eph 2, 3 ἤμεθα τέκνα φύσει ὀργῆς (BAUER Wb s. v. φύσις; KÖSTER in: ThWb IX, 265/20ff).

[4] Vgl. die „Vorzüge" des Juden, die Paulus in Röm 2, 17ff; 3, 2; 9, 4f; Phil 3, 5f aufzuzählen weiß; BILLERBECK III, 126ff.

[5] ThWb I, 329f; vgl. auch BILLERBECK III, 36ff.

[6] Vgl. auch Röm 6, 9 (εἰδότες ὅτι Χριστὸς ἐγερθεὶς ἐκ νεκρῶν οὐκέτι ἀποθνῄσκει); 2 Kor 4, 14 (εἰδότες ὅτι ὁ ἐγείρας τὸν κύριον Ἰησοῦν καὶ ἡμᾶς σὺν Ἰησοῦ ἐγερεῖ). Weiteres Material bei MUNCK, Paulus und die Heilsgeschichte, 119 Anm. 103, der auch aufmerksam macht, daß viele diese Stellen „wie ein fest formulierter Traditionsstoff" wirken. Jedenfalls impliziert der Glaube für den Apostel ein (neues) Wissen. Glauben bedeutet für ihn auch Glaubenserkenntnis! Dieses „Wissen" ist also „nicht das prinzipiell jedermann Zugängliche von einer allgemeinen Wahrheit, sondern ein geschichtlich ermöglichtes, nämlich im Christusgeschehen allererst eröffnetes Wissen" (KLEIN, Rekonstruktion und Interpretation, 184). Das begründende Partizip εἰδότες ist „eine bei Paulus häufige Formel, die eine bestimmte Erkenntnis unterstreichen soll, ohne daß ihre Herkunft näher erläutert wird" (MICHEL zu Röm 5, 3).

[7] Vgl. dazu auch H. GRAF REVENTLOW, Rechtfertigung im Horizont des AT (München 1971); R. GYLLENBERG, Rechtfertigung und AT bei Paulus (Stuttgart 1973).

[8] Zu dem semantisch nur schwer festlegbaren Begriff משפט vgl. besonders J. BECKER, Das Heil Gottes, 162–164 (dazu auch 16; 24; 71f; 91; 123f; 143; 154; 169; 185).

durch Gottes Gerechtigkeit ewig bestehen ... durch sein Erbarmen hat er mich nahegebracht, und durch seine Gnadenerweise kommt meine Rechtfertigung. Durch die Gerechtigkeit seiner Wahrheit hat er mich gerichtet (gerecht gemacht), und durch die Fülle seiner Güte wird er sühnen alle meine Sünden, und durch seine Gerechtigkeit reinigt er mich von menschlichem Schmutz"; vgl. auch I, 26; II, 1; X, 11[9]; XI, 3: „Durch seine Gerechtigkeit wird die Sünde abgewischt"; Damask II, 4; 1 QHod IV, 30f: „Und ich weiß, daß der Mensch nicht Gerechtigkeit hat ... bei dem höchsten Gott sind alle gerechten Werke"[10]; IV, 36f: „denn [ich] stützte mich auf deine Gnade und die Fülle deines Erbarmens; denn du vergibst Sünde und rein[igst den Menschen] durch deine Gerechtigkeit von der Verschuldung"; I, 6.26; XIV, 15; XVI, 11; VII, 28b-30: „Und wer wird gerechtfertigt werden vor dir, wenn er gerichtet wird? ... Aber alle Söhne deiner Wahrheit wirst du in Verzeihung vor dich bringen, sie reinigend von ihren Missetaten im Übermaß deiner Güte und in der Fülle deines Erbarmens."[11] Was über die Qumran-Theologie besonders hinausweist, ist in Gal 2, 16 die zu οὐ δικαιοῦται gehörige Präpositionalbestimmung ἐξ ἔργων νόμου[12]. Was ist mit diesen nicht zur Rechtfertigung führenden „Werken des Gesetzes" gemeint? Aufgrund des Kontextes sind in Gal 2, 16 zunächst die mit dem ἰουδαΐζειν zusammenhängenden „Werke" gemeint, so vor allem die Speisevorschriften. Aber aus den anderen Stellen des Briefes, an denen der Ausdruck „Werke des Gesetzes" erscheint (3, 2.5.10), geht hervor, daß bei diesen „Werken" keineswegs nur an die Ritualvorschriften des Judentums einschließlich der Beschneidung gedacht ist, sondern an die aus den Forderungen des Gesamt-Nomos, der Tora, sich ergebenden „Werke" des Menschen (vgl. besonders 3, 10-12 mit der Formulierung in V 11: ἐν νόμῳ (!) οὐδεὶς δικαιοῦται παρὰ τῷ θεῷ). Bestätigt wird dieser Befund durch den Römerbrief (vgl. besonders 3, 20.27f; 4, 2; 9, 11f.31f; 11, 6[13])[14]. „Die Werke des Gesetzes"[15] enthalten für Paulus ein religiöses Prinzip, das durch die in Christus eschatologisch aufgerichtete Gnaden- und Glaubens-

---

[9] „Zu Gott will ich sagen: ‚meine Gerechtigkeit'."
[10] ואני ידעתי כי לוא לאנוש צדקה; ähnlich die Formulierung im Galaterbrief: εἰδότες ..., ὅτι οὐ δικαιοῦται ἄνθρωπος. Zum hebr. Verbum ידע („wissen") vgl. S. WAGNER, ידע in den Lobliedern von Qumran, in: Bibel und Qumran (Berlin 1968) 232-252.
[11] Vgl. auch H. BRAUN, Röm 7, 7-25 und das Selbstverständnis der Qumran-Frommen, in: ZThK 56 (1959) 1-18; S. SCHULZ, Zur Rechtfertigung aus Gnaden in Qumran und bei Paulus: ebd. 155-185; W. GRUNDMANN, Der Lehrer der Gerechtigkeit und die Frage nach der Glaubensgerechtigkeit in der Theologie des Apostels Paulus, in: RevdeQ 2 (1959/60) 237-259; J. BECKER, Das Heil Gottes, 276-279; P. STUHLMACHER, Gerechtigkeit Gottes bei Paulus, 113-174; KERTELGE, „Rechtfertigung" bei Paulus, 15-33. Zur atl. Vorgeschichte vgl. besonders H. GRAF REVENTLOW, Rechtfertigung im Horizont des AT, passim; Dt 9, 4-6 (!).
[12] Vgl. auch Esr-Apk 8, 36: „Denn dadurch wird deine Gerechtigkeit und Güte, Herr, offenbar, daß du dich derer erbarmst, die keinen Schatz von guten Werken haben."
[13] Hier wird prägnant der Grund genannt, warum „nicht mehr ἐξ ἔργων": ἐπεὶ ἡ χάρις οὐκέτι γίνεται χάρις. Die χάρις ist aber für Paulus die in Christus sich offenbarende „Gnade" Gottes.
[14] Dazu auch noch Phil 3, 6.9; Eph 2, 9; Tit 3, 5; 2 Tim 1, 9.
[15] Zum Ausdruck vgl. 1 QS V, 21 und VI, 18 („seine Werke im Gesetz": מעשיו בתורה); syrBar 57, 2 („die Werke der Gebote", opera praeceptorum).

ordnung außer Geltung gesetzt ist[16]. Nur eine naive Exegese könnte diesen Befund leugnen und „die Werke des Gesetzes" auf die rituellen Vorschriften des Judentums beschränken.

Die Rechtfertigung erfolgt aus Glauben: dies gilt für immer (zeitloses Präsens δικαιοῦται in Gal 2, 16a) und hat nach der Schriftauslegung des Paulus schon immer gegolten, wie das Beispiel Abrahams zeigt (vgl. Gal 3, 6–12; Röm 4, 2f.23f). An die Stelle des Gesetzesprinzips, das ohnehin nicht zur Rechtfertigung führte (vgl. Gal 3, 11f), tritt das Glaubensprinzip (διὰ πίστεως Χριστοῦ Ἰησοῦ). Die Präposition διά bezeichnet dabei den Glauben als das Mittel, als den Weg der Rechtfertigung für den Menschen, wobei aber die πίστις nicht wieder als (neues) „Werk" verstanden werden darf, wie die scharfe Antithetik „Glaube" — „Werke des Gesetzes" zeigt. Der Glaube ist die gemäße Antwort auf ein konkretes Gnadenangebot Gottes, das durch den Gen. obj. Χριστοῦ Ἰησοῦ hinter πίστεως zur Sprache kommt. Der rechtfertigende Glaube hat seinen objektiven Grund in jenem Heilsgeschehen, das unlöslich mit der Person und dem Erlösungswerk Jesu Christi zusammenhängt; darum ist er auch kein „Allerweltsglaube", sondern prägnant „Glaube an Christus Jesus", wie der Apostel sofort formuliert (ἡμεῖς εἰς Χριστὸν Ἰησοῦ ἐπιστεύσαμεν)[17]. Der Rechtfertigungsglaube ist also auch nicht bloß — wenn auch noch so großes — Vertrauen auf die Güte Gottes, so selbstverständlich das Vertrauensmoment in ihm enthalten ist, sondern wesentlich immer auch „fides historica", „Glaube an" und darum ein „Wissen um" (εἰδότες . . .). Im Glaubensbegriff des Apostels sind das fiduziale, personal-existentielle und historische Element unlöslich miteinander verknüpft; sie bilden darin eine lebendige Einheit.

Der Jude läßt die pln. Antithetik „Glaube" — „Werke des Gesetzes" — nicht gelten, ja sie ist ihm unverständlich. Paulus geht es aber in der Tat um eine wirkliche Antithetik, nicht bloß um eine Alternative Glaube oder Werke (des Gesetzes)[18]. Für den Juden bilden Glauben und Werke eine lebendige Synthese. So wird in der Mechiltha zu Ex 14, 31 ein Spruch des R. Nechemja zitiert[19]: „Jeder, der ein einziges Gebot im Glauben auf sich nimmt, ist würdig, daß der heilige Geist auf ihm ruhe." Aber schon in Ps 119, 66 ist gesagt: „Denn ich vertraue deinen Geboten", wobei das hebräische Wort הֶאֱמַנְתִּי das Glaubensmoment enthält[20], da für den Juden „Glauben" und „Vertrauen"

---

[16] „Die ἔργα νόμου sind . . . nicht schlechthin die vom Gesetz geforderten Werke, sondern sie sind es hinsichtlich des Anspruchs, den sich der Jude durch sie zu begründen sucht . . . Die ἔργα νόμου in V 16 sind also Ausdruck des jüdischen Bewußtseins von V 15" (KERTELGE, Zur Deutung des Rechtfertigungsbegriffes, 215). Von einem „Anspruch" des Juden zu reden, sollte man lieber nicht; man tut dem Judentum damit sehr leicht unrecht.
[17] Vgl. auch G. M. TAYLOR, The function of ΠΙΣΤΙΣ ΧΡΙΣΤΟΥ in Galatians, in: JBL 85 (1966) 58–76; W. SCHENK, Die Gerechtigkeit Gottes und der Glaube Christi. Versuch einer Verhältnisbestimmung pln. Strukturen, in: ThLZ 97 (1972) 161–174.
[18] Deshalb trifft die Formulierung SCHOEPS', mit der er die pln. Position kennzeichnen will, nicht die von Paulus gemeinte Sache: „Glaube oder Werke ist also — will mir scheinen — eine falsch gestellte Frage" (Paulus, 217).
[19] Übersetzung nach WINTER–WÜNSCHE, Mechiltha (Leipzig 1909) 110.
[20] Vgl. GESENIUS-BUHL s. v. אמן (unter Hiphil הֶאֱמִין).

nicht voneinander zu trennen sind. So „glaubt" auch der Verständige nach Sir 36, 6 dem Gesetz (ἐνπιστεύσει νόμῳ). In Esr-Apk 7, 23f heißt es von den Gottlosen: „Seinen Geboten glaubten sie nicht, seine Werke vollbrachten sie nicht"; dagegen wird in 13, 23 den Frommen für die Zeit der Drangsal Bewahrung verheißen, weil sie „Werke und Glauben an den Allerhöchsten und Allmächtigen" haben (vgl. auch 54, 4; 9, 7: „durch ihre Werke oder durch den Glauben"). Und Bar-Apk 54, 21 heißt es: „Du verherrlichst die Gläubigen entsprechend ihrem Glauben."[21] Für die Qumranessener ist es eine Selbstverständlichkeit, daß die Rechtfertigung des Menschen das Werk der Güte und Gnade Gottes ist (s. oben), aber ebenso eine Selbstverständlichkeit, daß der Fromme die Gebote der Tora auf das gewissenhafteste zu erfüllen hat[22]. „Umkehr" ist entschiedene Rückkehr zum Gesetz des Mose (vgl. 1 QS V, 1[23]: „umzukehren von allem Bösen und festzuhalten an allem, was er nach seinem Willen befohlen"; V, 8f: „und er soll sich eidlich verpflichten, umzukehren zum Gesetz des Mose, gemäß allem, was er befohlen, mit ganzem Herzen und mit ganzer Seele"[24]; V, 21f: „in der Einung seinen Bund aufzurichten und zu achten, daß alle seine Gesetze, die er befohlen, erfüllt werden"; Damask XVI, 1f: „Darum verpflichtet [sich] ein jeder, zum Gesetz des Mose umzukehren, denn in ihm ist alles genau festgelegt"; XVI, 5). Die Heilsbedeutung des Gesetzes kommt vor allem in folgenden Sätzen von 1 QS zum Ausdruck: „Unrein, unrein bleibt er, solang er die Satzungen Gottes verachtet" (III, 5f); „durch seine Unterwerfung unter alle Gesetze Gottes wird gereinigt sein Fleisch"[25].

Der Weg der Reinigung von den Sünden und zu ihrer Vergebung durch Gott führt also über die „Werke des Gesetzes". Für Paulus dagegen führt der Weg zum Heil nicht mehr über des Gesetzes Werke, sondern ausschließlich über den Glauben an Jesus Christus. Also ist für ihn Christus an die Stelle des Gesetzes getreten, oder vielleicht besser formuliert: die eschatologische Heilsgabe des Lebens, das nach dem Willen Gottes das Gesetz bringen sollte, aber wegen der Ohnmacht des „Fleisches" nicht konnte, bringt der messianische Heilbringer Jesus Christus durch seinen stellvertretenden Tod am Kreuz, und die Aneignung dieses Heils geschieht nicht mehr über des Gesetzes Werke, sondern allein über den Glauben an den Christus passus. Damit bekommt das Gesetz entgegen dem Verständnis des Judentums eine ganz neue Sinngebung, die der Apostel in Gal 3, 24 dann so formulieren wird: ὁ νόμος παιδαγωγὸς ἡμῶν γέγονεν εἰς Χριστόν.

---

[21] Vgl. BOUSSET-GRESSMANN, Die Religion des Judentums, 191–196.
[22] Vgl. auch H. BRAUN, Beobachtungen zur Toraverschärfung im Spätjudentum, in: ThLZ 79 (1954) 347f; DERS., Spätjüdisch-häretischer und frühchristlicher Radikalismus, I: Das Spätjudentum (Tübingen 1958). Man vergleiche auch den dialektisch klingenden Spruch des R. Aqiba: „Alles ist vorhergesehen, und doch ist Freiheit gegeben; mit Güte wird die Welt gerichtet, und doch genau nach den Werken" (Abot III, 15).
[23] Übersetzung nach J. MAIER.
[24] Vgl. auch Damask XV, 9.12.
[25] Vgl. auch H. BRAUN, „Umkehr" in spätjüdisch-häretischer und in frühchristlicher Sicht, in: ZThK 50 (1953) 243–258.

Wer wird nach Paulus durch den Glauben gerechtfertigt? Seine Antwort lautet in V 16a: ἄνθρωπος. Welcher „Mensch" gemeint ist, steht am Ende des V 16 eindeutig: πᾶσα σάρξ, d. h. jeder Mensch ohne Ausnahme, gleichgültig, ob Jude oder Heide[26]. Auch diese Anschauung geht an und für sich über jene des Frühjudentums nicht hinaus[27]. Aber dachten die Essener dabei wirklich an die ganze Welt, wie es der Apostel tut?[28] Ihr Augenmerk scheint sich doch eher nur auf die eigene Gemeinde gerichtet zu haben. Die Radikalität der pln. Aussagen wird in Qumran nicht erreicht und kann vom Judentum nicht erreicht werden, weil Paulus und die christliche Gemeinde nicht bloß „weiß", „daß kein Mensch Gerechtigkeit hat" (1 QH IV, 30), sondern darüber hinaus „weiß" (εἰδότες), daß ein Mensch[29] „nicht aus Werken des Gesetzes gerechtfertigt wird, wenn nicht durch den Glauben an Christus Jesus"[30]. Das kann kein Jude ehrlichen Gewissens nachsprechen, er werde denn Christ. Das gilt auch für Paulus; vor seiner „Bekehrung" konnte er sich nur zu dem bekennen, was er in V 15 schreibt. Seit seiner Bekehrung gehört er zu den „Wissenden", aber nicht aufgrund eigener Denkbemühung, sondern

---

[26] Paulus verwendet den Term σάρξ im Gal 17mal, nach R. JEWETT (Paul's Anthropological Terms. A study of their use in conflict settings = Arbeiten zur Geschichte des antiken Judentums und des Urchristentums X, Leiden 1971) im wesentlichen in dreifacher Bedeutung (vgl. dazu 112–114): „σάρξ was first used as a technical term in connection with the circumcision problem raised by the Judaizers; it developed through Paul's typological exegesis into a full dialectical counterpart to the spirit; and after having been created as an argument against nomism, it was applied to the problem of antinomianism" (114). Von den Einsichten der modernen Semantik her ist das eine Selbstverständlichkeit: die semantische Valeur eines Terms ändert sich laufend mit den wechselnden Syntagmen („Kontext"), in denen er erscheint. Man kann darum nicht von einer „Entwicklung" im Gebrauch der anthropologischen Grundbegriffe bei Paulus sprechen, wie es JEWETT tut, sondern nur von einer semantischen Nuancierung, die durch den wechselnden „Kontext" bedingt ist. Zum Begriff „Fleisch" bei Paulus s. im übrigen die Literatur S. 376, Anm. 13.
[27] Vgl. dazu die S. 175, Anm. 38, vorgelegten Belege.
[28] Vgl. auch Röm 3, 9.19 (πᾶς ὁ κόσμος). 23 (πάντες); 10, 12 („da ist kein Unterschied zwischen einem Juden und einem Griechen"). Ob die Essener und überhaupt das Judentum je so formuliert hätten?
[29] Das artikellose ἄνθρωπος begegnet hebräisch genauso in 1 QH IV, 30 (s. o.); alle weiteren Reflexionen über diese Undeterminiertheit sind darum überflüssig. Aber auch das undeterminierte ἄνθρωπος bringt die universale Geltung des Satzes ins Bewußtsein. „Daß Paulus vom ‚Menschen' spricht, ist präzise zu nehmen und umgreift den Juden wie den Menschen der Völkerwelt" (EICHHOLZ, Die Theologie des Paulus im Umriß, 190). Es gibt keine Ausnahme.
[30] „Fällt die Möglichkeit, über die Gesetzeswerke die Gottesgerechtigkeit zu erschwingen, so bricht die am Besitz des Gesetzes orientierte Grenzziehung zwischen Sündern und Nichtsündern zusammen" (KLEIN, a.a.O. 183). Von da her bekommt das alle geschichtlichen Unterschiede nivellierende ἄνθρωπος erst seine volle Bedeutung (vgl. ebd.). Die φύσει Ἰουδαῖοι sind unter ἄνθρωπος subsumiert. Die φύσις bildet keine „natürliche" Voraussetzung der Rechtfertigung, die diese evtl. entbehrlich machen könnte. Die φύσις wird vielmehr total annulliert. Das gehört zum Glaubenswissen des Christ gewordenen Juden. „Abgesehen vom Christusgeschehen wäre für Paulus . . . eine Nivellierung von Juden und Heiden schlechterdings illegitim, im Lichte dieses Geschehens aber wird sie unausweichlich" (KLEIN, ebd. 184). Als Christ kann man nicht mehr auf die φύσις pochen; das Glaubenswissen ordnet sie dem total Vergangenen zu. Die Einwände des Juden gegen diese Lehre spricht J. KLAUSNER in aller Deutlichkeit aus (vgl. Von Jesus zu Paulus [Jerusalem 1950] 489–496).

aufgrund einer „Offenbarung Jesu Christi" (1, 12), d. h. sola gratia. Erst als „Wissender" kann er Sätze schreiben wie den in Gal 2, 16a[31].

2, 16b.c Nach der Unterbrechung durch den Partizipialsatz V 16a wird das Subjekt vom Anfang des V 15 (ἡμεῖς) in V 16b erneut mit καὶ ἡμεῖς aufgenommen. Der Partizipialsatz, der den Gedankengang zu unterbrechen scheint, hat eine wichtige Funktion; er soll den Grund nennen, warum „auch wir", nämlich wir Judenchristen, obwohl von Haus aus Juden und ursprünglich das Heil vom Gesetz erwartend, uns zum Glauben an Jesus Christus entschlossen haben: weil wir eben zu der Glaubensüberzeugung gelangt sind[32], daß die Rechtfertigung nicht aus dem Gesetz, sondern aus dem Glauben an Christus kommt. Also hat der wichtige Umstand, ein geborener Jude zu sein, „Paulus und Petrus und die anderen Judenchristen nicht gehindert, Christ zu werden" (Schlier)[33]. Der Aorist ἐπιστεύσαμεν sieht auf diese Christwerdung zurück[34], wobei

---

[31] Damit hängt zusammen, daß das ganze Problem des „Gesetzes" in der Theologie des Paulus nur von dieser „Offenbarung Jesu Christi" her richtig beurteilt werden kann. Man darf deshalb sagen: Der Schlüssel zur pln. Gesetzeslehre ist das εἰδότες von Gal 2, 16a, das bei Paulus selbst seine Ursprünge im Damaskuserlebnis haben wird (vgl. dazu J. DUPONT, The Conversion of Paul, and its Influence on his Understanding of Salvation by Faith, in: Apostolic History and the Gospel. Biblical and Historical Essays Presented to F. F. Bruce on His 60th Birthday [Grand Rapids 1970] 176–194). Der weit verbreitete Vorwurf vieler Christen, die jüdische Religion beruhe auf dem „Leistungsprinzip", verkennt völlig die Funktion des Gesetzes im jüdischen Glauben. Das Gesetz kann und konnte zum „Ruhm" vor Gott verführen, aber vom Wesen des Gesetzes her sieht der fromme Jude in seiner Einhaltung Gehorsam gegen den heiligen Willen Gottes. Ohne „Offenbarung Jesu Christi" kann er gar nicht zu einer anderen Auffassung über das Gesetz kommen. Vgl. dazu auch die wichtige Arbeit von M. LIMBECK, Die Ordnung des Heils. Untersuchungen zum Gesetzesverständnis des Frühjudentums (Düsseldorf 1971); ferner N. OSWALD, Grundgedanken zu einer pharisäisch-rabbinischen Theologie, in: Kairos 6 (1963) 40–58. Dabei vergesse man auch nie, daß Paulus seine Gesetzestheologie im Gal nicht gegen Juden, sondern gegen Mitchristen (judaistische Judenchristen) entwickelt hat (im Gal kommt der Begriff Ἰουδαῖος zwar viermal vor [2, 13. 14.15; 3, 28], aber niemals im antijüdischen Sinn)! Im Römerbrief hat er diese Theologie weiter entfaltet, aber auch nicht gegen die Juden. Mag er auch von seiten der Juden manche Unbill erlitten haben, seine theologischen Gegner waren primär nicht sie, sondern Mitchristen. Dies müßte überall dort, wo das Thema „Paulus" in das christlich-jüdische Gespräch miteinbezogen wird, mehr bedacht werden. Mit einer Berufung auf die Apg in diesen Dingen muß man zudem vorsichtig sein, wie E. HAENCHEN in seinem Aufsatz: Judentum und Christentum in der Apostelgeschichte gezeigt hat (Die Bibel und wir. Gesammelte Aufsätze II [Tübingen 1968] 338–374). Dazu auch noch M. BARTH, Was Paul an anti-Semite?, in: JES 5 (1968) 78–104.

[32] Die Partikel δέ hinter εἰδότες, die bei einigen Textzeugen fehlt (so im 𝔓46), bringt den Umschwung in der Erkenntnis, der sich vollzogen hat, noch stärker zur Geltung.

[33] G. KLEIN bemerkt zu dem καὶ ἡμεῖς: „In dem καὶ ἡμεῖς, das ja nicht die Christenheit im ganzen, sondern nur deren jüdischen Teil meint, hält sich einerseits das Bewußtsein eines ‚an sich' bestehenden Vorrangs [der Juden vor den Heiden] durch und bekennt sich doch zugleich als vernichtet in dem konkreten Vorgang der Glaubensentscheidung, in der jede andere als die dem Glauben eröffnete Möglichkeit der Rechtfertigung, damit des Heils, als unerschwinglich erfahren wird. Das καὶ ἡμεῖς deutet also das dem judenchristlichen Glauben spezifische Nicht-Selbstverständliche an, so daß der Glaube der Heidenchristen wie ein dem Glauben der Judenchristen gegenüber früherer Vorgang erscheint, in den diese nur einstimmen können" (Rekonstruktion und Interpretation, 185).

[34] Vgl. auch Apg 11, 17 (πιστεύσασιν ἐπὶ τὸν κύριον Ἰησοῦν Χριστόν).

vielleicht an die Taufe mitgedacht ist. „Wir wurden gläubig", und zwar „an Christus Jesus". Damit nennt der Apostel das alles entscheidende Spezificum, das den christlichen Glauben vom jüdischen unterscheidet. Dieses Spezificum gründet nicht in einer Privatmeinung des Apostels, in einer Neigung zu Sektiererei, in einem Einfluß der Apokalyptik oder des Hellenismus auf Paulus, sondern in jenem eschatologischen Ereignis, dessen Realität der Apostel bei Damaskus gegen seine eigene Erwartung erfahren hatte: darin, daß in Christus von Gott ein ganz neuer Heilsweg aufgetan ist[35]. Die Hinwendung der Juden zum Evangelium erfolgt also zu dem Zweck: ἵνα δικαιωθῶμεν ἐκ πίστεως Χριστοῦ[36]. Es geht um die Rechtfertigung des Menschen (auch des Juden); sie erfolgt allein „aus Glauben an Christus und nicht aus Gesetzeswerken". Daß der Apostel diesmal ἐκ statt διὰ πίστεως schreibt, hat seinen Grund darin, daß er sich bereits von der dann in 3, 12 zitierten Formulierung aus Hab 2, 4 ὁ δίκαιος ἐκ πίστεως ζήσεται beeinflussen läßt. Dabei nennt er nochmals in V 16c, aber nun in engerem Anschluß an einen atl. Text (Ps 143, 2), den Grund (wieder ὅτι), warum „nicht aus Gesetzeswerken", sondern „aus Glauben an Christus": „weil aus Gesetzeswerken kein Fleisch gerechtfertigt wird". Schlier meint gegen Sieffert, daß V 16c „überflüssig" wäre, „wenn es nicht als Zitat gedacht wäre". Ist aber V 16c wirklich Zitat? Auf keinen Fall ein Reflexionszitat, sondern nur ein sog. Kontextzitat, und auch dies nur im Hinblick auf den Wortbestand ὅτι ... οὐ δικαιωθήσεται πᾶς, entnommen aus Ps 142, 2b LXX (ὅτι οὐ δικαιωθήσεται ἐνώπιόν σου πᾶς ζῶν). Gerade die eigenmächtige Einfügung von ἐξ ἔργων νόμου in den Psalmtext verändert den Sinn des „Zitats"

---

[35] Es ist erstaunlich und erfreulich, daß auch der Jude Schalom BEN-CHORIN in seinem Paulusbuch zum Damaskusereignis schreibt: „Es muß außer Zweifel stehen, daß sich hier etwas ereignet hat, was den Menschen, was den Juden Paulus im Kern seiner Existenz getroffen und verwandelt hat" (28 f). Alle Erklärungsversuche der sogenannten Bekehrung des Paulus, die sich nicht an seiner Selbstaussage orientieren, wie sie etwa in Gal 1, 12.16 vorliegt, haben etwas Unglaubwürdiges und Phantastisches an sich. Der Satz des Juden BEN-CHORIN: „Dabei glaube auch ich selbstverständlich dem Paulus seinen Glauben" (28) kann manchen christlichen Theologen beschämen.

[36] Warum ἵνα und nicht ὅτι? Sicher nicht deshalb, weil ὅτι ohnehin zweimal im selben Vers erscheint. ἵνα mit Konj. Aorist (δικαιωθῶμεν) steht „im Begehrungssatz statt des Infinitiv bei Verben der Willensäußerung" (MAYSER, Grammatik, II/1, 243), des Entschlusses (der ja in dem unmittelbar vorhergehenden Verbum finitum ἐπιστεύσαμεν impliziert ist): Wir wurden gläubig (wir entschlossen uns zum Glauben), „um die Rechtfertigung aus Glauben an Christus zu erlangen und nicht aus Werken des Gesetzes". Warum nicht aus Werken des Gesetzes, begründet dann der folgende ὅτι-Satz (16c) und dieser selbst wiederholt nur das im ὅτι-Satz von 16a Gesagte. Der Entschluß zum Glauben hat also zum Ziel die Rechtfertigung aus dem Glauben! Dabei stehen das Partizip εἰδότες und der Aorist ἐπιστεύσαμεν in einem eigenartigen dialektischen Verhältnis: Nach dem syntagmatischen Aufbau des V 16 scheint das Wissen dem Glauben begründend vorauszugehen („weil wir wissen, entschlossen wir uns zum Glauben"); andererseits ist aber dieses „Wissen" erst ein aus dem Glauben an Jesus Christus resultierendes Wissen, der Glaube bringt dieses Wissen mit sich. Die Judenchristen hatten ja nicht zuerst ein „Wissen" gewonnen, etwa gar über den Weg der ratio, sondern der Glaube, den anzunehmen sie sich entschlossen, enthielt in sich dieses Wissen und entließ es aus sich. „... ce ἵνα ... décrit ici le but que Dieu (et non l'homme) poursuit" (BONNARD). Diese dialektischen Zusammenhänge syntagmatisch richtig aufzubauen, gelingt dem Apostel nur mit Mühe. Von da her rühren die Schwierigkeiten bei der Auslegung des V 16.

total. Die in V 16c vorliegende „Performanz" stammt aus einer anderen theologischen „Kompetenz" als jener des Psalmisten. Sie stammt aus der christlichen Kompetenz des Apostels. Das heißt: V 16c will nicht die Aussage des V 16b von der Schrift her begründen, sondern ist in der Tat „nur" eine unterstreichende Wiederholung dessen, was im Basissatz des V 16a schon gesagt wurde[37]. Daß diese „Wiederholung" z. T. in Worten der Schrift erfolgt, mag dem Schriftkundigen auffallen, nicht jedoch den schriftunkundigen Lesern, zu denen doch auch die ersten Adressaten des Briefes zu rechnen sind. Der Schriftbeweis für die in 2, 16 ausgesprochene theologische These erfolgt erst ab 3, 16. Mit ihr ist gesagt, daß sie für jedermann Gültigkeit besitzt[38], was für die καὶ ἡμεῖς der Grund war, Christen zu werden. Gilt sie aber für jedermann, so selbstverständlich auch für die Adressaten, die gerade dabei sind, sich Werken des Gesetzes zuzuwenden und von ihnen das Heil zu erwarten[39].

---

[37] Auch VIELHAUER meint zwar, daß Paulus in Gal 2, 16 „ein Psalmwort seiner Rechtfertigungslehre als Schriftbeweis dienstbar" mache (Paulus und das AT, 49), aber er betont dann richtig, daß der Apostel mit seiner Einfügung von ἐξ ἔργων νόμου dem Psalmwort einen Sinn gibt, „den es nicht hat und der dem jüdischen Verständnis stracks zuwiderläuft"; Paulus „trägt ... ohne Bedenken das Entscheidende erst in das Schriftwort ein". Dann kann man aber nicht mehr von einem „Zitat" reden; auf keinen Fall von einem Schriftargument.
[38] Vgl. zu ihr auch 1 QH IV, 30 („und ich weiß, daß kein Mensch Gerechtigkeit hat"); XV, 12 („Ich habe durch deine Einsicht erkannt, daß nicht in des Fleisches Hand die [Gerechtigkeit] liegt"); Henäth 81, 5 („und zeige allen deinen Kindern, daß kein Fleisch vor dem Herrn gerecht ist"). Hier fehlt aber bezeichnenderweise überall der Hinweis auf die Werke des Gesetzes, auf den es Paulus gerade ankommt.
[39] Die Nachdrücklichkeit, mit der Paulus in Gal 2, 16 auf die Rechtfertigung zu sprechen kommt — dreimal wird das Verbum δικαιοῦσθαι in dem Vers gebraucht! —, hat W. WREDE einst veranlaßt, „die Rechtfertigungslehre als die ‚Kampflehre des Paulus' zu erklären [vgl. Paulus, Halle 1904, 72]. Die Rechtfertigungslehre des Paulus sei, so meint Wrede, ‚nur aus seinem Lebenskampf, seiner Auseinandersetzung mit dem Judentum und Judenchristentum verständlich und nur für diese gedacht' [ebd.]. Tatsächlich scheint die Tendenz des Galaterbriefes Wrede recht zu geben" (KERTELGE, Zur Deutung des Rechtfertigungsbegriffs im Galaterbrief, 211). Dennoch bedarf die These Wredes einer kritischen Nachprüfung, der sich KERTELGE annimmt, mit dem Ergebnis, daß die These WREDES „im Galaterbrief nicht die zunächst und besonders von diesem Brief erwartete Bestätigung" findet. „Der Apostel entwickelt seine Rechtfertigungslehre zwar zuerst zum Zweck der Argumentation gegen seine Gegner in Galatien. Insofern trägt sie einen situationsbezogenen polemischen Akzent: ‚nicht aus Gesetzeswerken'. Seine Rechtfertigungsaussage bleibt allerdings nicht in der Polemik stecken, sondern wendet sich sofort zur positiven Verkündigung der ‚Rechtfertigung aus Glauben', die schon im Galaterbrief und dann noch einmal, in umfassender und grundsätzlicher Form, im Römerbrief zum zentralen Ausdruck seiner Botschaft von dem jetzt offenbar gewordenen und letztgültig in Kraft gesetzten universalen Heilswillen Gottes wird. Im Galaterbrief überwiegt freilich der missionspraktische Aspekt seiner Verkündigung, so daß die im ganzen Brief zum ersten Mal begegnende Wendung ‚gerechtfertigt durch den Glauben' als der theologisch vertiefte Ausdruck seines universalen Missionsgedankens erscheint, oder, wenn man es recht versteht — Paulus kämpft im Grunde ja nicht gegen Judenchristen, sondern für die, wenn auch in sich differenzierte, Einheit von Judenchristen und Heidenchristen: als der ökumenisch akzentuierte Ausdruck seiner Soteriologie" (222). Die „Kampflehre" des Apostels in Gal 2, 16 wird zur universalen Heilslehre von situationsloser Gültigkeit.

2, 17   Der Vers bereitet der Auslegung Schwierigkeiten[40]. Wenn Petrus und die übrigen Judenchristen sich jetzt von der bisher in der Gemeinde von Antiochien geübten Tischgemeinschaft mit den Heidenchristen zurückziehen, so erweckt das leicht den Eindruck, als hätten sie bei dieser Tischgemeinschaft gegen ihr Gewissen gehandelt, also etwas Böses getan. Andererseits sind sie doch selbst fest überzeugt (εἰδότες), daß die Rechtfertigung allein in Christus zu suchen ist (ζητοῦντες δικαιωθῆναι ἐν Χριστῷ). Aufgrund dieser Glaubensüberzeugung haben sie bisher die rituellen Speisevorschriften des Judentums nur noch als ein Adiaphoron betrachtet; sonst hätten sie ja die Tischgemeinschaft mit den Heidenchristen überhaupt nicht aufgenommen. Jetzt wollen sie dieselbe wieder aufgeben und scheinen eben damit erkennen zu lassen, daß sie mit der Tischgemeinschaft vorher etwas Sündhaftes getan haben; sie lebten ja faktisch ἐθνικῶς (vgl. V 14). Haben sie nun mit ihrer „Umkehr" zum gesetzlichen Leben recht, ist die Konsequenz nur die: durch ihr Streben (ζητοῦντες), die Rechtfertigung in Christus (und nicht mehr in den Werken des Gesetzes) zu suchen, sind sie dadurch „auch selbst" ἁμαρτωλοί geworden (sc. wie die gesetzlosen Heiden)[41]. Und es könnte sich dann die vorwurfsvolle Frage einstellen: Ist dann Christus nicht ein Diener der Sünde?[42] Das Absurde dieser Meinung bringt der Apostel schon dadurch zum Ausdruck, daß er sie in die Form eines Fragesatzes kleidet (ἆρα Χριστὸς ἁμαρτίας διάκονος;). Kann denn Christus, der für Paulus der Sohn Gottes ist, im Dienst der Sünde[43] stehen? Ist er ihr Helfershelfer? Der Apostel weist den absurden Gedanken augenblicklich mit einem protestierenden μὴ γένοιτο zurück, das er im Anschluß an den Diatriben-Stil[44] als Ausdruck solchen Protestes auch sonst gerne gebraucht, und zwar immer nach Fragesätzen (vgl. Gal 3, 21; Röm 3, 4.6.31; 6, 2.15; 7, 7.13; 9, 14; 11, 1; 1 Kor 6, 15)[45]. Bei dieser Auffassung des Textes kann

---

[40] Vgl. dazu besonders KLEIN, a.a.O. 185ff; Kl. setzt sich mit den verschiedenen Meinungen auseinander. Wir vermögen ihm nicht in allem zu folgen.
[41] ἁμαρτωλοί weist bewußt zurück auf denselben Begriff in V 15 und καὶ αὐτοί ist formuliert mit Blick auf die dort erscheinenden „Heiden": Die gesetzlos lebenden Heiden sind in den Augen des frommen Juden „Sünder", und jetzt sind auch jene Judenchristen „Sünder" geworden, die in ihrer Tischgemeinschaft mit Heiden(christen) das gesetzliche Leben aufgegeben haben; sie scheinen das sogar selber zuzugeben, weil sie ja jetzt die Umkehr üben, indem sie ihr zeitweiliges gesetzloses Zusammenleben mit „Heiden" wieder reumütig aufgeben.
[42] „Und diesen Vorwurf haben die korrekten Judaisten offenbar — nicht gegen Christus — aber gegen die paulinische Predigt erhoben: sie mache Christus zum Helfershelfer der Sünde" (LIETZMANN z. St.). Diese Predigt scheint ja zu einem gesetzeswidrigen Leben aufzufordern! Paulus selber kommt in Röm 6, 15 auf diese scheinbare Konsequenz aus seiner Freiheitspredigt zu sprechen: „Sollen wir sündigen, weil wir nicht (mehr) unter dem Gesetz, sondern unter der Gnade stehen?"; seine Antwort lautet hier ebenso: μὴ γένοιτο!
[43] „In ἁμαρτίας διάκονος wird die Sünde personifiziert" (BISPING).
[44] Vgl. z. B. EPICTET, Diss. I, 1, 13; 2, 35; R. BULTMANN, Der Stil der paulinischen Predigt, 33; 68.
[45] Statt der Fragepartikel ἆρα liest BULTMANN (Zur Auslegung von Galater 2, 15–18, 395f) ἄρα = dann (Folgerungspartikel). An und für sich ergäbe sich damit ein ebenso guter Sinn des Satzes. Dem steht aber entgegen, daß bei Paulus μὴ γένοιτο immer nach Fragesätzen erscheint. Vgl. zur Kritik auch KLEIN, a.a.O. 186–189. Die Frage des Apostels: „Ist dann Christus ein Helfershelfer der Sünde?" richtet sich an die Judaisten unter den Judenchristen (wobei er vermutlich mehr seine jetzigen Gegner in Galatien als jene in Antiochien anvisiert):

εἰ ... εὑρέθημεν nur irreal verstanden werden („wenn wir erfunden worden wären")[46]. Von wem „erfunden worden wären"? Das sagt Paulus nicht. Da er aufgrund seiner gesamten Rechtfertigungstheologie unmöglich zugeben kann, daß die Judenchristen wirklich als Sünder befunden wurden, als sie Tischgemeinschaft mit den Heidenchristen pflegten, wie vielleicht die Judaisten behaupteten, kann es sich entweder nur um das eigene Gewissensurteil (vgl. dazu in V 18: „Ich stelle mich selbst als Übertreter hin", nämlich vor meinem Gewissen) oder um das Urteil Gottes handeln (Gott „fand" uns als Sünder, als und weil wir Tischgemeinschaft mit Heiden gehalten haben). Aber ein solches Urteil ist für Paulus eben irreal: weder Gott noch das eigene Gewissen fällt ein solches Urteil.

2, 18 Der Vers bringt die Begründung (vgl. γάρ), warum jener, der zum gesetzlichen Leben zurückkehrt, sich damit selber zu einem „Übertreter" der Tora und so zu einem ἁμαρτωλός stempeln würde. Der Apostel formuliert diese Begründung im Ich-Stil; er wechselt also überraschend von dem bisherigen „wir" zum „ich" über. Warum dieser Wechsel? Wer ist mit dem „ich" gemeint? Man könnte an die unsicher gewordenen Judenchristen wie Petrus und Barnabas denken und das „ich" dann als literarisches Mittel verstehen[47]. Dann würde sich Paulus gewissermaßen auf ihren Standpunkt stellen: Sie kehren zum gesetzlichen Leben zurück (vgl. πάλιν) und geben damit nolens volens zu, daß sie vorher das Gesetz übertreten haben. So „erweise ich mich[48] selber als Übertreter". Klein bemerkt gegen eine solche Auffassung[49]: „Gegen eine Beziehung auf Petrus spricht, daß der Gebrauch der 1. Pers. Sing. über V 18 hinausreicht, gegen eine Beziehung auf Paulus, daß der Personenwechsel schon vor V 19ff erfolgt. Der Versuch aber, nebeneinander in V 18 das Ich des Petrus, in V 19ff. das des Paulus auszumachen, scheitert daran, daß ein solcher Subjektwechsel unterhalb der gleichbleibenden grammatischen Form durch nichts angedeutet ist. Es bleibt nur der Weg, den Übergang zur ‚Ich'-Form aus sachlich-theolo-

---

Wenn eure Vorwürfe, Angriffe und Anschuldigungen wirklich zu Recht bestünden, dann müßtet ihr euch ehrlicherweise diese Frage vorlegen und sie dann konsequenterweise auch bejahen! Weil es aber per se ausgeschlossen ist, daß Christus ein Helfershelfer der Sünde ist, könnt ihr daran die Unsinnigkeit eures ganzen Vorgehens erkennen. Auch die Judaisten können ja auf die Frage des Apostels nicht anders als er selber antworten: μὴ γένοιτο. Würden sie diese Antwort ablehnen, so würden sie ihre eigene Hinwendung zum Christentum selber zu einer Farce erklären.

[46] So auch CHRYSOSTOMUS, LUTHER, LIETZMANN, BULTMANN (vgl. auch Gal 3, 21 εἰ γὰρ ἐδόθη νόμος = „wenn gegeben worden wäre ein Gesetz"). Anders SIEFFERT, ZAHN, DUNCAN, OEPKE, SCHLIER, die εὑρέθημεν als Realis nehmen („wenn wir erfunden wurden"); diese Auffassung legt sich dann nahe, wenn dabei der Standpunkt der Gegner anvisiert wird: für sie ist Paulus durch sein Verlassen der väterlichen Gesetze tatsächlich ein Sünder geworden. Aber in den Augen des Apostels selbst ist dieser Standpunkt Unsinn und darum irreal, weil er ja für das Gesetz ein längst Toter ist, das Gesetz also über ihn keine Macht mehr hat (wie er in V 19 darlegen wird). Ohne den Blick auf die unmittelbar folgenden Ausführungen des Apostels in den VV 18–21 kann der V 17 nicht richtig ausgelegt werden.

[47] So OEPKE, SCHLIER, BONNARD u. a.

[48] Zu συνιστάνειν in der Bedeutung „erweisen" vgl. BAUER Wb s. v. I, 1b.

[49] Rekonstruktion und Interpretation, 195.

gischen Gründen zu erklären." Das klingt zunächst plausibel. Und selbstverständlich hat Klein darin recht, daß das von V 18 an redende Ich sich nicht „individuell definieren" läßt, aber es ist auch kein anonymes Ich. Klein selbst gibt zu, „daß Paulus zu Beginn dieses neuen Unterabschnitts noch einmal den antiochenischen Umfall des Petrus assoziiert"[50], eben im V 18. Im übrigen liegt nicht bloß ein Wechsel vom „wir" zum „ich" vor, sondern die Wir-Passage ist umrahmt von einer Du-Passage (V 14b) und einer Ich-Passage (VV 18ff)[51]; der ganze Abschnitt 2, 14b–21 will eine „Rede" darstellen, deren Adressat formal Petrus ist (vgl. V 14a). Wir haben also eine geschlossene Performanz vor uns, innerhalb derer ein rhetorisch eindrucksvoller Übergang vom Du zum Wir und von diesem zum Ich erfolgt. Die sprachliche Kompetenz des Paulus generiert Sätze, in denen das Ich ohne weiteres verschieden bezogen sein kann. Dazu kommt, daß V 18 thematisch eng an V 17 anschließt — παραβάτης weist auf ἁμαρτία zurück —, ja die Begründung zu diesem liefert, während V 19 das Stichwort νόμος aus V 16 wieder aufnimmt und damit einen neuen Gedankengang einleitet. Das betont herausgesetzte ἐγώ zu Beginn des V 19 ist also mit dem „ich" des V 17, das zudem nicht expresse als ἐγώ herausgestellt ist, nicht identisch. Das Ich des V 18 visiert noch einmal Petrus an, das betonte ἐγώ des V 19 dagegen Paulus; beide aber sind dabei exemplarische Repräsentanten oder Typen eines bestimmten Tuns bzw. Erleidens und insofern überindividuell zu begreifen. So ist der Wechsel der Personen in dem Abschnitt 2, 14b–21 mehr als ein bloßes Stilmittel, sondern muß in der Tat „aus sachlich-theologischen Gründen" erklärt werden[52]. Die Exegese des V 19 wird hier noch mehr Klarheit bringen müssen.

Wenn Paulus in V 18 formuliert: „Wenn ich, was ich zerstört (niedergerissen) habe, wieder aufbaue", so scheint er mit den gegensätzlichen Begriffen καταλύειν – οἰκοδομεῖν einer rabbinischen Sprechweise zu folgen (בָּנָה – סָתַר)[53]. Hinter dem unbestimmten Objekt ταῦτα verbirgt sich entweder die Vorstellung von bestimmten Verboten des Gesetzes wie die rituellen Speiseregeln oder die Vorstellung vom Gesetz als Scheidewand, die nach jüdischer Auffassung Juden und Heiden voneinander trennt[54]. Petrus hat diese Scheidewand „eingerissen" (Aorist κατέλυσα), als er Tischgemeinschaft mit den Heidenchristen pflegte, jetzt (Präsens οἰκοδομῶ) geht er daran, sie „wieder[55] aufzubauen"[56]. Wenn er das tut, erklärt er selber seine bisherige Tischgemeinschaft

---

[50] Ebd. 196.
[51] Vgl. auch GAECHTER, Petrus und seine Zeit, 252.
[52] Vgl. auch noch E. v. DOBSCHÜTZ, Wir und Ich bei Paulus, in: ZsystTh 10 (1933) 251–277.
[53] Vgl. MICHEL in: ThWb V, 145/3ff; z. B. bBer 63a: „Sie sprachen zu ihm: Du hast gebaut, da kannst du nicht einreißen."
[54] Vgl. Eph 2, 14; dazu MUSSNER, Christus, das All und die Kirche, 82f.
[55] πάλιν meint hier den Rückfall in einen früheren Zustand (vgl. BAUER Wb s. v. 1b). An diesem πάλιν scheitert vor allem auch die Meinung MUNCKS, Paulus denke bei den Judaisten an judaistische Heidenchristen, „von denen man allerdings nicht sagen kann, daß sie selbst wieder aufgebaut haben, was sie niedergerissen hatten", wie MUNCK selbst zugeben muß (Paulus und die Heilsgeschichte, 121).
[56] Das hier verwendete Verbum οἰκοδομεῖν „compare implicitement la vie chrétienne (ou le salut) à un édifice construit avec de mauvais (la loi, les œuvres) ou de bons (la grâce de Dieu,

mit den Heidenchristen als etwas Sündiges und stempelt sich damit selber als einen „Übertreter" des Gesetzes. Begründet wird also im V 18 näherhin die vorhergehende Aussage εὑρέθημεν καὶ αὐτοὶ ἁμαρτωλοί. Was Paulus damit den Galatern sagen will, ist dies: Auch ihr erklärt euch selber als Sünder, wenn ihr jetzt meint, der bisherige Gebrauch der Freiheit des Christen sei illegitim gewesen; ihr müßtet, um nicht als Sünder vor Gott befunden zu werden, euch deshalb dem gesetzlichen Leben zuwenden. Demgegenüber stellt Paulus fest: Wer das Gesetz wieder aufrichtet, erklärt damit sich selber zum Sünder, weil er dann ja zugeben muß, daß er durch das ἐθνικῶς ζῆν das Gesetz übertreten hat. Daraus ergibt sich: Ergo ist nicht Christus der Helfershelfer der Sünde, sondern ich selbst in dem Augenblick, wo ich zum Gesetz zurückkehre; ich desavouiere so meine eigene Glaubensentscheidung.

2, 19 Der Vers bringt eine neue Begründung (nochmals γάρ), und die Frage ist, was mit ihm begründet wird. Das läßt sich erkennen, wenn man den Inhalt dieses neuen Begründungssatzes ins Auge faßt. Paulus bringt einen ganz neuen, überraschenden und zunächst unverständlichen Gedanken aus seiner Gesetzestheologie: „Ich bin durch den Nomos zuungunsten des Nomos[57] gestorben." Wenn das wirklich der Fall ist — und für den Apostel besteht daran kein Zweifel —, ist es geradezu unsinnig, das Gesetz nachträglich „wieder aufzubauen", wie es Petrus durch sein Verhalten in Antiochien faktisch tut und nun auch die Galater tun wollen. Begründet wird also mit V 19 die Unsinnigkeit eines πάλιν οἰκοδομεῖν, konkret: einer Wiederaufrichtung des Gesetzes. Wenn jemand für das Gesetz tot ist, ist auch das Gesetz für ihn tot! Ist das richtig, dann entsteht um so dringender die Frage: Wer ist eigentlich mit dem ἐγώ zu Beginn des V gemeint? Man kann nicht sagen, damit sei allein Paulus gemeint, wenn auch als Typus all jener, die den Mut haben, die Konsequenzen aus der Tatsache zu ziehen, daß sie als Christen dem Gesetz abgestorben sind[58]. Denn unter das ἐγώ sind auch Petrus und die übrigen Judenchristen (und selbstverständlich auch die Galater) zu subsumieren[59], nur mit dem Unterschied, daß diese alle es zu vergessen drohen, daß sie doch dem Gesetz ein für allemal abgestorben sind. Paulus muß sie in ihren wahren status confessionis zurückrufen. Deshalb kann er hier auch „nicht ohne weiteres wir, hier muß er ich sagen, denn hier sieht er klarer und handelt folgerichtiger als Petrus" (Stauffer)[60].

Aber wie kann der Apostel überhaupt sagen, daß ich „durch Gesetz" dem Gesetz gestorben bin? Man könnte den Gedanken viel leichter mitvollziehen, wenn er formulieren würde: „Ich bin durch Glaube und Taufe dem

---

la foi) matériaux" (Bonnard). Ebenso steht vielleicht hinter „niederreißen" die Vorstellung eines Gebäudes, nämlich des Gebäudes des Gesetzes (Bisping).
[57] νόμῳ ist Dat. incommodi; vgl. auch Röm 6, 2.10 (τῇ ἁμαρτίᾳ ἀπέθανεν).
[58] Der Aorist ἀπέθανον hat also dasselbe Ereignis im Auge, „das schon in V 16 mit ἐπιστεύσαμεν umschrieben ist, nun aber so formuliert, daß der Bruch mit dem Gesetz als unausweichliche Schlußfolgerung deutlich wird" (Stauffer in: ThWb II, 355).
[59] Man kann also nicht mit Bonnard sagen: „Ἐγώ est encore littéraire."
[60] A.a.O.

Gesetz abgestorben"; aber das steht nicht da. Den theologischen Kommentar zu der eigenartigen Formulierung von Gal 2, 19 bietet Röm 7, 1–6, besonders V 6. Das Gesetz ist, obwohl von Haus aus eine Lebensmacht (Gal 3, 12) und „heilig" (Röm 7, 12), faktisch wegen der Schwäche des Fleisches und der Tücke der Hamartia (vgl. Röm 7, 11–14) zu einer Todesmacht geworden (Röm 7, 10 εὑρέθη μοι ἡ ἐντολὴ ἡ εἰς ζωήν, αὕτη εἰς θάνατον). An das Gesetz ist von Gott die Lebensverheißung geknüpft, aber nur für den, der es erfüllt (Gal 3, 12). Wer es nicht erfüllt, verfällt seinem todbringenden Fluch. Und in der Tat ist es für Paulus so, daß niemand die strengen Forderungen des Gesetzes erfüllen kann. Und so sind alle „durch das Gesetz" dem Tod verfallen, „gestorben".

Soweit würde vielleicht auch ein Jude angesichts der Schwäche seines „Fleisches" mitgehen, aber schon der folgende Dativus incommodi τῷ νόμῳ wäre ihm unverständlich, wenn nicht ärgerlich, und erst recht wäre für ihn im Zusammenhang damit der folgende ἵνα-Satz geradezu absurd, wenn nicht gar blasphemisch: „damit ich für Gott lebe". Wie kann man von „leben" und gar von „leben für Gott" reden, wenn man soeben seinen eigenen Tod durch das Gesetz konstatiert hat?! Mit dem Gesetz ist von Gott selber dem Menschen die Möglichkeit des Lebens oder des Todes vorgelegt worden: „Siehe, ich lege dir heute vor Leben und Glück auf der einen, Tod und Unheil auf der anderen Seite" (Deut 30, 15; vgl. auch 30, 19). Der Mensch hat die Wahl: Erfüllt er das Gesetz, hat er Leben vor Gott; erfüllt er es nicht, trifft ihn der Todesfluch des Gesetzes. Und Paulus zögert nicht, den Tod des Menschen „durch das Gesetz" zu konstatieren! Wie kann er aber hinzufügen „zuungunsten des Gesetzes, damit ich für Gott lebe"?[61] Weil dieser mein Tod kein „isolierter" Tod war, sondern ein Tod zusammen mit Christus: Χριστῷ συνεσταύρωμαι (19 b)[62]! Der Ton liegt in diesem freudigen Ruf deutlich auf dem vorangestellten Χριστῷ. Christus aber ist für Paulus nicht irgendeiner, sondern der zum Leben auferstandene Messias und Sohn Gottes. Paulus denkt also bei dem ἀπέθανον den folgenden Sachverhalt: Χριστῷ συνεσταύρωμαι schon mit[63]. Diesen Gedanken kann selbstverständlich ein Jude nicht mitvollziehen, wofür ein Christ Verständnis haben muß.

Die Aussagen des V 19 sind allzu knapp und explizieren nicht genügend die hinter ihnen stehende Theologie. Nur aus der Kenntnis der gesamten Theologie des Römer- und Galaterbriefes kann man sagen, wie der gedankliche Zusammenhang zwischen diesem „Mitgekreuzigtwerden mit Christus" und dem „Sterben zuungunsten des Gesetzes" ist. So verbirgt sich hinter der Aussage „mit Christus bin ich gekreuzigt" ein Wesensstück pln. Tauftheologie[64], nach der die Taufe ein geheimnisvolles Mitsterben mit Christus ist[65] (vgl. besonders

---

[61] Der Ton liegt in dem ἵνα-Satz auf θεῷ.
[62] Der kurze Satz Χριστῷ συνεσταύρωμαι ist ein asyndetischer Begründungssatz, wie ihn vor allem das Semitische kennt (vgl. JOÜON, Grammaire, § 170b; Biblica 42, 1961, 327). Beispiel für begründendes Asyndeton in griechischen Papyri bei MAYSER, Grammatik, II/3, 182 (τοῖς θεοῖς τὴν ἐπιτροπὴν δίδομεν· ἄνευ τῶν θεῶν οὐδὲν γίνεται).
[63] Vgl. auch BISPING z. St.
[64] Vgl. auch CHRYSOSTOMUS, SCHLIER, OEPKE z. St. Abschwächend KERTELGE, „Rechtfertigung" bei Paulus, 239–242.
[65] Vgl. auch L. FAZEKAŠ, Taufe als Tod in Röm 6, 3ff, in: ThZ (Bas.) 22 (1966) 305–318.

Röm 6, 3–9, vor allem V 8f: „Wenn wir aber gestorben sind zusammen mit Christus [in der Taufe], so glauben wir, daß wir auch mit ihm zusammen leben werden, weil wir wissen, daß Christus, auferweckt von den Toten, nicht mehr stirbt"; 2 Kor 6, 9; Kol 2, 12). Für Paulus bleibt es in der Taufe nicht beim „Sterben" mit Christus, die Taufe ist zugleich ein Mitauferwecktwerden zu einem neuen Leben[66]. In Christus hat aber der Getaufte einen neuen Herrn bekommen, der an die Stelle des Gesetzes getreten ist (vgl. Röm 7, 1–6!)[67]. So sind wir zwar durch das Gesetz in den Tod getrieben worden, aber das „Sterben" war für den Christen ein Sterben zusammen mit Christus, dem Lebendigen, und so leben wir nun „für Gott". Das Gesetz hat keinen weiteren Anspruch mehr auf uns (= „zuungunsten des Nomos"); sein Todesfluch ist durch Christus weggenommen (vgl. Gal 3, 13). Eine völlig neue Heilssituation ist durch Christus geschaffen worden, durch die die alte Todessituation während der Gesetzesherrschaft ein für allemal beseitigt ist.

Auffällig ist im V 19 der Wechsel vom Aorist ἀπέθανον zum Perfekt συνεσταύρωμαι. Der Aorist ist verständlich von der Taufe her, die ein einmaliger Akt ist, und nur weil Paulus von diesem Akt her denkt, kann er überhaupt sagen, daß „ich zuungunsten des Gesetzes (schon) gestorben bin". Dem Todesfluch des Gesetzes verfällt man, so oft man seine Forderungen nicht erfüllt; darum kann der Apostel von einem „Sterben durch das Gesetz" sprechen[68]. Der Umstand aber, daß dieser Tod in der Taufe ein Tod „zusammen mit Christus" wurde, ermöglicht es, zu sagen: „Ich bin zuungunsten des Gesetzes gestorben." Das Perfekt συνεσταύρωμαι sieht aber dieses „Sterben mit Christus" als einen existentiellen Dauerzustand des Getauften an, als bleibende κοινωνία παθημάτων αὐτοῦ, als ein dauerndes συμμορφιζόμενος τῷ θανάτῳ αὐτοῦ (Phil 3, 10; vgl. auch Gal 6, 17).

---

[66] Vgl. Näheres dazu bei J. LEAL, „Christo confixus sum cruci" (Gal. 2, 19), in: VD 19 (1939) 76–80; 98–105; R. SCHNACKENBURG, Das Heilsgeschehen bei der Taufe nach dem Apostel Paulus (München 1950) 48f; 57–62; 149–167; DERS., „Er hat uns mitauferweckt". Zur Tauflehre des Epheserbriefes, in: Liturg. Jb. 2 (1952) 159–183; DERS., Todes- und Lebensgemeinschaft mit Christus. Neue Studien zu Röm 6, 1–11, in: Schriften zum Neuen Testament (München 1971) 361–390 (mit umfassender Lit.); P. BONNARD, Mourir et vivre avec Jésus-Christ selon S. Paul, in: RHPhilRel 36 (1956) 101–112; F. MUSSNER, Zur pln. Tauflehre in Röm 6, 1–6. Versuch einer Auslegung, in: PRAESENTIA SALUTIS. Gesammelte Studien zu Fragen und Themen des NT (Düsseldorf 1967) 189–196; E. SCHWEIZER, Die „Mystik" des Sterbens und Auferstehens mit Christus bei Paulus, in: DERS., Beiträge zur Theologie des NT (Zürich 1970) 183–203; R. TANNEHILL, Dying and Rising with Christ (BZNW 32) (Berlin 1966); G. DELLING, Die Taufe im NT (Berlin o.J.) 132; DERS., Die Heilsbedeutung der Taufe im NT, in: KeDog 16 (1970) 259–281; E. LOHSE, Taufe und Rechtfertigung bei Paulus, in: DERS., Die Einheit des NT (Göttingen 1973) 228–244.
[67] Vgl. auch SCHWEIZER, a.a.O. 197–199.
[68] Mit dem Gesetz in der Präpositionalwendung διὰ νόμου kann aufgrund der ganzen pln. Gesetzestheologie unmöglich das Gesetz Christi (Gal 6, 2), das Gesetz des Geistes (Röm 8, 2) oder das Gesetz des Glaubens (Röm 3, 27) gemeint sein, wie etwa LAGRANGE, aber auch schon HIERONYMUS, AMBROSIASTER u. a. annehmen möchten. Vielmehr ist das Gesetz selber zur tötenden Macht geworden (vgl. auch Gal 3, 21–23 und die Auslegung dazu). Auch die Idee, daß das Gesetz mich auf die Gnade hinwies und dadurch sich selbst überflüssig machte (in dieser Richtung LIGHTFOOT, BURTON, ZAHN u. a.), entspricht nicht der pln. Gesetzestheologie. BISPING bemerkt mit Recht, daß auf die richtige Deutung des διὰ νόμου „alles ankommt".

Das „Sterben zuungunsten des Gesetzes" hat für den Christen den positiven Sinn und Zweck: ἵνα θεῷ ζήσω. θεῷ ist Dat. commodi („zugunsten Gottes") und korrespondiert oppositionell dem Dat. incomm. νόμῳ. Eigentlich war „ein Leben für Gott" nach dem AT auch das Ziel des Gesetzes, aber wegen der Schwäche des Fleisches und der dadurch bedingten Sündhaftigkeit des Menschen wurde dieses Ziel nicht erreicht. Jetzt aber soll und kann es aus der Todesgemeinschaft mit Christus erreicht werden. Wie die Verbindung des Verbums ζῆν mit dem Dat. commodi θεῷ erkennen läßt, ist dieses „neue" Leben zunächst ethisch verstanden, d. h., es äußert sich existentiell im Gehorsam gegen den göttlichen Imperativ (vgl. auch Röm 6, 2.4.11 ff; 7, 4; 2 Kor 5, 15; 1 Tim 6, 18 f)[69].

Wer „zuungunsten des Gesetzes" gestorben ist, braucht zwar die ἔργα τοῦ νόμου nicht mehr zu erfüllen (wie die Judaisten meinen), ist aber auch nicht in den heidnischen Libertinismus und die heidnische Gesetzlosigkeit entlassen, sondern ist nun erst recht verpflichtet, „für Gott" zu leben, weil Christus in ihm lebt[70]. Davon spricht der folgende Vers.

2, 20 Der Terminus ζῆν in V 19 gab dem Apostel ein entscheidendes Stichwort, das vier Sätze mit demselben Term aus sich entläßt, von denen je zwei zusammengehören:

20a: ζῶ δὲ οὐκέτι ἐγώ,
    ζῇ δὲ ἐν ἐμοὶ Χριστός·
20b: ὃ δὲ νῦν ζῶ ἐν σαρκί,
    ἐν πίστει ζῶ τῇ τοῦ υἱοῦ τοῦ θεοῦ ...

Die Partikel δέ in V 20a hat beide Male adversativen, besser „korrigierenden" Sinn. Richtiggestellt wird zunächst die im vorausgehenden ζήσω sich aussprechende 1. Person („ich"): „eigentlich" (= das erste δέ) darf ich nicht sagen — so korrigiert sich der Apostel selbst sofort — „ich lebe"[71]; „vielmehr" (= das zweite δέ) lebt Christus in mir. Damit verliert aber auch der Terminus ζῆν den bloß ethischen Sinn, den er in V 19 noch besaß, und bekommt eindeutig ontologische Bedeutung im Sinn der pln. Christusmystik[72], die aber nicht bloß als individuelle, „je meinige" Christusgemeinschaft verstanden werden darf, so sehr dieser Aspekt mitbeachtet werden muß (ἐν ἐμοί!). Vielmehr muß bei Χριστός der heilsgeschichtliche Aspekt mitgedacht werden: durch Christus ist der neue, eschatologische Äon schon eingeleitet[73], der den durch das Gesetz bestimmten alten Äon ablöst[74]. Die Aussage „Christus lebt in mir" ist also, ohne deswegen ihren ontologischen Charakter zu verlieren, eschatologisch zu verstehen! Dadurch, daß Christus, der Begründer und Grund

---

[69] Vgl. auch N. GÄUMANN, Taufe und Ethik. Studien zu Römer 6 (München 1967).
[70] Vgl. auch noch E. STAUFFER, Vom λόγος τοῦ σταυροῦ und seiner Logik, in: ThStKr 103 (1931) 179 ff.
[71] Daß das ἐγώ hier der „alte Adam" sei (so LIETZMANN), ist wenig wahrscheinlich. Paulus bemüht sich vielmehr nur, das Geheimnis der christlichen Existenz deutlicher auszusprechen.
[72] Vgl. dazu auch A. WIKENHAUSER, Die Christusmystik des Apostels Paulus, 24 f; 49; 95.
[73] „Christus ist der andere Aion" (OEPKE z. St.).
[74] Vgl. dazu das Schaubild bei KUSS, Römerbrief, 290.

des neuen Äons, im Getauften lebt, lebt dieser selbst schon in der bereits angebrochenen Heilszukunft der Christusherrschaft und ist so dem Gesetzes-Äon entnommen.

Aber diese „Christusexistenz" des Getauften hat ihre besondere Eigenart, die in V 20 b zur Sprache kommt. Das eschatologische Christusleben des Getauften ist „jetzt" noch eine Existenz „im Fleisch" — die Partikel δέ hinter ὅ[75] ist wiederum ein korrigierendes, berichtigendes δέ —, wobei mit ἐν σαρκί vor allem an die Todverfallenheit der noch im Fleischesleib sich abspielenden Existenz gedacht ist (vgl. auch Röm 7, 24; 8, 23). Obwohl aber der Getaufte „jetzt" noch „im Fleische" lebt und damit dem physischen Tod zuläuft, „lebt" er dennoch jetzt „im Glauben" an den Sohn Gottes. ἐν πίστει will also keine Abwertung der in V 20a mit dem Satz „Christus lebt in mir" ausgesprochenen Überzeugung sein und schränkt nicht mit ἐν σαρκί diese Überzeugung wieder ein, vielmehr nennen ἐν σαρκί und ἐν πίστει die noch bestehenden Existenzbedingungen — noch bin ich „im Fleisch", noch lebe ich nicht im Schauen, sondern „im Glauben"[76]. Der Glaube, in dem ich jetzt noch „lebe", ist freilich kein „Allerweltsglaube", sondern präzis Glaube „an den Sohn Gottes". Die Partizipialattribute τοῦ ἀγαπήσαντος ... καὶ παραδόντος ... klingen zwar formelhaft, weil sie ja vom Apostel aus der Tradition entnommen sind[77], aber sie haben hier ihre besondere Bedeutung: Weil der Sohn Gottes mich geliebt und sich für mich hingegeben hat, darum ist meine Fleischesexistenz dennoch eine Existenz vertrauensvoller und zuversichtlicher Hoffnung. πίστις enthält hier ganz besonders das Moment des Vertrauens und der Hoffnung. Christus wird mich nicht dem mit der Fleischesexistenz gegebenen Schicksal, der physischen Todverfallenheit, überlassen, sondern mein wahres Leben, das in der Taufe gewonnen wurde und einstweilen verborgen ist mit Christus in Gott (Kol 3, 3), endgültig über den Tod siegen lassen. Die Existenz „im Glauben" ist gewiß eine „vorläufige" Existenz, aber in der Gewißheit, daß der in mir lebende und für mich gestorbene Christus meine mit der Fleischesexistenz gegebene Todverfallenheit überwinden wird (vgl. auch Röm 7, 24; 8). Während die Existenz ἐν σαρκί der Vergänglichkeit und damit dem schon Vergehenden zuweist, weist die Existenz ἐν πίστει der Zukunft Gottes zu. „Denn der Glaube ist Antizipation der Zukunft" (Bisping). ἐν πίστει darf also hier, genau gesehen, nicht vor dem Hintergrund des Gesetzes gesehen werden.

---

[75] Zur sprachlichen Formulierung ὅ δέ ..., ... ζῶ vgl. PLUTARCH, Mor. 100 F: καὶ γὰρ ὁ καθεύδουσι, τοῦ σώματος ὕπνος ἐστὶ καὶ ἀνάπαυσις (ALMQUIST, Plutarch und das NT, 109, Nr. 228). Dazu auch noch E. PAX, Stilistische Beobachtungen an neutralen Redewendungen im NT, in: Stud. Bibl. Francisc. Lib. Annuus XVII (1967) 335–347; P. bemerkt zum ὅ in Gal 2, 20: „In keiner Weise könnte das Neutrum durch das Substantivum ‚Leben' ersetzt werden." Vielmehr ist „das Neutrum ein Mittel, einen neuen Anfang und zugleich einen kerygmatischen Einsatz zum Ausdruck zu bringen, da es nicht einen Zustand beschreibt, sondern voller Dynamik ist, die sich zu entfalten sucht" (342), und grundsätzlich in der Zusammenfassung: „Neutrale Redewendungen ... haben vielfach einen synthetischen und symbolischen Charakter, indem sie in einer Gesamtschau die Fülle von Ereignissen, Gedanken, Kräften usw. andeuten, ohne sie im einzelnen zu spezialisieren" (347).
[76] ἐν σαρκί und ἐν πίστει stehen also nicht oppositionell zueinander, wie etwa OEPKE meint.
[77] Vgl. Gal 1, 4 und das dort Ausgeführte; Eph 5, 2.25; 1 Joh 3, 16; 1 Tim 2, 6; 2 Kor 5, 15.

2, 21   „Nicht setze ich die Gnade Gottes außer Geltung." An welche „Gnade Gottes" denkt der Apostel? An die, von der eben die Rede war, speziell also an jenes Gnadengeschehen, das in dem παραδόντος ἑαυτὸν ὑπὲρ ἐμοῦ seinen sprachlichen Ausdruck gefunden hat. Der Sohn Gottes ist „für mich", d. h. an meiner Stelle und zu meinen Gunsten, in den Tod gegangen. Das ist ein Gnadengeschehen, weil ich, der ich durch das Gesetz dem Todesfluch verfallen war, begnadigt wurde und das Leben Christi empfing — ohne Gesetz, aus reiner Liebe Gottes zu mir. Deshalb nimmt hier χάρις die Bedeutung „Gnadenordnung" an, die einer anderen Ordnung, der Gesetzesordnung, entgegengesetzt ist. Diese im stellvertretenden Tod Christi eröffnete und den neuen Äon einleitende Gnadenordnung setzt weder der Apostel noch sonst ein wahrhaft Gläubiger[78] außer Geltung[79]. Dabei wird mitgedacht sein: Jener aber tut es, der an die Stelle der Gnadenordnung die Gesetzesordnung erneut aufzurichten versucht, wie Petrus in Antiochien, wenn er die jüdischen Speisevorschriften wieder als normativ anerkennt, oder auch wie die Galater, die, verführt durch die Gegner des Apostels, das gesetzliche Leben aufzunehmen bereit sind[80]. Paulus stellt mit V 21 ein Entweder-Oder auf[81]: Entweder Gesetz oder Evangelium! Aber er stellt dieses Entweder-Oder im Gal für die Christen, nicht für die Juden auf!

Daß die „Gnadenordnung Gottes" tatsächlich als Gegensatz zur Gesetzesordnung gedacht ist, zeigt eindeutig V 21b: „Denn wenn durch Gesetz Gerechtigkeit kommt, ist folglich Christus δωρεάν gestorben."[82] Das ist die eiserne Konsequenz, der sich niemand und keine christliche Theologie entziehen können (vgl. die Folgerungspartikel ἄρα)! Positiv formuliert: Das eschatologische Heil, die Rechtfertigung, kommt allein vom Christus passus. Der Weg zu ihr ist der Weg des Glaubens.

Damit zeigt sich aber am Schluß dieses Abschnittes auch klar, wo der Schlüs-

---

[78] Die 1. Person (οὐκ ἀθετῶ) steht ja wieder für alle Christusgläubigen.

[79] ἀθετεῖν heißt „für ungültig erklären, aufgeben, zunichte machen, abweisen" (BAUER Wb s. v.), annullieren.

[80] SCHLIER meint, Paulus sage deswegen „ich annulliere die Gnade Gottes nicht", weil ihm von seinen Gegnern in Galatien dieser Vorwurf gemacht worden sei, und zwar in dem Sinn, „daß für sie die χάρις der νόμος oder seine δικαιοσύνη, bzw. die Beschneidung, ist" (unter Berufung auf Barsyr 44, 14). Das ist wenig wahrscheinlich. V 21a hat vielmehr den Sinn: Ich denke nicht daran, die im Kreuz Christi zu meinem Heil aufgerichtete Gnadenordnung Gottes zurückzuweisen, was Paulus in V 21b noch dadurch begründet (vgl. γάρ), daß dann Christus ja „vergeblich" am Kreuz gestorben wäre. Vgl. auch VAN DÜLMEN, Die Theologie des Gesetzes bei Paulus, 26, Anm. 47.

[81] Vgl. auch BULTMANN, Zur Auslegung von Galater 2, 15–18: a. a. O. 397.

[82] Zu den verschiedenen Bedeutungen von δωρεάν vgl. BÜCHSEL, in: ThWb II, 169f; BAUER Wb s. v. (B. nennt: 1. geschenkweise, unentgeltlich, umsonst, ohne Gegenleistung; 2. unverdientermaßen, ohne Grund; 3. ohne Erfolg, vergebens, zwecklos). δ. entspricht im Hebräischen חִנָּם: 1. gunstweise, unentgeltlich; 2. vergebens (= frustra); 3. ohne Ursache, ohne Verschuldigung (GESENIUS-BUHL s. v.). Es ist gar nicht so einfach, δωρεάν in Gal 2, 21b semantisch genau festzulegen. Aufgrund des Kontextes, der für semantische Entscheidungen maßgebend ist, legt sich am meisten die Bedeutung „zwecklos" nahe: Kommt das Heil aus dem Gesetz, war Jesu Tod kein Heilstod und darum „zwecklos". Vgl.: gratis. Man denkt auch an das Wort des Gottesknechtes in Is 49, 4: „Vergeblich hab' ich mich bemüht, umsonst (LXX εἰς μάταιαν) und nutzlos meine Kraft vertan."

sel zum pln. Gesetzesverständnis zu suchen und zu finden ist: **allein im Christusglauben des Apostels**. Obwohl Schoeps in seinem Paulusbuch das Gesetzesverständnis des Apostels für das eigentliche „Mißverständnis" hält, dem Paulus erlegen sei[83], erkennt er doch richtig, daß der Schlüssel zu diesem „Mißverständnis" der Glaube des Apostels ist, Christus sei der erwartete Messias, mit dem der kommende, der neue Äon schon anbreche. Paulus sei Denker „der postmessianischen Situation"[84], in der ein neues Prinzip herrsche. „Die alte Verbindungsmöglichkeit des Gesetzes, das den Juden vor Gott stellt und sich im Tun der Gebote realisierte, ist mit dem in Christo ... ‚aufgehoben', nämlich durch eine neue, engere Verbindung ersetzt, die den Menschen an Gott durch seinen im Fleisch erschienenen Sohn Anteil gibt. Das neue Prinzip dieser Teilhabe ist der Glaube, der das alte Prinzip des Gesetzes, das den Juden an Gott knüpfte, für den Christen aufgehoben hat."[85] Schoeps gibt aber zu, daß Paulus vor 1900 Jahren eine Frage aufgeworfen habe, „die ihm als pharisäischen Theologen die Tradition nicht beantwortet hat"; Schoeps formuliert sie so: „Wenn das Gesetz hier und heute nicht als zur Gänze erfüllbar erscheint, weist das nicht vielleicht darauf hin, daß sich der Wille Gottes gar nicht im Gesetz erschöpft?"[86] „Gerade als Weisung ist das Gesetz keine nur statische, sondern auch eine eschatologische Größe, weil es über sich hinausweist: auf die Vollendung des Bundes in der Zeit, da Gott seinen Messias kommen läßt." Gerade dies ist aber auch die Überzeugung des Apostels, freilich mit dem entscheidenden Unterschied, daß nach seiner und der ntl. Verkündigung überhaupt der Messias schon gekommen ist und so das Gesetz seine „über sich hinausweisende" Funktion schon erfüllt hat (vgl. Näheres zu Gal 3, 24: ὁ νόμος παιδαγωγὸς ἡμῶν γέγονεν εἰς Χριστόν). Auch Gal 2, 21 bestätigt diese Anschauung des Apostels. Durch den stellvertretenden Sühnetod Christi ist das Gesetz **als Heilsweg** überholt. Sonst wäre Christus „zwecklos gestorben"; sein Kommen in die Welt und sein Tod wären überflüssig gewesen. Das Gesetz bliebe weiterhin die einzige Heilsinstanz oder wenigstens eine „Mitinstanz".

Zwar leugneten auch die Judenchristen, deutlicher gesagt die christlichen Judaisten, die Heilsbedeutung des Todes Christi nicht. Aber sie sehen die Relation Gesetz–Christus anders als Paulus. Auch nach ihnen starb Christus ὑπὲρ τῶν ἁμαρτιῶν ἡμῶν, weil wir die Forderungen des Gesetzes nicht erfüllt haben und auch in Zukunft so und so oft nicht erfüllen. Dafür leistet Christus in seinem Tod Sühne. Das heißt aber für sie nicht, daß deswegen das Gesetz außer Kurs gesetzt sei; die Tora bleibt selbstverständlich weiterhin in ihrer vollen Gänze und Geltung bestehen. Wer sich ihren Forderungen entzieht, sie gar als ungültig erklärt, für den hat auch der Tod Jesu keine Heilsbedeutung. So versuchten die „Judaisten" unter den Judenchristen beides ernst zu nehmen: die Tora und ihre Weitergeltung und ebenso das Kreuz Jesu. Paulus dagegen sieht die Relation Gesetz–Christus bzw. Gesetzesherrschaft–Gnadenherrschaft anders. Selbstverständlich ist auch für ihn der Tod Jesu am Kreuz ein stell-

---

[83] Paulus, 224–230; dazu Exkurs in diesem Kommentar S. 188–204.
[84] Vgl. Paulus, 95–110.   [85] Ebd. 221.   [86] Ebd. 299.

vertretender Sühnetod für die Übertretungen des Gesetzes, aber weil es nicht beim Tod Jesu blieb, sondern Christus von den Toten auferweckt wurde, brach nach seiner Überzeugung mit Tod und Auferstehung Jesu der kommende Äon des Lebens schon an. Dies hatte für Paulus zur Folge, daß damit auch eine neue Heilsordnung mit einem neuen Heilsweg anbrach: die Zeit der Gnadenordnung Gottes, in der die Rechtfertigung des Menschen aus Glauben und nicht mehr aus den Gesetzeswerken erfolgt. So bedeutet im Denken des Apostels Christus die eigentliche Zäsur in der Geschichte: was vor ihm liegt, ist der alte Äon, gekennzeichnet durch die zum Tod führende Herrschaft des Gesetzes; was mit ihm beginnt, ist der kommende, neue Äon, in dem die eschatologische Lebensgabe durch Taufe und Glauben den Christusgläubigen schon geschenkt wird, und so ist die Todesherrschaft des Gesetzes schon gebrochen. So hat Paulus ganz anders die Konsequenzen erkannt, die sich aus dem Christusereignis für die Welt ergeben. Die Rechtfertigungslehre und Gesetzestheologie des Paulus sind unlösbar von seiner Geschichtstheologie, und diese wiederum von der Christologie. Denn Christus ist „das Ende des Gesetzes für jeden, der glaubt" (Röm 10, 4)[87]. Dabei sei nochmals daran erinnert, was viele in der Geschichte der Kirche vergessen haben: Paulus hat seine Gesetzestheologie nicht gegen das Judentum entwickelt, sondern gegen seine „judaistischen" Gegner aus den Reihen der Christen! Er kämpft im Gal gegen ein christliches Pseudoevangelium! Die pln. Gesetzeslehre hat deshalb schon von ihrer Entstehung her nichts mit Antijudaismus zu tun. Darum darf ihn aber auch der Jude nicht als einen „Verräter" betrachten, sondern als einen von der Gnade Gottes Überwältigten. Wer aber begreift das Gnadenwirken Gottes ...

Es bleibt noch die Frage: Wie hat Petrus auf die Ein- und Vorwürfe des Paulus reagiert? Davon berichtet der Apostel nichts[88], und darum können darüber nur Vermutungen angestellt werden. Das Nächstliegende könnte die Annahme sein, daß Petrus sich den Argumenten des Paulus gebeugt hat; man könnte ja sagen: es hätte wenig Zweck gehabt, über den antiochenischen Vorfall den Galatern zu berichten, wenn dieser nicht in seinem Sinn entschieden worden ist. Dennoch befriedigt diese Überlegung nicht völlig. Haenchen bemerkt: „... Paulus hat den Petrus vor den Galatern der Heuchelei angeklagt. Das ist unvergleichlich beschämender, als es ein Reuebekenntnis des Petrus gewesen wäre. Wie siegreich hätte Paulus die Kraft seines Evangeliums erwiesen, wenn er hätte schreiben können: ‚Petrus und Barnabas und die andern Judenchristen gaben mir recht und aßen wieder mit den Heidenchristen

---

[87] Vgl. dazu auch VAN DÜLMEN, Die Theologie des Gesetzes bei Paulus, 204–218.
[88] BISPING etwa hat gemeint: „Paulus ist ... diskret genug, von dem Eindrucke seiner Rede auf Petrus gänzlich zu schweigen." Ähnlich auch andere. OVERBECK dagegen bemerkt ironisch (Über die Auffassung des Streits des Paulus mit Petrus in Antiochien, 7): „Das Schweigen des Paulus von dem was Petrus in Antiochien ihm gesagt oder nicht gesagt, hat sich zur historischen Thatsache verdichtet, daß Petrus damals geschwiegen habe. Auf dieses luftige Fundament haben die Kirchenväter mit Vorliebe die seltsamen exegetischen Gebilde aufgeführt, mit welchen sie ihre Ansichten von der inneren Harmonie des Kanon und von der Übereinstimmung der Apostel unter einander gegen die Erzählung des Paulus von seinem Streit mit Petrus in Antiochien vertheidigt haben."

zusammen!' Das Schweigen des Paulus zeigt ..., daß ihm der Erfolg versagt blieb."[89] Haenchen hat damit wahrscheinlich recht, und wohl auch darin, daß der Vorfall von Antiochien für Paulus der Anlaß war, sich von dieser Gemeinde zu trennen und unabhängig von ihr zu missionieren[90]. In Jerusalem blieb jedenfalls das Mißtrauen der Judenchristen gegen Paulus auch weiterhin wirksam (vgl. Apg 21, 21f)[91]. Vielleicht war der antiochenische Streit auch für Petrus mit ein Grund, sich in Zukunft mehr der Heidenmission zu widmen und von Jerusalem fernzubleiben[92].

---

[89] Die Apg, 417.
[90] NTSt 7 (1960/61) 196. Vgl. auch CONZELMANN, Geschichte des Urchristentums, 73; ECKERT, Die urchristliche Verkündigung, 227f: „Bezeichnend ist dann auch, daß Paulus nun sein bisheriges Wirkungsfeld Syrien und Kilikien verließ, seine eigenen Wege ging und Antiochia in seinen Briefen keine Rolle spielt ... Daß die judaistischen Bestrebungen gegen Paulus und seine Verkündigung durch den antiochenischen Konflikt einen Auftrieb erhalten haben, ist schlechthin nicht zu bestreiten." — Nach H. FELD („Christus Diener der Sünde". Zum Ausgang des Streites zwischen Petrus und Paulus, in: ThQ 153 [1973] 119–131) kann „gar kein Zweifel sein, daß Paulus sich bei der Auseinandersetzung in Antiochien durchgesetzt hat" (131). F. meint, „daß wir in 2, 15 und 2, 17 Zitate der Gegner des Paulus, mit großer Wahrscheinlichkeit die Einwände des Petrus selber, vor uns haben" (121), die Paulus jeweils zurückweist. Gegen diese (an sich recht plausible) Auffassung spricht, daß die ganze „Rede" bis 2, 21 unter dem εἶπον des Paulus von 2, 2 steht. Zitate müßten also vom Apostel kenntlich gemacht werden. Der syntagmatische Aufbau der VV 15 und 16a (Partizip εἰδότες!) läßt zudem erkennen, daß V 15 eine Feststellung des Paulus ist, durch die seine Aussage in V 16 über die keine Ausnahme zulassende Rechtfertigung aller Menschen allein „aus Glauben" erst ihren ganzen Akzent bekommt: Obwohl wir von Geburt Juden sind, werden „auch wir" (die Judenchristen) aus Glauben gerechtfertigt! Auch V 17 läßt sich als vom Apostel selbst formulierten Einwand erkennen; denn mit μὴ γένοιτο weist Paulus solche von ihm selbst formulierte Einwände auch sonst zurück. Natürlich vertreten die selbst formulierten Einwände hier zugleich judenchristliche Einwände (vgl. auch SCHLIER zu 2, 17), aber sie sind keine Zitate. Und so erfahren wir auch nicht, wie Petrus unmittelbar reagiert hat.
[91] Dazu auch Röm 15, 31, woraus die Sorge des Apostels hervorgeht, seine Kollekte für Jerusalem würde von der dortigen Gemeinde vielleicht nicht gut aufgenommen. „Nahm sie die paulinische Kollekte an, dann erklärte sie sich damit in den Augen der Juden mit ihm solidarisch. Damit drohte sie ihre eigene Missionsmöglichkeit zu vernichten. Das übersieht jeder Exeget, der den Jakobus und die Ältesten freudig die paulinische Kollekte annehmen läßt" (HAENCHEN, Die Apg, 544).
[92] „Möglicherweise ist später Petrus = Kephas selbst — unter dem Eindruck des von Paulus in Rö. X. 3, 16; XI. 6f u. ö. geschilderten und auch in der nichtpaulinischen römischen Gemeinde kaum bestreitbaren Mißerfolgs der Judenmission — trotz Gal. II. 7–9 — mehr und mehr zum Heidenmissionar geworden" (HENGEL in: NTSt 18, 1971/72, 21, Anm. 24).

Exkurs 4:

Hat Paulus das Gesetz „mißverstanden"?

I. Die jüdische These

Im theologischen Gespräch zwischen Juden und Christen hört man immer wieder die These: Paulus hat das Gesetz mißverstanden. Als jüdische Stimme sei hier Schoeps angeführt, der in seinem Paulusbuch diese These ausdrücklich vertritt[1]. Sch. fragt: „Hat Paulus das Gesetz als das Heilsprinzip des ‚alten Bundes' überhaupt richtig verstanden?", und antwortet: „Diese Frage glaube ich verneinen zu müssen, denn Paulus ist nach meinem Urteil einer eigentümlichen Perspektivenverzerrung erlegen, die freilich im geistigen Raum des jüdischen Hellenismus schon vorbereitet war. Paulus hat nämlich nicht wahrgenommen und aus bestimmten Gründen ... vielleicht gar nicht wahrnehmen können, daß das Gesetz im biblischen Verstande Bundesgesetz ist, d. h. in modernen Worten die Verfassungsakte des Sinaibundes, die Rechtssatzung, Hausordnung Gottes für sein ‚Haus Israel'."[2] Dabei habe Paulus auch, wenn er vom jüdischen νόμος spricht, „eine — im Diasporajudentum offenbar gewöhnliche — doppelte Verkürzung vorgenommen: Er hat einmal die Thora, die den Juden Weisung bedeutet: Gesetz und Lehre auf das ethische (und rituelle) Gesetz reduziert; er hat zum anderen das Gesetz aus dem übergreifenden Zusammenhang des Gottesbundes mit Israel herausgelöst und isoliert."[3] „Die Verfassungsakte des Sinaibundes ... ist in der Form einer Rechtssatzung gegeben, die das israelitische Volk als עם סגולה an seinen Bundesgott binden soll. Insbesondere ist dies die deuteronomische Konzeption, die Bund und Gesetz eng zusammenrückt. Das Volk bewahrt den Bund, indem es die Gesetze beachtet. Und der Gegenseitigkeitscharakter des Bundesvertrages kommt im Deut. dadurch zum Ausdruck, daß Gottes Segen und Fluch geradezu von der Stellungnahme des Volkes, seinem Halten oder Nichthalten der Gesetze in Abhängigkeit gebracht wird (Deut. 28, 1ff; 15ff). Die strikte Einhaltung der Bundesverfassung wird von jedem Mitglied des Volkes verlangt, damit der Bund realpräsent werden kann; das ‚Heil' des einzelnen hängt daran. ‚Welcher Mensch das tut, der wird darin leben' (Lev. 18, 5), d. h., er wird in der lebendigen Gottesgemeinschaft des Heils und der Heiligkeit stehen."[4] Schoeps zitiert einen Satz aus Mekhilta Ex 12, 6 (bei Sch. irrtümlich 20, 6): „Unter Bund ist nichts anderes als die Thora zu verstehen"[5], wobei sich die Mekh. ausdrücklich auf Dt 28, 69 beruft. Schon die Übersetzung des hebr. ברית im Griechischen mit διαθήκη in der LXX habe eine Bedeutungsverschiebung mit sich gebracht. „Aus dem freiwilligen Gegenseitigkeitsvertrag wird eine einseitige autoritative

---

[1] SCHOEPS, Paulus, 224–230 („Das grundlegende Mißverständnis"). Vgl. dazu auch G. JASPER, Das „grundlegende Mißverständnis" des Paulus nach jüdischer Sicht, in: Judaica 15 (1959) 143–161.
[2] A.a.O. 224. [3] Ebd. 225.   [4] Ebd. 226f.
[5] WINTER–WÜNSCHE, Mechiltha (Leipzig 1909) 15.

Exkurs 4: Hat Paulus das Gesetz „mißverstanden"?

Rechtsverfügung im Sinne einer testamentarischen Anordnung des hellenistischen Privatrechts, aus dem der profane Gebrauch des Terminus auch stammt."[6] Auch für Paulus gelte das. „Weil für Paulus die Einsicht in den Charakter der hebräischen berith als eines Gegenseitigkeitsvertrages nicht mehr gegeben ist, hat er auch den innersten Sinn des jüdischen Gesetzes nicht mehr erkennen können, daß sich in seiner Befolgung der Bund realisiert. Deshalb beginnt die paulinische Gesetzes- und Rechtfertigungstheologie mit dem verhängnisvollen Mißverständnis, daß er Bund und Gesetz auseinanderreißt und Christus als des Gesetzes Ende an dessen Stelle treten läßt."[7]

II. Der Befund im Galaterbrief

1. Hat Paulus das Gesetz „verkürzt"?

Paulus hat selbstverständlich in seinen Briefen, die er in griechischer Sprache an griechisch sprechende Gemeinden schrieb, den hebräischen Term תורה mit νόμος wiedergegeben, wie das schon vor ihm das hellenistische Judentum getan hat. Niemand zweifelt jedoch daran, daß Paulus als rabbinisch geschulter Mann auch des Hebräischen kundig war und so auch wußte, daß das griechische Wort νόμος dem hebräischen תורה entspricht; er kennt sicher auch den hebräischen Text der von ihm nach der LXX zitierten Stellen des AT[8]. Was ergibt sich näherhin aus dem Gal für das νόμος-Verständnis des Apostels? Er gebraucht den Begriff im Brief 32mal. Aus 2, 16–21 geht aus einem Vergleich des V 21 mit dem vorausgehenden Text hervor, daß der Apostel „die Werke des Gesetzes" und das „Gesetz" selbst nicht scharf voneinander unterscheidet: „Gerechtigkeit durch Gesetz" und „gerechtfertigt werden aus Werken des Gesetzes" geht auf dasselbe hinaus. Aus 2, 14 geht zudem hervor, daß die religiöse Existenz aus dem Gesetz sich konkretisiert im Ἰουδαϊκῶς ζῆν, also in der jüdischen Art der religiösen Lebensgestaltung, die dem ἐθνικῶς ζῆν gegenübergestellt wird; der Apostel isoliert also das Gesetz nicht von der jüdischen Exi-

---

[6] Ebd. 228. [7] Ebd. 230.
[8] In der LXX begegnet der Begriff νόμος sehr häufig, und zwar entspricht ihm in den meisten Fällen der hebräische Term תורה (vgl. HATCH-REDPATH s.v.). Zum begrifflichen Problem Tora – νόμος vgl. auch W. GUTBROD in: ThWb IV, 1037–1040 (1039: „Eine innere Verschiebung hat sich dadurch ergeben, daß der νόμος der LXX die תורה der späteren Entwicklungsstufe wiedergibt, und diese spätere Bdtg auch für andere Fälle durchsetzt ... Auch sonst wird in der LXX eine größere Gleichmäßigkeit erreicht, indem die älteren Bedeutungen von תורה zurückgedrängt werden. Vor allem zeigt sich dies in der Umsetzung alter Plur von תורה in den Sing (so etwa Ex 16, 28; 18, 16.20; Js 24, 5"); G. EICHHOLZ, Die Theologie des Paulus im Umriß, 241–243; Sch. BEN-CHORIN, Paulus, 60–65, der feststellt, „daß im Sprachgebrauch des Paulus das Wort Nomos = Gesetz sehr verschiedene Bedeutungen haben kann. Es kann Thora im weiteren oder engeren Sinne bedeuten, es kann für Halacha stehen, das pharisäische System der Gesetzes-Interpretation, und es kann für Mizwoth ma'assioth stehen, für das Ritualgesetz" (65); R. GYLLENBERG, Rechtfertigung und Altes Testament bei Paulus, 20; BERGER, Die Gesetzesauslegung Jesu I, 32–55.

Exkurs 4: Hat Paulus das Gesetz „mißverstanden"?

stenz[9]. Er weist in 5, 3 darauf hin, daß jeder Beschnittene gehalten sei, „das ganze Gesetz zu erfüllen", wie es die Überzeugung des frommen Judentums bis heute ist[10]. Wichtig ist ferner 3, 10–12: Die γεγραμμένα ἐν τῷ βιβλίῳ τοῦ νόμου, die es zu befolgen gilt — Paulus zitiert dabei Dt 27, 26 LXX —, sind nichts anderes als die Weisungen des Gesetzes. Nach 4, 21 f ist „das Gesetz" der Ort dessen, was „geschrieben steht"; der Apostel denkt hier bei „Gesetz" an die Gesetzesrolle. So läßt sich also im Gal nicht feststellen, daß Paulus das Gesetz „verkürzt" habe.

2. Hat Paulus noch den Zusammenhang von Gesetz und Bund gesehen?

Der Term διαθήκη, mit dem die LXX das hebr. ברית übersetzt hat, kommt im Gal nur dreimal vor (im Röm nur zweimal!), und zwar in Hinweisen auf die Abrahamsgeschichte (vgl. 3, 15–17) und nur in 4, 24 mit Blick auf die Sinaidiatheke in der ungemein harten Aussage: μία μὲν ἀπὸ ὄρους Σινᾶ, εἰς δουλείαν γεννῶσα, womit nichts anderes als die Sinaigesetzgebung gemeint ist[11]. διαθήκη bedeutet an keiner der drei Stellen „Bund", sondern „Testament", „Verordnung"[12]; in 4, 24 wertet der Apostel in der Tat die Sinaidiatheke ganz stark ab, was nicht mit einer Vernachlässigung der Bundestheologie, sondern mit seiner Beurteilung des Gesetzes zusammenhängt, die es ihm nicht mehr gestattet, die Sinaigesetzgebung und den Bund Gottes mit Israel am Sinai so zu verstehen, wie das das gläubige Judentum schon seit langem tut[13]. Wir

---

[9] Paulus sagt von sich selber in Gal 1, 13f, daß er in seiner Jugendzeit „ständig im Judaismus Fortschritte machte mehr als viele Altersgenossen in meinem Volk, in besonderem Maße ein Eiferer für meine von den Vätern ererbten Überlieferungen", und in Phil 3, 5, daß er κατὰ νόμον Φαρισαῖος war. Sollte da Paulus nicht gewußt haben, wie man im Judentum über das Gesetz und seinen Sinn dachte? „Was die Gerechtigkeit angeht, die aus der Thora kommt: es war an mir nichts auszusetzen" (Phil 3, 6)!

[10] „Paulus nahm den Juden bei seiner Berufung auf die Tora ernst. Wir brauchen die Argumentation des Paulus nicht zu wiederholen. Versteift sich der Jude auf seinen Weg, dann behaftet Paulus ihn bei der Konsequenz der Sache: daß die Tora in jedem Punkt gehalten sein will, daß sie keinen halben Gehorsam duldet" (EICHHOLZ, Die Theologie des Paulus im Umriß, 246f).

[11] Vgl. den Kommentar z. St.

[12] Vgl. auch im Kommentar S. 321, Anm. 26. διαθήκη hat auch in der LXX nicht die Bedeutung „Bund"; vgl. dazu E. KUTSCH, Verheißung und Gesetz. Untersuchungen zum sogenannten „Bund" im Alten Testament (BZAW 131) (Berlin 1973) 176–183. K. kommt für die griechische Überlieferung zu dem Ergebnis: „Die LXX — als der wichtigste Zeuge — betont das Moment der ‚(einseitigen) Setzung', ‚Verpflichtung' und übersetzt dementsprechend einheitlich mit διαθήκη. Aquila sieht mehr die Bedeutung ‚Vertrag', ‚Abkommen', ‚Bund' vorliegen; er gibt בְּרִית also weithin, wenn nicht überall mit συνθήκη wieder. Symmachus steht mehr auf der Seite des Aquila, Theodotion noch stärker bei der LXX; das letztere wird man auch für die Quinta annehmen dürfen" (183).

[13] Zum Verhältnis von Bund und Gesetz im Frühjudentum vgl. etwa M. WEISE, Kultzeiten und kultischer Bundesschluß in der „Ordensregel" (1 QS) vom Toten Meer (Leiden 1961); A. JAUBERT, La notion d'alliance dans le Judaïsme aux abords de l'ère chrétienne (Paris 1963); A. S. KAPELRUD, Der Bund in den Qumran-Schriften, in: Bibel und Qumran (Berlin 1968) 137–149. Das Ideal der Qumrangemeinde findet sich klassisch in 1 QS I, 7f formuliert: „... Die Gesetze Gottes im Gnadenbund zu erfüllen"; und auch wenn in Damask und 1 QpHab wiederholt vom „neuen Bund" die Rede ist, wird dieser „in der Verlängerung des alten Bundes mit den Vätern gesehen, und er bedeutet gewissenhafte Gesetzeserfüllung" (KAPELRUD, 148).

Exkurs 4: Hat Paulus das Gesetz „mißverstanden"?

müssen deshalb fragen: Wodurch ist das „verhängnisvolle Mißverständnis" (Schoeps) bedingt, das den Apostel dazu geführt (verführt?) hat, Bund und Gesetz „auseinanderzureißen"? Die Antwort ist in der paulinischen Gesetzestheologie zu suchen, näherhin in der für Paulus offenkundigen Insuffizienz des Gesetzes (III). Bleiben dabei ungelöste Aporien? (IV)

III. Worin sah Paulus die Insuffizienz des Gesetzes?[14]

1. Im Unvermögen des Gesetzes, das Leben zu vermitteln

Der Apostel bemerkt in Gal 3, 21b: „Wenn ... gegeben worden wäre ein Gesetz, das lebendig zu machen vermöchte (ὁ δυνάμενος ζωοποιῆσαι), käme in der Tat aus Gesetz die Gerechtigkeit", und er zitiert in 3, 12 ausdrücklich Lev 18, 5: „Wer sie (die Gebote und Satzungen der Tora) erfüllt hat, wird in ihnen das Leben haben" (ζήσεται ἐν αὐτοῖς)[15]. Paulus ist aber überzeugt, daß der Mensch, gleich ob Jude oder Heide, die Forderungen des Gesetzes in Wirklichkeit nicht erfüllt hat und auch in Zukunft nicht erfüllen wird. Diese Überzeugung ergibt sich für ihn sowohl aus der Schrift wie auch aus der durch das

---

[14] Wir gehen im folgenden nur auf diese spezielle Frage ein, stellen also nicht die Grundlinien der pln. Gesetzestheologie dar. Dafür sei auf die Literatur verwiesen, besonders auf SCHLIERS Exkurs „Die Problematik des Gesetzes bei Paulus", in: Der Brief an die Galater, 176–188 (mit Lit.); A. VAN DÜLMEN, Die Theologie des Gesetzes bei Paulus (Stuttgart 1968) (mit Lit.); P. BLÄSER, Das Gesetz bei Paulus (Münster 1941); O. KUSS, Nomos bei Paulus, in: MüThZ 17 (1966) 173–227; K. stellt im ersten Teil seines Beitrags kurz die Geschichte der Beurteilung und Erforschung der Theologie des Gesetzes in den pln. Hauptbriefen dar und stellt dann folgende zwölf Sätze auf, die er erläutert: 1. Die Bedeutung des Gesetzes, d. h. des Gesetzes des Moses, muß von der Heilswirklichkeit Jesu Christus her neu bestimmt werden. 2. Heil wird zugeeignet nicht auf Grund von Werken des Gesetzes, sondern allein auf Grund von Glauben an das heilschaffende Wirken Gottes durch Jesus Christus. 3. Das Heilshandeln Gottes durch Jesus Christus hat die den Menschen im Unheil, unter dem Fluche festhaltende Kraft des Gesetzes gebrochen und für die das heilschaffende Sterben des Heilbringers durch Glauben und Taufe Mitvollziehenden unwirksam gemacht. 4. Die Unheilswirkung des Gesetzes besteht darin, daß es als die authentische Kundgabe des das Tun des Menschen betreffenden Willens Gottes das Unheil bringende Versagen des Menschen, des Juden wie des Heiden, offenbar macht. 5. Die Unheilskraft des Gesetzes ist auxiliärer Natur: der fundamentale Unheilsfaktor ist ‚Hamartia', die Sünde als Macht. 6. Die Rolle des Gesetzes in der Heilsgeschichte: es ist ‚Zuchtmeister', bewirkt Mehrung der Verfehlung, ‚der Übertretungen wegen wurde es hinzugefügt'. 7. Die Rolle des Gesetzes im Leben des Einzelnen: durch das Gesetz kommt Erkenntnis der Sünde, durch das Gebot gewinnt die Sünde einen Angriffspunkt und tötet den Menschen, welcher der Unheilsmacht ‚Fleisch' verhaftet ist. 8. Das Gesetz — das Gesetz des Moses, das Gesetz und die Propheten — ist als ‚Schrift' und ‚Verheißung' ein für allemal — und so auch jetzt noch — gültige Manifestation des Willens Gottes. 9. Das Pneuma ist die von Gott geschenkte Kraft des neuen sittlichen Lebens der Glaubenden und Getauften. 10. Das Gesetz des Christus steht maßgebend und fordernd über dem Leben der Glaubenden und Getauften. 11. Das sittliche Tun der Glaubenden und Getauften geschieht unter dem Risiko eines möglichen Heilsverlustes; es gibt das Gericht nach den Werken. 12. Die Spanne bis zur Parusie ist nur noch kurz; es lohnt nicht mehr, allzu fest zu bauen.
[15] Vgl. auch Röm 2, 13 („denn nicht die Hörer des Gesetzes sind Gerechte vor Gott, sondern die Täter des Gesetzes werden gerechtfertigt werden").

Exkurs 4: Hat Paulus das Gesetz „mißverstanden"?

Evangelium möglich gemachten Erfahrung, wiederum sowohl im Hinblick auf die Juden (vgl. Röm 1, 18–32; 2, 17–24) wie auch auf die Heiden (vgl. Röm 2, 1–32)[16]. Weil beide, der Jude und der Heide, das Gesetz kannten — der Jude aus der positiven Gesetzesoffenbarung durch Gott an Israel, der Heide aus der Gewissensstimme seines Herzens[17] — und es dennoch (in ihrer Mehrzahl) nicht erfüllten, sind „Juden sowohl wie Heiden alle unter der Sünde" (Röm 3, 9) und die „ganze Welt vor Gott schuldig" (Röm 3, 19)[18]. Deshalb getraut sich der Apostel auch von einer „Ohnmacht (,Unvermögen') des Gesetzes" in Röm 8, 3a zu sprechen[19], was einem Juden nicht verständlich ist.

2. In der „Schwäche" des Fleisches, das die Forderungen des Gesetzes nicht erfüllen kann und will

Das ἀδύνατον des Gesetzes, von dem der Apostel in Röm 8, 3a spricht, hat aber nicht im Gesetz als solchem seinen Grund — das Gesetz als solches ist „pneumatisch" (7, 14) und „das Gebot heilig und gerecht und gut" (7, 12) —, sondern in dem Umstand, daß (= ἐν ᾧ) „es schwach war **wegen des Fleisches**" — ἐν ᾧ kann auch übersetzt werden mit „worin", und der ganze Relativsatz „deutet auf die näheren Umstände des ‚Nichtkönnens' des Gesetzes hin: ,wegen des Fleisches' ... vermochte das Gesetz ... seiner eigentlichen Aufgabe — nämlich: Heil zu schaffen — nicht nachzukommen (vgl. 7, 7–25)" (Kuss, z. St.). Das „Fleisch" will sich nach 8, 7b dem Gesetz Gottes nicht unterwerfen,

---

[16] Vgl. dazu auch SCHLIER, Von den Heiden. Römerbrief 1, 18–32, in: Die Zeit der Kirche (Freiburg i. Br. 1956) 29–37; DERS., Von den Juden. Römerbrief 2, 1–29: ebd. 38–47; O. KUSS, Die Heiden und die Werke des Gesetzes (nach Röm 2, 14–16), in: MüThZ 5 (1954) 77–98, und besonders EICHHOLZ, Die Theologie des Paulus im Umriß, 63–81 („Der Mensch der Völkerwelt als Gottes Angeklagter"), 82–100 („Der Jude als Gottes Angeklagter"); 221–226. EICHHOLZ bemerkt: „Was Paulus über den Menschen sagt, ist freilich weder beim Menschen der Völkerwelt noch beim Juden das Ergebnis einer phänomenologischen Analyse seiner Existenz. Eher ist von einer prophetischen Apokalypse menschlicher Existenz im Sinn einer prophetischen Dechiffrierung ihrer Chiffren zu sprechen. Deshalb ist ... zu sagen, daß die faktische Wirklichkeit des Menschen zur Sprache kommt, wie sie dem Menschen selbst so nicht durchsichtig ist" (64). Erst das Evangelium macht eine solche Apokalypse des menschlichen Wesens möglich. Der Mensch als solcher ist der Adressat der pln. Rechtfertigungslehre; sie drängt von ihrem Wesen her „über den Horizont einer nur jüdischen Adressatenschaft" hinaus, wie EICHHOLZ mit Recht betont (226).
[17] Vgl. Röm 2, 14f („Denn wenn die Heiden, die das Gesetz nicht haben, von Natur die [Forderungen] des Gesetzes erfüllen, sind sie, die das Gesetz nicht haben, sich selbst Gesetz. Sie erweisen ja das Werk des Gesetzes als in ihre Herzen geschrieben, wofür ihr Gewissen mit Zeugnis ablegt und die Gedanken, die sich untereinander anklagen oder auch verteidigen..."); dazu KUSS, Römerbrief, 72–82; R. WALKER, Die Heiden und das Gericht. Zur Auslegung von Röm 2, 12–16, in: EvTh 20 (1960) 302–314; U. WILCKENS, Was heißt bei Paulus: „Aus Werken des Gesetzes wird kein Mensch gerecht?", in: EKK 1 (Neukirchen–Einsiedeln 1969) 51–77 (53–57 zu Röm 1, 18 – 3, 20); KÄSEMANN, An die Römer, 57–63.
[18] „Die Verworfenheit der Heiden wird der Jude freilich nicht leugnen, aber daß er selber mit den Heiden zusammen zu der ‚ganzen Welt' gehört, die vor Gott schuldig ist und in einem ‚heil'-losen Zustand lebt, das muß ihm gesagt werden, und es ist ihm in der Schrift, so wie Paulus sie versteht, auch gesagt worden" (KUSS zu Röm 3, 19).
[19] Zur Übersetzung der Formulierung τὸ ἀδύνατον τοῦ νόμου vgl. BLASS-DEBR § 263, 2; KUSS, Römerbrief, z. St.

Exkurs 4: Hat Paulus das Gesetz „mißverstanden"?

„k a n n es auch gar nicht", weil sein „wahres Sinnen" „Feindschaft gegen Gott" ist (8, 7a). Weil „das Fleisch" sich weigert, die Forderungen des Gesetzes zu erfüllen, vermag das Gesetz nicht von Sünde und Tod zu befreien (vgl. 8, 2) und das Leben zu bringen (Gal 3, 21)[20]. So hängt nach Paulus am Gesetz ein „Unvermögen", das aber seinen Grund nicht im Gesetz als solchem hat, sondern im Menschen, der sich den Forderungen des Gesetzes konfrontiert sieht. In der Begegnung des Menschen mit der die Sünde als Sünde offenbarenden Tora (vgl. Röm 3, 20: „Durch das Gesetz [kommt es nur zur] Erkenntnis der Sünde"; 7, 9: durch das Gesetz lebte die Sünde auf!) zeigt sich, daß der Mensch über die Sünde nicht Herr wird (vgl. Röm 7, 7–12); die Tora ist ihm dabei keine Hilfe, und insofern liegt ein „Unvermögen" am Gesetz[21].

3. In der Fluchandrohung, die mit dem Gesetz verbunden ist

Paulus zitiert in Gal 3, 10 ausdrücklich die nach Dt 27, 26 mit dem Gesetz mitgegebene Fluchsanktion (ἐπικατάρατος . . .)[22]. Schoeps kommt in seinem Paulusbuch auf den „Fluch" des Gesetzes ausdrücklich zu sprechen[23]; er meint: „die einzige Anknüpfung, die es für Paulus gibt und die er in der Passage Gal. 3, 10–13 auch einseitig benutzt, ist der berühmte ‚Fluch' des Gesetzes, den die Thora (Lev. 26; Deut. 28) ihren Übertretern androht. Auch Philo (de exsecrationibus 127ff) und alle Tannaim exegesieren ihn, wenn sie die Sündenhäufung der Zeit . . . beschreiben wollen. Paulus verwendet aber den Deuteronomiumvers (27, 26) anders als die Rabbinen, die den Fluch des Gesetzes ja mit dem im selben Kapitel (27, 12) verkündigten Segen schriftgemäß zusammenstellen konnten. Seine Absicht ist es gerade, die Unerfüllbarkeit des Gesetzes als dessen eigene Meinung zu demonstrieren: Jeder Mensch steht unter dem ‚Fluch' des Gesetzes, weil kein Mensch πᾶσιν τοῖς γεγραμμένοις ἐμμένει. Paulus deutet das nur an, weil es ihm selbstverständlich ist."[24] Warum das dem Apostel „selbstverständlich" ist, versäumt er allerdings im Gal auszuführen, aber er holt das um so ausgiebiger im Röm nach (s. o.). Und weil es für ihn eine aufgrund von Schriftaussagen und Erfahrung unabstreitbare Tatsache ist, daß „die ganze Welt vor Gott schuldig geworden ist" (Röm 3, 19), weil sie die Forderungen des Gesetzes nicht erfüllte und erfüllt, steht es für ihn ebenso selbstverständlich fest, daß „alle, die aus Werken des Gesetzes sind, unter einem Fluch stehen", nämlich unter dem in Dt 27, 26 angedrohten Fluch (vgl. Gal 3, 10). Aus dieser Überzeugung heraus verliert Paulus den Blick für die Segenszusage, die a u c h mit dem Gesetz verbunden war. Seine nüchterne und absolut realistische Beurteilung der „Welt" erlaubt es ihm nicht, diese Zusage noch ernsthaft in Erwägung zu ziehen, so wenig wie die Möglichkeit einer allgemeinen

---

[20] Über das Verhältnis von Fleisch und Gesetz vgl. noch VAN DÜLMEN, Die Theologie des Gesetzes bei Paulus, 150–152.
[21] Vgl. auch EICHHOLZ, Die Theologie des Paulus im Umriß, 255–260.
[22] Siehe dazu Näheres im Kommentar zu 3, 10.
[23] Paulus, 183–192.
[24] Ebd. 183.

Exkurs 4: Hat Paulus das Gesetz „mißverstanden"?

Umkehr[25]. Das Problem ist dies, ob die „pessimistische" Sicht, die der Apostel zusammen mit der Schrift von der Welt hat, zurückgewiesen werden kann, ohne daß der Kritiker des Apostels der religiösen Selbsttäuschung verfällt. Paulus würde sicher nicht abstreiten, daß es einige Gerechte in der Welt gegeben hat, die den Willen Gottes wirklich erfüllten, aber ihm geht es ja gerade nicht um diese „einigen", sondern um die ganze Welt, die Gott in sein Heil rufen will. Paulus kann sich mit einem Heilspartikularismus nicht zufriedengeben. Er denkt an alle, ob Juden oder Heiden.

4. In den eigenartigen Umständen der Sinaigesetzgebung

Paulus folgt zwar in Gal 3, 19 der frühjüdischen Legende, wenn er bemerkt, das Gesetz sei „von Engeln angeordnet" worden[26], aber der folgende Text (3, 20) dient, wie das adversative δέ erkennen läßt, dazu, die Inferiorität des Gesetzes im Vergleich mit der Verheißung an Abraham herauszustellen. Diesem Zweck dienen auch seine vorausgehenden Darlegungen über das Verhältnis von Verheißung und Gesetz mit Hilfe des rabbinischen Rechtsinstituts der Mattanat bari. Doch dient, genau gesehen, der Abschnitt Gal 3, 16–20 weniger der Sichtbarmachung der Insuffizienz des Gesetzes als vielmehr dem Nachweis, daß durch die Gesetzgebung die Verheißung Gottes an Abraham nicht außer Geltung gesetzt wurde und das Gesetz kein Kodizill zur Verheißung darstellt. Das führt schon zu Punkt 5.

---

[25] Das unterscheidet Paulus ganz stark von PHILO, der sich in de praem mit den mit dem Gesetz vorgelegten Segenszusagen und Fluchandrohungen eingehend beschäftigt (vgl. §§ 79–172) und abschließend zu seinen Erörterungen über die Flüche bemerkt (162ff): „Ich habe nun, ohne irgend etwas zu verschweigen, die Flüche und Strafen dargelegt, die von denen erduldet werden sollen, welche die heiligen Gesetze der Gerechtigkeit und Frömmigkeit mißachten und von den götzendienerischen Anschauungen sich haben verführen lassen, deren Ziel die Gottlosigkeit ist, indem sie die von ihren Vätern ererbte Lehre vergaßen, in der sie von frühster Jugend an unterrichtet wurden, an das einzige Wesen als den höchsten Gott zu glauben, dem allein anhängen muß, wer ungeschminkter Wahrheit und nicht erdichteten Fabeln nachjagt" (162). PHILO fährt dann aber weiter: „Wenn sie jedoch die angedrohten Strafen nicht so auffassen werden, daß sie ihnen zum Verderben gereichen, sondern daß sie ihnen zur Warnung dienen sollen, und wenn sie aus Scheu vor ihnen mit ganzer Seele sich bekehren, wenn sie sich Vorwürfe machen wegen ihres Irrweges und ihre Sünden laut bekennen werden, ... dann werden sie Vergebung erlangen bei dem hilfreichen und gnädigen Gott ..." (163). Die μετάνοια bleibt also nach PHILO für jene als Chance, die sich dem Fluch des Gesetzes ausgesetzt haben. Diese „Chance" kennt Paulus mit Blick auf Juden und Heiden nicht; nach ihm legt Gott in seiner Barmherzigkeit den Fluch auf einen einzigen, den gekreuzigten Christus (vgl. Gal 3, 13), und das Heil kommt nicht von der reumütigen Rückkehr zu den Gesetzen der Väter, wie bei dem Juden PHILO, sondern einzig und allein aus dem Glauben an Jesus Christus, „in" dem die Segenszusage an Abraham für die Völker Wirklichkeit wurde (3, 14). Man kann, richtig verstanden, sagen: an die Stelle der μετάνοια tritt bei Paulus die πίστις εἰς Χριστὸν Ἰησοῦν, die freilich die Umkehr impliziert. Interessant ist im übrigen, daß PHILO Deut 27, 26 in seinen Werken nie zitiert (vgl. Leisegang-Index, S. 42).
[26] Siehe dazu den Kommentar z. St.

Exkurs 4: Hat Paulus das Gesetz „mißverstanden"?

5. In der Priorität der „Verheißung"

„Priorität" im Hinblick auf die „Verheißung" besagt nach Gal ein Doppeltes: zeitlicher und qualitativer Vorrang. Für Paulus ist nach Gal „die ἐπαγγελία der Tora **schlechterdings überlegen**" (Eichholz)[27]. Paulus interpretiert in Gal 3, 15ff die Verheißung als eine διαθήκη und sagt von dieser mit Blick auf die Sinaigesetzgebung in 3, 17: „... ein Testament, das von Gott bereits rechtsgültig ausgefertigt ist, macht das nach 430 Jahren gekommene Gesetz nicht ungültig, so daß es die Verheißung vernichtete." Das heißt: Die Verheißung ist das im Vergleich mit dem Gesetz Beständigere, das Bleibende, hinter dem Gott mit seiner Treue steht[28]. Das Gesetz dagegen ist „zwischenhineingekommen" (Röm 5, 20): eine Formulierung, die deutlich eine Abwertung einschließt. Das Gesetz ist, so heißt das doch, „lediglich ein Intermezzo, ein Zwischenspiel, das selbständige Bedeutung nicht hat" (Kuss)[29]. Selbstverständlich kann der Jude, der sich nicht zu Christus bekennt, eine solche Wertung, besser gesagt: Abwertung des Gesetzes nicht begreifen. Er sieht sich nicht vor die Alternative gestellt, vor die sich Paulus gestellt sah (s. unter 9).

6. In den Schriftaussagen über die Rechtfertigung des Menschen „aus Glauben"

Die klassischen Aussagen der γραφή über die rechtfertigende Kraft des Glaubens sind für Paulus Gen 15, 6 und Hab 2, 4, mit deren Hilfe er via exclusionis den Werken des Gesetzes jede rechtfertigende Kraft abspricht, wie für Gen 15, 6 besonders aus Röm 4, 3ff und für Hab 2, 4 besonders aus Gal 3, 11 hervorgeht. Dabei muß sofort bedacht werden, daß für Paulus „Glaube" in diesen Zusammenhängen immer **Glaube an Jesus Christus**, den Gekreuzigten und Auferstandenen, ist, also nicht mehr nur emunā im atl.-jüdischen Sinn, vielmehr ein objektbezogener Glaube. Deshalb könnte ein Jude mit mehr Recht sagen, daß Paulus nicht das Gesetz „mißverstanden" habe als vielmehr die emunā. Hinsichtlich des „Glaubens" vollzieht Paulus eine totale Uminterpretation, ohne daß er abstreiten würde, daß Glaube auch emunā ist[30].

---

[27] Die Theologie des Paulus im Umriß, 243.
[28] EICHHOLZ (ebd. 249): „Der zeitliche Ursprung der Verheißung vor der Tora fällt für Paulus mit der sachlichen Überlegenheit der Verheißung gegenüber der Tora zusammen."
[29] Römerbrief, 240.
[30] Vgl. auch BULTMANN, Theologie des NT, 323f. M. BUBER hat in seinem Buch „Zwei Glaubensweisen" (Zürich 1950) den objektbezogenen Glauben der Christen, dem es um die Anerkennung eines Sachverhalts als wahr geht (Daß-Glaube), scharf abgehoben von der Vertrauenshaltung (= emunā) im Glauben Israels (Du-Glaube). Dazu ist zu sagen: Es liegt einmal in der Natur der Sache, daß durch die Erkenntnis und Anerkenntnis Jesu Christi als des einzigen und endgültigen Heilbringers durch die christliche Gemeinde aus der πίστις nun in entschiedener Weise eine πίστις εἰς werden mußte, zum andern: das emunā-Element ist gerade bei Paulus nicht verlorengegangen, wie M. Luther mit Recht betont hat. „Glauben an Jesus Christus" heißt im Sinn des Paulus: das unbedingte Vertrauen haben, daß Gott mich durch den gekreuzigten und auferstandenen Christus rettet. Vgl. zum Gespräch mit BUBER auch H. U. VON BALTHASAR, Zwei Glaubensweisen, in: Spiritus Creator (Einsiedeln 1967) 76–91; J. BLANK, Paulus und Jesus, 112–123; L. WACHINGER, Der Glaubensbegriff Martin

Exkurs 4: Hat Paulus das Gesetz „mißverstanden"?

7. In dem dem Gesetz inhärierenden „Prinzip"

Dieses „Prinzip" spricht der Apostel in Gal 3, 12a so aus: ὁ ... νόμος οὐκ ἔστιν ἐκ πίστεως. Diesen Satz kann ein Jude nur schwer verstehen; er wird immer einwenden: auch „die Werke des Gesetzes" erfülle ich nur aufgrund meiner emunā zum Gott meiner Väter; in der Erfüllung der Weisungen der Tora, im gesetzlichen Leben, erweist sich gerade meine emunā. Wie kann Paulus sagen, das Gesetz sei „nicht aus Glauben"? Der Apostel gibt selber in Gal 3, 12b die Antwort auf diese Frage: weil im Gesetz ein anderes „Prinzip" obwaltet, das Prinzip des ποιεῖν, der Erfüllung. Daß aber der Mensch das Gesetz nicht erfüllt hat und nicht erfüllt, ist die Grundüberzeugung des Apostels, die er sich vermutlich von niemandem ausreden ließe, weil sie für ihn durch Schrift und Erfahrung feststeht. In der Antwort des Apostels in Gal 3, 12b ist aber πίστις schon wieder der spezifische Glaube an Jesus Christus, der uns vom Fluch des Gesetzes befreit hat, indem er selber „für uns Fluch wurde".

8. In der mit dem gesetzlichen Leben gegebenen Gefahr des Selbstruhms vor Gott und den Menschen

„Bezeichnenderweise lautet die erste Frage nach der ersten dogmatischen Exposition des χωρὶς νόμου und διὰ πίστεως (R 3, 21–26): ποῦ οὖν ἡ καύχησις; — ἐξεκλείσθη (v 27). Und der Schriftbeweis beginnt sofort mit dem Satz, daß auch Abraham kein καύχημα vor Gott hat (4, 1f)" (Bultmann)[31]. Das dem Gesetz inhärierende ποιεῖν-Prinzip bringt die Gefahr des Sich-Rühmens mit sich; das kann zum Vertrauen auf das „Fleisch" führen (vgl. auch Phil 3, 3ff). Schon der Besitz des Gesetzes konnte für den Juden u. U. ein Anlaß werden, sich dem Heiden gegenüber zu rühmen. Paulus weist solches Pochen auf den Gesetzesbesitz entschieden zurück, weil auch der Jude das Gesetz übertritt, genau wie der Heide: „Der du dich des Gesetzes rühmst, beschimpfst Gott durch die Übertretung des Gesetzes" (Röm 2, 23). Aber auch der christlichen Gemeinde hält er die Frage entgegen: „Was hast du, daß du nicht empfangen hast? Wenn du es aber auch empfangen hast, was rühmst du dich, als hättest du es nicht empfangen?" (1 Kor 4, 7). Der Christ findet seinen Ruhm ausschließlich „in Christus Jesus" (Phil 3, 3), dem er allein sein Heil verdankt. Nur „im Kreuz unseres Herrn Jesus Christus" darf er sich rühmen (Gal 6, 14): das ist allerdings ein seltsamer Ruhm, der der Welt nicht imponiert[32].

Bubers (München 1970); W. THÜSING in: K. RAHNER – W. THÜSING, Christologie — systematisch und exegetisch (Quaest. disp. 55) (Freiburg – Basel – Wien 1972) 137f; 230–233 Zum pln. Glaubensverständnis in jüdischer Sicht vgl. auch noch L. BAECK, Der Glaube des Paulus, in: Paulus, die Pharisäer und das NT (Frankfurt 1961) 5–37.
[31] ThWb III, 649 (vgl. überhaupt 646–653); DERS., Theologie des NT, 242f.
[32] Die Warnung vor falschem Selbstruhm findet sich auch im Frühjudentum; LIMBECK (Von der Ohnmacht des Rechts, 91f, Anm. 14) nennt als Beispiele folgende Stellen: 1 Kön 2, 10 LXX; Spr 20, 9; 25, 14; 27, 1). Hingewiesen kann auch werden auf TestJud XIII, 2: „Wandelt nicht nach euren Begierden und nicht in den Gedanken eurer Erwägungen im Übermut eures Herzens und rühmt euch nicht der tapfern Taten eurer Jugend, denn auch dies ist böse in den Augen des Herrn."

Exkurs 4: Hat Paulus das Gesetz „mißverstanden"?

9. Im Christusereignis, in dem allein das Heil für den Gläubigen gründet

Paulus sah sich durch die ihm von Gott gewährte „Offenbarung" seines Sohnes (Gal 1, 12.16) und das von ihm gläubig übernommene christologische Grundkerygma der christlichen Gemeinde vor eine Alternative gestellt, die er in Gal 2, 21b so formuliert: „Wenn durch Gesetz Gerechtigkeit (kommt), ist folglich Christus vergeblich gestorben." Um diese Alternative noch deutlicher auszusprechen: Entweder kommt das eschatologische Heil vom Gesetz oder vom gekreuzigten und auferstandenen Christus! Nachdem der Apostel in einem exklusiven Sinn vom Letzteren überzeugt ist, war er als Freund intellektueller Redlichkeit und theologischer Logik geradezu gezwungen, über das Gesetz, seinen Sinn und seine Funktion in der Heilsgeschichte neu nachzudenken. Das Ergebnis waren theologische Urteile über das Gesetz, die ihm ein Jude, der sich nicht zu Jesus Christus bekennt, niemals abnehmen wird, ja gar nicht abnehmen kann, etwa den Satz, daß „Christus das Ende des Gesetzes zur Gerechtigkeit für jeden der glaubt" ist (Röm 10, 4)[33]. Ein Jude, wie Schoeps, muß dann aufs erste zu der Meinung kommen, Paulus habe das Gesetz „mißverstanden". Aber wer die theologischen Voraussetzungen des Apostels bedenkt, auch wenn er sich selbst zu ihnen nicht bekennt, müßte wenigstens zugeben können: Von diesen Voraussetzungen her kann Paulus über das Gesetz nicht anders denken und reden als es in seinen Briefen geschieht. Jetzt kann er unmöglich mehr die Tora als Gnade verstehen, wie es das Judentum tat und tut[34]. Die Gesetzestheologie des Paulus ist ohne seine Christologie nicht zu begreifen[35]. „Paulus hat von sich aus nie von der Tora abgesehen. Paulus will nur das Unerhörte sagen, daß der Geber der Tora selbst von der Tora absieht" (Eichholz)[36], weil der Apostel erkannt hat, daß „jetzt in Absehung vom Gesetz Gottes Gerechtigkeit sich geoffenbart hat" (Röm 3, 21), nämlich im Kreuz und in der Auferstehung Jesu Christi. An diesem Sachverhalt findet der christlich-jüdische Dialog seine unüberschreitbare Grenze, die von beiden Seiten respektiert werden muß[37]. Freilich darf in diesem Dialog von jüdischer

---

[33] Freilich wird häufig, sowohl von christlichen als auch von jüdischen Theologen, übersehen, daß der Apostel nicht bloß sagt: „Christus (ist) des Gesetzes Ende", sondern hinzufügt: „zur Gerechtigkeit für jeden, der glaubt". Der Glaube — und es ist selbstverständlich damit der Glaube an Jesus Christus als den einzigen und definitiven Heilsmittler gemeint — ist also die unerläßliche Voraussetzung, wenn nicht Bedingung, daß es zu der Einsicht kommen kann, Christus sei des Gesetzes Ende. Dieses Kerygma des Apostels kann niemandem als nur dem Glaubenden einsichtig werden und einsichtig gemacht werden. „Gottes Gerechtigkeit bekommt bei Paulus gewissermaßen ein Antlitz, sie konkretisiert sich in der Person und dem heilbringenden Wirken Jesu Christi" (Kuss, Paulus, 313). Vgl. auch noch Fr. Schröger, Gesetz und Freiheit. Vom Sinn des Pauluswortes: Christus, des Gesetzes Ende, in: ThGl 61 (1971) 1–14.
[34] Vgl. auch H. Gross, Tora und Gnade im Alten Testament, in: Kairos, NF 14 (1972) 220–231; R. J. Z. Werblowsky, Tora als Gnade: ebd. 15 (1973) 156–163.
[35] „Erst mit der Erkenntnis der alleinigen Heilskraft des Christusgeschehens — und damit des Glaubens — stellt sich das Gesetz als Problem dar: wenn in Christus das Heil ganz und ausschließlich gekommen ist, dann kann das Gesetz kein Heil wirken, obwohl es dem Menschen zum Leben gegeben ist" (van Dülmen, Die Theologie des Gesetzes bei Paulus, 256).
[36] A.a.O. 245.
[37] Der Verfasser dieses Kommentars kann deshalb den Sätzen Schliers leider nicht zustimmen

Exkurs 4: Hat Paulus das Gesetz „mißverstanden"?

Seite nicht übersehen werden, daß Gott seinen Sohn in Christus auch dazu sandte, „**damit die Rechtsforderung des Gesetzes unter uns (in uns) erfüllt werde**" (Röm 8, 4). Paulus kennt und anerkennt also durchaus „die Rechtsforderung des Gesetzes" an den Menschen, aber er weiß aus dem Glauben, daß diese Rechtsforderung in und durch Christus erfüllt wurde, als er „für uns" am Kreuz starb und so „für uns Fluch wurde" (Gal 3, 13). Der Apostel weiß auch, daß der Christ ein ἔννομος Χριστοῦ ist (1 Kor 9, 21), daß also Christus selbst „das Gesetz" des Christen ist (vgl. auch Röm 7, 4: „So ... seid auch ihr getötet worden zuungunsten des Gesetzes durch den (Kreuzes-) Leib des Christus, **damit ihr einem andern gehört**, dem von den Toten Erweckten"). An die Stelle des κυριεύειν des Gesetzes tritt für den Christen das κυριεύειν des Christus (vgl. Röm 7, 1 mit 7, 4). „... wir gehören dem Herrn" (Röm 14, 8)[38].

10. Abschließend kann darum gesagt werden: Paulus hat das Gesetz nicht „mißverstanden", sondern: seine Gesetzeslehre wird immer dann mißverstanden, wenn der christologische Kontext der torakritischen Sätze des Apostels nicht mitgelesen wird. Paulus hat als Jude das Gesetz durchaus richtig verstanden, aber er hat es im Licht des Christusereignisses neu verstanden[39].

(vgl. SCHLIER, Gal., 187f): „Erst dadurch, daß die Forderung der Gerechtigkeit Gottes von Jesus Christus für uns erfüllt ist und uns als für uns Erfüllte im Geist zugesprochen wird, erst dadurch also, daß sie in Christi Gerechtigkeit wieder als Anspruch eines Zuspruches Gottes laut wird, begegnet das Gesetz – als ‚Gesetz Christi' – wieder in seinem ursprünglichen Sinn, nämlich als Anweisung zugewiesener Gerechtigkeit Gottes ...
So dient der Kampf des Apostels Paulus gegen das Gesetz und die Gesetzeswerke ebenso wie die unerbittliche Betonung der Notwendigkeit des Glaubens zum Eintritt in die Gerechtigkeit Gottes letztlich der Restituierung der ursprünglichen Tora: der gnädig fordernden Weisung Gottes zum Leben. Zum rechten Verständnis der paulinischen Gesetzesproblematik dürfen wir über allen Sätzen, die das Unheil des von gesetzlosen Heiden und gesetzeseifrigen Juden oder Judenchristen selbst-süchtig mißverstandenen und mißbrauchten Gesetzes hervorheben, den Satz nicht vergessen, der eindeutig zeigt, wie Paulus seine Verkündigung versteht: ‚Beseitigen wir nun das Gesetz durch den Glauben? Nein! Wir richten es vielmehr auf', Röm 3, 31." Aber wie richtet Paulus das Gesetz wieder auf? Nicht dadurch, daß er die ursprüngliche Tora restituiert und das Gesetz „freilegt", sondern indem er auf seine totale Insuffizienz hinweist und ihm seinen wahren Stellenwert in der „Heilsgeschichte" zuweist: das Gesetz war ein harter Zuchtmeister auf Christus hin, es verschloß alles unter Sünde, es war nicht in der Lage, das Leben zu bringen. Christus ist für den Apostel Paulus nicht der Restitutor des Gesetzes, sondern sein „Ende" (Röm 10, 4); er hat nach der Paulusschule „den Gebotenomos mit seinen Verordnungen zunichte gemacht" (Eph 2, 15). Vgl. dazu auch noch den Exkurs „Gesetz und Evangelium nach dem Gal" und die Kritik, die VAN DÜLMEN, a.a.O. 254–257, an SCHLIER geübt hat.
[38] Vgl. auch noch E. JÜNGEL, Erwägungen zur Grundlegung evangelischer Ethik im Anschluß an die Theologie des Paulus, in: ZThK 63 (1966) 379–390; EICHHOLZ, Die Theologie des Paulus im Umriß, 265–268.
[39] Dabei ist auch zu beachten, was EICHHOLZ mit Recht betont (Die Theologie des Apostels im Umriß, 247f): „Wenn man den Römerbrief mit dem Galaterbrief vergleicht, dann muß auffallen, daß Paulus im Galaterbrief zu den **schroffsten tora-kritischen Formeln** kommt — so schroff, daß demgegenüber die Wendungen des Römerbriefs versachlicht und gemildert erscheinen. Vielleicht läßt sich auch sagen, daß Paulus sich im Römerbrief gegenüber dem Galaterbrief **korrigiert** bzw. sich **überholt**, was die Radikalität bestimmter Formulierungen angeht, die Paulus im Römerbrief nicht wiederholt." Das hängt damit zu-

Exkurs 4: Hat Paulus das Gesetz „mißverstanden"?

„Christusereignis" bedeutet hier in erster Linie Kreuz und Auferstehung Jesu[40]. Paulus war kein Antinomist, wenn er auch „die Bezeichnung der neutestamentlichen Mahnung als Gesetz [vermeidet], wenngleich sie zu derselben Liebe ruft, die das Gesetz fordert, und wenngleich der Glaubensgehorsam gegen die Mahnung Erfüllung des Gesetzes ist" (E. Schlink)[41].

IV. Bleibende Aporien

Auch nach diesen Ausführungen unter III könnte vielleicht jemand weiterhin sagen: Paulus hat das Gesetz dennoch mißverstanden, und zwar aus zwei Gründen:

1. Hätte er das Gesetz richtig verstanden, dann hätte er doch seine torakritischen Sätze im Zusammenhang einer Bundestheologie entwickeln müssen, weil Bund und Gesetz und damit auch Tora und Gnade zusammenzugehören scheinen[42]. Warum hat er nicht an Jer 31, 31–34 angeknüpft, wo der Gedanke eines „neuen Bundes" mit der Idee eines Geist- und Herzensgesetzes verbunden ist und Gott ausdrücklich ansagt: „ihrer Sünden gedenke ich nicht mehr"?[43] Der Apostel kennt doch die Idee eines „neuen Bundes",

---

sammen, daß der Gal eine rasch und zornig hingeworfene Kampfschrift ist, der Römerbrief aber im Vergleich damit in ruhiger Diktion und aus überlegter Reflexion heraus geschrieben wurde. Der Apostel kommentiert im Römerbrief gewissermaßen die torakritischen Sätze des Gal und bringt sie dem Verständnis der Leser näher, indem sie von ihm in größere Horizonte gestellt werden.

[40] Der Verfasser wurde in einem Gespräch gefragt, ob Paulus seine torakritischen Sätze auch schon vor Ostern gebildet hätte, wenn er unter den Begleitern Jesu gewesen wäre. Diese Frage kann man nur verneinen; der Apostel gewinnt seine Sätze über das Gesetz erst in der theologischen Reflexion über Kreuz und Auferstehung Jesu. Hier allein hat seine Gesetzestheologie ihren Ursprungsort. Möglicherweise hat Paulus zu seiner Abrogation des Gesetzes als eines Weges zum Heil bei den „Hellenisten" des Stephanuskreises Anregungen empfangen (vgl. dazu in diesem Kommentar S. 85, Anm. 42).

[41] Gesetz und Paraklese, in: Antwort. K. BARTH zum 70. Geburtstag (Zollikon–Zürich 1956) 323–335 (333).

[42] Vgl. zu dieser Zusammengehörigkeit etwa E. WÜRTHWEIN, Der Sinn des Gesetzes im AT, in: ZThK 55 (1958) 255–270; J. SCHARBERT, Gesetz, in: LThK 2IV, 817; W. ZIMMERLI, Das Gesetz und die Propheten (Göttingen 1963) 55–68; D. MCCARTHY, Der Gottesbund im AT (SBS 13) (Stuttgart 1967); J. L'HOUR, Die Ethik der Bundestradition im AT (SBS 14) (Stuttgart 1967); G. SIEGWALT, La Loi, Chemin du Salut. Étude sur la signification de la Loi dans l'Ancien Testament (Neuchâtel 1972). Doch werden heute unter den Alttestamentlern Stimmen laut, die nicht mehr im Bund „die Mitte des AT" sehen, sondern im Jahwismus; vgl. etwa R. SMEND, Die Mitte des Alten Testaments (= Theol. Stud. 101) (Zürich 1970), und eine ursprüngliche Zusammengehörigkeit von Bund und Gesetz energisch bestreiten (s. w. u.).

[43] „Fürwahr, es kommen Tage — Spruch Jahwes — da schließe ich mit dem Hause Israel und mit dem Hause Juda einen neuen Bund, nicht gleich dem Bund, den ich mit ihren Vätern schloß, als ich ihre Hand erfaßte, um sie aus Ägyptens Land herauszuführen — selbigen Bund mit mir haben sie ja gebrochen, obwohl ich ihr Herr war, — Spruch Jahwes — sondern dies ist der Bund, den ich nach jenen Tagen mit dem Haus Israel schließen werde — Spruch Jahwes: Ich lege mein Gesetz in ihr Inneres und schreibe es in ihr Herz, so werde ich ihr Gott sein und sie sollen mein Volk sein ... und ihrer Sünden gedenke ich nicht mehr." Vgl. auch Ez 36.37.

Exkurs 4: Hat Paulus das Gesetz „mißverstanden"?

geschlossen im Opferblut Christi (vgl. 1 Kor 11, 25). Warum bringt er diesen „neuen Bund" nicht in Zusammenhang mit dem „Gesetz Christi" (Gal 6, 2)?

2. Warum vermochte Paulus nicht das Gesetz mit dem Gedanken der Schöpfungsordnung zu verbinden, wie es das Frühjudentum durchgehend getan hat?[44] „Schöpfung und Israel wurden nunmehr unter dem einen göttlichen Willen stehend verstanden, weshalb die Übergabe des Gesetzes nunmehr nichts anderes mehr gewesen zu sein schien als die Enthüllung der alles umfassenden und bestimmenden göttlichen Ordnung."[45] Deshalb gibt es vom Gesetz auch keine Dispens.

Wir versuchen im folgenden einiges zu diesen Fragen zu sagen, bleiben uns aber wohl bewußt, daß damit nicht alle Aporien der pln. Gesetzestheologie gelöst sind. Fast 2000 Jahre Theologie- und Kirchengeschichte zeigen, daß man mit der Verkündigung des Paulus nie „fertig" wurde, auch nicht in den reformatorischen Kirchen. Paulus bleibt ein Stachel im Fleisch der Kirche und ihrer Theologie.

1. Paulus weiß als Jude um die „Bundesschlüsse"; sie gehören nach Röm 9, 4 zusammen mit Sohnschaft, Herrlichkeit, Gesetzgebung, Gottesdienst, Verheißungen zu den „Privilegien Israels". Insbesondere weiß er um den Abrahamsbund, ja dieser ist geradezu ein Ausgangspunkt seiner Glaubenstheologie und Rechtfertigungslehre, wie aus Röm und Gal hervorgeht. Aber Paulus vermag den Verheißungsbund, den Gott mit Abraham aufgrund von dessen Glauben geschlossen hat, nicht auf eine Linie mit der Sinaidiatheke zu bringen. Die Begründung dafür formuliert der Apostel in Röm 4, 14 so: „Denn wenn die aus Gesetz Erben (sind), ist der Glaube entleert und die Verheißung zunichte gemacht worden", und in Gal 3, 18 so: „Denn wenn aus Gesetz das Erbe (käme), (käme es) nicht mehr aus Verheißung." Aus diesen Stellen geht aber auch klar hervor, daß der Abrahamsbund in den Augen des Paulus ein reiner Verheißungsbund war — er konnte sich dafür auf die entsprechenden Stellen der Gen berufen. Daß auch mit dem Gesetz die Lebensverheißung verbunden war (und nicht bloß der Todesfluch), vermag Paulus wegen des durch das „Fleisch" bedingten ἀδύνατον des Gesetzes nicht zu sehen, das ihm von Schrift und Erfahrung bestätigt worden war (s. oben III. 1.5). Paulus kennt auch die göttliche Ansage eines „neuen Bundes", wie aus 1 Kor 11, 25 hervorgeht; der Apostel formuliert hier im Anschluß an die übernommene Tradition, er vermeidet es jedoch, den Gedanken des „neuen Bundes" mit jenem einer neuen (besseren) Tora (etwa im Anschluß an Jer 31, 31–34) zusammenzudenken. Man könnte dafür hypothetisch als Grund angeben: Vielleicht fürchtete der Apostel, auf diese Weise das Gesetz doch wieder „zur Hintertür" reinkommen zu lassen, das er aus seinem theologischen Haus verwiesen hatte. Es scheint in bestimmten Überlieferungen des AT selbst eine Tendenz sich zu zeigen, Bund (Gnade) und Gesetz auseinanderzudenken, wenn auch „die massive Tatsache

---

[44] Die Zusammenschau des Gesetzes mit der Schöpfungsordnung im Frühjudentum hat M. LIMBECK in seinem wichtigen Buch: Die Ordnung des Heils. Untersuchungen zum Gesetzesverständnis des Frühjudentums (Düsseldorf 1971) eingehend und eindrücklich gezeigt.
[45] LIMBECK, 191.

Exkurs 4: Hat Paulus das Gesetz „mißverstanden"?

[bleibt], daß das Alte Testament im Kult aus dem es lebt, und in den Schichten, die das Buch des AT wirklich tragen und prägen, ganz und gar unpaulinisch vom Gesetz spricht" (N. Lohfink)[46]. Auch die Propheten bewerten das Gesetz anders als Paulus[47]. Für das AT gehören Gesetz und Gnade zusammen; das Gesetz gehört jedenfalls „in den Zusammenhang der Gnade"[48]. Man könnte allerdings auf die Eigenart der priesterschriftlichen Sinaigesetzgebung hinweisen: „So radikal, wie in der Priesterschrift das Gottesvolk zwischen Heil und Unheil gestellt erscheint, so radikal ist vorher der Mensch in der Spannung zwischen Gott und Sünde, zwischen Leben im Umkreis des Heiligen und unter der göttlichen Rede einerseits, dem Bereich Sünde–Schuld–Tod andererseits in Israel noch nicht begriffen worden": zu diesem Urteil kommt O. Kaiser[49]. Ist es zudem richtig, „daß die Priesterschrift zugunsten des alles in sich saugenden Väterbundes den Bund vom Sinai totschwieg", wie N. Lohfink annimmt[50], dann könnte es in den im AT verarbeiteten Überlieferungen eine Tradition gegeben haben, für die der „Sinaibund in seiner alten Gestalt ... als Grundlage des Gottesverhältnisses fraglich geworden" (W. Zimmerli)[51] ist. In der Priesterschrift „wird die ganze Begründung des Bundesstandes in den Abrahambund zurückverlegt, der schon nach den alten Quellen ein reiner Gnadenbund gewesen ist. Die heimliche Spannung, die in JE (und Dt.) im Nebeneinander von Abraham- und Sinaibund bestand, ist hier beseitigt. Was unter Mose am Sinai geschieht, ist in P ganz rein als Einlösung jener frühen Gnadenzusage, auf welcher der Bund nun allein beruht, verstanden."[52]

---

[46] Gesetz und Gnade, in: Das Siegeslied am Schilfmeer (Frankfurt 1965) 151–173 (154).
[47] Vgl. ebd. 168.
[48] Ebd. 172. Vgl. auch H. GROSS, Tora und Gnade im AT, in: Kairos, NF 14 (1972) 220–231; E. KUTSCH, Gesetz und Gnade. Probleme des atl. Bundesbegriffs, in: ZAW 79 (1967) 19–35 (bes. 33: „Je nach dem Zusammenhang ist b^erît also Gottes Zusage oder sein Gebot, wird Gottes Gnade oder sein Gesetz sichtbar. So unverwechselbar und unvermischbar beide Arten nebeneinander stehen, so sieht das Alte Testament doch eine Möglichkeit, daß die Gnade das Gesetz umschließt und damit erfüllt").
[49] Die Eigenart der priesterschriftlichen Sinaigesetzgebung, in: ZThK 55 (1958) 36–51 (50).
[50] Die Landverheißung als Eid (SBS 28) (Stuttgart 1967) 7.
[51] Sinaibund und Gnadenbund. Ein Beitrag zum Verständnis der Priesterschrift, in: ThZ 16 (1960) 268–280 (279).
[52] Ebd. Nach O. EISSFELDT (Das Gesetz ist zwischeneingekommen. Ein Beitrag zur Analyse der Sinai-Erzählung Ex 19–34, in: ThLZ 91 [1966] 1–6) „scheint zu den für Ex 19–34 ziemlich allgemein angenommenen und wenigstens den drei Erzählungsfäden J, E und P zugewiesenen drei Sinaibundesschlüssen noch ein vierter und ältester hinzuzukommen, von dem sich in Ex 24, 13a.14.15a; 34, 10–13.15–16; 32, 17–18.25–29 deutliche Spuren erhalten haben." Dieser „vierte und älteste Bericht" weiß „über einen auf dem Sinai zwischen Jahwe und Israel geschlossenen Bunde von einer Gesetzesurkunde nichts ...". Die älteste Sinaierzählung berichtet so „vornehmlich von einer Verheißung, die Jahwe als Krönung früherer Verheißungen auf der erhabenen Plattform des Sinai seinem Volke gegeben, und erst die drei ihr folgenden Erzählungen haben, wiewohl sie verheißender Züge nicht ganz entbehren, gesetzliche Bestimmungen in den Mittelpunkt des Sinai-Geschehens gestellt. Insofern ist auch in der Sinai-Erzählung das Gesetz zwischeneingekommen, hat jedenfalls in ihr später Platz gefunden als die Verheißung" (6). Nach L. PERLITT (Bundestheologie im Alten Testament [Neukirchen 1969]) wissen die ältesten Texte (Ex 19; 24, 1a.9–11; 24, 4aβ.5.6) von einem „Sinaibund" nichts, vielmehr nur von einer „Sinaitheophanie". Erst die deuteronomische und

Exkurs 4: Hat Paulus das Gesetz „mißverstanden"?

2. Nach Röm 2, 15 erweisen die Heiden „das Werk des Gesetzes als in ihre Herzen geschrieben", was zusammen gesehen mit Röm 1, 19f („... das Erkennbare an Gott ist ihnen bekannt, denn Gott hat es ihnen bekanntgegeben. Denn das Unsichtbare an ihm wird seit der Weltschöpfung an dem Geschaffenen mit [den Augen] der Vernunft gesehen, [nämlich] seine ewige Macht und Göttlichkeit, so daß sie unentschuldbar sind") für den Apostel eine Möglichkeit hätte ergeben können, Gesetz und Schöpfungsordnung in einen ähnlichen Zusammenhang zu bringen, in den ihn das Frühjudentum gebracht hat. Paulus tut auch das nicht, und hält man Ausschau nach dem Grund, so ist dieser für ihn in der Macht der Sünde zu suchen, die so groß ist, daß kein Gesetz und keine Schöpfungsordnung sie zu zähmen vermag. Trotz Gewissen und Gesetz wird die natürliche Schöpfungsordnung durch die Sünde pervertiert (vgl. Röm 1, 24–32). Auch der Beschnittene hält das Gesetz nicht (Röm 2, 17–29) trotz „Buchstabe und Beschneidung" (2, 27)[53]. „Die ganze Welt" ist vor Gott schuldig geworden (3, 19); „denn **alle haben gesündigt** und entbehren der Herrlichkeit Gottes" (3, 23). So vermag der Apostel Schöpfungsordnung und Gesetz nicht zusammenzudenken.

3. Limbeck bemerkt in der Zusammenfassung seiner Untersuchung[54]: „Weil es den jüdischen Frommen um die Verwirklichung der **Gemeinschaft mit Gott** ging, weil sie aber davon überzeugt waren, daß Gott am Ende dem

---

deuteronomistische Epoche bringt die bundestheologische Neuinterpretation der Sinaiperikope, als sich zwei Fragen ergaben: „Welches ist der Wille des Gottes, der sich kundtat? Und: was bedeutet sein Erscheinen fern von Ort und Stunde der ersten Erscheinung? Die erste Frage beantwortet Israel mit der Subsumierung aller Gesetze und Ordnungen, der ‚profanen' wie der ‚heiligen' unter den Bericht von der Sinaitheophanie, die zweite mit der Bundestheologie" (235). Auch E. ZENGER (Die Sinaitheophanie. Untersuchungen zum jahwistischen und elohistischen Geschichtswerk [Forschung zur Bibel 3] [Würzburg 1971]), kommt zu dem Ergebnis: „Vor allem ergaben sich auch nicht die geringsten Anzeichen für den Einfluß des sog. Bundesformulars auf die jahwistische Sinaiperikope" (268, Anm. 131). Am entschiedensten bestreitet E. KUTSCH in seinem Buch: Verheißung und Gesetz. Untersuchungen zum sogenannten „Bund" im Alten Testament (BZAW 131) (Berlin 1973), daß das alte Israel sein Verhältnis zu Jahwe als „Bund" verstanden habe; Jahwe hat am Sinai nicht einen „Bund" mit Israel eingegangen, sondern diesem eine „Verpflichtung" (= ברית) auferlegt, eben das Gesetz. KUTSCH zeigt, daß in der „Sinaiperikope" Ex 19–34 ברית „an keiner Stelle ... ein Verhältnis bezeichnet, das dann am Sinai zwischen Jahwe und ‚Israel' hergestellt worden wäre" (88); auch für Jer 31, 31–34, wo von einer frühen bᵉrît und einer „neuen bᵉrît" die Rede ist, gilt, daß die „neue bᵉrît" „die Verpflichtung der Israeliten" bedeutet, nicht „Bund" (145f). Das AT kennt bᵉrît nicht „als gegenseitige Verpflichtung" (152). „Das Wort bᵉrît bedeutet im theologischen Bereich nie ‚Bund' (zwischen Jahwe und Israel); und das entspricht dem Sachverhalt, daß das Alte Testament das Verhältnis Gott/Mensch nicht als ‚Bund' verstanden hat" (ebd.). Sollten sich diese Ergebnisse in der weiteren Forschung bestätigen — W. ZIMMERLI hat bereits kritische Bedenken angemeldet; vgl. unsere Anm. 26, S. 321 —, dann hätte SCHOEPS' Verständnis von bᵉrît als „freiwilliger Gegenseitigkeitsvertrag" die atl. Grundlage verloren, während Paulus durchaus die Dinge richtig gesehen hätte, wenn er Bund und Gesetz nicht zusammendenkt. Das eine ist jedenfalls sicher, daß Paulus das Gesetz nicht als Bundessatzung, sondern als „einseitige" Willensäußerung Gottes verstanden hat; ihm kommt es ganz und gar auf den Verpflichtungscharakter des Gesetzes an. Er denkt in der Tat Bund und Gesetz nicht zusammen.

[53] Vgl. auch Röm 9, 31; Gal 6, 13.
[54] Die Ordnung des Heils, 194.

Exkurs 4: Hat Paulus das Gesetz „mißverstanden"?

Sünder, der die Ordnung zerstört hatte, nicht gut sein könne, konnte es auch für sie keine Gemeinschaft mit dem unbekehrten, auf Abwegen befindlichen Sünder geben, der es verschmähte, sich von Gottes Wort weisen und von Gottes Geist(ern) züchtigen zu lassen, als ob der Mensch auf seine Weise und ohne Züchtigung zu Gott gelangen und bei Gott verbleiben könne.

Weil das Erbarmen Gottes mit dem unbekehrten Sünder, Gottes unorthodox-unordentliches Entgegenkommen dem Sünder gegenüber für dieses Denken keine Möglichkeit mehr war, konnte es auch den eigenen Umgang mit Sündern nicht mehr verantworten. Wer sich in diese doch von Gottes Erbarmen geprägte Ordnung nicht einfügte, dessen Leben schien am Ende ins Nichts fallen zu müssen."

Genau dieses „unorthodox-unordentliche" Entgegenkommen Gottes den Sündern gegenüber ist das, was sich „jetzt", nämlich im Christusereignis, geoffenbart hat: „Jetzt aber ist ohne Gesetz[55] die Gottesgerechtigkeit offenbart worden, bezeugt von dem Gesetz und den Propheten, eine Gottesgerechtigkeit aber durch Glauben an Jesus Christus, für alle, die glauben. Denn es ist kein Unterschied: Denn alle haben gesündigt und ermangeln der Herrlichkeit Gottes, (doch jetzt sind sie alle) gerechtgesprochen geschenkweise durch seine Gnade aufgrund der Erlösung in Christus Jesus, den Gott als Sühne aufgestellt hat durch Glauben (διὰ πίστεως)[56] in seinem Blut . . ." (Röm 3, 21–25). Gerade dem ἀσεβής „wird sein Glaube zur Gerechtigkeit angerechnet" (4, 5): ein Satz, der für jüdische piae aures ärgerlich sein muß, nicht mehr jedoch für den Juden Paulus, nachdem er im gekreuzigten und auferweckten Christus den einzigen und endgültigen Heilbringer für die ganze Welt, ob Juden oder Heiden, erkannt hatte. Er hätte sich dabei auch auf das Verhalten des vorösterlichen Jesus den „Zöllnern und Sündern" gegenüber berufen können.

Warum Gott den „Gottlosen" jetzt „ohne Gesetz", ohne den Gesetzesweg, allein aus dem Glauben rechtfertigt, können Paulus und niemand rational ergründen. Diese Heilsentscheidung Gottes ist „jetzt offenbart worden": eine unerwartete ἀποκάλυψις der „geschenkweise" sich dem Sünder zuneigenden Gnade Gottes, weil einer für alle zum Fluch geworden ist (Gal 3, 13). „Weil einer gestorben ist, sind folglich alle gestorben" (2 Kor 5, 14)[57] und werden gerettet, wenn sie an diesen einen als ihren Retter glauben. Warum gerade durch diesen einen, der Jesus heißt: Diese Frage würde der Apostel wohl so beantwor-

---

[55] Die Formulierung χωρὶς νόμου „erklärt sich meines Erachtens nur dann ohne Spannung zu 3, 21b [„bezeugt von dem Gesetz und den Propheten"] . . ., wenn Paulus an den Gesetzesweg dachte, innerhalb dessen der jüdische Fromme Gottes züchtigendes, rechtfertigendes Handeln erwartete . . ." (M. LIMBECK, Von der Ohnmacht des Rechts. Zur Gesetzeskritik des NT [Düsseldorf 1972] 88, Anm. 12).
[56] A. PLUTA plädiert für die Übersetzung von διὰ πίστεως in Röm 3, 25a mit Gottes „Bundestreue" (Gottes Bundestreue. Ein Schlüsselbegriff in Röm 3, 25a [SBS 34] [Stuttgart 1969]); dann läge hier ein deutlicher Hinweis des Paulus im Rahmen seiner Rechtfertigungslehre auf den Bundesgedanken vor. Das Problem ist nur, ob die Adressaten des Briefes, die auf Grund des Kontextes den Begriff πίστις doch nur im Sinn des „Rechtfertigungsglaubens" nehmen konnten, mittendrin πίστις als „Bundestreue" verstehen konnten. Maßgebend für semantische Entscheidungen ist das synchrone Syntagma.
[57] Vgl. dazu besonders EICHHOLZ, Die Theologie des Paulus im Umriß, 198–202.

ten: Weil dieser eine der Sohn Gottes ist, den Gott zu unserem Heil in die Welt gesandt hat (vgl. Gal 4, 4). Das heißt: Die Fragen und Antworten münden zuletzt ein in das göttliche, dem Menschen nur im Glauben zugängliche Mysterium. Wer will da rechten?[58]

Die Glaubensüberzeugung des Apostels implizierte noch folgendes: Den Schon-Anbruch des kommenden Äons[59] und damit zusammenhängend die Schon-Ankunft des Pneuma (vgl. etwa Gal 3, 2; 4, 6). Gerade das Letztere aber ermöglichte Paulus eine Ethik zu entwickeln, die man kurz als „Pneumaethik" bezeichnen könnte[60], deren Forderungen für den Christen absolut verpflichtend sind, wie die Gebote der Tora für den Juden, die jedoch nicht der Tora nach pln. Verständnis gleichzusetzen sind, höchstens ihre eschatologische „Erfüllung" darstellen, speziell im Liebesgebot (vgl. Gal 5, 14; Röm 13, 8–10).

4. Nach Schoeps hat Paulus eine Frage aufgeworfen, „die ihm als pharisäischen Theologen die Tradition nicht beantwortet hat" und die Sch. so formuliert: „Wenn das Gesetz hier und heute nicht als zur Gänze erfüllbar erscheint, weist das nicht vielleicht darauf hin, daß sich der Wille Gottes gar nicht im Gesetz erschöpft?"[61] Sch. bemerkt weiter: „Gerade als Weisung ist das Gesetz keine nur statische, sondern auch eine eschatologische Größe, weil es über sich hinaus verweist: auf die Vollendung des Bundes in die Zeit, da Gott seinen Messias kommen läßt."[62] Das könnten wichtige Hinweise sein, denen im jüdisch-christlichen Gespräch noch weiter nachgegangen werden sollte, auch wenn sie einen Juden niemals dazu führen werden, über die Tora so wie der Apostel Paulus zu denken. Damit hängt das folgende zusammen.

5. Wenn der Apostel in Gal 6, 2 von einem „Gesetz Christi" spricht, so gäbe es dazu möglicherweise Anknüpfungspunkte in der Anschauung jener, wenn auch wenigen Rabbinen, die von einer neuen Tora in der messianischen Zeit redeten[63]. Paulus gehört, so darf man sagen, zu dieser Gruppe, freilich mit dem bezeichnenden Unterschied, daß nach seiner Meinung in Christus die messianische Zeit schon angebrochen ist, die auch eine neue Tora, das Pneumagesetz Christi, brachte, das zugleich das alte Gesetz „erfüllt" und den einzelnen zu seiner Erfüllung in der Liebe zum Mitmenschen auffordert.

Ein Christ könnte darum die kühne, für einen Juden freilich schwer verständliche These vertreten: Der Apostel Paulus brachte theologisch das Judentum zu seiner Erfüllung[64].

---

[58] Kann man mit SCHOEPS (Paulus, 264) so sicher sagen: „Kein neuer Bund kann den alten aufheben und keine neue Glaubensoffenbarung kann an die Stelle der sinaitischen Gesetzesoffenbarung treten"?
[59] Vgl. dazu auch SCHOEPS, Paulus, 85–110. — „Durch die Äonen-Theologie verbleibt er [Paulus] auch ohne Gesetz im Judentum" (BEN-CHORIN, Paulus, 74).
[60] Vgl. dazu Näheres in diesem Kommentar S. 364f. [61] Paulus, 299. [62] Ebd. 301.
[63] Vgl. dazu W. D. DAVIES, Torah in the Messianic Age and/or the Age to come (Philadelphia 1952) und besonders J. JERVELL, Die geoffenbarte und die verborgene Tora. Zur Vorstellung über die neue Tora im Rabbinismus, in: StTh 25 (1971) 90–108. Dazu aber auch noch unsere Bemerkungen im Exkurs: Gesetz und Evangelium nach dem Galaterbrief (unter III, 3).
[64] Eine weitere Aporie, die durch Paulus in die Theologie gekommen ist, liegt in jenem eigenartigen Dualismus, der durch seine Gesetzeslehre zwischen „Schrift" und „Tora" (als Gesetz) aufgebrochen ist. γραφή und Tora stehen bei Paulus in einem eigenartig dialektisch-kritischen Verhältnis zueinander. Doch gehen wir darauf nicht näher ein.

II. Das paulinische Evangelium nicht κατὰ ἄνθρωπον, sondern κατὰ τὴν γραφήν *(3, 1 – 6, 10)*

In dem Großabschnitt 1, 13 – 2, 21 vermochte der Apostel den Nachweis zu erbringen, daß er sein Evangelium nicht παρὰ ἀνθρώπου empfangen hat. Nun scheint aber ein weiterer schwerer Vorwurf seiner Gegner darin bestanden zu haben: Sein Evangelium sei κατὰ ἄνθρωπον, „nach Menschengeschmack"; ein gesetzesfreies Leben sei ja den Menschen selbstverständlich nur überaus willkommen! Demgegenüber zeigt der Apostel, daß sein Evangelium und damit der Heilsweg des Glaubens „ohne des Gesetzes Werke" κατὰ τὴν γραφήν ist. Ist das richtig, dann ist ein Widerstand gegen das gesetzesfreie Evangelium bzw. eine Verdächtigung desselben Ungehorsam gegen den in der Schrift schon längst geoffenbarten Heilswillen Gottes. Den Nachweis der Schriftgemäßheit seines Evangeliums bringt er nach einem Appell an die christliche Erfahrung der Galater (3, 1–5) in zwei Blöcken (3, 6–18; 4, 21–31). Weil nach der Schrift selbst der eigentliche Heilsweg der des Glaubens und nicht der der Werke des Gesetzes ist, muß Paulus in einem Zwischenstück die wahre Heilsfunktion des Gesetzes darlegen (3, 19 – 4, 7), von dem er mit einem dringlichen Appell an die Einsicht der Galater (4, 8–20) zum zweiten Schriftbeweis übergeht. Hat aber Christus, wie die Schrift es schon voraussagte, die Freiheit vom Gesetz gebracht, dann kann es keinen billigen Kompromiß zwischen der christlichen Freiheit und der jüdischen Gesetzesreligion geben (5, 1–12); allerdings hat sich die christliche Freiheit als ein Leben in der Liebe zu bewähren (5, 13–26). Mit daraus sich ergebenden Mahnungen zum christlichen Gemeinschaftsgeist (6, 1–10) schließt der zweite Großabschnitt des Briefes.

1. EIN APPELL AN DIE CHRISTLICHE ERFAHRUNG DER GALATER (3, 1–5)

3, 1 O ihr unverständigen Galater, wer hat euch bezaubert, denen doch Jesus Christus vor Augen geschrieben wurde als Gekreuzigter? 2 Dies nur will ich von euch erfahren: Habt ihr aus Gesetzeswerken das Pneuma empfangen oder aus Glaubensverkündigung? 3 Dermaßen töricht seid ihr? Angefangen habend im Pneuma endigt ihr jetzt im Fleisch? 4 So Großes habt ihr vergeblich erfahren? Wenn es doch wenigstens auch vergeblich gewesen wäre! 5 Der nun geschenkt hat euch das Pneuma und Kräfte unter euch gewirkt hat: (sc. gewährt er euch diese Gaben)[1] *aufgrund von Gesetzeswerken oder aufgrund von Glaubensverkündigung?*

Die „Rede" des Apostels im vorausgehenden Abschnitt (2, 15–21) hatte, wie sich zeigte, ständig auch schon die bei den Galatern aufgebrochene „theologische" Situation im Auge. Besonders der V 21 war deutlich auch mit Blick auf

---
[1] Brachylogie (BLASS-DEBR § 479, 1).

sie formuliert. Die Galater sind ja dabei, gerade das Gegenteil von dem zu tun, was der Apostel auf keinen Fall tun möchte: sie setzen die Gnadenordnung Gottes außer Geltung; sie suchen die Gerechtigkeit „durch das Gesetz". Jetzt spricht sie der Apostel deshalb wieder direkt an, was er seit 1, 11 nicht mehr getan hat. Die eigentümliche Fragetechnik, die der Apostel dabei entwickelt, hat etwas Erregendes an sich. Diese Fragen sind eher Appelle an die Galater, die einer gewissen zornigen Bitterkeit und Ironie nicht entbehren (z. B.: „Ja, wäre es doch nur vergeblich gewesen!"); sie appellieren an die christliche Erfahrung der Galater.

3, 1f Die namentliche Anrede der Adressaten findet sich bei Paulus selten; vgl. 2 Kor 6, 11 (πρὸς ὑμᾶς, Κορίνθιοι) und Phil 4, 15 (καὶ ὑμεῖς, Φιλιππήσιοι). Dazu kommt hier noch ein besonderes, wenig schmeichelhaftes Epitheton für die Galater: ἀνόητοι, verbunden mit einem vokativen ὦ, das die Eindringlichkeit des Appells noch unterstreicht (vgl. auch Röm 2, 1.3; 9, 20; 1 Tim 6, 20)[2]. Wenn die Galater von Paulus als ἀνόητοι apostrophiert werden, so wird ihnen damit nicht mangelnde Intelligenz unterstellt[3], sondern mangelnde Einsicht, nämlich in das Wesen des Evangeliums und damit des Christentums[4].

τίς ὑμᾶς ἐβάσκανεν[5]: quis vos fascinavit? (Vg.) βασκαίνειν bedeutet „behexen, bezaubern, in den Bann schlagen"[6]. Was die Galater zum „Judaismus" umschwenken läßt, ist für Paulus mehr als durch menschliche Überredungskunst verursacht; dahinter steht vielmehr geradezu eine dämonische Macht, die der Apostel zwar völlig in dem τίς verhüllt läßt[7]. Mit dem Fragepronomen τίς bringt Paulus seine ganze Verwunderung über die Galater zum Ausdruck — es fällt einem dabei unwillkürlich wieder das οὕτως ταχέως von 1, 6 ein. Das Vorhaben der Galater ist dem Apostel so unbegreiflich, daß es ihm wie eine dämonische „Behexung" derselben vorkommt, die um so unfaßlicher ist, als ihnen doch Jesus Christus als Gekreuzigter vor Augen geschrieben wurde. Der Ton liegt auf dem bewußt an das Ende des Satzes gestellten ἐσταυρωμένος. Der λόγος τοῦ σταυροῦ bringt eine große Ernüchterung mit sich; er bedeutet

---

[2] BAUER Wb s. v. ὦ, 1; MAYSER, Grammatik, II/1, 55 („nur bei affektvoller Anrede").
[3] Daran dachte in der Tat HIERONYMUS, der den Galatern sogar mangelnde Intelligenz als besondere Eigentümlichkeit ihres Volkes nachsagt.
[4] Vgl. auch LAGRANGE, SCHLIER z. St.
[5] C D K L P Ψ, sehr viele Minusk., Vg.mss, syrh, goth, äth u. a. fügen noch hinzu τῇ ἀληθείᾳ μὴ πείθεσθαι: sekundäre Auffüllung aus 5, 7.
[6] Zu dem ntl. hap. leg. βασκαίνειν vgl. vor allem DELLING in: ThWb I, 595f und das Material bei MOULTON-MILLIGAN s. v. — ἀνόητος wird besonders in der alten Komödie als Schimpfwort verwendet; vgl. A. MÜLLER, Die Schimpfwörter in der griechischen Komödie, in: Philologus 72 (1913) 321–327. DIO CHRYSOSTOMUS XI, 1 τὸ μὲν γὰρ ἀληθὲς πικρόν ἐστι καὶ ἀηδὲς τοῖς ἀνοήτοις, τὸ δὲ ψεῦδος γλυκὺ καὶ προσηνές (vgl. G. MUSSIES, Dio Chrysostom and the New Testament [Leiden 1972] 184).
[7] BLIGH (Gal., 228) meint freilich, daß die Galater die Frage des Apostels „vielleicht" so beantwortet hätten: „Peter!" „He has bewitched them without even visiting them, simply through the Judaizers' report of his conduct." Würde das aber nicht zu der seltsamen Konsequenz führen, daß Petrus der Widerpart des gekreuzigten Christus wäre, der den Galatern vor Augen geschrieben wurde? Gerade der folgende Hinweis auf den Gekreuzigten läßt hinter dem τίς eine dämonische Macht aufscheinen.

"die Entzauberung der Welt" schlechthin. Vor Augen wurde den Galatern der Gekreuzigte damals geschrieben, als ihnen[8] der Apostel bei ihrer Missionierung das Evangelium vom allein heilbringenden Kreuz Jesu verkündete; das προεγράφη meint also nicht ein liebevolles, pietistisches Ausmalen der passio Jesu, speziell seiner Kreuzigung[9], auch nicht die atl. Weissagungen über die Leiden des Messias (Gottesknecht!)[10], sondern die in der Öffentlichkeit der Welt, so auch bei den Galatern, erschallende Kreuzespredigt[11], die nach Gal 5, 11 ein σκάνδαλον darstellt[12]. Der gläubige Gehorsam gegen die Kreuzespredigt hat mit „Behexung" sicher nichts zu tun! Die erste Frage des Apostels bringt also das Unbegreifliche der sich vollziehenden Sinnesänderung der Galater zum Ausdruck. Der Apostel kann sich dieselbe nur als eine Art von „Behexung" erklären, der die Galater ohne Widerstand zum Opfer fallen. Er gibt aber auf seine sehr wirkungsvolle Frage keine Antwort, sondern überläßt diese den Adressaten.

„Nur dies" will er von ihnen „erfahren"[13] (V 2): Aufgrund wessen haben die Galater seinerzeit, bei ihrer Christwerdung, das Pneuma empfangen? Aufgrund von Gesetzeswerken oder (ἤ)[14] aufgrund der gehorsamen Annahme der Glaubenspredigt? ἀκοὴ πίστεως ist zunächst die Glaubenspredigt; da aber ἔργα νόμου und ἀκοὴ πίστεως Opposita bilden (näherhin ἔργα und ἀκοή) bzw. νόμος und πίστις, ist bei ἀκοή der Akt des Hörens nicht außerachtgelassen[15]: die Galater haben seinerzeit die Glaubenskunde vernommen, sie gehorsam angenommen und aufgrund dessen das Pneuma empfangen, nicht aufgrund gesetzlicher Werke.

---

[8] ἐν ὑμῖν fügen verdeutlichend hinzu: D E F G K L, viele Minusk., it^{d.g}, syr^h, goth, AMBROSIASTER, HIERONYMUS, VICTORIN, CHRYSOSTOMUS, THEODORET. Näheres zu ἐν ὑμῖν bei ZAHN z. St. (Z. hält die LA für ursprünglich).
[9] So etwa CHRYSOSTOMUS, STEINMANN, ZAHN u. a.   [10] So HIERONYMUS.
[11] Vgl. auch SCHRENK in: ThWb I, 771f; προγράφειν „wird oft zur Bezeichnung von Anschlägen und Bekanntmachungen verwandt, die zur Publikation kommen"; Belege ebd. und bei MOULTON-MILLIGAN s. v.; SCHLIER z. St.: „'Ἰησοῦς Χριστὸς ἐσταυρωμένος ist die zusammenfassende Formel für das entscheidende Heilsereignis und als solche für den zentralen Inhalt des paulinischen Kerygmas." Wenn der Apostel προεγράφη formuliert, so stellt er damit „seine frühere mündliche Predigt von Christo dem Gekreuzigten, die er bei den Galatern gehalten, bildlich als eine Schrift oder als einen Brief dar, den er damals vor ihren Augen ... hingeschrieben hat" (BISPING).
[12] Vgl. auch 1 Kor 1, 23: κηρύσσομεν Χριστὸν ἐσταυρωμένον, Ἰουδαίοις μὲν σκάνδαλον, ἔθνεσιν δὲ μωρίαν.
[13] μανθάνειν bedeutet hier nicht „lernen", sondern „kennenlernen, erfahren, wissen" (= cognoscere; vgl. auch Kol 1, 7; Apg 23, 27; BAUER Wb s. v. 3; Belege bei MOULTON-MILLIGAN und PREISIGKE s. v.).
[14] ἤ in ausschließendem Sinn (vgl. BAUER Wb s. v. 1a).
[15] ἀκοή ist 1. die Hörfähigkeit, der Akt des Hörens, das Ohr; 2. das Hörensagen, das Gerücht, die Kunde, die Predigt. Vgl. zur zweiten Bedeutung etwa Thukydides 1, 20, 1 (ἀκοὴν δέχεσθαι); Hebr 4, 2 (λόγος τῆς ἀκοῆς); Joh 12, 38; Röm 10, 16f (πιστεύειν τῇ ἀκοῇ); 1 Thess 2, 13. In 1 Sam 2, 24; 2 Sam 13, 30; Ps 112, 7; Is 52, 7; Jer 30, 8 ist ἀκοή = שְׁמוּעָה = Kunde, Offenbarung. BAUER Wb s. v.; KITTEL in: ThWb I, 222 („Predigt vom Glauben, Verkündigung, die den Glauben zum Inhalt und Ziel hat"). Im rabbinischen Hebräisch bedeutet שְׁמוּעָה „das Hörensagen, Kunde, Nachricht", besonders aber „überlieferte Lehre, Tradition" (vgl. LEVY Wb s. v.). Meint also ἀκοὴ πίστεως in Gal 2, 2 die „Glaubensüberlieferung", die Paulus den Galatern zu Gehör gebracht hat? Vgl. 1 Kor 15, 1–5.

Auch diese zweite Frage des Apostels an die Galater bleibt unbeantwortet und bedarf auch keiner Antwort, weil sie nämlich durch die christliche Erfahrung der Adressaten schon beantwortet ist. Sie haben das Pneuma aufgrund der gehorsamen Annahme der Glaubenspredigt empfangen. Das steht fest; das haben sie **erfahren**. Und an diese Erfahrung appelliert der Apostel. Das setzt aber voraus, daß ihnen der Pneumaempfang in der Tat eine sichere Erfahrung geworden ist. Wie uns aus der Apostelgeschichte und den Briefen des Apostels bekannt ist, war in der Urkirche der Pneumaempfang mit charismatischen Wirkungen, „Kräften" (vgl. den Terminus δυνάμεις nachher im V 5) verbunden, die sich im christlichen Gemeinschaftsleben zeigten[16], z. B. als Glossolalie, als Gabe des Exorzismus, als Gabe, die Kranken zu heilen, als Gabe der prophetischen Rede (vgl. besonders 1 Kor 12, 9f.28–30; 14, 18–26; Röm 15, 19, wo δύναμις πνεύματος parallel zu δύναμις σημείων καὶ τεράτων steht)[17]. Das sind wirkungsvolle Manifestationen des empfangenen Pneumas. Die prägnante Formulierung τὸ (!) πνεῦμα (ἐλάβετε) läßt „Pneuma" hier nicht bloß als „Wunderkraft" verstehen[18], sondern als personale Gabe, die nach 4, 6 in uns „ruft" (!): „Abbā, Vater!", und die an ihren charismatischen Wirkungen „erfahrbar" ist. Daß die Galater diese Pneumaerfahrung besitzen, setzt der Apostel in seiner zweiten Frage an sie voraus[19]. Die Antwort der Galater konnte nur sein: Wir haben das Pneuma aufgrund der gehorsamen Annahme der **Glaubens-Predigt** empfangen, nicht aufgrund gesetzlicher Werke, von denen wir damals ja noch gar nichts wußten. Das können die Galater nicht leugnen.

3, 3 Noch einmal werden die Galater als „unverständig" bezeichnet, und diese Charakterisierung wird durch ein vorangestelltes οὕτως verschärft. Am besten nimmt man den Satz οὕτως ἀνόητοί ἐστε nicht als Fragesatz, sondern als eine Art Einleitung zur folgenden dritten Frage ἐναρξάμενοι πνεύματι νῦν σαρκὶ ἐπιτελεῖσθε[20]. Dann wird also der Weg, den die Galater gehen wollen, als Zeichen ihrer besonderen „Torheit" gewertet. Nimmt man jedoch den οὕτως-Satz als Frage, dann kann man den folgenden ἐναρξάμενοι-Satz als asyndetischen Begründungssatz verstehen: „So töricht seid ihr? (Denn) πνεύματι habt ihr angefangen, σαρκί wollt ihr jetzt zu Ende kommen."[21] Was

---

[16] R. BULTMANN, Theol. des NT, 161–165; J. GEWIESS, Art. Charisma: LThK ²II, 1025ff; K. WENNEMER, Die charismatische Begabung der Kirche nach dem hl. Paulus, in: Schol 34 (1939) 503–525; H. SCHÜRMANN, Die geistlichen Gnadengaben in den paulinischen Gemeinden, in: Ursprung und Gestalt (Düsseldorf 1970) 236–267 (mit weiterer Literatur); J. RATZINGER, Bemerkungen zur Frage der Charismen in der Kirche, in: Die Zeit Jesu (Festschr. f. H. SCHLIER) (Freiburg i. Br. 1970) 257–272; H. CONZELMANN in: ThWb IX, 393–397; K. KERTELGE, Heiliger Geist und Geisterfahrung im Urchristentum, in: Leb. Zeugnis (1971) 24–36; U. BROCKHAUS, Charisma und Amt. Die pln. Charismenlehre auf dem Hintergrund der frühchristlichen Gemeindefunktionen (Wuppertal 1972).
[17] SCHWEIZER in: ThWb VI, 420/25f.
[18] SCHWEIZER, ebd. 426/1 („zunächst als **Wunderkraft**... verstanden").
[19] Vgl. auch noch Kuss, Römerbrief, 551.
[20] Dann wäre nach ἐστε in der Übersetzung ein Doppelpunkt zu setzen.
[21] „ἐπιτελεῖσθε (ist) Medium nach Analogie des Gegensatzes ἐναρξάμενοι, nicht ‚zu Ende führen', sondern intransitiv ‚zu Ende kommen'" (LIETZMANN).

will der Apostel damit sagen? Lietzmann meint: „Weil πνεύματι = πίστει, ist σαρκί = νόμῳ." Aber πνεύματι ist nicht = πίστει, denn πνεύματι bezieht sich zurück auf τὸ πνεῦμα in V 2, wie ja auch ἐναρξάμενοι das ἐλάβετε von dort im Auge hat. Aber es fehlt vor πνεύματι im Unterschied von V 2 der Artikel und dadurch verändert sich der semantische Gehalt von πνεῦμα zugunsten einer Qualitätsbezeichnung (Dat. qualit.): „qualifiziert" wird mit πνεύματι das ἐναρξάμενοι wie durch σαρκί das ἐπιτελεῖσθε[22]. Das „Beginnen" der Galater war vom Pneuma bestimmt, war „pneumatisch"; ihr „Zuendekommen" ist dagegen von der σάρξ bestimmt, ist „sarkisch". πνεῦμα und σάρξ bilden hier also die einander ausschließenden Gegensätze[23]; mit den beiden Dativen sind verschiedene Bestimmungsweisen der religiösen Existenz gekennzeichnet. Wie der V 5 zusammen mit der Darlegung von 2, 15ff erkennen läßt, ist man für Paulus in der religiösen Existenz bestimmt entweder durch die „Werke des Gesetzes" oder durch die gehorsame Annahme der Glaubenspredigt. Als die Galater gläubig wurden, und zwar auf die apostolische Glaubenspredigt hin, war ihr religiöses Leben „pneumatisch" bestimmt; nachdem sie sich jedoch dem aus den ἔργα νόμου sich ergebenden Prinzip zuwenden wollen, endigen sie „sarkisch", lassen sich in ihrer religiösen Existenz von der σάρξ bestimmen. Nach Paulus stellt ein „Leben aus der Kraft der σάρξ oder des πνεῦμα je eine alles bestimmende Gesamthaltung" dar (Schweizer)[24]. σάρξ meint also hier nicht die aus der Leibesexistenz sich ergebende „Sinnlichkeit" des Menschen, sondern — als Oppositum zu πνεῦμα — „das eigenmächtige Verhalten des Menschen ..., der der eigenen Kraft und dem Verfügbaren vertraut" (Bultmann); dieses falsche Vertrauen wird gewonnen in den vollbrachten ἔργα τοῦ νόμου, die dazu verführen können, die ἰδία δικαιοσύνη aufzurichten[25], wo doch für einen Christen die wahre Gerechtigkeit, die „Gottesgerechtigkeit", reines Gnadengeschenk „aus Glauben" ist.

Der Apostel formuliert in Gal 3, 3 den ganzen Vorgang als Frage, die als solche ein Appell an die „törichten" Galater ist, diesen verhängnisvollen Weg wieder zu verlassen und zur „pneumatischen" Bestimmtheit der religiösen Existenz zurückzukehren. Sicher ein Appell, mit dem noch Hoffnung auf seiten des Apostels verbunden ist.

3, 4   Der Vers bringt eine dritte Frage: „Derartig Großes habt ihr vergebens erfahren?" τοσαῦτα kann sich im Zusammenhang nur auf die Pneumagabe und die mit ihr zusammenhängenden „Kräfte" beziehen (vgl. V 5)[26]. Das Verbum πάσχειν hat auch die positive Bedeutung: (etwas Gutes) „erfahren"[27].

---

[22] „Der Gebrauch des Dativs ist besonders häufig bei Verbalkompositen [wie in unserem Falle: ἐν-άρχεσθαι, ἐπι-τελεῖσθαι], die teils wegen ihrer Bedeutung, teils wegen der Präposition diesen Kasus zu sich nehmen" (MAYSER, Grammatik, II/2, 285/35ff; M. bringt viele Belege für Komposita mit ἐν und ἐπί, die mit dem Dativ verbunden sind).
[23] Vgl. auch 5, 17 ἡ ... σάρξ ἐπιθυμεῖ κατὰ τοῦ πνεύματος, τὸ δὲ πνεῦμα κατὰ τῆς σαρκός.
[24] ThWb VII, 135.
[25] Vgl. BULTMANN, Theol. des NT, 240f.
[26] So die meisten Ausleger.
[27] Vgl. das umfangreiche Belegmaterial bei PAPEWb s. v. — In der Väterexegese dachte man

Wenn die Galater sich auf den „sarkischen" Weg des gesetzlichen Prinzips begeben und dabei bleiben, haben sie in der Tat die Pneumagabe „vergebens", d. h. ohne Erfolg[28], empfangen. Auch diese dritte Frage enthält einen dringlichen Appell: Ihr werdet doch hoffentlich solche Gaben nicht vergebens empfangen haben!

Was will eigentlich das angehängte εἴ γε καὶ εἰκῆ (Vg: si tamen sine causa) besagen? Auf εἴ liegt deutlich der Ton; die enklitische Partikel γε wird dem betonten Wort angehängt[29]. Die Partikel καί hat oft eine bestätigende Bedeutung („auch wirklich") und bringt in Konjunktionalsätzen zum Ausdruck, „daß der im Nebensatz ausgesprochene Gedanke mit dem Inhalt des Hauptsatzes übereinstimmt oder aus demselben folgt ..."[30]. Dann ergibt sich als Sinn des V 4: „Derart Großes habt ihr vergeblich empfangen? Wenn wirklich vergeblich!", d. h.: der Apostel will sagen: So Großes habt ihr „vergeblich" empfangen, wenn ihr es in der Tat (καί) vergeblich empfangen habt, sc. was ich aber nicht hoffen will. Die angehängte Bemerkung εἴ γε καὶ εἰκῆ ist also elliptisch zu nehmen; der unausgesprochene Gedanke des Apostels ist dabei: es kann aber doch nicht möglich sein, derartig Großes vergeblich zu empfangen! Das ist doch ganz ausgeschlossen![31] Und diese Überzeugung gibt ihm ja die Hoffnung, daß die Galater „Derartiges" doch nicht „vergeblich" empfangen und erfahren haben, daß also die in den Fragen enthaltenen Appelle ihr Ziel bei ihnen doch noch erreichen.

3, 5 Der Vers läßt in der Tat erkennen, daß der Apostel hofft, seine Appelle an die christliche Erfahrung der Galater seien nicht in den Wind gesprochen; denn sonst wäre es ziemlich sinnlos, den Vers mit der Folgerungspartikel οὖν an diese Appelle anzuschließen. Gott hat euch „also" — das könnt ihr nicht

---

häufig bei τοσαῦτα ἐπάθετε an die verwirrenden (vgl. 1, 7) Zumutungen der Judaisten; aber die Galater empfanden die Gesetzespredigt der Gegner des Apostels gar nicht als eine Zumutung oder Belästigung, sondern begrüßten diese eher, wie ja aus dem Brief hervorgeht. ZAHN (auch LIGHTFOOT) denkt (unter Zugrundelegung der südgalatischen Theorie) an Verfolgungsleiden, denen die Adressaten nach ihrer Bekehrung zum Christentum ausgesetzt waren, obwohl wir aus den Quellen davon nichts erfahren, wie ZAHN selbst zugeben muß. LÜTGERT meinte: „Wenn die Gemeinde die Beschneidung annimmt, so hat sie die Verfolgung vergeblich erlitten. Also ist sie verfolgt worden, weil sie nicht beschnitten war" (Geist und Gesetz, 568). In Wirklichkeit werden nicht die Galater wegen ihrer Unbeschnittenheit verfolgt, sondern die Gegner fürchten sich vor Verfolgung und wollen sich deshalb — so unterstellt jedenfalls Paulus — des Beschneidungsfleisches der Galater rühmen, um auf diese Weise einer Verfolgung aus dem Wege zu gehen (vgl. dazu die Auslegung zu 6, 12f und R. JEWETT, The Agitators and the Galatian Congregation, in: NTSt 17, 1970/71, 203).

[28] εἰκῆ wie in 4, 11 = ohne Erfolg.
[29] Vgl. MAYSER, Grammatik, II/3, 123/11.
[30] Ebd. 144/25 ff.
[31] In die Richtung dieser Auslegung gehen auch LIPSIUS, SIEFFERT, GUTJAHR, ZAHN, LIETZMANN, KUSS, SCHLIER u.a.; nach BONNARD schließt das Sätzchen „wenn wirklich vergeblich" sowohl Vertrauen (der Apostel hofft, daß die Galater in Wirklichkeit das Pneuma nicht vergeblich empfangen haben) als auch eine Drohung in sich (dann habt ihr in der Tat das Pneuma vergeblich empfangen!). Zu den verschiedenen Auffassungen des Sätzchens εἴ γε καὶ εἰκῆ („wenn es denn wirklich umsonst war" oder „ja wirklich: umsonst!" oder „Ja, wenn wirklich bloß vergeblich") s. ECKERT, Die urchristliche Verkündigung, 75, Anm. 4.

leugnen — das Pneuma seinerzeit gewährt[32] und Kräfte unter euch[33] gewirkt — die präsentischen Partizipien ἐπιχορηγῶν und ἐνεργῶν drücken dabei aus, daß Gott[34] seine Gaben nicht zurückgezogen hat; sie sind immer noch wirksam. Aber Paulus formt das Ganze wieder als nominalen Fragesatz — es ist der vierte: (sc. gewährt er euch diese Gaben) „aufgrund von Gesetzeswerken oder aufgrund des gehorsamen Hörens auf die Glaubensbotschaft?" Die Antwort, die wiederum nicht gegeben wird, könnte nach allem nur lauten: ἐξ ἀκοῆς πίστεως.

Dennoch erfolgt eine Antwort, aber eine Antwort, die nicht die Galater aufgrund ihrer christlichen Erfahrung oder Paulus selbst geben, sondern die die Schrift gibt. Was antwortet die Schrift auf diese Frage? Dies legt der Apostel im folgenden Abschnitt dar.

2. DIE AUSSAGE DER SCHRIFT I (3, 6–18)

3, 6 Wie Abraham: er glaubte Gott, und es wurde ihm zur Gerechtigkeit angerechnet. 7 Erkennt also: die aus Glauben, diese sind Söhne Abrahams. 8 Die Schrift aber, die voraussah, daß aus Glauben gerecht macht die Völker Gott, verkündete im voraus dem Abraham: Gesegnet werden in dir sein alle Völker. 9 Also werden die aus Glauben zusammen mit dem gläubigen Abraham gesegnet.

10 Denn alle, welche (ὅσοι) aus Gesetzeswerken leben, stehen unter einem Fluch; denn es steht geschrieben (Deut 27, 26): Verflucht ist jeder, der nicht verharrt bei allem, was geschrieben steht im Buch des Gesetzes, um es zu tun (zu erfüllen). 11 Daß aber niemand durch Gesetz bei Gott gerechtfertigt wird, ist klar (δῆλον), [warum?] weil [nach der Schrift] der Gerechte aus Glauben leben wird (nach Hab 2, 4). 12 Der Nomos aber ist nicht aus Glauben, vielmehr [gilt bei ihm] (nach Lev 18, 5): Wer sie (die Gebote und Satzungen) erfüllt hat, wird leben durch sie.

13 Christus hat uns losgekauft aus dem Fluch des Gesetzes, geworden für uns ein Fluch, weil geschrieben steht (Deut 21, 23): Verflucht ist jeder, der am Holze aufgehängt ist, 14 damit (nach göttlicher Absicht) für die Völker der Segen Abrahams Wirklichkeit würde (γένηται) in Jesus Christus, damit wir das verheißene Pneuma empfingen durch den Glauben.

15 Brüder, ich rede nach Menschenweise: selbst eines Menschen rechtgültig ausgefertigtes Testament setzt niemand außer Geltung oder fügt (etwas) hinzu. 16 An Abraham aber ergingen die Verheißungen

---

[32] Zum Verbum ἐπιχορηγεῖν in der Bedeutung „gewähren" vgl. BAUER Wb s. v. 2.
[33] Dabei ist an die mit der Pneumagabe verbundenen Charismen gedacht (s. dazu oben zu 3, 2).
[34] Zu den Partizipien ist wohl ὁ θεός als Subjekt zu ergänzen (ähnlich wie in 1, 6).

und seinem Samen. Nicht sagt (sc. ὁ θεός *oder* ἡ γραφή*): ‚und den Samen', als ob es sich um viele handelte, sondern so, daß es sich (nur) um einen einzigen handelt: ‚und deinem Samen', der Christus ist. 17 Dies aber sage ich: ein (schon längst) vorher (schon früher) von Gott rechtskräftig gemachtes Testament macht der 430 Jahre später entstandene Nomos nicht ungültig, so daß er die Verheißung zunichte macht. 18 Denn wenn aus Gesetz das Erbe (käme), käme es nicht mehr aus der Verheißung. Dem Abraham aber erwies Gott durch Verheißung seine Gunst.*

Paulus ist φύσει Ἰουδαῖος und rabbinisch geschult. Und so kennt er die göttliche Autorität der Schrift[1] und ihre umfassende und normative Geltung[2]. Er beherrscht auch die Regeln der rabbinischen Schriftauslegung, vor allem die Regeln der Kombinatorik von Schriftstellen zum Zweck eines Schriftbeweises[3]. Er sieht in der Schrift den Weg Gottes gezeichnet, vor allem seine Heilsverheißungen für die messianische Zukunft. „Den ganzen heilsgeschichtlichen Zusammenhang einfach fahrenzulassen und die Autorität des AT gnostisch zu bestreiten, ist für Pls sachlich wie taktisch gleich unmöglich" (Oepke). „Der prophetische Gehalt der Schrift ist für Paulus vor allem maßgebend" (Bläser)[4], und dieser zielt für ihn auf den Messias, der nach seiner Glaubensüberzeugung Jesus Christus ist. Von diesem Ziel her erkennt er den Sinn der atl. Aussagen und Verheißungen, bedient sich aber bei der Darlegung dieses Sinnes weithin der Methoden der rabbinischen Schriftauslegung.

Dies gilt besonders auch für das von ihm gewählte und ihm am Herzen liegende Abrahamsbeispiel und seine Durchführung in Gal 3, 6–18, mit dessen Hilfe er seine Rechtfertigungstheologie von der Schrift her unterbaut und zeigt, daß **nach der Schrift** die Rechtfertigung „aus Glauben" erfolgt und nicht aus Gesetzeswerken[5]. Damit ist auch der Zusammenhang mit dem Vorausgehenden gegeben.

---

[1] Vgl. den rabbinischen Grundsatz: „Die Tora stammt vom Himmel" (Sanh X, 1), dazu SCHÜRER, Geschichte des jüdischen Volkes, II, 363–672; BILLERBECK, IV, 415–451 (16. Exkurs: Der Kanon des AT und seine Inspiration).
[2] Vgl. die rabbinische Überzeugung: כֹּלָּא בַהּ („alles ist in ihr" [– in der Tora]: Abot V, 22).
[3] Vgl. dazu die sieben Middot Hillels (STRACK, Einleitung, 96–99); W. WINDFUHR, Paulus als Haggadist, in: ZatW (NF) 3 (1926) 327ff; O. MICHEL, Paulus und seine Bibel (1929) 91ff; P. BLÄSER, Schriftverwertung und Schrifterklärung im Rabbinentum und bei Paulus, in: ThQ 132 (1952) 152–169; J. BONSIRVEN, Exégèse Rabbinique et exégèse Paulinienne (Paris 1939); A. MARMORSTEIN, Paulus und die Rabbinen, in: ZntW 30 (1931) 271–285; W. D. DAVIES, Paul and Rabbinic Judaism (London ²1955); J. JEREMIAS, Paulus als Hillelit, in: Neotestamentica et Semitica. Studies in honour of Principal M. BLACK (Edinburgh 1969) 88–94; C. MAURER, Der Schluß „a minore ad majus" als Element pln. Theologie, in: ThLZ 85 (1960) 149–152.
[4] A.a.O. 164.
[5] In dem Abschnitt Gal 3, 6–13 werden von Paulus sechs Stellen aus dem AT zitiert: Gen 15, 6 = Gal 3, 6; Gen 12, 6 = Gal 3, 8; Dt 27, 26 = Gal 3, 10; Hab 2, 4 = Gal 3, 11; Lev 18, 5 = Gal 3, 12; Dt 21, 23 = Gal 3, 13. J. BLANK bemerkt dazu: „All diese Schriftzitate sind nicht willkürlich herausgegriffen, sondern nach klar erkennbaren sachlichen Gesichtspunkten gewählt, die als hermeneutische Prinzipien Auswahl und Auslegung bestimmen. Man sieht es daran, daß sie der Antithese Glauben–Gesetzeswerke genau entsprechen"

Gal 3, 6

"Abraham" ist das Stichwort, das den Abschnitt 3, 6–18 auch äußerlich zusammenhält. Es begegnet in dem Abschnitt siebenmal (V 6.7.8.9.14.16.18); es erscheint in V 7 und zum Abschluß nochmals in V 18: eine sog. inclusio. Es taucht aber die Frage auf: "Weshalb bleibt Abraham im heilsgeschichtlichen Koordinatensystem des Apostels eine positive Größe, obwohl die vorchristliche Periode doch [bei Paulus] durchweg dunkel gezeichnet wird ..." (Eckert)?[6] Warum operiert der Apostel nicht einfach mit Gen 15, 6, sondern rückt die **Person** Abrahams so stark in den Vordergrund? Die Antwort darauf muß in der Richtung gesucht werden: Weil gerade Abraham "unser Vater" ist, wie er in Jak 2, 21 bezeichnet wird. Abraham ist der Vater der Juden! "Blicket auf Abraham, euren Vater, und auf Sara, die euch gebar! Ja, als einzigen hab' ich ihn gerufen, ihn gesegnet und gemehrt" (Is 51, 2)[7]. Abraham ist der erste Jude! Gelingt es deshalb dem Apostel, aus der Schrift zu zeigen, daß Abraham "**Vater aller Glaubenden**" ist, gleichgültig, ob aus der Beschneidung oder der Unbeschnittenheit hervorgegangen (vgl. Röm 4, 11), dann kann er damit eine überzeugende Schriftgrundlage für seine Glaubenstheologie vorlegen. Außerdem bedenke man, daß schon innerhalb des AT Abraham auch als "der große Vater vieler Völker" bezeichnet wird (Sir 44, 19a).

3, 6[8] Der Anschluß an das Vorausgehende ist begrifflich durch das Verbum πιστεύειν gegeben (V 5 schloß mit dem Genitiv πίστεως); es verbindet aber auch der Sache nach die Galater mit Abraham. Denn beide stehen in der "Glaubenssituation" und werden "aus Glauben" gerechtfertigt. Diese Verbindung deutet der Apostel knapp an mit der Vergleichspartikel καθώς, die hier elliptisch gebraucht wird. Der Gedankengang ist der: Es verhält sich mit eurer Heilssituation "wie" bei Abraham: "er glaubte Gott ..."[9]. Weil es aber bei dem Abrahamsbeispiel um die Autorität der Schrift geht, kann καθώς hier zugleich auch einen begründenden Sinn haben[10]: Ihr werdet aus Glauben gerechtfertigt, "weil" es nach der Schrift auch bei Abraham so war[11], wie

---

(Warum sagt Paulus: 'Aus Werken des Gesetzes wird niemand gerecht'?, in: EKK 1, 93).

[6] Die urchristliche Verkündigung, 103. Vgl. auch Dietzfelbinger, Heilsgeschichte bei Paulus?, 41.

[7] Vgl. auch PsSal 9, 17; 3 Makk 6, 3; 4 Makk 16, 20; Abot V, 2f.19 („jedoch die Schüler unseres Vaters Abraham ererben den Garten Eden"). Zum Thema "Abraham": O. Schmitz, Abraham in der Sicht des Spätjudentums und des Urchristentums, in: Aus Schrift und Geschichte (Festschr. f. A. Schlatter) (Stuttgart 1922) 99–123; Billerbeck I, 116–121; III, 34ff; 186ff; 212ff; J. Jeremias in: ThWb I, 7–9; S. Sandmel in: HUCA 25 (1954) 209–237; Cahiers Sioniens 5 (Paris 1951) 93–232; J. Lécuyer, Abraham notre Père (Paris 1955); E. Jacob, Abraham et sa signification pour la foi chrétienne, in: RHPhilRel 42 (1962) 148–156; U. Luz, Abraham im Judentum und bei Paulus, in: Geschichtsverständnis, 177–182; K. Berger, Abraham in den paulinischen Hauptbriefen, in: MüThZ 17 (1966) 47–89 (weitere Literatur); R. Martin-Achard, Actualité d'Abraham (Neuchâtel 1969).

[8] Die VV 6–8 fehlen im Apostolos des Marcion (Harnack, Marcion, 72*). Da Marcion das AT verworfen hat, konnte oder durfte sich nach seiner Meinung Paulus nicht positiv darauf berufen.

[9] Weniger wahrscheinlich ist hinter καθώς ein γέγραπται zu ergänzen (so G, Ambrosiaster, Vg.Clem; vermutlich in Angleichung an Röm 4, 3: τί γὰρ ἡ γραφὴ λέγει; ἐπίστευσεν ...).

[10] Blass-Debr § 453, 2.

[11] Vgl. auch V 8 προϊδοῦσα δὲ ἡ γραφή.

Gen 15, 6 behauptet. Das Zitat stimmt wörtlich mit der LXX überein, nur daß dort das Subjekt Ἀβραάμ hinter ἐπίστευσεν erscheint, so daß in Gal 3, 6 Ἀβραάμ eher zum elliptischen καθώς gehört („wie es bei Abraham der Fall war: er glaubte ..."), wie oben schon angenommen wurde.

Worum geht es in Gen 15, 6?[12] Nach 15, 2f klagt Abraham eines Tages resigniert über seine Kinderlosigkeit: „Siehe, mir hast du keine Nachkommenschaft gegeben, einer aus meinem Hausgesinde wird mich beerben." „Da erging das Wort Jahwes also an ihn: dieser soll dich nicht beerben, vielmehr ein leiblicher Nachkomme von dir soll dich beerben. Dann führte er ihn hinaus (aus dem Zelt) und sprach: Blicke zum Himmel und zähle die Sterne, wenn du sie zählen kannst! Weiter sagte er zu ihm: So (unzählbar) wird deine Nachkommenschaft sein."[13] Damit bricht die Erzählung jäh ab. Der Hagiograph (Elohist) wendet sich an den Leser und fällt im V 6 ein Urteil „von großer theologischer Dichtigkeit" (G. v. Rad): „Er glaubte Jahwe, und er rechnete es ihm an als Gerechtigkeit." Der Glaube Abrahams ist hier „ein Akt des Vertrauens, ein Eingehen auf Gottes Pläne in der Geschichte, ... ein Raumgeben dem Walten Gottes" (v. Rad)[14]. Dieser Glaube wurde dem Abraham von Jahwe als Gerechtigkeit angerechnet: das konstatiert der Elohist. Was heißt das aber näherhin: „es wurde ihm als Gerechtigkeit angerechnet"?

a) Zum Begriff „Gerechtigkeit" im AT[15]

„Es gibt im Alten Testament keinen Begriff von so zentraler Bedeutung schlechthin für alle Lebensbeziehungen des Menschen wie den der צְדָקָה" (v. Rad)[16]. „Gerechtigkeit ist nicht eine ideale über dem Menschen stehende absolute Norm, sondern ein Verhältnisbegriff; d. h. das Prädikat gerecht wird dem zuerkannt, der sich einem bestehenden Gemeinschaftsverhältnis gegenüber richtig benimmt, der also Ansprüchen gerecht wird, die von diesem Gemeinschaftsverhältnis aus an ihn gestellt werden."[17] Der Mensch ist gerecht, sofern er die Ordnungen des von Gott im Bund mit Israel gesetzten Gemeinschaftsverhält-

---

[12] Vgl. auch F. Hahn, Genesis 15, 6 im Neuen Testament, in: Probleme biblischer Theologie (G. v. Rad zum 70. Geburtstag) (München 1971) 90–107 (zu Gal 3, 6ff s. bes. 97–100). — Zu Gattungscharakter, Literarkritik, Struktur, Tradition und Interpretation von Gen 15 vgl. besonders N. Lohfink, Die Landverheißung als Eid (Stuttgart 1967; zu Gen 15, 6 spez. 32–36; 38; 42f; 45ff; 56–59). Zur Struktur von Gen 15 vgl. auch C. Westermann, Arten der Erzählung in der Genesis, in: Forschung am AT. Gesammelte Aufsätze (München 1964) 9–91 (dazu Kritisches bei Lohfink, 49). Ferner R. Kilian, Die vorpriesterlichen Abrahamsüberlieferungen. Literarkritisch und traditionsgeschichtlich untersucht (BBB 24) (Bonn 1966) 45; 64f.

[13] Übersetzung nach H. Junker, Genesis (Echter-Bibel, AT).

[14] Das erste Buch Mose (Göttingen 9 1972) 143.

[15] Literatur bei G. v. Rad, Theol. des AT, I, 382, Anm. 1; ThWb II, 176–214 (Quell, Schrenk); LThK IV, 711ff (W. Kornfeld); H. Wildberger, „Glauben" im Alten Testament, in: ZThK 65 (1968) 129–159 (145–147); W. Grossouw – J. de Fraine, in: Haag, Bibellexikon, 556–559 (mit umfassender Lit.); H. H. Schmid, Gerechtigkeit als Weltordnung. Hintergrund und Geschichte des atl. Gerechtigkeitsbegriffes (Beitr. z. hist. Theol. 40) (Tübingen 1968).

[16] Theol. des AT, I, 382.

[17] Ders., Das erste Buch Mose, 143.

nisses bejaht und im richtigen Gemeinschaftsverhältnis zu Gott steht[18]. Im Fall Abrahams ist es sein Vertrauen, das ihm Gott zur Gerechtigkeit anrechnet.

b) Zur Formel „anrechnen zur Gerechtigkeit"[19]
Der hebräische Terminus für „anrechnen" (λογίζεσθαι εἰς ...) lautet חָשַׁב und ist Ausdruck für einen Denkakt, ein Urteil[20]. Wenn also Gott dem Abraham seinen Glauben „zur Gerechtigkeit anrechnet", so fällt er über ihn nach Gen 15, 6 das Urteil: Abraham ist gerecht, er steht im richtigen Gemeinschaftsverhältnis zu mir[21]. Er wird als ein Gerechter vor Jahwe deklariert[22]. Das Erstaunliche an Gen 15, 6 ist für Paulus offensichtlich dies, daß es nicht etwa die Erfüllung von Geboten (wie in Ez 18, 5ff), sondern der Glaube, und zwar der Glaube allein ist, der Abraham von Gott zur Gerechtigkeit angerechnet wird, d. h., ihn zu einem Gerechten deklarieren läßt. Diese Gerecht-Erklärung ist ein Urteil Gottes über Abraham, das die Schrift konstatiert.

Diese Feststellung der Schrift ist für Paulus äußerst wichtig; er gewinnt

---

[18] Deshalb „kann keine Rede davon sein, daß dieser alttestamentliche Begriff der Gerechtigkeit ein spezifisch forensischer Begriff sei" (v. RAD, Theol., I, 385).
[19] Vgl. H. W. HEIDLAND, Die Anrechnung des Glaubens zur Gerechtigkeit (Stuttgart 1936); v. RAD, Die Anrechnung des Glaubens zur Gerechtigkeit, in: ThLZ 76 (1951) 129–132; DERS., Theol. des AT I, 382–395; HEIDLAND in: ThWb IV, 287–295; KERTELGE, „Rechtfertigung" bei Paulus, 185–195; LOHFINK, Landverheißung, 58–61; WILDBERGER, a.a.O. 144f.
[20] Vgl. GESENIUS-BUHL s. v.
[21] v. RAD verweist in ThLZ 1951, 130f auf die Verwendung des Terminus חשב im kultischen Bereich (ein Opfer wird jemand als gültig „angerechnet" bzw. „nicht angerechnet", z.B. Lev 7, 18; 17, 4), und WILDBERGER bemerkt (a.a.O. 145): „Es handelt sich nicht um eine erworbene, sondern um eine zugesprochene Gerechtigkeit."
[22] v. RAD verweist auch auf die katechismusartige Gebotsreihe in Ez 18, 5ff, die mit der Deklaration schließt: „Gerecht ist er; er wird sein Leben haben"; vgl. auch R. RENDTORFF, Die Gesetze in der Priesterschrift (FRLANT, NF 44) (Göttingen 1954) 74–76. LOHFINK meldet gegen v. Rads Interpretation Bedenken an (a.a.O. 59f); er schlägt als Übersetzung von צדקה unter Hinweis auf mesopotamische Texte „Richtigkeit" vor, weil „es auch in Israel wichtig war, daß beim Orakeleinholen ‚Richtigkeit' ... entstand". Nun ist zwar, wie L. feststellt, in Gen 15 „wahrscheinlich nicht eine wirkliche Orakeleinholung geschildert, sondern die alten Traditionen von den Verheißungen, die Abraham empfing, von vom Geschehen des Heilsorakels her durch Benutzung von dessen Sprach- und Vorstellungswelt in ein neues Licht gehalten, mehr nicht. So spielt die Tatsache, daß ‚jede kultische Vermittlung fehlt, kein Priester spricht' [so G. v. Rad], hier keine Rolle. Hier wird von der kultischen Erfahrung des Israeliten her gesagt, daß Abraham die an ihn ergangenen Verheißungen ganz annahm und daß sie eben darin ‚für ihn' richtige, wirkliche, wahre Verheißungen Jahwes waren, die Frucht bringen mußten ... Zugleich klingt in der ‚Richtigkeit' schon die Sicherheit an, die dann bald durch einen göttlichen Eid gegeben werden soll. In all dem kommt natürlich auch Abram selbst in seine ‚Richtigkeit'" (ebd. 60). Nach WILDBERGER (a.a.O. 144) ist gemeint: Abraham „bewies Festigkeit, zeigte Zuversicht, indem er in Gott gründete". Wie dem auch sei, der Neutestamentler muß vom in Gal 3, 6 nach der LXX (!) zitierten Text ausgehen, der im Aufbau der folgenden Ausführungen des Apostels den Rang eines theologischen „Basissatzes" besitzt und der zunächst ohne Rücksicht auf seinen atl. Kontext ins Auge zu nehmen ist, wobei auch gleich mitbedacht werden muß, daß der Begriff δικαιοσύνη in seiner semantischen Valeur primär nicht vom atl.-hebr. צדקה und ebensowenig der Begriff πιστεύειν von האמין her verstanden werden darf, sondern vom Kontext der pln. Rechtfertigungslehre her (vgl. dazu etwa J. BECKER, Das Heil Gottes, 238–279). Für semantische Entscheidungen ist vor allem das synchrone Syntagma maßgebend.

mit Gen 15, 6 einen theologischen Basissatz ersten Ranges[23]. Wie Abraham nach Gen 15, 6 „aus Glauben" gerechtfertigt wurde, so auch die Galater: auch sie empfingen (das von Gott für die messianische Heilszeit verheißene) Pneuma aufgrund ihres Glaubensgehorsams und nicht aufgrund von Gesetzeswerken. Der Apostel kann deshalb sofort an die „Erkenntnis" der Galater appellieren:

3, 7 γινώσκετε ἄρα ...! Die Galater sollen[24] einen Schluß ziehen (Folgerungspartikel ἄρα), nämlich aus diesem ihnen eben vor Augen gestellten Urteil der Schrift. Aber Paulus formuliert diesen Schluß nicht so, wie zunächst zu erwarten wäre: „Erkennet also, daß der Mensch aus Glauben gerechtfertigt wird und nicht aus Gesetzeswerken", sondern so: „Erkennet also, daß die aus Glauben, diese die Söhne Abrahams sind." Der Apostel bringt mit der Formulierung der Schlußfolgerung ein ganz neues Theologumenon herein, von dem bisher noch keine Rede war. Nur das Stichwort „Abraham" war schon gefallen. Veranlaßt hat ihn dazu vermutlich der Gedanke an die „Nachkommenschaft" Abrahams, von der ja in dem Gen 15, 6 vorausgehenden Kontext ausdrücklich die Rede ist, und weil er selbst darauf im folgenden ausführlich zu sprechen kommt. Es geht dem Apostel bereits um die Relation, in der der Christ mit Abraham, dem Stammvater Israels, steht: „Die aus Glauben" (οἱ ἐκ πίστεως), nicht die Nomosmenschen (οἱ ἐκ νόμου: Röm 4, 16)[25] sind Söhne Abrahams; sie sind jene zahllose Nachkommenschaft, die Gott dem Abraham einst verheißen hat! Bei den „Glaubensmenschen" muß Paulus freilich noch nicht gleich und nur an die Christen denken, sondern er spricht zunächst ein grundsätzliches, für ihn immer und überall geltendes Urteil aus, das dann natürlich besonders im Hinblick auf die Christen gesagt ist. Dann muß aber der Glaube der Christen und der Glaube Abrahams eine besondere, gemeinsame Beschaffenheit besitzen. Worin liegt diese?

---

[23] „Da die E-Quelle mit der E-Schicht in Gen 15 beginnt, zeigt sich, daß der Elohist die Geschichte seines Volkes als eine Geschichte von Abraham her und als eine Geschichte der Kinder Abrahams versteht. Diese Geschichte entwickelt sich nun nicht blindlings oder nach einer Eigengesetzlichkeit, sondern nach einem Plan Gottes, den dieser bereits Abraham geoffenbart hat (vv 13f.16)" (KILIAN, Abrahamsüberlieferungen, 64). Und deshalb „darf die E-Schicht von Gen 15 nicht als Episode oder als alte Erzählung aufgefaßt und interpretiert werden, sondern einzig und allein als fundamentales Programm der elohistischen Geschichtserzählung, die bei Abraham ihren Anfang nimmt" und die „von einem theologischen Standort aus konzipiert" ist (ebd. 65; vgl. auch DERS., Der heilsgeschichtliche Aspekt in der elohistischen Geschichtstradition, in: ThGl 56 [1966] 369–384). Von diesen Einsichten her zeigt sich, daß nicht erst Paulus in Gen 15, 6 einen „Basissatz" von höchstem theologischem Rang erkannt hat, sondern schon der Elohist selbst. Die E-Schicht in Gen 15 besitzt nicht retrospektiven, sondern prophetischen Charakter, wie KILIAN betont (Abrahamsüberlieferungen, 65).

[24] γινώσκετε ist sehr wahrscheinlich Imperativ, nicht Indikativ.

[25] Vgl. auch οἱ ἐκ περιτομῆς Gal 2, 12; Röm 4, 12; οἱ ἐκ ἐριθείας Röm 2, 8. Die Präposition ἐκ gibt die Abstammung oder die Zugehörigkeit an. Zur unräumlich-übertragenen Bedeutung der Präposition ἐκ (ἐξ) im hellenistischen Griechisch vgl. MAYSER, Grammatik, II/2, 386–390. Vielleicht hat Paulus die Syntagmata οἱ ἐκ νόμου, οἱ ἐκ πίστεως im Anschluß an schon bestehende gebildet wie diese: οἱ ἐκ τῆς συναγωγῆς (Apg 6, 9), οἱ ἐκ περιτομῆς πιστοί (Apg 10, 45), οἱ ἐκ περιτομῆς (Apg 11, 2). „Hierbei überschattet der Gesichtspunkt der Zugehörigkeit oft ganz den der Herkunft" (BAUER Wb s. v. ἐκ 3d).

Über den Glauben Abrahams schreibt der Apostel in Röm 4, 18–21 folgendes: „Er glaubte wider (alle menschlich-irdische) Hoffnung in Hoffnung (auf Gott), so daß er (zum) Vater vieler Völker (ausersehen) wurde nach dem Wort: ‚So (zahlreich) wird dein Same sein' (Gen 15, 5). Und ohne im Glauben schwach zu werden, dachte er daran, daß sein Leib (schon) erstorben war — er war ja schon an die hundert Jahr alt — und an die Erstorbenheit des Mutterschoßes der Sara. Er zweifelte nicht an der Verheißung Gottes ungläubig, sondern wurde stark im Glauben, gab Gott die Ehre und lebte in der Gewißheit, daß er, was er verheißen hat, auch zu verwirklichen imstande ist." Dieser Glaube Abrahams ist nach Röm 4, 17 ein Glaube an den Gott, der die Toten erweckt und das Nicht-Seiende ins Dasein ruft, und folglich ein Glaube an die alle irdischen („natürlichen") Maßstäbe zerbrechende und überwindende Schöpfermacht Gottes. Es ist der Glaube an den Gott des Wunders! So beschaffen ist nach Paulus auch der Glaube des Christen; denn dieser glaubt an den Gott, der Christus von den Toten auferweckt hat und der auch uns, obwohl wir Sünder sind, mit Christus zusammen von den Toten erweckt. Das ist der Glaube an den Gott einer neuen Schöpfung; und zwar auf sein Wort hin. Bei Abraham war es ein bestimmtes Verheißungswort, bei den Christen das Evangelium, das ihnen verkündet wird. Die so nach der Weise Abrahams glauben, „diese" sind die Söhne Abrahams. Das den Ton tragende οὗτοι in Gal 3, 7 klingt polemisch. Die Polemik des Apostels richtet sich aber nicht gegen die Juden, sondern gegen seine Gegner, die möglicherweise mit der Devise hausieren gingen: „Wir sind die wahren Söhne Abrahams, weil wir uns an das Gesetz halten." Von den Juden ist im Kontext überhaupt keine Rede, wenn auch der Stolz und die Freude des Juden seine Abstammung von Abraham waren[26]. Auf ihr beruht das Erwählungsbewußtsein Israels nach PsSal 9, 9 („Denn du hast den Samen Abrahams vor allen Völkern erwählt"); 18, 3 („Deine Liebe [erstreckt sich] auf den Samen Abrahams, die Kinder Israels"); 3 Makk 6, 3; Joh 8, 33 (σπέρμα Ἀβραάμ ἐσμεν); 8, 39 (ὁ πατὴρ ἡμῶν Ἀβραάμ ἐστιν). Jesus und Paulus erkennen Israels Abstammung von Abraham als sein besonderes Privileg an (vgl. Joh 8, 37; Lk 13, 16; 19, 9; Röm 9, 5), aber Jesus warnt sein Volk und dessen Führer, darin eine Sicherung des Heils zu sehen (vgl. Mt 3, 9 par.; 8, 11f par.; Joh 8; Lk 16, 23–26). Eine besondere Rolle spielte in der Heilshoffnung des Frühjudentums die Lehre von den Verdiensten Abrahams, die ganz Israel zugute kommen, nicht jedoch den Proselyten wegen der mangelnden leiblichen Abstammung von Abraham[27]. Dennoch ist die Formulierung Justins (Dial. c. Tryph. 140) eine starke Übertreibung: „Eure Lehrer meinen, daß denen, die aus dem Samen Abrahams nach dem Fleische sind, auch wenn sie Sünder sind und ungläubig und gegen Gott ungehorsam, das ewige Reich werde gegeben werden"; denn es gab bei den Juden darüber auch andere Anschauungen[28], z. B. Beça 32b[29]: „Wer sich über die Menschen

---

[26] Siehe dazu auch S. 221, Anm. 46.
[27] Siehe die Belege bei BILLERBECK I, 117–120.
[28] Vgl. BILLERBECK I, 120f.
[29] BILLERBECK II, 523 (zu Joh 8, 33a).

erbarmt, von dem ist gewiß, daß er zu dem Samen unseres Vaters Abraham gehört; und wer sich nicht über die Menschen erbarmt, von dem ist gewiß, daß er nicht zu dem Samen unseres Vaters Abraham gehört"; hier ist also die Nächstenliebe das Kriterium der wahren Zugehörigkeit zum Samen Abrahams und die physische Abrahamssohnschaft als Heilsgarantie schon stark eingeschränkt. Das Frühjudentum übersah auch keineswegs den Glauben Abrahams, wie es überhaupt den Glauben zu rühmen weiß: „Groß ist der Glaube, den die Israeliten an den glaubten, welcher sprach und die Welt war" (Mech zu Ex 14, 31, Winter-Wünsche, 110). „Und so findest du, daß Abraham, unser Vater, nur durch das Verdienst des Glaubens, den er an den Ewigen glaubte, diese und die zukünftige Welt ererbte, wie es heißt: ‚Und er glaubte an den Ewigen, und er rechnete es ihm zur Gerechtigkeit an'" (ebd.). Hier ist der Glaube allerdings als ein „Verdienst" gesehen — vgl. dagegen Röm 4, 1 ff —, und das Frühjudentum verband den Glauben Abrahams mit seiner Treue im Halten der Gebote und dem Bestehen der Versuchungen (und es konnte sich dabei auf Gen 22, 15–18 berufen); vgl. Damask III, 2: „Abraham ... wurde als Freund (Gottes) erachtet, da er Gottes Gebote hielt"[30]; Jub 17, 18: „Und in allem, worin er ihn versucht hatte, war er als gläubig erfunden ..."; 19, 8: „Dies ist die zehnte Versuchung, mit der Abraham versucht wurde, und er wurde als gläubig und geduldigen Geistes erfunden."[31] In 1 Makk 2, 52 ist der sich in der Versuchung bewährende Glaube Abrahams mit seiner Rechtfertigung verbunden: „Ist nicht Abraham in der Versuchung als gläubig [treu] erfunden worden, und es wurde ihm zur Gerechtigkeit angerechnet?" Nach Philo hat Abraham den Glauben als ἡ τῶν ἀρετῶν βασιλίς verkörpert[32]. Kein Jude kann sich vorstellen, wie man den Glauben und die Werke des Gesetzes als Gegensätze empfinden könne. „Eine Frage: Glaube oder Werke hat sich dem an die Hl. Schrift gebundenen Judentum gar nicht stellen können" (Schoeps)[33]. Wenn der Jude überhaupt den Bund Gottes mit Israel ernst nehmen wollte, mußte er die von Gott gegebenen Bundessatzungen halten[34]. Gott selber verlangt das; von der Treue Israels zu den von Gott aufgestellten Bundessatzungen hängen sein Heil oder Unheil ab (vgl. etwa Lev 26; Deut 28). Die „Werke des Gesetzes" sind für den Juden die konkrete Verwirklichung des Glaubens! Dies muß man zunächst deutlich sehen, um das Revolutionäre, „Unjüdische" in der Theologie des Apostels Paulus zu erkennen. Bedingt ist diese totale Neubestimmung des Verhältnisses von Gesetz und Glauben durch das Christusereignis und nur durch dieses. Schon Jesus hat scharfe Kritik an der konkreten Verwirklichung der Gesetzesfrömmigkeit in Israel geübt, beson-

---

[30] Vgl. ApkBarsyr 57, 1f.
[31] Zu den zehn Versuchungen Abrahams und ihrer Rolle in der frühjüdischen Abrahamsverherrlichung s. MARTI-BEER zu Abot V, 3 („Durch zehn Versuchungen wurde unser Vater Abraham versucht, und er bestand sie alle, um zu bekunden, wie groß die Liebe unseres Vaters Abraham war").
[32] de Abr. II, 39; vgl. auch M. PEISKER, Der Glaubensbegriff bei Philo (Breslau 1936); BULTMANN in: ThWb VI, 202 f.
[33] Paulus, 215.
[34] Vgl. W. ZIMMERLI, Das Gesetz und die Propheten (Göttingen 1963), passim.

ders den Pharisäern gegenüber. Was aber Paulus verkündet, geht weit darüber hinaus: er spricht nicht von einer drohenden Entartung des gesetzlichen Lebens, sondern er sieht im Gesetz eine Todesmacht, allerdings mit der positiven Funktion, ein παιδαγωγὸς εἰς Χριστόν zu sein (s. zu 3, 24). Der wahre, allein zur Rechtfertigung führende Weg zum Heil ist darum für ihn der Weg des Glaubens an den Christus passus, der im Glauben Abrahams sein atl., wirksames Vorbild besitzt. Die nach der Weise Abrahams glauben, sind die wahren Söhne des Patriarchen. Weil Christus für Paulus die Heilsmacht schlechthin ist, muß er neu und anders als der Jude über das Gesetz denken![35]

Die Spiritualisierung des Ausdrucks „Söhne Abrahams" war ohne weiteres möglich, weil schon im AT der Terminus „Sohn" nicht nur im physischen Sinn verstanden wurde[36]; es kann sogar ein Schülerverhältnis als ein Sohnesverhältnis genommen werden, vor allem in der Anrede „mein Sohn" (vgl. etwa Ps 34 (35), 12; Spr 1, 10; 2, 1; 3, 1.11; 4, 1.10.20; u. ö.)[37]. In den Ausdrücken wie „Söhne des Lichtes", „Söhne der Finsternis" usw. bedeutet die Sohnschaft Zugehörigkeit zu einem bestimmten geistigen Bereich. So war es auch möglich, „die aus Glauben" als „Söhne Abrahams" in einem spirituellen Sinn zu bezeichnen[38]. Dazu kommt, daß schon im AT mit der Sohnesvorstellung besonders jene vom „Erben" verbunden ist[39] (vgl. etwa Gen 15, 2f; 21, 10; Jer 49, 1; Gal 3, 29; 4, 7; Röm 8, 17). Die Idee von der geistigen Sohnschaft Abrahams ist ja im folgenden Text des Briefes besonders mit der Vorstellung von den Erben der Segensverheißung an Abraham verknüpft. Zugleich half diese Spiritualisierung der Sohnschaftsidee die völkisch-nationale Beschränkung des Heils sprengen und mit der Vorstellung vom eschatologischen Heilsuniversalismus leichter in Zusammenhang bringen.

3, 8 Wie ist der gedankliche Zusammenhang dieses Verses mit dem vorausgehenden? Die Partikel δέ hinter προϊδοῦσα läßt erkennen, daß der Vers nicht eine Begründung der vorausgehenden Aussage im V 7 sein will; sonst würde γάρ stehen. Vielmehr wird mit δέ der Gedankengang weitergeführt und gezeigt, daß das Verheißungserbe, das primär im Pneumaempfang besteht (vgl. V 14)

---

[35] Vgl. dazu auch Exkurs: Hat Paulus das Gesetz „mißverstanden"?
[36] Vgl. Näheres dazu bei J. DE FRAINE, Adam et son lignage, 115–121.
[37] DE FRAINE, 120.
[38] Schon der Jahwist hat in Gen 12, 3 „grundsätzlich den Weg frei gemacht zu einem rein geistigen Verständnis der Zugehörigkeit zum ‚Samen' Abrahams. Natürliche Abstammung und Beschneidung sind die im atl. Heilsplan vorgesehenen normalen Mittel, mit Abraham als Segensvermittler und Verheißungsträger in Verbindung zu kommen. Doch hat bereits das AT, aufbauend auf dem altisraelitischen, aus der Nomadenkultur ererbten Stammvater- und Clandenken, das ja auch schon verschiedene Arten von Gemeinschaftsbildungen aufgrund fiktiver Genealogien kannte, Stamm und Volk als gesinnungsmäßige Einheiten aufgefaßt, in die man eingegliedert werden kann durch Übernahme der Bundesverpflichtungen und durch das Bekenntnis zu Jahwe, dem Gott der Väter. So wird wenigstens schon eine gewisse Tendenz zu einem geistigen Verständnis der Abrahamskindschaft bzw. der Zugehörigkeit zu den ‚Söhnen Israels' greifbar" (J. SCHARBERT, Solidarität in Segen und Fluch im AT und in seiner Umwelt [= BBB 14] I. Väterfluch und Vätersegen [Bonn 1958] 268). Vgl. auch Mt 3, 8: Gott „erweckt dem Abraham Kinder aus Steinen".
[39] DE FRAINE, 116f.

und das auch den Heiden, wie die geistliche Erfahrung der Galater zeigt, aufgrund des Glaubens von Gott geschenkt wird (V 2), **schon dem Abraham für die Heiden zugesagt worden ist:** ἐνευλογηθήσονται ἐν σοὶ πάντα τὰ ἔθνη (vgl. Gen 12, 3b; 18, 18b). Die Schrift hat von vornherein gesehen[40] — „die Schrift" wird hier fast wie ein persönliches Wesen gefaßt, weil hinter ihr der lebendige Gott steht (vgl. ähnlich auch V 22) —, daß Gott die Heiden aufgrund des **Glaubens** rechtfertigt: diese „Voraussicht" der Schrift ist für Paulus eine Tatsache, die durch die christliche Erfahrung in Zusammenschau mit der in V 6 schon angeführten Gen-Stelle (Gen 15, 6) feststeht und für ihn keines weiteren Beweises bedarf. Man muß deshalb das Partizip προϊδοῦσα kausal verstehen: **weil die Schrift diesen Rechtfertigungsvorgang der Heiden voraussah,** deshalb hat sie dem Abraham „**im voraus verkündet**" (προευηγγελίσατο, nämlich von der Gegenwart der messianischen Heilszeit aus gesehen): „Es werden in dir alle **Heiden** gesegnet sein." Die Schrift aber bezeugt die Zusage Gottes; ihre „Voraussicht" gleicht einer göttlichen Vorherbestimmung, die jetzt ihr Ziel erreicht[41].

Das Schriftzitat selbst (ἐνευλογηθήσονται ἐν σοὶ πάντα τὰ ἔθνη) ist wörtlich nach Gen 18, 18b LXX zitiert, wobei nur statt ἐν αὐτῷ aus der ähnlich lautenden Gen-Stelle 12, 3b ἐν σοί entnommen und der Genitiv τῆς γῆς hinter ἔθνη weggelassen ist[42]. Im Targum Onkelos wird ἐν σοί = „um deinetwillen" interpretiert[43]: „Es werden um deinetwillen gesegnet werden alle Familien der Erde", d.h. wegen Abrahams Verdiensten und Gehorsams (vgl. Jub 18, 15f: „In deinem Namen sollen alle Völker der Erde gesegnet werden dafür, daß du auf mein Wort gehört hast"; 24, 11: „In deinem [Isaaks] Samen sollen alle Völker der Erde gesegnet werden dafür, daß dein Vater auf mein Wort

---

[40] Vgl. BILLERBECK III, 358 (Billerbeck verweist auf die rabbinische Formel: „Was hat die Tora gesehen").

[41] „Für Paulus ist also die erfüllte Verheißung des Segens für die Völker aus Gen 12, 3; 18, 18 der eigentliche Schlüssel für das Verständnis von Gen 15, 6" (F. HAHN, Genesis 15, 6 im NT, a.a.O. 99). Es fällt auf, daß Paulus „im Rückgriff auf die alttestamentliche Geschichte immer wieder Komposita gebraucht, welche mit der Präposition προ- gebildet sind" (STUHLMACHER, Erwägungen zum Problem von Gegenwart und Zukunft in der pln. Eschatologie, in: ZThK 64 [1967] 423 450 [434]); vgl. Röm 1, 2 (προεπαγγέλεσθαι); 15, 4 (προγράφειν). Der Gott, der in Jesus Christus gewirkt hat, hat auch schon in der Zeit des Alten Bundes gewirkt; das ist die Überzeugung des Apostels (im Unterschied zu Marcion).

[42] Gen 12, 3b: καὶ ἐνευλογηθήσονται ἐν σοὶ πᾶσαι αἱ φυλαὶ τῆς γῆς. Gen 18, 18b: καὶ ἐνευλογηθήσονται ἐν αὐτῷ πάντα τὰ ἔθνη τῆς γῆς. Das Niphal der Genesis-Stellen (MT) ist in der LXX (wohl schon in messianischer Deutung) passivisch wiedergegeben; aber der ursprüngliche Sinn des Niphal an diesen Stellen ist: „(für) sich Segen erwerben, sich Segen verschaffen". Jene Völker werden sich den göttlichen Abrahamssegen erwerben, die Abrahams Stellung im Heilsplan Gottes anerkennen und in Gemeinschaftsbeziehung zu ihm treten. Das geschieht konkret durch den Glauben an den Messias, den eigentlichen Samen Abrahams (vgl. dazu J. SCHREINER, Segen für die Völker in der Verheißung an die Väter: BZ, NF 6 [1962] 1–31, bes. 7f; Schreiner behandelt die ganze Traditionsgeschichte des Abrahamssegens im AT; vgl. auch noch G. WEHMEIER, Der Segen im Alten Testament. Eine semasiologische Untersuchung der Wurzel brk [Basel 1970] 177–179). Der verheißene Segen wird nach Paulus nicht einfach von Gott geschenkt, sondern die Bedingung, die für seinen Empfang von seiten der Völker erfüllt werden muß, ist der Glaube.

[43] Vgl. dazu BILLERBECK, III, 539 z. St.

gehört und meine Weisung und meine Gebote und meine Gesetze und meine Ordnung und meinen Bund beobachtet hat")[44]. „Die Erfüllung der Verheißung in Gn 12, 3 hat das rabbinische Judentum in einer langen Reihe von Segensgütern geistlicher und leiblicher Art gefunden, die den Völkern der Erde um Abrahams willen und durch ihn zuteil geworden sind" (Billerbeck)[45]. Für Paulus besteht die „Segnung" für die Heiden konkret im Pneuma (Gal 3, 14) und in der „Sohnschaft" (4, 5–7), und er verbindet mit dem ἐν σοί schon einen besonderen Gedanken, wie der folgende Text zeigt. Er denkt dabei schon inclusive an Christus, der ja das eigentliche σπέρμα Ἀβραάμ ist, dem die Verheißung galt (vgl. V 16). Weil Christus, der die Rechtfertigung vermittelt, der Nachkomme Abrahams ist, deshalb sind über Christus (vgl. V 14 ἐν Ἰησοῦ Χριστῷ) alle Heiden „in" Abraham selbst (ἐν σοί) gesegnet.

In den VV 6–8 finden sich also zwei zusammenhängende Gedankengänge, die um die Person Abrahams kreisen:

a) Weil die Heiden ähnlich wie Abraham die Rechtfertigung aufgrund des Glaubens empfangen, deshalb sind οἱ ἐκ πίστεως die wahren Söhne Abrahams[46].

---

[44] Vgl. auch noch Sir 44, 19–21.
[45] III, 539f mit Belegen. Nach rabbinischer Exegese war Abraham dazu bestimmt, „die ganze Welt zur Buße zu leiten" (GenR 30) (18b); und GenR 39 (24b) legt Gen 12, 2 („du sollst ein Segen בְּרָכָה sein") so aus: „Lies בְּרֵיכָה („Wasserteich"): wie ein Wasserteich die Unreinen reinigt, so sollst du (Abraham) die Fernen (die Heiden) herbeiführen und sie für ihren Vater im Himmel reinigen"; in TanchB לך לך § 6 (32a) wird Abraham „der Vater der Proselyten" genannt (BILLERBECK III, 195). Paulus konnte in seiner Auslegung an solche Anschauungen des Frühjudentums anknüpfen.
[46] Reklamiert damit Paulus die Gestalt Abrahams für die Christen und entreißt ihn den Juden? So nach KLEIN (vgl. Rekonstruktion und Interpretation, 203). Doch ist zu beachten, daß in 3, 7 von den Juden keine Rede ist! „Der V 3, 7 hat seine zentrale Bedeutung im Kontext, aber nicht die von Klein angenommene: er ist nicht gegen leibliche Abrahamssohnschaft gerichtet (Konsequenzen in dieser Richtung, die man aus dem Satz ziehen könnte, liegen nicht auf der Linie des Zusammenhangs), sondern behandelt die Voraussetzung zur Bindung der Verheißung an den Glauben. Auch in der zweiten Hälfte des Kapitels geht es nicht um Juden und Heiden, sondern um die Bestimmung des Zueinanders der Größen Gesetz – Glaube – Verheißung" (BERGER, Abraham in den pln. Hauptbriefen, 48). Paulus arbeitet ständig gegen die Gegenpredigt seiner christlichen Gegner. Man hat sogar vermutet, daß in der Argumentation der Gegner die Beschneidungsforderung gespielt haben, unter Übergehung von Gen 15, 6, das nun Paulus zum Basissatz seiner Gegenargumentation erhebt, während er von der Beschneidung Abrahams (vgl. dazu Gen 17, 9–14), auf die vielleicht die Gegner mit besonderem Nachdruck hingewiesen haben, nichts erwähnt. So sieht die Dinge besonders BURTON (Gal. 156–159). Vgl. auch W. FOERSTER, Abfassungszeit und Ziel des Galaterbriefs, in: BZNW 30 (Berlin 1964) 139; F. bemerkt: „Man verkennt seine Auseinandersetzung, wenn man sie so allgemein faßt. Man verkennt, daß die Ausführungen des Apostels unter einem ganz bestimmten Gesichtspunkt geführt werden, nämlich unter der Frage: wer ist Sohn Abrahams?" Die ganze Argumentation läuft — darin hat F. vollkommen recht — in 3, 1–29 „auf die Abrahamskindschaft hinaus", ebenso in 4, 31. „Beachtet man das ἄρα, ὥστε, ἵνα, διό, mit denen jeweils der Zielpunkt der Erörterung erreicht ist, so wird deutlich, Paulus argumentiert gegen eine bestimmte, fest umrissene These, die auch im Römerbrief so nicht begegnet, nämlich gegen die These: ihr seid solange nicht wirklich Kinder Abrahams, wie ihr nicht das Zeichen des Abrahamsbundes, die Beschneidung, auf euch nehmt. Demgegenüber legt Paulus dar, daß die Leser vollgültige Kinder Abrahams sind ohne Beschneidung ...", wenn sie nach der

b) Weil das die Schrift voraussah, deshalb hat sie das dem Abraham zugesagte Verheißungserbe von **vornherein** auch den Heiden zugedacht. Sie sind „in" Abraham schon mitgesegnet.

Hinter dem ἐν σοί verbirgt sich wahrscheinlich noch eine besondere Idee, der die Exegese der Gegenwart ihr Augenmerk widmet[47]. „In" Abraham sind die Völker schon mitgesegnet worden (vgl. Gen 18, 18; 22, 17f; Jer 4, 1f); „in" ihm sind sie schon in eine heilbringende Segensgemeinschaft aufgenommen. Abraham wird hier in einem universalen Sinn als „Stammvater" des kommenden Heils gesehen, mit dem seine Nachkommenschaft solidarisch durch die Segensverheißung verbunden ist. Dahinter steht vermutlich auch die semitische Idee der „korporativen Persönlichkeit"[48]: Abraham ist als Träger der Segensverheißung mehr als nur „Individuum"; „in" ihm ist gewissermaßen seine Nachkommenschaft schon anwesend und wird mitgesegnet. Für semitisches Denken ist der Stammvater gleichsam eine Kollektivperson. Nach der Auslegung, die Paulus in Röm 4, 17f der göttlichen Verheißung an Abraham von Gen 17, 5 („zum Stammvater einer Menge von Völkern habe ich dich bestimmt") gibt, ist ein physisches Verständnis von Abrahams Stammvatertum total zerbrochen. Aber eine derartige „spiritualisierende" Auslegung legte sich von den universal geltenden Segensverheißungen an Abraham her ohne weiteres nahe. So kann Abraham der Vater jener sein, die die Rechtfertigung ἐκ πίστεως erlangen.

3, 9 Der Vers zieht eine Schlußfolgerung (vgl. ὥστε). Eigentlich würde man sie so formuliert erwarten: „Deshalb sind die aus Glauben die Söhne Abrahams." Aber der Apostel schreibt: „Deshalb werden die aus Glauben mit dem gläubigen Abraham gesegnet." Er verbindet also Elemente der VV 7 und 8 miteinander, was ihm eine Gleichsetzung der πάντα τὰ ἔθνη aus der Segensverheißung an Abraham nach Gen 18, 18 mit den οἱ ἐκ πίστεως erlaubt: Die „Glaubensmenschen" sind jene „Völker", die „mit" dem gläubigen Abraham gesegnet werden. Die Präposition σύν (τῷ πιστῷ 'Ἀβραάμ) darf dabei im Licht des ἐν σοί (und dessen, was dazu oben gesagt wurde) nicht instrumental verstanden werden, sondern als Ausdruck der Gemeinschaft[49]: die späteren Generationen

---

Weise Abrahams glauben. Das Pronomen οὗτοι in 3, 7 wäre dann deshalb so betont, weil die Gegner das Gegenteil verkündeten: nur Beschnittene sind „Söhne Abrahams". Auch Luz vermutet, daß Paulus mit dem Begriff υἱοὶ 'Ἀβραάμ „einen Selbstanspruch der Gegner aufnimmt" (Geschichtsverständnis, 280, Anm. 56), und Eckert meint: „Die Vermutung ist nicht zu widerlegen, daß das Thema ‚Abrahamssohnschaft' ... durch die Verkündigung der Beschneidungsprediger in Galatien in die Debatte eingeführt worden ist" (Die urchristliche Verkündigung, 75f). Diese Vermutung hat in der Tat viel für sich, jedenfalls viel mehr als jene von W. Koepp, der (nach der Formulierung Luz', a. a. O.) „in Gl. 3–4 eine Reihe von traditionellen, ursprünglich gegen die Juden gerichteten Abrahammidraschim finden will (3, 6–14a. 15–18.19–25; 4, 1–7.21–31" (Die Abraham-Midraschimkette des Galaterbriefes als das vorpaulinische heidenchristliche Theologumenon, in: WZ Rostock 2, 1952/53, 181–187).

[47] Vgl. J. Scharbert, Solidarität in Fluch und Segen; H. Junker, Segen als heilsgeschichtliches Motivwort im AT, in: Sacra Pagina (Gembloux 1959) I, 548–558 (zu Gen 12, 2).

[48] Vgl. Näheres dazu bei H. W. Robinson, The Hebrew Conception of Corporate Personality, in: BZAW 66 (1936) 49–61; J. de Fraine, Adam et son lignage, passim.

[49] Vgl. auch Mayser, Grammatik, II/2, 399.

werden „zusammen mit", „in Gemeinschaft mit" Abraham gesegnet, wenn sie glauben[50]. Das Präsens εὐλογοῦνται schaut dabei auf die gegenwärtige Erfüllung der Segensverheißung, an der auch die Galater teilhaben, wie sie aus ihrer geistlichen Erfahrung wissen.

Ein Jude kann der „Logik" des Apostels kaum zustimmen. Warum soll allein der Weg des Glaubens zur Rechtfertigung führen und nicht die von Gott selbst verordneten Werke des Gesetzes? Auf diese Frage muß der Apostel Antwort geben; er tut es in den folgenden Versen. Seine Gedankenführung ist dabei teilweise recht sprunghaft, was der Auslegung Schwierigkeiten bereitet.

3, 10 Die Begründungs-Partikel γάρ setzt einen Gedanken im V 9 voraus, der dort nicht eigens ausgesprochen ist: Die Glaubensmenschen werden mit Abraham gesegnet, nicht die Gesetzesmenschen. „Die aus Glauben" stehen all jenen gegenüber, die „aus Werken des Gesetzes sind", d. h. auf das Gesetz ihre religiöse Existenz aufbauen. Warum werden nicht diese „gesegnet", sondern jene „aus Glauben"? Weil (γάρ) alle (ohne Ausnahme: ὅσοι) Gesetzesmenschen „unter Fluch stehen". Fluch und Segen schließen sich aus: ὑπὸ κατάραν εἰσιν bildet den Gegensatz zum vorausgehenden εὐλογοῦνται[51]. Aber der Apostel operiert nicht mit Argumenten der Logik, sondern den Beweis für seine Behauptung liefert ihm die Schrift: „Denn es steht geschrieben (Deut 27, 26)[52]: Verflucht ist jeder, der nicht verharrt bei allem, was geschrieben steht im Buch des Gesetzes, um es zu tun."[53] Im Deut selbst bildet dieser Spruch nur das abschließende und inhaltlich allgemeine Glied in einer Reihe von zwölf Fluchsprüchen (27, 15–26), die sich im wesentlichen gegen geheime Gesetzesübertretungen richten. Paulus zitiert nur den letzten zusammenfassenden Fluch und gibt ihm auf diese Weise allgemeine Geltung, was sich auch darin zeigt, daß er statt des Deut-Textes ἐν πᾶσιν τοῖς λόγοις τοῦ νόμου τούτου formuliert: πᾶσιν[54] τοῖς γεγραμμένοις ἐν τῷ βιβλίῳ τοῦ νόμου, was

---

[50] „Das zu σύν veränderte ἐν ist Ausdruck der nun geglückten Kombination von Glauben und Segen sowohl bei Abraham als auch bei den Heidenvölkern. Nur wenn Abraham genauso gesegnet wird wie die Völker, trifft auch für ihn die Folge Glaube – Segen zu. Und die Völker müssen selbständig glauben, sie können nicht einfach schon in Abraham gesegnet sein, weil in seinen Lenden als seine Kinder enthalten. So mußte zuerst in V 7 die leibliche Abrahamskindschaft durch eine allein aus dem Glauben ersetzt werden. Wenn ‚in' Abraham die Völker gesegnet werden, wenn es Abrahamskindschaft aber nur durch den Glauben gibt, dann gibt es also Segen nur durch den Glauben" (BERGER, Abraham in den pln. Hauptbriefen, 51).
[51] Vgl. auch Deut 11, 26; 30, 1.19; Sir 3, 9; PHILO, det. pot. ins. 71.
[52] Zur Einführungsformel ὅτι γέγραπται vgl. auch Damask XI, 20: כי כתוב (dazu J. A. FITZMYER in: NTSt 7 [1960/61] 301).
[53] Der Text der LXX lautet: ἐπικατάρατος πᾶς ἄνθρωπος, ὅς (A liest ὅστις) οὐκ ἐμμένει ἐν πᾶσιν τοῖς λόγοις τοῦ νόμου τούτου τοῦ ποιῆσαι αὐτούς. Zur rabbinischen Auslegung von Deut 27, 26 mit ihrer abschwächenden Tendenz vgl. BILLERBECK III, 541f.
[54] Das Fehlen der Präposition ἐν vor πᾶσιν in Gal 3, 10 ist nichts Auffälliges, da seine Funktion das vorausgehende Kompositum ἐμμένειν übernehmen kann; in der LXX wird ἐμμένειν sogar meistens mit bloßem Dativ verbunden (Belege bei HELBING, Die Kasussyntax der Verba bei den Septuaginta, 271; viele profangriechische Belege für ähnliche Fälle bei MAYSER, Grammatik, II/2, 285/35ff); die Textzeugen A C ℵ D G pm. ORIGENES ergänzen ἐν. Zum Ausdruck ἐμμένειν in antiken Rechtsformeln vgl. noch SCHLIER z. St.; MOULTON-MILLIGAN, s. v.

sich nur auf die ganze Tora beziehen kann. Wer die Tora übertritt, an dem wird der Todesfluch Gottes wirksam. Davon gibt es keine Ausnahme (πᾶς!), und die Tora will in ihrer Gänze erfüllt sein (πᾶσιν!)[55]. Die Tora verlangt Verwirklichung (ποιῆσαι), und darauf kommt es dem Apostel besonders an, wie V 12b zeigt (ποιήσας).

Wie versteht aber Paulus das ὑπὸ κατάραν zu Beginn des V 10? Stehen die Nomosmenschen schon unter der furchtbaren Auswirkung des Fluches oder nur unter der göttlichen Androhung desselben?[56] Denkt er bei den Nomosmenschen nur an Juden und evtl. noch an gesetzestreue Judenchristen[57] oder an alle (unerlösten) Menschen, also auch an die Heiden[58]? Wie aus dem auch die Heidenchristen miteinschließenden ἡμᾶς in V 13 hervorgeht, denkt der Apostel nicht nur an Israel (vgl. auch Röm 2, 12–16: den Heiden sind die Forderungen des Gesetzes in ihr Herz geschrieben!). Nach seiner Überzeugung steht vielmehr die ganze Menschheit wegen ihrer Übertretungen des Willens Gottes „unter einem Fluch" (vgl. auch Röm 3, 19: πᾶς ὁ κόσμος). Im Deuteronomium selbst ist zwar mit der Vorlage des Gesetzes durch Gott noch eine echte Alternative, eine Wahlmöglichkeit gegeben (vgl. besonders 30, 19: „Leben und Tod habe ich euch heute zur Wahl vorgelegt, Segen und Fluch"! Vgl. auch Sir 15, 16f). Aber M. Noth glaubte die harte Feststellung machen zu können, daß zur Zeit der Abfassung des Dt („im Laufe des 7. Jahrhunderts") der in ihm angedrohte Fluch schon begonnen hatte, „eine reale Wirklichkeit zu werden"[59]. „Es gibt keine menschliche Möglichkeit, daran noch etwas zu ändern."[60] Nun gilt freilich: „‚Gesetz' ist ein Gebot, das die Kraft hat, den Menschen oder das ganze Volk Israel aus dem Bunde hinauszustoßen. Man

---

[55] Das πᾶσιν der LXX fehlt im MT, findet sich aber im samaritanischen Targum (vgl. BILLERBECK III, 541). Paulus hat die Tora in ihrer Totalität mit all ihren Geboten und Verboten im Auge. „Deswegen trifft der ‚Fluch' des Gesetzes jeden Menschen, weil — siehe Koh. 7, 13 — vollkommene Gesetzesbeobachtung unter Menschen, d. h. unter Sündern nicht vorkommt. Gal 5, 3 bestätigt, daß er die Erfüllung des ganzen Gesetzes (ὅλον τὸν νόμον ποιῆσαι) als die nach seiner Meinung unrealisierbare Verpflichtung ansieht, um vom Fluch des Gesetzes freizukommen" (SCHOEPS, Paulus, 184).

[56] Die adverbale Verbindung εἰσιν mit ὑπό c. Acc. drückt ein Verhältnis der Unterordnung, Unterwürfigkeit und Abhängigkeit aus (vgl. Gal 3, 22 ὑπὸ ἁμαρτίαν; 4, 2 ὑπὸ ἐπιτρόπους; 4, 3 ὑπὸ τὰ στοιχεῖα τ. κ.; 4, 21; 5, 18 ὑπὸ νόμον; MAYSER, Grammatik, II/2, 514, zitiert aus Papyri: ὑπὸ τὸν ὅρκον εἶναι, „unter dem Eid stehen").

[57] So etwa SIEFFERT, ZAHN.

[58] „Kein Mensch ist Gal 3, 10.13 ausgenommen vom Stehen unter dem Fluche, so gewiß alle Menschen Sünder sind R 3, 23" (BÜCHSEL in: ThWb I, 450/26f).

[59] „Die mit des Gesetzes Werken umgehen, die sind unter dem Fluch", in: Gesammelte Aufsätze zum AT (München 1957) 155–171 (168). Ebd.: „Die geschichtlichen Ereignisse seit der Mitte des 8. Jh.s hatten den Bestand des israelitischen Volkes in dem Umfang, wie es seit der Richterzeit als Bundespartner Jahwes in Erscheinung getreten war, bis auf einen verhältnismäßig geringen Rest zerstört. Dazu hatte das Wort der Propheten des 8. Jh.s die unbekümmerte Selbstsicherheit gewiß erschüttert. Sie hatten ja gerade das einfache Weiterbestehen des ordnungsgemäßen Verhältnisses zwischen Gott und Volk entgegen der landläufigen Meinung in Frage gestellt oder bestritten. Sollte diese Erkenntnis dem Verfasser des Dtn. fremd gewesen sein? Gewiß nicht. So ist für ihn der Segen bereits etwas Irreales und der Fluch eine Wirklichkeit, die zu seiner Zeit schon in Erscheinung tritt."

[60] Ebd. 169.

kann es auch in Anlehnungen an ntl. Bestimmungen formulieren: ‚Gesetz' ist, was mit dem Fluch ... verbunden ist" (Zimmerli)[61]. Dies muß auch festgehalten werden, wenn man die Ausführungen des Apostels in Gal 3, 10ff verstehen will. Für ihn ist es eine unumstößliche Gewißheit, daß alle (vgl. ὅσοι), die ihre religiöse Existenz auf die Werke des Gesetzes aufbauen, „unter dem Fluch sind". Der Apostel nimmt kein Volk von diesem drohenden Fluch aus! Nochmals sei deshalb gefragt: Was meint Paulus näherhin mit der Formulierung: ὑπὸ κατάραν εἰσιν? Stehen alle schon unter dem Fluch oder (nur) unter der Androhung des Fluches? Die Frage ist nicht leicht zu entscheiden. Die in der folgenden Schriftbegründung (V 10b) angeführte Dt-Stelle (ἐπικατάρατος πᾶς . . .) ist keine Fluchverhängung, sondern eine Fluchandrohung![62] Unter dieser Androhung stehen alle, die in den Werken des Gesetzes die Rechtfertigung vor Gott suchen: das konstatiert der Apostel. Und das ist in der Tat genug; denn Paulus ist überzeugt, daß aus der Fluchandrohung faktisch für jedermann die Fluchverhängung wird, weil niemand in der Lage war und ist (vgl. Röm 3, 19f), die strengen Forderungen des Gesetzes wirklich zu erfüllen[63]. Darum hat Gott in seiner Güte einen anderen Heilsweg für alle aufgetan, ohne deswegen den Fluch nicht voll wirksam werden zu lassen. Aber voll wirksam wird dieser nicht an allen Menschen, sondern nur an einem: Jesus Christus, „der für uns zum Fluch geworden ist" (V 13). Niemals sagt der Apostel — und dies bedenke man wohl —: Gott hat sein Volk Israel verflucht (vgl. nur Röm 9–11), was der christliche Antisemitismus in seiner Selbstgerechtigkeit gern hören würde. Paulus redet nicht so, wie Noth geredet hat! Luz bemerkt richtig: „Nicht das Tun des Gesetzes an sich steht hier unter dem Fluch, sondern erst

---

[61] Das Gesetz und die Propheten (Göttingen 1963) 78; vgl. auch ebd. 81–93. Freilich geht es nicht an, wie ZIMMERLI mit Recht bemerkt (93), „Israel als ein Volk zu beschreiben, das in seinem Glauben einfach unter dem Gesetze und seiner Drohung steht. Es geht ebensowenig an, wie es bei Noth und deutlicher noch bei von Rad zur Gefahr wird, das alte vorprophetische Israel in seinem Glauben als ein Volk zu schildern, das im Bunde vor aller Möglichkeit der Gefährdung behütet ist und das in seinem Gebot lediglich die Aufforderung zu dem je und dann zu erwartenden zeichenhaften Bekenntnis zu Jahwe besitzt. Vielmehr steht das Gebot, so sehr es auch immer Erinnerung an das Heil des Bundes ist, immer auch als Größe da, hinter der ein Fluch lauern könnte. Der Gott Israels, aus dessen gnadenvoller Zuwendung alttestamentlicher Glaube lebt, bleibt allezeit auch der in seinem heiligen Willen Unerbittliche, ohne daß das eine eindeutig in das andere aufgelöst würde. In der Spannung dieser beiden Aussagen lebt das alte Israel." Es lebt, kurz gesagt, zwischen Segensverheißung und Fluchandrohung.
[62] Der Zweck der Fluchsprüche in Dt 27, 15–26 ist nach H. JUNKER (Deuteronomium, Echter-Bibel, 79, Anm. 26), „zu einer vollständigen Befolgung des Gesetzes anzutreiben durch den Gedanken: Auch dort, wo der Mensch keinen menschlichen Richter zu fürchten hat, soll er den Fluch Gottes gegen die Übertreter fürchten . . .". Die Fluchformel dient als „Eventualfluch" (so in Dt 27, 15–26) „dazu, durch ein wirkungskräftiges Wort eine Fluchzone zu schaffen, d. h. eine potentielle Unglückssphäre, in welche derjenige eintritt, der die in der Formel genannte Tat begeht . . ." (C. A. KELLER in: ThHWb. z. AT I, 238f). Die Fluchsprüche von Dt 27, 15–26 sind also Fluchandrohungen.
[63] „Paulus sieht die Nicht-Erfüllung des Gesetzes im Sinn der Totalität als ein Faktum an und verbindet deshalb hier ebenso unbedenklich Gesetz und Fluch wie oben Glaube und Segen" (BERGER, Abraham in den pln. Hauptbriefen, 51).

das Nicht-in-ihm-Bleiben"[64], also das Nicht-Tun[65]. Natürlich kann man mit Schlier sagen, daß das „Schwergewicht" im Schriftzitat Deut 27, 26 in Gal 3, 10 „auf dem ποιῆσαι" liegt, und insofern soll die Schriftstelle „nur bekräftigen, daß die Gesetzesleute unter dem Fluch stehen"; aber dieses „Schwergewicht" auf ποιῆσαι zeigt sich als solches erst im Licht des ὁ ποιήσας αὐτά aus V 12, wo aber das „Tun" gerade mit der Lebensverheißung, nicht mit der Fluchandrohung verbunden ist (ὁ ποιήσας αὐτὰ ζήσεται ἐν αὐτοῖς). Paulus ist nun — das geht zwar nicht so sehr aus dem Gal, wohl aber aus dem Röm hervor[66] — einmal davon überzeugt, daß niemand in der Lage ist, die Forderungen des Gesetzes wirklich zu erfüllen (= ποιῆσαι)[67]. **Und das ist der Grund, warum für ihn überhaupt das ποιῆσαι zu einem unbrauchbaren Heilsprinzip wird und an seiner Stelle ein anderes Heilsprinzip gesucht werden muß, das auch, wie der Apostel zeigen kann, schriftgemäß ist: das Prinzip des Glaubens** (s. den folgenden Vers).

3, 11 In der Schrift ist nämlich zu lesen (bei Hab 2, 4), „daß der Gerechte aus Glauben leben wird". Im MT der Stelle ist der Terminus für „Glauben" אֱמוּנָה, was auch „Treue", „Standhaftigkeit", „unverrückbares Vertrauen" auf Gottes Wort bedeutet[68]. In der LXX lautet die Stelle so: ὁ δὲ δίκαιος ἐκ πίστεως μου ζήσεται, was bedeuten kann: „der Gerechte wird aus Glauben an mich leben" oder „der Gerechte wird aus meiner Treue leben", während es im MT heißt: „der Gerechte wird durch seinen Glauben (seine Treue) leben"[69]. Paulus läßt das Pronominalattribut weg[70], weil ihm alles auf ἐκ πίστεως ankommt, das er im Sinn seiner Glaubenstheologie interpretiert, also aus dem Gegensatz Glauben — Werke des Gesetzes heraus[71]. Außerdem ist zu beden-

---

[64] Das Geschichtsverständnis des Paulus, 149.
[65] Nach der Struktur der in Gal 3, 10 als Eventualfluch zitierten Dt-Stelle (Dt 27, 26 LXX) wird die Fluchandrohung ἐπικατάρατος über „jeden" ausgesprochen, „der nicht bleibt bei allen (sc. Geboten), die im Buche des Gesetzes aufgeschrieben sind, (nämlich zu dem Zwecke) sie zu erfüllen (τοῦ ποιῆσαι αὐτά)". Das heißt: Der „Nicht-Bleibende" (= der Nicht-Täter) ist jener, über den die Fluchandrohung ausgesprochen wird. Es wird also eindeutig nicht jenem der Fluch angedroht, der die Gesetze „tut", sondern im Gegenteil: dem, der sie nicht tut (nicht erfüllt)!
[66] Doch sei hingewiesen auf Gal 6, 13, wo Paulus bemerkt, daß „nicht einmal die Beschnittenen selbst das Gesetz beobachten".
[67] Vgl. auch Schoeps, Paulus, 184.
[68] Gesenius-Buhl, s. v.; Nötscher, Echterbibel z. St.: „‚Glaube', ‚Treue' bedeutet hier die gesamte sittlich-religiöse Verhaltensweise oder Lebensführung samt dem darauf gegründeten Gottvertrauen." Dazu noch H. Wildberger, „Glauben" im Alten Testament, in: ZThK 65 (1968) 129–159 (159: „Als theologischer Terminus ist das Wort für die Begegnung mit dem Gott Israels reserviert"); R. Smend, Zur Geschichte von הֶאֱמִין, in: Hebr. Wortforschung. Festschr. f. W. Baumgartner (Leiden 1967) 284–290.
[69] Nach Wildberger (a. a. O. 139) ist „klar, daß in Hab 2, 4 אמונה mit ‚Glaube' zu übersetzen ist".
[70] Vgl. auch Röm 1, 17; Hebr 10, 38 (hier schwankt die Textbezeugung stark).
[71] A. Schweitzer (Die Mystik des Apostels Paulus [Tübingen 1930] 204) meint, daß Paulus ἐκ πίστεως vom Zeitwort ζήσεται abgelöst habe und mit dem Subjekt „der Gerechte" zu einem Begriff werden läßt: „Der aus Glauben Gerechte wird leben"; ähnlich F. Hahn (Genesis 15, 6 im NT, 98, Anm. 41): „Daß für Paulus ἐκ πίστεως zu ὁ δίκαιος gehört, sollte nicht be-

ken, daß der Begriff „leben" (ζήσεται) für Paulus noch andere Implikationen mit sich führt als sie in Hab 2, 4 vorliegen; wenn der Apostel von „leben" redet, denkt er speziell an das „Leben in Christus" (vgl. Gal 2, 20). Eine nur an der Diachronie orientierte Semantik führt zu falschen Ergebnissen; sie übersieht, daß Paulus bei der Zitierung von Hab 2, 4 Implikationen einführt, die aus seiner christlichen Glaubensüberzeugung stammen. Das betrifft sowohl den Begriff „leben" als insbesondere den Begriff „glauben". πίστις ist für Paulus in der Tat noch mehr als 'emunā im atl.-jüdischen Verstand. Glaube ist für ihn vor allem nun Glaube an Jesus Christus und Eintritt in die Christusgemeinschaft, ist geradezu ein „Sein in Christus"[72].

Der Jude wird ihm deshalb seine Auslegung nicht abnehmen; er denkt bei dem Satz des Propheten „der Gerechte wird durch seine Treue leben" an eine Reduzierung der 613 Gebote und Verbote des Pentateuchs auf ein einziges Gebot, den Monotheismus — ein Zugeständnis an die Schwäche des Menschen! —, oder an das „Handwerk" des Gerechten, d. i. seine Gebotserfüllungen[73]. Auch in der Auslegung von Qumran ist der „Gerechte" von Hab 2, 4 der „Gesetzestäter", und „seine Treue" bezieht sich auf die Treue zum Lehrer der Gerechtigkeit; vgl. 1 QpHab VII, 18; VIII, 1[74]: „**Aber der Gerechte wird durch seine Treue leben.** Seine Meinung geht auf alle Gesetzestäter im Hause Juda, insofern Gott sie rettet aus dem Gerichtshaus um ihrer Plage und ihrer Treue willen zu dem Lehrer der Gerechtigkeit."[75]

Für Paulus aber gehört Hab 2, 4 eindeutig zu den wichtigsten dicta probantia seiner Glaubenstheologie (vgl. auch Röm 1, 17)[76], und es ist für ihn aufgrund

---

stritten werden." Dann müßte aber der Artikel ὁ hinter dem Subjekt δίκαιος wiederholt sein (vgl. auch 2, 20 ἐν πίστει ζῶ τῇ ...); außerdem geht es ja stets um die Alternative: Rechtfertigung (Leben: ζήσεται) aus Glauben oder aus Gesetzeswerken.

72 Dies hat W. MUNDLE in seinem noch lange nicht überholten Buch „Der Glaubensbegriff des Paulus. Eine Untersuchung zur Dogmengeschichte des ältesten Christentums" (Leipzig 1932) in großartiger Weise herausgearbeitet. Vgl. auch die wichtigen methodischen Bemerkungen bei R. KIEFFER, Essais de méthodologie néotestamentaire (Lund 1972) 58.

73 Vgl. dazu das rabbinische Material bei BILLERBECK III, 543f.

74 Übersetzung nach K. ELLIGER, Studien zum Habakuk-Kommentar vom Toten Meer (Tübingen 1953) 196. Vgl. noch J. A. SANDERS, Habakuk in Qumran, Paul and the Old Testament, in: JR 38 (1959) 232–244; G. VERMÈS, Le „Commentaire d'Habacuc" et le Nouveau Testament, in: Cahiers Sioniens V (1951) 337–349; G. HEROLD, Zorn und Gerechtigkeit bei Paulus. Eine Untersuchung zu Röm. 1, 16–18 (Bern–Frankfurt 1973) (II. Das Zitat Hab. 2, 4b [Röm. 1, 17b]. Seine Form und Auslegungsgeschichte).

75 „Offenbar handelt es sich um ein Hauptstück aus dem Katechismus der Gemeinde" (Elliger). Vgl. zu diesem „Hauptstück" auch G. JEREMIAS, Der Lehrer der Gerechtigkeit (Göttingen 1963) 142–145 (144: „,Glauben' heißt die Auslegung des AT durch den Lehrer [der Gerechtigkeit] als richtig anerkennen und sie befolgen. Die ‚Gläubigen' sind die התורה עושי, die ihr Leben ausrichten nach der Gesetzesinterpretation des Lehrers und sich auf seine Worte verlassen. Es ist die Kluft von Gesetz und Evangelium, die unsere Stelle von Paulus trennt. Bei Paulus heißt Glauben: sich verlassen auf das Heilshandeln Gottes in Jesus Christus — ohne eigenes Zutun").

76 A. STROBEL verweist auch noch auf Röm 10, 1–13. „Auch Röm 10, 1–13 als Paralleltext zu Röm 1, 16f baut demnach auf theologischen Topoi auf, die für die Bekanntschaft des Apostels mit dem überlieferten alten eschatologischen Kompendium Hab 2, 3f sprechen (und sei es auch nur in weiterem Sinne!)" (Untersuchungen zum eschatologischen Verzögerungsproblem [Leiden 1961] 191).

dieser Schriftaussage unter Beachtung ihrer genauen Formulierung eine offenkundige Tatsache (δῆλον sc. ἐστιν)[77], „daß durch Gesetz[78] niemand bei Gott gerechtfertigt wird". Denn sonst müßte es in Hab 2, 4 entweder heißen: „Der Gerechte lebt aus Werken des Gesetzes", oder: „Der Gerechte lebt aus Glauben und (oder) Werken des Gesetzes". Es heißt aber: „Der Gerechte lebt aus Glauben", und via exclusionis sind alle anderen Möglichkeiten, „Leben" zu gewinnen, durch den Text der Schriftstelle für Paulus ausgeschlossen[79].

Das erste ὅτι im V 11 ist deklarativ (abhängig von δῆλον), das zweite ὅτι kausal[80]: „weil" Hab 2, 4 grundsätzlich und für immer gilt und alle anderen Heilswege ausschließt, darum ist „offenkundig, daß niemand durch Gesetz bei Gott gerechtfertigt wird"[81]. Wenn Paulus hier οὐδείς sagt, ist das genauso universal verstanden wie ἄνθρωπος bzw. πᾶσα σάρξ in 2, 16. Er denkt also nicht bloß an den Juden, sondern an die ganze Menschheit. Damit zeigt sich jetzt auch klar, daß schon πᾶς im V 10, obwohl Dt-Zitat, universal gemeint ist, was aber auch zur Folge hat, daß hier der Begriff „Gesetz" ausgeweitet wird: Die Tora wird gewissermaßen zum „Weltgesetz"[82], aus dem niemand gerecht-

---

[77] Vgl. BAUER Wb s. v. δῆλον.
[78] ἐν νόμῳ ist instrumental zu verstehen (= „durch Gesetz"), gehört adverbal zu δικαιοῦται und bildet den Gegensatz zu ἐκ πίστεως. Vgl. auch ἐν αὐτοῖς in V 12 (= „durch sie"); PsSal 14, 2f. BISPING meint: „Dem nachdrücklich vorangestellten ἐν νόμῳ entspricht Χριστός V 13 ...: was durch's Gesetz nicht geschieht, hat Christus bewirkt."
[79] SCHOEPS (Paulus, 185f) meint, daß Paulus hier die dreizehnte Midda des R. Jischmael verwendet: „שני כתובים המכחישין, wenn zwei Verse sich widersprechen, so suche man einen dritten, um den Widerspruch zu beseitigen. Es widersprechen sich Habakuk 2, 4: ‚der aus Glauben Gerechte wird leben' und Lev. 18, 5: ‚wer es tut, wird dadurch leben'. Es handelt sich also um die Frage, ob die Werke oder der Glaube den Weg zum Leben erschließen. Es widerstreiten eine Thora- und eine Prophetenstelle. Die Auflösung gibt eine weitere Thorastelle, die als Basis der ganzen Erörterung vorab zitiert wurde und die nunmehr in V 14 ... in dem Wort εὐλογία rekapituliert wird: ‚Abraham glaubte, und es wurde ihm zur Gerechtigkeit angerechnet' (Gen. 15, 6)." Da aber in Wirklichkeit die dritte Schriftstelle hier nicht zitiert wird, scheint die dritte Midda des R. Jischmael nicht vorzuliegen. Zur Kritik an Schoeps' Auffassung vgl. auch N. A. DAHL, Widersprüche in der Bibel, ein altes hermeneutisches Problem, in: StTh 25 (1971) 1–19 (3f). DAHL selbst formuliert den Sachverhalt richtig so: „Der ganze Gedankengang in Gal. 3, 1–12 beruht auf der Voraussetzung, daß die beiden Schriftworte in Hab. 2, 4 und Lev. 18, 5 einander widersprechen, und daß die entsprechenden Prinzipien ‚aus dem Glauben' und ‚aus dem Gesetz' sich gegenseitig ausschließen als Voraussetzung für Rechtfertigung und Leben" (12). Freilich würde ein frommer Jude, wie DAHL weiter ausführt, in beiden Schriftäußerungen keinen Widerspruch sehen. Aber durch den Glauben an den gekreuzigten Jesus, den „Verfluchten", „wird der Widerspruch exklusiv" (ebd.); er löst sich nur durch die christliche Glaubensentscheidung, die Paulus vollzogen hat.
[80] Vgl. auch H. HANSE, ΔΗΛΟΝ (zu Gal 3, 11), in: ZntW 34 (1935) 299–303 (H. zeigt gegen ZAHN mit reichem Belegmaterial, „daß die griechische Sprache sehr wohl ein dem ὅτι vorausgehendes δῆλον kennt": 300).
[81] παρὰ τῷ θεῷ gehört nicht zum nachfolgenden δῆλον, sondern zum vorausgehenden οὐδείς δικαιοῦται; es entspricht hier dem ἐνώπιόν σου in Ps 142, 2b (οὐ δικαιωθήσεται ἐνώπιόν σου πᾶς ζῶν).
[82] Deshalb kann Paulus später (vgl. 4, 8ff) auch den στοιχεῖα-Dienst unter den Gesetzesdienst subsumieren. Vgl. auch LUZ, Geschichtsverständnis, 153, der „ein merkwürdiges Schwanken des Gesetzesbegriffs bei Paulus feststellen" möchte: „Nomos ist zugleich individual- und weltgeschichtliche Macht, zugleich geschichtliche Gegebenheit und Rechtfertigung aus Glauben ausschließendes Heilsprinzip."

fertigt wird, was für jede Zeit gilt (Präsens δικαιοῦται), nicht etwa nur für die Zeit vor Christus. Die Rechtfertigung kommt vielmehr, wie die Schrift selbst lehrt, nur aus Glauben! Das Glaubensprinzip hat aber mit dem Gesetzesprinzip nichts zu tun, wie der folgende V 12 darlegt.

3, 12 Das Gesetz beruht nämlich auf dem Prinzip des „Tuns", der Erfüllung. Die Schrift selbst sagt in Lev 18, 5: „Wer sie (meine Gesetze und Gebote) erfüllt, hat durch sie das Leben."[83] Das blieb selbstverständliche Überzeugung des ganzen Judentums; vgl. etwa Ez 20, 11 („meine Satzungen . . ., durch deren Befolgung der Mensch lebt"); 20, 13.15.21; Sir 17, 11 („Gott legte ihnen Einsicht vor, und das Gesetz, das Leben wirkt [νόμον ζωῆς], gab er ihnen zu dauerndem Besitz"); Bar 4, 1 („Sie [die Weisheit] ist das Buch der Gebote Gottes, das Gesetz, das in Ewigkeit bleibt; alle, die an ihr halten, gelangen zum Leben, die sie verlassen, verfallen dem Tod"); PsSal 14, 3 (ὅσιοι κυρίου ζήσονται ἐν αὐτῷ [= ἐν νόμῳ, vgl. 14, 2] εἰς τὸν αἰῶνα); Abot VI, 7 („Groß ist die Tora; denn sie gewährt denen, die sie befolgen, Leben in dieser Welt und in der zukünftigen Welt"); SDeut § 48 (84b) („Ein Lebensbaum ist die Tora denen, die sie ergreifen")[84]. Und selbstverständlich erwartet Gott nach dem AT, daß seine Gebote und Satzungen von Israel erfüllt werden; an seinem Gehorsam hängt der Bestand des Bundes[85]. Gottes Gebote und Satzungen galten als erfüllbar, ja als leicht erfüllbar[86]. In der älteren Zeit Israels kam es gar nicht zu einer Reflexion über Erfüllbarkeit oder Nichterfüllbarkeit der Gebote Gottes. Auch im Frühjudentum war man von der Erfüllbarkeit der Gebote Gottes überzeugt, und man wußte von atl. Gerechten zu erzählen, die die Tora von A bis Z gehalten haben, so die Erzväter Elia, Ezechias, Mose und Aaron[87]. Aber die Propheten sagen auch: Israel hat den Heilswillen Gottes

---

Aber schon im Frühjudentum zeigt sich die Tendenz zu einem „kosmischen" Verständnis von Gesetz, vielleicht durch die Übertragung der atl. Weisheitsattribute auf das Gesetz. Außerdem wurde im Frühjudentum das Gesetz vielfach als Schöpfungsordnung verstanden (s. dazu LIMBECK, Die Ordnung des Heils. Untersuchungen zum Gesetzesverständnis des Frühjudentums, Düsseldorf 1971), was eo ipso ein universales, „kosmisches" Verständnis des Gesetzes in sich schloß. Die Kategorien „individualgeschichtlich" und „weltgeschichtlich" scheinen zur Charakterisierung dieser Sachverhalte nicht geeignet zu sein.

[83] Vgl. auch Röm 10, 5.
[84] Weiteres Material bei BILLERBECK III, 129–131; 278. Vgl. auch noch v. RAD, Theol. des AT, I, 207.
[85] Vgl. auch ZIMMERLI, Das Gesetz und die Propheten, 55–68 (das Gesetz ist „immer auf den Bund . . . bezogen": 68). Neuere Forschungen lassen erkennen, wie sehr man gerade im Frühjudentum Bund und Gesetz zusammengedacht hat; vgl. dazu etwa A. JAUBERT, La notion d'alliance dans le Judaïsme aux abords de l'ère chrétienne (Paris 1963); LIMBECK, Die Ordnung des Heils.
[86] Vgl. v. RAD, ebd. I, 209; 390; II, 142f; 419. Es kam gelegentlich sogar zu einem gewissen Erfüllungsoptimismus (vgl. ebd. I, 364, Anm. 14). Vgl. Sir 15, 15–19 („Wenn du nur willst, kannst du die Satzung halten, und Treue ist es, seinen Willen zu erfüllen. Feuer und Wasser ist vor dich hingeschüttet; wonach du willst, strecke deine Hand aus! Vor dem Menschen liegt Leben und Tod, was er will, wird ihm gegeben werden. Denn reich ist Jahwes Weisheit, stark ist er an Macht und sieht alles. Die Augen Gottes blicken auf seine Taten, und er erkennt jegliches Werk des Menschen"). Dazu auch noch SCHOEPS, Paulus, 184f.
[87] Vgl. dazu BILLERBECK I, 814–816; II, 280f.

oft nicht erkennen wollen! Es hat Jahwe gegenüber oft versagt![88] Besonders Ezechiel verkündet, daß Israel die Forderungen des Gesetzes nicht befolgt hat; vgl. etwa 20, 13 („Aber das Haus Israel war gegen mich in der Wüste widerspenstig. Nach meinen Satzungen wandelten sie nicht, sondern verwarfen meine Rechte, durch deren Befolgung der Mensch lebt; auch meine Sabbate entweihten sie gar sehr"; 20, 16.21.27)[89]. Die prophetische Kritik mag, jedenfalls in der nachexilischen Zeit, ihre Früchte darin getragen haben, daß man in Israel begann, in einer besseren Erfüllung der Gebote das Heil zu wirken. Aber der Satz G. v. Rads kann nicht genug beherzigt werden[90]: „Die bekannte, im früheren Luthertum fast zu kanonischer Gültigkeit erhobene Vorstellung von einem Israel, das durch das Gesetz Gottes in einen immer härteren Gesetzeseifer getrieben und das gerade durch diesen Gesetzesdienst und durch die von ihm erweckte Sehnsucht nach dem wahren Heil auf Christus vorbereitet werden sollte, ist aus dem Alten Testament nicht zu begründen."[91]

Paulus denkt jedenfalls wie die Propheten über das von Gott gegebene Gesetz[92]. Er kennt Israels und aller Menschen Versagen gegenüber den Forderungen des heiligen Gottes. Er sagt in Gal 3, 12 jedoch nicht, daß Israel nicht versucht habe, die Satzungen Gottes zu „tun". Prinzipiell stellt er „vielmehr"[93] anhand der Schrift fest, daß es im Gesetz um ein „Tun" geht, und darum ist für ihn das Gesetz „nicht aus Glauben": ὁ δὲ νόμος οὐκ ἔστιν ἐκ πίστεως. Wie die Verbindung der VV 11 und 12 mit Hilfe der Partikel δέ

---

[88] v. RAD (Theol. des AT II, 422f) verweist auf bestimmte geschichtliche Rückblicke bei den Propheten, aus denen das klar hervorgeht, wie Am 2, 9–12; 4, 6ff; Is 1, 2f; 5, 1ff; Mi 6, 1ff; Hos 11, 1ff; Jer 2, 1ff. Hinzuweisen wäre auch auf das Bußgebet des Esra, in dem es heißt: „Wir haben deine Gebote übertreten, die du durch deine Knechte, die Propheten, vorgeschrieben hast . . ." (Esr 9, 10f); vgl. auch Neh 1, 7: „Wir haben verderblich gegen dich gehandelt und die Befehle, Gebote und Satzungen nicht gehalten, die du deinem Knecht Mose aufgetragen hast."

[89] In Ez 20, 25f findet sich sogar der unerhörte Satz: „Auch gab ich ihnen ungute Satzungen und Rechte, durch die sie nicht leben sollten, und machte sie unrein durch ihre Gaben, wenn sie alle Erstgeburt (durchs Feuer) darbrachten." Dazu bemerkt ZIMMERLI: „Es ist an die göttliche Forderung der Erstgeburt gedacht, die schon im Bundesbuch (Ex. 22, 28 . . .) zu hören war. Ezechiel versteht sie als eine ungute, das Volk zur Sünde der Kinderverbrennung führende Zornesforderung Gottes. Ins Gebot Gottes selber schlingt sich damit der Zorn Gottes und sein Gericht . . . Es ist eine eigenartige teilhafte Vorwegnahme der Erkenntnis, die dann bei Paulus ungleich grundsätzlicher aufbricht, daß schließlich gerade Gottes Gebot dem Menschen zum Gericht wird" (Das Gesetz und die Propheten, 128).

[90] Theol. des AT, II, 432.

[91] Vgl. auch ebd. 436, Anm. 33: „Wer das AT als das Zeugnis einer Gesetzesreligion erklärt, der hat eine objektive Norm an das AT angelegt, die ihm als hermeneutischer Generalschlüssel dienen muß, und hat sich damit von der geistlichen Freiheit der Interpretation des Paulus geschieden."

[92] Vgl. auch ZIMMERLI, Das Gesetz und die Propheten, 94–132.

[93] ἀλλά am Anfang von V 12b ist elliptisch: „Vielmehr (gilt nach der Schrift): Wer sie (αὐτά) erfüllt hat, wird durch sie (ἐν αὐτοῖς) leben." ZAHN meint: „Nur im Vertrauen auf die Schriftkenntnis der Leser konnte Pl auch ohne Citationsformel die Worte αὐτά und ἐν αὐτοῖς beibehalten, die bei ihm nur an ὁ νόμος, in LXX . . . an τὰ προστάγματά μου καὶ τὰ κρίματά μου ihre Unterlage haben"; ähnlich auch schon LIGHTFOOT, BISPING u. a. Aber im Kontext von Gal 3, 10–12 weist das αὐτά von V 12b auf das αὐτά am Ende des V 10 zurück und dieses wieder auf πᾶσιν τοῖς γεγραμμένοις ἐν τῷ βιβλίῳ τοῦ νόμου im selben Vers.

erkennen läßt, stammt ἐκ πίστεως in V 12a, formal gesehen, aus dem Habakukzitat des V 11b. Aber dort geht es um das eschatologische Leben (ξήσεται) „aus Glauben", hier um die Formulierung eines Prinzips (οὐκ ἔστιν ἐκ), das jenem dem Gesetz inhärierenden Prinzip des ποιεῖν (das man lieber nicht als „Leistungsprinzip" bezeichnen sollte)[94] entgegengesetzt ist. In der prädikativen Aussage οὐκ ἔστιν ἐκ πίστεως bekommt dadurch die Präposition ἐκ eine andere semantische Valeur als im vorausgehenden Habakukzitat. Hat ἐκ im Zitat kausale Bedeutung („aufgrund von, infolge von")[95], so in V 12a jene von „Ursprung": das Gesetzesprinzip entspringt nicht „aus Glauben" — und eigentlich würde man nun erwarten: ἀλλ' ἐξ ἔργων. Aber Paulus formuliert lieber mit einem Schriftzitat (Lev 18, 5) und kann mit seiner Hilfe den Term ποιεῖν wieder verwenden, der schon im Dt-Zitat in V 10 aufgetaucht war. Auf dieses ποιεῖν kommt es ihm an, weil damit das dem Gesetz zugehörige Prinzip artikuliert ist: zum Gesetz gehört wesensnotwendig das „tun", zum Glauben aber das „glauben"; auf diese Weise „the apostle excludes the thought of compromise between the two principles" (Burton). Auf einen solchen Kompromiß aber ging das Gegenevangelium der Gegner hinaus.

Weil der Apostel aber weiß, daß der Mensch die Forderungen des Gesetzes nicht erfüllt, gilt für ihn ebenso der andere Satz der Schrift, daß „jeder" dem Todesfluch des Gesetzes verfallen ist oder verfällt, sowohl der Jude als auch der Heide. Daraus aber ergibt sich notwendig die drängende Heilsfrage: Wer kann den Menschen von diesem Todesfluch befreien? Er selbst aus eigener Anstrengung oder ein anderer, der für ihn eintritt? Darauf antwortet der Apostel im folgenden Vers.

3, 13 Die Antwort des Apostels lautet: „Christus hat uns vom Fluch des Gesetzes losgekauft." Eine solche Aussage liegt für jemand, der an den Erlösungstod Jesu glaubt, nahe. Dennoch ist dieser christliche Glaubenssatz schon im AT vorbereitet, nämlich durch die Idee „eines menschlichen Mittlers, der stellvertretend in den Raum zwischen Jahwe und das von Jahwe bedrohte Volk tritt" (G. v. Rad)[96]. Von Rad erinnert an den ganzen Priesterdienst als einen stellvertretenden Mittlerdienst[97], an die interzessorische Funktion der Propheten[98], an die zwei Gestalten „einer totalen Stellvertretung": Mose

---

[94] Man tut dem Judentum bitter Unrecht, wenn man sagt, sein religiöses Leben beruhe auf dem „Leistungsprinzip"; verwiesen sei in diesem Zusammenhang zur Widerlegung dieser Meinung nur auf den Spruch des Rabban Jochanan ben Zakkaj: „Wenn du die Tora in reichem Maße gehalten hast, so tue dir nichts darauf zugute; denn dazu bist du geschaffen" (Abot II, 8b).
[95] Vgl. auch MAYSER, Grammatik, II/2, 388.
[96] Theol. des AT, II, 417f. Vgl. vor allem auch J. SCHARBERT, Heilsmittler im Alten Testament und im Alten Orient (Quaest. disp. 23/24) (Freiburg i. Br. 1964) passim (mit reichem Material); R. MACH, Der Zaddik in Talmud und Midrasch (Leiden 1957) 124–133 („Der Zaddik als Mittler").
[97] Vgl. auch SCHARBERT, a. a. O. 268–280.
[98] Vgl. Ez 4, 4ff (der Prophet muß „ihre Schuld tragen"); dazu auch SCHARBERT, 280–294; H. GRAF REVENTLOW, Liturgie und prophetisches Ich bei Jeremia (Gütersloh 1963) 140–205 („Das Fürbittamt des Propheten").

(besonders nach dem Dt) und der Gottesknecht[99]. „In beiden Fällen führt die stellvertretende Übernahme der Schuld ‚der Vielen' den Mittler in einen ganz außergewöhnlichen Tod: Mose stirbt außerhalb des Verheißungslandes, der Gottesknecht den Tod des Ausgestoßenen und Schuldigen." Von diesem Stellvertretungsgedanken ist auch Gal 3, 13 im Hinblick auf Christus getragen: γενόμενος ὑπὲρ ἡμῶν κατάρα, nachdem der Apostel den stellvertretenden Sühnetod Jesu im Anschluß an die vorausliegende Tradition der Urkirche schon in 1, 4 und 2, 20 erwähnt hat. Er formuliert aber das Stellvertretungskerygma diesmal ganz von den Ideen des Kontextes her, vor allem im Hinblick auf den auf allen lastenden und alle bedrohenden Todesfluch des Gesetzes, von dem uns Christus befreit hat. Der Apostel gebraucht den Terminus ἐξαγοράζειν, und man verwies zu seinem Verständnis auf den sakralen Sklavenfreikauf (manumissio)[100] in der Antike (so besonders Deißmann)[101]. Aber in den erhaltenen Urkunden begegnet dabei nie der Terminus (ἐξ-)ἀγοράζειν[102]. Dagegen gibt es Belege, in denen ἐξαγοράζειν die Bedeutung hat: abgelten, (Forderungen eines Gläubigers) zufriedenstellen[103]. Denkt Paulus in Gal 3, 13 (und 4, 5) etwa an Forderungen, die das Gesetz uns gegenüber besaß? War der Tod Christi der Preis, der dem Kerkermeister Nomos (vgl. 3, 23) bezahlt werden mußte, damit dieser uns aus seinem Todeskerker entlasse? Die Verbindung des Verbums ἐξαγοράζειν mit ἐκ τῆς κατάρας τοῦ νόμου läßt nicht an eine „Abgeltung" im genannten Sinn denken, sondern an eine Befreiung, so daß der Apostel den Terminus ἐξαγοράζειν sehr wahrscheinlich einfach im Sinn von „erlösen" gebraucht[104]: Christus — Χριστός steht betont an der

---

[99] Vgl. auch SCHARBERT, 81–99 (Mose und Aaron); 178–212 (Gottesknecht).
[100] Zur manumissio vgl. PAULY-WISSOWA XIV, 1366 ff; zur Freilassung ebd. VII, 95 ff.
[101] Licht vom Osten, 271–277; vgl. auch TR. HOLTZ, Die Christologie der Apokalypse des Johannes (Berlin 1962) 65–68 (H. denkt an die antike Rechtsform der redemptio ab hostibus). Zur Kritik an Deißmann vgl. S. LYONNET, L'emploi paulinien de ἐξαγοράζειν au sens de „redimere" est-il attesté dans la littérature grecque?, in: Bibl 42 (1961) 85–89; E. PAX, Der Loskauf. Zur Geschichte eines ntl. Begriffes, in: Antonianum 37 (1962) 239–278 (mit reichem Material); F. BÖMER, Untersuchungen über die Religion der Sklaven in Griechenland und Rom (= Abhandlungen der Akademie der Wissenschaften und der Literatur in Mainz), I (Mainz–Wiesbaden 1957), II (ebd. 1960) 133 ff (in den Texten von Delphi heißt ἀγοράζειν nicht „freikaufen", sondern „auf dem Markt kaufen"); W. ELERT, Redemptio ab hostibus, in: ThLZ 72 (1947) 265–270 (E. betont gegen Deißmann, daß ein sakrales Rechtsgeschäft der Ankauf durch die Gottheit nur Fiktion ist); F. LYALL, Roman Law in the Writings of Paul — The Slave and the Freedman, in: NTSt 17 (1970/71) 73–79.   [102] Vgl. PAX, a.a.O. 252.
[103] Herakleides (III, V), Reisebilder (1951) § 22, S. 82 F. PFISTER: τὸν ἀδικηθέντα ἐξαγοράζειν = die Ansprüche des Geschädigten ablösen, den Gekränkten zufriedenstellen. So auch im Medium: διὰ μιᾶς ὥρας τὴν αἰώνιον κόλασιν ἐξαγοραζόμενοι = durch eine einzige Stunde der Qual die ewige Strafe abgelten (Mart. Polyk. 2, 3) (nach BAUER Wb s.v.). Dem griechischen Terminus ἐξαγοράζειν entspricht sachlich im Hebräischen wohl am besten das Verbum פדה, das „loskaufen", „befreien", „erretten" bedeutet (vgl. GESENIUS-BUHL s.v.; CHR. BARTH, Die Errettung vom Tode, 133–135).
[104] Vgl. LYONNET (a.a.O.); PAX arbeitet 256–259 scharf die Unterschiede zwischen den griechischen und den paulinischen Aussagen heraus (vgl. auch noch seine Zusammenfassung 276–278, in der P. aufmerksam macht, wie sehr bei Paulus „das religiöse Element" aufgrund seiner christlichen Glaubensüberzeugung „zum entscheidenden Faktor" wird, durch den heidnische und jüdische Vorstellungen stark verwandelt werden, gerade im semantischen Bereich).

Spitze — hat uns erlöst „von dem Fluch des Gesetzes", der unseren Tod bedeutete[105]. Er tat dies, indem er selbst „für uns ein Fluch wurde".

Die eigentümliche, abstrakt klingende Ausdrucksweise „er wurde ein Fluch", in der das abstractum pro concreto gebraucht wird, begegnet auch im AT und besonders im Frühjudentum[106]. Vgl. etwa Jer 24, 9 („Ich mache sie zum Entsetzen für alle Reiche der Erde, zum Schimpf, zum Sprich- und Lästerwort und zum Fluch [εἰς κατάραν] an allen Orten, wohin ich sie zerstreue"); 42, 18 b („Ihr werdet zum Fluch und zum Entsetzen, zur Verwünschung und zum Spott"); Zach 8, 13 („Wie ihr ein Fluch waret unter den Völkern, Haus Juda und Haus Israel, so rette ich euch, daß ihr ein Segen werdet!")[107]. Indem Christus in seinem Sühnetod den auf uns lastenden und uns alle bedrohenden Todesfluch des Gesetzes stellvertretend auf sich nahm, „wurde er ein Fluch", d. h. ein Verfluchter, was der Apostel wieder aus der Schrift begründet (vgl. ὅτι), nämlich aus Dt 21, 23: „Verflucht[108] ist jeder[109], der am Holz aufgehängt ist." Das Schriftzitat begründet also das Verfluchtsein des Gekreuzigten, nicht die Sühnefunktion seines Todes, also nicht das ὑπὲρ ἡμῶν. Das Letztere weiß Paulus aus dem christlichen Kerygma (vgl. Gal 1, 4; 2, 20; 1 Kor 15, 3; Röm 3, 25; 5, 8)[110], wobei jedoch die Idee eines stellvertretenden Sühneleidens dem Judentum keineswegs fremd war (Is 53!), wie oben schon betont wurde[111]. Paulus läßt allerdings in seinem Dt-Zitat ὑπὸ θεοῦ weg, weil in seinen Augen der gekreuzigte Christus unmöglich von Gott selbst verflucht sein konnte[112].

---

[105] In dem Syntagma ἐκ τῆς κατάρας τοῦ νόμου ist der Genitiv τοῦ νόμου ein gen. auct.: es geht um den Fluch, den das Gesetz androht und ausspricht (vgl. Dt 27, 26 = Gal 3, 10).
[106] Vgl. BÜCHSEL in: ThWb I, 450.
[107] BILLERBECK (III, 260f) verweist auch auf das abstrakte ἀνάθεμα in Röm 9, 3 und die frühjüdische Redensart „ich will eine Sühne sein für den und den". Vgl. auch 2 Kor 5, 21 (ὑπὲρ ἡμῶν ἁμαρτίαν ἐποίησεν, ἵνα ἡμεῖς γενώμεθα δικαιοσύνη θεοῦ ἐν αὐτῷ).
[108] Im MT steht hier קִלְלַת אֱלֹהִים = ein Fluch Gottes (Gen. subj. = ein Gegenstand göttlichen Fluches; GESENIUS-BUHL s. v.). Wahrscheinlich ist in Gal 3, 13 das vorausgehende abstr. κατάρα dadurch veranlaßt.
[109] πᾶς fehlt im MT, steht aber in der LXX.
[110] „Der ganze zu II Cor 5, 21 entwickelte Ideenkomplex wird dabei als den Zuhörern bekannt vorausgesetzt: ohne ihn ist unsere Stelle nicht zu verstehen" (LIETZMANN); vgl. auch RIESENFELD in: ThWb VIII, 512f.
[111] Vgl. auch noch BILLERBECK II, 280; III, 260f; E. LOHSE, Märtyrer und Gottesknecht. Untersuchungen zur urchristlichen Verkündigung zum Sühntod Jesu Christi (Göttingen 1955).
[112] In der rabbinischen Auslegung wurde אלהים nicht als Gen. subj., sondern als Gen. obj. gefaßt: der am Holz Aufgehängte war gleichsam eine „Verwünschung" Gottes, insofern seine Freveltat eine Verschuldung vor Gott war (vgl. BILLERBECK III, 544f; 494). Wie kam der Apostel dazu, Dt 21, 23 auf den gekreuzigten Christus zu beziehen? „Er folgt der LXX, die an dieser Stelle vom hebräischen Text abweicht. Sie hat κρεμάμενος ἐπὶ ξύλου anstelle des einfachen תלוי des MT" (G. JEREMIAS, Der Lehrer der Gerechtigkeit [Göttingen 1963] 133). Nun findet sich dieser Zusatz aber auch in 4 QpNah 8; hier wird vom „Zorneslöwen" gesagt, daß er „lebendige Männer aufhängt (Z. 7) ... Denn in Bezug auf den lebendans Holz Gehängten wird gesagt" (die Schriftstelle selber, Dt 21, 23, wird nicht zitiert). Einen Verurteilten lebend ans Holz hängen, widersprach den Exekutionsgebräuchen in Israel; aber weil die Kreuzigung als Hinrichtungsstrafe auch im römischen Bereich übernommen worden war, ist es möglich, daß schon die LXX den Terminus תלה im Sinn von „kreuzigen" verstand

Eine Dämonisierung des Kreuzesgeschehens liegt dem Apostel fern; die urkirchliche Theologie kennt keine „dämonischen Tiefen" Gottes und keine „innergöttliche Tragödie"![113] Aber weil Christus tatsächlich am Kreuz aufgehängt wurde — ein factum historicum —, darum gilt im übrigen auch für ihn das Schriftwort von Dt 21, 23, nur mit dem entscheidenden Unterschied, daß dabei der auf uns lastende Fluch von ihm stellvertretend übernommen wurde. Christus ist für den Apostel der unschuldig und in Stellvertretung am Holz Aufgehängte! Mit der Unterscheidung von „objektiv" und „subjektiv" verflucht kommt man hier nicht weit. Zu welchem Zweck aber wurde er „für uns ein Fluch"? Das sagt der folgende Vers.

3, 14 In zwei ἵνα-Sätzen wird ein universales Heilsziel der stellvertretenden Erlösungstat Christi genannt[114]. Der erste ἵνα-Satz ist vom Hauptsatz im V 13 („Christus hat uns vom Fluch des Gesetzes erlöst") formal und inhaltlich abhängig. Daraus geht aber klar hervor, daß der Todesfluch des Gesetzes **auch auf den Völkern** lastet, nicht bloß auf Israel. Nachdem er durch den stellvertretenden Tod Christi weggenommen ist, kann nun die Segensverhei-

---

(vgl. auch Lk 23, 39), „wie auch der Pfahl . . ., an den nach jüdischem Brauch laut Dt 21, 22f. nur der Leichnam gehängt wurde, in Act 5, 30; 10, 39; 13, 29; 1. Pt 2, 24 das ‚Kreuz' bedeutet" (JEREMIAS, ebd. 132f.). JEREMIAS meint nun, Paulus hätte von sich aus kaum gewagt, den gekreuzigten Christus als einen von Gott Verfluchten im Sinn von Dt 21, 23 zu verstehen, wenn die Bezeichnung Christi als eines Verfluchten nicht einer „Christuspolemik entstammen" würde, „die sich auf Dt 21, 23 berief" (ebd. 134). J. weist dafür auf JUSTIN, Dialog mit Tryphon 89, 1–90, 1 und auf Ev. Nicodemi 16 hin; aus diesen Stellen geht hervor, daß Dt 21, 23 „für den Juden der entscheidende Anstoß an der christlichen Botschaft" war „und zwar von Anfang an, denn schon Paulus muß sich mit diesem Angriff befassen" (ebd.). Wie 4 QpNah 7f zeigt, hat man schon in vorchristlicher Zeit Dt 21, 23 „auch auf die Hinrichtungsart des Kreuzigens bezogen": „Der Gekreuzigte steht unter dem Fluch Gottes. Die Anwendung von Dt 21, 23 auf die Kreuzigung Jesu war also nicht ein Produkt übelwollender Polemik gegen die Christen, sondern sie entsprach — wie 4 QpNah 7f. zeigt — der jüdischen Auffassung vom Kreuzestod als Tod unter dem Fluch Gottes. Paulus fußt Gal. 3, 13 auf der zeitgenössischen Exegese von Dt 21, 23" (ebd. 134f.). Zweifellos bezieht der Apostel die Formulierung ὁ κρεμάμενος ἐπὶ ξύλου, ähnlich wie in Qumran, auf die Hinrichtungsart des Kreuzigens, in seinem Kontext also auf den gekreuzigten Christus. Aber aus dem Kontext, der für die Auslegung maßgebend ist, geht nicht hervor, **daß er dabei theologische Hemmungen hätte**. Nach Paulus ist Christus „zum Fluch geworden", und er begründet das mit dem Hinweis auf Dt 21, 23, das er ohne Bedenken auf den gekreuzigten Christus anwendet, wenn er auch ὑπὸ θεοῦ wegläßt. Es ist also möglich, daß Paulus von sich aus Dt 21, 23 auf den gekreuzigten Christus angewendet hat; dabei geht es ihm aber vor allem um das **soteriologische** Verständnis des „Verfluchtseins" Christi (ὑπὲρ ἡμῶν!), das auf interpretatio christiana beruht.
[113] So scheint uns der Satz ASMUSSENS (z. St.) nicht richtig zu sein: „Gott nimmt den Widerstreit des Menschen gegen sich in sich selbst hinein und läßt ihn da austoben." Dagegen kann man der Formulierung POPKES' zustimmen (Christus traditus, 287): „Die Aussage behandelt die Christologie rein theozentrisch; Christus ist nur passivisches Subjekt" (von P. auf 2 Kor 5, 21 bezogen, aber ebenso anwendbar auf die Aussage in Gal 4, 13 γενόμενος ὑπὲρ ἡμῶν κατάρα).
[114] Vgl. auch noch E. STAUFFER, ἵνα und das Problem des teleologischen Denkens bei Paulus, in: ThStKr 102 (1930) 232–257. N. A. DAHL spricht im Hinblick auf solche ἵνα-Sätze von einem „teleologischen Schema", dessen Sitz im Leben er in der Predigt vermutet (Ntl. Studien für R. BULTMANN: BZNW 21, 7f). Vgl. dazu auch unsere weiteren Ausführungen S. 270f.

ßung, die Gott einst dem Abraham für die Völker gab, „Wirklichkeit werden" (diesen Sinn hat hier das Verbum γένηται)[115], und zwar ἐν ᾽Ιησοῦ Χριστῷ. Darauf liegt der Ton, und eigentlich würde man hier einen Relativsatz erwarten („welcher der Same Abrahams ist") oder auch einen Begründungssatz („weil er der Same Abrahams ist"). Aber vom „Samen Abrahams" war im Vorausgehenden ja noch keine Rede gewesen, und so kann der Apostel diesen zunächst so naheliegenden Gedanken noch nicht verwenden. Er wird ihn bringen, aber erst nachdem nochmals ein anderer Grundgedanke des ganzen Abschnitts zur Sprache gebracht ist: die Idee des Glaubens. In V 9 war ja gesagt worden, daß „die aus Glauben mit dem gläubigen Abraham gesegnet werden"; das Gesetz aber hat mit dem Glaubensprinzip nichts zu tun (V 12); es ist im Gegenteil zu einer Todesmacht geworden, von der uns Christus erlöst hat (V 13). Deshalb kann das Ziel der Erlösungstat Christi nur sein, daß die Heiden die verheißene Segensgabe „durch den Glauben" (und nicht aufgrund von Gesetzeswerken) empfangen; der Ton liegt im zweiten ἵνα-Satz auf διὰ τῆς πίστεως. Weil es also immer noch um den Gegensatz νόμος zu πίστις geht, darum ist auch der zweite ἵνα-Satz im V 14 vom Hauptsatz des V 13 abhängig: Christi vom Fluch des Gesetzes erlösende Tat hat auch die Befreiung zum Glaubensweg als Ziel, damit auf diese Weise die Segensverheißung sich erfüllen kann.

Jetzt erfahren wir aber auch endgültig, was in 3, 2 schon angedeutet war, daß die Segensverheißung, die einst dem Abraham für die Völker gegeben wurde, konkret im Pneuma besteht[116]. Das beruht natürlich auf interpretatio christiana (Pfingstereignis; Tauferfahrung)[117], ist aber durch die Propheten für die kommende Heilszeit verheißen, sowohl für den Messias selbst (Is 11, 2f)[118] wie für Israel (Is 32, 15; 44, 3; 59, 21; Ez 11, 19; 36, 26f; 39, 29) wie auch für die Völker (Joel 3, 1f)[119]. Die Gabe des Pneuma ist ja die „Erstlingsgabe" (ἀπαρχή: Röm 8, 23) bzw. das „Angeld" (ἀρραβών: 2 Kor 1, 22; 5, 5; Eph 1, 14) des kommenden Gesamttheils.

Mit den beiden Termini πνεῦμα und πίστις im V 14 verknüpft der Apostel die unmittelbar vorhergehenden theologischen Erörterungen mit der in 3, 1–5 in seinem Appell an die christliche Erfahrung der Galater angeschlagenen Grundthematik: die Galater, die zu den ἔθνη gehören, haben seinerzeit das verheißene Pneuma aus der gehorsamen Annahme der Glaubenspredigt empfangen, wie es der Heilsverheißung Gottes entspricht.

Wiederum könnte den Juden eine Frage bewegen: Warum empfängt man

---

[115] Ähnlich wie in Joh 1, 17b (ἡ χάρις ... διὰ ᾽Ι. Χρ. ἐγένετο).
[116] ἐπαγγελία τοῦ πνεύματος: Der Genitiv τ. πν. ist Genitiv des Inhalts: „damit wir die Verheißung empfangen, die im Pneuma besteht". Vgl. auch Apg 2, 33. — Statt ἐπαγγελίαν lesen εὐλογίαν 𝔓46 D* F^gr G 88* d g, MARCION, AMBROSIASTER, EPHRAEM, VIGILIUS (sekundäre Angleichung an εὐλογία in V 14a).
[117] Vgl. auch noch Lk 24, 49; Apg 1, 4; 2, 38; 26, 6; Röm 8; Eph 1, 13; Hebr 9, 15 usw.
[118] Vgl. auch R. KOCH, Geist und Messias (Wien 1950); M. A. CHEVALLIER, L'ésprit et le Messie dans le Bas-Judaïsme et le NT (Paris 1958).
[119] Vgl. auch noch P. VAN IMSCHOOT, L'esprit de Yahvé et l'alliance nouvelle dans l'AT, in: EphThLov 22 (1936) 201–226.

die eschatologische Heilsgabe des Pneuma „durch den Glauben" und nicht durch die treue Erfüllung der Werke des Gesetzes? Setzt Paulus nicht die an das Gesetz gebundene Verheißung des Lebens außer Geltung, wenn er den Glauben Abrahams als den alleinigen Heilsweg erklärt, der von allen beschritten werden muß? Wie steht es überhaupt mit der Verheißung an Abraham und der Gesetzesoffenbarung an Israel? In welchem Verhältnis stehen sie zueinander? Und vor allem: In welchem Zusammenhang steht denn Jesus Christus mit Abraham? Diese schwierigen Fragen sucht der Apostel in den folgenden Versen zu beantworten (3, 15ff). Er führt dabei einen neuen Begriff ein, freilich einen Begriff aus alter biblischer Terminologie: κληρονομία, „Erbe"[120], und wendet Bestimmungen des Erbrechts auf Gott und sein Handeln Abraham und seiner Nachkommenschaft gegenüber an.

3, 15 Der Ton des Apostels wird jetzt gegenüber den „törichten" Galatern herzlicher; sie werden von ihm wieder als „Brüder" angesprochen. Es geht um das eschatologische Erbe, von dem die Galater aufgrund ihres Gehorsams gegen die Glaubensbotschaft bereits das verheißene Pneuma empfangen haben (3, 2.14). Die Verheißung der Schrift, die an den Glauben gebunden ist, kann durch das Gesetz nicht außer Geltung gesetzt werden. Diesen Gedanken unterstützt der Apostel im folgenden durch den Hinweis auf eine weltliche Institution: das Testamentsrecht. Und deshalb führt er die neue Argumentation ein mit dem Satz: κατὰ ἄνθρωπον λέγω. Diese Formulierung ist weder abwertend noch neutral, vielmehr handelt es sich um eine technische Formel[121], die den Sinn hat: Ich verweise im folgenden auf eine unter Menschen geltende Einrichtung, um durch sie das von der Schrift Gesagte zu stützen[122]. „Ich rede nach Menschenart" ist also = „ich rede weltlich", nämlich im folgenden. Der Sinn der Formel ist also nicht der, einen Vergleich (so Oepke) einzuführen; es geht ja im folgenden um ein Schlußverfahren a minore ad maius: Was bei Menschen, also im weltlichen Bereich, schon gilt, gilt erst recht bei Gott (vgl. V 15 mit V 17). Was bei Menschen gilt und erst recht bei Gott, wird an einem Beispiel aus dem Rechtsleben dargelegt. „Selbst" (ὅμως)[123] bei Menschen gilt als strenge Rechtsregel: Ein einmal gültig ausgefertigtes Testament kann niemand[124] annullieren oder ihm etwas hinzufügen, etwa einen nachträglichen Zusatz, durch den die Bestimmungen des Testaments umgeändert oder ein-

---

[120] Vgl. HERRMANN–FOERSTER in: ThWb III, 766–786 (Lit.); M. CONRAT, Das Erbrecht im Galaterbrief (3, 15 – 4, 7), in: ZntW 5 (1904) 204–227; F. MUSSNER in: LThK ²III, 962f; E. BAMMEL, Gottes ΔΙΑΘΗΚΗ (Gal III. 15–17) und das jüdische Rechtsdenken, in: NTSt 6 (1959/60) 313–319; H.-W. KUHN, Enderwartung und gegenwärtiges Heil (Göttingen 1966) 73–75.
[121] Vgl. auch Röm 3, 5; 6, 19; 1 Kor 9, 8.
[122] Das hat über D. DAUBE (The N.T. and Rabbinic Judaism, 394–400) hinaus eingehend C. J. BJERKELUND nachgewiesen: „Nach menschlicher Weise rede ich." Funktion und Sinn des paulinischen Ausdrucks, in: StTh 26 (1972) 63–100 (speziell zu Gal 3, 15 vgl. 90–92).
[123] ὅμως hat hier die Bedeutung „selbst", „auch", „gleichfalls"; J. JEREMIAS, ΟΜΩΣ (I Cor 14, 7; Gal 3, 15), in: ZntW 52 (1961) 127f; R. KEYDELL, ΟΜΩΣ, in: ZntW 54 (1963) 145f. ὅμως legt den Ton auf ἀνθρώπου.
[124] In οὐδείς ist auch der Erblasser miteingeschlossen (vgl. BAMMEL, a.a.O. 316).

geschränkt würden. Die Termini διαθήκη, κυροῦν, ἀθετεῖν und ἐπιδιατάσ- σεσθαι werden in rechtstechnischem Sinn gebraucht[125]. Heranzuziehen sind zum Vergleich aber nicht römische oder griechische Rechtseinrichtungen[126], sondern jüdische, speziell die מַתָּנָה בָּרִי[127] [„Verfügung (Geschenk) eines Gesunden"][128]. Das Spezifische dieser Rechtseinrichtung sind folgende Bestimmungen: „(1) Der Gegenstand des Rechtsgeschäfts geht sofort in den Besitz des so Begabten über, der Verfügende behält sich nur das Nutznießungsrecht bis zu seinem Tode vor; (2) die Verfügung kann ... unter keinen Umständen widerrufen oder abgeändert werden; (3) es handelt sich um die Verfügung eines Gesunden, der Gedanke an den Tod bleibt, soweit dies bei einem solchen Akte überhaupt möglich ist, im Hintergrund" (Bammel, 315)[129]. Da die „Verheißung" Gottes an Abraham in den Augen des Apostels — weltlich geredet — ein solches Rechtsgeschäft darstellt, gelten auch dafür die Regeln der Mattanah: 1. Die Segensverheißung ist Geschenk Gottes an Abraham, 2. sie wird unter keinen Umständen von Gott widerrufen — und das AT kennt auch keinen Widerruf der Segensverheißung an Abraham, 3. die Segensverheißung an Abraham ist gewissermaßen „die Verfügung eines Gesunden", weil Gott nicht stirbt. Deshalb bezeichnet der Rechtsterminus κυροῦν den Akt, durch den die Verfügung in Geltung gesetzt, d. h. bekannt gemacht wird; „die Verfügung" (διαθήκη) tritt nicht erst mit dem Tod des Erblassers in Kraft, sondern sofort[130].

3, 16   Nach der Vorlage der Rechtsregeln einer Mattanah in V 15 würde man im folgenden sofort ihre Anwendung mittels eines Schlußverfahrens auf den göttlich-heilsgeschichtlichen Bereich erwarten. Bevor das jedoch geschehen kann, muß zunächst festgestellt werden, daß es in diesem Bereich eine derartige „Verfügung" gibt. Diese Feststellung erfolgt im V 16, und der Apostel sieht sie in der Zusage jener Verheißungen, die Gott einst dem Abraham und seiner Nachkommenschaft gegeben hat[131]. Zu Hilfe kommt dem Apostel dabei die

---

[125] Vgl. außer den Kommentaren vor allem die einschlägigen Artikel im ThWb und O. EGER, Rechtswörter und Rechtsbilder in den paulinischen Briefen, in: ZntW 18 (1917/18) 84–108. Notiert sei hier die häufig begegnende Klausel in Testamentsurkunden: ἡ διαθήκη κυρία („das Testament ist rechtskräftig"): POxyr III, 491, 12; 493, 12; 494, 30 (PREISIGKE, Sammelbuch 5294, 15 usw.).
[126] So denkt nach EGER (93) Paulus „an eine hellenistische διαθήκη".
[127] מַתָּנָה = Gabe, Geschenk, Verfügung; בָּרִיא = fest, fett, gesund.
[128] Vgl. BAMMEL, a.a.O. 313ff, der folgende Literatur notiert: L. BODENHEIMER, Das Testament unter der Benennung einer Erbschaft nach rabbinischen Quellen bearbeitet (Crefeld 1847); M. BLOCH, Das mosaisch-talmudische Erbrecht (Budapest 1890); M. W. RAPAPORT, Der Talmud und sein Recht (²1912); R. YARON, Gifts in Contemplation of Death in Jewish Law and Roman Law (Diss. Oxford 1956). BAMMEL 315: „In Mischna, Tosefta und Gemara ist die Mattanah durchaus das vorherrschende Rechtsinstitut"; im NT begegnet es auch im Gleichnis von den bösen Winzern. Vgl. ferner BILLERBECK III, 549–553, dessen Auffassungen BAMMEL korrigiert.
[129] „Die Herausbildung dieses ‚Erbrechts' ist eine der hervorstechendsten Leistungen des frühtannaitischen Rabbinats" (BAMMEL, 316).
[130] Vgl. BAMMEL, ebd.
[131] Die Partikel δέ im V 16 ist fortführend. Der Artikel αἱ vor ἐπαγγελίαι läßt dabei an bestimmte Verheißungen denken.

Terminologie der einschlägigen Genesis-Texte. Vor allem kommt Gen 17, 1–10 in Frage: Fünfmal erscheint hier in der LXX der Terminus διαθήκη, und ebenso ist fünfmal vom σπέρμα des Abraham die Rede (vgl. besonders V 5: καὶ τῷ σπέρματι σου). Außerdem erscheint in dem ebenso wichtigen Verheißungstext Gen 22, 17 der Term κληρονομεῖν und im V 18 ist wiederum von der Segensverheißung für alle Völker „in deinem Samen"[132] die Rede. Zum „Erben" eingesetzt wird man aber durch eine testamentarische Verfügung, und so kann der Apostel die Verheißungen Gottes an Abraham und seine Nachkommenschaft — „weltlich gesprochen" — als eine διαθήκη (= Testament) verstehen, durch die eine Erbschaft geregelt wurde[133] und für die die Bestimmungen der מַתְּנַת בָּרִיא gelten. Mit der „Zusage" (vgl. ἐρρέθησαν)· der Verheißungen an Abraham und seine Nachkommenschaft wurde die göttliche „Verfügung" schon ein für allemal in Geltung gesetzt („publiziert"): das ergibt sich aus dem Zusammenhang mit V 15. Die Verheißungen an Abraham sind, weil Gott sie nie zurückgenommen hat, eine κεκυρωμένη διαθήκη, unwiderrufbar.

Zugleich wird in V 16 mit Hilfe des Textes der Genesis eine Brücke von Abraham zu seinem „eigentlichen" Nachkommen geschlagen: Christus, in dem nach der Glaubensüberzeugung des Apostels der Segen für Abraham für die Völker „Wirklichkeit wurde" (V 14). Christus ist ja für Paulus und die Christen der verheißene Messias und als solcher der eschatologische Bringer und Träger der Segensverheißung. Dies, daß der Messias und also eine Einzelperson gemeint ist, wird in V 16b noch eigens erwiesen — evtl. gegen den Einwand, daß mit der „Nachkommenschaft" Abrahams doch ganz Israel gemeint sei[134] —, indem der Apostel das als Singular formulierte καὶ τῷ σπέρματι (vgl. Gen 13, 15; 15, 18; 17, 8; 22, 18; 24, 7 LXX) ins Auge faßt und damit operiert. Seine Exegese scheint aufs erste recht eigenmächtig zu sein. Mit dem σπέρμα[135] ist in manchen Texten der Genesis Isaak gemeint (vgl. 17, 21 τὴν δὲ διαθήκην μου στήσω πρὸς Ἰσαακ; 21, 12 ὅτι ἐν Ἰσαακ κληθήσεταί σοι σπέρμα; 22, 16ff; 24, 7)[136], und die „Verfügung" Gottes bezieht sich auf das Verheißungsland Kanaan (vgl. 12, 7; 13, 15; 15, 18 διέθετο κύριος τῷ Ἀβραμ διαθήκην λέγων· Τῷ σπέρματί σου δώσω τὴν γῆν ταύτην ...; 17, 8 πᾶσαν τὴν γῆν Χαναάν; 24, 7 σοὶ δώσω τὴν γῆν ταύτην καὶ τῷ σπέρματί σου = Isaak). Anderseits umfaßt σπέρμα die ganze Nachkommenschaft Abrahams, weil ja von ihr gesagt wird, daß sie zahlreich „wie der Staub der Erde" (13, 16) und wie das unzählbare Heer der Sterne sein soll (15, 5; 22, 17); und „die ewige bᵉrît", die Gott zwischen sich und Abraham stiftet (17, 2), gilt für seine Nachkommenschaft „nach dir in all ihren Geschlechtern" (17, 7) und auch für

---

[132] Gen 22, 17b.18a: καὶ κληρονομήσει τὸ σπέρμα σου τὰς πόλεις τῶν ὑπεραντίων· καὶ ἐνευλογηθήσονται ἐν τῷ σπέρματί σου πάντα τὰ ἔθνη τῆς γῆς ... Vgl. ferner Gen 12, 2.3.7; 13, 15.16; 15, 4ff; 24, 7ff; Sir 44, 21 (ἐνευλογηθῆναι ἔθνη ἐν σπέρματι αὐτοῦ).
[133] Vgl. auch Röm 4, 13.
[134] Vgl. etwa PsSal 18, 3b καὶ ἡ ἀγάπη σου ἐπὶ σπέρμα Ἀβραὰμ υἱοὺς Ἰσραήλ; Apg 3, 25; ferner Schoeps, Paulus, 189, Anm. 2.
[135] Vgl. zu σπέρμα auch Quell/Schulz in: ThWb VII, 537–546; M. Colacci, Il semen Abrahae alla luce del V et NT, in: Bibl 21 (1940) 1–27.
[136] Vgl. auch Jub 24, 11; Apg 7, 5ff.

die Nachkommenschaft Isaaks (17, 19), und ebenso werden auch in Isaak „alle Völker der Erde gesegnet werden" (22, 18)[137]. Der Abrahamssegen wird für Isaak von Gott ausdrücklich erneuert (26, 3–5) und auch für Jakob (28, 13f; 35, 11f). Diese Segenssprüche für die Stammväter finden aber schon in Jer 33, 22 eine eigenartige Transposition auf die Nachkommenschaft Davids: „Wie man dein Heer des Himmels nicht zählen und den Sand am Meer nicht messen kann, so will ich den Samen meines Knechtes David mehren."[138] Und in Is 53, 10 heißt es vom Gottesknecht: „Er wird Samen schauen, seine Tage verlängern und Jahwes Pläne werden durch ihn gelingen." „Der Prophet denkt beim ‚Samen' wohl an die unübersehbare Schar von Nachkommen im geistigen Sinn, von Frommen, die das neue Gottesvolk bilden. So steht der Knecht als Stammvater eines neuen, von Gott gesegneten Geschlechts vor unseren Augen" (Scharbert)[139]; vgl. auch Gal 3, 29 (und die dortigen Ausführungen). Diese „Motivtransposition"[140] in der Segensverheißung an Abraham von den Stammvätern über den König David zum messianischen Gottesknecht und dessen geistigen Nachkommen ist höchst bedeutsam und bildet deutlich den Hintergrund für die Schlußaussage von Gal 3, 16 καὶ τῷ σπέρματί σου, ὅς ἐστιν Χριστός[141]. Denn Christus ist ja für den Apostel der messianische Gottesknecht. So besteht über Christus, den „eigentlichen" Samen Abrahams, eine Segensgemeinschaft zwischen Abraham und den an Christus glaubenden Völkern[142].

Die „individuelle" statt der „kollektiven" Deutung von σπέρμα, die Paulus

---

[137] Aufschlußreich ist besonders der Ausdruck τὸ σπέρμα τὸ ἅγιον für Israel in Esr I, 8, 67 LXX („Gemischt wurde der heilige Same mit fremden Völkern der Erde": σπέρμα ist hier ganz kollektiv gefaßt).

[138] Vgl. dazu SCHARBERT, Solidarität I, 146f.

[139] Ebd. 150.

[140] Vgl. H. GROSS, „Motivtransposition" als überlieferungsgeschichtliches Prinzip im AT. in: Sacra Pagina I (Gembloux 1959) 325–334.

[141] Aufschlußreich ist in diesem Zusammenhang ein Text aus der Tempelrede des Petrus nach Apg 3, 25f: „Ihr seid die Söhne der Propheten und des Bundes, den Gott geschlossen hat mit euren Vätern, als er zu Abraham sprach: ‚In deinem Samen werden gesegnet werden (ἐνευλογηθήσονται) alle Stämme der Erde'. Für euch zuerst hat Gott seinen Knecht erweckt [Jesus], und er sandte ihn, damit er euch segne (ἀπέστειλεν αὐτὸν εὐλογοῦντα ὑμᾶς)." εὐλογοῦντα bezieht sich deutlich zurück auf denselben Ausdruck in der Segensverheißung an Abraham (ἐνευλογηθήσονται), und die Erfüllung der Verheißung ist der „Knecht" Gottes, d. i. Jesus, den Gott sandte, damit er „zuerst" Israel den verheißenen Segen bringe. Auch hier ist also der Messias Jesus als der eschatologische Träger der Segensverheißung an Abraham gesehen, genau wie in Gal 3, 16. Paulus scheint also nicht der einzige in der Urkirche zu sein, der die Erfüllung der Segensverheißungen an Abraham in Jesus gesehen und verkündet hat. Auch im matthäischen Stammbaum Jesu ist dieser Davids und Abrahams Sohn (vgl. dazu G. BORNKAMM, Der Auferstandene und der Irdische, in: Zeit und Geschichte. Dankesgabe an R. BULTMANN [Tübingen 1964] 189f).

[142] Vgl. auch noch Jer 4, 1f: „Wenn du dich bekehrst, Israel, so darfst du zu mir zurückkehren ... und du wirst wieder bei Jahwe schwören in Wahrheit, Recht und Gerechtigkeit, und es werden durch ihn sich die Völker gesegnet finden und in ihm sich rühmen." Dazu bemerkt H. JUNKER (Segen als heilsgeschichtliches Motivwort im AT, in: Sacra Pagina I, 548–557): „Die Anspielung auf den Abrahamssegen ist deutlich ... Jeremias hat demnach aus dem Segen an Abraham die Verheißung herausgelesen, daß einst alle Völker in die von Gott mit Abraham gestiftete Segensgemeinschaft aufgenommen werden" (557).

in Gal 3, 16 den Segensverheißungen an Abraham gibt, ist im AT selbst schon durch ihre Applikation auf Einzelgestalten wie Isaak, Jakob, David und den Gottesknecht vorbereitet, wie sich gezeigt hat. Sie hat auch gewisse Analogien in der rabbinischen Theologie, auf die Daube aufmerksam macht[143], insofern sie Isaak einmal als Individuum, einmal als Kollektivum (eben mit Einschluß seiner Nachkommenschaft) auffaßt; ähnlich auch Adam[144]. Dagegen wird in der rabbinischen Literatur der Ausdruck „dein Same" in den genannten Genesisstellen anscheinend nie messianisch gedeutet[145]. Die christliche Interpretation mag vielleicht auch zusammenhängen mit der typologischen Deutung der Opferung Isaaks, des „Samen" Abrahams, auf den Sühnetod Christi (vgl. etwa Röm 8, 32 τοῦ ἰδίου υἱοῦ οὐκ ἐφείσατο)[146]. In der christlichen Schau ist der gekreuzigte Christus der wahre Isaak[147] und deshalb „der Same" Abrahams schlechthin, der zum eschatologischen Träger der Segensverheißung für die Völker wurde. „In bezug auf" diesen „einzigen" (ἐφ' ἑνός)[148] spricht die prophetische Stimme der Schrift, nicht „in bezug auf viele".

3, 17 Nachdem jetzt feststeht, daß die von Gott dem Abraham „und seinem Samen" Christus zugesagten Verheißungen eine derartige κεκυρωμένη διαθήκη sind (V 16), die auch der Erblasser nicht außer Geltung setzt (V 15), bringt der Apostel in V 17 mit einem weiterführenden δέ ein abgekürztes Schlußverfahren a minore ad maius als Anwendung (τοῦτο ... λέγω)[149] der geltenden Rechtsregeln auf jene göttliche διαθήκη[150]. Daß in der Tat ein derartiges Schlußverfahren im Hintergrund steht, zeigen deutlich die gegenübergestellten Größen (ὅμως ἀνθρώπου (V 15) — (ὑπὸ τοῦ) θεοῦ (V 17): was schon beim Menschen gilt, gilt erst recht bei Gott[151]. Auch Gott setzt ein „früher ausgefer-

---

[143] The NT and Rabbinic Judaism, 438–44 („The Interpretation of a Generic Singular").
[144] Dagegen kommt das von BILLERBECK (III, 553) angeführte Beispiel nicht in Frage, wie DAUBE mit Recht betont (a. a. O. 439).
[145] Vgl. BILLERBECK III, 553.
[146] SCHOEPS sieht in der „Akedath Jischaq", die nach rabbinischer Anschauung Sühnecharakter besitzt, „geradezu ein Modell für die Ausbildung der paulinischen Soteriologie" (Paulus, 144, vgl. überhaupt 144–152; 152: „Schon Isaak war ein ebensolcher מברך wie Christus: ein Segensspender").
[147] Vgl. auch J. DANIÉLOU, La typologie d'Isaac dans le christianisme primitif, in: Bibl 28 (1947) 363–380; E. LOHSE, Märtyrer und Gottesknecht, 91f (die meisten jüdischen Aussagen über das Leiden Isaaks sind allerdings von der jüdischen Auseinandersetzung mit der christlichen Verkündigung des sühnenden Todes Jesu bestimmt); D. LERCH, Isaaks Opferung christlich gedeutet (Tübingen 1950); R. LE DÉAUT, La présentation targumique du sacrifice d'Isaac et la Sotériologie Paulinienne, in: Anal. Bibl. 17/18 (Rom 1963) II, 563–574; J. E. WOOD, Isaac Typology in the New Testament, in: NTSt 14 (1967/68) 583–589.
[148] Die Präposition ἐπί hat hier die Bedeutung „in bezug auf" (vgl. auch MAYSER, Grammatik, II/2, 470).
[149] τοῦτο bezieht sich auf das unmittelbar folgende.
[150] Zur Bedeutung des Terms διαθήκη im Gal vgl. S. 321, Anm. 26.
[151] ὑπὸ τοῦ θεοῦ muß also in seinem Verhältnis zum vorausgehenden ὅμως ἀνθρώπου gesehen werden, nicht als Gegensatz zum nachfolgenden νόμος. — Hinter θεοῦ lesen noch hinzu εἰς Χριστόν D^gr G^gr I (videtur) K 0176 88 (und viele andere Minusk.), arm, CHRYSOSTOMUS, THEODOR^lat, THEODORET, THEOPHYLAKT, CHRONICON PASCHALE: diese Textzeugen nennen Christus als Ziel (εἰς) der göttlichen Heilszusage (unter Wiederaufnahme des letzten Wortes

tigtes" (προ-κεκυρωμένην) Testament „nicht außer Geltung", nämlich durch das „430 Jahre später" am Sinai gegebene Gesetz. Genau gesehen sagt Paulus, daß „das Gesetz" das Verheißungstestament Gottes nicht außer Geltung setzt; Subjekt zum Verbum ἀκυροῖ[152] ist ja νόμος. Es wäre aber unpaulinisch gedacht, deshalb im Gesetz eine widergöttliche Macht zu sehen (vgl. nur Röm 7, 8 ὁ ... νόμος ἅγιος καὶ ἡ ἐντολὴ ἁγία καὶ δικαία καὶ ἀγαθή). Was Paulus erreichen will, ist die Abwehr einer Auffassung, die in der Gesetzgebung vom Sinai so etwas wie ein ergänzendes Kodizill zur Verheißung — so vielleicht nach der Meinung der Gegner des Apostels[153] — oder gar ihre Annullierung sehen möchte[154]. Da er aber als bibelgläubiger Christ weiß, daß auch das Gesetz von Gott stammt genau wie die Verheißung, muß er sich andererseits vor einem gefährlichen Dualismus hüten; dies gelingt ihm, indem er das Verhältnis Gesetz – Verheißung (Erfüllung) in den VV 19ff in ihrer Relation neu bestimmt, wobei das Gesetz im Vergleich mit jüdischen Anschauungen freilich eine deutliche Abwertung erfährt.

Die Verheißung, so betont er im V 17, ist „früher" (als das Gesetz) ratifiziert worden (προ-κεκυρωμένην). Das ist zunächst, schon wegen der nachfolgenden Zeitbestimmung „430 Jahre", zeitlich gemeint[155]; aber da nach rabbinischer Auffassung Priorität = Superiorität ist[156], ist mit dem προ der Verheißung zugleich auch ein qualitativer Vorrang vor dem Gesetz zugesprochen[157]. Als eine Mattanah Bari, die für immer gilt, kann das Gesetz die Verheißung nicht „vernichten" (καταργῆσαι)[158]. Das steht für den Apostel fest[159]. Wie kommt er aber auf die Zahl 430?[160] Nach Gen 15, 13 dauerte die Fremdlingschaft der Nachkommen Abrahams „400 Jahre", nach rabbinischer Auslegung gerechnet von Isaaks Geburt an. Nach Ex 12, 40 (MT) dauerte der Aufenthalt Israels „in Ägypten" 430 Jahre, nach rabbinischer Auslegung gerechnet von

---

von V 16 [Χριστός]). θεοῦ ἐν Χριστῷ lesen a r d e g, syr p.h., AMBROSIASTER, PELAGIUS: diese denken wohl an die Erfüllung der von Gott rechtsgültig erlassenen Verheißung „in Christus".
[152] Zum Terminus ἀκυροῦν als t. t. der Rechtssprache vgl. O. EGER in: ZntW 18 (1917/18) 92.
[153] Vgl. auch ZAHN z. St.
[154] Vgl. E. BAMMEL in: NTSt 6 (1959/60) 318.
[155] „Προ- ist im Hinblick auf V 17b gebraucht, es will den zeitlichen Vorrang der ἐπαγγελία = διαθήκη vor dem νόμος fixieren" (BAMMEL, ebd. 316).
[156] Vgl. SNum § 73 (zu Num 10, 3–4): „Jeder, der im Bibeltext vorangeht, geht [auch] in Wirklichkeit voran"; dazu K. G. KUHN, Sifre zu Numeri (Stuttgart 1959) z. St.
[157] Vgl. auch BEHM in: ThWb II, 132. — „Der chronologische Abstand von Verheißung und Gesetz ist auch hier der Beweis für den inferioren (und nur interimistischen) Charakter des Gesetzes und für die unverbrüchliche Gültigkeit der Verheißung ... So wenig Paulus diesen Zeitabstand von 430 Jahren als Epoche der Verheißung deutet, so wenig interessiert ihn die Zeit zwischen Abraham und Christus als geschichtlicher Ablauf" (VIELHAUER, Paulus und das AT, 45).
[158] Die Präposition εἰς vor dem substantivierten Infinitiv καταργῆσαι hat konsekutiven Sinn („so daß es die Verheißung zunichte macht").
[159] Der rabbinische Grundsatz: „Jegliches Testament (דְּיָיתִיקִי), teilweise aufgehoben, ist gänzlich aufgehoben" (dazu BILLERBECK III, 545; E. BAMMEL, Any Deyathiqi partially cancelled is completely cancelled, in: JSS 5 [1960] 355–358) kann für Gal 3, 15–17 nicht herangezogen werden, weil es hier nicht um eine „teilweise" Aufhebung der Verheißung durch das Gesetz geht, sondern um eine totale (als Eventualität).
[160] Vgl. dazu BILLERBECK II, 668–671.

dem Tag an, da Gott mit Abraham die b°rît „zwischen den Stücken" schloß (vgl. Gen 15, 17), eine Auffassung, die auch die LXX teilt (ἡ δὲ κατοίκησις τῶν υἱῶν Ἰσραηλ, ἣν κατῴκησαν ἐν γῇ Αἰγύπτῳ καὶ ἐν γῇ Χανααν, ἔτη τετρακόσια τριάκοντα). Dieser Auffassung, die die Patriarchenzeit von der ersten Bundesschließung Gottes mit Abraham in die Zahlangabe von Ex 12, 40 miteinschließt, folgt auch Paulus in Gal 3, 17.

3, 18 Wie die Partikel γάρ hinter εἰ zeigt, steht der Vers in einem engen Zusammenhang mit dem Vorausgehenden. γάρ muß aber hier eher als ein explikatives denn als ein begründendes γάρ angesprochen werden[161], d. h., der εἰ-Satz führt hier einen vorher angeschlagenen Gedanken erläuternd weiter. In V 17 war vom Apostel betont worden, daß das Gesetz die von Gott einst gegebene διαθήκη „nicht außer Geltung setzt". Täte das Gesetz das, so würde das zu der Konsequenz führen, daß „das Erbe" tatsächlich „aus dem Gesetz" und nicht „aus der Verheißung" käme: für Paulus ein ganz und gar irrealer Fall (εἰ irreale), weil das ja gegen das Wesen einer Mattanah wäre. In V 18 wird also die in einer Mattanah liegende „Logik" zwingend weitergeführt: Wenn das Erbe aus dem Gesetz käme, käme es nicht mehr aus der Verheißung. Nun hat aber nach dem Zeugnis der Schrift Gott dem Abraham seine Gnade „durch Verheißung" (nicht durch das Gesetz) erwiesen; ergo kann das Erbe nicht „aus dem Gesetz" kommen![162] Dabei führt der Apostel jetzt einen Begriff ein, mit dem er in den folgenden Ausführungen des Briefes operieren wird: κληρονομία (vgl. auch 3, 29; 4, 1.7). Das „Erbe" ist im Zusammenhang der Stelle konkret der Segen, den Abraham für sich und seine Nachkommen von Gott bekommen hat (3, 8). Der Begriff ist aber durch die Verheißungsstellen der Genesis und durch die Verwendung erbrechtlicher Vorstellungen gegeben. Worin das durch den Segen Abrahams seinen Nachkommen („Söhnen": 3, 7) solidarisch vermittelte[163] „Erbe" für den Apostel besteht, war schon in V 14 angedeutet worden: es ist das Pneuma, und nach 4, 5–7 — mit dem Pneumaempfang zusammenhängend — die „Sohnschaft", die Christus, der wahre Same Abrahams, den Gläubigen, den wahren „Söhnen" Abrahams, durch den Glauben vermittelt.

In V 18 b wird gegen den für den Apostel absurden Gedanken, daß das eschatologische Erbe evtl. aus dem Gesetz käme, betont (vgl. adversatives δέ), daß Gott einst dem Abraham „mittels Verheißung" — auf δι' ἐπαγγελίας liegt der Hauptton des Satzes — seine Gunst erwies. „Verheißung" und „Gesetz" bleiben also Größen, die nicht in einem komplementären Verhältnis zueinander stehen. In welchem dann, wird vom Apostel im folgenden dargelegt werden. Das auffällige Perfekt (statt Aorist) κεχάρισται deutet an, daß die göttliche Gunsterweisung gegen Abraham von dauernder Wirkung ist[164], durch

---

[161] Vgl. auch MAYSER, Grammatik, II/3, 122 (unter b).
[162] Vgl. auch E. BAMMEL in: NTSt 6 (1959/60) 318, Anm. 1.
[163] Vgl. auch J. SCHARBERT, Art. Solidarität, in: BthWb, 699–706.
[164] Vgl. MAYSER, Grammatik, II/1, 179 f; BLASS-DEBR § 342, 5; MOULE, An Idiom Book, 14 f; Gal 3, 9 (Präsens εὐλογοῦνται) und 3, 19 (wieder Perfekt ἐπήγγελται). — χαρίζεσθαι stammt hier vielleicht auch aus der Begrifflichkeit des Erbrechts; vgl. MITTEIS-WILCKEN II,

das Gesetz also nicht überholt ist: das δι' ἐπαγγελίας gilt auch für die wahren Söhne Abrahams, die Glaubenden.

Man sieht die Bedeutung, die für den Apostel als ehemaligen Rabbinenschüler der Grundsatz, eine διαθήκη könne nicht geändert werden, hat; mit seiner Hilfe gelingt es ihm, die Verheißungslinie konsequent durchzuhalten[165]. Um so dringender erhebt sich aber nun die Frage nach der wahren Heilsfunktion des Gesetzes. Wenn es nicht ein additives Element zur Verheißung ist oder eine Art „Ausführungsbestimmung" zu ihr, was ist es dann? Diese Frage konnte jetzt selbstverständlich nicht mehr im „jüdischen" Sinn gelöst werden. Aber die Antwort des Apostels liegt weiterhin auf der Linie der „Schrift" (vgl. 3, 22: ἡ γραφή).

3. DIE WAHRE HEILSFUNKTION DES GESETZES
(3, 19 – 4, 7)

3, 19 Was ist es also mit dem Gesetz? Um der Übertretungen willen ist es hinzugefügt worden, bis komme der Same, dem die Verheißung galt, angeordnet durch Engel, durch die Hand eines Mittlers. 20 Der Mittler aber ist nicht (sc. Mittler) eines einzigen (einer Einzelperson). Gott aber ist ein einziger (eine Einzelperson). 21 Ist nun das Gesetz gegen die Verheißungen [Gottes]? Auf keinen Fall! Denn (nur dann,) wenn ein Gesetz gegeben worden wäre, das Leben zu geben vermöchte, wäre wirklich aus Gesetz die Gerechtigkeit gekommen. 22 Vielmehr (gilt), daß die Schrift alles (τὰ πάντα) unter Sünde zusammenschloß, damit die Verheißung aus Glauben an Jesus Christus den Gläubigen gegeben werde. 23 Bevor aber der Glaube kam, waren wir (immerfort: Impf.) unter dem Gesetz in Gewahrsam gehalten bis zu dem Glauben, der geoffenbart werden sollte. 24 So ist das Gesetz unser Zuchtmeister εἰς Χριστόν gewesen, damit wir aus Glauben gerechtfertigt würden. 25 Seit aber der Glaube gekommen ist, stehen wir nicht mehr unter einem Pädagogen. 26 Denn ihr alle seid Söhne Gottes durch den Glauben in Christus Jesus. 27 Ihr alle nämlich, die ihr auf Christus getauft seid, habt Christus angezogen. 28 Da gibt es nicht Jude noch Grieche, da gibt es nicht Sklave noch Freier, da gibt es nicht Mann und Weib (wörtlich: Männliches und Weibliches); denn ihr alle seid einer in Christus Jesus. 29 Wenn ihr aber Christus angehört, dann seid ihr Abrahams Same, entsprechend der Verheißung Erben.

2, 305/25 ff: Jemand behält sich das Recht vor, auf einer Hinterlegungsurkunde ἀφαιρούμενός τι ἢ προσδιατάσσων ἢ ἑτέροις χαριζόμενος ἢ καὶ ἄλλο τι βουλόμενος gleicherweise Gültiges zu vermerken (vgl. Oepke zu 3, 15; Apg 3, 14; 25, 11.16). Vgl. aber auch 2 Makk 7, 22 (die Mutter der sieben Brüder) οὐδὲ ἐγώ (sondern Gott) τὸ πνεῦμα καὶ τὴν ζωὴν ὑμῖν ἐχαρισάμην.

[165] Vgl. E. Bammel in: NTSt 6 (1959/60) 317.

4, 1 Ich meine aber: solange der Erbe unmündig (ein Kind) ist, unterscheidet er sich in nichts von einem Sklaven, obwohl er Herr (Besitzer) über alles ist, 2 vielmehr steht er unter Vormündern und Hausbeamten bis zu dem vom Vater festgesetzten Termin. 3 So war es auch bei uns: als wir unmündig waren, waren wir unter die Weltelemente versklavt. 4 Als aber kam die Fülle der Zeit, sandte Gott seinen Sohn, geworden aus einem Weib, gestellt unter das Gesetz, 5 damit er die dem Gesetz Unterworfenen loskaufe, damit wir die Einsetzung zu Söhnen empfingen. 6 Weil ihr aber Söhne seid, sandte Gott das Pneuma seines Sohnes in unsere Herzen, das da ruft: Abba, Vater. 7 So bist du also nicht mehr ein Sklave, sondern Sohn; wenn du aber Sohn bist, bist du auch Erbe durch Gott.

Fast könnte aus 3, 17 der Schluß gezogen werden, als ob das Gesetz eine widergöttliche Macht sei, zum mindesten jedoch so etwas wie ein Konkurrent zur „Verheißung", zumal dort der Apostel mit dem geheimnisvoll klingenden Part. Perf. γεγονώς die Herkunft des Gesetzes seltsam zu verhüllen scheint. Der Apostel aber müßte nicht bloß seine jüdische Herkunft, sondern vor allem auch die göttliche Autorität der Schrift leugnen, wenn er — wie ein Jahrhundert später Marcion — im Gesetz eine widergöttliche Macht sehen würde. Für ihn ist das Gesetz weder eine widergöttliche Macht noch ein „Konkurrent" zur Verheißung. Was ist es aber dann? Und wie ist sein wahres Verhältnis, seine wirkliche Relation zu Verheißung und Erfüllung zu sehen und zu formulieren? Diese erregenden Fragen sind nicht leicht zu lösen, zumal sich Paulus selbst durch die Anwendung des jüdischen Rechtsinstituts der „Mattanah Bari" in 3, 15–18 die für einen ehemaligen Juden sehr naheliegende Auffassung vom Gesetz als eines Kodizills zur „Verheißung" verbaut hat. Der Apostel geht der Antwort nicht aus dem Wege. Ausführlich legt er in 3, 19ff seine Auffassung über das Gesetz und seine wahre Funktion in der Heilsgeschichte dar.

Während es also in 3, 15–18 um die bleibende Geltung der Verheißung geht, geht es jetzt um das Problem der wahren Funktion des Gesetzes in der Heilsgeschichte. Aber erst dadurch, daß es sich bei Verheißung und Gesetz „um zwei Werke des einen Gottes handelt, wird das Problem ἐπαγγελία – νόμος ein so spitzes und die Verhältnissetzung der beiden Größen so dringend" (Bammel)[1].

Daß der Apostel nun mit aller wünschenswerten Deutlichkeit das Gesetzesproblem angeht, zeigt seine einleitende Frage im V 19: Τί οὖν ὁ νόμος; an und für sich wäre nämlich die „organische" Fortsetzung von V 18 mit der Frage des V 21 („ist also das Gesetz gegen die Verheißungen?") gegeben.

In diesem Kommentar sind dabei die Abschnitte 3, 19–29 und 4, 1–7 als eine Einheit gesehen und erklärt[2], weil sie innerlich zusammengehören, wie die Auslegung zeigen wird und wie allein schon aus der Beobachtung hervorgeht, daß entscheidende Themen aus 3, 19–29 im folgenden Abschnitt weiterwirken

---

[1] NTSt 6 (1959/60) 317.
[2] Vgl. auch OEPKE, Gal., 80.

(vgl. etwa 3, 19 ἄχρις ἂν ἔλθῃ τὸ σπέρμα ᾧ ἐπήγγελται mit 4, 4 ἐξαπέστειλεν ὁ θεὸς τὸν υἱὸν αὐτοῦ; 3, 26 πάντες γὰρ υἱοὶ θεοῦ ἐστε mit 4, 5 ἵνα υἱοθεσίαν ἀπολάβωμεν; 3, 23 mit 4, 3f: Vorstellung von der Knechtschaft unter dem Gesetz; 3, 29 mit 4, 7: gemeinsames Stichwort κληρονόμος).

3, 19 τί οὖν ὁ νόμος; Das Fragepronomen τί kann entweder prädikativ gemeint sein — dann ist nach dem Wesen des Gesetzes gefragt und etwa ἐστίν zu ergänzen: „Was ist also das Wesen des Gesetzes?" — oder adverbal[3] und dann ist aus der eigenen Antwort des Apostels auf seine Frage das Verbum προσετέθη zu ergänzen: „Warum wurde also das Gesetz hinzugefügt?" Das letztere scheint wegen der folgenden Antwort näherzuliegen.

Die Antwort des Apostels in V 19 besteht aus drei Gliedern:
1. „Um der Übertretungen wegen wurde es hinzugegeben, bis komme der Same, dem die Verheißung galt."
2. διαταγεὶς δι' ἀγγέλων.
3. ἐν χειρὶ μεσίτου.

Ad 1: Mit der Auskunft „um der Übertretungen wegen wurde es hinzugefügt" ist „die Aussichtslosigkeit des Gesetzesweges" (Lietzmann) schon angedeutet, die dann in den VV 21f deutlich zur Sprache kommt. Man kann die Antwort des Apostels zwar so verstehen: Das Gesetz ist gegeben worden, damit endlich den Übertretungen Einhalt geboten werde, gewissermaßen als „Zaun" gegen die vielen Sünden in der Welt. Jedoch taucht nirgends bei Paulus „der Gedanke einer sündenwehrenden Funktion des Gesetzes auf" (Schlier z.St.). Im Gegenteil, nach der Lehre des Apostels macht das Gesetz die Sünde erst richtig bekannt und scharf[4]. Vgl. Röm 3, 20: „Durch das Gesetz kommt Erkenntnis (ἐπίγνωσις) der Sünde"; 4, 15b: „Wenn es kein Gesetz gibt, (gibt es) auch keine Übertretung"; 5, 13: „Denn bis zum Gesetz gab es zwar Sünde in der Welt, Sünde wird jedoch nicht (zum Tod) angerechnet, wenn (weil) es kein Gesetz gibt"; 5, 20: „Das Gesetz aber ist zwischenhineingekommen (παρεισῆλθεν), damit die Sünde sich mehre"; 7, 7f: „Was werden wir nun sagen? (Ist) das Gesetz Sünde? Niemals! Aber ich hätte die Sünde nicht kennengelernt (vgl. 3, 20), wenn nicht durch das Gesetz; denn auch von der Begierde hätte ich nicht gewußt, wenn nicht das Gesetz gesagt hätte: Du sollst nicht begehren! Durch das Gebot gewann aber die Sünde einen Angriffspunkt, und so wirkte sie in mir jegliche Begierde; denn wenn es kein Gesetz gibt, ist die Sünde tot"; 7, 13: „So wäre also das Gute (= der Nomos) für mich (zum) Tod geworden? Niemals! Vielmehr (war es) die Sünde, die, **um als Sünde offenbar zu werden**, mir durch das Gute (= das Gesetz) den Tod wirkte, damit die Sünde über die Maßen sündig würde **durch das Gebot** (διὰ τῆς ἐντολῆς)."

„Das Gesetz wurde um der Übertretungen wegen hinzugegeben" heißt also:

---
[3] Vgl. BLASS-DEBR § 299.
[4] Aus der Präposition χάριν allein kann keine Entscheidung über den Sinn der Aussage getroffen werden, da χ. sowohl das Ziel als auch den Grund angeben kann (vgl. BAUER Wb s.v.; MAYSER, Grammatik, II/2, 535f).

Gal 3, 19

Das Gesetz hat eine eigentümliche Offenbarungsfunktion: es sollte die Sünde als Sünde und als Übertretung eines Gebotes offenbar machen[5].

Außerdem war diese Funktion des Gesetzes eine zeitlich begrenzte: „bis komme der Same, dem die Verheißung galt"[6]. Das σπέρμα ist für Paulus selbstverständlich Christus, der eschatologische „Same" Abrahams (3, 16).

Der Jude dachte und denkt darüber anders. Für ihn ist das Gesetz von ewiger Dauer. So spricht schon Weish 18, 4 von dem „unvergänglichen Licht des Gesetzes", das der Welt durch Israel geschenkt wird; und Josephus von „unserem unsterblichen Gesetz" (Contra Apionem II, 38); Philo sagt: „Moses ist der einzige, dessen Gesetze von Dauer waren und unverändert und unerschüttert bleiben ... und auch für alle künftigen Zeiten werden sie bestehen und gewissermaßen unsterblich sein, solange Sonne und Mond und der gesamte Himmel und das Weltall bestehen" (Vita Mos. II, 3 § 14). Bar-Apk 77, 15: „Wenn wir (die Führer und Lehrer Israels) auch fortgehen (sterben), so bleibt doch das Gesetz bestehen"; Esr-Apk 9, 37: „Das Gesetz geht nicht unter, sondern bleibt in seiner Herrlichkeit."[7] Nach Ass. Mos. 1, 11 hat Gott „die Welt um seines Gesetzes willen erschaffen"[8] und ist das Gesetz „der Erstling der Schöpfung"; nach Abot III, 14 ist den Israeliten das Gesetz gegeben, „durch das die Welt erschaffen ist". Nach Targ. Is. 9, 5 nimmt der Messias die Tora auf sich, um sie zu beobachten[9]. In der kommenden Heilszeit werden auch die

---

[5] Unpaulinisch wäre die Meinung, daß das Gesetz die Sünde erst hervorrufe. Das Gesetz macht vielmehr die Sünde zur bewußten Übertretung (vgl. Röm 5, 13). Man hat an dem schwer verständlichen Satz: „Das Gesetz wurde um der Übertretungen wegen hinzugegeben" schon früh Anstoß genommen, wie die textliche Überlieferung zeigt. So liest D*: τῶν παραδόσεων χάριν ἐτέθη, wobei bei den „Überlieferungen" wohl an alle religiösen Überlieferungen Israels gedacht ist, die die Vorschriften des Gesetzes weitergeben sollten. 𝔓46 F[gr] G g d, IRENÄUS[lat], AMBROSIASTER, VICTORIN lesen πράξεων, wobei schwer zu entscheiden ist, was πράξεις hier bedeuten soll, wahrscheinlich „böse Taten" (vgl. auch BAUER Wb s. v. πρᾶξις, 3 b) im Gegensatz zu guten Taten. ἐτέθη statt προσετέθη lesen außer D* auch noch G, CLEMENS, ORIGENES und die meisten Lateiner (posita est), wahrscheinlich deswegen, weil diese Textzeugen in der Aussage des V 19a einen Widerspruch zu jener des V 15 sahen (speziell zu οὐδεὶς ... ἐπιδιατάσσεται): Hat denn Gott mit dem Gesetz nun doch etwas zur Verheißung „hinzugefügt"? „Das προσ- des Verbums nimmt nur den Gedanken von ὁ μετὰ τετρ. κ. τρ. ἔτη γεγονὼς νόμος v. 17 wieder auf und drückt in Verbindung mit ἄχρις οὗ κτλ. einen ähnlichen Gedanken aus, wie Rm 5, 20 νόμος δὲ παρεισῆλθεν. Weit entfernt, einen Widerspruch mit v. 15 zu enthalten, dient v. 19 vielmehr dazu, zu zeigen, daß das so spät und für so kurze Zeit gegebene Gesetz mit dem in Verheißungen bestehenden ewigen Testament unmittelbar nichts zu schaffen habe" (ZAHN).

[6] ἐπήγγελται ist Passiv, nicht Medium; vgl. BAUER Wb s. v.; 2 Makk 4, 27. — DAHL macht darauf aufmerksam, daß sich für die Formulierung „bis komme der Same" ähnliche Formulierungen im Judentum finden, „in Verbindung mit Verordnungen und Dekreten, die im Prinzip nur provisorisch waren. Sie sollten nur gelten, „bis ein Priester auftrat mit Urim und Tumim" oder bis „ein glaubwürdiger Prophet erschien" oder „bis der Prophet und die Gesalbten Ahrons und Israels kommen" (Widersprüche in der Bibel, 14; hier auch die Belege). Vgl. Damask 6, 10f („bis auftritt der am Ende der Zeit Gerechtigkeit lehrt"); weitere Belege bei G. JEREMIAS, Der Lehrer der Gerechtigkeit, 284 (Zusammenstellung der Stellen); 312.

[7] Weitere Belege bei BILLERBECK I, 245f.

[8] Vgl. auch GenR 1, 6 zu 1, 1: Rabbi Banja sagte: „Die Welt und was sie erfüllt, wurde wegen der Tora erschaffen."

[9] Vgl. BILLERBECK III, 570 (zu Gal 4, 4); hier noch weiteres Material.

Heiden endlich dem Gesetz sich unterwerfen[10]. Es gibt frühjüdische Zeugnisse, die sogar von einer „neuen Tora" sprechen, die der Messias bringen wird, doch in welchem Sinn hier „neu" zu verstehen ist, ist kontrovers[11].

Ad 2: διαταγεὶς δι' ἀγγέλων. Sind hier die Engel als Urheber des Gesetzes gesehen? Das Verbum διατάσσειν bedeutet hier „anordnen" und wird u. a. verwendet in der Behördensprache und auch bei testamentarischen Anordnungen[12]. Auffällig ist jedoch, daß der Apostel nicht sagt: διαταγεὶς ὑπ' ἀγγέλων, sondern die Präposition διά verwendet. Zwar kann διά bei Personen auch den Urheber bezeichnen, also für ὑπό stehen, aber in Verbindung mit passiven Verben (wie an unserer Stelle) scheint „meist nicht direktes Vorgehen, sondern vermittelnde Beteiligung vorzuliegen"[13]. Die Auffassung des Apostels ist also die, daß dem Mose das Gesetz nicht direkt von Gott, sondern „durch Vermittlung der Engel" verordnet wurde[14]. Wie kommt er auf diese Anschauung? Sie begegnet ähnlich auch in Apg 7, 53 (Rede des Stephanus): „Ihr habt das Gesetz auf Anordnung von Engeln hin (εἰς διαταγὰς ἀγγέλων) empfangen, aber nicht gehalten ..."; dazu auch 7, 38: „Dieser (= Mose) ist es, der bei der Gemeindeversammlung in der Wüste Mittler war zwischen dem Engel, welcher mit ihm auf dem Berge Sinai redete, und unseren Vätern"; Hebr 2, 2: Das Gesetz (ὁ λόγος) ist „durch Engel gesprochen" worden; Josephus, Ant. XV, 5, 3 § 136: „Das Beste unserer Lehren und das Heiligste in unseren Gesetzen haben wir durch Engel von Gott (δι' ἀγγέλων παρὰ τοῦ θεοῦ) gelernt."[15] Diese Anschauung scheint ihre Wurzeln in bestimmten Texten des AT zu haben; vgl. Deut 33, 2 LXX: „Der Herr kam vom Sinai her und erschien uns von Seir her, und er eilte heran vom Bergland von Pharan her und von Kades mit zwei Myriaden, zu seiner Rechten waren Engel mit ihm"; vgl. auch Ps 67, 18; dazu noch PesiqtR 21 (103b): „In einer Überlieferung, die in ihrer Hand (mit den Heimkehrern) aus dem Exil heraufgekommen ist, fand man geschrieben: Zwei Myriaden von den ungezählten Tausenden unter den Engeln fuhren mit Gott hernieder auf den Berg Sinai, um Israel die Tora zu geben."[16]

Paulus nimmt in Gal 3, 19 solche Anschauungen auf, um die Inferiorität des Gesetzes im Vergleich mit der Verheißung sicherzustellen[17].

---

[10] Besonders ein Lieblingsgedanke des hellenistischen Judentums (vgl. PHILO, Vita Mos. II, 43f; Sib III, 719; 757; VOLZ, Eschatologie der jüdischen Gemeinde, 172).

[11] Vgl. dazu W. D. DAVIES, Torah in the Messianic Age and/or the age to come (JBL, Monogr. ser. VII [Philadelphia 1952]), passim (bes. 84–94); SCHOEPS, Paulus, 178f; J. JERVELL, Die geoffenbarte und die verborgene Tora. Zur Vorstellung über die neue Tora im Rabbinismus, in: StTh 25 (1971) 90–108.

[12] Vgl. die Belege bei O. EGER, in: ZntW 18 (1917/18) 93, Anm. 2; MOULTON-MILLIGAN und PREISIGKE s. v.

[13] MAYSER, Grammatik, II/2, 422f (mit vielen Belegen).

[14] Vgl. auch LIETZMANN z. St. („gar nicht unmittelbar von Gott gegeben, sondern durch die Engel, deren Vermittler dann weiterhin Moses gewesen ist").

[15] Doch dürfte sich die Stelle nicht auf Engel beziehen (s. dazu CONZELMANN, Die Apg, zu 7, 38).

[16] BILLERBECK III, 556 unter 6. Vgl. auch noch Jub 1, 29; weiteres Material bei SCHLIER z. St.

[17] Daß der eigentliche Urheber des Gesetzes Gott ist, weiß auch Paulus aufgrund der atl. Tradition, und er deutet dies im vorausgehenden Passiv προσετέθη an (sc. ὑπὸ τοῦ θεοῦ); vgl. das ebenso passivische ἐδόθη in V 21.

Ad 3: ἐν χειρὶ μεσίτου. Mit dem „Mittler" ist aufgrund des Kontextes („430 Jahre später"; vgl. auch Apg 7, 38) Mose gemeint[18], nicht Christus (so etwa Chrysostomus, Hieronymus, Thomas v. Aquin, Luther)[19]. ἐν χειρί entspricht dem hebr. בְּיַד[20]. Warum der Apostel in seinem Zusammenhang mit dem Begriff „Mittler" operiert, zeigt der folgende Vers[21].

3, 20[22] Der Vers bietet der Auslegung besondere Schwierigkeiten, wie die Fülle der verschiedenen Deutungsversuche zeigt[23]; und er stellt in der Tat eine crux interpretum dar[24]. Die in diesem Kommentar vorgelegte Auslegung ist auch nur eine Hypothese und überdies nicht neu.

„Der Vermittler aber ist nicht (sc. Vermittler) eines einzigen (einer Einzelperson); Gott aber ist ein einziger (eine Einzelperson)." Der Genitiv Sing. ἑνός, auf dem im V 20a der Ton liegt, steht deutlich in Gegensatz zu dem vorausgehenden Plural ἀγγέλων — V 20 steht ja, wie die Partikel δέ erkennen läßt, in einer gedanklichen (Adversativ-)Verbindung mit V 19. Dieser Zusammenhang wird nicht immer genügend beachtet. Mose war faktisch bei der Gesetzgebung nicht Vermittler eines „einzigen", sondern vieler, nämlich der Engel, „durch" die nach V 19b das Gesetz verordnet wurde[25]. Nun hat Paulus

---

[18] Vgl. auch Lev 26, 46 LXX (ἐν χειρὶ Μωυσῆ); JEREMIAS in: ThWb IV, 868f; BILLERBECK III, 556; SCHLIER z. St.; OEPKE in: ThWb IV, 602–629. Verwiesen sei etwa auf ExR 3 (69b): „Mose sprach zu Gott: Siehe ich werde zu den Kindern Israels kommen Ex 3, 13. R. Schim[e]on aus Lydda (um 320?) hat im Namen des R. Simon (um 280) im Namen des Resch Laqisch (um 250) gesagt: Mose sprach: Ich werde einst zum Mittler (סרסור) zwischen dir und deinen Kindern gemacht werden, wenn du ihnen die Tora geben und zu ihnen sagen wirst: Ich bin Jahwe dein Gott Ex 20, 2." Weiteres rabbinisches Material bei LEVYWb III, s. v. סרסור.

[19] Für SCHLIER steht ein Dreifaches fest: „einmal, daß mit μεσίτης Moses gemeint ist; zweitens, daß Paulus ihn so bezeichnet, um jene Tätigkeit des Moses am Sinai mit einem Substantiv zu charakterisieren, die in LXX verschiedentlich beschrieben wird ... [vgl. Ex 19, 7; 20, 19; 24, 3.12; 31, 18; 32, 16.19.30; 34, 1ff; Lev 26, 46; Dt 4, 14; 5, 4]. Drittens, daß Paulus dabei einer im rabbinischen und hellenistischen Judentum bekannten Tradition folgt, die ebenso wie das AT Moses als Vermittler zwischen Gott und Israel und zuweilen als Interpret des Gesetzes versteht ..." (dazu bringt SCHLIER auch die Belege). Vgl. zur Gestalt des Mose als Mittler nach dem AT besonders noch J. SCHARBERT, Heilsmittler im Alten Testament und im alten Orient, 82–92; 242–244.

[20] Vgl. BAUERWb s. v. χείρ, 1; OEPKE in: ThWb IV, 622/37f. Vgl. jer. Meg. 74d: „(Die Tora) ist gegeben durch die Hand eines Mittlers."

[21] IRENÄUS (Adv. haer. III, 7, 2) bemerkt, „daß Paulus ... wegen der Schnelligkeit seiner Reden und wegen seines ungestümen Geistes häufig Umstellungen anwendet" und er nennt als Beispiel auch Gal 3, 19: „So sagt er im Galaterbrief: ‚Wozu also das Gesetz der Werke? ... Es ist gegeben worden, bis der Same käme, dem die Verheißung gegeben war; angeordnet ist es durch Engel in der Hand des Mittlers.' Die richtige Ordnung nämlich ist diese: ‚Wozu also das Gesetz der Werke?' Angeordnet ist es durch Engel in der Hand des Mittlers, eingesetzt aber, bis der Same kommt, dem die Verheißung gegeben war, so daß der Mensch fragt, der Geist aber antwortet."

[22] Vgl. auch M.-F. LACAN, Le Dieu unique et son médiateur. Galates 3, 20, in: L'homme devant Dieu (Mél. H. de Lubac) (Paris 1964) I, 75–61; R. BRING, Der Mittler und das Gesetz. Eine Studie zu Gal. 3, 20, in: KeDog 12 (1966) 292–309.

[23] Vgl. die Literatur bei OEPKE z. St., der auch die wichtigsten Lösungsversuche nennt; dazu auch den Bericht bei BRING, Der Mittler und das Gesetz, 295–300.

[24] M. LUTHER bemerkt zu dem Vers: Ego mea vela colligo („Ich streiche meine Segel").

[25] Für den Apostel steht fest, wie V 19 zeigt, daß das Gesetz „durch Engel verordnet" wurde;

aber immer auch noch den Verheißungsvorgang an Abraham im Auge, von dem zuletzt im V 18 die Rede war — der Vers schloß mit ὁ θεός. Als Gott dem Abraham seinerzeit die Verheißung gab, benutzte er keinen μεσίτης, wie die Engel ihn bei der Gesetzgebung benutzten, sondern trat als Einzelperson (εἷς) unmittelbar mit Abraham in Verbindung, wie die Genesis berichtet. Die Engel konnten, weil sie viele waren, bei der Gesetzgebung nicht direkt mit ihrem Partner (dem Volk Israel) in Verbindung treten, sondern bedurften zum Zweck der Gesetzgebung eines „Mittlers", nämlich des Mose.

Formal gesehen, ist V 20 ein unvollständiger Syllogismus[26], dessen Obersatz lautet: „Der Vermittler ist nicht Vermittler eines einzigen"; der Untersatz: „Gott aber ist ein einziger." Der Schlußsatz fehlt, aber er ergibt sich aus dem Sinnzusammenhang: Ergo ist das Gesetz, das faktisch mit Hilfe eines Vermittlers verordnet wurde, der Verheißung nicht überlegen, sondern ihr unterlegen[27].

Ein Schaubild soll unsere Auslegung des V 20, dessen Zusammenhang mit dem vorausgehenden Kontext dabei nicht aus dem Auge gelassen wurde, noch verdeutlichen:

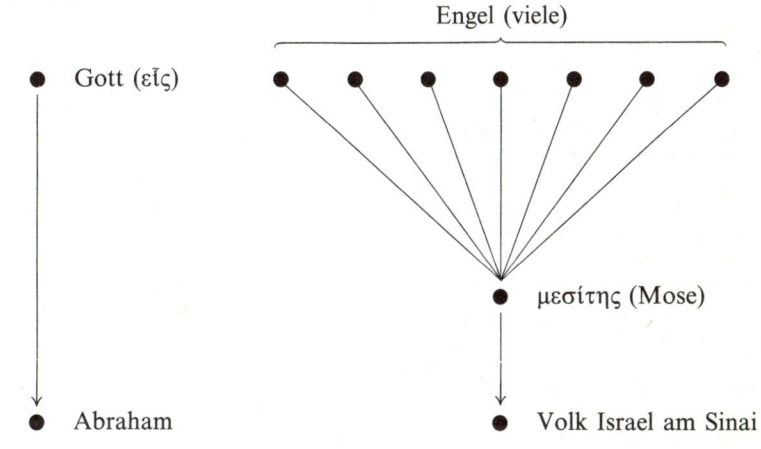

```
                    Engel (viele)
                   ┌─────────────┐
  • Gott (εἷς)   •  •  •  •  •  •  •
                       ╲│╱
                     • μεσίτης (Mose)
        ↓                ↓
  • Abraham        • Volk Israel am Sinai
```

ferner, daß Mose dabei als Mittler zwischen den Engeln und dem Volk fungierte. Von diesen Fakten her denkt er, wenn er dann in allgemeingültiger Formulierung feststellt, daß der Vermittler nicht Vermittler eines einzigen ist. Aber auch nach 1 Tim 2, 5f ist Christus als Mittler „Mittler" zwischen einem und vielen (μεσίτης θεοῦ καὶ ἀνθρώπων), nur daß hier die „vielen" sich „unten", nicht „oben" befinden; vgl. ähnlich auch TestDan VI, 2 οὗτος (= der Fürsprecherengel) ἔστι μεσίτης θεοῦ καὶ ἀνθρώπων: immer steht hier einer Einheit eine Vielheit gegenüber; darum die Notwendigkeit eines Mittlers.

[26] Vgl. auch A. STEGMANN, ὁ δὲ μεσίτης ἑνὸς οὐκ ἔστιν Gal 3, 20, in: BZ 22 (1934) 30–42 (35).
[27] Vgl. auch LIETZMANN z. St.: „Geht man aber von V 20 aus, so wird man aus diesem Vers folgern: der μεσίτης ist οὐχ ἑνός, ἀλλὰ πολλῶν· ὁ δὲ θεὸς εἷς ἐστιν: folglich ὁ μεσίτης οὐκ ἔστι θεοῦ, ἀλλὰ πολλῶν, d. h., er vertritt nicht Gott, sondern eine Mehrheit, also nach V 19 die Engel." — Hingewiesen kann jetzt werden auf 1 QH VI, 13f (nach der Übersetzung von J. MAIER): „Keinen Mittlerdolmetsch (מליץ בנים) gibt es für [deine] He[iligen (?) und keinen Über-]mittler von Kunde (?) . . ." Als Grund dafür wird im Vorausgehenden genannt, daß die Gemeinde der Erwählten „in ein gemeinsames Los mit den Angesichtsengeln" gebracht ist. Sie ist schon in die himmlische Gemeinde aufgenommen; also braucht sie keinen Mittler mehr, sie steht unmittelbar im Verkehr mit Gott. Vgl. dazu auch H.-W. KUHN,

So löst der Apostel in den VV 19f das Problem, das mit der Einheit Gottes und der Mehrzahl seiner Werke (Verheißung und Gesetz) gegeben ist[28], dadurch, daß er die Inferiorität des Gesetzes im Vergleich mit der Verheißung aufzeigt[29]. Dennoch ist damit noch immer die Frage nicht völlig geklärt, ob nicht am Ende doch das Gesetz ein Konkurrent oder gar eine Gegeninstanz gegen die Verheißung ist. Ja, eigentlich wird das Problem durch den Hinweis auf die zeitlich später erfolgte Gesetzgebung und die besonderen Umstände ihrer Promulgierung nach atl. Überlieferung erst richtig akut. Der Apostel spürt das, wie die Frage im folgenden Vers erkennen läßt[30].

3, 21 „Ist also das Gesetz gegen die Verheißungen [Gottes][31]?" Diesen naheliegenden und sich geradezu aufdrängenden Gedanken weist der Apostel zunächst entschlossen mit einem μὴ γένοιτο zurück. Steht hinter dieser Abweisung nicht doch der Gedanke, daß letzten Endes (trotz V 19) Gott der Urheber des Gesetzes ist, daß aber doch Gott nicht gegen Gott sein kann?! Paulus hatte ja mit der Frage Verheißung – Gesetz „das sehr viel schwierigere Problem zu bewältigen, die Konstanz des Gotteswillens an zwei verschiedenen

---

Enderwartung und gegenwärtiges Heil (Göttingen 1966) 146f. K. verweist zu dem Ausdruck מליץ בנים auf Gen 42, 23 המליץ בינתם („ein Dolmetscher war zwischen ihnen") und 1 Sam 17, 4.23 איש הבנים („der Mann im Zwischenraum"). Ein Rekurs auf gnostische Vorstellungen zur Erklärung von Gal 3, 20 erweist sich als unnötig (auch SCHLIER hat ihn in der 2. Auflage seines Kommentars fallen lassen).
[28] „Gegenüber V 18 eine vertiefte Frage" (BAMMEL in: NTSt 6 [1959/60] 317, Anm. 5).
[29] „le sens du v. 20 est donc que la présence d'un médiateur dans la promulgation de la loi déprécie cette loi" (BONNARD).
[30] Eine interessante Erklärung von Gal 3, 20 sucht BRING vorzulegen (s. S. 248, Anm. 22). Nach BRING will die Aussage über das Gesetz διαταγεὶς δι' ἀγγέλων nicht die Inferiorität des Gesetzes betonen, sondern umgekehrt seine Heiligkeit (298f). Und in 3, 20 werde dann vom Apostel betont, „daß Gott, sowohl im Glauben als auch im Gesetz, der einzige Gott ist; das Gesetz stellt heraus, daß seine Gerechtigkeit den davon abfallenden Menschen verurteilen muß. Vor der Gerechtigkeit Gottes stehen alle Menschen als Sünder da, was jetzt — nach der Offenbarung Christi — deutlich geworden ist. Der Mittler [Mose] steht dann durch das Gesetz offenbar im Dienste nicht nur Israels, sondern auch der Heiden" (308). Die Formulierung in V 20a ὁ δὲ μεσίτης ἑνὸς οὐκ ἔστιν besagt darum nach BRING: Mose war bei der Gesetzgebung nicht bloß Mittler für Israel, sondern für alle Menschen (vgl. 300f), und die Worte ἑνός und εἷς (V 20b) „müssen nicht auf dieselbe Person hinzielen" (300). BRING ergänzt deshalb den Text des V 20 so: ὁ δὲ μεσίτης ἑνὸς οὐκ ἔστιν (ἀλλὰ τῶν πολλῶν)· ὁ δὲ θεὸς εἷς ἐστιν (οὐκ ἔστιν ὁ θεὸς τῶν Ἰουδαίων μόνον). Paulus habe erkannt: „Der Mittler ist jetzt nicht nur Israels Mittler, sondern er ist auch der Heiden Mittler, weil das Gesetz eine Wahrheit, die auch den Heiden gilt, verkündigt, nämlich daß alles unter der Sünde gefangen ist" (308f). Deshalb können sich auch die Gegner nicht mehr auf das Gesetz als Heilsmacht berufen; es ist jetzt, durch Christus, für alle überholt. So glaubt BRING Gal 3, 20 organisch aus dem Kontext heraus erklären zu können. Es erhebt sich aber dagegen der Einwand: durch die Partikel δέ in V 20b, die eindeutig adversativen Sinn hat, ergibt sich die unbedingte Zusammengehörigkeit der VV 20a und 20b, so daß sich das Zahlwort ἑνός bzw. εἷς nur auf dieselbe Person (= Gott) beziehen kann. BRING spürt diese Schwierigkeit und sucht sie dadurch zu umgehen, daß er meint: „Hier könnte es [nämlich δέ] aber vielleicht am besten durch ein unbetontes ‚doch' übersetzt werden" (308).
[31] Der Gen. τοῦ θεοῦ fehlt 𝔓46 B d, VICTORIN, AMBROSIASTER; entweder ist er hinzugefügt worden mit Rücksicht auf die Formulierung des V 18b δι' ἐπαγγελίας κεχάρισται ὁ θεός oder unter dem Einfluß von Röm 4, 20 bzw. 2 Kor 1, 20.

Gegenständen zu exemplifizieren" (Bammel)[32]. Mit dem vorausgehenden Hinweis auf die Inferiorität des Gesetzes, genauer gesagt: auf die eigentümlichen Umstände der Gesetzgebung — denn eigentlich ist nur darauf im V 19 abgehoben —, ist ja dieses brennende Problem noch nicht geklärt. Deshalb begnügt Paulus sich auch nicht mit einer raschen Zurückweisung, sondern begründet (vgl. γάρ) in V 21b ausdrücklich, warum das Gesetz nicht ein Konkurrent der Verheißungen sein kann: **weil das Gesetz in Wirklichkeit nicht das Heil zu bringen vermag**[33]. Der Schwerpunkt der Aussage liegt auf δυνάμενος (ζωοποιῆσαι). Gott hat ein Gesetz gegeben — wenn auch seine Promulgierung unter eigenartigen Umständen erfolgte (V 19) —, und es sollte seinen Tätern eigentlich das Leben bringen (V 12). Aber in Wirklichkeit war es dazu nicht in der Lage, es vermochte (δυνάμενος) das Leben nicht zu bringen[34]. Hätte es das vermocht, „käme in der Tat aus Gesetz die Gerechtigkeit", das eschatologische Heil. Und dann wäre das Gesetz ein bleibender Konkurrent zur Verheißung. Da das irreale Imperfekt (ἂν ἦν)[35] zeitlich zweideutig ist[36], ist es besser, zu übersetzen: „wäre in der Tat aus Gesetz die Gerechtigkeit gekommen" (statt: „käme in der Tat..."), nämlich in der Zeit, da das Gesetz herrschte. Aber das Gegenteil war der Fall, wie sogleich der folgende Vers feststellt.

Woran es eigentlich liegt, daß das Gesetz das Leben nicht zu bringen „vermochte", worin also seine Insuffizienz liegt, obwohl die Lebensverheißung mit seiner Erfüllung im „Tun" verbunden war, sagt der Apostel hier nicht. Nach V 12 lag es an dem dem Gesetz inhärierenden Prinzip: es baut auf dem ποιεῖν auf. Es stellt strenge Forderungen, die „getan" sein wollen, die aber infolge der Schwäche des menschlichen „Fleisches" und der Heimtücke der Hamartia in Wirklichkeit nicht erfüllt werden (vgl. die Ausführungen zu 3,12 und 3,19; ferner Röm 7,7–10; 8,3[37]). Auf die Frage: Hat Gott das Gesetz absichtlich so „unvermögend" gemacht, würde Paulus wohl antworten: Jawohl; damit die Verheißungsdiatheke aufrechterhalten und das Gesetz zu einem „Zuchtmeister" werden konnte! Dagegen würde er den Gedanken entschieden zurückweisen, daß Gott mit dem Gesetz die Menschen „täuschen" oder gar absichtlich in den Tod treiben wollte (vgl. nur Röm 7,7.12!). Der Apostel gewinnt vielmehr sein Urteil über das Gesetz von den Urteilen der Schrift her, wie der folgende Vers zeigt.

3,22 Das Gesetz konnte das Leben nicht bringen; „vielmehr" ist es so (elliptisches ἀλλά), „**daß die Schrift alles unter Sünde zusammenschloß**"

---

[32] A.a.O. 318.
[33] Die Folgerungspartikel οὖν zu Beginn des V 21 weist auf eine Schlußfolgerung hin, die vor allem aus dem προσετέθη des V 19 gezogen werden könnte.
[34] Zu dem attributiven, einen Relativsatz vertretenden Partizip ὁ δυνάμενος (ζωοποιῆσαι) vgl. Mayser, Grammatik, II/2, 61/30ff; Moule, An Idiom Book, 103; 106, Anm. 1. Vgl. auch Gal 1,7 οἱ ταράσσοντες ὑμᾶς.
[35] ἂν fehlt bei einigen Textzeugen oder schwankt in seiner Stellung (Näheres bei Schlier).
[36] Vgl. Blass-Debr § 360, 3.
[37] τὸ ... ἀδύνατον τοῦ νόμου, ἐν ᾧ ἠσθένει διὰ τῆς σαρκός ... Dazu Exkurs: Hat Paulus das Gesetz „mißverstanden"?

(συνέκλεισεν). Der Terminus συγκλείειν findet sich in der LXX sehr oft und entspricht meistens dem hebr. סָגַר[38], das im Qal „verschließen, zuschließen", im Piel (und Hiphil) „überliefern, übergeben, preisgeben, ausliefern" bedeutet[39]. Was will aber in Gal 3, 22a συνέκλεισεν ἡ γραφὴ τὰ πάντα ὑπὸ ἁμαρτίαν besagen? Zur Beantwortung ist vor allem zu fragen: Wann und wo hat das die Schrift getan? Das führt der Apostel im Gal nicht näher aus; aber in Röm 3, 9–19 hat er eine ganze Reihe von Aussagen des AT zusammengestellt, aus denen hervorgeht, daß nach dem Zeugnis der Schrift „die ganze Welt", Juden und Heiden in gleicher Weise, sündig geworden sind: „Denn[40] vorhin bereits habe ich die Anklage erhoben, daß Juden und Griechen alle unter der Sünde stehen, wie geschrieben steht: Da ist kein Gerechter, auch nicht einer; da ist keiner, der verständig ist, keiner, der Gott sucht. Alle sind abgewichen, alle zusammen sind sie untüchtig geworden. Da ist keiner, der das Gute tut, auch nicht ein einziger (Ps 14, 1–3). Ein geöffnetes Grab ist ihr Schlund, mit ihren Zungen betrogen sie (Ps 5, 10), Schlangengift ist unter ihren Lippen (Ps 140, 4). Ihr Mund ist voll Fluch und Bitterkeit (Ps 10, 7), schnell sind ihre Füße, Blut zu vergießen, Verwüstung und Trümmer ist auf ihren Wegen, und den Weg des Friedens haben sie nicht erkannt (Is 59, 7f), da ist keine Furcht Gottes vor ihren Augen (Ps 36, 2). Nun wissen wir, daß die Aussprüche des Gesetzes sich auf das Volk des Gesetzes beziehen, so daß (nunmehr) jeder Mund gestopft ist, und die ganze Welt schuldig ist vor Gott" — die Schuld der Heiden hat der Apostel schon im Vorausgehenden dargetan (vgl. Röm 1, 21–32). So „haben alle gesündigt und entbehren der Herrlichkeit Gottes" (Röm 3, 23). Weil also der Apostel diese Tatbestände durch die Schrift und in ihr bezeugt findet, deshalb kann er sagen, daß die Schrift alles (τὰ πάντα = τοὺς πάντας)[41] unter Sünde „zusammenschloß"[42]. Die γραφή ist dabei nicht als ein persönliches Wesen aufgefaßt, vielmehr ist an ihre Aussagen, ihre Urteile gedacht. Weil „die Schrift" urteilt, daß alle ohne Ausnahme der Herrschaft der Sünde[43] unterliegen, hat sie gewissermaßen alles unter Sünde „zusammengeschlossen". Der Ausdruck συγκλείειν ist bildlich gebraucht; er drückt ein Urteil aus, das die Schrift vollzieht. Weil es also um ein

---

[38] Vgl. HATCH-REDPATH, s. v.
[39] Vgl. GESENIUS-BUHL s. v. Im Profangriechischen kann συγκλείειν die Bedeutung „zusammenschließen, verschließen, einschließen" haben (s. die Belege bei BAUER Wb, MOULTON-MILLIGAN s. v.; MICHEL in: ThWb VII, 744). Als Part. Pass. bedeutet סָגוּר „verschlossen, versiegelt" (so Ez 44, 1f; 46, 1; Job 41, 7; GESENIUS-BUHL s. v.). Qumranmaterial bei MICHEL, a. a. O. 745.
[40] Übersetzung nach LIETZMANN. [41] Vgl. Röm 11, 32.
[42] Auch jüdische Apokalyptiker waren ähnlicher Meinung wie der Apostel; vgl. etwa Esr-Apk 3, 21f („Denn um seines bösen Herzens willen geriet der erste Adam in Sünde und Schuld und ebenso alle, die von ihm geboren sind. So ward die Krankheit dauernd: das Gesetz war zwar im Herzen des Volkes, aber zusammen mit dem schlimmen Keim [der Sünde]"); 7, 46.48; 8, 17 („Denn ich sehe uns alle, die wir auf Erden leben, tief in Sünden"); 8, 35 („Denn in Wahrheit ist keiner der Weibgeborenen, der nicht gesündigt, niemand der Lebenden, der nicht gefehlt"); VOLZ, Eschatologie der jüdischen Gemeinde, 112.
[43] ὑπὸ ἁμαρτίαν: Die Präp. ὑπό drückt hier Unterordnung, Unterwerfung und Abhängigkeit von der Sünde aus (vgl. auch MAYSER, Grammatik, II/2, 514/4ff), wobei aber auch die Sünde hier nicht als persönliches Wesen gefaßt ist, wie das Fehlen des Artikels zeigt.

Urteil der Schrift geht, scheint συνκλείεν in Gal 3, 22 eher mit „zusammenschließen" als mit „einschließen, verschließen" übersetzt werden zu müssen. Nicht die Vorstellung von einem Gefängnis ist dabei mitgegeben, vielmehr die Idee, daß nach dem Urteil der Schrift alle ohne Ausnahme Sünder sind; ob Juden oder Heiden[44]. Schärfer ist die Aussage in Röm 11, 32: συνέκλεισεν γὰρ ὁ θεὸς τοὺς πάντας εἰς ἀπείθειαν. Was der Röm von Gott sagt, bezeugt nach Gal 3, 22 die Schrift![45] Sie deckt das Urteil Gottes über die Welt auf[46].

ἡ γραφή ist in Gal 3, 22 nicht identisch mit ὁ νόμος[47]. Vielmehr ist „die Schrift" das Dokument, das feststellt, daß die heiligen Forderungen Gottes, wie sie im Gesetz niedergelegt sind, von allen übertreten wurden, und so konstatiert sie die Verfallenheit aller ohne Ausnahme an die Sünde. Diese allgemeine, von der Schrift aufgedeckte Verfallenheit ist aber für den Apostel der Beweis dafür, daß das Gesetz in der Tat das Leben nicht zu bringen vermochte (V 21b). So hängen die Aussagen der VV 22a und 21b unlösbar zusammen. Auch für die Galater gilt das alles, obwohl es scheinen könnte, als hätte der Apostel ihre Situation längst aus dem Auge verloren. Er spricht in Wirklichkeit genau in ihre Situation hinein. Auch ihre Hinwendung zu den Werken des Gesetzes bringt ihnen nicht das Leben.

Die negative, niederschmetternde und total desillusionierende Feststellung der Schrift über die furchtbare Unheilssituation der Menschheit in V 22a dient letztlich jedoch einem Heilszweck: „damit die Verheißung aus Glauben an Jesus Christus den Gläubigen gegeben werde" (V 22b). Da dieser ἵνα-Satz von V 22a abhängig ist, besagt V 22 als ganzer im Zusammenhang zugleich, daß es das Gesetz nie ohne das Evangelium gibt, das Gesetz ohne Evangelium gar nicht richtig gesehen und verstanden werden kann, ja immer zusammen mit dem Evangelium gesehen werden muß. Gesetz und Evangelium sind relationale Größen, was nicht heißt, daß sie komplementäre Größen seien[48].

---

[44] Vgl. auch ZAHN z. St. Nach MICHEL (ThWb VII, 746) dagegen scheint Paulus in Gal 3, 22f „deutlich das Bild einer Gefangenschaft vor sich zu sehen. Man kann dabei an das Eingeschlossensein der Toten in der Scheol denken. Wie die Toten im Gefängnis der Unterwelt auf die Auferstehung und das Gericht warten, sieht Pls die Menschen im Gefängnis der Sünde eingeschlossen."

[45] Die Schrift hat das, was in Röm 11, 32 von Gott gesagt ist, „sozusagen gesehen und diesen Tatbestand in Übereinstimmung mit ihm fixiert" (SCHLIER).

[46] Während Paulus „sonst die Aussagen der Schrift vorwiegend durch ein Präsens wie λέγει einführt, schreibt er hier συνέκλεισεν, weil seine Betrachtung ebenso wie V 21 in der vorchristlichen Vergangenheit im Unterschied von der christlichen Gegenwart verweilt, ein Gegensatz, welchen der Satz mit ἵνα deutlich zu erkennen gibt. In der ganzen vorchristlichen Zeit hat die Schrift, seitdem es eine solche gab ... das getan, was er von ihr behauptet" (ZAHN).

[47] „Unter ἡ γραφή versteht Pl hier wie überall die hl. Schrift als geschlossene Einheit, dasselbe AT, welches er da, wo die Vielheit der zu verschiedenen Zeiten entstandenen und verschiedenartigen Teile in Betracht kam, auch αἱ γραφαί Rm 15, 4; 1 Kr 15, 3f. oder in Rücksicht auf seine beiden Hauptteile ‚Gesetz und Propheten' nennt (Rm 3, 21 cf Mt 5, 17; 11, 13)" (ZAHN z. St.).

[48] Vgl. Näheres im Exkurs über Gesetz und Evangelium im Galaterbrief. Dazu auch K. KERTELGE, Zur Deutung des Rechtfertigungsbegriffs im Galaterbrief, in: BZ, NF 12 (1968) 211-222 (K. macht darauf aufmerksam, daß Paulus das „nicht aus Werken des Gesetzes" stets im Zusammenhang mit der πίστις sieht).

„Die Verheißung" ist wegen des Verbums δοθῇ konkret die Verheißungsgabe, hier im Zusammenhang mit V 21 die δικαιοσύνη, und der Ton liegt im V 22b auf dem ἐκ πίστεως, das den Gegensatz zum ἐκ νόμου im V 21b bildet. Dieser „Glaube" ist für den Apostel, wie das Genitiv-Attribut Ἰησοῦ Χριστοῦ eindeutig erkennen läßt, der christliche Glaube, und das heißt der Glaube an den Gekreuzigten und Auferstandenen.

Damit könnte das Problem Verheißung – Gesetz, das seit 3, 14, ja schon seit 2, 16 die Gedankengänge des Apostels bewegt hat, abgeschlossen sein. Aber er gibt sich noch nicht zufrieden. Er will im folgenden die Relation Gesetz und **Erfüllung der Verheißung** (in Christus) noch eingehender zur Sprache bringen. Wie stehen Gesetz und die in Christus schon angebrochene Glaubenszeit mit ihrer Erfüllung der Verheißung miteinander in Beziehung?[49] Dabei arbeitet der Apostel weiterhin mit zeitlichen Kategorien, wie schon der Beginn des nächsten Verses zeigt („bevor aber der Glaube kam").

3, 23–25 Diese drei Verse bilden eine Einheit, wie schon ihre formale Struktur erkennen läßt. Der Aussage zu Anfang des V 23 „bevor aber der Glaube kam" korrespondiert genau jene zu Anfang des V 25 „als aber der Glaube kam". Die zuvor noch nicht, aber dann erfolgte Ankunft des Glaubens bestimmt auch das je andere Verhältnis zum Gesetz; vor der Ankunft des Glaubens: ὑπὸ νόμον ἐφρουρούμεθα, nach der Ankunft des Glaubens: οὐκέτι ὑπὸ παιδαγωγόν ἐσμεν. Was dazu noch ausgeführt wird, dient der Feststellung der wahren Funktion des Gesetzes in der Zeit vor der Ankunft des Glaubens.

Schon die Formulierung zu Beginn des V 23 „bevor aber der Glaube kam"[50] läßt erkennen, daß der Apostel die temporale Betrachtungsweise des vorausgehenden Abschnitts beibehält[51]. Im übrigen klingt die Formulierung „bevor aber der Glaube kam" recht eigenartig. Paulus spricht vom „Kommen" des Glaubens, wie er in V 19 vom „Kommen" des Nachkommens Abrahams = Jesus Christus gesprochen hat. „Es handelt sich um dasselbe Ereignis" (Bonnard), dennoch ist in V 23 nicht auf die Person gesehen (Christus), sondern es wird die heilbringende Zeit des Messias als Zeit „des Glaubens" qualifiziert, die auf die Zeit des Gesetzes folgt, ja einen Gegensatz zu dieser darstellt (vgl. δέ). Man darf jedoch das artikulierte πίστις nicht gleich als „‚Christentum' = Lehre von der Heilsbedeutung der subjektiven πίστις" (so Lietzmann) interpretieren[52], sondern mit τὴν πίστιν wird das vorhergehende ἐκ πίστεως (Ἰησοῦ Χριστοῦ) anaphorisch wiederaufgenommen[53] (genau wie nachher im V 25), d.h., „der" nun gekommene Glaube ist jener heilbringende Glaube an Jesus

---

[49] Während in 3, 6 – 3, 22 das Verhältnis von Verheißung an Abraham und dem später dazugekommenen Gesetz die Überlegungen des Apostels beherrscht, faßt er nun stärker das Verhältnis Gesetz und Zeit der Erfüllung der Verheißung in Jesus Christus ins Auge. Die Ausführungen von 3, 23 – 4, 7 sind also wesentlich mehr als „drei ergänzende Bilder" (so Oepke); sie bringen vielmehr einen echten und bedeutenden Fortschritt im Gedanken.

[50] πρὸ τοῦ mit Infinitiv tritt häufig als Ersatz für πρίν auf (Radermacher, Grammatik, 202).

[51] „une réflexion sur les étapes successives de l'histoire du salut" (Bonnard z. St.).

[52] Lagrange meint sogar, hier sei der Glaube „considérée comme un nouveau régime, opposé à la Loi".

[53] Zum anaphorischen Gebrauch des Artikels s. Mayser, Grammatik, II/2, 21/30ff.

Christus, der den Gläubigen den Verheißungssegen bringt. Einen abstrakten, geschichtslosen Glauben kennt Paulus nicht![54]

Bevor der Glaube kam, ὑπὸ νόμον ἐφρουρούμεθα. Was ist mit dieser Aussage eigentlich gemeint? Eine eindeutige Antwort darauf ist nicht leicht zu geben, da das Verbum φρουρεῖν sowohl „negative" wie „positive" Bedeutung hat: „in Haft halten", „streng bewachen", aber auch „bewachen" im Sinn von „beschützen"[55]. Paulus selbst gebraucht den Term noch in 2 Kor 11, 32 („In Damaskus bewachte der Ethnarch des Königs Aretas die Stadt Damaskus, um mich zu fangen": gemeint ist, daß die Tore der Stadt von innen bewacht werden, um ein Entweichen des Apostels zu verhindern)[56] und in Phil 4, 7 („Der Friede Gottes ... wird eure Herzen ... behüten")[57]. Waren wir also vor der Zeit des Glaubens in einer Art von positiv verstandener „Schutzhaft" unter dem Gesetz?[58] Oder waren wir durch das Gesetz in den Kerker der Sünde und des Todes eingesperrt und harrten darin der Befreiung? Um die Meinung des Apostels zu erkennen, sind zwei Beobachtungen wichtig: 1. Paulus formuliert nicht: ὑπὸ νόμου (Genitiv), sondern: ὑπὸ νόμον (Akkusativ) ἐφρουρούμεθα. ὑπὸ νόμον gibt also den Herrschaftsbereich an, unter dem wir bewacht wurden. Wer uns eigentlich „unter das Gesetz" zur Bewachung gestellt hat, bleibt unausgesprochen; es kann für Paulus nur Gott selber gewesen sein. 2. Das eine lange Dauer — eben die ganze Zeit des Gesetzes — ausdrückende Imperfekt ἐφρουρούμεθα ist von dem modalen Partizip συγκλειόμενοι begleitet, das die Unentrinnbarkeit des Zustandes „unter dem Gesetz" zum Ausdruck bringt, die sich ständig aktualisierte (Präsenspartizip!)[59]: immerzu „zusammengeschlossen", sc. unter Sünde (vgl. V 22); d. h. die ständige Verfallenheit an die Sünde, der von der Schrift konstatierte „Zusammenschluß" aller unter sie, machte das Wächteramt des Gesetzes zu einer fortwährenden Notwendigkeit[60]. V 23a ist somit ein Kommentar zur Aussage des V 19 über das Gesetz: „Um der Übertretungen wegen wurde es hinzugegeben." Es ist aber eine positive Funktion, die in Gal 3, 23 dem Gesetz in der Zeit vor der Ankunft des Glaubens zugesprochen ist. Es hatte darüber zu wachen, daß die Sünde Sünde blieb! Weil aber die Sünde nicht aufhörte, mußte das Gesetz sein Amt immerzu

---

[54] Deshalb wird in Gal 3, 23ff nicht „von der Epiphanie des personifizierten Glaubens gesprochen" (nach der Formulierung von Käsemann, Paulinische Perspektiven, 147), wenn auch der Text von Gal 3, 23.25 darauf zu weisen scheint. Vielmehr wird „damit die irdische Auswirkung oder geradezu Vergegenständlichung des Evangeliums bezeichnet, welche die Macht und menschliche Repräsentation des Gesetzes ablöst ..." (Käsemann).
[55] Vgl. die Belege bei Pape und Liddell-Scott s.v. Vgl. auch Preisigke s.v. φρουρά.
[56] Vgl. auch Jud 3, 6.
[57] Vgl. auch 1 Petr 1, 5 (τοὺς ἐν δυνάμει φρουρουμένους διὰ πίστεως).
[58] Oepke: „Paulus denkt nach heutigem Sprachgebrauch an eine Art von Schutzhaft"; Bonnard: „Nous étions alors gardés ... ‚sous' la loi comme on dit ‚sous' bonne escorte."
[59] Vgl. auch Zahn z. St.; Lagrange: „le présent suggère que la double action se prolonge ou se renouvelle simultanément au cours de l'histoire." — C ℜ und viele andere lesen das Part. Perf. συγκεκλεισμένοι; sicher sekundär.
[60] Das sind völlig andere Ideen, als sie etwa in den von Kommentatoren gern zitierten formalen Parallelen zu Gal 3, 23 zum Ausdruck kommen, so in Weish 17, 15: Jeder Ägypter war von der Macht der furchtbaren Finsternis so festgehalten (ἐφρουρεῖτο), daß er gleichsam „in einen riegellosen Kerker eingesperrt" war (κατακλεισθείς); vgl. auch 18, 4.

beibehalten; es konnte nicht selber vom „Zusammenschluß" aller unter die Sünde befreien[61].

Auch der Jude kannte ein Wächteramt des Gesetzes, jedoch in einem anderen Sinn. Nach dem im 1. Jh. v. Chr. entstandenen Aristeasbrief hat Gott den Juden das Gesetz gegeben, „damit wir mit keinem der anderen Völker irgendeine Gemeinschaft pflegten" (§ 139; vgl. auch § 142). Das Gesetz sollte also Israel vor der Berührung mit dem umgebenden Heidentum bewahren. Nach Rabbi Eleazar (um 270) ist die Tora als Zaun für Israel am Sinai gegeben worden[62]. Mit dieser Funktion hat das Gesetz nach Gal 3, 23 nichts zu tun.

Aber der Gewahrsam unter dem Gesetz war vorübergehend: εἰς τὴν μέλλουσαν πίστιν ἀποκαλυφθῆναι. „Der kommende Glaube" (von der Zeit des Gesetzes aus gesehen) ist der heilbringende Glaube an Jesus Christus[63]. Es könnte genauso dastehen: ἄχρις ἂν ἔλθῃ τὸ σπέρμα ᾧ ἐπήγγελται (wie im V 19), aber jetzt steht das Verhältnis Gesetz–Glaube wieder im Vordergrund. Die Präposition εἰς hat also temporalen Sinn[64]. Wenn der Glaube „geoffenbart" wird (ἀποκαλυφθῆναι), dann war er bisher verborgen. Diese Verborgenheit kann sich aber weniger auf den konkreten Glauben an den Messias Jesus beziehen, als vielmehr auf die Zeit seiner (des Glaubens) Ankunft in der Geschichte — darauf weist eindeutig der temporal gemeinte Term ἐλθεῖν in den VV 23.25 hin. Gott allein kannte die Zeit des Glaubens.

V 24 zieht eine entscheidend wichtige Konsequenz (vgl. ὥστε = itaque)[65] für die Bestimmung der wahren Funktion des Gesetzes, wie sie sich nicht bloß aus V 23, sondern schon aus den Ausführungen des Apostels von V 19 ab ergibt: παιδαγωγὸς ἡμῶν γέγονεν εἰς Χριστόν. Die Verbindung des V 24 mit den vorausgehenden Ausführungen mit Hilfe von ὥστε läßt darum erkennen, inwiefern das Gesetz in den Augen des Apostels ein παιδαγωγὸς εἰς Χριστόν „gewesen ist"[66]; und die folgenden VV 25f zeigen, daß dem Apostel bei der Einführung des Ausdrucks παιδαγωγός das antike Pädagogen-Institut vorschwebt[67] (vgl. „nicht mehr unter einem παιδαγωγός"; „Söhne"). Im antiken

---

[61] Die „Wir"-Aussage in ἐφρουρούμεθα ist nicht gebraucht, weil Paulus selbst aus dem Judentum stammt, sondern weil er „alle", auch die Adressaten, miteingeschlossen sieht (vgl. τὰ πάντα in V 22).

[62] LevR. 1 (106a); BILLERBECK, III, 588.

[63] Zur Formulierung εἰς τὴν μέλλουσαν πίστιν ἀποκαλυφθῆναι vgl. die ähnliche Formulierung in Röm 8, 18 πρὸς τὴν μέλλουσαν δόξαν ἀποκαλυφθῆναι. Das attributive Partizip μέλλουσαν ist von seiner Bestimmung (ἀποκαλυφθῆναι) getrennt und vorgezogen (vgl. dazu BLASS-DEBR § 474, 5; MAYSER, Grammatik, II/2, 61–63 mit vielen Belegen aus den Papyri). Es bestehen zwei Möglichkeiten der Übersetzung; entweder: „bis zu dem kommenden Glauben, der sich offenbaren wird", oder: „bis der Glaube geoffenbart werden sollte". In Röm 8, 18 ist durch das τοῦ νῦν καιροῦ des Kontextes das Partizip μέλλουσαν auf die Bedeutung „kommend" festgelegt (vgl. auch MICHEL, Der Brief an die Römer, z. St.); dies scheint auch in Gal 3, 23 sowohl durch das unmittelbar vorausgehende πρὸ τοῦ ... ἐλθεῖν τὴν πίστιν wie auch durch das unmittelbar folgende ἐλθούσης δὲ τῆς πίστεως der Fall zu sein. Jedenfalls steckt das Moment des Zukünftigen in dem Partizip μέλλουσαν und nicht nur das Moment des „Sollens" (nach dem Willen Gottes).

[64] Vgl. auch Phil 1, 10; 2, 16; MAYSER, Grammatik, II/2, 406/30ff.

[65] BLASS-DEBR § 391, 2.

[66] γέγονεν = „ist gewesen" (vgl. BAUERWb s.v. II; SCHLIER z. St.).

[67] Vgl. die Literatur bei BAUERWb s.v. παιδαγωγός und OEPKE z. St. (OEPKE bringt viele

Erziehungswesen gab es den „Pädagogen", d. h. einen Sklaven, der dem Kind als Begleiter auf der Straße und zur Schule beigegeben war, um es vor Gefahren zu hüten, ihm die notwendigen Anstandsregeln beizubringen und ihm behilflich zu sein. Es war nicht seine eigentliche Aufgabe, dem Kind Unterricht zu geben[68]. War der junge Mann mündig geworden, erlosch diese Tätigkeit[69]. Die Funktion des παιδαγωγός bestand also nicht in wirklicher Erziehung des Kindes, in seiner παιδεία, sondern viel eher in einem φρουρεῖν, in einer Beaufsichtigung und Überwachung. Ein derartiger παιδαγωγός ist für Paulus auch das Gesetz gewesen[70]. Die Präpositionalbestimmung εἰς Χριστόν kann darum auch nicht besagen, daß das Gesetz ein Erzieher „für Christus" im positiven Sinn gewesen ist; sie ist vielmehr, ähnlich der εἰς-Verbindung im vorausgehenden Vers, zunächst temporal zu verstehen (vgl. auch 4, 2!). Die παιδαγωγός-Funktion des Gesetzes bestand also solange, bis Christus kam — in welchem Sinn sie der Apostel verstanden wissen will, hat er schon ab V 19 ausgeführt. Die Funktion des Gesetzes ist eine zeitlich begrenzte; sie ist auch eine inhaltlich begrenzte[71]. Denn das Gesetz hat nicht in kontinuierlicher Weise Israel allmählich für Christus reif, aus dem Unmündigen allmählich einen Mündigen gemacht; das „Kommen" des Glaubens ist vielmehr ein „plötzliches" Ereignis, natürlich zusammenhängend mit der Ankunft Christi. Sonst hätte sich der Glaube allmählich aus dem Gesetz „entwickelt", das Gesetzesprinzip das Glaubensprinzip in sich schon immer enthalten und es dann aus sich entlassen, als die Welt dafür „reif" war: völlig unpaulinische Gedanken. Die Gesetzeszeit bringt für den Apostel keinen Reifungsprozeß mit sich, so daß Christus und der Glaube die Frucht am Baum des Gesetzes wäre. Christus und der Glaube waren und sind für den Apostel vielmehr reines Geschenk der freien Gnade Gottes, allerdings nicht unerwartet „vom Himmel gefallen", sondern die Erfüllung der von der Gesetzgebung völlig unabhängigen göttlichen Segensverheißungen an Abraham. Eine „erzieherische" Funktion des Gesetzes im positiven Sinn kennt Paulus nicht[72]. Die Gesetzeszeit ist für ihn die Zeit der

---

Belege). Im Rabbinischen kommt παιδαγωγός als Fremdwort vor: פַּדְגוֹג, פִּידְגוֹג (LevyWb IV, 8f).
68 Vgl. PLATON, Lys. 4, 208 C: „Aber wer führte denn die Aufsicht über dich? Hier, der παιδαγωγός, sagte er. Hoffentlich kein Sklave! Aber warum? Natürlich einer unserer Sklaven, entgegnete er. Wahrlich, ein starkes Stück, versetzte ich. Ein Freier soll sich von einem Sklaven beherrschen lassen! Und wodurch betätigt denn dieser παιδαγωγός seine Herrschaft über dich? Nun, er geleitet mich eben in die Schule zum Lehrer, antwortete er. Wie? Es gebieten über dich doch nicht auch noch die Lehrer? Erst recht! Also eine ganze Schar von Herren und Herrschern stellt der Vater absichtlich über dich."
69 Vgl. EPIKTET, fr. 97 παῖδας μὲν ὄντας ἡμᾶς οἱ γονεῖς παιδαγωγῷ παρέδοσαν, ἐπιβλέποντι πανταχοῦ πρὸς τὸ μὴ βλάπτεσθαι· ἄνδρας δὲ γενομένους ὁ θεὸς παραδίδωσι τῇ ἐμφύτῳ συνειδήσει φυλάττειν. Vgl. auch 1 Kor 4, 15 („Wenn ihr auch tausend Pädagogen in Christus habt, so doch nicht viele Väter").
70 Zu dem Bild vom Gesetz als „Pädagogen" vgl. auch PLUTARCH, Mor. 645 B: Der Wein nimmt den Menschen die Maske vom Gesicht ἀπωτάτω τοῦ νόμου καθάπερ παιδαγωγοῦ γεγονότων (ALMQUIST, Plutarch und das NT, 110, Nr. 230).
71 Vgl. auch BONNARD z. St.
72 Die „erzieherische" Funktion des Gesetzes liegt nach atl. Auffassung auf dem Gebiete dessen, was das AT die „Zucht" nennt (vgl. dazu Näheres bei BERTRAM in: ThWb V, 603–607).

Sünde und des Todes, freilich keine hoffnungslose Zeit, weil Gott sein Verheißungstestament nie außer Geltung gesetzt hat. Die Verheißungszusage galt trotz des Gesetzes weiter. Das Gesetz sollte gerade παιδαγωγός (in dem obigen Sinn) bis zur Zeit Christi werden, „damit" wir nicht aus Gesetz, sondern „aus Glauben gerechtfertigt würden" (Ende V 24). Der Glaube aber ist nicht die Frucht des Gesetzes, sondern „Offenbarung". Der Glaube ist bestimmt durch das geschichtliche Heilshandeln Gottes in Christus, das Gesetz dagegen durch die von ihm geforderten ἔργα, die nach Paulus nicht das Leben zu bringen vermögen. Soll das theologische Verhältnis des Haupt- und Nebensatzes in V 24 richtig bestimmt werden, dann muß man so paraphrasieren: „Das Gesetz ist **nur** unser Pädagoge gewesen bis zur Ankunft des Messias und nichts anderes, damit wir dann nicht aus Werken des Gesetzes, sondern **aus Glauben** die Rechtfertigung erlangen." Aber weil das Gesetz das Heil nicht zu bringen vermochte, verweist es dennoch gerade dadurch auf das Heil in der Erfüllung der Verheißung. Und insofern hat das Gesetz doch eine eigentümlich positive Relation zum Evangelium, die aber nach Paulus mit der Ankunft „des Glaubens" erloschen ist, was nicht heißt, daß die Zeit der Erfüllung eine Zeit ethischer Ungebundenheit ist (darüber Näheres später). Ein Schaubild möge auch hier den Sachverhalt veranschaulichen:

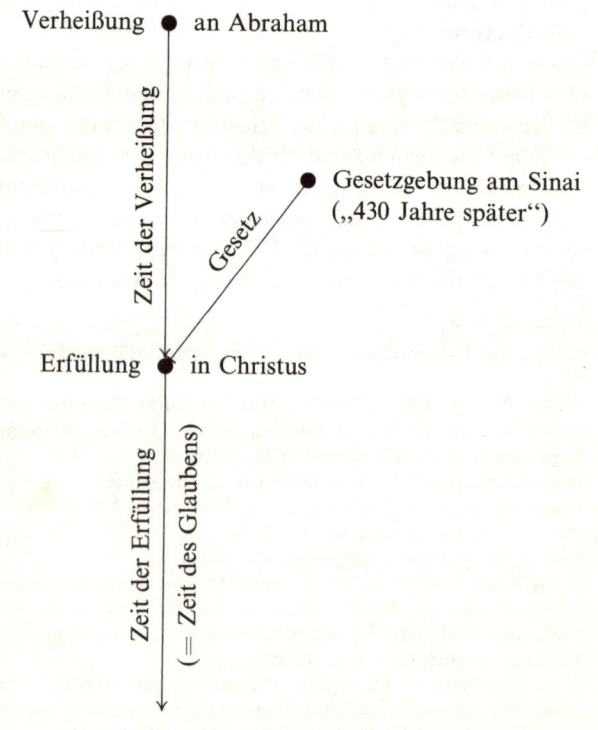

Die „Gesetzeslinie" fällt, wie das Schaubild bewußtmachen will, nicht mit der „Verheißungslinie" zusammen. Das ist zu beachten, wenn man die pln. Gesetzesanschauung richtig sehen will. Es kommt alles auf die Verheißung an, präziser formuliert: auf die Verheißungszusage (vgl. ἐρρέθησαν in 3, 16). Deshalb führt auch die Verwendung des Begriffes „Linie" („Gesetzeslinie", „Verheißungslinie") leicht zu Mißverständnissen. Dessen sind wir uns bewußt[73]. Die „Kontinuität" hat ihren Grund ausschließlich im Stehen Gottes zu seiner Verheißungszusage an Abraham, die sich freilich nicht wieder nur in einem „Wort" erfüllt, sondern in der Person des Heilbringers Jesus Christus, genau wie von Paulus die Verheißung mit Abraham und die Gesetzgebung mit Mose in Verbindung gebracht wird[74]. Dennoch ist für den Apostel, wie seine Ausführungen ab 3, 19 zeigen, das Gesetz kein bloßer „Nebenfaktor" in der „Ökonomie" Gottes, sondern es hatte seine besondere, unentbehrliche Aufgabe, die der Apostel genau zu formulieren weiß (während in Marcions Galatertext 3, 15–25 fehlen!)[75]. Darum kann Paulus in Röm 3, 31 sagen: „Beseitigen wir nun das Gesetz durch den Glauben? Keineswegs! Vielmehr stellen wir das Gesetz hin", nämlich in seiner wahren Geltung und Bedeutung in der „Heilsgeschichte"[76].

Erst das Frühjudentum (PHILO, JOSEPHUS) bringt das Gesetz in Zusammenhang mit dem griechischen παιδεία-Gedanken (vgl. ebd. 611–615); Sir 24, 27 ὁ [νόμος] ἐκφαίνων ὡς φῶς παιδείαν; 4 Makk 5, 34 παιδευτὰ νόμε. Diese Gedanken spielen in der Gesetzestheologie des Paulus keine Rolle.

[73] Vgl. auch Exkurs: „Heilsgeschichte" oder γραφή?

[74] „Man darf im Sinn des Paulus den geschichtlichen Charakter der Offenbarung nicht übersehen. Für ihn sind Adam, Abraham, Moses, Christus Jesus und der Antichrist konkrete Erscheinungen der Geschichte, aus denen freilich Adam und Christus als die beiden Häupter der zwei Menschheiten hervorragen, und von denen Christus als der Ursprung einer neuen Menschheit, der eschatologischen, d. h. am Ende lebenden Menschheit, die entscheidende Erscheinung darstellt" (SCHLIER, Gal., 166).

[75] Vgl. HARNACK, Marcion, Beilage III, 70 f.

[76] Zu M. LUTHERS Verständnis von Gal 3, 24 vgl. E. SCHOTT, „lex paedagogus noster fuit in Christo Jesu" (Vulgata). Zu Luthers Auslegung von Gal 3, 24, in: ThLZ 95 (1970) 561–570. Zu der LA der Vg. „in Christo Jesu" (statt „in Christum") bemerkt Luther (vgl. ebd. 564): „Wiederum hüte dich, wie ich gesagt habe, den Kontext so zu lesen ‚Das Gesetz war unser paedagogus in Christo', als wenn für die in Christus bereits Lebenden das Gesetz unser paedagogus ist, wie es die Vulgata hat und zu meinen scheint. Das stürzt nämlich die Meinung des Apostels durchaus um... Das Gesetz bereitet nämlich, wie ich gesagt habe, auf die Gnade vor, indem es die Sünde offenbart und vermehrt, die Stolzen demütigend, damit sie die Hilfe Christi ersehnen." Luther erkennt richtig, daß zum „Gesetz" gerade auch der Dekalog gehört (vgl. ebd. 564) und der Christ von ihm nicht dispensiert ist. Er begnügt sich nicht mit der Unterscheidung, mit der seine Vorgänger operiert hatten, zwischen dem „alten" und dem „neuen" Gesetz, sondern er sieht, daß unter „Gesetz" bei Paulus jegliches Gesetz subsumiert ist, ob alt oder neu. Er lehnt auch eine Verbindung von altem Gesetz mit implizitem Glauben und neuem Gesetz mit explizitem Glauben ab (vgl. ebd. 565). Christus schaffte jedes Gesetz ab, auch das Gesetz Gottes. „Nicht, daß er das alte Gesetz abschafft und ein neues gibt... sondern er ist das Ende des Gesetzes... Jeder, der an Christus glaubt, ist gerecht; das Gesetz kann ihn nicht verklagen..." (zitiert ebd. 566f). Zu Gal 3, 25 bemerkt Luther: „Christus nämlich... schaffte das Gesetz mit allen seinen Wirkungen ab" (zitiert ebd. 567). Luther sah sich aber damit vor eine gewisse Schwierigkeit gestellt, weil er andererseits lehrte, daß das Gesetz in seinem rechten Gebrauch „als höchstnützlich bewahrt" werden kann (vgl. ebd. 567). Er löst die Schwierigkeit so: Mit dem Kommen Christi und des Glaubens ist zwar das Gesetz abgeschafft, aber wegen der andauernden Schwäche unseres Fleisches steht das Gesetz für uns noch in Geltung. Luther unterscheidet dann zwischen dem „historischen" und dem „geistlichen" Kommen Christi. Er bemerkt zu Gal 3, 23: „Dies sagt Paulus von der Zeit der Erfüllung, in der Christus kam. Du aber beziehe es nicht nur auf jene Zeit, sondern auch auf das

Der Terminus δικαιοῦσθαι, den der Apostel im V 24 wieder verwendet, bedeutet: als ein Gerechter erklärt werden, der dadurch die δικαιοσύνη besitzt (vgl. 3, 6), und d. h. nach V 21 das „Leben". Die Rechtfertigung ist also nicht bloß „Freispruch" (von der Sünde), sondern gnadenhafte, lebenverleihende Neuschöpfung des Menschen. Der „Gerechte" (in diesem Sinn) ist aus dem Zustand des Todes in den des Lebens übergegangen. Die Rechtfertigung ist zwar ein eschatologisches Geschehen, weil „das Leben" eben nicht eine innerweltlich vorfindbare Größe ist; aber sie ist deswegen keine bloß forensische „Zusage" kommender Rettung, sondern gegenwärtige Rettung und Verwandlung des Menschen, weil sie ja nach V 26 (vgl. auch 4, 5) gnadenhafte Einsetzung in die Sohnschaft Gottes ist[77].

Die „Pädagogen"-Funktion des Gesetzes erlosch, als „der Glaube" kam (V 25). Besteht für die Gläubigen nun kein ὑπό-Verhältnis mehr? Doch! Aber ein ganz neues: „Ihr seid nicht ὑπὸ νόμον, sondern ὑπὸ χάριν" (Röm 6, 14). Was sich daraus für ethische Konsequenzen ergeben, wird Paulus ab 5, 13 eingehend darlegen. Es ist die Ethik der Liebe und Freiheit. Der Glaube „kam", als Christus kam, und so kennzeichnet das Präsens ἐσμέν in V 25 die gegenwärtige Situation seit Christus.

Will Paulus sagen, daß nur „wir" (die Gläubigen) nicht mehr unter dem „Pädagogen" stehen, alle anderen dagegen immer noch (etwa die noch nicht missionierten Heidenvölker)?[78] Darauf läßt sich von unserer Stelle her keine Antwort geben, weil der Apostel tatsächlich nur die Situation der Glaubenden im Auge hat. „Aber daß ‚wir' dem Gesetz nicht mehr unterstehen, beweist auch, daß die Herrschaft des Gesetzes im Grund und — richtig verstanden — im ‚Prinzip' gebrochen ist, daß Christus faktisch und für den Kosmos in seiner Gesamtheit sein Ende geworden ist (Röm 10, 4). Wenn sich das Gesetz daher trotz des Kommens des Glaubens in der Welt als sehr reale Macht erweist, so ist das kein Beweis dafür, daß es noch eine ungebrochene Macht hat, sondern nur dafür, daß die Welt die Wirklichkeit der Dinge, die Entmächtigung des Gesetzes in Christus und die Möglichkeit des Glaubens als Triumph über das Gesetz noch nicht erkannt und ergriffen hat" (Schlier).

3, 26 Der Vers bringt nun erst die eigentliche Begründung (vgl. γάρ), warum wir in der Zeit des Glaubens „nicht mehr unter einem Pädagogen" stehen: weil wir unterdessen „Söhne" (Gottes) geworden sind! Der Apostel sagt das nun unmittelbar den Adressaten (ἐστε), und zwar ihnen allen (vgl. πάντες)[79],

---

Gemüt. Denn was historisch und zeitlich geschehen ist, als Christus kam: er schaffte das Gesetz ab und brachte Freiheit und ewiges Leben ans Licht, das geschieht privat täglich geistlich in jedem Christen, in welchem von Zeit zu Zeit im Wechsel gefunden wird Zeit des Gesetzes und der Gnade" (zitiert ebd. 567).

[77] Vgl. dazu auch unsere weiteren Ausführungen.
[78] Vgl. dazu auch SCHLIER, BONNARD z. St.
[79] Auf dem vorangestellten πάντες liegt ein starker Ton; es steht noch einmal, und zwar ebenso betont, zu Beginn des V 28 b; das universale Element steckt auch in ὅσοι (zu Beginn des V 27). Es ist deshalb zu überlegen, warum Paulus in den VV 26–28 dieses Element so stark hervorhebt. Vielleicht deswegen, weil auch die negative Aussage im V 22 universal formuliert war (τὰ πάντα). So wie die Schrift einst alles unter der Sünde zusammenschloß,

und er tut das nicht umsonst, weil die Galater ja dabei sind, sich wieder unter die Herrschaft des „Pädagogen" zu stellen, verführt von den Gegnern des Apostels. Wenn der Apostel jetzt von „Söhnen" spricht, die dies durch den Glauben sind, dann wird dabei das Bild vom „Pädagogen" nicht mehr ganz konsequent im Auge behalten. Denn im hellenistischen Pädagogeninstitut waren ja die Schützlinge eines Pädagogen auch vor ihrer Mündigwerdung schon Söhne. Den Ausdruck „Söhne" gebraucht also der Apostel deutlich im Sinn von erwachsenen, freien Söhnen und also als Gegensatz zu den νήπιοι und Sklaven (vgl. 4, 1.3 ὅτε ἦμεν νήπιοι). Überraschenderweise redet Paulus nicht bloß von „Söhnen", sondern von „Söhnen Gottes"[80]. Man würde mit Rücksicht auf 3, 7 und im Vorausblick auf V 29 („ihr seid Abrahams Same") auch hier „Söhne Abrahams" erwarten. Die Kühnheit der Formulierung, daß alle Glaubenden „Söhne Gottes" sind, ist nur möglich im Hinblick auf Christus, den Sohn Gottes schlechthin (vgl. 4, 4), zu dem die Glaubenden in der Taufe in eine seinshafte Beziehung getreten sind (3, 27). Daß die Sohnschaft der Gläubigen eine gnadenhafte Adoptivsohnschaft Gottes ist, wird erst in 4, 5 klargestellt.

Kontrovers ist, wohin ἐν Χριστῷ Ἰησοῦ gehört: zum unmittelbar vorausgehenden διὰ τῆς πίστεως oder zu υἱοὶ θεοῦ ἐστε[81]. Im folgenden V 27 wird das ἐν Χριστῷ von der Taufe her näher erläutert und begründet (wiederum γάρ) als ein „Anziehen Christi" (s. dazu Näheres bei V 27). Darum scheint ἐν Χριστῷ Ἰησοῦ im V 26 doch „mystisch" genommen werden zu müssen: Christus ist jener „Bereich", in dem die Sohnschaft der Gläubigen sich realisiert[82]. Zudem ist eine Präpositionalverbindung von πίστις und Χριστός mit ἐν im NT äußerst selten. „Paulus redet auch sonst nie von einer πίστις ἐν Χριστῷ Ἰησοῦ im Sinne eines Glaubens an Christus Jesus, sondern von πίστις Χριστοῦ Ἰησοῦ (Gal 2, 16.20; 3, 22; Röm 3, 22.26; Eph 3, 12; Phil 1, 27; 3, 9; Kol 2, 12; 2 Thess 2, 13) oder von πίστις πρὸς τὸν κύριον Ἰησοῦν (Philem 5) oder von πίστις εἰς Χριστόν (Kol 2, 5). Auch Eph 1, 15 und Kol 1, 4 ist Χριστός nicht als Objekt des Glaubens, sondern als sein Fundament verstanden" (Schlier)[83]. Die Gottessohnschaft der Gläubigen besteht also „in Christus Jesus". Trotzdem muß die eigenartige Stellung des Präpositionalattributs ἐν Χριστῷ Ἰησοῦ noch mehr bedacht werden; sie muß ja ihren Grund haben. Der Apostel trennt durch die Copula ἐστε das Syntagma υἱοὶ θεοῦ

---

so sind jetzt alle Glaubensmenschen „Söhne Gottes". Es gibt keine Übergänge und Synthesen. Wenn also auch mit ἐστε jetzt wieder unmittelbar die Adressaten angesprochen sind, gilt das für sie vom Apostel Gesagte für alle Christusgläubigen (vgl. auch die Wir-Aussagen in den vorausgehenden VV 23–25).

[80] Vgl. auch Röm 8, 17 (τέκνα θεοῦ).
[81] Vgl. etwa Schlier mit Bonnard; dazu auch Vg.Clem (per fidem quae est in Christo Jesu) und Lagrange z. St. 𝔓46 liest Χριστοῦ Ἰησοῦ, wahrscheinlich als Gen. obj.: „Glaube an Christus Jesus", im übrigen sicher Angleichung an 3, 22 (ἐκ πίστεως Ἰησοῦ Χριστοῦ).
[82] Vgl. auch Thüsing, Per Christum in Deum, 116.
[83] Vgl. auch Oepke. — Wenn „in Christus Jesus" Präpositionalattribut zu πίστεως wäre, wäre doch sehr wahrscheinlich der Artikel τῆς vor ἐν wiederholt (vgl. 1 Tim 3, 13 ἐν πίστει τῇ ἐν Χριστῷ Ἰησοῦ, wo „Christus Jesus" das Fundament, nicht das Objekt des Glaubens angibt).

von διὰ τῆς πίστεως. Damit fällt auf διὰ τῆς πίστεως ein starker Ton, was nicht überrascht, weil ja in den vorausgehenden VV 23-25 der Term πίστις schon dreimal aufgetaucht ist und bereits hier immer ein besonderer Ton darauf lag. Die Gottessohnschaft der Gläubigen ist vermittelt und verursacht (διά) durch den Glauben: dieser Sachverhalt, oder besser: dieser Vorgang vollzieht sich jedoch völlig „im Bereich Christi Jesu", sc.: und nicht sonstwo. So könnte man sagen: Das angehängte ἐν Χριστῷ Ἰησοῦ präzisiert und qualifiziert die Sohnschaft der Gläubigen durch den Glauben. Der Glaube schafft zwar die Sohnschaft Gottes, **aber nur „im Bereich" Jesu Christi**, in den die Gläubigen durch die Taufe aufgenommen sind (s. V 27). Diese Auslegung versucht dem eigenartigen Aufbau des Textes gerecht zu werden.

Das ἐν Χριστῷ Ἰησοῦ muß außerdem im Zusammenhang mit der Verheißung an Abraham gesehen werden, nach der „in" ihm (und „in" seinem Samen) alle Völker gesegnet sein werden (vgl. VV 8.14 und den dortigen Kommentar): dann ist Christus hier wahrscheinlich als korporative, „pneumatische" Persönlichkeit gesehen, „in" der als dem neuen Seinsgrund die Gläubigen „Söhne Gottes" sind. Weil Christus aber für Paulus der Sohn Gottes ist (vgl. auch 1, 16; 4, 4), darum transzendiert die Gottessohnschaft der Glaubenden jene Israels in unvergleichlicher Weise. Außerdem ist sie vermittelt „durch den Glauben" und nicht durch die Werke des Gesetzes. Der Artikel τῆς vor πίστεως[84] läßt erkennen, daß jener mit Christus „gekommene" Glaube gemeint ist, von dem im vorausgehenden Vers die Rede war.

Die Gottessohnschaft der Gläubigen hat ihren Seinsgrund „in Christus Jesus". Wie kam der Gläubige in diesen neuen Seinsgrund? Darauf antwortet der folgende Vers, der schwierige Probleme bietet.

3, 27 ὅσοι bezieht sich zurück auf πάντες. Die Partikel γάρ begründet, wie vorher schon betont wurde, warum die Gottessohnschaft der Gläubigen „in Christus Jesus" ihren Seinsgrund hat: weil alle auf Christus Getauften Christum angezogen haben[85]. Hier erheben sich zwei Fragen: 1. Was heißt „taufen auf Christus"? 2. Was heißt (im Zusammenhang mit der Taufe) „Christum anziehen"?[86]

Mit dem Ausdruck „taufen auf Christus" ist nicht eine Tauformel gemeint, sondern primär das Heilsgeschehen bei der Taufe, das an den Namen „Christus" gebunden ist; wer „auf Christus" getauft ist, wird in das mit dem Namen „Christus" zusammenhängende Heilsgeschehen hineingenommen; dieses Heils-

---

[84] Der Artikel fehlt im 𝔓46.
[85] V 27 „illustriert" nicht „die Behauptung des V 26 durch den Tauritus", wie BONNARD meint, sondern begründet sie, wie das γάρ eindeutig erkennen läßt.
[86] Vgl. dazu auch A. OEPKE, Art. βαπτίζειν in: ThWb I, 527-543 (bes. 537-541); R. SCHNACKENBURG, Das Heilsgeschehen bei der Taufe nach dem Apostel Paulus (München 1950) 18-23; E. KLAAR, Die Taufe nach pln. Verständnis (= Theol. Ex. heute, 93) (München 1961); DERS., Zum pln. Taufverständnis, in: ZntW 49 (1958) 278-282; G. DELLING, Die Zueignung des Heils in der Taufe (Berlin o.J.); KERTELGE, „Rechtfertigung" bei Paulus, 238f; H. v. CAMPENHAUSEN, „Taufen auf den Namen Jesu?", in: VigChr 25 (1971) 1-16, dazu kritisch K. ALAND, Zur Vorgeschichte der christlichen Taufe, in: Neues Testament

geschehen wird ihm zugeeignet[87]. Worin dieses mit Christus zusammenhängende Heilsgeschehen bei der Taufe näher besteht, legt der Apostel eingehender in Röm 6, 3ff dar[88]. In Gal 3, 27 deutet er dieses Heilsgeschehen bei der Taufe auf Christus nur kurz als ein „Christum anziehen". Das Verbum ἐνδύεσθαι wird auch in der LXX häufig metaphorisch gebraucht: „Priester werden (von Gott) mit Heil bekleidet (ἐνδύσαιντο σωτηρίαν 2. Chron. 6, 41); Menschen bekleiden sich mit Gerechtigkeit (Hiob 29, 14; Sir. 27, 8), aber auch mit Schande (Ps. 35, 26; vgl. 109, 29; 132, 18, cf. 1. Makk. 1, 28). Jemand kleidet sich in Fluch wie in sein Gewand, d. h. er übt ihn ständig (Ps 109, 26). Die tugendhafte Hausfrau ist gekleidet in Kraft und Hoheit (Prov. 31, 26). Gott zieht Macht an (Ps. 93, 1, vgl. 104, 1; Jes. 51, 9; hier LXX von Jerusalem). Gott kleidete den Menschen in Macht (bei der Schöpfung, Sir. 17, 3), er kleidet sein Volk in das Heilsgewand (ἱμάτιον σωτηρίου, Jes. 61, 10), bzw. Zion zieht die Zier der Herrlichkeit Gottes an (Bar. 5, 1, vgl. sachlich V 2)" (Delling)[89]. So zieht der „auf Christus" Getaufte Christum als seine eschatologisch-pneumatische Wirklichkeit wie ein neues Kleid an und befindet sich damit „in Christus" als in seinem „neuen Seinsgrund" (Schlier). Das ist objektiv-sakramental gemeint[90] und sprachlich nur in Metaphern auszudrücken. Der pneumatische Christus, „in" dem der Getaufte lebt, ist gleichsam sein neues Einheitskleid, und zwar ein Einheitskleid, das die unterscheidenden Zeichen der früheren Existenz wesenlos macht, wie der folgende Vers darlegt. Christus ist das eschatologische „Existenzmodell".

---

und Geschichte. O. CULLMANN zum 70. Geburtstag (Zürich–Tübingen 1972) 1–14 (13f, Anm.).
[87] Vgl. DELLING, a.a.O. 77–80.
[88] Vgl. dazu Näheres bei G. WAGNER, Das religionsgeschichtliche Problem von Röm 6, 1–11 (Zürich 1962); L. FAZEKAŠ, Taufe als Tod in Röm 6, 3ff, in: ThZ (Bas.) 22 (1966) 305–318; F. MUSSNER, Zur paulinischen Tauflehre in Röm 6, 1–6. Versuch einer Auslegung, in: DERS., PRAESENTIA SALUTIS, 189–196 (mit Literatur); R. SCHNACKENBURG, Todes- und Lebensgemeinschaft mit Christus. Neue Studien zu Röm 6, 1–11, in: DERS., Schriften zum NT (München 1971) 361–391 (mit Literatur); H. FRANKEMÖLLE, Das Taufverständnis des Paulus. Taufe, Tod und Auferstehung nach Röm 6 (SBS 47) (Stuttgart 1970); KÄSEMANN, An die Römer, 150–161 (Lit.).
[89] A. a. O. 76. Vgl. auch noch OEPKE in: ThWb II, 320. Die von Oepke im Kommentar noch angeführten Beispiele für ἐνδύεσθαι mit persönlichem Objekt kommen nicht in Frage, z. B. DIONYS. Hal. (Ant. Rom. XI, 5) τὸν Ταρκύνιον ἐνδύεσθαι = die Rolle des Tarquinius spielen. Der Getaufte spielt nicht die Rolle Christi, denkt sich nicht in seine Rolle hinein (so ZAHN, z. St.). Im NT wird der Ausdruck „anziehen" noch in ethischen Zusammenhängen gebraucht, so in Röm 13, 12.14 („ziehet den Herrn Jesus Christus an"); Eph 4, 22–24; 6, 11.14; Kol 2, 12; 3, 9f; 1 Thess 5, 8. 1 Kor 15, 53f redet vom „Bekleiden" mit Unsterblichkeit bei der Auferweckung von den Toten. Im Isiskult wurde dem Mysten das Gewand der Gottheit angezogen; im Mithraskult glaubte man das zu sein, was die angelegte Maske darstellt. „Solche Angleichung an den Mysteriengott im Symbol wird der pneumatischen Einswerdung mit Christus, wie Paulus sie versteht, nicht gerecht" (SCHNACKENBURG).
[90] Der Aorist ἐνεδύσασθε denkt eindeutig an den einmaligen Akt der Taufe. Da geschah das geheimnisvolle Ereignis des „Christum-Anziehens". Ob zu seiner Erklärung ein Rückgriff auf gnostische Vorstellungen nötig ist — auf sie greift KERTELGE, „Rechtfertigung" bei Paulus, 238f, zurück —, möchten wir bezweifeln.

3, 28   Weil Christus für den Getauften die neue, alles bestimmende Wirklichkeit ist, „gibt es"[91] unter den Getauften die früheren, die Existenz so überaus bestimmenden Unterschiede und Gegensätze nicht mehr, etwa in religiöser, sozialer oder geschlechtlicher Hinsicht. Die In-Existenz der Gläubigen „in Christus", den alle Getauften „angezogen" haben, transzendiert völlig diese alten Unterschiede und Gegensätze. Der Apostel will damit selbstverständlich nicht sagen, daß derartige Unterschiede äußerlich nicht mehr bestehen — Mann bleibt Mann und Frau bleibt Frau, auch nach der Taufe —, **aber sie haben jegliche Heilsbedeutung vor Gott verloren**. Im Zusammenhang der Briefsituation bedeutet dieser Hinweis, daß es für die Galater bedeutungs- und zwecklos ist, sich der jüdischen Weise der religiösen Lebensgestaltung zuzuwenden. Weil sie „auf Christus" Getaufte sind, gilt für sie eine ganz neue Wirklichkeit, eben „Christus", durch den auch das die jüdische Existenz bestimmende und dieselbe bisher vor der heidnischen auszeichnende Gesetz hinfällig geworden ist. Ihre Hinwendung zum „Judaismus" wäre Rückkehr zu einer durch Christus total überholten Vergangenheit.

Die einheitsstiftende Kraft der Taufe wird in V 28b noch so begründet: „Denn ihr alle seid ein einziger in Christus Jesus." Das εἷς ἐστε resultiert für Paulus aus dem vorausgehenden Χριστὸν ἐνεδύσασθε: weil alle bei der Taufe **denselben „Christum angezogen"** haben, sind sie alle durch die Taufe εἷς geworden[92]. Wie ist aber εἷς näherhin zu verstehen? Sind die Getauften ein „einziger" im Sinn einer Kollektiv-Person (zusammen mit Christus) oder ein „einziger" in dem Sinn, daß der Getaufte als der neue, eschatologische Mensch die früher so bestimmenden, die Menschen in viele völkische, soziale und geschlechtliche Gruppen und Wesen aufspaltenden Unterschiede transzendiert, also aus „vielerlei" Menschen ein „einziger", eben der Christ, geworden ist? Wie können „alle" zugleich „ein einziger" sein? Zunächst ist zu beachten, daß V 28b in einem Begründungszusammenhang mit V 28a steht (vgl. γάρ); d. h., εἷς wird ganz deutlich als Oppositum gesehen zu Ἰουδαῖος und Ἕλλην[93], δοῦλος und ἐλεύθερος, ἄρσεν und θῆλυ . . ., also zu den im alten, vergehenden Äon oft so wichtigen Kategorien und Unterschieden[94]. Darum darf man vielleicht so formulieren: εἷς ist der eschatologische „Einheitsmensch" („der

---

[91] ἔνι = ἔνεστιν = es gibt (BLASS-DEBR § 98).

[92] ἓν ἐστε lesen F G 33 d e f g Vg., ORIGENES, ATHANASIUS, BASILIUS u. a. Sicher Korrektur des schwierigen εἷς (vielleicht in Angleichung an ἕν in Eph 2, 14 oder im Gedenken an das eine σπέρμα Abrahams, V 16), ebenso wie die sehr alte LA ἐστε Χριστοῦ (statt εἷς ἐστε ἐν Χριστῷ) der Zeugen 𝔓46 ℵ* A.

[93] Ἕλλην bezeichnet die Menschheit außerhalb des Judentums, also kurz gesagt den „Heiden"; vgl. Röm 1, 16; 2, 9f; 3, 9; 10, 12; 1 Kor 1, 24; 10, 32; 12, 13; Kol 3, 11. Vgl. auch WINDISCH in: ThWb II, 501–514; zu Ἰουδαῖος GUTBROD: ebd. III, 382–384.

[94] Vgl. auch Gal 6, 15; 1 Kor 12, 13; Kol 3, 11. Möglicherweise folgt diese Aufzählung einem formelhaften, aber variablen Schema (vgl. dazu das Material bei LIETZMANN z. St. und LOHSE zu Kol 3, 11). Paulus variiert es selbst:

1 Kor 12, 13: Juden — Griechen — Sklaven — Freie (das wird der soziologischen Struktur der korinthischen Gemeinde entsprechen)

Kol 3, 11: Grieche — Jude — Beschneidung — Unbeschnittenheit — Barbar — Skythe — Sklave — Freier (Bevölkerungsstruktur in Kleinasien?)

Gal 6, 15: Beschneidung — Unbeschnittenheit (vgl. Kol 2, 11.13)

Christ"), der aus der Taufe hervorgeht[95]. Ihren Grund hat diese qualitative „Vereinheitlichung" der getauften Menschheit in dem geheimnisvollen Vorgang, den Paulus vorher als „Christum-Anziehen" bezeichnet. Dadurch werden „alle **ein einziger in Christus Jesus**". Damit konzentriert sich aber alles noch mehr auf die Frage: Was bedeutet eigentlich εἷς ἐν Χρ. Ἰ.? Denn man darf das εἷς nicht von seinem Präpositionalattribut ἐν Χρ. Ἰ. trennen. Auch darf man den Sachverhalt nicht so formulieren, „daß alle ... in Christus Jesus **Einer** sind, nämlich Christus selbst" (so Schlier), oder: „ihr alle seid der eine Singular, das σπέρμα, dem die Verheißung gilt, nämlich Christus" (so Lietzmann). Das scheitert am im Text vorliegenden Syntagma. Der eschatologische „Einheitsmensch" ist dieser nur „in Christus Jesus". Was zeigt aber die Präposition ἐν hier an? Die ἐν Χριστῷ (Ἰησοῦ)-Formel erscheint im Gal-Brief siebenmal (1, 22; 2, 4.17; 3, 14.26.28; 5, 6), aber keineswegs in einem einheitlichen Sinn. In 3, 14 ist mit ἐν Ἰησοῦ Χριστῷ die historische Person Jesu gemeint; in 1, 22 bedeutet ἐν Χριστῷ nicht viel mehr als „christlich". Auch in 2, 17 ist mit ἐν Χριστῷ die Person des Christus anvisiert, ähnlich in 2, 4. Anders liegen die Dinge in 3, 26.28 und 5, 6: Hier verwandelt sich zwar Christus nicht in ein überzeitliches, mythologisches Wesen — das beigefügte Ἰησοῦ läßt an allen drei Stellen das „Christuswesen" nicht von der Person Jesu getrennt werden —, aber deutlich hat die Präposition ἐν „lokale" Bedeutung, und „Christus Jesus" läßt so an eine „Heilssphäre" denken, „in" der die Gläubigen zu einer Einheit zusammengefaßt sind. Diese „Heilssphäre" noch näher zu bezeichnen, ist sprachlich kaum möglich. Man kann an die Idee der „korporativen Persönlichkeit"[96], (mit Wikenhauser) an „Christusmystik", an pneumatische „Lebenssphäre" (unter Hinweis auf Gal 2, 20: „es lebt in mir Christus") denken. Jedenfalls bildet nach Gal 3, 28 Christus Jesus den Bereich, in dem „alle" Glaubenden „ein einziger" sind: der eschatologische in Christus lebende „Einheitsmensch", der alle im V 28a genannten Differenzierungen überschritten hat[97]. Daß εἷς das Oppositum zu der vorher aufgeführten Reihe ist, darf jedenfalls bei seiner Sinnbestimmung nicht aus dem Auge verlorengehen. εἷς ἐν Χριστῷ Ἰησοῦ besagt also keine Identität von Christus

---

Gal 3, 28: Jude — Grieche — Sklave — Freier — Mann („Männliches") — Weib („Weibliches")

In Gal 3, 28 steht die Reihe nicht in unmittelbarer Verbindung zur Gedankenführung des Briefes; sie entspricht auch nicht der völkischen Zusammensetzung der galatischen Gemeinden (ihre Mitglieder sind Heidenchristen). Die Reihe ist formelhaft aufgeführt, kann aber dennoch den Galatern etwas Entscheidendes ins Bewußtsein bringen. Sie sind ja dabei, durch die Übernahme des gesetzlichen Lebens sozusagen „Juden" zu werden — vielleicht steht deshalb auch Ἰουδαῖος an der Spitze. Jetzt macht ihnen der Apostel bewußt, daß alle diese Unterschiede, auch die religiösen (!), „in Christus" ihre Geltung verloren haben. „Denn in Christus gilt weder die Grenze, die durch die Zugehörigkeit zu verschiedenen Völkern gezogen ist, noch die Unterscheidung zwischen Israel und den Heiden" (LOHSE).

[95] Vgl. auch Eph 2, 15 („Er schuf die zwei [den Juden und den Heiden] in sich zu einem einzigen neuen Menschen"); Näheres dazu bei MUSSNER, Christus, das All und die Kirche, 85–87.
[96] Vgl. etwa THÜSING, Per Christum in Deum, 116f.
[97] Vgl. auch noch A. R. JOHNSON, The One and the Many in the Israelite Conception of God (Cardiff 1961); J. behandelt die atl.-jüdische Idee, daß die menschliche und die göttliche Person sich in anderen „ausdehnen" kann („extension of personality"). Denkt Paulus an Derartiges?

und den an ihn Glaubenden, läßt jedoch den seinshaften Charakter der Verbindung der Getauften mit Christus deutlich erkennen. Im übrigen redet hier Paulus von einem Mysterium, das sich begrifflich nicht vollkommen fassen läßt, am wenigsten mit Kategorien moderner Existentialanalyse[98].

3, 29 Der Vers zieht das Resumé für das Thema, das mit 3, 7 schon angeschlagen war. Dort waren die Glaubensmenschen als die wahren Söhne Abrahams erklärt worden. Unterdessen war noch festgestellt worden, daß Christus jener eschatologische „Same" Abrahams ist, durch den und in dem die Verheißung Gottes an Abraham für die Völker Wirklichkeit wurde. Der Weg, auf dem die Völker zu ihm in eine reale Verbindung kommen, ist der Weg des Glaubens und der Taufe, über deren Verhältnis zueinander der Apostel nicht reflektiert[99]. Wer auf diese Weise zu Christus gehört, ist der wahre Same Abrahams, und darum auch Erbe der Segensverheißung. So bildet der V 29 einen vorläufigen Abschluß.

Der Apostel führt den Vers mit der Konjunktion εἰ (mit zu ergänzendem Indikativ ἐστέ) ein, während die Partikel δέ weiterführend ist. εἰ hat hier den Sinn: „wenn demnach"; es streift sehr nahe an ein kausales „da"[100]. „Da ihr aber Christus gehört ...": Χριστοῦ ist Gen. poss.; durch die Taufe sind die Galater, die wieder angesprochen werden (ὑμεῖς), Eigentum Christi geworden, und das bedeutet aufgrund des vorausgehenden Kontextes eine seinsmäßige Zugehörigkeit zu Christus. Weil sie seinsmäßig zu Christus gehören, darum sind sie selbst „in Christus" „Same Abrahams", weil Christus der Same Abrahams schlechthin ist, dem die Verheißung gilt[101]. Der Schluß ist für den Apostel zwingend (ἄρα!). Daraus ergibt sich aber auch, daß die Galater (und alle Getauften, auch wenn sie Heidenchristen sind) „Erben" sind, nämlich jenes eschatologischen Heilssegens, der einst dem Abraham für alle Völker von Gott verheißen wurde (V 18b).

Eine Hinwendung der Galater zum Judaismus ist darum überflüssig, ja im Gegenteil gegen die von Gott selbst gegebene Verheißung, und verrät ein totales Mißverständnis des Gesetzes. Denn das Gesetz kann das Heil nicht bringen; das Heil hängt am Segen, ist rein gnadenhaft und in Christus erschienen.

4, 1.2 Im folgenden vertieft der Apostel den Gedanken der Mündigkeit der Galater und ihrer Anwartschaft auf das Heilserbe als freie Söhne durch einen

---

[98] Ob Paulus in Gal 3, 28 die Einheit in Christus von einem von seinen Gegnern vertretenen fälschlich-ritualistischen Uniformitätsideal abheben möchte, wie BONNARD meint, ist zu bezweifeln. Der Uniformitätsgedanke spielt in den Anschauungen der Gegner nach den Aussagen des Briefes keine Rolle.
[99] Doch darf man sagen, daß der Glaube „das Umfassendere ist" (ECKERT, Die urchristliche Verkündigung, 87); E. LOHSE, Taufe und Rechtfertigung bei Paulus, in: DERS., Die Einheit des NT (Göttingen 1973) 228–244. Das Stichwort „Glaube" hält das ganze Kapitel 3 zusammen; es erscheint in ihm vierzehnmal, im übrigen Brief nur noch achtmal.
[100] BLASS-DEBR § 372, 1.
[101] Zur Spannung zwischen kollektivem und individuellem Sinn des Ausdrucks σπέρμα vgl. unsere Bemerkungen S. 239f.

neuen Vergleich aus dem Rechtsleben. Es scheinen ihm dabei nun vor allem Einrichtungen des hellenistischen Rechts vorzuschweben[102]. Er fährt mit λέγω δέ weiter (vgl. auch 3, 17; 5, 16; 1 Kor 1, 12), was hier nicht den Sinn einer Korrektur des vorher Dargelegten hat (kein adversatives δέ), sondern eher eine Wiederholung vorausgehender Gedanken in neuer Formulierung ist[103]. Er denkt weiterhin in zeitlichen Kategorien (ἐφ' ὅσον χρόνον; ὅτε δὲ ἦλθεν τὸ πλήρωμα τοῦ χρόνου; dazu der Wechsel zwischen präterialen und präsentischen Verbalaussagen). Eine solche Schau erfordert freilich von den Galatern eine Umstellung ihrer bisherigen Geschichtsbetrachtung: sie müssen das „zeitlose" Verständnis der Geschichte zugunsten einer „zeitlich-eschatologischen" Sehweise aufgeben.

Statt λέγω δέ könnte der Apostel ebensogut eine Vergleichspartikel (καθώς) verwenden; denn das Beispiel aus dem Rechtsleben, das er bringt, hat ja jene Funktion, die die Bildhälfte in einem Vergleich einnimmt; er führt „die Sachhälfte" dann auch mit einem οὕτως ... ein.

In dem in der Bildhälfte vorgelegten Rechtsfall handelt es sich um ein unmündiges Kind (νήπιος), das zum „Erben" (κληρονόμος) bestimmt ist. Solange die Zeit der Unmündigkeit dauert, „unterscheidet es sich in nichts vom Sklaven" (wie der Apostel übertreibend sagt), „obwohl es (der potentielle) Besitzer[104] von allem ist". Es steht ihm nicht das Verfügungsrecht über sein Vermögen zu, vielmehr steht es „unter Vormündern[105] und Verwaltungsbeamten[106] bis zu dem vom Vater festgesetzten Termin[107]"[108]. Die Wahl des Plurals ἐπιτρόπους und οἰκονόμους ist sehr wahrscheinlich durch den Plural der Sachhälfte bedingt („wir"), oder er steht schon im Hinblick auf den Plural στοιχεῖα τοῦ κόσμου.

---

[102] Vgl. die eingehende Erörterung bei OEPKE z. St.
[103] Vgl. BONNARD z. St. Zu sprachlichen Parallelen bei PLUTARCH s. das Material bei ALMQUIST, Plutarch und das NT, 110, Nr. 231.
[104] κύριος ist hier Herr im Sinn von Besitzer.
[105] ἐπίτροπος ist hier der Vormund; vgl. BAUERWb s. v. 3; MOULTON-MILLIGAN s. v. notieren aus Pap. Ryl. II, 153, 18 οὗ καὶ καθίστημι ἐπιτρόπους [ἄχ]ρι οὗ γένη[αι τη]ς ἐννό[μο]υ [ἡ]λικίας; O. EGER in: ZntW 18 (1917/18) 105–108; PREISIGKE s. v.
[106] οἰκονόμος ist hier der Verwalter eines Vermögens oder der Hausverwalter (BONNARD: „régisseur"); vgl. BAUERWb s. v.; WILCKEN, Chrest. I/1, 150ff (viele Belege); P. LANDVOGT, Epigraphische Untersuchungen über den OIKONOMOΣ. Ein Beitrag zum hellenistischen Beamtenwesen (Straßburg 1908); J. REUMANN, The Use of οἰκονομία and Related Terms in Greek Sources to about A.D. 100, as a Background for Patristic Applications (Diss. Michigan 1957); DERS., „Stewards of God" — Pre-Christian religious application of OIKONOMOΣ in Greek, in: JBL 77 (1958) 339–349; MICHEL in: ThWb V, 151–153. W. DITTENBERGER notiert (Or. Gr. Inscr. Sel. II, 396) eine Inschrift aus Ägypten, auf der die Verbindung der beiden Termini begegnet: ἐπίτροπος τοῦ κυρίου ἢ οἰκονόμος.
[107] προθεσμία ist der festgesetzte Tag = Termin. Gute Belege aus Papyri bei MOULTON-MILLIGAN s. v., z. B. POxyr. IV, 728f, 18 τῇ ὡρισμένῃ προθεσμίᾳ.
[108] OEPKE zitiert aus einem Testament aus Oxyrhynchus (126 n. Chr.), in dem für zwei minderjährige Erben der älteste Bruder und der Großvater mütterlicherseits als Vormünder bestimmt sind: εἶναι τούτων ἑκατέρου ἄχρι πληρώση ἔτη εἴκοσι ἐπίτροπον τόν τε ἀδελφὸν αὐτῶν Θῶνιν καὶ τὸν κατὰ μητέρα πάππον Ἁρπαῆσιν (MITTEIS-WILCKEN II, 2, 304/9f).

4, 3 Der Vers bringt die Anwendung des aus dem Rechtsleben genommenen Beispiels auf die Heilsgeschichte, und zwar im Hinblick auf „unsere" Situation: οὕτως καὶ ἡμεῖς. Das Beispiel steht also im Dienst eines Vergleichs. Den Vormündern und Verwaltern aus dem Rechtsbeispiel entsprechen in der Sachhälfte die „Weltelemente"; dem unmündigen Erben entsprechen „wir" in der Zeit unserer eigenen Unmündigkeit. Und wie der unmündige Erbe in nichts vom Sklaven sich unterscheidet, so befanden wir uns auch in einer Sklavenschaft. Bild- und Sachhälfte entsprechen aber einander nicht völlig. In Wirklichkeit ist ja der unmündige Erbe eines freien Mannes kein Sklave, während unsere „Sklavenschaft" in religiöser Hinsicht für den Apostel feststeht; wir waren in der Zeit der Sklavenschaft eben noch keine „Söhne", sondern wurden es nach 3, 26 erst in Jesus Christus durch den Glauben. Es geht dem Apostel primär um den Gedanken der Sklavenschaft, zu dessen Illustration er das Beispiel aus dem Rechtsleben vergleichend heranzieht[109]. Versklavt waren „wir", d. h. Juden und Heiden, in der Zeit unserer Unmündigkeit unter die στοιχεῖα τοῦ κόσμου.

Was ist damit gemeint? Eine Lösung dieser schwierigen, viel erörterten Frage soll erst im Kommentar zu 4, 8–11 versucht werden, weil dort der Kontext gute Ansatzpunkte dazu bietet. Aber schon hier kann gesagt werden, daß als die versklavenden „Weltelemente" für Juden und Heiden nicht dieselben „Elemente" gemeint sind; es muß jedoch in den Augen des Apostels ein tertium comparationis zwischen „jüdischen" und „heidnischen" Weltelementen geben, das den alten Äon in gleicher Weise gekennzeichnet hat.

Dieses Gemeinsame besteht für den Apostel darin, daß wir in der Zeit der Unmündigkeit versklavt waren — den Ton trägt in V 3 das an den Schluß gestellte, rhythmisch retardierende δεδουλωμένοι.

4, 4.5 Der frühere Dauerzustand[110] unserer Versklavung gehört aber der Vergangenheit an (ἤμεθα). Denn es ist unterdessen etwas Entscheidendes geschehen, was in der Bildhälfte als vom Vater festgesetzter „Termin" bezeichnet ist. Der Termin, an dem unsere Versklavung unter die Weltelemente ein Ende nahm, war die Ankunft „der Fülle der Zeit" (τὸ πλήρωμα τοῦ χρόνου), in der Gott seinen Sohn sandte. Von „Fülle (Erfüllung) der Zeit(en)" sprach das Frühjudentum sehr häufig, meist in verbalen Wendungen[111]. Vgl. etwa Tob 14, 5: „Bis die Zeiten (καιροί) des (gegenwärtigen) Äons erfüllt sind"; Esth 4, 12 A*: „Nachdem erfüllt war die Zeit für ein Mädchen"; Josephus, Ant. VI, § 49: „Nachdem sie (die Zeit) erfüllt war, stieg (Samuel vom Dach) herab"; syrBar 30, 1: „Und darnach, wenn die Zeit der Ankunft des Messias sich vollendet (erfüllt), wird er in Herrlichkeit (in den Himmel) zurückkehren ..."; 1 QpHab VII, 1f: „Und Gott sprach zu Habakuk, er solle aufschreiben, was da kommt über das letzte Geschlecht. Aber die Vollendung (Fülle) der Zeit tat er ihm nicht kund" (mit der „Zeit" ist dabei die bisherige Zeit

---

[109] In dem von Paulus angeführten Rechtsbeispiel muß vorausgesetzt sein, daß der Vater des unmündigen Sohnes tot ist. Auch dies paßt nicht für die Sachhälfte.
[110] Perf. Pass. δεδουλωμένοι.
[111] Vgl. das Material bei DELLING in: ThWb VI, 297–304 (Literatur); MUSSNER in: PRAESENTIA SALUTIS, 86f.

gemeint, die nun ihrer Vollendung zugeht); TestJud 9, 2 καὶ πληρωθέντων τῶν δεκαοκτὼ ἐτῶν . . .[112] Diese sprachlichen Parallelen lassen erkennen, daß mit der „Fülle der Zeit", von der in Gal 4, 4 die Rede ist, die Vollendung einer vorausgehenden Zeit, der Wartezeit, d. h. der Zeit der Verheißung und des Gesetzes, gemeint ist. Weil die Sendung des Sohnes zugleich aber die Erfüllung der Verheißungszeit ist, darum bedeutet hier πλήρωμα τοῦ χρόνου mehr als nur ein kalendermäßiges Zu-Ende-Kommen einer bestimmten Zeit; die Vollendung ist als Erfüllung der Zeit zugleich ihre heilsgeschichtliche Sinngebung, ihr Vollmaß. Sie ist aber nicht das „natürliche" Ergebnis, die „natürliche" Reife eines bestimmten Zeitraums (χρόνος) der Geschichte[113], sondern freie und unberechenbare Setzung Gottes, der allein das Geheimnis der Zeiten kennt[114]. Mit der in der Sendung des Sohnes angekommenen „Fülle der Zeit" „wird nicht die Zeit als solche aufgehoben, sondern vielmehr das Heilshandeln Gottes unmittelbar in die Historie hineingestellt; im geschichtlichen Ereignis des irdischen Jesus ... vollzieht Gott seine eschatologische Tat" (Delling)[115]. Die Sendung des Sohnes durch Gott ist kein metahistorisches, eh und je sich ereignendes Geschehen, sondern eine einmalige, geschichtliche Tat (Aorist ἐξαπέστειλεν), und der Bürge für die geschichtliche Konkretion dieses Handelns Gottes ist der fleischgewordene Sohn Gottes selbst, da er „aus einem Weib geboren wurde" (γενόμενον ἐκ γυναικός), „dem Gesetz unterstellt" (γενόμενον ὑπὸ νόμον)[116]. Zur Formulierung γενόμενον ἐκ (γυναικός) vgl. auch Röm 1, 3 (περὶ τοῦ υἱοῦ αὐτοῦ τοῦ γενομένου ἐκ σπέρματος Δαυὶδ κατὰ σάρκα); PFlor 382, 38 (ὁ ἐξ ἐμ[οῦ] γενόμενος υἱὸς [Μ]ίλας ὀνόματι)[117]. Der Apostel betont damit die wahre und wahrhafte Menschheit des Sohnes,

---

[112] Vgl. im NT noch Mk 1, 15 („erfüllt ist die Zeit"); Lk 21, 24 („bis die Zeiten der Heiden erfüllt sind"); Joh 7, 8 („meine Zeit ist noch nicht erfüllt"): Eph 1, 10 (εἰς οἰκονομίαν τοῦ πληρώματος τῶν καιρῶν); ferner noch POxyr. II, 275, 24 (μέχρι τοῦ τὸν χρόνον πληρωθῆναι); Freer-Logion (πεπλήρωται ὁ ὅρος τῶν ἐτῶν τῆς ἐξουσίας τοῦ σατανᾶ).

[113] Man kann nicht sagen, „daß die Länge dieses Verlaufs und der Eintritt seines Endpunktes von der inneren Entwicklung abhängt, welche Israel durchmachen sollte" (so ZAHN z. St.).

[114] Vgl. auch 1 QS IV, 18f („Und Gott in den Geheimnissen seines Verstandes und seiner herrlichen Weisheit bestimmte eine Zeit für den Bestand des Unrechts. Zur bestimmten Zeit der Heimsuchung wird er es vertilgen für immer, und dann wird hervorgehen auf die Dauer die Wahrheit für die Welt"); 1 QM XIV, 14; 1 QpHab VII, 13 („Denn alle Zeiten Gottes werden zu ihrem Ziel kommen, wie er es ihnen bestimmt hat in den Geheimnissen seiner Klugheit"); Eph 3, 9f; dazu noch BORNKAMM in: ThWb IV, 821f; EICHHOLZ, Die Theologie des Paulus im Umriß, 158 („Daß die Zeit erfüllt ist, das ‚sieht' ... allein Gott. Deshalb ist solches Datum nicht berechenbar und nicht ableitbar. Es ist in Gottes Hand. Erscheint Geschichte uns als ein verworrenes, ja chaotisches Geschehen, so gilt für den Apokalyptiker ein strenges Gefüge. Was uns wirr vorkommt, verläuft für ihn nach einer geheimen Ordnung"); LUTHER: „Non enim tempus fecit filium mitti, sed e contra missio filii fecit tempus plenitudinis."

[115] ThWb VI, 303f.

[116] Zu den beiden Bedeutungen von γίνεσθαι in Gal 4, 4 vgl. BAUER Wb s. v. I, 1a; II, 4a.

[117] Vgl. MOULTON-MILLIGAN s. v. Die Wendung γενόμενος ἐκ γυναικός entspricht in 1 QHod XIII, 14; XVIII, 12f.16 dem hebräischen ילוד אשה, womit der natürliche Mensch gemeint ist; vgl. auch 1 QS XI, 20f („Und was, wahrlich, ist es, das Menschenkind, unter deinen wunderbaren Werken? Und der vom Weib Geborene, wofür soll er vor dir geachtet werden? Er, seine Form ist aus Staub, und Speise des Gewürms ist seine Wohnung"; ein ähnlich negativer Ton liegt auf dem Ausdruck in Hi 14, 1); Mt 11, 11 (ἐν γεννητοῖς γυναικῶν); Esr-Apk 8, 35.

die durch das „Geborenwerden aus einem Weib" bestimmt ist, „ohne die jungfräuliche Geburt ausdrücklich ins Auge zu fassen" (Schlier)[118]. „Den Apostel interessiert hier ... nicht, wie Jesus geboren wurde. Es genügt ihm zu verkünden, daß der Sohn Gottes Mensch wurde und daß den Menschen dadurch die Gotteskindschaft geschenkt wurde (Gal 4, 6f)" (H. Räisänen)[119].

Was besagt das zweite Partizipialattribut γενόμενον ὑπὸ νόμον im Hinblick auf Christus? Rein sprachlich gesehen, bedeutet γενέσθαι ὑπὸ νόμον = gestellt (unterworfen) werden unter das Gesetz (vgl. 1 Makk 10, 38 τοῦ γενέσθαι ὑφ' ἕνα: unter den Hohenpriester). Das Gestelltwerden Christi „unter Gesetz" will neben dem „Geborensein aus einem Weib" hervorheben, daß er nicht nur Mensch unter den Menschen wurde, sondern darüber hinaus Jude und als solcher dem Gesetz unterstellt[120]. Mit der Feststellung, daß Christus „unter das Gesetz gestellt" war, verbindet er die Aussagen des V 4 mit jenen des Kontextes (Verheißung – Gesetz; Segen – Fluch)[121].

Das Geschick des Sohnes hatte einen bestimmten Heilszweck: „damit er die unter dem Gesetz (Stehenden) erlöse"[122]. Der Zusammenhang mit V 3 würde eher erwarten lassen: „damit er die unter den Weltelementen (Stehenden) erlöse". Wenn der Apostel jetzt dafür ὑπὸ νόμον schreibt, zeigt das schon an, daß für ihn ein innerer Zusammenhang der Gesetzesherrschaft mit der Herrschaft der „Weltelemente" besteht (vgl. Näheres zu 4, 8–10). Der zweite ἵνα-Satz im V 5, der den ersten in positiver Exegese entfaltet[123], läßt zudem deutlich erkennen, daß das göttliche Heilsziel ein allumfassendes, Juden und

---

[118] Gal 4, 4 wurde in der Tat von vielen Auslegern seit der Väterzeit mit der Geburt Jesu aus der Jungfrau Maria in Zusammenhang gebracht; vgl. dazu E. DE ROOVER, La maternité virginale de Marie dans l'interprétation de Gal 4, 4, in: Studiorum Paulinorum Congressus Internat. Cathol. II: AnalBibl 17–18, II (Rom 1963) 17–37. ZAHN meint (Gal., 202): „Daß . . . Pl die menschliche und israelitische Seite der Lebensentstehung Christi . . . lediglich als Herkommen oder Abstammen von einem Weib und nicht als Erzeugung durch einen israelitischen Mann und Geburt durch ein israelitisches Weib bezeichnet, erklärt sich nur daraus, daß er von einem Manne, der Jesum erzeugt hätte, nichts weiß. Für einen solchen ist kein Raum neben Gott, seinem Vater, der ihn als seinen Sohn von einem Weib hat geboren werden lassen. Die Mutter Jesu ausdrücklich als παρθένος zu bezeichnen, hatte Pl hier ebensowenig Anlaß, wie sie mit Namen zu nennen; aber er hat hierüber kein anderes Wissen oder Meinen gehabt, als sein Schüler Lukas und . . . der vierte wie der erste Evangelist."

[119] Die Mutter Jesu im NT (Helsinki 1969) 20 (vgl. überhaupt 17–20). BONNARD z. St.: „il ne fut pas un météore effleurant seulement l'humanité; son chemin, sa destinée, ou histoire terrestre fut l'histoire de tous les hommes."

[120] Vgl. auch ZAHN z. St. Den besten Kommentar dazu bietet Lk 2, 22–24.39. — Es ist also kaum daran gedacht, daß Christus in die durch das Gesetz offenbar gewordene Todesgemeinschaft der Unerlösten eintrat (vgl. 3, 13), die Juden und Heiden umfaßt (in dieser Richtung BURTON, LAGRANGE, OEPKE, SCHLIER u. a.). Ob E. HAENCHEN mit seiner Bemerkung: „Daß Jesus für Paulus ,unter das Gesetz getan' war, verschließt die Möglichkeit, daß er von einem ernsthaften Konflikt Jesu mit dem Gesetz wußte" (ZThK 63 [1966] 151) recht hat, ist zu bezweifeln. Es geht dem Apostel in Gal 4, 4 um die irdischen Bedingungen des menschgewordenen Sohnes Gottes, nicht um seine Konflikte mit Israel; der Sohn wurde Mensch und Jude: das allein will hier der Apostel betonen.

[121] Vgl. auch BLANK, Paulus und Jesus, 269f.

[122] Zu ἐξαγοράζειν vgl. die Ausführungen zu 3, 13.

[123] Zum ἵνα epexegeticum vgl. RADERMACHER, Grammatik, 191.

Heiden einschließendes ist; denn in den Plural ἀπολάβωμεν sind ja auch die heidenchristlichen Adressaten miteingeschlossen.

Das umfassende Heilsziel Gottes ist die Verleihung der Sohnschaft, hier ausgedrückt mit υἱοθεσία, das eigentlich juristischer t. t. ist („Adoption")[124], in der urchristlichen Literatur jedoch nur von religiösen Verhältnissen gebraucht wird[125] (vgl. im NT Röm 8, 15.23; 9, 4; Eph 1, 5). Die „Annahme an Sohnes Statt" verleiht die vollen Sohnesrechte, obwohl keine physische Sohnschaft vorliegt. Vor allem verleiht sie das Recht, in das Erbe des Vaters einzutreten. Die υἱοθεσία ist reines Gnadengeschenk, was schon mit dem Begriff als solchem gegeben ist (υἱο-θεσία), mit dem Verbum ἀπολάβωμεν aber noch besonders unterstrichen wird[126]. Würde die Sachhälfte im Vergleich ganz genau der Bildhälfte entsprechen, dann müßte es heißen: „damit wir aus νήπιοι Mündige würden". Aber die „Mündigkeit" ist durch die Annahme an Sohnes Statt von selber gegeben; die Mündigkeit besteht ja für den Apostel konkret in der Befähigung, das Verheißungserbe antreten zu können. Dazu muß man „Sohn" sein; auf das Lebensalter kommt es dabei nicht an. Die gnadenhafte Annahme der Getauften an Sohnes Statt bringt ihnen eine neue, intime und ganz persönliche Beziehung zu Gott, wie dann V 6 ausführen wird.

Gal 4, 4f klingt fast wie ein Credosatz. Was könnte in ihm vorpaulinisches Formelgut sein? Das ergibt sich aus einem Vergleich mit Röm 8, 3f; Joh 3, 16f; 1 Joh 4, 9[127].

Röm 8, 3f: ὁ θεὸς τὸν ἑαυτοῦ υἱὸν πέμψας ... ἵνα τὸ δικαίωμα τοῦ νόμου πληρωθῇ ἐν ἡμῖν

Joh 3, 16f: οὕτως γὰρ ἠγάπησεν ὁ θεὸς τὸν κόσμον, ὥστε τὸν υἱὸν (αὐτοῦ)[128] τὸν μονογενῆ ἔδωκεν[129], ἵνα πᾶς ὁ πιστεύων

---

[124] Vgl. die Belege bei MOULTON-MILLIGAN, s.v.; WENGER/OEPKE in: RAC I, 99–112; WÜLFING V. MARTITZ in: ThWb VIII, 400f (weitere Lit.); dazu noch BLANK, Paulus und Jesus, 258–276 (275: „Die υἱοθεσία ist ... als die christologisch-soteriologische Heilsgabe zu verstehen, die ,in Christus' als dem ,erstgeborenen' Sohn und dem eschatologischen Repräsentanten einer in der Auferweckung Christi begründeten ,neuen Ordnung' den Glaubenden Anteil am Segen und an der Verheißung Abrahams gewährt und sie als ,Erben' der dereinstigen vollen Inbesitznahme des Erbes gewiß macht ...").
[125] BAUERWb s.v. (mit Literatur).
[126] Der Apostel nennt zwar die Gläubigen ohne weiteres „Söhne (Gottes)", macht aber andererseits durch die Terminologie des zweiten ἵνα-Satzes im V 5 den Unterschied der Sohnschaft der Getauften zur Sohnschaft des Sohnes schlechthin, Christus, bewußt. ECKERT meint (Die urchristliche Verkündigung, 90): „Die Vermutung dürfte nicht abwegig sein, daß durch den nur in der paulinischen Tradition vorkommenden Begriff υἱοθεσία ... die von Israel aufgrund der Bundesschlüsse und Verheißungen beanspruchte Sohnschaft (vgl. Röm 9, 4) hier bewußt denen, die an Christus glauben, zugesprochen wird." Das „bewußt" ist nicht so sicher, weil der Apostel selbst in Röm 9, 4 Israel die Sohnschaft gerade nicht abspricht, sondern zu den bleibenden „Privilegien" Israels zählt.
[127] Vgl. dazu auch A. SEEBERG, Der Katechismus der Urchristenheit (hrsg. von F. HAHN [München 1966]) 59ff; KRAMER, Christos-Kyrios-Gottessohn, 108–112; SCHWEIZER in: ThWb VIII, 376–378; 385f; BLANK, Paulus und Jesus, 260ff; THÜSING, Per Christum in Deum, 116–119.   [128] αὐτοῦ fehlt in $\mathfrak{P}^{66}$ B ℵ* W.
[129] „Bei ἔδωκεν denkt [Joh] sicher zunächst an die Sendung in die Welt (vgl. V 17), mit der freilich auch das Drama des Kreuzestodes ... eingeleitet ist (vgl. 1 Joh 4, 10)" (SCHNACKENBURG, Das Johannesevangelium I, 424).

	Gal 4, 4.5
	εἰς αὐτὸν μὴ ἀπόληται ἀλλ' ἔχῃ ζωὴν αἰώνιον· οὐ γὰρ ἀπέστειλεν ὁ θεὸς τὸν υἱὸν εἰς τὸν κόσμον ἵνα κρίνῃ τὸν κόσμον, ἀλλ' ἵνα¹³⁰ σωθῇ ὁ κόσμος δι' αὐτοῦ.
1 Joh 4, 9:	ἐν τούτῳ ἐφανερώθη ἡ ἀγάπη τοῦ θεοῦ ἐν ἡμῖν, ὅτι τὸν υἱὸν αὐτοῦ τὸν μονογενῆ ἀπέσταλκεν ὁ θεὸς εἰς τὸν κόσμον ἵνα ζήσωμεν δι' αὐτοῦ.
Gal 4, 4f:	ὅτε δὲ ἦλθεν τὸ πλήρωμα τοῦ χρόνου, ἐξαπέστειλεν ὁ θεὸς τὸν υἱὸν αὐτοῦ ..., ἵνα τὴν υἱοθεσίαν ἀπολάβωμεν.

Kramer möchte mit Blick auf diese Texte von einer „Sendungsformel" sprechen, mit festen Stichworten und einem klaren Formschema[131]. Auch Schweizer redet von einem „Denkschema"[132]. In der Tat begegnen uns hier gemeinsame Stichworte: „senden" (πέμπειν, [ἐξ-]ἀποστέλλειν); „Gott" als der Sendende; sein „Sohn" als der Abgesandte; Angabe des Heilszieles mit Hilfe des ἵνα-Satzes. Zudem ist die Grundstruktur der Aussagen die gleiche: Voraus geht immer der „Sendungssatz", es folgt der finale „Heilssatz", so daß mit Dahl von einem „teleologischen Schema" gesprochen werden kann[133]. Wie sich aber auch zeigt, wurde das Schema jeweils sehr selbständig benutzt und mit Gedanken aufgefüllt, wie sie für Paulus und Johannes typisch und vom Kontext her erfordert sind. So scheint, daß in Gal 4, 4f ein vorpaulinisches Verkündigungsschema vorliegt, das mit verschiedenem Material aufgefüllt wird, bei Joh so, bei Paulus so. Im ersten Teil des Schemas findet sich jeweils der Sendungsgedanke und in diesem die Präexistenzchristologie. Denn daß in den oben angeführten vier Texten bei der Aussage über den Sohn, den Gott sendet, der christologische Präexistenzgedanke impliziert ist, ist sicher[134]. Für Joh kann das aufgrund seiner übrigen Christologie nicht in Abrede gestellt werden[135].

---

[130] „οὐ ... ἀλλ' ἵνα ist typisch joh." (ebd. 425).
[131] A.a.O. 109.   [132] A.a.O. 376f.
[133] N. A. DAHL, Formgeschichtliche Beobachtungen zur Christusverkündigung in der Gemeindepredigt, in: Ntl. Studien für R. BULTMANN (Berlin ²1957) 3–9 (7f).
[134] Vgl. auch KRAMER, Christos – Kyrios – Gottessohn, 111: „Mit der Vorstellung der Sendung des Gottessohnes in die irdische Existenz ist ... die seiner Präexistenz vorausgesetzt, so daß wir die Aussage der Formel als Sendung des Präexistenten in die irdische Existenz umschreiben können. Damit tritt der Unterschied der Gottessohnvorstellung unserer Formel zu der von R 1, 3b klar zutage: Wird da der Irdische (der Messias) bei der Auferstehung zum Gottessohn eingesetzt, ‚adoptiert', so ist er dort der Präexistente, der in die irdische Existenz hineingesandt wird. Adoptierte irdische Gestalt — gesandte präexistente Gestalt, so können die beiden Vorstellungen umschrieben werden." EICHHOLZ bemerkt (Die Theologie des Paulus im Umriß, 126): „Immer ist der Sohnestitel bei Paulus so verstanden, daß der Träger des Titels schon von allem Anfang an der Sohn ist. Deshalb heißt es: Gott sandte seinen Sohn. Paulus hat diesen Gebrauch des Titels selbst schon der Tradition entnommen. Sendungsformel und Dahingabeformel sind schon vorpaulinisch ... man könnte von einer Inkarnations-Christologie sprechen. Der Titel umgreift die ganze Geschichte Jesu Christi und haftet an keinem Datum. Er ist allen Daten vorauf."
[135] Vgl. auch SCHNACKENBURG, Joh-Ev I, 290–302. Auf das Woher der Präexistenz- und Sendungschristologie gehen wir nicht ein (vgl. zu ihr etwa BLANK, Paulus und Jesus, 265–267; THÜSING in: K. RAHNER – W. THÜSING, Christologie — systematisch und exegetisch [Freiburg i. Br. 1972] 249–253); vielleicht hat sie ihren Ursprung in der Applikation der „Weisheit" auf Jesus Christus (vgl. dazu E. SCHWEIZER, Zur Herkunft der Präexistenzvorstellung bei

Paulus scheint die Sohn-Gottes- und Präexistenzchristologie schon übernommen zu haben; ihre Anfänge reichen weit zurück[136]. „Die hermeneutische Funktion der Sendungsaussage liegt ... darin, daß sie es erlaubt, die Bedeutung auch des irdischen Jesus in die umfassende christologisch-soteriologische Aussage einzubeziehen. Sie macht es möglich, den Erhöhten und den Irdischen in ihrer personalen Einheit zu erfassen, ohne daß beide Daseinsweisen auseinanderfallen würden" (Blank)[137]. Gerade Gal 4, 4–7 bestätigt dies. Im Gal erscheint die Sohneschristologie im ganzen viermal (1, 16 τὸν υἱὸν αὐτοῦ, 2, 20 τοῦ υἱοῦ τοῦ θεοῦ, 4, 4 τὸν υἱὸν αὐτοῦ, 4, 6 τοῦ υἱοῦ αὐτοῦ), jedesmal also mit einem nominalen (τοῦ θεοῦ) oder pronominalen (αὐτοῦ) Genitiv verbunden, was auf das einzigartige Verhältnis des Sohnes zu Gott verweist. Dennoch geht gerade aus dem Gal hervor, daß der Apostel die Sohneschristologie nicht um ihrer selbst willen oder aus spekulativen Gründen einführt, sondern aus soteriologischen Absichten: **Der Sohn ist ganz Sohn für uns!**[138] Auch 4, 6 bestätigt das[139].

Für den Juden ist naturgemäß die Sohn-Gottes-Christologie ein besonderer Anstoß; er muß gegen sie protestieren[140]. Daß Paulus „den Messias über alles Menschenmaß hinaus auf den Status realer Göttlichkeit erhob — das ist das radikal **Unjüdische** im Denken des Apostels"[141]. „Wir sehen in dem υἱὸς

Paulus, in: DERS., Neotestamentica [Zürich – Stuttgart 1963] 105–109; Aufnahme und Korrektur jüdischer Sophiachristologie im NT, ebd. 110–121; Zum religionsgeschichtlichen Hintergrund der ‚Sendungsformel' Gal 4, 4f, Röm 8, 3f, Joh 3, 16f, 1 Joh 4, 9, in: DERS., Beiträge zur Theologie des NT [Zürich 1970] 83–95; Ökumene im NT: Der Glaube an den Sohn Gottes, ebd. 97–111; DERS., in: ThWb VIII, 376–378; 385f; A. FEUILLET, Le Christ Sagesse de Dieu d'après les épîtres Pauliniennes [Paris 1966] mit umfassender Literatur; F. CHRIST, Jesus Sophia. Die Sophia-Christologie bei den Synoptikern [Zürich 1970]. Was die Applikation der atl.-frühjüdischen Aussagen über die Weisheit angeht, so müßte nach ihrer Veranlassung und Berechtigung gefragt werden. Wahrscheinlich wurde sie aus der nachösterlichen Reflexion über das Offenbarungsgeheimnis Jesu geboren, die möglicherweise ihren Ursprung in dem sich vor Ostern manifestierenden Selbstbewußtsein Jesu hat.

[136] Vgl. dazu M. HENGEL, Christologie und ntl. Chronologie. Zu einer Aporie in der Geschichte des Urchristentums, in: NT und Geschichte. Historisches Geschehen und Deutung im NT. O. CULLMANN zum 70. Geburtstag (Zürich/Tübingen 1972) 43–67. Nach H. muß man annehmen, „daß die paulinische Christologie bereits gegen Ende der vierziger Jahre vor Beginn der großen Missionsreisen in den Westen in allen wesentlichen Zügen voll ausgebildet vorlag" (45).

[137] Paulus und Jesus, 267.

[138] Vgl. auch KRAMER, Christos – Kyrios – Gottessohn, 111 („... die Formel zielt ad hominem. Es geht um den Heilssinn der Sendung des Sohnes ‚für uns'"); BLANK, Paulus und Jesus, 264ff; THÜSING, Per Christum in Deum, 117; SCHWEIZER in: ThWb VIII, 385f. Auf einer Dogmatikertagung, an der der Verfasser teilnehmen konnte, wurde lange die Frage erörtert: Warum kam eigentlich Jesus? Die Antwort könnte vielleicht lauten: Damit der **Sohn** (Gottes) in der Welt erscheinen konnte. Damit könnte auch eine andere Frage sachgemäß beantwortet werden, nämlich diese: Was brachte Jesus von Nazareth eigentlich Neues in die Welt? Die Antwort: **Sich selbst, und zwar als den Sohn!**

[139] Vgl. auch Eph 1, 4–7: „In Liebe hat er uns **zur Sohnschaft vorherbestimmt durch Jesus Christus** auf ihn hin nach seinem huldvollen Willen zum Lobpreis der Herrlichkeit seiner Gnade, mit der er uns begnadet in dem Geliebten" (= dem Sohne).

[140] Vgl. besonders SCHOEPS, Paulus, 152–173.

[141] Ebd. 153.

θεοῦ-Glauben — und nur in ihm — die einzige, allerdings entscheidende heidnische Prämisse des paulinischen Denkens."[142] „Dieses Wesentliche an der christologischen Lehre, der soteriologische Glaube, daß Gott Mensch geworden sei und zur Sühne der menschlichen Sünden seinen eingeborenen Sohn habe den Opfertod erleiden lassen, ist für die Juden — wie Paulus sagt — ein ‚Ärgernis', d. h. eine unmögliche Glaubensvorstellung gewesen, durch die die Souveränität und die schlechthinnige Jenseitigkeit Gottes Schaden erleidet, ja die Welt zerstört wird. Auf diese christologische Lehre konnte sich auch die Auslegung des jüdischen Glaubensbekenntnisses ‚Höre, Israel' im Midrasch Samuel 5, 4 (auch Cant. rabba 5, 11 u. ö.) beziehen: ‚Wenn du das Daleth in dem Worte ‚Echad' zu einem Resch machst[143], zerstörst du die Welt.' Vor der Behauptung der Menschwerdung des ewigen Gottes zerriß nicht nur der sadduzäische Hohepriester seine Kleider, sondern nach dem Bericht des Johannes suchen auch die Juden wegen dieser βλασφημία, ὅτι σὺ ἄνθρωπος ὢν ποιεῖς σεαυτὸν θεόν (10, 33; 5, 18) Jesus zu steinigen, und ebenso wurde Stephanus nach Acta 7, 54–60, als er diesen Glauben an einen himmlischen Gottessohn bekennt, von einer fanatisch erregten Volksmenge gesteinigt."[144] Der Christ muß für dieses jüdische Ärgernis an der Sohn-Gottes-Christologie Verständnis aufbringen, aber an diesem Punkt zeigen sich auch unüberschreitbare Grenzen im christlich-jüdischen Dialog, die nicht dialektisch übersprungen werden können oder durch Preisgabe des 2. Glaubensartikels verwischt werden dürfen.

4, 6 Die in den Kommentaren erörterte Frage, ob der Pneumaempfang der Gläubigen die Folge ihrer Sohnschaft sei oder umgekehrt die Sohnschaft die Folge des Pneumaempfanges, muß mit Chrysostomus, Sieffert, Oepke, Bonnard u. a. gegen Zahn, Loisy, Lagrange, Lietzmann u. a. zugunsten der ersten Auffassung entschieden werden; denn V 6 bildet mit seinem weiterführenden δέ deutlich eine Klimax gegenüber V 5[145]: Die Annahme an Sohnes Statt in der Taufe schließt auch noch die Pneumagabe an die „Söhne" in sich. Am besten scheint aber Blank dieses Problem zu lösen[146]: „Der Empfang der υἱοθεσία schließt sicher die Geistbegabung eo ipso mit ein, eins ist ohne das andere nicht zu denken. Mit Glauben, Taufe und Geistempfang ist der Vorgang der Adoption gleichsam ratifiziert. Dieses Ineinander darf nicht als logisches

---

[142] Ebd. 163.
[143] אַחֵר = alius (der „fremde" Gott = Götze; vgl. Is 42, 8!): Anmerkung vom Verfasser dieses Kommentars.
[144] Ebd. 168.
[145] Vgl. auch SCHLIER, z. St. — Mit dieser Frage hängt zusammen, ob ὅτι zu Beginn des V 6 deklarativ („daß") oder kausal („weil") zu nehmen ist (vgl. dazu Näheres bei SCHLIER, z. St.). Wer ὅτι mit „daß" übersetzt, muß eine Ergänzung anbringen („Daß ihr aber Söhne seid", sc. erkennt ihr daran). Sieht man in V 6 eine Steigerung in der theologischen Gedankenführung des Apostels gegenüber V 5, dann kann ὅτι nur kausal verstanden werden und man braucht nicht etwas zu ergänzen, was nicht im Text steht. Damit soll nicht bestritten sein, daß ὅτι δέ (wie in Gal 4, 6) auch die Bedeutung haben kann: „zum Erweis dafür, daß" (vgl. die Belege dafür bei S. ZEDDA, L'adozione a figli di Dio et lo Spirito Santo, in: VD 40 [1962] 128–139).
[146] Paulus und Jesus, 276.

oder zeitliches Nacheinander gefaßt werden. Richtiger wäre zu sagen: Während Gal 4, 5 vom Empfang der Sohnschaft aufgrund der Heilstat Christi die Rede ist, geht es in V 6f um die pneumatische Erfahrung der Sohnschaft. Oder anders ausgedrückt: Während V 4f das Zustandekommen der Sohnschaft von ‚außen', von der objektiven Seite des Handelns Gottes am Menschen her und deshalb auch in vorwiegend juristischer Terminologie beschrieben wird, wird sie in V 6f in dem, was ihre innere Wirklichkeit, ihren lebendigen Vollzug ausmacht, gesehen. Die ‚Sohnschaft' kommt durch eine Art Rechtsakt von seiten Gottes zustande, aber ihre innere Wirklichkeit ist pneumatischer Art." Das Pneuma durchbricht eine rein juridische Auffassung des Verhältnisses Gott – Mensch[147].

Eigenartig ist die Spannung zwischen dem Präsens ἐστε in dem ὅτι-Satz und dem Aorist ἐξαπέστειλεν im Hauptsatz. Die Sohnschaft ist seit der Taufe eine dauernde (Präsens ἐστε)[148], die Sendung des Pneumas in die Herzen der Gläubigen erfolgte (Aorist ἐξαπέστειλεν) seinerzeit bei der Taufe, aber es bleibt in ihnen als dauernde Gabe (Präsenspartizip κρᾶζον), weil eben die Sohnschaft eine bleibende ist. Der Ton liegt in dem Nebensatz auf υἱοί: die Sohnschaft ist der Grund (ὅτι) des Pneumaempfangs! Im übrigen darf der Vers nicht mit dogmatischen (trinitarischen) Spekulationen belastet werden. Worauf es dem Apostel ankommt, ist dies: eine Gleichordnung der Söhne mit dem Sohn in ihrem existentiellen Verhältnis zu Gott zu konstatieren, das durch das Pneuma des Sohnes dauernd vermittelt wird. Sie stehen zu Gott in einer ganz persönlich-intimen Beziehung, weil das ihnen in der Taufe verliehene Pneuma in ihren Herzen zu Gott ruft: „Vater", wie es sonst eben nur beim Sohn der Fall ist. Der Geist öffnet und ermöglicht so eine neue Relation zu Gott, die der Apostel als Vater-Sohn-Verhältnis kennzeichnet[149]. τὸ πνεῦμα τοῦ υἱοῦ ist nicht der Geist, der vom Sohne „ausgeht" (im Sinn des Symbolums), sondern der Geist, den der Sohn schon immer besitzt. Diesen selben Geist sandte Gott bei der Taufe in unsere[150] Herzen. Weil für den Apostel aber mit ὁ θεός, υἱός und πνεῦμα reale, personale Wirklichkeiten gemeint sind[151], widersteht die Aussage des Verses einer nur „existentialen Interpretation"; die neue Relation der Gläubigen zu Gott ist vielmehr seinshaft und personalen Wesens. Das „seinshaft" hat seinen Grund in der realen Anwesenheit des Pneuma in den Herzen der Gläubigen, das „personal" im „Vater"-Ruf derselben. Sohnschaft und Ruf des Geistes bestimmen so die eschatologische Existenz der Getauften.

Woran denkt der Apostel beim „Rufen" des Pneuma? Vielleicht an bestimmte Erfahrungen der Urkirche, wie etwa die Glossalalie mit ihren spontanen, un-

---

[147] Vgl. auch Kuss, Römerbrief, 550.   [148] Vgl. auch 3, 26.
[149] Vgl. auch A. Duprez, Note sur le rôle de l'Esprit-Saint dans la Filiation du Chrétien, in: RechScR 52 (1964) 421–431.
[150] Die LA ὑμῶν bei den Textzeugen D^c K Ψ 33 81 88 181 326 330 436 451 (etc.) Vg.^Clem, syr^p.h., copt^bo mss, goth, aeth, Victorin, Ephraem, Didymus, Chrysostomus, Augustinus u. a. statt ἡμῶν ist Angleichung an das ἐστε im ὅτι-Satz.
[151] Für ὁ θεός und υἱός bedarf das keines Beweises; für πνεῦμα erhellt es eindeutig aus dem Partizip κρᾶζον: „rufen" kann nur ein persönliches Wesen.

artikulierten Gebetsrufen (1 Kor 14!); vielleicht auch an das Gebet der Christen überhaupt, das der Geist inspiriert[152] und in dem er den „Vater"-Ruf in den Gläubigen laut werden läßt und so ihre Kindschaft bezeugt und ihnen zur geistlichen Erfahrung bringt (vgl. auch Röm 8, 16)[153].

Das Pneuma ruft in den Gläubigen zu Gott ἀββά = aramäisch אַבָּא[154]. Dieser Gebetsruf ist Ausdruck eines ganz persönlich-intim verstandenen Verhältnisses des Menschen zu Gott. In ihm kommt die Sohnesrelation zu Gott zur Sprache, die durch den Geist für die Getauften eröffnet ist[155]. So ist der Christ durch den Geist in die „Familie" Gottes miteinbezogen (vgl. auch Röm 8, 15f und besonders Eph 2, 18)[156]. Damit ist für die Galater nun auch endgültig durch den Apostel geklärt, welches Pneuma sie einst aufgrund der Annahme der Glaubenspredigt empfangen haben, als sie Christen wurden (vgl. 3, 2). Es schließt sich der Kreis.

4, 7 Aus dieser ganz persönlich verstandenen Sohnschaft der Gläubigen zieht der Apostel nun auch die ganz persönlich verstandene (vgl. den Übergang in die 2. Person Sing.: εἶ) Folgerung (ὥστε) für den einzelnen: „Ergo bist du nicht mehr Sklave, sondern Sohn." Der Apostel sagt nicht νήπιος, sondern δοῦλος, wahrscheinlich im Rückblick auf das ἤμεθα δεδουλωμένοι im V 3. Aus einem Sklaven ist ein freier Sohn geworden, der darum auch das volle Erbe antreten kann. Das geht über die Aussage von 3, 29 weit hinaus. Dort sind die Gläubigen als „Same Abrahams" und „Erben gemäß der Verheißung" bezeichnet; dort werden die Gläubigen also in den auf Abraham zurückreichenden Verheißungszusammenhang hineingestellt, in 4, 6f dagegen wird ihre Gotteskindschaft geoffenbart, und was die Söhne Gottes „erben", ist das ganze

---

[152] Vgl. BONNARD z. St.: „Le cri de la prière n'est pas le cri de la surprise ou de l'émerveillement, mais le cri inspiré par l'Esprit; la prière est action et parole de l'Esprit en l'homme ...; les possédés et les démons ,crient'; toutes les religions antiques connaissent le cri ou l'acclamation inspirée des rois et des dieux."

[153] Begriffs- und Religionsgeschichtliches zu κράζειν s. bei SCHLIER, 140, Anm. 1; GRUNDMANN in: ThWb III, 898–904, der bei κράζειν geradezu an ein „Proklamieren, Verkünden, Offenbaren" denkt („In dem Gebetsanruf handelt es sich zugleich ... um eine durch den Geist sich vollziehende Offenbarung von Gottes Namen ... und Wesen"); KUSS, Römerbrief, 550.

[154] Vgl. dazu J. JEREMIAS, ABBA. Studien zur ntl. Theologie und Zeitgeschichte (Göttingen 1966) 15–67; DERS., Ntl. Theologie I (Gütersloh 1971) 67–73. J. bemerkt (ebd. 72): „'abba war Kindersprache, Alltagsrede, Höflichkeitsausdruck. Es wäre für das Empfinden der Zeitgenossen Jesu unehrerbietig, ja undenkbar erschienen, Gott mit diesem familiären Wort anzureden.

Jesus hat es gewagt, 'Abba als Gottesanrede zu gebrauchen. Dieses 'Abba ist ipsissima vox Jesu." Dazu kritisch E. HAENCHEN, Der Weg Jesu. Eine Erklärung des Markus-Evangeliums und der kanonischen Parallelen (Berlin 1966) 492, Anm. 7a; KÄSEMANN, An die Römer, 217f. Auf welchen Wegen diese Gottesanrede zu Paulus gekommen ist, entzieht sich unserer Kenntnis; vielleicht über den Gottesdienst, gleich dem Ruf μαράνα θά (1 Kor 16, 22).

[155] Vgl. auch noch W. MARCHEL, Abba, Père! La prière du Christ et des chrétiens. Étude exégétique sur les origenes et la signification de l'invocation à la divinité comme père, avant et dans le Nouveau Testament (= Anal. Bibl. 19) (Rom 1963). — Zur patristischen Auslegung von Gal 4, 6 vgl. S. ZEDDA, L'adozione a figli di Dio e lo Spirito Santo. Storia dell'interpretazione e teologia mistica di Gal 4, 6 (Rom 1952).

[156] Vgl. dazu auch MUSSNER, Christus, das All und die Kirche, 102–104.

eschatologische Heil (vgl. auch Röm 8, 17). Doch äußert sich der Apostel hier nicht näher über den Inhalt des Erbes. Ihm kommt es ja darauf an, den Galatern zu zeigen, daß ihnen das Heilserbe „durch Gott" als getauften Gläubigen geschenkt wird, eine Hinwendung ihrerseits zum Judaismus deshalb überflüssig ist[157].

Auffällig und darum in der textlichen Überlieferung sehr verschieden gestaltet ist das Präpositionalattribut zu κληρονόμος: διὰ θεοῦ. Das Abweichen von diesem Text bei vielen Textzeugen[158] erklärt sich leicht aus dem Umstand, daß die Präposition διά „nur auf den ‚Vermittler' Christus zu passen schien" (Lietzmann). Aber διά kann auch vom Urheber gebraucht werden[159]. Gott ist der Urheber der ganzen Heilsveranstaltung, und so steht Gott betont am Schluß des Abschnittes (vgl. auch 3, 18), der allmählich auch zu einem Thema hingeführt hat, das später im Brief noch ausführlich behandelt wird: zum Thema „Freiheit". Ihre in der Sohnschaft gründende Freiheit scheinen die Galater noch nicht recht begriffen zu haben, weil sie sich erneut unter ein Sklavenjoch begeben wollen, wie ihnen der Apostel im folgenden vorhält.

Exkurs 5:

Gesetz und Evangelium nach dem Galaterbrief [1]

Das theologische Problem, das schon seit alter Zeit[2] und besonders in der reformatorischen Theologie auf die Formel „Gesetz und Evangelium" gebracht worden ist, ist das eigentliche Thema des Gal. Denn die Galater sind dabei, vom

---

[157] LUZ vermutet, daß hinter Gal 4, 6b.7 „eine alte (Tauf-?)Tradition" steht (Geschichtsverständnis, 282 und die dortige Ausführung).
[158] Vgl. dazu den umfangreichen Apparat in ALAND/BLACK/METZGER/WIKGREN, The Greek New Testament, 656; METZGER, A textual Commentary on the Greek N.T., 595f.
[159] Vgl. zu 3, 19; dazu noch Röm 11, 36; 1 Kor 1, 9.

[1] Literatur (Auswahl): W. JOEST, Gesetz und Freiheit. Das Problem des Tertius usus legis bei Luther und in der ntl. Parainese (Göttingen ³1961) (mit umfassender Literatur); G. SÖHNGEN, Gesetz und Evangelium. Ihre analoge Einheit (Freiburg i. Br. – München 1957); DERS., Gesetz und Evangelium, in: LThK ²IV, 831–835 (Lit.); DERS., Gesetz und Evangelium, in: Cath 14 (1960) 81–105; P. BLÄSER, Gesetz und Evangelium: ebd. 1–23; W. BERJE, Gesetz und Evangelium in der neueren Theologie (Berlin o.J.); W. ANDERSEN, Ihr seid zur Freiheit berufen. Gesetz und Evangelium nach biblischem Verständnis (Neukirchen 1964); E. WOLF, Gesetz und Evangelium, dogmengeschichtlich, in: RGG ³II, 1519–1526 (Lit.); W. JOEST, Gesetz und Evangelium, dogmatisch: ebd. 1526–1531 (Lit.); I. BECK, Altes und neues Gesetz. Eine Untersuchung zur Kompromißlosigkeit des pln. Denkens, in: MüThZ 15 (1964) 127–142; F. MUSSNER, „Evangelium" und „Mitte des Evangeliums", in: PRAESENTIA SALUTIS (Düsseldorf 1967) 159–177; R. HERMANN, Naturrecht und Gesetz bei Luther, in: ThLZ 6 (1968) 401–408; E. KINDER – Kl. HAENDLER (Hrsg.), Gesetz und Evangelium (Wege der Forschung CXLII) (Wiesbaden 1968); R. BRUCH, Gesetz und Evangelium in der katholischen Kontroverstheologie des 16. Jahrhunderts, in: Cath 23 (1969) 1–15.
[2] Schon TERTULLIAN hat zu Marcions Unternehmen bemerkt: „Separatio legis et evangelii

Evangelium sich abzuwenden und dem gesetzlichen Leben sich zuzuwenden. Sie zum Evangelium zurückzurufen ist das Anliegen, das den Apostel bei der Abfassung des Briefes bewegt.

Die Formel „Gesetz und Evangelium" klingt sehr einfach und verbirgt so leicht die ganze Problematik, die in ihr steckt, vor allem in dem „und". Wie ist dieses „und" zu verstehen?[3] Das ist die Frage, auf die sehr verschiedene Antworten möglich sind, wie die Theologiegeschichte zeigt. Im Zusammenhang dieses Kommentars geht es darum: Wie versteht der Gal das „und" in der Formel „Gesetz und Evangelium"?

I. Das Problem der richtigen Relation

1. Versteht sich die Relation Gesetz und Evangelium als jene einer nahtlosen Synthese? Stehen also Gesetz und Evangelium als gleichgeordnete und gleichberechtigte Größen, heilsgeschichtlich und systematisch gesehen, friedlich nebeneinander bzw. hintereinander? Kann also das Gesetz ohne weiteres als Evangelium und das Evangelium ohne weiteres als Gesetz begriffen werden?

2. Oder versteht sich die Relation Gesetz und Evangelium als Alternative, so daß eigentlich formuliert werden müßte: Gesetz oder Evangelium? Stehen sich also Gesetz und Evangelium antithetisch, diastatisch gegenüber? Heilsgeschichtlich gefragt: Ist das Evangelium seit Christus an die Stelle des Gesetzes getreten?

3. Oder ist die Relation, in der Gesetz und Evangelium zueinander stehen, eine dialektische? Sind also beide Größen eigentümlich aufeinander bezogen, zwar als Größen sui generis, aber doch so, daß das Evangelium nicht ohne das Gesetz und das Gesetz nicht ohne das Evangelium begriffen werden kann?

Was gibt der Gal auf diese verschiedenen Möglichkeiten in der Relation Gesetz und Evangelium für eine Antwort?

II. Die Relation von Gesetz und Evangelium nach dem Galaterbrief

Im Gal stehen Gesetz und Evangelium in einem „heilsgeschichtlichen" Koordinatensystem[4], aus dem sie nicht gelöst werden dürfen, soll die Relation, in der sie zueinander stehen, richtig bestimmt werden. Paulus redet ja im Gal nicht in abstrakter Weise von Gesetz und Evangelium, sondern stellt beide Größen in einen zeitlich abgesteckten Rahmen: am Anfang die Verheißung an Abraham;

---

proprium et principale opus est Marcionis" (Adv. Marc. I, 19; PL 2, 267f). „Das Verdienst, den Gegensatz von Evangelium und Gesetz aus den Briefen des Paulus herausgezogen und für alle Zeiten formuliert zu haben, gebührt dem Marcion" (A. v. HARNACK, Evangelium. Geschichte des Begriffs in der ältesten Kirche, in: Entstehung und Entwicklung der Kirchenverfassung und des Kirchenrechts in den ersten zwei Jahrhunderten [Leipzig 1910] 232).

[3] Vgl. dazu SÖHNGEN in: Cath 14 (1960) 81f.

[4] Wir setzen im Hinblick auf die Problematik, die mit dem Ausdruck „Heilsgeschichte" bei Paulus gegeben ist (vgl. dazu Exkurs über: „Heilsgeschichte" oder γραφή?), den Terminus „heilsgeschichtlich" bewußt in Anführungszeichen.

Exkurs 5: Gesetz und Evangelium nach dem Galaterbrief

430 Jahre später die Gesetzgebung (vgl. 3, 17); schließlich „die Fülle der Zeit" (4, 4), in der mit der Sendung des Sohnes die Verheißung erfüllt wird. Nach dem Apostel beginnt das Evangelium, weil es auf dem Glaubens- und Gnadenprinzip beruht, im Grunde schon bei Abraham; denn es setzt sich aus Verheißung und Erfüllung zusammen. Gott gibt die Verheißung dem Abraham und erfüllt sie in Christus, in dem Gott den Glaubenden die eschatologische Heilsgabe des Pneuma und mit ihm die Adoptivsohnschaft Gottes schenkt. Das Evangelium beginnt also schon bei Abraham. Zwischenhinein kommt aber — 430 Jahre nach der Verheißung an Abraham — das Gesetz. Doch erhebt sich dadurch sofort die Frage: τί οὖν ὁ νόμος (Gal 3, 19). Paulus gibt zwar auf diese Frage die Antwort: τῶν παραβάσεων χάριν προσετέθη, bis der Same käme, dem die Verheißung galt (3, 19). Eine andere Frage beantwortet er aber nicht, nämlich diese: Wäre die Verheißung nicht zu ihrem Ziel gekommen, wenn das Gesetz nicht dazwischengekommen wäre? Dazu ist zu sagen: Der Apostel gewinnt seine Aussagen über das Dazwischenkommen des Gesetzes nicht aus spekulativen Überlegungen, sondern aus der biblischen Überlieferung, nach welcher Israel am Sinai das Gesetz empfangen hat; und aufgrund dieses Ereignisses ist für einen Juden die Erlangung der „Gerechtigkeit" vor Gott mit Hilfe des Gesetzes das eigentliche Ziel jeglicher religiösen Betätigung geworden. Andererseits weiß Paulus aus derselben biblischen Überlieferung, daß Abraham glaubte und dieser Glaube ihm von Gott zur Gerechtigkeit angerechnet wurde (Gal 3, 6). Das Gesetz beruht aber nicht auf dem Glaubensprinzip, sondern auf dem ποιεῖν-Prinzip (3, 12); das Evangelium, das der Apostel als die Erfüllung der Verheißung verkündet, beruht dagegen auf dem Glaubensprinzip. Schien vor der Zeit der Erfüllung ein Neben-, ja Miteinander von Glaube und Gesetz möglich gewesen zu sein, so erklärt der Apostel, daß in der Zeit der jetzt angebrochenen Erfüllung ein derartiges Neben- und Miteinander von Gesetz und Evangelium nicht mehr möglich ist, daß das Gesetz vielmehr durch Christus abgetan ist. Ist es aber wirklich abgetan? Gibt es in der Zeit der Erfüllung, d. h. in der Zeit des Glaubens und der Kirche, nicht doch noch das Gesetz, wenn auch in der Form einer nova lex? Stellt Gott jetzt keine Forderungen mehr an den Menschen und speziell an den Glaubenden? Wozu dann die apostolische Ermahnung, die auch im Gal begegnet? Wie verhält sich diese zum Evangelium als der wirksamen Zusage der Erfüllung? Das sind die bekannten Fragen, die die Geister bis heute beschäftigen, besonders hinsichtlich des sogenannten tertius usus legis[5].

Sicher ist es so, daß nach dem Gal und nach pln. Theologie überhaupt die Relation Gesetz und Evangelium für die Zeit der Verheißung und für die Zeit der Erfüllung je besonders und anders zu bestimmen ist. In der Zeit der Verheißung wird gerade durch die Unfähigkeit des Gesetzes, das Heil zu bringen, die Erfüllung der Verheißung dringlich und immer dringlicher, was der Apostel in Gal 3, 24 so formuliert: ὁ νόμος παιδαγωγὸς ἡμῶν γέγονεν εἰς Χριστόν. Das Gesetz läßt den Blick auf die Verheißung nicht vergessen, sondern schärft ihn für sie (εἰς Χριστόν!). Nachdem aber die Fülle der Zeit gekommen ist,

---

[5] Vgl. dazu besonders JOEST, Gesetz und Freiheit (s. Anm. 1).

Exkurs 5: Gesetz und Evangelium nach dem Galaterbrief

ist es anders. Jetzt verkündet das Evangelium: die Verheißung Gottes an Abraham ist in Christus erfüllt und folglich ist die Aufgabe des Gesetzes erledigt, ja der Christ ist von der Macht des Gesetzes befreit. Der Christ, präziser gesagt: der Mensch, wird durch den Glauben gerechtfertigt. Lebt er aber deswegen in einer „gesetzlosen" Zeit? Keineswegs, antwortet der Apostel, vielmehr gilt es jetzt, „das Gesetz Christi zu erfüllen" (Gal 6, 2). Was damit näher gemeint ist, soll unter Nr. III erörtert werden. Wenn nach der Verkündigung des Apostels einerseits das Gesetz durch Christus abgetan ist, andererseits das „Gesetz Christi" zu erfüllen ist, so scheint mit dem „Gesetz Christi" ein anderes „Gesetz" gemeint zu sein als jenes, das in der Zeit vor Christus als παιδαγωγὸς εἰς Χριστόν gewirkt hat. Stand das atl. Gesetz in der Todesrelation zum Evangelium als der Verheißung, so steht das Gesetz Christi in der Lebensrelation zum Evangelium als der Erfüllung der Verheißung. Jedoch muß diese positive Relation vor Mißverständnissen abgeschirmt werden. „Lebensrelation" heißt nicht, daß das Gesetz Christi nun das vermöge, was das Gesetz des Mose nicht vermochte: das Heil zu bringen. Auch das Gesetz Christi bringt nicht das Heil, sondern das Heil bringt, wie der Apostel lehrt, der Glaube an den gekreuzigten und auferstandenen Christus. Darum kann das Gesetz Christi nicht in eine analoge Relation zum Gesetz des Mose gebracht werden, es sei denn nur in der Weise einer rein formalen analogia nominum aufgrund des gemeinsamen Terms „Gesetz". Aber inhaltlich und wirkmäßig waltet keine Analogie zwischen dem Gesetz des Mose und dem Gesetz Christi. Die ntl. Paränese hat nicht den Zweck, den Glaubenden zu dem Leben zu führen, das ihm das Gesetz des Mose nicht bringen konnte; sie will vielmehr Früchte am „Baum" der Rechtfertigung hervorrufen. Der aus dem Glauben Gerechtfertigte darf nicht ohne Früchte sein.

Über eine solche Bestimmung der Relation Gesetz und Evangelium nach dem Gal dürften sich katholische und evangelische Theologie heute einig sein. Worüber sie sich vielleicht noch nicht einig sind, ist der andere Punkt in dieser Relation. A. v. Harnack hat auf folgendes hingewiesen: „In Zusammenhängen, in denen bei Paulus das ‚Gesetz' steht, findet sich das Evangelium niemals und umgekehrt."[6] Diese Beobachtung bräuchte man an und für sich nicht allzu wichtig zu nehmen, da „Evangelium" auch als Sammelbegriff für alles genommen werden kann, was mit Verheißung und Erfüllung zusammenhängt — und auch wir haben bisher „Evangelium" als solchen „Sammelbegriff" genommen[7]. Immerhin bleibt auffällig, daß beim Apostel die Formel „Gesetz und Evangelium" noch nicht anzutreffen ist; sie hätte ihm eigentlich leicht von der Thematik her in die Feder fließen können. Wenn der Apostel vom „Evangelium" redet, so meint er damit zunächst die Erfüllung der Verheißung in Christus, und diese Erfüllung liegt für ihn nicht in einem heilzusagenden „Wort", sondern im lebendigmachenden Pneuma, in dem die dem Abraham für die Völker verheißene εὐλογία konkret besteht (vgl. Gal 3, 14). Deshalb ist das Evangelium kein bloßes „Sprachereignis", d. h. ein nur beim

---

[6] Evangelium, 218.
[7] Paulinisch gesehen mit Recht; denn der Apostel verwendet den Begriff „Evangelium" in vielfältigem Sinn; vgl. dazu MUSSNER, PRAESENTIA SALUTIS, 160–167.

Exkurs 5: Gesetz und Evangelium nach dem Galaterbrief

„Wort" bleibendes Ereignis, vielmehr ein Ereignis „ontologischer" Art. Denn das Pneuma ist nicht Wort, sondern Sein! Das Evangelium verkündet also ein Sein, das Gesetz dagegen ein Sollen[8].

Von dieser Einsicht her muß die Relation Gesetz und Evangelium nach dem Gal nochmals überdacht und formuliert werden, jedenfalls im Hinblick auf die Zeit der Erfüllung. Wenn das Evangelium ein neues Sein verkündet, das mit dem durch das Pneuma gewirkten In-Sein in Christus gegeben ist, dann ist das Gesetz Christi **Auswirkung dieses neuen Seins** und nicht die, auch nicht „analoge", Fortsetzung des durch Christus abgetanen mosaischen Gesetzes. Das Gesetz Christi ist die sichtbar werdende Dynamik des Seins in Christus, nach Gal 5, 22 „die Frucht des Pneumas". Dadurch ist auch der Imperativ, den das Gesetz Christi ausspricht, anders qualifiziert als der Imperativ des mosaischen Gesetzes. Wie soll man aber diesen Imperativ näherhin bestimmen? Vielleicht so: Er ist nicht ein ins Sollen, sondern ein aus dem Sein in das Sein rufender Imperativ. Der Christ wird durch den Imperativ der apostolischen Ermahnung zu einem ethischen Verhalten gerufen, wie es dem Sein entspricht, das ihm im Pneuma von Gott geschenkt worden ist, so daß nun sein Handeln nach Gal 5, 22 „Frucht des Geistes" ist. Der Pneumaempfang als die Erfüllung der Verheißung an Abraham und seine Nachkommen erweist so das Thema „Gesetz und Evangelium" für die Zeit der Erfüllung im Grunde als ein ontologisches, wobei freilich der Begriff „ontologisch" nicht philosophisch im Sinn einer Seinsmetaphysik genommen werden darf. Es handelt sich um eine „pneumatische" Ontologie, zugehörig der καινὴ κτίσις (Gal 6, 15; 2 Kor 5, 17)[9].

III. Evangelium und Paraklese (Paränese)

Der Gal verkündet das Evangelium gegen das Gesetz. Aber es findet sich im Gal, wie in allen anderen Paulusbriefen, auch die Paraklese, also der Imperativ. Dadurch aber entsteht die Frage: Wenn der Brief das Evangelium gegen das Gesetz verkündet, wie verträgt sich mit dieser Verkündigung des Evangeliums die apostolische Paraklese, der Imperativ? Wie lassen sich Evangelium und Imperativ überhaupt zusammenbringen? Wird dadurch das Gesetz nicht doch wieder aufgerichtet? Kirchen- und Theologiegeschichte können von einer solchen „Wiederaufrichtung" des Gesetzes viel erzählen[10]. Die Überlegungen, die hier anzustellen sind, verlangen große Sorgfalt, auch in der sprachlichen Durcharbeitung, damit keine Mißverständnisse entstehen.

---

[8] Vgl. dazu auch Söhngen in Cath 14 (1960) 95: „Das Evangelium ist Anzeige eines Seins und Habens, freilich eines von Gott geschenkten Seins und Habens; das Gesetz ist kein solcher Indikativ, sondern ein Imperativ, das Gebot eines Sollens."
[9] Vgl. auch P. Stuhlmacher, Erwägungen zum ontologischen Charakter der καινὴ κτίσις bei Paulus, in: EvTh 27 (1967) 1–35.
[10] Vgl. etwa M. Limbeck, Von der Ohnmacht des Rechts. Zur Gesetzeskritik des NT (Düsseldorf 1972).

Exkurs 5: Gesetz und Evangelium nach dem Galaterbrief

1. Das Evangelium als Paraklese[11]

Wenn der Apostel in 1 Thess 2, 2ff zu seiner Verkündigung des „Evangeliums Gottes" (V 2) bemerkt: „Denn unsere Mahnung (παράκλησις) geschieht nicht aus irriger und unlauterer Absicht noch mit Arglist (V 3); vielmehr weil wir von Gott mit dem Evangelium (τὸ εὐαγγέλιον) betraut worden sind, reden wir so (V 4)", so läßt diese Bemerkung erkennen, daß für den Apostel „Paraklese" („Mahnung") und „Evangelium" unlösbar zusammengehören. Noch zweimal verwendet der Apostel im unmittelbar folgenden Text des Briefes den Ausdruck „Evangelium" (VV 8f) und schließt den Abschnitt mit der Erinnerung der Thessalonicher an die apostolische Mahnung in V 11: „So wißt ihr auch, daß wir jeden einzelnen von euch, wie ein Vater seine Kinder, gemahnt (παρακαλοῦντες), aufgefordert und beschworen haben, ihr möchtet doch würdig des Gottes wandeln, der euch zu seinem Reich und seiner Herrlichkeit gerufen hat." Auch hier zeigt sich noch einmal: „Evangelium" und „Paraklese" gehören für den Apostel zusammen. Auf jeden Fall kann man sagen: Das Evangelium ist für den Apostel auch Paraklese, und diese zielt auf das περιπατεῖν, also auf den ethischen Wandel. „Die christliche Mahnung ist Evangelium" (Schlier)[12].

Das Evangelium verkünden heißt nach Paulus Christus verkünden[13]. „Ihn verkündigen wir, da wir jeden Menschen ermahnen und jeden Menschen belehren in aller Weisheit, um hinzustellen jeden Menschen als vollkommen in Christus" (Kol 1, 28). Zum „Christum treiben" (M. Luther) gehört also für Paulus auch die apostolische Mahnung an die Gemeinden. Auch nach Kol 2, 6 soll die christliche Gemeinde in Christus so „wandeln", „wie ihr den Herrn Christus Jesus überkommen habt (παρελάβετε)", d. h., zur apostolischen „Überlieferung" des Christus hinein in die Gemeinden gehört nach der Paulusschule auch die ethische Mahnung, die Paraklese; Christus muß „gelernt" werden (Eph 4, 20).

Es läßt sich nicht leugnen, daß für Paulus und seine Schule zum Evangelium auch die Paraklese gehört; sie ist ein Wesensbestand desselben, wie gerade auch der Gal in seinen ethischen Partien zeigt. Das vom Apostel verkündete Evangelium erhebt einen ethischen Anspruch an den Menschen, wie auch Jesus selbst diesen Anspruch in unüberhörbarer Weise erhoben hat (Bergpredigt!)[14].

Die Frage, die sich aus dieser Feststellung ergibt, lautet: Warum ist das so? Wo haben der Imperativ, die Paraklese ihren Grund und Ort?

---

[11] Vgl. auch A. GRABNER-HAIDER, Paraklese und Eschatologie bei Paulus (Ntl. Abh., NF 4) (Münster 1968); C. J. BJERKELUND, Parakalô. Form, Funktion und Sinn der parakalô-Sätze in den pln. Briefen (Oslo 1967).

[12] Die Eigenart der christlichen Mahnung nach dem Apostel Paulus, in: Besinnung auf das NT (Freiburg i. Br. 1964) 340–357 (357).

[13] Vgl. auch FRIEDRICH in: ThWb II, 728.

[14] Vgl. dazu auch MUSSNER, „Evangelium" und „Mitte des Evangeliums", in: PRAESENTIA SALUTIS, 159–177; DERS., Der Jakobusbrief, 47–53.

2. Grund und Ort des Imperativs

Über das Verhältnis von Imperativ und Indikativ in der pln. Theologie, über ihre unlösliche Zusammengehörigkeit darin, ist schon soviel geschrieben worden, daß wir uns hier mit den Ergebnissen begnügen dürfen[15]. Der Apostel kennt weder den Indikativ ohne den Imperativ, noch den Imperativ ohne den Indikativ. Aber der Imperativ ist dem Indikativ nicht vor-, sondern nachgeordnet, weil der Imperativ aus dem Indikativ, dem neuen Sein des Getauften in Christus, fließt. Klassische Beispiele dafür stehen im Gal 5, 1: „Zur Freiheit hat uns Christus befreit; steht also fest und laßt euch nicht wieder unter das Joch der Knechtschaft zwingen": der Imperativ στήκετε ist die Konsequenz (οὖν) aus dem vorausgehenden Indikativ ἠλευθέρωσεν; oder in 5, 25: „Wenn wir im Geiste leben, so laßt uns auch im Geiste wandeln." Der Indikativ begründet die Ethik. Doch hat Kertelge recht, wenn er bemerkt[16]: „Der Gehorsam des Gerechtfertigten kann nur in einem uneigentlichen Sinne als Ethik bezeichnet werden", weil „Ethik" leicht den Beigeschmack der autonomen Lebensgestaltung, der Selbstverwirklichung an sich haben kann, die es für den Apostel nicht gibt. Für ihn ist der Gehorsam des Christen „die ihm von Gott in der Rechtfertigung geschenkte Möglichkeit seines Lebens ‚in Christus' (Rö 8, 1; 1 Kor 1, 30) und ‚für Gott' (Rö 6, 11; Gal 2, 19)"[17]. Damit hängt zusammen, daß der Imperativ bei Paulus nicht als „Gesetz" im atl. Sinn verstanden werden darf (s. dazu noch Näheres unter 3). Er bedeutet auch keine Relativierung des Indikativs, vielmehr will der Imperativ den Indikativ, die Tatsache des Gerechtfertigt- und Befreit-Seins, gerade zur Geltung bringen. „Der Indikativ gilt nicht unter der Bedingung, daß der Imperativ erfüllt wird, sondern seine Geltung kommt in der Befolgung des Imperativs zur Darstellung" (Kertelge)[18].

Der Imperativ bringt ein Doppeltes zum Bewußtsein: a) Er verhindert ein mechanisch-magisches (gnostisches) Verständnis der Rechtfertigung, des geschenkten neuen Seins. b) Er zeigt die grundsätzliche eschatologische „Spannung" in der christlichen Existenz: Zwar steht der Gerechtfertigte bereits im Heil Gottes, aber dennoch steht das Endheil für ihn noch aus. Die Bedrohung durch Gesetz, Fleisch und Sünde bleibt auch für den Gerechtfertigten. Auch der schon Gerechtfertigte muß sich bewähren und kann dem Gericht Gottes verfallen[19], wenn die Vorstellung von einem noch ausstehenden Endgericht auch „keine konstituierende Bedeutung" im Rahmen der pln. Rechtfertigungslehre hat[20]. Das Gericht wird urteilen, ob und wie der Christ wirklich Christ

---

[15] Vgl. etwa Kuss, Der Römerbrief, 396–432 (Exkurs: Heilsbesitz und Bewährung). Dazu noch Kertelge, „Rechtfertigung" bei Paulus, 250–263; N. Gäumann, Taufe und Ethik. Studien zu Römer 6 (München 1967). Dazu noch weitere Literatur in diesem Kommentar S. 364, Anm. 2.
[16] „Rechtfertigung", 251.
[17] Ebd. 252.   [18] Ebd. 257.
[19] Vgl. dazu Kertelge, „Rechtfertigung", 255–257; L. Mattern, Das Verständnis des Gerichtes bei Paulus (Abh. zur Theol. des A und NT 47) (Zürich – Stuttgart 1966), besonders 112–212.
[20] Vgl. Kertelge, „Rechtfertigung", 256.

war. Der Imperativ drängt also auf die Verwirklichung des neuen Seins im konkreten christlichen Leben, im christlichen „Werk", das nichts mit den „Werken des Gesetzes" zu tun hat. „Wir sind sein Geschöpf, geschaffen in Christus Jesus zu guten Werken, die Gott zuvor bereitet hat, daß wir in ihnen unser Leben führen": so formulierte es die Paulusschule in Eph 2, 10. Der Imperativ konzentriert sich nach Gal 5, 14 vor allem in jenem Grundimperativ, den anderen Menschen zu lieben. In der ἀγάπη wird „das Gesetz Christi" erfüllt (6, 2).

Konfrontiert man unsere Antwort auf die Frage nach Ort und Grund des Imperativs in der pln. „Ethik" mit der Formel „Gesetz und Evangelium", so muß entschieden betont werden, daß die Relation Indikativ – Imperativ, wie Paulus sie sieht, höchst ungeeignet ist, um sie überhaupt mit jener Formel in Zusammenhang zu bringen Der pln. Imperativ ist eben nicht Gesetz — trotz des Ausdrucks „das Gesetz Christi" —, sondern ist einfach der dynamisch werdende Indikativ; es besteht in Wirklichkeit gar keine „echte Antinomie" (so Bultmann)[21] zwischen Indikativ und Imperativ bei Paulus, weil der Imperativ auch nicht in irgendeiner Weise als Widerspruch zum Indikativ empfunden wird. Der Indikativ fordert vielmehr von seinem Wesen her den Imperativ. Der Imperativ gehört selbst auf die Seite des „Evangeliums".

Der Imperativ folgt für Paulus auch nicht daraus, daß der Gerechtfertigte „zugleich Sünder" sei. Vom Gerechtfertigten, in der Taufe mit Christus Gestorbenen und Auferweckten, gilt vielmehr nach Röm 6, 7: δεδικαίωται ἀπὸ τῆς ἁμαρτίας, und nach Gal 5, 24 der Satz: „Die aber Christus Jesus angehören, haben das Fleisch gekreuzigt." Welchen Sinn hat dann überhaupt der Imperativ, wenn der Getaufte nicht simul iustus et peccator ist, sondern iustus? Er kann dann nur den Sinn haben: Er will den Gerechtfertigten davor bewahren, wieder ein peccator zu werden, und will ihn positiv zu einem Leben κατὰ πνεῦμα im Gehorsam gegen Gott führen[22]. „Die Mahnung ergeht dahin, der Zukunft, die sich ihm in Christus Jesus schon aufgetan hat, gerecht zu werden und im Denken und Tun schon aus ihr zu leben" (Schlier)[23]. Der Imperativ schaut von der (abgetanen) Vergangenheit in die Gegenwart und Zukunft des Heils und er schaut von der Gegenwart und Zukunft des Heils zurück auf die (abgetane) Vergangenheit, auf den „alten Menschen", den „Leib der Sünde", um diese nie mehr Gegenwart werden zu lassen.

3. Das Evangelium als „nova lex"

Wenn das Gesetz grundsätzlich durch das Evangelium abgetan ist, darf dann das letztere als „nova lex" bezeichnet werden, wie das in der katholischen Tradition geschehen ist? Noch deutlicher gefragt: Darf dann der Apostel selbst in Gal 6, 2 von einem „Gesetz Christi" reden (oder in Röm 3, 27 von einem „Gesetz des Glaubens" oder in 8, 2 von einem „Gesetz des Geistes")? Da er dies tut, ist zu fragen, in welchem Sinn er es tut.

---

[21] ZntW 23 (1924) 123.
[22] Vgl. auch Schlier, Gal., 267; Kertelge, „Rechtfertigung", 259–275.
[23] Die Eigenart der christlichen Mahnung, a.a.O. 356.

Exkurs 5: Gesetz und Evangelium nach dem Galaterbrief

Zunächst einige Bemerkungen zum Ausdruck ὁ νόμος τοῦ Χριστοῦ. „Von einer Tora des Messias hat man auch in rabbinischen Kreisen geredet; aber man verstand darunter nicht etwa eine Tora, die die Tora des Moses verdrängen und sich an deren Stelle setzen werde, sondern eine neue Auslegung der alten Tora, die der Messias in der Kraft Gottes bringen und lehren werde, so daß seine Tora gewissermaßen wie eine neue Tora erscheinen werde. Doch ist uns der Terminus תורתו של משיח = ὁ νόμος τοῦ Χριστοῦ nur einmal begegnet" (Billerbeck)[24]. Diese eine Stelle steht in MidrQoh 11, 8, 52a: „Die Tora, die ein Mensch in dieser Welt lernt, ist Nichtigkeit gegenüber der Tora des Messias." Diesen Satz würde auch Paulus nicht völlig ablehnen, weil der gekreuzigte und auferweckte Christus für ihn das Ende des (mosaischen) Gesetzes ist (Röm 10, 4)[25] und deshalb das Gesetz als unzuständige Heilsinstanz erwiesen ist, wie gerade auch der Gal verkündet. Aber ist nach Paulus die Tora des Messias ein neues Gesetz, das Christus gebracht hat? Der Ausdruck „neues Gesetz" begegnet beim Apostel nicht[26], dafür aber in Gal 6, 2 der Ausdruck ὁ νόμος τοῦ Χριστοῦ. Wenn Christus für den Glaubenden des Gesetzes Ende ist, dann ist um so mehr zu fragen, wie dieser Ausdruck „das Gesetz Christi" vom Apostel verstanden sein will. Jedenfalls können dann (altes) „Gesetz" und „Gesetz Christi" nicht mehr auf einer (evtl. nur verlängerten) Ebene liegen. M. a. W.: es tritt deutlich in den Begriff „Gesetz" ein Element, durch das „das Gesetz Christi" nicht als Interpretation des alten Gesetzes zu verstehen ist, wie es Rabbinen vom neuen Gesetz des Messias annahmen[27], sondern wodurch das Gesetz Christi eine vollkommen neue Qualität erhält: es ist das „Geist-Gesetz", ὁ νόμος τοῦ πνεύματος (Röm 8, 2), das „Leben in Christus Jesus" bedeutet und den Getauften befreit hat vom Gesetz der Sünde und des Todes. Dieses Geistgesetz Christi ist etwas radikal Neues, eben der aus dem Indikativ des neuen Seins in Christus fließende Imperativ. Wenn der Apostel diesen Imperativ als „Gesetz Christi" bezeichnet, so hebt er damit den ein Sollen fordernden Charakter desselben hervor[28]. Der Gerechtfertigte ist durch Glauben und Taufe nicht ein ἄνομος θεοῦ geworden, der der strengen Forderung Gottes enthoben wäre, wie ein gnostischer Libertinist meint, sondern er ist ein ἔννομος Χριστοῦ (1 Kor 9, 21), eben einer, der sich freudig unter das Gesetz Christi stellen will, das in seiner Zusammenfassung lautet: Du sollst deinen Nächsten lieben wie dich selbst (Röm 13, 8–10; Gal 5, 14). „Das Gesetz Christi" ist eine zusammenfassende Bezeichnung der ntl. Imperative, die nicht neben die Imperative des mosaischen Gesetzes treten, sondern an ihre Stelle; sie wollen die Früchte am „Baum" der schon erfolgten Rechtfertigung zeitigen.

---

[24] III, 577 zu Gal 6, 2.
[25] Vgl. auch Schoeps, Paulus, 177–183.
[26] Vgl. dagegen Joh 13, 34 (ἐντολὴ καινή) und besonders Barn 2, 6 (ὁ καινὸς νόμος τοῦ κυρίου ἡμῶν Ἰησοῦ Χριστοῦ — es handelt sich nach dem Kontext um die atl. Opfergesetze, an deren Stelle Christus ein neues Gesetz „ohne Zwangsjoch, keine von Menschen bereitete Opfergabe" gebracht hat). Vgl. dazu auch H. Windisch, Der Barnabasbrief (HzNT, Erg.-Bd. III) 311f (mit viel Material).
[27] Vgl. dazu Billerbeck, IV, 1; J. Jervell, Die geoffenbarte und die verborgene Tora, in: StTh 25 (1971) 90–108.
[28] Vgl. auch Michel, Der Brief an die Römer, 159.

Exkurs 5: Gesetz und Evangelium nach dem Galaterbrief

Wenn also von einer „Analogie" zwischen dem mosaischen Gesetz und dem „Gesetz Christi" gesprochen wird, dann darf das, genau gesehen, nicht einmal im Sinn einer analogia nominum geschehen, weil „Gesetz" und „Gesetz" in beiden Fällen Verschiedenes ausdrücken[29], sondern es kann höchstens in dem Sinn von einer „Analogie" geredet werden, als beide „Gesetze" den Charakter der strengen Forderung nach Gehorsam an sich haben; nur im Hinblick darauf kann das „Gesetz Christi" eine nova lex genannt werden[30]. Zugleich zeigt sich

---

[29] Nach der Lehre der modernen Semantik bestimmt in einem Syntagma wie diesem ὁ νόμος τοῦ Χριστοῦ das Genitivattribut die semantische Valeur des Terms νόμος, der, für sich gesehen, zwar kein reiner „Leerbegriff" ist, sondern aufgrund seiner semantischen Vorgeschichte, die Paulus aus seiner jüdischen Vergangenheit kennt, mit „Weisung" zu tun hat, die zum Gehorsam ruft. Der Weisende ist aber jetzt Christus bzw. das Pneuma bzw. der Glaube selbst.

[30] Nach G. SÖHNGEN darf das katholische Ja zur analogen Benennung des Evangeliums als nova lex nur unter folgenden vier Bedingungen aufrechterhalten werden (Cath 14 [1960] 88, Anm. 3): „1. Die Analogie darf nicht in einem Allerweltsbegriff verstanden werden, das heißt nicht als Analogie der ähnlichen Beschaffenheit: Die nova lex evangelica ist kein Gesetz von ähnlicher Beschaffenheit wie das alte Gesetz des Moses und der Zwei Tafeln. — 2. Das Neue Gesetz des Evangeliums ist als ‚Gesetz' nicht von der Art dessen, was sonst Gesetz genannt wird; es ist ein Gesetz ohne ‚Gesetzlichkeit', ohne die Gesetzlichkeit, die zum Gesetz im eigentlichen Sinn gehört . . . — 3. Die Neuheit im Neuen Gesetz des Evangeliums muß nach THOMAS und AUGUSTIN nicht in etwas Gesetzlichem gesucht werden, nicht in einer formalen und materialen Vervollkommnung des Gesetzes als Gesetzes, sondern gerade in etwas, das über allem Gesetz und Gesetzlichen liegt, und das ist die Neuheit des Geistes, die Neuheit des in unsere Herzen gegebenen Heiligen Geistes zur Erneuerung und Überwindung des alten Menschen zu einem neuen Menschen in wahrer Gerechtigkeit und Heiligkeit. — 4. Lassen wir uns nun gefragt sein, welches Interesse unter den vorgenannten Bedingungen an der doch dann gar nicht einfach verständlichen Benennung des Evangeliums als Neues Gesetz noch besteht, so werden wir exegetisch auf paulinische Wortfügungen wie ‚Gesetz des Glaubens' (Röm 3, 27), ‚Gesetz des lebendigmachenden Geistes in Christus Jesus' (Röm 8, 2) und ‚Gesetz, dessen Fülle die Liebe ist' (Gal 5, 14 und Röm 13, 8–10), und auf andere neutestamentliche Stellen verweisen; und systematisch werden wir daran erinnern, daß das Evangelium als Angebot der Sündenvergebung und Heiligung auf das Gesetz, auf Gesetzesübertretung und Gesetzeserfüllung bezogen ist und so als Evangelium das Gesetz umgreift, ohne daß aber das Gesetz von sich aus das Evangelium umgreift. Gesetzeserfüllung kommt aus der Gabe des Evangeliums; nicht aber kommt die Gabe des Evangeliums aus einem Anspruch des Gesetzes und der Gesetzesgerechtigkeit, sondern aus der Verheißung. Das Gesetz muß also stets im Gegenüber zum Evangelium begriffen werden, und das Evangelium stets im Gegenüber zum Gesetz. Das Evangelium ist auf das Gesetz bezogen, aber gegenüber dem Gesetz als transzendente oder vielmehr transzendentale, übergreifende Größe — wir würden mit einem Begriff der heutigen Grundlagenforschung sagen: als metanomische, übergesetzliche Aussage über das Gesetz, und zwar als eine solch metanomische Aussage, die die Krisis des Gesetzes offenbart, entweder die Krise zum Tode am Scheitern gegenüber dem Anspruch des Gesetzes oder die Krise zum Leben aus dem Zuspruch und der Gabe des Evangeliums."

Nach THOMAS VON AQUIN ist „das neue Gesetz" ipsa gratia Spiritus Sancti, quae datur Christi fidelibus (S. Th. I/II q. 106 a. 1); und nach Thomas würde auch „der Buchstabe des Evangeliums" töten, nisi adesset interius gratia fidei sanans (ebd. a. 2). Die Lehre des Thomas liegt genau auf der Linie der pln. Lösung; Thomas schwächt Paulus in keiner Weise ab, wie das vielfach in der katholischen Theologie geschehen ist und noch geschieht. Vgl. dazu auch G. SÖHNGEN, Gesetz und Evangelium. Ihre analoge Einheit (s. Anm. 1) 51–63; DERS. in LThK ²IV, 834. Nach unserer Meinung sollte man im Hinblick auf das Thema „Gesetz und Evangelium" weder von „Analogie" noch von „Dialektik" reden. Was die „Analogie" betrifft, gilt hier die Warnung PLATONS (Sophistes 231a): „Wer sichergehen will, muß sehr mit den Ähnlichkeiten auf der Hut sein; ist es doch eine gar zu gefährliche Art."

Exkurs 5: Gesetz und Evangelium nach dem Galaterbrief

nochmals, daß das ntl. Verhältnis von Indikativ und Imperativ nicht auf die Formel „Gesetz und Evangelium" gebracht werden kann, auch nicht auf die umgekehrte Formel „Evangelium und Gesetz", die K. Barth vorgeschlagen hat[31], soll es nicht zu Mißverständnissen kommen. Von „Gesetz und Evangelium" kann eigentlich nur noch im Hinblick auf das mosaische Gesetz gesprochen werden, und darüber lehrt Paulus, daß dieses Gesetz durch das Evangelium endgültig abgetan ist. Neutestamentlich gesehen, gibt es nur die Unterscheidung zwischen Evangelium und Paraklese (Paränese), die jedoch nur eine bestimmte Seite am „Evangelium" hervorhebt, den zu ihm gehörenden Imperativ.

Weil die Paraklese zum Evangelium gehört, darum sollte man auch nicht von einem tertius usus legis sprechen[32]; die nova lex des NT steht ja in keiner Kontinuität mit dem mosaischen, durch das Evangelium abgetanen Gesetz, auch wenn es inhaltliche Berührungen gibt, wie etwa in den Forderungen des Dekalogs, die ja auch für den Christen gelten, wenn auch die zweite Tafel im Liebesgebot „zusammengefaßt" und „erfüllt" ist (vgl. Röm 13, 8–10; Gal 5, 14)[33]. Auch der sog. usus elenchthicus legis gilt in der ntl. Zeit nicht mehr, da das Gesetz, das den Menschen der Sünde überführte, in Christus zu seinem Ende gekommen ist. Für den Gerechtfertigten ist die Übertretung des Gesetzes Christi Ungehorsam, der ihm das Gericht Gottes einbringen kann. Der Gehorsam des Getauften gegen das Gesetz Christi ist usus practicus evangelii, nicht ein Leben nach dem Gesetz. Er zeigt, daß das Evangelium dem Willen Gottes entspricht.

Es muß also dabei bleiben, daß Christus „des Gesetzes Ende ist zur Gerechtigkeit für jeden, der glaubt" (Röm 10, 4); daß „er den Gebotenomos mit den Verordnungen zunichte gemacht hat" (Eph 2, 15). Das bedeutet, daß nach der Lehre des Apostels und seiner Schule das Gesetz durch das Evangelium, welches zugleich das Gesetz Christi ist, ein für allemal abgelöst ist. Durch die Herausstellung der wahren Funktion des Gesetzes im Heilsplan Gottes „richtet" Paulus „das Gesetz auf" (Röm 3, 31).

Versucht aber nicht innerhalb des NT der Jakobusbrief das Gesetz doch wieder in die Zeit des Evangeliums hereinzubringen, und zwar in einem bewußten Affront gegen Paulus? Legt er nicht eine Lösung des Problems „Gesetz und Evangelium" vor, die der pln. widerspricht? Videtur contradicere Paulo, sagt M. Luther vom Jakobusbrief[34]. Und führt die Aufnahme des Jakobus-

---

[31] Vgl. K. BARTH, Evangelium und Gesetz (Theol. Existenz heute, 50) (München ²1956). Zum Sinn der Barthschen Formulierung vgl. etwa P. BLÄSER in: Cath 14 (1960) 3–7.
[32] Vgl. dazu das Nähere bei W. JOEST, Gesetz und Freiheit (s. Anm. 1).
[33] Einem tertius usus legis gegenüber würde Paulus wohl folgende Sätze aus dem Gal wiederholen: „Angefangen habend im Pneuma endigt ihr jetzt im Fleisch" (3, 3; dabei steht der Ausdruck „Fleisch" in deutlichem Zusammenhang mit den vorausgehenden ἔργα νόμου des V 2); „das Gesetz ist nicht aus Glauben" (3, 12); „wenn aus dem Gesetz das Erbe (käme, käme) es nicht mehr aus der Verheißung" (3, 18); „seit aber der Glaube gekommen ist, sind wir nicht mehr unter dem Gesetz" (3, 25); „weggetan seid ihr von Christus, ihr, die ihr durch Gesetz die Rechtfertigung erlangen wollt; aus der Gnade seid ihr (dann) gefallen" (5, 4); „wenn ihr euch vom Pneuma treiben lasset, seid ihr nicht mehr unter dem Gesetz" (5, 18).
[34] WA, TR 5, 414.

briefes in den ntl. Kanon nicht zu einer „frühkatholischen" Erweichung der pln. Anschauung über Gesetz und Evangelium? Das sind die Fragen, die es innerhalb dieses Exkurses noch zu beantworten gilt.

IV. Paulus und Jakobus[35]

M. Luther bemerkt in den Vorreden zur sogenannten Septemberbibel (WA, DB 7, 384f): „Aber dieser Jacobus thutt nicht mehr, denn treybt zu dem Gesetz und seynen Wercken ..." Ist dem wirklich so? Der Begriff νόμος begegnet im Jak-Brief zehnmal (1, 25; 2, 8.9.10.11.12; 4, 11 [viermal]). Aus Jak 2, 8–11 geht hervor, daß mit dem „Gesetz der Freiheit" (1, 25) der Dekalog und seine Zusammenfassung im „königlichen Gesetz" des Liebesgebotes gemeint ist[36]. „Das vollkommene Gesetz der Freiheit" (1, 25) ist für Jak zweifellos die verpflichtende Norm des Handelns. Wer nach ihr handelt, ist für ihn ein ποιητὴς ἔργου, der „durch sein Tun selig sein wird" (1, 25). Dieses „Gesetz der Freiheit" ist für Jakobus weder das atl. Gesetz noch nur das Evangelium, sondern einfach der Wille Gottes, der sowohl im AT wie im NT fordert, dem Nächsten Gutes zu tun (2, 8). Für Jakobus ist das Gebot Gottes eines (2, 10). Deshalb kennt er keinen Gegensatz zwischen „Gesetz" und „Wort", zwischen der atl. Offenbarung des Willens Gottes und der Predigt Jesu. Für ihn ist das Evangelium zugleich „Gesetz" und darin das Liebesgebot von „königlichem" Rang[37].

Nun ist auffällig, daß Jak zwar von den „Werken" und vom „Werk" redet und dies besonders im Hinblick auf die Frage nach der Rechtfertigung sola fide, wie der wichtige Abschnitt des Briefes 2, 14–28 zeigt; aber er redet dabei nie von den Werken des Gesetzes; der Kontext läßt vielmehr jeweils deutlich genug erkennen, daß es bei den „Werken" und beim „Werk" um die Werke der Liebe geht, um konkrete Hilfe in einer konkreten Not des Mitmenschen, und um den Gehorsam gegen Gott. Er sieht den Glauben Abrahams im „Werk" des Gehorsams gegen Gott sich vollenden. Nur solcher durch die Liebe und im Gehorsam gegen Gott wirksamer Glaube rechtfertigt nach der Lehre des Jakobus den Menschen vor Gott. Ein Glaube ohne die Werke der Liebe und des Gehorsams ist für ihn „nutzlos" und „tot" (2, 17.20.26)[38].

---

[35] Vgl. dazu W. BIEDER, Christliche Existenz nach dem Zeugnis des Jakobus, in: ThZ 5 (1949) 93–113; G. EICHHOLZ, Jakobus und Paulus. Ein Beitrag zum Problem des Kanons (Theol. Existenz heute, NF 39) (München 1953); DERS., Glaube und Werk bei Paulus und Jakobus (Theol. Existenz heute, NF 88) (München 1961); P. BERGAUER, Der Jakobusbrief bei Augustinus und die damit verbundenen Probleme der Rechtfertigungslehre (Wien 1962); O. SEITZ, James and the Law, in: Stud. Ev. II (Berlin 1964) 472–486; F. ELEDER, Jakobusbrief und Bergpredigt (Diss. Wien 1964); R. WALKER, Allein aus Werken. Zur Auslegung von Jakobus 2, 14–26, in: ZThK 61 (1965) 155–192; F. MUSSNER, Der Jakobusbrief (Freiburg i. Br. ²1967) passim; P. BLÄSER, in: LThK ²IV, 822; M. F. WILES, The Divine Apostle. The Interpretation of St. Paul's Epistles in the Early Church (Cambridge 1967) 136f (Paulus wurde mit den Augen des Jak gelesen!); U. LUCK, Der Jakobusbrief und die Theologie des Paulus, in: ThGl 61 (1971) 161–179.
[36] Vgl. dazu MUSSNER, Der Jak-Brief (zu 2, 8–12).   [37] Vgl. dazu MUSSNER, ebd. 107f.
[38] Vgl. ebd. 152–157 (Exkurs: Das „Werk" bei Paulus und Jakobus).

Exkurs 5: Gesetz und Evangelium nach dem Galaterbrief

Also sieht Jakobus den Imperativ (das „Werk") als die notwendige „Demonstration" des Glaubens. In den Werken der Liebe wird der Glaube sichtbar; in ihnen „zeigt" sich der Glaube als Glaube (vgl. 2, 18b). Ein fruchtloser Glaube ist für Jakobus überhaupt nicht der Glaube, der diesen Namen verdienen würde. „Das Gesetz, von dem Jakobus redet, ist deshalb nicht das Gesetz, mit dem Paulus sich auseinandersetzt, sondern gehört zu dem, was dieser als Gesetz Christi bezeichnet" (Bläser)[39]. Auch für Jakobus gehört der Imperativ zum Evangelium. Daß er diesen Imperativ „Gesetz" nennt, das zum „Werk" (der Liebe und des Gehorsams) drängt, dürfte einmal mit der „antipaulinischen Front" seines Briefes, die sich aber nicht gegen den Apostel selbst, sondern seine Mißdeuter richtet, zusammenhängen[40], zum anderen damit, daß damit der Forderungs-Charakter des „vollkommenen Gesetzes der Freiheit" unterstrichen werden soll. Die Forderungen des Jak-Briefes sind, inhaltlich gesehen, die Forderungen Jesu, wie sie besonders in der „Bergpredigt" vor uns liegen[41]; darum ist das „Gesetz", zu dem der Jak-Brief „treibt", in der Tat nichts anderes als das „Gesetz Christi"[42]. Jak vergißt dabei den Indikativ nicht[43].

Jak löst das Problem, das mit der Formel „Gesetz und Evangelium" gegeben ist, nicht in einer Weise, die der Lösung des Paulus widersprechen würde. Aber seine Lösung hat andere Konturen und eine andere Begrifflichkeit, die mit den Anliegen zusammenhängen, die Jakobus bei der Abfassung seines Briefes bewegten. Der Jakobusbrief kann die Lösung, die Paulus in jener Frage, die mit der Formel „Gesetz und Evangelium" gegeben ist, mit apostolischer Vollmacht vorgelegt, vor Mißverständnissen schützen[44]. Deshalb hat die Anwesen-

---

[39] LThK ²IV, 822.   [40] Vgl. dazu Näheres bei Mussner, a.a.O. 12–23.
[41] Vgl. dazu ebd. 47–53 (Der Jakobusbrief und die Ethik Jesu).
[42] Deshalb ist G. Bornkamms Seitenhieb gegen den Jakobusbrief in seinem Paulusbuch (152: „Nach jüdischer Überzeugung, aber auch nach der des Jakobusbriefes, ist Abrahams Rechtfertigung durch Gott der wohlverdiente Lohn für den höchsten Erweis der Frömmigkeit") völlig fehl am Platz.
[43] Vgl. dazu auch F. Mussner, Die Tauflehre des Jakobusbriefes, in: Zeichen des Glaubens. Studien zu Taufe und Firmung. Balth. Fischer zum 60. Geburtstag (Einsiedeln – Freiburg i. Br. 1972) 61–67.
[44] G. Klein spricht in ZntW 62 (1971) 17f von einer „Inkompatibilität urchristlicher Glaubensbekundungen" und davon, „daß die geistigen Grundlagen, die jeweils einen geschichtlichen Entwurf tragen, auch im Rahmen des soziologisch einigermaßen stabilen Gefüges miteinander bis zur Kollision zu konkurrieren vermögen". Zum Erweis dieser Thesen wird wieder auf den angeblichen Gegensatz zwischen Paulus und dem Verfasser des Jakobusbriefes hingewiesen: „Lautet die Parole des Paulus: Rechtfertigung aus Glauben, ohne Werke des Gesetzes ..., so die des Jakobusbriefes: Rechtfertigung aus Werken, nicht aus Glauben allein ..." Nochmals sei demgegenüber daran erinnert, daß im Jak der Begriff „Werke des Gesetzes" überhaupt nicht vorkommt und wenn von „Werken" die Rede ist, ausschließlich die „Werke" der Mitmenschlichkeit und des Glaubensgehorsams gegen Gott gemeint sind. Man muß also den Kontext beachten, wenn man im Jak auf den Begriff „Werke" stößt. Klein meint weiter im Blick auf Paulus und Jak, „daß die den jeweiligen Standpunkt regulierenden theologischen Kriterien grundverschieden, ja miteinander unvereinbar sind. Denn was der Jakobus ‚Glaube' nennt, ist im Sinn des Paulus gar keiner, nämlich keine außengesteuerte Ausrichtung der Existenz, sondern ein selbstgesteuertes, rein theoretisches Fürwahrhalten eines abstrakten Lehrsatzes, dessen auch die Dämonen fähig sind (Jak 2, 19). Die sachlichen

4. ERNEUTER APPELL AN DIE EINSICHT DER GALATER
(4, 8–20)

4, 8 Aber damals freilich, als ihr Gott nicht kanntet, habt ihr Göttern (als Sklaven) gedient, die in Wirklichkeit (ihrem Wesen nach) keine (Götter) sind. 9 Jetzt aber, wo ihr (doch) Gott erkannt habt, besser gesagt, von Gott erkannt seid, wie kehrt ihr wiederum zu den schwachen und armseligen Elementen zurück, denen ihr von neuem als Sklaven dienen wollt?! 10 Tage beobachtet ihr und Monate und Zeiten und Jahre! 11 Ich fürchte für euch, daß ich vergebens mich um euch bemüht habe.

Die Galater befanden sich „damals" (τότε) in der Zeit ihrer heidnischen Vergangenheit mit ihrem Polytheismus in einer religiösen „Sklaverei". Wenn sie „jetzt" (νῦν), nachdem sie doch den wahren Gott erkannt haben und von ihm erkannt sind, sich dem Judaismus zuwenden wollen[1], dann begeben sie sich nur aus der alten Sklaverei in eine neue, die gefährlicher ist als die alte. Dann hat sich aber der Apostel bei seiner Bekehrungspredigt vergeblich um sie bemüht, die er doch in die Freiheit des Evangeliums führen wollte.

Konsequenzen sind, unter paulinischem Aspekt, katastrophal: die Einheit von Glaube und Sein ist zersprungen und jener wird wieder zu dem, was er im Judentum war: zu einem frommen Werk neben, ja sogar unterhalb von anderen." In Wirklichkeit lehnt Jak einen bloßen, auch von den Dämonen vollziehbaren Lehrsatzglauben gerade ab und drängt wie Jesus auf die unbedingte Einheit von Glaube und Sein. „Werdet Worttäter, nicht bloß Hörer allein . . .!" (1, 22). Das ist das Hauptanliegen seines Briefes, in dem im übrigen die Forderungen der Bergpredigt „repetiert" werden wie sonst in keinem Brief des NT, so daß das, was KLEIN gegen den Jak sagt, sich ebenso gegen Jesus richtet. Es ist merkwürdig, wie eine dogmatische Vorentscheidung den Blick für den Text total verstellen kann.

[45] Vgl. dazu auch die vorzüglichen Überlegungen bei E. HAIBLE, Der Kanon des Neuen Testaments als Modellfall einer kirchlichen Wiedervereinigung, in: TrThZ 75 (1966) 11–27. — Was das Problem „Paulus und Matthäus" angeht, so s. dazu etwa G. BARTH, Das Gesetzesverständnis des Evangelisten Matthäus, in: G. BORNKAMM, G. BARTH, H. J. HELD, Überlieferung und Auslegung im Matthäusevangelium (Wissenschaftliche Monogr. zum A und NT 1) (Neukirchen 1960) 54–154; A. SAND, Die Polemik gegen „Gesetzlosigkeit" im Evangelium nach Matthäus und bei Paulus, in: BZ, NF 14 (1970) 112–125 (weitere Literatur); dazu auch noch O. HANSSEN, Zum Verständnis der Bergpredigt. Eine missionstheologische Studie zu Mt 5, 17–18, in: E. LOHSE (Hrsg.), Der Ruf Jesu und die Antwort der Gemeinde. Exegetische Untersuchungen J. JEREMIAS zum 70. Geburtstag gewidmet (Göttingen 1970) 94–111.

[1] Das „Kontrastschema" τότε – νῦν dient hier „zunächst dazu, das, was in 3, 6 – 4, 7 aufgezeigt war, nämlich die Freiheit vom Gesetz, als für die Galater als gültig zu erweisen . . ., weiter dazu, die Gegenwart im Unterschied zur Vergangenheit deutlich herauszustellen. Mit welcher Blickrichtung geschieht das? Nun, zunächst, um den Adressaten überhaupt ihren eigenen Standort zum Bewußtsein zu bringen, dann aber auch um der Paränese willen" (P. TACHAU, „Einst" und „Jetzt" im NT. Beobachtungen zu einem urchristlichen Predigtschema in der ntl. Briefliteratur und zu seiner Vorgeschichte [Göttingen 1972] 128).

4, 8 θεόν und ἐδουλεύσατε bilden die verbindenden Stichwörter zum vorhergehenden Abschnitt, besonders zum V 3: „Als wir Unmündige waren, waren wir unter die στοιχεῖα τοῦ κόσμου versklavt." Das war für die Galater die Zeit, in der sie den wahren Gott noch nicht kannten, vielmehr noch Götzen dienten, die in Wahrheit (φύσει = ihrer natürlichen Beschaffenheit nach, ihrem Wesen nach) keine Götter sind[2]. Das τότε blickt also auf die Zeit der „Unmündigkeit", d. h. die Zeit der heidnischen Vergangenheit der Galater zurück. Das an der Spitze des Verses stehende ἀλλά bezeichnet dabei einen Gegensatz zum Vorerwähnten[3], nämlich zur in der Taufe geschenkten Sohnschaft. Die Partizipialverbindung οὐκ εἰδότες hat wohl kausale Funktion: „weil ihr eben den wahren Gott noch nicht kanntet"[4], darum dientet ihr damals den Göttern. Wenn der Apostel die Götter als solche bezeichnet, die „ihrem Wesen nach nicht Götter sind"[5], will er ihnen vermutlich nicht die Existenz absprechen, sondern die Qualität des wahren Gott-Seins[6]. Sie sind für den Apostel wohl identisch mit den Dämonen, an deren Realität er nicht zweifelt[7]. Oder sind sie für ihn identisch mit den „schwachen und armseligen Elementen" des V 9?[8] Diese Frage soll uns erst später beschäftigen.

So war es „damals", „jetzt aber" ist es anders; aber „anders" in sehr unerfreulicher Weise[9].

4, 9f „Jetzt" haben die Galater zwar den wahren Gott kennengelernt. Weil anschließend wieder vom στοιχεῖα-Dienst die Rede ist, dem die Galater sich erneut hingeben wollen, scheint die Gotteserkenntnis hier „kosmisch" verstanden zu sein, d. h., sie bezieht sich primär auf das Wesen des Schöpfer-

---

[2] Ist hier die hellenistische Unterscheidung zwischen φύσει und θέσει θεοί aufgenommen? Vgl. dazu C. LANGER, Euhemeros und die Theorie der φύσει und θέσει θεοί, in: Ἄγγελος 2 (1926) 53–59. „Es muß jedoch zweifelhaft bleiben, ob Paulus an dieser Stelle wirklich die genannte technische Terminologie des Hellenismus im Sinn hat" (KÖSTER in: ThWb IX, 266). — MARCION liest in V 8 ἐδουλεύσατε τοῖς ἐν τῇ φύσει οὖσι θεοῖς: φύσις scheint bei ihm hier = Materie (Hyle) zu sein. φύσει fehlt bei den Textzeugen K d m IRENÄUS[lat.], AMBROSIASTER.
[3] Vgl. MAYSER, Grammatik, II/3, 116. Zur Kombination μέν – δέ mit ἀλλά vgl. ebd. 129–132.
[4] Zur Negation οὐ beim Partizip vgl. MAYSER, Grammatik, II/2, 556–558.
[5] θεοῖς ist prädikativ zu nehmen. — Zur Negation μή beim artikulierten Partizip vgl. ebd. 551.
[6] Vgl. auch 1 Kor 8, 4 (οὐδεὶς θεὸς εἰ μὴ εἷς); 8, 5 (εἰσὶν λεγόμενοι θεοί ...). Vgl. zu diesem Thema auch noch H. D. PREUSS, Verspottung fremder Religionen im Alten Testament (Beitr. zur Wissenschaft vom A u. NT 5) (Stuttgart 1971); G. EICHHOLZ, Die Theologie des Paulus im Umriß, 70–76.
[7] Vgl. etwa 1 Kor 10, 19f; 8, 4ff. Daran denken auch LIGHTFOOT, SIEFFERT, GUTJAHR, ZAHN u. a.
[8] Daran denken etwa KÖSTER (ThWb IX, 266: „deutlich ist ... die Parallele zu den στοιχεῖα..., den wohl auch personhaft vorgestellten Weltelementen, auf die sich Paulus im nächsten Vers bezieht ... In Gl 4, 8 hätte das einfache μὴ οὖσιν genügt, den vermeintlichen Göttern entsprechend ihr Gott-Sein abzustreiten. Das noch vorangestellte φύσει soll diese Bestreitung nicht bloß verstärken, sondern verdeutlichen, daß die Weltmächte in ihrem eigentlichen Wesen keine göttliche Qualität besitzen"), HOLSTEN, LIPSIUS, SCHLIER, BONNARD (der aber auch Engel nicht ausschließt).
[9] „Paul ne décrit ... pas objectivement les malheurs du Galates avant leur conversion, mais il porte sur leur situation passée un diagnostic théologique" (BONNARD).

gottes. Das Evangelium enthüllt Gott auch als den Schöpfergott[10], durch dessen Erkenntnis der Kosmos seinen falschen Zauber (nicht den echten splendor creaturae) verliert; damit verlieren auch die στοιχεῖα τοῦ κόσμου ihren versklavenden Anspruch auf den Menschen. Ihre „Schwäche" (ἀσθενῆ) und „Armseligkeit" (πτωχά)[11] wird entlarvt; die Erkenntnis des wahren Gottes schließt ja die Einsicht in sich, daß die scheinbar numinosen Mächte des Kosmos das Heil nicht zu bringen vermögen[12].

Der Zusammenhang des Mangels an Gotteserkenntnis mit der Verfallenheit an den falschen Zauber des Kosmos findet sich schon im AT eindeutig ausgesprochen, besonders beim Propheten Oseas. Israel „weiß es nicht, daß ich gab Korn, Most und Öl und sie mit Silber überschüttete und mit Gold" (Os 2, 10); Israel „hat sowohl den Geber wie die Gaben verkannt; es hat nicht gesehen, daß es durch diese Gaben vor Jahwe in einen status confessionis gestellt wurde; es ist vielmehr einer mythischen Vergötzung der Landeskultur und ihrer numinosen chthonischen Ursprünge verfallen" (G. v. Rad)[13]. Der Mangel an Gotteserkenntnis ist so häufig mit Apostasie und Idolatrie verbunden[14]. Weil Israel die rechte דַּעַת אֱלֹהִים nicht besitzt, verehrt es Baal (Os 4, 10), opfert diesem Götzen (11, 2) und weissagt durch ihn (Jer 2, 8). Die wahre Gotteserkenntnis schafft Distanz zwischen Gott und der Welt und ihren „Elementen", schafft Freiheit gegenüber dem Kosmos.

Der Apostel korrigiert sich aber in seiner Ausdrucksweise: „oder richtiger (μᾶλλον δέ)[15]: ihr seid von Gott erkannt". Der Sinn dieser korrigierenden Bemerkung kann hier nur der sein, daß die wahre Gotteserkenntnis ein Gnadengeschenk an die von Gott Erwählten ist, zu denen auch die Galater seit ihrer Berufung zum Christentum gehören. „Auch diese Terminologie, nach der Gott den Menschen (Jer 1, 5) oder das Volk Israel ‚erkennt', ist alttestamentlich, vgl. Röm 11, 2 mit Am 3, 1. Sie bedeutet die Auserwählung, also ein Handeln oder Verhalten Gottes dem Menschen gegenüber" (F. Nötscher)[16]. Die wahre Gotteserkenntnis des Menschen hat demnach ihren Grund in jenem προγινώσκειν Gottes, von dem in Röm 8, 30 die Rede ist[17].

Weil also Gott den Galatern bei ihrer Berufung die wahre Gotteserkenntnis geschenkt hat, ist es um so erstaunlicher und unbegreiflicher, daß sie „jetzt"

---

[10] Vgl. Apg 17, 23ff; 2 Kor 4, 6.
[11] Zu den beiden Begriffen s. Näheres in Anm. 52.
[12] Die Formulierungen von Gal 4, 8f stehen deutlich unter dem Einfluß einer spezifischen „Missionssprache" („Bekehrungspredigt"), für die sich Parallelen in der jüdisch-hellenistischen Missionsliteratur finden; vgl. dazu Näheres bei CL. BUSSMANN, Themen der paulinischen Missionspredigt, 57–74 (zu Gal 4, 8f); dazu auch E. PAX, Beobachtungen zur Konvertitensprache im ersten Thessalonicherbrief, in: Stud. Bibl. Francisc. Lib. Annuus XXI (1971) 220–262.
[13] Theologie des AT, II, 152f.
[14] Vgl. J. BOTTERWECK in: Bibeltheol. WB¹, 166f. Art. „Erkennen".
[15] Zum korrigierenden μᾶλλον δέ vgl. MAYSER, Grammatik, II/3, 127; BLASS-DEBR § 495, 3.
[16] Zur theologischen Terminologie der Qumrantexte, 36.
[17] Vgl. auch 1 QH IV, 31f.

wieder zu den „schwachen und armseligen Elementen" zurückkehren[18] und von neuem als Sklaven dienen wollen (V 9b). Was ist mit diesen στοιχεῖα gemeint?[19] Sind sie identisch mit den Göttern, die in Wirklichkeit keine sind (V 8)? Oder ist bei den „armen und schwachen Elementen" gar an das Gesetz gedacht? Wir legen in diesem Kommentar das ganze lexikalische und religionsgeschichtliche Material zu dem Begriff τὰ στοιχεῖα (τοῦ κόσμου) nicht erneut vor[20], sondern referieren zunächst über einige bemerkenswerte Auslegungen und versuchen dann zu einer eigenen Entscheidung zu kommen, wobei wir uns der Forderung der modernen Semantik erinnern, daß bei semantischen Entscheidungen die Synchronie den Vorrang vor der Diachronie haben muß.

1. Verschiedene Erklärungen (in Auswahl)

a) Lietzmann (zu Gal 4, 3): „In der vorchristlichen Zeit war ... der Jude Pls unter die στοιχεῖα der Welt geknechtet, als er unter dem νόμος stand v. 5. Damit ist zunächst soviel sicher, daß die Knechtschaft unter die στοιχεῖα nicht einfach = Götzendienst sein kann: den bezeichnet er v. 8 ganz präzise als ein δουλείειν τοῖς φύσει μὴ οὖσι θεοῖς. Analog v. 3 nennt er nun v. 9 den Abfall zum Judaismus ein πάλιν ἐπιστρέφειν ἐπὶ ἀσθενῆ καὶ πτωχὰ στοιχεῖα und gibt den Inhalt dieser στοιχεῖα-Knechtschaft näher an als ein Beobachten von Tagen, Monaten, Zeiten und Jahren. An dieses letztere haben wir uns für das Verständnis zu halten, wenn es auch nicht den vollen Inhalt der στοιχεῖα-Knechtschaft auszumachen braucht. Denn wie das betonte πάλιν, πάλιν ἄνωθεν klar zeigt, haben die Galater bereits als Heiden unter den στοιχεῖα gestanden und werden als Judenchristen wieder in diese Lage zurückkehren. Es muß also mit dem Ausdruck etwas bezeichnet sein, was sowohl auf Juden wie auf Heiden zutrifft." Lietzmann bringt dann religionsgeschichtliches Material für die Bedeutung von στοιχεῖα (τοῦ κόσμου) in der Antike und legt sich die

---

[18] Dasselbe Verbum ἐπιστρέφειν verwendet Paulus in 1 Thess 1, 9, nur im genau gegenteiligen Sinn (καί πως ἐπεστρέψατε πρὸς τὸν θεὸν ἀπὸ τῶν εἰδώλων δουλεύειν θεῷ ζῶντι καὶ ἀληθινῷ).
[19] Die umfangreiche Literatur ist vermerkt bei OEPKE zu Gal 4, 3; BAUER Wb s. v. στοιχεῖον; DELLING in: ThWb VII, 670–687; H.-M. SCHENKE in: ZThK 61 (1964) 393–399; H. BRAUN, Qumran und das NT, in: ThRu 29 (1963) 230f; 248ff; J. BLINZLER, Lexikalisches zu dem Terminus τὰ στοιχεῖα τοῦ κόσμου bei Paulus, in: Anal. Bibl. 17/18 (Rom 1963) II, 429–443; A. ADAM, Die sprachliche Herkunft des Wortes elementum, in: NT 6 (1963) 229–232; A. J. BANDSTRA, The Law and the Elements of the World (Diss. Amsterdam 1964); N. KEHL, Der Christushymnus im Kolosserbrief (Stuttgart 1967) 137–161 (144, Anm. 21 nennt K. neuere philologische Beiträge); E. LOHSE, Die Briefe an die Kolosser und an Philemon (Göttingen 1968) 146–150; E. SCHWEIZER, Die „Elemente der Welt". Gal 4, 3.9; Kol 2, 8.20, in: DERS., Beiträge zur Theologie des NT (Zürich – Stuttgart 1970) 147–163.
[20] Vgl. dazu die in der vorausgehenden Anm. notierte Literatur. Nach BLINZLER sind bei der Auslegung von Gal 4 und Kol 2 bisher insgesamt neun Bedeutungen von στοιχεῖα berücksichtigt worden: 1. Buchstaben, 2. Alphabeth (ABC), 3. Grundlagen, Prinzipien einer Wissenschaft, Kunst, Lehre, Institution usw., 3. Rudimente, unreife Anfänge, Anfangsgründe, 4. Grundstoffe, physikalische Elemente, 6. Stützen, 7. Gestirne, Himmelskörper, 8. Elementargeister, Gestirngeister, 9. Dämonen und Geister überhaupt (a. a. O. 430–437).

Frage vor, wie Paulus sagen kann, daß auch er einst als Jude unter den στοιχεῖα gestanden hat und wieso die Hinwendung der Galater zum Judaismus „ein Rückfall in die Knechtschaft der στοιχεῖα" sein könne. Lietzmann antwortet: „Weil Hauptstücke der jüdischen Zeremonialreligion, Sabbath, Neumondstag, Passah, Neujahr u. a. vom Lauf der Gestirne abhängig sind ... Pls wählt absichtlich den vieldeutigen Ausdruck, der zugleich heidnischen und jüdischen Ritus trifft: bei den Juden dominieren die στοιχεῖα nur als Zeitmaße, bei den Heiden als alles Mögliche. Pls will nicht differenzieren, sondern zusammenfassen: Naturreligion gegenüber dem Christentum. Und hat er etwa nicht recht?"

b) Oepke (Gal., 93–96) legt zunächst reiches Material vor und fragt dann: „In welchem Sinn nun braucht Pls dies vieldeutige Wort? Er meint gewiß nicht die Stützen des als Gebäude vorgestellten gottwidrigen Kosmos ... Denn στοιχεῖα ist bei ihm auch ohne τοῦ κόσμου durchaus kein neutraler Begriff ... Auch an unserer Stelle ist wohl an persönliche Wesen zu denken ... Auch Pls denkt das All beseelt von kosmischen Mächten ... Auch er sieht die Gestirne als himmlische Leiber an ... Der Apostel will also sagen, daß die ganze Menschheit während ihrer Unmündigkeit den **kosmischen Geistern** verhaftet war, die selbständig schalteten, freilich unter göttlicher Zulassung, bis die Herrschaft Gottes käme." Und Oepke bemerkt dann zu 4, 9: „Der Nerv der Frage liegt in der Gleichung τὰ στοιχεῖα ... = οἱ φύσει μὴ ὄντες θεοί — sonst könnte nicht von **Rückkehr** gesprochen werden; ebenso aber auch in der Gleichung τὰ στοιχεῖα = Mächte, denen das Judentum (bzw. ein verjudetes Christentum) huldigt — sonst könnte eine Rückkehr zu den στοιχεῖα nicht in der **Hinneigung der Leser zum Gesetz** gesehen werden. Aus der Kombination dieser beiden Gleichungen ergibt sich die dritte: Polytheismus und Judentum sind als Dienst der Elementargeister wesentlich identisch. Mit unerhörter Kühnheit ... stellt Pls den Rückfall in Gesetzlichkeit als Rückfall in den Polytheismus, ins Heidentum hin!" Es erhebt sich unwillkürlich die Frage an Oepke: Tut der Apostel das wirklich?

c) Schlier (Gal., 191–194) orientiert sich am Kontext und stellt fest: „... die στοιχεῖα sind 1. in V. 2 vergleichsweise als unsere ἐπίτροποι καὶ οἰκονόμοι bezeichnet, was näherliegt, wenn es sich um ,Wesen' handelt; 2. sie sind mit den φύσει μὴ ὄντες θεοί von 4, 8f ohne Zweifel identisch, was wiederum auf willensmächtige und göttliche Wesen führt; 3. sie sind als κύριοι gedacht, in deren Sklavendienst ,wir' standen (4, 3), die von ihren Verehrern bestimmte Dienste fordern (4, 9). Auch das führt zur Vorstellung personhafter Mächte." Zur Erläuterung unserer Galaterstelle „kann und muß" nach Schlier auch eine Betrachtung des Kontextes von Kol 2, 8ff herangezogen werden. Dann zeige sich, daß „in der Tat ... die Weltelemente als ,Wesen' verstanden (sind), die mit der Autorität göttlicher und englischer Mächte bestimmte Forderungen an den Menschen stellen und Anspruch auf religiöse Verehrung erheben. Die στοιχεῖα τοῦ κόσμου des Gal sind dabei ..., wie Gal 4, 10 zeigt, offenbar in erster Linie auf die elementaren Kräfte der Gestirne bezogen"; Schlier belegt das durch Material aus der apokryphen jüdischen Literatur, speziell aus den Henochbüchern. Unter Hinweis auf das auffällige „wir" in 4, 3 (καὶ ἡμεῖς), das sich auf Juden- und Heidenchristen bezieht, versteht der Apostel „die vorchristliche Situation der heidnischen Galater und die der Juden in gleicher Weise als Dienst an den elementaren Kräften des Kosmos", d. h., er versteht „den Elementendienst der Galater in Analogie zum Gesetzesdienst der Juden. Man kann vielleicht noch genauer sagen: er versteht den heidnischen Elementendienst auch als Gesetzesdienst und umgekehrt ... Aus solcher Identifikation der Knechtschaft unter den Weltelementen mit der Knechtschaft unter dem Gesetz geht hervor, daß für Paulus in den Forderungen der elementaren Kräfte dieser Welt solche Forderungen für die Heiden laut werden, wie sie die Tora für die Juden erhebt und umgekehrt: daß die Gebote, die die Tora für den Juden ausspricht, den Willenskundgebungen der Weltelemente an die Heiden entsprechen."

d) Nach Delling[21] gehört zu „den στοιχεῖα τοῦ κόσμου in Gl 4 einerseits die Tora mit ihren Satzungen (4, 3–5 ...), andererseits die Welt der unechten Götter, denen die Adressaten einst dienten (4, 8f). Mit dem Ausdruck στοιχεῖα τοῦ κόσμου wird also etwas der jüdischen und der heidnischen Religion Gemeinsames herausgehoben ... In beiden — dieser Gedanke ist im Zusammenhang 4, 1–10 sichtlich entscheidend — lebten die Menschen in Sklaverei gegenüber den στοιχεῖα. Die Einbeziehung der Thora in die στοιχεῖα macht die buchstäbliche Deutung auf die Urstoffe unglaubhaft, vollends die auf die Gestirne. Die Beziehung auf Geistermächte ist eine Verlegenheitsauskunft, die dem bedeutungsgeschichtlichen Befund widerspricht und sich dem Kontext nur schwer einfügt ... anscheinend ist der Ausdruck στοιχεῖα τοῦ κόσμου im Galaterbrief und im Kolosserbrief von Paulus aufgebracht; dann ist er natürlich in negativem Sinn gemeint, wie Gl 4, 9 bestätigt." Aber der Apostel „knüpft offenbar an einen zu seiner Zeit ganz allgemein verbreiteten Gedanken an: die Wendung στοιχεῖα τοῦ κόσμου bezeichnet das, worauf die Existenz dieser Welt beruht und was auch das Sein des Menschen ausmacht ... Paulus benutzt sie in einem übertragenen Sinn: eben das, worauf die Existenz des Menschen vor Christus auch und gerade in der vorchristlichen Religion beruhte, das ist armselig und kraftlos, das versklavt ihn, anstatt ihn freizumachen."

e) Schweizer[22] bringt für den Begriff τὰ στοιχεῖα τοῦ κόσμου reiches Material aus der Bedeutungs- und Religionsgeschichte und stellt schließlich fest, daß die Irrlehre in Galatien nicht einfach die gleiche wie bei den Kolossern gewesen ist. „Es wäre aber ein merkwürdiger Zufall, wenn nur an diesen beiden Stellen das Stichwort von den Elementen im Zusammenhang mit einer Gesetzlichkeit, die sich unter anderem im Halten von Feiertagen ausdrückt, erschiene, ohne daß beide Bewegungen verwandt wären. Zweifellos ist der jüdische Charakter in Galatien stärker, und Paulus sieht die Unterordnung unter die ‚Elemente' noch ganz in der Nähe der mosaischen Gesetzgebung ... Offenbar haben die Galater gewisse jüdische Gebote, besonders über Feiertage (und Kult?), befolgt und damit die Harmonie der Elemente sichern, sich aber

---

[21] ThWb VII. 684f.
[22] Die „Elemente der Welt" (s. Anm. 19).

auch vor ihrer Macht (beim einstigen Aufstieg der Seele?) schützen wollen ... Paulus betont ..., daß die ‚Elemente der Welt' in der Gesetzlichkeit ... tatsächlich Macht über die Menschen bekommen, ja daß gerade diese Gesetzlichkeit sie in die Welt hinein einfängt und gar nicht davon befreit ... Paulus erklärt ..., daß eine Gesetzlichkeit, die sich durch die ‚Weltelemente' (die ja im Heidentum tatsächlich mit Göttern gleichgesetzt worden sind) bestimmen läßt, trotz aller Maskierung durch jüdische Gebote wieder zu jenem [zum Götterdienst] zurückführt (Gal 4, 8)."[23]

f) Blinzler bietet ein umfangreiches lexikalisches Material zum Begriff στοιχεῖα τοῦ κόσμου, geht aber auf seine eigene Auffassung, was Paulus im Gal unter den „Weltelementen" verstanden habe, nur knapp ein; er bringt die „Weltelemente" bei Pls in Zusammenhang mit den Größen σάρξ, ἁμαρτία und ϑάνατος[24]. Es fällt sofort auf, daß Blinzler das Gesetz nicht nennt. Blinzler erklärt das so: „Daß das Gesetz, obwohl es eine (freilich nicht alle Menschen!) knechtende Macht war und obwohl es mit Fleisch, Sünde und Tod in engstem Zusammenhang steht, keineswegs derselben Kategorie angehört wie diese drei Größen (und somit nicht zu den Weltelementen zu rechnen ist), kann hier nur angemerkt werden."[25]

g) Ganz andere Wege geht Kehl[26]. Er will den „Versuch" wagen, „vom Sprachgebrauch des Paulus selbst her und dem darin zum Ausdruck kommenden theologischen Gedankengehalt das philologische Unbehagen gegenüber der geläufigen Identifizierung von Stoicheia mit Geistmächten und das Konjekturhafte der neueren Vorschläge zu überwinden"[27]. Kehl bezweifelt zunächst, daß Paulus den Begriff „Weltelemente" im Kol-Brief aus der Irrlehre übernommen habe[28], weil der Apostel „im Gal denselben Ausdruck gebraucht, während es sich doch in beiden Briefen offensichtlich nicht um dieselbe Irrlehre handelt. In Gal 4, 3 wird der Zustand der Juden vor der Erlösungstat Gottes in Christus als eine Knechtschaft unter den Elementen der Welt bezeichnet. Nach 4, 8f standen auch die Heiden, als sie noch ihre falschen Götter verehrten, unter der Herrschaft der Elemente, denn wenn sie sich von den Judaisten beschwatzen lassen und ihre Gesetzespraktiken annehmen, kehren sie ‚wieder' in den Elementendienst zurück. Das heißt doch: die Verehrung falscher Götter durch die Heiden und der Gesetzesdienst der Juden haben das Gemeinsame, daß beide Elementendienst sind. Das heißt jedoch nicht, daß Götzendienst und Gesetzes-

---

[23] Ebd. 162f.
[24] A.a.O. 442f. Auch Schweizer bemerkt (a.a.O. 157): Der Machtcharakter der Elemente „entspricht tatsächlich dem der Mächte Fleisch, Sünde, Gesetz, Tod bei Paulus", aber Schweizer setzt die Weltelemente des Gal nicht diesen Größen gleich (s. o.).
[25] Näherhin hat Blinzler seine Meinung in seiner leider ungedruckt gebliebenen Habilitationsschrift vorgelegt.
[26] Der Christushymnus im Kolosserbrief, 137–161 (zu Gal 4, 3.9 s. 138–140). [27] Ebd. 138.
[28] Auch nach H. Hegermann dürfte der „Ausdruck στοιχεῖα τοῦ κόσμου (Col 2, 8.20) ... von Paulus stammen (vgl. Gal 4, 3.9); sachlich ist damit aber auf den Engelkult der Irrlehrer angespielt" (Die Vorstellung vom Schöpfungsmittler im hellenistischen Judentum und Urchristentum [TU 82] [Berlin 1961] 161); auch H.-M. Schenke hält ihn für „eine abwertende polemische Bezeichnung des Verfassers [von Kol] für die von den Häretikern selbst unter den Bezeichnungen ἄγγελοι, ἀρχαί, ἐξουσίαι, ϑρόνοι, κυριότητες verehrten Mächte" (ZThK 61 [1964] 394).

beobachtung einfach gleichzusetzen wären. Dem heidnischen Stoicheia-Dienst steht die Erkenntnis des einen wahren Gottes direkt gegenüber. Das gilt auch für den jüdischen Stoicheia-Dienst. Bei ihm verbanden sich wahre Gotteserkenntnis und Stoicheia-Dienst, der für die Juden mit der Gesetzesbeobachtung verbunden war."[29] Kehl lehnt dann entschieden eine Gleichung „Weltelemente" = Geistwesen ab. „Die moderne Exegese bleibt hier nicht bei den Himmelskörpern als solchen stehen, sondern verbindet sie — in philologisch unbegründeter Weise — mit den damit gemeinten oder sie regierenden Geistmächten."[30] Kehl untersucht dann eingehend die Bedeutung des mit dem Begriff στοιχεῖα (τοῦ κόσμου) Gemeinten in der jüdisch-christlichen Apologie — das von K. eruierte, reiche Material kann hier nicht erneut vorgelegt werden[31] — mit dem Ergebnis: „Die Aufzählungsreihen innerhalb des apologetischen Motivs übernehmen ... einfach den mehr allgemeineren Gebrauch, anstelle des Sammelnamens ‚Schöpfung' einzelne Kategorien geschaffener Dinge aneinanderzureihen. Auch Stoicheia ist ein solcher Sammelname, mit dem Unterschied, daß er etymologisch den Gedanken an eine Reihe mitenthält. Die Reihenaufzählung geschaffener Dinge ist typisch biblisch. Der Ausdruck στοιχεῖα τοῦ κόσμου ist so typisch griechisch, daß er im Hebräischen nicht nachgeahmt werden kann. Eine Begegnung der beiden konnte nur dort geschehen, wo die biblische Vorstellungswelt sich in griechische, näherhin stoische Terminologie kleidet. Das geschah an zwei Stellen im Buche der Weisheit", nämlich in Weish 7, 22–26 und 19, 18–21[32]. Kehls Endergebnis für Paulus lautet: „Wenn also hinter Stoicheia eine biblische Vorstellung steht, so bedeutet das keinen eigentlichen Bedeutungswandel des Ausdrucks. Er ist nur übersetzt in eine andere Vorstellungswelt, und für ‚Grundstoff' steht ‚Bestandteil'. Es kann nach alledem als philologisch und motivgeschichtlich gesichert gelten, daß der paulinische Ausdruck στοιχεῖα τοῦ κόσμου für ‚geschaffene Dinge' steht. Wenn die Heiden Stoicheia verehren, so verehren sie Geschöpfe, und wenn die Juden dem Gesetze folgen, das von Engeln verwaltet wird (Gal 3, 19), so dienen sie Geschöpfen. Der Ausdruck ‚Stoicheia' bot sich für einen Sprachgebrauch an, durch den Paulus in gleich abwertender Weise sowohl Juden wie Heiden der in Christus geschehenen Gottesoffenbarung gegenüberstellen wollte."[33]

2. Versuch einer Auslegung

a) 4, 3: Hier erscheint der Ausdruck τὰ στοιχεῖα τοῦ κόσμου. Der Apostel bemerkt, daß „auch wir, solange wir Unmündige waren, unter die Weltelemente versklavt waren". Auffällig ist vor allem das καὶ ἡμεῖς, das eindeutig die ehemaligen Juden in der christlichen Gemeinde miteinschließt[34]. Außerdem ist von einer „Versklavung" die Rede. In 4, 4f schreibt dann Paulus, daß der

---

[29] Ebd. 138f.   [30] Ebd. 139.   [31] Vgl. ebd. 145–155.   [32] Vgl. ebd. 155f.   [33] Ebd. 157.
[34] KEHL versteht καὶ ἡμεῖς so, „daß das ‚auch wir' sagen will: von den ehemaligen Heiden versteht sich das von selbst, aber auch wir Juden dienten den Elementen" (a.a.O. 139, Anm. 4).

Sohn „die unter dem Gesetz" loskauft. Die Aussagen der VV 4f stehen in einer Gegenbewegung gegen das in V 3 Gesagte; vgl. die abhebende Partikel δέ zu Beginn des V 4 und die Gegenüberstellung der Zeiten: zweimal Imperfekt (ἦμεν, ἤμεθα) gegenüber der nun angekommenen „Fülle der Zeit" (Unheilsvergangenheit — Heilsgegenwart). Daraus ergibt sich, daß οἱ ὑπὸ νόμον keine anderen sind als jene, die ὑπὸ τὰ στοιχεῖα τοῦ κόσμου versklavt waren. Wir meinen damit zwar nicht, daß hier Gesetz und Weltelemente einfach identifiziert werden, aber daß sie für den Apostel etwas miteinander zu tun haben. Was haben sie miteinander zu tun?

b) In dem Abschnitt 4, 8–10 erscheinen die „Elemente" wieder (V 9), wenn auch ohne das Genitivattribut τοῦ κόσμου. Außerdem begegnet hier der schon in den VV 3f angedeutete zeitliche Gegensatz nun deutlich mit Hilfe des Kontrastschemas τότε — νῦν (Unheilsvergangenheit — Heilsgegenwart). Der Vergangenheit (τότε) wird mit Blick auf die Galater der Götterdienst zugewiesen, der Gegenwart muß der Apostel zu seinem Leidwesen eine Rückkehr der Galater „zu den schwachen und armseligen Elementen" zuweisen und ihnen sagen, daß sie sich damit erneut unter die alte (vgl. Aorist ἐδουλεύσατε in V 8) Sklavenschaft begeben wollen (οἷς πάλιν ἄνωθεν δουλεῦσαι θέλετε in V 9). Das zweimalige πάλιν, das zweite Mal verstärkt noch durch ein ἄνωθεν, läßt erkennen, daß die Hinwendung der Galater zum gesetzlichen Leben für sie eine erneute Zuwendung zu den „Elementen" ist, obwohl sie doch nicht mehr zum Götzendienst zurückkehren wollen. Daraus ergibt sich aber, wie fast alle Ausleger feststellen, daß die Hinwendung der Galater zum gesetzlichen Leben vom Apostel als (freiwillig übernommene) Versklavung unter die Weltelemente verstanden wird. Was hat aber das gesetzliche Leben mit einer Unterwerfung unter die „Weltelemente" zu tun? Wo liegen die Zusammenhänge? Oder ergeht sich Paulus nur „in höhnischer Konsequenzmacherei" (R. Bultmann)[35], wenn er die Hinwendung der Galater zum gesetzlichen Leben mit einer „Kalenderfrömmigkeit" in Zusammenhang bringt, die ihrerseits wieder nach einer „Elementenverehrung" aussieht?

c) Die Schwierigkeit der Beantwortung dieser Fragen liegt vor allem darin, daß Paulus den erneuten Elementendienst der Galater nur mit der Aussage des V 10 konkretisiert: „Tage beobachtet ihr[36] und Monate und Zeiten und Jahre!" Mehr sagt er leider nicht. Immerhin scheint damit ein besonders signifikativer Zug an diesem erneuten Elementendienst angesprochen zu sein und nicht „höhnische Konsequenzmacherei" vorzuliegen; der Apostel muß darüber von den Berichterstattern ins Bild gesetzt worden sein. Der V 10 hat ja, wie sein asyndetischer Anschluß an V 9 erkennen läßt, begründende Funktion („denn ihr beobachtet ..."). Da die Gegner judaisierende Judenchristen

---

[35] Der Stil der pln. Predigt, 103; zitiert bei ECKERT, Die urchristliche Verkündigung, 92.
[36] Zum Begriff παρατηρεῖσθαι (παρατηρεῖν) vgl. BAUER Wb s.v. (JOSEPHUS, Ant. III § 91 παρατηρεῖν τὰς ἑβδομάδας; XIV § 264 παρατηρεῖν τὴν τῶν σαββάτων ἡμέραν). SCHLIER (z. St.): „Im Begriff π. steckt jedenfalls etwas von der ängstlichen Sorgfalt, mit der solches Beachten oder Im-Auge-Behalten geschieht"; RIESENFELD in: ThWb VIII, 147f. — Man kann den Satz in 4, 10 mit LIGHTFOOT und SCHLIER auch als Fragesatz fassen; dann steckt in ihm Ironie.

sind, muß eine Fährte, die ins Frühjudentum zurückführt, aufgenommen werden; diese Aufnahme bleibt nicht ohne Erfolg. Es gab im Frühjudentum, speziell bei den Apokalyptikern und den Qumranessenern, eine „Kalenderfrömmigkeit", die nicht am Rande, sondern im Zentrum der religiösen Glaubensüberzeugung stand[37]. Im folgenden werden aus dem reichen Material nur einige bezeichnende Stichproben geboten. So heißt es in Henäth 82, 4.7–10: „(die Sonne wandelt am Himmel) indem sie durch die Tore ein- und ausgeht 30 Tage mit den Chiliarchen und den Taxiarchen (und) mit den 4, die hinzugefügt und verteilt werden unter die 4 Teile des Jahres, die sie anführen und mit ihnen 4 Tage eintreten ... Der Bericht darüber ist treu und die aufgezeichnete Berechnung darüber genau; denn die Lichter, Monate, Feste, Jahre und Tage hat mir gezeigt und enthüllt Uriel, dem der Herr der ganzen Weltschöpfung um meinetwillen Macht über das Heer des Himmels gegeben hat. Er übt die Herrschaft über die Nacht und den Tag am Himmel, um Licht über die Menschen leuchten zu lassen, — Sonne, Mond und Sterne und alle Mächte des Himmels, die sich in ihren Kreisen umdrehen. Das ist das Gesetz der Sterne, die an ihren Orten, zu ihren Zeiten, Festen und Monaten untergehen. Dies sind die Namen ihrer Führer, die darüber wachen, daß sie zu ihren Zeiten eintreten, die sie führen an ihren Orten, in ihren Ordnungen, Zeiten, Monaten, Herrschaftsperioden und in ihren Stationen"[38]; 73, 1: „Nach diesem Gesetz sah ich ein anderes Gesetz, das kleine Licht betreffend, das Mond heißt"; 74, 1: „Ich sah einen andern laufen und das Gesetz, (das) ihm (vorgeschrieben ist), indem er nach jenem Gesetz einen monatlichen Umlauf vollzieht"; 79, 1f: „Und nun, mein Sohn Methusalach, habe ich dir alles gezeigt, und das Gesetz aller Sterne des Himmels ist zu Ende (beschrieben). Er zeigte mir alle ihre Gesetze für jeden Tag, für jede Herrschaftszeit, für jedes Jahr und seinen Ausgang nach seiner Vorschrift für jeden Monat und jede Woche." Limbeck bemerkt[39]: „So steht für 1 Hen alles unter dem einen Gesetz Gottes. Deshalb kann die Gesetzesbeobachtung des einen, z. B. der Natur, zum Vorbild für den anderen, z. B. für den Menschen, werden: ‚Betrachtet die Erde und beachtet die Werke, die von Anfang bis Ende auf ihr geschehen, wie sich keins von ihnen auf Erden verändert, sondern alle als Werke Gottes sich zeigen ...!'" (2, 2). Wahre Frömmigkeit und Gerechtigkeit zeigen sich deshalb auch als Einordnung in das vom Schöpfer verordnete Gesetz des Kosmos. „Deshalb kann es um seines Heils willen wichtig sein, den Menschen an die wahre kosmische Ordnung zu erinnern" (Limbeck)[40]. Neben das Gesetz der Tora tritt das Gesetz der Schöpfungsordnung; auch die

---

[37] Vgl. dazu besonders M. Testuz, Les idées religieuses du livre des Jubilés (Genf – Paris 1960) 121–164; M. Weise, Kultzeiten und kultischer Bundesschluß in der „Ordensregel" vom Toten Meer (Leiden 1961); M. Limbeck, Die Ordnung des Heils. Untersuchungen zum Gesetzesverständnis des Frühjudentums (Düsseldorf 1971) 65ff; 134–175 (umfangreiches Material und reiche Literatur); dazu noch A. Jaubert, Le calendrier des Jubilés et de la secte de Qumran. Ses origines bibliques, in: VT 3 (1953) 250–264; dies., Le calendrier des Jubilés et les jours liturgiques de la semaine, in: VT 7 (1957) 35–61.
[38] Vgl. auch 72, 3; 75, 1; 80, 1.
[39] Die Ordnung des Heils, 68.   [40] Ebd. 69.

letztere zu verletzen, ist Sünde. Vgl. ferner Jub 2, 9: „Und Gott machte die Sonne zu einem großen Zeichen über der Erde für Tage und für Sabbate und für Monate und für Feste und für Jahre und für Jahrwochen und für Jubiläen und für alle Zeiten der Jahre"; 1 QS IX, 26 – X, 8 (die große Ordnung für die Gebets- und Kultzeiten)[41]: „[Mit einem] Lippen[opfer] soll er ihn preisen an den Zeitabschnitten, die Gott festgesetzt hat: Bei Beginn der Herrschaft des Lichtes, an seinem Wendepunkt, — und wenn es sich zurückzieht an seinen festgesetzten Ort. Zu Beginn der Wachen der Finsternis ... [Ferner] Bei Eintritt der Jahreszeiten an dem 1. Tag des Monats [der als Schalttag] sowohl ihren Wende- als auch ihren Übergangspunkt von einer [Jahreszeit] zur anderen [darstellt], — und wenn sie (sc. die Jahreszeitanfänge) sich erneuern, sind sie bedeutsam (!) für die „allerheiligste" (Gemeinde) und das „ehrfurchtgebietende" (?) Zeichen (= Sonne) für die Erneuerung der ewigen (= göttlichen) Gnadenzusagen für sie — an den Anfängen der Jahreszeiten in jeder Zeit, die eintreten wird. [Ferner] Am Anfang der Monate entsprechend ihrer Jahreszeiten und [an] den „heiligen Tagen" (= Sabbaten) aufgrund ihrer Festlegung ... [Ferner] An den Anfängen der Jahre und an der Wende ihrer Jahreszeiten, wenn die für sie festgelegte Anordnung erfüllt ist ... [Ferner] [In] den Festjahren gemäß ihrer [Periode von] sieben Jahren"); 1 QM XIV, 12–14 („Und wir, als dein heiliges Volk, preisen über den Werken deiner Wahrheit deinen Namen und erhöhen [dich] wegen deiner Großtaten al[lezeit zu den vorgeschriebenen] Zeiten und an den durch göttliche Manifestation festgesetzten Zeitabschnitten [= καιροί]: Bei Anbruch des Tages und der Nacht und wenn Abend und Morgen zu Ende geht"); vgl. dazu auch Jub 6, 14; 3, 27[42]. Wichtig ist an diesem Text aus 1 QS, daß die vier Wendepunkte des solaren Jahres „geradezu Abbilder für die jeweils neue Zuwendung der Gnadenzusagen Gottes" (Weise) sind (vgl. auch X, 4). Vgl. ferner 1 QM X, 15: Gott hat geschaffen „heilige Festzeiten und Jahreswenden und Zeiten"[43]; aus XIV, 13f geht klar hervor, daß diese „Zeiten" usw. mit der von Gott gesetzten astronomischen Weltordnung zusammenhängen; denn hier wird Gott gepriesen, wegen der „Zeiten und Fristen ewiger Bezeugungen mit dem [Eintreten] bei Tag und Nacht und den Anfängen von Abend und Morgen, denn groß ist [...] deiner [Herrlichkeit], und die Geheimnisse deiner Wundertaten sind in [deinen] Himmelshöhen", d. h., durch die Himmelskörper wird der natürliche Ablauf der Zeiten geregelt. Dazu auch 1 QH I, 24, wo darauf hingewiesen wird, daß die ganze Schöpfungsordnung von Gott festgelegt ist „für alle ewigen Zeiten und [für] die Kreisläufe der Zahl ewiger Jahre mit allen ihren Festzeiten"; PsSal 18, 10: μέγας ἡμῶν ὁ θεὸς καὶ ἔνδοξος ἐν ὑψίστοις

---

[41] Teilübersetzung (im wesentlichen nach WEISE).
[42] Dazu auch JOSEPHUS über die angebliche Sonnenanbetung durch die Essener (Bell. II § 128): „Vor Sonnenaufgang hört man von ihnen auch nicht ein einziges alltägliches Wort, dafür aber senden sie gewisse altererbte Gebete zur Sonne empor, als wenn sie dieselbe um ihr Erscheinen bitten wollten."
[43] Dazu F. MUSSNER, Einige Parallelen aus den Qumrantexten zur Areopagrede (Apg 17, 22–31), in: BZ, NF 1 (1957) 125–130.

κατοικῶν ὁ διατάξας ἐν πορείᾳ φωστῆρας εἰς καιροὺς ὡρῶν ἀφ' ἡμερῶν εἰς ἡμέρας . . . .

Ist nun auch im Frühjudentum die Idee der Schöpfungsordnung stark hervorgehoben worden, so ging deshalb die Tora dem Bewußtsein nicht verloren, wie gerade das Qumranschrifttum beweist. Andererseits hatte man schon früh über die Schöpfungsordnung in Israel reflektiert[44]; aber erst in später Zeit kam es „zu einer bewußten Zuordnung, ja Identifizierung der beiden Gesetze, die einerseits die Schöpfung und andererseits Israel in ihrem Dasein und Leben bestimmen" (Limbeck[45]. „Der Glaube an Gottes alles bestimmenden Willen hatte die Überzeugung hervorgerufen, daß der einzelne nur durch die Respektierung der gesamten Weltordnung erneut selbst gerecht werden kann" (ders.)[46]. Das gilt nicht bloß für die Apokalyptiker, sondern ebenso für die Qumranessener und Philo[47]. Aber nicht nur für die am „Rande" des Judentums stehenden Gruppen und Gestalten gibt es die Verbindung von Tora und Kalender, sondern sie gehört zum Judentum überhaupt, weil die Tora selbst die Feier der Feste, für deren Termine doch der Kalender maßgebend war, und insbesondere die strenge Beobachtung des Sabbatgebotes vorschrieb. So besteht zwischen Torafrömmigkeit und Kalenderfrömmigkeit im Judentum eine Affinität[48]. Zur konsequenten Torafrömmigkeit gehört im frommen Judentum bis heute auch die „Kalenderfrömmigkeit".

d) Das vorgelegte Material läßt auf jeden Fall erkennen, daß Gal 4, 10 (Tage, Monate, Zeiten, Jahre) eine Gesetzesfrömmigkeit anvisiert, die sich auch im Judentum in der Verbindung von Tora mit der gewissenhaften Beachtung der den Kalender bestimmenden Schöpfungsordnung antreffen läßt. Daß Paulus gerade die „Kalenderfrömmigkeit" hervorhebt, wenn er den Galatern eine „Rückkehr" zu den „Elementen" vorhält, hing wahrscheinlich mit den gesetzlichen Forderungen der Gegner zusammen: sie verstanden gesetzliches Leben in besonderem Maß auch als „Kalenderfrömmigkeit"; freilich in welchem genauen Sinn, entzieht sich unserer Kenntnis. Selbstverständlich liegt

---

[44] Ansätze dazu bot die Schöpfungsgeschichte selbst (vgl. Gen 1, 14 [der „Priesterschrift" zugehörig!]: „Und Gott sprach: Leuchten sollen werden am Firmament des Himmels, damit sie scheiden zwischen Tag und Nacht, damit sie als Zeichen dienen, sowohl für Festzeiten als auch für Tage und Jahre . . ." [Übersetzung nach H. JUNKER, Echterbibel]). Hier findet sich anscheinend schon eine ätiologische Begründung der „Kalenderfrömmigkeit" in der Schöpfungsgeschichte.
[45] Von der Ohnmacht des Rechts. Zur Gesetzeskritik des Neuen Testaments (Düsseldorf 1972) 17f; vgl. überhaupt 17–28 („Die Ordnung der Schöpfung und das Gesetz Israels"); die Ausführungen L.s können hier nicht wiederholt werden, sie scheinen uns aber gerade für das Verständnis von Gal 4, 8–11 von großer Bedeutung zu sein.
[46] Ebd. 24.
[47] Vgl. ebd. 24–26 (für Qumran); 26–28 (für Philo).
[48] Vielleicht hatten die Gegner gerade aufgrund ihrer Herkunft aus dem Judentum bei den Galatern auf die „Kalenderfrömmigkeit" sogar gepocht, speziell, was den Sabbat anging, vielleicht auch das Paschafest, so wie nach rabbinischer Lehre der Vollproselyt „die im Gesetz gebotene Beschneidung und die Gesamtheit der Tora übernehmen muß. Sonst blieb er Heide, der von den übrigen Nichtjuden in der Beurteilung kaum oder gar nicht unterschieden wird" (KUHN in: ThWb VI, 734); vgl. auch Gal 5, 3 (die Stelle zeigt, daß Paulus diese Anschauung kennt).

keine exakte Beschreibung vor[49]. Warum lehnt sie aber Paulus so radikal ab? Sehr wahrscheinlich deshalb, weil mit der religiös begründeten „Beobachtung" von Tagen, Monaten, Zeiten und Jahren bestimmte Gefahren verbunden waren: nämlich abergläubischer Gestirnskult — da die Gestirne den Kalender bestimmen und diese dann nur allzuleicht mit „Göttern" verwechselt werden konnten. Schon Henäth 80, 7 warnt davor: „Die ganze Ordnung der Sterne wird vor den Sündern verschlossen sein, und die Gedanken der Erdenbewohner werden ihretwegen irregehen; sie werden von allen ihren Wegen abtrünnig werden, irren und sie für Götter halten." Der Weg also von den den Kalender regelnden Gestirnen zu den „Göttern, die in Wirklichkeit keine sind", war für die Galater nicht weit. Diese Gefahr war für Juden und Judenchristen aufgrund ihres strengen Monotheismus nicht oder kaum gegeben, wohl aber für Heidenchristen, zumal für solche, die noch vor nicht allzu langer Zeit Heiden waren, für die „Elemente" und „Götter" vielfach identisch sind, d. h. aber auch: Elementendienst und Götzendienst. Zudem gab es ja auch eine heidnische „Kalenderfrömmigkeit", speziell in den Fruchtbarkeitskulten. Dazu kommt, daß nach der von Paulus geteilten Anschauung von der Rolle der Engel bei der Gesetzgebung auf Sinai (Gal 3, 19!) auch eine Verbindung dieser Gesetzgebungsengel mit den Engeln der Schöpfung leicht herzustellen war[50]. Damit konnte aber gerade das gesetzliche Leben, weil es mit der „Kalenderfrömmigkeit" verbunden war, die Galater dazu verführen, dasselbe als eine Art von „Elementenverehrung" zu verstehen, die dann vom Götzendienst nicht weit entfernt war[51]. Der Schöpfer wird dann mit den Geschöpfen, den στοιχεῖα verwechselt, während für Paulus die „Elemente", wie er in V 9 bemerkt, „schwach und arm" sind. Was wollen diese Epitheta besagen? Zunächst dürfen sie als der Terminologie der jüdischen Missionssprache zugehörig betrachtet werden[52]. Innerhalb des V 9 haben sie ihr eigentliches Oppositum in dem θεός,

---

[49] Darin hat ECKERT recht (Die urchristliche Verkündigung, 93).
[50] Vgl. LIMBECK, ebd. 93f. Vgl. etwa die Bezeichnung Michaels als „Fürst der Lichter" (= Sterne) in 1 QS III, 20; Damask V, 18; dazu das reiche Material und seine Diskussion bei LIMBECK, Von der Ohnmacht des Rechts, 20–28; 41–43.
[51] LIMBECK formuliert den Sachverhalt so (ebd. 94f, Anm. 29): „Hier ist zu berücksichtigen, daß nach frühjüdischer Überzeugung die von den Engeln in der Tora oder zusätzlich zu ihr (vgl. 1 Hen, Jub) geoffenbarte kosmische Ordnung selbst wiederum durch die Engel begründet war, da sie ja über die Elemente des Kosmos gesetzt waren ... Dadurch wurden die Engel aber mit den στοιχεῖα τοῦ κόσμου vergleichbar ... Daß diesen στοιχεῖα bereits z. Z. des Paulus religiöse Verehrung entgegengebracht wurde, läßt Philo, Vit. contempl. §§ 3–7, erkennen, wenn er die ‚Naturverehrung' der Therapeuten von jenen absetzt, die die Elemente (τὰ στοιχεῖα): Erde, Wasser, Luft und Feuer; ‚Sonne, Mond oder die anderen Planeten oder Fixsterne oder den ganzen Himmel oder die ganze Welt'; die Halbgötter (τοὺς ἡμιθέους) oder gar Götterstatuen (τὰ ξόανα καὶ ἀγάλματα) verehren. Und dennoch — wer solches tat, unterschied sich für Paulus faktisch nicht mehr von den jüdischen Frommen, die ja ebenfalls um der Harmonie mit den über die Zeiten gesetzten Engeln willen bestimmte Festtage beobachteten. Juden wie Heiden unterwarfen sich im Grunde Mächten, die nicht Gott selbst, sondern nur τὰ στοιχεῖα τοῦ κόσμου waren. Und eben auf diese Versklavung durch nichtgöttliche, geschaffene Mächte kam es Paulus hier an; denn von allen diesen Mächten sind die Söhne Gottes frei!"
[52] In Jos. u. As. werden die εἴδωλα, die mit den Göttern der Ägypter identisch sind (vgl. 3, 10; 12, 5), in 8, 5 und 12, 6 als νεκρὰ καὶ κωφά charakterisiert. — SCHLIER meint (Gal., 203,

den die Galater bei ihrer Bekehrung als den einzigen und wahren Gott erkannt haben, was zugleich die Erkenntnis der Schwäche und Armut der „Elemente" nach sich zog, weil sie das Heil nicht zu bringen vermögen. Der wahre und einzige Gott, neben dem alle Götter „Nichtse" sind, zeigt dagegen seine Macht und seinen Reichtum gerade darin, daß er den Menschen auch ohne „Kalenderfrömmigkeit" zu retten vermag: allein durch sein eschatologisches Handeln in Christus, seinem Sohn. Kehren die Galater dagegen mit ihrer gesetzlichen „Kalenderfrömmigkeit" wieder zu den doch von ihnen selbst bei ihrer Bekehrung als „schwach und arm" erkannten „Elementen" zurück, so fallen sie „aus der Gnade" (5, 4). Möglicherweise denkt Paulus bei dem Epitheton „schwach" auch mit an das Gesetz, das nach Röm 8, 3 ein ἀδύνατον an sich hat, weil es durch das „Fleisch" mit Schwäche behaftet ist (ἠσθένει)[53].

Weil der Apostel in der gesetzlichen „Kalenderfrömmigkeit" eine Äußerung von „Elementenverehrung" sieht, kann er den Galatern schreiben, daß sie dabei sind, „wieder zurückzukehren zu den schwachen und armseligen Elementen", obwohl sie nicht in ihr altes Heidentum zurückkehren, sondern sich dem „Judaismus" zuwenden wollen. Damit aber begeben sie sich für den Apostel erneut in eine religiöse „Sklaverei". Selbstverständlich sahen die Gegner des Apostels die Dinge anders, und auch die Galater waren über die Urteile des Apostels vermutlich erstaunt. Natürlich liegt darin, wie Eckert richtig hervorhebt[54], „daß Paulus hier wie 5, 12 die jüdische Gesetzesobservanz bewußt in die Nähe des heidnischen Kultes bringt ... der skandalöse Skopus der paulinischen Aussage, [nämlich] daß der angebliche Fortschritt der Galater zum Gesetz Israels in Wirklichkeit ein Rückfall ins Heidentum und die Sklaverei sein soll ... Judentum und Heidentum rücken hier auf ein und dieselbe Stufe gegenüber dem neuen, wahren Heilsglauben zusammen ...". Wenn Paulus diese Konsequenzen so aufzeigt, überphysiognomisiert er damit nicht die Gegner, sondern zeigt nur schonungslos die Logik des „anderen Evangeliums".

e) Aber die Galater haben den verhängnisvollen Schritt noch nicht endgültig getan; sie sind jedoch dabei (θέλετε). Dieses ironisch fragende θέλετε will einmal sagen: Ihr wendet euch freiwillig dem gesetzlichen Leben zu (denn meine Gegner können euch doch dazu nicht einfach zwingen), zum anderen enthält es deutlich auch einen Appell: „Ihr werdet euch doch nicht erneut in Sklaverei begeben wollen!"[55]

Anm. 1): „Ἀσθενῆ sind die στοιχεῖα wohl im Sinne von Kol 2, 15, Eph 1, 21; πτωχά in bezug darauf, daß sie kein Leben oder Erbe haben und bringen können." Nach DELLING (ThWb VII, 685) kann man fragen, „ob ἀσθενῆ καὶ πτωχά nicht den Genetiv τοῦ κόσμου interpretieren; jedenfalls ist mit beiden negativen Wendungen alle vorchristliche Religion zusammenfassend abgeurteilt." BAMMEL meint (ebd. VI, 909): „στοιχεῖον ist sicher ein Ausdruck der jüdischen Polemik gegen das Heidentum. Dasselbe scheint bei ἀσθενῆ καὶ πτωχά der Fall zu sein, einer Formel, die dann nicht direkt die Existenz der heidnischen Gottheiten negiert, aber ihre Kraft als schwach und deren Wirkungen als armselig glossiert."
[53] „Das Unvermögen des Menschen, das Gute zu tun, macht notwendig auch eine Schwäche des Gesetzes offenbar. ‚Schwäche' ist bei Pls keine relative, sondern eine absolute Eigenschaft (= das ‚Unvermögen')" (MICHEL, Der Brief an die Römer, z. St.).
[54] Die urchristliche Verkündigung, 93.
[55] Man kann deshalb nicht mit ECKERT (Die urchristliche Verkündigung, 92) sagen, es sei

4, 11 Eine Bemerkung des Apostels voller Resignation! „Ich fürchte für euch (ὑμᾶς: betonter Akkusativ der Beziehung = „in bezug auf euch", also keine Prolepse)[56], daß ich mich vergeblich um euch bemüht habe"[57], nämlich damals, als der Apostel den Galatern das Evangelium verkündete[58]. κοπιᾶν ist Ausdruck der mit Leiden verbundenen missionarischen Arbeit (vgl. Röm 16, 2.12; 1 Kor 15, 10; 16, 16; Phil 2, 16; Kol 1, 29)[59].

Dennoch resigniert der Apostel nicht völlig, sondern wendet sich im folgenden in einem neuen Appell an die Galater (4, 12–20). Er erinnert sie an die Zeiten seiner Missionsarbeit bei ihnen.

4, 12 Werdet wie ich; denn auch ich wurde wie ihr; Brüder, ich bitte euch. In keiner Weise habt ihr mir ein Leid zugefügt. 13 Ihr wißt vielmehr, daß ich einer Schwäche des Fleisches wegen euch früher das Evangelium verkündet habe; 14 da habt ihr die Versuchung, die für euch in meinem Fleische bestand, nicht verachtet, und ihr habt nicht ausgespien, sondern wie einen Boten Gottes habt ihr mich aufgenommen, wie Christus Jesus (selbst). 15 Wo (bleibt) nun eure Seligpreisung? Denn ich bezeuge euch: Wenn es möglich wäre, ihr hättet eure Augen ausgerissen und mir gegeben.

16 Ich bin also euer Feind geworden, weil ich euch die Wahrheit verkünde? 17 Sie umwerben euch nicht in guter Absicht, vielmehr ausschließen wollen sie euch, damit ihr um sie werben solltet[60]. *18 Schön aber ist es, umworben zu werden im Guten jederzeit, nicht bloß, wenn ich (persönlich) bei euch bin. 19 Meine Kinder, um die ich wiederum Geburtswehen leide, bis Christus in (bei) euch Gestalt gewinnt: 20 ich wollte aber jetzt bei euch sein und meine Stimme verändern; denn ich bin in Not um euch.*

Paulus arbeitet in diesem Abschnitt nicht mehr mit sachlich-theologischen Argumenten, sondern mit ganz persönlichen, die seine starke, innere Bewegung nicht verbergen können. Vielleicht, so hofft er wohl, gelingt es ihm mit diesen Argumenten, die Galater von ihrem Weg zurückzubringen. Oepke bemerkt zu dem Abschnitt: „Rein verstandesmäßige Zergliederung führt solch einem Text gegenüber nicht zum Ziel. Die Auslegung muß feinfühlig den Sinn erfassen und Fehlendes zu ergänzen versuchen." Dieses „Fehlende" ist freilich nicht leicht zu ergänzen; jeder Ausleger muß sich dabei mit der Vorlage von

---

„ausgeschlossen, daß die Galater ‚Jahre' beobachten — der letzte Aufenthalt des Apostels bei ihnen liegt ja noch nicht lange zurück (vgl. 1, 6)"; die Galater sind ja erst dabei, die „Jahre" usw. zu „beobachten". παρατηρεῖσθε muß also mit dem θέλετε des V 9 zusammengelesen werden.

56 Wie BLASS-DEBR § 476, 3 annimmt.
57 Zum Indikativ in einem μή πως-Satz vgl. BLASS-DEBR § 370, 1.
58 Das Perfekt κεκοπίακα drückt aus, daß das damalige missionarische Bemühen des Apostels um die Galater jetzt seine Erfolglosigkeit anzuzeigen droht (vgl. auch MAYSER, Grammatik, II/1, 179). Die LA ἐκοπίασα (𝔓46) ist darum verschlechternde Korrektur.
59 Vgl. auch HARNACK in: ZntW 27 (1928) 1–10; HAUCK in: ThWb III, 827–829.
60 ζηλοῦτε = Konj. (vgl. BLASS-DEBR § 91).

Hypothesen zufrieden geben. Und diese können trotz allem nur durch eine „Zergliederung" des Textes gewonnen werden, wie schon die Analyse des V 12 zeigen wird.

Der Abschnitt wirkt im übrigen wie eine große Parenthese zwischen den VV 8–11 und den VV 28 ff, in denen der Apostel die Hinwendung der Galater zum στοιχεῖα-Dienst (vgl. V 9 b) bzw. zur Herrschaft des Gesetzes (vgl. V 21) behandelt. Im V 11 war er dabei in ganz persönlich gehaltene Aussagen übergegangen (φοβοῦμαι ... κεκοπίακα) und gerade diese Erinnerung an seine Leiden, von denen er seinerzeit bei der Missionierung der Galater geplagt wurde (vgl. V 13), veranlaßt ihn, diese persönliche Erinnerung in einen ebenso ganz persönlich gehaltenen Appell mit Aufforderung an die Galater, so zu werden wie er (V 12), auszuweiten. Anschließend geht mit V 22 die sachlich-theologische Argumentation wieder weiter.

4, 12 Der Vers besteht aus vier Gliedern, die man am besten gesondert ins Auge faßt:

a) γίνεσθε ὡς ἐγώ. Das ist eindeutig eine Aufforderung an die Galater, den Apostel nachzuahmen, wie Paulus auch sonst seine Gemeinden auffordert, seine „Nachahmer" zu werden, oder lobend erwähnt, daß sie ihn nachgeahmt haben (vgl. 1 Kor 4, 16: παρακαλῶ ... ὑμᾶς, μιμηταί μου γίνεσθε; 9; 11, 1; Phil 3, 17; 1 Thess 1, 6: καὶ ὑμεῖς μιμηταὶ ἡμῶν ἐγενήθητε; 2 Thess 3, 7.9: τύπον δῶμεν ὑμῖν εἰς τὸ μιμεῖσθαι ἡμᾶς)[61]. Diese Aufforderung hängt in Gal 4, 12 vielleicht mit dem Gedanken zusammen, daß die Galater ja seine (geistlichen) Kinder sind (vgl. V 19), die ihre „Mutter", die sie unter Schmerzen geboren hat, nachahmen sollen[62]. Worin, ist unter b) zu erörtern.

b) ὅτι κἀγὼ ὡς ὑμεῖς. Das Versstück begründet (ὅτι) die vorhergehende Aufforderung des Apostels, so wie er zu werden. „Natürlicherweise wird man hinter ἐγώ am ehesten ein ἐγενόμην und nicht etwa ein ἤμην ergänzen und, will man genau sein, zu dem ὡς ὑμεῖς ein ἦτε in Gedanken fügen" (Schlier). Es geht bei dem „werden wie" der Apostel um die Nachahmung seines Beispiels, das er selbst den Galatern gegeben hat. Worin bestand aber dieses beispielhafte Verhalten des Paulus? Da der Abschnitt 4, 12–20 wie eine große Parenthese zwischen den VV 8–11 und den VV 21 ff wirkt (s. oben), läßt sich leicht erkennen, worin das nachahmenswerte Beispiel des Apostels für die Galater besteht: es ist das „gesetzlose" Leben, das er seinerzeit bei ihrer Missionierung unter ihnen geführt hat. Er war damals, als er in einem rein heidnischen Gebiet das Evangelium verkündete, das geworden, was er in 1 Kor 9, 21 so formuliert:

---

[61] Vgl. auch MICHAELIS in: ThWb IV, 669–675; D. M. STANLEY, „Become imitators of me": The Pauline Conception of Apostolic Tradition, in: Bibl 40 (1959) 859–877; W. B. DE BOER, The Imitation of Paul (Kampen 1962) (mit wichtigen Korrekturen an Michaelis); A. SCHULZ, Nachfolgen und Nachahmen. Studien über das Verhältnis der ntl. Jüngerschaft zur urchristlichen Vorbildethik (München 1962) 199 ff (weitere Literatur); GÜTTGEMANNS, Der leidende Apostel und sein Herr, 190–194.
[62] Vgl. auch J. M. NIELEN, Die Kultsprache der Nachfolge und Nachahmung Gottes und verwandter Bezeichnungen im ntl. Schrifttum, in: Heilige Überlieferung (Maria Laach 1938) 59–85 (62).

den ἄνομοι ein ἄνομος, freilich als ein ἔννομος Χριστοῦ (1 Kor 9, 21: μὴ ὢν ἄνομος θεοῦ ἀλλ' ἔννομος Χριστοῦ)[63]. Er lebte unter den Galatern nicht wie ein Jude, sondern „wie" ein „Heide" (ὡς ὑμεῖς), „hinter welchem Schritt für ihn, den Juden, dieselbe grundsätzliche Entscheidung stand, die er jetzt von ihnen angesichts ihrer judaistischen Verführer fordert" (Schlier). Das heißt ja keineswegs, daß sich Paulus damals „die heidnischen Galater zum Vorbild genommen" hat, wie Oepke einwendend bemerkt[64]. Paulus hielt sich bei den Galatern nicht an ein „Vorbild", sondern an seine theologia crucis. Das Vorbild war er als Apostel des Gekreuzigten für die Galater, nicht die Galater für ihn! Und an dieses Vorbild sollen sie sich weiterhin und wieder halten; darum bittet sie der Apostel förmlich:

c) ἀδελφοί, δέομαι ὑμῶν. Der Imperativ (γίνεσθε) wird also als Bitte vorgetragen: daran können die Galater das ganze persönliche Engagement des Apostels in der Angelegenheit der Gesetzesfreiheit des Christen erkennen. Die Bitte wirkt wie ein beschwörender Appell.

d) οὐδέν με ἠδικήσατε. Dieses dritte Glied im V 12 ist asyndetisch angeschlossen, und solche Asyndeta können eine bestimmte logische Funktion im Gedankengang haben, hier diese: Obwohl ich seinerzeit bei euch wie ein „Heide" und nicht wie ein Jude lebte, habt ihr mir in keiner Weise (οὐδέν) ein Leid zugefügt. Gedacht ist dabei an die Zeit, da der Apostel sich bei den Galatern befand (vgl. Aorist ἠδικήσατε): damals haben die Galater am „gesetzlosen" Leben des Apostels sich in keiner Weise gestoßen, ihm etwa durch üble Nachrede und Verachtung geschadet, wie es seine Gegner tun. Denn von ihrem Handeln her muß der Ausdruck ἀδικεῖν verstanden werden: sie fügen dem Apostel ein seelisches Leid zu, was die Galater seinerzeit nicht getan haben. Das kann der Apostel mit Genugtuung feststellen, und der Sinn dieser Feststellung ist: Ihr werdet mir doch auch jetzt kein Leid zufügen! Im Gegenteil, der Apostel kann die Galater im folgenden erinnern, daß sie ihm nicht nur kein Leid zugefügt haben, als er einst bei ihnen erschien, um ihnen das Evangelium zu bringen, sondern daß sie ihn mit offenen Armen aufgenommen haben, obwohl die äußeren Umstände für Paulus sehr widrig waren.

4, 13 Die Partikel δέ bedeutet hier „vielmehr", verwendet im Hinblick auf die vorausgehende Feststellung: „ihr habt mir kein Leid zugefügt". „Vielmehr wißt ihr", nämlich aus eurer Erinnerung, aus welchem Anlaß ich bei euch das Evangelium verkündet habe. τὸ πρότερον wird häufig auf den ersten Missionsaufenthalt des Apostels bei den Galatern (vgl. Apg 16, 6) bezogen — wie auch

---

[63] Vgl. dazu auch die guten Bemerkungen bei G. EICHHOLZ, Der missionarische Kanon des Paulus. 1 Kor. 9, 19–23, in: Tradition und Interpretation (München 1965) 114–120.

[64] OEPKE (und mit ihm MICHAELIS in: ThWb IV, 675, Anm. 29) verkennt, daß auch hinter dem Abschnitt 4, 12–20 das Gesetzesproblem steht, das der Apostel „existentiell" und exemplarisch im Sinn „seines" Evangeliums gelöst hat, als er bei den Galatern missionierte. Nicht darum, „ihm entgegenzukommen", bittet Paulus die Galater, wie OEPKE meint, „so, wie er ihnen". Paulus ist den Galatern ja gar nicht „entgegengekommen", als er ihnen den Χριστὸς ἐσταυρωμένος und damit zusammenhängend die Freiheit des Christen vom Gesetz verkündete, sondern vertrat nur „die Wahrheit des Evangeliums" und lebte sie selbst exemplarisch vor.

wir meinen: mit Recht[65] —, (τὸ) πρότερον bedeutet „früher", „zuvor", „zuerst"[66]. Der Apostel gebraucht τὸ πρότερον mit Blick auf seine zwei Aufenthalte in Galatien, die auch von der Apg bezeugt werden; τὸ πρότερον will also sagen: „on the former of two occasions" (Lightfoot)[67]. Bei diesem „früheren" = dem ersten Aufenthalt hat ihnen Paulus — daran erinnert er jetzt die Galater — das Evangelium „infolge einer Schwäche des Fleisches" (δι' ἀσθένειαν τῆς σαρκός), d. h. wegen einer Krankheit verkündet. Die Präposition διά mit Akkusativ gibt stets den Grund, die Ursache an, nicht die Umstände[68]. Gewiß machte die Krankheit die Umstände der Missionierung widrig, aber sie war, wie aus der Präposition διά mit Akk. hervorgeht, der eigentliche Anlaß zur Missionsarbeit unter den Galatern[69]. Oepke meint: „Inwiefern Krankheit den Grund zur Predigt bei den Galatern gegeben haben sollte, ist schwer einzusehen." Warum eigentlich? Für einen Mann wie Paulus wurde alles zum καιρός, wenn es galt, das Evangelium zu verkündigen. Um welche Krankheit es sich evtl. handelte, ist weiter unten zu erörtern[70].

4, 14 Die Krankheit des Apostels hätte für die Galater leicht zum Anlaß werden können, ihn abzuweisen und aus ihrem Gebiet zu vertreiben; sie war für sie ein πειρασμός, eine „Versuchung"[71], der sie leicht hätten erliegen können. Paulus drückt sich nicht sonderlich geschickt aus. Das Verbum ἐξουθενεῖν heißt „verachten", und wörtlich übersetzt lautet der V 14a: „Und ihr habt die Versuchung, die für euch in meinem Fleische bestand, nicht verachtet", was positiv formuliert heißt: ihr habt sie mutig bestanden[72]; eher

---

[65] Vgl. auch unsere Bemerkung S. 5, Anm. 27. Sowohl die Formulierung „wie einen Boten Gottes (habt ihr mich aufgenommen)" (4, 14) weist auf die Erstverkündigung des Evangeliums — der Bote bringt eine bisher unbekannte Nachricht —, als auch die Formulierung ἀληθεύων ὑμῖν in 4, 16 — die Wahrheit wird in der Erstverkündigung vermittelt.
[66] Vgl. PapeWB s. v.; Mayser, Grammatik, II/1, 13; II/2, 327/34 ff; Blass-Debr § 62; Liddell-Scott s. v. A, IV; Plutarch, Mor. 20 p. 30 C: ἐβουλεύοντο δ' οἱ βασιλεῖς οὐκ εὐθὺς ἐν κοινῷ μετ' ἀλλήλων, ἀλλ' ἑκάτερος πρότερον (= zuerst) ἰδίᾳ μετὰ τῶν ἑκατόν ... Preisigke notiert Lips. 40 I!, 15: πρότερον, μετὰ ταῦτα (= „zunächst, darnach").
[67] Vgl. auch Kümmel, Einleitung in das NT, 246 („4, 13 setzt vielmehr nach der naheliegendsten Deutung zwei Besuche des Paulus in Galatien voraus"); Lightfoot z. St.: „The expression ... seems to justify the assumption of two visits to Galatia before this letter was written ..."
[68] Vgl. Mayser, Grammatik, II/2, 426 f; auch Lightfoot z. St. Gegen Oepke und viele andere, auch Kirchenväter.
[69] Moulton-Milligan verweisen auf POxyr. IV, 726, 10 οὐ δυνάμενος δι' ἀσθένειαν πλεῦσαι, Lightfoot auf Thucyd. VI, 102: αὐτὸν δὲ τὸν κύκλον [αἱρεῖν] Νικίας διεκώλυσεν· ἔτυχε γὰρ ἐν αὐτῷ δι' ἀσθένειαν ὑπολειμμένος.
[70] Zur scheinbaren Diskrepanz zwischen Gal 4, 13 und Apg 16, 6 vgl. unsere Bemerkungen S. 4.
[71] Statt ὑμῶν (so ℵ* B A C² D* F G d e f g, Origenes, Victorin, Ambrosiaster, Hieronymus, Augustinus, boh, Vg.) lesen 𝔓⁴⁶ D² ³ E K L P al., Chrysostomus, Cyrill μου, beziehen also in mißverstandener Weise den πειρασμός auf Paulus („Prüfung" durch Krankheit); kein Pronomen lesen ℵ³ C* (?) arm, syrᵖ, aeth, Theophylakt, J. de Zwaan, in: ZntW 10 (1909) 246–250 (246) (der zudem πειρασμός im Anschluß an das Neugriechische personal als „Teufel" verstehen möchte) und gehen damit einer Entscheidung aus dem Wege.
[72] Vgl. die Erörterung der Übersetzung bei BauerWb s. v. ἐξουθενέω.

würde man erwarten: „Ihr habt mich nicht verachtet, obwohl mein körperlicher Zustand euch eine Versuchung bereiten konnte."

οὐδὲ ἐξεπτύσατε: ἐκπτύειν heißt „ausspucken als Zeichen widerwilliger Ablehnung ... oder zur Abwehr böser Geister" (W. Bauer)[73]; dann hätte das Ausspucken vor dem Apostel den apotropäischen Sinn gehabt, den Krankheitsdämon, der in seinem Körper haust, abzuwehren. Es gibt freilich auch den übertragenen Sinn von ἐκπτύειν, so bei Plutarch, Mor. 328 C (ὥσπερ χαλινὸν τὸν λόγον ἐκπτύσαντες)[74]; es könnte also auch gemeint sein, daß die Galater vor dem Evangelium, das ihnen Paulus verkündet hat, nicht „ausgespuckt", d. h. dasselbe nicht zurückgewiesen haben. Auch dazu hätte der körperliche Zustand des Apostels ein πειρασμός werden können[75]. Der körperliche Zustand des Apostels und der Χριστὸς ἐσταυρωμένος, den er ihnen verkündete, schienen ja gut zueinander zu passen, gewissermaßen eine Einheit zu bilden. Diese „Einheit" haben sie früher, als der Apostel bei ihnen missionierte, ohne Widerspruch hingenommen[76]. Sie ließen das (vielleicht) abstoßende Aussehen des Apostels nicht zu einem πειρασμός für sich werden, „vielmehr" nehmen sie ihn „wie einen Boten Gottes" auf, ja wie Christus Jesus selbst. Wenn die Galater den Apostel „wie einen Boten Gottes" aufnehmen, dann wie einen Gesandten des Himmels selbst[77] = einen Engel (vgl. 1, 8 ἄγγελος ἐξ οὐρανοῦ). Das asyndetisch angefügte ὡς Χριστὸν Ἰησοῦν „is a climactic addition" (Burton); denn Jesus Christus ist für den Apostel mehr als ein Engel Gottes. Das zweimalige ὡς ist hier = genau, gerade so wie[78]. Die Galater hätten also, will Paulus sagen, einen Engel oder Jesus Christus selbst nicht besser aufnehmen können, als sie ihn, einen kranken Missionar, einst aufgenommen haben.

4, 15 „Wo[79] (bleibt)[80] also eure Seligpreisung", „d. h. die Stimmung, in der ihr euch selbst seliggepriesen habt" (W. Bauer)[81], nämlich über das Erscheinen

---

[73] s. v. ἐκπτύω. BAUER verweist etwa auf Theophr., char. 16, 14 μαινόμενον ἰδὼν ἢ ἐπίληπτον φρίξας εἰς κόλπον πτύσαι. Weiteres Material bei LIETZMANN z. St. und S. SELIGMANN, Der böse Blick I (1910) 293–298; SCHLIER in: ThWb II, 446 f.
[74] Vgl. MOULTON-MILLIGAN s. v. ἐκπτύω.
[75] Im 𝔓46 fehlt οὐδὲ ἐξεπτύσατε. Wahrscheinlich nur ein Versehen des Abschreibers.
[76] Vgl. auch GÜTTGEMANNS, Der leidende Apostel, 173–177.
[77] „The use of θεοῦ without the article emphasises the qualitative character of the phrase, and brings out more strongly the dignity ascribed to Paul as God's representative ... The sentence, however, means not that they supposed him actually to be superhuman, but that they accorded him such credence and honour as they would have given to an angel of God" (BURTON).
[78] Vgl. MAYSER, Grammatik, II/3, 167.
[79] Statt des gut bezeugten ποῦ (so ℵ A B C F G P 33 104 al. bo, sa, arm, syrᵖ) lesen τίς D K L pm. d go syrʰ, AMBROSIASTER, CHRYSOSTOMUS, THEODOTUS, VICTORIN, AUGUSTINUS u. a. und verdeutlichen damit das „aus der Vergangenheit wieder in die Gegenwart" springende ποῦ οὖν (SCHLIER, z. St.).
[80] „Bleibt" darf ergänzt werden; denn es geht bei der Frage um jene nach der Weiterdauer der damaligen Seligpreisung der Galater. Die Textzeugen 103 f Vg. ergänzen deshalb richtig ἐστιν, die ℵ-Rezension, D (G) al. it dagegen falsch ἦν.
[81] Wb s. v. μακαρισμός. Vgl. Apg 26, 2; STOB. Ecl. III, 57, 13 f γίνεται δὲ ὁ μὲν ἔπαινος ἐπ' ἀρετᾷ, ὁ δὲ μακαρισμὸς ἐπ' εὐτυχίᾳ. Allerdings ist auch nicht auszuschließen, daß Paulus

und die Predigt des Apostels bei euch? Diese anfängliche Seligpreisung, in der ihr euch selbst beglückwünscht habt[82], scheint jetzt, nachdem meine Gegner bei euch erschienen sind, verschwunden und vergessen zu sein. Einst war alles anders, wie Paulus den Galatern bezeugen kann (μαρτυρῶ γὰρ ὑμῖν): damals „hättet ihr euch am liebsten die Augen ausgerissen und sie mir gegeben". Das könnte bildlich gemeint sein, weil die Augen auch in der Antike als etwas besonders Kostbares galten[83]: Die Galater sind bereit gewesen, alles, auch ihr Kostbarstes für den Apostel hinzugeben, und zwar sehr wahrscheinlich gesagt im Hinblick auf seine Krankheit (obwohl auch an den Dank für das Evangelium gedacht werden könnte). „Merkwürdig ist nur das δυνατόν" (Schlier), das nur paßt, wenn es sich in der Tat um die leiblichen Augen gehandelt hat, die die Galater sich seinerzeit am liebsten ausgerissen hätten, um sie dem Apostel zu schenken; nur scheiterte das eben an der Unmöglichkeit, diese Bereitschaft auch in die Tat umzusetzen. Auch das ἐδώκατέ μοι läßt an die leiblichen Augen denken. Ist das richtig, dann scheint es sich bei der Krankheit des Apostels während seiner Galatermission um eine Erkrankung seiner Augen gehandelt zu haben, über deren Art sich freilich nichts sagen läßt[84]. Jedenfalls scheint, wie aus V 14 hervorgeht, die Krankheit des Apostels etwas an sich gehabt zu haben, was leicht Ekel und Abscheu erregen konnte. Sein Anblick war alles andere als einladend und gewinnend. Trotzdem haben ihn die Galater mit Freuden aufgenommen. Jetzt scheinen sie das alles vergessen zu haben.

4, 16 Wie ist es möglich, daß die Haltung der Galater dem Apostel gegenüber sich so ins Gegenteil verkehren konnte? Betrachten sie ihn denn jetzt als ihren „Feind"? Paulus stellt diese Möglichkeit aber noch nicht als feste Tatsache hin, sondern nur als Frage, die er mit einem folgernden ὥστε einleitet: „Bin ich also euer Feind geworden, der ich euch die Wahrheit verkündige?" Die Antwort des Apostels könnte nur lauten: Das ist ja ganz undenkbar; ich kann das einfach nicht glauben, daß ihr mich auf einmal als euren Feind betrachtet, wenn ich an euer früheres Verhalten gegen mich zurückdenke![85] Wenn dem aber wirklich so wäre, dann könnte das nach Meinung des Apostels nur damit zusammenhängen, daß er ihnen die Wahrheit verkündet (ἀληθεύων ὑμῖν). Dieses Partizipialattribut kann in zweifachem Sinn verstanden werden: „weil" er ihnen die Wahrheit verkündet, oder „obwohl" er ihnen die Wahrheit ver-

---

die „Lobpreisung" meint, die ihm von seiten der Galater zuteil wurde; vgl. PLATON, Resp. IX, 591d: οὐκ ἐκπληττόμενος ὑπὸ τοῦ τῶν πολλῶν μακαρισμοῦ, d. i. die Lobpreisung durch die Volksmenge.   [82] ὑμῶν ist Gen. subj.
[83] Vgl. die Belege bei BAUERWb s. v. ἐξορύσσω; LIDDELL-SCOTT s. v. ὀφθαλμός; MICHAELIS in: ThWb V, 376; Dt 32, 10; Ps 17, 8; Zach 2, 12; Mt 5, 29.
[84] SCHLIER erwägt: „Vielleicht hat es sich um hysterische Sehstörungen gehandelt." BONNARD bemerkt: „une maladie des yeux, ou une maladie atteignant la vue: épilepsie, fièvre intermittente, malaria? On ne sait." Zu den verschiedenen Vermutungen über die Art der Krankheit des Paulus s. etwa GÜTTGEMANNS, Der leidende Apostel, 173f; weitere Literatur bei KUSS, Paulus, 300, Anm. 2; METZGER, Index to periodical Literature on the Apostle Paul, Nr. 242–271.
[85] SCHLIER versteht den ὥστε-Satz als Hauptsatz, forciert ihn damit aber auch, weil es dann so scheint, als ob die Galater tatsächlich in Paulus nun ihren „Feind" sähen, was der Apostel doch nur als Möglichkeit erwägt, die ihm als Wirklichkeit unbegreiflich wäre.

kündet. Wahrscheinlich meint der Apostel das Letztere und deshalb ist sein Erstaunen über die jetzige Haltung der Galater um so größer. Paulus hat ihnen doch die Wahrheit verkündet, und was mit ihr gemeint ist, hat er selbst in 3, 1 klassisch formuliert: er **hat ihnen Jesus Christus als Gekreuzigten vor Augen gestellt**. Diese Wahrheit schloß freilich auch die Lehre von der Freiheit des Christen von den Werken des Gesetzes in sich, und dies Letztere — „die Wahrheit des Evangeliums" im Sinn von 2, 5.14 — war zum Stein des Anstoßes für die Galater geworden, seit die Judaisten sie das Gegenteil lehrten[86]. Der Apostel kommt ja im folgenden Vers wieder auf diese zu sprechen.

4, 17   Es kann für ihn nicht die Verkündigung der Wahrheit sein, die ihn den Galatern entfremdet hat, sondern diese Entfremdung geht auf das Konto seiner Gegner, die die Galater „in unguter Absicht" (οὐ καλῶς) „umwerben" (ζηλοῦσιν)[87]. „Das Verbum ζηλοῦν läßt erkennen, daß Paulus das Vorgehen der Gegner als regelrechte Agitation empfunden hat" (Güttgemanns)[88]. Der Apostel bezeichnet dabei seine Gegner nicht näher und erwähnt keine Namen, obwohl „man den Eindruck hat, daß er sie kennt" (Bonnard)[89]. Die böse Absicht ihrer Umwerbung der Galater geht darauf hinaus, einen Keil zwischen sie und den Apostel zu treiben: Dieser Gedanke erklärt das οὐ καλῶς, ohne daß er von Paulus ausgesprochen wird. Das folgende ἀλλά (V 17b) ist deshalb elliptisch zu nehmen und hat den Sinn „im Gegenteil": ihr Vorgehen gegen mich erreicht nicht seinen Zweck, sondern geschieht in einer ganz anderen Absicht — so unterstellt jedenfalls der Apostel —: „Sie wollen euch ausschließen" (ἐκκλεῖσαι) und dies wiederum dazu: „damit ihr sie umwerbt" (ἵνα αὐτοὺς ζηλοῦτε)[90]. Was das „ausschließen" hier bedeuten soll, ist nicht leicht zu erkennen. Die Meinungen der Ausleger gehen im wesentlichen in folgende Richtungen: Die Gegner wollen die Galater vom „Privileg" des gesetzesfreien Evangeliums „ausschließen"[91] oder sie von Paulus und seiner „Partei" (seinen Mitarbeitern und den übrigen heidenchristlichen Gemeinden) trennen, um sie auf diese Weise zunächst zu isolieren und dann leichter für sich zu gewinnen[92]. Lightfoot (auch Bonnard) meint, daß der „Ausschluß" der Galater auch ihren Ausschluß von Christus und seiner Gnade bedeuten würde (vgl. 5, 4)[93]. Dann

---

[86] Paulus formuliert das Partizipialattribut präsentisch (ἀληθεύων), weil seine Verkündigung der Wahrheit ja nicht der Vergangenheit angehört, sondern bis in die Gegenwart fortdauert und immer fortdauern wird. „Die Wahrheit", die Paulus den Galatern verkündet, sind also gewiß nicht „die warnenden Worte, die er während seines zweiten Besuchs zu ihnen gesprochen hat" (so Oepke), noch die harten Worte seines Briefes (so Zahn).
[87] Moulton-Milligan verweisen zu ζηλοῦν auf PSJ I, 94, 9: ζηλοῖ γὰρ τὴν μάθησιν und auf eine Inschrift (Michel 394, 47) ἐφ' οἷς οὐχ ἧττον ὁ δῆμος [ζ]ηλοῖ αὐτόν.
[88] Der leidende Apostel, 183f.
[89] Bonnard bemerkt auch noch: „Il se peut aussi que sa retenue vienne du fait que sa lettre sera lue à toute l'Église, en présence de ces personnages mystérieux; l'apôtre entend laisser l'église prendre ses responsabilités."
[90] ζηλοῦτε ist Konjunktiv (Blass-Debr § 91).
[91] Daran denkt etwa Burton.
[92] So etwa Bisping, Sieffert, Zahn, Lietzmann, Oepke.
[93] „Dann hätte das ζηλοῦν in V 17b den Sinn, daß die judaistischen Lehrer als die Kenner und Ratgeber in Gesetzesangelegenheiten umeifert werden wollen. Wenn das Gesetz an die

müßte freilich das θέλουσιν als eine glatte Unterstellung, die der Apostel den Gegnern macht, angesprochen werden; denn von Christus und seiner Gnade „wollen" die Gegner die Galater sicher nicht „ausschließen". Lagrange dachte daran: Die Gegner drohen den Galatern damit, daß sie im Fall ihrer weiteren Treue zum paulinischen, gesetzesfreien Evangelium von der Gemeinschaft mit der Urgemeinde („den Maßgebenden"!) ausgeschlossen würden. Bligh: „The verb ‚to exclude' in V. 17 belongs to the imagery of the bridal feast; cf. Mt 25, 10–12"; dann würden also die Gegner damit drohen, daß die Galater vom eschatologischen Hochzeitsmahl „ausgeschlossen" würden[94]. Die Absicht des „Ausschließens", ausgesprochen vom Apostel mit dem Satz ἵνα αὐτοὺς ζηλοῦτε, macht es sehr wahrscheinlich, daß die Gegner in der Tat die Galater von ihrer bisherigen Gemeinschaft mit dem Apostel „ausschließen" wollen[95]; in diesem Fall ist dann auch das „Wollen" der Gegner keine Unterstellung durch den Apostel, sondern blutig ernst gemeint. Die Gegner wollen einen Keil zwischen die Galater und den Apostel treiben, um sie dann um so leichter für sich gewinnen zu können; es soll den Galatern gar nichts anderes mehr übrigbleiben als dies: die Gegner (αὐτούς) zu „umwerben", wenn sie überhaupt noch Christen bleiben wollen, und nicht mehr den Apostel[96]. Die Gunst, die die Galater einst in uneingeschränktem Maß dem Apostel erwiesen haben, möchten seine Gegner auf sich ziehen[97]. Paulus schreibt das den Gemeinden in Galatien, damit sie das Spiel seiner Gegner durchschauen.

4, 18 Der Apostel lehnt ein wahres „Umworbenwerden" durch die Gemeinden nicht ab (vgl. 2 Kor 7, 7), aber es muß in guter und ungeheuchelter Absicht geschehen (ἐν καλῷ), und „jederzeit" (πάντοτε), nicht bloß bei persönlicher Anwesenheit des Umworbenen (V 18b). Das Passiv ζηλοῦσθαι bezieht sich also klar auf Paulus, nicht auf die Galater[98], und selbstverständlich geht es bei diesem ζηλοῦσθαι nicht um Schmeicheleien für den Apostel, sondern um wahre Liebe und echte Sorge, die dem Missionar und Seelsorger entgegengebracht werden, wie es gerade die Galater Paulus gegenüber früher taten (vgl. nochmals 4, 14f). Der Vers hat im Zusammenhang des Kontextes den unausgesprochenen Sinn einer Aufforderung: Bleibt bei eurem ehemaligen ζηλοῦν für mich! Dann bleibt ihr auch bei der Wahrheit des Evangeliums!

Stelle der Gnade tritt, treten sie selbst an die Stelle nicht nur des Apostels, sondern Christi, da sie über das Gesetz verfügen" (SCHLIER z. St.).
[94] An ausschließen „aus dem Himmelreich" dachte auch schon WIESELER.
[95] PAPEWb s. v. verweist unter ἐκκλείω in der Bedeutung „ausschließen" auf POLYBIUS 25, 1, 10 (τινὰ τῆς πόλεως); HERODOT 1, 144 (τῆς μετοχῆς ἐξεκλήϊσαν); PREISIGKE auf PMagd 10, 6 (ἐκκλεῖσαί με τῆς μετοχῆς).
[96] Vor allem Zeugen des westlichen Textes ergänzen am Ende des V 17 noch aus 1 Kor 12, 31: ζηλοῦτε δὲ τὰ κρείττω χαρίσματα. Damit wird der Gedankenbewegung des Apostels abgeschwächt; es geht ihm in Gal 4, 17f nicht um den Eifer für Charismen, sondern für Personen.
[97] BISPING verweist z. St. auf Mt 23, 15 („ihr durchzieht Meer und Land, um einen einzigen Proselyten zu machen").
[98] So auch SCHLIER, anders BONNARD. Ein mediales Verständnis des ζηλοῦσθαι ἐν καλῷ („eifern im Guten"), wie es auch vorgeschlagen wurde, übersieht, daß ἐν καλῷ oppositionell zum vorausgehenden οὐ καλῶς im V 17 steht.

4, 19   Vor dem Vers „ist wohl ein Punkt zu setzen und nach V 19 ein Gedankenstrich, so daß wir einen Anakoluth vor uns haben" (Schlier)[99]. Der Vokativ τέκνα μου ist hier nicht bloß liebevolle Anrede, die den fast sarkastischen und bitteren Ton der vorausgehenden Verse ändern will, sondern steht deutlich schon in Zusammenhang mit dem folgenden Relativsatz οὓς πάλιν ὠδίνω: Weil der Apostel die Galater einst unter Schmerzen geboren hat und jetzt erneut (πάλιν) Geburtswehen ihretwegen erleidet, sind sie seine (μου) geistlichen „Kinder"[100]. Paulus deutet seine Missionsarbeit als geistliche Vater- und Mutterschaft[101] (vgl. 1 Thess 2, 7f.11; 1 Kor 4, 15: ἐν γὰρ Χριστῷ Ἰησοῦ διὰ τοῦ εὐαγγελίου ἐγὼ ὑμᾶς ἐγέννησα)[102]. „Die Geburtsschmerzen", die der Apostel um die Galater schon erlitten hat und jetzt wieder erleidet, sind konkret das apostolische κοπιᾶν (vgl. 4, 11), sei es in Tat oder Wort, das auch brieflich sich äußern kann wie im vorliegenden Fall, und solches κοπιᾶν ist zugleich auf seiten des Apostels verbunden mit Sorgen, Gebeten und Ängsten. Diesen Vorgang mit hellenistischer Mystik in Zusammenhang zu bringen, deren Zeugnisse Oepke mit heranzieht, ist deshalb ganz abwegig. Freilich: „Un enfant ne peut être mis au monde deux fois; mais bien les Galates" (Bonnard); die Galater deswegen, weil sie durch ihre Hinwendung zum „Judaismus" dem Χριστὸς ἐσταυρωμένος und dem Evangelium verloren zu gehen drohen und der Apostel sie nochmals (πάλιν) dafür gewinnen muß, und zwar mit seiner ganzen apostolischen Sorge, die Geburtswehen gleicht, μέχρις οὗ μορφωθῇ Χριστὸς ἐν ὑμῖν. Seine apostolischen „Geburtswehen" haben also als Ziel (μέχρις οὗ) die „Gestaltwerdung" Christi bei den Galatern[103]. Das Verbum μορφοῦν begegnet im NT nur hier und bedeutet „gestalten, bilden, abbilden"[104], im Passiv „gestaltet werden", wobei das Passiv auch mediale Bedeutung haben kann: „eine Gestalt gewinnen, eine Gestalt annehmen". So redet Galen von den ἔμβρυα, die im Mutterschoß schon Gestalt angenommen haben (μεμορφωμένα), ähnlich Philo (spec. leg. III, 117)[105]. Der Apostel ist die geistliche „Mutter" seiner Gemeinden, die er unter Schmerzen gebiert. Das Nächstliegende ist es nun, auch das Versstück μέχρις οὗ μορφηθῇ Χριστὸς ἐν ὑμῖν von dieser Idee her zu interpretieren. Der Sinn ist dann: Erst wenn Christus bei den Galatern eine so feste Gestalt angenommen hat, daß die Gemeinde im Evangelium, und d. h. im λόγος τοῦ σταυροῦ, ganz gefestigt

---

[99] Ähnlich BONNARD z. St.
[100] Vgl. auch 1 Kor 4, 14 (ὡς τέκνα μου ἀγαπητά); 2 Kor 6, 13 (ὡς τέκνοις λέγω). Statt τέκνα lesen in Gal 4, 19 τεκνία ℵ A C D' ℜ pl. f, Vg^Clem, ORIGENES, HIERONYMUS, THEODOTUS, AUGUSTINUS.
[101] Vgl. auch P. GUTIERREZ, La Paternité spirituelle selon Saint Paul (Études Bibliques) (Paris 1968) 213–223.
[102] 1 QH III, 1–18 darf nicht als Parallele zu Gal 4, 19 herangezogen werden, da dort die Vorstellungen ganz anders gelagert sind. Hier ist von zwei Schwangeren die Rede, durch die die eschatologischen Frontstellungen repräsentiert sind (vgl. dazu J. MAIER, Die Texte vom Toten Meer, II, 72f, und die einschlägigen Literatur)
[103] Vgl. zur Diskussion des Versstückes μέχρις οὗ μορφηθῇ Χριστὸς ἐν ὑμῖν vor allem R. HERMANN, Über den Sinn des Μορφοῦσθαι Χριστὸν ἐν ὑμῖν in Gal. 4, 19, in: ThLZ 80 (1955) 713–726.
[104] Vgl. PAPEWb s. v.; BEHM in: ThWb IV, 760f (mit vielfältigem Material).
[105] Zitiert bei BAUERWb s. v. μορφόω.

ist, haben die apostolischen Geburtswehen ihr geistliches Ziel voll erreicht[106]. Einstweilen hat aber Christus bei (in) ihnen (ἐν ὑμῖν) noch nicht diese feste Gestalt. Schwer ist der Sinn der Präposition ἐν vor ὑμῖν zu bestimmen. Soll Christus „in" ihnen oder „bei" ihnen, d. h. in ihren Gemeinden, Gestalt gewinnen? „In ihnen" könnte bedeuten: in ihren Herzen, in ihrem Denken, so daß sie die Geister besser zu prüfen vermögen; „bei ihnen": Christus soll in ihren Gemeinden Gestalt gewinnen „als Realität, als befreiende Gegenwart" (so Bonnard), oder als „Leib", der in der ἐκκλησία der Galater hervortritt (so Schlier). Nach Lietzmann könnte man „beinahe" übersetzen: „bis Christus in euch Mensch geworden ist", was den Sinn habe: „ihr sollt die sichtbare Darstellung des unsichtbaren Christus sein". Hermann denkt an „ein rechtes Gestalten des Bildes Christi, im Gegensatz zu irrigen Lehren"[107] und kommt damit unserer eigenen Auffassung von oben sehr nahe. Es geht um „die reine Lehre", das Evangelium, das nicht pervertiert werden darf (1, 7), und solange diese Gefahr bei den Galatern besteht, hat Christus, der Gekreuzigte, noch nicht wirklich Gestalt bei ihnen gewonnen. Sie haben das Wesen des Christentums noch nicht begriffen, es noch nicht als Religion des Kreuzes erkannt[108]. Der Apostel kämpft unter Schmerzen und Sorgen, daß dies bei ihnen geschehe und Christus volle Wirklichkeit werde. Da es bei diesem geistlichen Prozeß auch um Erkenntnis und Urteil, um den christlichen „Instinkt" geht, den die Galater noch nicht besitzen, wie ihr Schwanken zeigt, ist die Bedeutung der Präposition ἐν vor ὑμῖν eigentümlich doppelsinnig: Sowohl in den Galatern als auch bei ihnen, in ihren Gemeinden, muß Christus erst seine wahre Gestalt gewinnen. Solange das nicht der Fall ist, dauern „die Geburtswehen" des Apostels an.

4, 20   Vor dem Vers ist ein Gedankenstrich oder Doppelpunkt zu denken, und die Partikel δέ hinter ἤθελον hat nicht adversative Bedeutung, sondern kopulative[109]. Der Apostel möchte jetzt, so ist sein Wunsch (ἤθελον)[110], persönlich

---

[106] Vgl. auch Eph 4, 13-15. — Es scheint zwar in der Formulierung des Apostels ein Widerspruch vorzuliegen, den R. HERMANN (a.a.O. 713) so ausdrückt: „Paulus hat Geburtswehen, und die Galater scheinen gebären zu sollen; denn in ihnen gewinnt Christus Gestalt, vergleichbar dem menschlichen Embryo." Aber die von Paulus hier verwendeten Bilder dürfen nicht in beckmesserischer Weise ausgelegt werden; Bilder haben ihre Grenzen.
[107] A.a.O. 726; vgl. auch LAGRANGE z. St.
[108] LAGRANGE: „... les Galates en adoptant ... la loi juive, avaient perdu la vraie forme du christianisme."
[109] MAYSER bemerkt zum kopulativen Gebrauch der Partikel δέ in den Papyri (Grammatik, II/3, 125-127): δέ reiht „anders geartete Begriffe und Gedanken, die in keinem strengen Gegensatz zum Gesagten stehen, logisch beiordnend aneinander ..., manchmal erklärend und begründend ... oder lediglich den Faden der Rede weiterspinnend ... Die kopulative Bedeutung herrscht vor im Zusammenhang der Rede, in Berichten, in Briefen, brieflichen Mitteilungen, Auseinandersetzungen, Erzählungen, Erlassen, Verträgen usw., wo δέ als tonloses Bindewort Begriffe und Gedanken oft eher verbindet als einander gegenüberstellt ..."
[110] Das Imperfekt ἤθελον ist Ersatz des Optativs, und Möglichkeit und Irrealität fallen dabei vollkommen zusammen (RADERMACHER, Grammatik, 160); vgl. auch Röm 9, 3 (ηὐχόμην γάρ). MOULE möchte dieses Imperfekt ein „Desiderative Imperfect" nennen (An Idiom Book, 9). Man könnte bei ἤθελον auch an das πόθος-Motiv als an einen gattungseigenen Topos im antiken Brief denken (vgl. dazu THRAEDE, Grundzüge griechisch-römischer Brieftopik, 165-173).

bei den Galatern sein und seine Stimme ändern (καὶ ἀλλάξαι τὴν φωνήν μου), weil er in Not um die Galater ist (ὅτι ἀποροῦμαι ἐν ὑμῖν)[111]. Von diesem ὅτι-Satz ist bei der Auslegung auszugehen. Der Apostel sieht die Galater auf einem Weg, der von der Wahrheit des Evangeliums wegführt, und dieser Umstand bereitet ihm größte Not; er weiß sich nicht zu helfen (= ἀποροῦμαι)[112], nämlich: wie er am besten die Galater für Christus und das Evangelium zurückgewinnen könnte. Diese Not und Verlegenheit sind aber auch bedingt durch die große äußere Entfernung von den Galatern[113]. Gerade weil der Apostel sie als seine geistlichen Kinder betrachtet, derentwegen er erneut Geburtswehen erleidet (V 19), bereitet ihm auch dieser Umstand seelsorgerliche Not; er möchte deshalb am liebsten jetzt bei ihnen persönlich anwesend sein. Dann könnte man ganz anders reden, **viel eindringlicher und eingehender**: Dies scheint mit ἀλλάξαι τὴν φωνήν μου gemeint zu sein[114]. Die Stimme der besorgten Mutter würde für die Galater viel hörbarer sein, wenn der Apostel persönlich bei ihnen sein könnte[115]. Die briefliche Äußerung hebt die innere und äußere Distanz nicht genügend auf, wenn auch der Brief gerade nach pln. Anschauung eine der Weisen der „Anwesenheit" des Apostels in den Gemeinden ist, den „abwesenden" zum „anwesenden" Apostel macht[116].

E. Güttgemanns versucht ein einheitliches Verständnis der ganzen Perikope Gal 4, 12–20 zu finden (vgl. Der leidende Apostel, 170–194), und zwar im Sinn einer theologia crucis, deren konkrete Epiphanie der **leidende Apostel** ist. Seine tiefschürfende Auslegung ist allerdings mit schwer beweisbaren Hypothesen belastet, die besonders mit seiner Auffassung der „Gegnerfrage" zusammenhängen. G. neigt (unter dem Einfluß von Schmithals) dazu, in den

---

[111] ἐν (ὑμῖν) ist Ersatz des Akkus. relat. (vgl. MAYSER, Grammatik, II/2, 398, und 2 Kor 7, 16 θαρρῶ ἐν ὑμῖν).
[112] ἀποροῦμαι = in Verlegenheit sein, sich nicht zu helfen wissen (PAPEWb s. v. mit reichen Belegen).
[113] „Von Ephesus bis Pessinus ca. 400 km Luftlinie" (OEPKE). Aber der wahre Grund, zu den Galatern nicht persönlich kommen zu können, liegt wahrscheinlich darin, daß es die Reisepläne des Apostels nicht erlaubten, wieder nach Osten zu reisen; sein Angesicht ist jetzt gen Westen oder Jerusalem gerichtet. Im übrigen gehört in antiken Briefen auch oft die räumliche Entfernung zum Hintergrund der Briefsituation; vgl. KOSKENNIEMI, Studien zur Idee und Phraseologie des griechischen Briefes, 169–172.
[114] BETZ in: ThWb IX, 286/25f („in einer anderen Tonart mit ihnen verkehren"). Über die sehr differierende Auslegung des ἀλλάξαι τὴν φωνήν μου referiert eingehend SCHLIER (z. St.), der seinerseits meint, daß der Apostel „gern in ‚Engelszungen' reden möchte, in himmlischer Sprache", was wenig wahrscheinlich ist. Wenn auch der Apostel seine Briefe als eine Weise seiner „Parusie" in den Gemeinden betrachtet (vgl. dazu unsere Bemerkungen S. 44), weiß er doch um die „unpersönlich" klingende „Stimme" eines Briefes im Vergleich mit der persönlichen „Stimme" in der Rede „von Angesicht zu Angesicht".
[115] Der Brief muß die Stimme ersetzen; vgl. dazu auch THRAEDE, Brieftopik, 149f (unter Verweis auf AUGUSTINUS, ep. 268, 2: litteras meas pro lingua mea praesento); 162–165 („Sermo absentium"); aber die „Brief-Stimme" ist eben doch nicht die persönliche φωνή.
[116] Vgl. dazu in diesem Kommentar S. 44f. Es sei nochmals daran erinnert, daß nach FUNK Gal 4, 12–20 ein „travelogue-surrogate" ist. — Zur leiblichen Anwesenheit als Topos in antiken Briefen vgl. KOSKENNIEMI, Studien zur Idee und Phraseologie des griechischen Briefes, 172–180 (mit reichem Material); ferner THRAEDE, a. a. O. 146–161 („Der Brief als Vergegenwärtigung der Person").

Gegnern gnostizierende Judenchristen („pneumatische Agitatoren": 182) zu sehen. Im wesentlichen sind seine Thesen folgende: Einst erschien den Galatern die ἀσθένεια des Apostels als passender „Modus der Verkündigung", jetzt dagegen „als Beweis für eine dämonische Verfallenheit des Paulus an die Sarx, deren Machtausdehnung auf sich selbst man nur durch ein apotropäisches Ausspucken verhindern kann. Einen ‚besessenen' Apostel kann man nicht mehr als Autorität aufnehmen! Das scheint die These der Galater zu sein, gegen die Paulus in der ganzen Perikope polemisiert und um deretwillen er sie überhaupt schreibt" (177). Mit der ἀσθένεια des Apostels hinge auch die ἀδικία zusammen, die man dem Apostel jetzt zufügt, die nach G. „grundsätzlich in einer Aktion [der Gegner] bestand, die die apostolische Autorität des Paulus in Frage stellte" (179). Während die Galater einst den Apostel wie einen ἄγγελος θεοῦ aufgenommen haben, ja wie Christus selbst, meinen sie jetzt unter dem Einfluß der Gegner, ihn nicht mehr ὡς Χριστὸν Ἰησοῦν aufnehmen zu dürfen, „weil er die ἀσθένεια τῆς σαρκός besitzt. Die ἀσθένεια ist dasjenige, was einfach nicht zu einem ἄγγελος paßt, den man ὡς Χριστὸν Ἰησοῦν aufnimmt. Der Anstoß der Galater an der Schwachheit hat also einen **christologischen Grund**" (182). „Jetzt ... trennen sie den ἐσταυρωμένος von dem Χριστός und müssen deshalb den leidenden Apostel verwerfen, obwohl bei ihnen damals der ἐσταυρωμένος proklamiert worden ist (vgl. 3, 1)" (182f). „Jetzt behandeln die Galater den Apostel im Unterschied zu **damals** als ‚Feind'. Wie ist es zu diesem Wandel gekommen?" (183). Eben durch die regelrechte Agitation der Gegner. „Nach dem Zusammenhang kann sich diese Agitation nur auf die ‚Schwachheit' des Paulus beziehen. Nicht die Galater selbst sind es also, die nun plötzlich die ‚Schwachheit' und den Christos Jesus nicht mehr zusammenbringen können, sondern sie wurden von verfluchten ἄγγελοι und Agitatoren dazu verführt, ja geradezu ‚bezaubert' (vgl. 3, 1). Die Gegner lehren ein ἕτερον εὐαγγέλιον (1, 6), d.h. einen anderen Χριστός (vgl. 2. Kor. 11, 4), der nicht der ἐσταυρωμένος ist" (184). Für G. legt sich darum in den Umtrieben der Gegner des Apostels in Galatien eine „Parallelerscheinung des korinthischen Pneumatikertums ... nahe". „Wir hätten also in Galatien ein der korinthischen Gnosis vergleichbares Phänomen vor uns, das durch das Element des ‚Nomismus' von dieser unterschieden ist und wahrscheinlich dem judenchristlichen Synkretismus zuzuordnen ist. Dürfte man diese These wagen, dann würde auch unsere Perikope in den wesentlichen Zügen mit dem erarbeiteten Verständnis der Leiden des Apostels übereinstimmen: Auch in Gal. 4, 13ff. versteht Paulus seine ἀσθένεια als Epiphanie des ἐσταυρωμένος" (184f). U. E. kann Paulus seine „Schwachheit" als eine derartige Epiphanie auch dann verstanden haben, wenn die Gegner nichts mit einer pneumatischen Gnosis zu tun hatten. Denn auch entschiedene Vertreter des Nomismus nehmen Anstoß am λόγος τοῦ σταυροῦ[117]. Auch so kann eine einheitliche Auffassung über Gal 4, 12–20 vorgelegt werden.

Vielleicht hat der Apostel seine folgenden Ausführungen wenigstens als

---

[117] GÜTTGEMANNS äußert sich übrigens zur „Gegner"-Frage nur mit großer Vorsicht (vgl. 184, Anm. 79).

einen Versuch betrachtet, seine „Stimme zu ändern" und die briefliche Distanz zu überwinden, wie das unmittelbar folgende λέγετε μοι im V 21 und das ἴδε ἐγὼ Παῦλος λέγω ὑμῖν in 5, 2 noch erkennen lassen könnten: Er will jetzt mit den Galatern in ein unmittelbares, persönliches Gespräch (λέγειν!) treten, und dies ist wenigstens ein Versuch, „die Stimme zu ändern", wenn er auch nicht persönlich bei ihnen sein kann.

5. DIE AUSSAGE DER SCHRIFT II (4, 21–31)

4, 21 Sagt mir, die ihr unter dem Gesetz leben wollt, hört ihr das Gesetz nicht (sc. was es euch zu sagen hat)? 22 Denn es steht geschrieben: Abraham hatte zwei Söhne, einen von der Sklavin und einen von der Freien. 23 Aber der von der Sklavin ist fleischgemäß erzeugt, der von der Freien dagegen durch eine Verheißung. 24 Was alles allegorisch gemeint ist; denn diese sind (bedeuten) zwei Testamente: das eine (stammt) vom Berg Sinai, das zur Sklaverei gebiert; das ist Hagar. 25 Der Sinaiberg liegt freilich in Arabien[1], aber er entspricht dem gegenwärtigen Jerusalem; denn es befindet sich mit seinen Kindern in Sklaverei. 26 Das obere Jerusalem dagegen ist frei, das unsere Mutter ist. 27 Denn es steht geschrieben (Is 54, 1): Freue Dich, Unfruchtbare, die nicht gebiert, brich in Jubel und Schreie aus, die nicht in Wehen liegt. Denn viele sind die Kinder der Einsamen, mehr (Kinder hat sie) als jene, die den Mann besitzt. 28 Ihr aber, Brüder, seid entsprechend (genau wie) Isaak Verheißungskinder. 29 Aber wie damals der dem Fleisch nach Gezeugte den dem Pneuma nach Gezeugten verfolgte, so auch jetzt. 30 Aber was sagt die Schrift? Vertreibe die Sklavin und ihren Sohn! Denn nicht soll Erbe sein der Sohn der Sklavin mit dem Sohn der Freien (vgl. Gen 21, 10). 31 Deshalb, Brüder, sind wir nicht Kinder einer Sklavin, sondern Kinder der Freien.

Oepke meint, dieser Abschnitt 4, 21–31 erwecke den Eindruck, als sei das neue Argument dem Apostel „erst nachträglich eingefallen"[2]. Gewiß kann man diesen Eindruck haben. Aber was ihm jetzt „einfällt", ist geboren aus dem ἀποροῦμαι, von dem im V 20 die Rede ist. Paulus fühlt sich aus dieser „Not"

---

[1] Zu dieser Übersetzung vgl. die Auslegung.
[2] Auch U. Luz bemerkt (Der alte und der neue Bund bei Paulus und im Hebräerbrief, in: EvTh 27 [1967] 319): „Gal. 4, 21–31 wirkt ... an seiner jetzigen Stelle fehl am Platz: wir erhalten den Eindruck, daß Paulus hier ein zusätzliches Argument für sein Gespräch mit den Galatern nachträglich noch in den Sinn kommt und nun auch verspätet — nicht im Abschnitt 3, 6 – 4, 7, wo es eigentlich hingehörte — nachgetragen wird"; ähnlich schon E. Stange, Diktierpausen in den Paulusbriefen, in: ZntW 18 (1917) 109–117 (115).

heraus gedrängt[3], nochmals von der Schrift her auf das Thema Gesetz und Verheißung zu kommen, wobei nun freilich über 3, 6–18 hinaus der Gesichtspunkt der **Freiheit** des Christen besonders ins Auge gefaßt wird[4]. Das bedeutet einen Fortschritt. Auch daraufhin wird die Abrahamsgeschichte mit Hilfe allegorischer Schriftauslegung abgefragt.

4, 21 Die Adressaten werden unmittelbar angeredet (λέγετέ μοι), aber das sofort folgende relativische Partizip οἱ ... θέλοντες hat nicht einschränkend eine bestimmte Gruppe unter den Galatern im Auge (die „Nomisten" im Unterschied zu libertinistischen Pneumatikern, an die Paulus sich angeblich im vorausgehenden Abschnitt gewendet habe, so Lütgert)[5], sondern der Brief wendet sich weiterhin an alle (vgl. auch 3, 1); sonst müßte vor dem Partizip ein ὑμεῖς stehen[6]. Die Galater „wollen unter dem Gesetz sein" (οἱ ὑπὸ νόμον θέλοντες εἶναι); das scheint zu besagen, daß sie noch nicht endgültig zum gesetzlichen Leben übergegangen sind (vgl. das ähnliche θέλειν in 4, 9; aber dort zeigt das folgende präsentische παρατηρεῖσθε, daß sie schon fest dabei sind. Dasselbe gilt auch für 4, 21). Aber den Galatern scheint nicht bewußt zu sein, in welcher Weise sich die Tora Gehör verschaffen will; sie „hören" nämlich die Tora in Wirklichkeit nicht (οὐκ ἀκούετε). Sie sehen nur ihre vielen Gebote und Verbote, über die sie vielleicht von den Gegnern belehrt werden. Daß aber für den, der Ohren hat zu hören, die Tora noch wesentlich mehr sagt, erkennen sie nicht, sonst würden sie sich dem „Judaismus" bestimmt nicht zuwenden. „Hören" (ἀκούειν) ist hier so gemeint wie etwa im „Šᵉma Israel" (Dt 6, 4) oder in der atl. Formel: „Auf Jahwes Stimme hören"[7]. So wie Israel auf die Stimme Jahwes oder der Propheten[8] hören soll, sollen die Galater auf die Tora hören[9], die göttliche Autorität besitzt[10]. Dieses „Hören" schließt das Gehorchen in sich! Paulus formuliert den Vers als Frage, die zugleich einen Appell an die Galater enthält: So hört doch, was die Tora sagt! Dabei ist νόμος im V 21a die das Leben bestimmende Norm des Alten Testaments

---

[3] urget quasi praesens (BENGEL; zitiert bei SCHLIER).
[4] Das Thema der Freiheit des Christen ist bis jetzt im Brief nur in 2, 4 ausdrücklich aufgeklungen (παρεισῆλθον κατασκοπῆσαι τὴν ἐλευθερίαν ἡμῶν ἣν ἔχομεν ἐν Χριστῷ Ἰησοῦ); die Wortgruppe ἐλευθερία, ἐλεύθερος, ἐλευθεροῦν bleibt im übrigen auf die Kap. 4 und 5 beschränkt, von 3, 28 (οὐκ ἔνι δοῦλος οὐδὲ ἐλεύθερος) abgesehen, wo es um ein anderes Problem geht.
[5] Vgl. dazu in diesem Kommentar, Einleitung S. 15.
[6] So auch OEPKE, SCHLIER, BONNARD u. a.
[7] Vgl. Näheres dazu bei J. SCHREINER, Hören auf Gott und sein Wort in der Sicht des Deuteronomiums: Misc. Erford. (Erf. Theol. Stud. 12) (Leipzig 1962) 27–47; A. K. FENZ, Auf Jahwes Stimme hören. Eine biblische Begriffsuntersuchung (Wiener Beitr. z. Theol. VI) (Wien 1964), bes. 83ff. Vgl. auch die Formulierung in Dt 4, 1 und 5, 1 ἄκουε Ἰσραηλ τὰ δικαιώματα.
[8] Vgl. etwa Jer 2, 4; 42, 21; Hag 1, 12; Am 3, 1; Is 1, 10 u. o.
[9] Die LA ἀναγινώσκετε (D G pc. lat, sah, Vg.) erkennt die tiefe Bedeutung dieses ἀκούειν nicht mehr und sieht die Tora nur noch als ein zu lesendes Buch, nicht mehr als lebendige Stimme Gottes.
[10] Zu „hören" vgl. noch W. BACHER, Die exeget. Terminologie der jüdischen Traditionsliteratur I (Leipzig 1899) 189; שמע kann auch „verstehen" bedeuten. Dann würde Gal 4, 21 evtl. besagen: „versteht ihr die Tora nicht?".

(= ὑπὸ νόμον εἶναι), im V 21b die die Heilsgeschichte in ihrem Sinn aufschließende heilige Schrift des alten Bundes. Das eigenartige „Paradox" des νόμος ist dies, daß sein heilsgeschichtlich-prophetisches Verständnis ein nur gesetzliches Verständnis der Tora in Frage stellt. Dieses Paradox zeigt sich freilich nur dem, der sich nicht mehr „unter das Gesetz", sondern unter das Kreuz Jesu stellt[11]. Bonnard formuliert den Sachverhalt sehr gut so: „Comprendre la loi, ce n'est pas seulement observer telle ou telle prescription particulière mais, à la lumière des Écritures, discerner le rôle négatif et uniquement préparatoire qu'elle avait par rapport à Jésus-Christ." Das unterscheidet grundsätzlich das christliche vom jüdisch-rabbinischen Schriftverständnis.

Was steht im „Gesetz" geschrieben, das die Galater „hören" sollen?

4, 22 In der Genesis „steht geschrieben: Abraham hatte zwei Söhne, einen von der Sklavin und einen von der Freien". Gemeint sind Ismaël, der von der Hagar stammt, und Isaak, der von der Sara stammt (vgl. dazu Gen 16, 15; 21, 2.9)[12]. Ἀβραάμ ist das Subjekt in V 22a. Soll damit auf die Tatsache hingewiesen sein, daß Sara und Hagar einen einzigen Herrn hatten, „comme la promesse et la loi ont eu le même auteur, Dieu", wie Bonnard meint? Aber dieser Gedanke, der auch im Abschnitt 3, 16ff nicht aufgetaucht war — Verheißung und Gesetz haben dort nicht denselben Urheber! —, spielt in den Überlegungen des Apostels (merkwürdigerweise?) keine Rolle, sondern nur der andere, daß die beiden Frauen verschiedenen Standes waren: die eine war die Freie, die andere die Sklavin (V 22b). παιδίσκη ist hier als Oppositum zur „Freien" auf die Bedeutung „Sklavin" festgelegt[13].

4, 23 Aber „nicht nur die Mütter der Söhne sind verschieden, sondern auch die Art ihrer Geburt" (Schlier). Denn Ismaël ist, wie Paulus formuliert, κατὰ σάρκα gezeugt, was von dauernder Bestimmtheit für ihn blieb (Perfekt γεγέννηται); Isaak dagegen διὰ τῆς ἐπαγγελίας[14]. Der Hagar wohnte Abraham bei aufgrund des natürlichen Verlangens nach einem Leibeserben (= κατὰ σάρκα, vgl. dazu Gen 16, 1–4a); der bejahrten Sara dagegen wohnte der selbst bejahrte Abraham bei aufgrund einer ausdrücklichen, unglaublich klingenden Verheißung Jahwes (= διὰ τῆς[15] ἐπαγγελίας, vgl. dazu Gen 17, 15–19; 21, 1–7).

---

[11] Vgl. dazu auch Exkurs: Hat Paulus das Gesetz „mißverstanden"?
[12] Paulus nimmt keine Kenntnis von Gen 25, 1, wonach Abraham von einer weiteren Nebenfrau namens Qetura noch sechs Söhne hatte (Zimram, Joqschan, Medan, Midian, Jischbag und Schuach). Er kann diese Nachricht der Gen „unterschlagen", weil alle diese mit der Qetura gezeugten Söhne ohnehin nicht Abrahams Erben wurden. „Abraham gab seinen ganzen Besitz dem Isaak" (25, 5). So genügt es für Paulus, Ismaël und Isaak einander gegenüberzustellen; denn für die Söhne der Qetura würde wohl dasselbe gelten, was nach Gal 4, 30b für Ismaël gegolten hat: „der Sohn der Sklavin soll nicht mit dem Sohn der Freien Erbe sein".
[13] Vgl. zu παιδίσκη BAUERWb s. v. und SCHLIER z. St.
[14] Die von ℵ D G pl. bezeugte Partikel μέν in V 23a, korrespondierend dem δέ in V 23b, dürfte zum ursprünglichen Text gehören. Das Fehlen von δέ bei den Textzeugen 𝔓46 B f Vg. kann rein sprachgeschichtlich bedingt sein (vgl. dazu auch MAYSER, Grammatik, II/3, 127 bis 129).
[15] Der Artikel τῆς fehlt in 𝔓46 ℵ C al., vielleicht in Angleichung an das vorausgehende artikellose κατὰ σάρκα oder an das δι' ἐπαγγελίας von 3, 18.

Woran denkt der Apostel bei diesem διὰ τῆς ἐπαγγελίας? Einmal sicher an die Erzählungen der Gen über die tatsächliche Verheißung Gottes an Abraham hinsichtlich Isaaks (s. oben), dann daran, daß Isaak, wie aus der Formulierung des V 29 hervorgeht, κατὰ πνεῦμα erzeugt ist, wodurch der Apostel „weder die Vorstellungen der hellenistisch-jüdischen noch die der palästinensischen Tradition über die Geburt göttlicher Kinder" berühren will, wie Schlier mit Recht betont[16], sondern den Umstand, daß Isaak ein Geschenk der souveränen Macht Gottes ist, die an die natürlichen Gegebenheiten nicht gebunden ist wie die σάρξ. Im V 28 wird der Terminus ἐπαγγελία wieder aufgenommen in der Aussage, daß die Christusgläubigen „Verheißungskinder" sind gleich Isaak. Die ἐπαγγελία enthält also auch das Element der freien Wahl Gottes, der Abraham freie Kinder erwecken kann wo er will. Irgendwie berührt sich also der Terminus ἐπαγγελία mit demselben Terminus in den Ausführungen von 3, 16–22. In Gottes Gnadenhandeln ist jeweils das Verheißungsprinzip wirksam, das κατὰ πνεῦμα, nicht κατὰ σάρκα ist. Die „Verheißung" Gottes an Abraham hinsichtlich Isaaks geschah (unausgesprochen) schon mit Blick auf die Heilszukunft (vgl. auch Röm 4, 16–22). Also haben auch die beiden Mütter der beiden Söhne Abrahams eine tiefere Bedeutung, wie der Apostel im folgenden ausführt. Sie sind (auch) allegorische Figuren, was sich freilich nur im Licht des Christusglaubens so erkennen läßt.

4, 24   ἅτινά ἐστιν ἀλληγορούμενα: Das neutrische ἅτινα bezieht sich auf das in den VV 22f aus der Gen über die beiden Söhne Abrahams bzw. ihre Mütter Berichtete. Was darüber in der Gen „geschrieben steht" und vom Apostel aufgenommen wird, hat für ihn allegorischen Sinn (ἐστιν ἀλληγορούμενα). Wenigstens könnte der von Paulus benutzte Term ἀλληγορεῖν = allegorisch reden[17] (nicht: deuten) darauf aufs erste hinweisen. Die Schrift redet „allegorisch" über Hagar und Sara bzw. ihre Söhne. Warum? „Denn diese (beiden Frauen) sind (bedeuten) zwei Testamente: das eine vom Berg Sinai, das zur Sklaverei gebiert; das ist Hagar." Das εἰσιν hinter αὗται γάρ scheint eine „allegorische Identität" (Schlier) zu signalisieren. Aufgrund des Gen-Textes verweisen die beiden Frauengestalten freilich keineswegs auf das „jetzige Jerusalem" bzw. „das obere Jerusalem". Diesen Bezug stellt erst Paulus her. Ist dieser Bezug der Typologie oder der Allegorie zuzuweisen? L. Goppelt bemerkt zur Typologie[18]: „Als τύποι werden ... nicht alttestamentliche Texte gekennzeichnet, sondern geschichtliche Ereignisse, die in loser Anlehnung an das Alte Testament dargestellt werden."[19] Paulus führt den Hinweis auf die

---

[16] Siehe zu diesen Vorstellungen das von OEPKE gebotene Material. Speziell zur Meinung M. DIBELIUS', in Gal 4, 29 solle „zweifellos das Wunderbare an der Erzeugung Isaaks betont und auf Gott zurückgeführt werden", so daß „die physische Vaterschaft Abrahams nahezu geleugnet" würde (Jungfrauensohn und Krippenkind, in: Botschaft und Geschichte I [Tübingen 1953] 28) vgl. die überzeugende Kritik bei O. MICHEL – O. BETZ, Von Gott gezeugt, in: Judentum, Urchristentum, Kirche (Festschr. f. J. JEREMIAS) (Berlin 1960) 18.
[17] Vgl. BAUERWb s. v.; BÜCHSEL in: ThWb I, 260–264.   [18] ThWb VIII, 251.
[19] In der Anm. bemerkt G. dazu: „Das ist ein grundlegender Unterschied gegenüber der Allegorese, die den Wortlaut metaphorisch deutet und sich von Wortsinn und Geschichtlichkeit meist distanziert."

Hagar-Sara-Geschichte mit γέγραπται ein und insofern muß man an Text denken; nach Goppelt dürfte dann nicht von Typologie gesprochen werden. Aber das Augenmerk des Apostels gehört den beiden Gestalten und insofern könnte Typologie vorliegen[20], wenn auch eine höchst gewaltsam hergestellte, über die der Jude nur den Kopf schütteln kann. „Vorwaltend in dieser Typologie ist die Antithese, nicht weissagende Vorabbildung; die Typologie macht das Alte zur Folie, die durch das Neue völlig überholt oder sogar zu seinem negativen Hintergrund wird" (U. Luz)[21]. Man fragt sich auch, wie die Galater auf diese Weise die Tora hätten „hören" sollen. Wie hätten sie denn Hagar mit dem „jetzigen Jerusalem" und Sara mit dem „oberen Jerusalem" in Zusammenhang bringen können, zumal sie vermutlich von einem „oberen Jerusalem" bisher nichts gehört hatten? Paulus kann nur so mit der Hagar-Sara-Geschichte der Gen in der Weise umgehen, wie er es im Gal tut, weil für ihn längst aufgrund seiner Glaubensüberzeugung feststeht, daß die Gesetzesexistenz eine Sklavenexistenz ist[22]. Diese Geschichte hat allerdings auch die rabbinische Exegese beschäftigt (s. zu 4, 29).

Hagar und Sara repräsentieren in der Sicht des Apostels „zwei Testamente" (δύο διαθῆκαι). Hinter δύο διαθῆκαι ist ein Doppelpunkt zu denken und der Text der folgenden Ausführungen des Apostels müßte eigentlich der Struktur nach so lauten:

a)[23] μία μὲν ἀπὸ ὄρους Σινᾶ, εἰς δουλείαν γεννῶσα, ἥτις ἐστὶν Ἁγάρ (V 24c). τὸ δὲ Ἁγὰρ Σινᾶ ὄρος ἐστὶν ἐν τῇ Ἀραβίᾳ· συστοιχεῖ δὲ τῇ νῦν Ἰερουσαλήμ, δουλεύει γὰρ μετὰ τῶν τέκνων αὐτῆς (V 25).

b) ἑτέρα δὲ[24] εἰς ἐλευθερίαν γεννῶσα, ἥτις ἐστὶν Σαρά· συστοιχεῖ δὲ τῇ ἄνω Ἰερουσαλήμ, ἥτις ἐστὶν ἐλευθέρα καὶ μήτηρ ἡμῶν.

---

[20] Auch OEPKE bemerkt z. St. (unter Hinweis auf 1 Kor 10, 4 ἡ πέτρα δὲ ἦν ὁ Χριστός): „Nach dem heute geltenden Sprachgebrauch würde man hier eher von Typologie reden", und ebenso VIELHAUER (Paulus und das AT, 37): „Aber — und darin liegt der grundsätzliche Unterschied zur Allegorese etwa philonischer Prägung —, die hier erwähnten Gestalten und Ereignisse sind nicht bildhafte Chiffren zeitloser Wahrheiten, sondern einmalige historische Phänomene und dann Modelle, Vorabbildungen gegenwärtiger Wirklichkeiten. Das heißt, trotz allegorischer Motive (Namensdeutung) liegt keine Allegorie, sondern Typologie vor." Nach SCHOEPS dagegen liegt hier „die klarste Allegorie ... im ganzen Neuen Testament" vor (Paulus, 247). Eine eindeutige Entscheidung darüber, ob Typologie oder Allegorie, ist u. E. nicht möglich. Es geht in Gal 4, 22ff eher beides seltsam ineinander; denn das neutrische ἅτινα (statt αἵτινες) scheint wieder mehr auf den Text und was er erzählt statt auf die Gestalten zu verweisen. „Es liegt ... in unserem Abschnitt weder eine reine Typologie noch eine reine Allegorie vor, sondern beides überlagert sich" (U. LUZ, Der alte und der neue Bund bei Paulus und im Hebräerbrief, in: EvTh 27 [1967] 320; L. zitiert auch die Bemerkung des JOH. CHRYSOSTOMUS z. St.: καταχρηστικῶς τὸν τύπον ἀλληγορίαν ἐκάλεσεν: PG 61, 662). Wir sprechen im Anschluß an die eigene Formulierung des Apostels von „Allegorie" („allegorisch"). [21] Ebd. 321.
[22] BONSIRVEN bemerkt zur pln. Typologie: „... sa conception typologique est ce qui le distingue le plus profondément des prédicateurs synagogaux. Seule, sa foi chrétienne lui révéla toute la signification profonde de l'Ancien Testament, sa portée figurative" (Exégèse Rabbinique et Exégèse Paulinienne [Paris 1939] 324).
[23] Wir geben zunächst die VV 24c.25 nach dem Nestletext. Zum textgeschichtlichen Problem s. weiter unten.
[24] Vgl. zu μία μέν ... ἑτέρα δέ die Beispiele bei MAYSER, Grammatik, II/1, 57.

Aber V 26 lautet in Wirklichkeit ganz anders: ἡ δὲ ἄνω Ἰερουσαλὴμ ἐλευθέρα ἐστίν, ἥτις ἐστὶν μήτηρ ἡμῶν. Das Gegenglied (b) wird also nicht entsprechend der Struktur von a aufgebaut. So fehlt vor allem der Name Σαρά, so daß dem μέν von V 24c kein entsprechendes δέ folgt; denn das δέ zu Beginn des V 26 stellt nicht Sara der Hagar entgegen, sondern das „obere Jerusalem" dem „jetzigen Jerusalem". Liegt der Grund für die nicht durchgehaltene parallele Struktur der Aussagen darin, daß die Gestalt der Sara sich nur schwer allegorisch oder typologisch als διαθήκη deuten ließ? Sara wird überhaupt nie genannt, vor allem nicht im V 26, wie auch von einer ἑτέρα διαθήκη keine Rede ist, sondern vom „oberen Jerusalem". Interessant wäre es, vom Apostel zu erfahren, worin er die andere διαθήκη, die der Sara „entspricht", gesehen hätte; vermutlich entweder in den Verheißungen Gottes an Abraham (vgl. 3, 8.16f), den Mann der Sara, oder in jenen für diese selbst (vgl. Gen 17, 16: „Ich werde sie segnen und dir einen Sohn von ihr geben; ich werde sie segnen, **sie soll zu einer Mutter von Völkern werden**, und Könige und Völker werden von ihr abstammen"). In 3, 15.17 ist der Begriff διαθήκη den ἐπαγγελίαι an Abraham vorbehalten und ihm der νόμος entgegengestellt (vgl. 3, 17: διαθήκην ... νόμος οὐκ ἀκυροῖ). Jetzt, in 4, 24, wird auch die Sinaigesetzgebung als eine διαθήκη gekennzeichnet; denn zu μία ist διαθήκη zu ergänzen. Und da diese „zur Sklaverei geboren" hat, hat hier der Begriff διαθήκη einen fast negativen Klang und ist am besten mit „Verordnung" zu übersetzen, die ihren Ursprung (ἀπό)[25] am Berg Sinai hatte; es ist also an jene „Verordnung" gedacht, die „Gesetz" genannt wird, während die in der „allegorischen" Schau des Apostels durch Sara repräsentierte διαθήκη das göttliche Heilstestament an Abraham ist (vgl. 3, 17)[26]. Daß das Gesetz vom Sinai „zur Sklaverei geboren hat", geht über die Ausführungen des Apostels über das Verhältnis von Verheißung und Gesetz in Kap. 3 hinaus, ist aber in dem δουλεύειν von 4, 9 und in dem δοῦλος von 4, 7 angedeutet. Es ist die Knechtschaft der Sünde und des Todes, in die der νόμος, gegen die ursprüngliche Absicht des Gesetzgebers, „geboren hat" (γεννῶσα); der Terminus γεννᾶν nimmt das γεννᾶν aus V 23 wieder auf und ermöglicht so aufs Beste die von Paulus vollzogene „allegorische

---

[25] Die Präposition ἀπό gibt „in echt genitivischer Funktion" den „Ausgangspunkt" eines Vorgangs an (vgl. MAYSER, Grammatik, II/2, 376).
[26] Paulus gebraucht den Term διαθήκη in Gal dreimal (3, 15.17; 4, 24), an keiner Stelle dabei in der Bedeutung von „Bund", sondern von „Testament", „Verordnung". Zur viel diskutierten semantischen Problematik von ברית, das in der LXX gewöhnlich mit διαθήκη übersetzt ist, vgl. zuletzt E. KUTSCH, Verheißung und Gesetz. Untersuchungen zum sog. „Bund" im AT (BZAW 131 [Berlin 1972]) passim. K. bemerkt: „Wenn die griechischen Übersetzer der LXX בְּרִית mit διαθήκη wiedergeben, haben sie aus dem hebräischen Begriff besonders das Moment der (einseitigen) Willenssetzung, der Bestimmung, Verordnung herausgehört" (178). Das gilt auch für Paulus. — Zur Diskussion der Alttestamentler über die Bedeutung von ברית im AT vgl. in diesem Kommentar auch S. 201, Anm. 52, dazu noch W. ZIMMERLI, Erwägungen zum „Bund". Die Aussagen über die Jahwe-ברית in Ex 19–34, in: Wort – Gebot – Glaube. Beiträge zur Theologie des AT (W. EICHRODT zum 80. Geburtstag) (Zürich 1970) 171–190 (nach Z. gehört zu jeder Form der göttlichen ברית auch „die Mitteilung eines fordernden Gotteswillens": 189).

Identität" der Sinai-διαθήκη mit Hagar: ἥτις ἐστὶν Ἁγάρ, deren Söhne aufgrund ihrer Abstammung von einer Sklavin selbst wieder Sklaven waren[27]. Sie wurden „in die Sklaverei geboren": ein unentrinnbares Schicksal!

4, 25 Der Vers bietet der Auslegung besondere Schwierigkeiten[28], die schon immer bestanden, wie die stark divergierende textliche Überlieferung von V 25a beweist. Der textgeschichtliche Befund ist so[29]:

a) δὲ Ἁγὰρ Σινᾶ: A B D[gr] 88 330 436 451 1962 2127 2492, Lect., syr[h mg., pal], cop[bo]

b) γὰρ Ἁγὰρ Σινᾶ: K P Ψ 062 (vid.) 33 81 104 181 326 614 629 630 1877 1881 1984[c] 1985 2495, Byz 1[1364], 1[365], syr[p.h.], cop[bomss], arm, Chrysostomus, Theodor[lat], Cyrill, Theodoret, Ps-Oecumenius, Theophylakt

c) δὲ Σινᾶ (ohne Ἁγάρ): 𝔓[46], it[t,x,z], cop[sa], Ambrosiaster

d) γὰρ Ἁγάρ (ohne Σινᾶ): it[d,e] (Ambrosiaster[comm])

e) γὰρ Σινᾶ (ohne Ἁγάρ): ℵ C G 1241 1739 1984*, it[ar,f,g,r3], Vg., aeth, Origenes[lat], Ambrosiaster[txt], Viktorin, Epiphanius, Hieronymus, Augustinus, Cyrill, Joh. Damascenus

f) Σινᾶ: goth, Augustinus

Entsprechend gehen auch die Meinungen der Ausleger weit auseinander, wie die Kommentare zeigen. Schlier scheint aufs erste mit seiner Bemerkung recht zu haben: „So muß m. E. der genaue Sinn des Sätzchens V. 25a und damit der Grund und Anlaß, der es Paulus ermöglichte, Hagar mit der Diatheke vom Sinai zu verbinden, dunkel bleiben." Vielleicht läßt sich aber dieses „Dunkel" doch etwas erhellen.

Die durch den Gedanken der Sklavenschaft ermöglichte „allegorische" Gleichung des Apostels: Hagar = Sinaidiatheke scheint schon sehr früh das Bedürfnis nach einer deutlicheren Begründung geweckt zu haben. Man glaubte sie im V 25a zu erkennen, dessen eigentlicher Aussagesinn im Zusammenhang der „Allegorie" nicht mehr erkannt wurde. Das führte einmal zur Einführung des Wortes Ἁγάρ vor Σινᾶ[30] und der Partikel γάρ statt δέ hinter dem Artikel τό. Deshalb bedeutet nicht δέ „eine Erleichterung" des Textes, wie Schlier meint, sondern γάρ: Warum bedeutet Hagar allegorisch die Sinaidiatheke (wie im V 24 behauptet ist)? Man glaubte darauf die Antwort im V 25a suchen zu müssen: Weil (vgl. γάρ) das Wort „Hagar" den Sinaiberg in der Arabia bedeutet. Diese Auffassung gab aber wiederum Anlaß zu tiefsinnigen Überlegungen über das Wort Ἁγάρ im V 25a. Man brachte es in Zusammenhang mit dem arabischen Wort ḥadjar (Fels, Stein), das als Bezeich-

---

[27] Vgl. J. JEREMIAS, Jerusalem z. Z. Jesu (Göttingen ³1962) 387.
[28] Vgl. dazu außer den Kommentaren (bes. ZAHN) noch F. MUSSNER, Hagar, Sinai, Jerusalem, in: ThQ 135 (1955) 56–60; LOHSE in: ThWb VII, 284f; H. GESE, Τὸ δὲ Ἁγὰρ Σινᾶ ὄρος ἐστὶν ἐν τῇ Ἀραβίᾳ, Gal 4, 25, in: F. MAAS (Hrsg.), Das ferne und nahe Wort (Festschr. L. ROST) (Berlin 1967) 81–94; F. MONTAGNINI, „Il monte Sinai si trova in Arabia" (Gal 4, 25), in: Bibbia e Oriente 11 (1969) 33–37.
[29] Nach ALAND – BLACK – METZGER – WIKGREN, The Greek N.T. z. St.
[30] Ἁγάρ fehlt bei den oben unter c) und e) aufgeführten, nicht unbeachtlichen Zeugen (𝔓[46]!).

nung einzelner Felsen des Sinaigebirges vorkommen soll[31]. Man fragt sich jedoch unwillkürlich: Wer von den Lesern, angefangen von den keltischen Galatern bis in die Gegenwart, würde eine solche Anspielung verstehen? Abgesehen ferner davon, „daß wir dann statt ἐν τῇ Ἀραβίᾳ eher ἐν τῇ τῶν Ἀράβων διαλέκτῳ erwarten würden" (Lietzmann), wird bei diesem Verständnis das tertium comparationis für die „Allegorie" des Apostels in dem Begriff Ἁγάρ gesucht, wo doch der Kontext ganz deutlich den Gedanken der Sklavenschaft als tert. comp. erkennen läßt: Hagar ist „Sklavin", der Berg Sinai „gebiert zur Sklaverei", das gegenwärtige Jerusalem „liegt mit seinen Kindern in Sklaverei". Schließlich ist auch die Stellung der Copula ἐστιν (hinter Σινᾶ ὄρος!) auffällig, die man beim oben genannten Verständnis des Verses doch eher zwischen Ἁγάρ und Σινᾶ erwarten würde[32]. Ist also V 25a doch nur „eine geographische Zwischenbemerkung", die nach der Meinung Schliers u. a.[33] dann „wenig wahrscheinlich" wäre? Behält man das Ziel im Auge, das der Apostel mit seiner „Allegorie" verfolgt, dann ist eine solche geographische Zwischenbemerkung geradezu notwendig. Wie der Kontext zeigt, will Paulus in seiner „allegorischen" Schau Hagar — Sinaidiatheke — gegenwärtiges Jerusalem auf eine Ebene bringen; den Hinweis auf die Sinaidiatheke braucht er dabei notwendig, wenn der Zusammenhang mit der Nomossklaverei, unter der sich „das jetzige Jerusalem" befindet, sichtbar werden soll. Ohne dieses Mittelglied des Sinaiberges wäre die allegorische Gleichung: Hagar = gegenwärtiges Jerusalem gar nicht möglich. Bei diesem Hinweis auf die geographische Größe Sinai konnte aber sofort der Einwand erhoben werden: das Sinaigebirge liegt doch in der Arabia[34]! Was hat es also mit dem „gegenwärtigen" Jerusalem zu tun? Diesen „geographischen" Einwand (vgl. das δέ zu Beginn des V 25a) pariert der Apostel damit, daß er in seiner „allegorischen" Schau den Sinaiberg in Zusammenhang bringt mit dem gegenwärtigen Jerusalem: „freilich (= δέ) liegt das Sinaigebirge in der Arabia; aber (= das zweite δέ) es entspricht (in meiner „allegorischen" Schau) dem heutigen

---

[31] Vgl. LAGRANGE, SCHLIER, LIETZMANN z. St. Auch LOHSE übersetzt: „Das Wort Hagar aber bedeutet den Berg Sinai in Arabien" (ThWb VII, 285/7 f); L. liest also δέ vor Ἁγάρ, betrachtet aber den Satz dann doch als Begründungssatz, was sich nicht zusammenreimt; denn δέ begründet nicht.

[32] Auch die Meinung von LAGRANGE (der zwar V 25a ohne Ἁγάρ liest), daß die Gestalt der Hagar (= Sinaidiatheke) den Apostel unwillkürlich an Arabien (vgl. ἐν τῇ Ἀραβίᾳ) denken ließ, weil von Ismaël der „Hauptstamm der Araber" herkommen soll (vgl. Ps 82, 7: Ἁγαρηνοί, 1 Chron 5, 20: Ἁγαραῖοι), mutet dem Leser einen unmöglichen Zwischengedanken zu. Auch der Versuch, mit Hilfe kabbalistischer Gematriakunst hinter das „Geheimnis" unseres Verses zu kommen, muß als abwegig gelten (vgl. dazu Näheres bei LAGRANGE, LIETZMANN z. St.).

[33] Zum Beispiel auch OEPKES („Als rein geographische Notiz ist das Sätzchen vollends unerträglich").

[34] Nach der alten Geographie scheint die Sinaihalbinsel tatsächlich zur Arabia gehört zu haben (vgl. FORBIGER, Handbuch der alten Geographie II, 734; LIETZMANN z. St.). H. GESE (s. S. 322, Anm. 28) möchte den „Sinai" östlich vom Golf von el-ʿaqaba aus lokalisieren; hier habe ihn auch Paulus angesetzt. Erst vom 4. Jh. n. Chr. an habe man den „Sinai" auf die leichter zugängliche Sinaihalbinsel „verlegt". Gegen GESE vgl. G. I. DAVIES, Hagar, El-Ḥeǧra and the localisation of Mount Sinai, in: VT 22 (1972) 152–163.

Jerusalem"[35]. Was berechtigt zu dieser „allegorischen" „Entsprechung"?[36] Das sagt Paulus sofort: „Denn (Jerusalem) befindet sich mit seinen Kindern in **Sklaverei**", solange es unter der Herrschaft des Gesetzes bleibt, die am Sinai ihren Ursprung hatte.

Der ganze Gedankengang des Apostels ist dann folgender: Hagar bedeutet „allegorisch" die Sinaidiatheke, weil diese zur Sklaverei gebiert. Weil aber nun der Ort des Gesetzes nicht mehr der Sinai, sondern Jerusalem ist, muß er zunächst eine Brücke schlagen von der Stätte der Sinaigesetzgebung zum irdisch-empirischen Jerusalem, zwischen zwei geographischen Größen also. Das tut er eben in V 25: Gewiß[37] liegt das Sinaigebirge, geographisch gesehen, in der Arabia; in Wirklichkeit aber, für mein „**allegorisches**" **Verständnis**, entspricht es dem heutigen Jerusalem. Hagar — Sinaidiatheke — jetziges Jerusalem „entsprechen" einander: „**allegorisch**" gesehen.

Zwei Dinge werden bei dieser Auslegung im Auge behalten: erstens das literarische Genus der Stelle — es handelt sich bis zum V 27 um Allegorese bzw. Typologie — und zweitens das tertium comparationis (Sklavenschaft)[38]. Der ursprüngliche Text dürfte lauten: τὸ δὲ Σινᾶ ὄρος ἐστὶν ἐν τῇ Ἀραβίᾳ[39].

Daß Jerusalem „sich mit seinen Kindern[40] in Sklaverei befindet", wie die Kinder einer Sklavin — zu denken ist dabei wieder an Hagar —, wird jeder wahre Jude energisch zurückweisen; vgl. Joh 8, 33: „Abrahams Same sind wir und sind niemals jemandem versklavt gewesen", vielmehr: „Alle Israeliten sind Fürstenkinder" (R. Šimeon: Šabb. 128a). Gerade das Gesetz und sein Studium führen den Menschen zur Freiheit: „Es gibt ... keinen Freien außer

---

[35] Subjekt zu συστοιχεῖ ist also τὸ Σινᾶ ὄρος aus V 25a.
[36] Zum Verbum συστοιχεῖν („entsprechen") vgl. DELLING in: ThWb VII, 669, der bemerkt: „Da Paulus (V 24) bereits eine Deutung für Hagar gegeben hat, setzt er diese nicht auch noch unmittelbar mit dem irdischen Jerusalem gleich, sondern sagt: sie **gehört in eine gemeinsame Reihe mit ihm**." Die („allegorische") Reihe lautet: Hagar – Sinaidiatheke – jetziges Jerusalem.
[37] Statt der Partikel δέ zu Beginn des V 25a könnte man die Partikel μέν erwarten; doch gebraucht der Apostel diese Partikel schon vorher (μία μὲν ...); sie würde darum zu Beginn des V 25a sinnstörend wirken. Außerdem bringt die Partikel δέ den „Einwand" schärfer zur Geltung.
[38] Deutlicher würde vielleicht der Gedankengang des Apostels, wenn im Text nach ἐν τῇ Ἀραβίᾳ statt des Semikolons ein Komma gesetzt würde (wie es ALAND – BLACK – METZGER – WIKGREN tun), weil dadurch V 25a aus seiner scheinbaren Isolation besser herausgenommen wäre.
[39] Unserer Auffassung kommt unter den Auslegern ZAHN am nächsten: „Nach dem richtigen Text ist vielmehr vom Sinaiberg gesagt, daß er in Arabien liegt, andererseits aber in einer Reihe steht, in gleicher Linie liegt mit dem gegenwärtigen Jerusalem." Allerdings nimmt sich Z. selber die Möglichkeit einer wirklichen Begründung dieses Verständnisses aus dem Text, weil er statt δέ die Partikel γάρ zu Beginn des V 25a liest.
[40] Zu Jerusalem bzw. Sion als Mutter Israels vgl. im AT etwa Bar 4, 8 („Ihr habt die Mutter betrübt, die euch gebar, Jerusalem"); Is 49, 14–21; 50, 1 („eure Mutter"); 51, 18 („von all den Söhnen, die sie geboren"); 54, 1; 60, 4 (deine Söhne und Töchter); dazu die Vorstellung von der Witwenschaft Jerusalems in Bar 4, 12; Is 3, 26; Klgl 1, 1. Vgl. ferner Esr-Apk 10, 7.17; ApkBarsyr 3, 1ff; Targ. HL 8, 5 („in jener Stunde wird Zion, die Mutter Israels ist, ihre Kinder gebären und Jerusalem die Verbannten in Empfang nehmen"). Weiteres bei BILLERBECK, III, 574 (B. bemerkt: „Im Rabbinischen wird als ‚Mutter' bezeichnet a. die Gemeinde oder das Volk Israel; b. das Land Israel; c. Jerusalem (Zion); d. die Tora").

dem, der sich mit dem Studium der Tora beschäftigt" (R. Jehošua b. Levi: Abot VI, 2b). Paulus teilt aufgrund seiner christlichen Glaubensüberzeugung diese Anschauungen nicht mehr[41].

Was meint aber der Apostel näherhin mit dem „jetzigen" Jerusalem? Zunächst könnte man an die Stadt Jerusalem als an das geistliche Zentrum der Judenschaft denken. ἡ νῦν Ἰερουσαλήμ[42] ist jedenfalls nicht das gegenwärtige Jerusalem im Hinblick auf das glorreiche Jerusalem der Idealzeit der Vergangenheit Israels (etwa unter David und Salomon). „Cette Jérusalem est l'esclave ... non des Romains mais de la loi" (Bonnard), und diese Sklavenschaft dauert immer noch an (Präsens δουλεύει). Es ist aber auch möglich und sogar wahrscheinlich, daß bei dem „jetzigen Jerusalem" die Stadt nicht als das geistliche Zentrum der Judenschaft, sondern der Judenchristenheit angesprochen ist, deren radikale Exponenten sich zur Autorisierung ihrer Gegenpredigt auf Jerusalem als den maßgebenden „Vorort" der Christenheit und des wahren Evangeliums beriefen, wobei sie möglicherweise sogar mit dem Schlagwort operierten „Jerusalem ist unsere Mutter", wie schon H. J. Holtzmann vermutet hat[43]. Ihnen gegenüber weist der Apostel auf das wahre Jerusalem der Christen hin (s. den folgenden Vers), das ihre wirkliche „Mutter" ist.

4, 26   Es gibt nämlich ein dem „jetzigen" Jerusalem entgegengesetztes (Adversativpartikel δέ) Jerusalem, das „oben", d. h. bei Gott, im Himmel, ist. Mit der Idee und dem Begriff eines „oberen Jerusalems" nimmt Paulus jüdische Vorstellungen auf (יְרוּשָׁלֵם שֶׁל מַעְלָה)[44], wie auch das „jetzt" in dem Ausdruck ἡ νῦν Ἰερουσαλήμ eine Entsprechung in ApkBarsyr 4, 3 hat: „Nicht diese Stadt (das irdische Jerusalem), deren Gebäude jetzt vor euch dastehen, ist die, die bei mir geoffenbart ist, die hier im voraus bereitet ist, seit der Zeit, da ich den Entschluß gefaßt habe, das Paradies zu schaffen." Dieses obere, himmlische Jerusalem ist also eher eine präexistente Größe (vgl. auch Esr-Apk 8, 52). Nach Esr-Apk 7, 26 werden „Tage kommen", da „die unsichtbare Stadt erscheinen" wird; vgl. auch 13, 36: „Zion wird erscheinen und allen offenbar werden, vollkommen erbaut." Im Midrasch Wajjoscha[45] betet Mose: „... Herr der Welt, bringe sie hinein und pflanze sie dort an, und möge es eine Pflanzung

---

[41] Vgl. dazu auch Exkurs: Hat Paulus das Gesetz „mißverstanden"?
[42] Zur attributiven Stellung des νῦν zwischen Artikel und Substantiv vgl. STÄHLIN in: ThWb IV, 1101/8ff.
[43] Siehe dazu S. 26, Anm. 121b.
[44] Vgl. dazu außer den Kommentaren vor allem BILLERBECK III, 573; A. CAUSSE, Le mythe de la nouvelle Jérusalem du Deutéro-Esaïe à la IIIe Sibylle, in: RHPhilRel 18 (1938) 377–414; H. BIETENHARD, Die himmlische Welt im Urchristentum und Spätjudentum (WUzNT, 2) (Tübingen 1951) 192–204; P. VOLZ, Die Eschatologie der jüdischen Gemeinde (Tübingen [2]1934) 371–376; H. RUSCHE, Art. Himmlisches Jerusalem, in: LThK [2]V, 567f (Lit.); G. JEREMIAS, Der Lehrer der Gerechtigkeit (Studien z. Umwelt des NT, 2) (Göttingen 1963) 244–249 („Die Gemeinde — das himmlische Jerusalem"); M. RISSI, Die Zukunft der Welt. Eine exegetische Studie über Johannesoffenbarung 19, 11 bis 22, 15 (Basel o.J.) 48–59; N. W. PORTEOUS, Jerusalem-Zion: The Growth of a Symbol, in: Verbannung und Heimkehr (hrsg. v. A. KUSCHKE) (Tübingen 1961) 235–252; G. FOHRER, Zion-Jerusalem im AT, in: DERS., Studien zur atl. Theologie (BZAW 115) (Berlin 1969) 195–241.
[45] Vgl. BILLERBECK III, 796.

sein, für die es niemals ein Ausreißen gibt. Laß Jerusalem vom Himmel herabfahren und zerstöre es niemals; sammle die Zerstreuten Israels, daß sie daselbst wohnen in Sicherheit." Es findet sich auch die Erwartung, daß das himmlische Jerusalem das irdische ersetzen werde[46]; so heißt es in Beth ha-Midrasch 5, 128, 11: „Anstelle des zerstörten Jerusalem wird das Jerusalem, das erbaut ist, aus dem Himmel herabkommen, und der Sproß aus dem Stumpf Jsais, der Messias ben David, wird erscheinen."

In Gal 4, 26 greift Paulus auf diese Vorstellung eines „oberen Jerusalems" zurück; aber „das obere Jerusalem", das der Apostel im Auge hat, steht in keinem positiven Zusammenhang mit dem irdischen, „jetzigen" Jerusalem, bildet vielmehr den Gegensatz zu ihm (δέ). Auch ist dieses „obere Jerusalem" nicht erst eine kommende Heilsgröße, die einstweilen im Himmel verborgen ist, sondern eine schon gegenwärtige Größe, weil sie ja bereits „unsere Mutter", d. h. die Mutter der Christusgläubigen, ist, wie der Relativsatz sagt. Wenn „das obere Jerusalem" aber schon „unsere Mutter" ist, dann hat es „irgendwie" mit der Kirche zu tun, dem irdischen Sammlungsort der Gläubigen, auch wenn „das obere Jerusalem" und die Kirche nicht einfach identisch (gar im Sinn einer triumphalistischen Ekklesiologie) sind[47]. Zwei „apokalyptische" Grundideen pln. und deuteropln. Theologie zeigen sich hier: Der neue Äon, zu dem nach jüdischer Anschauung auch das neue Jerusalem gehört[48], ragt seit der Auferstehung Jesu bereits in diesen Äon herein; die Gläubigen sind bereits „Mitbürger der Heiligen (der Engel) und Hausgenossen Gottes" (Eph 2, 19); die Kirche lebt in einer realen, wenn auch unsichtbaren Gemeinschaft mit der himmlischen Welt, wie es auch frühjüdische Anschauung war, besonders in Qumran[49]. Die Aussage in Gal 4, 26 gehört der „realisierten Eschatologie" an, die überall im NT begegnet[50]; deshalb redet der Apostel nicht vom „kommenden

---

[46] Vgl. BIETENHARD, 195.
[47] Vgl. dazu auch BONNARD z. St. (B. scheint uns aber hier doch „Kirche" und „kommendes Reich" zu stark voneinander abzuheben).
[48] Vgl. Esr-Apk 8, 52: „Denn für euch ist das Paradies geöffnet, der Lebensbaum gepflanzt, der zukünftige Äon zugerüstet, die Seligkeit vorherbestimmt, die Stadt erbaut, die Heimat auserwählt, die guten Werke geschaffen, die Weisheit bereitet."
[49] Vgl. dazu R. KNOPF, Die Himmelsstadt, in: Festschr. f. G. HEINRICI (Leipzig 1914) 213 bis 219; F. MUSSNER, Beiträge aus Qumran zum Verständnis des Epheserbriefes, in: PRAESENTIA SALUTIS, 197-211 (200-207); G. JEREMIAS, Der Lehrer der Gerechtigkeit, 244-249; D. ARENHOEVEL, Die Eschatologie der Makkabäerbücher, in: TrThZ 72 (1963) 257-269 (266f); G. KLINZING, Die Umdeutung des Kultes in der Qumrangemeinde und im NT (Göttingen 1971) 184-191. Nach 2 Makk 7, 34 sind die Bewohner Jerusalems schon in diesem Leben „Kinder des Himmels".
[50] Besonders im Hebräerbrief. „Der Hebr spricht von dem ‚oberen' oder ‚zukünftigen' Jerusalem. Jesus, der wahre Hohepriester, hat den Zugang eröffnet zu dem Allerheiligsten, dem ‚wahren Zelt' (8, 2). Durch ihn kann nun die Kirche im gottesdienstlichen Tun ‚hinzutreten' (12, 12; vgl. Lev 21, 17) zum Berg Sion, zur Stadt des lebendigen Gottes, zum himmlischen Jerusalem und steht so in Verbindung mit der Festversammlung oben (12, 22; vgl. 1 QH 3, 19ff). Aber das himmlische Jerusalem ist zugleich das ‚zukünftige', das erst ‚gesucht' werden muß (Hebr 13, 14)" (H. RUSCHE in: LThK ²V, 367f); F. J. SCHIERSE, Verheißung und Heilsvollendung. Zur theologischen Grundfrage des Hebräerbriefes (Münch. Theol. Stud. I, 9) (München 1955) passim; H. BRAUN, Das himmlische Vaterland bei Philo und im Hebräerbrief, in: Verborum Veritas (Festschr. f. G. STÄHLIN) (Wuppertal 1970) 319-327.

Jerusalem", sondern lieber vom „oberen Jerusalem". Das ἄνω hat seine Wurzeln nicht in einem weltanschaulichen Dualismus wie in der Gnosis[51], sondern in christologischen Überzeugungen, wie sie z. B. in Kol 3, 1 zum Ausdruck kommen: „Wenn ihr mit Christus auferweckt seid, sucht das Obere, wo Christus sitzt zur Rechten Gottes" (vgl. auch Eph 2, 6; Phil 3, 20). „Das obere Jerusalem" ist also für Paulus die Welt des Auferstandenen und Erhöhten, von der das eschatologische Heil für die Gläubigen seinen Ursprung hat, in Gal 4, 26 ausgedrückt in dem Relativsatz: „das unsere Mutter ist". Die „Mutterschaft" des oberen Jerusalem aktualisiert sich in dem konkreten Heilshandeln des Erhöhten in der christlichen Gemeinde[52], „Heilshandeln" dabei in umfassendem Sinn verstanden, das eine konfessionell beschränkte Auslegung nicht zuläßt[53].

Dieses „obere Jerusalem" „ist unsere (wirkliche) Mutter", lehrt der Apostel. Der Begriff „Mutter" ist zunächst gewonnen aus der vorausgehenden Allegorie (vgl. V 23: „... geboren ... aus der Freien") und ist zudem vorgeprägt in der Idee: Jerusalem bzw. Sion als „Mutter" Israels[54]. Und dieses „obere Jerusalem ist unsere (ἡμῶν) Mutter", nämlich der zur „Freiheit" geborenen Glaubenden, nicht der am Gesetz festhaltenden Judaisten[55]. Damit entreißt der Apostel den Gegnern ihr Schlagwort und reklamiert es für die „ohne Werke des Gesetzes" Glaubenden! Diese freigeborenen Glaubenden sind unterdessen durch die Missionsarbeit schon zahlreicher geworden; ihre „Mutter" blieb nicht unfruchtbar, was der Apostel im folgenden Vers aus der Schrift noch eigens begründet.

4, 27 Das Schriftwort steht bei Is 54, 1. Dort besagt das Verheißungswort des Propheten dies: Sion ist „als Frau dargestellt, die von ihrem Mann gleichsam verlassen ist und deshalb keine Kinder mehr bekommt. Mit dem Ende des Exils kehrt Jahwe nach Sion an der Spitze der Verbannten zurück; somit hat Sion wieder ihren Gemahl und ihre Kinder" (J. Ziegler)[56]. Die rabbinische Auslegung verstand das Wort verschieden[57]. Im Targum heißt es: „Preise,

---

[51] Vgl. dazu das gnostische Material, das SCHLIER z. St. vorlegt.
[52] Vgl. auch Eph 5, 29.
[53] Vgl. dazu auch die Bemerkungen bei SCHLIER, Gal., 223, Anm. 5. Entfaltet ist diese Theologie (nachpaulinisch) besonders in Eph 2, 5–22.
[54] Vgl. dazu etwa Ps 87 (dazu H.-J. KRAUS, Psalmen II [Neukirchen ²1961] 600–605 [604f]).
[55] Verschiedene Textzeugen (ℵc A C² K P, manche Minuskeln, alte Übersetzungen und Väter) lesen zwischen μήτηρ und ἡμῶν im V 26b noch ein πάντων (aus Röm 4, 16?). „Das irdische Jerusalem kann nur die Heimat von Juden und Judenchristen sein, dagegen kann die himmlische Stadt Gottes die Heimat aller werden, weil Gott in Christus die Unterschiede zwischen Sklaven und Freien, Heiden und Juden aufgehoben hat" (BIETENHARD, Die himmlische Welt, 198); das attributive πάντων entspricht dann ganz der Intention des Apostels, wie sie sich schon in 3, 26–29 gezeigt hat; ZUNTZ dagegen meint (The Text of the Epistles, 223): Die LA πάντων „gives the text a broader, pastoral application, but obscures Paul's distinction between the ‚chosen ones' and the ‚sons of Hagar'". Am wahrscheinlichsten jedoch ist es, daß πάντων betonen will: das „obere Jerusalem" ist die Mutter aller, d. h. nicht bloß der Heidenchristen, sondern auch der Judenchristen.
[56] Echterbibel, z. St.
[57] Vgl. dazu BILLERBECK III, 574f.

Jerusalem, die du warst wie ein unfruchtbares Weib, das nicht gebar, jauchze Lobgesang und frohlocke, die du warst wie ein Weib, das nicht schwanger ward; denn zahlreicher werden sein die Kinder des zerstörten Jerusalems als die Kinder der bewohnten Stadt, spricht Jahwe." Hier ist also die Zuversicht ausgesprochen, daß das Israel nach den nationalen Katastrophen, die es im 1. und 2. Jahrhundert n. Chr. erleben mußte, dennoch volkreich sein werde[58]. Andere meinen, die Gemeinde Israel werde deswegen gepriesen, „weil es keine Kinder für den Gehinnom geboren hat" (Berakh 10a; Midr. HL 1, 5 [87b]). Nach Pesiqt 135a hat R. Levi (um 300) gesagt: „Überall, wo es heißt: ‚Sie hatte nicht' אין לה, da wird ihr (später). Sara war unfruchtbar, sie hatte kein Kind Gen 11, 30; und es wird ihr: Sara säugt Kinder Gen 21, 7 ... Zion hat nicht, der nach ihr fragt Jer 30, 17, und es wird ihr: Es kommt Zion ein Erlöser Jes 59, 20. Und ebenso: Juble, Unfruchtbare, die nicht geboren hat! Jes 54, 1, und es werden ihr Kinder: Du wirst in deinem Herzen sprechen: Wer hat mir diese geboren? Jes 49, 21."

Diese Hoffnung des R. Levi ist für den Apostel schon erfüllt in dem „oberen Jerusalem", das die Mutter der Christen ist. In der christlichen Gemeinde, in ihrem Werden und Wachsen, sieht er das Wort des Propheten erfüllt. Er führt aber dieses Wort als Begründung ein (vgl. γάρ), weil er eben überzeugt ist, daß das Wort des Propheten sich erfüllen muß. Es kann nicht anders sein; und es hat sich für ihn erfüllt in der Tatsache, daß der Erlöser bereits eine zahlreiche Gemeinde von Glaubenden hat, wozu auch die Galater gehören.

Das Wort von der „Unfruchtbarkeit" aus dem Prophetenzitat würde zwar auf Sara gut passen, und vermutlich denkt der Apostel dabei auch an sie, in Erinnerung an die Verheißung Gottes in Gen 17, 16 („ich werde sie segnen, sie soll zu einer Mutter von Völkern werden"), aber er erwähnt sie nicht namentlich. Er transponiert vielmehr das Wort des Propheten, das sich auf das irdische Jerusalem bezogen hat, kühn auf das „obere Jerusalem", die Mutter der „gesetzesfreien" Christusgläubigen. Daß er aber Sara nicht aus dem Blick verloren hat, zeigt der folgende Vers mit seinem Hinweis auf ihren Sohn Isaak.

4, 28 „Paul n'argumente plus, il déclare ..." (Bonnard); vgl. die Partikel δέ[59] (nicht οὖν oder ἄρα). Der Apostel bringt also die Schlußfolgerung seiner „Allegorie" für die Galater zwar nicht formal als solche, sondern als apodiktisch klingenden Satz, an dessen Richtigkeit für ihn kein Zweifel besteht: „Ihr aber, Brüder, seid[60] nach Isaaks Weise Kinder der Verheißung!" Der Genitiv

---

[58] Pessimistisch klingt dagegen ApkBarsyr 10, 13ff: „Und ihr, ihr Frauen, betet nicht, daß ihr Kinder gebärt; denn fröhlich sein müssen vielmehr die Unfruchtbaren. Und freuen sollen sich die Frauen, die keine Kinder haben, und die, die Kinder haben, müssen betrübt sein. Denn wozu sollen sie sich mit Schmerzen gebären, nur um mit Seufzern zu begraben?"
[59] Ein kopulatives δέ, durch das nach Sachverhalt einfach „erklärt", konstatiert wird (vgl. Mayser, Grammatik, II/3, 125); Oepke nennt es ein „metabatisches" δέ.
[60] ὑμεῖς ... ἐστέ (so 𝔓46 B D* G 33 1739 1881 2127, it[d,e,g,t], syr[pal], copt[sa], aeth[ro], Irenäus[gr,lat], Origenes [nach Hieronymus], Ambrosiaster, Victorin, Tykonius, Ambrosius), nicht ἡμεῖς ... ἐσμέν (so ℵ A C D^c K P Ψ, viele Minusk., alte Übersetzungen, Chrysostomus, Hieronymus, Augustinus, Cyrill, Euthalius, Theodoret, Joh. Damascenus), ist die

ἐπαγγελίας ist dem τέκνα vorangestellt und trägt den Ton; er schaut zurück auf das διὰ τῆς ἐπαγγελίας von V 23 und impliziert damit auch die sola-gratia-Idee[61]; denn die Galater sind wie alle Christen nicht κατὰ σάρκα geboren, sondern „durch Verheißung". Selbstverständlich mußten den Galatern, als sie den Terminus ἐπαγγελία in 4, 28 wieder hörten, unwillkürlich die Erörterungen des Apostels über das Verhältnis von „Verheißung" und „Gesetz" aus Kap. 3 in Erinnerung kommen. Sie sind „Verheißungskinder", und zwar κατὰ ᾽Ισαάκ, „entsprechend eurem Prototypos Isaak" (Lietzmann). Denn Isaak war κατὰ πνεῦμα geboren (V 29); so auch die Galater, als sie getauft wurden (vgl. 3, 2)[62].

4, 29 Das einleitende ἀλλά[63] ist elliptisch, und die Ellipse könnte ausgeführt nach Oepke lauten: „Die Geschichte wiederholt sich!", und was sich „wiederholt", bringt der Apostel im folgenden Vergleich: ὥσπερ τότε ..., οὕτως καὶ νῦν, sc. ὁ κατὰ σάρκα γεννηθεὶς διώκει τὸν κατὰ πνεῦμα. Wer verfolgt wen? Im ὥσπερ-Satz Ismaël den Isaak. Von einer „Verfolgung" Isaaks durch Ismaël weiß die Gen nichts zu erzählen, nur in 21, 9, daß er „Mutwillen trieb" (hebr. מְצַחֵק), was den Unwillen Saras gegen ihn und seine Mutter erregte (21, 10). Die rabbinische Auslegung sah z. T. in diesem מְצַחֵק eine Anfeindung Isaaks durch Ismaël[64]; so heißt es in der TSota 6, 6 (304): „R. Jischmael († um 135) sagte: מצחק bedeutet nichts anderes als Blutvergießen, wie es heißt: Es mögen die Knaben aufstehen und vor uns turnieren usw. (2 Sam 2, 14ff). Das lehrt, daß Sara gesehen hatte, wie Ismaël Pfeile nahm und schoß in der Absicht, den Isaak zu töten, wie es heißt: Wie ein Unsinniger, welcher Brandpfeile, Geschoße und Tod schleudert (Spr. 26,18)." R. Aqiba jedoch hat nach R. Šim᷾on b. Jochai (um 150) (TSota 6, 6 [304])[65] מצחק so erklärt: Spielen (Lachen) bedeutet nichts anderes als Götzendienst, wie es heißt: Und sie standen auf, um zu spielen Ex 32, 6. R. Šim᷾on b. Jochai selbst aber erklärte das מצח von Gn 21, 9 vom Lachen des Ismaël darüber, daß ihm als dem Erstgeborenen doppeltes Erbteil zufallen werde. Das ist eine Auslegung, an die auch das von Billerbeck hier nicht berücksichtigte palästinensische Targum zu denken scheint[66], wenn es zu erzählen weiß (Targ. Ps-Jonathan Gen 22, 1)[67], daß die beiden Söhne Abrahams „sich zankten" (נצו)[68]. „... Ismaël sagte: Es steht mir zu, daß ich meinen Vater beerbe, weil ich sein erstgeborener Sohn bin, während Isaak

---

ursprüngliche LA; die 1. Person ist Korrektur nach V 31. Vgl. auch noch ZUNTZ, The Text of the Epistles, 107, Anm. 2.
[61] Vgl. auch BONNARD z. St.
[62] Es ist also sehr wahrscheinlich, daß der Gen. τῆς ἐπαγγελίας die Taufe anvisiert, das κατὰ σάρκα im folgenden V 29 dagegen die Beschneidung: also wieder in Polemik gegen die Gegner so formuliert.
[63] Zu ἀλλά am Satzanfang vgl. MAYSER, Grammatik, II/3, 116.
[64] Vgl. dazu BILLERBECK III, 575f.
[65] BILLERBECK III, 410.
[66] Vgl. dazu R. LE DEAUT, Traditions targumiques dans le Corpus Paulinum?, in: Bibl 42 (1961) 28–48 (37–43 zu Gal 4, 29f).
[67] Zitiert ebd. 38.
[68] Von נְצָא = zanken, hadern; im Ithpe. sich zanken, streiten (vgl. LEVYWb s.v.).

sagte: Es steht mir zu, daß ich meinen Vater beerbe, weil ich der Sohn seiner (legitimen) Frau Sara bin, während du der Sohn der Hagar, der Sklavin meiner Mutter, bist. Ismaël antwortete: Ich bin gerechter als du, weil ich mit 13 Jahren beschnitten wurde und mich hätte weigern können, mich beschneiden zu lassen; aber du, du wurdest beschnitten mit 8 Tagen; wenn du den Verstand schon gehabt hättest, vielleicht hättest du dich der Beschneidung nicht unterworfen? Isaak antwortete: Siehe, ich bin 36 Jahre alt, und wenn der Heilige — gepriesen sei er — von mir alle meine Glieder fordern würde, würde ich mich nicht weigern."

In diesem Text geht es um Abstammung, Erstgeburtsrecht, Erbe und Beschneidung, also um eine Thematik, um die es auch in Gal 4, 21–31 und dem unmittelbar folgenden Kontext geht. Es liegt also nahe, in dem διώκειν des V 29 mit Le Deaut an eine derartige Auseinandersetzung zwischen Ismaël und Isaak über das ihnen zustehende Erbe zu denken (vgl. V 30), wie sie das Targum zu berichten weiß und Paulus aus der targumischen Tradition wohl bekannt war[69]. Der Apostel aktualisiert diese „Verfolgung" des Isaak durch Ismaël in V 29b (οὕτως καὶ νῦν). Woran aber denkt er dabei? An Juden, die christliche Gemeinden verfolgen?[70] Auch wenn viele Ausleger daran denken[71], kann es

---

[69] Die verschiedene Auslegung des מצחק in Gen 21, 9 durch die Rabbinen spiegelt sich wieder in GenR 53, 21, V 9 (WÜNSCHE 254f): „R. Simeon ben Levi und R. Akiba haben diese Worte schimpflich gedeutet, ich lege sie aber zum Ruhme aus. R. Akiba lehrte nämlich, Sara sah die Hagar Unzucht treiben, weil hier das Wort לצחק steht, was in demselben Sinne auch Gen 39, 17 vorkommt. Daraus ist zu schließen: Unsere Mutter Sara sah den Ismael Jungfrauen notzüchtigen, verheiratete Frauen entführen und quälen. Nach R. Ismaël bedeutet צחק nichts anderes als Götzendienst treiben s. Ex 32, 6. Daraus ist zu entnehmen: Unsere Mutter Sara sah den Ismaël Anhöhen errichten, Heuschrecken fangen und sie auf ihnen (als Opfer) darbringen. R. Eleasar bar R. Jose der Galiläer erklärte das Wort im Sinne von Blutvergießen s. 2 Sam 2, 14. Ismaël sprach nämlich nach R. Asarja im Namen des R. Levi zu Jizchak: Komm, wir wollen uns unsere Teile auf dem Feld besehen! Er nahm Bogen und Pfeile und schoß vor Jizchak und tat, als wenn er nur Scherz triebe s. Prov. 26, 18, 19. Ich behaupte aber, daß צחק nur etwas Rühmliches bedeutet und nichts anderes als: ‚erben' besagen will. Als unser Vater Jizchak nämlich geboren wurde, freuten sich alle, da sprach Ismaël: Ihr Narren, ich bin der Erstgeborene, ich erhalte zwei Teile, denn aus der Antwort unserer Mutter Sara an Abraham, daß der Sohn der Magd nicht mit meinem Sohne erben soll, kannst du lernen, daß er nicht mit meinem Sohne, selbst wenn er nicht Jizchak wäre, und mit Jizchak, selbst wenn er nicht mein Sohn wäre, erben soll, um wie viel weniger also mit meinem Sohne Jizchak!" Auch JOSEPHUS scheint die targumische Tradition zu kennen; denn er schreibt in Antiqu. I, § 215: „Sara liebte anfangs den Ismaël, den Sohn der Hagar, mit derselben Zuneigung, als ob er ihr eigener Sohn gewesen sei. Als sie aber den Isaak geboren hatte, hielt sie es nicht für gut, den Ismaël mit ihm zusammen zu erziehen, da dieser als der Ältere nach dem Tode des Vaters ihm leicht Unrecht zufügen könne (κατουργεῖν δυνάμενον)."

[70] Vgl. etwa Apg 4, 1ff; 5, 17ff; 7, 54ff; 8, 1ff; 13, 45.50; 14, 2.5.19; 18, 6.12ff; 1 Thess 2, 14ff (dazu O. MICHEL, Fragen zu 1 Thessalonicher 2, 14–16: Antijüdische Polemik bei Paulus, in: Antijudaismus im NT [München 1967] 50–59); 2 Kor 11, 24. Was die genannten Stellen aus der Apg angeht, muß freilich immer bedacht werden, daß solche Aussagen durch die Gattung „Polemik" mitbedingt sein können (vgl. dazu E. HAENCHEN, Judentum und Christentum in der Apostelgeschichte, in: Die Bibel und Wir. Gesammelte Aufsätze [Tübingen 1968] 338–374).

[71] Zum Beispiel BISPING („die fleischlichen Juden verfolgen die durch den hl. Geist erzeugten

vom Apostel auch anders gemeint sein, nämlich so, wie Zahn interpretiert: „Mag Pl an die offene Feindschaft mitgedacht haben, welche die Prediger des Ev und die jungen Christengemeinden überall von christusfeindlichen Juden zu erfahren bekamen, nach der Lage der Dinge in Gal. mußten die Leser vor allem an die bei ihnen eingedrungenen Judaisten denken. Diese buhlten wohl um die Gunst der gal. Gemeinden cf 4, 17; aber sie verfolgten mit hämischen Reden, Verdächtigungen und Verleumdungen deren Stifter [Paulus] und auch die Beunruhigung, die sie in die gal. Gemeinden trugen 1, 7; 5, 10.12 cf 2, 4, waren nach dem Urteil des Apostels ... in der Tat eine Befehdung, ein feindlicher Angriff auf alles, was sie zu freien Kindern der freien Mutter macht, auf den Geist, in dem sie ihr Christenleben begonnen (3, 3), auf die Wahrheit des Ev (2, 5.14; 5, 7) und die darin begründete Freiheit (2, 4; 3, 31)." Diese Auffassung Zahns ist ganz auf im Brief ausgesprochene Erfahrungen bezogen, die man durchaus als eine „Verfolgung" bezeichnen kann, die freilich in erster Linie den Apostel selbst trifft (vgl. auch 5, 11 τί ἔτι διώκομαι)[72]. Nicht die Juden, sondern die christlichen Judaisten sind die wahren Verfolger![73] Die Zeitangabe νῦν am Ende des V 29 ist also kein allgemeines „jetzt", sondern ein sehr konkretes, das „jetzt" der augenblicklichen Situation. Was ist aber in dieser ganz konkreten Situation zu tun? Das sagt der Apostel den Galatern im folgenden Vers wieder mit einem Schriftwort.

Warum aber kommt der Apostel überhaupt im Zusammenhang seiner allegorischen Deutung der Sara-Hagar-Geschichte auf diese „Verfolgungen" zu sprechen? Weil er gerade darin einen Beweis sieht, „daß die Allegorie stimmt" (Oepke). Denn an diesen Verfolgungen der Kinder des oberen Jerusalem, zu denen auch Paulus gehört, können und sollen die Galater erkennen, daß die Glieder der christlichen Gemeinde, die gleich Isaak und gleich ihnen κατὰ πνεῦμα geboren sind, die wahren „Kinder der Verheißung" sind.

4, 30   Dem „Ismael", der jetzt in Galatien das Evangelium und seinen Prediger, Paulus, „verfolgt", muß Widerstand entgegengesetzt werden. Seinem Treiben „tritt mit ἀλλά gegenüber, was die Schrift in dieser Beziehung sagt" (Zahn): sie befiehlt (in Gen 21, 10.12): „Vertreibe die Magd und ihren Sohn. Denn auf keinen Fall soll der Sohn der Magd erben zusammen mit dem Sohn der Freien", wobei Paulus aus dem μετὰ τοῦ υἱοῦ μου Ἰσαάκ des LXX-Textes

---

Christen. Und wie es im Beginne der Kirche war, wie Christus der Herr selber von den Juden verspottet wurde und ihnen zum Hohngelächter diente ..., so ist es noch immer und so wird es sein bis zum Ende der Tage." Die Geschichte beweist genau das Gegenteil!); LIETZMANN; OEPKE („gedacht ist an Verfolgung durch das ungläubige Israel"); SCHLIER, BONNARD.
[72] Das Imperfekt ἐδίωκεν spricht die wiederholten bitteren Erfahrungen an, die Paulus mit judaistischen Mitchristen machen mußte, schon in Jerusalem, dann in Antiochien, jetzt wieder in Galatien, und — von der Abfassungszeit des Briefes her gesehen — eben auch wieder in Korinth.
[73] Vgl. auch SIEFFERT; BURTON: „In speaking of the persecution of those who are according to the Spirit the apostle probably has in mind chiefly the persistent efforts of the judaisers to induce the Galatians to take on the burden of the law"; LAGRANGE: „οὕτως καὶ νῦν, allusion peut-être aux persécutions des Juifs contre les chrétiens ..., mais plutôt, pour rester dans le thème, aux persécutions des judaïsants contre Paul et ceux qui pensaient comme lui."

ein μετὰ τοῦ υἱοῦ τῆς ἐλευθέρας macht, um nicht aus dem Rahmen der „Allegorie" zu fallen[74]. Mit diesem Schriftbefehl werden die Galater unmißverständlich aufgefordert, den bei ihnen eingebrochenen „Ismaël" zu „vertreiben". Ob dieses ἐκβάλλειν wörtlich gemeint ist oder in dem Sinn: ihnen geistigen Widerstand entgegenzusetzen, läßt sich nicht ausmachen. Es kann auch wörtlich gemeint sein: Entfernt sie aus eurer Mitte![75] Paulus bleibt auf jeden Fall ganz in der Situation, was beachtet werden muß, damit man nicht zu falschen Schlüssen kommt, indem man das Zitat im V 30 kurzerhand auf die Juden bezieht. So meint etwa Luz: „Hier ist die Verwerfung der Juden explizit ausgesprochen."[76] Andere Ausleger meinen ähnlich[77]. Zu solcher antijüdisch klingenden Auffassung kommt man, wenn man den unmittelbaren Kontext, der eindeutig auf die Situation in Galatien abhebt, nicht beachtet[78]. Es geht um die „Vertreibung" der Gegner aus den galatischen Gemeinden, nicht um die Juden, selbst wenn in V 25 mit dem „jetzigen Jerusalem" die Judenschaft angesprochen sein sollte, wie die meisten Ausleger meinen, was uns aber unwahrscheinlich dünkt (s. zu 4, 25)[79]. Selbstverständlich verbindet das „jetzige Jerusalem" Judentum und Judenchristentum in eigentümlicher Weise: Jerusalem ist der „Vorort" für Juden und Judenchristen und der „Ort" des Gesetzes; dieser Umstand darf aber die Auslegung nicht dazu verführen, die Gedankengänge des Apostels in Gal 4 als gegen die Juden gerichtet zu sehen. Sie richten sich gegen seine Gegner und ihre Ansprüche. Und die Anrede ὑμεῖς δέ, ἀδελφοί zu Beginn des V 28 hatte die Aufmerksamkeit von der Stadt Jerusalem schon deutlich genug wieder entschieden auf die christlichen Gemeinden von Galatien und ihre spezifische Situation zurückgewendet. Und weil „der Sohn der Magd" in V 30b (zweiter Teil des Zitats) identisch ist mit dem in die Gemeinden von Galatien eingebrochenen „Ismael", d.h. den Gegnern des Apostels und des Evangeliums, wird ihnen, nicht den Juden, der Ausschluß vom Erbe angedroht[80].

---

[74] Der westliche Text hat nachträglich wieder den LXX-Text hergestellt.
[75] Diese Aufforderung wäre auf keinen Fall härter als das Anathem, das der Apostel nach 1, 9 dem Verkünder eines anderen Evangeliums entgegenschleudert!
[76] Geschichtsverständnis, 285.
[77] Zum Beispiel BISPING: „Die Galater sollen in diesen Worten typisch die Ausschließung der unbekehrten, unter der Knechtschaft des Gesetzes stehenden Juden aus dem Messiasreich finden, und zugleich auf die Gefahr hingewiesen werden, der sie sich durch ihren fleischlichen Sinn, durch ihren Rückfall ins Judentum aussetzen, nämlich auf den Verlust der ewigen Erbschaft"; OEPKE: „Hagar, dh das ungläubige Israel, wird ausgestoßen und vom (messianischen) Erbe ausgeschlossen."
[78] Vgl. auch SCHLIER z. St. Auch LUZ weist dann selber doch wieder auf die „Situation" hin, „in die hinein der Galaterbrief spricht" (285).
[79] Hätte Paulus in Gal 4, 30 die Juden im Blick, so wäre die Stelle in der Tat ein eklatanter Widerspruch zu dem, was er nicht viel später in Röm 11, 25ff ausführt. Es würde an Schizophrenie grenzen, wenn der Apostel innerhalb kurzer Zeit über so entscheidende Dinge völlig Widersprechendes gelehrt hätte. Außerdem ist nicht einzusehen, warum der Apostel in Gal 4, 29 ganz unvermittelt plötzlich auf Verfolgungen der christlichen Gemeinden durch Juden zu sprechen kommen soll; dazu bot die galatische Situation nicht den geringsten Anhalt.
[80] Eigenwillig, aber interessant ist die Auslegung, die BLIGH dem ganzen Abschnitt 4, 21–30 gibt (Gal., 390–409), den er überschreibt: „Send away Agar!" Für Bl. ist das irdische Jerusalem (vgl. 4, 25) jenes judenchristliche Zentrum, das die Kontrolle über die heidenchristlichen Kirchen beansprucht (unter Hinweis auf 2, 9); aber dieses irdische Jerusalem ist in Wirklich-

In Gal 4 wird überhaupt „nicht darüber nachgedacht, welche Rolle die Geschichte Israels für die Christen spielt; wohl aber wird anhand der Geschichte Israels das Verhältnis von Verheißung und Gesetz erläutert, also ein mehr ‚dogmatisches' Problem im Sinne des Verhältnisses von zwei Größen zueinander. Daher gibt es nicht ‚Juden' oder ‚Christen', sondern nur ‚die unter dem Gesetz' und ‚die frei sind vom Gesetz'" (Berger)[81]. Diese Formulierung trifft genau das von Paulus in Gal 4 verfolgte Ziel.

4, 31 Der Vers bildet das Schlußresümee aus dem ganzen Abschnitt 4, 21–30, das zugleich eine letzte Schlußfolgerung aus den beiden Schriftauslegungen der VV 22–27 und 29f ist (διό)[82]. Sie führt über den apodiktisch formulierten ersten Abschluß in V 28 insofern hinaus, als nun der Gedanke der Freiheit (ἀλλὰ τῆς ἐλευθέρας) wieder betont und damit zurückgeblendet wird auf den Beginn der „Allegorie" im V 23 (ἐκ τῆς ἐλευθέρας), zu jener freien Mutter des freien Sohnes, aus der in der „allegorischen" Schau des Apostels „das obere Jerusalem" wird, das die „freie" Mutter der freien Christen ist (V 26). Durch das Homoioteleuton τῆς ἐλευθέρας, mit dem die VV 30 und 31 schließen, besteht aber deutlich auch eine unmittelbare Folgebeziehung zwischen diesen Versen, anknüpfend an die Idee des „erbens": Die Glaubenssöhne Abrahams sind die wahren Erben der Segensverheißung (3, 14; 4, 7), und als solche sind sie keine Sklaven und Sklavensöhne mehr und „folglich" (διό) auch Kinder „der freien" (Mutter), des „oberen Jerusalems", während „die Kinder der Sklavin", konkret jene Christen, die das Heil noch oder wieder im Gesetz suchen, des Erbes verlustig gehen. Das implizierte schon das Anathem, mit dem der Apostel jenen belegt, der ein anderes Evangelium verkündet als es die Galater „übernommen" haben (1, 9).

Auffällig ist der Artikel τῆς vor ἐλευθέρας, weil er vor παιδίσκης fehlt. Damit scheint die Würde der „Freien", des oberen Jerusalem, hervorgehoben

---

keit nicht „unsere Mutter", sondern das himmlische, das „frei" ist und das zunächst wenige Kinder zu haben schien, in Wirklichkeit aber, wie die Missionserfolge bis zum Jahre 57 bereits eindeutig zeigen, jetzt schon viele „Kinder" hat. Das „irdische Jerusalem", repräsentativ für das am Gesetz festhaltende Judenchristentum, wird zwar nicht zum Aussterben verurteilt — wenn es auch ausgestorben ist. Und auch die Judenheit existiert bis heute noch; aber Paulus selbst habe gehofft, „that the conversion of all Israel would take place within a generation, he was ready to sound the death-knell of Judaism" (407). So würde sich dann die Ansage von Gal 4, 30 erfüllen: Erben des Heils blieben am Ende allein die Söhne des himmlischen Jerusalems. Aber Bl. fügt hinzu: „But this cannot be inferred from Gal 4, 3 alone."

[81] Abraham in den pln. Hauptbriefen, 63. Zur pln. „Einordnung" des „verstockten" Israel in das Christusheil vgl. die Ausführungen bei D. ZELLER, Juden und Heiden in der Mission des Paulus. Studien zum Römerbrief (Stuttgart 1973) 285–289.

[82] διό wird die ursprüngliche LA sein, bezeugt von ℵ B D* 67**, MARCION. 𝔓46 Dᶜ K L, sehr viele Minusk., syrʰ, d g, CHRYSOSTOMUS, THEODOR, VICTORIN, HIERONYMUS, AMBROSIASTER lesen dafür ἄρα (dazu noch ein οὖν die Textzeugen G, sah [?], got, THEODORET); ἡμεῖς δέ lesen A C P, einige Minusk., syrᵖ, copt, AUGUSTINUS; ἡμεῖς οὖν syr, EPHRÄM. ZAHN bemerkt: „Solange nicht erklärt werden kann, wie die „stark bezeugten Varianten διό, ἄρα, ἄρα οὖν aus einem dieser drei Synonyma entstanden sind, müssen sie als von einander unabhängige Versuche angesehen werden, an Stelle eines ursprünglichen Textes, der keins derselben enthielt, einen Folgesatz zu schaffen". Aber die Folgerungspartikel ist auf jeden Fall die lectio difficilior.

zu sein. Er könnte aber auch nur anaphorisch gebraucht sein in Wiederholung des τῆς ἐλευθέρας vom Ende des V 30.

In der Kontroverse der Ausleger, ob der V 31 schon zum folgenden Abschnitt gehört oder den vorausgehenden abschließt, entscheiden wir uns zugunsten der letzteren Meinung. Der Vers ist nämlich eine abschließende Feststellung (διὸ ... οὐκ ἐσμέν ...). Wäre er vom Apostel nicht so verstanden, dann wäre seine organische Fortsetzung der imperativische Satz 5, 1b (στήκετε οὖν ...). Der dazwischengeschaltete V 5, 1a bringt jedoch einen neuen Gedanken über 4, 21–31 hinaus; er nennt nämlich den, durch den die Freiheit der Kinder des oberen Jerusalems gekommen ist: Christus, und die Aufforderung στήκετε οὖν ergibt sich aus dem apodiktisch formulierten Satz: „Zur Freiheit hat uns Christus befreit."

Exkurs 6:

„Heilsgeschichte" oder γραφή?

1. Denkt Paulus im Gal „heilsgeschichtlich", oder denkt er κατὰ τὴν γραφήν? Diese Frage mag seltsam klingen, und dennoch stößt sie mitten in eine Problematik heutiger theologischer Diskussion, die sich am Thema „Heilsgeschichte" entzündet hat[1]. Unsere Frage wäre sinnlos, wenn „Heilsgeschichte", was immer

---

[1] Über den Stand der Diskussion orientiert gut O. CULLMANN in seinem Buch: Heil als Geschichte (Tübingen 1965) 10–56. Die wichtigste Literatur: R. SCHNACKENBURG, Art. Heilsgeschichte, in: LThK 2V, 148–153 (mit umfassender Literatur); J. MUNCK, Paulus und die Heilsgeschichte (Kopenhagen 1954); H. OTT, Geschichte und Heilsgeschichte in der Theologie R. Bultmanns (Tübingen 1955); E. DINKLER, The Idea of History in Earliest Christianity, in: The Idea of History in the Ancient Near East (New Haven 1955) 169–214 (dtsch. in: Signum Crucis. Aufsätze zum NT und zur Christl. Archäologie [Tübingen 1967] 313–350); DERS., Art. Geschichte und Geschichtsauffassung, in: RGG 3II, 1476–1482 (Lit.); O. KUSS, Die Heilsgeschichte, in: Der Römerbrief, 275–291; R. BULTMANN, Geschichte und Eschatologie (Tübingen 1958); D. RÖSSLER, Gesetz und Geschichte (Neukirchen 1960), vgl. dazu auch A. NISSEN, Tora und Geschichte im Spätjudentum. Zu Thesen Dietrich Rösslers, in: NT 9 (1967) 241–277; A. VÖGTLE, Zeit und Zeitüberlegenheit in biblischer Sicht, in: Weltverständnis im Glauben (hrsg. von J. B. METZ) (Mainz 1965) 224–253; H. BRAUN, Das Alte Testament im Neuen Testament, in: ZThK 59 (1962) 16–31 (bes. 22–24); W. PANNENBERG u. a., Offenbarung als Geschichte (Göttingen 21963); CHR. DIETZFELBINGER, Heilsgeschichte bei Paulus? Eine exegetische Studie zum pln. Geschichtsdenken (Theol. Existenz heute, NF 126) (München 1965); E. ELLWEIN, Heilsgegenwart und Heilszukunft im NT. Zwei Abhandlungen (Theol. Existenz heute, NF 114) (München 1964); G. KLEIN, Theologie des Wortes Gottes und die Hypothese der Universalgeschichte. Zur Auseinandersetzung mit W. Pannenberg (Beitr. zur ev. Theol. 37) (München 1964); A. DARLAP, Grundlagen heilsgeschichtlicher Theologie, in: Mysterium Salutis I (Einsiedeln – Zürich – Köln 1965) 1–156 (154–156 Lit.); J. M. ROBINSON – J. B. COBB (Hrsg.), Theologie als Geschichte (mit Beiträgen von J. M. ROBINSON, W. PANNENBERG, M. BUSS, K. GROBEL, W. HAMILTON, J. B. COBB) (Zürich – Stuttgart 1967); J. BARR, Alt und Neu in der biblischen Überlieferung. Eine

Exkurs 6: „Heilsgeschichte" oder γραφή?

man darunter verstehen mag, identisch wäre mit der „Schrift", auf die Paulus in seinen Briefen zur rechten Zeit rekurriert. Von da her gleich etwas anders gefragt: Rekurriert Paulus, wenn er das AT in seinen Briefen bemüht, auf Heilsgeschichte oder auf die Schrift? Natürlich stellt sich sofort die weitere Frage ein: Was heißt in diesem Fall überhaupt „Heilsgeschichte", und was heißt „Schrift"? Die Antwort ist nicht leicht zu geben; denn „Heilsgeschichte" kann verschieden verstanden werden. „Heilsgeschichte" kann einmal das Heilsgeschehen sein, sei es Tat- oder Wortgeschehen; es kann aber auch die erzählte Geschichte dieses Heilsgeschehens sein. Ist aber diese erzählte Heilsgeschichte, z. B. was in der Genesis über Abraham zu lesen ist, identisch mit der „Schrift"? Für viele, wie es scheint, schon; aber in Wirklichkeit ist es nicht so. Denn „Schrift" ist Text, und ein Text ist noch nicht identisch mit erzählter Geschichte. Die Erzählung des Geschehens kann ja auch mündlich erfolgen, und selbst wenn sie schriftlich erfolgt oder erfolgt ist, ist damit noch nichts über das Wesen des Textes gesagt. Deshalb gehen wir zunächst von der Frage aus: Was ist eigentlich ein Text? Darüber folgende vier Sätze:

a) Der Text ist die Schriftwerdung eines Gedankens oder einer bisher nur mündlich existierenden Tradition.

b) Der Text ist damit auch die Objektivierung eines Gedankens oder einer bisher nur mündlich existierenden Tradition.

c) Diese Objektivierung ermöglicht:
   α) die Ablösung des Textes vom Autor
   β) die Ablösung von der Abfassungszeit
   γ) seine Transponierung in einen neuen „Kontext".

d) Mit dieser Verselbständigung beginnt für den Text eine eigene Geschichte,

---

Studie über die beiden Testamente (dt. München 1967); J. SCHARBERT, Heilsgeschichte und Heilsordnung des AT, in: Mysterium Salutis II (Einsiedeln – Zürich – Köln 1967) 1076–1144 (Lit.). Zu CULLMANNS „Heil als Geschichte" vgl. die kritischen Auseinandersetzungen von D. BRAUN, Heil der Geschichte, in: EvTh 27 (1967) 57–76; J. FANGMEIER, Heilsgeschichte?, in: Geschichte und Zukunft. Zwei Studien zu. O. Cullmanns 65. Geburtstag (Theol. Stud. 87) (Zürich 1967) 5–27; E. GÜTTGEMANNS in: VuF 12 (1967) 44–49; und bes. E. SCHWEIZER in: ThLZ 92 (1967) 904–909; MOLTMANN, Theologie der Hoffnung, 125–139; B. NOACK, Spätjudentum und Heilsgeschichte (Stuttgart 1971). Dazu noch die verschiedenen Beiträge zum Thema „Heilsgeschichte" in: OIKONOMIA. Heilsgeschichte als Thema der Theologie (O. Cullmann zum 65. Geburtstag gewidmet) (Hamburg-Bergstedt 1967); ferner E. KÄSEMANN, Pln. Perspektiven, 152 ff; BORNKAMM, Paulus, 155–160; J. BLANK, Geschichte und Heilsgeschichte, in: Wort und Wahrheit 23 (1968) 116–127; L. GOPPELT, Paulus und die Heilsgeschichte. Schlußfolgerungen aus Röm 4 und 1. Kor. 10, 1–13, in: Christologie und Ethik. Aufsätze zum NT (Göttingen 1968) 220–233; U. LUZ, Das Geschichtsverständnis des Paulus (Beitr. z. ev. Theol. 49) (München 1968); KL. SCHWARZWÄLDER, Das Verhältnis Altes Testament – Neues Testament im Lichte der gegenwärtigen Bestimmungen, in: EvTh 29 (1969) 281–307; H. GESE, Erwägungen zur Einheit der biblischen Theologie, in: ZThK 67 (1970) 417–436; PH. VIELHAUER, Paulus und das AT, in: L. ABRAMOWSKI – J. F. G. GOETERS (Hrsg.), Studien zur Geschichte und Theologie der Reformation (Festschrift f. E. Bizer) (Neukirchen 1969) 33–62; F. HESSE, Abschied von der Heilsgeschichte (Theol. Stud. 108) (Zürich 1971); G. KLEIN, Bibel und Heilsgeschichte. Die Fragwürdigkeit einer Idee, in: ZntW 62 (1971) 1–47 (Kl. verteidigt zwei Thesen: 1. Die Resistenz der Bibel gegen die Idee der Heilsgeschichte ist historisch verifizierbar; 2. Die Resistenz der zentralen urchristlichen Konstruktion des Glaubens gegen die Idee der Heilsgeschichte ist theologisch nicht überholbar).

Exkurs 6: „Heilsgeschichte" oder γραφή?

verschieden von der sogenannten Traditionsgeschichte. Der Text führt nun eine eigenständige, unabhängige und in diesem Sinn „zeitlose" Existenz. Es wird Raum für „Wiederholung" und „Aktualisierung"[2].

2. Nun zeigt sich bei Paulus folgendes (wobei wir uns auf den Gal beschränken): Der Apostel rekurriert im Gal zum Erweis der Richtigkeit seiner Theologie von der Rechtfertigung des Menschen sola fide et sola gratia auf das AT, insbesondere auf die Abrahamsgeschichte (3, 6–18; 4, 22–31) und das Sinaigeschehen (3, 17–22). Er bringt darüber hinaus Zitate aus anderen Texten des AT (Gal 1, 15: Is 49, 1 und Jer 1, 5; Gal 3, 10: Dt 27, 26; Gal 3, 11: Hab 2, 4; Gal 3, 12: Lev 18, 5; Gal 3, 13: Dt 21, 23; Gal 4, 27: Is 54, 1; Gal 5, 14: Lev 19, 18); dazu kommen noch knappe Anspielungen, etwa in Gal 2, 16 an Ps 142, 2 (LXX). Wie führt Paulus diese Rekurse auf das AT im Gal ein? In 1, 15 und 2, 16 als sog. Kontextzitate (zum Teil mit eigenmächtigen Abänderungen); auch in 3, 6 wird die Schrift (Gen 15, 6) unmittelbar, d. h. ohne Einführungsformel, zitiert, aber aus 3, 8 geht hervor, daß es die γραφή ist, die „vorhersah, daß aus Glauben Gott die Heiden rechtfertigt", „wie" es schon im Fall Abrahams geschehen ist (3, 6). In 3, 10 wird Dt 27, 26 zitiert mit der aus dem Frühjudentum stammenden Einführungsformel γέγραπται γὰρ ὅτι[3]. Daß es „offenbar" (δῆλον) ist, daß durch Gesetz niemand bei Gott gerechtfertigt wird, ergibt sich via exclusionis aus Hab 2, 4, zitiert in Gal 3, 11 (vgl. auch Röm 1, 17), wobei Paulus aus Hab 2, 4 sogar „nur die Vokabeln" übernimmt, „sie aber mit ganz anderem Sinn" erfüllt, wie Vielhauer richtig feststellt[4]. Das „offenbar" bedeutet also soviel wie: „weil geschrieben steht". Daß Christus als Gekreuzigter zum „Fluch" (für uns) geworden ist (3, 13), wird gestützt mit einem sog. ad hoc-Beleg durch Rekurs auf Dt 21, 23, eingeführt wieder mit ὅτι γέγραπται. Nach Gal 3, 22 hat die γραφή „alles unter Sünde zusammengeschlossen". Nochmals erscheint die Einführungsformel γέγραπται γάρ in 4, 22 (mit Bezug auf die Abrahamsgeschichte) und in 4, 27 (mit Bezug auf Is 54, 1); und in 4, 30 wird die Frage gestellt: τί λέγει ἡ γραφή (nämlich in Gen 21, 10.12).

3. Die zuletzt genannte Stelle Gal 4, 30 mit Rekurs auf Gen 21, 10.12 sei als Ausgangspunkt der weiteren Überlegungen genommen. Das Schriftwort aus Gen 21, 10.12 („vertreibe die Sklavin und ihren Sohn; denn nicht soll der Sohn der Sklavin Erbe sein zusammen mit dem Sohn [der Freien]") wird auf die

---

[2] Anregungen zu diesen Überlegungen über den Text empfing ich vor allem von E. GÜTTGEMANNS, Offene Fragen zur Formgeschichte des Evangeliums. Eine methodologische Skizze der Grundlagenproblematik der Form- und Redaktionsgeschichte (München ²1971); s. dazu meine Rezension in BZ, NF 15 (1971) 267–271. Vgl. ferner E. LEIBFRIED, Kritische Wissenschaft vom Text (Stuttgart 1970; mit umfassender Literatur).

[3] Vgl. dazu etwa J. FITZMYER, The Use of explicit Old Testament Quotations in Qumran Literature and in the New Testament, in: NTSt 7 (1960/61) 297–333; F. L. HORTON, Formulas of introduction in the Qumran Literature, in: RevQumran 7 (1971) 505–514. VIELHAUER bemerkt sehr richtig: „Der Zweck dieser Zitationsformeln ist nicht die Angabe des Fundortes — auch dann nicht, wenn die einzelne Schrift oder ihr Verfasser genannt wird —, sondern die Berufung auf die Autorität der Schrift als Gottes Wort" (Paulus und das AT [s. Anm. 1] 36).

[4] Paulus und das AT, 49.

Exkurs 6: „Heilsgeschichte" oder γραφή?

galatische Situation hin aktualisiert[4a]. Selbstverständlich wird dabei nicht das damalige Geschehen aus dem Leben Abrahams, sondern das Schriftwort aktualisiert. Das ergibt sich nicht bloß aus der Formulierung des Apostels in 4, 30 („aber was sagt die Schrift?"), sondern auch aus der einfachen Überlegung daß nicht das, was mit Hagar und Ismaël „historisch" geschehen ist, vergegenwärtigt oder wiederholt werden kann. Nun könnte man zwar auf „Typologie" oder „Allegorese" ausweichen, sogar unter Verweis auf Gal 4, 24 (ἅτινά ἐστιν ἀλληγορούμενα); aber ἅτινα bezieht sich auf Schriftaussagen, nicht auf Fakten, wie sich aus der Formel γέγραπται γάρ zu Beginn von 4, 22 klar ergibt. Die Schriftbegründung in 4, 27 mit Is 54, 1 für die Aussage des Apostels in 4, 26, daß „das obere Jerusalem frei" und „unsere (der Glaubenden) Mutter" sei, hat nichts mit „heilsgeschichtlicher Schau" zu tun, da sich Is 54, 1 doch auf die Rückkehr der Exulanten nach Sion-Jerusalem bezieht[5]; der pln. Bezug von Is 54, 1 auf die glaubende Kirche ist nur möglich, weil die Schrift zum „überzeitlichen" Text geworden ist, der seinen geschichtlichen Ort verloren hat[6]. Und was Abraham angeht: Wie ist es denn mit Heils-Geschichte im Fall, daß der Alttestamentler F. Hesse mit seinem Satz recht haben sollte: „Der glaubende Abraham ist keine geschichtliche Gestalt"?[7] Aber selbst wenn er eine geschichtliche Gestalt ist, woran Paulus sicher nicht gezweifelt hat, führt der Apostel die Abrahamsgeschichte im Namen der Schrift ein. Paulus kommt aus dem rabbinischen Judentum, und dies bedeutet: Nicht die Geschichte ist die Autorität für ihn, auch wenn es sich um die Geschichte Israels handelt, sondern die Schrift! Der fromme Jude fragt nicht, was die Geschichte, sondern was die Schrift lehrt. „Nach spätjüdischer Auffassung hat die Schrift heilige, autoritative und normative Bedeutung. Sie ist von ewiger Dauer und unverbrüchlicher Gültigkeit. Als Diktat Gottes ist sie von seinem Geist eingegeben. Diese Überzeugung wird vom Pentateuch auf die Propheten und ‚Schriften' übertragen" (G. Schrenk)[8]. Das geht soweit, daß von Rabbinen die Schrift personifiziert wird[9]. Formulierungen des Apostels im Gal wie diese: προϊδοῦσα ἡ γραφή (3, 8) oder: συνέκλεισεν ἡ γραφὴ τὰ πάντα ὑπὸ ἁμαρτίαν (3, 22) zeigen, daß er „die Einheit der Schrift so ernst nimmt, daß er sie personifizieren kann, was nur darin seinen Sinn hat, daß die Identifikation mit Gottes

---

[4a] Vgl. dazu den Kommentar.
[5] Paulus sieht zwar in den zwei Frauengestalten Hagar und Sara antithetische Typen für die beiden διαθῆκαι Sinaibund/Christusbund und insofern scheinen sie ein zeitliches Nacheinander zu implizieren, aber er deutet dann „die Antithese mit dem inkonzinnen Gegensatz jetziges Jerusalem / oberes Jerusalem; d. h., das geschichtliche Nacheinander spielt überhaupt keine Rolle" (VIELHAUER, Paulus und das AT, 45).
[6] Diese Ablösung des „Textes" von seiner Entstehungszeit und seine damit gegebene Verselbständigung scheinen überhaupt die wichtigste Voraussetzung für die auch von Paulus geübte rabbinische Handhabung der Schrift zu sein. Dazu bedurfte es zunächst gar keiner Einsichten „heilsgeschichtlicher" Art; das war einfach „Technik", die freilich dann in Verbindung mit der Glaubensüberzeugung des Apostels Adaptionen der Schrift erlaubte, die einem jüdischen Rabbi nicht möglich gewesen wären.
[7] Die Erforschung der Geschichte Israels als theologische Aufgabe, in: KeDog 4 (1958) 1–19 (11), zitiert bei KLEIN, a.a.O. 5.
[8] ThWb I, 755.
[9] Belege ebd. 754, Anm. 20.

Exkurs 6: „Heilsgeschichte" oder γραφή?

Reden im Blick steht, wie denn auch das συνέκλεισεν Röm 11, 32 von Gott selbst ausgesagt wird" (ders.)[10], d.h., die Schrift steht für Gott, repräsentiert ihn, ist „Gottes Mitwisserin" (Vielhauer)[11] (προϊδοῦσα!). Das hat seinen Grund darin, daß das „Aufschreiben ... im Alten Testament wichtiges Kennzeichen der offenbarenden Mitteilung" ist, wie Schrenk bemerkt[12]. „Gott selber schreibt auf: Ex 24, 12; 31, 18; 32, 15.32; 34, 1; Dt 4, 13; 9, 10 u. ö. Mose zeichnet die Gebote des Herrn auf: Ex 24, 4; 34, 27; Josua: Jos 24, 26; Samuel: 1 S 10, 25. Der König soll das Gesetz abschreiben lassen: Dt 17, 18; das Volk soll Gottes Worte auf die Türpfosten schreiben: Dt 6, 9; 11, 20."[13]

Durch das Aufschreiben wird die göttliche und prophetische Mitteilung oder auch die mündliche Tradition zur Schrift, die damit den Charakter des Textes bekommt, über den dann die vier Sätze von oben gelten. Die Schrift wird als Text etwas Überzeitliches, Bleibendes, die Geschichte Transzendierendes, von ihr Abgelöstes[14]. Speziell für die rabbinische Schriftauffassung ist die γραφή eine unterschiedslose Einheit und gerade deshalb unendlich teilbar.

4. Wir kehren nun wieder zu unserer anfänglichen Frage zurück: Denkt Paulus (im Gal) „heilsgeschichtlich", oder denkt er κατὰ τὴν γραφήν? Es scheint, daß er primär κατὰ τὴν γραφήν denkt, d. h. von einem „überzeitlichen" Text her. Nun könnte man zwar sagen: Das AT legt als „Schrift" auch Zeugnis ab über ein historisches Geschehen, wenn dieses Zeugnis auch zugleich eine Deutung dieses Geschehens ist oder sogar in erster Linie Deutung der Geschichte Israels und seiner religiösen und politischen Erfahrungen sein will[15]. Dennoch hat man den Eindruck, daß der Apostel von einem „überzeitlichen" Text her denkt, der für ihn aufgrund seiner Herkunft von höchster Autorität ist. Nur dieser Umstand ermöglicht ihm z. B., die Ismaëlgeschichte so auszulegen, wie er es in Gal 4, 21–31 tut[16]. Eine solche Interpretation ist nur möglich, wenn der Interpret nicht geschichtlich denkt, geschweige denn heilsgeschichtlich, sondern einen vorliegenden Text nach seinem Gutdünken auslegt[17]. Der Text wird

---

[10] Ebd.
[11] Paulus und das AT, 34.
[12] A.a.O. 744.
[13] Ebd. 744f.
[14] Nach Röm 15, 4 dient das Aufgeschriebene zu unserer Belehrung, also der Text! Vgl. auch 1 Kor 10, 11: „Das ist jenen aber vorbildlich geschehen, aufgeschrieben aber ist es zur Ermahnung für uns"; nicht das Geschehen, auch wenn es „vorbildlich" war, sondern das Aufgeschriebene dient uns zur Warnung.
[15] Vgl. dazu die Ausführungen bei KLEIN, a.a.O. 4–22. Klein berichtet eingehend über die ganze Diskussion über „Heilsgeschichte", die sich vor allem um G. v. Rads Theologie des AT entzündet hat, und setzt sich selbst kritisch mit den verschiedenen Meinungen auseinander.
[16] Vgl. dazu auch KLEIN, ebd. 30f.
[17] Ein Musterbeispiel solch „willkürlicher" Auslegung des alttestamentlichen Textes durch den Apostel findet sich besonders auch in 2 Kor 3, 7–18. Dazu s. Näheres bei VIELHAUER, Paulus und das AT, 45–48. Zur ganzen Frage auch noch A. SAND, „Wie geschrieben steht...". Zur Auslegung der jüdischen Schriften in den urchristlichen Gemeinden, in: J. ERNST (Hrsg.), Schriftauslegung. Beiträge zur Hermeneutik des NT und im NT (München – Paderborn – Wien 1972) 331–357.

Exkurs 6: „Heilsgeschichte" oder γραφή?

hier die Grundlage der Interpretation, nicht die Geschichte. Und wie ist es mit dem Gesetz, das nach Gal 3, 17 „430 Jahre" nach der Heilszusage Gottes an Abraham in die Welt kam? Hier scheint doch Paulus geschichtlich zu denken, wie die Zeitangabe „430 Jahre" beweisen könnte. Ob die Zeitangabe, historisch-kritisch gesehen, richtig ist oder nicht[18], auf jeden Fall ist ein zeitliches Nacheinander anvisiert. Erlaubt aber diese Beobachtung, von „heilsgeschichtlichem" Denken bei Paulus zu reden? Schon deshalb nicht, weil nach ihm die Hereinkunft des Gesetzes gerade die Unheilssituation der Welt nicht bloß aufdeckt, sondern noch verschärft (vgl. Gal 3, 21f; Röm 5, 20: „Das Gesetz aber kam zwischenherein, damit sich mehre die Übertretung"). Die Zeitangabe in Gal 3, 17 dient in Wirklichkeit gar nicht dem Nachweis eines Kontinuums, das sich mit der Idee „Heilsgeschichte" immer wieder ins Bewußtsein drängen möchte[18a], sondern dem Nachweis der Inferiorität des Gesetzes gegenüber der Verheißung[19]. Umgekehrt: Das zeitliche Voraus der Verheißung offenbart für den Apostel ihre totale Überlegenheit über das Gesetz[20]. Es geht also in der Darlegung des Verhältnisses von Verheißung zu Gesetz dem Apostel keineswegs um „Heilsgeschichte", sondern um Qualifikationen. Immerhin kann man sagen: er gewinnt diese mit Blick auf ein zeitliches Nacheinander, und dies zeigt, daß er den Text der Schrift in gewisser Weise auch geschichtlich bedenkt[21]. Aber das der Reflexion des Apostels absolut Vorgegebene ist auch in diesem Fall ein Text, nicht die Geschichte als solche. Paulus gewinnt seine Urteile aus der Schrift; er denkt κατὰ τὴν γραφήν, wobei er freilich nicht zurückscheut, dem Text des Alten Testaments zur rechten Zeit Gewalt anzutun. Bei seiner Auslegung „wechselt und mischt (er) die Methoden nach Belieben" (Vielhauer)[22].

5. Entschieden geschichtlich jedoch denkt Paulus hinsichtlich des Christusereignisses, wie Gal 4, 4 mit der Formulierung zeigt: „Als aber die Fülle der Zeit kam, sandte Gott seinen Sohn . . ." Mag auch der Ausdruck „die Fülle der Zeit" aus apokalyptischer Tradition übernommen sein, hier ist eindeutig ein zeitliches Ereignis anvisiert, wie auch die beiden Aoriste ἦλθεν und ἐξαπέστειλεν bestätigen. Zudem kam der Apostel auf diese Idee, es sei jetzt „die Fülle der Zeit" gekommen, nicht aufgrund apokalyptischer Spekulationen oder euphorischer Beurteilung des Zeitgeschehens, sondern aufgrund seiner Glaubensüberzeugung, daß in Jesus Christus der Sohn Gottes in die Welt gekommen ist, und daraus hat der Apostel dann die Einsicht gewonnen, daß die Fülle der Zeit gekommen ist. In Gal 4, 4 denkt also Paulus radikal geschichtlich und heilsgeschichtlich, aber nun aufschlußreicherweise nicht mit Hilfe der

---

[18] Vgl. zur Herkunft der Zeitangabe die Kommentare zum Galaterbrief.
[18a] Zum Problem der „Kontinuität" in der Geschichte vgl. etwa H. M. BAUMGARTNER, Kontinuität und Geschichte. Zur Kritik und Metakritik der historischen Vernunft (Frankfurt 1972); dazu noch F. HESSE, Abschied von der Heilsgeschichte, 49–67 (wobei H. gegenüber Fragen bleiben).
[19] Vgl. auch VIELHAUER, Paulus und das AT, 45.
[20] Vgl. dazu auch Exkurs: Hat Paulus das Gesetz „mißverstanden"? (Näherhin III, 5.)
[21] Vgl. dazu w. u. unter 7 (S. 340f).
[22] Paulus und das AT, 51. Vgl. auch J. SCHMID, Die atl. Zitate bei Paulus und die Theorie vom sensus plenior, in: BZ, NF 3 (1959) 161–173 (passim).

Exkurs 6: „Heilsgeschichte" oder γραφή?

Schrift, sondern aufgrund des im Glauben erkannten Heilsereignisses selbst. Der Glaube, nicht die Schrift, deklariert hier die Geschichte zur Heilsgeschichte! Daß in Jesus der Sohn Gottes in die Welt gekommen ist, weiß der Apostel weder aus der vorausgehenden „Heilsgeschichte" noch aus der Schrift.

6. Als Ergebnis zeigt sich, daß bei der ganzen Diskussion um das Wesen der „Heilsgeschichte" und speziell um die Frage, ob der Apostel Paulus „heilsgeschichtlich" gedacht hat oder nicht, hermeneutische Überlegungen angestellt werden müssen, die in Richtung einer Unterscheidung von (Heils-)Geschichte und Text führen. Es hat sich gezeigt, daß Paulus bei seinen Rekursen auf das AT in erster Linie von einem Text her denkt, nämlich vom Text der γραφή her, wenn er mit diesem Text auch oft sehr eigenmächtig umgeht. Dieser Text stellt kein heilsgeschichtliches Kontinuum dar, aber er gibt Anlaß, in dem, was er erzählt, Haftpunkte zu suchen und zu finden, die mit dem glaubenden Blick auf Christus und das von ihm gebrachte Heil eine positive oder negative Qualifikation erfahren, zu deren Gewinnung der Apostel gelegentlich auch das geschichtliche Denkschema einsetzen kann. Man kann sagen: Für den aus dem rabbinischen Judentum hervorgegangenen Apostel hat der Text den Vorrang vor der Geschichte[23], wobei mit „Text" immer die Schrift des AT gemeint ist[24].

7. Wenn der Apostel auch nicht „heilsgeschichtlich" denkt, so heißt das jedoch nicht, daß er die Zeit ignoriert, wie eine Übersicht über das diesbezügliche Material des Gal zeigt.

a) Direkte Zeitbegriffe: τότε (4, 8.29); νῦν (2, 20; 4, 9.25.29); οὐκέτι (3, 25; 4, 7); χρόνος (4, 1.4); καιρός (6, 10); „430 Jahre" (3, 17).

b) Tempusgebrauch[25]: Präsens (ἐστε, ἐσμεν, εἶ, ζῶ, ζῇ); Imperfekt (ἤμεν, ἤμεθα); Aorist (mit Blick auf die einmalige Erlösungstat Christi) (ἐξηγόρασεν, ἐξαπέστειλεν, ἠλευθέρωσεν); Futur (θερίσει, θερίσωμεν, κληρονομήσουσιν).

c) Verba mit temporalem Gehalt: ἐλθεῖν (3, 19.23.25; 4, 4); μέλλειν (3, 23); „erwarten" (5, 5). Hierher gehören auch die mit der Präposition προ zusammengesetzten Komposita: προ-ιδεῖν (3, 8), προ-ευαγγελίζειν (3, 8), προ-κυρεῖν (3, 17).

d) Temporale Präpositionen: πρό (3, 23), εἰς (3, 23f).

e) Temporale Konjunktionen: ἄχρις ἄν (3, 19).

f) Weitere „Zeitbegriffe": „der bestehende böse Äon" (1, 4); προθεσμία = Termin (4, 2); „die Fülle der Zeit" (4, 3).

g) Das Schema Verheißung – Erfüllung mit seinen Implikationen (Abraham – Christus).

---

[23] „Die Geschichte Israels als Ablauf interessiert den Apostel überhaupt nicht" (VIELHAUER, Paulus und das AT, 53).
[24] Dabei übergehen wir in unserem Exkurs die Frage nach dem hermeneutischen Grundansatz, von dem Paulus bei seiner theologischen Deutung und Umdeutung des alttestamentlichen Textes sich leiten läßt. Auf jeden Fall hängt dieser hermeneutische Grundansatz mit dem Χριστὸς ἐσταυρωμένος (Gal 3, 1) zusammen. Vgl. dazu auch VIELHAUER, Paulus und das AT, 53–55; U. WILCKENS, Die Bekehrung des Paulus als religionsgeschichtliches Problem, in: ZThK 56 (1959) 273–293.
[25] Es geht dabei ausschließlich um „heilsgeschichtliche" Tempora.

Exkurs 6: „Heilsgeschichte" oder γραφή?

Wenn Paulus auch zeitlich denkt, so heißt das aber nicht, daß er „heilsgeschichtlich" im Sinn eines heilsgeschichtlichen Kontinuums denken würde. Nach Gal geht zwar die Segensverheißung Gottes an Abraham in Erfüllung in seinem „Samen" Christus, als „die Fülle der Zeit" dafür gekommen war. Damit scheint zunächst eine kontinuierliche Linie vorzuliegen, die von Abraham bis zur „Fülle der Zeit" reicht (Idee der Nachkommenschaft!). Aber der Apostel blickt dabei nicht auf die einzelnen Glieder in dieser Nachkommenschaft, sondern exklusiv auf „den Samen", auf den es ankommt: Christus (Gal 3, 16). Der eigentliche Grund dafür, daß kein Kontinuum besteht, liegt für den Apostel im Gesetz. Die Gesetzgebung und das Gesetz fügen sich in die Idee eines heilsgeschichtlichen Kontinuums für Paulus nicht ein; es wurde „hinzugefügt" (Gal 3, 19), es „kam zwischenhinein" (Röm 5, 20), und zwar zu dem Zweck: „damit es die Übertretung mehre" (ebd.); es wurde nicht zu einer Heilsmacht, sondern zu einer Todesmacht (vgl. Röm 7, 10). Man kann sich nicht auf die Präposition εἰς in der Formulierung von Gal 3, 24 berufen: „Das Gesetz ist unser Zuchtmeister geworden εἰς Χριστόν", die sicherlich primär zeitlich gemeint ist. „Das εἰς in Gal 3, 23f ist zunächst ... zeitlich zu verstehen und bezeichnet das Ausgerichtetsein einer Epoche auf den Anbruch einer neuen Epoche. Theologisch gesehen hingegen bringt das εἰς die göttliche Absicht zum Ausdruck: sie wirkte in der Schrift, durch die sie alles unter die Sünde einschloß, und sie ist von vornherein auf die Ablösung der Nomoszeit durch die Zeit des Glaubens und der Sohnschaft aus ... Damit ist die göttliche Entelechie angegeben, kraft deren die Zeit des Nomos, die zur Enthüllung und zur Vollendung menschlichen sündigen Wesens nötig war, an der mit Christus gekommenen Zeit des Glaubens ihr Ende findet" (Dietzfelbinger)[26]. So hindert gerade der Faktor „Gesetz" den Apostel, „heilsgeschichtlich" zu denken. Er denkt zeitlich und von der γραφή her, aber nicht „heilsgeschichtlich"[27]. „Heilszeit" gibt es für ihn erst seit der Ankunft des Sohnes Gottes, was nach Paulus jedoch nicht ausschließt, daß auch in der Heilszeit die Mächte des Unheils noch wirksam sind; der „böse Äon" besteht noch weiter (Gal 1, 4). Das hat freilich für das christliche Verstehen der Eschata und des Eschatologischen weittragende Folgen[28]; ebenso für die Ethik (Indikativ und Imperativ!).

---

[26] Heilsgeschichte bei Paulus?, 29.
[27] Wenn schon nach einem „heilsgeschichtlichen Kontinuum" gesucht werden soll, so ist dieses auf der Seite Gottes zu finden, näherhin in seinem „Gedenken": er „gedenkt" seiner Zusagen und bringt sie zur Erfüllung, wo und wann es ihm gefällt. Die „Schrift" erzählt davon und erzeugt dadurch die Vorstellung eines Kontinuums in der Geschichte selbst.
[28] „Daß das christliche Eschaton sich in der Geschichte bereits zuträgt, statt allein an deren Ende zu stehen, verändert zutiefst das Wesen des Eschatologischen als solchen" (J. Ratzinger, Heilsgeschichte und Eschatologie, in: Theologie im Wandel. Festschr. zum 150jähr. Bestehen der Kath.-Theol. Fakultät an der Universität Tübingen 1817–1967 [München – Freiburg i. Br. 1967] 68–89 [87]).

6. APPELL AN DIE GALATER, IM STAND DER CHRISTLICHEN FREIHEIT ZU VERBLEIBEN (5, 1–12)

5, 1 Zur Freiheit hat uns Christus befreit. Steht also fest und laßt euch nicht wieder unter das Joch der Knechtschaft zwingen. 2 Siehe, ich Paulus, sage euch: Wenn ihr euch beschneiden laßt, wird Christus euch nichts nützen. 3 Ich bezeuge aber noch einmal jedem Menschen, der sich beschneiden läßt, daß er verpflichtet ist, das ganze Gesetz zu halten. 4 Weggetan seid ihr von Christus, ihr, die ihr durch Gesetz die Rechtfertigung erlangen wollt; aus der Gnade seid ihr (dann) gefallen. 5 Denn wir erwarten durch Pneuma aus Glauben die erhoffte Gerechtigkeit. 6 Denn in Christus Jesus vermag weder die Beschneidung noch die Unbeschnittenheit etwas, sondern (nur) Glaube, der durch Liebe wirksam ist. 7 Ihr lieft gut, wer hat euch gehemmt, der Wahrheit gehorsam zu bleiben? 8 Die Überredung (dazu stammt gewiß) nicht von dem, der euch beruft. 9 Ein wenig Sauerteig durchsäuert den ganzen Teig. 10 Ich habe das Vertrauen zu euch im Herrn, daß ihr nichts anderes denken werdet (als ich). Der euch aber verwirrt, wird das Urteil (Gottes) zu tragen haben, wer immer er auch sei. 11 Ich aber, Brüder, wenn ich die Beschneidung noch predige, warum werde ich noch verfolgt? Dann ist ja das Ärgernis des Kreuzes aus der Welt geschafft! 12 Möchten sie sich doch gleich verschneiden (kastrieren) lassen, sie, die euch aufhetzen!

Der Apostel drängt jetzt auf eine klare Entscheidung, indem er die Galater vor das Entweder und Oder stellt: Entweder bleiben sie in der ihnen von Christus geschenkten Freiheit des Christen, oder sie unterwerfen sich der Beschneidung und damit der gesetzlichen Gestaltung des Lebens mit der eschatologischen Konsequenz, daß Christus ihnen dann „nichts nützen wird".

Die Sätze sind zu Beginn des Abschnittes knapp, gehen in V 6 nochmals kurz in einen ruhigen Ton über, werden dann mit V 7 erneut knapp und fast abgehackt. Der Apostel wirft sie gewissermaßen aus sich heraus und endet schließlich im V 12 in bitterem Sarkasmus.

5, 1 [1] τῇ ἐλευθερίᾳ ἡμᾶς Χριστὸς ἠλευθέρωσεν: Der Satz klingt apodiktisch [2], fast wie ein Lehrsatz, knüpft aber thematisch durch den Terminus ἐλευθερία an den vorausgehenden Abschnitt an (vgl. nur das letzte Wort in 4, 31: ἐλευθέρας). Wie ist der Dativ τῇ ἐλευθερίᾳ zu verstehen? Man kann ihn am besten als „Dativ des Zieles" bezeichnen, wie er häufig bei Verben der Bewegung, auch in übertragenem Sinn, vorkommt [3]: Christi Befreiungstat

---
[1] Zum komplizierten textgeschichtlichen Problem des Verses vgl. ALAND – BLACK – METZGER – WIKGREN, The Greek N.T. zu Gal 5, 1; dazu die Diskussion bei BURTON.
[2] Muß man deswegen aber formulieren: „Der abgehackte Einsatz hat etwas Befremdliches" (so OEPKE)?   [3] Vgl. dazu MAYSER, Grammatik, II/2, 243f.

hatte als Ziel die Freiheit des Menschen[4]. Das Objekt ἡμᾶς umfaßt Juden und Heiden. Der Aorist ἠλευθέρωσεν schaut auf das historische Kreuzesgeschehen zurück (vgl. ebenso Aorist in 3, 13: ἐξηγόρασεν).

Aus der ganzen Aussage ergibt sich, als was der Apostel Paulus Christus vor allem erlebt und gesehen hat: als den großen Befreier (vgl. den auffälligen Artikel τῇ vor ἐλευθερίᾳ, dazu die Voranstellung des Dativobjekts, auf dem der Ton liegt). Weil Christus „die Freiheit schlechthin" für die Menschen gebracht hat, deshalb fordert der Apostel die Galater nun unmittelbar auf: „Steht also fest" (στήκετε οὖν). στήκειν ist hellenistisch „aus ἕστηκα gebildet und neben diesem gebräuchlich"[5], von Paulus wiederholt im Sinn von „feststehen" verwendet (vgl. 1 Kor 16, 13; Phil 1, 27; 4, 1; 1 Thess 3, 8; 2 Thess 2, 15)[6]. Von der letzten Stelle abgesehen, ist das Verbum immer mit einem Präpositionalobjekt verbunden (1 Kor 16, 13 ἐν τῇ πίστει; Phil 1, 27 ἐν ἑνὶ πνεύματι; 4, 1 ἐν κυρίῳ; 1 Thess 3, 8 ἐν κυρίῳ); in 2 Thess 2, 15 fehlt ein derartiges Objekt, aber aus dem Kontext der Stelle geht klar hervor, worin die Thessalonicher „feststehen" sollen: in den „Überlieferungen, die ihr mündlich oder schriftlich von uns gelehrt seid". Worin sollen nach Gal 5, 1 die Galater „feststehen"? W. Bauer vermutet: „In der Freiheit"; das scheint sich aus dem ganzen Kontext, sowohl aus dem unmittelbar vorausgehenden wie aus dem unmittelbar folgenden, zu ergeben. Aber dann stünde doch wohl ein ἐν ταύτῃ im Text, was nicht der Fall ist. Der Imperativ στήκετε ist vielmehr absolut gebraucht und klingt wie ein militärischer Befehl, den einmal gewonnenen Stand nicht mehr preiszugeben, sondern ihn gegen alle Angriffe tapfer zu verteidigen. „Steht fest", dort, wo ihr steht, und laßt euch von diesem Standort von meinen Gegnern nicht verdrängen: das scheint der Apostel sagen zu wollen[7]. Daß der gewonnene „Gnaden"-Stand (vgl. 5, 4b) die Freiheit besonders miteinschließt, ist selbstverständlich.

---

[4] Nach SCHLIER ist der Dativ τῇ ἐλευθερίᾳ „dem Sinne nach wie Röm 8, 24 τῇ ἐλπίδι ἐσώθημεν zu verstehen". Aber wie ist dort der Dativ τῇ ἐλπίδι aufzufassen? Vgl. dazu MICHEL, An die Römer, z. St. Nach BONNARD ist der Dativ τῇ ἐλευθερίᾳ „probablement ... un datif hébraïque de manière, intensifiant l'idée exprimée par le verbe"; vgl. auch MOULE, An Idiom Book, 44, Anm. 2; 178. K. MÜLLER (Anstoß und Gericht, 108f) findet zur Wendung τῇ ἐλευθερίᾳ ἐλευθεροῦν „ein hochwertiges sprachliches Pendant" in der Formulierung von Gittin IV, 4 פרא לשום בן חורי. „Die Konjunktion לשום (= לְשֵׁם) hat im rabbinischen Schrifttum stets eine begründende Aufgabe: wegen, um willen ... Es liegt nahe, τῇ ἐλευθερίᾳ als dativus causae zu verstehen" (unter Verweis auf MAYSER, Grammatik, II, 2/284f). Angesichts von Gal 5, 13 (ἐπ' ἐλευθερίᾳ ἐκλήθητε) scheint uns das eine Abschwächung der Aussageabsicht von 5, 1 zu sein; außerdem kann ἐλευθεροῦν durchaus als ein Verbum „der Bewegung" verstanden werden, da es ja in Gal 5, 1 in übertragenem Sinn verwendet wird. Christus hat uns nicht „um der Freiheit willen" befreit, sondern „zur Freiheit"; Befreiung und Freiheit sind das letzte Ziel aller Erlösung (vgl. Röm 8, 21: εἰς τὴν ἐλευθερίαν).

[5] BLASS-DEBR § 73.

[6] Vgl. BAUERWb s.v.; GRUNDMANN in: ThWb VII, 635–637 (637/12ff: „Das Wort στήκω scheint von Paulus bevorzugt zu sein. Es ist von ihm mit dem aufgezeigten theologischen Sinn verbunden: im Glauben gewinnt der Mensch einen nicht innerweltlich begründeten Stand, in den er durch den Herrn gestellt und in dem er durch ihn gehalten wird, einen Stand, der Freiheit von den vernichtenden innerweltlichen Mächten gibt und auf eine Gemeinschaft in einem Geiste hinzielt").

[7] Nach MÜLLER (Anstoß und Gericht, 110f) reicht das absolut gebrauchte Verbum στήκειν

Dieses „feststehen" resultiert (vgl. οὖν)[8] aus der heilsgeschichtlichen Tatsache, daß Christus uns zur Freiheit befreit hat. Und dieses „feststehen" bedeutet in der konkreten Situation der Galater, daß sie sich nicht mehr unter das Joch der Knechtschaft zwingen lassen sollen, wie der Apostel ihnen in einem zweiten, negierten Imperativ einschärft (καὶ μὴ πάλιν ζυγῷ δουλείας ἐνέχεσθε)[9]. Da die Galater erst dabei sind, sich wieder unter das Joch der Knechtschaft zu beugen, ist der Imperativ μὴ ... ἐνέχεσθε mit Moulton[10] als „Konativum" zu bezeichnen, in dem Sinn: „Haltet inne in eurem Vorhaben, euch wieder unter das Joch der Knechtschaft zwingen zu lassen"; „wieder" (πάλιν) sagt der Apostel; er denkt also beim „Joch der Knechtschaft"[11] nicht nur an das gesetzliche Leben, sondern auch an den heidnischen στοιχεῖα-Dienst, zu dem die Galater, wenn auch in einer neuen, mit dem Gesetzesleben verbundenen Form zurückkehren wollen (vgl. nochmals 4, 9). Paulus „oppose la liberté évangélique à tous les esclavages religieux, quels qu'ils soient" (Bonnard)[12]. Die Galater sind doch nicht „Söhne einer Sklavin, sondern Söhne der Freien"! Das ist ihnen noch nicht genügend bewußt.

Deißmann[13] und (ihm folgend) Lietzmann wollten den ganzen hinter Gal 5, 1 stehenden Vorstellungskomplex aus einem griechischen Rechtsbrauch, wie er in delphischen Inschriften bezeugt ist, erklären, des Inhalts (nach der Formulierung Deißmanns): „der seitherige Herr kommt mit dem Sklaven in den Tempel, verkauft ihn dort dem Gott und erhält aus der Tempelkasse den Kaufpreis (den tatsächlich der Sklave vorher aus seinen Ersparnissen erlegt hatte). Damit ist der Sklave Eigentum des Gottes, aber nicht sein Tempelsklave, sondern nur sein Schützling; den Menschen und besonders seinem seitherigen Herrn gegenüber ist er völlig ein Freier, höchstens werden einige Pietätspflichten gegen den alten Herrn noch festgesetzt." Es ist fraglich, ob solche Anschauungen hinter Gal 5, 1 stehen (es steht im Text weder etwas von einem Loskauf noch von einem Preis). Rengstorf denkt an einen rabbinischen Hintergrund[14]. „Richtig ist an den Ausführungen Deißmanns die Beobachtung, daß Paulus

---

„hinüber in die jüdische Gerichtserwartung" (unter Verweis auf 1 QS XI, 15–17 und 1 QH IV, 20–22). „Die Mahnung zum Feststehen in der durch den Tod Jesu am Kreuz gewonnenen Freiheit vom Gesetz ist getragen von der Hoffnung auf ein Bestand-Haben angesichts des eschatologischen Gerichtshandelns Gottes." Mag sein. Man könnte das στήκειν von Gal 5, 1 auch zusammensehen mit dem ἐξαιρεῖν von 1, 4b: Die „aus dem bestehenden, bösen Äon" Herausgerissenen und damit in die Freiheit des eschatologischen Äons Geführten sollen in dem geschenkten Stand „feststehen".

[8] Ein „paränetisches" οὖν; vgl. W. NAUCK in: ZntW 49 (1958) 134f.
[9] ἐνέχεσθαι mit Dativ = unterworfen sein, unterliegen, belastet sein; vgl. BAUERWb, MOULTON-MILLIGAN s. v. (POxyr. II, 237 τοῖς τεταγμένοις ἐπιτίμοις ἐνεχόμενος); HELBING, Kasussyntax, 274f.
[10] Einleitung in die Sprache des NT, 203f.
[11] Zu dem Ausdruck ζυγὸς δουλείας vgl. auch 1 Makk 8, 17f; 1 Tim 6, 1 (ὑπὸ ζυγὸν δοῦλοι); Apg 15, 10 (ἐπιθεῖναι ζυγὸν ἐπὶ τὸν τράχηλόν τινος); dazu ThWb II, 898–904 s. v. ζυγός (BERTRAM-RENGSTORF)
[12] Vgl. auch RENGSTORF in: ThWb II, 902/4ff.
[13] Licht vom Osten, 274ff.
[14] Zu Gal. 5, 1, in: ThLZ 76 (1951) 659–662. MÜLLER (Anstoß und Gericht, 109f) zieht auch noch die babyl. Gemara (bGit. 37b) zu Gittin IV, 4 heran.

Gal 5, 1 juristische und nicht theologische Kategorien benutzt . . . Diese Kategorien hat er aber . . . gerade nicht dem hellenistischen, sondern dem ihm viel näher liegenden jüdischen Sklavenrecht entnommen. Anders als das hellenistische kennt das jüdische Sklavenrecht einen förmlichen Sklavenkauf und -loskauf mit einer doppelten Möglichkeit: Der losgekaufte Sklave kann in Zukunft entweder frei oder aber von neuem Sklave, nur eben der Sklave eines anderen, seines neuen Herrn sein." Die Mischna Gittin IV, 4 bestimmt: „Wenn ein Sklave gefangen wird und man ihn loskauft — wenn zum Sklaven, so muß er weiter Sklave sein, wenn zum Freien, so muß er nicht weiter Sklave sein." Rengstorf meint nun, daß es auch in Gal 5, 1 um einen Sachverhalt gehe, der dem in Gittin IV, 4 vorgesehenen genau entspreche. Auch die zweite Hälfte von Gal 5, 1 trage „ganz sinngemäß den Charakter einer Aufforderung zu folgerichtigem Handeln aufgrund der durch den Loskauf durch Christus (3, 13) geschaffenen ebenso neuen wie unerhörten Situation: Es geht nun wirklich um die Betätigung der durch Christus zugeeigneten freien Verantwortlichkeit. Sie aber schließt eben jenes πάλιν δουλεύειν, in dem Paulus die eigentliche Gefahr für den Christenstand der galatischen Christen als Freiheit erkennt, radikal aus . . . Diese Betätigung der freien Verantwortlichkeit vor Gott bezeichnet Paulus hier wie auch sonst gern als στήκειν . . ."

Auch hier bleiben Bedenken: Einmal ist in Gal 5, 1 von einem „Loskauf" („Auslösung") keine Rede wie in Gittin IV, 4 oder in bGittin 37 b; zum anderen steht die in Gittin vorgetragene Alternative: „a) eine Auslösung, welche in neue Sklaverei überführt . . . b) eine Auslösung im Interesse einer Freiheit, welche nur unter Umgehung des Gesetzes beschränkt werden kann . . ." (Müller)[15] in Gal 5, 1 überhaupt nicht zur Debatte, so daß Mischna Gittin IV, 4 bzw. bGittin 37 b „die Vorstellungspointe des in V. 1 a vorausgesetzten juridischen Sachverhalts" (ders.) gerade nicht freilegt. Die Formulierung von Gal 5, 1 macht viel eher den Eindruck, daß sie von Paulus ad hoc aus dem von ihm besonders in 4, 31 Vorgelegten geschaffen worden ist. Eine bestimmte Rechtsanschauung, ob rabbinisch oder hellenistisch, scheint nicht im Hintergrund zu stehen. Aber Müller hat im folgenden recht: „Die in V. 1 a von Paulus getroffene Feststellung sowie die beiden daraus gefolgerten Imperative (V. 1 b) bilden die argumentative Basis der VV. 2–10: Es gibt keinen heilsfähigen Kompromiß zwischen der im Kreuzestode Jesu wurzelnden definitiven Freiheit und den Praktiken des Gesetzes."[16]

5, 2 Zu Beginn dieses Verses setzt der Apostel seine ganze persönliche Autorität ein: Ἴδε[17] ἐγὼ Παῦλος (vgl. auch 2 Kor 10, 1 αὐτὸς δὲ ἐγὼ Παῦλος; Eph 3, 1; Kol 1, 23; 1 Thess 2, 18); das λέγω (ὑμῖν) ist deshalb ein autoritäres „Sagen", so daß der Sinn dieser einleitenden Bemerkung des Apostels ist:

---

[15] Anstoß und Gericht, 109.
[16] Ebd. 111.
[17] ἴδε ist „eigentlich Imperativ, dann aber zur Partikel erstarrt und daher mit einer Mehrheit der Angeredeten, wie mit dem Nominativ des zu Betrachtenden verbunden" (BAUER Wb s. v.; BLASS-DEBR § 144); sie dient in Gal 5, 2 „zum Hinweis auf etwas, von dem man wünscht, daß es dem Angeredeten nicht entgeht" (BAUER).

„Ich, Paulus, erkläre euch mit meiner persönlichen, apostolischen Autorität." Ob der Apostel dies auch gegenüber seinen Gegnern in Galatien betont, ist kaum anzunehmen; mit ὑμῖν sind die Galater gemeint. Ihnen erklärt er autoritativ: „Wenn ihr euch beschneiden lasset, wird Christus euch nichts nützen." Eingeleitet wird der Satz mit einem ἐάν eventuale („für den Fall, daß...")[18].

Warum kommt aber Paulus nun auf einmal auf die Beschneidung zu sprechen? Haben sie die Gegner von den Galatern gefordert? Darüber hat Paulus bisher im Brief keine Andeutung gemacht; er hatte nur in 2, 3 betont, daß der Heidenchrist Titus von den Jerusalemer Autoritäten nicht gezwungen worden ist, sich beschneiden zu lassen. Wenn aber die Gegner von den Galatern das ἰουδαΐζειν verlangen, dann war sicher auch die Beschneidungsforderung von ihnen erhoben worden (vgl. auch 6, 13), wie sie auch nach Apg 15, 1.5 von Judenchristen in Antiochien und Jerusalem erhoben wurde[19]. Der Konjunktiv Präsens περιτέμνησθε „ist deshalb am Platze, weil es sich nicht um die Beschneidung als einzelnen Akt, sondern um die Institution, um den Entschluß dauernder Ausübung handelt. Nicht die Tatsache des Beschnittenseins trennt von Christus..., wohl aber die Annahme der Beschneidung in statu confessionis" (Oepke, z. St.)[20]. Christus hat ja durch seine Erlösungstat gerade die Befreiung des Menschen vom Heilsweg über die ἔργα τοῦ νόμου gebracht. Deshalb hat eine Hinwendung zu ihnen zur Folge, daß „Christus euch (dann) nichts nützen wird". „Χριστός" schließt hier sein Erlösungswerk mit ein. Woran denkt aber das Futur ὠφελήσει? Sehr wahrscheinlich handelt es sich um ein „eschatologisches Futur"[21], und der „Nutzen" Christi wird sich beim kommenden Gericht zeigen (vgl. auch nachher im V 5 den Hinweis auf „Kommendes": ἐλπίδα δικαιοσύνης ἀπεκδεχόμεθα)[22]. Der heilbringende Tod Jesu bringt nur dem „Nutzen", der sich von ihm durch den Glauben retten läßt. Wer im Nomosprinzip das Heil sucht, wird auch aufgrund des Gesetzes gerichtet werden. Auch gegenüber der Beschneidung gilt der Satz des Apostels: „Wenn aus Gesetz Gerechtigkeit kommt, ist folglich Christus zwecklos gestorben" (2, 21).

Dieses Thema: Beschneidung – Christus, wird in den folgenden Versen bis V 12 verschiedentlich abgewandelt.

---

[18] Vgl. auch Apg 15, 1 ἐὰν μὴ περιτμηθῆτε; dagegen JOSEPHUS, Antiqu. XIII § 257 εἰ περιτέμνοιντο: hier Bedingung für die Idumäer, im Land bleiben zu dürfen.

[19] Für das spätere, häretische Judenchristentum ist das Miteinander von Beschneidung und Taufe ein „judenchristliches Charakteristikum" (SCHOEPS, Theologie und Geschichte des Judenchristentums, 138; vgl. überhaupt 137–139). Nach EPIPHANIUS (30, 21, 1–2, HOLL I, 368) sahen die Judenchristen die Beschneidung als ein direktes Gebot der imitatio Christi: Περιτμήθη, φησίν, ὁ Χριστός, καὶ σὺ περιτμήθητι. — Zur Beschneidungssitte in der Antike und speziell in Israel vgl. MEYER in: ThWb VI, 72–80; F. STUMMER in: RAC II, 159–169 (Lit.); ECKERT, Die urchristliche Verkündigung, 49–64.

[20] „Die Beschneidungsfrage ist für Paulus nicht ein Punkt unter anderen im anderen Evangelium, sondern der konkrete Zentralpunkt, an dem sich die Geister scheiden und die Entscheidung fällt" (ECKERT, Die urchristliche Verkündigung, 40, Anm. 6).

[21] Vgl. auch MÜLLER, Anstoß und Gericht, 112, Anm. 20.

[22] Vgl. auch die Frage in Jak 2, 14 τί τὸ ὄφελος, die ebenfalls das kommende Gericht im Auge hat; dazu noch Mt 16, 26; Mk 5, 26; 1 Kor 13, 3.

5, 3 Subjekt zu μαρτύρομαι ist noch ἐγὼ Παῦλος aus dem vorhergehenden Vers[23] und die Partikel δέ hat keine adversative, sondern erklärende Funktion[24]. Die Bezeugung ist eine Erklärung, die Paulus „wieder" (πάλιν) abgibt. Bei πάλιν kann aber nicht daran gedacht sein, daß der Apostel die Galater schon bei früherer Gelegenheit über Wert oder Unwert der Beschneidung belehrt habe (dazu war bei den aus dem Heidentum kommenden Galatern keine Veranlassung)[25]; Paulus könnte jedoch an andere frühere Gelegenheiten denken, bei denen er auf das Beschneidungsproblem zu sprechen kommen mußte, etwa in Jerusalem (vgl. dazu Gal 2, 5 und die Auslegung dazu; Apg 15, 5) oder in Antiochien (vgl. Apg 15, 1). Daß πάλιν eine nur fortführende Funktion habe (als Rückverweis auf das vorausgehende λέγω), wie viele Ausleger annehmen, ist wenig wahrscheinlich. Freilich dehnt der Apostel nun sein „Zeugnis" über die Beschneidung auf jeden Menschen aus (παντὶ ἀνθρώπῳ), der sich beschneiden läßt (περιτεμνομένῳ). Dieses präsentische Participium conjunctum drückt „Gleichzeitigkeit" aus[26] und hat konditionalen Sinn[27]. Es ist also nicht gemeint: „Wer sich hat beschneiden lassen", sondern: „wenn er sich (als Christ jetzt noch) beschneiden läßt", dann gilt, daß er zum ganzen Gesetz verpflichtet ist. ὀφειλήτης εἶναι bedeutet: „verpflichtet sein", hier mit bloßem Infinitiv verbunden (ποιῆσαι)[28].

Paulus vertritt mit dem Satz, daß der Beschnittene das ganze Gesetz zu halten hat, durchaus die jüdische Anschauung. Der Vollproselyt galt nach seinem Übertritt „in jeder Hinsicht als ein Jude" (bJeb. 47 b)[29]. „Das bedeutet in erster Linie, daß er wie jeder Jude zum Halten des vollständigen jüdischen Gesetzes verpflichtet ist. Dem entspricht die Aussage des Paulus in Gal 5, 3" (K. G. Kuhn)[30]. Da aber nach rabbinischer Lehre der Proselyt als geborener Nichtjude keinen Anteil an den Verdiensten der Väter hat[31], blieb er „deshalb bei der Erwerbung der Gesetzesgerechtigkeit ausschließlich auf das eigene Verdienst angewiesen" (Billerbeck)[32], d. h. auf das ποιῆσαι. Daß die Beschneidung das gesetzliche Leben in voller Gänze mit sich bringt, war den Galatern wohl nicht bewußt gewesen, und wahrscheinlich so auch nicht von den Gegnern vorgetragen worden[33]. Auch spricht sich Paulus nicht direkt darüber aus, ob sie die Beschneidung als heilsnotwendig erklärt haben, wie es die Judaisten nach Apg 15, 1 in Antiochien getan haben (οὐ δύνασθε σωθῆναι). Das ist aber an-

---

[23] „μαρτύρομαι steht ... parallel zu dem ähnlich feierlichen λέγω v 2" (OEPKE); vgl. auch Eph 4, 17: λέγω καὶ μαρτύρομαι ἐν κυρίῳ.
[24] Vgl. dazu auch MAYSER, Grammatik, II/3, 126.
[25] Darum haben D* G 1739 pc., it, got, arm πάλιν auch weggelassen.
[26] Vgl. MAYSER, Grammatik, II/1, 168f.
[27] Vgl. BEYER, Semitische Syntax, 223.
[28] Vgl. BAUER Wb s.v. ὀφειλέτης, 2b.
[29] Ähnlich heißt es in MechEx zu Ex 12, 49 (WINTER/WÜNSCHE, 55): „Die Schrift kommt und stellt den Fremdling dem Einheimischen gleich hinsichtlich aller Gebote in der Thora."
[30] ThWb VI, 739/25ff. Vgl. auch die Forderung der pharisäischen Judenchristen in Apg 15, 5: δεῖ περιτέμνειν αὐτοὺς παραγγέλλειν τε τηρεῖν τὸν νόμον Μωϋσέως.
[31] Vgl. BILLERBECK I, 119f.   [32] Ebd. III, 558.
[33] Die Beschneidung selbst fällt nicht unter das Gesetz, sondern ist jener Akt, mit dem man sich unter das Gesetz stellt, sich zum gesetzlichen Leben verpflichtet.

zunehmen, weil zum ἕτερον εὐαγγέλιον der Gegner (vgl. Gal 1, 6) vermutlich die Lehre gehörte, wahrer Christ werde man durch Taufe und Beschneidung, wie man auch Proselyt durch Beschneidung und Tauchbad wurde[34]. Die ganzen theologischen Darlegungen des Apostels im Gal hätten keinen rechten Rückhalt in der konkreten Situation in Galatien, wenn dort von den Gegnern nicht die Heilsnotwendigkeit des gesetzlichen Lebens, wozu die Beschneidung wesentlich gehört, gelehrt worden wäre. Nur dies, daß die Beschneidung die Verpflichtung zum ganzen Gesetz zur Folge habe, haben sie vermutlich nicht gelehrt. Paulus jedoch macht darauf aufmerksam und mit dem aus Lev 18, 5 (vgl. Gal 3, 12) stammenden Begriff ποιεῖν zugleich wieder auf das dem Gesetz inhärierende Prinzip: die Forderungen des Gesetzes müssen „getan" werden, so man mit seiner Hilfe das Heil erlangen will[35].

Daß die Judenchristen faktisch gesetzlich lebten, jedenfalls in Jerusalem (vgl. Apg 21, 20), irritiert den Apostel nicht; er hat selber nach Apg 16, 3 den Timotheus „wegen der Juden, die in jenen Gegenden waren", beschneiden lassen[36]. Sobald aber die Beschneidung als heilsnotwendig erklärt wurde, kämpfte Paulus für die Wahrheit des Evangeliums. Im übrigen vermögen nach seiner Lehre „in Christus Jesus weder Beschneidung noch Unbeschnittenheit etwas" (Gal 5, 6); es kommt auf anderes an.

5, 4 „Ce verset répète ... l'affirmation du v. 2" (Bonnard), so daß V 3 fast wie eine Parenthese wirkt, mit der der Apostel rasch auf die Konsequenz der Beschneidung hinsichtlich des gesetzlichen Lebens aufmerksam macht: dann muß das ganze Gesetz erfüllt werden. Sein Ton wird jetzt noch leidenschaftlicher, wie die Voranstellung des Verbums κατηργήθητε und die Wahl gerade wieder dieses starken Terms zeigen, den Paulus schon in 3, 17 verwendet hat (καταργῆσαι τὴν ἐπαγγελίαν). καταργεῖσθαι ἀπό τινος heißt „aus der Verbindung mit jemandem oder mit etwas gelöst werden, nichts mehr zu schaffen haben mit, einem Wirkungsbereich entzogen werden"[37]. Wenn Paulus in Röm 7, 6 schreibt, daß wir Christen νυνὶ ... κατηργήθημεν ἀπὸ τοῦ νόμου, kann er ebenso, nur umgekehrt, den Galatern schreiben: „Hinweggetan seid ihr von Christus (κατηργήθητε ἀπὸ Χριστοῦ), ihr alle, die ihr im Gesetz die Rechtfertigung sucht." Die Präposition ἀπό ersetzt hier den echten ablativischen Genitiv der Trennung bei verba separativa[38]. Der Sinn der Aussage ist: „Ihr seid aus der Verbindung mit Christus weggetan, aus seinem Wirkungsbereich herausgenommen; ihr habt die Gemeinschaft mit ihm verloren"[39]; das Oppo-

---

[34] Vgl. KUHN in: ThWb VI, 738.
[35] Statt ποιῆσαι lesen πληρῶσαι 440 pc., syr^h, MARCION; sekundäre LA nach Mt 5, 17, durch die aber das Prinzip des Gesetzes, das auf dem „Tun" beruht, nicht so deutlich zur Geltung kommt.
[36] HAENCHEN (Die Apg, 423) meint allerdings, Lukas sei mit seiner Bemerkung über die Beschneidung des Timotheus „das Opfer einer unzuverlässigen Überlieferung geworden", und CONZELMANN (Die Apg, 89): „Die Notwendigkeit dieser Beschneidung ergibt sich für Lk aus seinem Anknüpfungsschema; Paulus muß ja jeweils zuerst in die Synagoge gehen." Mag sein.
[37] Vgl. BAUERWb s. v. 3; DELLING in: ThWb I, 453–455.
[38] Vgl. MAYSER, Grammatik, II/2, 353f.   [39] Vg: evacuati estis a Christo.

Gal 5, 5

situm dazu ist das εἶναι ἐν Χριστῷ (vgl. 3, 26.28 b) oder die Aussage: ζῇ ἐν ἐμοὶ Χριστός (2, 20). Auffällig ist die aoristische Formulierung des Apostels: κατηργήθητε (ebenso nachher ἐξεπέσατε); man würde eher das Futur erwarten: „Ihr werdet von Christus weggetan werden ... ihr werdet aus der Gnade fallen", „wenn ihr durch das Gesetz gerechtfertigt werden wollt" (οἵτινες ἐν νόμῳ δικαιοῦσθε): „Propositio relativa ‚qui in lege vultis iustificari' habet sensum condicionalem[40], et aorista quasi dramatice depingunt effectum iam ut secutum ad magis efferendam imminentiam proximam et magnitudinem periculi in quo versantur, qui ita animo sunt dispositi" (Zerwick)[41]; es handelt sich also um proleptische oder konstatierende Aoriste[42]. Was sie ansagen, wird Tatsache, wenn die Galater wirklich ihr Heil im gesetzlichen Leben suchen sollten.

Die zweite aoristisch formulierte und asyndetisch angeschlossene Androhung: τῆς χάριτος ἐξεπέσατε muß noch näher ins Auge gefaßt werden. ἐκπίπτειν heißt wörtlich „herausfallen", übertragen u. a. „einer Sache verlustig gehen"[43]. In Röm 5, 2 spricht der Apostel von der χάρις, „in der wir stehen"; dort scheint also χάρις den „Gnadenstand" zu bezeichnen[44], in den uns Gott durch sein gnädiges Heilshandeln in Christus versetzt hat, und zwar ohne die Werke des Gesetzes, ohne unser ποιεῖν. In Gal 5, 4 steht χάρις in deutlicher Opposition zum vorausgehenden ἐν νόμῳ δικαιοῦσθε[45] und sieht deshalb auch auf das ganz andere Prinzip, das in der Rechtfertigung aus Gnaden wirksam ist. χάριτος ἐκπίπτειν bedeutet also ein „Herausfallen" aus jenem Bereich, in dem das Gnadenprinzip und nicht das Gesetzesprinzip gilt. Wer „herausgefallen" ist, ist zurückverwiesen auf das eigene ποιεῖν, das das Heil nicht zu bringen vermag; er begibt sich selbst wieder unter die Fluchandrohung des Gesetzes. Dies will der Apostel den Galatern mit V 4 bewußtmachen. Der folgende Vers begründet das noch weiter.

5, 5 Das stark betonte ἡμεῖς an der Spitze des Verses kontrastiert dem οἵτινες im V 4; „wir" sind alle jene, die sich, wie der Apostel selbst, als Christen für das Gnadenprinzip entschieden haben und deshalb „durch Pneuma aus Glauben" das kommende Heil hoffnungsvoll erwarten, und nicht, wie wieder zu ergänzen ist, ἐξ ἔργων νόμου. Man würde darum hinter ἡμεῖς eher die Adversativpartikel δέ erwarten statt der Begründungspartikel γάρ („Wir aber erwarten ..."). Der Apostel schreibt aber γάρ und so muß überlegt werden, was mit V 5 im Vorausgehenden begründet wird. Das können nur die Aussagen der beiden aoristisch formulierten Hauptsätze sein. Warum werden jene, die ihre Rechtfertigung im Gesetz suchen, von Christus weggetan und aus der

---

[40] Vgl. auch BLASS-DEBR § 319; BEYER, Semitische Syntax im NT, 145 ff.
[41] Graecitas Biblica § 192.
[42] MOULTON spricht von zeitlosen Aoristen (Einleitung in die Sprache des NT, 215 f), MAYSER von konstatierenden Aoristen (Grammatik, II/1, 143).
[43] Vgl. BAUER Wb s. v.; MICHAELIS in: ThWb VI, 168 f.
[44] Vgl. auch MICHEL, Der Brief an die Römer, z. St. Nach LIETZMANN (zu Röm 5, 2) ist χάρις = Christenstand.
[45] Vgl. auch LAGRANGE z. St.

Gnade fallen? Weil (γάρ) „wir" — und dazu gehörten bisher auch die Galater — aufgrund des Gnadenprinzips, das auf Pneuma und Glauben beruht, das kommende Heil zu erlangen hoffen, und nicht aufgrund des Gesetzesprinzips. So zeigt sich der Gedankengang. πνεύματι und ἐκ πίστεως sind Modalbestimmungen, die den neuen und ganz anderen „Modus" des Heilswegs und der Heilserwartung im Vergleich mit dem Gesetzesweg, dem δικαιοῦσθαι ἐν νόμῳ, angeben. Diese beiden Modalbestimmungen sind verschiedener Art: πνεύματι sieht auf die „übernatürliche" Wirkursache des eschatologischen Heils; dieses πνεῦμα „ist dasjenige, das ἐξ ἀκοῆς πίστεως kommt (3, 2), das sie empfangen haben (3, 14), in dem die galatischen Christen ‚begonnen' haben (3, 3), das sie mit ‚Kräften' erfüllt (3, 5), in dem sie zu Gott dem Vater rufen (4, 6), in dessen Führung sie seine Früchte bringen können (5, 16ff.25ff) ..." (Schlier). πνεύματι drückt also, kurz gesagt, das sola-gratia-Prinzip in der Rechtfertigung aus; ἐκ πίστεως ist dagegen jenes neue Prinzip (sola fide), das dem ἐκ νόμου entgegengesetzt ist (vgl. 3, 12). ἐκ πίστεως sieht im Unterschied von πνεύματι auf das, was vom Menschen her geschehen muß, damit er von Gott gerechtfertigt wird: er muß glauben. Pneuma und Glauben sind so aufeinander bezogen[46].

Das kommende Heil wird in 5, 6 mit dem formelhaft klingenden Ausdruck ἐλπὶς δικαιοσύνης bezeichnet. Der Genitiv δικαιοσύνης muß dabei, da ja der Akkusativ ἐλπίδα schon das Objekt der Erwartung ist (ἐλπίς = Hoffnungsgut)[47] als Genitiv des Inhalts vel appositionis angesprochen werden: Das Hoffnungsgut besteht also konkret in der δικαιοσύνη, womit nicht die definitive Gerechtsprechung der Glaubenden beim Endgericht, sondern einfach das Endheil gemeint ist, das „wir erwarten"[48].

Es entsteht hier die Frage: Kennt Paulus eine „doppelte Rechtfertigung" oder wenigstens eine „doppelte Gerechtigkeit": eine, die dem Christen schon jetzt aufgrund von Glauben und Taufe, und eine, die ihm erst beim kommenden Gericht zugesprochen wird?[49] „... Paulus unterscheidet zwischen der in der Taufe geschenkten (1. Kor. 6, 11; Röm. 6, 7) Rechtfertigung des Sünders aus Glauben allein (Röm. 3, 28 ...) und der Rechtfertigung im Endgericht aus

---

[46] „l'esprit marquant l'énergie impulsive, la foi assurant la conviction qui est à la base de la vie chrétienne" (LAGRANGE).

[47] Vgl. auch Hiob 2, 9a (προσδεχόμενος τὴν ἐλπίδα τῆς σωτηρίας μου); 2 Makk 7, 4 (τὰς ὑπὸ τοῦ θεοῦ προσδοκᾶν ἐλπίδας); Kol 1, 5 (διὰ τὴν ἐλπίδα τὴν ἀποκειμένην ὑμῖν ἐν τοῖς οὐρανοῖς); Tit 2, 13 (προσδέχεσθαι τὴν μακαρίαν ἐλπίδα); Hebr 6, 18 (κρατῆσαι τῆς προκειμένης ἐλπίδος).

[48] Vgl. auch KERTELGE, „Rechtfertigung" bei Paulus, 150, der zu ἀπεκδεχόμεθα noch bemerkt: „'Ἀπεκδέχεσθαι bezeichnet bei Paulus die das Ende erwartende Haltung der Christen. Hiermit überschneidet sich die Bedeutung dieses Wortes mit der von ἐλπίς. Auch im ἀπεκδέχεσθαι ist eine Erwartung gemeint, die in dem begründet ist, was der Erwartende schon erlangt hat. Es scheint also, daß es sich in der Verbindung beider Wörter um einen Pleonasmus handelt, mit dem Paulus weniger die ‚Gerechtigkeit' aus der Gegenwart in die Zukunft verlegen, als vielmehr die Haltung derer, die die Rechtfertigung jetzt schon erfahren, als eine eschatologische kennzeichnen will. Nicht so sehr die Rechtfertigung als vielmehr die Gerechtfertigten warten auf ihre Vollendung."

[49] Vgl. dazu außer den Kommentaren J. BECKER, Das Heil Gottes, 267–269 und besonders KERTELGE, „Rechtfertigung" bei Paulus, 128–160.

dem Glauben, der sich durch Liebe auswirkt (Gal. 5, 6)" (J. Jeremias)[50]. Entschieden auf die Zukunft weist Paulus in Röm 5, 19[51]: „So werden auch durch den Einen die Vielen als Gerechte hingestellt werden (κατασταθήσονται)"; da dieser Vers den vorausgehenden begründet (ὥσπερ γάρ . . .), „entsprechen sich: εἰς δικαίωσιν ζωῆς und δίκαιοι κατασταθήσονται" (Becker). So ist die δικαιοσύνη einmal die jetzt schon erfolgende Rechtfertigung des Sünders aus Gnade, zum andern sind damit die kommenden Heilsgüter (wie ζωή, σωτηρία und δόξα) gemeint, die dem Schon-Gerechtfertigten von Gott einst geschenkt werden: im Vergleich mit der in der „ersten" Rechtfertigung geschenkten „Gerechtigkeit" sozusagen die geringere „Gerechtigkeit"[52]. „Das Heil ist immer Gegenwart, und das Heil ist immer Zukunft" (Kuss)[53]. „Der Glaubende erfährt die Gegenwart als Heilszeit. Das gegenwärtige Heil aber erfährt er zugleich als ein zukünftiges. Denn die grundsätzlich von Christus eröffnete Heilswirklichkeit ist nicht in der zeitlich begrenzten Erfahrung des Glaubenden erschöpft. In diesem Sinne ist Rö 5, 19 ein Beleg für die eschatologische Tragweite der mit dem Tod Christi begründeten und im Glauben erfahrenen Rechtfertigungstat Gottes" (Kertelge)[54]. Deshalb sollte man lieber nicht von einer „doppelten Rechtfertigung" bzw. „doppelten Gerechtigkeit" bei Paulus sprechen. Gegenwart und Zukunft sind vielmehr nur die zeitlichen Aspekte des einen Heilsgeschehens in Christus. Die Zukunft erschließt dem Glaubenden endgültig, was ihm in der Gegenwart schon geschenkt ist. „Dialektik" scheint uns nicht der richtige Ausdruck zur Bezeichnung für diesen eigenartigen Sachverhalt der pln. Rechtfertigungslehre zu sein.

5, 6 Wieder folgt ein Begründungssatz (γάρ), und zwar wird begründet, warum nicht die Beschneidung (und in ihrem Gefolge das gesetzliche Leben) „das Hoffnungsgut der Gerechtigkeit" zu bringen vermag[55]. Deswegen nicht, weil „in Christus Jesus" ein anderes Heilsprinzip gilt, die πίστις. Das hat aber zur Folge, daß auch „die Unbeschnittenheit" für das Heil belanglos ist: οὔτε περιτομή τι ἰσχύει οὔτε ἀκροβυστία. Alles kommt dabei auf das Präpositionalattribut ἐν Χριστῷ Ἰησοῦ an. Nach Lagrange soll es den Sinn haben: „dans le

---

[50] Die Gleichnisse Jesu (Göttingen ⁷1965) 207, Anm. 4.
[51] Vgl. dazu BECKER, 268f; KERTELGE, 144–147.
[52] KÄSEMANN versucht den Sachverhalt so zu formulieren: „Um so mehr fällt auf, daß Gal 5, 5 sie (die Gottesgerechtigkeit) als Hoffnungsgut betrachtet und ihre endgültige Verwirklichung noch ausstehen läßt. Wir stoßen damit von unserm Thema her auf jenes Phänomen, das man nicht ganz glücklich als die doppelte Eschatologie bei Paulus bezeichnet. Auch die Gottesgerechtigkeit unterliegt dem Doppelaspekt, daß das Heil und die Heilsgüter bald als mit Glauben und Taufe gegenwärtig, bald erst durch die Parusie endgültig realisiert erscheinen. Mehr noch, die Dialektik von Haben und nicht völlig Haben wird hier in die Gegenwart des Christenstandes hineinprojiziert" (Gottesgerechtigkeit bei Paulus, in: Exeg. Versuche II, 183).
[53] Römerbrief, 129.
[54] „Rechtfertigung" bei Paulus, 146f.
[55] BONNARD dagegen meint, der V 6 schaue im Unterschied zu V 5 wieder auf die Heilsgegenwart. „Le v. 6 complète, à cet égard, le v. 5. Dans le présent, la foi agit dans (ou par) l'amour." Hier ist der Begründungszusammenhang, in dem die beiden Verse durch die Partikel γάρ stehen, nicht beachtet.

christianisme, mais tel que l'entend Paul, d'une vie unie à Jesus-Christ, animée par son Esprit". Das ist gewiß nicht falsch formuliert, aber ἐν Χριστῷ ’Ἰησοῦ (’Ἰησοῦ!) scheint ganz präzis so gemeint zu sein: es ist der gekreuzigte und auferweckte Christus, „in" dem die Gläubigen nach 3, 26f „Söhne Gottes" geworden sind, und den sie in der Taufe „angezogen" haben. Das ist die neue, pneumatische Wirklichkeit für alle Getauften, in der auch ein neues Heilsprinzip „gilt", eben der Glaube. Weil Christus die neue, nun alles bestimmende Wirklichkeit, der einzige „Heilsbereich" ist, darum „gilt" in ihm „weder Beschneidung noch Unbeschnittenheit etwas", nämlich im Hinblick auf die Rechtfertigung vor Gott, wie sich aus dem vorhergehenden Text ergibt[56]. Das Verbum ἰσχύειν übersetzt man am besten mit „gelten", „Wert haben"[57]. In der neuen Heilsordnung sind Beschneidung und Unbeschnittenheit vor Gott wertlos geworden[58]. „Wenn einer in Christus ist, ist er eine neue Schöpfung (vgl. auch Gal 6, 15); das Alte ist vergangen; siehe, Neues ist geworden!" (2 Kor 5, 17). „Das Alte" wäre im Fall der Galater ihre Hinwendung zum gesetzlichen Leben, beginnend mit der Beschneidung. Damit würden sie sich selbst aus dem Heilsbereich Jesu Christi begeben (V 4), in welchem nach Gal 5, 6b nur das Glaubensprinzip noch etwas vermag — hinter ἀλλά ist ja ἰσχύει wieder aufzunehmen — freilich eine πίστις δι' ἀγάπης ἐνεργουμένη.

Dieses Versstück bietet der Auslegung manche Probleme, wie die Exegesegeschichte zeigt[59]. Die Auslegung, die in diesem Kommentar vorgelegt wird, ist ein Versuch, der grammatisch gut gestützt ist und die paulinische Rechtfertigungslehre, vor allem das sola-fide-Prinzip, nicht abschwächt.

a) ἀλλὰ πίστις. Es fehlt vor πίστις der Artikel, im Vergleich etwa mit 3, 25 (ἐλθούσης δὲ τῆς πίστεως)[60] immerhin auffällig. Es ist also nicht an „den Glauben" als objektive Größe gedacht (fides quae creditur), auch nicht an die Glaubenszeit, sondern an „das Glauben" (fides qua creditur) oder noch besser an das Glaubensprinzip, das dem Nomosprinzip entgegengesetzt ist (vgl.

---

[56] ἐν ... Χριστῷ ’Ἰησοῦ korrespondiert oppositionell dem ἐν νόμῳ in V 4.
[57] Vgl. die Inschrift von Cibura in Phrygien: ἡ Ῥοδία δραχμὴ τούτου τοῦ δηναρίου ἰσχύει ἐν Κιβύρᾳ ἀσσάρια δέκα (R. GAGNAT – G. LAFAYE, Inscriptiones graecae ad res romanas pertinentes [Paris 1927] IV, 915a, 12); JOSEPHUS, Antiqu. XIV § 106 ἡ δὲ μνᾶ παρ' ἡμῖν ἰσχύει λίτρας δύο ἥμισυ. Vgl. MOULTON-MILLIGAN s. v.
[58] Vgl. auch Röm 2, 28f; 1 Kor 7, 19; Gal 6, 15; Kol 3, 11. Paulus hat mit seiner theologischen Entwertung der körperlichen Beschneidung schon einen Vorgänger im Propheten Jeremia (vgl. Jer 4, 4: „Beschneidet euch für mich und entfernt die Vorhaut eures Herzens"; 6, 10: „unbeschnitten ist ihr Ohr") und bei den Qumranessenern (vgl. 1 QS V, 5: „und Männer der Wahrheit sollen in der Gemeinde die Vorhaut des Begehrens und der Halsstarrigkeit beschneiden"), freilich mit dem Unterschied, daß hier die körperliche Beschneidung als Bundeszeichen nicht abgelehnt wird. „Für ihn (Paulus) ist nur derjenige ein wahrer Jude, der im Verborgenen ein Jude ist, und nur die Beschneidung kann bestehen, die am Herzen (περιτομὴ καρδίας) geschieht (Röm 2, 28f)" bzw. tritt nach Kol 2, 11f die Taufe als περιτομὴ Χριστοῦ an die Stelle der alten, körperlichen Beschneidung. „Damit ist sachlich die so bedeutsame Vorstellung vom wahren Israel gegeben, so daß Paulus in Phil 3, 3 sagen kann: ἡμεῖς γάρ ἐσμεν ἡ περιτομή, wobei der Begriff περιτομή als wahres Israel mit völlig neuem Inhalt gefüllt ist" (MEYER in: ThWb VI, 82; vgl. auch 77; 79).
[59] Vgl. außer den Kommentaren auch C. SPICQ, Agape II (Paris 1959) 166–172; A. L. MULKA, „Fides quae per caritatem operatur" (Gal 5, 6), in: CBQ 28 (1966) 174–188.
[60] Vgl. die dortige Auslegung.

5, 4 ἐν νόμῳ, ebenso ohne Artikel)[61]. Das ist jedoch aufgrund der gesamten Glaubenstheologie des Briefes ein Prinzip, das jedes andere ausschließt, so daß ἀλλὰ πίστις paraphrasiert werden darf: „sondern nur das Glaubensprinzip"; denn auch das „nur" darf sinngemäß ergänzt werden[62].

b) δι' ἀγάπης ἐνεργουμένη. Es handelt sich in dieser wichtigen Hinzufügung bei dem Partizip ἐνεργουμένη grammatisch um ein participium coniunctum, und, ganz allgemein gesagt, will mit ihm die vorausgehende πίστις näher bestimmt werden. Da es sich um ein Präsenspartizip handelt, muß diese „Bestimmung" der πίστις ihr stets gleichzeitig sein[63], d. h., ohne die so formulierte Bestimmung ist die rechtfertigende πίστις gar nicht das, was sie ihrem Wesen nach sein muß. Das führt aber auf eine weitere grammatische Spur. Derartige participia coniuncta können sowohl im Semitischen wie im Griechischen konditionale Bedeutung haben („wenn", „vorausgesetzt daß")[64], was dem Apostel durchaus geläufig ist, wie kurz vorher in V 3 das ebenso konditional gemeinte Partizip περιτεμνομένῳ beweist. Dann lehrt also Paulus zwar auch hier das Sola-fide-Prinzip (πίστις), interpretiert es aber sofort mit der Hinzufügung δι' ἀγάπης ἐνεργουμένη dahingehend, daß es nur gilt unter der Voraussetzung: „wenn es durch Liebe wirksam wird". D. h., das Sola-fide-Prinzip ist zwar ein ausschließliches, aber kein uneingeschränktes Prinzip! Es „gilt" nur, wenn es „durch Liebe wirksam, kräftig wird". Damit ist aber auch in der alten Kontroverse über den Sinn des Verbums ἐνεργεῖσθαι — ob passiv oder medial, ob transitiv oder intransitiv[65] — die Entscheidung zugunsten einer medial-intransitiven Bedeutung gefallen, zugleich aber auch das Substantiv ἀγάπη als Liebe zum Nächsten (in umfassendem Sinn) verstanden[66]. Dies muß noch näher begründet werden.

c) δι' ἀγάπης. Schon Kirchenväter dachten bei dieser Präpositionalbestimmung an die Liebe Gottes bzw. Christi und verstehen dann natürlich das Partizip ἐνεργουμένη passivisch: In Christus vermag nur jener Glaube etwas, der durch die Liebe Gottes gewirkt wurde bzw. ständig gewirkt wird. Die Liebe Gottes ruft den rechtfertigenden Glauben gewissermaßen im Menschen hervor; sein Glaube ist die Antwort auf die zuvorkommende Liebe Gottes, wie sie sich im Kreuz Jesu geoffenbart hat. Das ist gewiß eine schöne und tiefe Idee, aber der Apostel hat sie sehr wahrscheinlich nicht im Auge, und zwar aus folgenden Gründen: a) statt der Präposition διά hätte er dann die Präposition ἀπό oder ὑπό verwendet, b) auch würde dann vor ἀγάπης wahrscheinlich der Artikel τῆς stehen, weil an eine ganz bestimmte Liebe, nämlich jene Gottes, gedacht ist (vgl. Röm 8, 39), c) das Substantiv ἀγάπη, das hier überhaupt zum ersten Mal im Brief erscheint, bezieht sich immer auf die Liebe zum Mitmen-

---

[61] Spicq meint (Agape II, 168): „... on est invité à traduire πίστις par ‚régime' ou ‚économie de la foi'; Thomas von Aquin (z. St.): „Fides est cognitio verbi Dei."
[62] Vgl. J. Jeremias, Die Gleichnisse Jesu, 36, Anm. 3; Beyer, Semitische Syntax, 138, Anm. 3.
[63] Vgl. Mayser, Grammatik, II/1, 168.
[64] Vgl. Beyer, Semitische Syntax, 218-223 („Das von einem Substantiv abhängige konditionale Partizip"); Mayser, Grammatik, II/3, 64.
[65] Vgl. dazu die Kommentare und BauerWb s. v. ἐνεργέω.
[66] So auch Bauer (ebd.): „Liebesübung".

schen (vgl. 5, 13.22); die Liebe Christi wird in 2, 20 verbal formuliert (τοῦ ἀγαπήσαντός με), d) wahrscheinlich würde statt des Präsenspartizips ἐνεργουμένη das Aoristpartizip stehen: Der Glaube wurde durch Gottes Liebestat im Kreuzestod Jesu gewirkt (vgl. nochmals das Aoristpartizip ἀγαπήσαντος in 2, 20); e) ἀγάπη gibt in Gal 5, 6 bereits das entscheidende Stichwort ab für die kommenden Ausführungen über das Liebesgebot (vgl. 5, 14f).

Das artikellose ἀγάπη nennt darum die grundsätzliche Bestimmung (Qualität), die der rechtfertigende Glaube besitzen muß: er muß sich als fruchtbar erweisen in Werken der Liebe[67], genau wie es der Jakobusbrief fordert (Jak 2, 11–26)[68]. Die Präpositionalverbindung δι' ἀγάπης ist dabei „ausdrucksvoller als der bloße Dativ"[69] ἀγάπη und ist grammatisch näherhin als modaler Gebrauch von διά mit Genitiv anzusprechen, „der die Art und Weise, Mittel und Weg eines Vorgangs ausdrückt"[70]. Die Liebe zum Mitmenschen muß die „Art" jenes Glaubens sein, der die Rechtfertigung bringt[71].

Der Apostel gibt diese Bestimmung des rechtfertigenden Glaubens nicht für seine Gegner, die er zu einem liebevolleren Verhalten gegen ihn aufrufen möchte[72], sondern für die Galater. Im übrigen ist diese Bestimmung für die theologische Erfassung der paulinischen Sola-fide-Lehre naturgemäß von größter Wichtigkeit, wie die Theologiegeschichte eindringlich zeigt.

5, 7 „Ihr liefet gut." Von einem „laufen" sprach der Apostel auch in 2, 2 im Hinblick auf seinen eigenen „Lauf" auf dem rechten Weg in der Missionsverkündigung. Petrus und Barnabas „sieht" er nach 2, 14, wie sie nicht „geraden Wegs" auf „die Wahrheit des Evangeliums" zugehen. Das hatten die Galater bisher nicht getan; sie liefen vielmehr (die ganze Zeit über: Imperfekt ἐτρέχετε) „gut" (καλῶς)[73], nämlich auf der Bahn des Evangeliums[74], ohne sich im Lauf durch irgend etwas „aufhalten" zu lassen (vgl. den Terminus ἐγκόπτειν in der folgenden Frage)[75].

τίς ὑμᾶς ἐνέκοψεν... Diese asyndetisch angeschlossene[76] und zunächst rein

---

[67] OEPKE zitiert hier Luthers Bemerkung in der Vorrede zum Römerbrief: „O es ist eyn lebendig, schefftig, thettig, mechtig ding vmb den Glauben" (WA, DB 7, 10 Z. 9f).
[68] Vgl. dazu MUSSNER, Der Jakobusbrief, 127–157.
[69] MAYSER, Grammatik, II/2, 421.   [70] Ebd. 425.
[71] „Welcher Glaube? Einer, der das Gesetz erfüllt. Welcher ist das? Der, der durch Liebe oder auch in der Liebe wirksam und so wirklich ist" (SCHLIER z. St.).
[72] Daran dachte etwa CHRYSOSTOMUS.
[73] Vgl. zu καλῶς auch 4, 17 (οὐ καλῶς); BAUERWb s.v. καλῶς 1 übersetzt: „ihr waret so schön im Lauf", wobei natürlich „schön" richtig verstanden werden muß: καλῶς ist keine ästhetische Kategorie, sondern ein lobendes Urteil des Apostels über das bisher konsequente „Laufen" der Galater auf der Bahn des Evangeliums (vgl. auch PFITZNER, Paul and the Agon Motif, 137).
[74] Vgl. auch Ps 118, 32 LXX (ὁδὸν ἐντολῶν σου ἔδραμον); 4 Makk 14, 5 (πάντες ὥσπερ ἐπ' ἀθανασίας ὁδὸν τρέχοντες); in negativer Formulierung vgl. Jer 8, 6 (διέλιπεν ὁ τρέχων ἀπὸ τοῦ δρόμου αὐτοῦ); 23, 10 (καὶ ἐγένετο ὁ δρόμος αὐτῶν πονηρός).
[75] Vgl. dazu auch die pln. Anschauung vom wahren Christentum als einem Wettlauf auf der (geistlichen) Rennbahn in 1 Kor 9, 24–27; Phil 3, 12–14 (dazu auch BAUERNFEIND in: ThWb VIII, 226–228; 231; PFITZNER, Paul and the Agon Motif, 134–156).
[76] BONACCORSI (II, 155) bemerkt dazu: „con nervosa vivacità d'espressione".

rhetorisch wirkende Frage — da der Apostel ja die Ursache durchaus kennt, durch die die Galater in ihrem bisherigen „schönen" Lauf gehemmt werden — drückt ähnlich wie die Frage in 3, 1 (τίς ὑμᾶς ἐβάσκανεν) seine ganze Verwunderung über die Vorgänge in Galatien aus[77] und enthält zugleich einen Appell an die Galater, sich doch im Lauf nicht „aufhalten" zu lassen[78]. Denn vom Bild des „Laufens" her muß der Terminus ἐγκόπτειν verstanden werden; er meint ein „Aufhalten" im Lauf: „Wer hat euch (in eurem Lauf) nur aufgehalten", so daß ihr nicht mehr in der lobenswerten Weise wie bisher weiterlaufen wollt[79], sondern der Wahrheit ungehorsam werdet? Wer ist mit τίς gemeint? Man könnte an die Gegner denken, aber vielleicht denkt Paulus ähnlich wie bei der Frage von 3, 1 („Wer hat euch behext?") an den Satan, der das missionarische Aufbauwerk des Apostels durch das judaistische Gegenevangelium zerstören möchte[80]. In der von ἐνέκοψεν abhängigen Infinitivkonstruktion ἀληθείᾳ μὴ πείθεσθαι wird das Bild plötzlich zugunsten der Sache verlassen[81], was zu textlichen Manipulationen Anlaß gab[82]. Der Infinitiv πείθεσθαι kann final oder konsekutiv gemeint sein[83]; wahrscheinlich ist das Letztere der Fall: „Wer hat euch aufgehalten, so daß ihr der Wahrheit nicht (mehr) gehorcht"?[84] Auffällig ist das Fehlen des Artikels τῇ vor ἀληθείᾳ in einigen wichtigen HSs (B ℵ* A 33*), da ja doch an die Konkretion der Wahrheit im Evangelium gedacht ist, wie sie der Apostel den Galatern verkündet hat. Der Artikel wird zum ursprünglichen Text gehören (vgl. 𝔓46!)[85].

„Laufen" auf der rechten Bahn und Bereitschaft zum Gehorsam gehören schon im AT zusammen. „Das Laufen bedeutet durchgehend eilfertigen Gehorsam" (Bauernfeind)[86]. Solange die Galater „schön" liefen, waren sie der Wahrheit des Evangeliums gehorsam. Die judaistische „Hemmung" ihres

---

[77] Vgl. auch οὕτως ταχέως in 1, 6.
[78] „τίς ὑμᾶς, etc., is not a question for information, but of appeal" (Burton z. St.).
[79] Pfitzner, a.a.O. 136f: „The picture (vom Aufhalten im Lauf) is not that of a lagging runner who has fallen back in the race, but of the runner who has allowed his progress to be blocked, or who is still running, but on the wrong course." Bei den Galatern trifft das letztere zu.
[80] Vgl. auch 1 Thess 2, 18 (ἐνέκοψεν ἡμᾶς ὁ σατανᾶς); Pfitzner, 137 (Pf. vermutet im übrigen in Gal 5, 7 „a mixture of hellenistic imagery and septuagintal thought": 138).
[81] Andere Beispiele dafür: 1 Petr 2, 8b; Mt 5, 16; 7, 6a.
[82] Siehe dazu Anm. 85.
[83] Vgl. auch Mayser, Grammatik, II/1, 296f.
[84] Zur Negation μή vor dem Infinitiv πείθεσθαι bei Verben des Hinderns (ἐγκόπτειν) vgl. Mayser, ebd. II/3, 564f.
[85] Von den Texteditoren haben ihn Merk und Vogels in den Haupttext aufgenommen; Aland – Black – Metzger – Wikgren setzen ihn in [. . .]. – G, Chrysostomus fügen dem ἀληθείᾳ μὴ πείθεσθαι noch hinzu: μηδενὶ πείθεσθαι; so auch einige Zeugen der lateinischen Überlieferung (nemini consenseritis: D Z g, Hieronymus^c, Beda). Sie lesen so: „Wer hat euch gehemmt? Der Wahrheit nicht zu gehorchen, gehorcht niemand!", in dem Sinn: gehorcht keinem darin, der Wahrheit nicht zu gehorchen! (Vgl. auch Bultmann in: ThWb VI, 4, Anm. 11). Oder der Infinitiv πείθεσθαι wurde itazistisch mißverstanden (Vermutung von Oepke) = πείθεσθε, und zusammen mit dem folgenden asyndetisch angeschlossenen μὴ πείθεσθε könnte dann das Ganze den Sinn haben: „Ihr gehorcht nicht (einmal) der Wahrheit; folglich gehorcht ihr überhaupt niemandem!"
[86] ThWb VIII, 230/29 (vgl. überhaupt 228–230).

Laufes führt sie zum Ungehorsam gegen den, der sie gerufen hat (vgl. den folgenden Vers).

5, 8 ἡ πεισμονὴ οὐκ ἐκ τοῦ καλοῦντος ὑμᾶς. „πεισμονή ist ein spätes und relativ seltenes Wort, das vor dem NT nicht bezeugt ist ... und bedeutet ebenso das Überreden wie das Überredetwerden" (Bultmann)[87]. Denkt man zurück an das ζηλοῦσιν ὑμᾶς von 4, 17, kommt nur die aktive Bedeutung in Frage[88]: Die Gegner versuchen die Galater zu „überreden", der Wahrheit des Evangeliums ungehorsam zu werden, zu dem sie doch Gott gerufen hat (vgl. auch 1, 6)[89]. Die Präposition ἐκ in 5, 8 ersetzt den Gen. auctoris[90]: die „Überredung", der die Galater zum Opfer zu fallen drohen, „stammt nicht von Gott". Von wem sie stammt, braucht ihnen der Apostel nicht zu schreiben. Es sind die Gegner. Oder wird in der „Überredung" nach der Überzeugung des Paulus gar „ein dämonischer Ruf" laut, wie Schlier vermutet?

5, 9 „Ein wenig Sauerteig durchsäuert den ganzen Teig": dieser asyndetisch angeschlossene Vers bietet eine sprichwörtliche Redensart (vgl. auch 1 Kor 5, 6), deren Bedeutung im Zusammenhang des Gedankengangs nicht gleich zu erkennen ist; denn im Sprichwort selber hat der Term ζυμοῦν eine positive Bedeutung; der Apostel aber versteht ihn hier eindeutig negativ[91]. Nach Mt 16, 6 warnt Jesus seine Jünger vor dem „Sauerteig der Pharisäer und Sadduzäer" und damit „vor der ihnen verborgenen, darum aber nur um so gefährlicheren Infektion durch die pharisäische und saddukäische Überlieferung" (A. Schlatter)[92]; vgl. 16, 11 (ζύμη = διδαχή). So warnt auch Paulus die Galater vor dem „Sauerteig" der Lehre seiner Gegner, der, wenn auch nur „gering" (μικρά), „den ganzen Teig", d. h. das Evangelium, zu verderben vermag (vgl. 1, 7: μεταστρέψαι), gemäß der in dem Sprichwort enthaltenen Erfahrungsregel: Kleine Ursachen, große Wirkungen[93]. μικρά (ζύμη) im Sprichwort könnte in

---

[87] ThWb VI, 9.
[88] So auch CALVIN, CORNELIUS A LAP., BISPING, LIPSIUS, LIETZMANN, OEPKE, KUSS, SCHLIER u. a.; Vg.: persuasio.
[89] Zum werbenden „überreden" (πείθειν) vgl. auch Gal 1, 10 und besonders Apg 13, 43; 14, 19 (Juden aus Antiochien und Ikonium „überreden" das Volk von Lystra gegen Paulus und Barnabas); 18, 4; 19, 8.26; 26, 28; 28, 23.
[90] Vgl. dazu MAYSER, Grammatik, II/2, 344; 382.
[91] Um von vornherein Eindeutigkeit zu erreichen, lesen D*, latt, goth, TERTULLIAN, MARCION, IRENÄUS[(lat, arm)], ORIGENES[(lat)], AMBROSIASTER, PELAGIUS, AUGUSTINUS, HIERONYMUS (saepe), BASILIUS, CYRILL (?) statt ζυμοῖ: δολοῖ (von δολόω = überlisten, betrügen, verfälschen), so auch in 1 Kor 5, 6; Vg: corrumpit. ZUNTZ (The Text of the Epistles, 114f) plädiert mit großer Entschiedenheit für die LA δολοῖ und zitiert PLUTARCH, Aetia Romana 289 F: ἡ ζύμη καὶ γέγονεν ἐκ φθορᾶς αὐτὴ καὶ φθείρει τὸ φύραμα ... ὅλως ἔοικε σῆψις ἡ ζύμωσις εἶναι. Aber die lectio difficilior ist ζυμοῖ.
[92] Der Evangelist Matthäus (Stuttgart 1948) z. St. Vgl. auch BILLERBECK I, 728, der den Ausspruch des R. Chijja b. Ba zitiert: „Hätten sie (die Israeliten) mich verlassen (spricht Gott), so würde ich Nachsicht üben, vielleicht daß sie meine Tora beobachteten! Denn wenn sie mich verließen, aber meine Tora beobachteten, so würde der Sauerteig darin sie mir (wieder) nahebringen": das ist der „Sauerteig" der Tora.
[93] Vgl. auch WINDISCH in: ThWb II, 907. — Einen Kommentar zu Gal 5, 9 bietet IGNATIUS, Ad Magn. 10, 1: „Lernen wir ..., nachdem wir seine Jünger geworden sind, dem Christentum

der konkreten Situation in Galatien dann besagen, daß die Gegner von den christlichen Galatern „nur die Beobachtung einiger Hauptgebote" des Gesetzes und nicht „das gesamte Zeremonialgesetz" verlangt haben[94]. Der Apostel lehnt aber auch eine solche Beschränkung des gesetzlichen Lebens ab; der Irrlehre darf nach ihm nicht der geringste Raum gegeben werden. Vielleicht denkt Paulus dabei „an den Anfang des Gesetzesweges, die Übernahme der Beschneidung" (Eckert)[95]. Jedenfalls fügt sich so V 9 gut in den Kontext[96].

5, 10 Trotz der Not, die der Apostel um die Galater leidet (4, 20), verliert er sein festes Vertrauen zu ihnen nicht (ἐγὼ πέποιθα εἰς ὑμᾶς). Auch wenn andere in einer solchen Situation das Vertrauen längst verloren hätten, so Paulus nicht (ἐγώ)[97]. Denn es gründet „im Herrn" selbst. ἐν κυρίῳ ist auf πέποιθα zu beziehen, nicht auf (εἰς) ὑμᾶς[98]; vgl. auch Phil 2, 24 (πέποιθα δὲ ἐν κυρίῳ); 2 Thess 3, 4 (πεποίθαμεν δὲ ἐν κυρίῳ ἐφ' ὑμᾶς). „Das Vertrauen wird dadurch unter einen eigentümlichen Vorbehalt gestellt: es erhebt sich nicht auf Grund menschlicher Berechnung und verzichtet deshalb auch auf menschliche Sicherheit, gewinnt aber dadurch die eigentümliche Sicherheit des Glaubens" (Bultmann). Weil Paulus festes Vertrauen im Herrn besitzt, darum verläßt er sich auf[99] die Galater (ἐν ὑμῖν), daß sie nicht anders urteilen werden (ὅτι οὐδὲν ἄλλο φρονήσετε)[100], sc. als der Apostel. Das Futur φρονήσετε ist von der

---

gemäß zu leben ... Schafft also beiseite den schlechten Sauerteig, der alt und bitter geworden ist (die Neigung zur jüdischen Lebensweise), und wendet euch neuem Sauerteig, d. i. Jesus Christus, zu!"

[94] Vgl. LIETZMANN z. St.
[95] Die urchristliche Verkündigung, 44.
[96] ZAHN (ähnlich BISPING, LAGRANGE u. a.) dachte bei dem „geringen Sauerteig" an die τινες, die nach 1, 7 die Galater „verwirren" (vgl. auch 5, 10 b). Aus diesen wenigen τινες könnten durch die Versäuerung des ganzen Teiges sehr viele werden! Der Sinn des Wortes in V 9 ist aber nicht der, „daß ein paar Irrlehrer die ganzen galatischen Gemeinden verderben könnten ..., sondern daß schon die Anfänge der Irrlehre, wenn geduldet, sich verhängnisvoll auswirken müssen" (OEPKE); ähnlich auch CHRYSOSTOMUS, LIPSIUS, BURTON, KUSS, SCHLIER u. a. „... le mal vient d'abord de l'erreur, puis le mensonge; les questions de personnes sont secondaires et sont à examiner du point de vue de la vérité évangelique" (BONNARD). Aber darin hat ZAHN recht, daß der Apostel die Galater mit dem Sprichwort zugleich auffordern will, „das fremde Element ... hinauszutun"; vgl. auch den Imperativ ἔκβαλε in 4, 30 (und den Kommentar dazu).
[97] „Durch das betont vorangestellte ἐγώ stellt Paulus die unterschiedliche Erwartung, die er und andererseits seine Gegner gegenüber der Entscheidung der Galater hegen, heraus" (ECKERT, Die urchristliche Verkündigung, 45, Anm. 1). „Die schlechter bezeugte LA ἐγὼ δέ (C* G P, EPHRÄM) suchte den Gegensatz zu ἐγώ im vorigen" (ZAHN): der Apostel hofft, daß nicht das Sprichwort bei den Galatern recht behält, sondern sein Vertrauen im Herrn.
[98] So auch SCHLIER („Der κύριος wird sie bei der Wahrheit halten"), BONNARD u. a.; BULTMANN in: ThWb VI, 6. Anders OEPKE („Pls wünscht seine Warnung nicht als Mißtrauensvotum verstanden zu sehen").
[99] „πεποιθέναι bedeutet im NT wie im Griechischen Vertrauen gefaßt haben und nun im Zustand des Vertrauens verharren, also fest vertrauen auf..., sich verlassen auf..." (BULTMANN in: ThWb VI, 5/3 ff).
[100] Vgl. BAUER Wb s. v. φρονεῖν 1: οὐδὲν ἄλλο φρονεῖν = nichts anderes denken, nicht anders urteilen, keiner anderen Meinung sein. Statt οὐδὲν ἄλλο könnte ebenso stehen: τὸ αὐτό (vgl. Röm 11, 16; 15, 5; 2 Kor 13, 11; Phil 2, 2; 4, 2).

Briefsituation aus formuliert: der Apostel hat das Vertrauen, daß die Galater nach dem Empfang seines Briefes ebenso wieder denken (über Evangelium, Beschneidung usw.)[101] wie er.

Paulus vertraut also fest, daß er durch seinen Brief die Galater wieder für das Evangelium gewinnen wird. Auf jene aber, die sie in Verwirrung bringen (ὁ δὲ ταράσσων ὑμᾶς), wartet etwas anderes: sie werden das Urteil über sich ergehen lassen müssen[102], nämlich beim göttlichen Gericht. Gott wird sie wegen der Verdrehung seines Evangeliums richten. ὁ ταράσσων ὑμᾶς = οἱ ταράσσοντες ὑμᾶς (1, 7) = οἱ ἀναστατοῦντες ὑμᾶς (5, 12). ὁ ταράσσων ist also generischer Singular[103], mit dem die Gegner des Apostels gemeint sind; aus dem Zusatz ὅστις ἐὰν ᾖ geht vielleicht hervor, „daß unter ihnen solche sind, die ein hohes Ansehen genießen" (Schlier)[104]; ohne Ansehen der Person wird Gott sie zur Rechenschaft ziehen (vgl. auch Röm 2, 11).

5, 11[105] Der Ton wird wieder sehr erregt. Mit deutlichem Blick auf seine Gegner, welche die Beschneidung von den Galatern fordern (vgl. Kommentar zu 5, 2), setzt der Apostel „einen schlechthin unwirklichen Fall als wirklich" (Zahn)[106]: Wenn er auch selbst — ἐγὼ δέ ist betont aus dem εἰ-Satz heraus- und an die Spitze des Verses gestellt[107] — „noch" die Beschneidung predigt (wie die Gegner), wo bleibt dann ein Grund zu seiner Verfolgung durch sie? Das scheint mit V 11a gemeint zu sein. Aber welche Bedeutung hat dabei die Partikel ἔτι vor κηρύσσω?[108] ἔτι findet eine dreifache Verwendung: a) eine

---

[101] OEPKE z. St.: „vgl. die ὑγιαίνουσα διδασκαλία der Pastoralbriefe im Gegensatz zu den ἑτεροδιδασκαλοῦντες 1 Tm 1, 3.10; 2 Tm 4, 3; Tt 1, 9; 2, 1".
[102] Vgl. BAUERWb s. v. βαστάζω, 2bβ.
[103] So auch BISPING, SIEFFERT, BURTON, OEPKE, SCHLIER, BONNARD u. a. — Nach ZAHN weist die Hinzufügung ὅστις ἐὰν ᾖ „auf eine unbestimmte Mehrheit (Mt 10, 33; 12, 50; Jo 2, 5; 15, 16) und ergibt in Verbindung mit dem generellen ὁ ταράσσων ... den Sinn: ‚ohne Unterschied und Ausnahme jeder, der euch beunruhigt, wird das Urteil tragen' ..." MAYSER bemerkt zum generellen Artikel, der häufig beim substantivierten Partizip steht: „Das Wesen des ... generisch gebrauchten Artikels besteht darin, daß ein bloß gedachtes ... Individuum gleichsam als Musterbild und Typus zum Vertreter der ganzen Gattung erhoben wird" (Grammatik, II/2, 41).
[104] Weil die Formulierung ὁ ταράσσων ὑμᾶς deutlich auf οἱ ταράσσοντες ὑμᾶς von 1, 7 (= die in Galatien eingebrochenen Judaisten) zurückverweist, verbietet sich jedoch der Gedanke, daß bei dem ὅστις ἐὰν ᾖ an den Herrenbruder Jakobus gedacht sei (vgl. OEPKE z. St.: „Führen die Fäden am Ende gar in die Nähe des Jakobus (2, 12)? Das ist möglich, wenn auch keineswegs sicher") oder an Barnabas (das erwägt LIETZMANN, z. St.) oder gar an Petrus (so E. MEYER: Ursprünge und Anfänge des Christentums III, 434; im 2. Jahrhundert schon MARCION und seine Schüler, von denen HIERONYMUS sagt: Occulte, inquiunt, Petrum lacerat; auch BLIGH hält eine Anspielung an Petrus für möglich, wie auch bei der Frage des V 7a). Vgl. ZAHN z. St.; ECKERT, Die urchristliche Verkündigung, 45, Anm. 4.
[105] Vgl. zu dem Vers besonders MÜLLER, Anstoß und Gericht, 113–121.
[106] Der indikativische Präsenssatz εἰ περιτομὴν ἔτι κηρύσσω hat selbstverständlich irrealen Sinn (vgl. auch BAUERWb, 319); der Apostel verkündet ja in Wirklichkeit die Beschneidung nicht.
[107] Vgl. auch BEYER, Semitische Syntax im NT, 82; MÜLLER, Anstoß und Gericht, 114: „Das δέ adversativum distanziert ἐγώ von dem in V 10 genannten part. ὁ ταράσσων. Es belastet ἐγώ mit einem gewichtigen Akzent."
[108] Die Partikel ἔτι fehlt in D G it, arm, got, copt[sah], VICTORIN, AMBROSIASTER, HIERONYMUS, EPHRÄM.

zeitliche, b) eine hinzufügende, c) eine steigernde (beim Komparativ)[109]. Die dritte Verwendungsmöglichkeit scheidet für Gal 5, 11 von vornherein aus. Wie ist es aber mit der zeitlichen?[110] Das würde voraussetzen, daß der Apostel früher einmal, vielleicht als jüdischer Diasporamissionar, die Beschneidung gepredigt habe[111] und das auch „jetzt noch" tue. Doch daß Paulus jemals die Beschneidung „gepredigt" habe, ist nicht anzunehmen[112]. Es bleibt nur die „hinzufügende" Bedeutung („zudem, ferner, außerdem")[113]: wenn der Apostel zum Evangelium hinzu jetzt (Präsens κηρύσσω) auch „noch" — als Fall angenommen — hinzufügend die Beschneidung predigen würde[114], wie es die judaistischen Judenchristen tun, warum wird er dann von ihnen „noch" verfolgt[115], wie ihr Vorgehen in Galatien zeigt? Das wäre dann doch undenkbar; er wäre dann ihr Bundesgenosse! V 11a ist also vom Apostel mit zornigem Blick auf seine Gegner geschrieben[116]. Daß er von ihnen nicht verfolgt würde, wäre die erste Folge einer Beschneidungspredigt des Apostels. ἔτι gehört also „bereits in den Rahmen der paulinischen Antikritik" (Müller)[117].

Eine zweite Folge einer als Fall angenommenen Beschneidungspredigt geht noch wesentlich tiefer: Das Ärgernis des Kreuzes ist dann beseitigt (V 11b). Diese zweite Folge wird von Paulus mit der Partikel ἄρα eingeleitet, und es entsteht die Frage, worauf sich der Folgerungssatz eigentlich bezieht. Wird das

---

[109] Vgl. dazu Mayser, Grammatik, II/3, 136f.
[110] Wieder gibt es dabei drei Möglichkeiten: a) Gegenwart (= jetzt noch), b) Vergangenheit (= damals noch), c) Zukunft (= weiterhin, künftig); dazu Mayser, ebd. 136.
[111] Dies hat E. Barnikol vermutet (Die vor- und frühchristliche Zeit des Paulus [Kiel 1929] 18ff).
[112] Deshalb fehlt wohl auch ἔτι bei den in Anm. 108 genannten Textzeugen. Wenn auch Paulus nach Apg 16, 3 den Timotheus „mit Rücksicht auf die Juden" möglicherweise beschneiden ließ (vgl. dazu S. 348, Anm. 36), ergibt sich daraus keineswegs, daß er die Beschneidung „gepredigt" hat. Und es ist auch nicht anzunehmen, daß der Apostel in dem εἰ-Satz von 5, 11a eine Unterstellung seiner Gegner aufnehmen würde, des Inhalts: Paulus predigt ja selbst zur rechten Zeit die Beschneidung! (Vgl. die ausführliche Erörterung der sogenannten Verleumdungshypothese bei Sieffert, Zahn und Oepke z. St.). Paulus stellt vielmehr aus zorniger Erregung heraus in dem εἰ-Satz einen schlechthin unwirklichen Fall als wirklich hin, um auf die Konsequenzen dieses „Falles" aufmerksam machen zu können.
[113] Vgl. Mayser, ebd. 137; M. zitiert aus PSI VI, 623/21 einen εἰ-Satz mit einem derartigen ἔτι: εἰ δ' ἔτι βούληι τισὶν γράψαι τι, ἐπίθες.
[114] „‚Beschneidung predigen' ist ein stark zugespitzter Ausdruck für das, was Paulus tun würde, wenn er der Beschneidung in seiner Missionsarbeit einen Platz einräumte" (Oepke).
[115] Hier weist die Partikel ἔτι (hinter dem interrogativen τί) auf den „noch" fortdauernden Zustand des Verfolgtwerdens hin (vgl. auch BauerWb s.v. 1aα), wobei mit dem „Verfolgen" die Hetze der Gegner gegen den Apostel und seine Kreuzespredigt gemeint ist.
[116] „Der Versuch, aus der Wendung περιτομὴν κηρύσσειν Tragweite oder Wortlaut der judenchristlichen Anschuldigung zu erschließen, ist wenig glaubwürdig. Die Wortfolge περιτομὴν κηρύσσειν ist zu offenkundig an stehende Formulierungen angeglichen, mit denen Paulus sonst Objekt und Modus seiner eigenen Predigt benennt oder sie gegen Mißverständnisse absichert... Mit Rücksicht auf die terminologische Gewöhnung des Apostels wird man hinter περιτομὴν κηρύσσειν nicht mehr sehen dürfen als eine von Paulus selbst geschaffene Klammer um den Kern des gegnerischen Vorwurfs (περιτομή: ohne Artikel)" (Müller, Anstoß und Gericht, 114).
[117] Ebd. 114.

Ärgernis des Kreuzes durch die Beschneidungspredigt beseitigt? Dann korrespondiert der ἄρα-Satz dem εἰ-Satz von V 11a. Oder: Wird durch die Beseitigung des Ärgernisses, das von der Kreuzespredigt ausgeht, auch die Verfolgung der Kreuzesprediger aufhören? Dann korrespondiert der ἄρα-Satz der vorausgehenden Frage: ,,Warum werde ich noch verfolgt?"; die Kreuzespredigt wäre die Ursache der Verfolgung. Mit der Entfernung der Ursache hört auch ihre Folge auf. V 11b würde dann den ganzen V 11a begründen.

Der ἄρα-Satz kann so und so bezogen werden — beide Male ergibt sich ein bedeutender Sinn. Näher liegt es aber, ihn auf den εἰ-Satz zurückzubeziehen: Wenn Paulus in der Tat die Verkündigung des Evangeliums mit der Beschneidungsforderung verbindet (hinzufügendes ἔτι: s. o.) — freilich eine völlig irreale Annahme —, dann ist ,,folglich" das Ärgernis des Kreuzes für immer beseitigt, und auch die Verfolgung wird aufhören: zwei ineinanderhängende Folgen, die eine als Fragesatz formuliert, die andere als Folgerungssatz[118]. Wie sie ineinanderhängen, gilt es zu zeigen. Wir gehen schrittweise vor, indem wir verschiedene Fragen stellen und zu beantworten versuchen.

1. Was bedeutet der Ausdruck τὸ σκάνδαλον τοῦ σταυροῦ? Worin besteht ,,das Ärgernis des Kreuzes"?[119] Nach Müller besteht die Möglichkeit, ,,daß Paulus dem Nomen σταυρός in Gal 5, 11c eine ähnliche heilssummarische Bedeutung zumaß" wie der Wortverbindung Χριστὸς ἐσταυρωμένος in 1 Kor 1, 23a, so daß die Vermutung naheliegt, ,,daß das Substantiv σταυρός aus Gal 5, 11c von derselben Kreuz und Auferweckung kompilierenden Sinngebung getragen wird"[120]. In dem Genitiv τοῦ σταυροῦ ist also ,,Kreuz" ein zusammenfassender Ausdruck dafür, daß das eschatologische Heil ausschließlich vom gekreuzigten und auferweckten Christus kommt, den Paulus den Galatern nach 3, 1 in seiner Predigt vor Augen ,,geschrieben" hat. Wer an dieser Predigt Anstoß nimmt, für den wird ,,das Kreuz" zum ,,Ärgernis". Das be-

---

[118] MÜLLER sieht die Dinge so (Anstoß und Gericht, 115f): ,,Paulus führt die Apodosis eines konditionalen Vordersatzes zuweilen mit ἄρα ein: 2, 21; 3, 29 vgl. 2 Kor 5, 14. Von daher ist es geraten, V 11c eng mit der irrealen Bedingung in V 11a zusammenzuschließen und den voranstehenden Fragesatz V 11b als Parenthese zu behandeln. Diese Aufschlüsselung der Satzlogik ist für die Deutung der Genitivverbindung τὸ σκάνδαλον τοῦ σταυροῦ von Wichtigkeit. Sie hält davon ab, in der Wortfolge ausschließlich einen Reflex des in V 11b genannten διώκεσθαι zu suchen. Die Mißachtung des parenthetischen Charakters von V 11b hatte eine zweifache Fehleinschätzung zur Folge: Man verkürzte entweder die Aussage des nomen rectum τοῦ σταυροῦ: ‚die Verfolgung ist sein Kreuz' [so Barnikol]. Oder man beschränkte das nomen regens τὸ σκάνδαλον, dem man willkürlich eine psychische Sinngebung anlastete, um das διώκεσθαι aus V 11b zu motivieren: ‚das, wodurch man sich tödlich verletzt fühlt' [so OEPKE]; ‚das zur Auflehnung Herausfordernde, verbunden mit dem Gedanken des Entrüstung Bewirkenden' [so STÄHLIN]; ‚das Ärgernis des Kreuzes'" [so FUCHS]. Allerdings bemerkt MÜLLER dann doch wieder (120): ,,Der Fragesatz τί ἔτι διώκομαι; aus V 11b hat parenthetischen Charakter. Es ist verfehlt, ihn zur alleinigen Handhabe einer Deutung des Nomens σκάνδαλον in V 11c zu machen. Ebenso ist es abwegig, ihn bei der Aufhellung der Wortfolge τὸ σκάνδαλον τοῦ σταυροῦ gänzlich außer acht zu lassen." Das wird uns noch beschäftigen.
[119] Zum Begriff σκάνδαλον vgl. besonders G. STÄHLIN, Skandalon (Gütersloh 1930); DERS., Art. σκάνδαλον, σκανδαλίζω, in: ThWb VII, 338–358 (bes. 352-355: Paulus); SCHNACKENBURG in: LThK 2I, 837f (Lit.); MÜLLER, Anstoß und Gericht, passim (zu Gal 5, 11 s. 117–121).
[120] Ebd. 119.

deutet: Der Genitiv τοῦ σταυροῦ kann darum entweder als Gen. epexeg. (das Ärgernis, das das Kreuz [im oben entwickelten Sinn] darstellt) oder als Gen. causae (das Ärgernis, das vom Kreuz verursacht wird) verstanden werden. Auf jeden Fall zeigt sich, daß nicht das Nomen regens τὸ σκάνδαλον der Bedeutungsträger in dem Syntagma „das Ärgernis des Kreuzes" ist, sondern der Genitiv τοῦ σταυροῦ, das Nomen rectum.

2. Warum wurde den Gegnern des Apostels „das Kreuz" zum „Anstoß"? Das war die Exklusivität, mit der vom Apostel dem „Kreuz" und dem Glauben an den Gekreuzigten die Heilsvermittlung zugesprochen wurde. Diese Exklusivität widersprach der Beschneidungspredigt der Gegner, mit der sie das Kreuz und die Kreuzespredigt entwerteten und so das Evangelium verdrehten (vgl. 1, 7), weil nun nicht mehr die in dem Satz von Gal 2, 21b („denn wenn durch Gesetz das Heil [kommt], ist folglich Christus zwecklos gestorben") implizierte Alternative (Gesetz [Beschneidung] oder Christus: vgl. 5, 2) zur Geltung kommt, auf die Paulus um „der Wahrheit des Evangeliums" willen nicht verzichten kann. Deshalb kann man nicht mit Müller sagen: „Die Konturen der feindlichen Opposition bleiben in Gal 5, 11 ebenso unscharf wie in 1 Kor 1, 17b"[121]; sie zeigen sich vielmehr in aller Schärfe und Klarheit durch den Folgebezug von 5, 11c zu 5, 11a. Beschneidungspredigt der Gegner und Kreuzespredigt des Apostels schließen sich nach der Überzeugung des Paulus gegenseitig aus[122]. „Das Ärgernis des Kreuzes" besteht für die Gegner konkret in **ihrem Anstoß am Sola-gratia- und Sola-fide-Prinzip, das keine Synthese mit dem ποιεῖν-Prinzip („Werke des Gesetzes") zuläßt!**[123]

3. Was bedeutet näherhin κατήργηται?[124] „Der paulinische Gebrauch der Vokabel καταργεῖν (act. und pass.) wurde weder von G noch vom griechischen Profanschrifttum entscheidend vorbereitet" (Müller)[125]. Von den 27 Belegen im NT gehören 25 in das Corpus Paulinum (einschließlich Deut-Paulinen); im Gal begegnet der Term dreimal (3, 17: das Gesetz macht das Verheißungstestament Gottes nicht ungültig, um auf diese Weise dann „die Verheißung **hinfällig zu machen"**; 5, 4: die das Heil im Gesetz suchen, werden „**weggetan von Christus"**; 5, 11: ἄρα κατήργηται τὸ σκάνδαλον τοῦ σταυροῦ).

---

[121] Ebd. 118.
[122] Ob die Wendung τὸ σκάνδαλον τοῦ σταυροῦ, „ein in dieser Prägnanz geläufiges Ideogramm", vom Apostel unabhängig von der Briefsituation gebildet sei, wie MÜLLER meint (ebd. 119), läßt sich nicht sicher erweisen, wenn auch „die Metapher σκάνδαλον eine von jedem gegnerischen Einwand unabhängige, unentbehrliche Größe gewesen sein" mag (ebd. 118).
[123] „Der kurze Satz ἄρα κατήργηται τὸ σκάνδαλον τοῦ σταυροῦ setzt unausgesprochen den Gedanken voraus: der Glaubensanstoß gehört wesenhaft zum Evangelium. Er darf um keinen Preis beseitigt oder auch nur abgemildert werden durch ein Sowohl-als-auch von Kreuz und Beschneidung. Ein solches Und schwächt die kompromißlose Glaubensforderung und macht so den Anstoßcharakter des Evangeliums unwirksam, damit aber zugleich die Heilskraft des Kreuzes und des Glaubens" (STÄHLIN in: ThWb VII, 354).
[124] Vgl. zum Verbum καταργεῖν BAUERWb s.v.; DELLING in: ThWb I, 453–455; MÜLLER, Anstoß und Gericht, 116f.
[125] Ebd. 116. Die Lexika der Profangräzität bringen nur wenige Belege zu καταργεῖν (s. etwa LIDDELL-SCOTT s.v.); in der LXX begegnet der Begriff nur viermal.

Wir lassen die letzte Stelle zunächst unübersetzt, aber es zeigt sich bereits, wie differenziert selbst innerhalb des Gal der semantische Gehalt der Vokabel ist[126]. Müller meint, daß die „nähere Untersuchung des mit καταργεῖν in V 11c verklammerten Objektes ... zu der Erkenntnis" führt, „daß das Verbum nur in der Sinngebung: entmachten, der Kraft berauben, imstande ist, den sachlichen Erfordernissen der Wendung τὸ σκάνδαλον τοῦ σταυροῦ gerecht zu werden"[127]. Das ist sicher nicht falsch: die Beschneidungspredigt würde in der Tat das Kreuz seiner Kraft berauben. Aber das Nomen regens τὸ σκάνδαλον kommt dabei zu kurz: ein Ärgernis wird nicht „seiner Kraft beraubt", **sondern bleibt erhalten oder wird beseitigt und hört auf**. Und genau dies ist gemeint: Wenn Paulus noch die Beschneidung predigen würde, wie es seine Gegner tun, wäre die unausweichliche Folge (ἄρα), daß „das Ärgernis des Kreuzes" beseitigt und aufhören würde; es wäre dann für immer aus der Welt geschafft — κατήργηται ist Perfekt Passiv mit weiterwirkender Folge („für immer")[128].

4. Wie ist der Zusammenhang zwischen dem Verfolgtwerden des Apostels (5, 11b) und dem Ärgernis des Kreuzes zu bestimmen? Die syntaktische Struktur des V 11 scheint es unmöglich zu machen, in dem Fragesatz τί ἔτι διώκομαι eine Parenthese zu sehen[129]. Der Fragesatz weist eindeutig auf den vorausgehenden εἰ-Satz zurück[130]. Der Sinn des Fragesatzes ist: Wenn ich tatsächlich noch die Beschneidung als heilsnotwendig verkündigen würde, ist doch kein Grund zu meiner Verfolgung vorhanden! Daraus ergibt sich aber eine weitere und weittragende Folge (ἄρα-Satz von V 11c): dann würde auch das Ärgernis des Kreuzes beseitigt werden. Es besteht also auch ganz deutlich ein Folgezusammenhang zwischen dem διώκεσθαι des Apostels und dem Ärgernis des Kreuzes, und zwar, wie es scheint, folgender: Die Verfolgung des Apostels hängt ursächlich zusammen mit seiner Predigt, in der er das Ärgernis des Kreuzes für Juden und Heiden zur Geltung bringt (vgl. auch 1 Kor 1, 23f; 2, 1ff). **Der verfolgte Apostel ist gewissermaßen die Epiphanie des gekreuzigten Christus!**[131] Und deshalb kann der Fragesatz in V 11b („warum werde ich noch verfolgt?") keine Parenthese innerhalb des ganzen

---

[126] Vgl. auch die Ausführungen bei DELLING (s. Anm. 124) und die Übersicht bei MÜLLER, Anstoß und Gericht, 116 (M. findet folgende Bedeutungen des Terms bei Paulus: aufhören; loskommen, den Wirkungsbereich verlassen; vernichten; wirkungslos machen; entmachten). Auch für das Äquivalent בטל gilt dasselbe. LevyWb s. v. notiert für בָּטֵל im Nif. „gestört werden, aufhören", im Hif. „aufhören machen", im Piel „aufhören machen, stören"; er zitiert als Beispiel bei der Nifal-Form jMeg. I, 70d: „Die Propheten und die Hagiographen werden einst aufhören, aber der Pentateuch wird nie aufhören."
[127] Anstoß und Gericht, 116.
[128] Vgl. dazu MAYSER, Grammatik, II/1, 179–181.
[129] Gegen MÜLLER, Anstoß und Gericht, 118; 120.
[130] Auch MÜLLER formuliert im Anschluß an die Grammatik von KÜHNER-GERTH: „Der ‚paratakische Akkusativ' τί ‚weist auf das Vorangehende zurück'" (ebd. 115).
[131] Damit bringen wir das große Anliegen E. GÜTTGEMANNS' zur Geltung, von dem er in seinem Buch „Der leidende Apostel und sein Herr" bewegt ist: Der leidende Apostel ist die Epiphanie des Gekreuzigten, und diese Epiphanie spiegelt sich in der Kreuzespredigt des Apostels.

V 11 sein. Vielmehr ist V 11c für den Apostel die notwendige Schlußfolge aus V 11a und b.

5, 12 Der Ton des Apostels wird nun äußerst bitter und sarkastisch: „Möchten sie sich doch gleich verschneiden lassen, sie, die euch aufwiegeln!"[132] Das zur Partikel gewordene ὄφελον mit Indikativ Impf. und Aor., aber auch mit Indikativ Fut. (wie an unserer Stelle) leitet einen erfüllbaren Wunsch ein, „auch wenn streng genommen eine Erfüllung nicht denkbar ist"[133]. Denn daß die Gegner sich entmannen lassen — das ist mit dem medialen Terminus ἀποκόπτεσθαι hier gemeint[134] —, daran denken weder sie selber noch im Ernst Paulus. Was will er also mit diesem in den Ohren eines Juden angesichts von Deut 23, 2 („keiner mit zerquetschtem Hoden oder mit verstümmeltem männlichem Glied darf in die Gemeinde Jahwes aufgenommen werden") geradezu blasphemisch wirkenden „Wunsch" sagen? Vielleicht spielt der Apostel mit dem Terminus „entmannen" bewußt auf die sakrale Selbstentmannung an, wie sie bei den Gallen, den Attis- und Kybelepriestern, geübt wurde[135]. Da gerade Pessinus, die Hauptstadt von Galatien, der Hauptsitz des Attis- und Kybelekultes war, konnten die Adressaten des Briefes eine derartige Anspielung durchaus verstehen einschließlich dessen, was er damit sagen will: Seine Gegner sollten nicht bloß die jüdische Beschneidung üben, sondern darüber hinaus (vgl. das steigernde καί vor ἀποκόψονται) gleich die Kastration. Ein derartiges ἀποκόπτειν „wäre eine radikale Überbietung des περιτέμνειν, wobei eine solche Übersteigerung der gesetzlichen Haltung in Widergesetzlichkeit umschlüge; denn damit fiele man unter das Verdikt von Dt 23, 2 ... Dabei mag ... der Gedanke an Selbst-Exkommunikation mitspielen: mit der Selbstentmannung schlössen sie sich wenigstens selbst aus der Kirche Gottes aus, wie sie in Wahrheit schon längst draußen stehen" (Stählin)[136]. Es ist jedoch recht unsicher, ob bei Paulus der Gedanke an eine „Selbst-Exkommunikation" wirklich mitschwingt. Viel eher scheint er mit nicht mehr überbietbarem Sarkasmus, den man deshalb nicht als „Witz" bezeichnen kann[137], die Gegner in ihrem Ehr- und Selbstgefühl treffen zu wollen[138]; denn eine derartige Kombination der jüdischen Beschneidung mit Kastration muß für einen (ehemaligen) Juden geradezu eine Blas-

---

[132] Vgl. dazu außer den Kommentaren (besonders OEPKE) auch STÄHLIN in: ThWb III, 853–855.
[133] BLASS-DEBR § 359.
[134] BAUER Wb s. v. ἀποκόπτω.
[135] Vgl. dazu OEPKE z. St.; SCHNEIDER in: ThWb II, 763; H. D. BETZ, Lukian von Samosata und das NT, 77–79.
[136] ThWb III, 854. Diesen Selbstausschluß der Gegner hat vielleicht die Vg. im Auge, wenn sie ἀποκόψονται mit abscindantur übersetzt.
[137] Vgl. dazu H. VON CAMPENHAUSEN, Ein Witz des Apostels Paulus und die Anfänge des christlichen Humors, in: Ntl. Studien für R. Bultmann (Berlin ²1957) 189–193.
[138] Wenig wahrscheinlich ist, daß Paulus die Gegner mit dem Wunsch, sie sollten sich doch selbst entmannen, der heidnischen Verachtung der Beschnittenen und Kastrierten ausliefern möchte. „Für Griechen wie für Römer gilt die Beschneidung als unanständig, ja als pervers, und Hadrian setzte die Beschneidung der castratio gleich ..., die als Mord bestraft wurde" (MEYER in: ThWb VI, 78); so kann Paulus als ehemaliger Jude über die Beschneidung, das Bundeszeichen Israels, nicht denken.

phemie sein. Doch bedenke man, daß Paulus das nicht gegenüber Juden sagt, sondern gegenüber christlichen Judaisten. Daß der Apostel die Gegner im Auge hat und nicht etwa jene unter den Galatern, die ihnen bereitwillig gehorchen wollen, geht aus dem partizipialen Subjekt des Verses hervor: οἱ ἀναστατοῦντες ὑμᾶς. Aus den οἱ ταράσσοντες von 1, 7 sind also jetzt οἱ ἀναστατοῦντες geworden. „Sie sind damit als solche gekennzeichnet, die Aufruhr in die Kirche tragen" (Schlier); sie zerstören[139] die Einheit und den Frieden in der Kirche.

Damit beendet der Apostel einstweilen die Auseinandersetzung mit seinen Gegnern und ihren Anschauungen — er wird in 6, 11ff nochmals kurz auf sie zu sprechen kommen. Er wendet sich nun ethischen Fragen zu, jedoch in engem Anschluß an bereits berührte Themen.

III. Ethik der Freiheit in Liebe und Geist (5, 13 – 6, 10)

Die pln. Lehre von der Rechtfertigung aus dem Glauben an den Christus passus und die damit verbundene Lehre von der Freiheit des Christen von den bisherigen Heilswegen der Menschheit ist der Gefahr des Mißverständnisses ausgesetzt. Die pln. Rechtfertigungslehre verkündet ja: Du kannst und brauchst es nicht selber zu schaffen; ein anderer, Jesus Christus, hat es für dich geschafft! Wer diesen Christus in der Taufe gläubig „angezogen" hat, hat schon teil an der himmlisch-pneumatischen Lebenskraft Christi, besitzt nun selbst das göttliche Pneuma, das ihm das Leben verleiht. Der erlöste Mensch ist befreit aus der Sklaverei des Gesetzes (vgl. Röm 8, 2); er ist vor Gott „gerechtfertigt" durch den Glauben.

Aus all dem könnte ein falscher Schluß gezogen werden: Christus ist für dich gestorben, du brauchst nur fest dein gläubiges Vertrauen auf ihn zu setzen, im übrigen kannst du tun und lassen, was du willst. Der Apostel weist solche Schlüsse aus seiner Rechtfertigungslehre mit aller Entschiedenheit zurück[1]. Er lehrt: Wenn auch das Gesetz als Rechtfertigungsprinzip ein für allemal durch die im Kreuz Jesu aufgerichtete Gnadenordnung Gottes für den Glaubenden und Getauften außer Geltung gesetzt ist, so doch nicht der ethische Imperativ! Der Apostel betont vielmehr mit aller Energie: Der ethische Imperativ kommt durch den neuen Indikativ, durch das dem Gläubigen bei der Taufe verliehene πνεῦμα ἅγιον, erst zu seiner wahren und vollen Geltung![2] Denn der Empfang

---

[139] ἀναστατοῦν = aufscheuchen, beunruhigen, zerstören, einen Aufruhr machen (BAUER Wb s. v.); vgl. auch Apg 17, 6; 21, 38.
[1] Vgl. auch J. JEREMIAS, Zur Gedankenführung in den paulinischen Briefen, in: ABBA, 269–276 (näherhin 269–271).
[2] Vgl. auch OEPKE, Exkurs 9 (144f): Indikativ und Imperativ in der paul. Paränese (mit Literatur); SCHLIER, 264–267 (Exkurs „Indikativ und Imperativ bei Paulus"); dazu noch KUSS, Heilsbesitz und Bewährung, in: Der Römerbrief, 396–432 (Lit.); C. F. D. MOULE, Obligation in the Ethics of Paul, in: Christian History and Interpretation. Studies pres. to JOHN KNOX (Cambridge 1967) 389–406; J. BLANK, Indikativ und Imperativ in der paulini-

der Pneumagabe bedeutet die objektive Heiligung des gerechtfertigten Menschen. Daraus ergibt sich als unabdingbare ethische Forderung: Mache aus der objektiven Heiligung auch deine subjektive!

Das ergibt aber eine neue Sicht und eine neue Grundlegung der christlichen Ethik gegenüber der atl.-jüdischen: Die christliche Ethik ist nicht mehr Nomos-Ethik, sondern Pneuma-Ethik! Dadurch kommt das Gesetz erst zu seinem eigentlichen Sinn[3]. Nun heißt es nicht mehr: das ethische Verhalten führt zur Rechtfertigung vor Gott, sondern umgekehrt: die Rechtfertigung fordert auch ein entsprechendes Ethos: πνεύματι περιπατεῖτε (Gal 5, 16). Das Erste ist die objektive Rechtfertigung und Heiligung; daraus resultiert als ethischer Imperativ die subjektive Heiligung, der Wandel im Pneuma. Die Heiligkeitsforderung, die zu den Grundforderungen Gottes gehört (vgl. Ex 22, 31; Lev 11, 45), zeigt sich dadurch erst in ihrer ganzen Schärfe und Dringlichkeit; denn der Pneumabesitz ist nun das Grundmotiv des ethischen Verhaltens. Wandle würdig des Pneumas, das dir bei der Taufe von Gott geschenkt wurde! Auf diese Formel könnte man die ethische Forderung Gottes nun bringen. Das ist eine „konsekutive" Ethik; denn diese Ethik ist nicht mehr die Ursache, der Grund der Rechtfertigung, sondern ihre Folge und Frucht. Dadurch verschärft sich aber die Dringlichkeit ihrer Forderungen, besonders des diese alle zusammenfassenden Liebesgebotes (5, 14).

Diese neue Ethik ist aber auch radikal „christozentrisch" orientiert. Denn das ethische Verhalten des Gerechtfertigten ist ja nun zugleich die existentielle Verwirklichung des sakramentalen „Mitsterbens" mit Christus, des „mit Christus Gekreuzigtwerdens" (vgl. 2, 19; 5, 24). Das bedeutet aber auch, daß der Christ entschieden auf den Weg des Leidens verwiesen wird, den Jesus selbst gegangen ist und in seiner Nachfolge der Apostel geht, der die Stigmata Jesu an seinem Leibe trägt (6, 17).

Die Heiligkeitsforderungen Gottes, sein Imperativ, kommen also in der pln. Ethik nicht zu kurz, vielmehr erst ganz zur Geltung. Freilich findet nun, wie schon in der Ethik Jesu (oder auch im Jakobusbrief; vgl. Jak 2, 8), eine radikale, quantitative und qualitative Reduzierung der Forderungen des Gesetzes statt, insofern diese alle nach Gal 5, 14 „in dem einen Wort" erfüllt sind: „Du sollst deinen Nächsten lieben wie dich selbst." Darin zeigt sich „das Gesetz Christi" (6, 2). Damit wird aber auch das Schwergewicht, ähnlich wieder wie bei Jesus (Bergpredigt!), vom äußeren ethischen Wohlverhalten entschieden in die Gesinnung verlegt, in das Herz. Eine nur formale Erfüllung des Imperativs ist endgültig abgewiesen — „endgültig", weil sie schon früher von den Propheten des Alten Bundes immer wieder abgewiesen wurde.

Die pln. Ethik ist eine Ethik der Freiheit, aber eine Ethik, die ihre absolute

---

schen Ethik, in: DERS., Schriftauslegung in Theorie und Praxis (München 1969) 144–157; O. MERK, Handeln aus Glauben. Die Motivierung der pln. Ethik (Marburger Theol. Stud. 5) (Marburg 1968); KÄSEMANN, An die Römer, 162–168. Umfassende Literatur bei KAMLAH, Die Form der katalogischen Paränese im NT, 14, Anm. 1.

[3] „Der Satz: ‚Wir richten das Gesetz auf' (Röm 3, 31) hat also eine neue und kritische Bedeutung: der νόμος tritt unter die Herrschaft des πνεῦμα und kommt dadurch zu seinem eigentlichen Sinn" (MICHEL zu Röm 13, 8).

Normierung im Liebesgebot hat und ihr eigentliches Motiv im Pneuma besitzt, das seine Frucht bringen will. Dieser Frucht stehen aber „die Werke des Fleisches" entgegen, die es deshalb abzulegen gilt. So hat sich die christliche Freiheit in der Agape und im Pneuma zu bewähren. Dies ist das Anliegen des großen ethischen Abschnittes in Gal 5, 13 – 6, 10[4], dessen Themen eng zusammengehören: Immer wieder klingt die Liebesforderung auf (5, 13f; 6, 2.5.10), und durchgehend erscheinen die gegensätzlichen Begriffe πνεῦμα und σάρξ. Eine gewisse Gliederung läßt sich jedoch erkennen und wird in diesem Kommentar durchgeführt[5].

1. CHRISTLICHE FREIHEIT ALS DIENST DER LIEBE ZUM NÄCHSTEN (5, 13–15)

5, 13 Denn ihr wurdet zur Freiheit berufen, Brüder; nur nicht die Freiheit als Anlaß für das Fleisch! Vielmehr durch die Liebe dient einander! 14 Denn das ganze Gesetz ist in einem Wort erfüllt, in dem: ‚du sollst deinen Nächsten lieben wie dich selbst' (Lev 19, 18). 15 Wenn ihr aber einander beißt und auffreßt, gebt acht, daß ihr nicht voneinander verschlungen werdet.

Nach Oepke „faßt" V 13a „in prägnanter Kürze den Ertrag der ganzen bisherigen Erörterung zusammen". Das ist richtig, aber zugleich ist der kleine Abschnitt 5, 13–15 die Überleitung für die folgende Paränese[6].

5, 13 Der Vers ist durch das Pronomen ὑμεῖς und die Partikel γάρ eng mit dem Vorausgehenden verbunden. Wie ist aber eigentlich der Begründungszusammenhang? Wird nur V 12 begründet, wie manche Ausleger meinten[7]? Kaum. Begründet wird vielmehr die ganze Ablehnung des „Judaismus" der Gegner durch den Apostel. Es kann mit ihm keinen Kompromiß geben; „denn" der Christ wurde zur Freiheit berufen, nämlich zur Freiheit von all jenen Heilswegen, die durch Christus überholt sind. Wer der Berufende ist, bleibt unausgesprochen; es kann nach 1, 6.15 und 5, 8 nur Gott sein, der die Christen durch Christi Erlösungstod und ihre Taufe (Aorist ἐκλήθητε) zur Freiheit berufen

---

[4] Vgl. zu ihm auch Merk, Handeln aus Glauben, 66–80.
[5] Zwar begegnet das „paränetische" οὖν schon in 5, 1 (s. d.), dennoch setzt der eigentlich paränetische Abschnitt des Briefes erst mit 5, 13 ein (vgl. auch Merk, ebd. 68; ders., Der Beginn der Paränese im Galaterbrief, in: ZntW 60 [1969] 83–104). 5, 1–12 dagegen behandelt nochmals das durch die Gegner in Galatien aufgebrochene Problem der „Rechtfertigung", das der Apostel wieder mit seinem „Ich" und seiner Verkündigung des Kreuzes verbindet.
[6] Vgl. auch Eckert, Die urchristliche Verkündigung, 133.
[7] Vgl. z. B. Bisping: „Die Verbindung durch γάρ ... ist so zu fassen: ‚Möchten diejenigen sich gar verschneiden lassen, die euch in Verwirrung bringen ...; denn ihr (im Gegensatz zu jenen) seid zur Freiheit berufen, Brüder.'" In diesem Fall wäre die Partikel δέ, die G* F* 436 syr[p], Ephraem, Augustinus, Chrysostomus statt γάρ lesen, schon besser am Platz: „ihr jedoch ..."

hat. Die Präposition ἐπί gibt das Ziel an: die Freiheit selbst ist das Ziel der Berufung[8]; denn Christus führte durch seinen Tod am Kreuz und seine Auferweckung von den Toten den Ruf Gottes zur Freiheit als Wirklichkeit und Möglichkeit für den Gläubigen herauf (vgl. 5, 1). Wenn aber die Freiheit selbst das Ziel der Erlösung ist, dann ist sie nicht bloß „Befreiung von ...", sondern geradezu Inhalt der Erlösung; diese ist ihrem Wesen nach Befreiung zur Freiheit.

Wenn zum Inhalt der christlichen Freiheit die Befreiung von allen bisherigen Heilswegen der Menschheit gehört, dann auch jene vom Heilsweg des Gesetzes; so lehrt der Apostel im Galaterbrief. Dadurch ist aber ein Zweifaches gegeben. Einmal das Problem, das einen Juden bewegen muß: Gilt denn das Gesetz mit seinen strengen Forderungen, die doch die Forderungen Gottes sind, nicht mehr? Soll Israel den Heiden gleich werden? Zum andern, mit dem eben Gesagten zusammenhängend: Kann der dermaßen Befreite tun, was er will? Diese doppelte Frage haben jene Ausleger empfunden, die im Galaterbrief einen „Zweifrontenkrieg" des Apostels vermuteten und vermuten: gegen Judaisten wie gegen (gnostizierende) Libertinisten (bzw. Pneumatiker). Wie wir in den Prolegomena (§ 3) erörterten, scheint die Zweifrontentheorie nicht richtig zu sein. Der Brief kämpft gegen eine einzige Front, aber gerade aus diesem „Kampf" heraus könnte sich ein Mißverständnis des Wesens der christlichen Freiheit ergeben, das der Apostel a limine vorbeugend abwehren will, nämlich dies: die Entlassung des Gläubigen in die christliche Freiheit sei identisch mit einer Entlassung in den ethischen Libertinismus[9]. Dieses Mißverständnis könnte bei den Galatern durch den Pneumaempfang verursacht sein (vgl. 3, 1–5; 6, 1: ὑμεῖς οἱ πνευματικοί). Als „Pneumatiker" glaubten sie vielleicht, in ethischer Freizügigkeit leben zu können[10]. Daß die pln. Rechtfertigungslehre leicht in diesem Sinn mißverstanden werden konnte, beweist sowohl der Römerbrief

---

[8] Zur sprachlichen Formulierung s. auch PLUTARCH, Sulla 9 p. 457 E: τούτων δὲ γινομένων, Μάριος ἐξωσθεὶς πρὸς τὸ τῆς Γῆς ἱερόν, ἐκάλει διὰ κηρύγματος ἐπ' ἐλευθερίᾳ τὸ οἰκετικόν (vgl. ALMQUIST, Plutarch und das NT, 111, Nr. 234).

[9] „Die Meinungen, Paulus wende sich nun an ‚die freien paulinischen Christen' (de Wette), ‚die falschen Pauliner' (Bisping), an eine antinomistische Richtung in den galatischen Kirchen (Lightfoot, Lütgert, Ropes) oder hier trete der libertinistische Charakter der gnostischen Häresie, die die paulinischen Gemeinden bedrohe, deutlich zutage (Schmithals), lassen sich nicht hinreichend im Kontext und gesamten Brief verifizieren und verkennen die Eigenart der Paränese, die denselben Galatern, welche, polemisch gesprochen, unter dem Gesetz sein wollen und vor dem Gesetz wie vor einer feindlichen Macht gewarnt wurden, nun klarmachen muß, daß das Ende des Gesetzes nicht Aufgabe der Moral bedeutet" (ECKERT, Die urchristliche Verkündigung, 133).

[10] Von daher kommt es, daß Paulus gegen zwei Fronten in Galatien zu kämpfen scheint, wie besonders LÜTGERT angenommen hat. In Wirklichkeit kämpft er nicht gegen zwei Fronten, sondern gegen zwei Gefahren, die den galatischen Gemeinden drohten: einmal gegen die nomistische, zum andern gegen die libertinistische Gefahr (vgl. dazu auch R. JEWETT, The Agitators and the Galatian Congregation, in: NTSt 17 [1970/71] 198–212 [209–212]; J. spricht von einem „pneumatischen Libertinismus", der bei den Galatern von einem „typisch hellenistischen Mißverständnis über den Geist" herrühre). Aber die „libertinistische Gefahr" könnte auch deshalb vom Apostel angesprochen sein, weil seine Gesetzestheologie selbst diese scheinbar notwendig in sich schloß (s. o. unsere weiteren Ausführungen).

(vgl. besonders 3, 8: „und es geht wahrhaftig nicht nach dem Wort, das gewisse Leute uns lästerlicherweise unterstellen: Laßt uns das Böse tun, damit das Gute komme!"; auch 6, 1) als auch der Jakobusbrief mit seinen durchgehenden Mahnungen zur Verwirklichung des Wortes in den Werken der Liebe und des Gehorsams, die gegen einen Pseudopaulinismus gerichtet zu sein scheinen[11].

Jedenfalls wehrt Paulus in V 13b das libertinistische Mißverständnis der christlichen Freiheit entschieden ab: „nur[12] nicht die Freiheit als Anlaß für das Fleisch!" Die leidenschaftliche Erregtheit der Formulierung erlaubt — trotz des Akkusativs τὴν ἐλευθερίαν[13] — keine Ergänzung eines Verbums hinter μόνον μή, etwa δῶτε (so G Vg. [detis])[14]. Die Freiheit könnte als ἀφορμή für das Fleisch genommen werden: ἀφορμή ist „eigentlich der Ausgangs- und Stützpunkt einer Expedition, dann allgemein der Inbegriff der Mittel zur Durchführung eines Unternehmens . . ., in unserer Literatur der Anlaß, der Vorwand, die Gelegenheit für etwas . . ." (BauerWb)[15], „vielleicht auch mit einem aktiven Akzent: (der) Anreiz oder Antrieb" (Schlier, z. St.), nämlich „für das Fleisch" (Dat. commodi τῇ σαρκί). Der Anreiz, die christliche Freiheit „zu Gunsten des Fleisches" zu mißbrauchen, könnte von den Menschen ausgehen, indem sie unter Berufung auf ihre Freiheit in Christus „die Werke des Fleisches" verrichten, weil sie nun angeblich „jenseits von Gut und Böse" stehen; er könnte aber auch von der σάρξ selbst ausgehen, die die Freiheit zum „Ausgangspunkt" ihrer Verführungskünste macht: du kannst mein Begehren jederzeit erfüllen, du bist doch als ein von der Herrschaft des Gesetzes Befreiter seinen Forderungen nicht mehr unterworfen![16] So darf die Freiheit nicht verstanden werden, „vielmehr" gilt gerade in ihrem Stand: „Dient einander durch die Liebe!" (V 13c.)

Das klingt überraschend, weil diese Forderung ein Paradox, ja einen Gegensatz zum Wesen der „Freiheit" zu enthalten scheint, nämlich das δουλεύειν. An den Stellen, an denen bisher der Apostel das Verbum δουλεύειν gebraucht hat, tat er es in negativem Sinn (vgl. 4, 8.9.25); es drückte eine Sklavenschaft aus! Jetzt fordert er auf einmal ein neues δουλεύειν von den Christen. Aber das sofort angeführte Dativobjekt ἀλλήλοις und besonders die Modalbestimmung διὰ τῆς ἀγάπης legen δουλεύειν als **gegenseitigen Dienst der Liebe**

---

[11] Vgl. dazu meinen Kommentar zum Jakobusbrief, 12–23 und passim.
[12] ECKERT interpretiert μόνον richtig so: „Die vorliegende Ermahnung muß aber in erster Linie als eine auf die bisherige prononciert einseitige Verneinung des Gesetzes zu erwartende Aussage des Seelsorgers Paulus begriffen werden" (Die urchristliche Verkündigung, 134). „μόνον hat nicht einschränkende Bedeutung, sondern ist mahnendes Verbindungswort, durch das der Exhortativ von V 13b an die indikativische Aussage von V 13a angeschlossen wird (vgl. 2, 10; Phil 1, 27)" (SAND, Der Begriff „Fleisch" in den pln. Hauptbriefen, 209).
[13] Zu ihm ergänzen manche Textzeugen (1912 69 1319 al., syr[p.h], arm, EPHRAEM) noch den Genitiv ὑμῶν, sa ἡμῶν.
[14] Zu μή „in gleichsam abgerissenen Wendungen ohne Zeitwort" vgl. auch Mt 26, 5; Mk 14, 2; Joh 18, 40; Röm 3, 8; 12, 11; Eph 6, 6; BAUERWb s. v. μή A, III, 6.
[15] Viele Belege auch bei MOULTON-MILLIGAN s. v.
[16] „Die σάρξ ist kein ‚metaphysisches Prinzip', keine ‚Sphäre', in der sich der Mensch bewegt, sondern ist umfassende Bezeichnung der sündigen Existenz des der Sünde versklavten Menschen" (SAND, a. a. O. 210).

aus, der vom δουλεύειν der vorher genannten Stellen radikal verschieden ist[17]. Das heißt also: „Die Freiheit, zu der die Galater gerufen sind, ist ihrem Sinn und rechten Gebrauch nach die Freiheit zur Liebe, sie ist, kann man auch sagen, die Freiheit der Liebe" (Schlier). Die betonte Bestimmung διὰ τῆς ἀγάπης weist zurück auf das δι' ἀγάπης von 5, 6 (πίστις δι' ἀγάπης ἐνεργουμένη)[18]. In der tatkräftigen Erfüllung des Liebesgebotes wird der Glaube als Rechtfertigungsprinzip erst wirksam.

Das Dativobjekt ἀλλήλοις qualifiziert neben der Modalbestimmung „durch die Liebe" das δουλεύειν in bedeutsamer Weise. „Sklave sein" beruht normalerweise auf einem einseitigen Verhältnis: der eine ist der Herr, der andere sein Sklave. „füreinander Sklave sein" ist, soziologisch-weltlich gesehen, eigentlich Unsinn und erst möglich durch Christi beispielhaftes Sklave-Sein (vgl. Joh 13, 14–17; Luk 22, 27). Seither gibt es einen „gegenseitigen" Sklavendienst, eben aus der durch Gottes Tat in Christus möglich gewordenen Haltung der ἀγάπη heraus[19]: das ganz für den anderen und für alle dasein! Darin kommt die ἀγάπη zu ihrem Wesen und ebenso die christliche Freiheit. In der Übung der ἀγάπη wird die Freiheit erst ganz frei, weil sie vom Ich sich loslöst, befreit von allen falschen Bindungen. Der liebende Mensch ist der freie Mensch. „Die Liebe ... ist die reale Ablösung des Menschen von sich selbst" (Schlier). Er erkennt nun im Nächsten seinen Bruder; er liefert die Freiheit, in die er durch das Evangelium gestellt ist, nicht mehr an das Begehren des Fleisches aus.

5, 14 V 13c enthält einen Imperativ, und die Galater werden mit ihm zu einem (neuen) Sklavendienst aufgefordert: δουλεύετε! Und sicher war es dieser Term, der es dem Apostel paradoxerweise erlaubte, den bisher im Brief immer „negativ" verstandenen Begriff „Gesetz" nun in positivem Sinn zu verwenden und von einer „Erfüllung des ganzen Gesetzes" zu sprechen. Der V 14 dient allerdings auch zugleich der Begründung (vgl. γάρ) des V 13, näherhin der Modalbestimmung διὰ τῆς ἀγάπης. Der ganze Ton liegt in ... ἐν ἑνὶ λόγῳ, in dem „das ganze Gesetz erfüllt ist"[20]. Diese „Erfüllung" ist alles andere als eine Wiederaufrichtung des Gesetzes und damit ein ungewolltes

---

[17] Vgl. den ähnlich positiven Gebrauch von δουλεύειν in Röm 7, 6 (ὥστε δουλεύειν [ἡμᾶς] ἐν καινότητι πνεύματος ...); Kol 3, 24 (τῷ κυρίῳ Χριστῷ δουλεύετε); RENGSTORF in: ThWb II, 277ff (279: „Wenn im NT das Verhältnis des Christen zu Christus mit δουλεύειν o. ä. beschrieben wird, so enthält dieser Sprachgebrauch immer ein Bekenntnis zu dem, was geschehen ist, und die Bereitschaft, aus den vorliegenden Tatsachen in allerpersönlichster Form die Folgerungen zu ziehen. δουλεύειν entspricht also auf der Seite des Menschen dem (ἐξ)αγοράζειν auf der Seite Christi als Beschreibung der Haltung, die aus der Bejahung seiner Tat erwächst. Was er bringt, ist die Freiheit, die der Mensch aber nur dann als Freiheit erfährt, wenn er sich an ihn bindet").
[18] Vgl. zur Präposition διὰ (τῆς ἀγάπης) die Auslegung zu 5, 6.
[19] Jene wenigen Textzeugen, die statt διὰ τῆς ἀγάπης lesen: τῇ ἀγάπῃ τοῦ πνεύματος (104 D al., Vg., sa, BASILIUS), lassen mit dieser LA die Einsicht erkennen, daß solcher Sklavendienst „füreinander in Liebe" im Grunde nur möglich ist als Gabe des heiligen Geistes (vgl. Röm 5, 5).
[20] MARCION liest statt ἐν ἑνὶ λόγῳ: ἐν ὑμῖν („bei euch"); D* G, it, AMBROSIASTER lesen: ὑμῖν ἐν ἑνὶ λόγῳ („für euch in einem einzigen Wort"); 1611, syr[h], EPHRÄM lesen: ἐν ὀλίγῳ = „in wenigem" (gesehen im Hinblick auf die Menge der Gebote der Tora).

Bekenntnis des Apostels zu dem „anderen Evangelium" der Gegner, vielmehr gerade eine überdeutliche Kritik am „anderen Evangelium", weil es die Bestimmungen des ganzen Gesetzes radikal auf das Liebesgebot reduziert (ἑνί!). Aber das Stichwort νόμος in 5, 14 läßt auch deutlich erkennen, daß der Apostel die Gesetzesproblematik unterdessen keineswegs vergessen hat[21]. Er wird sie bis zuletzt nicht aus dem Auge verlieren.

Im übrigen entstehen hier vier Fragen: a) Was bedeutet ὁ πᾶς νόμος? b) Welchen Sinn hat das Verbum πληροῦν? c) Was bedeutet näherhin πλησίον? d) Wo liegt der Ursprung der Lehre, daß die Liebe zum Nächsten die Erfüllung des ganzen Gesetzes ist?

Zu a: ὁ πᾶς νόμος. Auffällig ist die attributive Stellung von πᾶς. „Bei der attributiven Stellung wird der einheitliche Inbegriff des Zusammengefaßten stärker betont als bei der prädikativen" (Mayser)[22]. ὁ πᾶς νόμος ist das gesamte Gesetz, im Gegensatz zu seinen einzelnen Anordnungen.

Zu b: πληροῦν. Das Problem ist hier: Meint πληροῦν die „Verwirklichung" (= ποιεῖν) des Gesetzes (im Sinn von Gal 6, 2 [ἀναπληροῦν]; Mt 3, 15; 5, 17; Röm 8, 4; 13, 8; Kol 4, 17) oder seine den Sinn des Gesetzes erfüllende „Aufgipfelung" im Sinn des ἀνακεφαλαιοῦται von Röm 13, 9? Als Alternative scheint uns die Frage nicht richtig zu sein. Röm 13, 8–10, das man als einen authentischen Kommentar zu Gal 5, 14 betrachten kann, läßt erkennen, daß die „Erfüllung" des Gesetzes sowohl in der entschiedenen Verwirklichung des Liebesgebotes besteht, wie es darin auch seine „Zusammenfassung" und Aufgipfelung findet[23]. Es ist also nicht bloß „der Anspruch des Nomos", der nach Gal 5, 14 durch die Nächstenliebe „ganz erfüllt" wird, wie Delling meint[24], sondern die ἀγάπη **vollendet** auch gänzlich das Gesetz als Ausdruck des heiligen Willens Gottes. Gegen diese Auffassung kann nicht mit Delling auf das ἐν ἑνὶ λόγῳ hingewiesen werden; denn die Erfüllung des Gesetzes liegt nicht in einem Satz, sondern in jener Sache, die in dem Satz: „Du sollst deinen Nächsten lieben wie dich selbst" zur Sprache kommt[25]. Paulus denkt auch in der Ethik „heilsgeschichtlich": Die ἀγάπη, die in Christi Opfertod sich beispielhaft geoffenbart hat, ist die eschatologische Erfüllung und Vollendung des Gesetzes[26].

Zu c: πλησίον. An welchen „Nächsten" denkt der Apostel, wenn er die Galater auf Lev 19, 18 verweist? Vielleicht besser gefragt: An welchen „Näch-

---

[21] Vgl. auch ECKERT, Die urchristliche Verkündigung, 134.
[22] Grammatik, II/2, 100.
[23] Die Bedeutung „vollzählig machen, (eine Summe) abrunden" findet sich bei πληροῦν auch Herodot VII, 29 und ep. Arist. 10 (ThWb VI, 286/19f, DELLING).
[24] ThWb VI, 291/25f.
[25] Zur Textgestalt von Lev 19, 18 in der Damaskusschrift und im NT vgl. J. DE WAARD, A comparative Study of the Old Testament Text in the Dead Sea Scrolls and in the New Testament (Leiden 1965) 34–37.
[26] Das Perfekt πεπλήρωται ist wohl gnomisch in dem Sinn: das Gesetz ist immer dann erfüllt, wenn das Liebesgebot erfüllt wird. ℵ D G u. viele andere bieten das Präsens πληροῦται. „πληροῦν τὸν νόμον ... entspricht einer jüdischen Wendung (aram. קַיֵּם)" (MICHEL zu Röm 13, 8); vgl. auch BILLERBECK I, 241. Zur Verbindung von πληροῦν mit der Idee einer Ganzheit (ὁ πᾶς νόμος) vgl. auch H. LJUNGMAN, Das Gesetz Christi erfüllen (Lund 1954) 56ff.

sten" werden die Galater bei dem Hinweis auf Lev 19, 18 gedacht haben? „Das Gebot der ‚Nächstenliebe' gilt ... Lv 19, 18 zunächst eindeutig gegenüber den Genossen des Jahwebundes, nicht ohne weiteres gegenüber allen Menschen. Es wird freilich ... Lv 19, 34 auch im Blick auf den גֵּר, den im Lande wohnenden Fremden verbindlich gemacht ... und zwar mit den gleichen Worten wie Lv 19, 18 mit Blick auf den ‚Israeliten' ... Spätere jüdische Rechtsauslegung hat eine ausdrückliche **Begrenzung des Liebesgebotes** vorgenommen; sie läßt es nur für den Israeliten und Vollproselyten ... gelten und schließt den Samaritaner, den Fremden, d. h. Ausländer (נָכְרִי) und den גֵּר תּוֹשָׁב, den Beisassen, der sich innerhalb von 12 Monaten nicht der jüdischen Gemeinde angeschlossen hat, aus" (Fichtner)[27]. Es hat aber im Frühjudentum immer auch Stimmen gegeben, die für eine Ausweitung des Liebesgebotes auf alle Menschen eintraten[28]. In der Predigt Jesu wird der Begriff des „Nächsten" zu etwas, was quer durch die ganze Menschheit mit all ihren natürlichen und künstlichen Schranken und Besonderungen hindurchgeht und sie fortwährend überwindet; nach Jesus kann jeder Mensch mein Nächster werden[29]. Nun läßt sich aber im NT beobachten, daß das Gebot der Nächstenliebe in der Urkirche wieder eine gewisse Einschränkung erfahren hat, insofern das „Hauptobjekt" der Liebe der christliche Mitbruder ist[30]; in klassischer Weise kommt das im Gal selbst zum Ausdruck am Ende des ethischen Abschnittes in 6, 10: „**laßt uns allen Gutes tun, vorzüglich aber den Glaubensgenossen**". Die Universalität des Liebesgebotes bleibt zwar, aber zugleich wird eine „Rangordnung" geboten, wie sie sich so in der Predigt Jesu nicht findet. So werden die Galater den Hinweis des Apostels auf „das eine Wort" des Gesetzes in Lev 19, 18 vor allem als Hinweis auf die Übung der Liebe „gegeneinander" verstanden haben, wie sich ja auch deutlich aus dem Kontext ergibt (V 13c: δουλεύετε ἀλλήλοις; V 15).

Zu d[31]: Wo liegt der Ursprung der Lehre, daß das Liebesgebot von Lev

---

[27] ThWb VI, 312f. Vgl. auch BILLERBECK I, 353f.
[28] ThWb VI, 313. Zur semantischen Geschichte der Terme רע bzw. πλησίον vgl. besonders BERGER, Die Gesetzesauslegung Jesu I, 81–91; 100–105.
[29] Vgl. dazu F. MUSSNER, Der Begriff des „Nächsten" in der Verkündigung Jesu, in: PRAESENTIA SALUTIS, 125–132; GREEVEN in: ThWb VI, 314–316 (316: „Was der ‚Nächste' ist, kann man nicht definieren, man kann es nur sein").
[30] Vgl. dazu den aufschlußreichen Aufsatz von H. MONTEFIORE, Thou shalt love the Neighbour as thyself, in: NT 5 (1962) 157–169; M. nennt vier Gründe für diese Erscheinung: 1. Die gemeinsame Erfahrung des Pneumas, das die Getauften zu einer engen Gemeinschaft zusammenbindet (vgl. etwa 1 Kor 12, 13; Gal 3, 26–28), 2. das Bewußtsein von dem alten Äon, der böse ist und dahinschwindet (vgl. 1 Kor 7, 31b; Gal 1, 4), während die christliche Gemeinde dem neuen Äon in Christus angehört (2 Kor 5, 17; Gal 6, 15), 3. das Selbstverständnis der christlichen Gemeinde, das sich wieder stark am AT orientiert (die christliche Gemeinde: das wahre Israel!), 4. das Bewußtsein, die kleine Herde inmitten einer häufig feindseligen Welt zu sein. Doch läßt sich Ähnliches schon im Bereich des Frühjudentums beobachten; vgl. dazu BERGER, a.a.O. 135: „In fest umgrenzten Minderheiten zeigt sich eine der hellenistischen [universalistischen] Deutung entgegengesetzte Tendenz: Um die Determination auf den Volksgenossen oder das Sektenmitglied zu verdeutlichen, wird der ‚Nächste' durch den ‚Bruder' ersetzt."
[31] Vgl. dazu BILLERBECK I, 900–908; R. SCHNACKENBURG, Die sittliche Botschaft des NT

19, 18 die Erfüllung des ganzen Gesetzes ist? Die Beantwortung der Frage ergibt ein differenziertes Bild[32]. Nach dem heutigen Stand der Forschung scheint es sicher zu sein, daß die Verbindung der beiden Gebote von Deut 6, 4f und Lev 19, 18 nicht erst auf Jesus zurückgeht, sondern schon auf das vorchristliche Judentum[33]. Nach Lk 10, 27 zitiert der jüdische Gesetzeslehrer Deut 6, 5 und Lev 19, 18 als Einheit. „Diese lukanische Fassung zeigt: die christliche Gemeinde hat durchaus nicht überall ... die Zusammenfassung des Gesetzes in diese beiden Gebote als eine besondere Tat Jesu betrachtet, sondern schon vor ihm vollzogen vorausgesetzt — und wahrscheinlich mit Recht[34]. Es wird eine jüdische Tradition sein, welche die Mk-Fassung[35] Jesus in den Mund legt" (E. Haenchen)[36]. Haenchen meint, daß die Frage, was im Gesetz das Entscheidende und das Wichtigste sei, schon vor Jesus aufgetaucht und die Rabbinen beschäftigt habe. Jesus anerkennt die Verbindung und Wertung der beiden „Hauptgebote": „du hast richtig geantwortet" (Lk 10, 28a); d.h., die Antwort des jüdischen Rabbi ist auch seine Antwort, und blieb als solche für die Urkirche naturgemäß von größter Bedeutung und maßgebend (vgl. Mk 12, 29–34; Mt 22, 37–40). Ob Paulus das „Doppelgebot der Liebe" in der jüdischen oder jesuanischen Form gekannt hat, läßt sich nicht ausmachen. In Gal 5, 14 jedenfalls begegnet das Gebot der Gottesliebe nicht, was selbstverständlich nicht bedeutet, daß der Apostel die Liebe zu Gott ausschließen wollte, die für

---

(München ²1962) 65–71; 172–178 (Literatur); C. Spicq, Agape dans le NT, I (Paris 1958) 237–246; G. Bornkamm, Das Doppelgebot der Liebe, in: Ntl. Studien für R. Bultmann zum 70. Geburtstag (Berlin ²1957), wiederabgedruckt in: Gesammelte Aufsätze III (München 1968) 37–45; Chr. Burchard, Das doppelte Liebesgebot in der frühen christlichen Überlieferung, in: Lohse – Burchard – Schaller (Hrsg.), Der Ruf Jesu und die Antwort der Gemeinde (J. Jeremias zum 70. Geburtstag) (Göttingen 1970) 39–62; Berger, Die Gesetzesauslegung Jesu, 56–257; G. Friedrich, Das Doppelgebot der Liebe (Luk 10, 25–29), in: ders., Was heißt das: Liebe? (Stuttgart 1972) 7–15; M. Limbeck, Von der Ohnmacht des Rechts, 77–83.

[32] Vgl. dazu die umfassenden Untersuchungen bei Berger, a.a.O. 80–136.
[33] Nach den Untersuchungen von Burchard ist das doppelte Liebesgebot „wohl Erbstück aus dem hellenistischen Judentum" (a.a.O. 57); zu diesem Ergebnis kommt auch Berger.
[34] Vgl. z. B. TestIss V, 2 (ἀλλὰ ἀγαπήσατε τὸν κύριον καὶ τὸν πλησίον); VII, 6 (τὸν κύριον ἠγάπησα καὶ πάντα ἄνθρωπον ἐξ ὅλης τῆς καρδίας μου); TestDan V, 3 (ἀγαπήσατε τὸν κύριον ἐν πάσῃ τῇ ζωῇ ὑμῶν καὶ ἀλλήλους ἐν ἀληθινῇ καρδίᾳ). Handelt es sich dabei nicht um christliche Interpolationen (vgl. dazu J. Becker, Untersuchungen zur Entstehungsgeschichte der Testamente der zwölf Patriarchen [Leiden 1970] 377–401), dann liegt die Verbindung der beiden Gebote hier schon eindeutig vor. Weiteres Material bei Burchard, a.a.O. 56, Anm. 77; Berger, a.a.O. 155–165. Zur Zweiteilung der Tora in Pflichten gegen Gott und Pflichten gegen den Nächsten, wie sie in der Verbindung von Dt 6, 5 mit Lev 19, 18 zum Ausdruck kommt, vgl. auch J. B. Stern, Jesus' Citation of Dt 6, 5 und Lv 19, 18 in the light of Jewish Tradition, in: CBQ 28 (1966) 312–316. Doch ist zu beachten, „daß die Herausstellung von Gottes- und Nächstenliebe als der Zusammenfassungen des Gesetzes nicht aus der Beschäftigung mit der Schrift erwuchs: Nirgendwo im Spätjudentum wird in diesen Zusammenhängen Dt 6, 4f oder Lev 19, 18 zitiert; die genannte Kombination ist ‚von außen' hinzugekommen, durch die Vermittlung des hellenistischen Judentums aus dem Hellenismus" (Berger, 169f).
[35] Vgl. Mk 12, 28–34. Zur Analyse dieses Textes s. auch Berger, a.a.O. 183–188.
[36] Der Weg Jesu (Berlin 1966) 414.

ihn eine Selbstverständlichkeit ist[37]. Es geht ihm sowohl in Röm 13, 8–10 als auch in Gal 5, 13ff um Gemeindeparänese, die das ethische Verhalten der Christen zueinander normieren will.

Das ganze Gesetz wird nach Paulus „erfüllt", indem es in die ἀγάπη „aufgehoben" wird[38]; dadurch wird der Christ in die Freiheit der Liebe entlassen[39].

5, 15 Eigentlich würde man aufgrund des vorausgehenden Textes folgende Formulierung dieses Verses erwarten: „Wenn ihr aber einander beißt und freßt, erfüllt ihr das Gesetz nicht" (das euch doch sonst so am Herzen zu liegen scheint). Aber der Apostel fällt wieder in einen bitteren und fast höhnischen Ton, weil ihm vielleicht reale Vorgänge in den galatischen Gemeinden vor Augen schweben, wie aus dem den V 15 einleitenden εἰ-Satz mit Indikativ hervorgehen könnte (Realis!)[40]. Was bei den Galatern möglicherweise vorgeht, hat weder mit Freiheit noch mit Gesetzlichkeit etwas zu tun; es ist nichts anderes als ein „bestialisches" Benehmen (vgl. die sich steigernden Termini δάκνειν, κατεσθίειν, ἀναλίσκειν)[41]. Statt „einander" zu dienen (V 13), beißen die Galater „einander" und werden dabei „voneinander" verschlungen (V 15)[42]; sie fordern nach 5, 26 „einander" heraus und beneiden „einander". So droht jegliches Gemeinschaftsleben bei ihnen zerstört zu werden.

Aber welche konkreten Vorgänge in Galatien hat der Apostel im Auge? Sind durch das Eindringen der Judaisten heftige Parteienkämpfe bei den Galatern entbrannt? Etwa zwischen „Pneumatikern" (Paulinern) und Gesetzlichen? Daran denkt besonders Lütgert. Aber „von grimmigem Streit über die Geltung des Gesetzes — innerhalb der Gemeinden! — war bisher weder in noch zwischen den Zeilen des Briefes etwas zu lesen" (Oepke). Auf Parteikämpfe innerhalb der galatischen Gemeinden kann nur indirekt aus V 15 geschlossen werden; aber ihre nähere Natur entzieht sich unserer Kenntnis, weil Paulus bei Anspielungen bleibt. Vielleicht formuliert er nur deswegen im Realis, weil er in

---

[37] Vgl. auch C. Spicq, Agape I, 242, Anm. 7.
[38] Deshalb ist der Spruch des R. Aqiba († um 135): „Du sollst deinen Nächsten lieben, wie dich selbst (Lev 19, 18): das ist ein großer allgemeiner Grundsatz in der Tora" in Wirklichkeit keine Parallele zu Gal 5, 14. Denn für R. Aqiba haben selbstverständlich die übrigen Gebote und Verbote der Tora weiterhin Gesetzeskraft. Burchard bemerkt: „Zusammenfassungen der Tora sind nicht häufig überliefert, sie widersprechen an sich dem rabbinischen Gesetzesverständnis. Man könnte mit ihnen, eigentlich gebraucht, Einzelgebote begründen oder auch relativieren ... Jedes der 613 Ge- und Verbote im Pentateuch hat seine eigene Würde als direkte Willensäußerung Gottes und will als solches gehalten werden. Zusammenfassungen der Tora sind also uneigentlich, aber es hat sie gegeben [Verweis auf Billerbeck I, 907f] ... Summen der Tora heißen weder ‚erstes' noch überhaupt ‚Gebot', sicher mit Bedacht, und sie sind und müssen sein ein Satz, nicht ein erster und zweiter" (a.a.O. 52f).
[39] Zur radikalen Reduzierung der Forderungen des Gesetzes auf das Liebesgebot sah sich Paulus vielleicht berechtigt durch die urchristliche Tradition (vgl. Mt 5, 43; 19, 19; 22, 39; Mk 12, 31.33; Lk 10, 27; Jak 2, 8; Conzelmann, Theologie des NT, 305: „Das Liebesgebot als die Erfüllung des Gesetzes gehört — als Überlieferung vom Herrn — zum Grundbestand der frühen Paränese"; Eckert, Die urchristliche Verkündigung, 135, Anm. 3).
[40] Vgl. auch Oepke, Schlier u. a.
[41] Vgl. zu den drei Begriffen BauerWb s. v.
[42] Bligh erinnert z. St. an das Wort Jesu in Mt 7, 15: „Nehmt euch in acht vor den falschen Propheten, die in Schafskleidern zu euch kommen, inwendig aber reißende Wölfe sind."

übertreibendem Predigtstil rechtzeitig Warnungen vor drohenden Entwicklungen aussprechen will[43], zu denen die Hinwendung der Galater zum Judaismus führen könnte. Denn ein kasuistischer Legalismus zerstört nur allzuleicht die ἀγάπη und macht ein wahres christliches Gemeinschaftsleben unmöglich. Statt eines δουλεύειν ἀλλήλοις zeigen sich dann in den Gemeinden Zustände, wie sie der Apostel in V 15 schildert (vgl. auch Jak 3, 1–12; 4, 1–12); vor ihnen will er die Galater warnen. Oepke scheint recht zu haben: „Vielleicht will Pls nur das Motiv ‚Unfriede verzehrt' variieren. Seine Lasterkataloge ... sind zwar im allgemeinen der Wirklichkeit abgelauscht, aber nun doch mit einer chronique scandaleuse seiner Gemeinden nicht zu verwechseln."

2. CHRISTLICHER LEBENSWANDEL IM PNEUMA
(5, 16–26)

Gerade dieser Abschnitt zeigt, daß es dem Apostel nicht um eine chronique scandaleuse der galatischen Gemeinden geht, sondern um allgemeingültige Mahnungen zum christlichen Lebenswandel im Pneuma. πνεῦμα ist das verbindende Stichwort des Abschnittes (vgl. VV 16.17.18.22.25). Es ist trotz des Hinweises auf die „Werke des Fleisches" und der Vorführung des Lasterkatalogs eine positive, am Pneuma orientierte Ethik, die der Apostel den Galatern vorlegt. Sie könnte ebenso anderen christlichen Gemeinden vorgelegt werden[1].

Zunächst kommt dabei Paulus auf den Grundgegensatz σάρξ – πνεῦμα zu sprechen.

a) Fleisch wider Geist und Geist wider Fleisch (5, 16–18)

5, 16 Ich sage aber: Im Geiste wandelt und ihr werdet das Begehren des Fleisches nicht erfüllen. 17 Denn das Fleisch begehrt wider das Pneuma, das Pneuma aber wider das Fleisch; denn diese liegen gegeneinander (im Kampf), damit ihr nicht, was ihr wollt, (gerade) dies tut. 18 Wenn ihr aber vom Pneuma getrieben werdet, seid ihr nicht unter dem Gesetz.

5, 16 „Ich sage aber", nämlich im Hinblick auf das euch eben Vorgelegte (bezogen auf die VV 13–15[2]): πνεύματι περιπατεῖτε. περιπατεῖν entspricht dem hebräischen הָלַךְ und verbindet sich schon im AT mit der Vorstellung des „Weges" in übertragenem Sinn[3]; es begegnet in diesem Sinn auch häufig im

---

[43] Vgl. auch Jak 3, 14: „Wenn ihr aber bittere Eifersucht und Parteienbuhlerei in eurem Herzen habt (εἰ δὲ ... ἔχετε ...), so rühmt euch nicht und lügt nicht gegen die Wahrheit": auch hier der Realis des Predigtstils!

[1] Vgl. auch S. 408.
[2] Vgl. auch 3, 17 (τοῦτο δὲ λέγω); 4, 1 (λέγω δέ); OEPKE und SCHLIER zu 5, 16.
[3] Vgl. BERTRAM in: ThWb V, 942f; G. WINGREN, „Weg", „Wanderung" und verwandte Begriffe, in: StTh 3 (1951) 111–123.

Qumranschrifttum[4], in der Verbindung von „Weg" mit „Geist" etwa in 1 QS IV, 31 f: „Beim höchsten Gott sind alle Werke der Gerechtigkeit, aber der Wandel des Menschen steht nicht fest, es sei denn durch den Geist, den Gott ihm schuf, um den Wandel der Menschenkinder vollkommen zu machen ..."
In dem Imperativ περιπατεῖτε πνεύματι ist πνεύματι Dativ der Art und Weise[5]: der Wandel muß „pneumatisch" sein, der Art und Weise des Pneuma entsprechen[6]. „Stellt das πνεῦμα bei κατὰ πνεῦμα περιπατεῖν (Röm 8, 4) das ‚Wonach' des Lebensvollzuges im Sinn der maßgebenden Norm dar, so ist mit ihm bei dem Ausdruck πνεύματι περιπατεῖν das ins Auge gefaßt, was den Grund und die Art des Wandels ausmacht"; es ist das „Achten und Hören auf den Geist, im Gehorsam gegen den Geist und in der Aktivität des Geistes, der euch führen will" (Schlier)[7]. Der Imperativ περιπατεῖτε in Verbindung mit καί und Konj. Aor. (τελέσητε) anstelle eines Futurs hat dabei konditionalen Sinn[8]: „Wenn ihr nach der Art und Weise des Geistes wandelt, werdet ihr das Begehren des Fleisches ganz gewiß nicht (οὐ μή[9]) erfüllen."

„Das Fleisch" begehrt, und der Mensch „erfüllt"[10] dieses Begehren. Auffällt hier der artikellose Singular ἐπιθυμίαν, verglichen mit dem artikulierten Plural ταῖς ἐπιθυμίαις in 5, 24. In 5, 17 sind also nicht die einzelnen Begierden gemeint, sondern das Begehren überhaupt, und zwar der „böse Trieb" im frühjüdischen Sinn, der seinen Sitz in der σάρξ hat, „so daß Paulus die σάρξ ... geradezu zum Subjekt des ἐπιθυμεῖν bzw. der ἐπιθυμία machen kann (Gl 5, 16f.24; Rm 6, 12; vgl. Rm 13, 14)" (Bultmann)[11]. Die in den VV 19ff aufgezählten „Werke des Fleisches" konkretisieren „das Begehren des Fleisches" in seiner vielfältigen Gestalt. Daß dabei πνεῦμα und σάρξ als unvereinbare Gegensätze verstanden sind, beweist der folgende Vers.

5, 17 Wie der Begründungszusammenhang zeigt, in dem dieser Vers mit dem vorausgehenden steht (vgl. γάρ), ist der Gegensatz πνεῦμα – σάρξ auch schon im V 16 vorausgesetzt; jetzt wird er ausdrücklich zur Sprache gebracht: „denn das Fleisch begehrt wider den Geist". Näherhin wird begründet, „daß die Entscheidung für den Wandel im Geist das Tun der Begierde des Fleisches ausschließt" (Oepke). Die beiden Termini σάρξ und πνεῦμα sind artikuliert und

---

[4] KUHN, Konkordanz zu den Qumrantexten, 59f; S. WIBBING, Tugend- und Lasterkataloge im NT (Berlin 1959) 61–64; 111.
[5] Vgl. BAUERWb s.v. περιπατέω, 2αβ; TestIss. V, 8 (τῇ ἁπλότητι τοῦ πατρὸς ὑμῶν περιπατεῖτε); Apg 21, 21 (μηδὲ τοῖς ἔθεσιν περιπατεῖν).
[6] Vgl. auch die folgenden Formulierungen περιπατεῖν ὑμᾶς ἀξίως τοῦ θεοῦ (1 Thess 2, 12); περιπατῆσαι ἀξίως τοῦ κυρίου (Kol 1, 10); ἀξίως περιπατῆσαι τῆς κλήσεως (Eph 4, 1); ὡς τέκνα φωτὸς περιπατεῖτε (5, 8).
[7] „Paulus ... formuliert dabei das Moralprinzip seiner Theologie" (ECKERT, Die urchristliche Verkündigung, 136). Vgl. auch W. PFISTER, Das Leben im Geist nach Paulus (Freiburg/Schweiz 1963) passim.
[8] Vgl. BEYER, Semitische Syntax im NT, 253.
[9] Vgl. BLASS-DEBR § 365.
[10] τελεῖν = ausführen, durchführen, verrichten, erfüllen; vgl. BAUERWb s.v. τελέω, 2.
[11] Theologie des NT, 241. Vgl. auch MUSSNER, Jakobusbrief, 88 (zu Jak 1, 14f, wo das Werk der „Begierde" näher beschrieben wird).

absolut gebraucht, also deutlich als bestimmende, objektive, fast personhafte Mächte verstanden, ohne daß der Apostel darüber lange Spekulationen anstellt. Die Aussagen klingen apodiktisch. Und dennoch ist die σάρξ „nicht eine in gleicher Weise wie das πνεῦμα wirkende Macht. Nie erscheint die σάρξ als Subjekt eines Handelns, wo sie nicht im Schatten einer Aussage über das Handeln des πνεῦμα steht, während umgekehrt πνεῦμα häufig als handelndes Subjekt erscheint mit oder ohne σάρξ im Kontext" (Schweizer)[12]. Das gilt es zu beachten, wenn man Paulus nicht zum Vertreter einer dualistischen Weltanschauung machen will.

Es sind drei Fragen zu klären: Was ist mit τὸ πνεῦμα gemeint? Was bedeutet ἐπιθυμεῖ? Was ist mit ἡ σάρξ gemeint?

Daß mit τὸ πνεῦμα das gnadenhaft verliehene Taufpneuma gemeint ist, geht aus dem weiteren Kontext hervor. Denn „die Frucht des Geistes" (5, 22) ist nicht eine Frucht des denkenden, „geistig" lebenden Menschen, sondern sind die Gaben des heiligen Pneuma, wie sie im Tugendkatalog der VV 22f aufgezählt werden. Vor allem aber ist 6, 8 heranzuziehen: Das Pneuma, von dem man ewiges Leben erntet, ist das in der Taufe verliehene göttliche Lebenspneuma.

Die σάρξ[13] ist nicht identisch mit dem (leiblichen) Wesen des Menschen, sondern der Inbegriff des Irdisch-Gottfeindlichen und Sündhaften, mit dem der Apostel „das ganze Elend jenes Menschen ..., der nicht vom Pneuma ergriffen ist" (Kuss)[14], bezeichnet. Das Fleisch west nach Gal 5, 24 in den „Leidenschaften und Begierden"; diese werden im vorausgehenden Lasterkatalog (V 19f) konkretisiert, in ihnen zeigt sich die Feindschaft des Fleisches gegen das Pneuma, so daß eine Kampfsituation zwischen „Fleisch" und „Geist" besteht, die der Apostel zunächst als „Begehren" des Fleisches wider den Geist und umgekehrt bezeichnet. Deshalb übersetzt man ἐπιθυμεῖν in Gal 5, 17 am besten mit „aufbegehren"[15], was im Deutschen den Sinn hat: einen Anspruch abweisen bzw. erheben, eine Herrschaft abschütteln bzw. beanspruchen, sich erheben gegen jemand.

Daß der Apostel in der Tat an eine derartige Kampfsituation zwischen „Fleisch" und „Geist" denkt, geht aus V 17b eindeutig hervor, der die Aussage des V 17a damit begründet (vgl. γάρ)[16]: „diese (beiden) liegen gegeneinander" (ταῦτα γὰρ ἀλλήλοις ἀντίκειται). ἀντίκεισθαι heißt „gegenüberliegen", „den Gegensatz bilden zu", „im Streite liegen mit jemand"[17].

---

[12] ThWb VII, 131; vgl. auch Kuss, Römerbrief, 514f.
[13] Vgl. zum pln. σάρξ-Begriff vor allem W. Schauf, Sarx. Der Begriff „Fleisch" beim Apostel Paulus unter besonderer Berücksichtigung seiner Erlösungslehre (Münster 1924); Bultmann, Theologie des NT, 232–246; Kuss, Römerbrief, 506–540; Schweizer in: ThWb VII, 124–138; E. Brandenburger, Fleisch und Geist. Paulus und die dualistische Weisheit (Wissenschaftliche Monogr. zum A u. NT, 29) (Neukirchen 1968); A. Sand, Der Begriff „Fleisch" in den paulinischen Hauptbriefen (Bibl. Untersuchungen, 2) (Regensburg 1967) (ausführlicher Forschungsbericht; Exegese; religionsgeschichtlicher Vergleich).
[14] Römerbrief, 516.   [15] Vgl. auch BauerWb s. v.
[16] γάρ (sicher ursprünglich, vgl. auch Bisping) lesen 𝔓46 B S* D* G lat; δέ A C 𝔐 pl.
[17] Vgl. BauerWb s. v.; Moulton-Milligan zitieren aus P. Par. 45, 6: Μενέδημον ἀντικείμενον ἡμῖν.

Dieses „Gegeneinanderliegen" von „Fleisch" und „Geist" verfolgt dabei die Absicht: ἵνα μὴ ἃ ἐὰν θέλητε ταῦτα ποιῆτε. Die Meinungen über den Sinn des ἵνα gehen stark auseinander: ist es final[18], ist es konsekutiv[19], ist es ein ἵνα „der göttlichen Absicht"? Und was ist überhaupt der Sinn des ἵνα-Satzes?[20] Zunächst ist festzustellen, daß das Subjekt in dem ἵνα-Satz die Adressaten, allgemein: die Getauften sind. Sie können das nicht tun, was sie (tun) wollen. Da ταῦτα in V 17a sich eindeutig auf „Fleisch" und „Geist" bezieht, ist die Absicht ihrer gegenseitigen Bekämpfung die, den Menschen an der Ausführung seines „Wollens" zu hindern[21]. Eine Macht stellt sich jeweils gegen das, wozu die andere den Menschen treiben will[22]. Treibt das Pneuma den Menschen zum Guten, versucht das Fleisch es zu verhindern; treibt das Fleisch ihn zum Bösen, versucht das Pneuma es zu verhindern. So begehren „Geist" und „Fleisch" gegeneinander auf und liegen in Streit miteinander[23]. Damit ist das ἵνα eindeutig final verstanden. Der Mensch aber ist der Kampfplatz, auf dem sich die Auseinandersetzungen zwischen Pneuma und Sarx abspielen. Oder besser gesagt: Beide kämpfen im Menschen um den Menschen. Der Mensch ist jedoch den beiden Mächten nicht einfach ausgeliefert; das „Begehren" des Geistes bzw. des Fleisches stellt ihn vielmehr in eine Entscheidungssituation, in der er jeweils aufgerufen ist, „das zu tun", wozu er getrieben wird[24]. Wäre der Mensch machtlos zwischen beide Mächte gestellt und wäre er das nur passive Kampffeld zwischen Fleisch und Geist, dann hätten der Imperativ des Apostels im V 16

---

[18] So SIEFFERT, SCHLIER, SCHWEIZER (ThWb VI, 427, Anm. 641).
[19] So BISPING, LIGHTFOOT, LAGRANGE, KUSS, BONNARD u. a.
[20] Vgl. zur Diskussion OEPKE (z. St.) und besonders P. ALTHAUS, „... Daß ihr nicht tut, was ihr wollt" (Zur Auslegung von Gal. 5, 17), in: ThLZ 76 (1951) 15–18.
[21] In dem Satz ἵνα μὴ ἃ ἐὰν θέλητε ταῦτα ποιῆτε wird das Relativpronomen ἃ durch das nachfolgende Demonstrativpronomen ταῦτα wieder aufgenommen („anaphorisches Demonstrativ"); vgl. dazu BEYER, Semitische Syntax im NT, 169–171.
[22] Vgl. auch WIBBING, Tugend- und Lasterkataloge, 110f.
[23] Vgl. auch 1 QS IV, 16b–18a (Übersetzung im wesentlichen nach LOHSE): „Denn Gott hat sie (die beiden Geister im Menschen) gesetzt zu gleichen Teilen bis zur letzten Zeit und hat ewigen Streit (איבה) bestimmt zwischen ihren Bereichen. Ein Greuel für die Wahrheit sind die Taten des Frevels, und ein Greuel für den Frevel sind die Wege der Wahrheit. Eifervoller Streit (ריב) ist bei allen ihren Bestimmungen; denn sie können nicht gemeinsam wandeln"; IV, 23c: „Bis dahin (bis zum Tage des Endgerichts) streiten (יריבו) die Geister der Wahrheit und des Frevels im Herzen des Menschen." Den griechischen Termini ἐπιθυμεῖν und ἀντίκεισθαι in Gal 5, 17 entsprechen die hebräischen Termini איבה („Feindschaft", „Streit") und ריב („Streit", „streiten"). Aber die Unterschiede zwischen 1 QS IV, 16b und 18 und der Aussage in Gal 1, 17 dürfen nicht übersehen werden: „In Gal 5, 17 ist das Kampffeld das Innere des Menschen, hier aber ist die Menschheit in zwei Lager aufgeteilt, und der Kampfplatz ist die Geschichte" (KAMLAH, Die Form der katalogischen Paränese, 48). Zu verweisen ist auch noch auf TestAs I, 3f: „Zwei Wege hat Gott den Menschenkindern gegeben und zwei Ratschlüsse und zwei Handlungen und zwei Plätze und zwei Ziele. Deswegen ist alles zweierlei, ἓν κατέναντι τοῦ ἑνός."
[24] Vgl. auch SCHWEIZER in: ThWb VI, 427. — Damit interpretieren wir den ἵνα-Satz nicht im Licht von Röm 7, wie ALTHAUS es tut (vgl. Anm. 20), so einleuchtend seine Argumentation aufs erste zu sein scheint. In Röm 7 (vgl. besonders 7, 15.19) geht es um die Erfahrung des unerlösten Menschen, in Gal 5, 17 dagegen um die Erfahrung des erlösten Menschen; es ist die Erfahrung der Entscheidungssituation zwischen „Geist" und „Fleisch". Vgl. auch noch J. BLANK, Der gespaltene Mensch. Zur Exegese von Röm 7, 7–25, in: DERS., Schriftauslegung in Theorie und Praxis (München 1969) 158–173.

(περιπατεῖτε) und die Aussage des V 18 keinen Sinn. Das bedeutet aber auch: Die Freiheit, zu der Christus die Getauften befreit hat (5, 1.13), ist eine echte Wahlfreiheit zwischen Gut und Böse. Während der unerlöste Mensch wegen der Schwäche seines Fleisches den Willen Gottes nicht zu erfüllen vermag (vgl. Röm 7; 8, 3.8.12), dem „Begehren" des Fleisches und damit der Sünde und dem Tod ohnmächtig ausgeliefert und so ein Unfreier ist, kann der erlöste Mensch kraft der Pneumagabe den Willen Gottes erfüllen und dem Begehren des Fleisches widerstehen. Der Pneumaempfang bringt für den Menschen freilich keinen magisch umhegten und geschützten Raum der Freiheit, sondern die Freiheit echter Entscheidungsmöglichkeit[25]. Der Mensch erfährt diesen Raum der Freiheit, in den er zwischen Pneuma und Sarx gestellt ist, in der Anfechtung als echten Zwiespalt, der ihm aber seine Freiheit ins Bewußtsein bringt und ihn die Entscheidungssituation, in die er gestellt ist, erfahren läßt. Das Pneuma kommt ihm dabei zu Hilfe, den Willen Gottes zu erfüllen, aber es zwingt ihn nicht. So stehen auch die Glaubenden und Getauften „ohne Unterlaß in Gefahr, in dem paradoxerweise in ihrem Innern weiterwirkenden Zwiespalt zwischen Fleisch und Geist sich dem Willen des Fleisches zu unterwerfen; sie müssen darum unaufhörlich gemahnt werden, sich handelnd zu ihrem fundamental veränderten Status zu bekennen, und sie werden eindringlich und besorgt vor der immer vorhandenen Möglichkeit gewarnt, erneut der Unheilsmacht ‚Fleisch' in ihrem Leben Raum zu geben" (Kuss)[26]. Deshalb der Imperativ des Apostels im V 16: „Wandelt pneumatisch!", dann werdet ihr das Begehren des Fleisches nicht erfüllen, ja dann steht ihr überhaupt nicht mehr unter dem Gesetz, wie V 18 ausführt.

V 18 Warum taucht jetzt das Gesetz wieder auf? Weil es im Brief um das gesetzliche Leben geht, zu dem die Galater sich hinwenden wollen, zwischen Gesetz und Fleisch aber nach paulinischer Theologie ein unlöslicher Zusammenhang besteht! Das Gesetz sagt: „Du sollst nicht begehren!" (vgl. Röm 7, 7–11!), das Fleisch aber: „Begehre!", und so gerät der Mensch, der das Begehren des Fleisches erfüllt, unter die Todesherrschaft des Gesetzes, von der der Apostel im Kap. 3 des Briefes so eindringlich gesprochen hat. Wird aber der Mensch vom Pneuma getrieben, steht er folglich auch nicht mehr unter der Herrschaft des Gesetzes. Das Gesetz richtet ihn nicht mehr. Das Pneuma selbst wird nun zum Gesetz seines Handelns; er wird von ihm „getrieben"[27]. Und nur solches „Getriebenwerden" vom Pneuma läßt in den Raum der christlichen Freiheit ein.

---

[25] „Le croyant n'est donc pas une place ‚neutre' ballottée entre l'Esprit et la chair; il est, dans son essence, une volonté charnelle, hostile à l'Esprit; mais, grâce à la justification-libération accomplie par le Christ, il a maintenant la possibilité nouvelle de marcher selon l'Esprit" (BONNARD, z. St.).
[26] Römerbrief, 518.
[27] „Das ‚getrieben werden' (s. auch Röm 8, 14; vgl. 1 Kor 12, 2) bezeichnet die überwältigende Macht des Geistes, der jetzt das beherrschende Prinzip im Leben der Glaubenden und Getauften ist; wer aber von der Gewalt des Pneumas erfaßt ist, bedarf des mosaischen Gesetzes nicht mehr: er steht nicht mehr unter dem Gesetz" (KUSS, Römerbrief, 562).

Gal 5, 19–21a

Worin aber zeigt sich konkret das „Begehren des Fleisches"? In seinen Werken! Dies führt der Apostel in den folgenden Versen aus.

b) „Die Werke des Fleisches" (5, 19–21)

5, 19 Offenkundig sind die Werke des Fleisches, die da sind: Unzucht, Unreinheit, Ausschweifung, 20 Götzendienst, Zauberei, Feindschaften, Streit, Eifersucht, Wutanfälle, Intrigen, Spaltungen, Parteikämpfe, 21 Neidereien, Trinkgelage, Schwelgereien, und dergleichen, von dem ich voraussage, wie ich vorausgesagt habe: Die Derartiges tun, werden das Reich Gottes nicht erben.

VV 19–21a Der Lasterkatalog hat eine Einleitung (ähnlich wie nachher im V 22 auch der Tugendkatalog): φανερὰ δέ[28] ἐστιν τὰ ἔργα σαρκός. Der Katalog ist also, wie diese Einleitung zeigt, „nicht direkt paränetisch gewandt", sondern hat zunächst „den Charakter einer beschreibenden Belehrung" (Kamlah)[29]. Die Werke des Fleisches[30] sind „offenbar, bekannt" (φανερά)[31], d. h.. sie brauchen nicht erst aufgedeckt zu werden, weil sie jedem täglich begegnen. Der Apostel zählt eine lange Reihe von ihnen auf, „als welche da sind . . ." (ἅτινά ἐστιν).

Lasterkataloge (und Tugendkataloge) (finden sich sowohl im Judentum wie in der heidnischen Ethik der Antike als auch im NT[32], hier besonders im paulini-

---

[28] Die Partikel δέ ist hier selbstverständlich nicht adversativ, sondern weiterführend-erläuternd.
[29] Die Form der katalogischen Paränese, 16. Vgl. auch VÖGTLE, Tugend- und Lasterkataloge (s. Anm. 32), 30 („von den übrigen Katalogen verlangt Gal 5, 19, der zusammen mit dem Tugendkatalog eine geschlossene Einheit bildet und erst 5, 25 auf die Adressaten seine Anwendung findet, seinem didaktischen und theoretischen Zweck entsprechend, zunächst überhaupt keine konkrete Beziehung auf die Galater").
[30] Vgl. zum Ausdruck τὰ ἔργα τῆς σαρκός die analoge Bildung in 1 QS II, 5: מעשי רשע („gottlose Werke"); IV, 23 (im Zusammenhang des Tugend- und Lasterkatalogs der Sektenrolle): מעשי רמיה („Werke des Frevels").
[31] Vgl. BAUERWb s. v. φανερός. Oder handelt es sich „bei dem φανερός um die eschatologische Enthüllung wie etwa in 1 Kor 3, 13–15", wie KAMLAH (19, Anm. 5) meint? Doch spricht dagegen das Präsens ἐστίν.
[32] Vgl. dazu A. VÖGTLE, Die Tugend- und Lasterkataloge im NT (NtlAbh XVI/4.5) (Münster 1936); DERS., Art. Lasterkataloge, in: LThK ²VI, 806–808; DERS., Art. Tugendkataloge, in: LThK ²X, 399–401; S. WIBBING, Die Tugend- und Lasterkataloge im NT (BZNW 25) (Berlin 1959); E. KAMLAH, Die Form der katalogischen Paränese im NT (Tübingen 1964); H. D. BETZ, Lukian von Samosata und das Neue Testament (TU 76) (Berlin 1961) 185–194 (Lasterkataloge), 206–211 (Tugendkataloge); G. PETZKE, Die Traditionen über Apollonius von Tyana und das Neue Testament (Studia ad Corp. Hell. NT, I) (Leiden 1970) 220–227; CL. BUSSMANN, Themen der pln. Missionspredigt, 154–157. Dazu noch W. BARCLAY, Fleisch oder Geist. Wortstudie aus Gal 5, 19–23 (Augsburg – Berlin 1968). Lasterkataloge sind jetzt auch aus Nag-Hammadi-Codex VI bekannt geworden: Der Gedanke der großen Kraft (Noêma) (s. dazu ThLZ 98, 1973, 169–175) p. 39 (Wutausbrüche, Zorn, Neid, Mißgunst, Haß, Verleumdung, Verachtung, Krieg, Lüge, böse Ratschläge, Betrübnisse, Lüste, Schändlichkeiten, Befleckungen, Arglisten, Krankheiten, ungerechte Gerichtsurteile); Authentikos Logos (s. dazu ThLZ 98, 1973, 251–259) p. 31 (Geldgier, Ruhmsucht, Überheblichkeit, Eifersucht, Menschenberaubung, Unwissenheit, Müßiggang und „dergleichen Dinge").

schen Schrifttum³³. In dem Laster- und Tugendkatalog des Gal sind die einzelnen Glieder asyndetisch aneinander gereiht. „Diese Form der Aufzählung hat sich allmählich in der hellenistischen und spätjüdischen Literatur herausgebildet, denn die Popularphilosophen haben diese einfache Form der asyndetischen Aneinanderreihung der einzelnen Glieder aus rhetorischen und didaktischen Gründen in ihrem mündlichen Vortrag entwickelt" (Wibbing)³⁴. Es läßt sich aber kein festes, einheitliches Schema der Kataloge erkennen; die Zahl der in ihnen aufgezählten Tugenden bzw. Laster ist sehr unterschiedlich und die Reihenfolge variabel; aber sachlich sich entsprechende oder ähnliche Tugenden bzw. Laster werden nebeneinander gestellt (wie z. B. in Gal 5, 19: πορνεία, ἀκαρθασία, ἀσέλγεια)³⁵.

Auch der Inhalt der ntl. Tugend- und Lasterkataloge „bietet als Ganzes kein geschlossenes Bild", aber es gibt, vor allem bei Paulus, „einen bestimmten Stamm von Tugenden und Lastern, die häufiger und in ähnlicher Zusammenstellung wiederkehren ... Daneben steht eine ganze Reihe von Begriffen — vor allem an Lastern —, die nur an einer Stelle in einem Tugend- oder Lasterkatalog erscheinen" (Wibbing)³⁶.

Von den in Gal 5, 19f aufgezählten Lastern finden sich im übrigen Corpus Paulinum (von den Pastoralbriefen abgesehen) folgende³⁷: πορνεία (1 Kor 5, 10f; 2 Kor 12, 20f; Eph 5, 3–5; Kol 3, 3–8); ἀκαρθασία (2 Kor 12, 20f; Eph 5, 3–5; 4, 19; Kol 3, 5–8); ἀσέλγεια (Röm 13, 13; 2 Kor 12, 20f; Eph 4, 19); θυμός (2 Kor 12, 20f; Eph 4, 31; Kol 3, 5–8); ἔρις (Röm 1, 29–31; 13, 13; 2 Kor 12, 20f; Kol 3, 5–8); φθόνος (Röm 1, 29–31); μέθη (Röm 13, 13; 1 Kor 5, 10f; 6, 9–10); κῶμος (Röm 13, 13); ζῆλος (Röm 13, 13; 2 Kor 12, 20–21); ἐριθεία (2 Kor 12, 20f); nur im Gal-Brief: διχοστασία, αἵρεσις.

Von den aufgezählten Tugenden finden sich folgende: ἀγάπη (2 Kor 6, 6; Eph 4, 2f); εἰρήνη (Eph 4, 2f); μακροθυμία (2 Kor 6, 6; Eph 4, 2f; Kol 3, 12); πραΰτης (Eph 4, 2f; Kol 3, 12); ἀγαθωσύνη (Eph 5, 9); nur im Gal-Brief: χαρά.

Von den in Gal 5, 19–21a aufgezählten Lastern finden sich auch in dem großen Lasterkatalog in 1 QS IV, 9–11³⁸: θυμός, ζῆλος, ἀκαρθασία, πορνεία, ἀσέλγεια. Von den Tugenden folgende³⁹: πραΰτης, μακροθυμία, ἀγαθωσύνη, χρηστότης, πίστις, εἰρήνη. Wibbing konnte beobachten, daß zwei Drittel aller Begriffe in den pln. Tugendkatalogen ihre Parallele in 1 QS haben, was für die Lasterbegriffe nicht gilt. „Dieser Unterschied zu den Lasterkatalogen

---

[33] Vgl. für die Tugendkataloge 2 Kor 6, 6; Gal 5, 22–23; Eph 4, 2f.32; 5, 9; Phil 4, 8; Kol 3, 12; für die Lasterkataloge Röm 1, 29–31; 13, 13; 1 Kor 5, 10f; 6, 9–10; 2 Kor 12, 20f; Gal 5, 19–21; Eph 4, 31; 5, 3–5; Kol 3, 5.8; WIBBING, 78. — Zur Herkunftsfrage der pln. Tugend- und Lasterkataloge vgl. die vorher genannte Literatur.
[34] Die Tugend- und Lasterkataloge, 79. — Zum Wort- und Satzasyndeton in der Koine vgl. auch MAYSER, Grammatik, II/3, 174–183.
[35] Vgl. dazu WIBBING, 81–86.   [36] Ebd. 86.
[37] Vgl. dazu die Übersicht bei WIBBING, 87f; 99f.
[38] Vgl. dazu WIBBING, 92–94. Die hebräischen Äquivalente aus 1 QS werden in der Einzelauslegung der Begriffe geboten.
[39] Vgl. ebd. 104–106.

erklärt sich daraus, daß Pls im Lasterkatalog unbesehen Laster aus seiner griechischen Umwelt und ihrer Sprache dem traditionellen Inhalt spätjüdischer Kataloge hinzufügen konnte, zumal es ihm dabei auch darauf ankam, das heidnische Leben als verwerflich zu charakterisieren. Im Tugendkatalog dagegen will er das neue Leben des Christen beschreiben, und das ist für ihn nicht begründet in einem griechischen Tugendideal" (Wibbing)[40]. Auch ist ein gewisser gemeinsamer Rahmen dualistischer Natur zwischen Gal 5, 19f und 1 QS IV zu beobachten (Fleisch – Geist!), doch dürfen dabei die großen Unterschiede nicht übersehen werden[41].

Eine bewußte Gliederung läßt die Aufzählung der Laster in Gal 5, 19f nicht erkennen. Doch gehören die ersten fünf Begriffe zusammen (πορνεία, ἀκαρϑασία, ἀσέλγεια, εἰδωλολατρία, φαρμακεία), die folgenden, auf das Gemeinschaftsleben bezogenen acht (ἔχϑρα, ἔρις, ζῆλος, ϑυμοί, ἐριϑεῖαι, διχοστασίαι, αἱρέσεις, φϑόνοι) und schließlich die letzten beiden, die aber auch unter der ersten Gruppe stehen könnten und darum wie eine inclusio im ganzen Katalog wirken (μέϑαι, κῶμοι)[42]. — Nun zu den einzelnen Begriffen:

πορνεία (1 QS IV, 10 זנות): Der hebräische Terminus wird in Os 4, 11 in der Bedeutung „Hurerei" verwendet, „sonst stets metaphorisch a) für: Götzendienst Jer 3, 2.9; 13, 27; Ez 23, 27; 43, 7.9; Hos 6, 10. b) überhaupt Untreue gegen Gott . . . Nu 14, 33"[43]. πορνεία ist die geschlechtliche Ausschweifung im umfassenden Sinn, wobei vom Apostel auch an die kultische Prostitution gedacht sein mag, die einem Abfall von Christus gleichkommt[44].

ἀκαρϑασία (1 QS IV, 10 טמאה): In der Septuaginta wird ἀκαρϑασία besonders von der kultischen Unreinheit gebraucht, aber schon bei den Propheten wird der Terminus „zum Begriff des sittlich-religiösen Ungenügens des unheiligen Menschen gegenüber dem heiligen Gott Is 6, 5" (Hauck)[45], so auch

---

[40] Ebd. 106.
[41] Näheres dazu im folgenden Exkurs.
[42] J. Thomas glaubt im Lasterkatalog des Gal doch eine gewisse Sachstruktur zu erkennen (Formgesetze des Begriffs-Katalogs im N.T., in: ThZ (Bas.) 24, 1968, 15–28 [25f]): „In ihr ist die Absicht des Verfassers trotz des Arbeitens mit einer Zahl traditioneller Begriffe oder gerade dadurch recht klar erkennbar: Zu a) πορνεία und b) εἰδωλολατρία, zwei aus sonst mit der traditionellen Begründung und Warnung in V 21 verbundenen Begriffen, mit ihren Anwendungselementen kommt c) eine Gruppe von Verstößen gegen die Gemeinschaft, an deren Schluß d) sich zwei besonders aktuelle Begriffe finden. Nach dieser Zuspitzung des Katalogs auf die Adressaten hin folgt eine Schlußgruppe, die 1. chiastisch an die beiden Gruppen des Vorhergehenden anschließt (c–β) und 2. besonders wenig grundsätzlich ist. Daß in der abfallenden Schlußgruppe der Bezug auf die Gruppe b) fehlt, ist kennzeichnend. Der Begriff εἰδωλολατρία ist so fest in der Tradition der Hauptsündentrias πορνεία – πλεονεξία – εἰδωλολατρία als deren Fundamentalbegriff verankert, daß er sich sehr leicht eindrängt (1 Petr. 4, 3; 1 Kor. 6, 9), auch wenn er im Zusammenhang nicht weiter beachtet wird (Eph. 5, 6). Auch der Formzwang zur Aktualisierung des traditionellen Begriffes wirkt sich aus: φαρμακεία. Aber das Traditionsstück wirkt nicht so weit nach, daß ihm im Schlußglied noch ein Nachklang gewidmet wäre."
[43] Gesenius-Buhl s. v.; vgl. auch Hauck/Schulz in: ThWb VI, 583f; 586f; für das Frühjudentum ebd. 587–590.
[44] Das hellenistische Material zu den einzelnen Lastern und Tugenden s. jeweils bei Vögtle, Register s. v.
[45] ThWb III, 431.

im Frühjudentum und im NT, das bei ἀκαρθασία besonders an die geschlechtliche Ausschweifung der heidnischen Welt denkt[46].

ἀσέλγεια: Zügellosigkeit, Üppigkeit, Schwelgerei, verbunden mit geschlechtlicher Ausschweifung (vgl. Mk 7, 22; 2 Petr 2, 7; Eph 4, 19: besonderes Kennzeichen des gottlosen Heidentums)[47].

εἰδωλολατρία: „Wie λατρεία Kennzeichen der Juden ist (Röm 9, 4), so ist εἰδωλολατρία Kennzeichen der Heiden" (Büchsel)[48]; vgl. 1 Kor 10, 7 (μηδὲ εἰδωλολάτραι γίνεσθε); 10, 14 (φεύγετε ἀπὸ τῆς εἰδωλολατρίας): hier besteht die εἰδωλολατρία sehr wahrscheinlich „in der Teilnahme an heidnischen Kultmahlen" (Büchsel)[49]. In 1 QS IV, 5 ist von der „glänzenden Reinheit" die Rede, „die alle unreinen Götzen (גלולי) verabscheut"; der Terminus גְּלוּלִים wird verächtlich für Götzenbilder gebraucht[50].

φαρμακεία: φ. ist der Gebrauch eines Arzneimittels, aber auch eines Zaubermittels oder Giftes[51]; in Gal 5, 20 bedeutet es „Zauberei", „Magie", wie auch in der Septuaginta (z. B. Is 47, 9 [„Zauberformel"]).

ἔχθραι: Der Plural besagt wohl Fälle von ἔχθρα; wiederholte und häufige „Feindschaften" persönlicher Art untereinander[52].

ἔρις: Streit, Hader, Zwiespalt[53].

ζῆλος (1 QS IV, 10 קִנְאָה): Im AT häufig positiv verstanden (Gottes Eifer um seine Ehre oder Eifer des Frommen für die Sache Gottes), aber auch negativ verwendet („Eifersucht" als Leidenschaft), wie auch im Profangriechischen beide Bedeutungen vorkommen. ζῆλος ist jene Eifersucht, die dem Nächsten schaden will[54].

θυμοί (vgl. 1 QS IV, 10 קְצוֹר אַפַּיִם = Jähzorn): θυμός ist die „Leidenschaft", dann „Zorn, Wut, Ingrimm", pluralisch „Zornausbrüche, Wutanfälle"[55].

ἐριθεῖαι: Der Begriff ist vor dem NT nur bei Aristoteles nachweisbar und meint bei ihm das Buhlen um Parteiengunst[56]. In Jak 3, 14.16 begegnet er zusammen mit ζῆλος, und an der letzteren Stelle ist auch gesagt, wohin beide Haltungen führen: „Denn wo immer Eifersucht und Parteienbuhlerei (herrschen), da ist auch Unruhe und jegliches schlechte Ding."[57] Eine wahre Gemeinschaft in den Gemeinden ist dann nicht mehr möglich. Wo Buhlen um Parteiengunst herrscht, herrschen auch Intrigen; vielleicht hat der Begriff ἐριθεῖαι besonders sie im Auge.

---

[46] Vgl. ebd. 431 f.
[47] Vgl. BAUERNFEIND in: ThWb I, 488.
[48] ThWb II. 377.   [49] Ebd.
[50] Vgl. GESENIUS-BUHL s. v.
[51] PAPEWb s. v. In den Papyri hat φαρμακεία auch die Bedeutung „Vergiftung, Giftmord" (vgl. PREISIGKEWb s. v. φαρμακεία).
[52] Vgl. FOERSTER in: ThWb II, 815.
[53] BAUERWb s. v. — Die Textzeugen א A B D* 1739, syr[p], al. lesen den Singular ἔρις; C D[b.c] F G K L N P, sehr viele Minusk., it, Vg., goth, syr[h], copt[bo], al. lesen den Plural ἔρεις. „In later Greek both forms were pronounced alike" (METZGER, A textual Commentary on the Greek N.T., 597).
[54] Vgl. STUMPFF in: ThWb II, 880; 884.   [55] Vgl. BAUERWb s. v.
[56] Vgl. ebd. s. v. (mit Literatur); BÜCHSEL in: ThWb II, 657 f.
[57] Vgl. MUSSNER, Der Jakobusbrief (zu 3, 14.16).

διχοστασίαι: Dieser Begriff begegnet, genau wie der folgende (αἱρέσεις), sonst nicht in ntl. Lasterkatalogen. Wenn ihn der Apostel im Lasterkatalog des Gal verwendet, wird das seinen Grund in der Situation haben. Die Verwirrung der Galater durch „gewisse Leute" (vgl. 1, 6ff) führte nur allzuleicht zu „Zwistigkeiten"[58] (= διχοστασίαι)[58a].

αἱρέσεις: Auch dieser Begriff wird die Situation im Auge haben; die „Spaltungen", die mit ihm gemeint sind, äußern sich in Galatien wohl als Gruppenbildungen („Pauliner" und „Judaisten"); jedenfalls ist die Gefahr dazu sehr groß[59].

φθόνοι: „Der Plural meint ... verschiedene Auswirkungen oder auch Formen des Neides" (Schlier, z. St.)[60]. Doch zeigen die asyndetisch aneinandergereihten Partizipialausdrücke ἀλλήλους προκαλούμενοι, ἀλλήλοις φθονοῦντες in 5, 26 eine gewisse Zusammengehörigkeit von „Gruppenbildung" und „Neid": Die verschiedenen Gruppen fordern einander heraus, und zugleich beneiden sie sich gegenseitig.

μέθαι: „Trinkgelage". „Das neue mit dem eschatologischen Besitz gegebene Ethos (der christlichen Gemeinde) verträgt ein μεθύσκεσθαι nicht" (Preisker)[61].

κῶμοι: „die ausschweifende Schmauserei, das Gelage"[62]; vgl. auch Weish 14, 23; 2 Makk 6, 4; Röm 13, 13; 1 Petr 4, 3, wo „das Wollen der Heiden" als ein Dahinleben „in Schwelgereien, Begierden, Weingelagen, in Schmausen (κώμοις) und Zechen und unerlaubtem Götzendienst" geschildert wird.

Der Apostel nennt keine weiteren Laster mehr, aber er bringt mit der abschließenden formelhaften Wendung καὶ τὰ ὅμοια τούτοις[63] zum Bewußtsein, daß noch eine ganze Reihe genannt werden könnte.

5, 21b Die den Lasterkatalog abschließende Unheilsandrohung („die Derartiges tun, werden das Reich Gottes nicht erben"), die Paulus den Galatern „im voraus ankündigt" (ἃ προλέγω) entspricht früheren Warnungen (καθὼς προεῖπον). Ähnlich bemerkt er in 1 Thess 4, 6 zu den dortigen Mahnungen: „wie wir es euch vorhergesagt und bezeugt haben". In Gal 5, 21b fehlt aber der Dativ ὑμῖν im καθώς-Satz. Ob sich daraus der Schluß ziehen läßt, daß der Apostel diese Warnungen nicht den Galatern sagte, sondern anderen Gemeinden, worauf er nun rekurriert, läßt sich nicht entscheiden. Zweifellos aber gehörte eine ethische Unterweisung mit Heils- und Unheilsansagen zur Missionspredigt des Apostels, vermutlich im Anschluß an die jüdische Missionspredigt.

---

[58] Vgl. auch WIBBING, a.a.O. 96.   [58a] Vgl. BAUER Wb s.v.
[59] Daß die Begriffe διχοστασίαι und αἱρέσεις tatsächlich die Situation im Auge haben, geht wohl auch daraus hervor, daß sie sich in den popularphilosophischen Lasterkatalogen nicht finden (vgl. VÖGTLE, Tugend- und Lasterkataloge, 220f). Diese Begriffe setzen Gemeinden voraus!
[60] Viele Textzeugen lesen hinter φθόνοι noch φόνοι („Bluttaten"); s. Näheres bei ALAND – BLACK – METZGER – WIKGREN, The Greek N.T. z. St.; sicher sekundärer Zusatz, wahrscheinlich unter dem Einfluß von Röm 1, 29 (vgl. ZAHN z. St.). φόνοι hätte seinen Platz eher vorher bei ζῆλος (vgl. 1 Makk 8, 16; TestSim 4, 5; 1 Clem 3, 2; 4, 7; 5, 2).
[61] ThWb IV, 553.   [62] BAUER Wb s.v.
[63] Vgl. etwa Physiogn. I, 327, 15 (zit. bei BAUER Wb s.v. μητραλῴας) πατροφόνοι τε καὶ

Im übrigen entspricht die Unheilsandrohung am Ende des Lasterkatalogs überlieferter Gepflogenheit, wie sie auch inhaltlich formelhaft klingt (vgl. 1 Kor 6, 9: ὅτι ἄδικοι θεοῦ βασιλείαν οὐ κληρονομήσουσιν; 6, 10: βασιλείαν θεοῦ κληρονομήσουσιν; Eph 5, 5: οὐκ ἔχει κληρονομίαν ἐν τῇ βασιλείᾳ τοῦ Χριστοῦ καὶ θεοῦ; vgl. auch noch 5, 6; Kol 3, 6)[64]. Besonders ausführlich ist die Unheilsansage im Anschluß an einen Lasterkatalog in 1 QS IV, 11–14 („Und die Heimsuchung aller, die darin wandeln, geschieht zu Übermaß an Plagen durch die Hand aller Plageengel zu ewigem Verderben durch Gottes rächenden Zorngrimm, zu immerwährendem Zittern und ewiger Schmach mit Schande der Vernichtung in finsterem Feuer. Und alle ihre Zeiten werden für ihre Geschlechter [verbracht] in trauerndem Jammern und bitterem Unglück, in finsterem Verderben, bis sie vernichtet sind, ohne daß ein Rest oder Entronnene ihnen bleiben"[65]).

c) „Die Frucht des Geistes" (5, 22–25)

5, 22 Im Gegensatz dazu ist die Frucht des Geistes: Liebe, Freude, Friede, Langmut, Freundlichkeit, Güte, Zutrauen, 23 Sanftmut, Enthaltsamkeit. Gegen dergleichen gibt es kein Gesetz. 24 Die aber Christus angehören, haben das Fleisch samt den Leidenschaften und Begierden gekreuzigt. 25 Wenn wir durch Pneuma leben, laßt uns auch im Einklang mit dem Pneuma sein.

5, 22a „Im Gegensatz dazu (= δέ) ist die Frucht des Geistes: Liebe ..." Zunächst fällt auf, daß der Apostel hier nicht den Terminus ἔργα verwendet wie in V 19 („die Werke des Fleisches"), sondern von der „Frucht" des Pneuma redet. Sicherlich formuliert er so nicht um einer bloßen Variation im Ausdruck willen. Daß er nicht von den „Werken" des Geistes redet, hat aber seinen Grund nicht in der Abweisung des ποιεῖν-Prinzips in der pln. Rechtfertigungslehre; der Apostel und seine Schule reden ja unbefangen vom „guten Werk" (Röm 2, 7; 13, 3; 2 Kor 9, 8 [„damit ihr ... überreiche Frucht bringt zu allem guten Werk"]; Phil 1, 6; Kol 1, 10; 3, 17; 2 Thess 2, 17; vgl. auch noch Gal 6, 4 [„ein jeder prüfe sein eigenes Werk"]) und auch pluralisch von „guten Werken" (Eph 2, 10 [„geschaffen in Christus Jesus zu guten Werken"])[66].

μητροφόνοι παιδοφθόροι τε καὶ φαρμακοὶ καὶ τὸ ὅμοια τούτων, PLUTARCH, Mor. 447A: καὶ γὰρ ἐπιθυμίαν καὶ ὀργὴν καὶ φόβον καὶ τὰ τοιαῦτα πάντα ... (vgl. ALMQUIST, Plutarch und das NT, 116, Nr. 255). Weiteres Material bei VÖGTLE, Tugend- und Lasterkataloge, 110; 123.
[64] Hier taucht „das Thema der biblischen ‚Einlaßsprüche' ... auf, und ein fundamentales Motiv der Verkündigung Jesu vom Einlaß in das Reich Gottes klingt an" (ECKERT, Die urchristliche Verkündigung, 139).
[65] Übersetzung nach LOHSE, Die Texte aus Qumran, 15.
[66] Vgl. dazu auch MUSSNER, Der Jakobusbrief, 152–157 (Exkurs: Das „Werk" bei Paulus und Jakobus, bes. 153); W. SCHRAGE, Die konkreten Einzelgebote in der pln. Paränese (Gütersloh 1961) 54 ff.

Aber mit dem Begriff „Frucht" verbindet sich der Gedanke der empfangenen Gabe: „Liebe, Freude, Friede usw." erwachsen für den Gläubigen als „Frucht" am Baum des Pneumas[67]. „Während in den synoptischen Aussprüchen[68] auf die die Frucht hervortreibende Macht nicht reflektiert wird, wird bei Joh die Christusgemeinschaft J 15, 2ff, bei Paulus der heilige Geist Gl 5, 22; Eph 5, 9 als solche angegeben" (Hauck)[69]. Vor allem aber soll der Singular „Frucht des Geistes" die Einheit des neuen Lebens gegenüber „dem zersplitterten Vielerlei des Fleischeslebens" (Oepke) bezeichnen[70]. Das Pneuma integriert den Getauften zu einer geistlichen Einheit auch in ethischer Hinsicht. M. a. W.: „Die Frucht des Geistes" läßt sich nur begrifflich differenzieren, in Wirklichkeit bildet sie eine Einheit aus ihrem pneumatischen Wesensgrund[71]. — Folgende „Tugenden" sind nach Gal 5, 22f die Frucht des Geistes (5, 22b.23a):

ἀγάπη: Als erste „Tugend" im folgenden Katalog wird die ἀγάπη genannt. Nicht von ungefähr; denn wenn mit ihr die Reihe der Tugenden eröffnet wird, so steht sie „am Anfang der Reihe als Quellpunkt und Inbegriff aller Gaben und Tugenden", und so „entspricht die Reihe ganz jener verwandten prinzipiellen Formel der πίστις δι' ἀγάπης ἐνεργουμένη" (Vögtle)[72]. Im Tugendkatalog von 1 QS ist zwar in IV, 5 von der „reichen Liebe zu allen Söhnen der Wahrheit" die Rede[73], aber diese Tugend wird mitten im Katalog unter anderen aufgezählt, so daß sie nicht den Stellenwert besitzt wie ἀγάπη zu Beginn des Tugendkataloges von Gal 5, 22f. Man braucht nicht zu zweifeln, daß dieser Stellenwert in Gal 5, 22 mit der Aussage von 5, 14 zusammenhängt, nach welcher im Gebot der Nächstenliebe „das ganze Gesetz" seine Zusammenfassung und Erfüllung findet. Deshalb ist zu vermuten, daß der Apostel bei der ἀγάπη von 5, 22 primär an die Liebe zum anderen Menschen denkt, und zwar vor allem zum Glaubensgenossen, wie auch nach 1 QS IV, 5 die „reiche Liebe" sich auf „alle Söhne der Wahrheit" erstreckt, also auf die Mitglieder der Gemeinschaft[74]. Wenn diese Liebe „Frucht des Geistes" ist, dann ist damit

---

[67] Auch das AT kennt den ins Geistige übertragenen Gebrauch des Begriffes „Frucht" (פְּרִי); so spricht Spr 31, 31 (LXX) von der „Frucht des Mundes"; Am 6, 12 „von der Frucht der Gerechtigkeit". Aber auch in der „stoischen Lebensauffassung ist καρπός gern und mannigfaltig gebrauchtes Bildwort" (HAUCK in: ThWb III, 617).
[68] Vgl. etwa Mt 3, 10; 7, 16–19; 21, 43.
[69] ThWb III, 618.
[70] Vgl. auch SCHRAGE, a.a.O. 55f. — „Ein Begriff, der mit besonderer Deutlichkeit das für das sittliche Tun der Glaubenden charakteristische, zuletzt gar nicht mehr exakt voneinander zu trennende Ineinander von göttlicher und menschlicher Aktivität wiedergibt, ist der Begriff ‚Frucht'" (KUSS, Römerbrief, 404).
[71] Auch hier ist ein Vergleich mit 1 QS IV aufschlußreich, insofern die Tugenden des Katalogs (IV, 2–6) abschließend als „die Ratschläge des Geistes" (סודי רוח) bezeichnet werden. Struktur und sprachliche Gestaltung lassen so die Unterschiede sehen.
[72] Tugend- und Lasterkataloge, 167.
[73] J. MAIER übersetzt חסדים mit „Verbundenheit". Nach GESENIUS-BUHLWb bedeutet חֶסֶד auch „die Liebe der Menschen untereinander". WIBBING erwähnt in seiner Übersicht (Tugend- und Lasterkataloge, 104–106) für ἀγάπη kein entsprechendes Äquivalent aus der Sektenrolle. Immerhin wird in dem kurzen Tugendkatalog von 1 QS V, 3f auch von der „liebevollen Verbundenheit" (אהבת חסד) gesprochen.
[74] Vgl. auch 1 QS I, 9; V, 4.25; IX, 16.21.

schon gesagt, daß sie Gabe und Gnade von oben ist, genau wie die folgenden „Tugenden" des Katalogs. Dann ist sie aber jene Liebe, die das vielfältige Echo auf die Liebe ist, die nach Röm 5, 5 durch den heiligen Geist in unsere Herzen ausgegossen wurde. Es ist jene Liebe, die dem „sarkischen" und „psychischen" Menschen nicht möglich und verständlich ist, sondern nur dem „pneumatischen"[75].

χαρά: „Es gibt kaum ein Wort, das so im Mittelpunkt des AT stünde, wie das Wort Freude ... Freude aus Dankbarkeit für Gottes Güte ist der Sinn des menschlichen Lebens. Kommt die Zeit des Heils, dann macht Gott des Jubels viel und die Freude groß; ‚sie freuen sich vor dir' Jes. 9, 2" (L. Köhler)[76]. Nach dem NT leitet die Geburt des Messias die große Freudenzeit schon ein (Lk 2, 10)[77], und so ist die Freude bei Paulus der „Ausbruch der Hoffnung und der Lebenswiderhall der eschatologischen Situation des Christen" (Schlier)[78]. χαρά findet sich in Gal 5, 20 zwischen den beiden Heilsbegriffen ἀγάπη und εἰρήνη; so will der Apostel die Freude sicher nicht in erster Linie psychisch verstehen, sondern als Ausdruck der Erfülltheit mit dem Pneuma (Röm 14, 17): sie ist empfangene Freude, die weitergegeben werden muß (vgl. 2 Kor 8, 2) und das ganze Dasein bestimmen soll, auch wenn es ein Dasein ἐν θλίψει ist (vgl. 1 Thess 1, 6; 2 Kor 7, 4). Deshalb gehört auch zur gottesdienstlichen Danksagung die Freude (Kol 1, 12). Die Freude gehört zur Grundgestimmtheit der christlichen Gemeinde[79].

εἰρήνη[80] (1 QS IV, 7 רוב שלום [„Übermaß des Friedens"]): Friede und Freude werden in Röm 14, 17 (mit δικαιοσύνη) und 15, 13 zusammen genannt, aber auch im Tugendkatalog von 1 QS IV, wenn auch nicht in unmittelbarer Verbindung (IV, 6f: „und die Heimsuchung aller, die in ihm [dem Geist der Wahrheit] wandeln, geschieht zu Heilung und Übermaß des Friedens ... und Fruchtbarkeit des Samens mit allen ewigen Segnungen und ewiger Freude in immerwährendem Leben ..."). Nach Is 54, 10; Ez 34, 25; 37, 26 wird Gott in der Heilszukunft einen Bund des Friedens mit dem geläuterten Volk eingehen; šalōm wird so zum „Inbegriff des Heils und Glücks" (Groß) als paradiesische Fruchtbarkeit, Tierfrieden, Menschenfrieden und Völkerfrieden. Herbeiführen wird diesen Zustand der „Fürst des Friedens" (Is 9, 5), d. h. der Messias (vgl. auch Gen 49, 10; Is 7, 14; 9, 5f; 11, 1–5; 53, 5; Dan 7, 13.18.22; Mich 5, 1–3; Zach 9, 9f). Die Ankunft des Messias in Jesus Christus bedeutet für die Menschen des göttlichen Gefallens schon ein Sichzeigen des eschatologischen Friedens (vgl. etwa Lk 2, 14; Apg 10, 36; Eph 2, 14–17, wo das

---

[75] Die Literatur zu ἀγάπη ist umfassend zusammengestellt von V. WARNACH in: BAUER, Bibeltheol. Wb I, 815–818; C. SPICQ, Agape dans le N.T., Analyse des Textes I (Paris 1958) 317–324; STAUFFER in: ThWb I, 34–55.
[76] Theologie des AT (Tübingen ²1947) 137f.
[77] Lk gehört im NT überhaupt zu den großen Theologen der Freude (vgl. auch 1, 14; 8, 13; 10, 17; 15, 7.10; 24, 21.52).
[78] Zu Gal 5, 22.
[79] Literatur zur „Freude" in der Bibel s. in BAUER, Bibeltheol. Wb I, 384f (W. BEILNER).
[80] Vgl. dazu besonders v. RAD – FÖRSTER in: ThWb II, 398–418; H. GROSS, Die Idee des ewigen und allgemeinen Weltfriedens im alten Orient und im AT (Trier ²1967); DERS., Art. Friede, in: BAUER, Bibeltheol. Wb I, 385–390, und die zu 1, 7 angegebene Literatur.

umfassende, Einheit stiftende Friedenswerk Christi geschildert wird)[81]. Der Heilscharakter des Friedens kommt in Gal 5, 22 darin zum Ausdruck, daß er zur „Frucht des Geistes" gehört. Die Heilsgabe des Friedens ruft die christliche Gemeinde zu umfassender Friedensarbeit und Friedensgesinnung; sie selbst muß eine Stätte des Friedens sein; dies ist der Sinn dessen, daß εἰρήνη im Tugendkatalog erscheint.

μακροθυμία (1 QS IV, 3 אורך אפים[82], vgl. zu dieser Verbindung auch Spr 14, 29; 15, 18; 16, 32; 25, 15): „Langmut", „Geduld". Der Gott der Bibel ist ein Gott der Langmut: „Jahwe ist ein barmherziger und gnädiger Gott, langmütig und reich an Huld und Treue. Er bewahrt Huld den Tausenden, vergibt Schuld, Frevel und Sünde..." (Ex 34, 6f; vgl. auch Nm 14, 18; Pss 85, 15; 102, 8; Jon 4, 2; Weish 15, 1ff)[83]. Dies gilt auch im NT (vgl. etwa Lk 18, 7 καὶ μακροθυμεῖ ἐπ' αὐτοῖς[84]; Röm 2, 4; 9, 22; 1 Petr 3, 20; 2 Petr 3, 9). Weil Gott langmütig und barmherzig ist, deshalb muß es auch der Mensch sein (Gleichnis vom unbarmherzigen Knecht: Mt 18, 23–35). So fordert auch der Apostel von den christlichen Gemeinden die μακροθυμία gegeneinander (1 Thess 5, 14: μακροθυμεῖτε πρὸς πάντας), und nach 1 Kor 13, 4 ist die Langmut ein Prädikat der ἀγάπη. Weil die Christen nach Kol 3, 12 „Gottes Auserwählte, Heilige und Geliebte" sind, sollen sie „ein Herz des Erbarmens, Güte, Demut, Sanftmut, Langmut" anziehen. So zeigt sich die Langmut in den christlichen Gemeinden als Frucht des empfangenen Pneumas, als Echo auf die erfahrene Langmut Gottes gegen den Sünder.

χρηστότης[85] (1 QS IV, 3 טוב עולמים [„dauernde Güte"])[86]: Der Gott des AT offenbart sich als ein Gott der Güte. Aber ein „klarer, theologisch gut entwickelter Güte-Begriff findet sich in den ältesten biblischen Schriften noch nicht" (Stachowiak)[87]. Die griechischen Übersetzer des AT fassen die verschiedenen Aspekte und zahlreichen Nuancen des hebräischen Begriffs טוב in den griechischen Term χρηστότης[88]. Besonders die Psalmen preisen die Güte Gottes (z. B. Pss 34, 8f; 100, 1.5; 104, 28f; 106, 1; 107, 1; 145, 9 u. ö.), auch gegen den Sünder (Ps 25, 6f). Die Idee der menschlichen Güte ist dagegen im AT „sehr wenig entwickelt" (Stachowiak)[89]. „Die Güte des Menschen ist karg und nur um Lohn..." (PsSal 5, 13); aber die Qumranessener verlangen von ihren Mitgliedern „dauernde Güte" (s. o.). Jesus offenbarte die Güte Gottes vor allem in seinem Verhalten zu „Zöllnern und Sündern". Deshalb kann dann gesagt werden, daß „in Christus Jesus" sich der überragende Reichtum

---

[81] Vgl. dazu Mussner, Christus, das All und die Kirche, 80–102.
[82] Wörtlich: „seinen Zorn d. h. seinen Ausbruch verzögern" (Horst in: ThWb IV, 378).
[83] Rabbinisches ebd. 381.
[84] Vgl. dazu W. Ott, Gebet und Heil. Die Bedeutung der Gebetsparänese in der lukanischen Theologie (München 1965) 44–59.
[85] Vgl. zu dem Begriff vor allem F. L. Stachowiak, Chrestotes. Ihre biblisch-theologische Entwicklung und Eigenart (Stud. Frib. NF 17) (Freiburg/Schweiz 1957); ders., Art. Güte, in: Bauer, Bibeltheol. Wb I, 580–589; C. Spicq, Agape II (Paris 1959) 379–391 (Appendix II: La Bénignité); Weiss in: ThWb IX, 478–481.
[86] Vgl. auch Gesenius-Buhl, s.v. טוב.
[87] Bibeltheol. Wb I, 580. [88] Vgl. ebd. 581. [89] Vgl. ebd. 584f.

der Gnade Gottes ἐν χρηστότητι zeige (Eph 2, 7; vgl. auch Tit 3, 4). Und darum gehört nun die Güte zu den „Tugenden" der Christen, in der sich naturgemäß auch die ἀγάπη äußert (1 Kor 13, 4; vgl. auch Eph 4, 32; Kol 3, 12)[90].

ἀγαθωσύνη: Der Begriff „bringt dieselben feinen Nuancen wie χρηστότης zum Ausdruck, ist jedoch mehr auf das Gutsein und auf die Rechtschaffenheit hin orientiert" (Stachowiak)[91]. Vgl. auch Röm 15, 14; Eph 5, 9; 2 Thess 1, 11[92].

πίστις (vgl. 1 QS IV, 3: Hier ist die Rede von der mächtigen Weisheit, „die vertraut [מאמנת] auf alle Werke Gottes ..."): In Gal 5, 22 ist nach allgemeiner Überzeugung πίστις weder die fides quae noch die fides qua creditur. Es ist vielmehr die „Tugend" der Treue gemeint, oder — was noch wahrscheinlicher ist — das „Zutrauen" der Liebe im Sinn von 1 Kor 13, 7 ([ἡ ἀγάπη] πάντα πιστεύει), wie es auch dem hebräischen האמין entspricht[93]. „Es ist ... das wechselseitige Verhältnis, das das Vertrauen zum Vertrauen macht, nicht etwa nur eine einseitige Beziehung, was האמין in sich schließt" (Weiser).

πραΰτης (1 QS IV, 3 רוח ענוה [„Geist der Demut" = Sanftmut])[94]: In der Septuaginta wird der hebräische Term ענו vielfach mit πραΰς wiedergegeben; ענו „ist zunächst der in gedrücktem Zustand befindliche, erhält aber dann überwiegend die Bedeutung der sich Gott gegenüber als Knecht Fühlende und ihm still und widerspruchslos sich Unterordnende" (Hauck/Schulz)[95]. Dieser trägt das schwere Schicksal des Exils ohne auffahrenden Zorn gegen Gottes Führung, und so bedeutet πραΰτης mehr die in Gott wurzelnde Gelassenheit als die Sanftmut. „Das überwindende Harren auf Gott ist das Korrelat zur sanftmütigen Gelassenheit (Is 26, 6), nicht die überlegene Distanz des Weisen" (dies.)[96]. Die gelassenen Armen, die auf Jahwe harren, werden das Land besitzen (Ps 37, 9.11). Nach Mt 5, 5 nimmt Jesus diese Verheißung an die „Sanftmütigen" in seine Seligpreisungen auf, und nach dem Mt-Ev. ist die „Sanftmut" ein besonderes Kennzeichen Jesu selber (vgl. 11, 29; 21, 5). Paulus ermahnt in 2 Kor 10, 1 die korinthische Gemeinde „bei der Sanftmut und Milde Christi". Nach Gal 6, 1 sollen die Gläubigen als „geistliche" Menschen den sündigen Bruder „im Geist der Sanftmut" zurechtweisen; dadurch werden Überheblichkeit, Ungeduld und Zorn vermieden. Deshalb wird in 1 Kor 4, 21 die Sanftmut in einem Atemzuge mit der ἀγάπη genannt. In Kol 3, 12 wird das „Anziehen" der Sanftmut und verwandter Tugenden damit motiviert, daß die Christen „erwählte Heilige Gottes und Geliebte" sind, und in Eph 4, 2 mit ihrer Berufung.

---

[90] „Wenn Paulus ... in den Tugendkatalogen seiner Briefe den Christen die χρηστότης anempfiehlt, so würde man das Wort ebensowenig wie die mit und neben ihm in den Katalogen aufgezählten, verwandten Tugenden ... richtig interpretieren, wenn man sie nur als Formeln aus stoisch-kynischer Tradition allgemein humanitären Inhalts versteht. Vielmehr dürfte sich darin die große Erfahrung des Apostels ausdrücken, daß Gottes in Christus offenbare Liebe, durch den Geist in die Herzen der Seinen ausgegossen (R 5, 5), sich dort als χρηστότης gegenüber dem Nächsten auswirkt" (Weiss, a. a. O. 480).

[91] A.a.O. 581.
[92] Vgl. auch noch Grundmann in: ThWb I, 17.
[93] Vgl. Weiser in: ThWb VI, 186.
[94] Vgl. auch Hauck – Schulz in: ThWb VI, 649/6ff (Lit.).
[95] Ebd. 647.   [96] Ebd. 648.

ἐγκράτεια[97]: Der Terminus spielt in der atl. Ethik erst in der hellenistisch beeinflußten Weisheitsliteratur eine Rolle und bezieht sich auf die „Enthaltsamkeit" von sexuellen und anderen Ausschweifungen (vgl. Sir 18, 30; 4 Makk 5, 34); sie ist Gabe Gottes (Weish 8, 21). Dagegen gehört ἐγκράτεια zu den Zentralbegriffen der griechischen und philonischen Ethik und ist hier im wesentlichen die Enthaltsamkeit gegenüber den φαῦλαι ἡδοναί[98]. Josephus rühmt den Essenern die Tugend der ἐγκράτεια nach[99], was das Qumranschrifttum bestätigt. In den Evv fehlt der Begriff, aber Paulus übt wie ein Wettkämpfer „Enthaltsamkeit", indem er seinen Leib züchtigt und in Dienstbarkeit bringt (1 Kor 9, 24–27). In 1 Kor 7, 9 bezieht sich der Begriff ἐγκρατεύεσθαι auf die sexuelle Enthaltsamkeit. Im Tugendkatalog des Gal muß die ἐγκράτεια als Oppositum zu den in 5, 20f aufgezählten Lastern πορνεία, ἀκαρθασία, ἀσέλγεια, μέθαι und κῶμοι gesehen werden. Von diesen im Heidentum seinerzeit weit verbreiteten Lastern her versteht es sich auch, daß der Apostel die ἐγκράτεια, die auch von den griechischen Ethikern gepriesen wurde, in seinen Tugendkatalog ausdrücklich aufgenommen hat. Es zeigt sich damit auch, daß Paulus die Askese nicht als etwas dem Christentum Fremdes betrachtet[100].

5, 23 b κατὰ τῶν τοιούτων οὐκ ἔστιν νόμος. Die Präposition κατά muß in „feindlichem Sinn" genommen werden[101]: gegen die im voraus aufgeführten Tugenden gibt es kein Gesetz; denn in ihnen, in denen ja die ἀγάπη sich entfaltet, kommt im Gegenteil das Gesetz zu seiner Erfüllung (5, 14). Die Aussage von 5, 23 b schaut also nicht zurück auf V 18, und τῶν τοιούτων ist deshalb auch nicht maskulinisch zu nehmen, sondern neutrisch[102], bezogen auf die vorher genannten Tugenden als die vielfältige Frucht des Geistes. Der Satz klingt leicht ironisch und spricht eigentlich eine Selbstverständlichkeit aus; aber der Apostel erinnert mit ihm wieder an die Situation, in die hinein der Brief geschrieben ist, und das ist wohl der Grund, warum hier überhaupt das „Gesetz" wieder auftaucht. Es taucht nicht deshalb auf, weil das Gesetz solche Tugenden gebietet, sondern weil die genannten Tugenden überhaupt nichts mit der Todesmacht des Gesetzes zu tun haben, sondern „Frucht des Pneuma" sind. Das Pneuma, nicht das Gesetz, „treibt" den Christen zu diesen Tugenden. Der Freiheitsraum des Getauften bleibt so auch im ethischen Bereich gewahrt. Das Pneuma, nicht das Gesetz, ist das einzige „Moralprinzip". Das „nur ins Unheil führende Gesetz existiert für den geistbestimmten Glaubenden nicht

---

[97] Vgl. dazu GRUNDMANN in: ThWb II, 338–340.
[98] Siehe das Material und die griechischen Definitionen von ἐγκράτεια in ThWb II, 338f.
[99] Vgl. ebd. 339.
[100] „Several witnesses supplement Paul's list of nine Christian graces: ὑπομονή ... is appended by N^c 442 463, and ἁγνεία ... by D* F G it^d.g goth Cyprian Irenaeus ^latOrigen^lat Ambrosiaster al. These are obviously scribal interpolations, for if either had been present originally, no copyist would have ventured to delete it" (METZGER, A textual Commentary, 598).
[101] Vgl. dazu MAYSER, Grammatik, II/2, 428f.
[102] So auch BISPING, LIGHTFOOT, SIEFFERT, LAGRANGE, BURTON, BONNARD, SCHLIER u. a. — Maskulinisch („gegen solche"): außer griechischen Vätern LUTHER, LIPSIUS, ZAHN, OEPKE u a.

mehr" (Eckert)[103]. Der Apostel bleibt auch hier der „Logik des Evangeliums" treu.

In den beiden folgenden Versen erscheint noch einmal das Thema „Fleisch"/ „Geist", und insofern schließen sie die unmittelbare Erörterung des Apostels darüber ab. Der Grund, das Thema nochmals aufzunehmen, sind mögliche Einwände gegen das „gesetzlose" Leben des Christen, etwa dieser: Auch der Getaufte lebt doch noch „im Fleisch" und ist deshalb von seinen „Leidenschaften und Begierden" ständig bedroht; er **muß** sich deshalb auch weiterhin am Gesetz orientieren, wenn er wirklich „pneumatisch" leben will. Diesen oder einen ähnlichen Einwand weist der Apostel mit den VV 24f ab.

5, 24 Weil es deutlich um die Abwehr eines möglichen Einwands geht, hat die Partikel δέ adversativen Sinn: der Einwand trifft nicht zu, weil die Getauften der Herrschaft des Fleisches nicht mehr ausgeliefert sind, „vielmehr" das Fleisch „gekreuzigt haben". Das klingt zunächst überraschend und scheint der Aussage des V 17 zu widersprechen. Dort glaubten wir eine Entscheidungssituation, in die auch der Christ zwischen Fleisch und Geist noch immer gestellt ist, zu erkennen, jetzt scheint dagegen gesagt zu sein, daß die Entscheidung schon gefallen ist; denn der Aorist ἐσταύρωσαν blickt deutlich zurück auf ein schon erfolgtes Geschehen. Die Taufe?[104] Aber Bonnard macht aufmerksam, daß Paulus „allgemein das Taufgeschehen durch Verba im Passiv... beschreibt". Wo, wann und wie haben dann die Glaubenden das Fleisch „gekreuzigt"? Wir schließen uns der Antwort Bonnards an: Sie haben das getan, als sie durch den in der Taufe besiegelten Glaubensakt ihr Schicksal völlig Christus überließen, auf alle gesetzlichen Sicherheiten verzichteten und über ihr konkretes Leben das im Kreuz Jesu angezeigte **Todesurteil annahmen**. Diese Annahme bezeichnet der Apostel mit dem aktivischen ἐσταύρωσαν: Die Glaubenden „kreuzigten" damit „das Fleisch mit den Leidenschaften und den Begierden", d. h. jenen alten Menschen, der ein „Mensch ohne Pneuma", ein „Mensch in seiner gegen Gott gerichteten Existenz" ist[105]. Das aktivische ἐσταύρωσαν hebt also das Moment der Entscheidung hervor: die Glaubenden haben sich für das Pneuma und gegen das Fleisch entschieden. Und deshalb lassen sie sich in ihren ethischen Entscheidungen auch nur noch vom Pneuma treiben, nicht mehr vom Gesetz[106]. Paulus ist dabei der letzte, der nicht wüßte, daß der Indikativ ἐσταύρωσαν jederzeit auch in einen Imperativ umzusetzen ist. Die einmal gefällte Entscheidung setzt sich fort in den alltäglichen Entscheidungen gegen „das Fleisch"[107].

---

[103] Die urchristliche Verkündigung, 141.
[104] Die meisten Ausleger denken bei ἐσταύρωσαν an die Taufe, so DUNCAN, LAGRANGE, BURTON, SCHLIER, OEPKE.
[105] Vgl. auch SAND, Der Begriff „Fleisch", 215; Röm 6, 6 (ὁ παλαιὸς ἡμῶν ἄνθρωπος συνεσταυρώθη: hier **passivisch** auf die Taufe bezogen, ähnlich wie in Gal 2, 20: Χριστῷ συνεσταύρωμαι).
[106] Röm 7, 5 spricht von den „Leidenschaften der Sünden", die **durch das Gesetz** mächtig in unseren Gliedern wirkten, „als wir (noch) im Fleisch waren".
[107] Es soll mit dieser Auslegung nicht gesagt sein, daß der Aorist ἐσταύρωσαν nicht auch das Taufgeschehen impliziert, aber er sieht darüber hinaus auf die gefallene Glaubensentscheidung.

Die Glaubenden und Getauften nennt der Apostel οἱ τοῦ Χριστοῦ Ἰησοῦ. Der Genitiv τοῦ Χριστοῦ[108] zeigt ein Besitzverhältnis an, das sich aus dem „Sein in Christus" ergibt; vgl. 3, 23f; Röm 7, 4 (εἰς τὸ γενέσθαι ὑμᾶς ἑτέρῳ, τῷ ἐκ νεκρῶν ἐγερθέντι). Die Glaubenden haben das Fleisch, ihre ganze Vergangenheit gekreuzigt, weil sie Christus gehören und gehören wollen. Wer aber Christus gehört, ist der Herrschaft des Gesetzes entnommen.

5, 25 Den Vers nimmt man besser zum vorausgehenden, mit 5, 16 beginnenden Abschnitt[109]; er wirkt darin wie eine inclusio. Er beginnt mit einem εἰ reale[110]: „Wenn wir nun wirklich durch Pneuma leben." πνεύματι ist Dat. instr.: dem Pneuma verdanken wir das „pneumatische" Leben; das Verbum ζῆν hat also „theologischen" Sinn: die wahre Existenz haben. Daraus ergibt sich als ethische Folge: „laßt uns auch im Einklang mit dem Pneuma sein" (V 25b); das zweite πνεύματι ist als Dat. mod. anzusprechen. Was bedeutet dabei στοιχῶμεν? Oepke plädiert für ein möglichst wörtliches Verständnis des Verbums: „der Marschorder des Geistes folgend", wobei er an den ursprünglich militärischen Sinn von στοιχεῖν denkt („sich in einer Reihe finden", „einer Reihe angehören")[111]. Aber näher liegt ein übertragener Sinn des Begriffs, der im Profangriechischen vielfach bezeugt ist[112]: „übereinstimmen", „in Übereinstimmung bleiben". πνεύματι καὶ στοιχῶμεν ist dann am besten mit Delling so zu verstehen: „Laßt uns auch im Einklang mit dem Geist sein." Dann ist aber στοιχεῖν nicht gleichbedeutend mit dem Verbum περιπατεῖν von V 16[113].

Das Gegenteil zu einem Leben im Einklang mit dem Geist wäre ein Leben im Widerspruch zu ihm, ein Leben „im Fleisch". Indikativ und Imperativ liegen hier unmittelbar nebeneinander (Indikativ ζῶμεν; Konjunktiv = Hortativ στοιχῶμεν): die „Paradoxie" der pln. Ethik![114]

Auch für diese ist der Terminus σταυροῦν durchaus am Platz. Denn die in der Taufe besiegelte Glaubensentscheidung ist keine amüsante Angelegenheit, sondern mit einem schmerzhaften Prozeß verbunden, weil es gilt, die ganze heidnische Vergangenheit radikal zu liquidieren. Vgl. auch SCHNEIDER in: ThWb VII, 583: „Der Apostel hat offenbar die freie sittliche Entscheidung im Sinn, welche die durch die Taufe Christus zugeeigneten Gläubigen auf Grund des Taufgeschehens getroffen haben, da sie ja durch die Taufe verpflichtet worden sind, in einem neuen Leben zu wandeln ... Nachdem sie in der Taufe durch das Handeln Gottes dem Herrschaftsbereich der Sünde entnommen worden sind, haben sie nun auch ihrerseits das radikale Nein zur Sünde gesprochen und so das Gericht über ihr ganzes bisheriges Sein vollzogen." — Möglicherweise ist Paulus zur Verwendung des Terminus σταυροῦν veranlaßt worden durch das συσσταυροῦσθαι von 2, 20; aber nicht einmal dies kann sicher behauptet werden. Es könnte ihm ebenso der Satz aus 3, 1 in Erinnerung sein: Ἰησοῦς Χριστὸς προεγράφη ἐσταυρωμένος: im Blick auf den Gekreuzigten kreuzigen die Christen ihr Fleisch! „Kreuzigen" ist ein verschärftes „Ablegen" (ἀποτιθέναι); es ist das „Töten" von Röm 8, 13b (εἰ ... πνεύματι τὰς πράξεις τοῦ σώματος θανατοῦτε).
[108] Ἰησοῦ fehlt in 𝔓46 D G 𝔐, lat, syrᵖ, arm, goth, MARCION.
[109] So auch BISPING, v. HOFMANN, ZAHN, GUTJAHR, BONNARD u. a.
[110] So auch SCHLIER.   [111] Vgl. auch BAUERWb s. v.; DELLING in: ThWb VII, 666f.
[112] Vgl. das Material bei DELLING, ebd.
[113] Vgl. dazu noch Näheres bei DELLING, ebd. 668.
[114] Vgl. dazu auch R. BULTMANN, Das Problem der Ethik bei Paulus, in: Exegetica (Tübingen 1967) 36–54; J. G. GAGER, Functional Diversity in Paul's use of End-time Language, in: JBL 89 (1970) 325–337 (334–336).

Exkurs 7:

Gal 5, 16–25 und 1 QS IV

Bei der Analyse des Laster- und Tugendkatalogs des Gal konnte immer wieder auf Parallelen aus 1 QS IV zu bestimmten Tugenden und Lastern hingewiesen werden. Deshalb drängt sich ein grundsätzlicher Vergleich von Gal 5, 16–26 mit 1 QS IV förmlich auf[1].

Der Text von 1 QS IV lautet (nach der Übersetzung von E. Lohse), wobei auch noch der Schluß von III mitberücksichtigt werden muß: „(III, 25): Und er hat die Geister des Lichtes und der Finsternis geschaffen, und auf sie hat er jedes Werk gegründet (26) [und auf] ihre [Wege] jeden Dienst. Den einen (Geist) liebt Gott in alle (IV, 1) Ewigkeit, und an allen seinen Taten hat er Wohlgefallen für immer. Den anderen, seinen Rat verabscheut er, und alle seine Wege haßt er ewiglich. (2) Und das sind ihre Wege in der Welt: das Herz des Menschen zu erleuchten und alle Wege wahrer Gerechtigkeit vor ihm zu ebnen und sein Herz in Furcht zu versetzen vor den Gerichten (3) Gottes; und einen Geist der Demut und Langmut und reiches Erbarmen und ewige Güte und Klugheit und Einsicht und mächtige Weisheit, die vertraut auf alle (4) Werke Gottes und sich stützt auf seine reiche Gnade, und einen Geist der Erkenntnis in jedem Plan eines Werkes, Eifer um die gerechten Gerichte und heiliges Vornehmen (5) in festem Streben und reiche Liebe zu allen Söhnen der Wahrheit und glänzende Reinheit, die alle unreinen Götzen verabscheut, und demütig wandeln (6) in Klugheit in allen Dingen und schweigen über die Wahrheit der Geheimnisse der Erkenntnis. Dies sind die Ratschläge des Geistes für die Söhne der Wahrheit (in) der Welt. Und die Heimsuchung aller, die in ihm wandeln, geschieht zu Heilung (7) und Übermaß des Friedens, solange die Tage währen, und Fruchtbarkeit des Samens mit allen ewigen Segnungen und ewiger Freude in immerwährendem Leben und einem Kranz der Herrlichkeit (8) mit prachtvollem Gewand in ewigem Licht.

(9) Aber zum Geist des Frevels gehören Habgier und Trägheit der Hände im Dienst der Gerechtigkeit, Bosheit und Lüge, Stolz und Hochmut des Herzens, Betrug und Täuschung, Grausamkeit (10) und große Gottlosigkeit, Jähzorn und Übermaß an Torheit und stolze Eifersucht, Greueltaten im Geist der Hurerei und Wege des Schmutzes im Dienst der Unreinheit (11) und eine Lästerzunge, Blindheit der Augen und Taubheit der Ohren, Halsstarrigkeit und Hartherzigkeit, um zu wandeln auf allen Wegen der Finsternis und böser List. Und die Heimsuchung (12) aller, die darin wandeln, geschieht zu Übermaß an Plagen durch die Hand aller Plageengel zu ewigem Verderben durch Gottes rächenden Zorngrimm, zu immerwährendem Zittern und ewiger Schmach

---

[1] Vgl. dazu außer WIBBING besonders auch noch KAMLAH, Die Form der katalogischen Paränese im NT, 14–18; 39–50; 163–168; H. BRAUN in: ThRu 29 (1963) 232–234; H. CONZELMANN, Der erste Brief an die Korinther (Göttingen 1969) 121–123 (Exkurs: Die Tugend- und Lasterkataloge); J. PRYKE, „Spirit" and „Flesh" in the Qumran Documents and Some New Testament Texts, in: RevQumran 5 (1965) 345–358; zur Ergänzung auch noch H. HÜBNER, Anthropologischer Dualismus in den Hodayoth?, in: NTSt 18 (1971/72) 268–284.

Exkurs 7: Gal 5, 16–25 und 1 QS IV

(13) mit Schande der Vernichtung in finsterem Feuer. Und alle ihre Zeiten werden für ihre Geschlechter (verbracht) in trauerndem Jammern und bitterem Unglück, in finsterem Verderben, bis (14) sie vernichtet sind, ohne daß ein Rest oder Entronnene ihnen bleiben.

(15) In diesen (beiden Geistern) befinden sich die Generationen aller Menschen, und an ihren Bereichen haben Anteil all ihre Scharen in ihren Geschlechtern. Auf ihren Wegen wandeln sie, und alles Tun (16) ihrer Werke geschieht in ihren Bereichen entsprechend dem Anteil eines jeden, es sei viel, es sei wenig, für alle ewigen Zeiten. Denn Gott hat sie gesetzt zu gleichen Teilen bis zur letzten Zeit (17) und hat ewigen Streit bestimmt zwischen ihren Bereichen. Ein Greuel für die Wahrheit sind die Taten des Frevels, und ein Greuel für den Frevel sind die Wege der Wahrheit. Eifervoller (18) Streit ist bei all ihren Bestimmungen; denn sie können nicht gemeinsam wandeln. Aber Gott hat in den Geheimnissen seiner Einsicht und in seiner herrlichen Weisheit ein Ende gesetzt für das Bestehen des Frevels, und zur festgesetzten Zeit (19) der Heimsuchung wird er ihn vernichten auf ewig. Und dann wird die Wahrheit der Welt für immer hervorkommen; denn sie hat sich dahingeschleppt auf den Wegen der Gottlosigkeit unter der Herrschaft des Frevels bis zum (20) Zeitpunkt des bestimmten Gerichtes. Und dann wird Gott durch seine Wahrheit alle Werke des Menschen läutern und wird sich einige aus den Menschenkindern reinigen, indem er allen Geist des Frevels aus dem Innern (21) ihres Fleisches tilgt und sie reinigt durch heiligen Geist von allen gottlosen Taten. Und er wird über sie sprengen den Geist der Wahrheit wie Reinigungswasser (zur Reinigung) von allen Greueln der Lüge und dem Sich-Wälzen (22) in unsauberem Geist, um die Rechtschaffenen zu unterweisen in der Erkenntnis des Höchsten und der Wahrheit der Söhne des Himmels und klug zu machen, die vollkommen im Wandel sind. Denn sie hat Gott erwählt zum ewigen Bund, (23) und ihnen gehört die Herrlichkeit des Menschen. Und Frevel wird nicht mehr sein, zuschanden werden alle Werke des Frevels. Bis dahin kämpfen die Geister der Wahrheit und des Frevels im Herzen des Menschen. (24) Sie wandeln in Weisheit und in Torheit, und entsprechend dem Erbteil eines Menschen an Wahrheit und Gerechtigkeit haßt er den Frevel, und entsprechend seinem Anteil am Lose des Frevels handelt er gottlos in ihm und (25) verabscheut die Wahrheit. Denn zu gleichen Teilen hat sie Gott gesetzt bis zur bestimmten Zeit und zur neuen Schöpfung. Und er weiß um das Wirken ihrer Werke zu allen Zeiten (26) [...]. Und er gab sie den Menschen zum Anteil, damit sie Gutes [und Böses] erkennen können, [um] das Los zu werfen über jedes Lebewesen entsprechend seinem Geist [bis zur festgesetzten Zeit der] Heimsuchung."

Zunächst steht fest, daß in diesem Text aus 1 QS auch ein Tugend- und Lasterkatalog vorliegt (vor allem IV, 2–6; 9–11). Die Inhalte der Kataloge sind aber nur z. T. konform, wie unsere Einzelanalyse bereits ergeben hat. Gemeinsam ist mit Gal in 1 QS IV auch die die Kataloge jeweils abschließende Heils- bzw. Unheilsansage; in 1 QS IV ist diese allerdings viel ausführlicher gestaltet als im Gal. Größer aber als diese Gemeinsamkeiten sind die Differenzen, die nicht übersehen werden können.

Der Tugendkatalog des Apostels stellt die ἀγάπη als die alle übrigen Tugenden aus sich entlassende Grundforderung und Grundhaltung an die Spitze; in 1 QS IV erscheint sie dagegen eingestreut unter die anderen Tugenden. Im Lasterkatalog des Apostels fällt besonders die Herausstellung von gemeinschaftssprengenden Lastern auf, während 1 QS IV einen allgemeinen Sündenkatalog bringt.

Der „Dualismus" der Qumrankataloge ist ganz anders strukturiert, wie vor allem ihr Rahmen zeigt. Bei Paulus äußert sich der Gegensatz zwischen Tugenden und Lastern als Gegensatz von Fleisch und Geist, in Qumran dagegen läßt sich „an keiner Stelle ... auch nur als wahrscheinlich erweisen, daß das Fleisch mit dem Geist im Kampfe liegt" (R. Meyer)[2]. Nach 1 QS hat vielmehr Gott „zwei Geister" bzw. „Engel" für den Menschen bestimmt, in denen er wandeln muß „bis zur vorbestimmten Zeit". „Das sind die Geister der Wahrheit und des Frevels" (III, 18f). „In der Hand des Fürsten des Lichtes liegt die Herrschaft über alle Söhne der Gerechtigkeit, auf den Wegen des Lichtes wandeln sie. Aber in der Hand des Engels der Finsternis liegt alle Herrschaft über die Söhne des Frevels, und auf den Wegen der Finsternis wandeln sie" (III, 20f; vgl. IV, 15). Jeder der beiden Geister hat Untergeister (vgl. III, 24f), und der „Unterweiser" soll alle Söhne des Lichtes unterweisen und belehren „hinsichtlich aller Arten ihrer Geister mit ihren Kennzeichen" (III, 13f), die sich eben als Tugenden oder Laster äußern. „Die Kataloge zählen also die Arten der beiden Geister auf" (Kamlah)[3]; in den Tugenden bzw. Lastern manifestieren sich die Untergeister.

Gott hat die beiden Geister „gesetzt zu gleichen Teilen bis zur letzten Zeit und hat ewigen Streit bestimmt zwischen ihren Bereichen". Erst am Ende der Zeiten wird dem Bestehen des Frevels für immer Einhalt geboten durch das kommende Gericht (vgl. IV, 16b–20a). Dann erst wird Gott „allen Geist des Frevels aus dem Innern ihres Fleisches" tilgen und sie reinigen „durch heiligen Geist von allen gottlosen Taten" (IV, 20f). Dann wird Frevel „nicht mehr sein, zuschanden werden alle Werke des Frevels. Bis dahin kämpfen die Geister der Wahrheit und des Frevels im Herzen des Menschen" (IV, 23b).

Die Gegensätze sind also hier nicht, wie im Gal, Geist und Fleisch, sondern die beiden Geister, die von Anfang an geschaffen sind und bis zum Ende der Zeiten im Fleisch des Menschen um die Herrschaft kämpfen. „Sie wandeln in Weisheit und in Torheit, und entsprechend dem Erbteil eines Menschen an Wahrheit und Gerechtigkeit haßt er den Frevel, und entsprechend seinem Anteil am Lose des Frevels handelt er gottlos in ihm und verabscheut die Wahrheit. Denn zu gleichen Teilen hat Gott sie gesetzt bis zur bestimmten Zeit und zur neuen Schöpfung" (IV, 24f). Der Zweck dessen, daß Gott überhaupt die beiden Geister in den Menschen gegeben hat, ist die Erkenntnis von gut und böse (vgl. IV, 26a); der „Unterweiser" soll die Mitglieder der Gemeinde belehren, damit ihnen das, was sich in den Tiefen des menschlichen Herzens abspielt, bewußt werde (vgl. III, 13f). Das Rätsel des ethischen Konflikts, den

---

[2] ThWb VII, 113.
[3] Die Form der katalogischen Paränese, 42.

der Mensch erfährt, soll durch diese Unterweisung über die beiden Geister und deren Herrschaft im Fleisch des Menschen gelöst werden[4].

Dem Apostel dagegen geht es im Gal nicht um solche „Aufklärung" eines Rätsels, sondern um die Paränese, „durch den Geist zu wandeln" und „nicht das Begehren des Fleisches zu erfüllen" (Gal 5, 16). Das Pneuma ist bei Paulus der heilige Geist, den die Gläubigen bei der Taufe empfangen haben; das Fleisch ist der Sitz des Bösen und der Laster. „Geist" und „Fleisch" haben also weithin eine ganz andere Bedeutung als in 1 QS IV[5]. Sie stehen nach Gal dualistisch und feindlich einander gegenüber. Die Laster sind „Werke des Fleisches", und die Leser werden darüber vom Apostel nicht „aufgeklärt", sondern aufgefordert, sie abzulegen. So ist der Vorstellungshintergrund von Gal und 1 QS IV jeweils ein recht verschiedener und auch der Zweck der Einführung der Tugend- und Lasterkataloge jeweils ein verschiedener.

Letztlich ist die Paränese des Apostels von dem Wissen um den Schon-Anbruch der Heilszeit, und das heißt der Pneumazeit, getragen. Das Pneuma ist schon da, und darum gilt es, die Werke des Fleisches abzulegen. Es gilt, den Indikativ im Gehorsam gegen den Imperativ auch ethisch zu realisieren; das bedeutet aber auch, daß die Paränese, die auch hinter Gal 5, 16–26 steht, eine eschatologische ist, d. h. „eine auf den Umbruch der Welten bezogene Form der Ermahnung. Die Radikalität der Forderung rührt aus der eschatologischen Spannung, die sich in der Antithese der Kataloge widerspiegelt" (Kamlah)[6]. Von dieser Spannung ist in Qumran nichts zu spüren, bzw. ist sie dort eine ganz andere: es ist die Spannung zwischen Gehorsam und Ungehorsam gegen das Gesetz. So ist der Unterschied zwischen Gal 5, 16–26 und 1 QS IV groß. Der pln. Dualismus von Pneuma und Sarx ist „heilsgeschichtlich" bedingt[7].

3. WARNUNG VOR κενοδοξία GEGENÜBER DEM BRUDER
(5, 26 – 6, 6)

5, 26 Werden wir nicht ruhmredig, einander herausfordernd, einander beneidend! 6, 1 Brüder, wenn einer auch bei einem Fehltritt angetroffen wird, so bringt ihr, die Pneumabegabten, einen solchen im Geist der

---

[4] Was in der Belehrung durch den „Unterweiser" geboten wird, ist „Gut des Weisen, Eingeweihten, dessen Weitertradieren als Belehrung, aber auch als Führen zur Einsicht gekennzeichnet ist" (KAMLAH, Form, 41). Der „Unterweiser" ist so Träger apokalypt. Erkenntnisse.

[5] Zur Geist- und Geisterlehre von Qumran vgl. etwa F. NÖTSCHER, Geist und Geister in den Texten von Qumran, in: Vom Alten zum Neuen Testament (BBB 17) (Bonn 1962) 175–187 (Lit.); A. A. ANDERSON, The use of „ruaḥ" in 1 QS, 1 QH und 1 QM, in: JSS 7 (1962) 293–303; J. SCHREINER, Geistbegabung in der Gemeinde von Qumran, in: BZ, NF 9 (1965) 161–180 (weitere Lit.).

[6] Die Form der katalogischen Paränese, 215; vgl. auch WIBBING, Tugend- und Lasterkataloge, 123–127 („Die Tat als Zeichen der καινὴ κτίσις").

[7] Im übrigen ist der Bemerkung von CONZELMANN (a.a.O. Anm. 74) rechtzugeben: „Von einer ‚dualistischen Struktur' der Kataloge zu reden, ist abwegig. Dualistisch ist nicht der

Sanftmut wieder zurecht, wobei du zusehen sollst, daß nicht auch du versucht werdest. 2 Tragt einander die Lasten, und so werdet ihr das Gesetz Christi erfüllen. 3 Denn wenn sich jemand einbildet, etwas zu sein, wo der doch nichts ist, täuscht er sich selbst. 4 Vielmehr sein eigenes Werk prüfe ein jeder, und dann wird er den Gegenstand des Rühmens für sich allein behalten und nicht für den anderen. 5 Denn jeder wird die eigene Last zu tragen haben. 6 Anteil aber soll geben, wer in der Lehre Unterricht erhält, dem, der Unterricht erteilt, an allen (seinen) Gütern.

Was es bedeutet, „im Einklang mit dem Geist zu leben", wird vom Apostel nun noch an lose miteinander zusammenhängenden Paränesen und Beispielen gezeigt, die z. T. negativ, z. T. positiv formuliert sind. Es handelt sich dabei um mehr oder minder konkrete Anweisungen für ein christliches Gemeinschaftsleben, die nicht spezifisch situationsbezogen sind, sondern allgemeine Geltung haben. Oepke bemerkt mit Recht: „Es heißt die allgemeine Menschenkenntnis des Apostels nicht besonders hoch einschätzen, wenn man seine Warnungen durchaus mit theologischen Streitigkeiten der Galater in Verbindung bringen zu müssen glaubt."[1]

5, 26 Ein κενόδοξος ist der, „der sich ein unbegründetes Ansehen (κενὴ δόξα) zu verschaffen weiß oder zu verschaffen sucht" (Oepke)[2] und durch dieses Bestreben großsprecherisch, prahlerisch und ehrgeizig wird. Vor diesem Streben nach eitlem Ruhm soll der Christ sich bewahren (μὴ γινώμεθα). Die folgenden, asyndetisch miteinander verbundenen Partizipialaussagen ἀλλήλους προκαλούμενοι und ἀλλήλοις φθονοῦντες haben „gleichzeitigen" Sinn[3]: „indem ihr einander herausfordert[4], einander beneidet". Die κενοδοξία äußert sich also als Herausforderung des anderen und als Neid auf ihn und seine Leistungen. Dadurch geht die den „geistlichen" Menschen auszeichnende „Sachlichkeit" im Verhältnis zu seinen Mitmenschen verloren[5]; ein wahres Gemeinschaftsleben ist nicht möglich. Es wird dann Platz für jene gemeinschaftssprengenden Laster, die der Apostel im vorausgehenden Katalog genannt hat (ἔχθραι usw.).

6, 1 Die Paränese des Apostels an die Adressaten wird dringlicher, persönlicher: ἀδελφοί! Er setzt den Fall (ἐάν eventuale), daß ein Gemeindemitglied —

Katalog, sondern die Gegenüberstellung von Katalogen im Rahmen eines dualistisch-eschatologischen Heilsverständnisses."
[1] SCHMITHALS meint: „Es ist natürlich schwer, diese verschiedenen vieldeutigen Ausdrücke mit einem konkreten Sinn zu füllen. Ihr Verständnis im einzelnen ist nur von der Gesamtbeurteilung der galatischen Häresie her zu gewinnen" (Häretiker I, 52f; II, 34); er denkt an eine Warnung an die Pneumatiker, ähnlich auch BISPING, BURTON u. a.; LIPSIUS, LIETZMANN u. a. dagegen denken an Gemeindemitglieder, die sich ihrer Gesetzesobservanz rühmen. Weder das eine noch das andere läßt sich beweisen. Es geht um allgemeine Ermahnungen, wie die Formulierung in der 1. Person Plural erkennen läßt (vgl. auch DUNKAN z. St.).
[2] ThWb III, 662. [3] Vgl. dazu auch MAYSER, Grammatik, II/1, 348.
[4] προκαλεῖσθαι = herausfordern; BAUERWb s. v. zitiert DIODOR, Sic. IV, 17, 4 προκαλεῖσθαί τινα εἰς μάχην. [5] Vgl. auch SCHLIER z. St.

denn ein solches ist mit ἄνθρωπος gemeint[6] — in irgendeiner Sünde angetroffen wird (προλημφθῇ). Es ist in der Auslegung kontrovers, was das Verbum προλαμβάνεσθαι (im Aktiv wörtlich: „ergreifen, betreffen, erfassen")[7] genau besagt: „(auf frischer Tat von einem andern) ertappt werden"[8] oder „(unversehens von der Sünde) überrascht werden"[9]. Beide Auffassungen sind sinnvoll und möglich, auch grammatisch, da die Präposition ἐν sowohl lokale wie instrumentale Bedeutung haben kann. Worauf es dem Apostel ankommt, zeigt der Zusammenhang mit 5, 26, der nicht übersehen werden darf, wie schon Bisping betont hat: Werdet nicht ruhmsüchtig, auch dann nicht, wenn sogar (ἐὰν καί) jemand von irgendeiner Sünde[10] erfaßt wird. Gerade gegenüber einem fehlenden Bruder ist die κενοδοξία am wenigsten am Platz, ganz gleich, welche Sünde er begangen hat (τινι παραπτώματι). Der Grund für solches Verhalten nennt erst die Schlußaussage des Verses: σκοπῶν σεαυτόν, μὴ καὶ σὺ πειρασθῇ. σκοπεῖν kann heißen: „mit prüfender Unterscheidung in den Blick nehmen"[11]; in diesem Sinn ist der Terminus auch in Gal 6, 1c zu nehmen: „prüfe dich[12] vielmehr selber kritisch (nämlich hinsichtlich deiner eigenen Sünden und Fehler), damit nicht auch du in Versuchung gerätst" und zu Fall kommst[13] (vgl. auch Mt 6, 13 = Lk 11, 4 [6. Vaterunserbitte]; Mk 14, 38 Par.; 1 Petr 5, 8); denn Hochmut, wie er in der κενοδοξία und in dem, was zu ihr gehört, äußert, kommt vor dem Fall!

Was soll man vielmehr einem fehlenden Bruder gegenüber tun? Ihn im Geist der Sanftmut wieder zurechtbringen (6, 1b), d. h. auf den rechten Weg zurückbringen![14] In diesem Geist handelt Paulus selber; vgl. 1 Kor 4, 21 ἐν ῥάβδῳ

---

[6] In diesem Sinn schon verdeutlicht in P (τις ἐξ ὑμῶν) und Ψ (69) pc., syr (ἄνθρωπος ἐξ ὑμῶν).

[7] Vgl. BAUER Wb s. v. 2 b; das Verbum begegnet passivisch auch in Weish 17, 16 und hat hier, wie aus dem Kontext hervorgeht, die Bedeutung „plötzlich erfaßt werden". MOULTON-MILLIGAN zitieren aus POxyr. VI, 928, 8 ἵνα ἐὰν δοκιμάσῃς ποιήσῃς πρὶν προλημφθῆναι (bevor das Mädchen von einem anderen Heiratslustigen „weggeschnappt wird").

[8] So etwa SCHLIER mit LIGHTFOOT, LAGRANGE, KUSS, OEPKE; vgl. auch BAUER Wb s. v.; MICHAELIS in: ThWb VI, 173.

[9] So etwa DELLING in: ThWb IV, 15 („Paulus will mit προλημφθῇ andeuten, daß er an einen ‚Fall' denkt, in den ein Bruder unversehens geraten ist, der also keinerlei vorsätzliches Unrecht darstellt"). — Die Vg. übersetzt: etsi praeoccupatus fuerit homo in aliquo delicto; dazu bemerkt THOMAS VON AQUIN: praeoccupatus i. e. imprudenter et ex surreptione lapsus, ut nequeat vitare.

[10] παράπτωμα ist vor allem die Einzelsünde (vgl. MICHAELIS in: ThWb VI, 171f); dadurch hebt sie der Apostel ab von den vorher aufgezählten Lastern, die Dauerhaltungen besagen. BONNARD bemerkt z. St.: „Il faut être obsédé par les questions sexuelles pour y trouver une allusion de l'apôtre." Aber auszuschließen ist auch ein sexuelles Vergehen nicht.

[11] Vgl. FUCHS in: ThWb VII, 416; Lk 11, 35.

[12] Das Partizip σκοπῶν ist dem vorausgehenden Imperativ καταρτίζετε „gleichzeitig" und darf vielleicht selbst imperativisch verstanden werden („prüfe dich selbst kritisch ..."); vgl. dazu auch D. DAUBE in: E. G. SELWYN, The First Epistle of St. Peter (London 1955) 467–488; DERS., The N.T. and Rabbinic Judaism, 99–97; W. D. DAVIES, Paul and Rabbinic Judaism (London ²1955) 329.

[13] Die Formulierung in der 2. Person Singular gehört zum „Sprichwortstil"; vgl. BULTMANN, Der Stil der pln. Predigt, 66, Anm. 1.

[14] Zu καταρτίζειν vgl. BAUER Wb s. v.; der Terminus kommt auch in der medizinischen Spra-

ἔλθω πρὸς ὑμᾶς, ἢ ἐν ἀγάπῃ πνεύματί τε πραΰτητος, wobei die Stelle auch zeigt, daß πνεύματι sich nicht auf das heilige Pneuma bezieht, sondern auf die „Gesinnung" der Sanftmut, die freilich nach Gal 5, 23 selber eine Frucht des Geistes ist. Auffällig ist dabei auch der Singular σκοπῶν, obwohl vorher pluralisch alle Brüder angesprochen sind (καταρτίζετε); also ist das Zurückbringen des fehlenden Bruders Sache der ganzen Gemeinde, wobei aber jeder persönlich sein Gewissen prüfen soll, damit er nicht ebenso fehle und falle wie sein Bruder.

Diese so angerufene und aufgerufene Gemeinde redet der Apostel eigentümlicherweise an als οἱ πνευματικοί. Der Ausdruck begegnet sonst im Gal nicht, um so mehr im 1. Korintherbrief. Gedacht ist aber im Gal nicht vom Gegensatz zu σωματικοί und ψυχικοί her, sondern eher schon vom Gegensatz zu σαρκινοί (σαρκικοί) her wie in 1 Kor 3, 1–3 (vgl. besonders V 3: ὅπου γὰρ ἐν ὑμῖν ζῆλος καὶ ἔρις, οὐχὶ σαρκικοί ἐστε καὶ κατὰ ἄνθρωπον περιπατεῖτε;), nur mit anderen Nuancen, die sich aus dem Kontext ergeben: „Pneumatiker" sind die Galater deswegen, weil sie als solche, die „durch Pneuma leben" (5, 25), „die Werke des Fleisches" abgelegt haben und endgültig ablegen sollen; deshalb soll sich auch in ihrem konkreten Gemeindeleben „die Frucht des Geistes" im Verhalten gegen den sündigen Bruder in der geistlichen Hilfe, die sie ihm gewähren, zeigen. Ein ironischer Unterton in der Anrede ὑμεῖς οἱ πνευματικοί kann deshalb nicht festgestellt werden; es ist mit ihr keine besondere Gruppe bei den Galatern angesprochen, etwa die „gesetzlichen"[15] oder die „freien" Pneumatiker[16]. „Immerhin wirkt die Anschauung von der Außergewöhnlichkeit des πνεῦμα so weit nach, daß οἱ πνευματικοί nicht Gemeindebezeichnung geworden ist wie οἱ ἅγιοι, οἱ ἐν Χριστῷ . . ." (Schweizer)[17].

Mit dieser Mahnung steht Paulus nicht allein da; sie begegnet in anderer Formulierung auch in Jak 5, 19f[18]. „Die Kirche handelt mütterlich auch gegenüber den Sündern" (Schlier, z. St.); nihil ita frangit hominis severitatem in corrigendo quam timor proprii casus (Thomas von Aquin).

6, 2 Der Vers ist asyndetisch angeschlossen, was, wie wiederholt im Gal, ein Zeichen für einen gedanklichen Zusammenhang mit dem Vorausgehenden ist; deshalb muß bei der Auslegung der V 1 im Auge behalten werden. In Frage kommt hier nur das begründende Asyndeton[19]: „denn traget einander die

---

che vor im Sinn von „einrichten, in Ordnung bringen, ein Glied wieder einrenken" (vgl. PAPEWb s.v.).

15 So etwa LIPSIUS, LIETZMANN, STEINMANN.
16 So LÜTGERT (Gesetz und Geist, 13), SCHMITHALS (Häretiker I, 58f; II, 32), DE WETTE, BISPING, LIGHTFOOT.
17 ThWb VI, 421, Anm. 605.
18 Vgl. auch Mt 18, 12–16; 1 Joh 5, 16; Ps 51 (50), 15; Sir 28, 2f; 1 QS V, 24 – VI, 1; X, 26 – XI, 1; Damask XIII, 9f. „Die Analogie von 1 QS V, 24 – VI, 1 und Gal 6, 1 hat . . . ihre klaren Grenzen: 1 QS V, 24 – VI, 1 nennt, wie Mt 18, 15–18 . . . und anders als Gal 6, 1 ein einzuhaltendes Stufensystem der Mahnung; Gal 6, 1 hebt mit der Bezeichnung der Christen als ‚Geistträger' auf einen Gegensatz von ‚Geist' und ‚Fleisch' ab, der so in Qumran fehlt . . ." (H. BRAUN in: ThRu 29 [1963] 234).
19 Vgl. dazu MAYSER, Grammatik, II/3, 182f.

Lasten ...". Dann zeigt sich auch, welche „Lasten" dabei gemeint sind, die „wechselseitig" — das ist der Sinn des Genitivs ἀλλήλων — getragen werden sollen; nicht irgendwelche, sondern die Sünden, in die man geraten ist[20]. „Die Liebe, wenn sie echt und stark ist, macht alles gemeinschaftlich" (Bisping, z. St.), auch die Sünden. M. a. W.: Die Kirche weiß sich als Gemeinschaft von Sündern, so daß keiner gegenüber seinem Bruder der geistlichen κενοδοξία verfallen darf. Diese Last der Sünde und des Bewußtseins, daß jeder von ihr bedroht ist, wird dann tragbar, wenn die christliche Gemeinde auch die Sünde und Sünden in ihr brüderlich trägt[21]. Das hat nichts mit „Kollektivschuld" zu tun, sondern ist, wie der Apostel weiterfährt, eine Erfüllung des Gesetzes Christi. Das „Gesetz Christi" ist das Gesetz der gegenseitigen Liebe (vgl. 5, 14 und die dortige Auslegung). Da die Verbindung eines Imperativs mit καί und Futur ein konditionales Verhältnis ausdrückt, ist der ganze Vers endgültig zu übersetzen: „Denn wenn ihr wechselseitig die Lasten tragt, werdet ihr auf diese Weise (οὕτως)[22] das Gesetz Christi erfüllen."[23] Damit legt der Apostel eine Auslegung des Liebesgebotes vor, die auch die Sünder in der christlichen Gemeinde in dasselbe einbezieht und damit das Wesen des Christentums in einer Tiefe sichtbar werden läßt, die unvergleichlich ist. Die Kirche liebt die Sünder, wie Christus sie geliebt hat. So erfüllt sie „das Gesetz Christi". Ton- und Bedeutungsträger in dem Syntagma τὸν νόμον τοῦ Χριστοῦ ist der Genitiv; durch ihn erhält das nomen regens (τὸν νόμον) erst seine semantische Valenz, die total verschieden ist von jener in dem Syntagma „Gesetz des Mose". Im Kontext ist aber vom letzteren nicht die Rede, so daß nicht so sicher, wie Lietzmann es tut, gesagt werden kann, hier liege eine „gewollte Antithese gegen den judaistischen νόμος-Begriff" vor[24]. Die Antithese liegt vielmehr im unmittelbaren Kontext mit seinen Hinweisen auf ein Verhalten, das nicht dem Willen Christi entspricht, weil es die Liebe verletzt[25].

---

[20] ESTIUS: onera vocat peccata; VAN DÜLMEN, Theologie des Gesetzes, 66 („die Deutung von τὰ βάρη ergibt sich vor allem aus dem vorhergehenden Vers, wo von der Sünde des Gemeindemitgliedes die Rede ist. Die Last liegt also in der Schwachheit, Versuchbarkeit, der ständigen Gefahr und immer neuen Sünde des Menschen"). Ganz abwegig ist es, zu sagen: „Als Gegensatz zu ἀλλήλων τὰ βάρη ist zu denken τὰ βάρη τοῦ νόμου", so PH. HÄUSER in: BZ 12 (1914) 47.
[21] Vgl. auch 2 Kor 11, 29, wo der Apostel von sich sagt: „Wer ist schwach, und ich bin nicht schwach?".
[22] οὕτως ist eigentlich überflüssig; „unsemitischer Zusatz" (BEYER, Semitische Syntax im NT, 253).
[23] Vgl. auch BEYER, Semitische Syntax im NT, 253. — ℵ A C D^{gr} K P Ψ syr^h, arm, viele Minuskeln und griechische Kirchenväter lesen statt des Futurs ἀναπληρώσετε den Imperativ Aorist ἀναπληρώσατε, offensichtlich in Angleichung an den vorausgehenden Imperativ βαστάζετε. Sie verstehen aber damit den tiefen Zusammenhang nicht mehr, der zwischen V 2a und 2b besteht. Statt ἀναπληρώσετε liest 𝔓^{46} ἀποπληρώσετε.
[24] Ähnlich auch BISPING, LIPSIUS, SIEFFERT, OEPKE, VAN DÜLMEN (Theologie des Gesetzes, 66: „dieser νόμος τοῦ Χριστοῦ bildet eine bewußte Antithese zu dem bisher im Brief verurteilten Gesetz der Judaisten").
[25] Siehe zum Ausdruck „das Gesetz Christi" noch Näheres im Exkurs über Gesetz und Evangelium nach dem Galaterbrief, S. 285f; dazu noch BLÄSER, Das Gesetz bei Paulus, 234–243.

6, 3 Auch dieser Vers steht noch in einem Begründungszusammenhang (vgl. γάρ) mit der κενοδοξία, vor der der Apostel in 5, 26 gewarnt hat. Denn jener, „der etwas zu sein meint[26], wo er doch (in Wirklichkeit) nichts ist", ist ein κενόδοξος im wahrsten Sinn des Wortes. Ein solcher ist selbstverständlich auch nicht bereit, „die Last" des anderen mitzutragen; er schaut auf ihn nur selbstgerecht und voller Verachtung herab. Die beste Veranschaulichung zu Gal 6, 3 bietet Jesu Gleichnis vom Pharisäer und Zöllner (Lk 18, 9–14): Der Pharisäer glaubt etwas zu sein[27], wo er in Wirklichkeit doch auch ein armer Sünder wie der Zöllner ist; so unterliegt er einer Selbsttäuschung vor Gott. Das Wissen um das „Nichtssein" (μηδὲν εἶναι) vor Gott bewahrt den Menschen vor κενοδοξία gegenüber seinem Mitmenschen. Ob man dabei den Partizipialausdruck μηδὲν ὤν zum vorausgehenden εἰ δοκεῖ τις εἶναί τι zieht oder zum nachfolgenden φρεναπατᾷ ἑαυτόν[28], bleibt für die Auslegung ohne Belang. Jedenfalls ist μηδέν „nicht einschränkend, sondern gilt von allen Menschen ohne Ausnahme" (Bisping).

6, 4 „Vielmehr prüfe jeder sein eigenes Werk"; denn das ist der beste Schutz vor Selbsttäuschung. Dann kommt nämlich ein Doppeltes an den Tag: daß das „Werk" des Menschen entweder böse und Sünde ist oder durch die Gnade des Herrn gut[29]. Ergibt die strenge Prüfung des eigenen Werkes vor dem Gewissen[30] — das ist mit δοκιμάζειν gemeint (vgl. auch 1 Kor 11, 28) —, daß es gut ist und vor Gott bestehen kann, so mag das ein Anlaß für den Prüfenden zur „Rühmung mit Blick auf sich selbst allein" (εἰς ἑαυτὸν μόνον) sein. Ob das vom Apostel auch „aus der Rücksicht auf das allgemein menschliche Geltungsbedürfnis" so formuliert ist, wie Oepke meint, ist zu bezweifeln. Oder denkt er dabei an die Ruhmredigkeit der Gegner unter den Galatern, wie Lietzmann vermutet? Oder an jene der (angeblichen) gnostischen „Pneumatiker" unter den Galatern, wie Schmithals meint?[31] Auch dies ist wenig wahrscheinlich. Vielmehr muß man den Kontext im Auge behalten; es geht bis zum V 5 einschließlich noch immer um das Thema κενοδοξία[32], die es gegenüber dem

---

[26] Vgl. zu dem konjunktionalen Konditionalsatz mit indefinitem Subjekt εἰ ... δοκεῖ τις εἶναί τι BEYER, Semitische Syntax im NT, 226 ff.
[27] Vgl. zu δοκεῖν εἶναί τι auch Midr. Qoh 9, 10, 42b (Spruch des R. Chijja): „Wer nichts ist, sich aber so führt, als wäre er etwas, dem wäre es besser, wenn er nicht geschaffen worden wäre" (BILLERBECK III, 578); PLATON, Apol. 33, 41e: ἐὰν δοκῶσι τὶ εἶναι, μηδὲν ὄντες; EPIKTET II, 24: δοκῶν μὲν τὶ εἶναι, ὢν δ' οὐδείς; PLUTARCH, Mor. 106 A: τοὺς τ' ἐκ μεγίστου ὀλβίας τυραννίδος τὸ μηδὲν ὄντας. Weiteres Material bei WETTSTEIN II, 234 f.
[28] Vgl. dazu die Kommentare. Zum Verbum φρεναπατᾶν s. BAUER Wb s. v.
[29] ἔργον ist also zunächst „wertfrei" gebraucht; es bezieht sich auf das gesamte Wirken des Menschen. BISPING meint, daß τὸ ἔργον mit Nachdruck dem vorhergehenden δοκεῖ gegenübersteht: „nicht auf das Meinen ... kommt es an, sondern auf das Tun ..."
[30] V 4a hat dabei wieder konditionalen Sinn: „Wenn ein jeder sein eigenes Werk prüft, dann ...", wobei das τότε wieder „unsemitischer Zusatz" ist (BEYER, Semitische Syntax im NT, 253).
[31] Häretiker I, 52; II, 33 f; 34, Anm. 102: „Die Gnostiker sind ‚etwas', weil sie Pneuma sind. Paulus, der für sie lediglich σάρξ (2 Kor 10, 2) ist, ist darum ‚nichts' (2 Kor 10, 2; 12, 11). Paulus muß diese Beurteilung umdrehen."
[32] Vgl. auch DELLING in: ThWb IV, 15; MERK, Handeln aus Glauben, 77, Anm. 83 („Sollte

Nächsten, selbst wenn dieser in eine Sünde fällt, nicht geben darf. Nun gibt es aber nach dem Apostel ein legitimes „Sich-rühmen", das mit κενοδοξία nichts zu tun hat; es ist das „Sich-rühmen im Herrn" (2 Kor 10, 17), mit der Begründung in 10, 18: „Denn nicht der ist bewährt (δόκιμος), der sich selbst empfiehlt, sondern den der Herr empfiehlt." Jedoch spricht Gal 6, 4 nicht von einem „Sich-rühmen im Herrn" wie 2 Kor 10, 17, sondern von einem „Sich-rühmen mit Blick auf sich selbst". Manche Ausleger wollen in dieser Bemerkung des Apostels bittere Ironie sehen: Prüfe nur dein eigenes Werk, und du wirst gleich erkennen, daß es da nichts zu rühmen gibt! Aber nicht Ironie steht dahinter, sondern viel eher tiefe Resignation: Leider zeigt eine ehrliche Selbstprüfung, daß „das eigene Werk" meist mit Sünde behaftet ist, so daß jegliches Sich-rühmen nur κενοδοξία ist. Angesichts der eigenen, täglich erfahrenen Sündhaftigkeit gibt es gegenüber dem Bruder nichts zu rühmen.

Versteht man jedoch das Futur ἕξει nicht logisch, sondern eschatologisch — was angesichts der folgenden Futura βαστάσει (V 5) und θερίσει (V 7f) naheliegt —, dann könnte mit V 4 folgendes gemeint sein: Ein jeder prüfe vor Gott sein eigenes Werk, und besteht es vor diesem kritischen Blick des Gewissens, dann wird er vor dem kommenden Gericht Gottes einen Gegenstand seines Rühmens[33] haben (ἕξει)[34], der aber nur für ihn sprechen könnte, nicht für den anderen (εἰς ἑαυτὸν μόνον ... καὶ οὐκ εἰς τὸν ἕτερον). Bei dieser „eschatologischen" Interpretation muß aber die Aussage in der Tat ironisch verstanden werden. Eine ehrliche Selbstprüfung ergibt, daß kein Gegenstand des Sich-rühmens für das kommende Gericht bleibt! „Durch den Glauben ist jeder Selbstruhm preisgegeben; aber auch für den im Glauben Stehenden kann sich nicht eine neue Möglichkeit des Selbstruhms eröffnen..." (Bultmann)[35]; dann gilt vielmehr: τί δὲ ἔχεις ὃ οὐκ ἔλαβες; εἰ δὲ καὶ ἔλαβες, τί καυχᾶσαι ὡς μὴ λαβών; (1 Kor 4, 7). Ein „Sich-rühmen" ist nur legitim als lobpreisender Dank für empfangene Gaben, und das heißt für den Christen konkret, daß es „Sich-rühmen" nur gibt διὰ τοῦ κυρίου ἡμῶν Ἰησοῦ Χριστοῦ (Röm 5, 11).

6, 5 Selbstruhm ist vor Gott ausgeschlossen; „denn ein jeder wird seine eigene Last tragen". Es kann sich bei βαστάσει nur um ein eschatologisches Futur handeln, d. h., der Apostel denkt dabei an das kommende Gericht vor Gott. Die Last (φορτίον) ist dann nicht das jedem im Leben aufgelegte „Kreuz und Leiden", sondern die Last der eigenen Sünden[36], die vor Gottes Gericht ge-

---

dieser Vers eine Anspielung auf die Lage sein, dann würde Paulus hier eine situationsgebundene Begründung geben. Zudem begründet Paulus, was er in 6, 1 sagt, nicht warum er es sagt").
[33] καύχημα ist mehr der Gegenstand des Ruhms, weniger der Akt desselben (= καύχησις); aber die Unterscheidung wird nicht streng durchgeführt (vgl. BULTMANN in: ThWb III, 649, Anm. 35).
[34] Das AT kennt ein eschatologisches, positives „Sich-rühmen", aber nur als Ausdruck des Vertrauens, der Freude und des Dankes (vgl. ebd. 647). — Zum Thema „Sich-rühmen" bei Paulus vgl. auch noch J. S. BOSCH, „Gloriarse" segun San Pablo (Anal. Bibl. 40) (Rom 1970) (reiches Material und umfassende Exegesen).
[35] ThWb III, 649.
[36] φορτίον ist dann ebenso zu verstehen wie τὰ βάρη in V 2, ist aber von ἔργον zu unterschei-

tragen werden muß[37]. Vgl. dazu auch Röm 2, 6 („er wird einem jeden vergelten nach seinen Werken"); 14, 10–12; 1 Thess 4, 6; 1 Kor 6, 9f; 2 Kor 5, 10; Gal 6, 7–10; Kol 3, 6; Eph 5, 5f[38]. Wenn aber jeder seine eigene Sündenlast vor das Gericht des Herrn zu tragen hat, dann ist jeglicher Selbstruhm und jede Verachtung des sündigen Bruders reine κενοδοξία und eine Verletzung des „Gesetzes Christi", d. h. des Liebesgebotes.

Es zeigt sich zurückschauend, daß 5, 26 – 6, 5 einen zusammengehörenden Komplex darstellt, der mit Recht überschrieben werden kann: Warnung vor κενοδοξία. Die Aussagerichtung der Sätze wird dabei immer stärker eschatologisch und führt so schon hin zu den Äußerungen des Apostels in den VV 7–10. Dazwischen aber schaltet er überraschenderweise in V 6 eine eigenartige Mahnung ein, die dann freilich im V 9 und besonders im V 10 mit dem Aufruf zur Wohltätigkeit eine Fortsetzung erfährt.

4. MAHNUNG ZUM ENTGELT FÜR EMPFANGENEN GLAUBENSUNTERRICHT (6, 6)

6, 6 Anteil soll geben aber, wer in der Lehre Unterricht erhält, dem, der Unterricht erteilt, an allen Gütern.

6, 6 Warum gibt der Apostel überhaupt diese Mahnung? Naheliegt die Antwort, die Bonnard gibt: „Le plus simple est de penser que cette exhortation de l'apôtre fait allusion à des difficultés précises dans les églises de Galatie."[1] Paulus stellt die Ermahnung gerade hierhin, weil schließlich auch in der selbstverständlichen Bereitschaft, seinem Lehrer Anteil an allen Lebensgütern zu geben, der wahre πνευματικός sich zeigt; Geiz gehört zu den Werken des Fleisches, auch wenn er im vorausgehenden Lasterkatalog nicht eigens genannt ist. Darüber hinaus erinnert Gal 6, 6 an Röm 15, 27 („Denn wenn die Heiden an ihrem [der Urgemeinde in Jerusalem] geistigen Besitz Anteil erhalten haben, müssen sie [dafür] auf dem Gebiet des irdischen ihnen [Gegen-]Dienste leisten"). Denkt also der Apostel mit der Mahnung in Gal 6, 6 auch an die Kollekte für die Armen der Urgemeinde (vgl. 2, 10; 1 Kor 16, 1)? Waren ihm die Galater

---

den, das im V 4 zunächst „wertfrei" verstanden ist. — Zur übertragenen Bedeutung von φορτίον vgl. auch Mt 23, 4; Lk 11, 46a und BAUER Wb s. v.; zu βαστάζειν BÜCHSEL in: ThWb I, 596f.

[37] Vgl. dazu auch Apk 14, 13 (τὰ . . . ἔργα αὐτῶν ἀκολουθεῖ μετ' αὐτῶν); Esr-Apk 7, 35 („die guten Taten erwachen, die bösen schlafen nicht mehr", nämlich beim Gericht); Abot VI, 9b (in der Sterbestunde begleiten den Menschen „nur Tora und gute Werke"); weiteres Material bei BILLERBECK III, 817.

[38] Vgl. auch noch Kuss in: RegNT VI, 43f (Exkurs: „Das Gericht nach den Werken").

[1] Ähnlich schon BISPING: „Die Veranlassung zu dieser Ermahnung lag unstreitig in den speziellen Verhältnissen der galatischen Gemeinden, die uns aber nicht näher bekannt sind." Nach ECKERT mag es „nicht abwegig erscheinen, bei den Lehrern eine besondere Treue zur Verkündigung des Apostels Paulus und Widerstand gegenüber den neuen Lehrern und ihrer Predigt zu vermuten" (Die urchristliche Verkündigung, 147).

in ihrer Durchführung zu saumselig und zu hartherzig? Mit Blick auf die οἰκεῖοι τῆς πίστεως in der Mahnung des nachfolgenden V 10 ist nicht ganz auszuschließen, daß Paulus tatsächlich auch die Kollekte im Auge hat. „They (die Galater) had not responded heartily to his appeal" (Lightfoot)[2].
Damit haben wir uns schon mit Schlier (u. a.)[3] gegen Oepke (u. a.) für ein „materielles" Verständnis des V 6 entschieden, was auch heißt, daß das Verbum κοινωνεῖν verstanden ist als „Anteil geben", wie in Philo, De spec. leg. II, 107 (das Gesetz „lehrt die Reichen, an ihrem Besitz [den Armen] Anteil und Gemeinschaft zu gewähren" [μεταδιδόναι καὶ κοινωνεῖν ὧν ἔχουσι])[4]; und daß ferner die πάντα ἀγαθά sich auf irdische Güter beziehen. Die Forderung des Apostels in Gal 6, 6 entspricht im übrigen nur dem, was er in 1 Kor 9, 7–14 ausführlich darlegt[5]. „Faßt man den Satz von der Gemeinschaft in geistigen Gütern, so ist der Lernende als Subjekt verwunderlich . . ." (Lietzmann). Nach H. W. Beyer[6] sind die κατηχοῦντες „mit den διδάσκαλοι von 1 Kor 12, 28 und Eph 4, 11 gleichzusetzen. Paulus hat also neben dem üblichen διδάσκειν ein ganz wenig und in der religiösen Sprache des Judentums überhaupt nicht gebräuchliches Wort benützt, um einen term. techn. für die christliche Unterweisung zu schaffen, wohl um die Besonderheit des Lehrens aufgrund des Evangeliums herauszuheben. Gerade das nicht abgegriffene Wort hat sich dann in der Tat als geeignet erwiesen, den ausschließlichen Sinn christlichen Unterrichts anzunehmen[7], der noch heute in dem Begriff Katechese nachklingt."[8]

5. ESCHATOLOGISCHER AUSBLICK MIT MAHNUNG ZUR HELFENDEN TAT (6, 7–10)

Schon in den vorausgehenden Abschnitten war der eschatologische Klang zu hören (5, 21: βασιλείαν θεοῦ οὐ κληρονομήσουσιν; 6, 4f: hier die eschatologischen Futura ἕξει [?] und βαστάσει); auch der Gedanke an das kommende Gericht taucht deutlich auf. Jetzt richtet sich der Blick des Apostels mit noch größerer Entschiedenheit auf die Eschata, wie allein schon eine dafür typische Terminologie in 6, 7–10 erkennen läßt: es erscheint viermal der Begriff θερίζειν, und zwar im „eschatologischen" Futur (s. Näheres in der Einzelauslegung);

---

[2] Vgl. auch Borse, Standort, 37f.
[3] Zum Beispiel Hauck (ThWb III, 809) und Beyer (ebd. 639); Borse, Standort, 37.
[4] Vgl. auch Demosthenes 25, 61 (μὴ πυρός, μὴ λύχνου, μὴ πότου, μὴ βρωτοῦ μηδενὸς μηδένα τούτῳ κοινωνεῖν); auch in Phil 4, 15 liegt die Bedeutung vor: „Anteil geben", ebenso in Barn 19, 8 (κοινωνήσεις ἐν πᾶσιν τῷ πλησίον σου) und Did 4, 8 (συγκοινωνήσεις δὲ πάντα τῷ ἀδελφῷ σου); vgl. Hauck in: ThWb III, 798; 809, dazu noch das Material bei PreisigkeWb s. v. κοινωνέω.
[5] Zum Entgelt für Unterricht bei Juden und Griechen vgl. S. Krauss, Talmudische Archäologie III (Nachdruck Hildesheim 1966) 212f und Oepke zu Gal 6, 6.
[6] ThWb III, 639.   [7] Vgl. Lk 1, 4.
[8] Nach Delling ist es für Gal 6, 6 „recht wahrscheinlich, daß es sich hier um Unterweisung in einem umgrenzten Stoff handelt (vgl. Röm. 2, 18, wo von der Tora die Rede ist)" (Studien zum NT und zum hellenistischen Judentum [Göttingen 1970] 163). Nur Hypothese.

es erscheinen die Ausführungen des Apostels, bevor er mit dem Postskript beginnt, mit einem Blick in die Zukunft der Ewigkeit. Der prophetische Charakter der Predigt des Paulus zeigt sich; er bleibt nicht beim Indikativ und auch nicht beim Imperativ. Das endgültige Heil und das endgültige Unheil treten vor das Auge des Lesers.

6, 7 Täuscht euch nicht, Gott läßt sich nicht verspotten. Denn was immer ein Mensch sät, das wird er auch ernten: 8 wer auf sein Fleisch sät, wird vom Fleisch Verderben ernten, wer aber auf das Pneuma sät, wird vom Pneuma ewiges Leben ernten. 9 Im Tun des Guten aber laßt uns nicht müde werden; denn zur rechten Zeit werden wir ernten, vorausgesetzt, daß wir (vorher) nicht schwach werden. 10 Deshalb also, solange wir Gelegenheit haben, laßt uns Gutes tun allen, am meisten aber den Glaubensgenossen.

6, 7 μὴ πλανᾶσθε: Dieser Imperativ gehört auch zur rhetorischen Formelsprache der Diatribe[1]; nach Wibbing erhält er seinen vollen Klang aber erst von dem תעה der Qumrantexte her[2]: „Dieses Irren ist nicht ein zufälliges Verfehlen, meint also nicht eine moralische Qualität, sondern wer in diesem Irrtum befangen ist, steht unter der gottfeindlichen Macht der Finsternis." Auf jeden Fall ist das πλανᾶν in der Aufforderung μὴ πλανᾶσθε ein eschatologisch bezogenes „Irren", wie aus dem Kontext klar hervorgeht; denn daß Gott seiner nicht spotten läßt, wird sich beim kommenden Gericht zeigen. μὴ πλανᾶσθε enthält also eine Warnung von äußerster Dringlichkeit. Die Selbsttäuschung, der sich der Mensch während seines irdischen Lebens hinsichtlich seines ethischen Verhaltens hingibt, kommt an den Tag, wenn er einmal vor dem Gericht Gottes stehen wird. Darum geht die Warnung μὴ πλανᾶσθε in Gal 6, 7 weit über dieselbe Formel in der Diatribe hinaus (vgl. auch 1 Kor 6, 9f)[3].

„Gott läßt sich nicht verspotten." Wodurch wird Gott denn „verspottet"?[4] Aus dem Kontext ergibt sich die Antwort darauf ganz eindeutig: durch den Lebenswandel eines, der sich einen πνευματικός nennt, in den Werken des Fleisches, zu denen die κενοδοξία gegenüber dem sündigen Bruder in der Gemeinde gehört, ja auch der Geiz gegen den Lehrer (oder den Ursprungsort) des Evangeliums. „Es geht also nicht um ein Spotten in Worten, sondern um **Verachtung Gottes durch das Sosein des Menschen...**" (Preisker). Konkret besteht dieser „Spott" in der Verachtung des Pneumas, das Gott den

---

[1] Vgl. etwa EPIKTET IV, 6, 23 (μὴ πλανᾶσθε, ἄνδρες); von Paulus noch verwendet in 1 Kor 6, 9; 15, 33 (vgl. auch Jak 1, 16; dazu noch H. GREEVEN in: ThZ 14 [1958] 3–7; BRAUN in: ThWb VI, 233/12 ff; 245 f).
[2] Tugend- und Lasterkataloge, 116 f.
[3] Deshalb schlagen die Einwände BRAUNS gegen WIBBINGS Auffassung nicht durch; vgl. dazu ThRu 29 (1963) 211.
[4] Zu μυκτηρίζειν vgl. vor allem PREISKER in: ThWb IV, 803 f. μ. bedeutet in Gal 6, 7 nicht „sich täuschen lassen" (so MOULTON-MILLIGAN s. v.; auch POLYKARP in Phil 4, 3; 5, 1 unter Hinweis darauf, daß Gott nichts „vergißt"). „Gebraucht wird das Wort [in der LXX] vom Spott Israels über seine Feinde 4 Βασ 19, 21, über geistig Träge Prv 12, 8 wie über die heidnischen Götzen 3 Βασ 18, 27" (PREISKER).

Gläubigen geschenkt hat und das sie zu einem Leben verpflichtet, in dem sich die Frucht dieses Pneumas zeigt.

Wann wird sich zeigen, daß Gott sich nicht verspotten läßt? Das sagt V 7b deutlich genug: Bei der kommenden „Ernte" des Gerichts; denn θερίζειν, besonders aber θερισμός sind dafür biblische term. techn.[5]. Da die sprichwörtliche Sentenz vom „säen" und „ernten"[6], die geradezu eine Naturnotwendigkeit ausspricht, in einem Begründungszusammenhang mit V 7a steht (vgl. γάρ), werden die Begriffe „säen" und „ernten" zunächst in peiorativem Sinn verwendet (worauf auch die Reihenfolge der Aussagen in V 8 hinweist).

Wenn der Mensch beim kommenden Gericht Gottes „ernten wird", was er im irdischen Leben „gesät" hat, dann läßt Gott „den Menschen in seinen Taten sich sein Geschick selbst besorgen. Er gibt ihm die Freiheit zu säen, worauf er will, und also zu ernten, was er will. Darin besteht seine Herrschaft über den Menschen, daß er auf das Gesetz von Saat und Ernte achtet" (Schlier). Darin besteht aber auch die Verantwortlichkeit des Menschen für sein Tun; er ist der Macht des Fleisches und des Geistes nicht ohnmächtig ausgeliefert; er ist vielmehr durch sie in die freie Entscheidung gerufen. Aber das „erkennbare Gesetz der Entscheidung zwischen Saat und Ernte enthält" auch „motivierende Kraft für das Handeln des Menschen im gegenwärtigen Äon" (Hauck)[7]. Der Mensch ist ein durch die Schrift von Gott Gewarnter, die ihm gewährte Freiheit nicht „zum Anlaß für das Fleisch" zu nehmen (5, 13).

6, 8 Der Vers expliziert die Aussage der vorausgehenden Sentenz durch den seit 5, 13 immer wieder auftauchenden Gegensatz „Fleisch" und „Geist" und nennt zugleich im Anschluß an die biblische Terminologie die Frucht, die jeweils der Saat entsprechend geerntet wird: „Verderben" oder „ewiges Leben" (vgl. auch Röm 6, 20–23). Das den Vers einleitende ὅτι kann deklarativ verstanden werden — dann ist der V 8 Erweis der Richtigkeit der vorausgehenden Sentenz von V 7b; oder kausal — dann begründet V 8 die Warnung, die im V 7a enthalten ist. Eine eindeutige Entscheidung ist weder möglich noch nötig.

ὁ σπείρων ist konditionales Partizip[8] und die Formulierung ὁ σπείρων εἰς τὴν σάρκα bzw. εἰς τὸ πνεῦμα läßt „Fleisch" und „Geist" gewissermaßen als das Feld erkennen, auf das die Saat gesät wird, wie auch die Präposition ἐκ (τῆς σαρκός bzw. τοῦ πνεύματος) im Hinblick auf diese Vorstellung verwendet wird: Verderben bzw. ewiges Leben erwachsen „aus" dem Boden, auf den

---

[5] Vgl. Hauck in: ThWb III, 132f. Vgl. etwa Joël 4, 13 („Schlaget die Sichel an, denn die Ernte ist reif"); Apk 14, 15 („Sende deine Sichel aus und ernte, denn die Stunde des Erntens ist gekommen ..."). Durch die eindeutig eschatologisch gebrauchten Akkusativobjekte φθοράν bzw. ζωὴν αἰώνιον ist in V 8 θερίσει ebenso eindeutig eschatologisches Futur.
[6] Sprichwörtlich sowohl im profanen wie im biblisch-jüdischen Bereich; vgl. etwa Cicero, De orat. II, 261 (ut sementem feceris, ita metes); Spr 22, 8 („wer Unrecht sät, wird Unheil ernten"); Job 4, 8 („die Unheil pflügten und Elend säten, die ernten es"); Os 8, 7 („Wind säen sie, und Sturm ernten sie"); 10, 12 („sät euch Gerechtigkeit, erntet Liebe!"); TestLev 13, 6 (ἐὰν σπείρητε πονηρά, πᾶσαν ταραχὴν καὶ θλῖψιν θερίσετε); weiteres Material in ThWb III, 132.
[7] ThWb III, 133/9f.
[8] Vgl. auch Beyer, Semitische Syntax im NT, 211f.

gesät wurde. Der σπείρων ist der Mensch selbst; deshalb hat Lagrange recht, wenn er bemerkt: „Hier erscheint also das ewige Leben als Lohn für gute Werke"; aber er fügt sofort die richtige Einschränkung hinzu: „nicht daß die Werke des Menschen an sich es verdienen, sondern weil diese Werke des Menschen durch den Geist kommen, was heißt, daß sie Werke der Gnade sind". Das zeigt sich in der Formulierung des Verses auch darin, daß bei πνεῦμα das bei σάρξ stehende ἑαυτοῦ fehlt[9]. Es ist nicht das eigene πνεῦμα ἅγιον, und so bleibt das ewige Leben frei geschenkte Gabe, wie auch das, was „auf das Pneuma" konkret gesät wird, nicht das eigene Werk ist, sondern „Frucht des Geistes", und dennoch dieses „Säen" in Freiheit geschieht, nämlich in der Freiheit, die Christus durch das Pneuma gewährt. Gnadenprinzip und Verantwortlichkeit des Menschen bleiben im Getauften so verbunden, daß sich diese Verbundenheit einer rationalen Einsicht und Analyse entzieht.

6, 9 Der Ruf an die Verantwortlichkeit des Menschen für sein ewiges Geschick, wie er aus V 8 spricht, setzt sich deshalb mit selbstverständlicher Konsequenz jetzt über in die Aufforderung, „nicht müde zu werden", nämlich im „Tun des Guten"[10]. Das heißt aber auch, „daß σπείρειν εἰς τὸ πνεῦμα und πνεύματι στοιχεῖν = τὸ καλὸν ποιεῖν ist" (Schlier). τὸ καλόν ist alles Gute im ethischen Sinn[11].

Das wird in V 9b wieder eschatologisch begründet (vgl. γάρ): „denn zur rechten Zeit werden wir ernten, wenn wir nicht ermatten". Was zur rechten Zeit „geerntet" wird, ist für den, der das Gute im Leben getan hat, die ζωὴ αἰώνιος — auch hier der Lohngedanke![12] Und καιρῷ ἰδίῳ (Dat. temp.) entspricht deshalb dem ἐν καιρῷ τοῦ θερισμοῦ von Mt 13, 30; diese Zeit wird von Gott allein festgesetzt[13]. Das ewige Leben wird dann der ernten, der nicht „schwach wird": ἐκλύεσθαι = kraftlos, matt, schwach bzw. mutlos werden[14]. ἐκλυόμενοι ist nicht dem Futur θερίσομεν „gleichzeitiges" Partizip, das die künftige Ernte als „mühelos" charakterisieren möchte, sondern konditionales: „wenn wir nicht matt werden" (vgl. dazu auch Mt 10, 22b = 24, 13 ὁ ὑπομείνας εἰς τέλος, οὗτος σωθήσεται). Dahinter steht entweder die Vorstellung vom Bauern, der sich im Schweiße seines Angesichts plagt, um eine gute Ernte (θερίζειν!) zu erhalten (so etwa Bisping) oder die Vorstellung von dem unermüdlichen Ringen (militia Christi!), dem der Christ sein Leben lang sich zu unterziehen hat (vgl. auch 1 Kor 9, 24–26; 10, 12; Phil 3, 12–14)[15]. Der Apostel ist, so zeigt sich

---

[9] Vgl. auch SCHWEIZER in: ThWb VI, 427/30f.
[10] MOULE überlegt zunächst (in: An Idiom Book of NT Greek, 110f), ob nicht der Artikel τό zu Beginn des Verses „eine vertraute sprichwörtliche Phrase" einleiten will: „und da gilt hier das Sprichwort (= τό): Gutes zu tun, laßt uns nicht müde werden"; aber er lehnt dann selber diese Deutung ab unter Hinweis auf Röm 8, 26 (τὸ γὰρ τί προσευξώμεθα καθὸ δεῖ οὐκ οἴδαμεν). — Zu ἐγκακεῖν mit folgendem Partizip vgl. auch 2 Thess 3, 13 und BLASS-DEBR § 414, 2.
[11] Zur Gleichsetzung von τὸ καλόν mit τὸ ἀγαθόν im Griechentum und Judentum vgl. GRUNDMANN in: ThWb III, 242–253; sie ergibt sich für Gal 6, 9 eindeutig aus 6, 10.
[12] Vgl. OEPKE z. St.
[13] Vgl. auch DELLING in: ThWb III, 462.   [14] Vgl. BAUER Wb s. v.
[15] Wenig wahrscheinlich ist es deshalb, daß bei ἐκλύεσθαι an Mutlosigkeit gedacht ist.

deutlich, trotz seiner Rechtfertigungslehre kein Vertreter eines geistlichen Quietismus. Vielmehr treibt gerade seine Rechtfertigungslehre zu äußerster Aktivität, so paradox das auch aufs erste klingen mag.

6, 10 Der Vers zieht die abschließende Folgerung (ἄρα οὖν) aus V 9, und zwar sowohl aus der Verheißung der Ernte wie auch aus dem Appell zur äußersten Anstrengung im Guten: „Folglich laßt uns also das Gute tun, solange (= ὡς)[16] wir (noch) Zeit haben (ἔχομεν)."[17] Die Zeit (καιρός) ist die von Gott vor dem Gericht noch zur Verfügung gestellte Frist; diese Zeit gewährt die stete Gelegenheit, das Gute (τὸ ἀγαθόν = τὸ καλόν von V 9) zu tun; ἐργάζεσθαι ist das kraftvolle, aktive Wirken[18]. In diesem kraftvollen „das Gute tun" konkretisieren sich der Glaube, der durch Liebe wirksam ist (5, 6), und das Gebot der Nächstenliebe, in dem das ganze Gesetz zusammengefaßt ist (5, 14). Die Nächsten sind alle Menschen (πρὸς πάντας), die irgendeiner Hilfe bedürftig sind (vgl. auch 1 Thess 5, 15: „... eifert allezeit um das Gute füreinander wie für alle"). In der abschließenden Bemerkung des Apostels μάλιστα δὲ πρὸς οἰκείους τῆς πίστεως bedeutet μάλιστα „nicht Verengung der Nächstenliebe zur Bruderliebe", wie Oepke mit Recht betont, sondern „une précision à ce qui précède" (Bonnard); im Vorausgehenden aber ist an die Gemeinde gedacht. Die Grundbedeutung von οἰκεῖος ist „zu den Hausgenossen gehörig"[19]; die Gläubigen sind die zu demselben Haus Gehörigen, nämlich zum Haus Gottes (vgl. Eph 2, 19; 1 Petr 4, 17; 1 Tim 3, 15)[20]. Der artikulierte Genitiv τῆς πίστεως ist dann als Gen. relationis zu verstehen[21]: „Hausgenossen hinsichtlich des Glaubens", und τῆς πίστεως meint dabei den Glauben als objektive Größe = das Christentum als Glaubenserscheinung[22] (vgl. auch 1, 23; 3, 25).

Mit dieser Schlußmahnung findet der Brief nach den leidenschaftlichen Ausbrüchen des Apostels einen fast überraschend wirkend ruhigen Ton. Sollte Paulus mit ihr nicht doch auch die ihm so am Herzen liegende Kollekte für die Urgemeinde in Jerusalem im Auge gehabt haben, die er in 2, 10 ausdrücklich erwähnt hat (vgl. auch 1 Kor 16, 1)?[23] Ist sie ein praktisches Beispiel der Hilfe für die „Glaubensgenossen"?[24]

---

[16] Vgl. BAUER Wb s.v. ὡς IV, 1b; BLASS-DEBR § 455, 3. ὡς dient „mit dem Indikat. Präs. oder Imperf. zur Bezeichnung eines mit dem Prädikat des Hauptsatzes gleichzeitigen Vorgangs" (MAYSER, Grammatik, II/3, 167).
[17] Der Indikativ ἔχομεν, den 𝔓[46] A C D G K L P al., pl. lat., MARCION lesen, scheint die ursprüngliche LA zu sein gegenüber dem Konjunktiv ἔχωμεν (B* ℵ 69 al.), weil Paulus sonst beim Konjunktiv ὡς ἄν hat (BLASS-DEBR § 455, 2). Vgl. auch ZAHN z. St.
[18] Vgl. zu τὸ ἀγαθὸν ἐργάζεσθαι auch Röm 2, 10; Eph 4, 28; JOSEPHUS, Antiqu. VI § 208; HERMAS, m. 2, 4.
[19] MICHEL in: ThWb V, 136/25f.
[20] Vgl. ebd. 128–131.
[21] Vgl. zu ihm MAYSER, Grammatik, II/2, 189–194.
[22] So auch SCHLIER, LIETZMANN, MICHEL (a. a. O. 137); anders OEPKE, BONNARD („foi vécue").
[23] Siehe oben zu 6, 6.
[24] BORSE meint so (Standort, 145): „Durch die Einordnung des Gal mitten in die gesteigerte Aktivität Pauli für das Kollektenwerk wird auch die Vermutung bestätigt, daß er bei der Vorzugsstellung, die den ‚Hausgenossen des Glaubens' eingeräumt wird, ‚an die hilfsbedürftigen Glaubensbrüder in Judäa' dachte. Auf der anderen Seite muß die scharfe Verwarnung

Rückblickend auf den schwer zu gliedernden ethischen Abschnitt 5, 13 – 6, 10 fällt die z. T. fehlende Situationsbezogenheit der Paränesen auf. Eindeutig situationsbezogen ist eigentlich nur der Beginn (5, 13), der mit dem Stichwort „Freiheit" an die vorausgehende, auf die Situation in Galatien abhebende Freiheitsthematik anknüpft. Relativ situationsbezogen wirken noch der Ausdruck πᾶς νόμος in 5, 14, die Formulierung „gegen Derartiges richtet sich Gesetz nicht" (5, 23 b) und möglicherweise die Ermahnungen zur Wohltätigkeit, so sie auf die Kollekte bezogen sein sollten. Die fast durchgehende Adressierung der Paränesen an die Empfänger des Briefes (2. Person Plural!) hat nichts unmittelbar mit der „Situation" zu tun, sondern gehört zum „Stil". Es bestätigt sich also auch hier weithin, was M. Dibelius zu den paränetischen Abschnitten der Paulusbriefe sagt[25]: „Vor allem fehlt ihnen eine unmittelbare Beziehung auf die Briefsituation. Die Regeln und Weisungen sind nicht für bestimmte Gemeinden und konkrete Fälle formuliert, sondern für die allgemeinen Bedürfnisse der ältesten Christenheit. Sie haben nicht aktuelle, sondern usuelle Bedeutung ... Was in jenen Briefkapiteln steht, entstammt didaktischer Gewohnheit; schon bei der Missionierung pflegt der Apostel den Neubekehrten in Form solcher Weisungen die Grundsätze eines neuen christlichen Lebens einzuprägen; bei späterer Anwesenheit des Paulus oder bei Besuchen der Apostelschüler in den Gemeinden werden diese Mahnungen aufgefrischt und ergänzt; nichts anderes als solche Wiederholungen[26] sind die paränetischen Abschnitte in den Briefen des Paulus an seine Gemeinden ... Die Paränese hat also eine breitere Basis als die Paulus-Mission; sie ist gemeinchristlich ..."[27]

Gal 6, 7f. im Zusammenhang mit der zurückliegenden Kollektenanordnung für Galatien und mit dem Fehlen jeder dankbaren Erwähnung irgendwelcher Spenden gesehen werden; anscheinend kommt hier die Enttäuschung des Apostels über die unbefriedigende Reaktion auf die Anordnung 1 Kor 16, 1 zum Ausdruck. Vermutlich hatten sie im Vergleich zu den anderen Gemeinden nur sehr wenig oder gar nichts gespendet. Da der Winter bevorstand und Paulus im kommenden Frühjahr nach Jerusalem aufbrechen wollte, war es aber zu spät, nachträglich noch Gaben anzufordern. Er begnügt sich deshalb mit einem allgemein gehaltenen Aufruf zur Freigebigkeit." Die Schwierigkeit ist freilich die, daß Gal 6, 7f mit seinen Stichworten σάρξ und πνεῦμα eher auf die Laster- und Tugendkataloge zu verweisen scheint als gerade auf mangelnde Wohltätigkeit, speziell in der Kollektenangelegenheit. Allerdings muß auch beachtet werden, daß die Mahnung zur Wohltätigkeit in den VV 9f einerseits durch den Term θερίζειν in V 9 und die Folgerungspartikel ἄρα in V 10 mit dem eschatologischen „Exkurs" der VV 7f verbunden ist und folglich auch gedanklich mit ihm zusammenhängt, so daß die Meinung Borses auf jeden Fall beachtenswert bleibt.

[25] Die Formgeschichte des Evangeliums (Tübingen 61971) 239f.
[26] Vgl. nur Gal 5, 21 („davon sage ich euch im voraus, was ich euch schon zuvor gesagt habe"); 1 Thess 4, 1.
[27] Vgl. auch Eckert, Die urchristliche Verkündigung, 149–152 („Die Paränese des Galaterbriefs und die Situation der galatischen Gemeinden").

D. Das Postskript (6, 11–18)

Nach dem so ruhig und versöhnlich klingenden Vers 6, 10 ließe sich eigentlich ein ebenso ruhiger und versöhnlicher Abschluß des Briefes erwarten, was aber keineswegs der Fall ist und was somit aus dem sonstigen Rahmen der pln. Briefabschlüsse fällt[1]. Denn statt die üblichen persönlichen Grüße zu bringen, kommt Paulus nochmals auf seine Gegner zu sprechen (6, 12f) und auf seine persönliche Stellungnahme zur Frage der Beschneidung (6, 14–17), mit der abschließenden Bitte, ihm in der Zukunft keine Mühen mehr zu bereiten (6, 17). „Die Sätze sind gleichsam ein paar scharfe Schlußstriche, die die gesamte Auseinandersetzung noch einmal kurz aufleben lassen" (Schlier). Daran fügt er nur noch einen kurzen Segenswunsch (16, 18).

6, 11 Seht, mit welch großen Buchstaben ich euch schreibe mit meiner Hand. 12 Alle, die eine Rolle mit dem Fleisch spielen wollen, diese drängen euch zur Beschneidung, nur (deswegen), damit sie durch das Kreuz Christi keine Verfolgung erleiden. 13 Denn nicht einmal sie selbst, die sich beschneiden lassen, halten das Gesetz, vielmehr wollen sie eure Beschneidung, damit sie mit eurem Fleisch sich rühmen. 14 Mir aber sei es absolut fern, mich zu rühmen, außer im Kreuz unseres Herrn Jesus Christus, durch das mir die Welt gekreuzigt ist und ich der Welt. 15 Denn weder die Beschneidung noch die Unbeschnittenheit gilt etwas, vielmehr eine neue Schöpfung. 16 Und alle, die mit dieser Richtschnur übereinstimmen werden, Friede über sie und Erbarmen, und über das Israel Gottes! 17 Hinfort bereite mir niemand (mehr) Mühen; denn ich trage die Stigmata Jesu an meinem Leibe. 18 Die Gnade unseres Herrn Jesus Christus sei mit eurem Geist, Brüder. Amen.

6, 11 ἴδετε will wieder die besondere Aufmerksamkeit der Angeredeten erregen (ähnlich dem singularischen ἴδε in 5, 2[2]) für das, was der Apostel ihnen nun mit auffällig großen Buchstaben (πηλίκοις γράμμασιν) und eigener Hand

---
[1] Zum Schema des pln. Postskripts s. die Übersicht bei SCHMITHALS, Paulus und die Gnostiker, 93–95.
[2] Vgl. die dortige Auslegung.

(τῇ ἐμῇ χειρί) schreibt (ἔγραψα). Der Aorist ἔγραψα ist sehr wahrscheinlich Präteritum des Briefstils[3], und bezieht sich dann nicht auf die vorausgehenden Partien des Briefes, sondern nur auf die Schlußverse 11–18 (vgl. auch Röm 16, 22)[4]. γράμματα sind die Buchstaben (nicht „der Brief" = ἐπιστολή [17mal bei Paulus])[5], deutlicher: die Schriftzüge[6]. Der Apostel will damit die Bedeutung dessen, was er jetzt noch hinzufügt, hervorheben. „Die πηλίκα γράμματα sind weder ‚unförmliche' Buchstaben, die eine ungelenke Handschrift erweisen, noch umgekehrt gerade recht leserliche Buchstaben, die des Apostels Liebe zur Gemeinde und seine Sorgfalt zeigen[7], sondern Buchstaben in einem größeren Duktus, die auffallen und den Inhalt der Worte unterstreichen sollen" (Schlier)[8]; vielleicht besser noch Bonnard: „en écrivant ces dernières lignes de sa propre main, l'apôtre a voulu insister, personnellement, sur l'avertissement apostolique que sa lettre apportait aux Galates". Gerade der Eigenhändigkeitsvermerk τῇ ἐμῇ χειρί will die Hand des Apostels von der des Sekretärs unterscheiden[9]. Darauf, daß der Apostel erst von 6, 11 ab mit eigener Hand schreibt, könnte die Beobachtung hinweisen, daß der Abschnitt 6, 11–16 aufgrund der angeschlagenen Thematik fast wie ein abschließendes Summarium der vorausgehenden Partien des Briefes wirkt[10] (man denke an die Stichwörter Beschneidung, Kreuz Christi, Gesetz, Fleisch, sich rühmen, Beschnittenheit, Unbeschnittenheit, Neuschöpfung, die hier nochmals auftauchen), dem dann in V 17

---

[3] Vgl. auch 1 Kor 5, 11; Phm 19.21; 1 Joh 2, 14.21; dazu R. SCHNACKENBURG, Die Johannesbriefe, 125f; DEISSMANN, Licht vom Osten, 154 (Z. 9); 160 (Z. 28f); MAYSER, Grammatik, II/1, 144 (unter b); KOSKENNIEMI, Studien zur Idee und Phraseologie des griechischen Briefes, 192–194.
[4] Eigenhändiger Schlußgruß des Apostels findet sich auch in 1 Kor 16, 21ff; Kol 4, 18; 2 Thess 3, 17f; dazu die Ausführungen bei DEISSMANN, Licht vom Osten, 137f; LIETZMANN, Gal., 43, und OEPKE, Gal., 157.
[5] Vgl. auch Röm 2, 27.29; 7, 6; 2 Kor 3, 7f; dazu (mit weiterem Material) SCHRENK in: ThWb I, 762/10ff.
[6] Vgl. JOSEPHUS, Bellum I, 529 (γραμματεὺς δ' ἦν ὁ Διόφαντος τοῦ βασιλέως, τολμηρὸς ἀνὴρ καὶ δεινὸς μιμήσασθαι πάσης χειρὸς γράμματα); dazu noch SCHRENK in: ThWb I, 762/23; 764/23f.
[7] Nach ZAHN (z. St.) hat Paulus den ganzen Brief selber geschrieben, wie auch schon eine ganze Reihe von Kirchenvätern angenommen haben (vgl. ebd.) und mit πηλίκοις γράμμασιν würde Paulus „sich nicht wegen seiner unschönen Handschrift" entschuldigen, sondern darauf aufmerksam machen, „wie große Mühe er es sich hat kosten lassen". LIETZMANN meint: Paulus „schrieb mit großen Zügen und lächelt hier über seine ungelenke Schrift", und DEISSMANN (Bibelstudien, 264): „Große Buchstaben imponieren den Kindern; als seine lieben unverständigen Kinder behandelt Paulus die Galater, wenn er ihnen im Scherze zutraut, daß doch wenigstens die großen Buchstaben einen Eindruck auf sie machen müssen."
[8] ALMQUIST (Plutarch und das NT, 111, Nr. 237) verweist auf PLUTARCH, M. Cat. 20 p. 348 B (καὶ τὰς ἱστορίας δὲ συγγράψαι φησὶν αὐτὸς ἰδίᾳ χειρὶ καὶ μεγάλοις γράμμασιν, ὅπως οἴκοθεν ὑπάρχοι τῷ παιδὶ πρὸς ἐμπειρίαν τῶν παλαιῶν καὶ πατρίων ὠφελεῖσθαι) und bemerkt dazu: „Cato schrieb mit großen Buchstaben, damit der Knabe sie lesen könne, Paulus damit seine Worte größeren Eindruck machten."
[9] Vgl. dazu Näheres noch bei OEPKE, 157.
[10] Vgl. auch Β. Π. Στογιάννου, Ἡ ὑπὸ Παύλου ἰδιόχειρος ἀνακεφαλαίωσις τῆς πρὸς Γαλάτας, in: ΔΕΛΤΙΟΝ ΒΙΒΛΙΚΩΝ ΜΕΛΕΤΩΝ 1 (1971) 59–79 (79: „Οἱ στίχοι 6, 12–16 ἀποτελοῦν ἀνακεφαλαίωσιν τῶν κυρίων θέσεων τοῦ Παύλου, γενομένων κατὰ τοιοῦτον τρόπον, ὥστε εὐκόλως νὰ δύνανται ν' ἀπομνημονευθοῦν ὑπὸ τῶν ἀκροατῶν").

vom Apostel noch eine ganz persönliche, fast überraschende Bemerkung beigefügt wird[11].

6, 12 Der Aufbau des Verses ist nicht ganz glücklich. Der Apostel visiert nämlich die Gegner an, wie aus V 12b klar hervorgeht; deshalb überrascht zunächst das verallgemeinernde ὅσοι (= alle, welche), mit dem er den Vers beginnt. Man denkt deshalb bei V 12a nicht sofort an die Gegner, obwohl sie der Apostel im Auge hat. Verallgemeinernd klingt auch das artikellose ἐν σαρκί, das nicht in Zusammenhang gebracht werden darf mit ἐν τῇ ὑμετέρᾳ σαρκί des V 13b. Und deutlich liegt auf dem ἐν σαρκί des V 12a ein starker Ton; σάρξ ist hier noch ganz vom Gegensatz zu πνεῦμα her gesehen (vgl. 5, 17): alle jene, denen es um ein „gutes Dastehen" (εὐπροσωπῆσαι)[12] „im Fleische" geht, verfolgen nicht „pneumatische" Ziele, sondern ganz andere, die der Apostel im folgenden nennt und die für ihn dem Bereich des „Fleisches" zugehören und keinen Wert im Bereich der „neuen Schöpfung" haben[13]. Erst im V 12b sagt der Apostel dann, daß es „diese" sind, die euch zur Beschneidung „zwingen", womit die Gegner gemeint sind. Die Beschneidungsforderung der Gegner gegenüber den Galatern ist also nach dem Apostel geboren aus dem Wunsch (θέλουσιν), „schön im Fleische dazustehen"[14]. Mit diesem „Wunsch" überphysiognomisiert der Apostel die Gegner wieder im Stil der „Ketzerpolemik"; denn das „Wollen" der Gegner war sicher aus anderen Motiven geboren, vor allem aus einer ganz anderen Ansicht über den Heilsweg. Paulus unterstellt den Gegnern „fleischliche" Absichten. Aber der V 12 bringt auch „die einzig ganz präzise Angabe des Vorhabens der mit Paulus konkurrierenden Prediger in Galatien" (Eckert)[15]: sie „zwingen" die Galater zur Beschneidung: ἀναγκάζουσιν ist Präsens de conatu[16] mit dem Sinn: sie üben Druck aus (vgl. auch 2, 3) — aber „nur" (μόνον) in der bestimmten Absicht, ἵνα τῷ σταυρῷ τοῦ Χριστοῦ [Ἰησοῦ][17] μὴ διώκωνται. τῷ σταυρῷ gibt den Grund der Ver-

---

[11] Vgl. dazu auch noch G. J. BAHR, The Subscriptions in the Pauline Letters, in: JBL 87 (1968) 27–41. B. bringt wichtiges Material aus antiken Briefen und meint, daß Paulus schon mit 5, 2 beginnt, den Brief mit eigener Hand zu schreiben. „The sense of 5, 2 would then be: you have read what my secretary has written about defection from my gospel, now here is what I say to you in my own hand" (35). Auch LIETZMANN (zu Gal 6, 11) bringt gutes Material und bemerkt dann: „So wird das ἔγραψα als Praeteritum des Briefstils zu fassen sein und die Worte von V 11 an bezeichnen: ebenso ist wohl das ἔγραψα τῇ ἐμῇ χειρί Phm 19 ganz eng zu begrenzen. Aber die Möglichkeit, daß Pls den ganzen Brief mit ἔγραψα als eigenhändig geschrieben bezeichne (Zahn), ist schlechterdings nicht zu bestreiten, auch kann Pls etwa bei 5, 2 oder 6, 6 damit begonnen haben: aber wahrscheinlich ist das alles nicht. Guten Sinn bekommt der Hinweis auf die eigene Handschrift des Apostels nur, wenn sie mit V. 11 einsetzt. Und für die Empfänger, die ja Pls Hand sahen, war das ἔγραψα unmißverständlich."
[12] Das Verbum εὐπροσωπεῖν bedeutet: ein gutes Aussehen haben, gut dastehen (vgl. LOHSE in: ThWb VI, 779. Belegt im PTebt I, 19, 12f [114 v.Chr.]: ὅπως εὐπροσωπῶμεν = damit wir ein gutes Aussehen haben; DEISSMANN, Licht vom Osten, 76f).
[13] Vgl. auch ZAHN z. St.
[14] Da ἐν σαρκί seinen Gegensatz im Pneuma hat, ist es abwegig, ἐν σαρκί auf die Juden zu deuten (so CORNELIUS A LAPIDE, ESTIUS u. a.) oder auf das Beschneidungsfleisch der Galater (trotz V 13b).
[15] Die urchristliche Verkündigung, 32. [16] Vgl. BLASS-DEBR § 319.
[17] Ἰησοῦ lesen 𝔓46 B 69 1175; kann aus V 14 eingedrungen sein.

folgung an (Dat. causae)[18], und so zeigt sich der Zusammenhang der Beschneidungsforderung mit dem ἵνα-Satz: Wenn die Gegner die Beschneidungsforderung erheben, schwächen sie damit entscheidend den ärgerlichen λόγος τοῦ σταυροῦ ab — denn an ihn ist bei dem Dativ τῷ σταυρῷ höchstwahrscheinlich gedacht[19] —, und entgehen so der Verfolgung. Durch wen? Viele Ausleger denken dabei wie selbstverständlich an die Juden[20]. Die Dinge liegen aber nicht so einfach. Wir wissen nicht, woher die Gegner des Paulus in Galatien gekommen sind — der Apostel sagt in 1, 7 nur, daß da einige „sind", nicht jedoch, woher sie gekommen sind —, und darum wissen wir auch nicht, wer die Gegner „verfolgen" würde, wenn sie bei den heidenchristlichen Galatern die Beschneidung nicht fordern würden[21]. Die ihnen von Paulus unterstellte Absicht, die sie mit ihrer Beschneidungsforderung im Auge haben: ἵνα ... μὴ διώκωνται, setzt, so sie keine Unterstellung ist, voraus, daß die Gegner selbst unter Druck stehen, als sie die Beschneidungsforderung gegenüber den Galatern erheben. Wer hat sie unter Druck gesetzt? Diese unbeantwortbare Frage legt nahe, daß Paulus hier eigene Erfahrungen einträgt, auf die er in 5, 11 abgehoben hat („warum werde ich noch verfolgt?"). Visiert er vielleicht eine andere Situation an? Marxsen betont mit Recht, daß die Bemerkung des Apostels in 5, 11 die Vermutung rechtfertige, „daß Paulus 6, 12 die Jerusalemer Situation vor Augen hat"[22]. Der Apostel selbst hat den Mut, auch Verfolgungen um seiner Kreuzespredigt willen auf sich zu nehmen; das hat er längst bewiesen. Aber auch die Gegner, wenn sie je in seiner Lage wären? Daß sie tatsächlich mit einer Verfolgung durch Juden rechnen mußten, läßt sich aus dem Brief nicht erweisen. Paulus unterstellt den Gegnern vielmehr, daß sie die Beschneidung deshalb fordern, um einer Verfolgung durch Juden aus dem Weg gehen zu können. Eine faktische Verfolgung läßt sich jedoch nicht erkennen. Es ist absolut ungerechtfertigt, zu sagen, wie es Oepke tut, daß „die ganze Macht des Judentums ... sich gegen sie kehren" wird. Mit unserem Verständnis des V 12 will jedoch keineswegs ein Zusammenhang von Kreuzespredigt und Verfolgungsleiden geleugnet sein; dieser besteht auch unabhängig von der Feststellung, daß hier Paulus seinen Gegnern selbstsüchtige Absichten unterstellt.

6, 13 Angeblich geht es den Gegnern um das Gesetz; in Wirklichkeit halten gerade sie (αὐτοί), obwohl sie beschnitten sind (οἱ περιτεμνόμενοι)[23], das

---

18 Vgl. BLASS-DEBR § 196.
19 Vgl. auch SCHLIER z. St.
20 So etwa ZAHN, LIETZMANN, BURTON, SCHLIER („Die Propagierung der Beschneidung ... würde sie der Verfolgung durch die Juden entheben"), OEPKE („sie können im Schatten des Judentums als religio licita ruhig ihr Dasein fristen. Wird aber das Kreuz als Angriff auf die Tora in der gesetzesfreien Heidenmission akut, so wird die ganze Macht des Judentums — schon in der damaligen Welt war sie riesengroß — sich gegen sie kehren, sie religiös und politisch ächten, ihnen den Schutz der religio licita rauben, sie bei den römischen Behörden verdächtigen usf. Dem möchten sie aus dem Wege gehen"); SCHNEIDER in: ThWb VII, 576; GUTBROD ebd. IV, 1060.
21 Vgl. auch MARXSEN, Einleitung in das NT, 52f.   22 Ebd. 53.
23 Das Partizip Präsens περιτεμνόμενοι könnte zwar vorzeitige Bedeutung haben (vgl. die Belege bei MAYSER, Grammatik, II/1, 170); aber der Apostel operiert nicht damit, daß seine Gegner sich einst beschneiden ließen — daran dachten vermutlich jene Textzeugen, die das

Gesetz nicht. Wie kann der Apostel das behaupten? Entweder aufgrund seiner Überzeugung, daß niemand in der Lage ist, das Gesetz wirklich zu halten (vgl. Röm 2, 17ff; 7, 7ff; 8, 3f; Gal 2, 16; 3, 10f)[24]. Oder er unterstellt seinen Gegnern, daß es ihnen bei ihrem ganzen Bekehrungseifer nur um das Beschneidungsgebot geht, nämlich mit Rücksicht auf die Juden, nicht aber um das ganze Gesetz, das zu halten doch der Beschnittene nach Gal 5, 3 verpflichtet ist?[25] Aus V 13b könnte man zunächst darauf schließen; denn hier sagt Paulus von seinen Gegnern, daß sie die Galater beschneiden wollen, ἵνα ἐν τῇ ὑμετέρᾳ σαρκὶ καυχήσωνται[26]. Es geht ihnen also nach Paulus um ihren „Ruhm" — und viele Ausleger nehmen deshalb an, dieser Selbstruhm sei durch die taktische Überlegung bestimmt, auf diese Weise bei den Juden sich Liebkind zu machen und nicht von ihnen verfolgt zu werden (vgl. V 12)[27]. Als Beweis ihrer Erfolge können sie gewissermaßen „das Fleisch" derer vorzeigen, die sich auf ihre Agitation hin beschneiden lassen. Die Präposition ἐν bei καυχᾶσθαι gibt den Grund bzw. den Gegenstand des „Sich-rühmens" an (vgl. auch Röm 2, 17.23; 5, 3.11; 1 Kor 1, 31; 3, 21 u. ö.). Der Gegenstand des Ruhmes ist hier „das Fleisch" der Galater, d.h. das Fleisch ihrer Vorhaut, wie es dem atl. Sprachgebrauch entspricht[28]. Aber viel eher ist anzunehmen, „daß Paulus hier wie so oft, statt objektiv zu beschreiben, den Gegner in seinem typisch jüdischen Unvermögen, das Gesetz zu erfüllen, karikieren will" (Eckert)[29]. Schon der

---

Part. Perfekt περιτετμημένοι lesen (so 𝔓⁴⁶ B Ψ, verschiedene Minuskeln, copt^bo, goth, äth, AMBROSIASTER, VICTORIN, PELAGIUS, HIERONYMUS, AUGUSTINUS, vielleicht in Angleichung an 5, 3) —, sondern daß sie sich grundsätzlich beschneiden lassen („zeitloses" Partizip; vgl. auch ZAHN z. St.) und auf diesem Grundsatz auch gegenüber den Heidenchristen bestehen. Die οἱ περιτεμνόμενοι sind also einfach „,die Beschneidungsleute', konkret: die judenchristlichen Gegner des Apostels" (SCHLIER, ähnlich OEPKE). Deshalb sind Überlegungen überflüssig wie diese: Handelt es sich bei den περιτεμνόμενοι um Proselyten oder Heidenchristen, die zu Gegnern des Apostels geworden waren — das Letztere hat besonders E. HIRSCH mit Energie vertreten: ZntW 29 (1930) 192–197, ihm zustimmend LIETZMANN (z. St.) und J. MUNCK (Paulus und die Heilsgeschichte, 79f) —, oder gar um beschneidungswillige Galater? Der Apostel hat seine Gegner im Auge, wie aus V 13b eindeutig hervorgeht („sie wollen euch beschneiden"). Ginge es um die Beschneidungswilligen, dann dürfte vor περιτεμνόμενοι kein Artikel stehen (vgl. MOULE, An Idiom Book, 107). Zur ganzen Diskussion um den Sinn des Partizips περιτεμνόμενοι vgl. auch P. RICHARDSON, Israel in the Apostolic Church (Cambridge 1969) 85ff; ECKERT, Die urchristliche Verkündigung, 34f.
[24] Vgl. auch SIEFFERT z. St.
[25] Vgl. auch LIETZMANN z. St.
[26] Der Apostel nennt also in dem Abschnitt drei Absichten der Beschneidungsprediger: a) Das „Gutdastehen-Wollen" (V 12a), b) die Absicht, wegen der Kreuzespredigt (wie Paulus sie versteht) nicht verfolgt zu werden (V 12c), c) die Absicht, sich des Fleisches der beschnittenen Galater rühmen zu können (V 13c). Deshalb stört eigentlich das μόνον in V 12c, das so klingt, als ob es nur eine einzige Absicht der Beschneidungsprediger gäbe.
[27] Vgl. etwa BISPING z. St., der ESTIUS zitiert: ut glorientur apud suos, se rem Judaicam egregie promovisse, si circumcisionem, quae fit in carne, vobis persuaserint et per hoc ad legem suam vos traduxerint ac proselytos fecerint. R. JEWETT denkt an Judenchristen, die aus Furcht vor den Zeloten die Heidenchristen zur Beschneidung veranlassen wollen, um sich auf diese Weise eine Rückversicherung bei jenen zu verschaffen und einer Verfolgung durch sie zu entgehen (The Agitators and the Galatian Congregation, in: NTSt 17 [1970/71] 203–205).
[28] Vgl. dazu SCHWEIZER in: ThWb VII, 108/6ff; 30f.
[29] Die urchristliche Verkündigung, 34f.

auffallende Einsatz in V 12a (verallgemeinerndes ὅσοι)[30] und dann das störende μόνον in V 12c (s. o. Anm. 26) verraten deutlich, daß Paulus in diesen eigenhändig hingeschriebenen Sätzen aus emotionaler Stimmung heraus formuliert und dadurch den Gegnern Absichten unterstellt, die diese sicher mit aller Entschiedenheit von sich weisen würden. <u>Er schreibt im Stil der „Ketzerpolemik", aber er sieht alles im Licht seiner Kreuzestheologie und ihrer radikalen Logik.</u> Die Fortsetzung bestätigt das sofort.

6, 14 Die Partikel δέ bringt zusammen mit dem vorangestellten und betonten ἐμοί den Unterschied, ja den Gegensatz zwischen dem Apostel und seinen Gegnern gleich ins Bewußtsein. Er hat einen anderen Gegenstand seines Ruhmes: „das Kreuz unseres Herrn Jesus Christus" — ἐν τῷ σταυρῷ korrespondiert oppositionell dem ἐν τῇ ὑμετέρᾳ σαρκί im V 13. Die Gegner rühmen sich einer Sache ihres Erfolgs, der Apostel dagegen rühmt sich paradoxerweise einer Sache, die völlig unabhängig von ihm in die Welt gekommen ist und für die Welt Torheit und Ärgernis bedeutet, weil das Kreuz für die Welt das Zeichen der Schmach und Verachtung ist. Der Terminus καυχᾶσθαι scheint so aufs erste einen ironischen Klang zu haben, aber nicht im Mund des Apostels. Sein Ruhm ist in der Tat das Kreuz Jesu. Durch dieses Kreuz — δι' οὗ bezieht sich auf σταυρός, nicht auf Christus, weil durch δι' οὗ das Todeswerkzeug genannt werden soll[31] — ist für Paulus die „Welt gekreuzigt", d. h. getötet und deshalb tot. Das artikellose κόσμος meint eine bestimmt qualifizierte Welt: die Welt des Fleisches, des Gesetzes, der Sünde und des Todes, die in Gegensatz steht zur „neuen Schöpfung" (V 15) und durch sie schon überholt ist[32]. Das Kreuz Christi hat der alten Welt den Todesstoß versetzt. Und umgekehrt ist der Apostel für die Welt — τῷ κόσμῳ ist Dat. incomm. — ein „Gekreuzigter", d. h. ein Toter, und zwar ein für allemal (Perfekt ἐσταύρωται)[33]. Er ist ja seit der Taufe ein mit Christus „Mitgekreuzigter" (vgl. 2, 19). Die Jesus Christus angehören, haben nach Gal 5, 24 das Fleisch samt den Leidenschaften und Begierden „gekreuzigt"; damit haben sie gerade jenes Element, mit dem sie „Glied" des κόσμος waren, „das Fleisch", getötet[34]. Jetzt lebt Christus, die neue Schöpfung in Person, in ihm (2, 20), und so ist für ihn die alte Welt für immer tot. Das bringt Konsequenzen mit sich, wie der Apostel im folgenden Vers bewußtmacht.

6, 15 „Denn weder[35] die Beschneidung noch die Unbeschnittenheit gilt etwas,

---

[30] „Das Verhältnis der Sätze ist umgekehrt, denn Pls meint: ‚alle, die euch zur Beschneidung raten, wollen nur εὐπροσωπῆσαι ἐν σαρκί'" (LIETZMANN z. St.).
[31] Vgl. LIETZMANN z. St.
[32] Der Begriff κόσμος bleibt hier in einer eigentümlichen Schwebe; er ist weder streng anthropologisch noch kosmologisch gefaßt. κόσμος ist vielmehr, kurz gesagt, einfach die alte Welt als Raum und Macht des Unheils.
[33] Vgl. SCHNEIDER in: ThWb VII, 583.
[34] Daß der Apostel für diesen Vorgang das Verbum σταυροῦν wählt, ist einmal bedingt durch die Reminiszenz an das historische Kreuzesgeschehen und drückt zum andern das Schmerzliche dieses Vorgangs der radikalen Trennung von der „Welt" aus.
[35] οὔτε γάρ lesen 𝔓[46] B Ψ 1739 al., syr, AUGUSTINUS; ℵ A C D G K L P al., lat[pler.] dagegen ἐν γὰρ Χριστῷ Ἰησοῦ οὔτε: sicher sekundär (Einfluß von 5, 6).

vielmehr eine neue Schöpfung." Der Vers ist mit dem Vorausgehenden durch ein γάρ verbunden, begründet also das Vorausgehende. Begründet soll werden, warum jeglicher Selbstruhm, etwa hinsichtlich des Beschneidungsfleisches, gegenstands-, ja sinnlos geworden ist angesichts der Tatsache, daß der „Kosmos" schon gekreuzigt ist. Deshalb haben Dinge, die ihm angehören, ihre Geltung und Bedeutung (τί ἐστιν[36]!) völlig eingebüßt. „Das Alte ist vergangen" (2 Kor 5, 17), mit ihm auch Beschneidung und Unbeschnittenheit. Sie gehören der Vergangenheit an. Jetzt gilt etwas anderes: „eine neue Schöpfung". Der Zusammenhang mit dem Thema Beschneidung und Unbeschnittenheit läßt bei dem aus der jüdischen Überlieferung stammenden Ausdruck καινὴ κτίσις[37] in erster Linie an die Taufe denken (vgl. auch Eph 2, 15[38]). Durch sie entsteht die neue Schöpfung in Christus (vgl. Gal 3, 27f; 2 Kor 5, 17), in der die alten Heilswege der Menschheit keine Geltung mehr besitzen[39]. Was soll man sich also ihrer noch rühmen? Der einzige Gegenstand eines legitimen „Ruhmes" ist jetzt nur noch das Kreuz Jesu, durch das „die Welt", und was ihr wichtig ist, gekreuzigt wurde[40].

6, 16 Der Vers ist ein Segensspruch des Apostels über alle jene, die „mit diesem Kanon" (τῷ κανόνι τούτῳ) übereinstimmen werden (στοιχήσουσιν). Was den Begriff στοιχεῖν angeht, so fällt auf, daß er im NT (abgesehen vom absoluten Gebrauch) „ständig mit dem Dativ verbunden ist, in bemerkenswertem Unterschied von den Verben, die eindeutig von wandeln im Sinne der Lebensführung reden" (Delling)[41]. Er ist mit „übereinstimmen" zu übersetzen, zumal er mit einem Maßbegriff (κανών)[42] verbunden ist[43]. Der „Maßstab", mit dem früher die Lebensweise übereinstimmte, war der κόσμος selber und in ihm, paulinisch gesehen, besonders das Gesetz. Jetzt ist „der Maßstab", mit dem das Leben der Getauften übereinzustimmen hat, die καινὴ κτίσις mit all dem, was allein in ihr Geltung besitzt. Man kann, von 5, 25 her gesehen

---

[36] Statt ἐστιν lesen ℵ pl. f, Vg., syr^h ἰσχύει (vgl. 5, 6).
[37] בְּרִיָּה חֲדָשָׁה. Vgl. dazu das Material bei E. SJÖBERG, Wiedergeburt und Neuschöpfung im palästinensischen Judentum, in: StTh 4 (1950) 44–85; DERS., Neuschöpfung in den Toten-Meer-Rollen: ebd. 9 (1955) 131–136; F. MUSSNER, Christus, das All und die Kirche, 94–96; G. SCHNEIDER, Neuschöpfung oder Wiedergeburt? (Düsseldorf 1961; Lit.); DERS., Die Idee der Neuschöpfung beim Apostel Paulus und ihr religionsgeschichtlicher Hintergrund, in: TrThZ 68 (1959) 257–270; H.-W. KUHN, Enderwartung und gegenwärtiges Heil (Göttingen 1966) 48–52; 75–78.
[38] Dazu Näheres bei MUSSNER, Christus, das All und die Kirche, 85–91.
[39] A. VÖGTLE macht mit Recht darauf aufmerksam, daß „Paulus von einer ‚neuen Schöpfung' praesentisch und nur praesentisch" spricht (Gal 6, 15; 2 Kor 5, 17). „Im Sinne Pauli sind ... zweifellos Juden und Heiden, nämlich die ganze Menschheit, dazu berufen, durch die Taufe ‚neue Schöpfung' zu werden. Daß das schöpferische Heilshandeln Gottes am Menschen am Ende aber auch die übrige Schöpfung erfassen wird, ist jedoch an keiner der beiden Stellen angedeutet oder doch kontextlich zu erschließen" (Das Neue Testament und die Zukunft des Kosmos [Düsseldorf 1970] 178; 180).
[40] Vgl. auch BULTMANN in: ThWb III, 650–653 („Der apostolische Selbstruhm").
[41] ThWb VII, 668/4ff.
[42] Vgl. dazu BEYER in: ThWb III, 602/25ff.
[43] Vgl. auch DELLING, ebd. VII, 668/23ff.

(πνεύματι ... στοιχῶμεν), auch sagen: der neue Maßstab ist das Pneuma, in dem die neue Schöpfung sich vor allem zeigt; und schließlich alles, was der Apostel im ganzen Brief als „Maßstab" christlicher Existenz nennt, vor allem auch ἀγάπη und ἐλευθερία, also alles, was die eschatologische Existenz ausmacht[44].

Der pluralisierte, verallgemeinernde Relativsatz καὶ ὅσοι hat konditionalen Sinn[45]: „Wenn jemand, wer er auch sei (ὅσοι), mit diesem Kanon übereinstimmen wird ..."; das Futur στοιχήσουσιν betont, daß der Makarismus des Apostels über alle diese auch für die ganze Zukunft gilt![46] Zu überlegen ist allerdings, ob der Makarismus als Wunsch („Friede und Erbarmen über sie!")[47] oder als Zusage für die Zukunft („Friede und Erbarmen wird über sie kommen")[48] verstanden sein will. Das vorausgehende Futur στοιχήσουσιν läßt eher an eine Zusage denken.

Als Inhalt der Zusage nennt der Apostel zuerst εἰρήνη (vgl. dazu 1, 3 und die dortige Auslegung) und ἔλεος. Die beiden Heilsbegriffe stehen auch in 1 Tim 1, 2 (zusammen mit χάρις) nebeneinander, ebenso in 2 Tim 1, 2; 2 Joh 3; Jud 2 (hier zusammen mit ἀγάπη). Im AT findet sich die Verbindung ἔλεος (חֶסֶד) mit εἰρήνη (שָׁלוֹם) auch in Jer 16, 5 und Ps 69, 14[49]. Das hebräische Äquivalent zu ἔλεος ist häufig חֶסֶד (neben רַחֲמִים) und bedeutet Gottes Treue und erbarmende Hilfe, dann auch seine vergebende Gnade, und wird so zu einem heilsgeschichtlich-eschatologischen Begriff; so auch in Gal 6, 16[50].

Wer sind die Empfänger dieser Zusage? Zunächst die ὅσοι von V 16a, auf die sich ἐπ' αὐτούς zurückbezieht; dabei ist primär an die Galater gedacht. Daß sie doch lieber wieder nach dem vom Apostel genannten „Kanon" ihr christliches Leben gestalten wollen, ist seine Hoffnung. Daneben (verbunden mit καί) nennt aber der Apostel noch das „Israel Gottes". Wer ist damit gemeint? Die Anschauungen der Ausleger gehen darüber stark auseinander[51]. Der Ruf „Heil über Israel" begegnet im AT in den Pss 125, 5; 128, 6[52]. Dieser Wunsch ist nach H.-J. Kraus „keine ,patriotische Schlußformel' (so F. Nötscher), sondern ein Segenswunsch für das erwählte Gottesvolk, in dem das Glück des einzelnen beschlossen liegt"[53]. Woran denkt aber Paulus? An die Judenchristen? Das vertrat G. Schrenk[54], was von N. A. Dahl mit Recht

---

[44] Vgl. auch Beyer in: ThWb III, 602/25 – 603/9.
[45] Vgl. dazu Beyer, Semitische Syntax im NT, 192.
[46] Statt des Futurs liest 𝔓46 den Konj. Aor. στοιχήσωσιν, A C* D G pc., it das Präsens στοίχουσιν: sicher sekundär.
[47] Dann wäre zu ergänzen ἔστω oder εἴη.
[48] So etwa Bisping. Dann wäre zu ergänzen ἔσται.
[49] Vgl. auch 1 QS II, 4 („er erhebe sein gnädiges Angesicht auf dich zu ewigem Frieden"); 1 QH XIII, 17; XVI, 17; ApkBarsyr 78, 2 (רחמא ושלמא).
[50] Vgl. dazu Bultmann in: ThWb II, 475ff; 481. — Zur atl. Segensformel als Grußformel vgl. W. Schottroff, Der altisraelitische Fluchspruch (Neukirchen 1969) 194–198.
[51] Vgl. dazu den Bericht bei P. Richardson, Israel in the Apostolic Church, 74–84.
[52] Die LXX übersetzt an beiden Stellen: εἰρήνη ἐπὶ τὸν Ἰσραήλ. Vgl. auch 11 QPs[a] 133, 3 (Kol. XXIII, 11): שלום על ישראל.
[53] Die Psalmen II (Neukirchen ²1961) 864.
[54] Was bedeutet „Israel Gottes"?, in: Judaica 5 (1949) 81–94.

zurückgewiesen wurde[55]. Die nachhinkende Hinzufügung von καὶ ἐπὶ τὸν Ἰσραὴλ τοῦ θεοῦ erweitert ganz eindeutig den Adressatenkreis des Briefes. An wen denkt der Apostel dabei? Vielleicht inspirierte ihn zu dieser Ausweitung die 19. Benediktion des Achtzehngebetes (babyl. Rezension), in der der Segen von „uns" mit einem „und" „auf ganz Israel" ausgedehnt wird: „Lege Frieden, [Heil] und Segen, [Gunst und Liebe und Erbarmen] auf uns und auf ganz Israel, dein Volk."[56] Man könnte bei dem „Israel Gottes" dann an alle christlichen Gemeinden denken und bei ἐπ' αὐτούς an jene unter den Galatern, die gewillt sind, sich durch den Apostel wieder zur „Wahrheit des Evangeliums" zurückrufen zu lassen — die Partikel καί trennt ja deutlich die αὐτοί vom „Israel Gottes". Aber erst Justin identifiziert die Kirche ausdrücklich mit dem „wahren Israel"[57]. Bei Paulus selbst findet sich davon keine Spur — man denke nur an Röm 9–11. Paulus war freilich von der Hoffnung beseelt, daß auch Israel dem Ruf des Evangeliums folgen werde. Dieses Hoffnungselement könnte sich in dem Futur στοιχήσουσιν anzeigen[58]. Paulus läßt sich zwar im Gal über die Heilszukunft Israels nicht aus, wohl aber im Römerbrief; doch ruft der Apostel bereits in Gal 6, 16 das „Erbarmen" Gottes auf sein geliebtes „Israel Gottes" herab, was sicher in den Augen des Apostels mehr als eine fromme Geste ist, wie Röm 9–11 bestätigt. Gerade der Eindruck des „Nachhinkens", den das noch angefügte καὶ ἐπὶ τὸν Ἰσραὴλ τοῦ θεοῦ unwillkürlich macht, erweckt den Verdacht, daß dem Apostel gerade noch in den Sinn kommt, das Heil Gottes auch auf sein Volk herabzurufen[59]. Weil Paulus im Gal den Weg des Gesetzes, den das Judentum noch geht, als überholt erklärt, empfiehlt er Israel dem „Erbarmen" Gottes, der auch Israel „sola gratia" zu retten vermag. So deutet der Apostel in Gal 6, 16 schon an, was er dann in Röm 9–11 explizieren wird[60]. Paulus hat sein Volk nie vergessen[61].

6, 17 Der Apostel fordert und erwartet (Imperativ παρεχέτω), daß ihm in Zukunft[62] niemand mehr Mühen bereite. „κόπος hat in der Redensart κόπους παρέχειν die allgemeine Bedeutung Mühe bereiten, belästigen" (Hauck, unter

---

[55] Der Name Israel. I. Zur Auslegung von Gal 6, 16, in: Judaica 6 (1950) 161–170; dazu die Replik von SCHRENK, Der Segenswunsch nach der Kampfepistel: ebd. 170–190.
[56] Vgl. BILLERBECK IV, 214; RICHARDSON, a.a.O. 79.
[57] Vgl. dazu RICHARDSON, ebd. 9ff.   [58] Vgl. ebd. 82.
[59] Warum das angehängte καὶ ἐπὶ τὸν Ἰ. „erläuternde Ergänzung zu αὐτούς" sein soll, wie LIETZMANN meint, ist nicht einzusehen. Einmal steht dieses Anhängsel nicht unmittelbar hinter αὐτούς und zudem wäre das καί vor ἐπὶ κτλ. überflüssig.
[60] Ist der Römerbrief wirklich wenige Monate nach dem Gal geschrieben, was besonders U. BORSE annimmt (Die geschichtliche und theologische Einordnung des Römerbriefes, in: BZ, NF 16 [1972] 70–83), so wäre auch von da her gesehen unsere Auffassung nicht abwegig.
[61] Mit dem „Israel Gottes" in Gal 6, 16 ist also u. E. nicht bloß ein „Teil" Israels gemeint („an Israel [of God] within [all] Israel"), wie RICHARDSON abschwächend annimmt (vgl. a.a.O. 82f). Das „Ἰσραὴλ τοῦ θεοῦ" von Gal 6, 16 ist vielmehr identisch mit dem πᾶς Ἰσραήλ von Röm 11, 26.
[62] τοῦ λοιποῦ = hinfort, fernerhin, in Zukunft; vgl. BAUERWb und PREISIGKEWb s.v. λοιπός.

Verweis auf Mk 14, 6 Par; Lk 11, 7; 18, 5)[63]. Gedacht ist in der konkreten Situation des Briefes an all die apostolischen Sorgen, die ihm die Vorgänge in Galatien bereiten und wofür sein Brief so eindrücklich Zeugnis ablegt. Er gibt dafür in V 17b eine eigentümliche Begründung: „Denn ich (ἐγώ) trage die στίγματα Jesu an meinem Leib." Auffällig ist zunächst das deutlich einen Ton tragende ἐγώ, das sich auf das μοι von V 17a bezieht. Damit stellt Paulus bewußt seine Person heraus, und zwar mit Hinblick auf ihre besondere Auszeichnung, die in den στίγματα Jesu besteht, die er an seinem Leib trägt. Wenn er diese „an seinem Leibe" trägt, dann sind sie sichtbare Zeugen. Wofür? Die Frage findet ihre Antwort in dem Ausdruck τὰ στίγματα τοῦ Ἰησοῦ[64].

Güttgemanns stellt die verschiedenen Auslegungen, die Gal 6, 17b erfahren hat, vor. Es sind im wesentlichen folgende: 1. στίγματα sei wörtlich zu verstehen, und gemeint sei das Phänomen der Stigmatisation als der „psychopathologisch-hysterische Effekt einer mystischen Versenkung in die Passion Jesu"; so vor allem F. Fenner[65] (allerdings „mit großem Vorbehalt"). Absolut abzulehnen ist diese These nicht, wenn sie auch sehr unwahrscheinlich ist. 2. Die στίγματα seien „eine dauernde von uns nicht näher bestimmbare Schädigung des Paulus", die er beim Damaskusereignis erfahren habe; so E. Hirsch[66]. 3. Die Analogietheorie, die besagt: „Die στίγματα Ἰησοῦ sind wohl die Narben, die er in den Verfolgungen um Jesu willen analog dem Leiden Jesu (als συμπάσχων Rm 8, 7) erlitten hat: sie sind eine Erscheinungsform der νέκρωσις τοῦ Ἰησοῦ vgl. II Cor 4, 10" (Lietzmann, z. St.). 4. Die „mystische" Interpretation: „Die Leiden Pauli sind so eng mit dem Leiden Christi vereinigt, daß sie nichts anderes sind als sichtbare, in der Kirche als dem Leibe Christi offenbar gewordene Leiden des historischen Jesus selbst"; so Ph. Seidensticker[67]. 5. Paulus würde sich mit den στίγματα bildlich als Sklave und Eigentum Jesu bezeichnen, so wie Sklaven, Tieren und Gegenständen Eigentumszeichen eingebrannt worden sind[68]. Oder er rede von seinen Narben als von Schutzzeichen, wie sie den Adepten einer Mysterienreligion mit dem Schutz der betreffenden Gottheit versahen; dadurch wäre der Apostel gegen Angriffe seiner Feinde gefeit (so besonders Deissmann)[69]. 6. Nach Dinkler verweise Gal 6, 17 auf eine bei der Taufe erfolgte „körperliche Signierung mit dem Zeichen χ(ριστος)"[70].

---

[63] ThWb III, 828 s. v. κόπος, κοπιάω. PREISIGKE zitiert aus PTeb 21, 10: ἐὰν δέ σοι κόπους παρέχῃ („wenn er dir Unbequemlichkeiten bereiten sollte").
[64] Vgl. dazu außer den Kommentaren besonders D. P. ANDRIESSEN, Les Stigmates de Jésus, in: Bijdragen 23 (1962) 139–154; BETZ, Art. στίγμα, in: ThWb VII, 657–664 (mit weiterer Lit.); GÜTTGEMANNS, Der leidende Apostel und sein Herr, 126–135 (Lit.).
[65] Die Krankheit im NT (UzNT 18) (Leipzig 1930) 40. Dann wäre Paulus der erste Fall spontaner Stigmatisation, nicht Franz von Assisi (s. dazu LThK ²IX, 1081).
[66] ZntW 29 (1930) 196f („Diese seine ihm anhaftende, vielleicht in einem ganzen Komplex von Erscheinungen bestehende Leibesschwachheit, die ihn auch für andere zu einem kranken und gezeichneten Manne machte, hätte dann Paulus als die Stigmata, die Jesus ihm eingebrannt hat, empfunden. Es läge also eine Brandmarkung im eigentlichen Sinne vor").
[67] Lebendiges Opfer (NtlAbh XX, 1–3) (Münster 1954) 248.
[68] Vgl. dazu auch das umfangreiche Material in ThWb VII, 658–662.
[69] Bibelstudien, 268–274.
[70] E. DINKLER, Jesu Wort vom Kreuztragen, in: Ntl. Studien für R. Bultmann (BZNW 21) (Berlin ²1957) 125f. Diese Ansicht scheitert vor allem an dem Plural τὰ στίγματα (s. auch

Güttgemanns selbst bietet folgende Erklärung[71]: Der Apostel verweise mit V 17b bewußt „auf seine Würde ..., die es ihm eigentlich ersparen sollte, sich weiterhin Schwierigkeiten bereiten zu lassen"; diese bestanden nach Gal 1.2 konkret in der Bestreitung seiner apostolischen Autorität. „Wie kommt diese durch die στίγματα τοῦ Ἰησοῦ zustande?" Dadurch, „daß die Leiden des Apostels nichts anderes als die Epiphanie der Kreuzigung des irdischen Jesus sind, die als Heilsgeschehen am Apostel präsent ist und damit die Identität des Herrn mit dem Gekreuzigten offenbart ... Theologisch bedeutet das: Am mißhandelten Leibe des Apostels ist der gekreuzigte Jesus als Herr präsent." Wer sein Apostolat bestreite, vergreife „sich an dem in der apostolischen Existenz präsenten gekreuzigten Herrn selbst. Paulus denkt also auch hier den gekreuzigten Jesus und seine eigene ‚leibliche' Existenz als Apostel so sehr zusammen, daß man vom ‚Leib' des Apostels als dem ‚Ort' der Epiphanie und Präsenz des irdischen Jesus als Herrn reden muß."

Eine beachtliche Auslegung hat noch U. Borse vorgelegt[72]. Nach ihm ist für das Verständnis der „Wundmale Jesu" „eine dreifache Unterscheidung notwendig:

1. Die wörtliche Bedeutung: Die Narben am Leibe Pauli und die Kreuzeswunden Jesu sind identisch (gen. possessivus);
2. die dahinter stehende theologische Aussage: Die Narben am Leibe Pauli sind als Zeichen der Leidensgemeinschaft mit dem gekreuzigten Jesus[73] zu bewerten;
3. das zugrunde liegende Ereignis: Paulus hat um Jesu willen Wunden empfangen (vgl. gen. auctoris), die an Schwere — weniger nach ihrer Eigenart — den Kreuzeswunden Jesu vergleichbar sind (vgl. gen. qualitatis)."[74] Borse entwickelt diese Einsichten so weiter: „Weil Paulus im Dienste Jesu Verletzungen erlitten hat, die in ihrer Härte den Kreuzeswunden Jesu vergleichbar sind (3.), bewertet er sie als Zeichen der Leidensgemeinschaft mit dem Gekreuzigten (2.); durch die Gleichsetzung der eigenen Narben mit den Wundmalen Jesu bringt er diesen Gedanken zum Ausdruck (1.)."[75] Borse macht darauf aufmerksam, daß die „Verbindung von Leiden Pauli mit ‚Jesus' bzw. mit ‚Christus' ... auch anderorts belegt ist": außer 2 Kor 1, 5 und Kol 1, 24 besonders in 2 Kor 4, 10 (πάντοτε τὴν νέκρωσιν τοῦ Ἰησοῦ ἐν τῷ σώματι περιφέροντες)[76]. B. weist ferner hin, daß der Apostel die στίγματα Jesu, die er an seinem Leib trägt, ausdrücklich in 6, 17a mit seinen apostolischen κόποι zusammenbringt[77], daß der Hinweis außerdem am Ende des Briefes erscheint, eingeleitet mit τοῦ

SCHLIER zu Gal 6, 17). Ebenso scheitert daran die Vermutung F. J. DÖLGERS, Paulus habe sich den abgekürzten Jesusnamen eintätowieren lassen (Sphragis [Paderborn 1911] 51). H. D. BETZ meint (Lukian von Samosata und das NT [Berlin 1961] 80): „Aber auch wenn man den Vers ohne jeden Hintersinn versteht als die ‚Narben, die er in den Verfolgungen um Jesu willen analog dem Leiden Jesu ... erlitten hat', ist die Tätowierung als bekannt vorausgesetzt."

[71] A.a.O. 132–135.
[72] Die Wundmale und der Todesbescheid, in: BZ, NF 14 (1970) 88–111.
[73] BORSE bemerkt, daß der Genitiv τοῦ Ἰησοῦ auf den irdischen Jesus hinweist (ebd. 93).
[74] Ebd. 91.   [75] Ebd. 92.   [76] Ebd. 93; vgl. auch 102–104.   [77] Ebd. 95.

λοιποῦ[78] und nicht etwa „ihr wißt ja" (so in 4, 13), woraus sich ergibt, daß es sich bei den στίγματα um Narben handelt, die von Mißhandlungen herrühren, die Paulus erst vor einiger Zeit, also erst nach dem Weggang von Galatien, erduldet hat. Borse möchte die στίγματα „auf Mißhandlungen durch Juden" zurückführen. „Vielleicht rühren sie von einer Verfolgung her, bei der Paulus die jüdische Prügelstrafe der ‚vierzig weniger einen' erleiden mußte. Diese grausame Züchtigungsart, die nicht selten mit dem Tod des Gestraften endete, war durchaus geeignet, am Leibe des Apostels so schwere Narben zu hinterlassen, daß der Vergleich mit den Todeswunden Jesu angemessen erscheint."[79] B. denkt näherhin an die vom Apostel erlittene, von ihm in 2 Kor 1, 8ff berichtete Drangsal in der Asia, und findet es „gut denkbar, daß die ‚Wundmale Jesu', die Paulus zum Zeitpunkt von Gal an seinem Leib trug, von dem ‚Todesbescheid' zurückgeblieben sind, den er in Asien bei einer um Christi willen durchgestandenen Drangsal ‚an sich selbst' empfangen hatte."[80]

Die Auslegung Borses scheint plausibel zu sein und läßt sich mit jener Güttgemanns' aufs beste verbinden: Die στίγματα τοῦ Ἰησοῦ[81], die der Apostel an seinem Leib „trägt"[82], machen diesen gewissermaßen zur Epiphanie und Präsenz des leidenden und gekreuzigten Christus. Diese Narben sind Grund genug, daß der Apostel den Galatern schreiben darf, sie möchten ihm keine Mühen mehr machen; denn sie sind der überzeugendste, allen sichtbare Beweis dafür, auf welcher Seite der Apostel steht und wer auf seiner Seite steht: Jesus selbst. Die Leidensnarben am Leib des Apostels lassen alle Einwände gegen ihn verstummen. Den Gegnern dagegen fehlen derartige στίγματα, ihr Leib ist nicht vom Kreuz Jesu gezeichnet. Sie rühmen sich vielmehr des Beschneidungsfleisches, der Apostel dagegen des Kreuzes Jesu (V 14). „So betrachtet verhalten sich Beschneidung und στίγματα τοῦ Ἰησοῦ wie Knechtung unter das Gesetz und Freiheit in der Gnade Christi (Gal 5, 1–5)" (O. Betz)[83].

6, 18 Ohne einen weiteren Übergang schließt Paulus mit dem apostolischen Segen. Statt μεθ' ὑμῶν (so Röm 16, 20; 1 Kor 16, 23; Kol 4, 18; 1 Thess 5, 28) oder μετὰ πάντων ὑμῶν (so 2 Kor 13, 13; 2 Thess 3, 18; Tit 3, 15) formuliert er hier μετὰ πνεύματος ὑμῶν (so auch Phil 4, 23; Philem 25). πνεῦμα ist hier nicht das der σάρξ entgegengesetzte himmlisch-göttliche Pneuma, sondern das geistig-innerliche Organ des Menschen, wie auch im AT und in den Qumrantexten רוח oft in diesem Sinn gebraucht wird[84]. Wenn der Apostel wünscht, daß

---

[78] Ebd. 92.   [79] Ebd. 96.
[80] Ebd. 110. Welche Schlüsse sich daraus evtl. für die Abfassungszeit des Gal-Briefes ergeben, dazu s. Einleitung, S. 11, Anm. 54.
[81] Statt Ἰησοῦ lesen Χριστοῦ: P, CLEMENS ALEX., MARCION; κυρίου Ἰησοῦ: C³ Dᶜ K L pl., Vg.ᶜˡᵉᵐ·; κυρίου Ἰ. Χρ.: ℵ 917 941 d, AUGUSTINUS; κυρίου ἡμῶν Ἰ. Χρ.: D* G pc., syrp goth (dazu Näheres bei METZGER, A textual Commentary on the Greek N.T., 599).
[82] „βαστάζειν wird meist mit einer ‚Last' als Objekt verbunden (vgl. Mk 14, 13; Lk 7, 14; 10, 4; Joh 10, 31; 20, 15; Act 3, 2), auch dort, wo es übertragen verwendet wird (vgl. Mt 8, 17; 20, 12; Act 15, 10; Gal 6, 2.5")" (GÜTTGEMANNS, a.a.O. 130, Anm. 26).
[83] ThWb VII, 663/9ff.
[84] Vgl. dazu etwa ThWb VI, 358–360; 388f; 433–435 (für Paulus); für Qumran s. auch die in diesem Kommentar S. 395, Anm. 5 angeführte Literatur.

„die Gnade unseres[85] Herrn Jesus Christus" mit dem Geist der Galater sei, kommt, gewollt oder ungewollt, nochmals im Schlußsegenswunsch des Briefes sein theologisches Anliegen auf kürzeste Weise zur Sprache: es ist die allein rechtfertigende Gnade Jesu Christi, die Paulus den Galatern wünscht. Er spricht sie dabei zuletzt als „Brüder" an, was sonst im Segensgruß nicht vorkommt[86]. Die Galater sollen wissen, daß Paulus sie nach wie vor trotz der Mühen, die sie ihm gemacht haben (6, 17), als seine geliebten Brüder betrachtet; er hat sie nicht abgeschrieben: für die Galater sicher ein Grund, auch ihrerseits dem Apostel die Treue zu halten.

Zuletzt unterschreibt der Apostel seinen Brief an die Galater mit einem „Amen" — sonst nur noch in Röm 15, 33 und 16, 27. Das klingt wie eine Selbstbestätigung und Versiegelung dessen, was der Apostel unter solch großem Aufwand an apostolischer und theologischer Energie den Gemeinden in Galatien geschrieben hat. Es klingt aber auch wie eine Hoffnung, daß diese Gemeinden selbst dieses „Amen" laut und mit voller Zustimmung nachsprechen werden, wenn ihnen der Brief von den Ältesten vorgelesen werden wird[87]. Und es klingt schließlich die sichere Zuversicht des Apostels daraus, daß die Gnade des Herrn Jesus Christus über die Herzen der Galater triumphieren wird[88].

SCHLUSSEXKURS:
Die Bedeutung des Galaterbriefes für Theologie und Kirche

Nach der Bedeutung des Gal für Theologie und Kirche fragen heißt zugleich nach der Bedeutung des Apostels Paulus für beide fragen. Was bedeutete dieser Mann damals für Theologie und Kirche? Die Frage kann auch so gestellt werden: Was wäre aus der „Jesusreligion" geworden, wenn Paulus nicht aufgetreten wäre? Die Frage läßt sich gerade vom Gal her beantworten.

1. Paulus kämpft für „die Wahrheit des Evangeliums" (Gal 2, 5.14), d. h. für die dem Kerygma inhärierende Logik. Er hat die Konsequenzen des Evangeliums wie niemand sonst in der Urkirche erkannt und kämpfte entschlossen gegen jegliche Aufweichung derselben. Wäre die „Verdrehung" des Evangeliums (vgl. Gal 1, 7) gelungen, so hätte dies, was Paulus instinktiv erkannt hat, die Universalisierung der „Jesusreligion" verhindert: das Christentum wäre

---

[85] ἡμῶν fehlt bei einigen Textzeugen (ℵ P 69 pc.).
[86] Nur in Eph 6, 23 als Dativobjekt τοῖς ἀδελφοῖς.
[87] Vgl. auch die Auslegung zu ἀμήν in 1, 5. ἀμήν fehlt bei den Textzeugen G g, VICTORIN, AMBROSIASTER.
[88] Bei manchen Textzeugen steht noch eine subscriptio: „(a) The subscription in ℵ A B* C 33 466 is πρὸς Γαλάτας. Other subscriptions include: (b) πρὸς Γαλάτας ἐγράφη (P -φει) ἀπὸ Ῥώμης B^c K P 1908, followed by the Textus Receptus; (c) πρὸς Γαλάτας ἐπληρώθη D; (d) ἐτελέσθη ἐπιστολὴ πρὸς Γαλάτας F G; (e) τέλος τῆς πρὸς Γαλάτας· ἐγράφη (42 add δέ) ἀπὸ Ῥώμης L 42; (f) ἐγράφη ἀπὸ Ῥώμης ὑπὸ Παύλου καὶ τῶν ἀδελφῶν πρὸς Γαλάτας οἱ (for ἡ) ἐπιστολὴ αὕτη Euthalius^{mss}" (METZGER, A textual Commentary on the Greek N.T., 599).

vielleicht zu einer der Gruppen des damaligen Judentums, zu einer Sekte innerhalb desselben geworden[1]: zwar mit dem Glauben an Jesus als den verheißenen Messias, aber weiterhin gebunden an die Torareligion. Das hätte naturnotwendig zur Gettoisierung der christlichen Gemeinde geführt. In der Konsequenz des Kerygmas lag für Paulus ja vor allem dies: Jedem Menschen ohne Ausnahme ist der Weg zum Heil durch Jesus, den Gekreuzigten und Auferstandenen, aufgetan, wenn er dem Kerygma glaubt. Der Weg des Glaubens ist ein universaler Weg, nicht mehr gebunden an den Weg des Gesetzes („ohne Werke des Gesetzes"!). Paulus will mit seiner im solus Christus begründeten Sola-fide- und Sola-gratia-Lehre die Menschen zu jener Freiheit führen, zu der uns Christus nach Gal 5, 1 befreit hat. Der Weg des Glaubens ist an keine andere Bedingung gebunden als an den Glauben selbst. Denn der Glaube an Jesus Christus ist nach Paulus in einem exklusiven Sinn der Weg zum Heil.

2. Diese theologischen Einsichten und Entscheidungen des Apostels sind von bleibender Gültigkeit für Theologie und Kirche; denn sie üben fortwährend eine kritische Funktion in ihnen aus, ja machen die in der Kirche verkündete Theologie selbst ständig zu einem kritischen Instrument, vorausgesetzt, daß die Kirche sich desselben zu bedienen versteht und die von Paulus verkündete Kreuzestheologie nicht zu einer „Allerweltsverständnistheologie" verdreht. Die bleibende kritische Funktion der pln. Theologie zeigt sich für Kirche und Welt spürbar in dem eindringlichen und unüberhörbaren Verweis des Apostels auf Kreuz und Auferstehung Jesu als den grundlegenden und alles entscheidenden Heilsdaten, die jeglichen Selbstruhm von Kirche und Welt immer zuschanden machen, indem Paulus den „ärgerlichen" und „törichten" λόγος τοῦ σταυροῦ zur Geltung bringt, dieses „Wort vom Kreuz", das von der „Weisheit der Welt" weder verifiziert noch falsifiziert werden kann[2]. Aber dieses Wort ist zugleich ein Wort der Hoffnung, weil es in seiner Verbindung mit dem Kerygma von der Auferweckung Jesu von den Toten auch ein zukunftseröffnendes Wort an die ganze Menschheit ist, das über die Grenzen des Todes hinausschaut und über sie hinauszuführen vermag.

3. Der exklusive Heilsweg des Glaubens, der nach Paulus zugleich ein Weg in die eschatologische Befreiung und Freiheit ist, bewahrt die Kirche vor der stets drohenden Vergesetzlichung und macht sie zu einem „offenen System", in dem das Pneuma wirken kann[3]. Das Pneuma bricht die verhärteten Struk-

---

[1] Vgl. auch Kuss, Paulus, 329.
[2] Die mit dem „Wort vom Kreuz" innerlich zusammenhängende Rechtfertigungslehre des Apostels bleibt deshalb für alle Zeiten der Kirche eine „Kampfeslehre des Paulus" (W. Wrede, Paulus [Halle 1904] 72), freilich nicht in dem antijüdischen Sinn Wredes, der die Rechtfertigungslehre des Apostels in erster Linie als Befreiung „von der Last der jüdischen Nationalbräuche" und als Ausdruck der „Überlegenheit des christlichen Erlösungsgedankens über das gesamte Judentum" verstehen wollte (ebd. 74). Der Römerbrief zeigt, daß der Apostel die Rechtfertigungslehre sola fide und sola gratia als eine „Kampfeslehre" gegen alle Versuche der ganzen Welt, das Heil aus eigener Kraft und aus den eigenen Wesensgründen zu schaffen, einsetzt. Vgl. auch K. Kertelge, Zur Deutung des Rechtfertigungsbegriffs im Galaterbrief, in: BZ, NF 12 (1968) 211–222.
[3] Vgl. H. Schürmann, Kirche als offenes System, in: Internationale Kathol. Zeitschrift 1 (1972) 306–323.

turen immer wieder auf, schafft Raum für Freiheit und Mündigkeit und macht die Kirche aufmerksam auf den Ruf Gottes in der Zeit. Die strenge Bindung des Glaubens an das Kerygma in der pln. Theologie bewahrt andererseits die Kirche vor dem Verfall in ein unverbindliches Gerede und in das alltägliche Geschwätz. Das Kerygma, das Paulus in seiner Glaubenstheologie zur Geltung bringt, vermag die Kirche jederzeit vor der Kapitulation vor dem Geist und dem Ungeist der jeweiligen Epoche zu bewahren.

4. Die pln. Verkündigung läßt heute für manche die Frage aufkommen, ob die Probleme des Paulus noch die unseren seien und Paulus nicht „überholt" sei[4]. Heute scheint es um andere Fragen zu gehen als um jene, die den Apostel Paulus im Gal (und Röm) bewegt haben, vor allem um diese: Wo ist Gott? Wer war Jesus von Nazareth? Was würde Paulus auf diese Fragen antworten? Vermutlich dies: Gott ist immer dort, wo Jesus Christus ist. Der „Ort" Gottes für die Welt ist der gekreuzigte und auferweckte Jesus Christus. Gerade aber dieser Gott an diesem Ort ist **der Gott für uns** (vgl. Röm 8, 31–34), als der er sich auch schon im Leben des vorösterlichen Jesus geoffenbart hat.

Paulus ist in der Kirche nicht überholbar. Zu dieser Überzeugung hat die Auslegung des Galaterbriefes den Verfasser endgültig geführt, zumal Paulus gerade im Gal ein „Programmwort" verwendet, das die Kirche als ständig „offenes System" erkennen läßt: συνεσθίειν (Gal 2, 12)[5]. Die Kirche ist keine Gemeinschaft von Abgesonderten (wie die Qumranessener), sondern eine Gemeinschaft, die „zusammenißt" mit aller Welt, soweit sie guten Willens ist[6], darin dem Beispiel ihres Herrn folgend, der „zusammen mit Zöllnern und Sündern" gegessen hat (Mk 2, 15f Par., Lk 15, 1f). Als Paulus für das „Zusammenessen" mit den Heidenchristen kämpfte, machte er den universalen Heilswillen Gottes sichtbar; denn Gott will mit allen Menschen zusammen mahlhalten (vgl. Is 25, 6; Lk 14, 21). Die Kirche der Zukunft wird diesen Heilswillen Gottes mehr denn je sichtbar machen müssen, wenn sie ihren Herrn nicht verraten will. Man darf, belehrt durch den Galaterbrief, sagen: das **Wesen des Christentums ist** συνεσθίειν.

---

[4] Vgl. dazu Kuss, Paulus, 291f; F. J. Schierse, Abschied vom paulinischen Christentum?, in: StdZ 97 (1972) 351–354; F.-J. Steinmetz, Geht das paulinische Christentum zu Ende?, in: GuL (1972) 245–261.
[5] Vgl. dazu auch V. Parkin, Συνεσθίειν in the New Testament, in: Stud. Ev. III (TU 88) (Berlin 1964) 250–253.
[6] Mit dieser Einschränkung wird die Mahnung des Apostels in 1 Kor 5, 11 berücksichtigt.

I. REGISTER

Abfassungsort 9–11
Abfassungszeit 9–11
Abraham 212–243, 266, 318
Adressatenfrage 3–9
Apostelamt des Paulus 45–47
Aposteldekret 115 Anm. 83, 135 Anm. 6
Apostelkonzil 127–132
Armenkollekte 124–126, 407
Berufung (s. καλεῖν)
Beschneidung 106f, 346–348, 351f, 358–360, 363, 411–413
Brieftopik 43–45, 313f
Bund 190f, 199–201, 218
Doppelte Rechtfertigung 350f
Erbe (erben) 236, 267, 276f
Ethik (s. Paraklese)
Evangelium 54–60, 66–68, 102, 253
Falschbrüder 108–110
Fleisch (s. σάρξ)
Fluch 193f, 223–226, 231–234
Freiheit (frei) 235, 333f, 342–345, 366–369
Fülle der Zeit 268f
Galater 1–3, 8f
Galatermission 3–9
Galatien 1–3
Gegner 11–29, 57–59, passim
Geist (s. πνεῦμα)
Gerechtigkeit 214–216, 350
Gericht 403–405
Gesetz 168–173, 179–182, 184, 188–204, 228–231, 241, 244–277, 369f, 378
Gesetz Christi 284f, 399
Gesetz und Evangelium 85 Anm. 42, 184, 277–290
Glaube 167–173, 174f, 183, 195, 207, 212–214, 216–218, 226–231, 254f, 352f, 407
Gotteserkenntnis 291–293
Heilsgeschichte 73, 334–341
Israel (Gottes) 416f
Jakobus 95f, 119, 139f, 288–290
Jerusalem 91, 101, 141, 323–327

Jerusalemer Autoritäten (s. δοκοῦντες)
Kalenderfrömmigkeit 301–303
Kephas (s. Petrus)
Krankheit (des Paulus) 307–309
Landschaftshypothese 6–9
Lasterkatalog 379–383
Liebesgebot 371–373
Luther 32, 154–157
Marcion 31f, 148f
Mißverständnis (des Gesetzes) 188–204
Mitte des Evangeliums 71–76
Mittler (Vermittler, s. μεσίτης)
Nachahmung (des Apostels) 305f
Nova lex 284–288
Paraklese 281–284, 364–366, 408
Petrus (Kephas) 93–95, 116 Anm. 89, 119, 136–142, 144f, 146–167, 178f, 186f
Protokollhypothese 117 Anm. 93
Provinzhypothese 6–9
Rechtfertigung 71f, 75, 168–173, 175 Anm. 39, 195, 213f, 260
Redaktion (und Tradition) 35–42
Segen 220–223, 235, 238
Sinaigesetzgebung 194f, 201 Anm. 52, 241f, 247, 319–324
Sohn Gottes 86 Anm. 43, 269, 272–274
Sohnschaft 75, 219, 261f, 271–275
Taufe 174, 262–266
Testament (s. διαθήκη)
Textgeschichte 33–35
Tischgemeinschaft 135, 138, 140f, 176, 178, 423
Titus 101, 106f
Tradition (und Redaktion) 35–42
Tugendkatalog 379–381, 384–390
Typologie 319f
Verheißung 195, 241–243, 250, 254, 318f, 328f
Wahrheit des Evangeliums 111, 144
Werke des Gesetzes 55, 168–171, 209
Zweifrontentheorie 15f, 367

II. REGISTER GRIECHISCHER WÖRTER

ἀγαθωσύνη 388
ἀγάπη 353f, 370, 385f
ἀδύνατον 192f
αἵρεσις 383
ἀκαρθασία 381f
ἀνάθεμα 60f
ἀναστροφή 78
ἀνατίθεσθαι 102
ἀποκάλυψις (ἀποκαλύπτειν) 67–70, 83–87, 102
ἀπόστολος (s. Apostelamt)
ἀρέσκειν 63
ἀσέλγεια 382
ἀφορίζειν 82f, 140f
βασκαίνειν 206
γνωρίζειν 64 Anm. 109
γραφή 251–253, 334–341
διαθήκη 190f, 236–243, 320–322
δικαιοσύνη (s. Gerechtigkeit)
διχοστασία 383
διώκειν 329–332, 362f, 412
δοκοῦντες 104f, 111–121, 122 Anm. 118
δόξα 52
δωρεάν 184 Anm. 82
ἐγκόπτειν 355f
ἐγκράτεια 389
εἰδότες 168
εἰδωλολατρία 382
εἰρήνη 49f, 386f, 416
ἐλευθερία (s. Freiheit)
ἐνδύεσθαι 263f
ἐν Χριστῷ 265f
ἐξαγοράζειν 232, 270
ἐπαγγελία (s. Verheißung)
ἔργα τοῦ νόμου (s. Werke des Gesetzes)
ἐριθεία 382
ἔρις 382
ἕτερον εὐαγγέλιον 55–57
ἔτι 358f
εὐαγγέλιον (s. Evangelium)
εὐαγγέλιον τοῦ Χριστοῦ 56f
εὐθέως 89
ἔχθρα 382
ζῆλος 382
ζηλοῦν 310f

ζῆν 179–183, 226–228
ζύμη 356f
θαυμάζειν 53, 95
θυμός 382
Ἰουδαϊσμός 78
ἱστορεῖν 93–95
ἰσχύειν 352
καινὴ κτίσις 415
καλεῖν 81f
κατάρα (s. Fluch)
καταργεῖσθαι 348, 361f
καυχᾶσθαι 196, 414
κενοδοξία 395–402
κληρονομία (s. Erbe)
κοινωνία 121f
κρέμασθαι 233 Anm. 112
κῶμος 383
λόγος τοῦ σταυροῦ 206f, 312f
μακροθυμία 387
μέθη 383
μεσίτης 248–250
μεταστρέψαι 58f
μή πως 103
νόμος (s. Gesetz)
ὅμως 236
ὀρθοποδεῖν 142–144
παιδαγωγός 256f, 260
παραλαμβάνειν 61f
πείθειν 63
περιπατεῖν 374f
πιστεύειν (s. Glaube)
πίστις (s. Glaube)
πλανᾶν 404
πλησίον 370f
πνεῦμα 208, 235, 274–276, 375–378, 395, 405f, 420
πνευματικοί 398
ποιεῖν 224–226
πορθεῖν 79 Anm. 6
πορνεία 381
πραΰτης 388
προλαμβάνεσθαι 397
σάρξ 172, 209, 375–378, 405f, 411
σκάνδαλον 207, 360–362
σπέρμα 238–240

σταυροῦν 390
στήκειν 343
στίγματα (τοῦ Ἰησοῦ) 418–420
στοιχεῖα τοῦ κόσμου 291–303
στοιχεῖν 391, 415f
συγκλείειν 252f, 255
συνεσθίειν (s. Tischgemeinschaft)
τρέχειν 102f, 354–356

ὑπόκρισις 142f
φαρμακεία 382
φθόνος 383
φρουρεῖν 255
χαρά 386
χάρις 49f, 54f, 81f, 184, 349
χρηστότης 387

III. BIBLISCHES STELLENREGISTER

(Behandelte Stellen, ohne Galaterbrief)

ALTES TESTAMENT

Gen 15, 6   214–216
Gen 18, 18 220
Gen 21, 9   329f
Lev 18, 5   229–231
Deut 21, 23 233f
Deut 27, 26 223–226
Ps 143, 2   174f
Is 54, 1   327f
Hab 2, 4   174, 226–229

NEUES TESTAMENT

Mt 16, 17 90 Anm. 60, 147
Apg 16, 6 3–5
Apg 18, 23 5